HSK 5급

3rd Edition

남미숙 저

한권으로 끝내기

다락원

 **다락원 홈페이지에서**
▶ MP3 파일 다운로드 및 실시간 재생
▶ 받아쓰기 PDF 다운로드

지은이 남미숙
펴낸이 정규도
펴낸곳 (주)다락원

제1판 1쇄 발행 2010년 8월 19일
제3판 1쇄 발행 2025년 9월 18일

편집장 이상윤
편집 김보경, 김현주, 김혜민, 오혜령
디자인 김나경, 박은비
사진 Shutterstock
녹음 曹红梅, 于海峰, 王乐, 朴龙君, 허강원

🖬 다락원 경기도 파주시 문발로 211
전화 (02)736-2031(내선 250~252/내선 430, 560)
팩스 (02)732-2037
출판등록 1977년 9월 16일 제406-2008-000007호

Copyright © 2025, 남미숙

저자 및 출판사의 허락 없이 이 책의 일부 또는 전부를 무단 복제·전재·
발췌할 수 없습니다. 구입 후 철회는 회사 내규에 부합하는 경우에 가
능하므로 구입처에 문의하시기 바랍니다. 분실·파손 등에 따른 소비자
피해에 대해서는 공정거래위원회에서 고시한 소비자 분쟁 해결 기준에 따
라 보상 가능합니다. 잘못된 책은 바꿔 드립니다.

ISBN 978-89-277-2349-3 14720
　　　978-89-277-2341-7 (set)

http://www.darakwon.co.kr
다락원 홈페이지를 방문하시면 상세한 출판 정보와 함께 동영상 강좌,
MP3 자료 등 다양한 어학 정보를 얻으실 수 있습니다.

저자의 말

경제 규모 세계 1위(영국 싱크탱크 CEBR 2038년 전망)이자 세계 GDP 기여도 1위(국제통화기금 IMF), 그리고 현재 기준 세계 경제 규모 2위 나라인 중국. 글로벌 시장에서 경쟁해야 하는 우리에게 중국어는 선택이 아닌 필수입니다. 이제 HSK는 중국 관련 직무 뿐만 아니라 일반 취업을 준비하는 분, 진학, 유학을 준비하는 분, 기업이나 공공 기관에 근무하는 분, 개인 사업을 하는 분, 자기 계발을 위해 중국어를 공부하는 분 모두가 갖추고자 하는 필수 항목이 되었습니다.

『(3rd edition) HSK 5급 한권으로 끝내기』는 HSK 분야 최장기 베스트셀러 1위(101개월간, YES24 기준)를 기록하며 HSK 교재 중 유일하게 20만부 이상 판매된 『HSK 한권으로 끝내기』 시리즈의 최신개정판으로서, 국내 최고 기본 종합서로서의 명성과 책임감을 이어갈 것입니다. 또한 수험생들이 올바른 방향으로 시험을 준비할 수 있도록 안내하는 지침서 역할을 이어갈 것입니다.

믿고 공부하는 1타강사 남미숙의 완벽한 HSK 솔루션 1타강사 남미숙의 22년 강의 노하우 & <남미숙 중국어연구소>의 철저한 분석을 바탕으로 시험 합격을 위한 최적의 내용으로 구성했습니다. 15년간 출제된 모든 HSK 문제 분석과 한국·중국 베타테스트를 바탕으로 HSK를 정복할 수 있는 완벽한 솔루션을 체계화했습니다.

HSK 3.0 진화를 준비하는 최신 출제 경향 완벽 반영 HSK 기출문제 국내 최다 보유 기관이자 국내 최고 HSK 전문가 그룹인 <남미숙 중국어연구소>가 빅데이터 분석과 HSK 문제 출제 구성 원칙을 기반으로, 최근 변화·발전하고 있는 최신 출제 경향에 맞추어 출제 비중이 높은 주제·어휘·고정 격식·짝꿍 표현들을 완벽하게 정리했습니다.

동영상특강, 받아쓰기 PDF, 필수단어장 제공 출제 경향, 실전 문제 풀이 비법을 마스터할 수 있는 동영상특강, 듣기 영역 녹음을 듣고 빈출 핵심 키워드를 받아써 보는 받아쓰기 PDF, HSK 5급 단어 2,500개를 정리한 필수단어장을 제공합니다.

마지막으로, 이 책의 완성도를 높일 수 있게 도와 주신 민순미 선생님, 모정 선생님, 시인혜 선생님, 김호정 선생님 그리고 그 외 남미숙 중국어 연구소 선생님들, 베타테스트에 성실히 참여해 주신 한국과 중국의 대학(원)생 및 연구원 여러분, 그리고 김동준 님께 감사의 말씀을 드립니다.

본 시리즈를 통해 수험생 여러분 모두 원하시는 목표를 꼭 달성하시길 기원합니다.

남미숙

이 책의 구성 및 활용법

종합적이고 체계적으로 HSK 5급 수험에 대비할 수 있는 완벽한 구성

- **본서&해설서**로 유형 파악→핵심 표현 및 어법 학습→실전 문제 풀이
- **필수단어장**으로 어휘력 기반 다지기
- **핵심요약집**으로 효율적으로 빈출 & 필수 내용 복습
- 핵심 표현, 듣기 문제, 독해 지문 **음원 반복 청취** & **받아쓰기 연습**으로 듣기 능력 훈련

본서+해설서 [실전 Mini 모의고사 2회분 포함] / 필수단어장 / 핵심요약집

- 특별구성 : MP3 파일 + 받아쓰기 PDF + 예제 풀이 동영상 강의

40일 완성 프로그램

이 책에서 제시하는 4단계 커리큘럼에 따라 착실하게 공부한다면, HSK 5급, 한번에 한 권으로 합격할 수 있습니다.

본서

본서는 〈듣기〉〈독해〉〈쓰기〉 총 세 영역으로 구분하여 정리하였습니다.

각 단원은 '유형 파악하기→내공 쌓기→실력 다지기'라는 3 STEP으로 설계하였습니다.

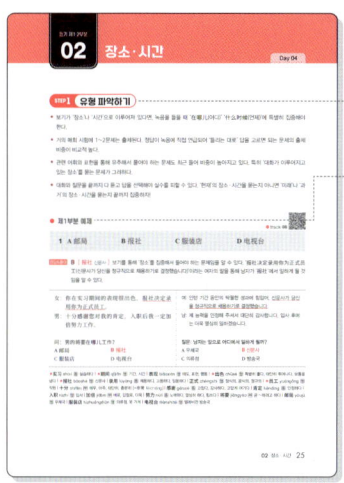

STEP 1 유형 파악하기

최신 출제 경향 대공개! 문제 풀이 요령 및 학습 요령까지 챙겨갈 수 있습니다.

각 부분의 예제를 통해 어떤 유형의 문제가 어떻게 출제되는지 파악해 봅시다.

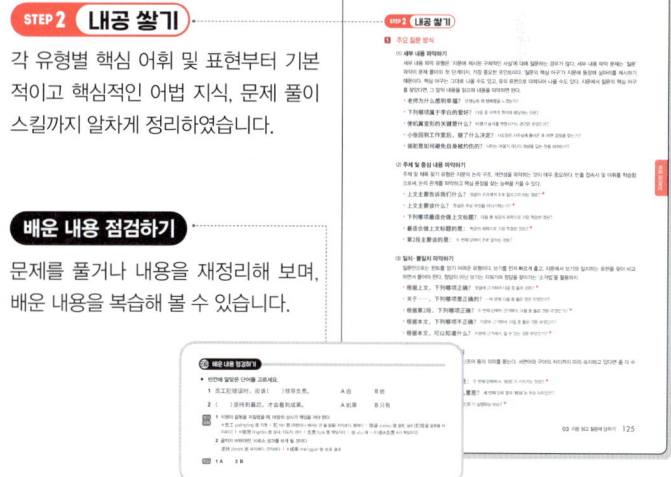

STEP 2 내공 쌓기

각 유형별 핵심 어휘 및 표현부터 기본적이고 핵심적인 어법 지식, 문제 풀이 스킬까지 알차게 정리하였습니다.

배운 내용 점검하기

문제를 풀거나 내용을 재정리해 보며, 배운 내용을 복습해 볼 수 있습니다.

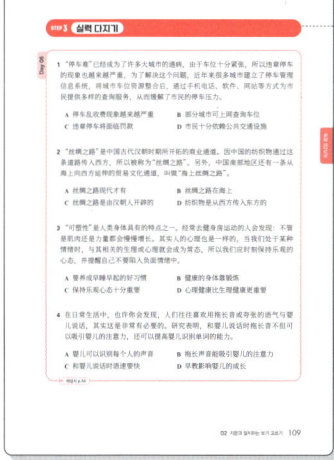

STEP 3 실력 다지기

유형별 실전 문제로 실제 시험 적응력을 높여 봅시다.

실전 모의고사

실전 모의고사 1회분을 절반 분량씩 '중간 점검용(Mini 모의고사 1)' '최종 점검용(Mini 모의고사 2)'으로 풀어 보며 스스로의 실력을 점검하세요.

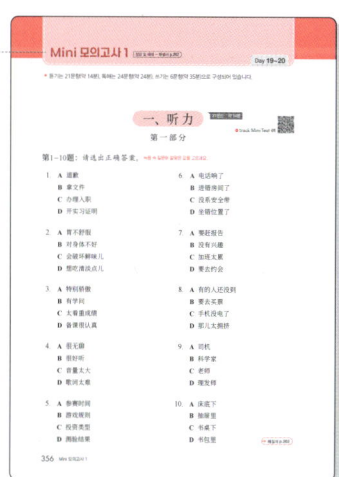

★ IBT 응시 요령 및 PBT 답안 작성법이 핵심요약집 p.27~31에 정리되어 있습니다.

해설서

학습자 편의를 고려하여 친절하고 상세하게 해설하였습니다. 실전에서 유용한 문제 풀이법이 잔뜩 녹아들어 있습니다.

- 영역별, 부분별 문제 유형에 최적화된 방식으로 풀이
- 사전이 필요 없도록, 지문 속 4급 이상 어휘는 모두 정리
- 중요 포인트가 한눈에 보이는 해설

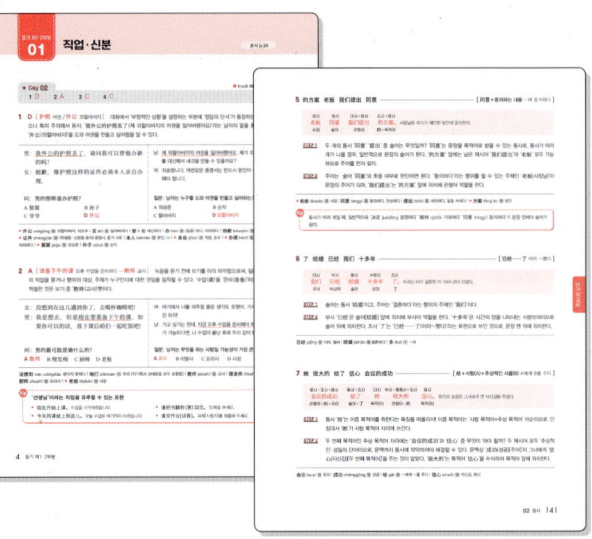

별책부록

필수단어장
HSK 5급 공식 필수어휘 2,500개를 40일로 나누어 학습할 수 있도록 정리했습니다. [본서 뒤]

핵심요약집
시험 1주 전에 효율적으로 빈출&필수 내용들을 정리할 수 있도록 〈빈출 어휘 및 표현〉〈고정격식, 접속사〉〈최신 빈출 짝꿍 어휘〉〈유의어 비교〉〈사자성어, 신조어〉〈쓰기 제2부분 빈출 제시어〉〈틀리기 쉬운 한자 바로 알기〉로 내용을 구성했습니다. [해설서 뒤]

필수단어장　　　　　　핵심요약집

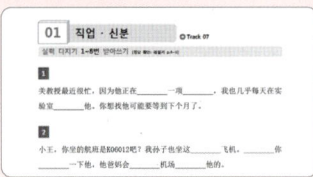

부가 자료

받아쓰기 PDF

받아쓰는 훈련을 통하여 듣기 실력을 높일 수 있습니다.

MP3 파일

- 본서　듣기 예제, 듣기·독해 내공 쌓기
- 본서　듣기 실력 다지기
- 본서　독해 실력 다지기
- 본서　실전 모의고사
- 필수단어장
- 핵심요약집

다락원 홈페이지에서
▶ MP3 파일 다운로드 및 실시간 재생
▶ 받아쓰기 PDF 다운로드

무료 동영상 강의

유형 파악하기 예제 풀이

각 단원 step 1 유형 파악하기의 예제를 풀이한 강의로, 최신 경향을 파악하고 유형별 문제 풀이 공략법을 확인할 수 있습니다.

차례

듣기

제1부분
- 01 직업·신분 ... 18
- 02 장소·시간 ... 25
- 03 행동 ... 32
- 04 어투·심정·태도 ... 37
- 05 일상·학교·회사 ... 44
- 06 여가 생활·전자·IT ... 49
- 07 유의어 ... 54
- 08 의미 파악 ... 60

제2부분
- 09 이야기 ... 65
- 10 설명문·논설문 ... 71

독해

제1부분
- 01 빈칸에 알맞은 말 고르기 ... 81

제2부분
- 02 지문과 일치하는 보기 고르기 ... 99

제3부분
- 03 지문 읽고 질문에 답하기 ... 121

쓰기

제1부분
- 01 품사·문장성분 ... 148
- 02 동사 ... 154
- 03 형용사 ... 160
- 04 조동사 ... 165
- 05 명사, 대사 ... 171
- 06 부사(1) 위치와 종류 ... 178
- 07 부사(2) 정도부사 ... 182
- 08 부사(3) 시간부사 ... 186
- 09 부사(4) 부정부사, 빈도부사 ... 191
- 10 부사(5) 범위부사, 상태부사 ... 197
- 11 부사(6) 어기부사 ... 202
- 12 접속사(1) 병렬·점층·전환 ... 208
- 13 접속사(2) 가설·조건·인과 ... 212
- 14 접속사(3) 선택·목적·선후 ... 216
- 15 수사·양사 ... 220
- 16 是자문, 有자문 ... 229
- 17 是……的 강조 구문 ... 234
- 18 보어(1) 위치와 종류 ... 238
- 19 보어(2) 정도보어 ... 241
- 20 보어(3) 결과보어 ... 245
- 21 보어(4) 방향보어 ... 250
- 22 보어(5) 수량보어 ... 258
- 23 보어(6) 가능보어 ... 263
- 24 개사(1) 위치와 종류 ... 267
- 25 개사(2) 시간, 장소 ... 270
- 26 개사(3) 대상 ... 275
- 27 개사(4) 방향, 근거, 방식, 수단, 목적, 원인 ... 280
- 28 존현문 ... 285
- 29 연동문, 겸어문 ... 289
- 30 비교문 ... 294
- 31 把자문, 被자문 ... 299
- 32 조사 ... 306
- 33 관형어, 부사어 ... 312

제2부분
- 01 작문 첫걸음 ... 318
- 02 제시어 사용해 작문하기 ... 326
- 03 사진 보고 작문하기 ... 340

실전 모의고사
- Mini 모의고사 1 ... 353
- Mini 모의고사 2 ... 363

40일 완성! 학습진도표

	Day 01 ○	Day 02 ○	Day 03 ○	Day 04 ○	Day 05 ○
듣기	p.18 01 직업·신분	p.24 실력 다지기	p.24 실력 다지기	p.25 02 장소·시간	p.31 실력 다지기
독해	p.81 01 빈칸에 알맞은…	p.93 실력 다지기	p.93 실력 다지기	p.99 02 지문과 일치…	p.109 실력 다지기
쓰기1	p.148 01 품사, 문장성분	p.154 02 동사	p.160 03 형용사	p.165 04 조동사	p.171 05 명사·대사
쓰기2		p.318 01 작문 첫걸음		p.326 02 제시어 사용해 작문하기	

	Day 06 ○	Day 07 ○	Day 08 ○	Day 09 ○	Day 10 ○
듣기	p.31 실력 다지기	p.32 03 행동	p.36 실력 다지기	p.36 실력 다지기	p.37 04 어투·심정·태도
독해	p.110 실력 다지기	p.121 03 지문 읽고…	p.134 실력 다지기	p.135 실력 다지기	p.94 실력 다지기
쓰기1	p.178 06 부사(1)	p.182 07 부사(2)	p.186 08 부사(3)	p.191 09 부사(4)	p.197 10 부사(5)
쓰기2				p.340 03 사진 보고 작문하기	

	Day 11 ○	Day 12 ○	Day 13 ○	Day 14 ○	Day 15 ○
듣기	p.43 실력 다지기	p.43 실력 다지기	p.44 05 일상·학교·회사	p.48 실력 다지기	p.48 실력 다지기
독해	p.94 실력 다지기	p.111 실력 다지기	p.112 실력 다지기	p.136 실력 다지기	p.137 실력 다지기
쓰기1	p.202 11 부사(6)	p.208 12 접속사(1)	p.212 13 접속사(2)	p.216 14 접속사(3)	p.220 15 수사·양사
쓰기2			p.335 실력 다지기	p.350 실력 다지기	p.335 실력 다지기

	Day 16 ○	Day 17 ○	Day 18 ○	Day 19 ○	Day 20 ○
듣기	p.49 06 여가생활·전자·IT	p.53 실력 다지기	p.53 실력 다지기		
독해	p.95 실력 다지기	p.95 실력 다지기	p.113, 138 실력 다지기		
쓰기1	p.229 16 是자문, 有자문	p.234 17 是……的 강조구문		| 실전 모의고사 | p.356 Mini 모의고사 2 (총점)	
쓰기2	p.350 실력 다지기	p.336 실력 다지기	p.351 실력 다지기		

	Day 21 ○	Day 22 ○	Day 23 ○	Day 24 ○	Day 25 ○
듣기	p.54 07 유의어	p.59 실력 다지기	p.59 실력 다지기	p.60 08 의미 파악	p.64 실력 다지기
독해	p.96 실력 다지기	p.96 실력 다지기	p.114 실력 다지기	p.115 실력 다지기	p.139 실력 다지기
쓰기1	p.238 18 보어(1)	p.241 19 보어(2)	p.245 20 보어(3)	p.250 21 보어(4)	p.258 22 보어(5)
쓰기2	p.336 실력 다지기	p.351 실력 다지기	p.337 실력 다지기	p.352 실력 다지기	

	Day 26 ○	Day 27 ○	Day 28 ○	Day 29 ○	Day 30 ○
듣기	p.64 실력 다지기	p.65 09 이야기	p.69 실력 다지기	p.70 실력 다지기	p.70 실력 다지기
독해	p.140 실력 다지기	p.97 실력 다지기	p.97 실력 다지기	p.116 실력 다지기	p.117 실력 다지기
쓰기1	p.263 23 보어(6)	p.267 24 개사(1)	p.270 25 개사(2)	p.275 26 개사(3)	p.280 27 개사(4)
쓰기2	p.337 실력 다지기	p.352 실력 다지기	p.338 실력 다지기	p.353 실력 다지기	

	Day 31 ○	Day 32 ○	Day 33 ○	Day 34 ○	Day 35 ○
듣기	p.70 실력 다지기	p.70 실력 다지기	p.71 10 설명문·논설문	p.76 실력 다지기	p.76 실력 다지기
독해	p.141 실력 다지기	p.142 실력 다지기	p.118 실력 다지기	p.143 실력 다지기	p.119 실력 다지기
쓰기1	p.285 28 존현문	p.289 29 연동문·겸어문	p.294 30 비교문	p.299 31 把자문, 被자문	p.306 32 조사
쓰기2	p.338 실력 다지기	p.353 실력 다지기		p.339 실력 다지기	p.354 실력 다지기

	Day 36 ○	Day 37 ○	Day 38 ○	Day 39 ○	Day 40 ○
듣기	p.76 실력 다지기	p.77 실력 다지기	p.77 실력 다지기		
독해	p.120 실력 다지기	p.98, 144 실력 다지기	p.98, 145 실력 다지기		
쓰기1	p.312 33 관형어·부사어			| 실전 모의고사 | p.366 Mini 모의고사 2 (총점)	
쓰기2		p.339 실력 다지기	p.354 실력 다지기		

★ 필수단어장에 DAY별로 정리된 필수어휘는 매일매일 암기하세요!

HSK 시험 소개

HSK(中文水平考试, Chinese Proficiency Test)는 국제 중국어 능력 표준화 시험으로, 중국어를 제2외국어로 사용하는 응시자의 생활·학습·업무 등 실생활에서 운용할 수 있는 중국어 능력을 평가하는 데 중점을 두고 있습니다. 듣기·독해·쓰기 능력 평가 시험으로 1급~6급으로 나뉘며, 급수별로 각각 실시됩니다.

❶ 시험 방식 및 종류

▶ **PBT (Paper-Based Test)**: 기존 방식의 시험지와 OMR답안지로 진행하는 지필 시험
▶ **IBT (Internet-Based Test)**: 컴퓨터로 진행하는 시험

※ PBT와 IBT는 시험 효력 등이 동일 / HSK성적은 시험일로부터 2년간 유효

등급	어휘량
HSK 6급	5,000단어 이상 (6급 2,500개 + 1~5급 2,500개)
HSK 5급	2,500단어 이상 (5급 1,300개 + 4급 1,200개)
HSK 4급	1,200단어 이상 (4급 600개 + 1~3급 600개)
HSK 3급	600단어 이상 (3급 300개 + 1~2급 300개)
HSK 2급	300단어 이상 (1급 150개 + 2급 150개)
HSK 1급	150단어 이상

★ IBT 응시 요령 및 PBT 답안 작성법이 핵심요약집 pp.35~39에 정리되어 있습니다.

❷ 용도

▶ 국내외 대학(원) 및 특목고 입학·졸업 시 평가 기준
▶ 중국정부장학생 선발 기준
▶ 각급 업체 및 기관의 채용·승진을 위한 평가 기준

❸ 시험 접수

HSK는 평균 1개월에 1~2회 시험이 주최되나, 정확한 일정은 HSK 한국사무국 홈페이지(www.hsk.or.kr)에 게시된 일정을 참고하세요. 접수 완료 후에는 '응시등급, 시험일자, 시험장소, 시험방법(예: HSK PBT→HSK IBT)' 변경이 불가합니다.

인터넷 접수	HSK 한국사무국 홈페이지에 접속하여 접수 (사진 파일 必) 홈페이지 주소: www.hsk.or.kr
방문 접수	구비 서류를 지참하여 접수처를 방문하여 접수 **구비 서류** 응시원서, 사진 3장, 응시비 **접수처** HSK 한국사무국

★ PBT 준비물: 수험표 / 신분증 / 2B 연필 / 지우개

❹ 성적 조회 및 수령 방법

▶ **성적 조회**: PBT 성적은 시험일로부터 1개월, IBT 성적은 시험일로부터 2주 후 중국고시센터 (바로가기)에서 성적 조회를 할 수 있습니다.

▶ **성적표 수령**: HSK 성적표는 '시험일로부터 45일 후' 접수 시 선택한 방법 (우편 또는 방문)으로 수령 가능합니다.

▶ **성적 유효기간**: HSK성적은 시험일로부터 2년간 유효합니다.

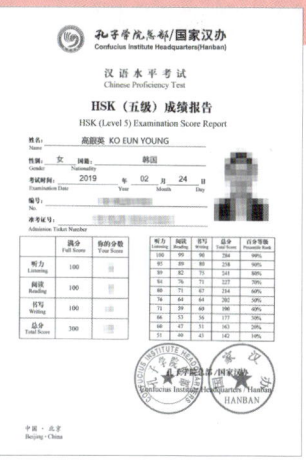

HSK 5급 소개

❶ 시험 대상

HSK 5급은 2,500개 이상의 상용어휘와 관련 어법 지식을 마스터한 학습자를 대상으로 합니다.

❷ 시험 구성 및 시간 배분

▶ HSK 5급은 듣기, 독해, 쓰기 영역으로 총 세 과목입니다.
▶ 각 영역별 만점은 100점으로 총점이 180점 이상이면 합격입니다.
▶ 합계 100문항을 풀게 되며, 총 소요 시간은 120분 가량입니다.
▶ 듣기 영역에 대한 답안은 <u>듣기 시험 시간 종료 후 주어지는 시간 (5분) 안에 답안지에 마킹하고, 독해와 쓰기 영역은 별도의 답안지 작성 시간이 주어지지 않으므로, 해당 영역 시간에 바로 답안지에 작성해야 합니다.</u>

시험 과목		문제 형식	문항 수		시험 시간	점수
듣기 (听力)	제1부분	대화 듣고 1개의 질문에 답하기	20	45	약 30분	100점
	제2부분	대화나 단문 듣고 다수의 질문에 답하기	25			
듣기 영역 답안 마킹					5분	
독해 (阅读)	제1부분	빈칸에 알맞은 단어나 문장 고르기	15	45	45분	100점
	제2부분	단문 독해하고 일치하는 보기 고르기	10			
	제3부분	장문 독해하고 3~5개 질문에 답하기	20			
쓰기 (书写)	제1부분	제시어를 어순에 맞게 배열하기	8	10	40분	100점
	제2부분	제시어를 사용해 80자 내외로 작문하기 제시된 사진을 보고 80자 내외로 작문하기	2			
합계			100문항		약 120분	300점 만점

★ 총점이 180점 이상이면 합격

HSK 5급 공략법

듣기

	제1부분	제2부분

미리보기	一、听力
	第一部分
	第1~20题: 请选出正确答案。
	
	1. A 提建议
	   B 买水果
	   C 提问
	   D 见导师
	6. A 上午要补课
	   B 今天不是星期五
	   C 男的没有提醒女的
	   D 男的不知道要补课
	
	2. A 不喜欢打针
	   B 医生说得没错
	   C 先看会儿电视
	   D 想现在去走走
	7. A 宴会结束
	   B 送客人
	   C 商业谈判
	   D 报名学校
		第二部分
		第21~45题: 请选出正确答案。
		
		21. A 别人告诉女的
		    B 她自己看到了
		    C 她自己想象的
		    D 她也喜欢打网球
		27. A 骄傲
		    B 满足
		    C 担心
		    D 虚心
		
		22. A 银行
		    B 商场
		    C 医院
		    D 机场
		28. A 男的不认识爱玲
		    B 女的不认识爱玲
		    C 男的认出了爱玲
		    D 女的很讨厌爱玲
		
		23. A 男的在厨房工作
		    B 里的把女的误租公寓车站
		29. A 5号
		    B 6号

문제 형식	대화 듣고 1개의 질문에 답하기	대화나 단문 듣고 다수의 질문에 답하기
시험 목적	남녀 대화의 배경, 시간, 상황 등을 파악하는 능력 테스트	① 남녀 대화의 배경, 시간, 상황 등을 파악하는 능력 테스트 ② 녹음의 전개 및 세부 내용을 파악하는 능력 테스트
문항 수	20문항	25문항
시험 시간	약 30분	

❶ 풀이 비법

보기를 먼저 파악하여, 질문을 유추하자.
보기를 먼저 파악함으로써, 어떤 내용을 주의 깊게 들어야 하는지 알고 대비할 수 있다.

문맥을 파악하며, 녹음의 흐름을 끝까지 따라가자.
녹음 전반의 문맥을 파악해서 풀어야 하는 문제들이 많이 출제된다. 내용은 언제든 반전될 수 있으니, 끝까지 놓치지 말고 들어야 한다.

유의어와 동의어를 반드시 익혀 두자.
핵심 키워드가 보기에 '유의어'나 '동의어'로 제시되는 경우가 많다.

소거법을 활용하자.
세부 내용을 묻는 문제에 대비해, 녹음 내용과 일치하지 않는 보기는 소거해가며 듣자.

❷ 듣기 영역 출제 비율

제1부분, 제2부분(대화)	
의미 파악	45%
행동	20%
직업, 신분	10%
장소	10%
유의어	8%
어기, 심정	7%

제2부분(단문)	
이야기	65%
논설문, 설명문	35%

독해

	제1부분	제2부분	제3부분
미리보기	(예시 지문)	(예시 지문)	(예시 지문)
문제 형식	빈칸에 알맞은 단어나 문장 고르기	단문 독해하고 일치하는 보기 고르기	장문 독해하고 4개 질문에 답하기
시험 목적	문맥 파악 능력, 어법 활용 능력 테스트	신속 정확하게 독해하는 능력 테스트	글의 주제, 내용 전개를 파악하는 능력, 신속 정확하게 세부 내용을 파악하는 능력 테스트
문항 수	15문항	10문항	20문항
시험 시간	약 45분		

❶ 풀이 비법

제1부분 빈칸 앞뒤 문맥을 먼저 파악하자.
- 어휘 채우기 유형: 빈칸 앞뒤 문장에서 보기와 짝꿍으로 쓰이는 단어가 있는지 살피자. 한국어 해석상으로 자연스럽더라도 중국어 어법에 맞지 않을 수 있으니, 단어의 용법까지 고려하여 답을 고르자.
- 문장 채우기 유형: 빈칸 앞뒤 문맥만 파악해도 풀 수 있는 문제가 자주 출제되니, '문맥 파악'에 집중하자.

제2부분 지문을 먼저 읽고, 지문과 보기를 빠르고 정확하게 비교하자.
지문의 시작과 마지막 부분에 집중하자. 글의 주제가 있을 확률이 높아서, 지문의 성격이나 화자의 주장을 빠르게 파악할 수 있다.

제3부분 질문과 보기를 먼저 읽으며 문제 유형을 확인하고, 어떤 부분에 집중해 지문을 읽어야 할지 파악한다.
문제 유형은 세부 내용 파악, 일치불일치, 주제 및 제목 찾기, 어휘 및 문장 의미 파악의 네가지 유형으로 나눌 수 있다. 문제 유형에 따라, 지문을 읽는 요령이 달라지니, 지문을 읽기 전에 반드시 질문과 보기부터 파악하자.

❷ 독해 영역 출제 비율

제1부분	
어휘 호응	45%
고정격식	25%
접속사	20%
유의어	10%

제2부분	
일상생활	30%
상식 및 이슈	40%
중국 관련	30%

제3부분	
세부 내용 파악	42%
주제 파악	15%
일치 불일치	35%
특정 어휘나 문장의 의미	8%

쓰기

	쓰기	
미리보기	三、书写 第一部分 第91-98题：完成句子。 例如：发表 这篇文章 什么时候 是 的 这篇文章是什么时候发表的？ 91. 什么 遇到 会 人的一生中 困难 92. 我 给 这次海南旅游 印象 留下了 极深的 93. 球队的 影响 防守 受到 很大的 94. 一共 39元 消费 今天	第二部分 第99-100题：写短文。 99. 请结合下列词语(要全部使用)，写一篇80字左右的短文。 游览, 车坏了, 生气, 有意思, 印象 100. 请结合这张图片写一篇80字左右的短文。
문제 형식	제시어를 어순에 맞게 배열하기	* 제시어를 사용해 80자 내외로 작문하기 * 제시된 사진을 보고 80자 내외로 작문하기
시험 목적	중국어 어순 이해 능력, 어법 기반을 테스트	① 어휘 활용 능력 테스트 ② 제시어/제시 사진에 맞게 적합한 주제를 선정하여 짜임새 있게 글을 조직하는 능력 테스트
문항 수	8문항	2문항
시험 시간	40분	

❶ 풀이 비법

제1부분 문장의 기본 뼈대를 먼저 잡자.
먼저 문장의 '술어'+'술어와 호응하는 목적어/주어'를 파악하여 기본 뼈대를 먼저 잡자.

제2부분 잘 아는 표현 위주로 활용하고, 문장 부호를 용법에 주의해 쓰자.
잘 아는 표현을 활용해 어떤 주제로 풀어 쓸지 먼저 '한국어'로 구상한다.

❷ 쓰기 영역 출제 비율

제1부분	
동사 술어문	30%
把자문, 被자문	20%
형용사 술어문	15%
존현문	10%
연동문, 겸어문	10%
비교문	8%
보어	7%

제2부분 [제시어]	
동사	35%
명사	30%
형용사	20%
부사, 양사	15%

제2부분 [사진]	
일상	40%
학교 및 직장	20%
과학기술	20%
환경	15%
금지	5%

쓰기 제1부분의 출제 비율은 풀이 포인트를 기준으로 산정하였습니다.

일러두기

01 이 책에 나오는 인명, 지명은 중국어 발음을 한국어로 표기했습니다.

예 小明 샤오밍   上海 상하이

02 품사는 다음과 같은 약어로 표기했습니다.

품사	약자	품사	약자	품사	약자
명사/고유명사	명/고유	부사	부	접속사	접
대사	대	수사	수	감탄사	감
동사	동	양사	양	조사	조
조동사	조동	수량사	수량	의성사	의성
형용사	형	개사	개	성어	성

03 본서·해설서 문제 해설 아래에는 HSK 4급 이상 단어들만 정리했습니다. (일부 HSK 1~3급 단어도 포함) 그중에서도 HSK 5급 단어에는 ★을 표기했습니다.

04 본서 내공쌓기에 정리된 내용 중, 특히 중요한 부분에는 ✦을 표기했습니다.

05 독해 영역 실력 다지기 지문도 음원으로 제공합니다. 트랙명은 해설서에서 확인하실 수 있습니다.

06 필수단어장에서 배경색이 칠해진 단어는 빈출 단어입니다.

예 表示 biǎoshì 동 나타내다, 표시하다

제1부분 대화 듣고 1개의 질문에 답하기
제2부분 대화나 단문 듣고 다수의 질문에 답하기

저자 특강

● 출제 경향 ●

제1부분
직업, 신분, 장소 관련 문제들이 많이 출제되고 있으며, 녹음 속 핵심 키워드가 보기에 그대로 출제되는 경우가 많다.

제2부분
- **대화 유형**: 출제 유형은 제1부분과 비슷하지만, 대화의 길이가 더 길어졌으며, 핵심 키워드가 보기에 '유의어'로 제시되거나, 녹음 전반의 문맥을 파악해서 풀어야 하는 문제들이 많이 출제된다.
- **단문 유형**: 이야기, 유머, 설명문 등 다양한 주제의 내용이 출제된다. 문제 유형은 '상세 내용 파악' 문제부터 '주제'를 묻는 문제, '숨은 내용 파악' 문제 등 다양한 문제들이 골고루 출제된다.

실전! 풀이 비법 한눈에 보기

"녹음을 듣기 전, 보기를 통해 들어야 할 내용을 유추하자!"

第一部分

1. **A 软件设计师** ← 보기를 미리 파악함으로써, '직업'과 관련된 문제임을 알 수 있다.
   B 杂志编辑
   C 摄影师
   D 建筑工程师

2. A 邮局
   B 报社 ← 녹음에서 '장소'와 관련된 부분을 유의해서 들어야 한다.
   C 服装店
   D 电视台

… (중략) …

1. 🔊
   男：这部电影的男演员不仅长得帅，而且演技也相当不错。
   女：的确是。我听说他原来是一名软件设计师，后来转型了。
   问：那位男演员以前是做什么的？

… (중략) …

第二部分

1. A 表示反对
   B 非常生气
   C 反应冷淡
   D 大笑起来 ← 보기를 보고 '태도·반응' 문제임을 알 수 있다.

2. A 吃饭的时间是最重要的
   B 总是没有时间吃饭
   C 流逝的时间无法"重来"
   D 时间能让人反省自己的失误

← '중심 의미 파악 문제'. 즉, 녹음에서 말하려는 핵심 의미나 비유 뒤에 담긴 도리를 묻는 유형임을 알 수 있다. 보기를 보면서 녹음에서 말하고자 하는 비유 내용을 잘 파악해야 한다.

… (중략) …

第1到2题是根据下面一段话： 🔊
一位幼儿园老师在上课时问孩子们："时间是什么?："大家纷纷说出了自己的看法。有人说是沙漏、有人说是钟表。这时，一个男孩儿大声说"时间是米饭！"听完他的回答，¹孩子们都大笑了起来。老师好奇的问他原因，男孩儿解释道："²因为我们在一口一口地吃掉它。"

… (중략) …

1 听了男孩儿的回答，孩子们是什么反应？
2 男孩儿的话说明了什么？

… (중략) …

듣기의 경우 난이도가 높은 문제는 틀릴 가능성이 크므로, 헷갈리면 빨리 포기하자! 앞 문제에 시간을 많이 써서 다음 듣기 녹음을 놓치지 않도록 하자.

정답 및 해설 ▶ 본서 p.18, p.25, p.65

듣기 공부 비법

🕐 듣기 영역 시험 시간 약 30분

평소에 교재에 수록된 녹음을 많이 듣고, 따라 읽으며 'HSK 듣기 문제 녹음'에 익숙해지는 것이 중요하다. 시험장에서는 긴장해서 녹음 속도가 더 빠르게 느껴지므로, 교재 녹음에 익숙해지면 녹음 속도를 1.2배속으로 빠르게 재생해서 들으면서 대비하자.

01 직업·신분

Day 01

STEP 1 유형 파악하기

◆ 매 회 시험에 한 문제 이상 출제되는 단골 문제 유형이다. 비교적 난이도가 낮은 편이니 절대 놓치면 안 된다.

◆ 보기 중 들리는 그대로를 정답으로 고르면 되는, '들리는 게 답'인 문제의 출제 비중이 높지만, 관련된 어휘와 표현을 통해 정답을 '유추'해야 하는 문제도 종종 출제되고 있으니 대비해야 한다.

◆ 보기가 '직업/신분'으로 이루어져 있다면 '인물'에 대해 묻는 문제이다. 녹음에 등장하는 인물이 '누구'이고, 녹음 속 대화에 '누가' 언급되며, 언급되는 인물 중 '누구'에 대해 묻는지 집중해서 들어야 한다.

● 제1부분 예제

track 01

| 1 | A 软件设计师 | B 杂志编辑 | C 摄影师 | D 建筑工程师 |

정답&풀이 A [软件设计师 소프트웨어 개발자] 보기가 모두 직업과 관련된 어휘이므로, '직업'에 집중해서 녹음을 들어야 한다. 보기 중 유일하게 녹음에 언급된 '직업'은 '软件设计师(소프트웨어 개발자)'이다. '들리는 게 답'인 문제이다.

男：这部电影的男演员不仅长得帅，而且演技也相当不错。 女：的确是。我听说他原来是一名软件设计师，后来转型了。	남: 이 영화의 남자 배우는 잘생겼을 뿐만 아니라 연기도 꽤 좋아. 여: 맞아. 나는 그가 원래 소프트웨어 개발자였다가 직업을 바꿨다고 들었어.
问：那位男演员以前是做什么的？ A 软件设计师 B 杂志编辑 C 摄影师 D 建筑工程师	질문: 그 남자 배우는 원래 무슨 일을 했나? A 소프트웨어 개발자 B 잡지 편집자 C 사진작가 D 건축 엔지니어

部 bù 양 부, 편 [서적, 영화 편수 등을 세는 단위] | 演技 yǎnjì 명 연기 | ★相当 xiāngdāng 부 상당히, 무척, 꽤 | 不错 búcuò 형 좋다, 잘하다, 괜찮다 | ★的确 díquè 부 확실히, 분명히, 정말, 참으로 | 原来 yuánlái 형 원래의, 본래의 | ★软件 ruǎnjiàn 명 소프트웨어 | 设计师 shèjìshī 명 디자이너, 설계사 | 转型 zhuǎnxíng 동 전환하다 | ★编辑 biānjí 명 편집자 | 摄影师 shèyǐngshī 명 사진사, 사진작가 | ★建筑 jiànzhù 명 건축물 | ★工程师 gōngchéngshī 명 엔지니어

● 제2부분 예제

track 02

| 2 | A 装修工人 | B 房屋中介 | C 售货员 | D 保险销售 |

정답&풀이 B [房屋中介 부동산 중개인] 보기를 통해 '직업'을 묻는 문제임을 알 수 있으므로 관련 어휘와 내용에 집중해 녹음을 들어야 한다. 여자의 직업에 관해 묻는 문제로 여자는 남자에게 집과 관련된 이야기를 해주고 있다. 대화 내용을 바탕으로 추측해 볼 때 '房屋中介(부동산 중개인)'가 가장 적합하다.

女: 昨天您看的那套房子，考虑得怎么样了?
男: 我对房子很满意，只是觉得租金有点儿高。
女: 说实话，位于市中心的房子，这个租金不算贵。
男: 您看看能不能再帮我跟房东沟通一下?

问: 女的最可能从事什么职业?
A 装修工人　　　B 房屋中介
C 售货员　　　　D 保险销售

여: 어제 보신 그 집은 어떻게 생각하세요?
남: 집은 매우 만족스러워요. 단지 임대료가 좀 높은 것 같아요.
여: 솔직히 말해서, 시내 중심에 위치한 집 치고는 이 임대료가 비싼 편이 아니에요.
남: 혹시 집주인과 다시 얘기해 볼 수 있게 도와주실 수 있을까요?

질문: 여자는 어떤 직업에 종사할 가능성이 가장 높은가?
A 인테리어 작업자　　B 부동산 중개인
C 판매원　　　　　　D 보험 판매

★套 tào 양 세트, 벌, 조 | 房子 fángzi 명 집, 건물 | 考虑 kǎolǜ 동 고려하다, 생각하다 | 满意 mǎnyì 형 만족하다, 만족스럽다, 흡족하다 | 只是 zhǐshì 부 그저, 단지, 다만 | 租金 zūjīn 명 임대료 | 有点儿 yǒudiǎnr 부 조금, 약간 [有点儿 + 형용사: 부정이나 불만의 뉘앙스를 나타냄] | 说实话 shuōshíhuà 동 사실대로 말하다, 진실을 말하다, 솔직히 말하다 | ★位于 wèiyú ~에 위치하다 | 市 shì 명 도시 | ★中心 zhōngxīn 명 한가운데, 중심 | 算 suàn 동 ~인 셈이다, ~로 인정하다 | 房东 fángdōng 명 집주인 | ★沟通 gōutōng 동 의견을 나누다, 교류하다, 통하다, 소통하다 | ★从事 cóngshì 동 종사하다, 몸담다 | 职业 zhíyè 명 직업 | ★装修 zhuāngxiū 동 (가옥을) 장식하고 꾸미다, 인테리어 하다 | ★工人 gōngrén 명 노동자 | 房屋 fángwū 명 집, 건물, 가옥 | ★中介 zhōngjiè 명 중개인 | 售货员 shòuhuòyuán 명 판매원, 점원 | ★保险 bǎoxiǎn 명 보험 | ★销售 xiāoshòu 명 매출, 판매

STEP 2　내공 쌓기

1 주요 질문 방식

○ track 03

앞서 '유형 파악하기'에서 말했듯이 '인물' 유형의 문제에서 질문 초점은 '누구'에 있다. 특히 대화 속 여자나 남자 혹은 대화에 언급되는 제3자의 '직업'이나 '신분'이 무엇인지, 어떤 동작을 '누가 누구에게' 하는지, '누가 누구와' 함께 하는지, '누가 누구를' 도와 하는지 등을 묻는다.

- 女的是做什么的?　여자는 무엇을 하는 사람인가? ✦
- 男的最有可能是什么人?　남자는 무엇을 하는 사람일 가능성이 가장 큰가? ✦
- 女的职业是什么?　여자의 직업은 무엇인가?
- 男的从事什么工作[职业]?　남자는 어떤 일[직업]에 종사하는가?
- 女的想给谁买+사물?　여자는 누구에게 ~를 사 주고 싶어 하는가? ✦
- 男的准备和谁一起去+장소?　남자는 누구와 함께 ~에 갈 예정인가?
- 男的想帮谁?　남자는 누구를 도와주고 싶어 하는가?
- 男的要去看谁?　남자는 누구를 보러 가려고 하는가?
- 他们采访了谁?　그들은 누구를 인터뷰했는가?

> **tip** '누가'와 '누구에게'를 구분하라!
> - A 给 B 동사　A gěi B …… A가 B에게 ~해 주다
>   昨天妈妈给我买了一条牛仔裤。어제 엄마가 나에게 청바지를 한 벌 사 주셨다.
> - A 替 B 동사　A tì B …… A가 B를 대신해 ~해 주다
>   谢谢你替我复印好这份文件。저를 대신해 이 문서를 복사해 주셔서 감사합니다.
> - A 帮 B 동사　A bāng B …… A가 B를 도와 ~해 주다
>   我去中国以前，朋友帮我预定了酒店。내가 중국에 가기 전에, 친구가 나를 도와 호텔을 예약해 주었다.

2 핵심 어휘 및 표현

 track 04

어휘력이 늘면 늘수록 듣기 실력은 더욱 향상된다는 사실! 인물 파악에 핵심이 되는 직업·신분 관련 어휘와 표현을 익혀 두자.

(1) 직업·신분 관련 어휘

최근 출제 경향에 따르면 기자, 감독, 배우, 진행자, 교사, 의사 등 전문 직종에 종사하는 인물에 대해 묻는 경우가 특히 많았다. 직업, 신분을 유추할 수 있는 핵심 어휘를 체크하자.

직업	관련 어휘 및 표현
播音员 bōyīnyuán 아나운서 **主持人** zhǔchírén 사회자, 진행자 ✦	电视台 diànshìtái 명 TV 방송국 | 广播电台 guǎngbō diàntái 명 라디오 방송국 [=电台 diàntái] 节目 jiémù 명 프로그램 | 频道 píndào 명 채널 | 播放 bōfàng 동 방송하다 嘉宾 jiābīn 명 게스트 各位观众 gèwèi guānzhòng 시청자 여러분 | 各位听众 gèwèi tīngzhòng 청취자 여러분 欢迎收看[收听] huānyíng shōukàn[shōutīng] 여러분의 많은 시청[청취] 바랍니다 谢谢收看[收听] xièxie shōukàn[shōutīng] 시청[청취]해 주셔서 감사합니다
导演 dǎoyǎn 감독 ✦ **演员** yǎnyuán 배우 ✦	演出 yǎnchū 동 공연하다 | 表演 biǎoyǎn 동 연기하다 | 演技 yǎnjì 명 연기 剧情 jùqíng 명 극의 줄거리 | 塑造 sùzào 동 인물을 묘사하다 | 拍 pāi 동 촬영하다, 찍다 照明 zhàomíng 동 (불빛으로) 비추다, 조명하다 | 电影节 diànyǐngjié 명 영화제 明星 míngxīng 명 스타 | 主角 zhǔjué 명 주인공 | 角色 juésè 명 배역, 역할
记者 jìzhě 기자 ✦	采访 cǎifǎng 명 인터뷰 동 취재하다, 탐방하다 | 新闻稿 xīnwéngǎo 명 뉴스 원고 报道 bàodào 동 보도하다 | 专题报道 zhuāntí bàodào 명 특집 보도
大夫 dàifu **医生** yīshēng 의사 ✦ **护士** hùshi 간호사	病人 bìngrén 명 환자 [=患者 huànzhě] | 医院 yīyuàn 명 병원 | 内科 nèikē 명 내과 外科 wàikē 명 외과 | 急诊 jízhěn 명 응급 진료 | 门诊 ménzhěn 명 외래 진료 专家门诊 zhuānjiā ménzhěn 명 특별 진료 住院 zhùyuàn 동 입원하다 [↔出院 chūyuàn 퇴원하다] | 看病 kànbìng 동 진찰하다, 진료하다 打针 dǎzhēn 동 주사를 맞다, 주사를 놓다 做手术 zuò shǒushù 수술을 하다 [=动手术 dòng shǒushù] 开药方 kāi yàofāng 약을 처방하다 [=开药 kāi yào] | 预防 yùfáng 동 예방하다
导游 dǎoyóu 가이드	游客 yóukè 명 여행객 | 旅游 lǚyóu 동 여행하다 [≒旅行 lǚxíng] | 行李 xíngli 명 여행 짐 风景 fēngjǐng 명 경치 [=景色 jǐngsè] | 优美 yōuměi 형 아름답다 | 塔 tǎ 명 탑 名胜古迹 míngshèng gǔjì 명 명승고적 | 遗址 yízhǐ 명 유적 历史悠久 lìshǐ yōujiǔ 역사가 유구하다 | 集合 jíhé 동 집합하다 | 体验 tǐyàn 동 체험하다
警察 jǐngchá 경찰 **交通警察** jiāotōng jǐngchá **交警** jiāojǐng 교통경찰	红绿灯 hónglǜdēng 명 신호등 | 人行横道 rénxíng héngdào 명 횡단보도 驾驶证 jiàshǐzhèng 명 운전면허증 [=驾照 jiàzhào] | 出示 chūshì 동 제시하다 停车 tíngchē 동 차를 세우다 | 罚款 fákuǎn 동 벌금을 물리다 出交通事故 chū jiāotōng shìgù 교통사고가 나다 [=出车祸 chū chēhuò] 违反交通规则 wéifǎn jiāotōng guīzé 교통 규칙을 위반하다 遵守交通规则 zūnshǒu jiāotōng guīzé 교통 규칙을 준수하다
(餐厅)服务员 (cāntīng) fúwùyuán (식당) 종업원	菜 cài 명 요리, 음식 | 菜单 càidān 명 메뉴 | 餐厅 cāntīng 명 음식점 | 发票 fāpiào 명 영수증 点菜 diǎncài 동 주문하다 | 上菜 shàngcài 동 요리를 내오다 买单 mǎidān 동 계산하다 [=结账 jiézhàng] | 外卖 wàimài 동 포장 판매하다 명 배달 음식 打包 dǎbāo 동 포장하다, 싸가다 | 欢迎光临 huānyíng guānglín 어서 오세요 请稍等 qǐng shāo děng 잠시만 기다려 주세요 | 谢谢光临, 欢迎下次再来 xièxie guānglín, huānyíng xiàcì zài lái 방문해 주셔서 감사합니다, 다음에 또 오세요

售货员 shòuhuòyuán 판매원 ✦ **顾客** gùkè 손님	打折 dǎzhé 동 할인하다 | 优惠 yōuhuì 형 우대의 | 优惠活动 yōuhuì huódòng 할인 행사 砍价 kǎnjià 동 값을 깎다 | 讨价还价 tǎojià huánjià 성 가격을 흥정하다 [=讲价 jiǎngjià] 付钱 fùqián 동 돈을 지불하다 [=付款 fùkuǎn] | 退换 tuìhuàn 동 교환하다 [=退货 tuì huò] 免税店 miǎnshuìdiàn 명 면세점	
售票员 shòupiàoyuán 매표원	订票 dìngpiào 동 표를 예약하다 | 购票 gòupiào 동 표를 사다 [=买票 mǎipiào] 检票 jiǎnpiào 동 표를 검사하다 | 退票 tuìpiào 동 표를 환불하다	
空中小姐 kōngzhōng xiǎojiě **空姐** kōngjiě 스튜어디스	班机 bānjī 명 정기 항공편 | 航班 hángbān 명 항공편 | 乘客 chéngkè 명 승객 搭乘 dāchéng 동 탑승하다 | 起飞 qǐfēi 동 이륙하다 [↔降落 jiàngluò 착륙하다] 到达 dàodá 도착하다 | 系 jì 동 매다, 묶다, 채우다 | 安全带 ānquándài 안전띠, 안전벨트 准时 zhǔnshí 명 정확한 시간 부 제때에, 정시에 | 晚点 wǎndiǎn 동 연착하다, 제시간에 늦다	
理发师 lǐfàshī 이발사 **美发师** měifàshī 미용사	发型 fàxíng 명 헤어스타일 | 理发 lǐfà 동 이발하다, 머리카락을 다듬다 剪头发 jiǎn tóufa 머리카락을 자르다 | 染发 rǎnfà 동 머리를 염색하다 烫发 tàngfà 동 머리를 파마하다 | 洗头 xǐtóu 동 머리를 감다 | 吹头发 chuī tóufa 드라이하다	
秘书 mìshū 비서 ✦	安排日程 ānpái rìchéng 일정을 안배하다, 스케줄을 짜다 打字 dǎzì 동 타자를 치다, 타이핑하다 | 整理资料 zhěnglǐ zīliào 데이터를 정리하다	
司机 sījī 운전기사	乘客 chéngkè 명 승객 | 开车 kāichē 동 운전하다 | 堵车 dǔchē 동 차가 막히다 掉头 diàotóu 동 방향을 돌리다, U턴하다 | 拐弯 guǎiwān 동 커브를 돌다 往右拐 wǎng yòu guǎi 오른쪽으로 커브를 돌다 [=往右转 wǎng yòu zhuǎn] 往左拐 wǎng zuǒ guǎi 왼쪽으로 커브를 돌다 [=往左转 wǎng zuǒ zhuǎn]	
老师 lǎoshī 선생님 **教师** jiàoshī 교사 ✦	班主任 bānzhǔrèn 담임 | 讲师 jiǎngshī 강사 | 教授 jiàoshòu 교수 助教 zhùjiào 조교 | 教练 jiàoliàn 코치 | 校长 xiàozhǎng 학교장 指导 zhǐdǎo 동 지도하다, 가르치다 | 上课 shàngkè 동 수업하다 [↔下课 xiàkè 수업이 끝나다] 备课 bèikè 동 수업을 준비하다 | 留作业 liú zuòyè 숙제를 내다 改作业 gǎi zuòyè 숙제를 고치다	
学生 xuésheng 학생	学位 xuéwèi 명 학위 | 专业 zhuānyè 명 전공 | 课程 kèchéng 명 교과과정, 커리큘럼 高中生 gāozhōngshēng 명 고등학생 | 学士 xuéshì 명 학사 研究生 yánjiūshēng 명 대학원생 | 硕士 shuòshì 명 석사 | 博士 bóshì 명 박사 小测试 xiǎocèshì 명 쪽지 시험 | 期中考试 qīzhōng kǎoshì 중간고사 期末考试 qīmò kǎoshì 기말고사 | 成绩 chéngjì 명 성적 | 成绩单 chéngjìdān 명 성적표 奖学金 jiǎngxuéjīn 명 장학금 | 暑假 shǔjià 여름방학 | 寒假 hánjià 명 겨울방학 宿舍 sùshè 명 기숙사 | 室友 shìyǒu 명 룸메이트 预习 yùxí 동 예습하다 | 复习 fùxí 동 복습하다 做作业 zuò zuòyè 숙제를 하다 [=写作业 xiě zuòyè] 听课 tīngkè 동 수업을 듣다 | 补课 bǔkè 동 보충 수업을 하다 | 实习 shíxí 동 실습하다 缺课 quēkè 동 결석하다 | 旷课 kuàngkè 동 무단 결석을 하다 [학교에 가지 않은 경우] 逃课 táokè 동 무단 결석을 하다 [수업 도중에 가는 경우 혹은 학교에 가지 않은 경우 둘 다 가능함] 放假 fàngjià 동 방학하다 | 开学 kāixué 동 개학하다 | 考试 kǎoshì 동 시험을 치다 补考 bǔkǎo 동 재시험을 보다 | 及格 jígé 동 합격하다 [↔不及格 bù jígé 불합격하다] 选课 xuǎnkè 동 수강 신청하다 | 申请 shēnqǐng 동 신청하다 | 报名 bàomíng 동 등록하다 毕业 bìyè 동 졸업하다 [↔入学 rùxué 입학하다]	

银行职员 yínháng zhíyuán 은행원	存款 cúnkuǎn 동 예금하다 [=存钱 cúnqián] | 存款单 cúnkuǎndān 명 입금표 取款 qǔkuǎn 동 인출하다 [=取钱 qǔqián] | 取款单 qǔkuǎndān 명 인출표 汇款 huìkuǎn 동 송금하다 [=汇钱 huìqián] | 汇款单 huìkuǎndān 명 송금표 存折 cúnzhé 명 통장 | 汇率 huìlǜ 명 환율 | 换钱 huànqián 동 환전하다
编辑 biānjí 편집자	作者 zuòzhě 명 작가 | 稿子 gǎozi 명 원고 | 原稿 yuángǎo 명 초고 [편집·인쇄하기 위한 원고] 出版 chūbǎn 동 출판하다 | 读者 dúzhě 명 독자
裁缝 cáifeng 재봉사	长短 chángduǎn 명 길이 | 领子 lǐngzi 명 (옷)깃 | 袖子 xiùzi 명 소매 口袋 kǒudài 명 주머니 | 扣子 kòuzi 명 단추 | 拉链 lāliàn 명 지퍼
厨师 chúshī 요리사	炒菜 chǎocài 동 (음식을) 볶다 | 烹调 pēngtiáo 동 (음식을) 만들다, 요리하다 [=烹饪 pēngrèn] 切 qiē 동 (칼로) 자르다, 썰다 | 放盐 fàng yán 소금을 넣다 [=加盐 jiā yán]
会计 kuàijì 회계사	计算 jìsuàn 동 계산하다 | 算数 suànshù 동 수를 계산하다, 숫자를 세다 | 利润 lìrùn 명 이윤 利益 lìyì 명 이익 | 资金 zījīn 명 자금 | 税 shuì 명 세금 | 交税 jiāo shuì 세금을 내다
推销员 tuīxiāoyuán 세일즈맨	敲门 qiāomén 동 문을 두드리다, 찾아가다, 방문하다 上门 shàngmén 동 (다른 사람의 집을) 방문하다 | 推销 tuīxiāo 동 판로를 확장하다, 널리 팔다
邮递员 yóudìyuán 우편 집배원	信箱 xìnxiāng 명 우체통 | 包裹 bāoguǒ 명 소포 | 快递 kuàidì 명 택배 寄信 jìxìn 동 편지를 부치다 | 送信 sòngxìn 동 편지를 부치다
运动员 yùndòngyuán 운동선수	冠军 guànjūn 명 우승, 1등 | 赢 yíng 동 이기다, 승리하다 | 输 shū 동 패하다, 지다 世界杯 Shìjièbēi 고유 월드컵 | 奥运会 Àoyùnhuì 고유 올림픽 | 教练 jiàoliàn 명 감독 操场 cāochǎng 명 운동장 | 训练 xùnliàn 동 훈련하다 | 优秀 yōuxiù 형 우수하다
房东 fángdōng 집주인	房地产 fángdìchǎn 명 부동산 | 出租 chūzū 동 세를 놓다 | 看房子 kàn fángzi 집을 보다 租房子 zū fángzi 집을 세내다 | 合同 hétong 명 계약서 | 押金 yājīn 명 보증금 租金 zūjīn 명 임대료 | 房子 fángzi 명 집, 건물
家庭主妇 jiātíng zhǔfù 가정주부	做家务 zuò jiāwù 집안일을 하다 | 打扫 dǎsǎo 동 청소하다 | 洗衣服 xǐ yīfu 빨래하다 洗碗 xǐ wǎn 설거지하다 | 看孩子 kān háizi 아이를 돌보다 照顾家人 zhàogù jiārén 가족을 돌보다
家人 jiārén 가족	爷爷 yéye 명 할아버지 | 奶奶 nǎinai 명 할머니 | 外公 wàigōng 명 외할아버지 姥姥 lǎolao 명 외할머니 | 父亲 fùqīn 명 아버지 | 母亲 mǔqīn 명 어머니 | 姑姑 gūgu 명 고모 舅舅 jiùjiu 명 외삼촌 | 哥哥 gēge 명 형, 오빠 | 姐姐 jiějie 명 누나, 언니 | 弟弟 dìdi 명 남동생 妹妹 mèimei 명 여동생 | 女儿 nǚ'ér 명 딸 | 儿子 érzi 명 아들 | 孙子 sūnzi 명 손자 孙女 sūnnǚ 명 손녀

 tip '上课(수업하다)'는 '선생님이 수업하다'와 '학생이 수업을 듣다'로 모두 쓸 수 있는 말이다. 마찬가지로 '动手术(수술하다)' '看病(진찰하다)' '打针(주사 맞다)'도 경우에 따라 행동의 주체가 다르게 쓰인다.

(2) 접미사로 구분하는 직업·인물

'직업/신분'을 나타내는 많은 어휘들은 '접미사'를 기준으로 분류할 수 있다. 이렇게 분류해서 외워 두면, 모르는 어휘를 만났을 때도 접미사를 통해 그 의미를 유추해 볼 수 있다.

家 jiā	어떤 전문 활동에 종사하는 사람	作家 zuòjiā 작가 ǀ 专家 zhuānjiā 전문가 ǀ 科学家 kēxuéjiā 과학자 画家 huàjiā 화가 ǀ 漫画家 mànhuàjiā 만화가 ǀ 美术家 měishùjiā 미술가 教育家 jiàoyùjiā 교육가 ǀ 艺术家 yìshùjiā 예술가 ǀ 企业家 qǐyèjiā 기업가 物理学家 wùlǐ xuéjiā 물리학자 ǀ 政治家 zhèngzhìjiā 정치가
迷 mí	애호가	歌迷 gēmí 음악 팬 ǀ 影迷 yǐngmí 영화 팬 ǀ 球迷 qiúmí 축구 팬 电视迷 diànshìmí TV광 ǀ 书迷 shūmí 독서광 ǀ 网迷 wǎngmí 인터넷 중독자
民 mín	어떤 직업에 종사하는 사람이나 구성원을 가리킴	渔民 yúmín 어민 ǀ 农民 nóngmín 농민 ǀ 股民 gǔmín 주식 투자자 国民 guómín 국민 [=公民 gōngmín] ǀ 居民 jūmín 주민 市民 shìmín 시민 ǀ 网民 wǎngmín 네티즌
生 shēng	사람을 가리키는 일부 명사의 접미사	学生 xuésheng 학생 ǀ 小学生 xiǎoxuéshēng 초등학생 中学生 zhōngxuéshēng 중·고등학생 大学生 dàxuéshēng 대학생 ǀ 研究生 yánjiūshēng 대학원생 留学生 liúxuéshēng 유학생 ǀ 新生 xīnshēng 몡 신입생
师 shī	전문적인 지식이나 기술을 가진 사람	教师 jiàoshī 교사 ǀ 工程师 gōngchéngshī 기술자, 엔지니어 厨师 chúshī 요리사 ǀ 摄影师 shèyǐngshī 사진사 美发师 měifàshī 미용사 ǀ 律师 lǜshī 변호사 ǀ 理发师 lǐfàshī 이발사
手 shǒu	어떤 기능이나 기술을 가진 사람	歌手 gēshǒu 가수 ǀ 选手 xuǎnshǒu 선수 ǀ 助手 zhùshǒu 조수 枪手 qiāngshǒu 사격수 ǀ 钓手 diàoshǒu 낚시 선수
星 xīng	(연예계·스포츠 분야 등의) 스타	明星 míngxīng 스타 ǀ 球星 qiúxīng 유명 선수, 스타플레이어 歌星 gēxīng 유명 가수 ǀ 影星 yǐngxīng 유명 영화배우
员 yuán	어떤 분야에 종사하고 있는 사람	服务员 fúwùyuán 종업원 ǀ 职员 zhíyuán 직원 快递员 kuàidìyuán 택배기사 ǀ 售票员 shòupiàoyuán 매표원 售货员 shòuhuòyuán 판매원 ǀ 运动员 yùndòngyuán 운동선수 推销员 tuīxiāoyuán 세일즈맨, 판매원 ǀ 演员 yǎnyuán 배우, 연기자 播音员 bōyīnyuán 아나운서
长 zhǎng	기관이나 단체의 책임자	校长 xiàozhǎng 교장 ǀ 家长 jiāzhǎng 학부모 ǀ 厂长 chǎngzhǎng 공장장 部长 bùzhǎng 부장 ǀ 班长 bānzhǎng 반장
者 zhě	동사, 형용사 뒤에 쓰여 그러한 성질을 가지고 있거나 동작을 하는 사람	爱好者 àihàozhě 팬, 애호가 ǀ 记者 jìzhě 기자 ǀ 作者 zuòzhě 저자 学者 xuézhě 학자 ǀ 消费者 xiāofèizhě 소비자 ǀ 读者 dúzhě 독자

 동사+명사+的: ~하는 사람
做生意的 zuò shēngyì de 사업가 ǀ 开车的 kāichē de 운전기사 ǀ 教书的 jiāoshū de 선생님

배운 내용 점검하기

● track 05

✦ 녹음을 듣고 빈칸을 채워 넣어 보세요.

1 新来的_____请先到办公室申请_____。

2 我们部门的李_____负责_____资料，_____日程。

3 很多国内外著名_____都将作为特邀_____出席本届北京电影节。

1 새로 온 유학생은 먼저 사무실로 가서 장학금을 신청하세요.
留学生 liúxuéshēng 명 유학생 | 到 dào 동 이르다 | 申请 shēnqǐng 동 신청하다 | 奖学金 jiǎngxuéjīn 명 장학금

2 우리 부서의 리[李] 비서는 자료를 정리하고 일정을 세우는 것을 책임집니다.
★部门 bùmén 명 부(部), 부문, 부서 | ★秘书 mìshū 명 비서 | 负责 fùzé 책임지다 | 整理 zhěnglǐ 동 정리하다 | ★资料 zīliào 명 자료 | 安排 ānpái 동 안배하다, 처리하다 | ★日程 rìchéng 명 일정

3 많은 국내외 유명한 배우들은 모두 특별 초청된 귀빈으로 이번 베이징 영화제에 참석합니다.
国内外 guónèiwài 명 국내외 | 著名 zhùmíng 형 유명하다, 저명하다 | 演员 yǎnyuán 명 배우, 연기자 | ★作为 zuòwéi 동 ~의 신분·자격으로서[반드시 명사성 목적어를 취해야 함] | 特邀 tèyāo 동 특별 초청하다 | ★嘉宾 jiābīn 명 귀빈, 게스트 | ★出席 chūxí 동 (회의나 행사에) 참석하다, 출석하다 | ★届 jiè 양 회, 기, 차 | 电影节 diànyǐngjié 영화제

정답 **1** 留学生, 奖学金 **2** 秘书, 整理, 安排 **3** 演员, 嘉宾

STEP 3 실력 다지기

Day 02

● 제1부분

track 06

1 A 舅舅   B 孙子   C 爷爷   D 外公

2 A 教师   B 理发师   C 厨师   D 老板

3 A 空姐   B 护士   C 记者   D 会计师

● 제2부분

4 A 著名演员 B 小杨   C 王教授   D 企业家

→ 해설서 p.4

Day 03

● 제1부분

 track 07

5 A 父亲   B 姥姥   C 姐姐   D 奶奶

6 A 导演   B 记者   C 作家   D 艺术家

7 A 警察   B 服务员   C 导演   D 演员

● 제2부분

8 A 播音员   B 运动员   C 教练   D 主持人

→ 해설서 p.6

02 장소·시간

듣기 제1·2부분

Day 04

STEP 1 유형 파악하기

◆ 보기가 '장소'나 '시간'으로 이루어져 있다면, 녹음을 들을 때 '在哪儿(어디)' '什么时候(언제)'에 특별히 집중해야 한다.

◆ 거의 매회 시험에 1~2문제는 출제된다. 정답이 녹음에 직접 언급되어 '들리는 대로' 답을 고르면 되는 문제의 출제 비중이 비교적 높다.

◆ 관련 어휘와 표현을 통해 유추해서 풀어야 하는 문제도 최근 들어 비중이 높아지고 있다. 특히 '대화가 이루어지고 있는 장소'를 묻는 문제가 그러하다.

◆ 대화와 질문을 끝까지 다 듣고 답을 선택해야 실수를 피할 수 있다. '현재'의 장소·시간을 묻는지 아니면 '미래'나 '과거'의 장소·시간을 묻는지 끝까지 집중하자!

● 제1부분 예제

 track 08

| 1 | A 邮局 | B 报社 | C 服装店 | D 电视台 |

정답&풀이 B [报社 신문사] 보기를 통해 '장소'를 집중해서 들어야 하는 문제임을 알 수 있다. '报社决定录用你为正式员工(신문사가 당신을 정규직으로 채용하기로 결정했습니다)'이라는 여자의 말을 통해 남자가 '报社'에서 일하게 될 것임을 알 수 있다.

女: 你在实习期间的表现很出色，报社决定录用你为正式员工。 男: 十分感谢您对我的肯定，入职后我一定加倍努力工作。	여: 인턴 기간 동안의 탁월한 성과에 힘입어, 신문사가 당신을 정규직으로 채용하기로 결정했습니다. 남: 제 능력을 인정해 주셔서 대단히 감사합니다. 입사 후에는 더욱 열심히 일하겠습니다.
问: 男的将要在哪儿工作? A 邮局　　　　　B 报社 C 服装店　　　　D 电视台	질문: 남자는 앞으로 어디에서 일하게 될까? A 우체국　　　　B 신문사 C 의류점　　　　D 방송국

★实习 shíxí 통 실습하다 | ★期间 qījiān 명 기간, 시간 | 表现 biǎoxiàn 명 태도, 표현, 행동 | ★出色 chūsè 형 특별히 좋다, 대단히 뛰어나다, 보통을 넘다 | ★报社 bàoshè 명 신문사 | 录用 lùyòng 통 채용하다, 고용하다, 임용하다 | 正式 zhèngshì 형 정식의, 공식의, 정규의 | ★员工 yuángōng 명 직원 | 十分 shífēn 분 매우, 아주, 대단히, 충분히 [=非常 fēicháng] | 感谢 gǎnxiè 통 고맙다, 감사하다, 고맙게 여기다 | 肯定 kěndìng 통 인정하다 | 入职 rùzhí 입사 | 加倍 jiābèi 분 배로, 갑절로, 더욱 | 努力 nǔlì 통 노력하다, 열심히 하다, 힘쓰다 | 将要 jiāngyào 분 곧 ~하려고 하다 | 邮局 yóujú 명 우체국 | 服装店 fúzhuāngdiàn 명 의류점, 옷 가게 | 电视台 diànshìtái 명 텔레비전 방송국

● **제2부분 예제**

track 09

| 2 | A 女的生日 | B 毕业典礼 | C 结婚纪念日 | D 情人节 |

정답&풀이 C [结婚两周年纪念日快乐 결혼 2주년 축하해] 보기가 모두 '기념일'과 관련된 어휘들로 보아 '언제'와 관련된 질문이 이어질 것임을 알 수 있다. 여자가 '结婚两周年纪念日快乐(결혼 2주년 축하해)'라고 언급한 말에서 보기 C가 정답임을 알 수 있다. 녹음에서 다른 보기 어휘들은 언급되지 않았으므로, 난이도는 높지 않은 편이다.

男: 好了，现在可以睁眼了。
女: "结婚两周年纪念日快乐?" 我说你这几天怎么这么神秘，原来是为了给我惊喜啊!
男: 是啊，你以为我忘了吧?
女: 那倒没有，只是没想到你会那么用心。

问: 他们在庆祝什么日子?
A 女的生日   B 毕业典礼
C 结婚纪念日   D 情人节

남: 좋아. 이제 눈을 떠도 돼.
여: "결혼 2주년 기념일 축하해?" 요 며칠 동안 왜 이렇게 수상쩍게 행동하나 했더니, 나를 위한 서프라이즈였구나!
남: 그래. 내가 잊었다고 생각했어?
여: 그건 아니야. 그냥 이렇게 정성을 다할 줄은 몰랐어.

질문: 그들은 무슨 날을 축하하고 있는가?
A 여자의 생일   B 졸업식
C 결혼기념일   D 밸런타인데이

睁眼 zhēngyǎn 동 눈을 뜨다 | 结婚 jiéhūn 동 결혼하다 | ★周年 zhōunián 명 주년 | 纪念日 jìniànrì 명 기념일 | ★神秘 shénmì 형 신비하다 | 原来 yuánlái 부 알고 보니, 원래 | 为了 wèile 개 ~을 하기 위하여 [为了+ 목적, 행위: ~하기 위하여 ~하다] | 惊喜 jīngxǐ 놀람과 기쁨 동 놀라고도 기뻐하다 | 以为 yǐwéi 동 여기다, 생각하다, 간주하다, 인정하다 [현대 한어에서 주로 '~라고 여겼는데 아니다'라는 부정적인 어기를 내포함] | 忘 wàng 동 잊다 | 倒 dào 부 오히려 | 只是 zhǐshì 부 그저, 단지, 다만 | 没想到 méi xiǎngdào 생각하지 못하다 | ★用心 yòngxīn 형 열심이다, 심혈을 기울이다 | ★庆祝 qìngzhù 동 경축하다 | ★日子 rìzi 명 날 | 毕业 bìyè 명 졸업 | ★典礼 diǎnlǐ 명 (성대한) 식, 의식, 행사 | 情人节 Qíngrénjié 고유 밸런타인데이

STEP 2 내공 쌓기

1 주요 질문 방식

track 10

장소를 묻는 질문에는 대개 '哪儿' '什么地方' '什么场所'처럼 '어디'를 의미하는 의문대사가, 시간을 묻는 질문에는 대개 '什么时候'처럼 '언제'를 의미하는 의문대사가 포함된다. 질문하는 장소나 시간이 과거, 현재, 미래 중 어디에 해당하는지 주의해 들어야 한다.

• 女的刚才去哪儿了? 여자는 방금 어디에 갔었는가? (과거)
• 男的可能在哪儿工作? 남자는 어디에서 일하는가? (현재)
• 女的建议去哪儿? 여자는 어디로 가자고 제안하는가? (미래) ✦
• 他们最可能在哪儿? 그들은 어디에 있을 가능성이 가장 큰가? (현재) ✦
• 对话可能发生在什么地方? 대화는 어디에서 발생했을 가능성이 있는가? (현재)
• 他们的合影是什么时候拍的? 그들의 단체 사진은 언제 찍은 것인가? (과거)
• 男的打算什么时候去上海? 남자는 언제 상하이에 가려고 하는가? (미래) ✦

2 핵심 어휘 및 표현

track 11

최근 출제 빈도가 높아지고 있는 '장소·시간 유추형' 문제까지 놓치지 않고 고득점을 받기 위해서는 특정 장소 및 시간과 관련된 어휘와 표현을 충분히 익혀 두어야 한다.

(1) 장소

아래에 정리한 것은 모두 과거 시험에 한 번 이상 등장했던 대화 장소 또는 대화에서 언급된 장소이다. 관련 어휘와 표현을 함께 기억해 두면 어떤 녹음을 들어도 크게 당황스럽지는 않을 것이다. 최근 출제 경향에 따르면 빈출 장소는 식당, 집, 공항, 기차역, 은행, 병원 등이 있다.

车上 chē shang 차 안	司机 sījī 명 운전기사 | 月票 yuèpiào 명 월 정기권 驾驶 jiàshǐ 동 운전하다 [=开车 kāichē] | 停车 tíngchē 동 차를 세우다 上车 shàngchē 동 차를 타다 [↔下车 xiàchē 차에서 내리다] | 堵车 dǔchē 동 차가 막히다 修路 xiūlù 동 도로를 정비하다 | 超速 chāosù 동 규정 속도를 초과하다 坐过站 zuò guò zhàn 정거장을 지나치다 | 注意安全 zhùyì ānquán 안전에 주의하다
餐厅 cāntīng 饭馆 fànguǎn 식당 ✦	服务员 fúwùyuán 명 종업원 | 菜单 càidān 명 메뉴 | 筷子 kuàizi 명 젓가락 勺子 sháozi 명 국자, 수저 | 餐巾纸 cānjīnzhǐ 명 냅킨 | 快餐 kuàicān 명 패스트푸드 汤 tāng 명 탕, 국 | 饮料 yǐnliào 명 음료 | 味道 wèidao 명 맛 | 酸 suān 형 시다 甜 tián 형 달다 | 苦 kǔ 형 쓰다 | 辣 là 형 맵다 | 咸 xián 형 짜다 | 淡 dàn 형 싱겁다 发票 fāpiào 명 영수증 | 营业时间 yíngyè shíjiān 영업시간 | 酒吧 jiǔbā 명 술집
	下馆子 xià guǎnzi 음식점에 가다 | 点菜 diǎncài 동 주문하다 | 打包 dǎbāo 동 포장하다 上菜 shàngcài 동 요리를 내오다 | 炒 chǎo 동 볶다 | 炸 zhá 동 튀기다 | 煮 zhǔ 동 삶다, 끓이다 买单 mǎidān 동 계산하다 [=结账 jiézhàng] AA制 AA zhì 더치페이 하다 [=各付各的 gè fù gè de] 刷卡 shuākǎ 카드로 결제하다 | 付现金 fù xiànjīn 현금으로 결제하다
家庭 jiātíng 가정 ✦	爱人 àiren 명 배우자 | 丈夫 zhàngfu 명 남편 [=老公 lǎogōng] 妻子 qīzi 명 아내 [=老婆 lǎopo] | 夫妻 fūqī 명 부부 [=两口子 liǎngkǒuzi] 隔壁 gébì 명 이웃 [=邻居 línjū] | 孩子 háizi 명 아이
	送孩子 sòng háizi 아이를 배웅하다 [↔接孩子 jiē háizi 아이를 데려오다] 看孩子 kān háizi 아이를 돌보다 | 做家务 zuò jiāwù 집안일을 하다 [=干家务 gàn jiāwù] 做饭 zuò fàn 음식을 하다 | 洗碗 xǐ wǎn 설거지를 하다 装修 zhuāngxiū 동 인테리어 하다 | 家具 jiājù 명 가구 | 窗帘 chuānglián 명 커튼
	厨房 chúfáng 명 주방 | 客厅 kètīng 명 거실 | 房间 fángjiān 명 방 | 卧室 wòshì 명 침실 书房 shūfáng 명 서재 | 卫生间 wèishēngjiān 명 화장실 | 阳台 yángtái 명 베란다
机场 jīchǎng 공항 ✦	班机 bānjī 명 정기 항공편 | 航班 hángbān 명 운항편, 항공편 | 机票 jīpiào 명 비행기표 登机口 dēngjīkǒu 명 탑승구 | 登机牌 dēngjīpái 명 탑승권 | 护照 hùzhào 명 여권 签证 qiānzhèng 명 비자 | 手续 shǒuxù 명 수속, 절차 | 乘客 chéngkè 명 승객 出租车 chūzūchē 명 택시 | 机场大巴 jīchǎng dàbā 공항버스 公共汽车 gōnggòng qìchē 버스 [=公交车 gōngjiāochē]
	订票 dìng piào (비행기 등의) 표를 예매하다 | 预定 yùdìng 동 예약하다 改签 gǎi qiān 비행기표를 변경하다 | 托运 tuōyùn 동 (짐을) 부치다 登机 dēngjī 동 (비행기에) 탑승하다 | 起飞 qǐfēi 동 이륙하다 | 降落 jiàngluò 동 착륙하다 晚点 wǎndiǎn 동 연착하다 | 入境 rùjìng 동 입국하다 [=入国 rùguó] 出境 chūjìng 동 출국하다 [=出国 chūguó]

火车站 huǒchēzhàn 기차역✦	列车 lièchē 몡 열차 | 高铁 gāotiě 몡 고속철도 | 进站口 jìnzhànkǒu 열차 진입구 站台 zhàntái 몡 플랫폼 | 车厢 chēxiāng 몡 (열차의) 객실이나 수하물칸 候车室 hòuchēshì 몡 대합실 | 乘务员 chéngwùyuán 몡 승무원 车票 chēpiào 몡 차표, 승차권 | 检票 jiǎnpiào 동 표를 검사하다, 검표하다
宾馆 bīnguǎn 酒店 jiǔdiàn 호텔	单人间 dānrénjiān 1인실 | 双人间 shuāngrénjiān 2인실 标准间 biāozhǔnjiān 몡 (호텔 등의) 일반실 商务间 shāngwù jiān 비즈니스룸 | 含早餐 hán zǎocān 조식 포함 | 押金 yājīn 몡 보증금 房卡 fángkǎ 몡 룸의 카드 키 | 前台 qiántái 몡 프런트, 카운터 [≒服务台 fúwùtái] 订房 dìng fáng 객실을 예약하다 | 登记 dēngjì 동 체크인하다 | 退房 tuì fáng 체크아웃하다 住宿费 zhùsùfèi 숙박료
理发店 lǐfàdiàn 이발소 美发店 měifàdiàn 미용실	发型 fàxíng 몡 헤어스타일 | 洗发 xǐfà 동 머리를 감다 剪发 jiǎnfà 동 머리카락을 자르다 [=剪头发 jiǎn tóufa] | 理发 lǐfà 동 머리카락을 다듬다 烫发 tàngfà 동 파마하다 [=烫头发 tàng tóufa] 染发 rǎnfà 동 머리를 염색하다 [=染头发 rǎn tóufa]
商店 shāngdiàn 商场 shāngchǎng 상점 超市 chāoshì 슈퍼마켓 便利店 biànlìdiàn 편의점	款式 kuǎnshì 몡 스타일, 디자인 | 新款 xīnkuǎn 몡 새로운 스타일 优惠 yōuhuì 혱 특혜의, 우대의 | 特价 tèjià 몡 특가 | 高档 gāodàng 혱 고급의 日用品 rìyòngpǐn 몡 일상용품 | 上市 shàngshì 동 출시되다, 시장에 나오다 消费 xiāofèi 동 소비하다 | 挑选 tiāoxuǎn 동 고르다 | 推荐 tuījiàn 동 추천하다 打折 dǎzhé 동 할인하다 | 减价 jiǎnjià 동 가격을 내리다 [↔涨价 zhǎngjià 가격을 인상하다] 讨价还价 tǎojià huánjià 가격을 흥정하다 [=讲价 jiǎngjià] 收银台 shōuyíntái 몡 계산대 [=柜台 guìtái] | 现金 xiànjīn 몡 현금 会员卡 huìyuánkǎ 멤버십 카드 | 付钱 fù qián 돈을 지불하다 [=付款 fù kuǎn] 扫 sǎo (위챗페이 등으로) 결제하다, 스캔하다 | 扫码 sǎo mǎ 바코드로 결제하다 交换 jiāohuàn 동 교환하다 | 退货 tuìhuò 동 반품하다 | 退款 tuìkuǎn 동 환불하다 找钱 zhǎoqián 동 돈을 거스르다 | 零钱 língqián 몡 잔돈 发票 fāpiào 몡 영수증 [=收据 shōujù] | 小票 xiǎopiào 몡 영수증
图书馆 túshūguǎn 도서관	借书证 jièshūzhèng 도서 대출증 | 阅览室 yuèlǎnshì 몡 열람실 借书 jiè shū 책을 빌리다 | 还书 huán shū 책을 반납하다 续借 xùjiè 몡 기간을 연장해서 빌리다 | 到期 dàoqī 동 기한이 되다 过期 guòqī 동 기한을 넘기다 | 罚款 fákuǎn 동 벌금을 물리다 몡 벌금
学校 xuéxiào 학교	本科 běnkē 몡 본과 | 硕士 shuòshì 몡 석사 | 博士 bóshì 몡 박사 | 教授 jiàoshòu 몡 교수 校园 xiàoyuán 몡 교정, 캠퍼스 | 宿舍 sùshè 몡 기숙사 | 学期 xuéqī 몡 학기 课程 kèchéng 몡 교과과정 | 论文 lùnwén 몡 논문 | 作业 zuòyè 몡 숙제, 과제 交报告 jiāo bàogào 보고서를 제출하다 | 注册 zhùcè 동 등록하다 [=报名 bàomíng] 上课 shàngkè 동 수업하다 [↔下课 xiàkè 수업을 마치다] | 旷课 kuàngkè 동 무단 결석하다 考试 kǎoshì 몡 시험 | 成绩 chéngjì 몡 성적 | 分数 fēnshù 몡 점수 及格 jígé 동 합격하다 [↔不及格 bù jígé 불합격하다] | 留级 liújí 몡 유급, 낙제
银行 yínháng 은행✦	存折 cúnzhé 몡 통장 | 存款单 cúnkuǎndān 몡 예금증서 | 账户 zhànghù 몡 계좌, 구좌 账号 zhànghào 몡 계좌번호 | 开户 kāihù 계좌를 개설하다 | 银行卡 yínhángkǎ 예금 카드 信用卡 xìnyòngkǎ 신용카드 | 存钱 cúnqián 동 저금하다, 예금하다 [=存款 cúnkuǎn] 取钱 qǔ qián 돈을 찾다 [=取款 qǔ kuǎn] | 换钱 huànqián 동 환전하다 利息 lìxī 몡 이자 | 汇率 huìlǜ 몡 환율 | 汇款 huìkuǎn 동 송금하다 贷款 dàikuǎn 동 대출하다 [↔偿还 chánghuán 동 상환하다] | 密码 mìmǎ 몡 비밀번호 输入密码 shūrù mìmǎ 비밀번호를 입력하다 | 自动取款机 zìdòng qǔkuǎnjī 현금자동인출기(ATM) 理财 lǐcái 동 재테크하다 | 理财产品 lǐcái chǎnpǐn 재테크 상품 | 咨询 zīxún 동 자문하다 投资 tóuzī 동 투자하다 | 风险 fēngxiǎn 몡 리스크, 위험

邮局 yóujú 우체국	信 xìn 몡 편지 | 包裹 bāoguǒ 몡 소포 | 寄信 jì xìn 편지를 부치다 | 信箱 xìnxiāng 몡 우체통 寄包裹 jì bāoguǒ 소포를 부치다 | 送快递 sòng kuàidì 택배를 보내다 | 邮票 yóupiào 몡 우표 贴邮票 tiē yóupiào 우표를 붙이다 邮政编码 yóuzhèng biānmǎ 우편번호 [=邮编 yóubiān] 寄信人 jìxìnrén 보내는 사람 | 收信人 shōuxìnrén 받는 사람
医院 yīyuàn 병원✚	大夫 dàifu 몡 의사 [=医生 yīshēng] | 护士 hùshi 몡 간호사 | 患者 huànzhě 몡 환자 挂号 guàhào 동 등록하다, 수속하다 | 门诊 ménzhěn 몡 진료, 진찰, 외래 진찰 急诊室 jízhěnshì 몡 응급실 | 量体温 liáng tǐwēn 체온을 재다 体检 tǐjiǎn 몡동 신체검사(를 하다) | 看病 kànbìng 동 진찰하다, 진찰받다 治疗 zhìliáo 동 치료하다 | 开药方 kāi yàofāng 약을 처방하다 动手术 dòng shǒushù 수술하다 [=做手术 zuò shǒushù] | 恢复 huīfù 동 회복하다 好转 hǎozhuǎn 동 호전되다 | 头疼 tóuténg 몡 두통 | 发烧 fāshāo 동 (체온이 올라가) 열나다 咳嗽 késou 몡동 기침(하다) | 感冒 gǎnmào 몡동 감기(에 걸리다) [=着凉 zháoliáng] 病房 bìngfáng 몡 병실 | 探视 tànshì 몡 병문안하다 | 探望 tànwàng 동 문안하다 探视时间 tànshì shíjiān 면회 시간 | 住院 zhùyuàn 동 입원하다 [↔出院 chūyuàn 동 퇴원하다]
公司 gōngsī **单位** dānwèi 회사 **办公室** bàngōngshì 사무실	老板 lǎobǎn 몡 사장 | 经理 jīnglǐ 몡 사장, 매니저 | 上司 shàngsi 몡 상사 职员 zhíyuán 몡 직원 | 员工 yuángōng 몡 직원 | 部门 bùmén 몡 부서 销售部 xiāoshòubù 판매부 | 宣传部 xuānchuánbù 마케팅부 | 人事部 rénshìbù 인사부 文件 wénjiàn 몡 문서 | 打印 dǎyìn 동 프린트하다 | 出差 chūchāi 출장 가다 开会 kāihuì 동 회의하다 | 工厂 gōngchǎng 몡 공장 | 媒体 méitǐ 몡 미디어 辞职 cízhí 동 사직하다 | 辞退 cítuì 동 그만두다, 사직하다, 해고하다
电影院 diànyǐngyuàn 영화관	第一排 dì yī pái 첫 번째 줄 | 字幕 zìmù 몡 자막 | 上映 shàngyìng 동 상영하다 电影票 diànyǐngpiào 영화표 | 喜剧 xǐjù 몡 코미디 영화 动作片(儿) dòngzuòpiàn(r) 몡 액션 영화 科幻片(儿) kēhuànpiàn(r) 몡 SF 영화, 공상과학 영화 爱情片(儿) àiqíngpiàn(r) 몡 멜로 영화 | 纪录片(儿) jìlùpiàn(r) 몡 다큐멘터리 영화
免税店 miǎnshuìdiàn 면세점	纪念品 jìniànpǐn 몡 기념품 | 礼物 lǐwù 몡 선물 买化妆品 mǎi huàzhuāngpǐn 화장품을 사다 | 名牌 míngpái 몡 유명 브랜드
其他 qítā 기타	博物馆 bówùguǎn 몡 박물관 | 美术馆 měishùguǎn 몡 미술관 | 画展 huàzhǎn 몡 미술 전시회 艺术馆 yìshùguǎn 몡 예술관 | 展览馆 zhǎnlǎnguǎn 몡 전시관 | 广场 guǎngchǎng 몡 광장 动物园 dòngwùyuán 몡 동물원 | 植物园 zhíwùyuán 몡 식물원 | 网吧 wǎngbā 몡 PC방 服装店 fúzhuāngdiàn 옷 가게 | 化妆品店 huàzhuāngpǐndiàn 화장품 가게 便利店 biànlìdiàn 몡 편의점 | 小吃店 xiǎochīdiàn 몡 분식점 | 咖啡厅 kāfēitīng 몡 커피숍 茶馆 cháguǎn 몡 찻집 | 健身房 jiànshēnfáng 몡 헬스클럽 | 出版社 chūbǎnshè 몡 출판사 杂志社 zázhìshè 몡 잡지사 | 照相馆 zhàoxiàngguǎn 몡 사진관 | 俱乐部 jùlèbù 몡 클럽 电视台 diànshìtái 몡 TV 방송국 | 公园 gōngyuán 몡 공원 演唱会 yǎnchànghuì 몡 음악회, 콘서트 | 书店 shūdiàn 몡 서점

(2) 시간

계절이나 때를 나타내는 어휘와 표현, 중국의 대표적인 명절과 기념일 만큼은 반드시 익혀 두어야 한다.

季节 jìjié 계절	季节 jìjié 몡 계절 | 春天 chūntiān 몡 봄 [=春季 chūnjì] | 夏天 xiàtiān 몡 여름 [=夏季 xiàjì] 秋天 qiūtiān 몡 가을 [=秋季 qiūjì] | 冬天 dōngtiān 몡 겨울 [=冬季 dōngjì]

年 nián 연 月 yuè 월 日 rì 일	前年 qiánnián 재작년 | 去年 qùnián 작년 | 今年 jīnnián 올해 明年 míngnián 내년 | 年初 niánchū 연초 | 年底 niándǐ 연말 月初 yuèchū 월초 | 月底 yuèdǐ 월말 [=月末 yuèmò] 上个月中旬 shàng ge yuè zhōngxún 지난달 중순 | 上周 shàng zhōu 지난주 这周 zhè zhōu 이번 주 | 下周 xià zhōu 다음 주 | 前天 qiántiān 그저께 昨天 zuótiān 어제 | 今天 jīntiān 오늘 | 明天 míngtiān 내일 | 后天 hòutiān 모레
一天 yìtiān 하루	凌晨 língchén 명 이른 새벽 | 早晨 zǎochén 명 (이른) 아침, 새벽, 오전 早上 zǎoshang 명 아침 | 上午 shàngwǔ 명 오전 | 中午 zhōngwǔ 명 정오 下午 xiàwǔ 명 오후 | 晚上 wǎnshang 명 저녁 | 早晚 zǎowǎn 명 아침과 저녁
节日 jiérì 명절, 기념일	除夕 chúxī 명 섣달그믐날 | 新年 xīnnián 명 신년, 새해 | 春节 Chūnjié 고유 춘절, 음력설 妇女节 Fùnǚjié 고유 여성의 날 | 清明节 Qīngmíngjié 고유 청명절 劳动节 Láodòngjié 고유 노동절 | 端午节 Duānwǔjié 고유 단오절 儿童节 Értóngjié 고유 어린이날 | 中秋节 Zhōngqiūjié 고유 중추절, 추석 国庆节 Guóqìngjié 고유 국경절
时期 shíqī 시기, 때	A的时候 A de shíhou A때 | 期间 qījiān 명 기간 | 幼儿园 yòu'éryuán 명 유치원 小学 xiǎoxué 명 초등학교 | 初中 chūzhōng 명 중학교 | 中学 zhōngxué 명 중·고등학교 高中 gāozhōng 명 고등학교 | 大学 dàxué 명 대학교 | 大学时期 dàxué shíqī 대학 시절 入学期 rùxué qī 입학철 | 毕业时期 bìyè shíqī 졸업 시기 | 上课前 shàngkè qián 수업 전 下课后 xiàkè hòu 수업 후 | 放假 fàngjià 통 휴가로 쉬다, 방학하다 暑假 shǔjià 명 여름방학, 여름휴가 | 寒假 hánjià 명 겨울방학 | 开会前 kāihuì qián 회의하기 전 会议结束后 huìyì jiéshù hòu 회의 끝난 후 | 去出差之前 qù chūchāi zhīqián 출장 가기 직전 假期 jiàqī 명 휴가 기간, 휴가 때 | 休年假时 xiū niánjià shí 연차일 때 刚结婚的时候 gāng jiéhūn de shíhou 막 결혼했을 때 | 近年来 jìnnián lái 최근 몇 년간 最近 zuìjìn 명 최근 | 以前 yǐqián 명 이전 | 以后 yǐhòu 명 이후 从今天开始 cóng jīntiān kāishǐ 오늘부터 시작해서 | 今后 jīnhòu 명 앞으로 高峰期 gāofēngqī 명 절정기 | 旺季 wàngjì 명 성수기 [↔淡季 dànjì 비성수기]

'시점/시간' 관련 핵심 구문

사건이 발생한 시점, 화자가 말하고자 하는 시점을 알 수 있는 키포인트 구문이므로 반드시 기억해 두도록 하자.

- 刚才……了 gāngcái …… le 방금 ~했다 → 과거
  李经理刚才来找了你三次。 리[李] 사장님은 방금 당신을 세 번이나 찾으러 왔다.

- 正在……呢 zhèngzài …… ne ~하고 있는 중이다 → 현재
  这家商店正在打折呢，我们去看看吧。 이 상점은 세일하는 중인데, 우리 한번 보러 가자.

- 就要/快要/快/要……了 jiùyào / kuàiyào / kuài / yào …… le 곧 ~한다 → 미래
  飞机就要起飞了，你快系好安全带。 비행기가 곧 이륙하니, 너는 빨리 안전벨트를 매.

- 会……(的) huì ……(de) ~할 것이다 → 미래
  明天我会把资料准备好的。 내일은 자료가 준비될 것이다.

배운 내용 점검하기

● track 12

✦ 녹음을 듣고 빈칸을 채워 넣어 보세요.

1 你可以凭＿＿＿＿＿＿借书、＿＿＿＿。如果超过了时间，就要交＿＿＿＿。

2 这家餐厅只收_____，不能_____。

3 _____，请你再_____一下参加会议的人员_____。

해석
어휘

1 당신은 도서 대출증을 근거로 책을 빌리거나 책을 반납할 수 있습니다. 만약 시간이 초과하면, 바로 벌금을 내야 합니다.
★凭 píng 깨 (증서)에 근거하여 | 借书证 jièshūzhèng 명 도서 대출증 | 借书 jiè shū 책을 빌리다 | 还书 huán shū 책을 반납하다 | 如果 rúguǒ 접 만약, 만일 | 超过 chāoguò 동 초과하다 | 交 jiāo 동 내다 | 罚款 fákuǎn 명 벌금

2 이 식당은 현금만 받고, 카드 결제는 할 수 없습니다.
餐厅 cāntīng 명 식당 | 收 shōu 동 받다, 받아들이다 | 现金 xiànjīn 명 현금 | 刷卡 shuākǎ 카드로 결제하다

3 회의를 하기 전에 회의에 참가하는 인원의 명단을 다시 한 번 확인해 주세요.
开会 kāihuì 동 회의를 하다 | 确认 quèrèn 동 확인하다 | ★人员 rényuán 명 인원 | 名单 míngdān 명 명단

정답 **1** 借书证, 还书, 罚款　　**2** 现金, 刷卡　　**3** 开会前, 确认, 名单

STEP 3 실력 다지기

Day 05

track 13

● 제1부분

1 A 学校宿舍　　B 市里的宾馆　　C 朋友家　　D 超市

2 A 上个月中旬　　B 大学时期　　C 前年国庆节　　D 刚结婚时

3 A 饭馆儿　　B 便利店　　C 照相馆　　D 电影院

● 제2부분

4 A 机场　　B 邮局　　C 火车站　　D 宾馆

 해설서 p.8

Day 06

track 14

● 제1부분

5 A 国庆节　　B 暑假　　C 劳动节　　D 年底

6 A 医院　　B 免税店　　C 图书馆　　D 杂志社

● 제2부분

7 A 商店　　B 博物馆　　C 学校　　D 银行

8 A 地下停车场　　B 美发店　　C 餐厅　　D 公司

해설서 p.9

03 행동

듣기 제1·2부분

Day 07

STEP 1 유형 파악하기

◆ 보기가 '행동'을 나타내는 '동사' 또는 '동사구[동사+목적어]'로 이루어져 있다면 누가 무엇을 '어떻게' 했는지 물을 가능성이 높다. 녹음과 보기를 대조하면서 어떤 동작이 언급되고, 어떤 인물이 어떤 행동을 하는지 집중해야 한다.

◆ '들리는 게 답'인 문제의 출제 비중이 높지만, 보기를 유의어 표현으로 제시해 난이도를 올린 문제의 출제 비중이 높아지고 있다. 빈출 표현을 중심으로 유의어도 함께 익혀 두자.

◆ 대화 당사자가 아니라, 대화에서 언급된 제3자의 행동에 대해 묻는 경우도 있으므로, 질문하는 행동의 대상이 누구인지 녹음을 끝까지 잘 듣고 답해야 한다.

● 제1부분 예제

○ track 15

| 1 | A 买黄金 | B 买保险 | C 卖股票 | D 签合同 |

정답&풀이 **A** [黄金的价格一定会涨 금 가격이 분명히 오를 것이다] 보기가 모두 동사구로 이루어진 보기를 통해 '행동'을 묻는 질문이 이어질 것임을 예상할 수 있다. 남자의 금을 사지 말라고 하는 말에 여자가 '我相信黄金的价格一定会涨(나는 금 가격이 분명히 오를 거라고 믿어)'이라고 한 대답에서 여자는 '금을 살 것(买黄金)'이라는 것을 알 수 있다. 다른 보기들은 언급되지 않았다.

男: 你听我的，近期别买黄金。上次我买了，损失惨重啊!
女: 放心吧，投资要把握时机。我相信黄金的价格一定会涨。

问: 女的接下来打算怎么做?

A 买黄金 B 买保险
C 卖股票 D 签合同

남: 내 말 들어. 요즘엔 금을 사지 마. 지난번에 내가 샀다가 큰 손해를 봤어!
여: 걱정 마. 투자는 타이밍이 중요해. 나는 금 가격이 분명히 오를 거라고 믿어.

질문: 여자는 이어서 어떻게 할 계획인가?

A 금 사기 B 보험 들기
C 주식 팔기 D 계약 서명하기

近期 jìnqī 명 가까운 시기 | ★黄金 huángjīn 명 황금 | ★损失 sǔnshī 명 손해, 손실 | 惨重 cǎnzhòng 형 손해가 크다, 막심하다, 막대하다 | 放心 fàngxīn 동 안심하다, 마음을 놓다 | ★投资 tóuzī 동 투자하다 | ★把握 bǎwò 동 (추상적인 사물을) 파악하다, 포착하다, 장악하다, 붙들다, 잡다 | ★时机 shíjī 명 (유리한) 시기, 기회, 때 | 相信 xiāngxìn 동 믿다, 신임하다, 신뢰하다 | 价格 jiàgé 명 가격, 값 | ★涨 zhǎng 동 (수위·물가 등이) 오르다 | 接下来 jiēxiàlái 다음으로, 이어서 | 打算 dǎsuàn 동 ~할 예정이다, 계획하다 | ★保险 bǎoxiǎn 명 보험 | ★股票 gǔpiào 명 주식 | ★签 qiān 동 서명하다, 사인하다 | ★合同 hétong 명 계약서

● 제2부분 예제

○ track 16

2　A 不再购买那些原材料　　　B 进行市场调查
　　C 开会调整方案　　　　　　 D 征求专家的意见

정답&풀이 C [调整一下价格方案 가격 방안을 조정하다] 녹음을 들을 때 남자와 여자가 하는 말을 잘 정리하면서 듣자. 아직 가격을 조정하지 못했다는 여자의 대답에 남자는 '那你们抓紧时间开个会，调整一下价格方案吧(그럼 빨리 회의를 열어서 가격 방안을 조정하도록 해)'라고 말했다. 이를 통해 보기 C가 정답임을 알 수 있다.

男：小李，我们的产品销售额与上个月相比，提升了不少，但为什么利润率反而下降了？ 女：张总，这是因为原材料的成本上升了，而售价还没来得及调整。 男：那你们抓紧时间开个会，<u>调整一下价格方案吧</u>。 女：好的。 问：男的希望女的怎么做？ A 不再购买那些原材料 B 进行市场调查 **C 开会调整方案** D 征求专家的意见	남：샤오리, 우리 제품의 판매량이 지난달에 비해 많이 증가했는데, 왜 오히려 이익률은 떨어졌죠? 여：장 사장님, 그건 원자재 비용이 올라갔기 때문이에요. 아직 가격을 조정하지 못했어요. 남：<u>그럼 빨리 회의를 열어서 가격 방안을 조정하도록 하죠</u>. 여：네. 질문：남자가 여자에게 바라는 것은 무엇인가? A 그 원자재를 더 이상 구매하지 않음 B 시장 조사를 진행함 **C 회의를 열어 방안을 조정함** D 전문가의 의견을 구함

★**产品** chǎnpǐn 명 제품, 생산품 | **销售额** xiāoshòué 명 판매액 | **相比** xiāngbǐ 동 비교하다, 견주다 [与……相比: ~와 비교하다] | ★**提升** tíshēng 동 오르다 | **利润率** lìrùnlǜ 명 이익률, 수익률 | ★**反而** fǎn'ér 부 오히려, 도리어 | **下降** xiàjiàng 동 떨어지다, 낮아지다 | **总** zǒng 명 [总工程师(수석 엔지니어)·总经理(사장)·总编辑(편집장) 등의 직위에 있는 사람을 호칭할 때, 앞에 성(姓)을 붙여 쓰는 말] | **原材料** yuáncáiliào 명 원자재 | **成本** chéngběn 명 원가, 자본금 | **上升** shàngshēng 동 상승하다, 위로 올라가다 | **而** ér 접 그리고 [뜻이 서로 이어지는 성분을 연결하여 순접을 나타냄] | **售价** shòujià 명 판매 가격 | **来得及** láidejí 동 늦지 않다, (시간이 있어서) 돌볼 수가 있다 | ★**调整** tiáozhěng 동 조정하다, 조절하다 | ★**抓紧** zhuājǐn 동 서둘러 하다, 박차를 가하다 | **开会** kāihuì 동 회의를 열다 | **价格** jiàgé 명 가격, 값 | ★**方案** fāng'àn 명 방안 | **不再** búzài 동 더는 ~이 아니다, 다시 ~하지 않다 | **购买** gòumǎi 동 사다, 구매하다 | **进行** jìnxíng 동 (진행)하다 | **市场** shìchǎng 명 시장 | **调查** diàochá 동 조사하다 명 조사 | ★**征求** zhēngqiú 동 탐방하여 구하다, 묻다 | ★**专家** zhuānjiā 명 전문가 | **意见** yìjiàn 명 의견, 견해

STEP 2 내공 쌓기

1　주요 질문 방식

○ track 17

주로 '……做什么？' '……怎么做？' 형태의 질문이 출제되며, 누구와 무엇을 어떻게 '했고' 또는 '하고 있고' 또는 '하려고 하는지'를 묻는다. 일차적으로 보기를 통해 행동을 묻는 문제임을 예상했다면 질문에서는 '누가' '언제' 한 행동을 묻는지 주의해 들어야 한다.

- **男的正在做什么？** 남자는 무엇을 하고 있는 중인가? ✦
- **女的最有可能在做什么？** 여자는 무엇을 하고 있을 가능성이 가장 큰가?
- **女的打算做什么？** 여자는 무엇을 할 계획인가? ✦
- **男的要做什么？** 남자는 무엇을 하려고 하는가? ✦

- 女的要去上海做什么? 여자는 상하이에 무엇을 하러 가는가?
- 他们这个周末要做什么? 그들은 이번 주말에 무엇을 하려 하는가?
- 女的建议男的怎么做 여자는 남자에게 어떻게 하라고 제안하는가? ✦

2 핵심 어휘 및 표현

 ● track 18

자주 출제되는 대화 주제별로 행동을 나타내는 동사와 동사구[동사+목적어]를 정리했다. 앞 단원에서 다루었던 어휘나 표현도 많이 포함되어 있는데, 그만큼 자주 출제되고 활용도가 높기 때문이니 자꾸 반복해 보면서 기억에 남기는 것이 좋다. 핵심 어휘와 표현 학습은 고득점 획득의 지름길임을 절대 잊지 말자!

家务 jiāwù 가사	干家务 gàn jiāwù 집안일을 하다 | 打扫 dǎsǎo 동 청소하다 | 擦 cā 동 닦다 搞卫生 gǎo wèishēng 청소하다 | 扫地 sǎodì 동 땅을 쓸다 [=擦地 cā dì] 整理房间 zhěnglǐ fángjiān 방을 정리하다 [=收拾房间 shōushi fángjiān] 收拾 shōushi 동 치우다, 정리하다 | 做饭 zuò fàn 밥을 짓다, 식사 준비를 하다 做菜 zuò cài 요리를 만들다 | 洗碗 xǐ wǎn 설거지를 하다 | 洗衣服 xǐ yīfu 빨래하다 送孩子 sòng háizi 아이를 데려다주다 [↔接孩子 jiē háizi 아이를 마중가다] 看孩子 kān háizi 아이를 돌보다
学校生活 xuéxiào shēnghuó 학교생활	入学 rùxué 입학하다 | 升学 shēngxué 동 진학하다 | 上学 shàngxué 동 등교하다 放学 fàngxué 동 수업을 마치다 | 上课 shàngkè 동 수업하다 [↔下课 xiàkè 수업이 끝나다] 预习 yùxí 동 예습하다 [↔复习 fùxí 동 복습하다] | 读书 dúshū 동 공부하다 考试 kǎoshì 명 시험 동 시험을 치다 | 做作业 zuò zuòyè 숙제를 하다 [=写作业 xiě zuòyè] 查资料 chá zīliào 자료를 찾다 | 借书 jiè shū 책을 빌리다 [↔还书 huán shū 책을 반납하다] 写论文 xiě lùnwén 논문을 쓰다 | 报名 bàomíng 동 신청하다, 등록하다, 지원하다 报名表 bàomíngbiǎo 신청서 | 开课 kāikè 동 수업을 시작하다, 개강하다 听讲座 tīng jiǎngzuò 강의를 듣다 | 参加讲座 cānjiā jiǎngzuò 강좌에 참가하다 参加辩论赛 cānjiā biànlùnsài 토론 대회에 참가하다 | 加入社团 jiārù shètuán 동아리에 가입하다 参与课外活动 cānyù kèwài huódòng 과외 활동에 참여하다
工作 gōngzuò 일	找工作 zhǎo gōngzuò 일자리를 찾다 [=求职 qiúzhí] 招聘新员工 zhāopìn xīn yuángōng 신입 사원을 모집하다 招聘职员 zhāopìn zhíyuán 직원을 채용하다 | 写简历 xiě jiǎnlì 이력서를 쓰다 求职应聘 qiúzhí yìngpìn 구직 지원하다 | 面试 miànshì 동 면접시험을 치다 参加面试 cānjiā miànshì 면접에 참가하다 | 录取 lùqǔ 동 채용하다, 뽑다 | 担任 dānrèn 동 담당하다 上班 shàngbān 동 출근하다 [↔下班 xiàbān 퇴근하다] | 加班 jiābān 동 야근하다 熬夜 áoyè 동 밤새다, 철야하다 | 出差 chūchāi 동 출장 가다 [去/到+장소+出差] 开会 kāihuì 동 회의를 열다 | 打字 dǎzì 동 타이핑하다 | 打印文件 dǎyìn wénjiàn 문서를 프린트하다 复印 fùyìn 동 복사하다 | 发传真 fā chuánzhēn 팩스를 보내다 | 派人 pài rén 사람을 파견하다 签合同 qiān hétong 계약을 맺다 | 宣传 xuānchuán 동 홍보하다 | 咨询 zīxún 동 상의하다, 자문하다 培训 péixùn 동 (기술자나 전문 간부 등을) 훈련하다 | 调整状态 tiáozhěng zhuàngtài 컨디션을 조절하다 请假 qǐngjià 동 휴가를 신청하다 [请一天假 qǐng yì tiān jià 하루 휴가 내다] 退休 tuìxiū 동 퇴직하다 [=退职 tuìzhí] | 离职 lízhí 동 사직하다 [=辞职 cízhí] 辞退 cítuì 동 해고하다 [=开除 kāichú =炒鱿鱼 chǎo yóuyú] | 查信息 chá xìnxī 정보를 조사하다 分析资料 fēnxi zīliào 자료를 분석하다 | 受到压力 shòudào yālì 스트레스를 받다 休息 xiūxi 동 쉬다, 휴식을 취하다 | 接受采访 jiēshòu cǎifǎng 인터뷰에 응하다 提高工作效率 tígāo gōngzuò xiàolǜ 업무 효율을 향상시키다 推迟会议时间 tuīchí huìyì shíjiān 회의 시간을 연기하다 | 发挥能力 fāhuī nénglì 능력을 발휘하다 接客人 jiē kèrén 손님을 맞이하다 | 送客人 sòng kèrén 손님을 배웅하다

购物 gòuwù 쇼핑	逛街 guàngjiē 거리 구경을 하다, 아이쇼핑하다 | 逛商店 guàng shāngdiàn 상점을 돌아다니다 买东西 mǎi dōngxi 물건을 사다 | 买礼物 mǎi lǐwù 선물을 사다 | 试衣服 shì yīfu 옷을 입어 보다 肥 féi 혱 (의복이나 신발 등이) 크다, 헐렁하다 [↔瘦 shòu 혱 꽉 끼다, 작다] | 付款 fù kuǎn 결제하다 刷卡 shuākǎ 동 카드를 긁다, 카드로 결제하다 | 补办 bǔbàn 동 재발급하다 打折 dǎzhé 동 할인하다 | 搞活动 gǎo huódòng 행사를 하다 领取赠品 lǐngqǔ zèngpǐn 증정품을 수령하다 | 抽中 chōu zhòng 추첨에 당첨되다 代取 dàiqǔ 대신 받다 | 结账 jiézhàng 동 계산하다 | 兑换 duìhuàn 동 현금으로 바꾸다
日常生活 rìcháng shēnghuó 일상생활	洗脸 xǐliǎn 동 세수하다 | 洗澡 xǐzǎo 동 목욕하다 | 睡觉 shuìjiào 동 자다 起床 qǐchuáng 동 기상하다 | 请客 qǐngkè 동 손님을 초대하다 | 探亲 tànqīn 동 친척을 방문하다 参加婚礼 cānjiā hūnlǐ 결혼식에 참가하다 | 主持婚礼 zhǔchí hūnlǐ 결혼식 사회를 보다 养宠物 yǎng chǒngwù 애완동물을 기르다 | 养花 yǎng huā 꽃을 기르다 浇花 jiāo huā (꽃에) 물을 주다 [=浇水 jiāoshuǐ] | 打电话 dǎ diànhuà 전화를 걸다 聊天 liáotiān 이야기를 나누다 | 约会 yuēhuì 동 데이트하다 | 减肥 jiǎnféi 동 다이어트하다 照照片 zhào zhàopiàn 사진을 찍다 [=照相 zhàoxiàng] | 看报 kàn bào 신문을 보다 预订火车票 yùdìng huǒchēpiào 기차표 예매하다 | 搬家 bānjiā 동 이사하다 赶回 gǎn huí 급히 돌아가다 | 去医院检查 qù yīyuàn jiǎnchá 병원에 가서 검사하다 大声说话 dàshēng shuōhuà 큰 소리로 말하다 | 迷路 mílù 길을 잃다 | 问路 wèn lù 길을 묻다 找邻居 zhǎo línjū 이웃을 찾다
业余生活 yèyú shēnghuó 여가 생활 **娱乐** yúlè 오락	下棋 xiàqí 동 장기를 두다 | 打太极拳 dǎ tàijíquán 태극권을 하다 [=打太极 dǎ tàijí] 打乒乓球 dǎ pīngpāngqiú 탁구를 치다 | 打羽毛球 dǎ yǔmáoqiú 배드민턴을 치다 打网球 dǎ wǎngqiú 테니스를 치다 | 踢足球 tī zúqiú 축구를 하다 | 滑冰 huábīng 동 스케이트를 타다 滑雪 huáxuě 동 스키를 타다 | 游泳 yóuyǒng 동 수영하다 | 运动 yùndòng 동 운동하다 看电视 kàn diànshì TV를 보다 | 看演唱会 kàn yǎnchànghuì 콘서트를 보다 跑步 pǎobù 동 달리기하다 | 爬山 páshān 동 등산하다 [=登山 dēngshān] 跳舞 tiàowǔ 동 춤을 추다 | 坐缆车 zuò lǎnchē 케이블카를 타다 | 钓鱼 diàoyú 낚시하다 散步 sànbù 산책하다 | 上网 shàngwǎng 인터넷을 하다 玩儿电脑游戏 wánr diànnǎo yóuxì 컴퓨터 게임을 하다 输 shū 동 지다, 패하다, 잃다 [↔赢 yíng 동 이기다] | 演 yǎn 연기하다, 공연하다

배운 내용 점검하기

track 19

✦ 녹음을 듣고 빈칸을 채워 넣어 보세요.

1 今天，家人都不在家，我一个人_____、_____、_____，不知道有多忙。

2 我认为_____是_____好一篇_____的基础。

3 最近我常_____着_____出去_____，这已经成了我生活中的一种快乐。

해석 어휘

1 오늘, 식구들 모두 집에 없고, 나 혼자 청소하고, 빨래하고, 밥하고 얼마나 바쁜지 모르겠어.
家人 jiārén 명 가족 | 扫地 sǎodì 청소하다, 땅을 쓸다 | 洗衣服 xǐ yīfu 빨래하다 | 做饭 zuò fàn 밥을 짓다, 식사 준비를 하다

2 저는 자료를 찾는 것이 한 편의 논문을 잘 쓰는 것의 기초라고 생각합니다.
查资料 chá zīliào 자료를 찾다 | 篇 piān 양 편 [일정한 형식을 갖춘 문장을 세는 단위] | ★论文 lùnwén 명 논문 | 基础 jīchǔ 기초

3 요즘 나는 자주 애완동물을 데리고 밖에 나가 산책을 하는데, 이것은 이미 내 생활 속의 일종의 즐거움이 되었다.
带 dài 동 데리다 | ★宠物 chǒngwù 명 애완동물 | 散步 sànbù 산책하다 | 成 chéng 동 (~가) 되다 | 生活 shēnghuó 명 생활 | 快乐 kuàilè 형 즐겁다, 유쾌하다

정답 1 扫地, 洗衣服, 做饭　　2 查资料, 写, 论文　　3 带, 宠物, 散步

STEP 3 실력 다지기

Day 08

● track 20

● 제1부분

1. A 主持婚礼   B 咨询问题   C 兑换奖金   D 招聘职员
2. A 购物   B 游泳   C 上课   D 爬山

● 제2부분

3. A 开会   B 付款   C 问路   D 考试
4. A 努力训练   B 请新队员   C 换战术   D 调整状态

해설서 p.11

Day 09

● track 21

● 제1부분

5. A 预订火车票   B 买手机
   C 补办会员卡   D 领取赠品

6. A 给维修人员打电话   B 重新照照片
   C 修理复印机   D 换台打印机打印

● 제2부분

7. A 上网   B 学网球   C 参加比赛   D 写简历
8. A 接受采访   B 学习汉语   C 和朋友逛街 D 上法律课

해설서 p.13

04 어투·심정·태도

듣기 제1·2부분

Day 10

STEP 1 유형 파악하기

◆ 대화 속 남녀의 어투, 심정, 태도에 대해 묻는 문제는 매 회 시험에 출제되고 있다. 녹음에 '어투, 심정, 태도'를 나타내는 어휘가 직접적으로 언급되기 보다는 관련 표현, 유의어, 문맥을 통해 '유추'해 내야 하는 유형이 주로 출제된다.

◆ 녹음에 '이중 부정문' 또는 '반어문' 문형이 나오면 주의해서 들어야 한다. 이중 부정은 '강한 긍정'의 의미이고, 반어 표현은 주로 '강조'를 나타낸다.

● 제1부분 예제

 track 22

1 A 骄傲 B 责备 C 惊喜 D 不在乎

정답&풀이 B [粗心 부주의하다 → 责备 비난하다] 녹음을 듣기 전 보기를 먼저 확인하자. 보기가 모두 태도와 관련된 어휘들이므로, 대화 속 남녀의 태도, 어투를 잘 들어야 한다. 여자의 실수에 남자가 '你怎么总是那么粗心(왜 항상 그렇게 부주의해)'이라고 하면서 여자를 비난하고 있는 것으로 보아 보기 B가 답이 되는 것을 유추할 수 있다. 대화의 내용과 어투를 잘 들어야 하는 문제이다.

女：非常抱歉，我不小心弄坏了这台机器。 男：你怎么总是那么粗心？你有没有想过机器坏了会耽误多少时间？造成多大的损失？	여: 정말 죄송해요. 제가 실수로 이 기계를 망가뜨렸어요. 남: 왜 항상 그렇게 부주의해? 기계가 고장 나면 얼마나 많은 시간이 지체되고, 얼마나 큰 손실이 발생하는지 생각해 본 적 있어?
问: 男的是什么语气？ A 骄傲　　　　B 责备 C 惊喜　　　　D 不在乎	질문: 남자의 말투는 어떠한가? A 거만하다　　B 비난하다 C 놀라다　　　D 무관심하다

抱歉 bàoqiàn 형 미안해하다 | 弄坏 nònghuài 통 망가뜨리다, 못쓰게 하다 | 台 tái 양 대 [기계·차량·설비 등을 세는 단위] | ★机器 jīqì 명 기계, 기기 | 总是 zǒngshì 부 항상, 늘, 줄곧, 언제나 | 粗心 cūxīn 형 부주의하다, 세심하지 못하다 | ★耽误 dānwu 통 (시간을 지체하다가) 일을 그르치다, 시기를 놓치다 | ★造成 zàochéng 통 초래하다, 야기하다 [造成+안 좋은 내용] | 多大 duōdà (연령·시간 등에 관하여) 어느 정도(의) | ★损失 sǔnshī 명 손해, 손실 [造成损失: 손해를 초래하다] | ★语气 yǔqì 명 어투, 말투 | 骄傲 jiāo'ào 형 거만하다, 오만하다 | ★责备 zébèi 통 책하다, 탓하다, 책망하다, 꾸짖다 | 惊喜 jīngxǐ 통 놀라고도 기뻐하다 | 不在乎 búzàihu 통 마음에 두지 않다, 개의치 않다

● 제2부분 예제

 track 23

2 A 遗憾 B 虚心 C 羡慕 D 拒绝

정답&풀이 A [可惜 아쉽다 → 遗憾 유감스럽다] 보기를 통해 '심정'을 묻는 질문이 나올 것을 예상할 수 있다. 여자의 말 '有点 儿可惜(조금 아쉽다)'에서 여자의 심정을 유추할 수 있다. 여자의 표현이 보기에 그대로 나오지는 않았지만 비슷한 의미를 가진 표현이므로 '可惜', '遗憾'을 함께 알아 두도록 하자.

女: **真倒霉**！我没**抢**到**国庆节回家**的火车票。
男: 那你这次怎么办？还回**老家**吗？
女: 虽然**有点儿可惜**，但我和**家人**说了这次国庆节就不回去了。
男: 是**挺**可惜的，下次一定**记得**早一点儿**订**票。

问: 女的**心情**怎么样？
A **遗憾**　　　B **虚心**
C **羡慕**　　　D **拒绝**

여: 정말 짜증나! 국경절에 고향에 갈 기차표를 못 샀어.
남: 그럼 이번에 어떻게 할 건데? 고향에 가긴 가?
여: 조금 아쉽긴 하지만, 이번 국경절은 가족들에게 안 간다고 말했어.
남: 정말 아쉽네, 다음에는 좀 더 일찍 표를 예약해야 해.

질문: 여자의 기분은 어떠한가?
A 유감스럽다　　　B 겸손하다
C 부럽다　　　D 거부하다

★**倒霉** dǎoméi [형] 재수 없다, 운수 사납다, 불운하다 | ★**抢** qiǎng [동] 빼앗다, 탈취하다, 약탈하다 | ★**国庆节** Guóqìngjié [명] 국경절 | **回家** huíjiā [동] 집으로 돌아가다, 귀가하다 | **老家** lǎojiā [명] 고향 | **有点儿** yǒudiǎnr [부] 조금, 약간 [有点儿+형용사: 부정이나 불만의 뉘앙스를 나타냄] | **可惜** kěxī [형] 아쉽다, 유감스럽다 | **家人** jiārén [명] 가족 | **挺** tǐng [부] 매우, 아주, 상당히, 대단히 [挺+형+的] | **记得** jìde [동] 기억하고 있다, 기억하다 | **订** dìng [동] 주문하다, 예약하다 | **心情** xīnqíng [명] 마음, 심정, 감정, 기분 | ★**遗憾** yíhàn [동] 유감이다, 섭섭하다 | ★**虚心** xūxīn [형] 겸손하다, 겸허하다 | **羡慕** xiànmù [동] 부러워하다, 탐내다, 흠모하다 | **拒绝** jùjué [동] 거절하다, 거부하다

STEP 2 내공 쌓기

1 주요 질문 방식

track 24

어투, 심정, 태도를 묻는 질문에는 '语气/口气(어투)' '心情(심정)' '态度(태도)' '观点(관점)' '想法(생각)' '反应(반응)' 등의 핵심 단어가 포함된다. '이중 부정/반어' 유형 문제는 남녀가 한 말의 의미를 묻는 경우가 많다.

- 女的是什么语气[口气]？　여자는 어떤 어투인가? ✦
- 男的心情怎么样？　남자의 심정은 어떠한가?
- 男的是什么态度？　남자는 어떤 태도인가? ✦
- 女的觉得男的心情/态度怎么样？　여자는 남자의 심정/태도에 대해 어떻게 느끼는가?
- 男的是什么观点？　남자는 무슨 관점인가?
- 男的是什么意思？　남자는 무슨 의미인가? ✦
- 女的对男的是什么反应？　여자는 남자에 대해 어떤 반응인가?

2 핵심 어휘 및 표현

track 25

(1) 심정·태도

아래 표현들을 통해, 녹음 속 주인공의 심정이나 태도를 유추할 수 있다. 표현 전체를 정확히 외우기 벅차다면, 들었을 때 의미를 이해할 수 있는 수준까지라도 익혀 두자.

感谢 gǎnxiè 감사하다 **感激** gǎnjī 감격하다	**幸亏有你帮忙** xìngkuī yǒu nǐ bāngmáng 다행히 너의 도움이 있어서 **多亏你了** duōkuī nǐ le 당신 덕분에 **幸好老师及时提醒我** xìnghǎo lǎoshī jíshí tíxǐng wǒ 다행히 선생님이 제때에 저를 깨우쳐 주셔서 **关键时刻幸亏有你** guānjiàn shíkè xìngkuī yǒu nǐ 결정적 순간에 당신 덕분에

祝贺 zhùhè 축하하다 祝愿 zhùyuàn 축원하다	祝你成功！ Zhù nǐ chénggōng! 성공을 빌게요! | 祝贺祝贺！ Zhùhè zhùhè! 축하해요! 恭喜恭喜！ Gōngxǐ gōngxǐ! 축하합니다! 万事如意 wànshì rúyì 모든 일이 뜻대로 이루어지길 빕니다 心想事成 xīn xiǎng shì chéng 간절히 원하고 바라면 이뤄진다 梦想成真 mèng xiǎng chéng zhēn 꿈은 이루어진다 一路顺风 yílù shùnfēng 가시는 길이 순조롭길 빕니다 一路平安 yílù píng'ān 가시는 길에 평안하시길 빕니다
称赞 chēngzàn 表扬 biǎoyáng 夸奖 kuājiǎng 칭찬하다	做得好 zuò de hǎo 잘했다 | 做得不错 zuò de búcuò 괜찮게 잘했다 还不错 hái búcuò 그런대로 괜찮다 | 干得好 gàn de hǎo 잘했다 真厉害 zhēn lìhai 진짜 대단하다 | 真了不起 zhēn liǎobuqǐ 정말 대단하다 没得说 méi de shuō 말할 것이 없다 | 有两下子 yǒu liǎngxiàzi 실력이 보통이 아니다 (真)不简单 (zhēn) bù jiǎndān (진짜) 대단하다 | 真行啊 zhēn xíng a 제법이다 真有你的 zhēn yǒu nǐ de 너는 정말 대단하다 | 数一数二 shǔyī shǔ'èr 뛰어나다 有一手 yǒu yìshǒu 일가견이 있다, 능력이 있다 | 说得过去 shuō de guòqù 말이 통하다
高兴 gāoxìng 기뻐하다	太好了！ Tài hǎo le! 너무 잘됐다! | 真棒 zhēn bàng 정말 대단하다 真幸福 zhēn xìngfú 정말 행복하다 再好不过了 zài hǎo búguò le 이보다 더 좋을 수는 없다
谦虚 qiānxū 겸손하다, 겸허하다	哪有？ Nǎ yǒu? 어디 그렇습니까? [= 별로 그렇지 않습니다] 您过奖了 nín guòjiǎng le 과찬의 말씀이십니다 哪里哪里 nǎlǐ nǎlǐ 별말씀을요, 천만에요 没什么 méi shénme 별거 아니에요, 괜찮습니다 不算什么 búsuàn shénme 별거 아니에요 还差得远呢 hái chà de yuǎn ne 아직 멀었습니다 不敢当 bù gǎndāng 천만의 말씀입니다, 송구스럽습니다
讽刺 fěngcì 풍자(하다)	说得倒容易 shuō de dào róngyì 말하는 것은 오히려 쉽다 倒好儿 dàohǎor 잘한다 잘해
生气 shēngqì 화내다 发脾气 fā píqi 화를 내다 不耐烦 bú nàifán 귀찮다 讨厌 tǎoyàn 짜증나다	你别气我了！ Nǐ bié qì wǒ le! 나 화나게 하지 마! 你别惹我生气！ Nǐ bié rě wǒ shēngqì! 나 화나게 하지 마! 别生我的气！ Bié shēng wǒ de qì! 나한테 화내지 마! 真让人生气！ Zhēn ràng rén shēngqì! 진짜 화나게 한다! 气死我了！ Qìsǐ wǒ le! 성질 나 죽겠다! 烦得要命！ Fán de yàomìng! 짜증 나 죽겠다!
着急 zháojí 조급해하다 担心 dānxīn 염려하다 发愁 fāchóu 근심하다	急死了 jí sǐ le 초조해 죽겠다 | 愁死我了 chóu sǐ wǒ le 걱정돼 죽겠다 你放心吧 nǐ fàngxīn ba 마음 놓으세요 你别操心了 nǐ bié cāoxīn le 마음 쓰지 마세요 都等了半天了 dōu děng le bàntiān le 벌써 반나절을 기다렸어 怎么还不去？ Zěnme hái bú qù? 어째서 아직 안 가?
犹豫 yóuyù 주저하다	犹豫不决 yóuyù bùjué 주저하다, 망설이다 还没决定 hái méi juédìng 아직 결정하지 않았다 拿不定主意 ná bu dìng zhǔyì 생각을 결정하지 못하다 不知该怎么办 bùzhī gāi zěnme bàn 어떻게 해야 할지 모르겠다
后悔 hòuhuǐ 후회하다 遗憾 yíhàn 유감스럽다 可惜 kěxī 아깝다	如果可以重来…… rúguǒ kěyǐ chónglái…… 만약에 ~를 다시 할 수 있다면 早知道……，我就……不去了。 Zǎo zhīdào……, wǒ jiù …… bú qù le. 진작에 ~를 알았다면, 나는 ~가지 않았다. 只能怪自己，都是我不好。 Zhǐ néng guài zìjǐ, dōu shì wǒ bù hǎo. 자신을 탓할 수밖에, 모두 내 잘못이야.

歉意 qiànyì 유감스러운 마음	不好意思 bù hǎoyìsi 송구스럽습니다 | 对不起 duìbuqǐ 미안합니다 抱歉 bàoqiàn 미안합니다 | 表示歉意 biǎoshì qiànyì 유감의 뜻을 표합니다 真遗憾 zhēn yíhàn 정말 유감스럽습니다
怀疑 huáiyí 의심하다 不确定 bú quèdìng 불확실하다	不会吧？Bú huì ba? 아니겠지? | 不可能吧？Bù kěnéng ba? 불가능하겠지? 不一定……吧？Bù yídìng……ba? 반드시 ~하는 것은 아니겠지? 不一定…… bù yídìng…… 반드시 ~하는 것은 아니다 不好说 bù hǎoshuō 말하기 어렵다 不见得……吧？Bújiàndé……ba? 반드시 ~라고는 할 수 없겠지? 没准儿 méizhǔnr 확실하지 않다 | 是吗？Shì ma? 그렇습니까? 真的吗？Zhēn de ma? 진짜? | 别吹牛了！Bié chuīniú le! 허풍 떨지 마! 不至于吧 búzhìyú ba 그 정도까지는 아니겠지
无奈 wúnài [=无可奈何 wúkěnàihé] 어찌 할 도리가 없다	没(办)法 méi (bàn)fǎ 방법이 없다 | 不得不 bùdébù 어쩔 수 없이 (~해야 한다) 拿你没办法 ná nǐ méi bànfǎ 너에게 두 손 다 들었다 [=너에게 방법이 없다] 还能怎么办？Hái néng zěnme bàn? 또 어떻게 할 수 있을까? 只好这样了。Zhǐhǎo zhèyàng le. 이렇게 할 수 밖에 없어. 我也是不得已。Wǒ yě shì bùdéyǐ. 나도 마지못해 그런 거야.
难过 nánguò 괴롭다, 슬프다	难受 nánshòu (육체적, 정신적으로) 괴롭다 | 悲哀 bēi'āi 슬프다 我都要哭了！Wǒ dōu yào kū le! 나는 울 것 같아! 太让人伤心了！Tài ràng rén shāngxīn le! 사람을 너무 슬프게 한다!
不在乎 bú zàihu 문제 삼지 않다 轻视 qīngshì 경시하다	随便 suíbiàn 마음대로 하다 | 无所谓 wúsuǒwèi 상관없다 不介意 bú jièyì 개의치 않는다 | 随你吧！Suí nǐ ba! 네 마음대로 해! 不关我的事 bùguān wǒ de shì 내가 알 바 아니다 有什么了不起的？Yǒu shénme liǎobuqǐ de? 뭐가 대단하다는 거야? (没)有什么大不了的。(Méi)yǒu shénme dàbuliǎo de. 별 대단한 것도 없다. 看不起 kànbuqǐ 업신여기다, 깔보다 | 没戏 méixì 가망이 없다, 희망이 없다 不行 bùxíng 안 된다 [=허락할 수 없다] 那怎么行？Nà zěnme xíng? 그게 어떻게 가능해? [=불가능하다] 再说吧。Zài shuō ba. (다음에) 다시 이야기하자.
羡慕 xiànmù 부러워하다	嫉妒 jídù 질투하다 | 妒忌 dùjì 질투하다 | 吃醋 chīcù 질투하다 如果像A就好了。Rúguǒ xiàng A jiù hǎo le. 만약 A와 같으면 좋겠다.
劝告 quàngào 충고(하다)	千万别A qiānwàn bié A 제발 A하지 마라 | 算了吧 suàn le ba 됐어 得了 dé le 됐다 | 想开点儿 xiǎngkāi diǎnr 생각을 좀 넓게 가져라 这可不是闹着玩儿的！Zhè kě bú shì nàozhe wánr de! 이건 정말 장난이 아니야!
提醒 tíxǐng 일깨우다	小心 xiǎoxīn 조심하다 | 当心 dāngxīn 주의하다 | 慢点儿 màn diǎnr 천천히 别急 bié jí 조급해하지 마세요 | 不要急 búyào jí 서두르지 마
吃惊 chījīng (깜짝) 놀라다 惊讶 jīngyà 놀랍고 의아하다	真没想到 zhēn méi xiǎngdào 정말 상상도 못했다 出乎意料 chūhū yìliào 예상을 벗어나다, 뜻밖이다 太阳从西边出来了！Tàiyáng cóng xībian chūlai le! 해가 서쪽에서 떴다! 意外 yìwài 의외이다, 뜻밖이다 | 居然 jūrán 뜻밖에, 놀랍게도 | 竟然 jìngrán 뜻밖에도

同意 tóngyì 동의하다 赞同 zàntóng 찬성하다 赞成 zànchéng 찬성하다 肯定 kěndìng 긍정적이다 答应 dāying 승낙하다 支持 zhīchí 지지하다	没问题 méi wèntí 문제없다 | (那)当然 (nà) dāngrán 당연하지 就是 jiùshì 맞다, 맞아 | 就是嘛 jiùshì ma 역시 그래! | 没错 méi cuò 그래 맞아 有道理 yǒu dàolǐ 일리가 있다 | 好主意 hǎo zhǔyì 좋은 생각이야 好想法 hǎo xiǎngfa 좋은 생각이야 | 说得对 shuō de duì 말이 맞다 可不是吗(嘛) kě búshì ma 그렇고 말고 那还用说 nà hái yòng shuō 말할 것도 없지 问题不大 wèntí bú dà 큰 문제는 아니다 错不了 cuò bu liǎo 틀릴 수 없다 | 不会错的 bú huì cuò de 틀림없을 것이다 没得说 méi de shuō 말할 것이 없다 | 那倒也是 nà dào yě shì 그건 그래요 你说得太对了 nǐ shuō de tài duì le 너 정말 맞는 말 한다
批评 pīpíng 비평하다 责备 zébèi 꾸짖다 不满 bùmǎn 불만스럽다, 불만족하다 否定 fǒudìng 부정(하다)	真是的! Zhēnshi de! 진짜! 참나! 太不像话了! Tài búxiànghuà le! 너무 말 같지 않아! 怎么搞的? Zěnme gǎo de? 어떻게 된 일이야? 说什么呢? Shuō shénme ne? 무슨 말을 하는 거야? 别提了! Bié tí le! 말도 꺼내지 마라! | 讨厌 tǎoyàn 싫다 太过分了! Tài guòfèn le! 너무 한다! | 真受不了! Zhēn shòubuliǎo! 정말 못 참겠어! 不怎么样! Bù zěnmeyàng! 별로 좋지 않아! | 真无聊! Zhēn wúliáo! 정말 심심해! 真没意思! Zhēn méi yìsi! 정말 재미없다! 你还有完没完! Nǐ hái yǒu wán méi wán! 그만 좀 해! 我跟你说过多少遍了! Wǒ gēn nǐ shuōguo duōshao biàn le! 내가 너에게 몇 번을 말했어! 谁说的? Shéi shuō de? 누가 그래? 别做白日梦了! Bié zuò báirìmèng le! 헛된 꿈을 꾸지 마라! 别做梦了! Bié zuòmèng le! 꿈도 꾸지 마! 想得美! Xiǎng de měi! 생각은 좋지, 꿈 깨! 哪儿啊? Nǎr a? 무슨 소리예요? 他哪儿会知道啊! Tā nǎr huì zhīdào a! 그가 어떻게 알겠어! 你说得倒简单! Nǐ shuō de dào jiǎndān! 말은 참 간단하게 한다!(말이 쉽지!) 谁知道? Shéi zhīdào? 누가 알겠어? 开什么玩笑? Kāi shénme wánxiào? 무슨 농담하는 거야?
拒绝 jùjué 거절(하다)	不用了。Búyòng le! 됐어요, 괜찮아요! | 不必了! Búbì le! 그럴 필요 없어요! 改天吧! Gǎitiān ba! 다음에 하자! 下次[回头/到时候] 再说(吧)! Xiàcì (huítóu / dào shíhou) zài shuō (ba)! 다음 번에 [나중에 / 때가 되었을 때] 다시 말합시다!

(2) **반어 표현**

반어 표현은 주로 '강조'를 나타낸다. 듣기에서 핵심 문장이 되는 경우가 많다.

没……吗? méi …… ma?	~하지 않았다고?	我没告诉你小李下个月结婚吗? 내가 너에게 샤오리가 다음 달에 결혼한다고 알리지 않았니?
不是……吗? búshì …… ma?	~가 아닌가?	这件事不是你负责的吗? 이 일은 네가 책임지는 거 아니니?
难道……吗? nándào …… ma?	설마 ~란 말이니?	难道你不知道明天下雪吗? 설마 너는 내일 눈이 오는 걸 모르는 거야?
怎么不……呢? zěnme bù …… ne?	어째서 ~하지 않니?	我的设计怎么不受欢迎呢? 내 디자인은 어째서 환영 받지 못하는 걸까?

哪/哪儿/哪里……啊? nǎ / nǎr / nǎli …… a?	어디 ~하니?	你最近每天加班, 哪有时间约会啊? 너는 요즘 매일 야근을 하는데, 어디 데이트할 시간이 있니?
哪有……的? nǎ yǒu …… de?	~가 어디 있니?	哪有你这么对待朋友的? 너 이렇게 친구를 대하는 게 어디 있니?
那还用说? nà hái yòng shuō?	말할 필요가 있겠니?	A: 这个女演员的裙子一定很贵吧! 이 여배우의 치마는 분명 비싸겠지! B: 那还用说? 她这条裙子是知名设计师设计的。 말할 필요가 있겠니? 그녀의 치마는 유명 디자이너가 디자인한 거야.

负责 fùzé 동 책임지다 | 难道 nándào 부 설마 ~란 말인가? | ★设计 shèjì 명 디자인, 설계 동 디자인하다, 설계하다 | 受欢迎 shòu huānyíng 환영을 받다 | 加班 jiābān 동 야근하다, 잔업하다 | 约会 yuēhuì 명 데이트, 약속 | ★对待 duìdài 동 (상)대하다, 대응하다, 대처하다 | 演员 yǎnyuán 명 배우, 연기자 | 知名 zhīmíng 형 유명하다, 저명하다 | 设计师 shèjìshī 명 디자이너, 설계사

(3) 이중 부정을 사용한 긍정 표현

이중 부정은 '강한 긍정'을 의미한다.

不……不…… bù …… bù ……	~하지 않으면 ~하지 않는다	姐姐说她不能不去中国留学。 누나는 그녀가 중국 유학을 가지 않으면 안 된다고 말했다.
不能没有…… bù néng méiyǒu ……	~가 없으면 안 된다	每个人都不能没有理想。 모든 사람들은 이상이 없으면 안 된다.
非(得)/非要…… fēi(děi) / fēiyào …… 不可/不行/不成 bùkě / bùxíng / bùchéng	~하지 않으면 안 된다 [≒一定要 반드시 ~ 해야 한다]	这次比赛我们非(得)胜利不可。 이번 대회는 우리가 승리하지 않으면 안 된다.
没有……不…… méiyǒu …… bù ……	~하지 않은 것이 없다	会议上, 没有人不同意我的建议。 회의에서 내 제안에 동의하지 않는 사람은 없다.
没有……就没有…… méiyǒu …… jiù méiyǒu ……	~가 없다면 ~는 없다	老师常说, 没有目标就没有机会成功。 선생님은 항상 목표가 없으면 곧 성공할 기회가 없다고 말씀하신다.

理想 lǐxiǎng 명 이상 | 非得 fēiděi 부 ~하지 않으면 안 된다, 반드시 ~해야 한다 | ★胜利 shènglì 동 승리하다 | 不可 bùkě 동 ~해서는 안 된다 | 建议 jiànyì 명 제안, 건의, 제기 | 常 cháng 부 항상, 자주 | ★目标 mùbiāo 명 목표 | ★成功 chénggōng 동 성공하다

● track 26

 배운 내용 점검하기

✦ 녹음을 듣고 빈칸을 채워 넣어 보세요.

1 他对什么事的态度都很_____, _____也总是很_____。

2 他遇到问题时, 总是态度_____, 这让他可以_____地解决问题。

3 我的决定不但得到了各部门的_____, 并且得到了老板的_____。

**해석
어휘**

1 그는 무슨 일에 대해서든 태도가 모두 매우 냉담하고, 말투 또한 항상 매우 풍자적이다.
　　态度 tàidu 명 태도 | ★冷淡 lěngdàn 형 냉담하다, 차갑다 | ★语气 yǔqì 명 어투 | 讽刺 fěngcì 동 풍자하다

2 그는 문제에 마주쳤을 때, 항상 태도가 차분한데, 이는 그가 결단성 있게 문제를 해결하게 한다.
　　★平静 píngjìng 형 차분하다, 평온하다 | 果断 guǒduàn 형 결단성이 있다

3 나의 결정은 각 부서의 찬성을 얻었을 뿐만 아니라 사장님의 동의 또한 얻었다.

得到 dédào 동 얻다 | ★部门 bùmén 명 부서 | ★赞成 zànchéng 동 찬성하다 | 并且 bìngqiě 접 게다가 | ★老板 lǎobǎn 명 사장

정답 **1** 冷淡，语气, 讽刺   **2** 平静, 果断   **3** 赞成, 同意

STEP 3 실력 다지기

Day 11

● 제1부분

track 27

1 A 感谢   B 后悔   C 祝贺   D 拒绝

2 A 计划书一定要自己做   B 完成计划书还需要时间
   C 计划书不能自己完成   D 计划书随时能完成

● 제2부분

3 A 感激   B 生气   C 骄傲   D 可惜

4 A 羡慕   B 安慰   C 惊讶   D 担心

→ 해설서 p.15

Day 12

● 제1부분

track 28

5 A 称赞   B 批评   C 抱怨   D 谦虚

6 A 犹豫   B 怀疑   C 赞成   D 表扬

● 제2부분

7 A 不满   B 劝告   C 羡慕   D 讽刺

8 A 这个星期去玩儿   B 下星期有考试
   C 复习完了再去玩儿   D 考试前不用复习

→ 해설서 p.17

05 일상·학교·회사

듣기 제1·2부분

Day 13

STEP 1 유형 파악하기

- 학교, 회사, 일상에서 경험할 수 있는 평범한 주제지만, 질문의 범위가 광범위하므로 녹음을 듣기 전에 반드시 보기를 먼저 확인하여 질문의 범위를 좁혀 두어야 한다.
- 녹음 내용 그대로가 답인 문제의 출제 빈도가 높기 때문에, 관련 어휘만 잘 숙지하면 어렵지 않게 문제를 풀 수 있다.
- 내용의 '전체 흐름'을 파악해야 풀 수 있는 문제도 있으므로, 첫 문장만 듣고 미리 연상하거나 유추하지 말고 녹음을 끝까지 집중해서 들어야 한다.

● 제1부분 예제

track 29

| 1 | A 刚做完手术 | B 要照顾父亲 | C 弟弟受伤了 | D 发生了意外 |

정답&풀이 B [做手术 수술하다 → 照顾他 그를 돌보다] 휴가를 낸 이유를 묻는 여자의 질문에 남자는 '我父亲前几天做了个手术，我得和弟弟轮流照顾他(아버지가 며칠 전에 수술을 하셔서, 나는 동생과 번갈아 가면서 아버지를 돌봐야 해)'라고 대답했다. 여기에서 보기 B가 답인 것을 알 수 있다.

女: 听说你请了好几天假，发生什么事了？
男: 我父亲前几天做了个手术，我得和弟弟轮流照顾他。

问: 男的为什么请假？
A 刚做完手术　　　B 要照顾父亲
C 弟弟受伤了　　　D 发生了意外

여: 네가 며칠 휴가를 냈다고 들었는데, 무슨 일 있어?
남: 아버지가 며칠 전에 수술을 하셨는데, 내가 남동생과 교대로 아버지를 돌봐야 해.

질문: 남자가 왜 휴가를 냈는가?
A 수술을 마쳤기 때문에　　　B 아버지를 돌보기 위해서
C 남동생이 다쳤기 때문에　　　D 사고가 발생했기 때문에

请假 qǐngjià 동 휴가를 신청하다, 휴가를 내다 | **发生** fāshēng 동 (원래 없던 현상이) 일어나다, 생기다, 발생하다 | **父亲** fùqīn 명 아버지, 부친 | ★**手术** shǒushù 명 수술 | **得** děi 조동 ~해야 한다 | ★**轮流** lúnliú 동 차례로 ~하다 | **照顾** zhàogù 동 돌보다, 보살피다 | **刚** gāng 부 방금, 막, 지금 | ★**受伤** shòushāng 동 부상당하다, 부상을 입다, 상처를 입다 | **意外** yìwài 명 뜻밖의 사고, 의외의 재난

● 제2부분 예제

track 30

| 2 | A 名贵高档 | B 结实耐用 | C 容易组装 | D 移动方便 |

정답&풀이 B [结实 튼튼하다 → **结实耐用** 튼튼하고 오래가다] 녹음 첫 문장에서 '这套桌椅看起来挺结实的(이 테이블과 의자 세트가 매우 튼튼해 보이는데)'라고 한 것을 듣고 보기 B가 답인 것을 바로 찾아야 한다. 다른 보기는 언급되지 않았다.

男: 这套桌椅看起来挺结实的, 你在哪儿买的? 女: 在一个"二手交易网站"买的, 真没想到还挺新。 男: 是不错, 完全看不出是二手的, 贵吗? 女: 加起来总共才500块, 算是捡了个大便宜。	남: 이 테이블과 의자 세트가 매우 튼튼해 보이는데, 어디서 샀어? 여: '중고 거래 웹사이트'에서 샀어. 이렇게 새것일 줄은 정말 몰랐어. 남: 정말 좋네. 전혀 중고처럼 보이지 않아. 비싸? 여: 모두 합쳐서 겨우 500위안이야. 큰 횡재를 한 셈이지.
问: 关于那套家具, 下列哪项正确? A 名贵高档　　　　**B 结实耐用** C 容易组装　　　　D 移动方便	질문: 그 가구 세트에 대해 다음 중 옳은 것은? A 고급스럽고 비싸다　　**B 튼튼하고 오래가다** C 조립하기 쉽다　　　　D 이동이 편리하다

★**套** tào 양 세트 | **桌椅** zhuōyǐ 명 테이블과 의자 | **看起来** kànqǐlai 보기에 ~하다, 보아하니 ~하다 | ★**结实** jiēshi 형 튼튼하다, 단단하다, 견고하다, 질기다 | **二手** èrshǒu 명 중고 | ★**交易** jiāoyì 동 교역하다, 매매하다, 거래하다, 사고팔다 | **没想到** méixiǎngdào 생각지 못하다 | **不错** búcuò 형 좋다, 잘하다, 괜찮다 | **完全** wánquán 부 완전히, 전혀, 전적으로, 절대로, 아주, 전부 | **加** jiā 동 더하다, 보태다, 붙이다, 첨가하다, 가하다, 하다 | ★**总共** zǒnggòng 부 모두, 전부 | **算是** suànshì 동 (~라고) 불릴 만하다, 할 만하다 | **捡便宜** jiǎn piányi 동 횡재하다, 매우 저렴하게 사다 | ★**项** xiàng 양 항목, 종목, 사항 | **名贵** míngguì 형 유명하고 진귀하다 | ★**高档** gāodàng 형 고급의, 상당의 | **耐用** nàiyòng 형 오래 쓸 수 있다, 질기다, 오래가다, 쉽게 망가지지 않다 | **组装** zǔzhuāng 동 조립하다 | ★**移动** yídòng 동 옮기다, 움직이다, (위치를) 변경하다

STEP 2 내공 쌓기

1 주요 질문 방식

대화의 '주제'나 대화를 통해 알 수 있는 '사실'을 묻는 질문이 주로 출제된다.

- 根据对话, 下列哪项正确? 대화에 근거해 다음 중 옳은 것은? ✦
- 女的怎么了? 여자는 어떻게 되었는가? ✦
- 他们在谈什么? 그들은 무엇을 이야기하고 있는가? ✦
- 男的有什么要求? 남자는 무슨 요구 사항이 있는가?
- 女的觉得工作环境怎么样? 여자는 근무 환경이 어떻다고 생각하는가? ✦
- 男的为什么需要护照? 남자는 왜 여권이 필요한가?
- 女的为什么不参加会议? 여자는 왜 회의에 참석하지 않는가?
- 哪种食品过期了? 어떤 종류의 식품이 유통기한이 지났는가?
- 关于女的可以知道什么? 여자에 관해 무엇을 알 수 있는가? ✦
- 男的为什么没去出差? 남자는 왜 출장을 가지 않았는가?

2 핵심 어휘 및 표현

track 32

주제별 핵심 어휘를 익혀 듣기 실력을 향상시키자!

恋爱, 结婚 liàn'ài, jiéhūn 연애와 결혼	谈恋爱 tán liàn'ài 연애하다 | 分手 fēnshǒu 동 헤어지다 | 甩 shuǎi 동 차 버리다 婚姻 hūnyīn 명 혼인, 결혼 | 终身大事 zhōngshēn dàshì 인생의 큰 일, 결혼 | 结婚 jiéhūn 동 결혼하다 举行婚礼 jǔxíng hūnlǐ 결혼식을 올리다 | 参加婚礼 cānjiā hūnlǐ 결혼식에 참석하다 婚纱 hūnshā 명 웨딩드레스 | 婚礼宴会 hūnlǐ yànhuì 명 결혼식 연회 | 离婚 líhūn 동 이혼하다 怀孕 huáiyùn 동 임신하다 | 生孩子 shēng háizi 아이를 낳다 | 照顾孩子 zhàogù háizi 아이를 돌보다 吵架 chǎojià 동 말다툼하다 | 和好 héhǎo 동 화해하다
居住环境 jūzhù huánjìng 거주 환경	公寓 gōngyù 명 아파트 | 装修 zhuāngxiū 동 인테리어를 하다 | 装饰 zhuāngshì 동 장식하다 漏水 lòu shuǐ 물이 새다 | 客厅 kètīng 명 응접실 | 卧室 wòshì 명 침실 | 厨房 chúfáng 명 주방 阳台 yángtái 명 베란다 | 屋顶 wūdǐng 명 옥상 | 打交道 dǎ jiāodao 왕래하다 | 邻居 línjū 명 이웃 隔壁 gébì 명 이웃집 | 公园 gōngyuán 명 공원 | 大楼 dàlóu 명 빌딩, 고층 건물 热闹 rènao 형 번화하다, 시끌벅적하다 [↔安静 ānjìng 조용하다, 고요하다] | 方便 fāngbiàn 형 편리하다
外貌 wàimào 외모	打扮 dǎban 동 꾸미다, 치장하다 | 减肥 jiǎnféi 동 다이어트하다 | 可爱 kě'ài 형 귀엽다 漂亮 piàoliang 형 예쁘다 | 帅 shuài 형 멋지다, 잘생기다 | 丑 chǒu 형 용모가 못생기다 身材 shēncái 명 몸매 | 苗条 miáotiáo 형 (여성의 몸매가) 날씬하다 | 独特 dútè 형 독특하다 高富帅 gāofùshuài 키가 크고 부유하고 잘생긴 남성을 일컫는 신조어 白富美 báifùměi 피부가 하얗고 부유하고 아름다운 여성을 일컫는 신조어 以貌取人 yǐmào qǔrén 외모로 사람을 평가하다
时尚 shíshàng 패션	时尚 shíshàng 명 유행 형 유행에 맞다 | 服装 fúzhuāng 명 복장 | 大衣 dàyī 명 코트 牛仔裤 niúzǎikù 명 청바지 | 迷你裙 mínǐqún 명 미니스커트 | 连衣裙 liányīqún 명 원피스 袖子 xiùzi 명 소매 | 口袋 kǒudài 명 주머니 | 丝巾 sījīn 명 스카프 | 皮鞋 píxié 명 가죽 구두 高跟鞋 gāogēnxié 명 하이힐 | 皮包 píbāo 명 가죽 가방 | 项链 xiàngliàn 명 목걸이 耳环 ěrhuán 명 귀고리 | 手链 shǒuliàn 명 팔찌 | 手表 shǒubiǎo 명 손목시계 | 戒指 jièzhi 명 반지 名牌 míngpái 명 유명 상표 | 鲜艳 xiānyàn 형 색이 산뜻하고 아름답다 | 灰暗 huī'àn 형 칙칙하다
购物 gòuwù 쇼핑	购物 gòuwù 동 물건을 구입하다 | 消费 xiāofèi 동 소비하다 | 价格 jiàgé 명 가격 [=价钱 jiàqián] 免费 miǎnfèi 동 무료로 하다 | 打折 dǎzhé 동 할인하다 | 优惠 yōuhuì 형 우대의 活动 huódòng 명 행사, 활동 | 付款 fùkuǎn 동 돈을 지불하다 [=付钱 fùqián] 结账 jiézhàng 동 계산하다 | 赠送 zèngsòng 동 증정하다 买一送一 mǎi yī sòng yī 하나를 사면 하나를 더 준다 [1+1] 袋子 dàizi 명 쇼핑백 | 发票 fāpiào 명 영수증 [=收据 shōujù] | 包装 bāozhuāng 동 포장하다 购物中心 gòuwù zhōngxīn 명 쇼핑센터 | 百货商店 bǎihuò shāngdiàn 명 백화점 逛街 guàngjiē 동 아이쇼핑을 하다, 거리 구경을 하다 | 网购 wǎnggòu 동 인터넷쇼핑을 하다 月光族 yuèguāngzú 명 월광족 [매달 자신의 월수입을 다 써버리는 사람들을 이르는 말]
治病 zhìbìng 질병 치료	头晕 tóuyūn 동 어지럽다 | 头疼 tóuténg 동 머리가 아프다 | 闭上眼睛 bìshang yǎnjing 눈을 감다 脸色不好 liǎnsè bù hǎo 안색이 나쁘다 | 感冒 gǎnmào 동 감기에 걸리다 [=着凉 zháoliáng] 生病 shēngbìng 동 병나다 | 打喷嚏 dǎ pēntì 동 재채기를 하다 | 过敏 guòmǐn 동 알레르기 반응을 보이다 皮肤过敏 pífū guòmǐn 피부가 예민하다 | 肌肉 jīròu 명 근육 | 急诊 jízhěn 동 응급진료하다 体检 tǐjiǎn 명 신체검사 [=身体检查 shēntǐ jiǎnchá] | 发烧 fāshāo 동 열나다 | 拉肚子 lā dùzi 설사하다 胃不舒服 wèi bù shūfu 위가 불편하다 | 做手术 zuò shǒushù 수술하다 [=动手术 dòng shǒushù] 住院 zhùyuàn 동 입원하다 | 出院 chūyuàn 동 퇴원하다
开车 kāichē 운전	拿到驾照 nádào jiàzhào 운전면허를 따다 | 驾驶 jiàshǐ 동 (기차, 기선, 비행기 등을) 운전하다 堵车 dǔchē 명 교통체증 酒后驾车 jiǔhòu jiàchē 음주운전 [=酒后驾驶 jiǔhòu jiàshǐ, 酒后开车 jiǔhòu kāichē] 出交通事故 chū jiāotōng shìgù 교통사고가 나다 [=出车祸 chū chēhuò]

学校生活 xuéxiào shēnghuó 학교생활	高考 gāokǎo 명 수능시험 | 发表 fābiǎo 동 발표하다 | 录取 lùqǔ 동 (시험으로) 합격시키다 注册 zhùcè 동 (학기를) 등록하다 | 交学费 jiāo xuéfèi 학비를 내다 | 专业 zhuānyè 명 (대학) 전공 本科生 běnkēshēng 명 대학생(학사) | 研究生 yánjiūshēng 명 대학원생 | 成绩 chéngjì 명 성적 报名 bàomíng 동 (시험에 응시하기 위해) 등록하다 | 申请 shēnqǐng 동 (시험 연기 혹은 장학금 등을) 신청하다 奖学金 jiǎngxuéjīn 명 장학금 | 演讲 yǎnjiǎng 명 강연 | 实验 shíyàn 동 실험하다 修改论文 xiūgǎi lùnwén 논문을 수정하다 | 通过 tōngguò 동 통과하다 | 及格 jígé 동 합격하다 毕业 bìyè 동 졸업하다 | 留学 liúxué 동 유학하다 | 办签证 bàn qiānzhèng 비자를 발급받다 交换生 jiāohuànshēng 교환 학생
求职活动 qiúzhí huódòng 구직 활동	找工作 zhǎo gōngzuò 일자리를 찾다 [=求职 qiúzhí] | 就业难 jiùyènán 취업난 招聘 zhāopìn 동 모집하다 | 应聘 yìngpìn 동 지원하다 | 面试结果 miànshì jiéguǒ 면접 결과 录取 lùqǔ 동 (시험으로) 채용하다 | 简历 jiǎnlì 명 이력서 | 待遇 dàiyù 명 대우 收入 shōurù 명 수입 [≒薪水 xīnshuǐ, 工资 gōngzī 월급]
公司生活 gōngsī shēnghuó 회사 생활	公司 gōngsī 명 회사 [≒单位 dānwèi 회사, 부서] | 经营 jīngyíng 동 경영하다 | 部门 bùmén 명 부서 责任 zérèn 명 책임 | 加班 jiābān 동 야근하다 | 开夜车 kāi yèchē 밤을 새워 일하다 [=熬夜 áoyè] 出席 chūxí 동 출석하다 | 参加会议 cānjiā huìyì 회의에 참가하다 | 请假 qǐngjià 동 휴가를 신청하다 担任任务 dānrèn rènwu 임무를 맡다 出差 chūchāi 동 출장하다 [去/到+장소+出差 장소로 출장 가다] 接待客户 jiēdài kèhù 거래처에 접대하다 | 贸易 màoyì 명 무역 | 谈判 tánpàn 동 담판하다 签 qiān 동 서명하다 | 合同 hétong 명 계약(서) | 项目 xiàngmù 명 프로젝트 | 文件 wénjiàn 명 서류 条件 tiáojiàn 명 조건 | 促进销售 cùjìn xiāoshòu 판매를 촉진하다 扩大规模 kuòdà guīmó 규모를 확대하다 | 提高效率 tígāo xiàolǜ 능률을 올리다 能干 nénggàn 형 일을 잘하다 | 工厂 gōngchǎng 명 공장 推广设备 tuīguǎng shèbèi 설비를 확충하다 | 生产 shēngchǎn 동 생산하다 制造 zhìzào 동 제조하다 | 跳槽 tiàocáo 동 직장을 옮기다 | 辞职 cízhí 동 사직하다 退休 tuìxiū 동 퇴직하다 | 破产 pòchǎn 동 파산하다 老板 lǎobǎn 명 사장 | 经理 jīnglǐ 명 사장, 지배인 | 领导 lǐngdǎo 명 리더 | 代表 dàibiǎo 명 대표 部长 bùzhǎng 명 부장 | 职员 zhíyuán 명 직원 | 员工 yuángōng 명 종업원 | 秘书 mìshū 명 비서 主任 zhǔrèn 명 주임
其他 qítā 기타	过生日 guò shēngrì 생일을 보내다 | 拍照 pāizhào 동 사진을 찍다 | 礼物 lǐwù 명 선물 天气预报 tiānqì yùbào 일기예보 | 日期 rìqī 명 (특정한) 날짜, 기간, 기일 | 聚会 jùhuì 모임, 집회 收到短信 shōudào duǎnxìn 문자 메시지를 받다 | 打电话 dǎ diànhuà 전화를 걸다 家务 jiāwù 명 집안일

배운 내용 점검하기

track 33

✦ 녹음을 듣고 빈칸을 채워 넣어 보세요.

1 这块儿_____颜色很_____，非常_____您。

2 今天三点开会，请张_____准时参加_____。

3 我们对你的_____非常满意，你可以_____明天的_____。

1 이 손목시계는 색이 산뜻하고 아름다워서 당신께 잘 어울립니다.
★鲜艳 xiānyàn 형 색이 산뜻하고 아름답다 | 适合 shìhé 동 어울리다, 알맞다, 적합하다

2 오늘 3시에 회의를 합니다. 장[张] 비서에게 정시에 회의에 참석하도록 요청하세요.
开会 kāi huì 동 회의를 하다 | ★秘书 mìshū 명 비서 | 准时 zhǔnshí 부 정시에, 제때에

3 우리는 당신의 성적에 매우 만족스럽습니다, 내일 면접 시험에 참가하셔도 됩니다.
面试 miànshì 명 면접 시험

정답 1 手表, 鲜艳, 适合   2 秘书, 会议   3 成绩, 参加, 面试

STEP 3 실력 다지기

Day 14

● 제1부분   ▶ track 34

1 A 太热了   B 感冒了   C 过敏了   D 住院了

2 A 发奖金了   B 要换设备了   C 股票赚钱了   D 项目通过了

3 A 小美的婚礼地点   B 小美的婚礼花球
   C 小美的婚礼费用   D 小美的婚礼日期

● 제2부분

4 A 不在学校   B 要去采访   C 要去外国   D 身体不好

 해설서 p.19

Day 15

● 제1부분   ▶ track 35

5 A 要申请读本科 B 要出国做交换生 C 想去市场部实习 D 想在公司上班

6 A 竞争激烈   B 工作环境不好   C 假期很短   D 工资太低

7 A 参加研讨会   B 买参考书
   C 请父母签字   D 延长交论文的期限

● 제2부분

8 A 花瓶瓶口过大 B 花瓶很贵   C 花瓶有问题   D 女的在买花

해설서 p.21

06 여가 생활·전자·IT

듣기 제1·2부분 | Day 16

STEP 1 유형 파악하기

◆ 여가 생활, 전자, IT 관련 문제의 비중이 점점 높아지고 있다. 특히 '전자' 'IT' 관련 문제는 거의 매 회 출제된다. 단어를 알면 어렵지 않게 풀 수 있으므로, 핵심 어휘와 관련 표현을 반드시 익혀 두자.

◆ 녹음에 나온 어휘가 포함된 보기가 2개 이상 제시되는 문제가 출제되고 있으므로, 단어 하나만 듣기보다는, '구문 형태'로 듣는 연습을 해야 한다.

◆ 녹음과 보기에 생소하고 전문적인 단어가 나와도 당황하지 말고, 대화 내용과 맥락을 파악하는 데 집중하자. 특히, 특정한 접속사 뒤에 중요한 내용이 있는 경우가 많으므로, 문장 앞뒤 관계에 주의하며 들어야 한다! 핵심 접속사는 p.68에서 확인하자.

● 제1부분 예제

● track 36

| 1 | A 乘车回酒店 | B 广场集合 | C 自由活动 | D 办理退房 |

정답&풀이 C [自由活动 자유 활동하기] 남자가 한 '我们现在可以自由活动了吗?(우리 지금 자유 시간을 가질 수 있나요?)'라는 질문에 여자 가이드는 '可以(가능해요)'라고 대답했다. 여기에서 C '自由活动(자유 활동)'이 정답임을 알 수 있다. A와 B는 자유 활동 후의 일정을 설명하는 것이며, D는 언급되지 않았다.

男: 张导游, 我们现在可以自由活动了吗?
女: 可以。现在是8点钟, 大家记得两个半小时后在广场集合。我们一起乘车回酒店。

问: 他们接下来要做什么?
A 乘车回酒店   B 广场集合
C 自由活动   D 办理退房

남: 장 가이드님, 우리 지금 자유 시간을 가질 수 있나요?
여: 가능해요. 지금 8시고, 모두 2시간 반 후에 광장에서 모이기로 해요. 우리 함께 차를 타고 호텔로 돌아갈 거예요.

질문: 그들이 다음에 할 일은 무엇인가?
A 차를 타고 호텔로 돌아가기   B 광장에서 모이기
C 자유 활동하기   D 체크아웃하기

导游 dǎoyóu 명 가이드, 관광 안내원 | ★**自由** zìyóu 명 자유 | **活动** huódòng 명 활동, 행사 | **点钟** diǎnzhōng 명 시 | **记得** jìde 동 기억하고 있다, 기억하다 | ★**广场** guǎngchǎng 명 광장 | ★**集合** jíhé 동 집합하다 | ★**乘** chéng 동 오르다, (교통수단·가축 등에) 타다 | **酒店** jiǔdiàn 명 호텔 | **接下来** jiēxiàlái 다음으로, 이어서 | ★**办理** bànlǐ 동 (수속을) 밟다, 처리하다, 취급하다 | **退房** tuìfáng 명 체크아웃

● **제2부분 예제**

○ track 37

2 A 可以下载大量游戏 B 具有杀毒功能
   C 能恢复被删除的文件 D 可向顾客有针对性地推荐

정답&풀이 **D** [向顾客有针对性地推荐 고객에게 맞춤형으로 추천하다] 녹음 마지막까지 집중해서 들어야 답을 찾을 수 있다. 여자가 마지막에 '根据不同顾客的需要，有针对性地推荐相关内容(다양한 고객의 필요에 따라 맞춤형으로 관련 내용을 추천한다)'이라고 한 부분에서 보기 D가 답인 것을 찾을 수 있다. 다른 보기는 언급되지 않았다.

男：短短一年时间，就被评为"优秀业务员"，你是怎么做到的？	남: 단 1년만에 '우수 영업사원'으로 평가받다니, 어떻게 그렇게 했어요?
女：我建立了一个数据库，公司觉得很有价值。	여: 저는 데이터베이스를 만들었어요. 회사에서 그걸 매우 가치 있게 여겼죠.
男：这个数据库的作用是什么？	남: 그 데이터베이스의 역할은 무엇인가요?
女：<u>它可以根据不同顾客的需要，有针对性地推荐相关内容</u>。	여: <u>그것은 다양한 고객의 필요에 따라 맞춤형으로 관련 내용을 추천할 수 있습니다.</u>
问：关于数据库可以知道什么？	질문: 데이터베이스에 대해 알 수 있는 것은 무엇인가?
A 可以下载大量游戏	A 많은 게임을 다운로드할 수 있음
B 具有杀毒功能	B 바이러스 방지 기능이 있음
C 能恢复被删除的文件	C 삭제된 파일을 복구할 수 있음
D 可向顾客有针对性地推荐	**D 고객에게 맞춤형으로 추천할 수 있음**

短短 duǎnduǎn 형 매우 짧다 | **评为** píngwéi 동 ~으로 선정하다 | **优秀** yōuxiù 형 우수하다, 아주 뛰어나다 | **业务员** yèwùyuán 명 업무 담당자 | ★**建立** jiànlì 동 만들다, 세우다, 이루다 | **数据库** shùjùkù 명 데이터베이스 | ★**价值** jiàzhí 명 가치 | **作用** zuòyòng 명 역할, 작용, 효과 | **不同** bùtóng 다르다, 같지 않다 | **顾客** gùkè 명 고객, 손님 | **需要** xūyào 명 수요, 필요, 요구 | **针对性** zhēnduìxìng 명 맞춤형 | ★**推荐** tuījiàn 동 추천하다, 소개하다 | ★**相关** xiāngguān 동 관련이 있다, 관련되다 | **内容** nèiróng 명 내용 | ★**下载** xiàzài 동 다운로드하다 | **大量** dàliàng 형 대량의, 다량의, 많은 양의, 상당한 양의 | **游戏** yóuxì 명 게임 | **具有** jùyǒu 동 지니다, 가지다, 있다 | **杀毒** shādú 동 컴퓨터 바이러스를 제거하다 | ★**功能** gōngnéng 명 기능, 작용, 효능 | ★**恢复** huīfù 동 회복하다 | ★**删除** shānchú 동 빼다, 삭제하다, 지우다 | ★**文件** wénjiàn 명 문서

STEP 2 내공 쌓기

1 주요 질문 방식

○ track 38

녹음을 듣고 대화 내용과 일치하거나 유추를 통해 알 수 있는 내용을 묻는 질문이 주로 출제된다.

• 根据对话，可以知道什么？ 대화에 따르면, 무엇을 알 수 있는가? ✦

• 他们在谈什么？ 그들은 무엇을 이야기하고 있는가? ✦

• 关于这次计划可以知道什么？ 이번 계획에 관해 무엇을 알 수 있는가?

• 根据对话，下列哪项正确？ 대화에 근거하여, 다음 중 올바른 것은 무엇인가? ✦

• 笔记本怎么了？ 노트북이 어떻게 되었는가?

• 要想确认那个软件的优点需要怎么做？ 그 프로그램의 우수성을 확인하고 싶다면 어떻게 해야 하는가?

• 女的认为那家健身房怎么样？ 여자는 그 헬스장이 어떻다고 생각하는가? ✦

- 男的购买了什么? 남자는 무엇을 구매했는가?
- 女的最可能在学什么? 여자는 무엇을 배우고 있을 가능성이 가장 높은가?
- 男的发短信的原因是什么? 남자가 문자를 보낸 이유는 무엇인가? ✦
- 男的喜欢听哪种类型的音乐? 남자는 어떤 종류의 음악을 듣는 것을 좋아하는가?

2 핵심 어휘 및 표현

 track 39

최근 출제 비율이 점점 높아지고 있는 어휘들을 알아 두자.

(1) 여가 생활

休息 xiūxi 휴식	**业余** yèyú 형 여가의, 업무 외의 [→业余活动 yèyú huódòng 여가 활동, 业余时间 yèyú shíjiān 여가 시간] **休闲** xiūxián 명 레저 활동 | **空闲** kòngxián 형 한가하다, 남다 | **歇** xiē 동 쉬다, 휴식하다 **感受到压力** gǎnshòudào yālì 스트레스를 받다 | **缓解压力** huǎnjiě yālì 스트레스를 풀다 **享受生活** xiǎngshòu shēnghuó 삶을 즐기다 | **宠物** chǒngwù 명 애완동물 | **娱乐** yúlè 명 오락
旅游 lǚyóu 여행	**游览** yóulǎn 동 (풍경, 명승고적 등을) 유람하다 | **旅游** lǚyóu 동 여행하다 [≒旅行 lǚxíng] **名胜古迹** míngshèng gǔjì 명 명승고적 | **风景** fēngjǐng 명 풍경, 경치 | **机票** jīpiào 명 항공권 **直达** zhídá 동 직행하다, 직통하다 | **转机** zhuǎnjī 동 비행기를 갈아타다
展览 zhǎnlǎn 전시/관람	**展览** zhǎnlǎn 동 전람회 동 전람하다 | **艺术品** yìshùpǐn 명 예술품 | **风格** fēnggé 명 풍격, 양식 **画展** huàzhǎn 명 회화 전람회 | **作品** zuòpǐn 명 작품 | **书法** shūfǎ 명 서예 **演唱会** yǎnchànghuì 명 음악회, 콘서트 | **看表演** kàn biǎoyǎn 공연을 보다 | **京剧** jīngjù 명 경극 **表演出色** biǎoyǎn chūsè 연기가 특별히 훌륭하다 | **乐器** yuèqì 명 악기 **弹钢琴** tán gāngqín 피아노를 치다 | **古典音乐** gǔdiǎn yīnyuè 클래식 음악 **精彩** jīngcǎi 형 뛰어나다, 훌륭하다 | **动作片(儿)** dòngzuòpiàn(r) 액션 영화 **喜剧片(儿)** xǐjùpiàn(r) 코미디 영화 | **恐怖片(儿)** kǒngbùpiàn(r) 공포 영화 **科幻片(儿)** kēhuànpiàn(r) SF 영화 | **爱情片(儿)** àiqíngpiàn(r) 멜로 영화 **动画片(儿)** dònghuàpiàn(r) 만화 영화 | **纪录片(儿)** jìlùpiàn(r) 다큐멘터리 영화
爱好 àihào 취미	**爱好** àihào 명 취미 | **摄影** shèyǐng 동 사진을 찍다, 촬영하다 | **欣赏** xīnshǎng 동 감상하다 **赏花** shǎnghuā 동 꽃놀이를 하다 | **种花** zhònghuā 동 꽃을 심다, 꽃을 가꾸다 **养花** yǎng huā 꽃을 키우다 | **浇花** jiāo huā 꽃에 물을 주다 **收集** shōují 동 모으다, 수집하다 | **体验** tǐyàn 동 체험하다 | **爬山** pá shān 등산하다 **打麻将** dǎ májiàng 마작을 하다 | **打牌** dǎ pái 카드 놀이를 하다 | **下围棋** xià wéiqí 바둑을 두다 **下象棋** xià xiàngqí 장기를 두다 [=下棋 xiàqí] | **太极拳** tàijíquán 명 태극권
运动 yùndòng 스포츠	**健身** jiànshēn 동 몸을 건강하게 하다 | **健身房** jiànshēnfáng 헬스클럽 | **体育馆** tǐyùguǎn 명 체육관 **俱乐部** jùlèbù 명 동호회, 클럽 | **打篮球** dǎ lánqiú 농구를 하다 | **踢足球** tī zúqiú 축구를 하다 **打羽毛球** dǎ yǔmáoqiú 배드민턴을 치다 | **打乒乓球** dǎ pīngpāngqiú 탁구를 치다 **射击** shèjī 동 사격하다 | **武术** wǔshù 명 무술, 우슈

(2) 전자·IT

硬件 yìngjiàn 하드웨어	**硬件** yìngjiàn 명 하드웨어 | **主机** zhǔjī 명 본체 | **显示器** xiǎnshìqì 명 모니터 **鼠标** shǔbiāo 명 마우스 | **键盘** jiànpán 명 키보드 | **U盘** U pán USB 메모리 **光盘** guāngpán 명 CD | **笔记本电脑** bǐjìběn diànnǎo 노트북 | **打开** dǎkāi 열다 **开机** kāijī 동 (기계의) 전원을 켜다 | **关机** guānjī 동 (기계의) 전원을 끄다 **启动电脑** qǐdòng diànnǎo 컴퓨터를 부팅시키다 | **检查** jiǎnchá 동 검사하다, 점검하다 **维修** wéixiū 동 수리하다

软件 ruǎnjiàn 소프트웨어	软件 ruǎnjiàn 몡 소프트웨어 | 程序 chéngxù 몡 프로그램 | 安装 ānzhuāng 동 설치하다 文件 wénjiàn 몡 파일, 문서 | 删除 shānchú 동 삭제하다 | 复制 fùzhì 동 복제하다 保存 bǎocún 동 보존하다 | 下载 xiàzài 동 다운로드하다 [↔上传 shàngchuán 업로드하다] 病毒 bìngdú 몡 바이러스 | 杀毒软件 shādú ruǎnjiàn 컴퓨터 바이러스 백신
网络 wǎngluò 인터넷	网络 wǎngluò 몡 인터넷, 네트워크 | 网站 wǎngzhàn 몡 (인터넷) 웹사이트 电子邮件 diànzǐ yóujiàn 몡 이메일 | 微博 wēibó 몡 미니 블로그 上网 shàngwǎng 동 인터넷에 접속하다 | 微信 Wēixìn 고유 위챗 [중국의 메신저 프로그램] 百度 Bǎidù 고유 바이두 [중국의 포털 사이트] | 搜索 sōusuǒ 동 검색하다 用户名 yònghùmíng 몡 아이디 | 账户 zhànghù 몡 계정 | 注册 zhùcè 동 회원 가입하다, 등록하다 登录 dēnglù 동 로그인하다 | 试用期 shìyòngqī 몡 사용 기간 | 输入 shūrù 동 입력하다 密码 mìmǎ 몡 암호 玩儿游戏 wánr yóuxì 게임을 하다 [→玩儿电脑游戏 wánr diànnǎo yóuxì 컴퓨터 게임을 하다]
数码 shùmǎ 디지털	数码 shùmǎ 몡 디지털 | 数据 shùjù 몡 데이터 | 视频 shìpín 몡 동영상 充电器 chōngdiànqì 몡 충전기 | 信号稳定 xìnhào wěndìng 신호가 안정적이다 系统 xìtǒng 몡 시스템 | 随身 suíshēn 동 휴대하다 | 移动通信 yídòng tōngxìn 몡 이동통신 电池 diànchí 몡 배터리 | 充电 chōngdiàn 동 충전하다

📝 배운 내용 점검하기

○ track 40

✦ 녹음을 듣고 빈칸을 채워 넣어 보세요.

1 随着年龄的_____，她喜欢上了_____。

2 小李不是去_____，而是去看_____。

3 你先_____完这个_____后，就可以_____你的用户名和密码了。

해석
어휘

1 나이가 들어감에 따라, 그녀는 꽃 키우는 것을 좋아하게 되었다.
随着 suízhe 개 ~에 따라, ~따라서 | 年龄 niánlíng 몡 나이, 연령 | 增长 zēngzhǎng 동 늘어나다, 높아지다, 증가하다 |
养花 yǎng huā 꽃을 키우다, 꽃을 가꾸다

2 샤오리[小李]는 등산을 하러 가는 것이 아니라 명승고적을 보러 가는 거야.
不是A而是B bú shì A érshì B A가 아니라 B이다 | 名胜古迹 míngshèng gǔjì 몡 명승고적

3 너는 먼저 이 소프트웨어를 다운로드한 후, 바로 너의 아이디와 비밀번호를 입력하면 돼.
★下载 xiàzài 동 (파일 등을) 다운로드하다 | ★软件 ruǎnjiàn 몡 (컴퓨터의) 소프트웨어 | ★输入 shūrù 동 입력하다 | 用户名
yònghùmíng 몡 아이디 | 密码 mìmǎ 몡 비밀번호

정답 1 增长, 养花　　2 爬山, 名胜古迹　　3 下载, 软件, 输入

STEP 3 실력 다지기

Day 17

○ track 41

● 제1부분

1 A 他们想一起回家　　　　　　B 男的不想直飞广州
   C 男的要在上海转机　　　　　D 男的在帮女的订票

2 A 删除所有文件　B 重新登录　　C 付费　　　　D 换密码

● 제2부분

3 A 价格高　　　B 服务周到　　　C 没有床位　　D 离景点很近

4 A 手机还没充满电　B 女的关机了　C 电池坏了　　D 手机坏了

해설서 p.23

Day 18

○ track 42

● 제1부분

5 A 动作片　　　B 记录片　　　　C 喜剧片　　　D 恐怖片

6 A 网络不稳定　　　　　　　　　B 冰箱漏电
   C 电视有问题　　　　　　　　　D 手机信号不稳定

● 제2부분

7 A 女的答应帮男的　　　　　　　B 体验活动开始了
   C 女的会打太极拳　　　　　　　D 男的是体育老师

8 A 掉水里了　　B 该充电了　　　C 不能下载软件　D 中病毒了

해설서 p.25

07 유의어

듣기 제1·2부분 | Day 21

STEP 1 유형 파악하기

- 녹음 속 표현과 의미는 같지만 형태가 다른 '유의 표현'이 주로 출제되므로, 빈출 핵심 유의 표현을 꼭 익혀 두어야 한다.

- 녹음 속 핵심 표현을 놓쳤다면 정답을 찾기 어려워진다. 녹음 속 '因为+원인/이유'나 '所以+결과' 구문에 정답의 핵심 근거 문장이 나오는 경우가 많으므로 주의해서 들어야 한다.

- 최근에는 정답이 아닌 다른 보기들도 지문과 전혀 어울리지 않는 내용이 아닌 대화 주제와 관련된 내용으로 제시되는 경우가 많다. 대화 주제만으로 정답을 찾기 어렵다는 것을 명심하고, 유의 표현을 평소에 잘 익히고 맥락을 파악하며 듣는 연습을 꾸준히 하자!

● 제1부분 예제

▶ track 43

1 A 手机没电了   B 忘在公司了   C 车库信号差   D 没听见手机铃声

정답&풀이 C [**信号比较弱** 신호가 비교적 약하다 → **信号差** 신호가 약하다] 녹음에서 '可能是因为我在地下车库，信号比较弱(아마 제가 지하 차고에 있었기 때문일 거예요. 신호가 비교적 약해요)'라고 했다. 보기 C의 '车库信号差(차고 신호가 약하다)'가 같은 의미이며, 다른 보기는 언급되지 않았다. 보기 A, B, D는 일반적인 '전화를 받지 않는 이유'가 될 수 있지만, 녹음에 각 보기의 일부도 언급되지 않았으므로 헷갈릴만한 문제는 아니다.

女: 刚才你电话怎么一直打不通？	여: 방금 전에 왜 전화를 계속 받지 않았어요?
男: 可能是因为我在地下车库，信号比较弱。	남: 아마 제가 지하 차고에 있었기 때문일 거예요. 신호가 비교적 약해요.
问: 男的为什么没接电话？	질문: 남자는 왜 전화를 받지 않았는가？
A 手机没电了 B 忘在公司了	A 핸드폰 배터리가 없다 B 회사에 두고 왔다
C 车库信号差 D 没听见手机铃声	C 차고 신호가 약하다 D 핸드폰 벨 소리를 못 들었다

刚才 gāngcái 명 지금 막, 방금 | **打通** dǎtōng 동 (전화가) 연결되다 | **地下** dìxià 명 지하 | ★**车库** chēkù 명 차고 | ★**信号** xìnhào 명 신호 | **比较** bǐjiào 부 비교적, 상대적으로 | ★**弱** ruò 형 약하다 | **接** jiē 동 받다 | **忘** wàng 동 잊다 | **差** chà 형 나쁘다, 좋지 않다, 표준에 못 미치다 | **听见** tīngjiàn 동 듣다, 들리다 | **铃声** língshēng 명 벨 소리

● 제2부분 예제

▶ track 44

2 A 人物关系复杂   B 情节设计巧妙
    C 演员的表演很出色   D 缺乏故事背景描写

정답&풀이 D [故事背景叙述的不充分 스토리 배경 설명이 부족하다 → 缺乏故事背景描写 스토리 배경 묘사가 부족하다]

녹음에서 쓰인 '叙述(서술하다)' '不充分(충분하지 않다)'과 보기 D에 쓰인 '描写(묘사하다)' '缺乏(부족하다)'가 비슷한 의미로 사용된 것을 알면 답을 찾을 수 있는 문제이다.

男: 早知道这电影这么难看，我宁可回家睡觉。 女: 我看预告片还以为会很精彩呢。 男: 是啊, 不仅故事背景叙述的不充分，人物也显然是在复制以前的经典角色。 女: 哎, 真是白期待了那么久。	남: 이 영화가 이렇게 별로일 줄 알았으면 차라리 집에서 자는 게 나을 뻔했어. 여: 예고편을 볼 때는 정말 재미있을 줄 알았어. 남: 그래, 스토리 배경 서술도 충분하지 않고, 등장인물도 분명 예전의 전형적인 캐릭터를 복사한 것 같아. 여: 아, 정말 헛된 기대를 했어.
问: 男的认为电影怎么样？ A 人物关系复杂 B 情节设计巧妙 C 演员的表演很出色 D 缺乏故事背景描写	질문: 남자가 영화에 대해 어떻게 생각하는가? A 인물 관계가 복잡하다 B 줄거리 구성이 교묘하다 C 배우의 연기가 탁월하다 D 스토리 배경 묘사가 부족하다

★宁可 nìngkě 부 차라리 (~하는 것이 낫다) | 预告片 yùgàopiàn 명 예고편 | 以为 yǐwéi 동 여기다, 생각하다, 간주하다, 인정하다 [현대 한어에서 주로 '~라고 여겼는데 아니라'라는 부정적인 어기를 내포함] | 精彩 jīngcǎi 형 훌륭하다, 뛰어나다, 근사하다 | 不仅 bùjǐn 접 ~뿐만 아니라 [不仅A也B: A뿐만 아니라 B하기도 하다] | ★背景 bèijǐng 명 배경 | ★叙述 xùshù 동 서술하다, 기술하다 | ★充分 chōngfèn 형 충분하다 | ★人物 rénwù 명 인물 | ★显然 xiǎnrán 형 (상황이나 이치가) 명백하다, 분명하다, 뚜렷하다 | ★复制 fùzhì 동 (문물·예술품 등을) 복제하다 | ★经典 jīngdiǎn 형 전형적인, 표준이 되는, 권위적인 | ★角色 juésè 명 역할, 배역 | ★哎 āi 감 (불만을 나타내어) 원, 에이 | ★期待 qīdài 동 기대하다, 기다리다, 고대하다, 바라다 | 复杂 fùzá 형 복잡하다 | 情节 qíngjié 명 플롯(plot), 줄거리 | ★设计 shèjì 명 설계, 디자인 | ★巧妙 qiǎomiào 형 정교하다, 교묘하다 | 演员 yǎnyuán 명 배우, 연기자 | 表演 biǎoyǎn 명 연기, 공연 | ★出色 chūsè 형 특별히 좋다, 대단히 뛰어나다, 보통을 넘다 | ★缺乏 quēfá 동 결핍되다, 결여되다 | ★描写 miáoxiě 명 묘사

> **tip** 유의어 유형 기출 표현
> - 信号比较弱 신호가 비교적 약하다 ≒ 信号差 신호가 약하다
> - 只有48平方米 겨우 48제곱미터밖에 안 된다 ≒ 不到50平方米 50제곱미터가 되지 않는다
> - 当过志愿者 자원봉사자를 한 적이 있다 ≒ 做了奥运会志愿者 올림픽 자원봉사자를 했다

STEP 2 내공 쌓기

1 주요 질문 방식 track 45

녹음을 듣고 그 내용과 일치하거나 유추를 통해 알 수 있는 내용을 고르는 문제가 주로 출제된다.

- 根据对话，下列哪项正确？ 대화에 근거해, 다음 중 옳은 것은? ✦
- 关于旅游费用，下列哪项正确？ 여행 비용에 관하여 다음 중 옳은 것은?
- 关于男的可以知道什么？ 남자에 관하여 무엇을 알 수 있는가? ✦
- 女的为什么换专业？ 여자는 왜 전공을 바꾸는가?
- 男的为什么很激动？ 남자는 왜 감격해하는가?
- 明晚公交车为什么停运？ 내일 저녁에 버스는 왜 운행을 중단하는가?
- 说话人怎么了？ 화자는 어떻게 되었는가? ✦

- 男的觉得那儿的环境怎么样? 남자는 그곳의 환경이 어떻다고 생각하는가? ✦
- 女的喜欢买哪种衣服? 여자는 어떤 종류의 옷을 즐겨 사는가?

2 핵심 어휘 및 표현

○ track 46

의미가 같거나 비슷한 '유의 표현'을 익혀 듣기 실력을 업그레이드하자! 녹음을 들으며 여러 번 따라 읽어 보자.

(1) 병원
- 의사 | 医生 yīshēng = 大夫 dàifu
- 감기에 걸리다 | 感冒 gǎnmào = 着凉 zháoliáng
- 수술하다 | 动手术 dòng shǒushù = 做手术 zuò shǒushù
- 다치다 | 拉伤了 lāshāng le ≒ 受伤 shòushāng
- 키 | 个子 gèzi = 身高 shēngāo
- 잠을 이루지 못하다 | 睡不着 shuì bù zháo = 失眠 shīmián

(2) 돈
- 저금하다, 저축하다 | 存款 cúnkuǎn = 存钱 cún qián
- 돈을 인출하다 | 取款 qǔkuǎn = 取钱 qǔ qián
- 계산하다 | 买单 mǎidān = 结账 jiézhàng
- 각자 계산하다 | AA制 AA zhì = 各付各的 gè fù gè de
- 영수증 | 收据 shōujù ≒ 发票 fāpiào (영수증을 끊다)
- 20% 할인(하다) | 打八折 dǎ bāzhé = 八折优惠 bāzhé yōuhuì
- 할인하다, 혜택이 있다 | 打折 dǎzhé = 有优惠(活动) yǒu yōuhuì (huódòng) ≒ 搞活动 gǎo huódòng
- 너무 낭비이다 | 太浪费了 tài làngfèi le ≒ 花得太多了 huā de tài duō le (너무 많이 썼다)

(3) 회사
- 회의에 참가하다 | 出席会议 chūxí huìyì = 参加会议 cānjiā huìyì
- 채용하다 | 招聘 zhāopìn = 聘用 pìnyòng = 录取 lùqǔ
- 기회를 잡다 | 把握机会 bǎwò jīhuì = 抓住机会 zhuāzhù jīhuì
- 기업, 회사 | 企业 qǐyè ≒ 公司 gōngsī ≒ 单位 dānwèi
- 사인하다 | 签字 qiānzì = 签名 qiānmíng
- 공장을 열다 | 开工厂 kāi gōngchǎng ≒ 经营工厂 jīngyíng gōngchǎng (공장을 경영하다)
- 능력 있다 | 有才能 yǒu cáinéng = 有能力 yǒu nénglì = 有本领 yǒu běnlǐng
- 문제가 생기다 | 出问题 chū wèntí = 有问题 yǒu wèntí (문제가 있다) = 有毛病 yǒu máobìng (문제가 있다)

(4) 취미
- 흥미, 취미 | 兴趣 xìngqù = 爱好 àihào
- 드라마 | 连续剧 liánxùjù = 电视剧 diànshìjù
- 풍경, 경치 | 风景 fēngjǐng ≒ 景色 jǐngsè ≒ 风光 fēngguāng
- 운동하다 | 运动 yùndòng = 做运动 zuò yùndòng = 锻炼 duànliàn
- 컴퓨터 게임을 하다 | 玩儿网络游戏 wánr wǎngluò yóuxì = 玩儿电脑游戏 wánr diànnǎo yóuxì

- 무술을 연습한 적이 있다 | 练过武术 liànguo wǔshù ≒ 学过武术 xuéguo wǔshù (무술을 배운 적이 있다)
- 사진 찍다 | 照张相 zhào zhāng xiàng = 拍一张 pāi yì zhāng = 拍(个)照 pāi ge zhào

(5) 교통

- 운전하다 | 开车 kāichē = 驾车 jiàchē = 驾驶 jiàshǐ
- 착륙하다 | 下降 xiàjiàng ≒ 降落 jiàngluò
- 교통카드 | 公交卡 gōngjiāokǎ = 交通卡 jiāotōngkǎ
- 교통사고 | 交通事故 jiāotōng shìgù = 车祸 chēhuò

(6) 시간

- 지금, 현재 | 现在 xiànzài ≒ 目前 mùqián
- 오래, 긴 시간 동안 | 好久 hǎojiǔ = 很长时间 hěn cháng shíjiān
- 월요일 | 星期一 xīngqīyī = 周一 zhōuyī = 礼拜一 lǐbàiyī
- 일요일 | 星期天 xīngqītiān = 周日 zhōurì = 礼拜日 lǐbàirì = 礼拜天 lǐbàitiān

(7) 상태

- 싫다, 밉다 | 不喜欢 bù xǐhuan = 讨厌 tǎoyàn ≒ 恨 hèn
- 동의하다, 허락하다 | 同意 tóngyì = 答应 dāying = 允许 yǔnxǔ
- 칭찬하다 | 夸奖 kuājiǎng = 称赞 chēngzàn = 赞扬 zànyáng
- 생각하다, 고려하다 | 想 xiǎng = 考虑 kǎolǜ
- 의논하다 | 咨询 zīxún ≒ 问 wèn (물어보다)
- 이해하다 | 理解 lǐjiě = 听懂 tīngdǒng (알아듣다)
- 책망하다, 꾸짖다 | 责备 zébèi = 责怪 zéguài = 批评 pīpíng = 教训 jiàoxùn
- 피곤하다 | 累 lèi ≒ 困 kùn (졸리다) ≒ 疲劳 píláo (피로하다) ≒ 疲倦 píjuàn (지치다)
- 고장 나다 | 出故障 chū gùzhàng = 坏了 huài le = 有问题 yǒu wèntí
- 믿지 않다, 신임하지 않다 | 不信 bú xìn = 不相信 bù xiāngxìn = 不信任 bú xìnrèn
- 잊었다 | 忘了 wàng le = 忘掉了 wàngdiào le (잊어버렸다) ≒ 不记得了 bújide le (기억이 나지 않게 되었다)
- 믿을 수 없다 | 不能相信 bùnéng xiāngxìn = 不可靠 bù kěkào = 不可信 bù kěxìn = 靠不住 kào bu zhù
  = 靠不着 kào bu zháo = 靠不上 kào bu shàng

(8) 기타

- 선수 | 选手 xuǎnshǒu ≒ 运动员 yùndòngyuán (운동선수)
- 고향 | 家乡 jiāxiāng ≒ 老家 lǎojiā ≒ 故乡 gùxiāng
- 식구 | 家人 jiārén ≒ 一家人 yìjiārén ≒ 全家人 quánjiārén (온 가족)
- 우의, 우정 | 友谊 yǒuyì = 友情 yǒuqíng
- 조정하다 | 调整 tiáozhěng ≒ 调节 tiáojié (조절하다)
- 크게 모습이 변하다, 변화가 크다 | 大变样 dà biànyàng = 变化很大 biànhuà hěn dà
- 표준적이다, 진짜로, 진정한, 좋다 | 标准 biāozhǔn = 地道 dìdao = 真正 zhēnzhèng = 很好 hěn hǎo
- 네 말이 맞다 | 你说的对 nǐ shuō de duì = 你说的是 nǐ shuō de shì = 你说的也是 nǐ shuō de yě shì
- 가능성이 크다, 십중팔구 | 很可能 hěn kěnéng = 十有八九 shí yǒu bā jiǔ = 八成 bā chéng

- 진짜? 그래? | 真的吗? Zhēn de ma? ≒ 真的(假的)? Zhēn de (jiǎ de)? ≒ 是吗? Shì ma?
- 네가 좀 봐 봐 | 你看 nǐ kàn = 你(来)看看 nǐ (lái) kànkan = 你看一下 nǐ kàn yíxià
- 인터넷에서 쇼핑하다 | 上网购物 shàngwǎng gòuwù = 在网上购物 zài wǎngshàng gòuwù
- 중독되다 | 中毒 zhòngdú = 上瘾 shàngyǐn
- 나무랄 게 없다 | 没说的 méi shuōde ≒ 没的说 méi de shuō
- 일부러 귀찮게 하다, 못살게 굴다 | 添麻烦 tiān máfan = 找麻烦 zhǎo máfan
- 믿기 어렵다 | 很难相信 hěn nán xiāngxìn ≒ 不能相信 bù néng xiāngxìn (믿을 수 없다)
- 나를 놀리지 마라, 농담하지 마라 | 别拿我开玩笑了 bié ná wǒ kāi wánxiào le = 别开玩笑了 bié kāi wánxiào le
- 자신감이 있다 | 对自己有信心 duì zìjǐ yǒu xìnxīn ≒ 肯定没问题 kěndìng méi wèntí (분명 문제없다)
  ≒ 有把握 yǒu bǎwò (자신 있다)

(9) 연결어

- 그러나 | 但是 dànshì = 可是 kěshì = 不过 búguò = 然而 rán'ér
- 그러나, 오히려 | 倒 dào = 却 què
- 총괄적으로 말하면, 요컨대 | 总之 zǒngzhī = 总而言之 zǒng'éryánzhī
- 반드시 ~라고는 할 수 없다 | 不一定 bù yídìng = 不见得 bújiàndé = 未必 wèibì
- ~에 유리하다 | 有利于 yǒulìyú = 有助于 yǒuzhùyú (~에 도움이 되다) = 有益于 yǒuyìyú (~에 유익하다)
- 말하는 바에 의하면, 듣자 하니 | 据说 jùshuō = 听说 tīngshuō = 听A(대상)说 tīng A shuō
- 아마도 ~일 것이다 | 可能 kěnéng = 也许 yěxǔ = 大概 dàgài
- 보아하니 | 看上去 kàn shàngqu = 看起来 kàn qǐlai = 看来 kànlái = 看样子 kàn yàngzi

배운 내용 점검하기

● track 47

✦ 녹음을 듣고 빈칸을 채워 넣어 보세요.

1 玩儿这么长时间_____, 会感到_____眼睛, 而且会导致疲劳。

2 这台取款机_____, 修理时间为_____。

3 _____, 饭前_____能保持健康。

해석 어휘

1 이렇게 긴 시간 동안 인터넷 게임을 하는 것은 눈을 자극할 수 있고, 피로를 야기할 수 있다.
网络游戏 wǎngluò yóuxì 명 온라인 게임 | 感到 gǎndào 동 느끼다 | ★刺激 cìjī 동 자극하다 | ★导致 dǎozhì 동 야기하다 |
★疲劳 píláo 명 피로

2 이 현금인출기는 망가졌고, 수리 시간은 30분입니다.
台 tái 양 대 [기계를 세는 단위] | 取款机 qǔkuǎnjī 명 현금인출기 | 弄坏 nònghuài 동 망가뜨리다 | 修理 xiūlǐ 동 수리하다

3 연구에 따르면 식사 전 신체를 단련하는 것은 건강을 유지시킬 수 있다고 한다.
研究 yánjiū 명 연구 | ★表明 biǎomíng 동 분명하게 보이다. 표명하다 | 饭前 fàn qián 명 식전 | ★保持 bǎochí 동 유지하다

정답 1 网络游戏, 刺激   2 被弄坏了, 半个小时   3 研究表明, 锻炼身体

STEP 3 실력 다지기

Day 22

● 제1부분

track 48

1 A 从小生活在北京   B 父母是律师   C 硕士没毕业   D 学习不努力

2 A 年代久远   B 非常新   C 很独特   D 墙很厚

● 제2부분

3 A 过敏了   B 头疼   C 腿受伤了   D 感冒了

4 A 演技很差   B 比较幽默   C 学过武术   D 想当记者

해설서 p.27

Day 23

track 49

● 제1부분

5 A 男的比赛输了   B 男的还没毕业
   C 男的当过志愿者   D 男的想学羽毛球

6 A 在办理护照   B 准备考博士
   C 是大学校长   D 对自己有信心

● 제2부분

7 A 同事很难相处   B 工资太低
   C 想多点儿时间陪家人   D 太累了

8 A 在电影节上获奖了   B 和导演合影了
   C 被邀请做嘉宾   D 得到了签名照

해설서 p.29

08 의미 파악

듣기 제1·2부분   Day 24

STEP 1 유형 파악하기

◆ '대화 속 인물' 또는 '제3자'가 처한 상황이나 상태에 관해 대화를 통해 '직접' 알 수 있거나 유추를 통해 '간접'적으로 알 수 있는 것을 묻는 문제가 자주 출제된다.

◆ 전체적인 내용의 흐름을 파악하고 이해해야 하는 유형으로, 핵심 어휘 하나만 단편적으로 들어서는 답을 찾기 힘들다. 그러므로 녹음이 나오기 전에 미리 보기를 살펴 두는 작업이 중요하다. 녹음을 들으며 답이 아닌 것부터 지워 나가자.

◆ 의미 파악 문제의 함정은 '내포된 의미'에 있다. 표면적으로 드러나지 않은 함축적 의미를 파악하는 것이 관건이다. 함축적 의미를 바로 파악해 내기 위해서는 평소에 '빈출 대화' 또는 '유추를 통해 알 수 있는 주요 표현'을 미리 익혀 두어야 한다.

● 제1부분 예제

 track 50

1   A 可以退换商品   B 餐厅暂停营业
    C 不能享受优惠   D 能兑换优惠券

정답&풀이   **C** [优惠券已经过期了 쿠폰은 이미 기한이 지났습니다 → **不能享受优惠** 할인 혜택을 받을 수 없다] 의미 파악 유형의 문제는 문맥에 따라 지문과 보기의 표현이 다르더라도 의미는 같은 경우가 많으므로, 전체 내용을 집중해서 들어야 한다. 여자가 '这张优惠券已经过期了(이 쿠폰은 이미 기한이 지났습니다)'라고 말했는데, 기한이 지난 것은 사용할 수 없는 것이므로 보기 B '不能享受优惠(할인 혜택을 받을 수 없다)'가 정답이다.

男: 您好，请问用这张优惠券能享受打折优惠吗？ 女: 不好意思先生，您这张优惠券已经过期了。	남: 안녕하세요. 이 쿠폰으로 할인 받을 수 있나요? 여: 죄송하지만, 이 쿠폰은 이미 기한이 지났습니다.
问: 女的是什么意思? A 可以退换商品 B 餐厅暂停营业 **C 不能享受优惠** D 能兑换优惠券	질문: 여자의 뜻은 무엇인가? A 상품을 교환할 수 있다 B 식당이 임시로 영업을 중단했다 **C 할인 혜택을 받을 수 없다** D 쿠폰을 교환할 수 있다

张 zhāng 앱 장 [종이·가죽 등을 세는 단위] | 优惠券 yōuhuìquàn 앱 쿠폰, 할인권 | ★享受 xiǎngshòu 통 누리다, 향유하다, 즐기다 | 打折 dǎzhé 앱 할인 | ★优惠 yōuhuì 앱 혜택 | ★过期 guòqī 통 기한을 넘기다, 기일이 지나다 | 退换 tuìhuàn 통 (상품을) 물리고 바꾸다, 교환하다 | ★商品 shāngpǐn 앱 상품 | 餐厅 cāntīng 앱 식당 | 暂停 zàntíng 통 잠시 중지하다, 일시 정지하다 | ★营业 yíngyè 통 영업 | ★兑换 duìhuàn 통 환전하다

● 제2부분 예제

○ track 51

2 A 女的睡眠质量差　　　B 男的不需要倒时差
　　C 在飞机上容易困　　　D 吸取教训很重要

정답&풀이 **B** [时差还没倒过来吧? 시차 적응이 아직 안 됐지? / 没关系，我在飞机上睡得很好 괜찮아. 비행기에서 잘 잤어]
남녀의 대화를 통해 의미를 파악하는 문제로, 여자가 남자에게 '时差还没倒过来吧?(시차 적응이 아직 안 됐지?)'라고 묻자, 남자는 '没关系，我在飞机上睡得很好(괜찮아. 비행기에서 잘 잤어)'라고 대답했다. 이 대답을 통해 남자는 시차 적응을 할 필요가 없다는 것을 알 수 있다. 따라서 보기 B가 정답이 된다.

女: 你刚出差回来，<u>时差还没倒过来吧</u>? 先回家休息吧。	여: 너 방금 출장에서 돌아왔잖아. 시차 적응이 아직 안 됐지? 일단 집에 가서 쉬어.
男: <u>没关系，我在飞机上睡得很好</u>。	남: 괜찮아. 비행기에서 잘 잤어.
女: 真羡慕你。我一坐飞机耳朵就难受，根本没法休息。	여: 정말 부러워. 나는 비행기만 타면 귀가 아파서 전혀 쉴 수가 없어.
男: 下次你买一个飞行专用的减压耳塞试试。	남: 다음 번에는 비행 전용 감압 이어플러그를 한 번 사보는 건 어때?
问: 根据对话可以知道什么?	질문: 대화를 통해 알 수 있는 것은 무엇인가?
A 女的睡眠质量差	A 여자의 수면 질이 나쁘다
B 男的不需要倒时差	**B 남자는 시차 적응이 필요 없다**
C 在飞机上容易困	C 비행기에서는 쉽게 졸리다
D 吸取教训很重要	D 교훈을 얻는 것이 중요하다

刚 gāng 囝 방금, 막, 지금 | **出差** chūchāi 통 (외지로) 출장 가다 | ★**时差** shíchā 몡 시차 | **先** xiān 囝 먼저, 우선 | **羡慕** xiànmù 통 부러워하다, 탐내다, 흠모하다 | **耳朵** ěrduo 몡 귀 | **难受** nánshòu 혱 불편하다, 견딜 수 없다, 괴롭다 | **根本** gēnběn 囝 전혀, 도무지, 아예, 처음부터 끝까지, 시종 [주로 부정형으로 쓰임] | **飞行** fēixíng 몡 비행 | **专用** zhuānyòng 혱 전용 | **减压** jiǎnyā 몡 감압 | **耳塞** ěrsāi 몡 귀마개, 이어폰 | **试** shì 통 시험 삼아 해보다, 시험하다 | **对话** duìhuà 통 대화하다 몡 대화 | **睡眠** shuìmián 몡 수면, 잠 | **质量** zhìliàng 몡 품질, 질 | **差** chà 혱 나쁘다, 좋지 않다, 표준에 못 미치다 | **困** kùn 혱 졸리다 | ★**吸取** xīqǔ 통 흡수하다, 빨아들이다, 섭취하다, (교훈·경험을) 받아들이다, 얻다 | ★**教训** jiàoxùn 몡 교훈 | **重要** zhòngyào 혱 중요하다

STEP 2 내공 쌓기

1 주요 질문 방식

○ track 52

녹음 내용과 '일치'하는 내용, '유추를 통해 알 수 있는' 내용을 고르는 문제가 주로 출제된다. 의미 파악 유형은 특히 고정적으로 질문하는 패턴이 있으므로, 질문을 미리 파악하여 여유 있게 풀도록 하자.

- 女的是什么意思? 여자는 무슨 의미인가? ✦
- 男人的话主要是什么意思? 남자의 말은 주로 무엇을 의미하는가?
- 根据对话，下面哪项正确? 대화에 근거하여 다음 중 옳은 것은 무엇인가? ✦
- 女的看上去怎么样? 여자는 보기에 어떠한가? ✦
- 根据对话可以知道什么? 대화에 근거하여 알 수 있는 것은 무엇인가?

- 从对话中，可以知道什么？ 대화에서 알 수 있는 것은 무엇인가?
- 关于女的儿子可以知道什么？ 여자의 아들에 관하여 알 수 있는 것은 무엇인가? ✦

2 핵심 어휘 및 표현

track 53

문장의 의미 파악에 도움이 되는 상용 구문을 익혀 듣기 실력을 향상시키자!

이미[벌써] A가 되었다	已经 A 了 yǐjīng A le = 都 A 了 dōu A le → 王秘书已经把资料整理完了。 왕[王] 비서는 이미 자료를 다 정리했다.
(곧) A하려고 한다	快(要) A 了 kuài(yào) A le = (就)要 A 了 (jiù) yào A le → 哥哥快毕业了，但他还不知道以后要做什么。 형은 곧 졸업하지만 그는 이후에 무엇을 할지 아직 모른다.
A할 때	当 A 时 dāng A shí = 当 A 的时候 dāng A de shíhou = 在 A 的时候 zài A de shíhou → 当问题来临时，我们应该一起解决。 문제가 닥쳤을 때, 우리는 마땅히 함께 해결해야 한다.
A에서 생활하다, A에서 살다	生活在 A shēnghuó zài A ≒ 住在 A zhùzài A → 我工作以前一直住在家乡。 나는 일을 하기 전에 줄곧 고향에서 살았다.
A를 데리고 B를 하다	陪 péi + A(대상) + B(행동) = 带 dài + A(대상) + B(행동) → 明天我要陪丽丽去医院。 내일 나는 리리[丽丽]를 데리고 병원에 갈 거다.
A를 귀찮게 하다, 못살게 굴다	给 A 找麻烦 gěi A zhǎo máfan = 给 A 添麻烦 gěi A tiān máfan = 跟 A 过不去 gēn A guòbuqù → 在公司，小李总是给我找麻烦。 회사에서 샤오리[小李]는 늘 나를 곤란하게 한다.
A를 B로 생각하다 [여기다/간주하다]	把 A 当做 B bǎ A dāngzuò B = 把 A 当(成) B bǎ A dāng(chéng) B → 妹妹一直把我当做她的榜样。 여동생은 줄곧 나를 그녀의 본보기로 삼는다.
A를 B로 하다 [삼다/여기다/생각하다]	把 A 作为 B bǎ A zuòwéi B = 以 A 为 B yǐ A wéi B → 很多人把自己的兴趣作为就业的前提。 많은 사람들이 자신의 취미를 취업의 전제로 삼는다.
A[시간/공간]부터 B하기 시작하다	从 A 开始 cóng A kāishǐ = 从 A 起 cóng A qǐ → 公司打算从明年开始发展海外市场。 회사는 내년부터 해외 시장을 발전시키기 시작할 계획이다.
A에 좋은 점이 있다, A에 유리하다	对 A 有好处 duì A yǒu hǎochù = 对 A 有利 duì A yǒulì → 起床后喝一杯水对健康有好处。 일어나서 물 한 잔을 마시는 것은 건강에 좋다.
A와 비교하면, A에 비하면	跟 A 相比 gēn A xiāngbǐ = 与 A 相比 yǔ A xiāngbǐ = 和 A 相比 hé A xiāngbǐ → 跟以前相比，现在的汉语水平考试难度更高了。 이전과 비교해서 지금의 HSK 시험은 난이도가 더 높아졌다.
A에 대해 말하자면, A의 입장에서 말하자면, A에게 있어서	对(于) A (来)说 duì(yú) A (lái)shuō = 对(于) A 来讲 / 而言 duì(yú) A lái jiǎng / éryán → 对于世界来说，中国的发展是不可忽视的。 세계에 있어서, 중국의 발전은 무시할 수 없다.

★秘书 mìshū 몡 비서 | ★资料 zīliào 몡 자료 | 整理 zhěnglǐ 동 정리하다 | 毕业 bìyè 동 졸업하다 | 来临 láilín 동 이르다, 도래하다, 다가오다 | ★家乡 jiāxiāng 몡 고향 | 陪 péi 동 곁에서 도와주다, 시중들다 [陪+사람] | 找麻烦 zhǎo máfan 일부러 귀찮게 하다, 못살게 굴다 | 当做 dāngzuò ~로 삼다, ~로 여기다 | 榜样 bǎngyàng 몡 본보기, 모범, 귀감 | 兴趣 xìngqù 몡 취미, 흥미 | ★作为 zuòwéi 동 ~로 간주하다, ~로 여기다 | 就业 jiùyè 동 취직하다, 취업하다 | 前提 qiántí 몡 전제 조건 | 明年 míngnián 몡 내년 | 发展 fāzhǎn 동 발전하다, 확대하다 | 海外 hǎiwài 몡 해외, 외국 | ★市场 shìchǎng 몡 시장 | 杯 bēi 양 잔 | 好处 hǎochu 몡 장점, 좋은 점 | 难度 nándù 몡 난이도 | 不可 bùkě 동 ~해서는 안 된다 | ★忽视 hūshì 동 소홀히 하다, 경시하다

상용 접속사 구문

- 虽然[尽管/虽说] A 但(是) B suīrán[jǐnguǎn / suīshuō] A dàn(shì) B   비록 A하지만, B하다
  虽然环境已被破坏，**但**我们还是要努力保护环境。
  비록 환경이 이미 파괴되었지만 우리는 여전히 환경 보호에 노력해야 한다.

- 无论[不管/不论] A 都 B wúlùn[bùguǎn / búlùn] A dōu B
  A에 관계없이[A하든지 간에 / A를 막론하고] 모두 B이다
  鲁迅先生的作品**无论**在国内还是在国外，**都**很受欢迎。
  루쉰[鲁迅] 선생의 작품은 국내외를 막론하고 모두 환영을 받는다.

- 因为 A 所以 B yīnwèi A suǒyǐ B ≒ 因(为) A 而 B yīn(wèi) A ér B   A 때문에 B이다
  孩子们**因为**有了新玩具，**所以**非常开心。 아이들이 새로운 장난감이 생겨서 매우 즐거워한다.

- 之所以 A 是因为 B zhīsuǒyǐ A shì yīnwèi B
  = 之所以 A 是由于 B zhīsuǒyǐ A shì yóuyú B   A한 것은 B 때문이다
  他**之所以**成功，**是因为**他有一个乐观的心态。
  그가 성공할 수 있었던 것은 그가 긍정적 심리 상태를 가졌기 때문이다.

배운 내용 점검하기

● track 54

◆ 녹음을 듣고 빈칸을 채워 넣어 보세요.

1 _____我们公司_____，做这次_____很重要。

2 _____准备高考多么难，考生_____不会放弃的。

3 工厂的_____与去年_____，增加了15%。

해석 어휘

1 우리 회사에게 있어서, 이번 투자를 하는 것은 중요합니다.
   对A来说 duì A láishuō ~에게 있어서, ~의 입장에서 보면 | ★投资 tóuzī 몡 투자

2 대학 입학시험을 준비하는 것이 얼마나 어려운지에 관계없이, 수험생 모두 포기하지 않을 것이다.
   无论 wúlùn 접 ~에 관계없이 | 高考 gāokǎo 몡 대학 입학시험 | 考生 kǎoshēng 몡 수험생 | 放弃 fàngqì 동 포기하다

3 공장의 생산량은 작년의 같은 시기와 비교해 15% 증가했다.
   ★工厂 gōngchǎng 몡 공장 | 产量 chǎnliàng 몡 생산량 | 同期 tóngqī 몡 같은 시기 | 相比 xiāngbǐ 동 비교하다 [与A相比: A와 비교하다] | 增加 zēngjiā 동 증가하다

정답   1 对, 来说, 投资   2 无论, 都   3 产量, 同期相比

STEP 3 실력 다지기

Day 25

● 제1부분   ● track 55

1 A 打折时买   B 尽量刷卡   C 把钱存起来   D 别浪费钱

2 A 劝女的休息   B 要培养兴趣   C 要学会适应   D 要珍惜友情

3 A 决定改行做工人   B 想开工厂   C 老家变化大   D 非常想家人

4 A 不想存钱   B 再考虑一下   C 想咨询问题   D 不信男的

 해설서 p.32

Day 26

● 제2부분   ● track 56

5 A 不要怀疑孩子   B 要帮助孩子学习
   C 应该多看孩子的书   D 要珍惜现在

6 A 继续爬   B 平时多锻炼
   C 休息一会儿再走   D 天气有变化

7 A 想先吃饭   B 相机该充电了
   C 有的人还没到   D 这儿的风景不怎么样

8 A 还没评出最佳辩手   B 比赛不公正
   C 有选手退赛   D 参赛人数要调整

해설서 p.34

09 이야기

듣기 제2부분

Day 27

STEP 1 유형 파악하기

- 이야기 유형의 녹음 내용은 주로 '화자의 개인적 경험'이나 '고사성어' 및 '교훈'과 관련되어 있다. 평소에 접할 수 있는 다양한 이야기나 교훈이 담긴 내용을 미리 알아 두자.

- '육하원칙'에 주의하며 시간별로 이어지는 내용 흐름을 파악하며 듣는 훈련이 필요하다. 질문에서는 '什么' '怎么' '哪项' '为什么'와 같은 주요 의문사가 많이 사용된다.

- 이야기의 전개 양상 및 주제를 찾아낼 때 핵심 접속사가 큰 도움이 된다. 녹음 내용이 길더라도 끝까지 집중해서 녹음을 들어야 오답을 피할 수 있다. 핵심 접속사는 p.68에서 확인하자.

● 제2부분 예제

 track 57

| 1 | A 表示反对 | B 非常生气 | C 反应冷淡 | D 大笑起来 |

| 2 | A 吃饭的时间是最重要的 | B 总是没有时间吃饭 |
| | C 流逝的时间无法"重来" | D 时间能让人反省自己的失误 |

정답&풀이

1 D [大笑了起来 크게 웃기 시작했다] 소년의 대답에 '孩子们都大笑了起来(아이들은 모두 크게 웃기 시작했다)'라고 했으므로, 'D. 大笑起来'가 정답이다. 다른 보기들 내용은 언급되지 않았다.

2 C [我们在一口一口地吃掉它 우리가 한 입씩 먹어 없애다 → 流逝的时间无法"重来" 흘러가는 시간은 '다시 올 수 없다'] 녹음에서 소년이 말한 내용의 의미를 파악해야 한다. 소년은 시간을 밥에 비유한 이유에 대해 '因为我们在一口一口地吃掉它(우리가 한 입씩 먹어 없애기 때문이다)'라고 말했는데, 이는 한 입씩 먹어 없어지듯이 지나가는 시간도 그렇다는 것을 설명한다. 따라서 보기 중 가장 적합한 답은 'C 流逝的时间无法"重来"'이다.

第1到2题是根据下面一段话：

一位幼儿园老师在上课时问孩子们："时间是什么？"大家纷纷说出了自己的看法。有人说是沙漏、有人说是钟表。这时，一个男孩儿大声说："时间是米饭！"听完他的回答，[1]孩子们都大笑了起来。老师好奇地问他原因，男孩儿解释道："[2]因为我们在一口一口地吃掉它。"然而，这番话却让老师陷入深思。

男生的说法看似天真，但并不是没有道理，[2]恰恰说明了时间在不断流逝，就像碗里的米饭，吃一口就少一口。

1~2번 문제는 다음 내용에 근거한다.

유치원 선생님이 수업 중에 아이들에게 "시간이 뭘까요?"라고 물었다. 모두가 자신의 생각을 말했는데, 누군가는 모래시계라고, 누군가는 시계라고 했다. 그때 한 소년이 크게 말했다: "시간은 밥이에요!" 그의 대답을 듣고 [1]아이들은 모두 크게 웃기 시작했다. 궁금해진 선생님이 그 이유를 묻자, 소년은 이렇게 설명했다. "[2]우리가 한 입씩 먹어 없애기 때문이에요." 그런데 이 말이 선생님을 깊은 생각에 빠지게 했다.

소년의 말은 천진난만해 보이지만, 무의미하지 않았고, [2]시간이 계속 흘러가는 것을 그릇 속의 밥처럼 한 입 먹을 때마다 줄어드는 것이라고 잘 표현했다.

1　听了男孩儿的回答，孩子们是什么反应？
　A 表示反对　　　B 非常生气
　C 反应冷淡　　　**D 大笑起来**

1　소년의 대답을 들은 아이들의 반응은 어떠했는가？
　A 반대를 표시함　　B 매우 화를 냄
　C 반응이 무덤덤함　**D 크게 웃음**

2　男孩儿的话说明了什么？
　A 吃饭的时间是最重要的
　B 总是没有时间吃饭
　C 流逝的时间无法"重来"
　D 时间能让人反省自己的失误

2　소년의 말이 설명하는 것은 무엇인가？
　A 식사 시간이 가장 중요하다
　B 항상 밥 먹을 시간이 없다
　C 흘러가는 시간은 '다시 올 수' 없다
　D 시간은 사람으로 하여금 자신의 실수를 성찰하게 한다

| 位 wèi 양 분, 명 [공경의 뜻을 내포함] | ★幼儿园 yòu'éryuán 명 유치원, 유아원 | 上课 shàngkè 동 수업을 하다 | ★纷纷 fēnfēn 부 쉴 새 없이, 연달아, 잇달아 | 看法 kànfǎ 명 견해 | 沙漏 shālòu 명 모래시계 | 钟表 zhōngbiǎo 명 시계 | 大声 dàshēng 부 큰 소리로, 소리 높이 | 回答 huídá 명 대답 | 大笑 dàxiào 동 크게 웃다 | ★好奇 hàoqí 형 호기심을 갖다, 궁금하게 (이상하게) 생각하다 | 原因 yuányīn 명 원인 | 解释 jiěshì 동 설명하다, 해명하다 | 掉 diào 동 ~해 버리다, 해치우다 [타동사의 뒤에 쓰여 제거함, 없애버리는 것을 나타냄] | 然而 rán'ér 접 하지만, 그러나, 그렇지만 | 番 fān 양 회, 차례, 번, 바탕 | 却 què 부 오히려, 도리어, 반대로, 그러나 [역접을 나타내고, '倒', '可'보다 어감이 약함] | 陷入 xiànrù 동 (불리한 지경에) 빠지다, 떨어지다 | 深思 shēnsī 명 깊은 사념(思念) | 说法 shuōfa 명 표현법, 논법, 논조, 의견, 견해 | 看似 kànsì 동 보기에 마치 | ★天真 tiānzhēn 형 천진하다, 순진하다, 꾸밈이 없다 | ★道理 dàolǐ 명 도리, 이치, 일리, 근거, 경우 | 恰恰 qiàqià 부 바로, 꼭 | 说明 shuōmíng 동 설명하다 | ★不断 búduàn 부 계속해서, 끊임없이, 부단히 | 流逝 liúshì 동 유수와 같다, 흐르는 물처럼 지나가다 | 像 xiàng 동 ~와 같다 | 碗 wǎn 명 그릇, 사발, 공기 | ★反应 fǎnyìng 명 반응 | 表示 biǎoshì 동 의미하다, 가리키다, 나타내다 | 反对 fǎnduì 동 반대 | 生气 shēngqì 동 화내다, 성나다 | ★冷淡 lěngdàn 형 냉담하다 | 重要 zhòngyào 형 중요하다 | 总是 zǒngshì 부 항상, 늘, 줄곧, 언제나 | 无法 wúfǎ 동 할 수 없다, 방법이 없다 | 重来 chónglái 동 반복하다, 거듭 오다 | 反省 fǎnxǐng 동 반성하다 | 失误 shīwù 명 실수, 실책 |

STEP 2　내공 쌓기

1　주요 질문 방식

  track 58

전체적인 이야기의 흐름을 파악하기 위해서는 녹음에서 다루어진 내용을 '육하원칙'에 맞게 정리하고 이해하는 것이 관건이다. 주요 내용에 대하여 육하원칙과 관련된 질문, 내용에 부합하는 것을 묻는 질문이 자주 출제된다.

谁 shéi 누가	• 经理在向谁征求意见？ 사장은 누구에게 의견을 구하고 있는가？ → 经理在向销售人员征求意见。 사장은 판매 직원에게 의견을 구하고 있다. 经理 jīnglǐ 명 (기업의) 사장, 책임자 ｜ 甲方 jiǎfāng 명 갑측 ｜ 乙方 yǐfāng 명 을측 销售人员 xiāoshòu rényuán 명 판매 직원
什么时候 shénme shíhou 언제	• 那位作家一般在什么时候写作？ 그 작가는 일반적으로 언제 글을 쓰는가？ → 那位作家在看以前的作品时写作。 그 작가는 이전의 작품을 볼 때 글을 쓴다. 小时候 xiǎo shíhou 명 어렸을 때 ｜ 古时候 gǔ shíhou 명 옛날 ｜ 业余时间 yèyú shíjiān 여가 시간
哪儿 nǎr 어디서	• 小张在哪儿听到了消费者对笔记本的评价？ 샤오쟁[小张]은 어디에서 노트북에 대한 소비자의 평가를 들었는가？ → 小张在书店听到了消费者对笔记本的评价。 샤오쟁[小张]은 서점에서 노트북에 대한 소비자의 평가를 들었다. 书店 shūdiàn 명 서점 ｜ 货架 huòjià 명 (상점, 창고) 진열대 公共场所 gōnggòng chǎngsuǒ 공공장소

什么 shénme 哪 nǎ 무엇을	주제·상식·교훈 → 要 / 应该 / 得 뒤에 주로 답이 있다	
	• 这段话主要说的是什么? 이 글은 주로 무엇을 말하는가?	
	→ 我们要珍惜业余时间。 우리는 여가 시간을 소중히 여겨야 한다.	
	应该坚持学习 yīnggāi jiānchí xuéxí 마땅히 꾸준히 공부해야 한다 必须多做运动 bìxū duō zuò yùndòng 반드시 많이 운동해야 한다 要珍惜业余时间 yào zhēnxī yèyú shíjiān 여가 시간을 소중히 여겨야 한다 谦虚好学 qiānxū hàoxué 겸손하고 배우기를 좋아한다	
	세부사항 [질문하는 범위가 방대함]	
	• 关于李老师的两个学生，下列哪项正确? 리[李] 선생님의 두 명의 학생에 관해 다음 중 옳은 것은? ✦	
	→ 他们都很有礼貌，而且博学多识。 그들 모두 예의가 있고, 게다가 박학다식하다.	
	• 根据这段话，儿童玩具有什么特点? 이 글에 따르면, 아동 완구는 무슨 특징을 가지고 있는가?	
	→ 儿童玩具的造型可爱。 아동 완구의 모양이 귀엽다.	
	• 妈妈让孩子做什么? 엄마는 아이로 하여금 무엇을 하게 했는가? ✦	
	• 根据这段话，可以知道什么? 이 글에 근거하여, 무엇을 알 수 있는가? ✦	
	博学多识 bóxué duō shí 박학다식 | 容易变干 róngyì biàn gān 건조해지기 쉽다 缓解压力 huǎnjiě yālì 스트레스를 완화하다 [=解除压力 jiěchú yālì] 精美 jīngměi 형 정교하고 아름답다 | 又贵又大 yòu guì yòu dà 비싸기도 하고 크기도 하다	
怎么 zěnme 어떻게	방식/수단/행동	
	• 路上堵车时，多数人会怎么做? 길에서 차가 막힐 때 다수의 사람들은 어떻게 할 것인가?	
	→ 为了准时到达，他们会坐地铁去。 제때 도착하기 위해, 그들은 지하철을 타고 갈 것이다.	
	• 他最后是怎么做的? 그는 결국 어떻게 했는가? ✦	
	为了 wèile 개 ~를 위하여 | 怎么 zěnme 대 어떻게, 어째서 | 方法 fāngfǎ 명 방법 方式 fāngshì 명 방식 | 用笔写字 yòng bǐ xiě zì 펜으로 글씨를 쓰다 坐地铁去 zuò dìtiě qù 지하철을 타고 가다 | 写小说 xiě xiǎoshuō 소설 쓰다	
为什么 wèi shénme 왜	이유/ 원인 → 因为 뒤에 주로 답이 있다	
	• 驴子最后为什么饿死了? 당나귀는 최후에 왜 굶어 죽었는가?	
	→ 因为驴子发现到处都有干草，犹豫不定，来来回回，所以饿死了。 왜냐하면 당나귀는 도처에 건초가 있는 것을 발견하고 우물쭈물하고, 왔다 갔다 하다가 굶어 죽었다.	
	因为 yīnwèi + 원인: ~때문에 | 因 yīn + 원인, 而 ér + 결과: ~로 인하여 ~가 되다 由于 yóuyú + 원인, 所以 suǒyǐ + 결과: ~때문에 그래서 ~이다 理由 (是) lǐyóu (shì) 이유는 ~이다 | 原因 (是) yuányīn (shì) 원인은 ~이다	

★征求 zhēngqiú 동 널리 구하다 \| 意见 yìjiàn 명 의견, 견해 \| 作家 zuòjiā 명 작가 \| ★写作 xiězuò 동 글을 짓다, 창작하다 \| ★作品 zuòpǐn 명 작품 \| 消费者 xiāofèizhě 명 소비자 \| ★评价 píngjià 동 평가하다 \| ★项 xiàng 양 항목, 조항 \| 正确 zhèngquè 형 올바르다 \| 儿童 értóng 명 어린이, 아동 \| ★玩具 wánjù 명 장난감, 완구 \| 特点 tèdiǎn 명 특징, 특색, 특성 \| 路上 lùshang 명 길 위 \| 堵车 dǔchē 동 차가 막히다 \| 多数 duōshù 명 다수 \| 准时 zhǔnshí 형 제때에 \| 到达 dàodá 동 도착하다, 도달하다 \| 驴子 lǘzi 명 당나귀 \| 饿死 è sǐ 배고파 죽다 \| 到处 dàochù 명 도처, 곳곳 \| 干草 gāncǎo 명 건초, 마른 풀 \| 犹豫不定 yóuyù búdìng 형 망설이며 결정을 내리지 못하다 \| 来来回回 láilai huíhui 형 왔다 갔다 하다

접속사 구문

(1) 인과
- 因为 A，所以 B yīnwèi A, suǒyǐ B A이기 때문에 그래서 B이다
- 由于…… yóuyú ~때문에 / 因而…… yīn'ér 그러므로 / 因此…… yīncǐ 그래서

(2) 전환
- A 是 A，但是/可是/不过/然而 B A shì A, dànshì / kěshì / búguò / rán'ér B
  A는 A인데, 그러나/하지만/그런데/오히려 B이다
- 虽然 A，但是/却 B suīrán A, dànshì / què B 비록 A이지만, 그러나/오히려 B이다

(3) 가설
- 如果/要是/假如 A(的话)，(那么) 就 B rúguǒ / yàoshi / jiǎrú A (de huà), (nàme) jiù B
  만약 A라면, (그러면) 바로 B이다

(4) 연속
- 先 A，然后/就 B xiān A, ránhòu / jiù B 먼저 A하고, 그리고 나서/바로 B하다
- 一 A 就 B yī A jiù B A하자마자 B하다

2 핵심 어휘 및 표현

● track 59

(1) 전개 단계별 핵심 어휘

도입	从前 cóngqián 명 이전 [=以前 yǐqián] | 从小(就) cóngxiǎo (jiù) 어렸을 때부터 (바로) 刚开始的时候 gāng kāishǐ de shíhou 막 시작했을 때 | 一开始(就) yī kāishǐ (jiù) 처음부터 (바로) 近日 jìnrì 명 근래 | 说起 A shuōqǐ A A로 말하자면 | 俗话说 súhuà shuō 속담에 이르기를 有一天 yǒu yì tiān 어느 날
전개	长大后 zhǎngdà hòu 성장한 후 | 第二年 dì'èr nián 이듬해, 그 다음 해 | 突然 tūrán 부 갑자기 认为 rènwéi 동 여기다 | 以为 yǐwéi 동 ~인 줄 알다 | 发现 fāxiàn 동 발견하다 另外 lìngwài 부 그 밖에 | 没想到 méi xiǎngdào 생각지 못하다 [=想不到 xiǎngbudào] 其实 qíshí 부 (그러나) 사실은 | 原来 yuánlái 부 원래, 알고 보니 ['怪不得 guàibude'와 자주 호응] 相反 xiāngfǎn 동 상반되다 | 可是 kěshì 접 하지만 [=但是 dànshì =不过 búguò =然而 rán'ér]
결말	后来 hòulái 명 (그) 후 | 终于 zhōngyú 부 마침내 [원하던 일이 이루어졌을 때 쓰임] 总之 zǒngzhī 접 요컨대 | 最后 zuìhòu 명 맨 마지막 | 结果 jiéguǒ 접 결국 | 因此 yīncǐ 접 이 때문에 很多年之后 hěn duō nián zhīhòu 여러 해가 지난 후 | 由此可见 yóucǐ kějiàn 이로부터 알 수 있다 这就是 A 的由来 zhè jiùshì A de yóulái 이것이 A의 유래이다 最重要的是 A zuì zhòngyào de shì A 가장 중요한 것은 A이다 [=最关键的是 A zuì guānjiàn de shì A]

(2) '주제' 관련 표현

고사성어	愚公移山 yúgōng yíshān 우공이산 [=하자고 마음만 먹으면 못 해낼 일이 없다] 塞翁失马 sàiwēng shīmǎ 새옹지마 [=인생의 길흉화복은 변화가 많아서 예측하기가 어렵다] 狐假虎威 hújiǎhǔwēi 호가호위 [=남의 권세를 빌어 위세를 부리다] 亡羊补牢 wángyáng bǔláo 소 잃고 외양간 고치다 [=손실을 입거나 문제가 발생한 후에 보완하여 유사한 상황이 재차 발생하지 않도록 하다] 画蛇添足 huàshé tiānzú 사족을 달다 [=뱀을 다 그리고 나서 발을 덧붙여 그려 넣다, 쓸데없는 행동을 하다] 拔苗助长 bámiáo zhùzhǎng (모가 늦게 자란다고) 모를 뽑아 자라게 하다 [=급하게 일을 서두르다 오히려 그르치다]

교훈 속담	失败是成功之母 shībài shì chénggōng zhī mǔ 실패는 성공의 어머니이다 时间就是金钱 shíjiān jiù shì jīnqián 시간이 곧 돈이다 一分钱一分货 yìfēn qián yìfēn huò 싼게 비지떡이다 [=값이 싼 물건은 당연히 그 품질도 나쁘다] 有志者事竟成 yǒuzhìzhě shì jìng chéng 뜻만 있으면 일은 반드시 성취된다 天下没有免费的午餐 tiānxià méiyǒu miǎnfèi de wǔcān 세상에 공짜는 없다

tip

중국의 주요 '위인, 유명인'

중국의 '위인, 유명인'과 관련된 일화는 듣기 제2부분 '이야기' 유형의 단골 손님이다. 아래에서 단골 리스트를 알아보자. 각 인물들의 '대표 작품' '주요 업적'과 같은 세부 특징은 p.128에 정리되어 있다.

李时珍 Lǐ Shízhēn 이시진 [중국 명대의 의학자] | 鲁迅 Lǔ Xùn 루쉰 [중국의 문학가 겸 사상가]
齐白石 Qí Báishí 치바이스 [중국 현대의 화가] | 钱钟书 Qián Zhōngshū 첸중슈 [중국 현대의 작가]
司马迁 Sīmǎ Qiān 사마천 [중국 동한(東漢)의 사학자이자 문학가] | 王羲之 Wáng Xīzhī 왕희지 [중국 동진(東晉)의 서예가]
西施 Xī Shī 서시 [중국 4대 미녀 중 한 명] | 马云 Mǎ Yún 마윈 [알리바바 그룹의 창설자]
张勇 Zhāng Yǒng 장융 [다니엘장, 알리바바 그룹의 2대 CEO] | 张爱玲 Zhāng Àilíng 장아이링 [중국 현대의 작가]

배운 내용 점검하기

● track 60

✦ 녹음을 듣고 빈칸을 채워 넣어 보세요.

1 修船工_____刷漆_____, _____船底有个洞。

2 _____, 老李在_____看纪念品, 电话_____了。

3 阿里巴巴_____马云是一个非常_____的企业家。

해석 어휘

1 선박 수리공은 솔로 페인트칠을 할 때 배의 밑바닥에 구멍이 있는 것을 발견했다.
修船工 xiūchuángōng 명 선박 수리공 | 刷漆 shuā qī 통 솔로 페인트칠을 하다 | 发现 fāxiàn 통 발견하다 | 船底 chuándǐ 명 배의 밑바닥 | 洞 dòng 명 구멍

2 어느 날, 라오리[老李]가 골목에서 기념품을 보고 있는데, 전화가 울렸다.
胡同 hútòng 명 골목 | 纪念品 jìniàn pǐn 명 기념품 | 响 xiǎng 통 (소리가) 울리다, 나다

3 알리바바의 창립자 마윈[马云]은 매우 성공한 기업가이다.
阿里巴巴 Ālǐbābā 알리바바 [중국 최대의 전자상거래 회사] | 创始人 chuàngshǐrén 명 창립자 | 成功 chénggōng 통 성공하다 | 企业家 qǐyèjiā 명 기업가

정답 1 在, 时, 发现   2 有一天, 胡同, 响   3 创始人, 成功

STEP 3 실력 다지기

● track 61

Day 28

1 A 发表了很多作品   B 很有爱心   C 是英语教授   D 爱写爱情小说

2 A 工作时间   B 寒假   C 每天晚上   D 礼拜天

3 A 要养成读书的好习惯   B 要珍惜业余时间
   C 写作全凭想象   D 不要急着追求利益

→ 해설서 p.36

Day 29

 track 62

4 A 表演时非常紧张　　　　　　B 学小提琴很用功
   C 从小就有名师教导　　　　　D 会弹钢琴

5 A 推迟了演出时间　　　　　　B 去报社参加面试
   C 取消演出计划　　　　　　　D 放弃梦想

6 A 音乐会观众很少　　　　　　B 年轻人最后出名了
   C 电台负责宣传音乐会　　　　D 年轻人想向评论家道歉

➡ 해설서 p.37

Day 30

  track 63

7 A 有人要买　　　　　　　　　B 喜欢木盒的颜色
   C 打算卖盒子　　　　　　　　D 为了卖出更多珠宝

8 A 十分精美　　B 非常重　　　C 用途广　　　D 很耐用

9 A 不能只看表面　B 要坚持到底　C 别不懂装懂　D 不应以貌取人

➡ 해설서 p.38

Day 31

 track 64

10 A 外观好看　　B 实现公平　　C 工具简单　　D 味道更好

11 A 自己选蛋糕　　　　　　　　B 购买大蛋糕
   C 把蛋糕平均分成两份　　　　D 找别人切蛋糕

➡ 해설서 p.40

Day 32

  track 65

12 A 汇款单　　　B 推荐信　　　C 成绩单　　　D 护照

13 A 有一定的领导能力　　　　　B 人际关系良好
   C 善于灵活运用知识　　　　　D 未来工作可能不尽力

14 A 该企业竞争激烈　　　　　　B 年轻人对面试结果很满意
   C 那名毕业生没被录用　　　　D 那名毕业生通过了面试

➡ 해설서 p.41

10 설명문·논설문

듣기 제2부분 — Day 33

STEP 1 유형 파악하기

설명문

- 비교적 많은 정보와 구체적 내용을 포함하고 있으므로, 녹음을 듣기 전 반드시 보기를 먼저 확인하고, (자필 시험일 경우) 녹음을 들으며 핵심 키워드나 숫자를 한글로 간략하게 메모하며 듣자.
- 설명문은 특정 정보와 사실의 객관적 전달을 목적으로 한 글이기 때문에 사회·교육·문화·과학·상식 등 다양한 분야를 소재로 삼으며 전문 용어가 사용되기도 한다.
- 유추나 추론을 통해 정답을 찾기보다는 '들리는 대로'가 정답이 되는 경우가 많다. 근거가 되는 핵심 문장이 길수록 더욱 그러하니, 겁먹지 말자. 주의할 점은 반드시 '녹음 내용에 근거해' 정답을 골라야 하고, 본인의 상식에 근거해 정답을 골라서는 안 된다는 점이다.

논설문

- 논설문은 상대방의 설득을 이끌어내기 위한 목적과 주관적 견해를 바탕으로 쓰여진 글이기 때문에 화자의 주장을 뒷받침할 수 있는 근거와 예시를 포함한다.
- '주제'는 주로 녹음의 '맨 앞부분' 또는 '마지막 부분'에 나오며, '我认为 / 觉得 / 想……, 必要 / 应该 / 一定要 / 必须要……'처럼 화자의 견해나 주장을 나타내는 표현에 정답의 단서가 많다.
- 화자의 주장을 뒷받침하기 위해서 예시를 드는 경우가 많다. '比如' '例如' '俗话说' '比方说' '根据' 뒤에 이어지는 내용에 주의하자.
- 원인과 근거를 나타내는 표현 '(主要)原因是……, 第一……, 第二……'이나 '但是' '不过' '即使'처럼 전환 관계를 나타내는 접속사 뒤에 핵심 내용이 나오므로 특히 주의해야 한다.

● 제2부분 예제

● track 66

1	A 缓解工作压力	B 打乱作息规律	C 减肥效果明显	D 影响心脏功能
2	A 三餐之后	B 每天清晨	C 睡前一小时	D 两餐之间
3	A 医学论文	B 健康杂志	C 经济新闻	D 健身房广告

정답&풀이 1 B [打乱身体的正常作息规律 정상적인 생활 리듬을 방해한다] 네티즌들은 심야 운동에 대해 불면증에 걸리기 쉽고, '打乱身体的正常作息规律(정상적인 생활 리듬을 방해한다)'라고 생각한다. 따라서 'B 打乱作息规律'가 정답으로 가장 적합하다.

2 D [两餐之间 식사 사이] 녹음에서 심장 전문가가 운동하기 가장 좋은 시간에 관해 '建议最好将运动时间放在两餐之间(운동 시간을 식사 사이에 배치하는 것이 좋다고 권장한다)'이라고 언급했다. 따라서 'D 两餐之间'이 정답이다.

3 B [健康杂志 건강 잡지] 녹음의 전체적인 내용은 심야 운동과 건강에 관한 것으로, 전문가 인터뷰와 함께 다양한 의견을 포함하고 있다. 보기 중 이 글이 들어가기 가장 적합한 것은 'B 健康杂志'이다.

第1到3题是根据下面一段话：

近几年，以"全时段营业"为卖点的24小时健身房，吸引了众多上班族"深夜健身"。然而，在互联网上，¹不少网友却认为晚上剧烈运动容易让人失眠，甚至打乱身体的正常作息规律。

深夜健身对身体到底有什么影响？记者采访了心脏康复领域的专家。专家表示，最佳的运动时间应该是能保证规律运动的时间。而对于有心脏疾病的病人来说，饱餐后运动会引起心脏缺血，²建议最好将运动时间放在两餐之间。对于普通人而言，只要身体健康，符合自身的运动规律，在不影响睡眠、工作的基础上，早上健身或者晚上健身都是可以的。

1 部分网友觉得深夜健身怎么样？
  A 缓解工作压力
  B 打乱作息规律
  C 减肥效果明显
  D 影响心脏功能

2 心脏病人的最佳运动时间是？
  A 三餐之后   B 每天清晨
  C 睡前一小时   **D 两餐之间**

3 这段话最可能出自哪里？
  A 医学论文   **B 健康杂志**
  C 经济新闻   D 健身房广告

1~3번 문제는 다음 내용에 근거한다.

최근 몇 년간 '24시간 운영'을 판매 포인트로 하는 헬스클럽들이 많은 직장인들을 끌어들이며 '심야 운동'을 유도하고 있다. 그러나 인터넷상에서는 ¹많은 네티즌들이 밤에 격렬한 운동을 하면 불면증에 걸리기 쉽고 심지어 일상의 정상적인 생활 리듬을 방해한다고 생각한다.

심야 운동이 신체에 어떤 영향을 미치는지에 대해 기자가 심장 재활 분야의 전문가를 인터뷰했다. 전문가는 최적의 운동 시간은 규칙적인 운동을 보장할 수 있는 시간이라고 말한다. 심장 질환 환자의 경우 식후 운동은 심장 허혈을 유발할 수 있으므로 ²운동 시간을 식사 사이에 배치하는 것이 좋다고 권장한다. 일반인의 경우, 건강하다면 개인의 운동 패턴에 맞추어 잠이나 일에 영향을 주지 않는 선에서, 아침이나 저녁 운동 모두 가능하다.

1 일부 네티즌들은 심야 운동에 대해 어떻게 생각하는가?
  A 업무 스트레스를 완화함
  B 생활 리듬을 방해함
  C 다이어트 효과가 뚜렷함
  D 심장 기능에 영향을 줌

2 심장 질환 환자의 최적 운동 시간은 언제인가?
  A 식사 후 바로   B 매일 아침
  C 잠자기 한 시간 전 **D 식사 사이**

3 이 글은 어디에서 나왔을 가능성이 가장 큰가?
  A 의학 논문   **B 건강 잡지**
  C 경제 뉴스   D 헬스클럽 광고

以 yǐ 껜 ~(으)로(써), ~을 가지고, ~을 근거로 [以A为B: A를 B로 삼다] | 时段 shíduàn 몡 (특정한) 시간대, 기간 | ★营业 yíngyè 통 영업하다 | 卖点 màidiǎn 몡 세일즈 포인트, 상품의 매력, 소비자의 마음을 사로잡는 점 | 健身房 jiànshēnfáng 헬스클럽 | 吸引 xīyǐn 통 끌어당기다, 유인하다, 매료시키다 | 众多 zhòngduō 혱 매우 많다 | 上班族 shàngbānzú 회사원, 출퇴근족, 샐러리맨 | 深夜 shēnyè 심야, 깊은 밤, 한밤 | ★健身 jiànshēn 통 신체를 건강하게 하다 | 然而 rán'ér 젭 하지만, 그러나, 그렇지만 | 互联网 hùliánwǎng 몡 인터넷 | ★网友 wǎngyǒu 몡 네티즌 | 却 què 児 오히려, 도리어, 반대로, 그러나 [역접을 나타내고, '倒', '可'보다 어감이 약함] | 剧烈 jùliè 혱 극렬하다, 격렬하다 | ★失眠 shīmián 통 잠을 이루지 못하다, 불면증에 걸리다 | 甚至 shènzhì 젭 심지어 | 打乱 dǎluàn 통 망치다 | 正常 zhèngcháng 혱 정상적인 | 作息 zuòxī 통 일하고 휴식하다 | ★规律 guīlǜ 몡 규율, 법칙, 규칙 | 到底 dàodǐ 児 도대체 | 记者 jìzhě 몡 기자 | ★采访 cǎifǎng 통 인터뷰하다, 취재하다 | 心脏 xīnzàng 몡 심장 | 康复 kāngfù 통 건강을 회복하다 | ★领域 lǐngyù 몡 분야, 영역 | ★专家 zhuānjiā 몡 전문가 | 表示 biǎoshì 통 의미하다, 가리키다, 나타내다 | 最佳 zuìjiā 혱 가장 좋다, 최적이다 | 保证 bǎozhèng 통 보증하다, 보장하다 | 对于 duìyú 깨 ~에 대해서, ~에 대하여 [对于A来说: A에게 있어서] | 疾病 jíbìng 몡 병, 질병, 고질병 | 饱餐 bǎocān 통 배불리 먹다, 포식하다 | 引起 yǐnqǐ 통 일으키다 | 缺血 quēxuè 통 혈액 공급이 부족하다, 피가 모자라다 | 建议 jiànyì 통 건의하다, 제안하다, 제기하다 | 将 jiāng 깨 ~을, ~를 [=把] | 餐 cān 몡 식사 얭 끼니, 끼 [끼니의 횟수를 세는 단위] | 普通人 pǔtōngrén 보통 사람, 일반인 | 而言 éryán ~에 대해 말하자면, ~에 근거하여 보면 [对……而言: ~에 대해 말하자면] | 只要 zhǐyào 젭 ~하기만 하면 [只要A就B: A하기만 하면, B하다] | 符合 fúhé 통 부합하다 | 自身 zìshēn 떼 자신, 본인 | 睡眠 shuìmián 몡 수면, 잠 | 基础 jīchǔ 몡 기본, 기초, 바탕, 토대 | 部分 bùfen 몡 (전체 중의) 부분, 일부분 | ★缓解 huǎnjiě 통 완화시키다, 호전시키다, 누그러뜨리다 | 压力 yālì 몡 스트레스, 압력 [缓解压力: 스트레스를 완화시키다] | 减肥 jiǎnféi 통 다이어트하다, 살을 빼다, 체중을 줄이다 | 效果 xiàoguǒ 몡 효과 | ★明显 míngxiǎn 혱 뚜렷하다, 분명하다, 확연히 드러나다 | ★功能 gōngnéng 몡 기능, 작용, 효능 | 清晨 qīngchén 일출 전후의 시간, 이른 아침 | 出自 chūzì 통 ~로부터 나오다, ~로부터 나타나다 | 医学 yīxué 몡 의학 | ★论文 lùnwén 몡 논문 | 杂志 zázhì 몡 잡지 | 经济 jīngjì 몡 경제 | 广告 guǎnggào 몡 광고

STEP 2 내공 쌓기

1 주요 질문 방식

◆ track 67

'설명문'은 주로 녹음의 세부 내용을 제대로 이해했는지 묻는 문제가 출제되며, '논설문'은 화자의 견해나 주장이 무엇인지, 주장의 근거와 예로 든 내용을 제대로 파악했는지를 묻는 문제가 출제된다.

(1) 세부 내용 파악

- 下面哪句话是错的？ 다음 중 옳지 않은 것은 무엇인가?
- 公司招聘职员时，会做什么？ 회사는 직원을 뽑을 때 무엇을 하는가? ◆
- 水资源大部分是由什么组成的？ 수자원의 대부분은 무엇으로 구성되어 있는가?
- 关于说话人，我们可以知道什么？ 화자에 관해, 우리는 무엇을 알 수 있는가? ◆
- 说话人对竞争有什么看法？ 화자는 경쟁에 대해 무슨 생각을 가지고 있는가?

(2) 주제 파악

녹음의 '주제'가 주로 등장하는 위치는 설명문일 경우 녹음의 첫 부분에, 논설문일 경우 녹음의 끝부분이다.

- 这段话主要谈的是什么？ 이 글이 주로 말하고자 하는 것은 무엇인가? ◆
- 这段话主要想告诉我们什么？ 이 글은 주로 우리에게 무엇을 알려 주고자 하는가?

2 핵심 어휘 및 표현

◆ track 68

(1) 전개 단계별 핵심 어휘

처음 / 서론	A是B A shì B	A는 B이다 [대상을 소개하거나 개념을 설명할 때 쓰는 표현]	汽车**是**最常用的交通工具。 자동차는 가장 자주 사용하는 교통수단이다.
	研究表明 yánjiū biǎomíng	연구는 밝혔다	**研究表明**，水果含有丰富的营养。 연구는 과일이 풍부한 영양을 함유하고 있다고 밝혔다.
중간 / 본론	首先……， 其次……， 再次……， 最后……。 shǒuxiān……, qícì ……, zàicì ……, zuìhòu …….	우선~, 그 다음으로~, 이어서~, 마지막으로 ~	《运动能带给我们的4个好处》 〈운동이 우리에게 가져다줄 수 있는 4가지 장점〉 **首先**，运动可以令人产生愉快的心情。**其次**，每天运动能保持健康。**再次**，可以补充体力。**最后**，运动对减肥有帮助。 우선, 운동은 사람들에게 즐거운 마음이 들도록 한다. 그다음으로, 매일 운동하면 건강을 유지할 수 있다. 이어서, 체력을 보충할 수 있다. 마지막으로, 운동은 다이어트에 도움이 된다.
끝 / 결론	所以 suǒyǐ 因此 yīncǐ	그래서	香蕉有缓解便秘的效果，**所以**我们把香蕉视为"减肥食品"。 바나나는 변비를 완화시키는 효과가 있어서 우리는 바나나를 '다이어트 식품'으로 여긴다. 蔬菜的营养成分比肉类更丰富，**因此**我们要多吃蔬菜，少吃肉。 채소의 영양 성분이 육류보다 더 풍부해서 우리는 채소를 많이 먹고 고기를 적게 먹어야 한다.

10 설명문·논설문

很多时候 hěn duō shíhou	자주, 많은 경우	学生们很多时候喜欢去外边吃快餐。 학생들은 자주 패스트푸드를 먹으러 밖에 가는 것을 좋아한다.
(由此)可见 yóucǐ kějiàn	이로부터 ~를 알 수 있다	在中国，春节期间乘坐各种交通工具的客流量是最大的，(由此)可见，春节是中国最大的节日。 중국에서, 춘절 기간에 각 교통수단을 이용하는 승객 유동량이 가장 많은데, 이로부터 춘절은 중국 최대의 명절임을 알 수 있다.
要注意 yào zhùyì	주의해야 한다 [*주제나 글쓴이의 주장을 나타냄]	职场中往往会有沟通问题，所以工作时，我们要注意多听别人的意见。 직장에서 종종 소통에 문제가 생길 수 있으므로, 일할 때 우리는 다른 사람의 의견을 많이 듣는 데 주의를 기울여야 한다.

常用 chángyòng 동 상용하다, 늘 쓰다 | **交通工具** jiāotōng gōngjù 명 교통수단 | **含有** hányǒu 동 함유하다 | **丰富** fēngfù 형 풍부하다, 많다 | ★**营养** yíngyǎng 명 영양, 양분 | **好处** hǎochù 명 장점, 좋은 점 | **减肥** jiǎnféi 동 살을 빼다 | **令** lìng 동 ~하게 하다 | ★**产生** chǎnshēng 동 출산하다, 태어나다 | **愉快** yúkuài 형 기분이 좋다, 기쁘다 | **心情** xīnqíng 명 심정, 마음, 감정 | **保持** bǎochí 동 지키다, 유지하다 | **补充** bǔchōng 동 보충하다 | **体力** tǐlì 명 체력, 힘 | ★**缓解** huǎnjiě 동 완화되다, 완화시키다 | **便秘** biànmì 명 변비 | **效果** xiàoguǒ 명 효과 | **视为** shìwéi ~로 보다, ~로 간주하다 | **食品** shípǐn 명 식품 | ★**蔬菜** shūcài 명 채소 | ★**成分** chéngfèn 명 성분, 요소 | **肉类** ròulèi 명 육류 | **快餐** kuàicān 명 패스트푸드 | **春节** Chūnjié 고유 춘절, 중국의 음력설 | ★**期间** qījiān 명 기간, 시간 | **乘坐** chéngzuò 동 ~에 타다 | **各** gè 대 각각 | **客流量** kèliúliàng 명 승객 유동량 | **职场** zhíchǎng 명 직장 | **往往** wǎngwǎng 부 자주, 흔히 | **沟通** gōutōng 동 교류하다, 소통하다 | **意见** yìjiàn 명 의견, 견해

본론, 결론에 자주 쓰이는 필수 표현

(1) 전환을 나타내는 표현

- 但是 dànshì 그러나 = 可是 kěshì 하지만
  虽然人们的生活水平比以前高了，但是现在的人却没有以前重视环保。
  비록 사람들의 생활 수준이 이전보다 높아졌지만, 요즘 사람들은 오히려 이전만큼 환경보호에 관심을 가지지 않는다.

- 不是 A，而是 B búshì A, érshì B A가 아니라 B이다
  西红柿不是水果，而是蔬菜。 토마토는 과일이 아니라 채소이다.

(2) 강조를 나타내는 접속사 [설명문, 논설문]

- 不但 A，而且/还/也 B búdàn A, érqiě / hái / yě B A뿐만 아니라 B도
  睡眠不但能抗老化，而且可以美容。 수면은 노화를 막을 수 있을 뿐만 아니라 미용도 된다.

- 对 A 有好处 duì A yǒu hǎochù A에 좋다, A에 이롭다
  多吃蔬菜对身体有好处。 채소를 많이 먹는 것은 몸에 좋다.

(3) 당위를 나타내는 표현 [논설문]

- 应该 yīnggāi (마땅히) ~해야 한다
  为了增强孩子的自信，父母应该多鼓励他们。
  아이의 자신감을 높이기 위해, 부모는 그들을 많이 격려해야 한다.

(2) 빈출 주제별 핵심 어휘

설명문과 논설문의 주제는 주거, 교육, 사회, 과학, 환경 등 매우 다양하다. 빈출 주제를 중심으로 선별한 핵심 어휘를 익혀 보자.

住居 zhùjū 주거	别墅 biéshù 명 별장 | 平房 píngfáng 명 단층집 | 房地产公司 fángdìchǎn gōngsī 명 부동산 회사 三室一厅 sān shì yì tīng 방 셋 거실 하나 | 前门 qiánmén 명 앞문 | 后门 hòumén 명 뒷문 衣柜 yīguì 명 옷장 | 抽屉 chōuti 명 서랍 | 钥匙 yàoshi 명 열쇠 | 地毯 dìtǎn 명 카펫 找房子 zhǎo fángzi 집을 구하다 | 搬家 bānjiā 동 이사하다 | 租房 zūfáng 동 집을 세내다

教育 jiàoyù 교육	学院 xuéyuàn 명 단과대학 | 社团 shètuán 명 동아리 | 研究生 yánjiūshēng 명 대학원생 外语热 wàiyǔ rè 외국어 열풍 | 应试教育 yìngshì jiàoyù 입시 교육 早教 zǎojiào 조기 교육
商务 shāngwù 비즈니스	经营 jīngyíng 동 경영하다 | 企业 qǐyè 명 기업 | 办公用品 bàngōng yòngpǐn 사무용품 出差日期 chūchāi rìqī 출장 날짜 | 谈判 tánpàn 동 협상하다 | 合同 hétong 명 계약 劳动 láodòng 명 노동 | 管理 guǎnlǐ 동 관리하다 | 合作 hézuò 동 협력하다 | 股票 gǔpiào 명 주식
社会 shèhuì 사회	国际 guójì 명 형 국제(적인) | 经济 jīngjì 명 경제 | 生活 shēnghuó 명 생활 文化 wénhuà 명 문화 | 政治 zhèngzhì 명 정치 | 外交 wàijiāo 명 외교 战争 zhànzhēng 명 전쟁 | 交通事故 jiāotōng shìgù 교통사고 [=车祸 chēhuò] 就业 jiùyè 동 취업하다 [↔失业 shīyè 직업을 잃다] | 学术界 xuéshùjiè 명 학술계 医学 yīxué 명 의학 | 贫富差距 pínfù chājù 빈부격차
科学 kēxué 과학	科技 kējì 명 과학기술 [=科学技术 kēxué jìshù] | 科学家 kēxuéjiā 명 과학자 科学知识 kēxué zhīshi 명 과학 지식 | 基础科学 jīchǔ kēxué 명 기초 과학 自然科学 zìrán kēxué 명 자연 과학 | 地球 dìqiú 명 지구 | 机器人 jīqìrén 명 로봇 生命 shēngmìng 명 생명 | 基因 jīyīn 명 유전자 | 发明 fāmíng 동 발명하다 | 开发 kāifā 동 개발하다 实验 shíyàn 명 실험하다 | 研究 yánjiū 동 연구하다 | 信息 xìnxī 명 정보 智能手机 zhìnéng shǒujī 명 스마트폰 | 人工智能 réngōng zhīnéng 명 인공 지능 数码 shùmǎ 명 디지털 | 分析 fēnxi 동 분석하다 | 数据 shùjù 명 데이터
环境 huánjìng 환경	自然环境 zìrán huánjìng 자연환경 | 环境保护 huánjìng bǎohù 명 환경 보호 环境破坏 huánjìng pòhuài 명 환경 파괴 | 环境标准 huánjìng biāozhǔn 명 환경 기준 环境问题 huánjìng wèntí 명 환경 문제 | 资源浪费 zīyuán làngfèi 자원 낭비 森林保护 sēnlín bǎohù 명 삼림 보호 | 温室效应 wēnshì xiàoyìng 명 온실 효과 垃圾 lājī 명 쓰레기 | 污染 wūrǎn 명 오염 | 干净 gānjing 형 깨끗하다 卫生 wèishēng 형 위생적이다, 깨끗하다 | 沙漠化 shāmòhuà 형 사막화되다

배운 내용 점검하기

track 69

✦ 녹음을 듣고 빈칸을 채워 넣어 보세요.

1 _____，每日吃两餐，对减肥有效果。

2 管理一家_____不容易，需要员工们的互相_____。

3 为了避免_____，这条公路上有约4公里路段是修建在水上的。

해석 어휘

1 연구에서 매일 두 끼를 먹으면 다이어트에 효과가 있다고 밝혔다.

研究表明A yánjiū biǎomíng A 연구에서 A라고 밝혔다 \| 两餐 liǎng cān 두 끼 \| 对A有效果 duì A yǒu xiàoguǒ A에 대해 효과가 있다 \| 减肥 jiǎnféi 동 다이어트하다

2 한 기업을 관리하는 것은 쉽지 않아서, 직원들의 상호 협조가 필요하다.

管理 guǎnlǐ 동 관리하다 \| ★企业 qǐyè 명 기업 \| 员工 yuángōng 명 직원 \| 互相 hùxiāng 부 서로, 상호 \| ★合作 hézuò 명 협력, 협조

3 환경 파괴를 피하기 위해, 이 도로 위의 약 4킬로미터 구간은 물 위에 지었다.

★避免 bìmiǎn 동 피하다 \| ★破坏 pòhuài 동 파괴하다 \| 公路 gōnglù 명 도로 \| 约 yuē 부 약, 대략 \| 公里 gōnglǐ 양 킬로미터 \| 路段 lùduàn 명 철도나 도로의 구간 \| 修建 xiūjiàn 동 (건축물 등을) 짓다, 건설하다

정답 1 研究表明　　2 企业, 合作　　3 破坏环境

STEP 3 실력 다지기

Day 34 track 70

1. A 二手市场 B 工厂
   C 软件公司 D 放在家里

2. A 会更费电 B 会造成水资源短缺
   C 内含有害物质 D 导致电脑中毒

3. A 如何购买手机 B 要注意交通安全
   C 要高效利用废旧手机 D 手机有助于人际交往

→ 해설서 p.42

Day 35 track 71

4. A 樟木很多 B 能保护书 C 外观好看 D 象征富贵

5. A 中药 B 门牌号码 C 有学问的人 D 富贵人家

6. A 书放久了要丢掉 B 古代印刷书价格贵
   C 书的香味对身体有害 D 古人会在书箱中放中药

→ 해설서 p.44

Day 36 track 72

7. A 高兴 B 意外 C 兴奋 D 期待

8. A 吸收盐分 B 吸收水分 C 忍受干旱 D 不结果实

9. A 专家的意见没有效果 B 云南与海南气候相似
   C 云南的椰子不甜 D 云南人不种椰子树了

→ 해설서 p.45

Day 37

track 73

10 A 舒适的工作环境　　　　　　B 满意的收入
　　C 高学历　　　　　　　　　　D 家人的肯定

11 A 经常出差　　　　　　　　　B 生活压力不大
　　C 多从事教育行业　　　　　　D 人际矛盾较少

12 A 自由职业者幸福感高　　　　B 自由职业失业风险很大
　　C 全国工资水平提高了　　　　D 应掌握很多职业技能

해설서 p.47

Day 38

track 74

13 A 互相微笑　　B 咨询问题　　C 做题　　D 观看短片

14 A 人数不同　　B 结果基本一样　　C 结果相反　　D 内容相同

15 A 闭眼能增强回忆能力　　　　B 有声影像更容易被记住
　　C 实验出现了多次错误　　　　D 睁眼答题错误率为68%

해설서 p.48

제1부분 빈칸에 알맞은 단어나 문장 고르기 [총 15문항]
제2부분 단문 독해하고 일치하는 보기 고르기 [총 10문항]
제3부분 장문 독해하고 4개 질문에 답하기 [총 20문항]

저자 특강

• 출제 경향 •

제1부분
- **어휘 채우기 유형**: 어휘의 '용법'을 알아야 풀 수 있는 문제가 자주 출제된다.
  우리말로 해석했을 때는 자연스럽지만 실제 중국에서는 사용하지 않는 표현이 오답 보기로 종종 제시되므로, 어휘의 의미뿐만 아니라 용법과 짝꿍 어휘도 함께 익혀 두어야 한다.
- **문장 채우기 유형**: 빈칸 앞뒤 문맥만 파악해도 풀 수 있 문제가 자주 출제된다.
  일반적으로 전체 지문을 이해하지 못해도 빈칸 앞뒤 문맥과 내용을 통해 정답을 찾을 수 있는 문제가 종종 출제된다.

제2부분
지문에 쓰인 표현이 보기에 그대로 나오는 경우도 있지만, 비슷한 의미의 다른 어휘·표현으로 바꾸어 내는 경우가 많다. 지문은 주로 '설명문'으로, 일상적이고 친숙한 주제부터 경제·사회·문화·자연과학 등, 폭넓은 주제가 다양하게 출제된다. 특히 중국 사회·문화·역사에 대한 내용은 꾸준히 자주 출제되고 있다.

제3부분
문제 유형은 세부 내용 파악, 일치·불일치, 주제 및 제목 찾기, 어휘 및 문장 의미 파악의 네가지 유형으로 나눌 수 있으며, 이 중에서 세부 내용을 파악하는 유형이 가장 많이 출제된다. [전체 20문제 중 40~50% 이상 출제됨] 지문은 주로 '설명문'으로, 전체 5개 지문 중에서, 중국과 관련한 지문이 최소 1개 이상 출제된다. 질문에서는 주로 소개하려는 문물에 대해 묻는다.

실전! 풀이 비법 한눈에 보기

"앞뒤 문맥을 빠르고 정확하게 파악하자!"

第一部分

1~3

　　近日，一个以"中国古代饮食文化"为主题的展览在国家博物馆举行。本次展览分为"食自八方"、"茶韵酒香"、"鼎中之变"、"礼始饮食"、"琳琅美器"五个单元，展出精选文物240余件，从食材、器具、技艺、礼仪等不同____1____出发，全方面地呈现中国古代饮食文化的变化过程，真实再现了中国古代劳动人民的____2____生活。此外，现场还设置了多个互动环节，让来观看展览的人们更好地____3____中国古代饮食文化、体会中华民族的生活趣味。

1. A 视野　　B 科目　　ⒸC 角度　　D 程序
2. Ⓐ 日常　　B 抽象　　C 高级　　D 平时
3. A 分享　　ⒷB 感受　　C 明确　　D 期待

짝꿍표현(日常生活: 일상생활)을 함께 외워 두면 시간 절약을 할 수 있다.

문제 풀이 순서

STEP 1
지문의 첫 문장을 읽어 대략적인 내용을 파악하기

STEP 2
빈칸이 있는 문장만 먼저 읽기
'문맥'만 파악해 풀어야 하는 문제인지, '어법' 지식을 동원해 풀어야 하는 문제인지 파악한다.

고정격식 표현만으로 정답을 찾을 수 있는 경우가 많다. 따라서 평소 어휘를 공부할 때 자주 출제되는 고정격식 표현(从…角度出: …의 각도/입장에서 출발하다)을 외워 두는 것이 좋다.

어법 포인트 및 문장 구조를 파악하는 것이 중요하다. 빈칸의 앞뒤를 확인하면 술어 동사 자리임을 알 수 있다. 술어 동사는 목적어 명사를 보고 파악하는 것이 중요하다. 文化와 가장 잘 어울리는 동사는 보기 중 感受이다. [感受A文化 (A라는 문화를 더 잘 느끼다)]라는 자주 쓰이는 짝꿍을 꼭 알아 두자.

"지문을 먼저 읽고, 지문과 보기를 정확하고 빠르게 비교하자!"

第二部分

1. 不少爱健身的朋友喜欢长时间待在健身房，认为运动时间越长、训练强度越大，效果就越好。然而并非如此，运动时间太短，确实起不到健身的效果，而时间过长，效果同样会变差。研究表明，健身的时间控制在每天一小时左右，效果最明显、效率也最高。因此，我们应对健身时间进行合理规划。

　A 游泳是最好的健身方式
　B 健身要提前一年制定计划
　Ⓒ C 健身效果并不是时间越长越好
　D 年轻人每天至少健身一小时

지문의 내용이 보기에 직접적으로 언급되는 경우도 있지만, 지문의 내용이 축약되어 보기에 언급되는 경우도 많으므로, 지문의 성격과 화자가 말하는 내용이 무엇인지 파악하는 것이 가장 중요하다. 참고로 상식에 벗어나는 것 답이 아니다.

문제 풀이 순서

STEP 1 주제 파악하기

STEP 2
보기와 지문 내용 비교하기
① 주제와 관련이 없거나 지문에 언급되지 않은 보기를 먼저 제거
② 지문에 언급된 표현이나 유의어가 사용된 보기를 중심으로 지문과 대조
[숫자나 날짜와 같이 정확성을 요구하는 경우를 제외하면 비슷한 표현은 정답으로 간주한다.]

실전! 풀이 비법 한눈에 보기

"질문과 보기를 먼저 읽으며 문제 유형을 확인하고,
어떤 부분에 집중해 지문을 읽어야 할지 파악한다"

第三部分

1~4

　　有一位作家，非常勤奋努力，平时也是只喜欢待在家里安安静静地写作。然而，随着名气越来越大，邀请他去参加聚会的情况也日渐增多，很多人甚至以能邀请他参加聚会为荣。作家本来不喜欢参加聚会，但又不好意思直接拒绝。渐渐地，¹他写作的时间变得越来越少，这让他十分烦恼，终于，²他想到了一个好办法——他用剪刀剪掉了自己半边脑袋的头发，然后，坐下来继续专心写作。

　　从那以后，每次有人上门找作家参加聚会，他就会指着自己脑袋上那剪了一半的头发说："你看，我正忙着剪头发呢，这个样子哪好意思去参加聚会啊？"就这样，那些来访者也只能无奈地放弃了。³为了使自己的这个办法能持续下去，作家每天都要修一修他的半边头发，以免那些头发又长出来。

　　久而久之，那些被作家拒绝的人也开始意识到他是故意这样做的。后来，⁴那些想邀请他参加聚会的人就一天比一天少了。作家也因此为自己争取到了更多写作的时间。

1. 作家因什么而烦恼：
   A 没人邀请他　　　　B 始终没有人气
   C 没空儿完成作品　　D 家里的聚会太多

2. 作家想到的好办法是什么？
   A 躲到公司　B 假装在剪头发　C 离家出走　D 去理发店理发

3. 关于作家，下列说法错误的是？
   A 勤奋而又努力　　　B 不喜欢参加聚会
   C 希望有更多时间写作　D 头发长得快

4. 作家使用了那个好办法后，来邀请他的人：
   A 感到十分惭愧　　B 逐渐减少
   C 仍一再邀请　　　D 丝毫没有发现被骗

문제 풀이 순서

STEP 1
문제 유형 파악 및 유형별 풀이법 적용
1. 어휘 및 문장 의미 파악: 밑줄 친 표현의 앞뒤 내용을 확인하자.
2. 세부 내용 파악: 질문의 핵심 어구가 등장하는 부분을 집중적으로 읽자.
3. 일치·불일치: 첫 번째 단락부터 대조하며 소거법으로 보기를 지워가자.
4. 주제 및 제목 찾기: 일반적으로 지문의 시작 또는 끝 부분에 등장한다.

STEP 2
접속 관계나 유의 표현을 체크하며 지문 읽기

- '접속사(为了)'가 나오면 답인 경우가 많다.
- '什么' '怎么' 등의 의문사를 통해 문제가 묻는 범위를 특정할 수 있다.
- 질문을 정확히 읽는 것이 가장 중요하다. 옳은 것을 찾는 문제인지 틀린 것을 찾는 문제인지 반드시 확인하고, 본문에서 언급한 내용을 하나씩 체크하면서 풀도록 하자.
- 질문에서 말하는 시점 이후를 본문에서 찾아보자. 본문 내용이 그대로 나오지 않은 경우 비슷한 표현을 찾아보도록 하자.

시험에 출제되는 모든 어휘를 다 알기는 어렵기 때문에 문맥과 글자로 어휘의 뜻을 유추하거나, 정답과 관련 없는 문장을 솎아내는 연습도 함께 병행해야 한다.

정답 및 해설 ▶ 본서 pp.122~124

독해 공부 비법

독해 영역 시험 시간 **약 45분**

독해는 평소 어휘를 많이 외워 두는 것이 중요하다. 평소 공부를 한 후 잘 외워지지 않는 어휘, 고정격식, 성어 등을 작성해서 나만의 단어장을 만들어 반복해서 외우자! 또한 독해는 평소 문제를 많이 풀어서 독해하는 연습을 해야 한다. 미사여구를 생략하고 주술목 구조를 분석하며 독해하는 연습이 시간 단축의 핵심이다.

독해 제1부분

01 빈칸에 알맞은 말 고르기

Day 01

STEP 1 유형 파악하기

- '호응 관계'만 파악해서 답을 찾을 수 있는 문제가 많이 출제되니, 짝꿍 어휘, 고정격식들을 많이 암기해 두자.
- '접속사'나 '부사' 같은 연결어는 대개 함께 호응해 쓰이는 짝꿍 어휘가 있으므로, '빈칸의 앞뒤'나 '보기'에 연결어가 있는지 먼저 체크하자. 단독으로 쓰이는 연결어라고 해도, 앞뒤 내용의 문맥을 파악함으로써 쉽게 정답을 찾을 수 있다.
- 독해 제1부분의 기본은 빈칸에 어떤 '문장성분'이 들어가는지, 보기는 각각 어떤 품사이며 또 어떤 문장성분에 사용할 수 있는지 분석하는 것이다. 분석 결과에 따라, 유력한 보기들을 간추려 보자.

● 제1부분 예제

1~3

　　近日，一个以"中国古代饮食文化"为主题的展览在国家博物馆举行。本次展览分为"食自八方"、"茶韵酒香"、"鼎中之变"、"礼始饮食"、"琳琅美器"五个单元，展出精选文物240余件，从食材、器具、技艺、礼仪等不同____1____出发，全方面地呈现中国古代饮食文化的变化过程，真实再现了中国古代劳动人民的____2____生活。此外，现场还设置了多个互动环节，让来观看展览的人们更好地____3____中国古代饮食文化、体会中华民族的生活趣味。

1	A 视野	B 科目	C 角度	D 程序
2	A 日常	B 抽象	C 高级	D 平时
3	A 分享	B 感受	C 明确	D 期待

정답&풀이 **1 C** [从……角度出发 ~각도에서 보자면]

从食材、器具、技艺、礼仪等不同 角度 出发，

'从……出发'는 '~을 출발점으로 삼다'라는 의미를 가진 고정격식이며, 빈칸 앞의 어휘들은 다양한 관점을 나타내고 있다. 따라서 관점, 각도를 나타내는 '角度'가 가장 정확하다.

A 视野 shìyě 명 시야

随着科技的发展，互联网帮助人们扩大了视野，能更方便地获取全球信息。
과학기술의 발전으로 인터넷이 사람들의 시야를 넓혀 주어 전 세계 정보를 더욱 쉽게 얻을 수 있게 되었다.

开阔视野 시야를 넓히다 | 视野狭窄 시야가 좁다

B 科目 kēmù 명 과목
数学和英语是中学的必修**科目**，所有学生都必须学习。
수학과 영어는 중·고등학교 필수 과목이라 모든 학생이 반드시 배워야 한다.

必修**科目** 필수 과목 | **科目**选择 과목 선택

C 角度 jiǎodù 명 관점, 각도
如果你觉得很难过，可以试着换个**角度**想一想，也许会有新的发现。
만약 네가 많이 힘들다면, 관점을 바꿔서 생각해 보아라. 그러면 새로운 발견이 있을지도 모른다.

不同**角度** 다른 관점 | 换个**角度** 관점을 바꾸다

D 程序 chéngxù 명 프로그램
他每天花很多时间编写**程序**，想成为一名优秀的软件工程师。
그는 매일 많은 시간을 들여 프로그래밍 하면서 뛰어난 소프트웨어 엔지니어가 되기를 꿈꾼다.

编写**程序** 프로그래밍 | **程序**错误 프로그램 오류

2 A [再现生活 생활을 재현하다]
真实再现了中国古代劳动人民的 日常 生活。
　　　술어

빈칸 앞 부분의 '再现(재현하다)'이 술어로, 노동 인민의 '~한 생활을 재현했다'라고 했다. 'B 抽象'은 구체적인 생활과는 반대되는 개념이고, 'C 高级'는 노동 인민의 생활과 어울리지 않는다. 'D 平时'는 수식할 수 있을 것 같지만 시간의 개념이 더 강하므로 가장 적합한 것은 보기 'A 日常'이다.

A 日常 rìcháng 형 일상의, 일상적인
学习汉语已经成为了我**日常**生活的一部分。 중국어 공부는 이미 내 일상생활의 일부가 되었다.

日常生活 일상생활 | **日常**用品 일상용품

B 抽象 chōuxiàng 명 추상 형 추상적이다
很多人觉得**抽象**艺术很难懂，但其实每个人都可以有自己的理解方式。
많은 사람들이 추상 미술을 이해하기 어렵다고 느끼지만, 사실 누구나 나름대로 해석할 수 있다.

抽象概念 추상적 개념 | **抽象**艺术 추상 미술

C 高级 gāojí 명 고급 형 고급의
经过十年的努力，他终于被公司评为**高级**工程师。
10년 동안 노력한 끝에 그는 드디어 회사에서 수석 엔지니어로 승진했다.

高级词汇 고급 어휘 | **高级**工程师 수석 엔지니어

D 平时 píngshí 명 평소
我**平时**习惯早起后先喝一杯温水，这样对身体好。
나는 평소에 아침에 일어나자마자 따뜻한 물을 한 잔 마시는 습관이 있는데, 이것이 몸에 좋다고 생각한다.

平时习惯 평소 습관 | **平时**成绩 평소 성적

3 B [更好地感受 더 잘 느끼다]
让来观看展览的人们更好地 感受 中国古代饮食文化、体会中华民族的生活趣味。

빈칸은 술어 자리로 전시를 보는 사람들에게 전시를 통해 느끼고 체험하게 한다는 내용으로 이어지는 것이 가장 자연스러우므로 'B 感受'가 가장 적합하다. '感受'는 직접 느끼고 체험하는 것을 의미하며, 다른 보기의 어휘는 적합하지 않다.

A 分享 fēnxiǎng 동 (함께) 나누다

和朋友分享快乐可以让快乐变得更多。 친구와 기쁨을 나누면 기쁨이 더 커진다.

分享经验 경험을 공유하다 | 分享快乐 기쁨을 나누다

B 感受 gǎnshòu 동 느끼다

只有经历过失败的人，才能对挫折有切身的感受。
실패를 경험해 본 사람만이 좌절에 대해 진정으로 느낄 수 있다.

真实感受 진짜 느끼다 | 切身感受 직접 체감하다

C 明确 míngquè 형 명확하다 동 명확히 하다

想要成功，首先要有明确的目标，然后制定详细的计划。
성공하고 싶다면 먼저 명확한 목표를 세우고, 그에 따른 세부 계획을 짜야 한다.

明确目标 목표를 명확히 하다 | 明确表示 명확히 표시하다

D 期待 qīdài 동 기대하다

孩子们对即将到来的假期充满期待。 아이들은 다가오는 방학을 손꼽아 기다리고 있다.

期待答复 답변을 기대하다 | 充满期待 기대에 차 있다

近日，一个以"中国古代饮食文化"为主题的展览在国家博物馆举行。本次展览分为"食自八方"、"茶韵酒香"、"鼎中之变"、"礼始饮食"、"琳琅美器"五个单元，展出精选文物240余件，从食材、器具、技艺、礼仪等不同 **1** 角度出发，全方面地呈现中国古代饮食文化的变化过程，真实再现了中国古代劳动人民的 **2** 日常生活。此外，现场还设置了多个互动环节，让来观看展览的人们更好地 **3** 感受中国古代饮食文化、体会中华民族的生活趣味。

최근 '중국 고대 음식 문화'를 주제로 한 전시회가 국가 박물관에서 열렸다. 이번 전시는 '팔방에서 온 음식', '차향과 술향', '솥 안의 변화', '예절로 시작되는 음식', '아름다운 식기'라는 다섯 개의 섹션으로 구성되었으며, 엄선된 문화재 2400여 점이 전시되었으며, 식재료, 조리 도구, 기술, 예법 등 다양한 **1** 관점에서 중국 고대 음식 문화의 변화 과정을 전면적으로 보여주었고, 이를 통해 중국 고대 노동 인민들의 **2** 일상생활을 생생하게 재현했다. 이 외에 현장에는 여러 가지 체험형 프로그램도 마련되어, 전시회를 관람하러 온 사람들이 중국 고대 음식 문화를 더 잘 **3** 느끼고 중화 민족의 생활 속 매력을 체험할 수 있도록 했다.

近日 jìnrì 명 근래, 최근 | 以 yǐ 개 ~(으)로(써), ~를 가지고, ~를 근거로 [以A为B: A를 B로 삼다] | ★古代 gǔdài 명 고대 | 饮食 yǐnshí 동 음식을 먹고 마시다 | 文化 wénhuà 명 문화 | ★主题 zhǔtí 명 주제 | ★展览 zhǎnlǎn 명 전람회 | 国家 guójiā 명 국가, 나라 | ★博物馆 bówùguǎn 명 박물관 | 举行 jǔxíng 동 개최하다, 거행하다 | 本 běn 대 이번의, 현재의 | 分为 fēnwéi 동 (~으로) 나누다 | 食 shí 명 음식 | 自 zì 개 ~에서부터, ~에서 시작하여 | 八方 bāfāng 명 (동·서·남·북·동북·동남·서북·서남의) 팔방 | 韵 yùn 명 정취, 운치 | 酒 jiǔ 명 술 | 香 xiāng 명 향 | 鼎 dǐng 명 솥 | 之 zhī 조 ~의, ~한(하는) [수식어와 피수식어 사이에 놓여 '的'와 같은 작용을 함] | 变 biàn 명 변화 | 礼 lǐ 명 예, 경례 | 始 shǐ 동 시작하다 | 琳琅 línláng 명 아름답고 귀한 물건 | 美 měi 형 아름답다, 예쁘다 | 器 qì 명 기구, 도구, 그릇, 용기 | ★单元 dānyuán 명 (교재 등의) 단원 | 展出 zhǎnchū 동 전시하다, 진열하다 | 精选 jīngxuǎn 동 정선하다, 알짬이 골라내다 | 文物 wénwù 명 문물, 문화재 | 余 yú 수 ~여 [정수 외의 나머지를 가리키며, '多'에 상당함] | 从 cóng 개 ~에서, ~(으)로부터 [从+출발점] | 食材 shícái 명 식재료, 식자재 | 器具 qìjù 명 기구, 공구 | 技艺 jìyì 명 기술, 기교 | 礼仪 lǐyí 명 예절과 의식 | 等 děng 조 등 | 不同 bùtóng 형 다르다, 같지 않다 | ★角度 jiǎodù 명 (문제를 보는) 각도 | 出发 chūfā 동 출발하다, 떠나다 | 全 quán 부 모두, 완전히 | 方面 fāngmiàn 명 방면, 분야, 부분, 측면 | 呈现 chéngxiàn 동 나타나다, 드러나다, 양상을 띠다 | 变化 biànhuà 명 변화 | 过程 guòchéng 명 과정 | ★真实 zhēnshí 형 진실하다, 실제의, 사실의 | 再现 zàixiàn 동 재현하다, 다시 나타나다 | 劳动 láodòng 동 육체 노동을 하다 | ★日常 rìcháng 명 일상 | 生活 shēnghuó 명 생활 | 此外 cǐwài 접 이 외에, 이 밖에 | 现场 xiànchǎng 명 (사건이나 사고의) 현장 | 设置 shèzhì 동 설치하다, 설립하다, 세우다, 놓다 | 互动 hùdòng 동 상호작용하다 | 环节 huánjié 명 단계, 코스 | 观看 guānkàn 동 보다, 참관하다 | ★感受 gǎnshòu 동 (영향을) 받다, 감수하다, 느끼다 | ★体会 tǐhuì 명 (체험에서 얻은) 경험, 느낌, 배운 것 | 中华民族 Zhōnghuá mínzú 고유 중화 민족 | 趣味 qùwèi 명 재미, 흥미, 흥취

STEP 2 내공 쌓기

1 어휘 호응

● track 75

(1) 최신 기출 어휘 조합

'명사-명사' '주어-술어' '술어-목적어' '부사어-술어' 어휘 조합으로 최신 기출 표현들을 외워 두면 전 영역에서 큰 도움이 된다.

① 명사-명사

- **毕业论文** bìyè lùnwén 졸업 논문
  为了写好**毕业论文**，我收集了大量的资料。 졸업 논문을 잘 쓰기 위해, 나는 많은 양의 자료를 수집했다.

- **传统文化** chuántǒng wénhuà 전통문화
  我的汉语老师对韩国**传统文化**非常了解。 나의 중국어 선생님은 한국 전통문화에 대해 잘 알고 계신다.

- **教育方法** jiàoyù fāngfǎ 교육 방법
  批评并不是最正确的**教育方法**。 꾸짖는 것은 결코 가장 올바른 교육 방법이 아니다.

- **环境保护** huánjìng bǎohù 환경보호
  人们对**环境保护**越来越重视。 사람들은 환경보호에 대해 점점 중시한다.

- **日常生活** rìcháng shēnghuó 일상생활
  日常生活中的习惯会影响人的一生。 일상생활 속의 습관은 사람의 일생에 영향을 줄 것이다.

- **生活习惯** shēnghuó xíguàn 생활 습관
  培养良好的**生活习惯**很重要。 좋은 생활 습관을 기르는 것은 매우 중요하다.

- **娱乐活动** yúlè huódòng 오락 활동
  适当地参加**娱乐活动**有助于缓解疲劳。 오락 활동에 적당히 참가하는 것은 피로를 완화하는 데 도움이 된다.

- **自然现象** zìrán xiànxiàng 자연 현상
  人类对很多**自然现象**仍无法做出科学的解释。 인류는 많은 자연 현상에 대해 여전히 과학적인 설명을 할 수 없다.

② 주어-술어

- **表现出色** biǎoxiàn chūsè (~방면에서) 표현이 뛰어나다, 잘하다
  他很快完成了任务，而且**表现出色**。 그는 임무를 빠르게 완수했을 뿐만 아니라, 능력 또한 뛰어났다.

- **成绩优秀** chéngjì yōuxiù 성적이 우수하다
  我的朋友不仅**成绩优秀**，而且性格谦虚。 내 친구는 성적이 우수할 뿐만 아니라 성격 또한 겸손하다.

- **经验丰富** jīngyàn fēngfù 경험이 풍부하다
  张教授不仅**经验丰富**，而且很受留学生欢迎。 장[张] 교수는 경험이 풍부할 뿐만 아니라 유학생에게도 인기가 있다.

- **竞争激烈** jìngzhēng jīliè 경쟁이 치열하다
  竞争激烈的市场给现代人提供了更多机会。 경쟁이 치열한 시장은 현대인들에게 더 많은 기회를 제공했다.

- **气候恶劣** qìhòu èliè 기후가 열악하다
  本次航班的起飞因该地区**恶劣**的**气候**而推迟。 이번 항공편의 이륙은 이 지역의 열악한 기후로 인해 연기되었다.

- **营养充足** yíngyǎng chōngzú 영양이 충분하다
  儿童在生长时期应注意摄取**营养充足**的食物。 아동은 성장기에 영양이 충분한 음식물을 섭취하는 데 주의해야 한다.

- 营养不足 yíngyǎng bùzú 영양이 부족하다, 영양부족
  长期的营养不足导致孩子的身体越来越弱。 장기간의 영양부족은 아이의 신체를 점점 약하게 만든다.

- 营养不良 yíngyǎng bùliáng 영양이 좋지 않다, 영양이 결핍되다
  青少年不宜偏食，否则就会营养不良。 청소년은 편식하면 안 된다. 그렇지 않으면 영양이 결핍될 것이다.

- 资源丰富 zīyuán fēngfù 자원이 풍부하다
  该地区资源丰富，发展前景广阔。 이 지역은 자원이 풍부하고, 발전 전망이 넓다.

③ 술어-목적어

- 把握机会 bǎwò jīhuì 기회를 잡다
  因为没有把握好机会，我现在非常后悔。 좋은 기회를 잡지 못했기 때문에, 나는 지금 매우 후회한다.

- 表示同意 biǎoshì tóngyì 동의를 표(시)하다
  员工们都对老板的安排表示同意。 직원들은 모두 사장의 계획에 동의를 표(시)한다.

- 采取措施 cǎiqǔ cuòshī 조치를 취하다
  政府及时地对这次事件采取了措施。 정부는 제때에 이번 사건에 대해 조치를 취했다.

- 处理问题 chǔlǐ wèntí 문제를 처리하다
  他在工作中处理问题的能力很强。 그는 업무 중에 문제를 처리하는 능력이 매우 뛰어나다.

- 达到目的 dádào mùdì 목적에 도달하다, 목표를 달성하다
  为了达到目的，他总是忽视别人的意见。 목적에 도달하기 위해, 그는 항상 다른 사람의 의견을 소홀히 한다.

- 缓解疲劳 huǎnjiě píláo 피로를 풀다
  旅行对缓解疲劳有积极作用。 여행은 피로를 푸는 데 긍정적인 역할을 한다.

- 积累经验 jīlěi jīngyàn 경험을 쌓다
  很多时候，失败也会让我们积累成功的经验。 많은 경우, 실패 또한 우리로 하여금 성공의 경험을 쌓게 한다.

- 解释误会 jiěshì wùhuì 오해를 해명하다
  他们两个因为不愿意解释昨天的误会而分手了。
  그들 둘은 어제의 오해를 해명하는 것을 원하지 않았기 때문에 헤어졌다.

- 具备条件 jùbèi tiáojiàn 조건을 갖추다
  这家公司具备了上市的必备条件。 이 회사는 상장에 필요한 조건을 갖추었다.

- 拒绝要求 jùjué yāoqiú 요구를 거절하다
  我们要学会拒绝别人无理的要求。 우리는 다른 사람의 무리한 요구를 거절할 줄 알아야 한다.

- 克服缺点 kèfú quēdiǎn 단점을 극복하다
  能克服自己缺点的人一定有机会成功。 자신의 단점을 극복할 수 있는 사람은 반드시 성공할 기회가 있다.

- 利用机会 lìyòng jīhuì 기회를 이용하다
  公司利用这次机会开发了很多新项目。 회사는 이번 기회를 이용해 많은 새로운 프로젝트를 개발했다.

- 面对困难 miànduì kùnnan 어려움에 직면하다
  面对困难时，我们要保持良好的心态。 어려움에 직면했을 때, 우리는 양호한 심리 상태를 유지해야 한다.

- 破坏环境 pòhuài huánjìng 환경을 훼손하다
  人类不应该破坏环境。 인류는 환경을 훼손해서는 안 된다.

- **提出建议** tíchū jiànyì 건의를 제기하다, 건의하다
  大家都反对他在会议上提出的建议。 모두 그가 회의에서 제기한 건의에 대해 반대한다.

- **提高水平** tígāo shuǐpíng 수준을 향상시키다
  提高外语水平的关键就在于多听、多说。 외국어 수준을 향상시키는 관건은 많이 듣고, 많이 말하는 것에 있다.

- **实现目标** shíxiàn mùbiāo 목표를 실현하다
  人生就是不断地去实现一个又一个的目标。 인생이란 하나하나의 목표를 끊임없이 실현하는 것이다.

- **养成习惯** yǎngchéng xíguàn 습관을 양성하다, 습관을 기르다
  对学生来说，养成良好的学习习惯十分重要。 학생들에게 있어서 좋은 학습 습관을 양성하는 것은 매우 중요하다.

- **享受服务** xiǎngshòu fúwù 서비스를 받다
  我们要让客人享受最周到的服务。 우리는 손님이 가장 세심한 서비스를 받도록 해야 한다.

- **制定计划** zhìdìng jìhuà 계획을 세우다
  制定健身计划时，应从自己喜欢的运动开始。 운동 계획을 세울 때, 자신이 좋아하는 운동부터 시작해야 한다.

- **征求意见** zhēngqiú yìjiàn 의견을 구하다
  他做每件事都要征求家人的意见。 그가 하는 모든 일은 가족의 의견을 구해야 한다.

- **遵守规定** zūnshǒu guīdìng 규정을 준수하다
  每个学生都应该遵守学校的规定。 모든 학생은 학교의 규정을 준수해야 한다.

④ 부사어-술어

- **坚持锻炼** jiānchí duànliàn 꾸준히 운동하다, 꾸준히 (신체를) 단련하다
  因为爷爷年轻时坚持锻炼，所以现在身体非常健康。
  할아버지는 젊었을 때 꾸준히 운동해서, 지금 몸이 매우 건강하시다.

- **认真回答** rènzhēn huídá 성실하게 대답하다
  这位歌手认真回答了记者提出的所有问题。 이 가수는 기자가 제기한 모든 질문에 성실하게 대답했다.

- **仔细观察** zǐxì guānchá 자세히 관찰하다
  通过仔细观察，学生们发现了实验中出现的问题。
  자세한 관찰을 통해, 학생들은 실험 중 나타나는 문제를 발견했다.

(2) 최신 기출 고정격식

개사 구문은 HSK 전 영역에 걸쳐 매우 중요한 부분을 차지한다. 단순히 개별 동사를 외우는 것에 그치지 말고 함께 쓰이는 개사까지 학습해야 한다.

- **把 A 称为 B** bǎ A chēngwéi B A를 B라고 부르다
  很多中国人把西方人称为"老外"。 많은 중국인은 서양인을 '라오와이'라고 부른다.

- **把 A 借给 B** bǎ A jiègěi B A를 B에게 빌려주다
  他把钱借给了朋友做生意。 그는 돈을 친구에게 장사하도록 빌려주었다.

- **从 A 开始/起** cóng A kāishǐ / qǐ A부터 (시작하다)
  从现在开始，我会忘掉那些不愉快的记忆。 지금부터 나는 그 유쾌하지 않은 기억들을 잊어버릴 것이다.

- **对 A 产生影响** duì A chǎnshēng yǐngxiǎng A에 영향을 미치다
  父母的行为会对孩子的成长产生影响。 부모의 행위는 아이의 성장에 영향을 미칠 것이다.

- 对 A 称赞 duì A chēngzàn A에 대해 칭찬하다
  父母对子女的称赞会增强孩子们的信心。 부모의 자녀에 대한 칭찬은 아이의 자신감을 높일 것이다.

- 给 A 带来 B 的影响 gěi A dàilái B de yǐngxiǎng A에게 B한 영향을 가져오다
  这位作家的言行给社会带来了巨大的影响。 이 작가의 언행은 사회에 큰 영향을 가져왔다.

- 给 A 留下 B 的印象 gěi A liúxià B de yìnxiàng A에게 B한 인상을 남기다
  海南的风光给去过那儿的人留下了深刻的印象。 하이난의 풍경은 그곳에 가 봤었던 사람에게 깊은 인상을 남겼다.

- 跟 A 相比 gēn A xiāngbǐ A와 비교하면, A에 비하면
  跟年轻时的你相比，我更喜欢现在的你。 젊었을 때의 당신과 비교하면, 나는 지금의 당신이 더 좋습니다.

- 为 A 提供 B wèi A tígōng B A에게 B를 제공하다
  互联网为我们的生活提供了便利。 인터넷은 우리의 생활에 편리함을 제공했다.

- 为 A 做准备 wèi A zuò zhǔnbèi A를 위해 준비하다
  最近，同事们一直在为下个月的谈判做准备。 최근, 동료들은 계속해서 다음 달의 협상을 위해 준비를 하고 있다.

- 向 A 道歉 xiàng A dàoqiàn A에게 사과하다
  那位歌手已经为自己的行为向大家道歉了。 그 가수는 이미 자신의 행위에 대해서 모두에게 사과를 했다.

- 向 A 解释 xiàng A jiěshì A에게 설명하다
  学生们正在向老师解释迟到的原因。 학생들은 선생님에게 지각한 원인을 설명하고 있는 중이다.

- 由 A 负责 yóu A fùzé A가 책임지다
  谁做错了事就应该由谁负责。 누군가 일을 잘못했다면 마땅히 그 누군가가 책임져야 한다.

- 由 A 决定 yóu A juédìng A가 결정하다
  我家所有的事情都是由爸爸决定的。 우리 집의 모든 일은 아빠가 결정하신다.

2 연결어

○ track 76

절과 절을 연결할 때 쓰이는 접속사나 부사를 '연결어'라고 한다. 연결어는 종류도 많고, 봐도봐도 잊어버리기 쉽다. 그러나 시험에도 자주 나오고, 모르면 전체 문장 해석이 안 되므로, 반드시 알아야 하는 부분이기도 하다. 필수적으로 암기해야 하는 중요 접속사 구문과 부사만 간추린 것이니 반드시 숙지하도록 하자.

(1) 빈출 접속사 구문

접속사 구문의 결합 형태 및 해석에 집중하여 익히자. 잘 외워 두면, 지문이나 보기에 앞 절이나 뒤 절에 쓰이는 접속사가 하나만 나와도 바로 힌트를 얻어 문제를 풀어낼 수 있다. p.208~p.218에 접속사 구문의 핵심 용법이 예문과 함께 정리되어 있으니, 꼭 함께 살펴보자.

① 병렬, 점층, 전환

- 一边 A 一边 B A하면서 B하다 [A: 동작, B: 동작]

- 既 / 又 A 又 B A이기도 하고, B이기도 하다 [A: 상태, B: 상태 / A: 동작, B: 동작]

- 不但 / 不仅 A，而且 / 还 / 也 / 甚至 B A일뿐 아니라, B이기도 하다 [A: 범위/행동, B: 추가되는 범위/행동]

- 不但 / 不仅不 / 不仅没 A，反而 / 反倒 B A하기는커녕, 도리어 B하다 [A: 내용, B: 예상과는 다른 내용]

- 虽然 / 尽管 A，但是 / 然而 / 只是 B 비록 A지만, 그러나 B이다 [A: 내용, B: A와 상반되는 내용]

② 가설, 조건, 인과
- 如果 / 要是 A，那(么) / 就 B 만약에 A라면, B할 것이다 [A: 가정, B: 결과]
- 即使 A 也 B 설령 A라 할지라도, B하겠다 [A: 극단적인 가설, B: 변하지 않는 결과]
- 不管 / 无论 / 不论 A，都 / 也 / 反正 B A를 막론하고, B하다 [A: 의문 형식, B: 결과]
- 只有 A，才 B A해야만 B하다 [A: 유일 조건, B: 결과]
- 除非 A，否则 B A해야만 한다, 그렇지 않으면 B하다 [A: 필수 조건, B: A가 안 될 경우 발생하는 결과]
- 只要 A，就 B A하기만 하면 B하다 [A: 충분 조건, B: 결과]
- 因为 A，所以 B A이기 때문에, 그래서 B이다 [A: 원인, B: 결과]
- 由于 A，所以 / 因此 / 因而 B A이기 때문에, 그래서 B이다 [A: 원인, B: 결과]
- 之所以 A，是因为 / 是由于 B A인 까닭은, B 때문이다 [A: 결과, B: 원인]

③ 선택, 선후
- 不是 A，就是 B A가 아니면 B이다 [A 또는 B] [A: 사실/행동, B: 사실/행동]
- 不是 A，而是 B A가 아니라 B이다 [B를 선택] [A: 사실/행동, B: 사실/행동]
- 先 A，然后 / 再 B 먼저 A하고, 다음에 B하다 [A: 행동, B: 행동]
- 一 A，就 B A하기만 하면, B하다 [A: 행동, B: 행동]

(2) 빈출 부사

- 终于 zhōngyú 마침내, 결국 [终于……了]
  我上个月参加了考试，今天终于到了公布结果的时候了。
  나는 지난달에 시험을 봤는데, 오늘이 마침내 결과를 공표하는 날이다.

- 竟然 jìngrán 뜻밖에, 의외로 [没想到……竟然]
  我们都没想到，丽丽竟然当了医生。 우리 모두 리리[丽丽]가 뜻밖에 의사가 되었을 줄 생각하지도 못했다.

- 毕竟 bìjìng 어쨌든, 결국
  他毕竟是孩子，犯错误很正常。 그는 어찌됐든 아이여서, 실수를 저지르는 것이 정상이다.

- 总是 zǒngshì 항상, 반드시
  生活中，他对困难毫不在意，总是面带微笑。
  생활 속에서 그는 어려움에 대해 조금도 개의치 않고, 항상 얼굴에 미소를 띠고 있다.

- 到底 dàodǐ 도대체 [의문문에 쓰여 어기를 강조함]
  到底什么时候能解决资金问题？ 도대체 언제쯤 자금 문제를 해결할 수 있을까요?

- 一旦 yídàn 일단 ~한다면 [一旦……(就/便)]
  一旦发生事故，后果就不可想象。 일단 사고가 발생하면 결과는 상상할 수 없다.

- 幸亏 / 多亏 xìngkuī / duōkuī 다행히, 운 좋게 [幸亏/多亏……要不然/否则]
  幸亏[多亏]你及时告诉我真相，要不然我就上当了。
  네가 제때 나에게 진상을 알려 주어 다행이지, 그렇지 않았다면 속았을 거야.

- 结果 jiéguǒ 결국은, 끝내는 [부사로도, 접속사로도 볼 수 있다]
  由于双方都不愿意让步，结果没有达成协议。 양쪽이 모두 양보하길 원치 않아서, 결국은 협의에 이르지 못했다.

3 문장 구조 파악하기

(1) 필수 문장성분 채우기
중국어 문장의 필수 문장성분은 '주어/술어/목적어'이다.

- 他的每一个作品都(包含)了 独特的意义。→ 동태조사 '了/着/过'는 주로 '술어[동사] 뒤'에 붙는다
  그의 매 작품은 모두 독특한 의미를 포함한다.

- 心理学包含的内容很(广泛)。→ 빈칸 앞이 정도부사라면 빈칸은 형용사술어 자리일 가능성이 높다
  심리학에 포함되어 있는 내용은 매우 광범위하다.

- 我来说明一下我作品的 设计(理念)。→ 수식어가 길어도 목적어를 찾아내자! 수식어구(我作品的设计) + 목적어(理念)
  제 작품의 디자인 이념에 대해 좀 설명해 보겠습니다.

(2) 부사어, 관형어 채우기
문장의 필수성분 주어/술어/목적어가 모두 있는 상황에서 술어 앞에 빈칸이 있다면, 술어를 수식해 주는 '부사어' 자리이고, '的+명사' 앞에 빈칸이 있다면, 주어나 목적어를 수식하고 제한하는 '관형어' 자리이다.

- 他最近心情变好了，(也许)是遇到什么开心的事。→ 술어(遇到) 앞은 부사어 자리
  그는 최근 기분이 좋아졌는데, 아마도 무슨 즐거운 일이 생겼을 거야.

- 喝柠檬水可以快速(有效)地补充维生素C。→ 동사/형용사/일부 명사 + 地 + 동사
  레모네이드를 마시면 비타민C를 빠르고 효과적으로 보충할 수 있다.

- 人口的增长对资源、环境都产生了(巨大)的影响。→ 추상적인 명사를 꾸며 줄 수 있는 어휘는 '巨大'
  인구의 증가는 자원과 환경에 모두 아주 큰 영향을 주었다.

(3) 문장과 문장을 이어 주는 접속사 채우기
문장과 문장 사이에 빈칸이 있다면, 접속사 자리이다.

- (只要)努力，就有可能成功。→ 只要 A, 就 B
  노력하기만 하면 성공할 것이다.

4 주요 유의어

유의어 관련 문제는 전 유형에 걸쳐 광범위하게 출제된다. 헷갈리기 쉬우니 활용 예시를 참고해 각 유의어의 쓰임을 서로 비교하며 기억하자.

(1) 把握 vs. 掌握

把握 bǎwò	동 (학습할 필요가 없고, 주로 추상적인 것을) 붙잡다, 움켜잡다 명 자신(감), 성공의 가능성 把握机会 기회를 잡다 | 把握不住 잡지 못하다 | 有把握 자신이 있다 | 没有把握 자신이 없다
掌握 zhǎngwò	동 (학습을 통해 어떤 방법이나 지식을) 파악하다, 숙달하다, 마스터하다 掌握技术 기술을 숙달하다 | 掌握知识 지식을 습득하다

(2) 保持 vs. 维持

保持 bǎochí	동 (긍정적이거나 계속 유지되길 바라는 대상을 중단되지 않게) 유지하다, 지키다 保持习惯 습관을 유지하다 | 保持联系 연락을 유지하다 | 保持……心态 ~한 심리 상태를 유지하다

| 维持
wéichí | 동 (어떠한 방법을 통하여 어렵거나 중요한 상황 속에서) 유지하다
维持生活 생활을 유지하다 ㅣ 维持生命 생명을 유지하다 |

(3) 表示 vs. 表达

| 表示
biǎoshì | 동 (태도나 사상을) 표시하다, 표하다, 나타내다
表示感谢 감사를 표하다 ㅣ 表示同意 동의를 표하다 |
| 表达
biǎodá | 동 (생각이나 감정을) 표현하다, 나타내다
表达感情 감정을 표현하다 ㅣ 表达意思 뜻을 나타내다 ㅣ 表达方式 표현 방식 |

(4) 充分 vs. 充满

| 充分
chōngfèn | 형 (추상적 사물이 넉넉하고) 충분하다 [充分+술어]
充分利用 충분히 이용하다 ㅣ 充分考虑 충분히 고려하다 ㅣ 充分准备 충분히 준비하다 |
| 充满
chōngmǎn | 동 (도처에) 가득차다, 충만하다 [充满+추상목적어]
充满自信 자신감이 가득하다 ㅣ 充满活力 활력이 넘치다 ㅣ 充满喜悦 기쁨이 가득하다 |

(5) 导致 vs. 造成 vs. 引起

导致 dǎozhì	동 (부정적인 결과를) 초래하다 [대개 '造成'과 바꿔 쓸 수 있다] 导致危机 위기를 초래하다 ㅣ 导致……后果 ~한 결과를 초래하다
造成 zàochéng	동 (부정적인 영향이나 허상 등을) 초래하다 造成事故 사고를 초래하다 ㅣ 造成损失 손실을 초래하다 ㅣ 造成后果 나쁜 결과를 초래하다 对A造成影响 A에 나쁜 영향을 끼치다 ㅣ 造成负担 부담을 초래하다
引起 yǐnqǐ	동 (긍정적 혹은 부정적인 결과를) 끌다, 가져오다 引起关注 관심을 끌다 ㅣ 引起注意 주의를 끌다 ㅣ 引起怀疑 의심을 일으키다 ㅣ 引起误会 오해를 사다

(6) 到达 vs. 达到

| 到达
dàodá | 동 (어떠한 장소에) 도착하다, 도달하다 [到达+장소목적어] ↔ [出发 출발하다]
到达北京 베이징에 도착하다 ㅣ 到达目的地 목적지에 도착하다 |
| 达到
dádào | 동 (어떠한 수준에) 이르다, (목표를) 달성하다 [达到+추상목적어]
达到A水平 A 수준에 이르다 ㅣ 达到目标 목표를 달성하다 ㅣ 达到……程度 ~한 정도에 이르다 |

(7) 生产 vs. 产生

| 生产
shēngchǎn | 동 (구체적인 사물을) 생산하다, 만들다 명 생산
生产产品 상품을 생산하다 ㅣ 大量生产 대량으로 생산하다 ㅣ 生产规模 생산 규모 ㅣ 生产效率 생산 효율 |
| 产生
chǎnshēng | 동 (원래 없던 상황이나 현상 등 추상적인 것이) 생기다, 만들어지다
产生矛盾 갈등이 생기다 ㅣ 产生想法 생각이 나다 ㅣ 产生误会 오해가 생기다
产生影响 영향이 생기다 ㅣ 产生变化 변화가 생기다 ㅣ 产生好感 호감이 생기다 |

⑻ 改进 vs. 改善 vs. 改良

改进 gǎijìn	동 (오래된 일, 방법, 태도, 기술, 기풍 등을 점차 좋게) 바꾸다, 개선하다 改进方法 방법을 바꾸다 ǀ 改进技术 기술을 바꾸다 ǀ 不断改进 끊임없이 바꾸다
改善 gǎishàn	동 (원래의 상황이나 상태를 더 좋게) 개선하다 　[부족하거나 잘못된 것 또는 나쁜 것 등을 고쳐서 더 좋게 만들 경우에 사용] 改善环境 환경을 개선하다 ǀ 改善生活 생활을 개선하다 ǀ 改善关系 관계를 개선하다
改良 gǎiliáng	동 (결점을 없애서 더 좋게) 개량하다 명 개량 [비교적 구체적 대상에 사용] 改良土壤 토양을 개량하다 ǀ 改良品种 품종을 개량하다 ǀ 进行改良 개량을 진행하다

⑼ 合适 vs. 适合

合适 héshì	형 적당하다, 알맞다 [형용사로, 목적어가 올 수 없다] A对B合适 A가 B에 알맞다 [A合适B(×)]
适合 shìhé	동 적합하다, 알맞다 [동사로, 목적어가 올 수 있다] 适合于…… ~에 적합하다 [对……适合(×)] ǀ A适合B A는 B에 적합하다

⑽ 经验 vs. 经历

经验 jīngyàn	명 (실생활에서 습득한 지식이나 방법 등의) 경험 동 경험하다, 체험하다 [주로 명사로 쓰임] 经验丰富 경험이 풍부하다 ǀ 经验教训 경험과 교훈 ǀ 积累经验 경험을 쌓다
经历 jīnglì	명 (실제로 직접 겪거나 부딪친) 경험, 경력 동 경험하다, 겪다 难忘的经历 잊기 어려운 경험 ǀ 经历过 경험한 적이 있다 ǀ 亲身经历 직접 경험하다

⑾ 了解 vs. 理解

了解 liǎojiě	동 (사물의 상황 등을 전체적으로 분명하게 마음으로) 알다, 이해하다 缺乏了解 이해가 부족하다 ǀ 进行了解 알아보다 ǀ 对……了解 ~에 대하여 이해하다
理解 lǐjiě	동 (사물의 의미와 뜻을 이해하고, 왜 그렇게 된 것인지 머리로) 이해하다, 알다 理解内容 내용을 이해하다 ǀ 理解意思 뜻을 알다 ǀ 得到理解 이해를 얻다

⑿ 通过 vs. 经过

通过 tōngguò	개 (어떤 목적을 이루기 위해 수단이나 방식을 강조하며, 그것을) 통해서 동 (한쪽에서 다른 쪽으로) 통과하다 通过研究 연구를 통해서 ǀ 通过讨论 토론을 통해서 ǀ 通过努力 노력을 통해서 通过了解 이해를 통해서 ǀ 通过考试 시험을 통과하다
经过 jīngguò	개 (과정을 강조하며, 시간이나 장소, 동작 등을) 거쳐서, 지나서 동 거치다, 지나가다, 통과하다 经过介绍 소개를 거쳐서 ǀ 经过了解 이해를 거쳐서 ǀ 经过……后 ~를 거친 후

⑬ 原来 vs. 本来

原来 yuánlái	뷔 (이전에는 몰랐는데) 알고 보니 형 원래의, 본래의 原来如此 알고 보니 그렇다, 그랬군요 我到处找姐姐，原来她在教室。 나는 언니를 사방으로 찾아 다녔는데, 알고 보니 그녀는 교실에 있었다.
本来 běnlái	뷔 (이치상 당연히) 본래 형 본래의 원래의 [本来……但是/不……] 这件事本来就应该你做，你不要抱怨。 이 일은 본래 네가 해야 하는 거야. 불평하지 마. 我本来的专业是汉语，现在改学经济了。 나의 원래 전공은 중국어인데, 지금은 경제 공부하는 걸로 바뀌었다.

⑭ 增加 vs. 增长

增加 zēngjiā	동 (수량이) 증가하다, 늘리다 [수사의 제한이 없음] 增加工资 임금을 인상하다 | 增加人手 일손을 늘리다 | 增加力量 힘을 키우다
增长 zēngzhǎng	동 (능력 또는 비율이) 늘어나다, 증가하다 [수사는 백분율이나 배수만 가능] 增长了2倍 2배 늘었다 | 增长了35% 35퍼센트 증가했다 | 增长见识 견문을 넓히다 增长知识 지식을 늘리다 | 经济增长 경제 성장

배운 내용 점검하기

✦ 빈칸에 알맞은 단어를 고르세요.

1 员工犯错误时，应该（　　）领导负责。　　A 由　　B 给

2 （　　）坚持到最后，才会看到成果。　　　A 如果　　B 只有

 1 직원이 잘못을 저질렀을 때, 마땅히 상사가 책임을 져야 한다.
★员工 yuángōng 명 직원 ｜ 犯 fàn 동 (위법이나 해서는 안 될 일을) 저지르다, 범하다 ｜ 错误 cuòwù 명 잘못, 실수 [犯错误 잘못을 저지르다] ｜ ★领导 lǐngdǎo 명 상사, 지도자, 리더 ｜ 负责 fùzé 동 책임지다 ｜ 由 yóu 개 ~가 [由A负责 A가 책임지다]
2 끝까지 버텨야만, 비로소 성과를 보게 될 것이다.
坚持 jiānchí 동 유지하다, 견지하다 ｜ ★成果 chéngguǒ 명 성과, 결과

정답 1 A　　2 B

STEP 3 실력 다지기

Day 02

1~4

　　中国人在计数的时候，通常会用"正"字，一个正字有5画，代表数字5，两个正字则代表数字10，以此类推。这种计数方法又简单又易懂，受到了很多中国人的欢迎。那么，___1___？据说这种正字计数法最早是在戏院用来登记人数的。

　　清代时，戏院是很重要的娱乐场所，天天都有许多观众。那时还没有门票，只有服务员在门前招呼客人，___2___了5位后就领着客人入座，然后记账的人便会在黑板上写下一个正字，并且注明此服务员的名字，然后由其负责收钱。

　　后来，在民间正字计数法便开始___3___流行起来。一直到现在，许多中国人还___4___着用正字计数的习惯。

1　A 青少年是怎样学会计算的呢　　　B 到底是谁最先用这个方法的呢
　　C 怎样正确运用正字计数法呢　　　D 正字计数法有哪些缺点呢

2　A 想　　　　B 低　　　　C 挡　　　　D 满

3　A 秘密　　　B 广泛　　　C 轻松　　　D 长久

4　A 促使　　　B 证明　　　C 保留　　　D 法度

▶ 해설서 p.50

Day 03

5~8

　　著名京剧大师梅兰芳擅长饰演旦角，即女性角色，他曾经塑造过一系列栩栩如生的女性形象。但是，作为一名男性，要___5___好女性角色的表情和心理，难度很大。

　　有一次，为了很好地表现女性吃惊的样子，梅兰芳再三思索，并反复模仿，但总觉得不够味儿。回家以后，他___6___正收拾衣服的妻子不注意的时候，随手拿起一个盆子摔在地上，只听"咣当"一声巨响，___7___，大叫一声，很久说不出话来。他把妻子的神情看得清清楚楚，并以此反复琢磨并反复模仿，又将其___8___地融入表演中，将女性吃惊的样子演得活灵活现。

5　A 产生　　　B 组织　　　C 把握　　　D 成立

6　A 趁　　　　B 靠　　　　C 从　　　　D 和

7　A 他并没有关注妻子　　　　　　　B 他很快就后悔了
　　C 盆子被摔碎了　　　　　　　　　D 妻子惊得身子一抖

8　A 一定　　　B 果然　　　C 巧妙　　　D 唯一

▶ 해설서 p.53

Day 10

9~12

在户外旅行的时候，人们的一举一动都会对环境___9___影响。在山顶大喊时，会吓到山上生活的动物；为了拍照留念而摘花折树……这些行为都是会对自然造成破坏的行为。所以有人提出了"无痕山林"的___10___。"无痕山林"是一种环境教育的理念，旨在提醒人们在自然中活动的时候，要关注并身体力行地保护自然环境。通过教育而不是管制的方式，渐渐形成一套户外活动行为准则。

推广"无痕山林"的理念不仅是为了教育大家___11___"请勿乱扔垃圾""严禁野外生火"等规定，而且更是为了让人们形成爱护环境的生活态度。相信这种生活态度形成以后，___12___。

9　A 产生　　　　B 致使　　　　C 制造　　　　D 生产

10　A 结论　　　　B 概念　　　　C 要求　　　　D 结果

11　A 遵守　　　　B 创造　　　　C 导致　　　　D 利用

12　A 大家的认识将非常有限　　　　B 情况得到了改善
　　C 人们的行为就会有所不同　　　　D 极难引发大家深思

Day 11

13~16

许多人都想去环游世界，但是语言不通、昂贵的住宿费、对___13___环境的畏惧等原因，让很多人美梦难圆。现在，越来越多的年轻人开始关注"跨国沙发客"这种旅游___14___。所谓"跨国沙发客"是指你与另一个国家的人，通过"沙发客俱乐部"这一网络平台取得联系后，当你到对方所在的城市旅游时，可以睡他家的沙发，并且免费___15___最贴心的导游服务；而当对方到你所在的城市旅行时，___16___。当然，"沙发"在这儿只是一个符号，大洋彼岸等待着你的也可能是一张舒适的大床呢。而且最棒的是，对方不仅是当地文化的介绍者和旅游活地图，还有可能成为你的知音。

13　A 巨大　　　　B 神奇　　　　C 陌生　　　　D 锐利

14　A 方式　　　　B 差别　　　　C 意思　　　　D 优点

15　A 负责　　　　B 享受　　　　C 展开　　　　D 体会

16　A 未必会告诉你　　　　B 你可能会感到很无奈
　　C 也会接受采访　　　　D 你也要同样热情地招待他

Day 16

17~20

　　如今，许多家长都抱着"出名要趁早"的想法让自己的孩子参加各种各样的才艺比赛。这些可爱活泼的孩子们在舞台上或写或画，或唱或跳，___17___十足。但是，很多观众却认为，这种竞争性很强的比赛不应该出现在孩子们的世界里，孩子们如果过早地___18___这些社会化的东西则会削弱他们世界里原本应该有的美好。并且，一旦节目播出，孩子们就不得不面对各种各样的评价，这无疑将会给他们___19___非常巨大的压力。

　　"出名要趁早"到底是给孩子们的未来开启了一扇大门，还是给孩子们的童年带来了没有必要的困扰，___20___。

17　A 魅力　　　　B 结果　　　　C 身体　　　　D 运用

18　A 实现　　　　B 接触　　　　C 再三　　　　D 幸亏

19　A 成立　　　　B 挑选　　　　C 总结　　　　D 造成

20　A 孩子应该保持安静　　　　　B 这很值得人们深思
　　C 人们应加强孩子的教育　　　D 父母对此不抱希望

Day 17

21~24

　　海南岛有一种沉香树，它能为人们___21___一种叫沉香的产品。沉香十分珍贵，它不仅是一种很名贵的药材，也是一种稀有的高级香料，其经济___22___非常高。

　　沉香的产生十分有意思：它是从树的伤口里流出来的。当地人会拿着刀在沉香树上砍些口子，这一种做法叫"开香门"，只有这样做，___23___。

　　原来，为了保护受伤的部位，沉香树的树脂会___24___流出来并且聚集到其伤口的周围，历经数年，当积累的树脂达到一定厚度的时候，将它们取下，便是沉香。

21　A 生产　　　　B 提供　　　　C 设计　　　　D 开展

22　A 价值　　　　B 基础　　　　C 顺序　　　　D 形态

23　A 才能产生沉香　　　　　　　B 树容易受冻
　　C 能避免遭虫害　　　　　　　D 提高大家的环保意识

24　A 自动　　　　B 实践　　　　C 个别　　　　D 联合

Day 21

25~28

　　一位教育家曾经说过："孩子需鼓励，就如植物需浇水一样。"

　　小李是一位普通的技术员，他非常善于鼓励别人。他的女儿小时候非常不喜欢数学，___25___。有一天，小李给女儿出了20道数学题，结果女儿竟然做错了19道。小李没有生气，而是对她大加___26___："这道题这么难，你竟然都能做对？我小时候可是一道题也做不出啊！"第二天下午，小李___27___准备了20道难度降低了的题，再让女儿做，结果一下子就做对了10道。他又鼓励女儿说："天啊，你真是太___28___了！仅仅一天之内，可以有这么大的进步！"第三天晚上，女儿自己主动要求："爸爸，今天晚上咱们还做数学题吧！"

　　一年之后，小李女儿的数学成绩已经在她们班里数一数二了。

25　A 被一所高中录取了　　　　B 所以数学成绩很差
　　C 同学们都很喜欢她　　　　D 对数学很感兴趣

26　A 咨询　　　B 称赞　　　C 重视　　　D 确定

27　A 逐渐　　　B 特意　　　C 分别　　　D 难道

28　A 同意　　　B 没关系　　C 了不起　　D 喜欢

Day 22

29~32

　　有一天，有两个人来见法官，其中一个人指责另一个人___29___他很多黄金不还，另一个人则死不承认，并且坚持说："我今天第一次见到他，从未向他借过什么黄金。"法官问原告："你是在哪儿把黄金借给他的？"原告说："就在离城不远那棵树下。"法官点点头，说："那你再去一趟，从那棵树上摘三片叶子回来，我得审问它们，___30___。"

　　于是，原告马上去摘树叶，而被告留在法庭上，法官没有再和他说话，而是开始审理其他案子。正当被告全神贯注地观看法官审案的时候，法官突然问被告："他现在走到那棵树那里没有？"他答道："还得有一段路呢！"法官顿时变得___31___起来，问道："既然你没和他去过那里，怎么能知道还有一段路？"他这才发现自己不小心说出了实话，___32___承认是他骗了原告。

29　A 欠　　　　B 买　　　　C 看　　　　D 卖

30　A 带我去看一下那棵树　　　B 借钱的欠条要保存好
　　C 它们会告诉我实情　　　　D 你可以请家人过来

31　A 紧张　　　B 敏感　　　C 难过　　　D 严肃

32　A 只好　　　B 况且　　　C 反而　　　D 如果

Day 27

33~36

　　很久以前，老北京城年年都要挖城沟。当时并没有路灯，晚上车子和行人稍不注意的话，就会掉进城沟里。有一次，"同仁堂"药店的老板看到了这种情况，大发善心，请人做了一些灯笼，把它们悬挂在挖城沟的地方，便于来往的行人看清他们脚下的路，___33___。

　　每到晚上，当看到贴有"同仁堂"三个大字的灯笼悬挂于沟边的时候，路过的人没有不___34___药店老板的善举的，"同仁堂"三个字也就给大家留下了非常深刻的印象。渐渐地，同仁堂的名声也开始在老北京里___35___开来，大家买药治病首先就会想到同仁堂。在当时那个没有网络及电视的___36___，同仁堂用善意和真诚，为自己打出了最好的广告。

33 A 从而避免了很多事故的发生　　B 不过遭到了行人的反对
　　　C 行人尽到了自己的责任　　　　D 可是情况却变得更糟糕

34 A 选择　　B 鼓励　　C 称赞　　D 批评

35 A 反应　　B 促进　　C 集合　　D 流传

36 A 年代　　B 过程　　C 行程　　D 理念

Day 28

37~40

　　白大褂作为实验室里的工作服已经有至少一百年的历史了，白大褂为什么会成为传统的工作服呢？那时的实验___37___具有危险性，也极易把衣服弄脏。于是，就需一种东西，可以穿在衣服外边，来保护衣服。且这个东西还得___38___一些别的特点，例如易发现污渍，清洗方便，还要经得起高温消毒，___39___。白色上边一有了脏东西就极易被看到，经过___40___清洗也不掉色，后来白大褂就作为传统被保留了下来。

37 A 通过　　B 渐渐　　C 往往　　D 如果

38 A 具备　　B 大于　　C 对于　　D 在于

39 A 做完实验后要立即洗手　　　B 而白大褂就是一个不错的选择
　　　C 深色的衣服比较耐脏　　　　D 这可难倒了研究人员

40 A 一共　　B 随便　　C 尤其　　D 反复

Day 37

41~44

　　现代人的生活节奏越来越快，而按时吃饭的人却越来越少，所以得胃病的人也逐渐增多。中国有种说法是"喝粥养胃"。然而，____41____真的是这样吗？

　　其实喝粥养胃确实有一定的科学根据，由于粥____42____煮得非常烂，无需胃对它进行特别的消化，____43____。尤其是对于"受伤"的胃来说，喝粥能够减轻胃的工作负担。所以，从"给胃减负"的角度来看，喝粥有养胃的作用。但是医生也指出，喝粥养胃并不适合所有人。养胃是一个____44____调理的过程，包括在运动、饮食、作息等各个方面都要注意。

41　A 意义　　　　B 事实　　　　C 范围　　　　D 结果

42　A 活动　　　　B 暂时　　　　C 通常　　　　D 偶尔

43　A 就可直接让人体吸收　　　B 刚出锅的粥不可以立刻喝
　　C 味道极具特色　　　　　　D 许多医生推荐大米粥

44　A 应对　　　　B 承受　　　　C 综合　　　　D 表达

Day 38

45~48

　　金庸的武侠小说创造了中国现代文学史上的____45____：上到政府官员、学者教授、文人墨客，下到农民、工人、小贩，从中国至亚洲各个国家，再到欧美国家，____46____，就有金庸迷。

　　奇特的"金庸现象"已____47____全球文史学家们广泛的注意，并且引发了国内外"金学"的蓬勃兴起。不少学者对金庸作品的阐释与理解，____48____且独特，其作品被称为"内涵挖掘不尽的神奇之作"。相信在不远的未来，金庸的武侠小说与"金学"将会成为全球性的研究热点，还会被载入世界文学史册。

45　A 奇迹　　　　B 奇妙　　　　C 新奇　　　　D 奇怪

46　A 不管有多少中国人　　　　B 因为内容引人入胜
　　C 只要是有华人的地方　　　D 除不认字的文盲以外

47　A 发现　　　　B 引起　　　　C 发生　　　　D 引用

48　A 呆板　　　　B 深厚　　　　C 肤浅　　　　D 深刻

독해 제2부분

02 지문과 일치하는 보기 고르기

Day 04

STEP 1 유형 파악하기

- 본인이 알고 있는 상식과 지문의 설명이 다른 경우가 있을 수 있다. 이때, 문제는 '지문의 내용에 기초해서 풀어야 한다'는 점을 명심하자.
- 역접 접속사[但是 / 可是 / 不过] 뒤에 나오는 내용과 '不仅 / 不但A, 而且 / 还 / 也B' '因为A, 所以B' '认为A, 其实 / 实际上 / 事实上B' 구문의 내용에 주의하자. [참고: 以为+사람들이 잘못 알고 있던 통념, 其实 / 实际上 / 事实上+원래의 정확한 사실이나 개념]

일상생활
- '전체적인 문맥'을 이해해야 한다. 등장 인물별 행동, 행동의 이유, 감정 등을 파악하면서 읽는 것이 중요하다. '올바른 삶의 태도'나 '행복'이 주제인 지문이 종종 출제된다.

논설문
- 화자의 주장은 주로 지문 마지막 부분에 '最好……(~하는 것이 가장 좋다)' '应该……(~해야 한다)' '不可……(~해서는 안 된다)' 등의 표현으로 서술되는데, 이 내용이 정답 보기로 제시될 가능성이 높다.

설명문
- 각종 상식 및 사회적 이슈에 대해 다룬다. 일반적으로 지문 첫 줄에 '주제'와 '설명 대상'이 언급되고, 이어서 '설명'과 '예시'가 등장해 주제를 구체적으로 뒷받침한다.
- HSK는 외국인을 대상으로 하는 중국어 시험인 만큼, 중국의 사회, 역사, 문화, 관광 등 중국과 관련된 다양한 주제의 문제가 다수 출제된다. '二胡(얼후)' '云锦(운금)' '龙舟(용선)' '微博(웨이보)'처럼 생소한 중국 문물에 관하여 출제되기도 한다. 주로 긍정적인 면이 출제되기 때문에, 중국에 대해 부정적인 내용이 보기로 나왔다면 오답일 가능성이 매우 높다.

● 제2부분 예제

1 不少爱健身的朋友喜欢长时间待在健身房，认为运动时间越长、训练强度越大，效果就越好。然而并非如此，运动时间太短，确实起不到健身的效果，而时间过长，效果同样会变差。研究表明，健身的时间控制在每天一小时左右，效果最明显、效率也最高。因此，我们应对健身时间进行合理规划。

  A 游泳是最好的健身方式
  B 健身要提前一年制定计划
  C 健身效果并不是时间越长越好
  D 年轻人每天至少健身一小时

정답&풀이 C [时间过长，效果同样会变差 시간이 너무 길면 효과도 마찬가지로 나빠진다]

STEP 1 주제 파악하기

첫 문장 '认为运动时间越长、训练强度越大，效果就越好(운동 시간이 길고 훈련 강도가 세면 효과가 더 좋다고 생각한다)'를 통해 운동 시간의 길이가 건강에 어떤 효과가 있는지를 설명하는 글임을 파악할 수 있다.

STEP 2 보기와 지문 내용 비교하기

① 주제와 관련 없는 보기나 지문에서 언급되지 않은 보기를 먼저 과감히 제거한다.
② 지문에 언급된 표현 혹은 유의어가 사용된 보기를 중심으로 지문의 내용과 대조한다.

A 지문에 언급되지 않았다.
B 지문에서는 운동을 계획하는 시간을 구체적으로 언급하지 않았다.
C 지문의 '时间过长，效果同样会变差'와 비슷한 의미를 가진다.
D 지문에서는 구체적인 연령대를 언급하지 않고, 모든 사람에 대한 일반적인 권장 사항을 설명했으므로 정답으로 적절하지 않다.

不少爱健身的朋友喜欢长时间待在健身房，认为运动时间越长、训练强度越大，效果就越好。然而并非如此，C 运动时间太短，确实起不到健身的效果，而时间过长，效果同样会变差。研究表明，健身的时间控制在每天一小时左右，效果最明显、效率也最高。因此，我们应对健身时间进行合理规划。

A 游泳是最好的健身方式
B 健身要提前一年制定计划
C 健身效果并不是时间越长越好
D 年轻人每天至少健身一小时

피트니스를 좋아하는 많은 사람들이 헬스장에서 오랜 시간을 보내는 것을 좋아하며, 운동 시간이 길고 훈련 강도가 세면 효과가 더 좋다고 생각한다. 그러나 결코 그렇지 않다. 운동 시간이 너무 짧으면 피트니스 효과를 얻을 수 없지만, 시간이 너무 길면 효과도 마찬가지로 나빠진다. 연구에 따르면, 매일 한 시간 정도의 피트니스 시간이 가장 효과적이고 효율적이다. 따라서 우리는 피트니스 시간을 합리적으로 계획해야 한다.

A 수영은 최고의 피트니스 방법이다
B 피트니스 계획은 일년 전에 세워야 한다
C 피트니스 효과는 시간이 길수록 좋은 것이 아니다
D 젊은이들은 매일 최소한 한 시간씩은 피트니스를 해야 한다

不少 bùshǎo 형 적지 않다, 많다 | ★**健身** jiànshēn 동 신체를 건강하게 하다 | **长时间** chángshíjiān 명 장시간, 오랫동안 | **待** dāi 동 머물다, 묵다 | **健身房** jiànshēnfáng 명 헬스클럽 | **认为** rènwéi 동 여기다, 생각하다, 간주하다 | **越** yuè 부 ~할수록 ~하다 [중첩하여 '越A越B'의 형식을 취하며, 상황에 따라 정도가 점점 가중됨을 나타냄] | ★**训练** xùnliàn 동 훈련하다 | **强度** qiángdù 명 강도 | **效果** xiàoguǒ 명 효과 | **然而** rán'ér 접 하지만, 그러나, 그렇지만 | **并非** bìngfēi 결코 ~하지 않다, 결코 ~가 아니다 | **如此** rúcǐ 대 이와 같다, 이러하다 | **短** duǎn 형 짧다 | **确实** quèshí 부 틀림없이, 절대로, 정말로, 확실히, 영락없이 | **起不到** qǐbudào 일으키지 못하다, 작용하지 못하다 | **而** ér 접 ~지만, 그러나, ~면서 [역접을 나타냄] | **过** guò 부 너무, 지나치게, 과하게 | **同样** tóngyàng 접 (앞에서 말한 바와) 마찬가지로 | **变差** biànchà 동 나빠지다 | **研究** yánjiū 동 연구하다 | ★**表明** biǎomíng 동 분명하게 밝히다, 표명하다 | ★**控制** kòngzhì 동 통제하다, 제어하다, 규제하다 | **每天** měitiān 명 매일, 날마다 | **左右** zuǒyòu 명 안팎, 내외, 가량 | ★**明显** míngxiǎn 형 뚜렷하다, 분명하다, 확연히 드러나다 | ★**效率** xiàolǜ 명 효율 | **因此** yīncǐ 접 그래서, 이로 인하여, 이 때문에 | **进行** jìnxíng 동 진행하다 | ★**合理** hélǐ 형 도리에 맞다, 합리적이다 | **规划** guīhuà 동 기획하다, 계획하다, 꾀하다 | **最好** zuìhǎo 부 가장 바람직한 것은, 제일 좋기는, ~하는 게 제일 좋다 | ★**方式** fāngshì 명 방식, 방법 | **提前** tíqián 동 (예정된 시간·위치를) 앞당기다 | ★**制定** zhìdìng 동 제정하다, 작성하다, 확정하다 | **计划** jìhuà 명 계획 | **并** bìng 부 결코, 전혀, 조금도, 그다지, 별로 [부정사 앞에 쓰여 부정의 어투 강조] | **年轻人** niánqīngrén 명 젊은이, 젊은 사람, 청년 | **至少** zhìshǎo 부 적어도, 최소한

STEP 2 내공 쌓기

1 일상생활

 track 77

일상생활 관련 HSK 빈출 어휘를 주제별로 정리하였다. 일상생활 관련 주제는 매우 광범위하지만, 시험에 자주 나오는 어휘는 정해져 있다. 정리된 어휘와 5급 필수 어휘를 꾸준히 반복해서 암기하여 내 것으로 만들자.

가정	家庭 jiātíng 명 가정 | 外公 wàigōng 명 외할아버지 | 姥姥 lǎolao 명 외할머니 | 舅舅 jiùjiu 명 외삼촌 | 姑姑 gūgu 명 고모 | 老婆 lǎopo 명 아내 [=太太 tàitai =妻子 qīzi] | 老公 lǎogōng 명 남편 [=丈夫 zhàngfu] | 姑娘 gūniang 명 아가씨 | 孝顺 xiàoshùn 동 효도하다 형 효성스럽다 | 做家务 zuò jiāwù 집안일을 하다 | 相处 xiāngchǔ 동 함께 지내다 | 宠物 chǒngwù 명 애완동물
주거	公寓 gōngyù 명 아파트 | 住房 zhùfáng 명 주택 | 搬家 bānjiā 동 이사하다 | 装修 zhuāngxiū 동 인테리어하다 | 设计 shèjì 동 설계하다, 디자인하다 | 豪华 háohuá 형 (생활이) 호화스럽다, 사치스럽다 | 卧室 wòshì 명 침실 | 阳台 yángtái 명 베란다 | 墙 qiáng 명 벽 | 漏 lòu 동 (구멍이나 틈이 생겨) 새다 | 押金 yājīn 명 보증금 | 贷款 dàikuǎn 명 대출금 | 房租 fángzū 명 집세, 임대료 | 月租 yuèzū 명 월세 | 房地产 fángdìchǎn 명 부동산 | 停车难 tíngchēnán 명 주차난 | 邻居 línjū 명 이웃 (사람), 이웃집 | 隔壁 gébì 명 이웃집, 이웃
여행	游客 yóukè 명 여행객 | 导游 dǎoyóu 명 가이드 | 游览 yóulǎn 동 (풍경, 명승고적 등을) 유람하다 | 旅游 lǚyóu 동 여행하다 [≒旅行 lǚxíng] | 欣赏 xīnshǎng 동 감상하다 | 景色 jǐngsè 명 풍경, 경치 | 景观 jǐngguān 명 경관, 경치 | 印象深刻 yìnxiàng shēnkè 인상이 깊다 | 名胜古迹 míngshèng gǔjì 명 명승고적 | 温泉 wēnquán 명 온천 | 体验 tǐyàn 명 체험 | 纪念 jìniàn 동 기념하다 | 合影 héyǐng 동 함께 사진을 찍다 명 단체 사진 | 办理手续 bànlǐ shǒuxù 수속을 밟다 | 行李 xíngli 명 여행 짐
여가·취미	娱乐 yúlè 명 오락, 레크리에이션 | 业余 yèyú 형 여가의 | 休闲 xiūxián 동 휴식하다 | 歇 xiē 동 휴식하다 | 减轻疲劳 jiǎnqīng píláo 피로를 풀다 | 健身 jiànshēn 동 몸을 건강하게 하다 | 健身房 jiànshēnfáng 헬스클럽, 체육관 | 微运动 wēi yùndòng 명 생활 속 운동 [간단하고 쉬운 동작으로 심신의 피로를 푸는 운동 방식] | 玩儿游戏 wánr yóuxì 게임을 하다 | 下象棋 xià xiàngqí 장기를 두다 | 展览 zhǎnlǎn 동 전람하다
교육	婴儿 yīng'ér 명 영아 | 幼儿 yòu'ér 명 유아 | 青少年 qīngshàonián 명 청소년 | 父母 fùmǔ 명 부모 | 家长 jiāzhǎng 명 학부모 | 教育 jiàoyù 명 교육 | 早教 zǎojiào 명 조기교육 | 高考 gāokǎo 명 대학 입학시험 ['高等学校招生考试'의 줄임말] | 考生 kǎoshēng 명 수험생 | 留学 liúxué 동 유학하다 | 硕士 shuòshì 명 석사 (학위) | 博士 bóshì 명 박사 (학위) | 专业 zhuānyè 명 전공 | 竞争 jìngzhēng 명 경쟁 동 경쟁하다 | 激烈 jīliè 형 격렬하다, 치열하다 | 用功 yònggōng 동 열심히 공부하다 | 提高能力 tígāo nénglì 능력을 높이다 | 成长 chéngzhǎng 명 성장 동 성장하다 | 有前途 yǒu qiántú 전망이 있다 | 吸引注意力 xīyǐn zhùyìlì 주의력을 끌다 | 知识 zhīshi 명 지식 | 思考 sīkǎo 동 사고하다, 사색하다 | 初级 chūjí 형 초급의 | 中级 zhōngjí 형 중급의 | 高级 gāojí 형 고급의, 상급의
취업·직장	求职 qiúzhí 동 구직하다 | 就业 jiùyè 동 취직하다 | 应聘 yìngpìn 동 지원하다, 초빙에 응하다 | 招聘 zhāopìn 동 (공모의 방식으로) 모집하다 | 推荐 tuījiàn 동 추천하다 | 录取 lùqǔ 동 (시험 등을 통하여) 채용하다, 합격시키다 | 面试 miànshì 명 면접시험 | 学历 xuélì 명 학력 | 简历 jiǎnlì 명 (개인의) 약력, 이력서 | 工作经历 gōngzuò jīnglì 명 직장 경력 | 待遇 dàiyù 명 (급료, 권리 등의) 대우 | 奖金 jiǎngjīn 명 상여금, 보너스 | 业务 yèwù 명 업무 | 工作效率 gōngzuò xiàolǜ 업무 효율 | 企业 qǐyè 명 기업 | 职场 zhíchǎng 명 직장 | 部门 bùmén 명 부서 | 行业 hángyè 명 업종, 직업 | 单位 dānwèi 명 회사 | 担任 dānrèn 동 맡다, 담당하다 | 去+장소+出差 qù+장소+chūchāi ~로 출장 가다 | 资料 zīliào 명 자료 | 文件 wénjiàn 명 문서 | 配合 pèihé 동 협동하다, 협력하다 | 能干 nénggàn 형 유능하다, 일을 잘하다 | 熟练 shúliàn 형 능숙하다, 숙련되어 있다 | 截止日期 jiézhǐ rìqī 마감일, 마감 날짜 | 工资 gōngzī 명 월급, 임금 | 收入 shōurù 명 수입, 소득 [=报酬 bàochou 보수] | 稳定 wěndìng 형 안정되다 | 召开 zhàokāi 동 (회의를) 열다, 소집하다 [召开会议: 회의를 열다] | 签合同 qiān hétong 계약서에 서명하다 | 合作 hézuò 동 협력하다, 합작하다 | 采取措施 cǎiqǔ cuòshī 조치를 취하다, 방법을 채택하다 | 名片 míngpiàn 명 명함 | 炒鱿鱼 chǎo yóuyú 해고하다 | 下岗 xiàgǎng 동 퇴직하다, 직장을 그만두다 | 退休 tuìxiū 동 퇴직하다 | 辞职 cízhí 동 사직하다
	职业 zhíyè 명 직업 | 从事 cóngshì 동 종사하다 [从事工作: 업무에 종사하다] | 打工 dǎgōng 동 아르바이트를 하다 | 兼职 jiānzhí 동 겸직하다 | 做生意 zuò shēngyi 장사를 하다, 사업을 하다 | 商业 shāngyè 명 상업, 비즈니스 | 商务 shāngwù 명 상무, 비즈니스 | 营业 yíngyè 동 영업하다 | 销售 xiāoshòu 동 판매하다, 팔다 명 매출, 판매 | 挣钱 zhèngqián 돈을 벌다

	成立 chénglì 통 설립하다, 창립하다 [成立公司: 회사를 설립하다] | 组织 zǔzhī 통 조직하다, 결성하다 | 领导 lǐngdǎo 명 상사, 지도자 | 公司职员 gōngsī zhíyuán 명 회사원 [=员工 yuángōng 사원] | 伙伴 huǒbàn 명 파트너, 동료 | 地位 dìwèi 명 (사회적) 지위, 위치 | 集体 jítǐ 명 집단, 단체 | 工厂 gōngchǎng 명 공장
교통	交通工具 jiāotōng gōngjù 명 교통수단 | 公共交通 gōnggòng jiāotōng 대중교통 | 公交车 gōngjiāochē 명 버스 [=公共汽车 gōnggòng qìchē] | 地铁 dìtiě 명 지하철 | 打车 dǎchē 통 택시를 타다 [=坐出租车 zuò chūzūchē] | 火车 huǒchē 명 기차 | 车厢 chēxiāng 명 객실, 화물칸 | 列车 lièchē 명 열차 | 摩托车 mótuōchē 명 오토바이 | 高铁 gāotiě 명 고속철도 | 乘客 chéngkè 명 승객 | 交通卡 jiāotōngkǎ 명 교통카드 交通事故 jiāotōng shìgù 명 교통사고 [=车祸 chēhuò] | 撞 zhuàng 통 (두 물체가 세게) 부딪치다 | 堵车 dǔchē 통 차가 막히다, 교통이 체증되다 | 交通堵塞 jiāotōng dǔsè 교통체증 | 红绿灯 hónglǜdēng 명 신호등 | 路口 lùkǒu 명 길목, 교차로 | 长途 chángtú 명 장거리의 | 驾驶 jiàshǐ 통 (자동차·선박 등을) 운전하다 | 运行 yùnxíng 통 운행하다 | 乘坐 chéngzuò 통 (자동차·배·비행기 등을) 타다 | 开通 kāitōng 통 개통하다 | 车位 chēwèi 명 주차 공간
사교·교류	打交道 dǎ jiāodao 왕래하다, 교제하다 | 交际 jiāojì 통 교제하다, 서로 사귀다 | 接触 jiēchù 통 접촉하다, 관계를 갖다 | 一见钟情 yíjiàn zhōngqíng 통 첫눈에 반하다 | 谈恋爱 tán liàn'ài 연애하다 | 分手 fēnshǒu 통 헤어지다, 이별하다 | 甩 shuǎi 통 연인을 차다, 헤어지다 | 告别 gàobié 통 작별 인사를 하다 | 舍不得 shěbude 통 헤어지기 섭섭하다, 이별을 아쉬워하다 | 保持关系 bǎochí guānxi 관계를 유지하다 沟通 gōutōng 통 의견을 나누다, 소통하다 | 邀请 yāoqǐng 통 초청하다, 초대하다 | 招待 zhāodài 통 초청하다, 접대하다 | 对待 duìdài 통 다루다, 대응하다 | 嘉宾 jiābīn 명 귀한 손님, 귀빈, 내빈 | 接待 jiēdài 통 접대하다, 응접하다 | 握手 wòshǒu 통 악수하다, 손을 잡다 | 商量 shāngliang 통 상의하다, 의논하다 | 赞扬 zànyáng 통 찬양하다, 칭찬하다 | 鼓励 gǔlì 통 격려하다, 북돋우다 | 讽刺 fěngcì 통 (비유, 과장 등의 수법으로) 풍자하다 | 批评 pīpíng 통 비판하다, 꾸짖다 | 矛盾 máodùn 명 갈등, 대립, 불화
행동	庆祝 qìngzhù 통 경축하다 | 恭喜 gōngxǐ 통 축하하다 | 祝福 zhùfú 통 축복하다 | 遵守 zūnshǒu 통 (규정 등을) 준수하다, 지키다 | 违反 wéifǎn 통 (법률·규정 등을) 위반하다, 어기다 | 控制 kòngzhì 통 통제하다 | 阻止 zǔzhǐ 통 저지하다 | 躲 duǒ 통 숨다, 피하다 | 打扮 dǎban 통 단장하다, 꾸미다 | 参观 cānguān 통 참관하다, 견학하다 | 观察 guānchá 통 (사물·현상을) 관찰하다, 살피다 | 参考 cānkǎo 통 참고하다, 참조하다 | 展开 zhǎnkāi 통 (활동을) 전개하다 [展开合作: 협력을 전개하다] | 争论 zhēnglùn 통 쟁론하다, 논쟁하다 명 쟁론, 논쟁 | 辩论主张 biànlùn zhǔzhāng 의견을 토론하다, 주장을 변론하다 | 赞成 zànchéng 통 (다른 사람의 주장·행위에) 찬성하다 | 劝告 quàngào 통 권하다, 설득하다 | 承担 chéngdān 통 감당하다, 책임지다 | 担任 dānrèn 통 맡다, 담당하다 | 误会 wùhuì 통 오해하다 명 오해 | 丢失 diūshī 통 잃다 | 假装 jiǎzhuāng 통 가장하다, (짐짓) ~인 체하다 | 体贴 tǐtiē 통 자상하게 돌보다 | 决心 juéxīn 통 결심하다, 다짐하다 명 결심, 결의 | 看不起 kànbuqǐ 통 얕보다, 깔보다 [=瞧不起 qiáobuqǐ] | 轻视 qīngshì 통 경시하다, 가볍게 보다 | 看得起 kàndeqǐ 통 중시하다, 존중하다 | 胡说 húshuō 통 헛소리하다, 함부로 지껄이다 | 逗 dòu 통 놀리다
성격·태도	乐观 lèguān 형 낙관적이다, 희망차다 | 悲观 bēiguān 형 비관적이다, 비관하다 | 真实 zhēnshí 형 진실하다 | 坦率 tǎnshuài 형 솔직하다, 정직하다 | 大方 dàfang 형 (언행이) 시원시원하다, 대범하다 | 小气 xiǎoqi 형 인색하다, 박하다 | 周到 zhōudào 형 세심하다, 꼼꼼하다 | 热心 rèxīn 형 열성적이다, 친절하다 | 冷淡 lěngdàn 형 냉담하다 | 温柔 wēnróu 형 (주로 여성에 대해) 온유하다, 부드럽고 상냥하다 | 亲切 qīnqiè 형 친절하다 | 善良 shànliáng 형 선량하다, 착하다 | 狡猾 jiǎohuá 형 교활하다, 간교하다 | 敏感 mǐngǎn 형 민감하다, 예민하다 | 严肃 yánsù 형 (표정·기분 등이) 엄숙하다, 근엄하다 | 严格 yángé 형 엄격하다 | 自私 zìsī 형 이기적이다 | 谨慎 jǐnshèn 형 (언행이) 신중하다, 조심스럽다 | 谦虚 qiānxū 형 겸손하다, 겸허하다 | 坚强 jiānqiáng 형 굳세다, 꿋꿋하다 | 勤奋 qínfèn 형 꾸준하다, 부지런하다 | 消极 xiāojí 형 소극적이다, 의기소침하다 [↔ 积极 jījí 적극적이다] | 坚决 jiānjué 형 (태도·행동 등이) 단호하다, 결연하다 | 乖 guāi 형 (어린아이가) 얌전하다, 착하다, 말을 잘 듣다 | 淘气 táoqì 형 장난이 심하다, 말을 듣지 않다

감정·표현	중립적 표현	情绪 qíngxù 명 기분, 마음, 정서, 감정	表达 biǎodá 동 표현하다	感情 gǎnqíng 명 감정	感受 gǎnshòu 동 (영향을) 받다, 느끼다 명 느낌
	긍정적 표현	深受喜爱 shēnshòu xǐ'ài 깊은 사랑을 받다	热情 rèqíng 형 열정적이다, 친절하다	幸福 xìngfú 형 행복하다	自豪 zìháo 형 스스로 자랑스럽게 생각하다	充满 chōngmǎn 동 충만하다, 가득차다	满足 mǎnzú 동 만족시키다	感激 gǎnjī 동 감격하다	痛快 tòngkuài 형 통쾌하다, 즐겁다	佩服 pèifú 동 탄복하다, 감탄하다	平静 píngjìng 형 (마음·환경 등이) 조용하다, 고요하다	安慰 ānwèi 동 위로하다	喜怒哀乐 xǐnù āilè 성 희로애락 [기쁨과 노여움과 슬픔과 즐거움]
	부정적 표현	惊讶 jīngyà 형 놀랍고 의아하다	吃惊 chījīng 동 놀라다	迷惑 míhuo 동 현혹되다	害羞 hàixiū 형 부끄러워하다, 수줍어하다	惭愧 cánkuì 형 창피하다, 부끄럽다	呆 dāi 형 멍하다	可怕 kěpà 형 두렵다, 무섭다	烦恼 fánnǎo 형 번뇌하다, 걱정하다	发愁 fāchóu 동 걱정하다, 근심하다	操心 cāoxīn 동 걱정하다, 애를 태우다	困难 kùnnan 형 곤란하다, 어렵다	艰苦 jiānkǔ 형 어렵고 고달프다	痛苦 tòngkǔ 형 고통스럽다, 괴롭다	抱怨 bàoyuàn 동 원망하다	委屈 wěiqu 형 (부당한 지적·대우를 받아) 억울하다	不耐烦 búnàifán 형 귀찮다, 성가시다	不安 bù'ān 형 불안하다, 편안하지 않다	慌张 huāngzhāng 형 당황하다, 쩔쩔매다	遗憾 yíhàn 동 유감이다, 섭섭하다	灰心 huīxīn 동 낙담하다, 의기소침하다	倒霉 dǎoméi 형 운이 없다, 재수가 없다
	기타	承受 chéngshòu 동 받아들이다, 감당하다	想起来 xiǎng qǐlai 생각이 떠오르다	想念 xiǎngniàn 동 그리워하다, 생각하다	怀念 huáiniàn 동 회상하다, 그리워하다	好奇 hàoqí 형 호기심을 갖다	自觉 zìjué 동 자각하다, 스스로 느끼다	过分 guòfèn 형 분에 넘치다, 과분하다	忍不住 rěnbuzhù 견딜 수 없다, 참을 수 없다	不得了 bùdéliǎo 형 큰일났다, 야단났다

2 상식 및 이슈

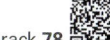

● track 78

상식 및 이슈와 관련하여 아래의 어휘는 반드시 숙지해야 한다. 아울러 최근 화두가 되는 인터넷, IT 분야의 최신 주제 및 키워드 표현까지 놓치지 않고 암기해 두면 고득점을 얻기에 훨씬 유리하다.

사회·경제	捐款 juānkuǎn 동 (돈을) 기부하다	趋势 qūshì 명 추세	信息化 xìnxīhuà 동 (국민 경제와 사회 각 영역을) 정보화하다	韩流 Hánliú 고유 한류	迷 mí 명 팬, 애호가	移民 yímín 동 이민하다	难民 nànmín 명 난민	代沟 dàigōu 명 세대 차이	月光族 yuèguāngzú 명 월광족, 소비족 [저축을 하지 않고 매달 수입을 모두 소비하는 사람들을 이르는 말]	丁克族 dīngkèzú 명 딩크족	低头族 dītóuzú 스마트폰 중독족	不婚主义 bùhūnzhǔyì 비혼 주의	未婚妈妈 wèihūn māma 미혼모 [=未婚母亲 wèihūn mǔqīn]	老龄化社会 lǎolínghuà shèhuì 고령화 사회	酒精中毒 jiǔjīng zhòngdú 알코올중독	家庭暴力 jiātíng bàolì 가정 폭력	精神暴力 jīngshén bàolì 정신적 폭력
发财 fācái 동 부자가 되다	赚钱 zhuànqián 동 돈을 벌다, 이윤을 남기다	利润 lìrùn 명 이윤	利益 lìyì 명 이익	资金 zījīn 명 자금	财产 cáichǎn 명 (금전·물자·가옥 등의) 재산, 자산	黄金 huángjīn 명 황금	贸易 màoyì 명 무역	退税 tuìshuì 동 세금을 돌려주다	投资 tóuzī 동 투자하다	生意火 shēngyi huǒ 사업·장사가 잘되다	繁荣 fánróng 동 번영하다	经济危机 jīngjì wēijī 경제위기	裁员 cáiyuán 동 (기관이나 기업 등에서) 감원하다	失业率 shīyèlǜ 명 실업률	破产 pòchǎn 동 파산하다	吃亏 chīkuī 동 손해를 보다, 손실을 입다	损失 sǔnshī 동 손해, 손실	广告 guǎnggào 명 광고	软广告 ruǎnguǎnggào 명 간접 광고	宣传 xuānchuán 동 홍보하다, 선전하다	促进销售 cùjìn xiāoshòu 판매를 촉진시키다	消费者 xiāofèizhě 명 소비자	品牌 pǐnpái 명 상표, 브랜드	知名度 zhīmíngdù 명 지명도	支票 zhīpiào 명 수표	兑换 duìhuàn 동 환전하다	汇率 huìlǜ 명 환율	存款 cúnkuǎn 동 저금하다, 예금하다	转账 zhuǎnzhàng 동 (예금을) 이체하다	汇款 huìkuǎn 동 송금하다	自动取款机 zìdòng qǔkuǎnjī 현금 자동 인출기 [ATM]	罚款 fákuǎn 동 벌금을 부과하다

분류	단어
컴퓨터·통계	电脑 diànnǎo 몡 컴퓨터	笔记本电脑 bǐjìběn diànnǎo 몡 노트북	网吧 wǎngbā 몡 PC방	网络 wǎngluò 몡 인터넷, 네트워크	无线网络 wúxiàn wǎngluò 무선 인터넷	网站 wǎngzhàn 몡 (인터넷) 웹사이트	网友 wǎngyǒu 몡 네티즌	网红 wǎnghóng 인터넷 스타 [网络红人의 줄임말]	微信 wēixìn 웨이신, Wechat [중국의 무료채팅 어플]	共享 gòngxiǎng 동 공유하다	网上购物 wǎngshàng gòuwù 온라인 쇼핑	海淘 hǎitáo 해외 직구	发电子邮件 fā diànzǐ yóujiàn 이메일을 보내다	黑客 hēikè (컴퓨터) 해커	维修 wéixiū 동 수리하다	安装 ānzhuāng 동 설치하다	程序 chéngxù 몡 프로그램	下载 xiàzài 동 다운로드하다	软件 ruǎnjiàn 몡 소프트웨어	硬件 yìngjiàn 몡 하드웨어	光盘 guāngpán 몡 CD, 시디롬	键盘 jiànpán 몡 키보드	鼠标 shǔbiāo 몡 마우스	硬件载体 yìngjiàn zàitǐ 몡 저장 장치	数码 shùmǎ 몡 디지털	数据 shùjù 몡 데이터	设备 shèbèi 몡 설비	机器 jīqì 몡 기계	零件 língjiàn 몡 부품
	统计 tǒngjì 몡 통계	上升 shàngshēng 동 (수량, 정도가) 상승하다	跌 diē 동 떨어지다, 내리다	增长 zēngzhǎng 동 증가하다	减少 jiǎnshǎo 동 감소하다, 줄(이)다	观察 guānchá 동 관찰하다, 살피다	分析 fēnxī 동 분석하다	占 zhàn 동 (어떤 위치를) 차지하다	分布 fēnbù 동 분포하다	达到 dádào 동 달성하다, 도달하다 [+숫자/추상]	倍 bèi 양 배, 배수	率 lǜ 몡 비율
우주·과학	地球 dìqiú 몡 지구	宇宙 yǔzhòu 몡 우주	火星 huǒxīng 몡 화성	太阳 tàiyáng 몡 태양	金星 jīnxīng 몡 금성 [=启明星 qǐmíngxīng]	恒星 héngxīng 몡 항성 [태양처럼 스스로 빛과 열을 내어 한자리에 머물러 있는 천체]	行星 xíngxīng 몡 행성 [태양과 같은 항성의 주위를 공전하는 천체]	太阳系 tàiyángxì 몡 태양계	北斗七星 běidǒu qīxīng 몡 북두칠성
	实验 shíyàn 동 실험하다	发明 fāmíng 동 발명하다	开发 kāifā 동 개발하다	研发 yánfā 동 연구 개발하다	高科技 gāokējì 몡 첨단 기술	智能手机 zhìnéng shǒujī 몡 스마트폰	人工智能 réngōng zhìnéng 몡 인공지능	无人驾驶 wúrén jiàshǐ 몡 자율주행 [无人驾驶汽车: 무인 자동차]	二氧化碳 èryǎnghuàtàn 몡 이산화탄소	吸入氧气 xīrù yǎngqì 산소를 마시다	排出有害物质 páichū yǒuhài wùzhí 유해 물질을 배출하다	细菌 xìjūn 몡 세균	元素 yuánsù 몡 원소	充电 chōngdiàn 동 충전하다	充电器 chōngdiànqì 몡 충전기	电池 diànchí 몡 전지, 배터리	电量 diànliàng 몡 전기량, 전량
자연·환경	自然 zìrán 몡 자연	生物 shēngwù 몡 생물	土壤 tǔrǎng 몡 토양, 흙	土地 tǔdì 몡 토지, 땅	陆地 lùdì 몡 육지	树木 shùmù 몡 나무	森林 sēnlín 몡 삼림, 숲	砍树 kǎn shù 나무를 베다	大气 dàqì 몡 대기, 공기	沙漠 shāmò 몡 사막	沙滩 shātān 몡 모래사장	沙尘暴 shāchénbào 몡 황사	洞 dòng 몡 동굴	石头 shítou 몡 돌	海洋 hǎiyáng 몡 해양, 바다	岸 àn 몡 물가, 해안	水产资源 shuǐchǎn zīyuán 몡 수산 자원	水资源 shuǐzīyuán 몡 수자원	水源 shuǐyuán 몡 수원, 하천의 발원지	水质 shuǐzhì 몡 수질	温带 wēndài 몡 온대	亚热带 yàrèdài 몡 아열대	寒带 hándài 몡 한대 [↔热带 rèdài 열대]	四季分明 sìjì fēnmíng 사계절이 분명하다	夏季 xiàjì 몡 여름 [=夏天 xiàtiān]	冬季 dōngjì 몡 겨울 [=冬天 dōngtiān]	温暖 wēnnuǎn 형 따뜻하다	常绿 chánglǜ 형 (식물이) 사시사철 (일 년 내내) 푸르다	舒适 shūshì 형 편(안)하다, 쾌적하다	干燥 gānzào 형 건조하다	雨季 yǔjì 몡 우기	台风 táifēng 몡 태풍	暴雨 bàoyǔ 몡 폭우	飘 piāo 동 (바람에) 나부끼다, 휘날리다	潮湿 cháoshī 형 습하다, 축축하다	湿润 shīrùn 형 축축하다, 습윤하다	雷 léi 몡 천둥, 우레	闪电 shǎndiàn 몡 번개	雾 wù 몡 안개	暴雪 bàoxuě 몡 폭설	滑 huá 형 미끄러지다	地震 dìzhèn 몡 지진	存活 cúnhuó 동 생존하다, 살아남다	灭绝 mièjué 동 멸종하다	夕阳 xīyáng 몡 석양	水汽 shuǐqì 몡 수증기
	环境 huánjìng 몡 환경	污染 wūrǎn 동 오염되다	产生污染 chǎnshēng wūrǎn 오염을 일으키다	空气污染 kōngqì wūrǎn 몡 공기 오염	大气污染 dàqì wūrǎn 몡 대기오염	温室效应 wēnshì xiàoyīng 몡 온실효과	环保 huánbǎo 몡 환경보호 [环境保护의 줄임말]	环保产品 huánbǎo chǎnpǐn 몡 친환경 제품	绿色食品 lǜsè shípǐn 몡 녹색식품, 무공해 식품	处理垃圾 chǔlǐ lājī 쓰레기를 처리하다	扔垃圾 rēng lājī 쓰레기를 버리다	回收垃圾 huíshōu lājī 몡 재활용 쓰레기	废物 fèiwù 몡 폐기물, 폐품	一次性用品 yícìxìng yòngpǐn 몡 일회용품	塑料 sùliào 몡 플라스틱	煤炭 méitàn 몡 석탄	煤灰 méihuī 몡 석탄재	能源 néngyuán 몡 에너지	造成 zàochéng 동 (부정적인 일을) 만들다, 야기하다	带来 dàilái 동 가져오다, 가져다 주다	严重的影响 yánzhòng de yǐngxiǎng 심각한 영향

분류	어휘
동물·식물	动物 dòngwù 몡 동물	狗 gǒu 몡 개	猫 māo 몡 고양이	蛇 shé 몡 뱀	龙 lóng 몡 용	虎 hǔ 몡 호랑이	狮子 shīzi 몡 사자	兔子 tùzi 몡 토끼	乌龟 wūguī 몡 거북이	大象 dàxiàng 몡 코끼리	老鼠 lǎoshǔ 몡 쥐	蝙蝠 biānfú 몡 박쥐	大熊猫 dàxióngmāo 몡 판다	狼 láng 몡 이리	狐狸 húli 몡 여우	鹿 lù 몡 사슴	猪 zhū 몡 돼지	羊 yáng 몡 양	猴子 hóuzi 몡 원숭이	蛙 wā 몡 개구리	骆驼 luòtuo 몡 낙타	昆虫 kūnchóng 몡 곤충	蝴蝶 húdié 몡 나비	蜜蜂 mìfēng 몡 꿀벌	蚊子 wénzi 몡 모기	苍蝇 cāngying 몡 파리	蟑螂 zhāngláng 몡 바퀴벌레	翅膀 chìbǎng 몡 (새·곤충 등의) 날개	尾巴 wěiba 몡 꼬리, 꽁무니 植物 zhíwù 몡 식물	黄瓜 huánggua 몡 오이	莲子 liánzǐ 몡 연밥(식물)	睡莲 shuìlián 몡 수련	竹子 zhúzi 몡 대나무	梅花 méihuā 몡 매화꽃	牡丹 mǔdān 목란, 모란꽃	樱花 yīnghuā 몡 벚꽃	菊花 júhuā 몡 국화꽃	玫瑰 méigui 몡 장미	松树 sōngshù 몡 소나무	皮 pí 몡 껍질	种子 zhǒngzi 몡 종자, 열매, 씨앗	种 zhòng 동 심다 ['심다'라는 뜻일 때는 성조가 '4성']	开花 kāihuā 동 꽃이 피다	花期 huāqī 몡 화기 [꽃이 피어 있는 기간]	成熟 chéngshú 동 (식물의 열매 등이) 익다, 여물다	果实 guǒshí 몡 과실	树种 shùzhǒng 몡 나무의 종류	树苗 shùmiáo 몡 묘목	根 gēn 몡 뿌리
직업·직책	作家 zuòjiā 몡 작가	小说家 xiǎoshuōjiā 몡 소설가	文学家 wénxuéjiā 몡 문학가	戏剧家 xìjùjiā 몡 극작가	导演 dǎoyǎn 몡 감독	售货员 shòuhuòyuán 몡 판매원	售票员 shòupiàoyuán 몡 매표원	客人 kèrén 몡 손님	顾客 gùkè 몡 고객	消费者 xiāofèizhě 몡 소비자	乘务员 chéngwùyuán 몡 승무원	空姐 kōngjiě 몡 스튜어디스	飞行员 fēixíngyuán 몡 조종사, 파일럿	保安 bǎo'ān 몡 보안요원	门卫 ménwèi 몡 경비원	生意人 shēngyìrén 몡 장사꾼	专家 zhuānjiā 몡 전문가	顾问 gùwèn 몡 고문	记者 jìzhě 몡 기자	教授 jiàoshòu 몡 교수	经济学家 jīngjì xuéjiā 몡 경제학자	教师 jiàoshī 몡 교사	儿童 értóng 몡 어린이, 아동	家庭主妇 jiātíng zhǔfù 가정주부	乞丐 qǐgài 몡 거지 总裁 zǒngcái 몡 (그룹의) 총재	代表 dàibiǎo 몡 대표	老板 lǎobǎn 몡 사장	经理 jīnglǐ 몡 (기업의) 경영책임자, 사장	秘书 mìshū 몡 비서	人员 rényuán 몡 (어떤 직무를 담당한) 사람, 멤버	主任 zhǔrèn 몡 주임, 책임자	工人 gōngrén 몡 노동자	员工 yuángōng 몡 직원, 종업원	管理员 guǎnlǐyuán 몡 관리자
건강	体重 tǐzhòng 몡 체중	减肥 jiǎnféi 동 살을 빼다	节食 jiéshí 동 음식을 절제하다[줄이다]	锻炼身体 duànliàn shēntǐ 신체를 단련하다	练瑜伽 liàn yújiā 요가를 수련하다	消化 xiāohuà 동 소화하다	含有 hányǒu 동 함유하다, 포함하다	营养丰富 yíngyǎng fēngfù 영양이 풍부하다	蛋白质 dànbáizhì 몡 단백질	维生素 wéishēngsù 몡 비타민	脂肪 zhīfáng 몡 지방	抗癌食品 kàng'ái shípǐn 몡 항암 식품	缓解 huǎnjiě 동 완화하다	精神 jīngshén 몡 정신	压力 yālì 몡 (정신적인) 스트레스	疲劳 píláo 형 피곤하다	失眠 shīmián 동 잠을 이루지 못하다 [=睡不着 shuìbuzháo]	疾病 jíbìng 몡 병, 질병	打喷嚏 dǎ pēntì 재채기를 하다	传染 chuánrǎn 동 전염하다, 옮다	吐 tù 동 토하다	发抖 fādǒu 동 (벌벌) 떨다, 떨리다	过敏 guòmǐn 동 알레르기 반응을 보이다	痒 yǎng 형 가렵다, 간지럽다	恢复 huīfù 동 회복하다	预防 yùfáng 동 예방하다	口罩 kǒuzhào 몡 마스크
기타	乐观主义 lèguān zhǔyì 낙관주의	悲观主义 bēiguān zhǔyì 비관주의	民主主义 mínzhǔ zhǔyì 몡 민주주의	资本主义 zīběn zhǔyì 몡 자본주의	社会主义 shèhuì zhǔyì 몡 사회주의	共产主义 gòngchǎn zhǔyì 몡 공산주의	欧盟 Ōuméng 고유 유럽연합 [欧洲联盟의 준말]	贸易战 màoyìzhàn 무역 전쟁	公平贸易 gōngpíng màoyì 몡 공정 무역	百慕大群岛 Bǎimùdà qúndǎo 고유 버뮤다제도	玩具思维 wánjù sīwéi 토이리즘 [장난감주의]	工具思维 gōngjù sīwéi 툴리즘 [도구주의]	联合国 Liánhéguó 고유 국제연합(UN)	世界文化遗产 shìjiè wénhuà yíchǎn 몡 세계문화유산	保护文化遗产 bǎohù wénhuà yíchǎn 문화유산을 보호하다

 설명 대상이 생소한 어휘일 경우, 당황하지 말고 임의로 'K'라고 명명하고 지문을 읽자. 'K'에 대한 지문의 설명과 일치하는 보기를 찾으면 되므로, 대부분 'K' 자체를 해석하지 않아도 정답을 찾을 수 있다. 참고로, 어휘의 마지막 글자를 통해 대상이 어떤 소재, 종류인지 유추할 수도 있다. [예: 酸角树→○○나무, 石头纸→○○종이]

3 중국 관련

 track 79

중국은 역사가 오래되고 국토 면적이 넓은 만큼, 출제되는 주제 역시 다양하다. 그래도 기출 주제가 다시 출제되는 경우가 종종 있으니, 너무 겁먹지 말고 기출 주제, 기출 키워드를 중심으로 차근차근 배경지식과 어휘력을 늘려 나가자. 중국에 대한 폭넓은 지식과 이해가 있다면, 지문에 모르는 어휘가 나와도 큰 틀에서 내용을 이해하는 것이 가능하다. 평소에 중국 관련 글을 읽으며 관련 상식을 쌓아 두면 도움이 된다.

민족·언어	汉族 Hànzú 고유 한족 | 少数民族 shǎoshù mínzú 명 소수민족 | 语言 yǔyán 명 언어 | 普通话 pǔtōnghuà 고유 현대 중국 표준어 | 方言 fāngyán 명 방언 | 汉字 Hànzì 고유 한자 | 甲骨文 Jiǎgǔwén 고유 갑골문
역사	春秋时期 Chūnqiū shíqī 고유 춘추시대 [중국 역사상의 한 시대, 770-476 B.C.] | 战国 Zhànguó 고유 전국 [중국 역사상의 한 시대, 475-221 B.C.] | 齐 Qí 고유 제나라 [전국 시대에 있었던 나라] | 三国时代 sānguó shídài 고유 삼국시대 | 唐代 Tángdài 고유 당대 [=唐朝 Tángcháo] | 宋代 Sòngdài 고유 송대 [=宋朝 Sòngcháo] | 元代 Yuándài 고유 원대 [=元朝 Yuáncháo] | 明代 Míngdài 고유 명대 [=明朝 Míngcháo] | 清代 Qīngdài 고유 청대 [=清朝 Qīngcháo]
	历史人物 lìshǐ rénwù 역사 인물 | 秦始皇 Qínshǐhuáng 고유 진시황 | 李白 Lǐ Bái 고유 이백 [당(唐)대의 저명한 시인] | 杜甫 Dù Fǔ 고유 두보 [당(唐)대의 저명한 시인] | 鲁迅 Lǔ Xùn 고유 루쉰 [중국 현대의 저명한 문학가·사상가] | 南黄北齐 nánhuáng běiqí 남황북제 [황빈홍과 제백석을 일컫는 말] | 黄宾虹 Huáng Bīnhóng 고유 황빈홍 [중국 근대의 미술가] | 齐白石 Qí Báishí 고유 치바이스, 제백석 [중국 근대의 미술가] | 李时珍 Lǐ Shízhēn 고유 이시진 [중국 명대의 의학자, 저서로 《本草纲目(본초강목)》이 있음]
	历史 lìshǐ 명 역사 | 悠久 yōujiǔ 형 유구하다, 장구하다 | 保留 bǎoliú 동 (추상적인 것을) 보존하다 | 保存 bǎocún 동 (구체적인 사물을) 보존하다, 간직하다 | 记录 jìlù 동 기록하다 | 起源 qǐyuán 명 기원 | 皇帝 huángdì 명 황제 | 英雄 yīngxióng 명 영웅 | 古都 gǔdū 명 고도, 옛 도읍 | 都城 dūchéng 명 수도 | 改革开放 gǎigé kāifàng 명 개혁개방 | 事迹 shìjì 명 사적 | 民间 mínjiān 명 민간 | 流传 liúchuán 동 전해 내려오다 | 产生 chǎnshēng 동 생기다, 출현하다 | 广泛 guǎngfàn 형 광범위하다, 범위가 넓다 | 遍布 biànbù 동 널리 퍼지다 | 丝绸之路 Sīchóu zhī lù 고유 실크로드
명절·기념일	农历 nónglì 명 음력 | 元旦 Yuándàn 고유 원단, 신정 [양력 1월 1일] | 春节 Chūnjié 고유 춘절, 음력설 [음력 1월 1일] | 春联 chūnlián 명 춘련 [설날에 기둥 등에 붙이는 대련] | 饺子 jiǎozi 명 교자, 만두 | 爆竹 bàozhú 명 폭죽 | 鞭炮 biānpào 명 폭죽 | 过年 guònián 동 새해를 맞다, 설을 쇠다 | 拜年 bàinián 동 신년을 축하하다, 새해 인사를 드리다 | 元宵节 Yuánxiāojié 고유 원소절, 정월대보름 [음력 1월 15일] | 元宵 yuánxiāo 명 [정월대보름에 먹는 새알심 모양의 떡] | 清明节 Qīngmíngjié 고유 청명절 [4월 5일] | 端午节 Duānwǔjié 고유 단오절 [음력 5월 5일] | 屈原 Qū Yuán 고유 굴원 [전국시대 초(楚)나라의 시인] | 赛龙舟 sàilóngzhōu 명 용선 경주 [용선: 용머리로 뱃머리를 장식한 배] | 粽子 zòngzi 명 쫑즈 [찹쌀을 대나무 잎사귀나 갈대 잎에 싸서 삼각형으로 묶은 후 찐 음식, 단오절에 굴원을 기리기 위해 먹음] | 七夕节 Qīxījié 고유 칠석 [음력 7월 7일] | 中秋节 Zhōngqiūjié 고유 중추절, 추석 [음력 8월 15일] | 团圆饭 tuányuánfàn 명 [추석에 온 가족이 한데 모여서 먹는 밥] | 月饼 yuèbing 명 월병 [중국에서 추석에 먹는 음식] | 放风筝 fàng fēngzheng 연을 날리다 | 除夕 chúxī 명 섣달그믐 [12월 31일] | 年夜饭 niányèfàn 명 [제야에 먹는 음식] | 习俗 xísú 명 풍속 | 二十四节气 èrshísì jiéqì 명 24절기 | 时节 shíjié 명 절기
	情人节 Qíngrénjié 고유 발렌타인데이 [2월 14일] | 妇女节 Fùnǚjié 고유 국제 여성의 날 [3월 8일] | 植树节 Zhíshùjié 고유 식목일 [3월 12일] | 劳动节 Láodòngjié 고유 노동절, 근로자의 날 [5월 1일] | 母亲节 Mǔqīnjié 고유 어머니의 날 [5월 둘째 주 일요일] | 儿童节 Értóngjié 고유 어린이날 [6월 1일] | 父亲节 Fùqīnjié 고유 아버지의 날 [6월 셋째 주 일요일] | 教师节 Jiàoshījié 고유 스승의 날 [9월 10일] | 国庆节 Guóqìngjié 고유 국경절 [10월 1일] | 光棍节 Guānggùnjié 고유 솔로의 날, 광군제 [11월 11일] | 平安夜 Píng'ānyè 고유 크리스마스 이브 [12월 24일] | 圣诞节 Shèngdànjié 고유 크리스마스 [12월 25일]

분류	어휘
결혼 문화	举行婚礼 jǔxíng hūnlǐ 결혼식을 하다 | 嫁 jià 동 시집가다 | 娶 qǔ 동 아내를 얻다, 장가들다 | 新婚 xīnhūn 명 신혼 | 婚姻 hūnyīn 명 결혼 | 离婚 líhūn 동 이혼하다 | 喜酒 xǐjiǔ 명 결혼 축하주 | 喜糖 xǐtáng 명 결혼 축하 사탕 [약혼식이나 결혼식 때 사람들에게 나누어 주는 사탕] | 终身大事 zhōngshēn dàshì 명 일생의 큰일 [보통은 결혼을 가리킴] | 红包 hóngbāo 명 (축의금, 세뱃돈 등을 넣는) 붉은 색 돈 봉투 | 禁忌 jìnjì 동 꺼리다, 기피하다 | 忌讳 jìhuì 동 금물로 여기다
요리 · 식문화	八大菜系 Bādàcàixì 고유 중국을 대표하는 여덟 가지 요리 계열 [산둥 · 후난 · 쓰촨 · 푸젠 · 광둥 · 장쑤 · 저장 · 안후이] | 京菜 Jīngcài 고유 베이징요리 | 川菜 Chuāncài 고유 쓰촨요리 | 鲁菜 Lǔcài 고유 산둥요리 | 粤菜 Yuècài 고유 광둥요리 | 淮菜 Huáicài 고유 화이양 요리 | 菜肴 càiyáo 명 요리, 반찬 | 北京烤鸭 Běijīngkǎoyā 고유 베이징 오리구이 | 涮羊肉 shuàn yángròu 명 양고기 샤브샤브 | 东辣西酸, 南甜北咸 dōnglà xīsuān, nántián běixián 동쪽은 맵고 서쪽은 시며, 남쪽은 달고 북쪽은 짜다 [중국 음식의 맛이 지역마다 다름을 나타냄] | 酸 suān 형 시다 | 甜 tián 형 달다 | 苦 kǔ 형 쓰다 | 辣 là 형 맵다 | 麻 má (혀가) 얼얼하다, 아리다 | 咸 xián 형 짜다 | 清淡 qīngdàn 형 (맛이나 색깔이) 담백하다, 연하다 | 正宗 zhèngzōng 형 정통의, 진정한 | 地道 dìdao 형 본고장의 | 风味 fēngwèi 명 맛, 특색 [≒味道 wèidao, 口味 kǒuwèi] | 胃口 wèikǒu 명 입맛, 식욕
	饮食 yǐnshí 명 음식 | 食物 shíwù 명 음식물 | 粮食 liángshi 명 양식, 식량 [곡류 등] | 点心 diǎnxin 명 간식 [≒零食 língshí] | 糖葫芦 tánghúlú 탕후루 [열매를 꼬챙이에 꿰어 설탕물 · 엿 등을 발라 굳힌 것] | 西红柿 xīhóngshì 명 토마토 | 胡萝卜 húluóbo 명 당근 | 包子 bāozi 명 (소가 든) 찐빵, 빠오즈 | 馒头 mántou 명 (소가 없는) 찐빵 | 快餐 kuàicān 명 패스트푸드 | 汉堡包 hànbǎobāo 명 햄버거 | 绿茶 lǜchá 명 녹차 | 乌龙茶 wūlóngchá 명 우롱차 | 红茶 hóngchá 명 홍차 | 花茶 huāchá 명 화차, 꽃차 | 泡茶 pào chá 차를 끓이다 | 茶馆 cháguǎn 명 찻집 | 餐具 cānjù 명 식기 | 茶具 chájù 명 다기 | 筷子 kuàizi 명 젓가락 | 碗碟 wǎndié 명 사발과 접시 | 碗 wǎn 명 그릇
의복 문화	传统服饰 chuántǒng fúshì 전통 복식 [의복과 장신구] | 旗袍 qípáo 명 치파오 [중국 여성들이 입는 원피스 모양의 전통 의상] | 装饰 zhuāngshì 명 장식 | 工艺品 gōngyìpǐn 명 공예품 | 荷包 hébāo 명 쌈지 | 腰带 yāodài 명 허리띠 | 织 zhī 동 (직물을) 짜다 | 丝 sī 명 명주실 | 丝绸 sīchóu 명 비단, 명주 | 云锦 yúnjǐn 색채가 아름답고 구름무늬를 수놓은 중국의 고급 비단 | 蜀锦 shǔjǐn 명 채색비단 [쓰촨 특산품] | 色彩 sècǎi 명 색채,색깔 | 典雅 diǎnyǎ 형 우아하다
관광 · 놀이	名胜古迹 míngshèng gǔjì 명 명승고적 | 文化遗产 wénhuà yíchǎn 명 문화유산 | 故宫 Gùgōng 고유 고궁 [베이징에 있는 명 · 청대의 황궁] | 紫禁城 Zǐjìnchéng 고유 자금성 [베이징에 있는 명 · 청대의 황궁, '故宫'과 같은 곳] | 长城 Chángchéng 고유 만리장성 ['万里长城'의 줄임말] | 王府井大街 Wángfǔjǐng dàjiē 고유 왕푸징 거리 [베이징의 번화가] | 四合院 Sìhéyuàn 고유 사합원 [베이징의 전통 주택 양식] | 土楼 Tǔlóu 고유 토루 [푸젠성 객가족의 전통 가옥] | 少林寺 Shàolínsì 고유 소림사 | 冰灯节 Bīngdēngjié 고유 빙등제, 얼음축제 | 兵马俑 Bīngmǎyǒng 고유 병마용 | 黄河 Huánghé 고유 황허 | 长江 Chángjiāng 고유 창장, 양쯔강 | 玉龙雪山 Yùlóng xuěshān 고유 위룽설산 | 黄山 Huángshān 고유 황산 | 洱海 Ěrhǎi 고유 얼하이 [윈난성에 있는 호수 이름] | 风景区 fēngjǐngqū 명 관광 벨트, 명승지 밀집 구역 | 著称 zhùchēng 동 저명하다, 이름나다 [以A著称于世: A로 세상에 유명하다] | 风景优美 fēngjǐng yōuměi 경치가 우아하고 아름답다 | 美景 měijǐng 명 아름다운 경치
	省会 shěnghuì 명 성도 [성 정부 소재지] | 县 xiàn 명 현 [중국 행정 구획 단위의 하나로 자치구 · 직할시 밑에 속함] | 云南 Yúnnán 고유 윈난성 | 重庆 Chóngqìng 고유 충칭 [중국 직할시의 하나] | 成都 Chéngdū 고유 청두 [중국 쓰촨성의 성도] | 哈尔滨 Hā'ěrbīn 고유 하얼빈 [헤이룽장성의 성도] | 南京 Nánjīng 고유 난징 [장쑤성의 성도] | 海口 Hǎikǒu 고유 하이커우 [하이난성의 성도] | 上海 Shànghǎi 고유 상하이
	象棋 xiàngqí 명 중국 장기 [下象棋: 장기를 두다] | 围棋 wéiqí 명 바둑 [下围棋: 바둑을 두다] | 麻将 májiàng 명 마작 [打麻将: 마작을 하다] | 太极拳 tàijíquán 명 태극권 | 书法 shūfǎ 명 서예 | 京剧 jīngjù 명 경극 [중국 주요 전통극의 하나]

예술	绘画 huìhuà 몡 회화, 그림	中国画 zhōngguóhuà 몡 중국화, 중국 고유의 전통 회화, 동양화	花鸟 huāniǎo 몡 화조화	诗 shī 몡 시	印 yìn 몡 인장	写意 xiěyì 몡 사의 [중국화의 전통 화법 중의 하나. 간단한 선이나 묵색(또는 채색)으로 사람의 표정이나 사물의 모양을 묘사함]	境界 jìngjiè 몡 경지	山水画 shānshuǐhuà 몡 산수화	画家 huàjiā 몡 화가	大师 dàshī 몡 대가, 거장
	二胡 èrhú 몡 얼후, 이호 [현이 두 줄인 중국 전통 악기]	乐音 yuèyīn 몡 노래나 악기 소리	乐器 yuèqì 몡 악기	演奏会 yǎnzòuhuì 몡 연주회, 음악회	民歌 mínɡē 몡 민요	诗歌 shīgē 몡 시가	全唐诗 Quántángshī 고유 전당시 [당나라 때 지어진 시를 집대성한 책]	经典 jīngdiǎn 몡 고전, 중요하고 권위 있는 저작	文学 wénxué 몡 문학	传诵 chuánsòng 동 (사람들의 입을 거쳐) 전하여 읽히다
	作品 zuòpǐn 몡 작품	杰作 jiézuò 몡 걸작	描写 miáoxiě 동 묘사하다	生动 shēngdòng 형 생동감이 있다, 생생하다	感想 gǎnxiǎng 몡 감상	巧妙 qiǎomiào 형 교묘하다	抽象 chōuxiàng 형 추상적이다 몡 추상	完美 wánměi 형 완벽하다, 매우 훌륭하다	风格 fēnggé 몡 풍격, 기풍	精于A jīngyú A에 정통하다	神话 shénhuà 몡 신화 [≒传说 chuánshuō]	俗话 súhuà 몡 속담, 옛말	笑话 xiàohua 몡 우스운 이야기	讽刺 fěngcì 동 풍자하다	喜剧 xǐjù 몡 희극, 코미디	悲剧 bēijù 몡 비극	情节 qíngjié 몡 줄거리

배운 내용 점검하기

✦ 지문을 읽고 보기가 내용과 맞으면 ○를 표시하고, 틀리면 ×를 표시해 보세요.

一直以来，人们都认为饭后吃水果有益健康，其实这种饮食习惯并不妥当。专家指出，食物进入胃以后，一般需要一到两个小时来消化。若饭后马上吃水果，就会导致水果的营养很难被完全吸收，因为肠胃需要先消化完正餐，才能消化水果。此外，这也会加重肠胃的负担，长此以往，肠胃就会出现问题。

1 饭后立刻吃水果有助于健康 　　　　　　　（　）
2 应及时补充水分和营养　　　　　　　　　（　）
3 饭后马上吃水果，水果的营养不容易被吸收（　）
4 饭后立即吃水果对肠胃有害　　　　　　　（　）

해석 지금까지 사람들은 밥을 먹고 난 후 과일을 먹는 것이 건강에 유익하다고 생각해 왔다. 사실 이러한 식습관은 적절하지 않다. 전문가들은 '음식물이 위에 들어가고 난 후, 소화하는 데 일반적으로 한 시간에서 두 시간 정도의 시간이 필요하다고 지적한다. 만약 식사 후에 바로 과일을 먹는다면 과일의 영양 성분이 완전히 흡수되기 어렵다. 왜냐하면 위장이 먼저 식사를 완전히 소화하고 나서야 과일을 소화할 수 있기 때문이다. 이 외에도 이것은 위장의 부담을 늘릴 뿐만 아니라, 계속해서 이렇게 한다면 위장에 문제가 생길 것이다.

1 밥을 먹고 난 후 바로 과일을 먹는 것은 건강에 도움이 된다.
2 제때에 수분과 영양을 보충해야 한다.
3 식사 후 바로 과일을 먹으면 과일의 영양이 흡수되기 쉽지 않다.
4 식사 후 바로 과일을 먹으면 위장에 해롭다.

어휘 ★以来 yǐlái 명 이래, 동안 [一直以来: 지금까지] | 饭后 fànhòu 식사 후, 식후 | 有益 yǒuyì 형 유익하다, 도움이 되다 | 饮食 yǐnshí 동 음식을 먹고 마시다 명 음식 [饮食习惯: 식습관] | 妥当 tuǒdang 형 적절하다, 타당하다 | ★专家 zhuānjiā 명 전문가 | 指出 zhǐchū 동 (문제·견해를) 지적하다, 가리키다 | ★食物 shíwù 명 음식물 | 进入 jìnrù 동 들어가다 | ★胃 wèi 명 위, 위장 | ★消化 xiāohuà 동 소화하다 명 소화 | 若 ruò 접 만약 [=如果, 假设] | ★导致 dǎozhì 동 초래하다, 야기하다 | ★营养 yíngyǎng 명 영양 | 完全 wánquán 부 완전히, 전혀 | ★吸收 xīshōu 동 흡수하다, 빨아들이다 | 肠胃 chángwèi 명 위장 | 正餐 zhèngcān 명 정찬 [주로 점심과 저녁 식사를 의미함] | ★此外 cǐwài 이 외에, 이 밖에 | 加重 jiāzhòng 동 늘리다, 가중하다, 증가하다 | 负担 fùdān 명 부담, 책임 | 长此以往 cháng cǐ yǐ wǎng 성 계속 이 상태로 나아가다 [좋지 못한 방향으로] | 出现 chūxiàn 동 나타나다, 출현하다 | ★立刻 lìkè 부 바로, 즉시 | 有助于 yǒuzhùyú ~에 도움이 되다 | 应 yīng 조동 ~해야 한다 | 及时 jíshí 부 제때에, 즉시 | ★补充 bǔchōng 동 보충하다 | 水分 shuǐfèn 명 수분 | ★立即 lìjí 부 바로, 즉시, 곧 | 有害 yǒuhài 동 해롭다, 유해하다

정답 1 × 　2 × 　3 ○ 　4 ○

STEP 3 실력 다지기

1 "停车难"已经成为了许多大城市的通病，由于车位十分紧张，所以违章停车的现象也越来越严重，为了解决这个问题，近年来很多城市建立了停车管理信息系统，将城市车位资源整合后，通过手机电话、软件、网站等方式为市民提供多样的查询服务，从而缓解了市民的停车压力。

A 停车乱收费现象越来越严重　　B 部分城市可上网查询车位
C 违章停车将面临罚款　　D 市民十分依赖公共交通设施

2 "丝绸之路"是中国古代汉朝时期所开拓的商业通道。因中国的纺织物通过这条道路传入西方，所以被称为"丝绸之路"。另外，中国南部地区还有一条从海上向西方延伸的贸易文化通道，叫做"海上丝绸之路"。

A 丝绸之路现代才有　　B 丝绸之路在海上
C 丝绸之路是由汉朝人开辟的　　D 纺织物是从西方传入东方的

3 "可塑性"是人类身体具有的特点之一。经常去健身房运动的人会发现：不管是肌肉还是力量都会慢慢增长。其实人的心理也是一样的，当我们处于某种情绪时，与其相关的生理或心理就会成为常态，所以我们应时刻保持乐观的心态，并提醒自己不要陷入负面情绪中。

A 要养成早睡早起的好习惯　　B 健康的身体靠锻炼
C 保持乐观心态十分重要　　D 心理健康比生理健康更重要

4 在日常生活中，也许你会发现，人们往往喜欢用拖长音或夸张的语气与婴儿说话，其实这是非常有必要的。研究表明，和婴儿说话时拖长音不但可以吸引婴儿的注意力，还可以提高婴儿识别单词的能力。

A 婴儿可以识别每个人的声音　　B 拖长声音能吸引婴儿的注意力
C 和婴儿说话时语速要快　　D 早教影响婴儿的成长

5 工厂里，一个女职员居然在上班的时候喝啤酒。老板看见了，非常生气地问她："你为什么在上班的时候喝酒？"这个女职员回答说："对不起，老板，我这是为了纪念最后一次加薪10周年。"

A 职员平时不喝咖啡　　　　　　B 老板要对职员罚款
C 员工有十年没加工资了　　　　D 上班时间喝酒也没关系

6 在成长过程中，每个人都会经历一段"叛逆期"，拒绝接受父母的意见是这一时期的主要特征之一，甚至跟父母"对着干"。其实这并不完全是坏事，从人心理发展的角度来看，这是获得独立思考能力不可缺少的、也是必经的阶段。

A 父母不应批评孩子　　　　　　B "叛逆期"的孩子特别听话
C 孩子要孝顺父母　　　　　　　D "叛逆期"是每个人的必经阶段

7 一名优秀的销售员能为顾客提供有效的帮助。顾客没有很多时间去了解所有商品，因此销售员就应充当顾问的角色，要用自己对商品的了解，帮助顾客理解并选择商品，以此来满足顾客的需求。

A 好的商品更容易被人接受　　　B 顾客购物时应货比三家
C 销售员要了解各类商品　　　　D 销售员对顾客都很热情

8 机器人之所以可以听懂人类讲的话，是由于它安装了和人耳类似的"听觉器官"。机器人的"耳朵"是由计算机系统控制的，它按照人提前编写好的电脑程序进行工作。机器人的"大脑"不能像人的大脑那样独立分析事物，因此它的"听力"是有限的。

A 机器人无法独立分析事物　　　B 机器人可以记住人的声音
C 机器人仅能听到近距离声音　　D 未来机器人可以和人们正常对话

9 软广告是指商家不直接介绍商品及服务，而是通过在网络、电视节目、报纸等宣传载体上插入带有引导性的短片、文章及画面，或者通过赞助公益事业、社会活动等方式来提升该企业品牌知名度促进企业销售的一种广告形式。

A 软广告只出现在报纸上　　B 软广告不直接介绍商品
C 软广告深受消费者喜爱　　D 软广告不赚钱

10 不少人睡觉的时候总是喜欢紧闭门窗，其实这样对人体是有害的。人们入睡后每分钟要吸入300毫升氧气，呼出250毫升二氧化碳，如果门窗紧闭的话，不到两小时，室内的二氧化碳量就会增加两倍，细菌等有害物质也将成倍增长。因此，睡觉的时候最好把门窗打开一些，以确保新鲜空气能进入室内。

A 缺氧的情况下有害物质难以生长　　B 睡觉时最好不要紧闭门窗
C 室内应少放置植物　　D 房间的布局不会影响睡眠

11 由联合国教科文组织发起的世界记忆工程，目的是为了保护世界文化遗产。世界记忆工程关注的主要是文化遗产，具体包括手稿、档案馆和图书馆保存的所有形式的珍贵文件，及口述历史等等。

A 只有口述文件才可以申请保护
B 世界记忆工程保护各地语言
C 申报世界记忆工程目录非常容易
D 世界记忆工程由联合国教科文组织发起

12 中国是西红柿的栽种大国。然而，在过去，西红柿一直都被当作是有毒的食物，直至18世纪，大家才知道了它的价值。西红柿营养非常丰富，能熟食也可生吃。如今，它已成为餐桌上的美味。

A 西红柿吃法多样　　B 以前西红柿是有毒的
C 西红柿的种植正在不断缩减　　D 18世纪前就开始食用西红柿

13 在植物界中，有些植物也会"犯困"，比如生长在水面上的睡莲。每当旭日东升时，它那美丽的花瓣就会慢慢地舒展开，似乎正从甜蜜的睡梦中苏醒；而夕阳西下时，它的花瓣又会闭拢，重新进入睡眠状态。由于它"昼醒夜睡"的规律性非常明显，所以就有"睡莲"的美名。

A 植物也有睡眠　　　　　　　B 睡莲通常在夜晚开花
C 植物的睡眠时间一般很短　　D 睡莲的花期特别长

14 "宜居带"就是指一颗恒星周围的一定距离范围。如果行星落在这一范围内，就能接收到这颗恒星传递的适中热量，既不太冷也不太热，所以水可以以液态的形式存在。而液态水则是生命生存时必不可少的元素，因此，行星在这一范围里将会有更多的机会拥有生命。

A 宜居带指两颗恒星之间的距离　　B 宜居带存在生命的可能性大
C 宜居带周围温度变化很大　　　　D 宜居带内行星常常互相碰撞

15 许多读者表示，纸质书不仅提供了很有用的信息，而且由于它没有广告，就避免了浪费时间。此外，长时间浏览屏幕眼睛易干、易疼，而纸质书可以保护眼睛。部分读者甚至觉得纸质书给人的感觉是所有形式的电子阅读器都不可代替的。

A 电子阅读器没有广告，节省时间　B 电子阅读器对读者的眼睛非常好
C 很多读者更喜欢纸质图书的感觉　D 不少人觉得纸质书与电子阅读器一样

16 百慕大群岛位于北大西洋，那里有一个特殊的结婚习俗就是在当地居民举行婚礼的时候，他们会在多层蛋糕的最顶层插上一株小树苗。之后，新婚夫妇会将这株小树苗种在自己家中，让小树苗陪伴着他们美好的婚姻一起成长。

A 百慕大群岛上居民结婚率很低　　B 蛋糕应由新婚夫妇烤制
C 树苗被当地人用来见证婚姻成长　D 树苗一般插在蛋糕底层

17 对于现代人来说，似乎难以想象：若回到没有手机的年代，人们的生活将会变成什么样子。最近有一项调查表明，愿意回到没有手机的年代的人仅有30%，而明确表示不愿意的人则达70%。在后者看来，手机已经是他们生活中不可缺少的一部分了。

A 手机的价格越来越贵
B 有70%的人没有手机
C 手机给健康带来了危害
D 大部分人已经离不开手机

18 握手有助于交流感情、增进友谊，是人们之间沟通的重要方式。与别人握手时要注视对方，保持微笑，注意力集中，一般情况下，握手的时间不应该超过3秒。值得注意的是，握手时必须站起身来，这表现了对别人的尊重和礼貌。

A 握手时无需看对方
B 握手时应保持微笑
C 冬天握手可以带手套
D 长时间握手有助于增进感情

19 人们在选购商品的时候，经常会听到像蜜桃粉、珍珠白、薄荷绿这样的色彩用词。像这样在基本的颜色词前面加上某一种具体事物的名称，从而细化颜色分类的方法，已成为一种流行趋势，因为它可以增强词语的表现力，让色彩更形象。

A 年轻人都热爱新奇的事物
B 浅色的衣服更受人们欢迎
C "薄荷绿"比"绿"更形象
D 水果的颜色越鲜艳味道越甜

20 电池的充电周期不是指充一次电的时间，而是指电池将百分之百的电量都用完，之后再充满的过程。例如一块电池第一天使用了一半电量后把它充满，第二天又使用了一半电量再充满，这两次充电算作一个充电周期。值得注意的是，每次都等到电池快没电时再充电的话，会损害电池寿命。

A 充电器要经常更换
B 首次充电充满10个小时
C 充电时打电话很危险
D 快没电时充电损害电池寿命

21 研究证实，人们通过购买实物得到的幸福感是更加持久的。这是因为物品在反复的使用过程中会让人产生更多的幸福感。而观看表演等体验式消费，只会使人在体验过程中幸福感增加，但体验一结束这种感觉就会很快消失。

A 消费者最看重包装
B 体验式消费无法让人感到幸福
C 现代人更强调精神上的追求
D 实物消费的幸福感会持续更久

22 我们都知道，电梯里一般都装有一面镜子，大多数的人都以为镜子的作用是给乘坐电梯的人整理仪表用的。其实，最初电梯里装镜子主要是为了方便腿脚不便的残疾人，因为当他们摇着轮椅进来后，不必费力地转身，就可以从镜子里看到显示的楼层数。

A 应让残疾人先进电梯
B 装镜子可使电梯显得空间大
C 电梯的镜子可方便残疾人
D 镜子里显示的楼层是反的

23 石头纸是一种介于塑料和纸张之间的新型材料，既可以替代部分传统的专业性纸张和功能性纸张，又可以替代大部分传统塑料包装物。它具有成本低和易处理的特点，既为使用者节省了大量的费用，又不会对环境造成污染。

A 石头纸是一种环保材料
B 石头纸主要用于教育领域
C 石头纸制作方法简单
D 石头纸多出口外国

24 世界精神卫生组织于1948年将每一年的5月8日定为"世界微笑日"。这是唯一一个用来庆祝人类行为表情的节日。该组织希望通过微笑使人类身心获得健康的同时，在人和人之间传递友善和快乐，并且促进社会和谐。

A 赞美能改善人际关系
B 爱微笑的人更长寿
C 有关组织将取消表情节日
D 世界微笑日希望传播快乐

25 食用中餐时，最主要的用具是筷子。中国人使用筷子时，有一定的礼仪。说话的时候，不可以拿着筷子随便乱舞，不可以用筷子指别人，也不可以用筷子敲打桌面和碗碟。每次用完筷子都应轻轻地放下，尽可能地不发出声音。在用餐中离开的时候，应将筷子轻轻地放在桌子上或者碗上，不可以插在碗中。

A 用筷子没有太多讲究
B 说话时用筷子敲打不礼貌
C 筷子不可以放在桌面上
D 用筷子敲盘子表示生气

26 花木兰是中国古代的女英雄，以替父亲从军，并打败入侵敌人而闻名天下。她的故事经常出现在很多文艺作品中，电影、电视剧也多次重拍。有关她的一些介绍最早出现在北朝民歌《木兰辞》中，然而，史书中关于她的出生年月和故乡，却记载不一。

A 《木兰辞》是唐朝民歌
B 史书对花木兰没有记录
C 花木兰的故事被拍成了电影
D 花木兰和父亲一起参加了军队

27 玉龙雪山位于云南玉龙纳西族自治县境内，是北半球位置最靠南的大雪山。玉龙雪山集寒带、亚热带和温带的多种自然景观于一身，以秀、美、奇、险著称于世，一年四季都会吸引众多游客前来观赏。

A 玉龙雪山风景优美
B 玉龙雪山环境被破坏
C 玉龙雪山植物种类多
D 玉龙雪山游客极少

28 每年的9月7日或者8日，是中国农历"二十四节气"中的第十五个节气——白露。此节气指的是天气渐渐变凉，晚上花草树木上的水汽会凝结成露珠。而且这一天，是一年里早晚温差最大的一天，而且也标志着秋天的到来。

A 白露以后天气会变热
B 白露时节会下暴雪
C 白露时节早晚温差大
D 白露是春夏季节的分界

29 明代李时珍的《本草纲目》是一本医药学著作。书中不仅记录了1892种药物，并且对每种药物的栽培、功用、形态和产地等都进行了详细地描述。另外，著作中还记载了民间流传的药方11096个，且附有1160幅图片。该书现已被翻译成多国语言在世界各地流传。

A 《本草纲目》由数十人合作完成
B 《本草纲目》只有文字没有图片
C 《本草纲目》记载了很多动物
D 《本草纲目》记录了药物的功用

30 洱海因其形似人的耳朵，且风浪大如海而得名。它是云南省第二大淡水湖。洱海水质优良，水产资源丰富，同时还是一个有着美丽景色的风景区。洱海虽然被人们称为海，但它其实只是个湖泊，据说是因为以前白族人没见过大海，为了表示对大海的向往，所以才称它为洱海。

A 洱海水资源污染严重
B 洱海是上海人取的名字
C 洱海因景色秀美而得名
D 洱海的形状很像人的耳朵

31 "中国传统文化"究竟指的是什么？是先秦时期以儒家学说作为代表的对社会的看法，还有对社会行为规范的探索——即"仁、义、礼、智、信"。但文学艺术自汉代之后占据了文化的地位，致使一说起文化，人们就会觉得是唐诗宋词元曲明剧，而真正的文化却被人们忘记得一干二净。

A 汉代的文学艺术地位不高
B 唐诗宋词元曲明剧是真正的文化
C 真正的中国传统文化是"仁义礼智信"
D 人们都了解什么是真正的中国传统文化

해설서 p.101

32 每年农历五月初五，是中国的传统节日端午节。该节日又被称为午日节、五月节、端五、端阳节，也称夏节。端午节在中国是一个非常盛行的隆重节日。过端午节时，人们会吃粽子，还会赛龙舟。据悉，之所以举办这些活动，是为了纪念中国古代伟大的爱国诗人屈原。

A 端午节，过去被称为"午日节"
B 过端午节是为了纪念古代的一个诗人
C 过端午节的时候，吃面条
D 端午节赛龙舟，没有特殊的意义

33 二胡发出的乐音有着非常丰富的表现力，所以有人称二胡为"中国的小提琴"。由于二胡的音色略带忧伤，因而适于表达深沉的情感。二胡的制作也比较简单、价格便宜、而且容易学会，所以深受中国人的喜爱。

A 普通人买不起小提琴
B 越来越多的老年人喜欢二胡
C 二胡在中国很受欢迎
D 小提琴比二胡更富有表现力

34 K1124次列车连接着中国最南及最北的两个省会城市——海口和哈尔滨。这条线路全长共4424公里，运行时间为64小时零7分，沿途会经过12个省份。如果游客秋天乘坐这趟列车，那一路上不仅能欣赏到金黄耀眼的麦浪梯田和银装素裹的北国风光，还可以看到一望无垠的碧海蓝天。

A 该趟列车途经64个县
B 海口与哈尔滨相距上万公里
C 秋季乘坐这趟列车可欣赏美景
D 该趟列车尚未开通

35 最近，以Twitter为首的"微博"热，正在从国外席卷至中国。"微博"有些像"迷你博客"，每次发布不得超过140个字或者一张图片。你可以随时随地、随心所欲地去浏览"微博"，并且发布"微博"。这是其他任何产品都无法比拟的。

A "微博"热在亚洲产生并且影响全世界
B "微博"的使用有地点与时间的限制
C "微博"就是博客，没有字数的要求
D "微博"有别的产品无法替代的优越性

36 有一位很有名的作家在外国旅行，他来到一个城市，决定先去这个城市最大的书店参观。听到这个消息后，书店老板想做点儿让这位作家开心的事。于是，他在全部的书架上摆满了这位作家写的书。作家一走进书店，就发现书架上都是自己的书，非常吃惊。"别人的书呢？"他不解地问道。"别人的书？"书店的老板一时不知所措，信口开河地说道："全……全部都卖光了。"

A 书店老板非常高兴
B 作家的书被卖光了
C 这家书店规模很小
D 书店老板闹了个笑话

37 中国古典诗歌发展的全盛时期是唐代。这一时期有许多伟大的诗人，而他们的作品多保存在《全唐诗》中。这些诗的题材十分广泛，涉及情感、自然、社会等各个方面。在创作方法上，有浪漫主义流派，也有现实主义流派，许多经典作品则两者兼具，因此成为了珍贵的文学遗产。

A 唐代的贸易非常发达
B 《全唐诗》多为浪漫主义作品
C 唐诗多表达诗人个人感情
D 唐代是古典诗歌的繁荣时期

38 在中国的传统服饰里，荷包是不可缺少的。它是一种用来装零星物品的小包，通常被人们挂在腰间或和腰带结合成为束腰的一部分。荷包造型多种多样，图案有的繁杂有的简单。除了具有一定的装饰作用和实用价值外，还蕴含着人们对美好生活的期望。

A 荷包寄托着人们的期望
B 荷包的样式不多
C 荷包不起装饰作用
D 中国传统服饰的图案非常单调

39 故宫位于北京市中心，以前被称为紫禁城，是明清两代的皇宫，也是无与伦比的古代建筑杰作，更是世界上现存最完整、最大的木质结构的古建筑群。故宫的所有建筑都由"内廷"与"前朝"两个部分组成，四面都有城墙围绕，四周还有筒子河环抱，城的四角有角楼。四面各有一道门，正南方向的门叫午门，是故宫的正门。

A 故宫的正门是午门
B 故宫是三个朝代的皇宫
C 故宫由五个部分组成
D 故宫内外没有河流

40 按照饮食特点来分，中国一共有八大菜系。可是主要的是四大菜系，即粤菜、苏菜、鲁菜和川菜。当然其中最为有名的还是人们熟悉的川菜。麻和辣是川菜的突出特点，最正宗的川菜是在重庆和成都两地。现在川菜馆早已经遍布全球，深受人们的欢迎。

A 鲁菜口味十分清淡
B 重庆菜属于川菜
C 中国菜的特点是麻和辣
D 只有重庆和成都两地才有川菜

41 赛龙舟是中国民间传统水上体育娱乐项目之一，已经流传了两千余年，大部分在喜庆的节日里举行，是许多人一起进行的集体划桨比赛。中国各个民族的龙舟竞赛也稍有差异，龙舟的尺寸也是因地而异。汉族大部分是在每年"端午节"时举行比赛，船长一般在20至30米之间，每艘船上的水手大约有30名。

A 只有春节才会赛龙舟
B 赛龙舟是单人竞赛
C 龙舟有的长约30米
D 赛龙舟是汉族特有的

42 国画，又被称为"中国画"，是中国传统绘画。材料和工具有绢、国画颜料、墨和毛笔等；题材分许多种，例如花鸟、山水、人物等。花鸟画生动地表现大自然的各种生命与人的和谐相处；山水画所表现的是人和自然之间的关系，将人和自然融为一体；人物画所表现的则是人类社会，人和人之间的关系。

A 中国画关注人与自然
B 国画的表现手法夸张
C 国画是现代和传统的结合
D 花鸟画表现人与人的关系

43 1963年哈尔滨人使用器具冻出了多种多样的冰灯，并且在元宵节时把它们挂在树上，举办了第一届冰灯艺术节。后来，哈尔滨又于1985年在中央大街上举办了冰灯节，从那时起举办冰灯节就成为了哈尔滨人的习惯，每年的1月5号也就成了哈尔滨极具特色的节日。

A 哈尔滨每3年举办一次冰灯艺术节
B 哈尔滨人喜欢冰灯
C 哈尔滨每年春节举办冰灯节
D 哈尔滨的冰灯节有一百多年历史

03 지문 읽고 질문에 답하기

독해 제3부분

Day 07

STEP 1 유형 파악하기

세부 내용 파악하기

- 지문의 세부적인 내용까지 꼼꼼히 파악했는지 확인하는 문제로, 매 시험에서 40~50% 이상을 차지할 정도로 출제 비중이 매우 높다.
- 질문에 의문사가 있는지 먼저 확인한다. '为什么(왜)' '什么(무엇)' '怎么样(어떻게)' '谁(누구)' 같은 의문사는 어느 부분을 집중해 읽으면 될지 알려 준다. 예를 들어, 질문에 '为什么'가 나왔다면, 지문에서 핵심 어구 앞뒤의 '이유'나 '원인'을 나타내는 문장을 집중해 읽어야 한다.

일치·불일치

- 세부 내용 파악 유형 다음으로 많이 출제되는 유형으로, 전체 20문제 중에서 20~30% 비중을 차지한다. 즉, 고득점을 받기 위해서는 반드시 마스터해야 하는 유형이다.
- 문제 풀이 시간이 가장 많이 소요되는 유형이다. 지문 전체 내용에 대하여 일치·불일치를 묻는 경우, 정답을 찾는 데 시간이 많이 소요될 수도 있으므로, 다른 문제를 먼저 풀고 나서 마지막으로 푸는 것도 시간을 관리하는 방법 중 하나이다.

주제 찾기

- 지문의 전체적인 내용을 이해하고 있는지를 확인하는 문제로, 매 시험에서 10~20% 정도 출제된다.
- 일반적으로 마지막 문제로 출제되므로 이미 앞서 푼 세 문제의 내용을 종합하여 정답을 고를 수도 있다. 앞서 다른 문제들을 풀기 위해 지문을 읽는 과정에서 '주제'가 파악되는 경우가 많기 때문이다. 주제는 마지막 단락에 언급되는 경우가 가장 많다.
- 주제를 뒷받침하는 핵심 표현은 지문에서 계속 반복해서 언급되므로, 해당 표현과 관련 없는 보기는 지우면서 답을 찾자. 예를 들어, 지문에서는 '中国四大发明(중국의 4대 발명)'이 반복해서 언급되는데 주제가 '杨贵妃(양귀비)'와 관련한 내용일 가능성은 적다.
- 특정 단락의 주제를 묻는 문제의 풀이 방법 역시 전체 지문의 주제를 찾는 방법과 크게 다르지 않다. 해당 단락의 첫 번째 문장이나 마지막 문장을 먼저 읽어보고, 그 다음 해당 단락만 빠르게 눈으로 훑어 반복되는 키워드가 무엇이며 대략적으로 어떤 내용에 대해서 이야기하는지 파악해야 한다.

특정 어휘나 문장의 의미

- 지문의 밑줄 친 어휘나 큰따옴표 안의 어휘나 문장의 의미를 파악하는 문제로, 총 20문제 중 10% 이내로, 높은 비중을 차지하지는 않지만, 고득점을 위해서는 절대 간과할 수 없는 유형이다.
- 질문에서 묻는 사자성어나 신조어 등의 뜻을 이미 알고 있다면, 바로 정답을 골라낼 수 있으므로, 평소에 다양한 분야의 어휘들을 꾸준히 익히는 것이 중요하다. 뜻을 모를 경우에는 해당 어휘나 문장 앞뒤의 내용을 해석해서 의미를 유추하자.

제3부분 예제

1~4

有一位作家，非常勤奋努力，平时也是只喜欢待在家里安安静静地写作。然而，随着名气越来越大，邀请他去参加聚会的情况也日渐增多，很多人甚至以能邀请他参加聚会为荣。作家本来不喜欢参加聚会，但又不好意思直接拒绝。渐渐地，他写作的时间变得越来越少，这让他十分烦恼，终于，他想到了一个好办法——他用剪刀剪掉了自己半边脑袋的头发，然后，坐下来继续专心写作。

从那以后，每次有人上门找作家参加聚会，他就会指着自己脑袋上那剪了一半的头发说:"你看，我正忙着剪头发呢，这个样子哪好意思去参加聚会啊?"就这样，那些来访者也只能无奈地放弃了。为了使自己的这个办法能持续下去，作家每天都要修一修他的半边头发，以免那些头发又长出来。

久而久之，那些被作家拒绝的人也开始意识到他是故意这样做的。后来，那些想邀请他参加聚会的人就一天比一天少了。作家也因此为自己争取到了更多写作的时间。

1 作家因什么而烦恼:

　A 没人邀请他　　　　　　B 始终没有人气
　C 没空儿完成作品　　　　D 家里的聚会太多

2 作家想到的好办法是什么?

　A 躲到公司　　　　　　　B 假装在剪头发
　C 离家出走　　　　　　　D 去理发店理发

3 关于作家，下列说法错误的是?

　A 勤奋而又努力　　　　　B 不喜欢参加聚会
　C 希望有更多时间写作　　D 头发长得快

4 作家使用了那个好办法后，来邀请他的人:

　A 感到十分惭愧　　　　　B 逐渐减少
　C 仍一再邀请　　　　　　D 丝毫没有发现被骗

정답&풀이 **1** C [时间变得越来越少 시간이 점점 줄어든다 → 没空儿 시간이 없다] 본문에서 질문의 핵심 어휘인 '烦恼'가 있는 부분을 찾아보자. 작가는 많은 모임 초대로 인해 글쓰는 시간이 점점 줄어들어 괴로웠다고 본문에서 직접 언급했다. 보기에서는 '没空儿完成作品(작품을 완성할 시간이 없다)'이라고 비슷하게 표현했다.

2 B [剪掉了自己半边脑袋的头发 자신의 머리카락 반쪽을 잘라냈다] 글쓰는 시간이 부족하다고 느낀 작가는 머리카락의 일부를 잘라 마치 머리를 자르는 중인 것처럼 보이게 해서 파티 참석을 피했다.

3 **D** [以免那些头发又长出来 그 머리카락들이 다시 자라나지 않도록] 작가에 대해 틀린 내용을 찾는 문제로, 질문을 잘 읽어야 한다. 본문에서 '작가가 매일 머리카락을 다듬었다'라고 한 부분에서 머리카락이 빨리 자란다고 오해할 수 있지만, 이는 파티에 초대되는 것을 피하기 위해서 일부러 한 것이지 머리카락이 빨리 자라서 한 것은 아니므로 정답은 'D 头发长得快'이다.
 A 勤奋而又努力 첫 문장에 작가는 성실하고 열심히 일한다고 직접 언급했다.
 B 不喜欢参加聚会 작가는 본래 모임 참석을 좋아하지 않는다고 언급했다.
 C 希望有更多时间写作 작가는 모임 참석으로 인해 글쓰기 시간이 줄어든 것에 대해 매우 괴로워한다고 했다. 이 부분을 통해 글 쓰는 시간이 더 많기를 원한다는 것을 추측할 수 있다.

4 **B** [一天比一天少了 날이 갈수록 줄어들었다 ≒ 逐渐减少 점점 줄어들다] 마지막 문단에 '那些想邀请他参加聚会的人就一天比一天少了(그를 모임에 초대하려는 사람들이 날이 갈수록 줄어들었다)'라고 언급했다. 이 부분을 통해 작가를 초대하려는 사람이 점점 줄어들었다는 것을 알 수 있다. '一天比一天少了'와 비슷한 표현은 'B 逐渐减少'이다.

　　有一位作家，非常勤奋努力，平时也是只喜欢待在家里安安静静地写作。然而，随着名气越来越大，邀请他去参加聚会的情况也日渐增多，很多人甚至以能邀请他参加聚会为荣。作家本来不喜欢参加聚会，但又不好意思直接拒绝。渐渐地，¹他写作的时间变得越来越少，这让他十分烦恼，终于，²他想到了一个好办法——他用剪刀剪掉了自己半边脑袋的头发，然后，坐下来继续专心写作。

　　从那以后，每次有人上门找作家参加聚会，他就会指着自己脑袋上那剪了一半的头发说："你看，我正忙着剪头发呢，这个样子哪好意思去参加聚会啊？"就这样，那些来访者也只能无奈地放弃了。³为了使自己的这个办法能持续下去，作家每天都要修一修他的半边头发，以免那些头发又长出来。

　　久而久之，那些被作家拒绝的人也开始意识到他是故意这样做的。后来，⁴那些想邀请他参加聚会的人就一天比一天少了。作家也因此为自己争取到了更多写作的时间。

1 作家因什么而烦恼：
 A 没人邀请他
 B 始终没有人气
 C 没空儿完成作品
 D 家里的聚会太多

2 作家想到的好办法是什么？
 A 躲到公司　　　　**B 假装在剪头发**
 C 离家出走　　　　D 去理发店理发

　　한 작가가 있었는데, 그는 매우 성실하고 열심히 일하며, 평소에는 집에서 조용히 글쓰기만 좋아했다. 그러나 명성이 점점 커짐에 따라 그를 모임에 초대하는 상황이 점점 늘어났고, 심지어 많은 사람들은 그를 모임에 초대할 수 있다는 것을 자랑으로 여겼다. 작가는 본래 모임 참석을 좋아하지 않지만, 직접 거절하기 어려웠다. 점차 ¹글쓰기 시간이 줄어들어 그는 매우 괴로워했다. 결국, ²그는 좋은 방법을 생각해냈다. 가위로 자신의 머리카락 반쪽을 잘라내고, 앉아서 계속 글을 쓰기로 했다.

　　그 후로 누군가 그를 모임에 초대하러 올 때마다, 그는 반쪽으로 잘린 머리카락을 가리키며 말했다: "보세요, 제가 머리를 자르고 있는 중이라, 이런 모습으로 어떻게 파티에 갈 수 있겠어요?" 이렇게 해서 방문자들도 어쩔 수 없이 포기했다. ³자신의 방법을 계속 유지하기 위해 작가는 매일 자신의 머리카락 반쪽을 다듬어 다시 자라나지 않도록 했다.

　　오랜 시간이 지나면서 그에게 거절당한 사람들은 그가 일부러 그런 행동을 한다는 것을 깨닫기 시작했다. 나중에는 ⁴그를 모임에 초대하려는 사람들이 날이 갈수록 줄어들었다. 그래서 작가는 더 많은 글쓰기 시간을 확보할 수 있었다.

1 작가가 불편함을 느낀 이유는 무엇인가?
 A 아무도 그를 초대하지 않음
 B 항상 인기가 없음
 C 작품을 완성할 시간이 없음
 D 집에서의 모임이 너무 많음

2 작가가 생각한 좋은 방법은 무엇인가?
 A 회사에 숨는 것　　**B 머리를 자르는 척하는 것**
 C 집을 떠나는 것　　D 이발소에 가서 이발하는 것

3 关于作家，下列说法错误的是？
A 勤奋而又努力
B 不喜欢参加聚会
C 希望有更多时间写作
D 头发长得快

4 作家使用了那个好办法后，来邀请他的人：
A 感到十分惭愧
B 逐渐减少
C 仍一再邀请
D 丝毫没有发现被骗

---

3 작가에 대한 다음 설명 중 틀린 것은 무엇인가?
A 성실하고 열심히 일함
B 모임 참석을 좋아하지 않음
C 글 쓰는 시간이 더 많기를 원함
D 머리카락이 빨리 자람

4 작가가 그 좋은 방법을 사용한 후에 그를 초대한 사람들은:
A 매우 부끄러워함
B 점점 줄어듦
C 계속해서 초대함
D 속임수를 전혀 알아차리지 못함

| 位 wèi 양 분, 명 [공경의 뜻을 내포함] | 作家 zuòjiā 명 작가 | ★勤奋 qínfèn 형 꾸준하다, 부지런하다, 열심히 하다 | 努力 nǔlì 동 노력하다, 열심히 하다, 힘쓰다 | 平时 píngshí 명 평소, 평상시 | 只 zhǐ 부 겨우, 오직, 다만 | 待 dāi 동 머물다 | 安静 ānjìng 형 조용하다, 고요하다 | ★写作 xiězuò 동 글을 짓다, 저작하다 | 然而 rán'ér 접 하지만, 그러나, 그렇지만 | 随着 suízhe 개 ~따라, ~에 따라서 | 名气 míngqi 명 명성, 평판 | 越来越 yuèláiyuè 부 갈수록, 더욱더, 점점 | 邀请 yāoqǐng 동 초대하다 | 参加 cānjiā 동 참석하다, 참가하다, 참여하다 | 聚会 jùhuì 명 모임 | 情况 qíngkuàng 명 상황 | 日渐 rìjiàn 부 나날이, 날마다, 차츰차츰 | 增多 zēngduō 동 많아지다, 증가하다 | 甚至 shènzhì 접 심지어 | 以 yǐ 개 ~(으)로(써), ~를 근거로 [以A为B: A를 B로 삼다] | 荣 róng 명 영광, 영예 | 本来 běnlái 부 본래, 원래 | 不好意思 bùhǎoyìsi 죄송합니다, 부끄럽다, 송구스럽습니다 | 直接 zhíjiē 부 직접 | 拒绝 jùjué 동 거절하다, 거부하다 | 渐渐 jiànjiàn 부 점점, 점차 | 十分 shífēn 부 매우, 아주, 대단히, 충분히 [=非常 fēicháng] | 烦恼 fánnǎo 형 걱정하다, 번뇌하다 | 终于 zhōngyú 부 마침내, 결국 [终于A了: 마침내 A했다] | 办法 bànfǎ 명 방법 | ★剪刀 jiǎndāo 명 가위 | 剪掉 jiǎndiào 동 잘라내다 | 半边 bànbiān 명 반쪽 | ★脑袋 nǎodai 명 (사람·동물의) 머리 | 头发 tóufa 명 머리카락, 두발 | 然后 ránhòu 접 그런 후에, 그다음에 | 继续 jìxù 동 계속하다, 끊임없이 하다 [부사적 용법] | ★专心 zhuānxīn 형 전심전력하다, 전념하다, 몰두하다, 열중하다 | 每次 měicì 명 매번 | 上门 shàngmén 동 (남의 집을) 방문하다, 찾아뵙다 | 指 zhǐ 동 (손가락이나 끝이 뾰족한 물건으로) 가리키다 | 剪 jiǎn 동 자르다, 깎다 | 样子 yàngzi 명 모습, 모양 | 好意思 hǎoyìsi 형 태연하다, 부끄럽지 않다 | 来访者 láifǎngzhě 명 방문자 | ★无奈 wúnài 형 어찌 해 볼 도리가 없다 | 放弃 fàngqì 동 (권리·주장·의견 등을) 포기하다, 버리다 | 为了 wèile 개 ~를 하기 위하여 [为了+목적, 행위: ~하기 위하여 ~하다] | 使 shǐ 동 ~하게 하다, ~하게 시키다 [≒让 ràng] | ★持续 chíxù 동 지속하다 | 下去 xiàqu 동사 뒤에 쓰여, 지금부터 앞으로 계속 지속됨을 나타냄 | 每天 měitiān 명 매일, 날마다 | 修 xiū 동 깎다, 정돈하다, 다듬다 | 以免 yǐmiǎn 접 ~하지 않도록, ~않기 위해서 | 久而久之 jiǔérjiǔzhī 성 오랜 시일이 지나다 | 意识到 yìshídào 동 깨닫다 | 故意 gùyì 부 일부러, 고의로 | 后来 hòulái 명 그 후, 그 뒤, 그다음 | 因此 yīncǐ 접 그래서, 이로 인하여, 이 때문에 | ★争取 zhēngqǔ 동 쟁취하다, 얻어 내다, 따내다 | 因 yīn 접 ~로 인하여, ~때문에 [因A而B: A때문에 B하다] | ★始终 shǐzhōng 부 시종일관, 한결같이, 줄곧 | 人气 rénqì 명 인기, 열기, 분위기, 기분 | 空 kòng 명 틈(새), 여백 | 完成 wánchéng 동 완성하다, 끝내다, 완수하다 | ★作品 zuòpǐn 명 (문학, 예술의) 작품, 창작품 | 躲 duǒ 동 숨다, 피하다 | ★假装 jiǎzhuāng 동 가장하다, (짐짓) ~체하다 | 离 lí 동 떠나다, 헤어지다 | 出走 chūzǒu 동 달아나다, 도망치다 | 理发店 lǐfàdiàn 명 이발소 | 理发 lǐfà 동 이발하다, 머리를 깎다 | 下列 xiàliè 형 아래에 열거한 | 说法 shuōfa 명 표현법, 논법, 논조, 의견, 견해 | 错误 cuòwù 명 실수, 잘못 | 使用 shǐyòng 동 사용하다, 쓰다 | 感到 gǎndào 동 느끼다, 여기다 | ★惭愧 cánkuì 형 부끄럽다, 창피하다, 송구스럽다 | ★逐渐 zhújiàn 부 점점, 점차 | 减少 jiǎnshǎo 동 감소하다, 줄다, 줄이다 | 仍 réng 부 여전히, 아직도 | ★一再 yízài 부 수차, 거듭, 반복해서 | ★丝毫 sīháo 부 조금도, 추호도 | 发现 fāxiàn 동 발견하다, 알아차리다 | 被骗 bèipiàn 동 속다 |

STEP 2 내공 쌓기

1 주요 질문 방식

(1) 세부 내용 파악하기

세부 내용 파악 유형은 '지문에 제시된 구체적인 사실'에 대해 질문하는 경우가 많다. 세부 내용 파악 문제는 '질문' 파악이 문제 풀이의 첫 단계이자, 가장 중요한 포인트이다. '질문의 핵심 어구'가 지문에 등장해 실마리를 제시하기 때문이다. 핵심 어구는 그대로 나올 수도 있고, 유의 표현으로 대체되어 나올 수도 있다. 지문에서 질문의 핵심 어구를 찾았다면, 그 앞뒤 내용을 읽으며 내용을 파악하면 된다.

- 老师为什么感到幸福？ 선생님은 왜 행복함을 느꼈는가?
- 下列哪项属于李白的爱好？ 다음 중 이백의 취미에 해당하는 것은?
- 使机翼变形的关键是什么？ 비행기 날개를 변형시키는 관건은 무엇인가?
- 小张回到工作室后，做了什么决定？ 샤오장은 사무실에 돌아온 후 어떤 결정을 했는가?
- 骆驼是如何避免自身被灼伤的？ 낙타는 어떻게 자신이 화상을 입는 것을 피하는가?

(2) 주제 및 중심 내용 파악하기

주제 및 제목 찾기 유형은 지문의 논리 구조, 개연성을 파악하는 것이 매우 중요하다. 빈출 접속사 및 어휘를 학습함으로써, 논리 관계를 파악하고 핵심 문장을 찾는 능력을 키울 수 있다.

- 上文主要告诉我们什么？ 윗글이 우리에게 주로 알리고자 하는 것은? ✦
- 上文主要谈什么？ 윗글은 주로 무엇을 이야기하는가? ✦
- 下列哪项最适合做上文标题？ 다음 중 윗글의 제목으로 가장 적절한 것은?
- 最适合做上文标题的是： 윗글의 제목으로 가장 적절한 것은? ✦
- 第2段主要谈的是： 두 번째 단락이 주로 말하는 것은?

(3) 일치·불일치 파악하기

질문만으로는 힌트를 얻기 어려운 유형이다. 보기를 먼저 빠르게 훑고, 지문에서 보기와 일치하는 표현을 찾아 비교하면서 풀어야 한다. 정답이 아닌 보기는 지워가며 정답을 찾아가는 '소거법'을 활용하자.

- 根据上文，下列哪项正确？ 윗글에 근거하여 다음 중 옳은 것은? ✦
- 关于……，下列哪项是正确的？ ~에 관해 다음 중 옳은 것은 무엇인가?
- 根据第2段，下列哪项正确？ 두 번째 단락에 근거하여, 다음 중 옳은 것은 무엇인가? ✦
- 根据本文，下列哪项不正确？ 지문에 근거하여, 다음 중 틀린 것은 무엇인가?
- 根据本文，可以知道什么？ 지문에 근거해서, 알 수 있는 것은 무엇인가? ✦

(4) 어휘 및 문장 의미 파악하기

주로 속담, 관용어, 사자성어, 신조어 등의 의미를 묻는다. 서면어와 구어의 차이까지 미리 숙지하고 있다면 좀 더 수월하게 문제를 풀 수 있다.

- 第2段中，"90后"指的是： 두 번째 단락에서, '90后'가 가리키는 것은? ✦
- 第3段中的"倾诉"是什么意思？ 세 번째 단락 중의 '倾诉'는 무슨 의미인가?
- "举手之劳"说明： '举手之劳'가 설명하는 바는? ✦

- 最后一段中的画线部分"明日复明日"的意思是: 마지막 단락에서 밑줄 친 '明日复明日'의 의미는? ✦
- 第2段中"藏拙"的意思最可能是: 두 번째 단락 중, '藏拙'의 의미로 가능성이 가장 큰 것은?

2 핵심 어구에 쓰이는 표현

 ● track 80

사실	很多人都认为…… hěn duō rén dōu rènwéi 많은 사람들은 ~라고 여긴다 很多人都认为饭吃后吃水果对身体好。 많은 사람들은 식사 후에 과일을 먹는 것이 건강에 좋다고 여긴다.	
	大部分人都…… dàbùfen rén dōu 대부분의 사람이 모두 会议上，大部分人都同意他的观点。 회의에서 대부분의 사람이 모두 그의 관점에 동의한다.	
	人们往往…… rénmen wǎngwǎng 사람들은 종종 生活中，人们往往会遇到很多问题。 살아가면서 사람들은 종종 많은 문제에 부딪힌다.	
	越来越多的人…… yuèláiyuè duō de rén 점점 더 많은 사람들이 如今越来越多的人选择自己创业。 오늘날 점점 더 많은 사람들이 스스로 창업하는 것을 선택한다.	
	研究发现…… yánjiū fāxiàn 연구에서 ~를 발견하다 研究发现，大部分会外语的人成绩比不会外语人的成绩更好。 연구에서 외국어를 할 수 있는 대부분 사람의 성적이 그렇지 않은 사람의 성적보다 더 좋다는 것을 발견했다.	
	一般情况下 yìbān qíngkuàng xià 일반적인 상황에서 一般情况下，这种产品的使用寿命是五年。 일반적인 상황에서 이러한 종류의 제품 사용 수명은 5년이다.	
	一般来说 yìbānláishuō 일반적으로 말하면 一般来说，我周末通常在家看书。 일반적으로 말하면, 나는 주말에 보통 집에서 책을 본다.	
	人们常说 rénmen cháng shuō 사람들은 늘 ~라고 말한다 人们常说，态度决定一切。 사람들은 늘 태도가 모든 것을 결정한다고 말한다.	
	据说 jùshuō 듣자하니 / 말하는 바에 의하면 ~하다 据说狗的听觉灵敏度是人类的16倍。 듣자하니 개의 청각 민감도는 사람의 16배라고 한다.	
	俗话说 súhuà shuō 속담에 ~라는 말이 있다 俗话说:"有志者事竟成。" 속담에 '뜻이 있는 곳에 길이 있다'라는 말이 있다.	
주제·결론	原来 yuánlái 원래, 알고 보니 他原来不喜欢吃水果，可是现在很喜欢。 그는 원래 과일 먹는 것을 좋아하지 않았지만 지금은 좋아한다.	
	相反 xiāngfǎn 반대로 出名后，小李并没有骄傲，相反，变得更谦虚。 유명해진 후, 샤오리[小李]는 결코 거만해지지 않고, 반대로 더 겸손해졌다.	
	后来 hòulái 후에, 나중에 弟弟生病了，后来我带他去了医院。 남동생이 병이 나서 후에 내가 그를 데리고 병원에 갔다.	
	结果 jiéguǒ 결국 他因为堵车，结果错过了考试。 그는 차가 막혀서 결국 시험을 놓쳤다.	

	可见 kějiàn [= 由此可见 yóu cǐ kějiàn] ~하는 것으로 보아 他一直在打电话，可见是有什么着急的事情。 그는 계속 전화를 걸고 있는 것으로 보아, 무슨 급한 일이 있는 것 같다.
	总之 zǒngzhī [= 总而言之 zǒng'éryánzhī] 한 마디로 말하면, 요컨대 总之，不管你选择了什么工作，都要尽力做好。 한마디로 말하면, 네가 어떤 일을 선택했든지 간에, 최선을 다해야 한다.
	换句话说 huàn jù huà shuō 다시 말하면, 바꿔 말하면, 즉 [*앞에서 언급한 내용을 뒤에서 한 번 더 반복해서 강조할 때 사용함] 我觉得我们性格不合，换句话说，我不喜欢你。 나는 우리의 성격이 맞지 않다고 느껴. 다시 말하면, 나는 너를 좋아하지 않아.
의견 · 근거	第一、第二、第三、最重要的是 dì yī、dì èr、dì sān、zuì zhòngyào de shì 첫 번째는, 두 번째는, 세 번째는, 가장 중요한 것은 [= 一来、二来、三来、最重要的是 yī lái、èr lái、sān lái、zuì zhòngyào de shì] [= 一是、二是、三是、最重要的是 yī shì、èr shì、sān shì、zuì zhòngyào de shì] [= 首先，其次，再次，最重要的是 shǒuxiān, qícì, zàicì, zuì zhòngyào de shì] 与朋友相处时，第一，要信任。第二，要真诚。第三，要学会称赞。最重要的是互相尊重。 친구와 서로 어울릴 때 첫째, 신임해야 한다. 둘째, 진실해야 한다. 셋째, 칭찬할 수 있어야 한다. 가장 중요한 것은 서로 존중하는 것이다.

3 주요 배경지식

● track 81

(1) 지역, 관광지

- **黄山** Huáng Shān 황산: 중국의 명산 | 유네스코 세계 문화유산
- **五岳** Wǔ Yuè 오악: 중국 5대 명산(五大名山)의 통칭 | 태산(泰山)·화산(华山)·형산(衡山)·항산(恒山)·숭산(崇山)
- **书院** shūyuàn 서원: 중국의 당(唐)·송(宋)·명(明)·청(清) 시기에 있었던 교육 기구
- **孔庙** Kǒngmiào 공묘: 공자(孔子)를 위해 제사를 지내기 위해 지어진 사당
- **承德避暑山庄** Chéngdé bìshǔ shānzhuāng 청더 피서산장
  청나라 황제의 여름 별장 | 중국의 황실 정원 | 중국 봉건 사회의 마지막 발전상을 보여 주는 문화재 | 세계 문화유산
- **敦煌石窟** Dūnhuáng Shíkū 둔황석굴
  실크로드를 통해 전파된 불교의 결과물 | 종교 예술의 극치 | 그 시대의 불교 사상이 엿보임
- **丝绸之路** Sīchóu zhī lù 실크로드
  중국 한나라 시기에 서역 국가들과 비단을 비롯한 여러 가지 무역을 하면서 정치와 경제, 문화를 이어준 교통로의 총칭
- **吐鲁番** Tǔlǔfān 투루판
  중국 신장 웨이우얼 자치구에 위치한 도시 | 사방이 높은 산으로 둘러싸인 사막 속 분지 오아시스

(2) 문화

- **相声** xiàngsheng 상성
  중국의 설창(说唱) 문예 중 하나 | 说学逗唱(말하기·흉내 내기·웃기기·노래하기)이 주가 됨 | 국가급 무형 문화유산
- **小品** xiǎopǐn 콩트, 연극, 짧은 콩트 형식 연극 | TV 무대에 적합하게 편성
- **变脸** biànliǎn 변검: 얼굴 분장(脸谱)을 극의 분위기에 따라 바꾸는 연출 기법
- **唐三彩** tángsāncǎi 당삼채: 백색의 도자기에 다양한 색깔의 유약을 입힌 당나라 시기의 도자기 | 대체로 세 가지 색 '노란색·초록색·흰색' 위주이기 때문에 '당삼채'라고 일컬음

- **丝绸** sīchóu 비단: 중국의 특산품(特产品) | 세계 최초로 동서양의 상업 교역품으로 채택
- **四大名著** sì dà míngzhù 중국의 4대 명작: 삼국연의(三国演义)·수호전(水浒传)·서유기(西游记)·홍루몽(红楼梦)을 일컬음 | 4대 기서(四大奇书)에서는 홍루몽 대신 금병매(金瓶梅)를 포함
- **霸王别姬** Bàwángbiéjī 패왕별희
  경극 희곡 | 메이란팡(梅兰芳)이 각색한 작품 | 초나라의 패왕 항우와 그의 연인 우희의 마지막 이별 장면을 담은 내용
- **皮影戏** píyǐngxì 그림자극: 연주와 노래에 맞춰 가죽이나 종이로 만든 인형이 그림자로 등장하는 연극 | 천 년 이상 전해 내려온 전통 공연예술의 하나 | 유네스코 인류 무형 문화유산으로 채택

(3) 명절 및 기념일
- **春节** Chūnjié 춘절: 음력 1월 1일, 날짜가 한국의 설날과 같음 | 세배를 하고 세뱃돈(红包)을 받으며 춘련(春联)이나 대련(对联)을 붙이고 만두를 먹는(吃饺子) 풍습이 있음
- **清明节** Qīngmíngjié 청명절: 보통 양력 4월 5일 전후 | 조상의 묘를 돌보며 제사를 지내는 풍습이 있음
- **端午节** Duānwǔjié 단오절: 음력 5월 5일 | 초나라의 시인 굴원(屈原)이 죽은 날을 기념하는 날 | 용선 경기(赛龙舟)를 하고 쫑즈(粽子)를 먹는 등의 풍습이 이어짐
- **中秋节** Zhōngqiūjié 중추절: 음력 8월 15일 | 온 가족이 모여 달을 보며 월병(月饼)을 먹음

> 중국의 4대 명절: 춘절[春节], 청명절[清明节], 단오절[端午节], 중추절[中秋节]

- **元旦** Yuándàn 원단: 양력 1월 1일 | 지역마다 다양한 활동을 하며 새해(新年)를 맞이함
- **元宵节** Yuánxiāojié 원소절 [≒정월대보름] : 음력 1월 15일 | 불꽃놀이나 등불놀이를 하고, 탕위안(汤圆: 팥이나 깨 같은 소를 넣어 찹쌀로 빚어 만든 음식)을 먹는 풍습이 있음
- **腊八节** Làbājié 납팔절: 12월 초파일 | 석가모니께서 깨달음을 얻어 부처가 되신 날 | 석가모니의 득도를 축하하고 납팔죽(腊八粥)이라는 죽을 끓인 후 부처님과 조상에게 바침
- **重阳节** Chóngyángjié 중양절: 음력 9월 9일 | 9는 중국어의 '久(오래되다)'와 발음이 같고 가장 큰 수를 상징하여, 노인의 날이기도 함 | 국화를 감상하고 국화주(菊花酒)를 마시며 높은 곳에 오르는 풍습이 있음
- **国庆节** Guóqìngjié 국경절: 양력 10월 1일 | 중화인민공화국의 성립을 기념하는 날 | 보통 10월 7일까지 연휴 기간으로 지정, 쉬는 기념일

(4) 인물
- **钱钟书** Qián Zhōngshū 첸중슈: 학자 집안에서 출생한 저명한 문학가이자 학자 | 대표 저서: 소설 『위성(围城)』
- **李时珍** Lǐ Shízhēn 리스쩐: 명나라(明代)의 과학자이자 의약학자 | 대표 저서: 약학서 『본초강목(本草纲目)』
- **齐白石** Qí Báishí 치바이스: 중국화의 거장 | 인민 예술가 | 대표 저서: 『백석시초(白石诗草)』
- **金庸** Jīn Yōng 진용: 소설가이자 언론인 | 무협소설을 문학성과 대중성을 지닌 작품으로 격상시켰다는 평가를 받음 | 그의 소설을 연구하는 김학(金学)이라는 학문이 생길 정도로 존경을 받음
- **鲁迅** Lǔ Xùn 루쉰: 문학가이자 사상가 | 작품을 통해 중국의 현실을 고발 | 대표 저서: 『아큐정전(阿Q正传)』

(5) IT
- **腾讯** Téngxùn 텅쉰, Tencent
  중국 인터넷 서비스 업계에서 해당 이용자 수가 가장 많은 기업 중 하나 | SNS 서비스로는 QQ와 Wechat이 가장 유명함
- **微信** Wēixìn 웨이신, Wechat: 텅쉰(腾讯: Tencent) 회사가 만든 SNS 서비스 | 메신저 기능뿐 아니라 친구들의 근황을 알 수 있는 '朋友圈(친구 그룹)' 기능도 있음
- **阿里巴巴** Ālǐbābā 알리바바: 정식 명칭은 '알리바바 인터넷 기술 유한공사(阿里巴巴网络技术有限公司)' | 영어 교사였던 창립자 마윈(马云)이 18명의 직원과 함께 인터넷을 기반으로 설립한 중국 최대 전자상거래 회사

(6) 기타

- **四大发明** sì dà fāmíng 중국의 4대 발명: 나침반(指南针), 화약(火药), 인쇄술(印刷术), 제지술(造纸术)
- **旗袍** qípáo 치파오: 중국 청나라 시기(清代)에 유행하던 여성 전통 의상 | 원피스 모양
- **牡丹** mǔdān 모란: 중국 많은 도시의 시화(市花) | 인민폐에도 반영되어 있는 꽃
- **百合** bǎihé 백합: 중국에서 질병 치료나 음식 재료에 많이 활용됨
- **梅兰竹菊** méi lán zhú jú 매란죽국: 사군자인 '매화' '난초' '대나무' '국화'를 가리키는 표현 [한국에서는 '매란국죽'이라고 부름]

> **독해 3부분 '중국' 관련 내용 단골 표현**
>
> 有名 yǒumíng 유명하다 [= 著名 zhùmíng] | 四大…… sì dà …… 4대 ~
> 被称为 bèi chēngwéi ~로 알려지다, ~라고 불리다 | ……之一 ……zhī yī ~중의 하나
> 联合国教科文组织世界文化遗产 Liánhéguó Jiàokēwén Zǔzhī Shìjiè Wénhuà Yíchǎn
> 유네스코 세계 문화유산
> 非物质遗产 fēiwùzhì yíchǎn 무형 문화유산 | 被载入 bèi zǎirù ~에 등재되다
> 被评为 bèi píngwéi ~로 선정되다

4 관용어 및 속담

관용어나 속담은 글자만 봐서는 단번에 이해하기 어려운 경우가 많다. 미리 익혀 두어야 당황하지 않고 답을 찾을 수 있다. 관련 표현들을 얼마나 알고 있는지 확인해 보고 부족한 표현들을 공부해 보자.

어쩔 수 없이 ✦	无可奈何 wúkěnàihé | 不得已 bùdéyǐ | 只得 zhǐdé | 只好 zhǐhǎo 只能 zhǐnéng | 不得不 bùdébù
꼭 ~한 것은 아니다 ✦	不见得 bújiàndé | 未必 wèibì | 不一定 bùyídìng
세심하지 않다, 덜렁대다 ✦	粗心大意 cūxīn dàyì | 粗心 cūxīn | 大意 dàyì | 马马虎虎 mǎmǎhūhū 丢三落四 diūsān làsì
해고당하다 ✦	被炒鱿鱼 bèi chǎo yóuyú | 被解雇 bèi jiěgù | 被开除 bèi kāichú
결혼하다	吃喜糖 chī xǐtáng | 办喜事 bàn xǐshì | 喝喜酒 hē xǐjiǔ | 结婚 jiéhūn
고장이 나다 ✦	出毛病 chū máobing | 出故障 chū gùzhàng | 坏 huài 发生故障 fāshēng gùzhàng
웃음거리가 되다 ✦	闹笑话 nào xiàohua | 出洋相 chū yángxiàng | 出丑 chūchǒu
허풍 떨다, 큰소리치다	说大话 shuō dàhuà | 吹牛 chuīniú | 口气比力气大 kǒuqì bǐ lìqi dà 说空话, 唱高调 shuō kōnghuà, chàng gāodiào
(말이나 행동으로) 인사하다	打招呼 dǎ zhāohu
A가 B를 난처하게 하다 ✦	A 给 B 出难题 A gěi B chū nántí | A 给 B 添麻烦 A gěi B tiān máfan A 给 B 找麻烦 A gěi B zhǎo máfan
화내다	发脾气 fā píqi | 生气 shēngqì | 发火 fāhuǒ
겨우, 가까스로	好容易 hǎoróngyì | 好不容易 hǎobùróngyì | 很不容易 hěn bù róngyì 费很大力气 fèi hěn dà lìqi

밤을 새다 ✦	开夜车 kāi yèchē | 熬夜 áoyè [밤 늦게까지 자지 않는 것을 말함] 通宵 tōngxiāo [밤새도록 잠을 한숨도 자지 않는 것을 말함]
깔보다, 경시하다	小看 xiǎokàn | 小瞧 xiǎoqiáo | 瞧不起 qiáobuqǐ | 看不起 kànbuqǐ 轻视 qīngshì
보아하니, 보기에 ✦	看样子 kàn yàngzi | 看上去 kàn shàngqu | 看起来 kàn qǐlai | 看来 kànlái
듣자 하니	听说 tīngshuō | 据悉 jùxī | 据说 jùshuō
부부 ✦	两口子 liǎngkǒuzi | 夫妇 fūfù | 夫妻 fūqī
끝이 없다	没完没了 méiwán méi liǎo
장난하다, 놀리다 ✦	闹着玩儿 nàozhe wánr | 逗着玩儿 dòuzhe wánr | 开玩笑 kāi wánxiào
아첨하다, 비위를 맞추다 ✦	拍马屁 pāi mǎpì | 巴结 bājie
됐다, 그만해라	算了 suànle | 得了 déle | 好了 hǎole | 行了 xíngle
手 shǒu가 들어간 관용어	分手 fēnshǒu 헤어지다 | 好手 hǎoshǒu 숙련가, 전문가 拿手 náshǒu (어떤 기술에) 뛰어나다 | 有一手 yǒu yì shǒu 수완이 있다 露一手 lòu yì shǒu 솜씨를 보이다 | 露两手 lòu liǎngshǒu 솜씨를 보이다 打下手 dǎ xiàshǒu 거들다
아마도 (~일 것이다)	说不定 shuōbudìng | 说不准 shuōbuzhǔn | 没准儿 méizhǔnr | 恐怕 kǒngpà 大概 dàgài | 也许 yěxǔ | 可能 kěnéng
유행하다, 번창하다	流行 liúxíng | 红火 hónghuǒ | 火 huǒ | 热烈 rèliè | 热门儿 rèménr 时髦 shímáo | 时尚 shíshàng | 兴 xīng | 兴旺 xīngwàng
필요 없다	用不着 yòngbuzháo | 不需要 bù xūyào | 没必要 méi bìyào
자신이 있다	有把握 yǒu bǎwò | 有信心 yǒu xìnxīn | 有底儿 yǒu dǐr
인기 있다	吃香 chīxiāng | 走红 zǒuhóng | 受欢迎 shòu huānyíng
해가 서쪽에서 뜨다	太阳从西边出来 tàiyáng cóng xībiān chūlái
싼 게 비지떡이다 ✦	便宜没好货，好货不便宜 piányi méi hǎo huò, hǎo huò bù piányi 一分钱，一分货 yì fēn qián yì fēn huò

5 사자성어

 track 83

- **亡羊补牢** wángyáng bǔláo 소 잃고 외양간 고치다
- **塞翁失马** sàiwēng shīmǎ 새옹지마
- **狐假虎威** hújiǎhǔwēi 남의 권세를 빌어 위세를 부리다
- **画蛇添足** huàshé tiānzú 사족을 가하다, 쓸데없는 짓을 하다
- **拔苗助长** bámiáo zhùzhǎng 급하게 일을 서두르다 오히려 그르치다
- **不知不觉** bùzhī bùjué 자기도 모르는 사이에

- **粗心大意** cūxīn dàyì 부주의하다, 세심하지 못하다
- **独一无二** dúyī wú'èr 유일무이하다, 단지 하나 있다
- **恍然大悟** huǎngrán dàwù 문득 크게 깨닫다
- **门当户对** méndāng hùduì (혼인 관계에 있어서) 남녀 두 집안이 비슷하다
- **闷闷不乐** mènmèn búlè 마음이 답답하고 울적하다, 뜻대로 되지 않아 답답하고 즐겁지 않다
- **莫名其妙** mòmíngqímiào 영문을 모르다, 무슨 뜻인지 모르다
- **入乡随俗** rùxiāng suísú 로마에 가면 로마법을 따라야 한다, 지역 풍속에 적응하다
- **酸甜苦辣** suān tián kǔ là 신맛 단맛 쓴맛 매운맛, 살면서 겪는 온갖 경험
- **讨价还价** tǎojià huánjià 가격을 흥정하다, (담판을 지을 때) 논쟁을 거듭 벌이다
- **小心翼翼** xiǎoxīn yìyì 매우 조심스럽다, (행동이) 매우 신중하고 소홀함이 없다
- **一目了然** yīmù liǎorán 한 번 보고도 환히 알 수 있을 만큼 분명하다, 일목요연하다
- **异口同声** yìkǒu tóngshēng 이구동성, 여러 사람의 말이 한결같다

6 신조어

 track 84

- **白富美** báifùměi 엄친딸 [외모, 집안, 재력 어느 하나 빠지지 않고 완벽한 여성]
- **高富帅** gāofùshuài 엄친아 [집안도 좋고 몸매, 외모, 재력까지 모두 완벽한 남자]
- **车奴** chē'nú 차의 노예, 카푸어 [차량 구매 후 관리 및 유지 비용에 시달리는 사람]
- **房奴** fángnú 하우스푸어 [집을 구매했지만 과도한 대출 이자 때문에 빈곤하게 사는 사람들]
- **卡奴** kǎnú 신용카드의 노예 [신용카드를 돌려 막기 하거나 카드 빚에 찌들린 사람]
- **月光族** yuèguāngzú 월광족 [매달 자신의 월수입을 다 써 버리는 사람들을 이르는 말]
- **丁克族** dīngkèzú 딩크족 [아이를 낳지 않는 맞벌이 부부]
- **裸婚** luǒhūn 간소하게 결혼하다
- **富二代** fù'èrdài 재벌 2세 [엄청난 양의 재산을 물려받은 부유한 가정의 자녀]
- **铁饭碗** tiěfànwǎn 철밥통 [해고의 위험이 적고 고용이 안정된 직업]
- **乐活族** lèhuózú 로하스족 [건강·쾌락·환경 보호의 지속 발전 가능한 생활 방식을 주장하는 사람]
- **啃老族** kěnlǎozú 캥거루족 [부모에게 경제적으로 의존하는 젊은이들을 일컫는 말]
- **剩男 / 剩女** shèngnán / shèngnǚ 노총각 / 노처녀
- **拼车** pīn chē 카풀(을 하다)
- **追星族** zhuīxīngzú (스포츠 스타·가수·배우 등의) (사생)팬
- **网红** wǎng hóng 왕홍, **网络红人** (wǎngluò hóngrén 인터넷 스타)의 줄임말
- **粉丝** fěnsī 팬, 열성팬
- **手机软件** shǒujī ruǎnjiàn 휴대폰 어플
- **扫码** sǎomǎ QR코드나 바코드 등을 스캔하다

7 독해력을 높여 주는 문장부호

문장부호의 용법을 잘 파악해 두면 문맥을 이해하고, 중심 문장을 선별하는 데 큰 도움이 된다.

부호	설명 및 예문
" " 引号 yǐnhào 따옴표	화자나 다른 사람의 말을 직접 인용하거나, 특정 단어를 강조할 때 사용한다. 생소한 어휘가 강조되었을 때는 굳이 해석하지 말고 넘어가자. 昨天傍晚他打电话对我说："我的工作压力太大了，我受不了了，我要辞职。" 어제저녁 무렵 그가 나에게 전화를 걸어 말했다. "나 업무 스트레스가 너무 심해서 견딜 수가 없어. 나 그만 두려고 해." 当时他的事业做的不大，但是现在他已经是"大老板"了。 당시에 그의 사업은 크지 않았지만, 지금은 이미 '큰 사장님'이다.
; 分号 fēnhào 쌍반점	병렬 혹은 대비되는 두 개 이상의 절 사이에 쓴다. 中国有很多长假，一般劳动节休息五天；国庆节休息七天；春节有的公司甚至会休息十天。 중국은 긴 휴가가 많은데, 일반적으로 노동절에 5일 쉬고, 국경절에 또 7일 쉬고, 춘절에 어떤 회사는 심지어 10일을 쉰다.
( ) 括号 kuòhào 괄호	문장 안에서 주석적 성격의 말을 표시할 때 쓴다. 韩寒（1982年9月23日）出生于上海，是中国新一代青年作家。 한한[1982년 9월 23일]은 상하이에서 태어났고, 중국 신세대 청년 작가이다.
《 》 书名号 shūmínghào 책 이름표	책이나 영화, 글의 제목을 표시할 때 쓴다. 鲁迅先生在《新青年杂志》上首次发表了第一篇白话小说《狂人日记》。 루쉰 선생은 「신청년 잡지」에서 처음으로 백화소설 「광인일기」를 발표했다.
…… 省略号 shěnglüèhào 말줄임표	계속 열거되는 단어 등을 생략하거나 말을 줄일 때 쓴다. 我很喜欢中国的文化、历史、风俗…… 나는 중국을 매우 좋아하는데, 중국의 문화, 역사, 풍습 등을 좋아한다.
—— 破折号 pòzhéhào 줄표	부연 설명이나 화제의 전환을 나타낼 때 쓴다. 这是一个浪漫而美丽的国家——法国。 여기는 낭만적이고 아름다운 국가, 프랑스이다.
— 连接号 liánjiēhào 붙임표	서로 밀접한 뜻을 지닌 두 단어를 연결할 때 쓴다. 南北两极是地球上最寒冷的地方，气温低达零下20℃—50℃。 남극, 북극 양극은 지구상에서 가장 추운 곳으로, 기온은 영하 20℃부터 영하 50℃에 달한다.
· 间隔号 jiān'géhào 가운뎃점	외국인 또는 중국 소수 민족의 인명을 구분하거나 책 이름과 편, 장, 권 등을 나타낼 때 쓴다. 《中国大百科全书·语言文字卷》 「중국 백과사전·언어 문자권」

배운 내용 점검하기

1 人们往往只相信自己愿意相信的那一部分，而忽略了事实的真相到底是什么。这种做法只是一种自我欺骗，当不愿意相信的真相摆在我们面前时，往往难以接受，痛苦不堪。

★ 根据上文，下列哪项正确？
  A "只相信自己愿意相信部分"这种做法反而会让人痛苦
  B 忽略事实的真相有助于提醒自己真正想做什么
  C 只相信愿意相信的对健康有好处
  D 知道真相并难以接受很累但不痛苦

2 学习的时候不管遇到什么困难，都应该尽可能地想办法解决而不是放弃，为了找到对的方法我们可以和家人朋友交流，但最重要的是保持一个好的心态。

★ 上文主要告诉我们什么？
  A 如果想释放压力，就需要交新朋友
  B 在学习上遇到问题时不应该放弃
  C 和家人多交流能有助于健康
  D 放弃也是解决问题的一种方法

1 사람들은 종종 자신이 믿고 싶은 그 부분만 믿고, 사실의 진상이 도대체 무엇인지를 간과한다. 이러한 방식은 단지 일종의 자기기만으로, 믿고 싶지 않은 진상이 우리 앞에 드러났을 때, 늘 받아들이기 힘들고, 몹시 고통스럽다.

★ 윗글에 근거해 다음 중 옳은 것은?
A '자신이 믿고 싶은 부분만 믿는다'는 이 방법이 도리어 사람을 고통스럽게 만든다
B 사실의 진상을 간과하는 것은 자신이 정말 무엇을 하고 싶은지 일깨워주는 데 도움이 된다
C 믿고 싶은 것만 믿는 것은 정신 건강에 좋다
D 진상을 알게 되고, 받아들이기는 힘들지만 고통스럽지는 않다

往往 wǎngwǎng 튀 종종, 자주 | 部分 bùfen 명 (전체 중의) 부분, 일부분 | 而 ér 접 그리고 | 忽略 hūlüè 통 소홀히 하다, 등한시하다 | ★事实 shìshí 명 사실 | 真相 zhēnxiàng 명 진상, 실상 | 到底 dàodǐ 튀 도대체 | 做法 zuòfǎ 명 방식, 방법 | 自我 zìwǒ 대 자기 자신, 자아 | 欺骗 qīpiàn 통 속이다 | ★摆 bǎi 통 드러내다, 놓다 | 面前 miànqián 명 앞, 면전, 눈앞 | 难以 nányǐ 튀 ~하기 어렵다 | 接受 jiēshòu 통 받아들이다 | ★痛苦 tòngkǔ 명 고통, 아픔 형 고통스럽다, 괴롭다 | 不堪 bùkān 형 몹시 심하다 | ★项 xiàng 양 항목, 종목, 사항 | 正确 zhèngquè 형 올바르다, 정확하다 | ★方式 fāngshì 명 방식, 방법 | 有助于 yǒuzhùyú ~에 도움이 되다 | 提醒 tíxǐng 통 일깨우다 | 真正 zhēnzhèng 튀 정말로, 진짜로 | 好处 hǎochù 명 좋은 점, 이로운 점, 이점, 장점 [对A有好处: A에 좋다] | 并 bìng 접 또, 그리고

2 공부할 때 어떤 어려움에 부딪히든 반드시 최대한 방법을 생각해 해결해야 하지 포기하면 안 된다. 올바른 방법을 찾기 위해서 우리는 가족, 친구와 교류할 수 있지만, 가장 중요한 것은 좋은 심리 상태를 유지하는 것이다.

★ 윗글이 우리에게 주로 알려 주고자 하는 것은?
A 스트레스를 풀려면, 새로운 친구를 사귀어야 한다 B 공부하다가 문제를 맞닥뜨려도 절대로 포기해서는 안 된다
C 가족과 교류를 많이 하면 건강에 도움이 된다 D 포기도 문제를 해결하는 방법 중 하나이다

不管 bùguǎn 접 ~를 막론하고 [不管A都B: A를 막론하고 모두 다 B하다] | 困难 kùnnan 명 어려움 | 尽 jìn 튀 모두, 다, 전부 | 放弃 fàngqì 통 포기하다 | 方法 fāngfǎ 명 방법, 수단, 방식 | 家人 jiārén 명 가족 | 交流 jiāoliú 통 교류하다 | ★保持 bǎochí 통 유지하다, 지키다 | 心态 xīntài 명 심리 상태 | 交 jiāo 통 사귀다, 교제하다 | ★良好 liánghǎo 형 좋다, 양호하다 | ★心理 xīnlǐ 명 심리 | ★状态 zhuàngtài 명 상태 | 释放 shìfàng 통 (에너지 등을) 방출하다, 석방하다 | 压力 yālì 명 (주로 정신적·심리적인) 스트레스, 압력 [释放压力: 스트레스를 풀다]

정답 **1** A **2** B

STEP 3 실력 다지기

1~4

汪伦是唐朝的诗人，他年轻的时候住在安徽省桃花潭附近。他非常欣赏当朝的大诗人李白，一直想找机会和李白见面。

有一天，碰巧李白到安徽游览名山。汪伦心想：有什么方法可以结识李白呢？这时他突然想起李白有两大喜好：一爱桃花，二爱喝酒。于是他决定给李白写一封邀请信。信的内容是：先生好饮乎？此地有万家酒家。先生好游乎？此地有十里桃花。

李白收到了邀请信，认为信中所说正合自己心意，于是高兴地赶到了桃花潭去见汪伦。

两人见面后，李白说："我是特地来品尝万家酒家的酒，观赏十里桃花的。"此时，汪伦才告诉李白："万家酒家是指一家姓万的人开的酒店，十里桃花是指十里地外的桃花坡。"

李白这才发现自己上了汪伦的当，大笑不已，并称赞汪伦聪明。

后来，李白去了汪伦家做客多日，分别的时候，为了感谢汪伦的招待，李白特意写了一首诗——《赠汪伦》送给他。

1 汪伦为什么想认识李白？
  A 想做大官　　　　　　B 想得到李白的诗
  C 想去各地游览　　　　D 很欣赏李白

2 下列哪项属于李白的爱好？
  A 看京剧　　　　　　　B 看书
  C 喝酒　　　　　　　　D 写书法

3 得知上当以后，李白：
  A 毫不生气　　　　　　B 告别了汪伦
  C 很后悔　　　　　　　D 非常失望

4 根据上文，下列哪项正确？
  A 汪伦是清朝诗人　　　B 李白送给汪伦一首诗
  C 李白见到了万家酒家　D 汪伦没有收到邀请信

> 해설서 p.112

5~8

　　最近科学家发现，鸟儿的翅膀虽然不如飞机的机翼坚硬，但是由于它们能自由地伸展，因此比飞机更能够适应各种天气状况，特别是恶劣的天气。

　　在自然的启发下，科学家正着手研制可以变形弯曲的机翼。变形机翼的设计原理是：飞机在高速飞行的时候机翼能够略微向后收拢，以此能够减少飞行中受到的阻力，同时也能够减少遭遇气流时所带来的震动；而当飞机减速的时候，机翼又能够自动向前伸展，这样有助于飞机更快、更平稳地降落。

　　但要让机翼变形可不是一件容易的事，关键得找到一种受到外界刺激和空气压力后能够自动屈伸的智能材料。现在较适合的机翼材料是压电陶瓷和记忆合金。前者能够对温度、电压等多种环境因素的变化做出灵敏反应；而后者则能够使飞机机翼在某种空气环境中变为特殊的形状。

　　但是，科学家们也说，这种拥有灵活机翼的飞机至少还需25年的时间才可以研制成功。那时，飞机也将变得更加安全和舒适，能够像鸟儿一样在任何环境下自由飞翔。

5 鸟为什么能适应恶劣的天气？
　　A 飞行速度慢　　　　　　B 羽毛非常厚
　　C 翅膀能随意伸展　　　　D 体重重

6 使机翼变形的关键是什么？
　　A 天气状况　　　　　　　B 获得资金
　　C 找到合适的材料　　　　D 飞行员的驾驶技术

7 为什么机翼在飞机高速飞行时要向后收拢？
　　A 减小阻力　　　　　　　B 便于调整方向
　　C 节约能源　　　　　　　D 避免噪音

8 根据上文，下列哪项正确？
　　A 无人驾驶客机已经开始使用　　B 变形机翼造价非常高
　　C 鸟撞飞机破坏力极大　　　　　D 变形机翼还未研制出来

9~12

　　有一群大雁落在公园的湖边，它们打算先在这儿生活，等到秋天再飞往南方过冬。

　　公园里的游客见到大雁都非常惊喜，纷纷掏出鱼片、饼干等食物丢给它们。一开始大雁并不知道游客丢的是什么东西，所以"哗"的一声都吓跑了。日子久了，它们才尝试慢慢地靠近这些食物，并且品尝起来。

　　渐渐地，大雁们知道游客对它们没有威胁，只要一看见游客丢下食物，它们便一哄而上。时间久了，大雁就以游客丢的食物为生，一只只都长得圆滚滚的。

　　到了秋天，大雁还是过着十分安逸的生活。它们不再想去南方过冬，因为飞那么远太累了。

　　冬天来了，大雪下个不停，游客也日渐稀少。食物也越来越少，再加上冷风不断地从羽毛里透进去，大雁又饿又冷。有几只大雁试图飞往南方，但因寒冷的天气和沉重的身躯让它们没飞多远就又折了回来。

　　贪图安逸往往可能会因小失大。幸福是通过不断地奋斗和努力得来的，而不是靠别人的施舍才有的。

9 一开始面对游客给的食物，大雁：
　A 不敢吃　　　　　　　　B 很激动
　C 觉得高兴　　　　　　　D 很难过

10 大雁为什么不想回南方了？
　A 南方越来越冷　　　　　B 北方天气温暖
　C 南方空气不好　　　　　D 习惯了舒适的生活

11 根据第5段，下列哪项正确？
　A 大雁过得很艰苦　　　　B 所有大雁都飞到了南方
　C 大雁的羽毛非常耐寒　　D 大雁不怕冷

12 上文主要想告诉我们什么？
　A 遇事要乐观　　　　　　B 幸福要靠自己争取
　C 要善于把握机会　　　　D 要努力学习

13~16

　　有一名很成功的零售商，开了几十家大型超市。然而在经营的过程中，她发现了一个很奇怪的现象：超市中的导购员并不是越多越好，如果超过一定数量后再增加导购员的话，销售额反而会下降。怎么会是这样呢？经过半年多的观察，她终于找到了原因。

　　在她的超市里，导购员的工资与销售额成正比，谁负责的货区销售状况好，谁的收入就较高，因此每个导购员对进入自己"区域"的顾客都特别热情，要么不停地向顾客推荐、介绍商品，要么积极地为顾客拿放产品。按理说，导购员如此周到和细心的服务，应该是有利于销售的，可，零售商调查后发现，事实却恰恰相反。导购员的那种贴身式服务让许多顾客感到很不自在。这就大大削弱了顾客购买的热情、减少了顾客的回头率。

　　但为什么这种热情会引起顾客们的反感呢？其实答案非常简单，导购员过度的热情让顾客失去了购物时休闲、自由自在的感觉；这种导购员全程陪同的做法，还容易使人有被监视的感觉。如果超市里导购员过多的话，顾客很可能一进入超市就会被包围，完全失去了自由选择的空间和时间。这样的氛围减少了购物的愉悦感，顾客自然不愿意再去。

　　看来，"热情"也有两面性，如果运用得合适，就能拉近和别人的距离；但如果运用得不恰当，反而会把别人推得更远。

13 那个零售商发现了什么奇怪的现象？
　A 导购员以男性居多　　　　B 导购员不是越多越好
　C 人们更愿意去百货商店　　D 产品的销售量受季节影响

14 第2段中"回头率"的意思最可能是：
　A 商品的说明　　　　　　　B 商品使用率
　C 购买的人数　　　　　　　D 再次购买的次数

15 过度热情的导购员会让顾客感觉怎么样？
　A 不自由　　　　　　　　　B 很舒服
　C 很高兴　　　　　　　　　D 很难过

16 根据上文，导购员的工资与什么有关？
　A 工作经验　　　　　　　　B 工作时间
　C 销售状况　　　　　　　　D 年纪大小

17~20

　　苏扇是苏州的特产，包括绢宫扇、折扇和檀香扇三大类，统称为"苏州雅扇"。苏州雅扇制作技艺精良，非常受文人雅士的喜爱。

　　南宋时苏州就有人开始制作折扇。明代宣德年间开设了专门生产扇子的小规模作坊，并且出现了许多名扇，比如著名的乌折骨泥金扇。清代顺治年间，苏扇则成为皇家贡品，制扇业渐渐走向兴盛。

　　折扇因收时折叠而得名，又因使用时要撒开，所以又称"撒扇"。折扇的扇骨制作以变化丰富和精工细致而闻名，而打磨后的竹扇骨高雅古朴、匀细光洁。

　　檀香扇从折扇演变而来。檀香扇用檀香木制扇，散发出天然香味。而且，扇面还画有山水花鸟等图案，显得非常雅致宜人。

　　绢宫扇形状不同，主要有椭圆形、长方形、六角形、圆形等形状。扇面除了画有人物、山水、花鸟之外，还有名人题的诗句，古色古香，非常具有观赏性。

　　电扇和空调出现以后，扇子的重要性急剧下降。如今，苏州扇庄和经营苏州扇面骨的文玩店几乎消失。苏州本地制扇艺人只剩三四人，很多工艺已经面临失传的危机。

17 关于苏扇，下列哪项正确？
　A 工艺精良　　　　　　　　B 市场巨大
　C 以方形为主　　　　　　　D 观赏性不好

18 根据第2段，可以知道什么？
　A 清代苏扇质量极差　　　　B 南宋末出现折扇
　C 清代制扇业逐渐繁荣　　　D 苏扇在唐代已成为贡品

19 下列哪项属于檀香扇的特点？
　A 多用布制成　　　　　　　B 扇骨又粗又重
　C 扇面画没有人物图案　　　D 带有香味

20 最后一段主要谈的是什么？
　A 传统书画的发展　　　　　B 文玩店的出现
　C 苏扇的现状　　　　　　　D 制扇市场的未来

21~24

　　某个游乐园经过四年的施工，很快就要对外开放了，然而连接各个景点间的路线还没有制定出具体的方案。

　　负责设计此游乐园的建筑师曾解决过很多个建筑方面的难题，但是这次的路线设计却让他非常头疼。对于游乐园的路径方案，他已经修改了无数次，却没有一次可以让他满意的，为了找到灵感，建筑师决定出去散散心。当他的车路过一条乡间的小路时，他发现那儿漫山遍野全都是葡萄园，许多葡萄园主都在路边卖葡萄，但是过往的行人和车辆几乎没有停下来买的。

　　而当他的车驶进一个山谷时，发现那里有个没有人管理的葡萄园，人们只需要在路边的箱子里放些钱，就能摘一篮葡萄带走。据说这个葡萄园主是一个老奶奶，她因为行动不方便才想出了这个办法。起初她还很担心可否把葡萄卖掉，谁知在整个葡萄园区里，总是她园里的葡萄最先被卖完。这种任其选择、给人自由的做法令建筑师深受启发，于是他便马上调转车头，返回了自己的工作室。

　　回到工作室后，他赶快通知了游乐园的负责人：在园里撒上小草的种子并且提前开放了游乐园。没过多久，游乐园的空地都长满了小草。六个月后，草地被踩出很多小路，这些踩出的小路有宽有窄，十分自然。

　　第二年，建筑师按人们踩出的小道铺设了人行道，后来，该游乐园的道路设计被评为世界最优秀的设计。

21 建筑师为什么感到烦恼?
- **A** 园内的游玩项目过多
- **B** 游乐园的位置很远
- **C** 园内的道路没设计好
- **D** 举办开幕式的场地太小

22 关于老奶奶售卖葡萄的方式，正确的是:
- **A** 给人充分的自由
- **B** 买葡萄送红酒
- **C** 赚不到钱
- **D** 用报纸进行宣传

23 建筑师回到工作室后，做了什么决定?
- **A** 检查游乐设施
- **B** 提前开放游乐园
- **C** 9岁以下儿童免票
- **D** 听取游客的建议

24 根据上文，可以知道什么?
- **A** 游乐园晚上有演出
- **B** 游人可以在园内开车
- **C** 游乐园的路是踩出来的
- **D** 游乐园内有饭店

25~28

　　地球上最热的地方在哪儿呢？很多人都认为是赤道地区。其实不然，世界上有很多地方，比如非洲的撒哈拉大沙漠、中国的塔克拉玛干沙漠等等，白天的最高气温都超过了45℃。而赤道地区，尽管阳光的照射非常强烈，但是白天的气温很少超过35℃。

　　这是因为赤道附近大多都是海洋，一方面，海洋可以把太阳给它的热量传到深处；另一方面，海水蒸发时会消耗大量的热量，再加上海水的热容量大，水温的升高速度比陆地慢。因此，白天赤道附近的温度并不会急剧上升。

　　沙漠地区则完全不同了。那儿植物稀少、水资源十分短缺，几乎没有水分可以蒸发，而且沙子热容量较小、升温较快，热量不易向地表下层传递。因此，白天沙地表面会被太阳晒得滚烫，但下层的沙子却是冷冰冰的。在沙漠地区，每当太阳露面时，气温就会急剧上升，地表会开始发烫，而到了中午，更是骄阳似火，有时最高温度可达55℃。

　　另外，赤道上降雨要比沙漠地区多，几乎天天上午都会下雨，这样一来，下午赤道地区的温度便不会升得太高。而沙漠里经常是晴天，很少会下雨，阳光从早照到晚。所以，地球上最热的地方不是赤道，而是沙漠。

25 沙漠地区有什么特点：
   A 沙子热容量很大　　　　　　B 早晚温差大
   C 白天地表温度很高　　　　　D 水分不容易蒸发

26 根据上文，下列哪项正确：
   A 沙漠地区水资源丰富　　　　B 赤道地区植物种类多
   C 赤道地区降雨较多　　　　　D 沙漠地区温差最大

27 关于赤道地区，可以知道：
   A 气温升高较慢　　　　　　　B 平均温度30℃
   C 四季气候变化非常明显　　　D 非常干燥

28 上文主要谈什么？
   A 赤道缺水的原因　　　　　　B 植物的分布
   C 沙漠地区的气候　　　　　　D 沙漠比赤道更热的原因

29~32

　　一直以来，范仲淹都是以文学家的形象为大家所熟知，然而，他其实不但很有文学才华，还特别有经济头脑。

　　相传，范仲淹在杭州做官时，那儿发生了严重的饥荒，物价飞涨，当地的百姓生活非常困难。按照常理，官府此时就应运用行政手段来控制当地粮价。可范仲淹身为杭州主政官员，他不但不压低粮价，反而让当地的商贩提高粮价。人们都不理解他为什么要这么做。

　　结果，出人意料的事情发生了：因为杭州粮价上涨的消息传到了四面八方，很多外地粮商认为这有利可图，就都纷纷把大米运往杭州。没过多久，当地的粮食市场就饱和了，粮价也就随之回落了。这样一来，杭州的百姓最终顺利地度过了荒年。

　　这才是范仲淹的聪明之处。他所运用的这个规律，在经济学上被称为"纯粹竞争"，又叫"完全竞争"。是指商品的价钱全部受市场的调节，量少了价钱就走高，数量多了价钱就走低。范仲淹当时虽然不知道"纯粹竞争"这个词，但是他显然懂得这其中的道理。

29　物价飞涨时，官府一般会怎么做？
　　A 控制粮价　　　　　　　　　**B** 向外国借粮
　　C 增加税收　　　　　　　　　**D** 发粮食

30　根据第3段，下列哪项正确？
　　A 粮商捐了许多粮食　　　　　**B** 杭州的粮价最后降低了
　　C 杭州常常出现饥荒　　　　　**D** 范仲淹的提议未被采用

31　关于"完全竞争"，可以知道？
　　A 最早是由范仲淹提出的　　　**B** 物价受市场调节
　　C 不是公平竞争　　　　　　　**D** 损害了灾民利益

32　关于范仲淹，可以知道什么？
　　A 化解了杭州的粮食危机　　　**B** 善于听取官员的建议
　　C 一生都在苏州做官　　　　　**D** 因写诗而闻名于世

33~36

春天、万紫千红、百花怒放，但唯独没有黑色的花，这是为什么呢？

花的颜色是由光照和色素等条件决定的。当植物细胞液的色素为酸性时，开出的花便呈红色，酸性越强，花的颜色就越红；当植物细胞液的色素为碱性时，花便呈蓝色，而碱性较强时呈蓝黑色；而当细胞液的色素为中性时，花便呈紫色；如果植物细胞液里不含色素，则开出来的花呈白色。

平时我们看到的花多为白、橙、黄、红等颜色，这是因为这些花能够反射阳光中含热量较多的黄、红、橙三种颜色的光波，它们也因此避免了被太阳灼伤。在自然界中，不存在完全黑色的花。假如黑色的花存在，那它就会吸收阳光中的所有光波，导致自身快速升温，花的组织就会十分容易被破坏。

至于有时候我们所看到的"黑色的花"，实际上只是接近黑色的深紫色或者深红色的花。例如，在中国昆明世界园艺博览园里，有一种名叫老虎须的花，老虎须的花瓣基部长着数十条紫得发黑的细丝，是一种非常少见的"黑色花"。

33 下列哪项属于花色形成的决定性因素？
  A 雨水　　　　　　　　B 土地
  C 湿度　　　　　　　　D 色素

34 花儿是如何避免自身被灼伤的？
  A 改变内部组织结构　　B 反射含热量较多的光波
  C 缩短花期　　　　　　D 吸取养分

35 根据上文，可以知道什么？
  A 喜阴植物花色较浅　　B 黑色的花儿不存在
  C 花儿的细胞液多呈碱性　D 昆明没有老虎须

36 上文最可能来自哪种出版物？
  A《饮食杂志》　　　　B《世界娱乐》
  C《植物与自然》　　　D《人与动物》

37~40

　　1928年，胡适时任中国公学校长，经徐志摩的介绍，聘用了沈从文做讲师，让他主讲大学一年级的文学选修课。

　　当时的沈从文已在文坛上崭露头角，在社会上也是小有名气的人，因此还没到上课时间，教室里就已坐满了学生。而上课时间到了，沈从文一走进教室，就看到下边黑压压一片，心里却陡然一凉，脑子里也变得一片空白，就连准备了无数遍的第一句话也说不出来了。

　　他呆呆地站在那儿，面色十分尴尬，双手晃来晃去却无处可放。上课前他自以为成竹在胸，所以就没带教材和教案。整整15分钟，教室里都鸦雀无声，所有的学生都很好奇地等着他开口。沈从文深吸了一口气，心情慢慢平静了下来，他课前准备好的东西也重新在脑子里聚拢，然后就开始讲课了。但是由于他依然非常紧张，原本授课内容预计一小时讲完，可他只用了不到20分钟就讲完了。

　　接下来该怎么办呢？他再次陷入了窘境。无奈之下，他只好拿起粉笔在黑板上写道：今天是我第一次上课，见你们人太多，害怕了。

　　顿时，教室里爆发出了善意的笑声，随即响起一阵鼓励的掌声。

　　因为有了这次经历，在以后的课堂上，沈从文都会告诫自己别紧张，慢慢地，他开始在课上变得从容起来。

37 沈从文没拿材料，是因为他觉得：
　　A 自己准备得很充分　　B 讲课内容很少
　　C 这样可以减轻压力　　D 材料限制自己的发挥

38 看见沈从文写的那句话，学生们：
　　A 生气地离开了教室　　B 很受鼓舞
　　C 表示理解并鼓励了他　　D 非常讨厌他

39 第2段中，"黑压压一片"指的是：
　　A 房间很暗　　B 听课的人多
　　C 没有学生　　D 教室很大

40 上文主要谈的是：
　　A 沈从文第一次讲课时的情景　　B 沈从文如何从教师转变为诗人
　　C 紧张时应怎样做　　D 中国社会的发展

41~44

　　周信芳是一名京剧大师，他因早年登台演出的时候嗓音高亮而闻名。冬日里的一天，周信芳早起到院子里练功时，一张口："一马离了……"发现自己的嗓音突然变得非常沙哑。他十分疑惑，又试着唱了几句，结果还是如此。他想，也许是因为昨天着凉了，于是他决定先休息几天。

　　但是过了好几天，周信芳的嗓子仍然未恢复正常。他这才慌了神，赶忙去找自己的前辈吕月樵。吕月樵一听便知道了，安慰他说："不用慌，你这是倒仓了。"原来，在京剧界中把男性青春期的变声叫做倒仓，这期间，男性的声音会变得十分低粗暗哑。有的人会因为倒仓以后不能恢复原来的嗓音而变得一蹶不振，也有的人在度过这段时期以后反而能拥有更为理想的嗓音。

　　解除了心中的疑惑之后，周信芳更注意饮食了，每天坚持喊嗓锻炼，过了很长时间，他的嗓音总算有了一些好转，但未能恢复到原有的高亮状态，声音始终带有一丝沙哑。很多人都担心他的京剧生涯会因此结束，但他并不灰心，而是在分析了自己的嗓音条件以后，最终决定采用讲究气势的唱腔，并且尤其注重对角色感情的研究。经过自己长期的探索，周信芳不仅没有因倒仓受到限制，反而形成了他独特的唱腔风格，并且最终创建了一个在京剧老生中的重要流派——麒派。

41 周信芳最开始为什么有名？
- A 嗓音高亮
- B 诗写得好
- C 表演非常生动
- D 精通书法

42 根据第2段，下列哪项正确？
- A 倒仓后得长期休息
- B 周信芳未获奖
- C 吕月樵带他去看了医生
- D 倒仓一般发生在青春期

43 第3段主要谈的是：
- A 后人对周信芳的信任
- B 京剧的学习方法
- C 周信芳倒仓后的表现
- D 周信芳的青春期

44 最适合做上文标题的是：
- A 周信芳的影响力
- B 巧用嗓音，成就大师
- C 倒仓是医学难题
- D 周信芳的好朋友

45~48

　　以前，经常有乘客会抱怨等待行李的时间太长，为此，机场的工作人员十分头疼。

　　为了解决这个问题，有一个机场增派了更多行李员，将等待行李的时间缩短到了9分钟。工作人员原本以为这样做就能有效地平复乘客们的情绪，可是令他们意外的是，乘客们的抱怨并没有因此而减少。

　　机场工作人员只好向一位著名的管理学家求助。管理学家经过调查之后发现，乘客取行李的时间是由两部分组成的，即走到行李提取处的时间与等待取行李的时间。前者大约只要1分钟，但后者却要将近8分钟。这也就是说，乘客们的时间几乎都花在了无所事事的等待上。

　　这位管理学家由此提出了一个解决方案：增加行李到机舱出口的距离。这样一来，虽然乘客们去取行李的时候会比之前多走大约6分钟，但是走到行李提取处以后，却只需要等待大约两分钟就可以拿到自己的行李。

　　这个新方案施行以后，便取得了<u>立竿见影的成效</u>，很少有乘客再因取行李时等待的时间太长而抱怨或者投诉。其实，新方案并未缩短取行李的总时长，它只是将走到行李提取处的时间及等待取行李的时间进行了调整而已。这一调整使乘客把大多数的等待时间花在了走路上，而走路和站着等待相比，时间似乎过得也更快，乘客们的心理时间被缩短了，他们的抱怨也自然就减少了。

45 乘客为什么经常抱怨?
　　A 取行李时要等很久　　B 行李总是丢失
　　C 机场服务太差　　　　D 航班经常延误

46 关于管理学家所提出的方案，可以知道：
　　A 未被机场批准　　　　B 增加了乘客走路的时间
　　C 增派更多行李员　　　D 增加了取行李的手续

47 最后一段中画线部分的意思最可能是：
　　A 新方法被运用　　　　B 有矛盾的说法
　　C 传播范围很广　　　　D 立刻产生明显的效果

48 最适合做上文标题的是：
　　A 乘客的问题　　　　　B 管理学家的责任
　　C 你今天运动了吗　　　D 9分钟的分配

제1부분 제시어를 어순에 맞게 배열하기 [총 8문항]
제2부분 제시어를 사용해 80자 내외로 작문하기
제시된 사진을 보고 80자 내외로 작문하기 [총 2문항]

저자 특강

• 출제 경향 •

제1부분
동사 술어문, 형용사 술어문처럼 중국어의 기본적인 어순만 알아도 풀 수 있는 문제부터, 把자문, 被자문, 비교문, 연동문, 겸어문 등 특수한 문형까지 알아야 하는 문제도 출제된다. 더 나아가, 세부적인 출제 포인트로 등장하는 핵심 유형은 '정도보어, 결과보어, 수량사, 부사어' 등이 있다.

* 쓰기 제1부분에서 접속사는 4년에 1회 출제될 정도로 출제 비중이 미미하지만 듣기, 독해, 쓰기 제2부분에서 매우 유용하게 활용되므로 반드시 숙지해야 한다.

제2부분
- **제시어 작문**: 5개의 제시어가 기본적으로 5급 필수 어휘 내에서 자주 출제된다. '일상생활' 관련 제시어의 출제 비중이 가장 높고, 그다음으로는 '학교/직장' 관련 제시어도 꾸준히 출제되고 있다. 출제 범위가 매우 넓어서, 평소에 빈출 제시어를 중심으로 짝꿍 어휘를 함께 알아 두어야 한다.
- **사진 작문**: 일상생활, 취미, 금지 등 다양한 사진들로 출제된다. 실생활에서 접하게 되는 상황이나 모습이 사진으로 제시되는 '일상' 유형의 출제 비율이 가장 높다.

실전! 문제 형식 및 공략법 한눈에 보기

"기본 뼈대를 잡자"

第 一 部 分

第46~49题：完成句子。

46. 在图书馆、想、不、我、学习

정답 및 해설 ▶ 본서 p.148

문제 풀이 순서

STEP 1
문장의 주어와 술어를 확인하자.

STEP 2
부사어도 어순이 있다.
부사어의 어순: 부사+조동사+개사구의 순서를 기억해서 배열하자.

"잘 알고 있는 표현 위주로 활용! 문장 부호는 알맞게"

第 二 部 分

第50~51题：写短文。

50. 请结合下列词语(要全部使用)，写一篇80字左右的短文。
    婚礼、彼此、祝福、热闹、亲戚

51. 请结合这张图片写一篇80字左右的短文。

정답 및 해설 ▶ 본서 pp.326~328, pp.340~341

★ 술어 앞에는 '부사어', 주어나 목적어 앞에는 '관형어'를 추가해 내용이 풍부해지도록 한다.
★ '접속사' 또는 '관용 표현'을 적절히 활용해 문장의 연결이 매끄럽게 이어지도록 한다.
★ 자신의 경험을 비추어 이야기를 만들다가 너무 깊게 파고들어 시간/분량 조절에 실패하거나 논리성을 잃지 않도록 주의해야 한다.

문제 풀이 순서

STEP 1
제시어/사진 확인 후, 글의 방향 정하기 & 짝꿍 단어 떠올리기

익숙한 소재 → 일상적인 경험 [이야기 형식]
익숙하지 않은 소재 → 본인의 생각, 주장 [논설문 형식]

STEP 2 뼈대잡기

'잘 아는 단어' '사진과 직관적으로 관련된 단어'를 중심으로, 이를 어떤 주제로 풀어 쓸지 먼저 '한국어'로 구상한다.

STEP 3 작문하기

'도입-전개-마무리' 세 단계로 윤곽을 잡자.

도입 : 경험, 상황, 계획, 특정 사건이나 사물에 대한 생각 [1문장]
전개 : 구체적인 내용이나 설명 또는 근거 [1~2문장]
마무리 : (글의 성격에 따라) 희망, 바람, 다짐, 결과, 생각, 주장 [1문장]

* '육하원칙'을 갖추어 글을 구성하면 체계적으로 분량을 채울 수 있다

쓰기 공부 비법

🕐 쓰기 영역 시험 시간 **약 40분**

쓰기 제1부분 중국어의 기본 문형 및 특수 구문 어순을 숙지하고, 짝꿍 어휘와 개사구를 활용한 고정격식 등을 알아 두자.

쓰기 제2부분 어휘의 뜻과 용법을 정확하게 파악하고, 주요 고정격식을 활용해서 작문하는 연습을 하자.

01 품사 · 문장성분

쓰기 제1부분

Day 01

STEP 1 유형 파악하기

◆ 쓰기 제1부분에는 주어진 낱말들을 배열해 하나의 문장으로 완성하는 문제가 출제된다. 중국어 어법의 기초가 되는 품사 및 문장성분을 정확히 숙지해야만 어순에 맞게 각 낱말들을 배열할 수 있다.

◆ 중국어의 기본 어순은 '주어+술어+목적어'이다. 가장 먼저 술어를 파악하고, 주어와 목적어를 찾아 문장의 뼈대를 완성하는 것이 중요하며, 문장의 기본 뼈대를 정확히 세워야만 수식 성분인 부사어, 관형어, 보어를 정확한 자리에 배열할 수 있다.

● 제1부분 예제

| 在图书馆 | 想 | 不 | 我 | 学习 |

정답&풀이

[부사어 어순: 부사+조동사+개사구]

대사	부사 조동사	개사+명사	동사
我	不 想	在图书馆	学习。 나는 도서관에서 공부하고 싶지 않다.
주어	부사어		술어

STEP 1 문장의 술어는 동사 '学习'밖에 없다. 부사어의 어순 '부사+조동사+개사구'에 따라 '不想在图书馆'이 술어 앞에 위치한다.

STEP 2 인명을 나타내는 대사 '我'가 문장의 주어가 된다.

想 xiǎng 조동 ~하고 싶다 | 在 zài 개 ~에서 | 图书馆 túshūguǎn 명 도서관 | 学习 xuéxí 동 배우다, 공부하다, 학습하다

STEP 2 내공 쌓기

1 품사

단어의 성격[기능, 형태, 의미]에 따라 모아 분류한 것을 품사라고 한다. 중국어의 품사는 총 13개이다.

명사	사람이나 사물의 명칭을 나타냄 汉语 Hànyǔ 중국어 | 国家 guójiā 국가 | 书 shū 책 | 教室 jiàoshì 교실
대사	인칭대사: 사람이나 사물을 대신함 我 wǒ 나 | 您 nín 당신 | 它 tā 그것 | 咱们 zánmen 우리 | 人家 rénjia 다른 사람 지시대사: 사람이나 사물, 장소, 시간, 방식 등을 구분함 那 nà 그, 저 | 那儿 nàr 거기, 저기 | 那样 nàyàng 그렇게, 저렇게 | 那些 nàxiē 저것들

	의문대사: 의문을 나타냄
	哪里 nǎli 어디 | 为什么 wèi shénme 왜, 어째서 | 怎样 zěnyàng 어떻게
동사 ✦	동작동사: 동작이나 행위를 나타냄
	喝 hē 마시다 | 生产 shēngchǎn 생산하다 | 打 dǎ 치다 | 表演 biǎoyǎn 연기하다
	심리활동동사: 심리 상태를 나타냄
	感谢 gǎnxiè 감사하다 | 喜欢 xǐhuan 좋아하다 | 希望 xīwàng 바라다 | 关心 guānxīn 관심을 갖다
	관계동사: 주어와 목적어의 관계를 나타냄
	叫 jiào 부르다 | 是 shì ~이다 | 有 yǒu 있다 | 像 xiàng ~와 같다
조동사 [=능원동사]	가능, 바람, 필요 등을 나타내는 동사
	应该 yīnggāi 마땅히 ~해야 한다 | 得 děi 꼭 ~해야 한다 | 肯 kěn 기꺼이 ~하다
형용사 ✦	성질형용사: 대상의 성질을 나타냄
	好 hǎo 좋다 | 坏 huài 나쁘다 | 漂亮 piàoliang 예쁘다 | 干净 gānjìng 깨끗하다 | 伟大 wěidà 위대하다
	상태형용사: 사람이나 사물의 상태를 나타냄
	雪白 xuěbái 눈처럼 희다 | 漆黑 qīhēi 칠흑 같다, 새까맣다 | 飞快 fēikuài 재빠르다
수사	기수: 수량의 크기를 나타냄
	一 yī 일(1) | 十 shí 십(10) | 百 bǎi 백(100) | 千 qiān 천(1,000) | 万 wàn 만(10,000)
	서수: 순서를 나타냄
	第一 dì yī 첫 번째 | 第三 dì sān 세 번째 | 头一回 tóu yì huí 처음
양사	명량사: 사람이나 사물의 수량을 셈
	位 wèi 분, 명 [사람을 셀 때 쓰임] | 件 jiàn [일, 안건, 공문 등을 셀 때 쓰임] | 张 zhāng [종이, 책상 등을 셀 때 쓰임]
	동량사: 동작의 횟수를 셈
	遍 biàn 번, 회 [동작의 시작부터 끝까지의 전 과정을 셀 때 쓰임] | 顿 dùn [식사, 질책 등의 횟수를 셀 때 쓰임]
	시량사: 동작의 지속 시간을 셈
	分钟 fēnzhōng 분 | 小时 xiǎoshí 시간 | 天 tiān 일 | 星期 xīngqī 요일 | 年 nián 년
부사 ✦	정도부사: 상태나 성질이 어느 정도인지를 나타냄
	很 hěn 매우 | 十分 shífēn 아주 | 非常 fēicháng 대단히 | 相当 xiāngdāng 상당히
	시간부사: 동작이나 상태에 대한 시간적 의미를 나타냄
	就 jiù 바로 | 才 cái 겨우, 비로소 | 已经 yǐjīng 이미, 벌써 | 立刻 lìkè 즉시, 당장
	부정부사: 동작이나 상태를 나타내는 술어 앞에 쓰여 부정의 의미를 나타냄
	不 bù [부정을 나타냄] | 没 méi [과거의 경험, 사실 등을 부정함] | 勿 wù ~하지 마라
	빈도부사: 동작이 반복되는 횟수나 상황을 나타냄
	也 yě ~도 역시 | 常常 chángcháng 자주 | 纷纷 fēnfēn 잇달아 | 再三 zàisān 여러 번
	어기부사: 긍정, 추측, 강조, 의문 등, 말하는 이의 다양한 어기·어투를 나타냄
	到底 dàodǐ 도대체 | 恐怕 kǒngpà 아마 ~일 것이다 | 难怪 nánguài 어쩐지
	범위부사: 사람이나 사물, 사건 혹은 동작의 범위를 나타냄
	一共 yígòng 모두 | 一起 yìqǐ 함께 | 总共 zǒnggòng 모두, 전부

	상태부사: 상황의 상태나 동작의 방식을 묘사함 突然 tūrán 갑자기	逐渐 zhújiàn 점점, 점차	仍然 réngrán 여전히, 아직도
개사 ✦	동작이나 상황이 벌어지는 시간, 장소를 나타낼 때, 동작의 대상을 이끌어 낼 때, 동작의 방향, 원인, 목적, 방식 등을 이끌어 낼 때 쓰임 从 cóng (출발점) ~에서부터	离 lí (기준점) ~로부터	在 zài (시간/장소) ~에서 给 gěi ~에게	对 duì ~에 대하여	关于 guānyú ~에 관해 向 xiàng ~를 향하여	为 wèi ~ 때문에	用 yòng ~로
접속사 ✦	단어와 단어, 구와 구, 절과 절, 문장과 문장을 연결할 때 쓰임 A和B A hé B A와 B 不但A而且B búdàn A érqiě B A뿐만 아니라 게다가 B하다 尽管A，但是B jǐnguǎn A, dànshì B 비록 A하지만 B하다 假如A，就B jiǎrú A, jiù B 만약 A라면 B하다 因为A所以B yīnwèi A suǒyǐ B A이기 때문에 B하다 宁可A也不B nìngkě A yě bù B 차라리 A할지언정 B하지는 않겠다 为了 wèile ~를 하기 위하여
조사	**구조조사**: 어법 관계를 나타냄 的 de 관형어 뒤에 쓰여, 관형어와 중심어가 일반적인 수식 관계임을 나타냄 [的 + 명사/대사] 地 de 부사어로 쓰이는 단어나 구 뒤에 쓰여, 그 단어나 구가 동사 또는 형용사와 같은 중심어를 수식하고 있음을 나타냄 [地 + 동사/형용사] 得 de 술어 뒤에서 술어의 정도 혹은 행위의 가능이나 허락을 표시함[정도보어, 가능보어로서의 역할] [得 + 정도보어/가능보어] **동태조사**: 동작의 상태를 나타냄 了 le [동작의 완료, 완성을 나타냄]	着 zhe [동작의 진행, 지속을 나타냄]	过 guo [경험이나 동작의 완료를 나타냄] **어기조사**: 어기를 나타냄 啊 a [구절 끝에 쓰여 어기를 도움]	吗 ma [의문의 어기를 표시함] 吧 ba [제의, 부탁, 명령, 재촉 등의 어기를 나타냄]	了 le [어떤 상황이 변했거나 변할 것임을 나타냄]
의성사	사물이나 동작, 자연의 소리를 모방함 哈哈 hāhā 하하 [웃음소리]	咚咚 dōngdōng 쿵, 탕탕 [무거운 물건이 땅에 떨어지거나 문 두드리는 소리]
감탄사	누군가를 부르거나 놀람, 감탄 등을 나타냄 喂 wéi 여보세요	哎呀 āiyā 어이쿠

> **단어 vs. 구 vs. 절**
> - **단어**: 최소한의 의미를 가지고 독립적으로 쓰일 수 있는 가장 작은 언어 단위 → 喜欢，去，学校
> - **구**: 최소 두 개 이상의 단어가 모여서 하나의 역할을 하는 것 → 跟朋友，去学校
> - **절**: 두 개 이상의 단어가 모여 문장의 일부를 구성하며, 절 자체에 주어부와 술어부가 있는 복문을 구성하는 단문
>   → 她说小王他很帅。

2 문장성분

문장 안에서 단어가 하는 역할을 문장성분이라고 한다. 중국어에서 문장성분은 '주어, 술어, 목적어, 관형어, 부사어, 보어'로 총 6개이다. 기본 성분은 '주어, 술어, 목적어'이고, '관형어, 부사어, 보어'는 수식 성분이다. 일반적으로 '조사[的, 地, 得, 了, 着, 过 등]'는 문장성분에 포함하지 않는다.

주어 **主语** zhǔyǔ	문장의 주체가 되는 문장성분으로, 주로 명사나 대사가 주어가 됨 姐姐喜欢看电影。 언니는 영화 보는 것을 좋아한다. → 주어: 명사 姐姐 他决定去中国留学。 그는 중국으로 유학 가기로 결정했다. → 주어: 대사 他
술어 **谓语** wèiyǔ	주어의 행동이나 상태를 나타내는 문장성분으로, 주로 동사나 형용사가 술어가 됨 朋友去中国旅行。 친구는 중국 여행을 간다. → 술어: 동사 去 这件衣服很漂亮。 이 옷은 정말 예쁘다. → 술어: 형용사 漂亮
목적어 **宾语** bīnyǔ	동작이나 행동의 대상을 나타내는 문장성분으로, 동사 뒤에 위치함 주로 대사나 명사가 목적어로 쓰이지만, 동사에 따라 동사(구), 형용사(구), 주술구 등도 목적어로 올 수 있음 妈妈批评我。 엄마가 나를 꾸짖는다. → 목적어: 대사 我 她学习英语。 그녀는 영어를 공부한다. → 목적어: 명사 英语
관형어 **定语** dìngyǔ	주어나 목적어를 수식하는 문장성분으로, 소속, 성질, 수량을 나타냄 수식하는 대상 앞에 주로 위치하며, 관형어 뒤에 구조조사 '的'가 종종 쓰임 수량사, 대사, 명사, 형용사, 동사 및 각종 구가 관형어로 쓰임 我的孩子在家玩了电脑。 나의 아이는 집에서 컴퓨터를 했다. → 관형어: 대사 我 我终于取得了好成绩。 나는 마침내 좋은 성적을 얻었다. → 관형어: 형용사 好
부사어 **状语** zhuàngyǔ	술어나 문장 전체를 수식하는 문장성분으로, 시간, 장소, 정도, 방식, 상태 등을 나타냄 수식하려는 대상 앞에 주로 위치하며, 부사어 뒤에는 구조조사 '地'가 종종 쓰임 부사, 형용사(+地), 동사, 조동사, 대사, 개사구, 시간명사, 장소명사 등이 부사어로 쓰임 我从来没跟她见过面。 → 부사어: 从来[부사]+没[부사]+개사구[跟她] 나는 그녀와 지금까지 만난 적이 없다. 昨天我坐飞机去了上海。 → 부사어: 昨天[시간명사] 어제 나는 비행기 타고 상하이에 갔다.
보어 **补语** bǔyǔ	술어 뒤에서 구체적인 내용[정도, 결과, 방향, 가능, 수량 등]을 나타냄 주로 동사, 형용사, 수량사, 개사구 등이 보어로 쓰임 看完了 다 봤다 → 보어: 동사 完 我等了两个小时。 나는 두 시간 기다렸다. → 보어: 수량사 两个小时

旅行 lǚxíng 동 여행하다 | 批评 pīpíng 동 꾸짖다 | 英语 Yīngyǔ 고유 영어 | 取得 qǔdé 동 얻다 | 上海 Shànghǎi 고유 상하이

3 품사 vs. 문장성분

구분	품사	문장성분
종류	명사, 대사, 동사, 조동사, 형용사, 수사, 양사, 부사, 개사, 접속사, 조사, 의성사, 감탄사	주어, 술어, 목적어, 관형어, 부사어, 보어
특징	단어가 문장의 어느 곳에 위치하든 단어의 품사는 변하지 않음	문장에서 놓인 위치에 따라 역할이 변함

비교	예를 들어, 대사 '我'는 '주어, 관형어, 목적어'가 될 수 있다.

我	最	喜欢	春节
주어	부사어	술어	목적어

나는 춘절을 가장 좋아한다.

春节	是	我最喜欢的	节日
주어	술어	관형어+的	목적어

춘절은 내가 가장 좋아하는 명절이다.

春节时	朋友	来	看	我
부사어	주어	술어1	술어2	목적어

춘절에 친구가 나를 보러 온다.

단, 한 단어가 2개 이상의 품사를 갖는 경우도 있다.
예) 罚款 fákuǎn 동 위약금을 물리다, 벌금을 부과하다
　　　　　　명 위약금, 벌금, 과태료

4 어순

(1) 중국어 문장의 기본 어순은 '주어+술어+목적어'이다.

주로 명사 또는 대사가 '주어' 또는 '목적어' 역할을 하고, 동사 또는 형용사가 '술어' 역할을 한다.

他	学习	汉语
주어	술어	목적어

그는 중국어를 공부한다.

(2) 관형어 + 주어 / 관형어 + 목적어

주어와 목적어 앞에 관형어가 올 수 있다.

对中国感兴趣的	他	学习	充满魅力的	汉语
관형어+的	주어	술어	관형어+的	목적어

중국에 관심이 있는 그는 매력 넘치는 중국어를 공부한다.

★充满 chōngmǎn 동 넘치다, 충만하다 | ★魅力 mèilì 명 매력

(3) 주어 + 부사어 + 술어

일반적으로 부사어는 주어와 술어 사이에 온다.

他	认真地	学习	汉语
주어	부사어+地	술어	목적어

그는 열심히 중국어를 공부한다.

일부 시간명사나 개사구 부사어는 주어 앞, 뒤에 놓이기도 한다.

在图书馆	她	借了	两本书
부사어	주어	술어+了	관형어+목적어

도서관에서 그녀는 책 두 권을 빌렸다. → 부사어+주어

她	在图书馆	借了	两本书
주어	부사어	술어+了	관형어+목적어

그녀는 도서관에서 책 두 권을 빌렸다. → 주어+부사어

(4) 술어 + 보어

보어는 술어 뒤에 쓰여 술어의 '정도, 결과, 방향, 가능, 수량' 등을 보충 설명한다.

他	学	到	很多	生词
주어	술어	보어	관형어	목적어

그는 많은 단어를 배웠다.

生词 shēngcí 명 새 단어

(5) (부사어)+(관형어)+주어+(부사어)+술어+(보어)+(관형어)+목적어

기본 어순 '주어+술어+목적어'를 뼈대로 하여, '부사어, 관형어, 보어'가 각 성분을 수식해 문장을 보다 풍성하게 하는 역할을 하며, 대부분의 중국어 어순은 이를 크게 벗어나지 않는다.

명사	대사+조사	명사	부사	동사	동사	조사	형용사+조사	명사
昨天	我的	朋友	已经	下载	完	了	所有的	电视剧。
부사어	관형어+的	주어	부사어	술어	보어	了	관형어+的	목적어

어제 내 친구가 이미 모든 드라마를 다운로드했다.

★ **下载** xiàzài 통 다운로드하다 | **所有** suǒyǒu 형 모든 | **电视剧** diànshìjù 명 드라마

STEP 3 실력 다지기

Day 01

문장 위에 단어 각각의 품사를 적고, 아래에는 문장성분을 적어 보세요.

1 昨天他已经做完了所有的作业。

2 他们比较喜欢咸的菜。

3 她的学习成绩非常优秀。

4 学校对我们的要求不高。

5 我有最贵的苹果手机。

6 博物馆禁止人们拍照。

7 那家公司去年就已经破产了。

8 这些学生的实力非常强。

해설서 p.138

쓰기 제1부분 02 동사

Day 02

STEP 1 유형 파악하기

◆ 어순 배열의 첫 단추는 '술어 찾기'이다.

◆ '동사[술어]+목적어' 어순 배열 관련 문제가 매 회 2~3문제는 출제된다. 서로 호응하는 '동사[술어]+목적어'를 짝꿍 표현으로 함께 기억해 두자.

◆ 동사가 술어 역할을 할 때, 일반적으로 명사나 대사를 목적어로 취하지만, 동사에 따라 '동사(구), 형용사(구), 절' 등 다양한 형태의 목적어를 취하기도 한다.

● 제1부분 예제

介绍了	主持人	的嘉宾	出席闭幕式

정답&풀이

[동사+了]

명사	동사+조사	동사+명사	조사+명사
主持人	介绍了	出席闭幕式	的嘉宾。
주어	술어+了	관형어	的+목적어

사회자가 폐막식에 참석한 게스트를 소개했다.

STEP 1 동태조사 '了'가 결합한 동사 '介绍'가 술어이다.

STEP 2 문맥상 명사 '主持人'이 행위의 주체인 주어가 되고, 명사 '嘉宾'은 행위의 대상인 목적어가 되는 것이 적절하다. 제시어 '的嘉宾'은 조사 '的'와 결합해 있으므로, 남은 제시어인 '出席闭幕式'가 앞에 위치해 관형어 역할을 한다.

主持人 zhǔchírén 명 사회자, 진행자, MC | ★出席 chūxí 동 참석하다 | 闭幕式 bìmùshì 명 폐막식 | ★嘉宾 jiābīn 명 귀한 손님, 귀빈, 내빈 [여기서는 '게스트'의 의미]

 동태조사 '了' '着' '过'가 뒤에 붙은 동사는 일반적으로 문장의 술어가 될 확률이 높다. 술어를 찾을 때는 동태조사를 먼저 찾아 보자!

STEP 2 내공 쌓기

1 동사의 종류

동사는 '동작, 행위, 감정, 변화, 소실, 발전, 판단, 존재, 소유'를 나타내는 품사이다. 나타내는 의미에 따라 '동작동사' '심리활동동사' '관계동사'로 분류할 수 있다.

동작동사	동작이나 행위를 나타내는 동사 发表 fābiǎo 발표하다 | 跑 pǎo 달리다 | 安装 ānzhuāng 설치하다 丽丽明天要**发表**毕业论文。 리리[丽丽]는 내일 졸업논문을 발표하려고 한다.

심리활동동사	기분, 심리 상태를 나타내는 동사 → 정도부사의 수식을 받을 수 있음 伤心 shāngxīn 상심하다 | 讨厌 tǎoyàn 싫어하다 | 想念 xiǎngniàn 그리워하다 我希望你别为这件事**伤心**。 나는 당신이 이 일 때문에 상심하지 않기를 바랍니다.
관계동사	문장에서 주어와 목적어 사이의 관계를 나타내는 동사 是 shì ~이다 | 有 yǒu 있다 | 像 xiàng ~와 같다 她**是**我的汉语老师。 그녀는 나의 중국어 선생님이다.

毕业 bìyè 명 졸업 | ★论文 lùnwén 명 논문

2 동사의 특징

(1) 동사가 술어 역할을 할 때에는 일반적으로 목적어를 다양한 형태로 가져온다.

① 동사 + 명사/대사

대부분의 동사는 명사 또는 대사를 목적어로 취한다.

看表演 공연을 보다 → 동사+명사   怀疑他 그를 의심하다 → 동사+대사

表演 biǎoyǎn 명 공연, 연기 | 怀疑 huáiyí 동 의심하다

② 동사 + 동사(구)/형용사(구)

일부 동사는 동사(구)나 형용사(구)를 목적어로 취한다.

开始雪 (×) → 开始下雪 (○) 눈이 내리기 시작하다 → 开始+동사구
感到他 (×) → 感到安静 (○) 조용함을 느끼다 → 感到+형용사

동사(구)나 형용사(구)를 목적어로 취할 수 있는 동사

打算 dǎsuàn ~하려고 하다 | 准备 zhǔnbèi 준비하다 | 开始 kāishǐ 시작하다 | 进行 jìnxíng 진행하다
难以 nányǐ ~하기 어렵다 | 懒得 lǎnde ~하는 것이 귀찮다 | 决定 juédìng 결정하다 | 期待 qīdài 기대하다
感到 gǎndào 느끼다 | 受到 shòudào 받다 | 禁止 jìnzhǐ 금지하다 | 猜 cāi 추측하다
提前 tíqián 앞당기다 | 坚持 jiānchí 견지하다 | 保证 bǎozhèng 보증하다

③ 동사 + 절

일부 동사는 절을 목적어로 취할 수 있다. [절: 주어+술어+목적어]

我希望你在我身边。 나는 네가 내 옆에 있기를 바란다.
我发现她最近有点儿疲劳。 나는 그녀가 최근에 다소 피곤한 것을 알았다.

身边 shēnbiān 명 곁, 신변 | ★疲劳 píláo 형 피곤하다

절을 목적어로 취할 수 있는 동사

以为 yǐwéi 여기다 | 认为 rènwéi 생각하다 | 觉得 juéde 느끼다, 생각하다 | 感觉 gǎnjué 느끼다, 여기다
发现 fāxiàn 발견하다, 알아차리다 | 希望 xīwàng 희망하다 | 同意 tóngyì 동의하다 | 帮 bāng 돕다
请 qǐng 청하다 | 邀请 yāoqǐng 초대하다 | 欢迎 huānyíng 환영하다 | 恭喜 gōngxǐ 축하하다
祝贺 zhùhè 축하하다 | 距离 jùlí (~로부터) 떨어지다 | 鼓励 gǔlì 격려하다 | 麻烦 máfan 귀찮게 하다
怀疑 huáiyí 의심하다 | 怕 pà 걱정하다

④ 동사 + 목적어1 [사람] + 목적어2 [사물/추상/내용]

일부 동사는 2개의 목적어를 취할 수 있다.

　　　　동사　목적어1　목적어2
张教授　教　他们　太极拳。 장[张] 교수님은 그들에게 태극권을 가르치신다.
他　　通知　大家　飞往北京的航班晚点了。 그는 모두에게 베이징으로 가는 항공편이 연착되었다고 통지했다.

教授 jiàoshòu 명 교수 | ★太极拳 tàijíquán 명 태극권 | 通知 tōngzhī 동 통지하다 | 飞往 fēiwǎng 동 비행기로 ~로 가다 | 航班 hángbān 명 항공편 | 晚点 wǎndiǎn 동 연착하다

2개의 목적어를 취하는 동사

> 问 wèn (~에게 ~를) 질문하다 | 教 jiāo (~에게 ~를) 가르치다 | 送 sòng (~에게 ~를) 보내다
> 给 gěi (~에게 ~를) 주다 | 借 jiè (~에게 ~를) 빌리다 | 寄 jì (~에게 ~를) 부치다
> 还 huán (~에게 ~를) 돌려주다 | 通知 tōngzhī (~에게 ~를) 통지하다 | 告诉 gàosu (~에게 ~를) 알리다

(2) **단, 이합동사와 일부 동사는 목적어를 갖지 못한다.**

① 이합동사 + 목적어(×)

'1음절 동사+목적어' 구조로 조합된 단어인 이합동사에는 단어 자체에 이미 목적어 성분이 포함되어 있기 때문에, 이합동사는 뒤에 목적어를 취하지 않는다.

见面朋友。(×) → 跟朋友见面。(○) 친구와 만나다.

주요 이합동사

> 睡觉 shuìjiào 자다 | 洗澡 xǐzǎo 목욕하다 | 散步 sànbù 산책하다 | 唱歌 chànggē 노래하다
> 跳舞 tiàowǔ 춤을 추다 | 游泳 yóuyǒng 수영하다 | 减肥 jiǎnféi 다이어트하다
> 照相 zhàoxiàng 사진 찍다 | 排队 páiduì 줄을 서다 | 打折 dǎzhé 할인하다
>
> 放假 fàngjià 방학하다 | 上课 shàngkè 수업하다 | 留学 liúxué 유학하다 | 毕业 bìyè 졸업하다
> 出差 chūchāi 출장 가다 | 请假 qǐngjià 휴가를 신청하다 | 报名 bàomíng 신청하다
> 打工 dǎgōng 아르바이트를 하다 | 上网 shàngwǎng 인터넷하다
>
> 见面 jiànmiàn 만나다 | 聊天 liáotiān 수다 떨다 | 说话 shuōhuà 말하다 | 谈话 tánhuà 이야기하다
> 生气 shēngqì 화내다 | 吵架 chǎojià (말로) 싸우다 | 打架 dǎjià (몸으로) 싸우다 | 帮忙 bāngmáng 돕다
> 发愁 fāchóu 걱정하다 | 道歉 dàoqiàn 사과하다 | 点头 diǎntóu 고개를 끄덕이다
> 请客 qǐngkè 한턱내다 | 分手 fēnshǒu 헤어지다 | 握手 wòshǒu 악수하다 | 结婚 jiéhūn 결혼하다

그러나 강조 등을 위해 목적어 역할이 추가로 필요할 경우, 이합동사 사이에 넣거나, 개사구를 이합동사 앞에 놓는다. 이때, 개사구는 술어를 수식하는 부사어 역할을 한다.

이합동사 사이에 위치

见面朋友。(×) → 见朋友的面。(○) 친구와 만나다.
生气他。(×) → 生他的气。(○) 그에게 화가 난다.

개사구+이합동사

发愁那件事。(×) → 为那件事发愁。(○) 그 일 때문에 걱정하다.
我结婚他。(×) → 跟他结婚。(○) 그와 결혼하다.

★发愁 fāchóu 동 걱정하다, 근심하다

② 일부 동사 + 목적어(×)

일부 동사는 목적어를 동반하지 않는다.

旅行西安 (×) → 去西安旅行 (○) 시안으로 여행가다 → 去+장소+旅行
出发公司 (×) → 从公司出发 (○) 회사에서 출발하다 → 从+출발점+出发

西安 Xī'ān [고유] 시안 [중국 산시성의 성도] | 出发 chūfā [동] 출발하다

목적어를 취하지 않는 동사

休息 xiūxi 쉬다 | 旅行 lǚxíng 여행하다 | 出发 chūfā 출발하다 | 醒 xǐng 잠에서 깨다 | 哭 kū (소리 내어) 울다

(3) 동사가 주어나 목적어 역할도 한다.

运动对身体健康有好处。 운동하는 것은 신체 건강에 있어서 좋은 점이 있다. → 주어

她从明天开始减肥。 그녀는 내일부터 다이어트를 시작한다. → 목적어

健康 jiànkāng [명] 건강 | 好处 hǎochù [명] 장점 | 减肥 jiǎnféi [동] 다이어트하다

(4) 부사 + 동사(술어)

동사는 부사의 수식을 받을 수 있다.

一天的工作马上就要结束了。 하루 업무가 곧 끝나간다.

电视上正在广播新闻呢。 TV에서 지금 뉴스를 방송하고 있다.

结束 jiéshù [동] 끝나다 | 广播 guǎngbō [동] 방송하다

감정이나 심리상태를 나타내는 심리활동동사는 정도부사[很, 非常, 真, 十分 등]의 수식을 받을 수 있다.

非常喜欢   真讨厌   十分感谢
매우 좋아하다   진짜 싫어하다   매우 감사하다

주요 심리활동동사

喜欢 xǐhuan 좋아하다 | 爱 ài 사랑하다 | 讨厌 tǎoyàn 싫어하다 | 感谢 gǎnxiè 감사하다 | 相信 xiāngxìn 믿다
关心 guānxīn 관심을 갖다 | 担心 dānxīn 걱정하다 | 伤心 shāngxīn 상심하다 | 失望 shīwàng 실망하다

(5) 동사 + 보어

동사는 보어의 수식을 받을 수 있다. [18단원 보어 참조]

准备好了 준비를 다 했다 → 결과보어   跑得很快 빨리 달리다 → 정도보어

(6) 동사 + 동태조사

동태조사는 동사 뒤에 붙어 시제나 상태를 나타낸다. [32단원 조사 참조]

路上耽误了不少时间。 길에서 많은 시간을 지체했다. → 완료 '了'

孩子正睡着觉呢。 아이는 지금 자고 있다. → 지속 '着'

我在北京留过学。 나는 베이징에서 유학한 적이 있다. → 경험 '过'

耽误 dānwu [동] 지체하다, 머물다

(7) 不/没 + 동사

동사 앞에 부사 '不' 또는 '没'를 쓰면 부정의 의미가 된다. [9단원 부정부사 참조]

她不参加明天的会议。 그녀는 내일 회의에 참석하지 않는다. → 미래 부정 '不'

他昨天没去看演出。 그는 어제 공연을 보러 가지 않았다. → 과거 부정 '没'

演出 yǎnchū 명 공연

3 동사의 중첩

'동사+一下'와 같은 뜻으로, '시도 [~해 보다]' 또는 '짧은 시간에 동작이 이루어짐 [좀 ~하다, 잠시 ~하다]'을 의미한다. 어감을 부드럽게 하는 효과가 있으며, 가벼운 명령에도 사용된다. [참고: 동사를 중첩할 때 일반적으로 뒤 동사는 경성으로 읽지만, 뒤에 목적어가 올 때는 원래 성조대로 읽는 경우도 있다.]

1음절 동사 A	AA A一A A了A A了一A	说说 shuōshuo = 说一说 shuō yi shuō 좀 말하다 想了想 xiǎngle xiǎng = 想了一想 xiǎngle yi xiǎng 좀 생각했다
2음절 동사 AB	ABAB AB了AB	调整调整 tiáozhěng tiáozhěng 좀 조정하다 研究了研究 yánjiūle yánjiū 좀 연구해 봤다
이합동사 AB	AAB	帮帮忙 bāngbāng máng 좀 돕다 上上网 shàng shàngwǎng 인터넷 좀 하다

배운 내용 점검하기

1 동사란?

동사는 '동작, 행위, 감정, 변화, 소실, 발전, 판단, 존재, 소유' 등을 나타내는 품사로, 문장 속에서 주로 술어의 역할을 한다. 동사의 가장 큰 특징은 목적어를 가질 수 있다는 것이다.

2 이합동사란?

이합동사란 '1음절 동사+목적어' 구조로 만들어진 동사이다. 이합동사 자체에 이미 목적어 성분이 포함되어 있기 때문에 이합동사 뒤에 목적어가 올 수 없다. 그러나 표현을 강조하고자 목적어를 꼭 사용해야 한다면, 이합동사 사이에 넣거나 개사구를 이합동사 앞에 놓는다.

STEP 3 실력 다지기

Day 02

1 鸽子   和平的   是   象征

2 决定   我们   的   采访   接受记者

3 会   都期待   奇迹发生   有   我们

4 获得   恭喜   第一名   你

5 的方案   老板   我们提出   同意

6 了   结婚   已经   我们   十多年

7 她   很大的   给了   信心   会议的成功

8 见过   跟上司   开会时我   面

해설서 p.139

03 형용사

쓰기 제1부분

Day 03

STEP 1 유형 파악하기

◆ 형용사 술어문은 동사 술어문과 함께 거의 매 회 빠지지 않고 출제되고 있다. 제시된 어휘에 동사가 없고, 정도부사 [很, 非常, 十分, 相当 등]와 형용사가 모두 있다면, 형용사 술어문일 가능성이 높다. 형용사는 목적어를 취할 수 없다는 점을 꼭 기억하자.

◆ 형용사가 정도보어 역할을 하는 문제도 출제 빈도가 높다. 문제에 '得'와 형용사가 함께 제시되어 있다면, 형용사가 정도보어로 사용되었는지 반드시 체크하자.

● 제1부분 예제

| 漂亮 | 粉色的花 | 那盆 | 格外 |

정답&풀이

[정도부사(格外)+형용사(漂亮)]

| 대사+양사 | 명사+조사+명사 | 부사 | 형용사 |
| 那盆 | 粉色的花 | 格外 | 漂亮。 저 분홍색 꽃 화분이 유난히 아름답다.
| 관형어+的 | 주어 | 부사어 | 술어 |

STEP 1 형용사 '漂亮'이 문장의 술어가 되며, 정도부사 '格外'의 수식을 받는다.
STEP 2 형용사는 목적어를 취할 수 없으므로 남은 제시어는 술어 앞에 위치해야 한다. 지시대사 '那'는 일반적으로 문장 맨 앞에 위치하므로, '那盆+粉色的花' 순으로 배열한다.

★盆 pén 양 대야, 화분 | 粉色 fěnsè 명 분홍색, 핑크색 | ★格外 géwài 부 각별히, 유달리, 특별히, 유난히

STEP 2 내공 쌓기

1 형용사의 종류

형용사는 사람이나 사물의 모양, 색깔, 성질, 상태 등을 나타내는 품사이다. 성질 형용사는 '정도부사'의 수식을 받지만, 상태 형용사는 단어 자체에 정도의 의미가 있으므로 정도부사와 함께 쓰이지 않는다.

| 성질 형용사 | 사물의 성질을 나타냄
冷 lěng 춥다 | 激烈 jīliè 격렬하다 | 稳定 wěndìng 안정하다
非常激烈 매우 격렬하다 |
| 상태 형용사 | 사물의 상태를 나타냄
冰凉 bīngliáng 얼음같이 차다 | 笔直 bǐzhí 똑바르다 | 火红 huǒhóng (불처럼) 벌겋다
非常火红 (×) |

> **HSK 5급 빈출 형용사**
>
> 不足 bùzú 부족하다 | 充分 chōngfèn 충분하다 | 出色 chūsè 특별히 훌륭하다 | 独特 dútè 독특하다
> 广大 guǎngdà 광범하다, 넓다 | 广泛 guǎngfàn 광범위하다 | 乐观 lèguān 낙관적이다 | 明显 míngxiǎn 뚜렷하다
> 疲劳 píláo 피곤하다 | 完善 wánshàn 완벽하다 | 优惠 yōuhuì 특혜의 | 优美 yōuměi 우아하고 아름답다
> 犹豫 yóuyù 머뭇거리다, 주저하다 | 有利 yǒulì 유리하다 | 自由 zìyóu 자유롭다

2 형용사의 특징

(1) 주로 술어 역할

① 형용사 술어 + ~~목적어~~

동사는 목적어를 갖지만, 형용사는 일반적으로 목적어를 갖지 않는다. 관련 대상이 필요한 경우 형용사 앞에 개사구 형태로 둔다.

那条牛仔裤很合适她。(×) → 那条牛仔裤对她很合适。(○) 그 청바지는 그녀에게 잘 어울린다.

他很谨慎每件事。(×) → 他对每件事都很谨慎。(○) 그는 매사에 신중하다.

★牛仔裤 niúzǎikù 명 청바지 | 合适 héshì 형 알맞다, 적합하다 | ★谨慎 jǐnshèn 형 신중하다

② 정도부사 + 형용사 술어

형용사 술어 + 보어

일반적으로 형용사는 단독으로는 술어 역할을 하지 못하고, 정도부사나 보어의 수식을 받아 술어로 쓰인다.
[정도부사: 很, 非常, 特别, 相当, 十分, 比较 등]

屋子里非常暖和。 방 안은 매우 따뜻하다. → 정도부사+형용사 술어

这家饭店豪华极了。 이 호텔은 매우 화려하다. → 형용사 술어+보어

★屋子 wūzi 명 방 | 暖和 nuǎnhuo 형 따뜻하다 | ★豪华 háohuá 형 (건축·장식 등이) 화려하다

> **tip 형용사 단독으로 술어 역할을 하는 경우**
>
> 단, 상태 형용사이거나, 형용사가 중첩되어 쓰이거나, 비교의 의미로 사용되는 경우에는 형용사 단독으로 술어 역할을 할 수 있다. 즉, 이때는 정도부사를 쓰지 않는다.
>
> 一停电，周围就一片漆黑。 정전이 되자, 주위가 매우 어둡다. → 상태 형용사
> 他的举止大大方方的。 그의 행동은 거침없다. → 형용사 중첩
> 他个子高，我个子矮。 그는 키가 크고, 나는 키가 작다. → 비교 의미

(2) 관형어 역할

① 형용사 + 的

형용사 뒤에 주로 구조조사 '的'가 함께 쓰인다.

那儿给我留下了深刻的印象。 그곳은 나에게 깊은 인상을 남겼다.

他受到了热烈(的)欢迎。 그는 열렬한 환영을 받았다.

★深刻 shēnkè 형 깊다 | 印象 yìnxiàng 명 인상 | 受到 shòudào 동 받다 | ★热烈 rèliè 형 열렬하다

② 구조조사 '的' 생략

1음절 형용사, 비위형용사, 특정 명사와 짝꿍을 이뤄 밀접하게 사용된 형용사는 '的'를 생략할 수 있다.

新商品 신상품 | 大眼睛 큰 눈 → 1음절 형용사
大型商店 대형 상점 | 高档商品 고급 상품 → 비위형용사
先进技术 선진 기술 | 优秀作品 우수 작품 → 특정 명사와 짝꿍

商品 shāngpǐn 명 상품 | ★大型 dàxíng 형 대형의 | ★高档 gāodàng 형 고급의 | 先进 xiānjìn 형 선진적이다 | 技术 jìshù 명 기술 | 优秀 yōuxiù 형 우수하다 | ★作品 zuòpǐn 명 작품

> 비위형용사(非谓形容词)란? 술어로 쓰이지 않고, 관형어 역할만 하는 형용사를 말한다.
> 男 nán 형 남자의 | 女 nǚ 형 여자의 | 个别 gèbié 형 개별적인 | 大型 dàxíng 형 대형의 | 高档 gāodàng 형 고급의 | 高级 gāojí 형 고급의 | 主要 zhǔyào 형 주요한 | 西式 xīshì 형 서양식의 | 急性 jíxìng 형 성질이 급한 | 共同 gòngtóng 형 공통의

(3) 부사어, 보어 역할

부사어로서 술어 앞에서 수식하는 경우 일반적으로 형용사 뒤에 구조조사 '地'가 쓰이고, 정도보어나 결과보어로서 쓰이는 경우 술어 뒤에서 수식한다.

他很谨慎地发表自己的意见。 그는 자신의 의견을 신중하게 발표한다. → 부사어로 쓰이는 경우: 형용사+(地)+술어
什么事情都做得非常完美。 무슨 일이든 매우 훌륭하게 한다. → 정도보어로 쓰이는 경우: 술어+得+정도부사+형용사
他把这件事的经过说错了。 그는 이 일의 과정을 잘못 말했다. → 결과보어로 쓰이는 경우: 술어+형용사

★发表 fābiǎo 동 발표하다 | 意见 yìjiàn 명 의견 | ★完美 wánměi 형 매우 훌륭하다

(4) 不/没 + 형용사

형용사 앞에 부사 '不' 또는 '没'를 쓰면 부정의 의미가 된다.

现在的情况不乐观。 지금의 상황은 낙관적이지 않다. → 不: 성질·상태 부정
天还没亮呢。 날이 아직 안 밝았다. → 没: 변화 부정

情况 qíngkuàng 명 상황 | ★乐观 lèguān 형 낙관적이다 | ★亮 liàng 형 밝다

3 형용사의 중첩

정도의 심화를 나타내거나 묘사에 생동감을 줄 때 사용되며, 어기를 강조하기도 한다.

구분	형태	예
1음절 형용사(A)	AA	大 dà 크다 → 大大 dàdà 매우 크다 红 hóng 빨갛다 → 红红 hónghóng 매우 빨갛다
2음절 형용사(AB)	AABB	地道 dìdào 정통하다 → 地地道道 dìdidàodào 매우 정통하다
상태 형용사(AB)	ABAB	漆黑 qīhēi 새까맣다 → 漆黑漆黑 qīhēiqīhēi 아주 새까맣다 冰凉 bīngliáng 차갑다 → 冰凉冰凉 bīngliángbīngliáng 매우 차갑다
부정적 의미(혐오, 경시) 형용사(AB)	A里AB	糊涂 hútu 흐리멍덩하다 → 糊里糊涂 húlihútú 매우 흐리멍덩하다 土气 tǔqì 촌스럽다 → 土里土气 tǔlitǔqì 매우 촌스럽다
언어 습관에 따름	ABB	胖 pàng 뚱뚱하다 → 胖乎乎 pànghūhū 뚱뚱하다 绿 lǜ 푸르다 → 绿油油 lǜyōuyōu 짙푸르다

중첩 시, 주의사항

(1) 정도부사 / 부정부사 + 형용사 중첩(×)

형용사 중첩은 이미 정도의 심화를 나타내기 때문에 정도부사의 수식을 받지 않고, 형용사 본래의 의미를 강조하므로 부정부사의 수식도 받지 않는다.

她打扮得非常漂漂亮亮的。(×)　她打扮得不漂漂亮亮的。(×)

她打扮得漂漂亮亮的。　(○) 그녀는 예쁘게 꾸민다.

打扮 dǎban 동 꾸미다, 단장하다, 치장하다

(2) 형용사 중첩 + 的

형용사 중첩이 술어나 보어 역할을 할 경우, 문장 마지막에 '的'를 쓰는 경우가 많다.

他的态度冷冷淡淡的。 그의 태도는 냉담하다. → 술어 역할

他写得清清楚楚的。 그는 정확하게 쓴다. → 보어 역할

态度 tàidu 명 태도 | 冷淡 lěngdàn 형 냉담하다, 냉랭하다 | 清楚 qīngchu 형 분명하다

tip

	동사 중첩	형용사 중첩
의미	가벼운 시도를 나타냄 [동사 본래 의미를 완화]	정도의 심화를 나타냄 [형용사 본래의 의미를 강화]
1음절	AA l 说 → 说说 말해 봐	AA l 深 → 深深 매우 깊다
2음절	ABAB l 商量 → 商量商量 상의 좀 하다	AABB l 热闹 → 热热闹闹 매우 시끌벅적하다

배운 내용 점검하기

1 동사와 형용사는 문장에서 주로 술어의 역할을 한다. 단, 형용사는 동사와 달리 목적어를 취하지 않는다.

2 형용사 중첩은 정도의 심화를 나타내기 때문에 정도부사나 부정부사와 함께 쓰지 않는다.

STEP 3 실력 다지기

1 公司   竞争   非常   那几家   激烈

2 一个   指南针   了不起的   是   非常   发明

3 地道   宫保鸡丁   奶奶   很   做的

4 作家   一位   是   她   著名的

5 那个计划   相当   她制定的   出色

6 比较   这次   设计得   方案   详细

7 填写   请   主动地   资料   您

8 干干净净的   把脏衣服   得   他   洗

04 조동사

쓰기 제1부분

Day 04

STEP 1 유형 파악하기

◆ 조동사는 동사 앞에서 부사어 역할을 한다. 동사를 도와주는 역할을 하는 조동사가 동사를 수식하는 다른 품사와 만났을 경우 일반적으로 '부사+조동사+개사구+동사'의 어순이다. '부조개동' 어순을 반드시 기억하자.

◆ 연동문, 겸어문에서 조동사의 위치를 찾는 문제가 종종 나온다. 연동문, 겸어문에서 조동사는 첫 번째 동사 앞에 위치시켜야 한다.

● 제1부분 예제

| 父母 | 梦想 | 阻止孩子们 | 不应该 | 追求 |

정답&풀이 [追求梦想 꿈을 추구하다]

명사	부사+조동사	동사+명사	동사	명사
父母	不应该	阻止孩子们	追求	梦想
주어1	부사어	술어1+목적어1/주어2	술어2	목적어2

。부모는 아이들이 꿈을 추구하는 것을 막으면 안 된다.

STEP 1 술어는 동사 '阻止'로, 뒤에 '저지하는 내용'이 나와야 한다. '阻止'와 결합한 '孩子们'이 목적절의 주어가 되고, 이어서 '追求[동사]+梦想[명사]'이 각각 목적절의 술어와 목적어 역할을 한다.

STEP 2 부정부사 '不'와 조동사 '应该'가 결합한 '不应该'는 부사어의 어순에 따라 술어 앞에 위치한다. 사람을 나타내는 명사 '父母'는 문장의 주어가 된다.

父母 fùmǔ 명 부모 | 应该 yīnggāi 조동 (마땅히) ~해야 한다 | ★阻止 zǔzhǐ 동 저지하다 | ★追求 zhuīqiú 동 추구하다, 탐구하다 | ★梦想 mèngxiǎng 명 꿈

STEP 2 내공 쌓기

1 조동사의 종류

조동사란 동사 앞에 위치하여 가능, 바람, 희망, 필요 등의 뜻을 나타내는 단어로, '능원동사'라고도 한다.

(1) 가능: 会, 能, 能够, 可以

| 会 huì | ① (후천적) 능력: (배워서) ~할 수 있다, ~를 잘한다
孩子**会**用电脑。 아이는 컴퓨터를 사용할 수 있다. → 학습을 통해 습득한 능력
他很**会**唱歌。 그는 노래를 잘 부른다. → 기교 강조

② 추측: (미래에) ~할 것이다 [会……(的)] [미래 임박태] ◆
如果这次不报名参加考试，就**会**错过机会**的**。
만약 이번에 시험 참가 신청을 하지 않으면, 기회를 놓치게 될 것이다. |

04 조동사 165

	③ 주관적인 가능: ~할 것이다, ~할 수 있다	
	我一定会取得成功的。 나는 반드시 성공할 것이다.	
能 néng	① 능력: ~할 수 있다 [능력·조건 구비, 원래 능력의 회복] ✦	
	她能写很多汉字。 그녀는 많은 한자를 쓸 수 있다. → 능력·조건 구비	
	他好多了, 已经能从沙发上坐起来了。 그는 많이 좋아져서 소파에 앉을 수 있게 됐다. → 능력 회복	
	② 객관적인 상황: ~할 수 있다	
	他最近忙得要命, 不能参加这次活动。 그는 요즘 너무 바빠서 이번 행사에 참여할 수 없다.	
	③ 허가: ~해도 된다	
	你不能忽视小问题。 너는 작은 문제를 소홀히 해서는 안 된다.	
能够 nénggòu	~할 수 있다	
	我能够完成这项任务。 나는 이 임무를 완성할 수 있다.	
可以 kěyǐ	① 가능: ~할 수 있다	
	现在可以预订车票。 지금 차표를 예매할 수 있다.	
	② 허가: ~해도 된다 [부정문에서 '不可以'보다 '不能'을 주로 사용]	
	我可以借你一支笔吗? 펜 한 자루 빌릴 수 있나요?	
	③ 가치: ~할 가치가 있다 ['值得'의 의미]	
	这儿有很多名胜古迹可以去游览。 이곳에 있는 많은 명승고적은 가서 볼 만하다.	

报名 bàomíng 동 신청하다 | 错过 cuòguò 동 놓치다 | 取得 qǔdé 동 얻다 | 成功 chénggōng 명 성공 | 汉字 Hànzì 고유 한자 | 沙发 shāfā 명 소파 | 要命 yàomìng 형 심하다, 죽을 지경이다 [정도보어에 쓰여서 상황이나 상태가 극점에 달한 것을 나타냄] | 活动 huódòng 명 행사 | ★忽视 hūshì 동 소홀히하다 | ★项 xiàng 양 항목, 가지 | 任务 rènwu 명 임무 | ★预订 yùdìng 동 예매하다 | 车票 chēpiào 명 차표 | ★支 zhī 양 자루 [가늘고 긴 물건을 세는 단위] | 笔 bǐ 명 펜 | ★名胜古迹 míngshèng gǔjì 명 명승고적 | ★游览 yóulǎn 동 유람하다

> **할 수 있다 '会 vs. 能'**
>
> 조동사 '숲'와 '能'은 모두 '~할 수 있다'라고 해석되지만 의미하는 바는 다르다. '会'는 '배워서' 할 수 있는 것을, '能'은 '조건이나 능력이 되어서' 할 수 있는 것을 의미한다.
>
> 我不会开车。 나는 운전을 할 수 없다. [운전을 배우지 못해서 못함]
> 我今天不能开车。 나는 오늘 운전을 할 수 없다. [운전은 할 수 있지만, 현재 조건이 안 돼서 할 수 없음]

(2) **바람**: 想, 要, 愿意, 肯, 敢

想 xiǎng	① 바람: ~하고 싶다 [약한 바람]	
	我将来想当翻译。 나는 장래에 통역사가 되고 싶다.	
	② 의지: ~하려고 하다	
	我想和他保持联系。 나는 그와 연락을 유지하려고 한다.	
要 yào	① 의지: ~하려고 하다 [강한 의지] ✦	
	我要发表自己的观点。 나는 내 관점을 발표하려고 한다.	
	② 가까운 미래: 곧 ~할 것이다 [要……了]	
	飞往上海的飞机要起飞了。 상하이로 가는 비행기가 곧 이륙한다.	

愿意 yuànyì	~하기를 원하다, ~를 하고 싶다 我们愿意与贵公司合作。 저희는 귀사와 협력하기를 원합니다.
肯 kěn	기꺼이 ~하다, ~하길 원하다 [주로 부정문에 사용] 房东不肯退押金。 집주인이 보증금을 돌려주려 하지 않는다.
敢 gǎn	감히 ~하다 [주로 부정문에 사용] 我简直不敢相信这一切。 나는 정말 이 모든 것을 믿을 수 없다.

将来 jiānglái 명 장래, 미래 | 当 dāng 동 ~가 되다 | 翻译 fānyì 명 통역사 | ★保持 bǎochí 동 유지하다 | ★沟通 gōutōng 동 소통하다 | ★发表 fābiǎo 동 발표하다 | ★观点 guāndiǎn 명 관점, 입장 | 飞 fēi 동 날다 | 上海 Shànghǎi 고유 상하이 | 贵 guì 형 [존경의 뜻을 나타내는 말] | 合作 hézuò 동 협력하다 | 房东 fángdōng 명 집주인 | 退 tuì 동 무르다, 반환하다 | ★押金 yājīn 명 보증금 | ★简直 jiǎnzhí 부 정말 | 一切 yíqiè 명 모든 것

(3) 당위: 要, 得, 应该, 应, 该

'당위성'을 나타내는 조동사 '要' '得' '应该' '应' '该'는 '마땅히 ~해야 한다'라고 해석된다.

要 yào	图书馆里要保持安静。 도서관에서는 조용히 해야 한다.
得 děi	他们得采取积极的措施。 그들은 적극적인 조치를 취해야 한다.
应该 yīnggāi	你应该向她道歉。 너는 마땅히 그녀에게 사과해야 한다.
应 yīng	你应尽快适应新环境。 너는 되도록 빨리 새로운 환경에 적응해야 한다. [*예외적으로 '조동사+부사' 어순으로 쓰일 수 있음]
该 gāi	我真不知道该做什么才好。 나는 무엇을 해야 좋을지 정말 모르겠다.

★保持 bǎochí 동 유지하다, 지키다 | 采取 cǎiqǔ 동 취하다, 채택하다 | 积极 jījí 형 적극적이다 | 措施 cuòshī 명 조치, 대책 | 道歉 dàoqiàn 동 사과하다 | ★尽快 jǐnkuài 부 되도록 빨리 | 适应 shìyìng 동 적응하다

'得'의 발음은 3개!

(1) 得 dé 얻다, 획득하다
　　取得 qǔdé 취득하다 | 获得 huòdé 획득하다 | 得到 dédào 얻다

(2) 得 děi ① ~해야 한다 [조동사] [=要] ② 시간이 걸리다 [동사]
　　得采取积极的措施 적극적인 조치를 취해야 한다 [조동사]
　　得两个月 2개월 걸린다 [동사]

(3) 得 de 가능보어나 정도보어로 쓸 때
　　这么多咖啡你喝得完吗? 이렇게 많은 커피를 너는 다 마실 수 있겠니? → 가능보어
　　说汉语说得很好 중국어를 잘한다 → 정도보어

2 조동사의 위치

(1) 조동사 + 술어

조동사는 술어 앞에 위치하여 부사어 역할을 한다.

大家**应该**注意安全。 모두 안전에 주의해야 한다. → 조동사+동사 술어

他的病情**会**好起来的。 그의 병세는 좋아질 것이다. → 조동사+형용사 술어

安全 ānquán 명 안전 | 病情 bìngqíng 명 병세

(2) 부사 + 조동사 + 개사구 + 동사 ✦

조동사가 부사 또는 개사구와 함께 쓰일 때, 조동사는 '부사 뒤, 개사구 앞'에 위치한다.

我　不　**想**　给你　添　任何麻烦。 나는 너에게 어떤 부담도 주고 싶지 않다.
주어　부사　조동사　개사구　동사

我们　也　**要**　跟他们　谈判。 우리도 그들과 회담하려고 한다.
주어　부사　조동사　개사구　동사

단, 조동사가 '(어떠한 상태의) 행동을 강조'하거나 '부사와 동사의 의미가 밀접'하게 결합한 경우, 예외적으로 '조동사 +부사+동사'로 쓰일 수 있다.

我　**想**　再　确认　一下　预定的机票。 나는 예약한 비행기표를 다시 확인하고 싶다.
주어　조동사　부사　동사

添 tiān 동 더하다, 보태다 | 任何 rènhé 대 어떠한 | 麻烦 máfan 명 부담 | ★谈判 tánpàn 동 회담하다 | ★确认 quèrèn 동 확인하다 | 预定 yùdìng 동 예약하다

(3) 조동사 + 把/被

'把'자문, '被'자문에서 조동사는 개사 '把' '被' 앞에 위치한다.

我　**想**　把　这本小说翻译成中文。 나는 이 소설을 중국어로 번역하고 싶다.
　　조동사　개사

他可能　**会**　被　女朋友甩了。 그는 아마 여자 친구에게 차였을 것이다.
　　조동사　개사

小说 xiǎoshuō 명 소설 | 翻译 fānyì 동 번역하다 | 成 chéng 동 ~로 변하다 | ★甩 shuǎi 동 떼 버리다

(4) 연동문/겸어문: 조동사 + 첫 번째 동사

연동문, 겸어문에서 조동사는 첫 번째 동사 앞에 위치한다. [p.289 참고]

她　**能**　用　英文　写　文章。 그녀는 영어로 문장을 쓸 수 있다. → 연동문
　　조동사　동사1　　　동사2

我　**想**　请　你　喝　一杯咖啡。 내가 커피 한 잔 사고 싶어. → 겸어문
　　조동사　동사1　　　동사2

英文 Yīngwén 고유 영어 | 文章 wénzhāng 명 문장

3 조동사의 특징

(1) 조동사 중첩 ✕, 조동사 + 동태조사 [了/着/过] ✕

조동사는 중첩할 수 없으며, 조동사 바로 뒤에 동태조사 '了' '着' '过'가 올 수 없다.

我会会说汉语。(✕)   我会了说汉语。(✕)

단, 변화를 강조할 때는 어기조사 '了'를 붙일 수 있다.

我会说汉语了。(○) 나는 중국어를 말할 수 있게 되었다.

(2) 不 + 조동사

일반적으로 조동사는 부정부사 '不'로 부정한다.

我不想举行豪华的婚礼。 나는 호화로운 결혼식을 하고 싶지 않다.

他不能提出合理的解决方案。 그는 합리적인 해결 방안을 제시할 수 없다.

举行 jǔxíng 동 거행하다, 개최하다 | ★豪华 háohuá 형 호화롭다 | 婚礼 hūnlǐ 명 결혼식 | 提出 tíchū 동 제기하다, 제의하다 | ★合理 hélǐ 형 합리적이다 | 方案 fāng'àn 명 방안

단, '能'은 '不'와 '没' 모두 결합 가능하다. '不能'은 '현재·미래의 불가능', '没能'은 '과거에 할 수 없었음'을 의미한다.

图书馆下个星期一不能借书。 도서관은 다음 주 월요일에 책을 빌릴 수 없다. → 현재·미래의 불가능

上个星期五我没能出席聚会。 지난주 금요일에 나는 모임을 참석할 수 없었다. → 과거에 할 수 없었음

星期一 xīngqīyī 명 월요일 | 借书 jièshū 동 책을 빌리다 | 星期五 xīngqīwǔ 명 금요일 | ★出席 chūxí 동 참석하다, 출석하다 | 聚会 jùhuì 명 모임

> **tip**
> 不要 vs. 不想 vs. 不用
> - 금지: 不要 ~하지 마라
> - 바람(~하려고 하다)의 부정: 不想 ~하고 싶지 않다
> - 당위(~해야 한다)의 부정: 不用 ~할 필요가 없다

배운 내용 점검하기

1 조동사란?

동사 앞에 위치하여 가능, 바람, 희망, 필요 등의 뜻을 나타내는 단어를 조동사라고 한다. 조동사는 그 특징에 따라 가능[能, 会, 可以], 바람[想, 要, 愿意], 당위[要, 得, 应该]로 나눌 수 있다.

2 조동사의 위치

① 조동사+술어

② 부사+조동사+개사구+동사

③ 조동사+把/被

④ 연동문/겸어문: 조동사+첫 번째 동사

STEP 3 실력 다지기

Day 04

1 保持   图书馆内   安静   要

_____

2 抽烟   不   教室里   可以

_____

3 今天晚上的   能   节目吗   他   参加

_____

4 立刻   行动   你们   采取   得

_____

5 马上   我们   学校   去   应该

_____

6 误会   这件事   产生   许多   会

_____

7 说服   你的   我们   不能   解释

_____

8 不愿意   我   让你   这件事   知道

_____

해설서 p.145

05 명사, 대사

쓰기 제1부분 | Day 05

STEP 1 유형 파악하기

- 수량사와 명사를 배열하는 문제가 매 회 1~2문제 나온다. 자주 쓰이는 양사와 명사를 함께 익혀 두자.
- '시간명사'에서 힌트를 얻어 주어를 찾는 문제가 자주 나온다. 시간명사가 앞/뒤에 있다면 주어일 확률이 높다.
- 의문대사를 이용한 관용적인 표현인 '의문대사+都/也', '不怎么+구체적인 동작동사', '不怎么+형용사/심리활동동사', '怎么这么+동사/형용사' 및 반어문 등은 시험에 자주 출제되므로 꼭 기억하자.
- 의문대사를 사용한 반어문이 듣기 및 독해 영역에도 자주 출제되니 관용적인 표현은 통째로 익혀 두자.

● 제1부분 예제

外公　　咱们周末　　去看望　　吧

정답&풀이

[술어+목적어+吧 ~하자]

대사+명사	동사+동사	명사	조사
咱们周末	**去看望**	**外公**	**吧**。 우리 주말에 외할아버지를 뵈러 가자.
주어+부사어	술어	목적어	吧

STEP 1   동사구 '去看望'은 뒤에 명사 '外公'을 목적어로 갖는다.
STEP 2   인칭대사 '咱们'과 시간명사 '周末'의 결합인 제시어 '咱们周末'는 문장 맨 앞에 위치하며, 어기조사 '吧'는 문장 끝에 쓰여 화자의 말투, 심정, 기분을 나타낸다.

周末 zhōumò 명 주말 | ★看望 kànwàng 동 방문하다, 문안하다 | ★外公 wàigōng 명 외조부, 외할아버지

STEP 2 내공 쌓기

1 명사

명사는 사람이나 사물의 이름을 나타내는 품사이다.

(1) 명사의 종류

일반명사	'사람'이나 형태가 있는 '사물'의 이름을 나타내는 명사 姑娘 gūniang 아가씨 | 彩虹 cǎihóng 무지개 | 肥皂 féizào 비누
고유명사	특정한 사람, 사물 및 장소의 이름을 나타내는 명사 邓小平 Dèng Xiǎopíng 덩샤오핑 | 长城 Chángchéng 만리장성 | 亚洲 Yàzhōu 아시아

05 명사, 대사   171

집합명사	사람, 사물의 집합체를 나타내는 명사 人口 rénkǒu 인구 ǀ 游客 yóukè 관광객 ǀ 车辆 chēliàng 차량	
추상명사	형태가 없으며, 추상적 의미를 나타내는 명사 把握 bǎwò 가능성 ǀ 本领 běnlǐng 능력 ǀ 思想 sīxiǎng 사상	
시간명사	날짜, 시간, 계절을 나타내는 명사 今天 jīntiān 오늘 ǀ 刚才 gāngcái 방금 ǀ 春天 chūntiān 봄	
방위사	방향과 위치를 나타내는 명사 [단순 방위사와 복합 방위사가 있음] 上 shang 위 ǀ 前 qián 앞 ǀ 南 nán 남쪽	
장소사	장소를 나타내는 명사 附近 fùjìn 부근 ǀ 博物馆 bówùguǎn 박물관 ǀ 商店 shāngdiàn 상점	

(2) 명사의 특징

① 주어, 목적어, 관형어 역할

일반적으로 명사는 주어, 목적어, 관형어 역할을 한다.

地震造成了巨大的损失。 지진은 막대한 손실을 초래하였다. → 주어

我们完成了那项任务。 우리는 그 임무를 완성했다. → 목적어

他详细地说明了事情的经过。 그는 일의 과정을 자세히 설명했다. → 관형어

★地震 dìzhèn 명 지진 ǀ ★造成 zàochéng 동 초래하다, 야기하다 ǀ ★巨大 jùdà 형 거대하다 ǀ 损失 sǔnshī 명 손실 ǀ ★项 xiàng 양 가지, 조항 ǀ 任务 rènwu 명 임무 ǀ 详细 xiángxì 형 자세하다, 상세하다 ǀ 说明 shuōmíng 동 설명하다

시간명사는 주어 앞/뒤에 놓여 '부사어'로 쓰이거나, '술어'로도 쓰인다. 주어 앞에 놓이면 '시점'을 강조한다.

明天我去机场接客人。 내일 나는 공항에 손님을 마중하러 간다. → '내일' 강조

我明天去机场接客人。 나는 내일 공항에 손님을 마중하러 간다. → '나' 강조

今天星期四。 오늘은 목요일이다. → 명사 술어문

② (대사) + 수사 + 양사 + 명사

명사는 일반적으로 수사와 직접 결합하지 않고, 수량사[수사+양사]의 수식을 받는다. 양사와 명사 어순 배열 문제는 매 회 시험에 빠지지 않고 나오니, 반드시 외워 두자.

那对夫妻结婚十年后才买了一套房子。 그 부부는 결혼 10년 후 집 한 채를 샀다.

那场比赛非常精彩。 그 시합은 매우 볼 만하다.

夫妻 fūqī 명 부부 ǀ ★套 tào 양 세트 ǀ 房子 fángzi 명 집 ǀ 场 chǎng 양 회, 번, 차례 [문예, 오락, 체육 활동 등을 세는 단위] ǀ 精彩 jīngcǎi 형 뛰어나다, 훌륭하다

③ 인칭대사 + 지시대사 / 일반명사 + 방위사 → 장소

인칭대사와 일반명사는 단독으로 장소를 나타낼 수 없어서, 뒤에 '지시대사 또는 방위사'를 붙여 '장소'를 나타낸다.

我明天就去你那儿玩儿。 내가 내일 너한테 놀러 갈게. → 인칭대사+지시대사

桌子上有一些文件。 테이블 위에 서류들이 있다. → 일반명사+방위사

고유명사 뒤에는 방위사 '里'를 붙이지 않는다.

韩国里有自己的语言和文字。(✗) → 韩国有自己的语言和文字。(○) 한국은 고유의 언어와 문자가 있다.

★文件 wénjiàn 명 서류 | 韩国 Hánguó 고유 한국 | 语言 yǔyán 명 언어 | 文字 wénzì 명 문자

> **tip** 단순방위사와 복합방위사
>
> (1) 단순방위사 [1음절 방위사]:
>
>   上 shang 위 | 下 xià 아래 | 前 qián 앞 | 后 hòu 뒤 | 左 zuǒ 좌 | 右 yòu 우 | 里 li 안 | 外 wài 밖 | 内 nèi 안
>   东 dōng 동 | 西 xī 서 | 南 nán 남 | 北 běi 북 | 中 zhōng 중간 | 旁 páng 옆 | 间 jiān 사이
>
> (2) 복합방위사 [2음절 방위사]:
>
>   단순방위사+边 bian / 面 miàn / 头 tóu / 方 fāng
>   以 yǐ / 之 zhī+단순방위사 | 上下 shàngxià 안팎, 가량 | 前后 qiánhòu 전후 | 左右 zuǒyòu 가량

④ 대사/동사(구)/형용사(구)/명사+(的)+명사
　　　관형어+(的)

대사, 동사(구), 형용사(구) 및 다른 명사의 수식을 받을 수 있다. 관형어 뒤에 보통 구조조사 '的'가 쓰이지만, 관형어가 1음절 형용사이거나 어휘 간 결합이 밀접한 경우 '的'는 생략 가능하다.
[*어휘 결합이 밀접하다 = 이미 굳어진 표현]

我的杯子打碎了。 내 컵이 깨졌다. → 대사+的+명사

他导演的电影非常有名。 그가 연출한 영화는 매우 유명하다. → 대사+동사+的+명사

那儿可以体验不同的文化。 그곳에서 다른 문화를 체험할 수 있다. → 형용사+的+명사

他们俩是好朋友。 그들 둘은 좋은 친구이다. → 1음절 형용사+명사

他在世界地图上找中国。 그는 세계 지도에서 중국을 찾는다. → 명사+명사

打碎 dǎsuì 동 깨지다, 부수다 | ★导演 dǎoyǎn 동 연출하다 | ★体验 tǐyàn 동 체험하다 | 俩 liǎ 수량 두 사람

⑤ 명사는 일반적으로 부사의 직접적인 수식을 받지 않는다.

很朋友 (✗) → 有很多朋友 (○) 많은 친구가 있다

不男朋友 (✗) → 不是男朋友 (○) 남자 친구가 아니다

> **tip** 중첩이 가능한 일부 명사
>
> 대부분의 명사는 중첩할 수 없으나, 일부 명사는 중첩이 가능하며, 중첩하여 '모두, 각각'의 의미를 지닌다.
>
> 天天 tiāntiān 매일 | 月月 yuèyuè 매월 | 年年 niánnián 매년 | 家家 jiājiā 집집마다 | 人人 rénrén 매 사람
> 方方面面 fāngfāng miànmiàn 각 방면 | 里里外外 lǐli wàiwài 안팎

2 대사

(1) 대사의 종류

대사는 명사를 대신하는 품사로, '인칭대사' '지시대사' '의문대사'로 구분할 수 있다. 아래 표에서 각 종류별 주요 대사까지 잘 알아 두자.

인칭대사	사람의 이름을 대신하여 가리킬 때 쓰는 단어
	我 wǒ 나, 저 ǀ 你 nǐ 너, 당신 ǀ 您 nín 선생(님), 당신 他 tā 그, 그 사람 ǀ 她 tā 그녀, 그 여자 ǀ 它 tā 그, 저, 저것, 그것 我们 wǒmen 우리(들) ǀ 咱们 zánmen 우리(들) ǀ 你们 nǐmen 너희들, 당신들 他们 tāmen 그들, 그[저] 사람들 ǀ 她们 tāmen 그녀들 ǀ 它们 tāmen 그것들, 저것들 自己 zìjǐ 자기, 자신, 스스로 ǀ 别人 biérén 다른 사람, 남 ǀ 人家 rénjia 남, 다른 사람, 나 大家 dàjiā 모든 사람, 모두 ǀ 各自 gèzì 각자 ǀ 彼此 bǐcǐ 피차, 서로
지시대사	사람이나 사물, 장소, 시간, 방식 등을 가리킬 때 쓰는 단어
	这 zhè 이 ǀ 这个 zhège 이것 ǀ 这些 zhèxiē 이(것)들 ǀ 这里 zhèli 이곳, 여기 [=这儿 zhèr] 那 nà 그 ǀ 那个 nàge 그것, 저것 ǀ 那些 nàxiē 그(것)들 ǀ 那里 nàli 그곳, 저곳 [=那儿 nàr] 这会儿 zhèhuìr 이때, 지금 [=这时(候) zhè shí(hou)] ǀ 那会儿 nàhuìr 그때 [=那时 nàshí] 这样 zhèyàng 이렇다 ǀ 这么 zhème 이렇게 ǀ 那样 nàyàng 그렇게, 저렇게 那么 nàme 그렇게, 저렇게, 그런 ǀ 该 gāi 이, 그, 저 ǀ 本 běn 자기 쪽의 ǀ 每 měi 매 ǀ 各 gè 각, 여러 某 mǒu 어느, 아무
의문대사	사람, 사물, 장소 등에 대하여 물을 때 쓰는 단어 때로는 불특정한 대상을 나타낸다.
	谁 shéi 누구 ǀ 什么 shénme 무엇, 어떤, 어느, 무슨 ǀ 什么时候 shénme shíhou 언제 哪 nǎ 어느, 어떤 ǀ 哪里 nǎli 어디, 어느 곳 [=哪儿 nǎr 어디, 어느 곳] 怎么 zěnme 어떻게, 왜, 어째서 ǀ 怎样 zěnyàng 어떠하냐 ǀ 怎么样 zěnmeyàng 어떠하냐 为什么 wèi shénme 왜, 어째서 ǀ 如何 rúhé 어떻게 几 jǐ 몇 [시간을 묻거나, 10 이하의 수를 셀 때 쓰임] ǀ 多少 duōshao 얼마 [10 이상의 수를 셀 때 쓰임]

(2) 주요 대사의 용법

人家 rénjia	다른 사람, 타인	你不用管人家的事。 너는 남의 일에 상관할 필요 없다.
	나, 자신	你现在才来，人家急死了。 너 이제서야 오니. 나는 급해 죽겠는데.
	그, 그 사람	我应该向人家老张学习。 나는 라오쟝[老张]을 본받아야 한다.
本 běn	나, 우리, 지금	자신이 속한 집단, 조직, 장소, 시간 등을 가리킴 [양사와 함께 쓰이지 않는다] 本人 본인 ǀ 本校 본교 ǀ 本国 우리 나라 ǀ 本公司 우리 회사 老王是本公司最优秀的员工。 라오왕[老王]은 우리 회사에서 가장 우수한 직원이다.
该 gāi	이, 그, 저 [=这/那]	자신이 속하지 않은 집단, 조직, 장소, 시간 등을 가리킴 [양사와 함께 쓰이지 않는다] 该人 이 사람 ǀ 该市 이 도시 ǀ 该国 이 나라 ǀ 该公司 이 회사 该公司的服务一直都很受消费者的欢迎。 이 회사의 서비스는 계속 소비자의 환영을 받는다.

此 cǐ	이, 그, 저 [=这/那]	서면어에 주로 쓰임 [양사와 함께 쓰이지 않는다] 此人不仅很开朗而且工作很认真。 이 사람은 유쾌할 뿐만 아니라 일하는 것까지 착실하다.
各 gè	각 [各+(양사)+명사]	가리키는 대상의 '차이점' 강조함 [*글자 조심! '名'과 헷갈리지 말자] 各人 각 사람 ㅣ 各(个)学校 각 학교 ㅣ 各国 각국, 각 나라 各国应该互相交流意见。 각 국은 마땅히 의견을 서로 교류해야 한다.
每 měi	매, 각	가리키는 대상의 '공통점' 강조함. '每+(양사)+명사+都' 형식으로 쓰임 每个学生 모든 학생 ㅣ 每(个)人 매 사람 ㅣ 每天 매일 ㅣ 每年 매년 → 人, 家, 年, 月, 日, 天, 小时, 分钟, 星期, 周는 양사 없이 결합 가능 每年春节家人都会团聚在一起。 매년 춘절에는 가족이 모두 한자리에 모인다.
这样/那样 zhèyàng/nàyàng	이렇게/그렇게	如果我是你的话，我不会那样做的。→ 부사어 역할 내가 너라면 나는 그렇게 하지 않을 것이다. 我以后不会犯这样的错误了。→ 관형어 역할 나는 이후에 이런 잘못을 하지 않을 것이다.
这么/那么 zhème/nàme		这么快就放弃了？→ 부사어 역할 이렇게 빨리 포기한다고? 他不在乎这么点儿小事。→ 관형어 역할 그는 이런 작은 일에 신경쓰지 않는다.
任何 rènhé	어떠한	'예외가 없음'을 나타냄. '任何+명사+都' 형식으로, 주로 부정문에 사용 任何语言都无法表达我的心情。 어떠한 언어로도 내 기분을 표현할 수 없다.
所有 suǒyǒu	모든	'所有+명사+都' 형식으로 쓰인다. 所有人都喜欢这位作家的作品。 모든 사람들이 이 작가의 작품을 좋아한다.
某 mǒu	어느, 아무	我曾幻想在未来的某一天，能登上月球！ 나는 예전에 미래의 어느 날에 달에 오를 수 있다는 환상을 가졌었다!
有的 yǒude	어떤 것, 어떤 사람	花园里的花，有的是红的，有的是粉的。→ 대개 반복적으로 사용됨 화원의 꽃은 어떤 것은 붉은색이고, 어떤 것은 분홍색이다.

管 guǎn 동 간섭하다, 관여하다 ㅣ 急死 jísǐ 애가 타다, 안달이 나다 ㅣ 优秀 yōuxiù 형 우수하다 ㅣ 员工 yuángōng 명 직원 ㅣ 服务 fúwù 동 서비스하다 ㅣ 消费者 xiāofèizhě 명 소비자 ㅣ ★开朗 kāilǎng 형 유쾌하다 ㅣ 互相 hùxiāng 부 서로 ㅣ 交流 jiāoliú 동 교류하다 ㅣ 意见 yìjiàn 명 의견 ㅣ 春节 Chūnjié 고유 춘절 ㅣ 团聚 tuánjù 동 한자리에 모이다 ㅣ 犯 fàn 동 저지르다, 범하다 ㅣ 错误 cuòwù 명 잘못 ㅣ 放弃 fàngqì 동 포기하다 ㅣ 不在乎 bú zàihu 염두에 두지 않다 ㅣ 无法 wúfǎ ~할 수가 없다 ㅣ ★表达 biǎodá 동 표현하다 ㅣ 心情 xīnqíng 명 기분 ㅣ 作家 zuòjiā 명 작가 ㅣ ★作品 zuòpǐn 명 작품 ㅣ 曾 céng 부 일찍이 ㅣ ★幻想 huànxiǎng 동 환상하다 ㅣ ★未来 wèilái 명 미래 ㅣ 登 dēng 동 오르다 ㅣ 月球 yuèqiú 명 달 ㅣ 花园 huāyuán 명 화원 ㅣ 粉 fěn 명 분홍색

(3) 의문대사를 사용한 관용적인 표현

- **의문대사+都/也** ~라도, ~든
 什么都/也可以。뭐든지 괜찮다.　什么时候都/也可以。언제든지 괜찮다.　谁都/也可以。누구든지 괜찮다.
 哪儿都/也可以。어디든 괜찮다.　怎么都/也可以。어떻게 하든 괜찮다.

- **不怎么+동작동사** 자주 ~하지 않다
 那个人平时不怎么说话。그는 평소에 자주 말을 하지 않는다.

- **不怎么＋심리활동동사/형용사** 그다지 ~하지 않다 ✦

  这件事看起来**不怎么**重要。 이 일은 보아하니 그다지 중요하지 않다.

- **동사＋의문대사＋(就)＋동사＋의문대사** ~하면 ~한다 [구(절) 앞뒤에 같은 의문대사를 씀]

  你想做**什么**就做**什么**。 네가 하고 싶은 거 해.

- **동사/형용사＋什么** 무슨, 왜 [질책이나 비난을 나타냄]

  你笑**什么**? 왜 웃어?　　忙**什么**? 뭐가 바빠?

- **怎么＋(동사)＋也＋不＋동사** 아무리 ~해도 [아무리 해도 결과에 도달하지 못함]

  他**怎么**说明我**也不**理解。 그가 아무리 설명해도 나는 이해할 수 없다.

- **怎么这么＋동사/형용사** 왜 이렇게 ~하는가 [놀라움이나 강조를 나타냄] ✦

  你今天**怎么这么**没有精神? 너 오늘 왜 이렇게 기운이 없어?

  房间**怎么这么**乱啊? 방이 왜 이렇게 어지러워?

- **哪儿** 어디, 어떻게 [반어문에 쓰여 부정을 나타냄]

  我**哪儿**有钱买这么贵的东西? 내가 어디 돈이 있어서 이렇게 비싼 물건을 사?

★**强调** qiángdiào 동 강조하다 | ★**过分** guòfèn 동 지나치다 | ★**精神** jīngshen 명 기운, 기력 | **乱** luàn 형 어지럽다 | **平时** píngshí 명 평소

> **tip**
>
> 怎么了 vs. 为什么
>
> - 怎么了 zěnmele 무슨 일이야
>
>   她的手看起来很红, **怎么了**? 그녀의 손이 빨개, 무슨 일이야?
>
> - 为什么 wèi shénme 대 왜 [구체적인 원인이나 목적을 묻는 데 사용함]
>
>   这几天天气**为什么**这么冷? 요 며칠 날씨가 왜 이렇게 추워?

배운 내용 점검하기

1 명사란?

명사는 사람이나 사물의 이름을 나타내는 품사로, 문장에서 주로 주어와 목적어 역할을 한다.

2 명사의 종류 및 역할

크게 일반명사, 고유명사, 집합명사, 시간명사, 장소명사, 추상명사, 방위사로 나눌 수 있다. 이 중, 시간명사는 주어의 앞뒤에 위치하여 부사어의 역할을 할 수 있으며, 술어로도 쓰일 수 있다.

3 대사란?

대사는 명사를 대신하는 품사로, 명사처럼 문장에서 주로 주어와 목적어의 역할을 한다.

4 의문대사의 용법

의문대사를 이용한 관용적인 표현인 '의문대사+都/也' '不怎么+구체적인 동작동사' '不怎么+형용사/심리활동동사' '怎么这么+동사/형용사' 및 반어문 등은 시험에 자주 출제되므로 그 의미와 쓰임을 정확히 기억해 두자.

STEP 3 실력 다지기

1 有很大   他   之间   和我   的矛盾

   _____

2 茶   帮助   有   功能   减肥的

   _____

3 世界上   是   狡猾的   狐狸   动物   最

   _____

4 上   这张表格   您在   请   签字

   _____

5 看法   他们   同意了   的   彼此

   _____

6 都   缺点   自己的   有   所有的人

   _____

7 导致   主要原因   的   失眠   是什么

   _____

8 那场   会   我   讨论会   的   参加明天

   _____

해설서 p.148

06 부사(1) 위치와 종류

쓰기 제1부분 | Day 06

STEP 1 유형 파악하기

◆ 부사는 문장에서 주로 '부사어' 역할을 하며, '주어 뒤, 술어 앞'에 위치한다. 단, 일부 어기부사나 일부 범위부사는 주어 앞에 위치하기도 한다.

◆ 부사가 조동사, 개사와 함께 쓰일 때 어순은 '부사+조동사+개사구+동사'이다. 굉장히 중요한 출제 포인트이니 '부조개동'을 반드시 기억하자.

● 제1부분 예제

| 酱油 | 了 | 厨房里的 | 过期 | 已经 |

정답&풀이

[已经……了 이미 ~했다]

명사+명사+조사	명사	부사	동사	조사
厨房里的	酱油	已经	过期	了。
관형어+的	주어	부사어	술어	

부엌에 있는 간장은 이미 유통기한이 지났다.

STEP 1 동사 '过期'가 문장의 술어가 된다. 시간부사 '已经'은 '已经A了(이미 A했다)' 형태로 자주 쓰이며, 술어 앞에 위치해 부사어 역할을 한다.

STEP 2 주어는 명사 '酱油'로, '厨房里的'는 주어 앞에서 관형어 역할을 한다.

厨房 chúfáng 명 주방, 부엌 | ★酱油 jiàngyóu 명 간장 | ★过期 guòqī 동 기한을 넘기다, 기일이 지나다

STEP 2 내공 쌓기

1 부사의 종류

정도부사	형용사, 심리활동동사 앞에서 상태나 상황의 정도를 나타냄 特别 tèbié 특히, 아주 | 相当 xiāngdāng 상당히 | 比较 bǐjiào 비교적 | 格外 géwài 각별히, 유달리
시간부사	동작, 상황이 일어나는 시간을 나타냄 已经 yǐjīng 이미 | 曾经 céngjīng 일찍이 | 一直 yìzhí 계속, 줄곧 | 始终 shǐzhōng 시종, 언제나
부정부사	행위, 동작, 상태를 나타내는 술어 앞에서 부정을 나타냄 不 bù ~가 아니다 | 没 méi 아직 ~않다 | 别 bié ~하지 마라 | 勿 wù ~하지 마라
빈도부사	동작의 발생 빈도, 중복, 연속 발생을 나타냄 往往 wǎngwǎng 자주 | 又 yòu 또, 다시 | 还 hái 또, 더 | 重新 chóngxīn 다시, 재차 | 不断 búduàn 끊임없이

범위부사	동작이 이루어지는 범위를 나타냄 都 dōu 모두, 다ㅣ只 zhǐ 단지ㅣ一共 yígòng 모두, 전부ㅣ完全 wánquán 완전히
상태부사	동작의 방식이나 상황의 상태를 나타냄 仍然 réngrán 변함없이ㅣ突然 tūrán 갑자기ㅣ逐渐 zhújiàn 점점ㅣ特地 tèdì 특별히, 일부러
어기부사	말하는 이의 태도, 긍정, 추측, 강조, 의문 등의 어기를 나타냄 其实 qíshí 사실ㅣ果然 guǒrán 과연ㅣ毕竟 bìjìng 결국ㅣ总算 zǒngsuàn 겨우, 간신히

2 부사의 위치

(1) 기본 어순: **부사 + 조동사 + 개사구**

부사는 부사어로서 술어를 수식하여 주어 뒤, 술어 앞에 위치한다.

这些药 **已经** 过期了。 이 약들은 이미 유효기간이 지났다.
주어 부사(부사어) 동사(술어)

동사, 개사(구) 등과 함께 쓰일 때 일반적인 어순은 '주어+부사+조동사+개사구+술어'이다.

我 **不** 想 跟他们 合作。 나는 그들과 협력하고 싶지 않다.
주어 부사 조동사 개사구 동사
   부사어   술어

★过期 guòqī 图 기일이 지나다, 기한을 넘기다ㅣ★合作 hézuò 图 협력하다, 합작하다

> **부사가 여러 개일 때는?**
>
> (1) 일반 부사 + 부정부사: 일반 부사는 보통 부정부사 앞에 위치한다.
>
> 我从来没闯过红灯。 나는 여태껏 신호 위반을 한 적이 없다.
>
> (2) 예외: 단, 아래와 같은 일부 부사는 부정부사 뒤에 위치한다.
>
> 一起 yìqǐ 같이, 함께ㅣ马上 mǎshàng 곧, 바로, 즉시ㅣ立刻 lìkè 즉시, 당장, 곧, 바로ㅣ曾 céng 일찍이, 이미, 이전에ㅣ
> 只 zhǐ 단지, 다만ㅣ立即 lìjí 바로, 곧ㅣ光 guāng 단지, 다만, 오로지ㅣ仅(仅) jǐn(jǐn) 단지, ~뿐
>
> 我们没一起去逛过街。 우리는 함께 쇼핑하러 간 적이 없다.

(2) 연동문/겸어문: 부사 + 첫 번째 동사

연동문 또는 겸어문에서 부사는 첫 번째 동사 앞에 쓴다.

她 **没** 去 参加 宴会。 그녀는 파티에 참석하지 않았다. → 연동문
  부정부사 동사1 동사2

妈妈 **一直** 让 我 打扫 房间。 엄마는 줄곧 나에게 방 청소를 하라고 했다. → 겸어문
    일반부사 동사1   동사2

★宴会 yànhuì 图 파티, 연회

(3) 기본 어순을 따르지 않는 예외적인 경우

① **조동사 + 일부 부사 + (개사구) + 동사**: 동작의 상태를 수식해 주는 일부 부사는 '당위성'을 나타내는 조동사 뒤에 위치해 동사를 직접적으로 수식하기도 한다.

我 得 **及时** 把论文 交 给教授。 나는 제때에 교수님께 논문을 제출해야 한다.
　조동사　부사　　　개사구　동사

得 děi 조동 ~해야 한다 | ★论文 lùnwén 명 논문 | 交 jiāo 동 제출하다 | 教授 jiàoshòu 명 교수

조동사 뒤에 위치해 동사를 직접 수식하는 일부 부사

立刻 lìkè 곧, 즉시, 바로 | 立即 lìjí 곧, 즉시, 바로 | 及时 jíshí 제때에, 즉시, 곧바로
尽量 jǐnliàng 가능한 한, 최대한 | 互相 hùxiāng 서로, 상호 | 亲自 qīnzì 직접, 몸소
随便 suíbiàn 마음대로, 함부로 | 重新 chóngxīn 다시, 새로

② **일부 부사 + 주어**: 일부 부사는 문장 전체를 수식하거나 주어의 범위를 한정할 때 '주어 앞'에 위치한다.

到底你调查到了哪些情况？ 도대체 너는 어떤 상황들을 조사한 거야? → 어기부사

就他一个人为我担心。 단지 그만이 내 걱정을 한다. → 범위부사

调查 diàochá 동 조사하다 | 情况 qíngkuàng 명 상황

주어 앞에 위치하는 어기부사

原来 yuánlái 원래, 알고 보니 | 怪不得 guàibude 어쩐지 | 难怪 nánguài 어쩐지, 과연 | 到底 dàodǐ 도대체
恐怕 kǒngpà 아마 ~일 것이다 [부정적 상황] | 难道 nándào 설마 ~하겠는가? | 反正 fǎnzhèng 어쨌든
偏偏 piānpiān 기어코, 하필이면 | 其实 qíshí 사실은, 실제로는 | 幸亏 xìngkuī 다행히, 운 좋게
果然 guǒrán 과연, 생각한 대로

주어 앞에 위치하는 범위부사

就 jiù 단지, 오직 [≒只有] | 只 zhǐ 단지, 다만, 겨우 | 仅(仅) jǐn(jǐn) 단지, 다만, 겨우
光 guāng 단지, 그냥, 오직 | 单 dān 단지, 겨우 | 净 jìng 단지

③ **일부 부사 + 명사/수량사**: 부사는 일반적으로 명사나 수량사를 수식할 수 없지만, 일부 부사는 술어로 쓰인 명사나 수량사를 수식할 수 있다.

已经春天了，外边该暖和了。 벌써 봄이다. 밖은 따뜻해졌을 거야. → 부사+명사

他的身高**大约**一米八左右。 그의 키는 대략 180정도이다. → 부사+수량사

명사/수량사 술어를 수식할 수 있는 일부 부사

已经 yǐjīng 벌써, 이미 [=都 dōu] | 大约 dàyuē 대략 | 一共 yígòng 모두, 전부
一连 yìlián 계속해서, 연이어 | 才 cái 겨우 | 就 jiù 겨우, 단지

배운 내용 점검하기

1 부사란?
술어나 문장 전체를 수식하는 품사로, 문장에서 부사어 역할을 한다.

2 부사의 위치
일부 예외적인 부사를 제외하면 주어 뒤, 술어[동사/형용사] 앞에 위치한다. 조동사나 개사구와 함께 쓰일 때는 '주어+부사어[부사]+조동사+개사구]+술어[동사/형용사]+기타 성분[보어/조사/목적어 등]'의 순서로 배열된다.

STEP 3 실력 다지기

1 上涨   蔬菜的   了   又   价格

2 坏   这些   已经   水果   了

3 照常   劳动节   营业   期间   本店

4 比较   树林里   弱   信号

5 乒乓球队   我   的教练   担任过   曾经

6 没   他   把   告诉母亲   刚才的事情

7 坐在   都   沙发上   弟弟一整天

8 客人们的   会   满足   咱们   尽量   要求

➡ 해설서 p.151

07 부사(2) 정도부사

쓰기 제1부분 / Day 07

STEP 1 유형 파악하기

◆ 정도부사는 형용사나 심리활동동사 앞에 위치하여 상태나 심리활동 등의 정도를 나타낸다. 정도부사를 이용한 형용사 술어문과 정도보어 문제가 시험에 자주 출제된다.

◆ 정도부사가 다른 부사들과 함께 쓰일 경우, 일반적으로 정도부사는 맨 뒤에 위치한다.

● 제1부분 예제

效果　　这种药的　　治疗　　特别　　明显

정답&풀이

[정도부사(特别)+형용사(明显) 아주 뚜렷하다]

대사+양사+명사+조사	명사	명사	부사	형용사	
这种药的	治疗	效果	特别	明显。	이 약의 치료 효과가 아주 뚜렷하다.
관형어+的	주어		부사어	술어	

STEP 1 형용사 '明显'이 술어이고, 정도부사 '特别'는 술어 앞에 위치해 부사어 역할을 한다.

STEP 2 형용사는 목적어를 갖지 않으므로, 명사 '治疗'와 '效果'가 결합해 술어 앞에 위치한다. 조사 '的'가 붙은 '这种药的'는 주어 '治疗效果' 앞에 위치해 주어를 수식한다.

药 yào 몡 약, 약물 | ★治疗 zhìliáo 몡 치료 | 效果 xiàoguǒ 몡 효과 | ★明显 míngxiǎn 혱 뚜렷하다, 분명하다, 확연히 드러나다

STEP 2 내공 쌓기

1 정도부사의 종류

很 hěn	매우, 아주	비교적 객관적인 정도를 나타낸다. 일반적으로 '了'와 함께 쓰지 않으나, '已经……了' 형태로 함께 쓰일 때는 가능하다. 他对电脑很熟悉。 그는 컴퓨터에 대해 잘 안다. 很好了(×) → 已经很好了(○) 이미 좋아졌다 这句话很有道理。 이 말은 일리가 있다. → 很有+추상명사
太 tài	매우, 너무, 진짜	주관적인 정도를 나타낸다. [활용 형태: 太……了] 这个菜太清淡了。 이 요리는 매우 담백하다.
非常 fēicháng **十分** shífēn	매우, 대단히	'很'보다 강한 의미를 나타냄. '十分'은 주로 서면어에 쓰인다. 那儿的自然资源非常丰富。 그곳의 자연 자원은 매우 풍부하다. 他的态度让我十分感动。 그의 태도는 나를 매우 감동시켰다.

极 jí	아주, 극히	정도가 최고에 달함을 나타내며, '정도보어'로 많이 쓰인다. [활용 형태: ……极了] 这儿的环境舒适极了。 이곳의 환경은 아주 쾌적하다.
极其 jíqí	매우	[활용 형태: 极其 + 다음절 형용사/동사] 那对夫妇看上去极其幸福。 저 부부는 매우 행복해 보인다.
挺 tǐng 怪 guài	매우	[활용 형태: 挺/怪……的] ['怪'는 주로 안 좋은 의미] 这部动画片挺有意思的。 이 애니메이션 매우 재미있다. 那个场面让人怪害怕的。 그 장면은 사람을 매우 무섭게 한다.
相当 ✦ xiāngdāng	상당히	我儿子相当调皮。 우리 아들은 상당히 개구지다.
可 kě	정말, 매우	'강조'를 나타낸다. [활용 형태: 可……了] 他的工作效率可高了。 그의 업무 효율은 매우 높다.
格外 géwài 特别 tèbié 尤其 yóuqí ✦	특히	'어떠한 범위 안'에서 한 대상을 '강조'할 때 사용한다. 你过马路时要格外小心。 너는 길을 건널 때 특히 조심해야 한다. 那个市场特别热闹。 그 시장은 특히 시끌벅적하다. 她的成绩很好，尤其是数学。 → '……, 尤其(是)……' 형태로 자주 쓰임 그녀의 성적은 좋다. 특히 수학이 그렇다.
真 zhēn	정말, 진짜	[활용 형태: 真……啊] 他的工作能力真强啊！ 그의 업무 능력은 정말 대단하다!
最 zuì	가장	정도가 최고에 이름을 나타낸다. [최상급] 最近这首歌最受欢迎。 요즘 이 노래가 가장 인기 있다.
(比)较 ✦ (bǐ)jiào	비교적	'상대적인 정도'를 나타낸다. 首尔的交通比较方便。 서울의 교통은 비교적 편리하다.
更 ✦ gèng	훨씬, 더욱 [≒更加]	'비교 정도'를 나타내며, 주로 비교문에 쓰인다. 他们的生活水平比以前更高了。 그들의 생활 수준은 예전보다 훨씬 높아졌다.
有点儿 ✦ yǒudiǎnr	좀, 약간	주로 '불만'스러운 감정, '부정적' 어감일 때 쓰인다. 最近天气有点儿干燥。 요즘 날씨가 좀 건조하다.
稍微 ✦ shāowēi 稍稍 shāoshāo	좀, 약간	[활용 형태: 稍微/稍稍 + 동사 + 一下/一点/一些 　　　　　稍微/稍稍 + 형용사 + 一点/一些 (*형용사 + 一下로는 쓸 수 없음) 　　　　　稍微/稍稍 + 동사 중첩/형용사 중첩] 稍微休息一下吧！ 좀 쉬어! 我希望工作稍微少一点。 일이 좀 적어지길 바란다. 稍稍改变吧！ 조금 고치자! 我最近稍稍忙一下。(×)
多(么) duō(me)	얼마나	감탄문에 주로 쓰인다. [활용 형태: 多(么) ……啊！ 얼마나 ～인지!] 她写的文章多生动啊！ 그녀가 쓴 글이 얼마나 생동감 있던지!
大大 dàdà	크게	정도를 '강조'하는 표현이다. 科学技术的发展大大提高了人们的生活质量。 과학기술의 발전은 인간의 삶의 질을 크게 향상시켰다.

07 부사(2) 정도부사

越 yuè	갈수록, 점점	[활용 형태: 越A越B A할수록 B하다] 她越想越伤心。 그녀는 생각할수록 슬프다.
越来越 yuèláiyuè	점점 더	[활용 형태: 越来越……了 점점 더 ~하다] 문장 끝에 '了'를 붙여 변화를 함께 강조하기도 한다. 老龄化的趋势越来越明显了。 노령화 추세는 점점 더 뚜렷해져간다.

熟悉 shúxī 형 잘 알다, 익숙하다 | 句 jù 양 마디, 편 | ★道理 dàolǐ 명 일리, 근거 | 自然 zìrán 명 자연 | ★资源 zīyuán 명 자원 | 丰富 fēngfù 형 풍부하다, 풍족하다 | 态度 tàidu 명 태도 | 感动 gǎndòng 동 감동하다, 감격하다 | ★清淡 qīngdàn 형 (음식이 기름지지 않고) 담백하다 | ★舒适 shūshì 형 쾌적하다, 편안하다 | 夫妇 fūfù 명 부부 | 看上去 kàn shàngqù 보아하니 ~하다 | 幸福 xìngfú 형 행복하다 | 部 bù 양 부, 편 [서적이나 영화 편수 등을 세는 단위] | ★动画片 dònghuàpiàn 명 만화 영화 | 有意思 yǒu yìsi 형 재미있다 | 场面 chǎngmiàn 명 장면, 광경, 정경 | ★处理 chǔlǐ 동 처리하다 | ★调皮 tiáopí 형 장난스럽다, 장난이 심하다 | ★效率 xiàolǜ 명 효율 | 马路 mǎlù 명 큰길, 대로 | ★市场 shìchǎng 명 시장 | 热闹 rènao 형 떠들썩하다 | 强 qiáng 형 강하다, 굳세다 | ★首 shǒu 양 (노래·시 등의) 수 | 歌 gē 명 노래, 가곡 | 首尔 Shǒu'ěr 고유 서울 | 交通 jiāotōng 명 교통 | ★干燥 gānzào 형 건조하다 | 文章 wénzhāng 명 문장 | 生动 shēngdòng 형 생동감 있다, 생동하다 | 科学 kēxué 명 과학 | 技术 jìshù 명 기술 | 发展 fāzhǎn 명 발전 | 质量 zhìliàng 명 질, 품질 | 伤心 shāngxīn 형 슬퍼하다, 상심하다 | 老龄化 lǎolínghuà 동 노령화하다 | ★趋势 qūshì 명 추세 | ★明显 míngxiǎn 형 뚜렷하다, 분명하다

> **tip**
> 有点儿 vs. 一点儿
> - 有点儿 yǒudiǎnr 부 조금, 약간 [불만의 어기를 나타냄] [有点儿+ 형용사]
>   他的姿势有点儿歪。 그의 자세는 조금 바르지 않다.
> - 一点儿 yìdiǎnr 수 약간, 조금 [객관적인 비교의 의미를 나타냄] [동사/형용사+一点儿]
>   他取得了一点儿成绩。 그는 약간의 성과를 얻었다.
>   那件衣服比这件鲜艳一点儿。 그 옷은 이 옷보다 좀 산뜻하고 예쁘다.

2 정도부사의 위치

(1) 부사가 여럿일 때: 다른 부사 + 정도부사 + 형용사/심리활동동사

정도부사는 형용사나 심리활동동사 앞에 위치하여 상태나 심리활동 등의 정도를 나타낸다. 다른 부사와 함께 있을 때 정도부사는 일반적으로 다른 부사 뒤에 위치한다.

你 <u>也</u> <u>太</u> 粗心了。 너도 참 덜렁대는구나.
  범위부사 정도부사

我 <u>一直</u> <u>很</u> 喜欢那个时代的作品。 나는 그 시대의 작품을 줄곧 좋아해 왔다.
  시간부사 정도부사

粗心 cūxīn 형 부주의하다, 세심하지 못하다 | ★时代 shídài 명 시대, 시기 | ★作品 zuòpǐn 명 (문학, 예술의) 작품, 창작품

(2) 정도부사 + 일부 조동사 [会, 能, 想, 愿意]

일반적으로 정도부사는 조동사를 수식하지 않지만, 일부 조동사는 수식할 수 있다.

他很会说笑话。 그는 우스갯소리를 잘한다.
我很愿意和她交往。 나는 그녀와 교제하길 바란다.

笑话 xiàohua 명 우스갯소리, 우스운 이야기 | ★交往 jiāowǎng 동 교제하다, 왕래하다

배운 내용 점검하기

1 **정도부사란?**
상태나 성질이 어느 '정도'인지를 나타내며, 일반적으로 형용사를 수식하지만, 심리활동동사[예: 喜欢, 讨厌, 感谢 등]와 '会, 能, 想, 愿意'와 같은 일부 조동사도 수식 가능하다.

2 **정도부사의 위치**
다른 부사와 함께 쓰일 경우 정도부사는 다른 부사 뒤에 위치한다.

STEP 3 실력 다지기

Day 07

1 很   频道   爱   奶奶   看经济

2 姐姐   格外   写作能力   出色   的

3 危险   当时的   相当   情况

4 观察得   她   非常   仔细

5 比我   他在   更   业务方面   出色

6 真是   这只狼   了   狡猾   太

7 那些   疯狂   真   歌迷

8 背景   亮   这幅画的   有点儿

→ 해설서 p.154

08 부사(3) 시간부사

Day 08

STEP 1 유형 파악하기

◆ 시간부사는 일반적으로 부정부사 앞에 위치한다. 단, 일부 시간부사[马上/立刻/立即/曾]는 예외적으로 부정부사 뒤에 위치해 '부정부사+시간부사' 어순이 된다.

◆ 시간부사와 함께 호응하는 부사나 조사를 함께 짝꿍으로 외우자.

◆ '就'와 '才'의 의미상 차이점에 주의하자.

● 제1부분 예제

| 里 | 广播电台 | 音乐 | 正在播放 |

정답&풀이

[正在+술어 ~하는 중이다]

명사+명사	명사	부사+동사	명사
广播电台	里	正在播放	音乐。 라디오 방송국에서 음악을 방송하고 있다.
주어		부사어+술어	목적어

STEP 1 술어는 동사 '播放(방송하다)'이며, 동작의 진행이나 지속을 나타내는 시간부사 '正在'는 술어 앞에서 부사어 역할을 한다.

STEP 2 방송 중인 대상인 명사 '音乐'가 목적어 자리에 오고, '广播电台[명사]+里[방위사]'가 결합하여 장소를 나타내는 주어가 된다.

广播 guǎngbō 명 방송 | ★电台 diàntái 명 라디오 방송국 | ★播放 bōfàng 동 방송하다 | 音乐 yīnyuè 명 음악

STEP 2 내공 쌓기

1 시간부사의 종류

才 cái	겨우, 비로소	시간이 비교적 '늦음'을 나타낸다. [활용 형태: 시간 + 才] 我凌晨两点才睡觉。 나는 새벽 2시에야 겨우 잠들었다.
就 jiù	이미, 벌써, 일찍이	시간이 비교적 '이름'을 나타낸다. [활용 형태: 시간 + 就……了] 我晚上九点就睡觉了。 나는 저녁 9시에 잠들었다.
已经✦ yǐjīng	이미, 벌써	[활용 형태: 已经……了(≒ 都……了)/已经 + 수량사 + 了] 他的胳膊已经不疼了。 그의 팔은 이미 아프지 않다. 孩子已经八岁了，该上小学了。 아이는 벌써 8살이 되었으니 초등학교에 입학해야 한다.

曾经 ✦ céngjīng	이전에, 일찍이	[활용 형태: 曾经……过] 我曾经见过她一次。 나는 이전에 그녀를 한 번 본 적이 있다.
从来 ✦ cónglái	여태껏, 지금까지	[활용 형태: 从来不 + 동사 / 从来没 + 동사 + 过] 부정부사와 함께 쓰여 '과거부터 현재까지 어떠한 상황, 행동이 이루어지지 않았음'을 나타낸다. 他从来不和别人争论。 그는 지금까지 다른 사람과 논쟁한 적이 없다. 我从来没熬过夜。 나는 여태껏 밤을 샌 적이 없다.
刚 [=刚刚] gāng [=gānggāng]	막, 방금	행동이 방금 전에 발생함을 나타낸다. 那位作家的新书刚出版。 그 작가의 신작이 막 출간되었다.
马上 ✦ mǎshàng	곧, 바로, 즉시	[활용 형태: 马上 + 就] 好像马上就要下雨了。 곧 비가 오려고 하는 거 같다.
立刻 lìkè		立刻/立即는 술어 바로 앞에 위치 你需要立刻采取行动。 너는 즉시 행동을 취해야 한다. 我答应他立即处理这件事。 나는 그에게 이 일을 즉시 처리하겠다고 대답했다.
立即 lìjí		부정부사(不/没) + 马上/立刻/立即 你为什么不马上赔偿损失？ 너는 왜 바로 손실을 배상하지 않니?
及时 ✦ jíshí	즉시, 바로	미루지 않고 바로, 시기가 적절함을 나타낸다. '술어 바로 앞'에 위치한다. 小问题也要及时解决。 작은 문제라도 즉시 해결해야 한다.
将 ✦ jiāng	곧, 머지않아	'장차 일어날 미래'를 나타낸다. 明年将会流行什么款式的服装？ 내년엔 어떤 스타일의 옷이 유행할까?
快(要) kuài(yào)	곧 ~하다	'임박한 미래'를 나타낸다. [활용 형태: 快(要)……了] 爸爸快要退休了。 아빠는 곧 퇴직하신다.
正(在)/在 zhèng(zài)/zài	마침[막] ~하고 있는 중이다	동작의 진행이나 지속을 나타낸다. [활용 형태: 正……呢] 房价正在不断地上升。 집값은 끊임없이 오르고 있다.
正好 zhènghǎo	(때)마침	那时正好来了一辆公交车。 그때 마침 버스 한 대가 왔다. 他恰好三点到了。 그가 때마침 3시에 도착했다.
恰好 qiàhǎo		
按时 ✦ ànshí	제때에, 제시간에	정해진 시간에 규칙적인 행동이 이루어짐을 나타낸다. 无论如何一定要按时完成任务。 어쨌든 반드시 제때에 임무를 완성해야 한다.
暂时 zànshí	잠시	我在考试期间，暂时不见朋友。 나는 시험 기간 때, 잠시 친구를 만나지 않는다.
一时 yìshí	순간, 일시적으로	我一时想不起来他的名字了。 나는 순간 그의 이름이 생각나지 않았다.
赶紧 gǎnjǐn	서둘러, 빨리	她赶紧回英国去了。 그녀는 서둘러 영국으로 돌아갔다. 你赶快去医院检查一下吧。 너 빨리 병원 가서 검사해 봐.
赶快 gǎnkuài		
尽快 ✦ jǐnkuài	되도록 빨리	发现问题后要尽快想办法解决。 문제를 발견한 후, 되도록 빨리 방법을 생각해서 해결해야 한다.

단어	뜻	예문
偶尔 ǒu'ěr	가끔, 때때로 [有时候]	我偶尔会去国外旅游。 나는 가끔 해외여행을 간다.
还(是) hái(shi)	여전히, 아직도	동작이나 상태가 지속됨을 나타낸다. 我们十年没见了，你还是老样子。 우리 10년 동안 못 봤는데, 너는 여전히 그대로구나.
先 xiān	먼저	[활용 형태: 先……再……] 사건 발생 및 동작의 '선후 관계'를 나타낼 때 사용한다. 我们会先详细调查以后，再处理的。 우리 먼저 자세히 조사한 후에 처리할 것이다.
随时 suíshí	아무 때나, 수시로	需要帮忙的话，随时来找我。 도움이 필요하면 아무 때나 나를 찾아와.
一直 yìzhí	계속, 줄곧	'一直(在)+동사' 형태로 많이 쓰인다. 这几天一直在下雨。 요 며칠 계속 비가 내리고 있다.
总(是) zǒng(shì) 老(是) lǎo(shì) 时时 shíshí 始终 shǐzhōng	항상, 늘	父母总是为孩子操心。 부모는 항상 아이 때문에 걱정한다. 他工作时老是粗心。 그는 일을 할 때 항상 세심하지 못하다. 我想忘记他，却时时想起。 나는 그를 잊고 싶은데, 오히려 항상 생각이 난다. 她始终坚持自己的信念。 그녀는 늘 자신의 신념을 고수한다. → '始终' 위치 조심 *总(是)는 빈도부사, 시간부사 둘 다 가능
永远 yǒngyuǎn	영원히	大家永远不要忘记这个教训。 모두 이 교훈을 영원히 잊어서는 안 된다.
早晚 zǎowǎn	조만간	[활용 형태: 早晚 + 会 조만간 ~할 것이다] 那个信息早晚会被公开。 그 정보는 조만간 공개될 것이다.

凌晨 língchén 명 새벽녘, 이른 아침 | 胳膊 gēbo 명 팔 | ★争论 zhēnglùn 동 논쟁하다, 쟁론하다 | ★熬夜 áoyè 동 밤새다, 철야하다 | 作家 zuòjiā 명 작가 | ★出版 chūbǎn 동 (서적·음반 등을) 출간하다, 출판하다 | 好像 hǎoxiàng 부 마치 ~와 같다 | ★采取 cǎiqǔ 동 취하다, 채택하다 | ★行动 xíngdòng 명 행동, 거동 | ★答应 dāying 동 대답하다, 응답하다 | ★处理 chǔlǐ 동 처리하다 | ★赔偿 péicháng 동 배상하다, 변상하다 | ★损失 sǔnshī 명 손실, 손해 | 流行 liúxíng 동 유행하다 | 款式 kuǎnshì 명 스타일, 타입 | 服装 fúzhuāng 명 의류, 복장 | ★退休 tuìxiū 동 퇴직하다, 퇴임하다, 은퇴하다 | 房价 fángjià 명 집값, 건물 값 | ★不断 búduàn 부 끊임없이, 계속해서 | 上升 shàngshēng 동 위로 올라가다, 상승하다 | 公交车 gōngjiāochē 명 버스 | 无论 wúlùn 접 ~를 막론하고 | 如何 rúhé 대 어떻게, 어떤, 어떻게 하면 | 任务 rènwu 명 임무, 책무 | ★期间 qījiān 명 기간, 시간 | 英国 Yīngguó 고유 영국 | 国外 guówài 명 외국 | 老样子 lǎoyàngzi 명 옛 모습 | 详细 xiángxì 형 자세하다, 상세하다 | 调查 diàochá 동 조사하다 | 以后 yǐhòu 명 이후 | ★公开 gōngkāi 동 공개하다 | ★操心 cāoxīn 동 걱정하다, 신경을 쓰다 | 粗心 cūxīn 형 부주의하다, 세심하지 못하다 | 坚持 jiānchí 동 견지하다, 유지하다 | 信念 xìnniàn 명 신념, 믿음 | ★教训 jiàoxùn 명 교훈 | 信息 xìnxī 명 정보

> **tip**
>
> 偶尔 vs. 偶然
>
> - 偶尔 ǒu'ěr 부 가끔, 간혹, 때때로 [발생 빈도가 드묾]
>   偶尔想起 가끔 생각나다 | 偶尔来看 간혹 보러 오다
>
> - 偶然 ǒurán 부 우연히 형 우연하다 [일상적이지 않고 일반적이지 않은 상황]
>   偶然发现 우연히 발견하다 | 偶然的机会 우연한 기회

2 시간부사의 위치

(1) 부사가 여럿일 때: 시간부사 + 다른 부사

시간부사가 다른 부사들과 같이 쓰일 경우, 일반적으로 다른 부사들 앞에 위치한다.

他的情绪 **一直** 不 好。 그의 기분은 계속 좋지 않다.
　　　　　시간부사　부정부사

小李的房间 **总是** 很 干净。 샤오리[小李]의 방은 항상 깨끗하다.
　　　　　　시간부사　정도부사

★ **情绪** qíngxù 몡 기분, 마음

(2) 부정부사 + 일부 시간부사[马上, 立刻, 立即, 曾]

일부 시간부사는 예외적으로 부정부사 뒤에 위치할 수 있다.

她生病了, 但 没有 **马上** 去医院。 그녀는 병에 걸렸지만 바로 병원에 가지 않았다.
　　　　　　부정부사　시간부사

3 才 vs. 就

	수량사/시간사 + 才	수량사/시간사 + 就
시점	[동작의 시점이 늦음] 八点上课，他八点半才来。 8시 수업인데, 그는 8시 반이 되어서야 왔다.	[동작의 시점이 이름] 八点上课，他七点半就来了。 8시 수업인데, 그는 7시 반에 왔다.
나이	[나이가 많음] 她四十岁才上大学。 그녀는 40살에 대학에 들어갔다.	[나이가 적음] 她二十岁就从北京大学毕业了。 그녀는 20살에 베이징대학을 졸업했다.
수량	[행동이 쉽지 않음] 他去了三次才决定。 그는 세 번을 가고 나서야 결정했다. [행동에 긴 시간이 걸림] 他看了三遍才记住。 그는 세 번을 보고 나서야 기억했다.	[행동이 쉽거나 순조로움] 我去了一次就决定了。 나는 한 번 가서 바로 결정했다. [행동이 짧은 시간에 끝남] 我看了一遍就记住了。 나는 한 번 보고 바로 기억했다.

遍 biàn 양 번, 회 [한 동작의 처음부터 끝까지의 전 과정을 가리킴] | **记住** jìzhu 동 확실히 기억해 두다

📝 배운 내용 점검하기

1 시간부사란?
동작이나 상태에 대한 시간적 의미를 나타내는 부사이다.

2 시간부사의 위치
시간부사는 다른 부사들과 같이 쓰일 경우, 일반적으로 다른 부사들 앞에 오지만, 일부 시간부사[马上/立刻/立即/曾]는 부정부사 뒤에 위치한다.

STEP 3 실력 다지기

Day 08

1 曾经   她   过   做   军人
_____

2 快要   健身房   了   关门
_____

3 将   下个月初   在   公布   考试结果
_____

4 赶紧   把他   我们   医院   送进了
_____

5 看望班主任的   商量   我们   事情呢   在
_____

6 这部   播放过   中国   从来没   电影在
_____

7 得   问题   解决资金   马上   你
_____

8 立即   我们   采取   应该   措施
_____

→ 해설서 p.156

09 부사(4) 부정부사, 빈도부사

Day 09

STEP 1 유형 파악하기

- 부정부사는 대체로 일반 부사 뒤에 위치한다. 단, 예외적으로 일부 부사는 '부정부사+일부 부사' 순서이다.
  [일부 부사: 一起/马上/立刻/曾/只/仅(仅)]

- 주요 부정부사 '不'와 '没'는 동사의 부정, 형용사의 부정, 조동사의 부정을 표현할 때 의미가 달라지므로 용법상의 차이점을 익혀야 한다. 각각 어떤 시제에 쓰일 수 있는지도 체크하자.

- 빈도부사는 어떠한 상황이나 동작이 반복되는 횟수를 나타내는 부사로, 주어 뒤, 술어 앞에 위치한다.

- 주요 빈도부사 '又' '还' '再'가 조동사와 함께 쓰일 경우 '又'와 '还'는 조동사 앞에 위치하지만, '再'는 조동사 뒤에 위치한다.

● 제1부분 예제

不一致　双方的　看法　并

정답&풀이

[일반부사(并)+부정부사(不)]

명사+조사	명사	부사	부사+형용사
双方的	看法	并	不一致。
관형어+的	주어	부사어	술어

쌍방의 견해가 결코 일치하지 않다.

STEP 1 술어는 형용사 '一致'이고, 형용사는 일반적으로 목적어를 갖지 않으므로 명사 '看法'는 주어가 된다. '双方的'는 주어 앞에서 관형어 역할을 한다.

STEP 2 부사가 여럿일 때 부정부사는 주로 다른 부사 뒤에 위치하므로, 부사 '并'이 '不一致' 앞에 위치한다.

★双方 shuāngfāng 명 쌍방, 양쪽, 양자, 양측 | 看法 kànfǎ 명 견해 | ★一致 yízhì 형 일치하다

STEP 2 내공 쌓기

1 부정부사의 종류

不 ✦ bù	~가 아니다	사실, 바람, 판단에 대한 부정을 나타낸다. [현재, 미래 시제] 我不想和她见面。 나는 그녀와 만나고 싶지 않다.
没(有) méi(yǒu) [= 未 wèi] ✦	없다, ~하지 않았다	객관적인 사실, 동작의 발생, 상태의 변화에 대한 부정을 나타낸다. [과거 시제] 他还没去过那儿。 그는 아직 그곳에 가 본 적이 없다.

09 부사(4) 부정부사, 빈도부사　191

别 bié ✦ 勿 wù 不要 búyào ✦	~하지 마라	금지를 나타낸다. 别担心，一切都会好起来的。 걱정하지 마. 모든 게 좋아질 거야. 请勿乱扔垃圾。 쓰레기를 함부로 버리지 마시오. → 勿: 서면어 不要小看他的努力。 그의 노력을 얕보지 마라.
不用 búyòng ✦ 不必 búbì	~할 필요 없다	반드시 그럴 필요가 없음을 나타낸다. 车还没来，你不用着急。 차 아직 안 왔어. 너 조급해 할 필요 없어. 不必白费力气。 헛수고할 필요가 없다.
未必 wèibì 不见得 bújiànde 不一定 bùyídìng	반드시 ~한 것 은 아니다	富人未必幸福。 부자가 반드시 행복한 것은 아니다. 毕业于名牌大学不见得能找到好工作。 명문대를 졸업했다고 해서 반드시 좋은 직장을 구할 수 있는 것은 아니다. 点头不一定意味着同意。 고개를 끄덕이는 것이 반드시 동의를 의미하는 것은 아니다.
不至于 búzhìyú	~할 정도는 아니다	那种小事不至于这么悲观。 그런 작은 일로 이렇게 비관할 필요는 없다.
无 [≒没有] wú	~가 아니다, ~하지 않다	该公司的情况是无法解决的。 그 회사의 상황은 해결할 수 없다.
非得……不可 fēiděi……bùkě	~하지 않으면 안 된다	'반드시 ~해야 한다'는 의미를 나타낸다. [≒一定要……] [非得 / 非要 / 非 …… 不可 / 不成 / 不行] 公司要派我去中国工作，我非得学汉语不可。 회사가 나를 중국으로 파견하여 일을 시키려 해서, 나는 중국어를 공부하지 않으면 안 된다.
是否 shìfǒu	~인가? ~인지 아닌지	'是不是'의 의미로 의문문, 평서문에도 쓰인다. ['술어 앞'에 쓰임] 请帮我确认一下他是否是外国人。 그가 외국인인지 아닌지 확인해 주세요.

一切 yíqiè 대 모든, 전부, 일체 | 乱 luàn 부 함부로 | 扔 rēng 동 내버리다 | 垃圾 lājī 명 쓰레기 | 小看 xiǎokàn 동 얕보다, 깔보다 | 白费 báifèi 동 괜한 노력을 하다, 헛되이 낭비하다 | 力气 lìqi 명 힘 | 富人 fùrén 명 부자 | 幸福 xìngfú 형 행복하다 | ★名牌 míngpái 명 유명 상표, 유명 브랜드 | 点头 diǎntóu 동 고개를 끄덕이다 | 意味着 yìwèizhe 동 의미하다, 뜻하다, 나타내다 | ★悲观 bēiguān 형 비관하다, 비관적이다 | 该 gāi 대 (앞에서 언급한) 이, 그, 저 | 情况 qíngkuàng 명 상황 | ★派 pài 동 보내다 | ★确认 quèrèn 동 확인하다, 명확히 인정하다 | 外国人 wàiguórén 명 외국인

2 부정부사의 위치

① 부사가 여럿일 때: 다른 부사 + **부정부사** + (조동사+개사구) + 술어

부정부사는 주로 다른 부사들보다 뒤에 위치한다.

她　一直　没　答应　他的要求。 그녀는 계속 그의 요구를 들어 주지 않았다.
　　시간부사　부정부사　동사

你　也许　不　能　改变所有人。 너는 아마 모든 사람을 바꾸지 못할 것이다.
　　어기부사　부정부사　조동사

★答应 dāying 동 승낙하다, 동의하다 | 也许 yěxǔ 부 아마, 어쩌면

② 부정부사 + 일부 부사

일부 부사는 부정부사 뒤에 위치하기도 한다.

他 **不** 马上 发表论文。 그는 바로 논문을 발표하지 않는다.
　부정부사　시간부사　동사

这 **不** 只 是 我个人的建议。 이건 단지 내 개인의 제안만은 아니다.
　부정부사　범위부사　동사

> 一起 yìqǐ 같이, 함께 | 马上 mǎshàng 곧, 바로, 즉시 | 立刻 lìkè 즉시, 당장, 곧, 바로
> 曾 céng 일찍이, 이미, 이전에 | 只 zhǐ 단지, 다만 | 光 guāng 단지, 다만, 오로지 | 仅(仅) jǐn(jǐn) 단지, ~뿐

★发表 fābiǎo 동 발표하다, 글을 게재하다 | ★论文 lùnwén 명 논문 | ★个人 gèrén 명 개인 | 建议 jiànyì 명 제안, 건의

3 부정부사 '不 vs. 没'

	不	没
시제	[현재 시제, 미래 시제] 我明天**不**在家。 나는 내일 집에 없다. 我昨天**不**在家。(✕)	[과거 시제] 那天他**没**在家。 그날 그는 집에 없었다. 他明天**没**在家。(✕)
동사 부정	① 주관적인 의지 부정 　我**不**妨碍他工作。 나는 그의 일을 방해하지 않는다. ② 일상적, 습관적인 동작 부정 　他**不**常出席。 그는 참석을 자주 하지 않는다. ③ 비(非)동작성 동사 부정 　我**不**了解实际情况。 나는 실제 상황을 모른다.	① 객관적인 사실 부정 　我**没**妨碍他工作。 나는 그의 일을 방해하지 않았다. ② 일상적, 습관적인 동작 부정 불가 　他**没**常出席。(✕) ③ 비동작성 동사 부정 불가 　我**没**了解实际情况。(✕)
형용사 부정	[형용사의 상태를 부정할 때] 那件衣服**不**便宜。 그 옷은 싸지 않다.	[형용사의 변화를 부정할 때] 衣服还**没**干呢。 옷이 아직 마르지 않았다.
조동사 부정	[일반적으로 조동사는 '不'로 부정] 他**不**会实现目标的。 그는 목표에 달성하지 못할 것이다.	[조동사 '能'만 부정 가능] 他**没**能实现目标。 그는 목표에 달성할 수 없었다.

★妨碍 fáng'ài 동 방해하다, 저해하다 | ★出席 chūxí 동 회의에 참가하다 | 实际 shíjì 명 실제 | 情况 qíngkuàng 명 상황 | 干 gān 형 마르다 | ★实现 shíxiàn 동 달성하다, 실현하다 | ★目标 mùbiāo 명 목표

4 빈도부사의 종류

还 ✦ hái	또, 여전히, 아직도	상황이나 행동이 변함없이 지속됨을 나타낸다. [미래 시제] [어순: 还+조동사+동사] 평서문, 의문문 (○) / 명령문, 가정문 (✕) 他**还**在睡觉。 그는 여전히 자고 있다. 我知道已经没有希望了，然而我**还**想跟她解释一下。 나는 이미 희망이 없다는 것을 안다. 그러나 나는 그녀에게 여전히 해명하고 싶다.

再 zài	또, 다시	아직 발생하지 않는 동작의 반복을 나타낸다. [미래 시제] [어순: 조동사+再+동사] 대부분의 문장에 쓸 수 있다. 今天晚上再去酒吧喝一杯吧。 오늘 저녁에 또 술집에 가서 한 잔 하자. 下个学期要再学这门课。 다음 학기에 이 과목을 다시 배워야 한다.
又 yòu	또, 다시	이미 발생한 행동, 상황의 반복을 나타낸다. [과거 시제] [어순: 又+조동사+동사] 평서문, 의문문 (○) / 명령문 (×) 房价又涨了。 집값이 또 올랐다. → 又……了 我们又能在一起了。 우리는 다시 함께 있을 수 있게 되었다.
也 yě	~도, 또한	두 개의 사건이 동시 발생하거나 서로 다른 주체의 동작이 반복됨을 나타낸다. 周末我们一起去了博物馆，也去了美术馆。 주말에 우리는 함께 박물관에 갔고 미술관에도 갔다. 他去过欧洲，我也去过欧洲。 그는 유럽에 가 본 적이 있고, 나도 유럽에 가 본 적이 있다.
往往 wǎngwǎng	종종, 자주	반복적인 상황이 일어나는 시간, 장소, 방식 등의 '조건'이 문장에 있어야 한다. 일정한 규칙이 있는 일 (○) / 불규칙적인 일 (×) [과거, 현재 시제] 过年的时候，人们往往会互相拜年。 설을 쇨 때 사람들은 종종 서로 신년을 축하한다. 进教室后，他往往坐在第一排。 교실에 들어간 후에 그는 종종 첫 번째 줄에 앉는다.
常常 chángcháng	자주, 종종	단순히 동작이 자주 일어남을 나타낸다. [과거, 현재, 미래 시제] 我小时候常常去夏令营。 나는 어렸을 적 자주 여름 캠프에 갔다. 她常常听广播。 그녀는 자주 라디오를 듣는다.
经常 jīngcháng	자주, 종종	상황, 행동이 자주 반복적으로 일어남을 나타낸다. 他经常上网下象棋。 그는 자주 인터넷으로 장기를 둔다.
时不时 shíbùshí	늘, 자주	我们时不时会遇到意想不到的事情。 우리는 늘 예상치 못한 일을 겪을 수 있다.
一连 yìlián	연이어, 잇따라	[활용 형태: 一连+수량사] 一连好几个月没下过雨了。 연이어 몇 달 동안 비가 내리지 않았다.
重新 chóngxīn	다시 ['重' 발음에 유의]	술어 바로 앞에 위치한다. [어순: 개사구+重新+술어] 我们要为公司重新考虑一下。 우리는 회사를 위해 다시 한번 고려해 봐야 한다.
一再 yízài 再三 zàisān	거듭, 여러 번	他一再强调这件事很重要。 그는 이 일이 중요하다고 거듭 강조하였다. 他再三考虑后才决定。 그는 거듭 고심한 후에 비로소 결정했다.
反复 fǎnfù	반복하여	老师反复向学生们强调那一点。 선생님은 반복해서 학생들에게 그 점을 강조한다.
陆续 lùxù 纷纷 fēnfēn	끊임없이, 계속하여	各国代表团已陆续到达北京。 각국 대표단이 이미 끊임없이 베이징에 도착했다. 会议上大家纷纷地提出了自己的意见。 회의에서 모두가 끊임없이 자신의 의견을 제기했다.
不断 búduàn	끊임없이, 부단히	移动通信技术正在不断发展。 이동통신 기술이 끊임없이 발전하고 있다.

然而 rán'ér 접 그러나, 하지만 | **解释** jiěshì 동 해명하다, 설명하다 | ★**酒吧** jiǔbā 명 (서양식) 술집, 바 | **学期** xuéqī 명 학기 | **房价** fángjià 명 집값, 건물 값 | ★**涨** zhǎng 동 (수위·물가 등이) 오르다 | ★**博物馆** bówùguǎn 명 박물관 | **美术馆** měishùguǎn 명 미술관 | ★**欧洲** ōuzhōu 명 유럽 | **互相** hùxiāng 부 서로, 상호 | **过年** guònián 동 신년을 축하하다, 설을 쇠다, 새해를 맞다 | **拜年** bàinián 동 세배하다, 새해 인사를 드리다 | **排** pái 명 줄, 열 | ★**夏令营** xiàlìngyíng 명 여름 캠프, 여름 학교 | **广播** guǎngbō 명 방송 | ★**象棋** xiàngqí 명 중국 장기 | **意想不到** yìxiǎng budào 예상치 못하다 | **考虑** kǎolǜ 동 고려하다, 생각하다 | ★**强调** qiángdiào 동 강조하다 | ★**代表** dàibiǎo 동 대표하다, 대신하다 | ★**团** tuán 명 단체, 집단 | ★**到达** dàodá 동 도착하다, 도달하다 | **提出** tíchū 동 제기하다, 제의하다 | **意见** yìjiàn 명 의견 | ★**移动** yídòng 동 이동 | **通信** tōngxìn 명 통신 | **技术** jìshù 명 기술 | **发展** fāzhǎn 동 발전하다

> **tip**
> **还+조동사+再**
> '还'와 '再'는 동작의 '중복' 혹은 '지속'을 강조하기 위하여 같은 문장에 동시에 쓸 수 있다.
> 我**还**想**再**去一次。 나는 또 다시 한번 가 보고 싶다.

5 빈도부사의 위치

(1) 빈도부사 + (조동사 + 개사구) + 동사

他们 **常常** 去 外边锻炼。 그들은 자주 밖에 나가서 단련을 한다.
　　　빈도부사　동사

我 **还** 想 跟张教授 讨论。 나는 장[张] 교수님과 더 토론하고 싶다.
　빈도부사 조동사　개사구　　동사

外边 wàibian 명 밖, 바깥 | **教授** jiàoshòu 명 교수 | **讨论** tǎolùn 동 토론하다

(2) 조동사 + 개사구 + 일부 빈도부사

'再' '重新' 같은 일부 빈도부사는 조동사나 개사구 뒤에 오기도 한다.

我 想 在家 **再** 睡 一会儿。 나는 집에서 잠을 좀 더 자고 싶다.
　조동사 개사구 빈도부사 동사

我 要 从现在 **重新** 开始 计划我的旅行。 나는 이제부터 다시 내 여행을 계획하기 시작할 거야.
　조동사　개사구　빈도부사　동사

计划 jìhuà 동 계획하다 | **旅行** lǚxíng 명 여행

배운 내용 점검하기

1 부정부사란?
동작이나 상태를 나타내는 말 앞에 쓰여 부정의 의미를 나타낸다. 대체로 일반부사 뒤에 위치하지만, 예외적으로 일부 부사의 앞에 위치하기도 한다.

2 '不'와 '没'
일반적으로 '不'는 현재나 미래를 부정하고, '没'는 과거만 부정한다.

3 빈도부사란?
어떠한 상황이나 동작이 얼마나 반복되는지를 나타내는 부사이다. 일반적으로 주어 뒤, 술어 앞에 위치하며 '부사+조동사+개사구+동사'의 어순으로 쓰이지만 예외적으로 '再'는 조동사 뒤에, '重新'은 대부분의 경우 술어 앞에 위치해 직접 수식한다.

STEP 3 실력 다지기

Day 09

1 同意   你   主张   是否   她的

_____

2 勿在   请   上   吸烟   飞机

_____

3 孩子的   轻易   不要   观点   否定

_____

4 足球队   我们的   不   资格   具备参赛

_____

5 再   不能   时间   推迟了   会议

_____

6 陆续   会议室   已   进入了   专家们

_____

7 糖   我   当成   把盐   经常

_____

8 反复   这几个   张教授   强调了   问题

_____

해설서 p.159

10 부사(5) 범위부사, 상태부사

쓰기 제1부분
Day 10

STEP 1 유형 파악하기

- 사람이나 사물 또는 사건이나 동작의 범위를 제한하거나 나타내는 범위부사는 일반적으로 '주어 뒤'에 위치한다. 단, 일부 범위부사는 주어 앞에 위치하기도 한다. [주어 앞에 올 수 있는 범위부사: 就/只/仅(仅)/光/单/净]

- 범위부사가 부정부사와 함께 쓰일 경우 부정부사 앞에 위치한다. 단, 일부 범위부사는 부정부사 뒤에 위치한다. [부정부사 뒤에 올 수 있는 범위부사: 一起/只/光/仅(仅)/单/净]

- 상태부사는 '동작이나 상황의 상태를 나타내며', 주로 묘사적인 역할을 한다. 상태부사는 주로 '주어 뒤'에 위치하지만, 일부 상태부사[突然/忽然]는 주어 앞에도, 뒤에도 위치할 수 있다.

- 상태부사 역시 '부-조-개-동' 어순이지만, '亲自' '互相'은 예외적으로 술어 바로 앞에 위치한다.

● 제1부분 예제

	沉默	全部都	车厢里的人	保持了

정답&풀이

[복수 어휘+都]

명사+명사+조사+명사	명사+부사	동사+조사	명사
车厢里的人	全部都	保持了	沉默
관형어+的+주어	부사어	술어+了	목적어

车厢里的人全部都保持了沉默。 객실 안의 사람들이 모두 침묵을 지켰다.

STEP 1 술어는 '保持(지키다)'로, 조사 '了'는 술어 뒤에 위치해 동작의 실현을 나타낸다. 목적어는 '沉默(침묵)'이며, 침묵을 지키는 주체인 명사 '车厢里的人'이 주어가 된다.

STEP 2 '都'는 '모두, 전부'를 나타내는 범위부사로, 복수를 의미하는 어휘 뒤에 위치한다. 범위부사는 일반적으로 '주어 뒤'에서 사람이나 사물 또는 사건이나 동작의 범위를 제한하거나 나타낸다.

★车厢 chēxiāng 명 (열차·자동차 등의 사람·물건을 싣는) 객실, 화물칸 | 全部 quánbù 명 전부, 전체, 모두 | ★保持 bǎochí 동 지키다, 유지하다, 보지하다 | ★沉默 chénmò 동 침묵하다, 말을 하지 않다 명 침묵

STEP 2 내공 쌓기

1 범위부사의 종류

就 jiù		어순: 就 / 只 / 仅(仅) / 光 + 주어
只 zhǐ ◆	단지, 다만	부정부사 + 只 / 仅(仅) / 光
仅(仅) jǐn(jǐn)	[≒只有]	就他没去实习。 그만 실습하러 가지 않았다.
光 guāng		只今天不工作。 오늘만 일하지 않는다.
		那不仅是我一个人的主张。 그것은 나 혼자만의 주장은 아니다.
		筷子不光在韩国被使用。 젓가락은 한국에서만 사용되는 것은 아니다.

10 부사(5) 범위부사, 상태부사 **197**

都 dōu ✦	모두, 전부	[활용 형태: 복수 어휘 (한정하는 대상)+都] | 一共/总共+(동사)+수량사 大家都知道他很小气。 모두 그가 인색하다는 것을 안다.
一共 yígòng ✦		这家幼儿园里一共有九个孩子。→ 범위 강조 이 유치원에 모두 9명의 아이들이 있다.
总共 zǒnggòng		你今天总共花了多少钱? 너 오늘 모두 얼마나 썼어? → 계산 강조
一律 yílǜ	모두, 전부, 일률적으로	她对所有人一律公平对待。 그녀는 모든 사람에게 전부 공평하게 대한다. 没买票的人一概不得进场。 표를 사지 않은 사람은 모두 입장할 수 없다.
一概 yígài		
一起 yìqǐ ✦	함께	他们结婚八年了, 从来没一起看过电影。→ 어순 조심 [부정부사+一起] 그들은 결혼 8년 동안 함께 영화를 본 적이 없다.
一致 yízhì		在这次会议上, 大家一致同意了他的观点。 이번 회의에서 모두 그의 관점에 함께 동의했다.
一块儿 yíkuàir		晚饭后我们一块儿收拾了餐具。 저녁 식사 후 우리는 함께 식기를 정리했다.
一同 yìtóng		我们一同前往亚洲出差。 우리는 함께 아시아로 출장 간다.
共同 ✦ gòngtóng	공동으로, 다같이	环境污染是全世界共同要应对的问题。 환경오염은 전 세계가 공동으로 대응해야 하는 문제이다.
完全 ✦ wánquán	완전히, 전부	完全+부정부사: 전체 부정 我听到的与事实完全不一致。→ 전부 일치하지 않음 내가 들은 것과 사실이 완전히 일치하지 않는다. 부정부사+完全: 부분 부정 我听到的与事实不完全一致。→ 일치하는 것도 있고, 일치하지 않는 것도 있음 내가 들은 것과 사실이 완전히 일치하는 것은 아니다.
到处 ✦ dàochù	어느 곳이나, 도처에	행동이나 사건이 발생하는 범위를 나타냄 [활용 형태: 到处+都] 圣诞节的时候, 到处都充满了节日的气氛。 크리스마스에는 어느 곳이나 명절 분위기가 넘친다.
各 gè	각각, 각자	进入会场的每个人都各持有一张邀请函。 회의장에 들어오는 모든 사람은 모두 각자 한 장의 초대장을 가지고 있다.
另外 lìngwài	별도로, 따로	下班后, 他又另外处理了一些工作。 퇴근 후, 그는 따로 약간의 일을 처리했다.

★实习 shíxí 동 실습하다 | ★受伤 shòushāng 동 부상당하다, 부상을 입다, 상처를 입다 | 韩国 Hánguó 고유 한국 | 使用 shǐyòng 동 사용하다, 쓰다 | ★主张 zhǔzhāng 동 주장, 견해, 의견 | ★小气 xiǎoqi 형 인색하다, 쩨쩨하다 | ★幼儿园 yòu'éryuán 명 유치원, 유아원 | 所有 suǒyǒu 형 모든, 전부의 | ★公平 gōngpíng 형 공평하다, 공정하다 | ★对待 duìdài 동 (상)대하다, 대처하다 | 进场 jìnchǎng 동 입장하다 | ★观点 guāndiǎn 명 관점, 견해 | 收拾 shōushi 동 정리하다, 거두다, 정돈하다 | 餐具 cānjù 명 식기, 식구 | 亚洲 Yàzhōu 고유 아시아 | 出差 chūchāi 동 (외지로) 출장 가다 | 污染 wūrǎn 명 오염 | 应对 yìngduì 동 대응하다 | ★事实 shìshí 명 사실 | ★一致 yízhì 형 일치하다 | 圣诞节 Shèngdàn Jié 고유 크리스마스, 성탄절 | ★充满 chōngmǎn 동 넘치다, 충만하다 | ★气氛 qìfēn 명 분위기 | 会场 huìchǎng 명 회의장, 집회 장소 | 持有 chíyǒu 동 가지고 있다, 소지하다 | 邀请函 yāoqǐnghán 명 초대장 | ★处理 chǔlǐ 동 처리하다

2 범위부사의 위치

주어 + 범위부사 + (부정부사)

범위부사는 일반적으로 '주어 뒤'에 위치하며, 부정부사가 있을 경우, 대체로 '부정부사 앞'에 위치한다.

我们都在宿舍生活。 우리는 모두 기숙사에 산다. → 주어+범위부사

我们一概不知道他的情况。 우리는 그의 상황을 전혀 모른다. → 범위부사+부정부사

★宿舍 sùshè 명 기숙사 | 生活 shēnghuó 동 살다, 생활하다 | 情况 qíngkuàng 명 상황

예외적인 어순을 따르는 범위부사

(1) 아래 범위부사는 '부정부사 뒤'에도 가능하고 '주어 앞'에도 가능하다.

只 zhǐ 단지, 다만 | 光 guāng 다만, 오직 | 仅(僅) jǐn(jǐn) 단지, 다만 | 单 dān 오직, 오로지 | 净 jìng 오로지, 그

(2) 범위부사 '一起'와 '就'는 각각 '부정부사+一起' '就+주어'라는 어순을 따른다.

我们不一起去打乒乓球。 우리는 함께 탁구를 치러 가지 않는다. → 부정부사+범위부사
就我一个人在办公室里。 나만 혼자 사무실에 있다. → 범위부사+주어

tip 부정부사 앞뒤에 모두 올 수 있는 부사
都 dōu 모두, 다 | 很 hěn 매우 | 全 quán 모두, 완전히 | 太 tài 너무 | 一定 yídìng 반드시

3 상태부사의 종류

突然 tūrán ◆	갑자기	他突然想出来了一个解决问题的办法。 그는 갑자기 문제를 해결할 방법을 생각해 냈다.
忽然 hūrán		忽然他的帽子被风吹掉了。 갑자기 그의 모자가 바람에 벗겨졌다.
猛然 měngrán	(들이닥치듯, 맹렬히) 갑자기	他猛然抬起头来。 그는 갑자기 고개를 들었다.
逐渐 zhújiàn ◆	점점, 점차	许多深海的鱼类正在逐渐消失。 많은 심해어류들이 점점 사라지고 있다.
逐步 zhúbù		我们应逐步降低生产成本。 우리는 생산 원가를 점차 낮춰야 한다.
渐渐 jiànjiàn		路上的行人渐渐多起来了。 거리의 행인들은 점점 많아졌다.
仍然 réngrán	여전히, 변함없이 [≒ 还]	她的脸上仍然没有表情。 그녀의 얼굴에는 여전히 표정이 없다.
依然 yīrán		这份合同现在依然有效。 이 계약은 현재 여전히 유효하다.
亲自 qīnzì ◆	직접, 몸소	他亲自指导学生做实验。 그는 학생이 실험하는 것을 직접 지도한다.
互相 hùxiāng ◆	서로, 상호	只有互相信任，才能提高工作效率。 오직 서로 신뢰해야만 비로소 업무 효율을 높일 수 있다.
一下子 yíxiàzi	갑자기, 단숨에	教室里一下子安静下来了。 교실이 갑자기 조용해졌다.
一口气 yìkǒuqì	단숨에	他一口气喝完了那杯啤酒。 그는 단숨에 그 맥주를 다 마셨다.
暗暗 àn'àn	슬며시, 은근히, 남몰래	활용 형태: 暗暗+심리활동동사 [타인 모르게 감정을 숨김] 我暗暗喜欢他，但没有向他表白。 나는 남몰래 그를 좋아하지만, 그에게 고백하지는 않았다.
悄悄 qiāoqiāo	몰래, 조용히, 소리 없이	'소리가 나지 않게' 행동하는 것을 나타낸다. 他悄悄地走进房间来。 그는 몰래 방으로 들어온다.
偷偷 tōutōu	남몰래, 슬며시	다른 사람이 '못 보게' 행동하는 것을 나타낸다. 有人偷偷地拿走了文件。 누군가 몰래 서류를 가져갔다.
先后 xiānhòu	연이어, 잇달아	我先后做了两次手术。 나는 연이어 두 번 수술을 했다.

特地 tèdì	특별히, 일부러	他特地到机场来接我了。 그는 특별히 공항으로 나를 마중 나왔다.
专门 zhuānmén	특별히, 일부러, 오로지	姐姐出差时，专门给我买了礼物。 언니는 출장 때 특별히 내게 선물을 사 주었다.
照常 zhàocháng	평소대로	今天虽然学生们没课，但是老师们照常上班。 비록 오늘 학생들은 수업이 없지만, 선생님들은 평소대로 출근한다.

★吹 chuī 통 불다 | 掉 diào 통 ~해 버리다 [타동사의 뒤에 쓰여 제거함, 없애 버리는 것을 나타냄] | 抬头 táitóu 통 머리를 들다 | ★种类 zhǒnglèi 명 종류 | 许多 xǔduō 형 (사람의 수·물건의 수량이) 매우 많다 | 深海 shēnhǎi 명 심해 | 鱼类 yúlèi 명 어류 | ★消失 xiāoshī 통 사라지다 | 降低 jiàngdī 통 내려가다, 낮아지다 | ★生产 shēngchǎn 통 생산 | 成本 chéngběn 명 원가, 자본금 | ★行人 xíngrén 명 행인 | ★表情 biǎoqíng 명 표정 | ★合同 hétong 명 계약서 | 有效 yǒuxiào 형 유효하다, 효과가 있다 | ★指导 zhǐdǎo 통 지도하다, 이끌어 주다 | ★实验 shíyàn 명 실험 | ★信任 xìnrèn 통 신뢰하다, 신임하다 | ★效率 xiàolǜ 명 효율 | 表白 biǎobái 통 고백하다 | ★文件 wénjiàn 명 서류, 문건 | ★手术 shǒushù 명 수술 | 出差 chūchāi 통 (외지로) 출장 가다

4 상태부사의 위치

상태부사 + (조동사 + 개사구) + 동사

光盘仍然在抽屉里。 CD는 여전히 서랍 안에 있다.

不管他怎么解释，我依然不能相信。 그가 어떻게 변명하든 간에 나는 그를 믿을 수 없다.

★光盘 guāngpán 명 시디(CD), 콤팩트디스크 | ★抽屉 chōuti 명 서랍 | 不管 bùguǎn 접 ~를 막론하고 | 解释 jiěshì 통 변명하다, 해명하다

예외적인 어순을 따르는 상태부사

(1) 아래 상태부사는 '술어 바로 앞'에 위치하여 직접 술어를 수식할 수 있다.

亲自 qīnzì 직접, 몸소 | 互相 hùxiāng 서로, 상호 | 逐渐/逐步/渐渐 zhújiàn / zhúbù / jiànjiàn 점점, 점차

我不能亲自出席会议。 나는 직접 회의에 참석할 수 없다.

(2) 상태부사 '突然' '忽然'은 주어 앞뒤에 모두 올 수 있다.

忽然，一个男人朝我跑过来。 갑자기 한 남자가 나를 향해 달려왔다. → 상태부사+주어

她突然辞职了。 그녀는 갑자기 사직했다. → 주어+상태부사

★出席 chūxí 통 회의에 참가하다 | ★朝 cháo 개 ~를 향하여 | ★辞职 cízhí 통 사직하다, 직장을 그만두다

배운 내용 점검하기

1 범위부사란? 사람이나 사물, 사건 혹은 동작의 범위를 제한하거나 나타내는 부사를 말한다.

2 범위부사의 위치

① 일반적으로 부정부사 앞에 위치하지만, 일부 범위부사는 부정부사 뒤에 위치한다.

② 부사는 일반적으로 주어 뒤에 위치하지만, 일부 범위부사는 주어 앞에 위치한다.

3 상태부사란? 동작이나 어떤 상황의 상태를 묘사하는 부사를 말한다.

4 상태부사의 위치

주로 주어 뒤에 위치하지만 일부 상태부사[突然/忽然]는 주어 앞에 위치하기도 한다. 또한 술어 앞에 바로 위치하는 일부 상태부사[互相/亲自 등]도 있다.

STEP 3 실력 다지기

Day 10

1 正确   你的   完全   答案

_____

2 都   街上   红叶   是   到处

_____

3 人   没有票的   不   一律   上车   能

_____

4 一概而论   所有的   事情   都不能

_____

5 逐步   正在   公园的   娱乐设施   完善

_____

6 严肃起来   活跃的   渐渐   变得   气氛

_____

7 飘起   天空中突然   雪花   回家时   了

_____

8 中国菜   老师   做了   为我   可口的   亲自

_____

해설서 p.162

11 부사(6) 어기부사

쓰기 제1부분 | Day 11

STEP 1 유형 파악하기

◆ 화자의 어투, 말투를 표현하는 어기부사는 대개 다른 부사들 앞에 위치한다.

◆ 부사는 대체로 주어 뒤에 위치하지만, 일부 어기부사는 주어 앞에 위치하기도 하므로 주의해야 한다.
[주어 앞에 올 수 있는 어기부사: 原来/怪不得/难怪/难道/到底/究竟/幸亏/反正/反而/果然/恐怕/其实]

● 제1부분 예제

学会系领带   弟弟   了   总算

정답&풀이

[总算……了 마침내 ~했다]

명사	부사	동사+동사+명사	조사
弟弟	**总算**	**学会系领带**	**了**。 남동생은 마침내 넥타이 매는 법을 배웠다.
주어	부사어	술어+목적어	了

STEP 1 주어는 명사 '弟弟'이고, 술어는 동사 '学会'이다. 상황이나 상태의 변화를 나타내는 어기조사 '了'는 문장 끝에 위치한다.

STEP 2 오랜 시간 바라고 노력했던 일이 끝내 이루어짐을 나타내는 어기부사 '总算'은 술어 앞에 위치해 부사어 역할을 한다.

★**总算** zǒngsuàn 분 마침내, 드디어, 겨우, 간신히 | **学会** xuéhuì 동 배워서 할 수 있게 되다, 습득하다, 배워서 알다 | ★**系** jì 동 매다 | **领带** lǐngdài 명 넥타이

STEP 2 내공 쌓기

1 주요 어기부사

倒 dào 却 què ✦	오히려	의외스러움, 예상에 어긋남을 나타낸다. [어순: 주어+倒/却] ✦ 他的好心倒给我们添了麻烦。 그의 선의가 오히려 우리에게 번거로움을 줬다. 他工作很辛苦，工资却很少。 그의 일은 매우 힘든데, 월급은 오히려 적다.
反而 fǎn'ér	오히려	위치: 주어 앞, 뒤 这种情况下，反而他去更合适。 이러한 상황에, 오히려 그가 가는 게 더 적합하다. 他健身后体重反而增加了。 그는 운동한 후에 체중이 오히려 늘어났다.

단어	뜻	예문
其实 ◆ qíshí	(그러나) 사실은	잘못 알고 있었던 내용에 대해 보충, 해명하려 할 때 쓰인다. 她看起来很自信，其实非常紧张。 그녀는 자신 있어 보이는데, 사실은 매우 긴장했다.
终于 ◆ zhōngyú 总算 zǒngsuàn	마침내, 결국	오랜 시간 바라고 노력했던 일이 끝내 이루어짐을 나타낸다. 这场比赛终于结束了。 시합이 마침내 끝났다. → 终于……了 형식으로 쓰임 我总算考上了北京大学。 나는 마침내 베이징 대학에 합격했다.
到底 ◆ dàodǐ	① 도대체 [=究竟] ② 마침내 [=终于]	你到底在搜索什么？ 너는 도대체 뭘 검색하는 거야? → 의문문에서는 추궁하는 의미 南老师写了两年的书，到底还是出版了。 남 선생님은 2년 동안 책을 썼는데, 마침내 출판됐다.
究竟 jiūjìng	① 도대체 ② 어쨌든, 결국	위치: 주어 앞, 뒤 究竟哪个领域适合投资？ → 의문문에서는 추궁하는 의미 도대체 어떤 분야가 투자하기 적합해? 那些数据究竟还是出了问题。 그 데이터들은 어쨌든 또 문제가 발생했다.
难怪 nánguài 怪不得 guàibude	어쩐지, 과연	[활용 형태: 难怪/怪不得+주어+결과, 原来+원인] 难怪她汉语说得那么流利，原来她在中国留过学。 어쩐지 그녀가 중국어를 그렇게 유창하게 하더라니, 알고 보니 중국에서 유학을 한 적이 있구나. 怪不得我最近没见到他，原来他病了。 어쩐지 요즘 그를 못 봤는데, 알고 보니 그가 병이 났구나!
原来 yuánlái	알고 보니, 원래	刚才在车站看到一个人很眼熟，原来是我家邻居。 방금 정류장에서 본 사람이 매우 낯익었는데, 알고 보니 우리 이웃이었다. [어순: 原来+주어] 原来我想当医生，可是现在我的想法改变了。 원래 나는 의사가 되고 싶었지만, 지금 생각이 바뀌었다.
几乎 ◆ jīhū	거의	[활용 형태: 几乎+(명사)+都] 现代人几乎都有手机。 현대인들은 거의 모두 휴대폰이 있다.
最好 zuìhǎo	~하는 것이 가장 좋다	感冒时最好多休息，不要外出活动。 감기에 걸렸을 때, 많이 쉬는 것이 가장 좋고, 외출 활동을 하지 않아야 한다.
毕竟 ◆ bìjìng	어쨌든, 드디어	毕竟这里是公共场所，我们应该注意自己的言行。 어쨌든 이곳은 공공장소이니 우리는 스스로의 언행을 조심해야 한다.
反正 fǎnzhèng	어쨌든	不管你信不信，反正我通过了考试。 네가 믿든 믿지 않든, 어쨌든 나는 시험에 통과했다.
竟然 jìngrán	뜻밖에도	생각지도 못했음을 나타낸다. [활용 형태: 没想到……竟然……] 真没想到他竟然拒绝了我的要求。 정말 생각지도 못하게 그는 나의 요구를 거절했다.
居然 jūrán	뜻밖에도	결과와 예측이 상반됨을 나타낸다. [활용 형태: 没想到……居然……] 没想到这居然是一个小孩子的作品。 이것이 한 어린아이의 작품일 것이라고는 생각하지 못했다.
果然 guǒrán	과연, 생각한 대로	果然，按照老师的方法，我解决了很多难题。 과연, 선생님의 방법에 따라, 나는 많은 난제를 해결했다.

단어	뜻	설명 및 예문
一定 yídìng ◆ 肯定 kěndìng 准 zhǔn	반드시, 꼭	[활용 형태: 一定+要/会, 肯定/准+会 반드시 ~할 것이다] 你如果骗他，他一定会生气的。너 만약 그를 속이면, 그는 분명 화를 낼 거야. 我们明天肯定会出发。우리는 내일 반드시 출발할 것이다. 她准会大吃一惊的。그녀는 분명히 깜짝 놀랄 것이다.
必须 bìxū ◆	반드시 ~해야 한다	我必须要把这笔钱还给她。나는 반드시 이 돈을 그녀에게 갚아야 한다.
甚至 shènzhì	심지어, ~조차도	사실 또는 극단적인 사례 등을 강조한다. [활용 형태: 甚至……也] 他甚至连一个道歉也没有。그는 심지어 사과조차 없다.
根本 ◆ gēnběn	결코, 전혀	[활용 형태: 根本+不/没] 发脾气根本不能解决问题。화를 내는 것은 결코 문제를 해결할 수 없다.
并 ◆ bìng	결코	[활용 형태: 并+不/没] 现实生活并不像想象的那样美好。 현실 생활은 결코 상상한 것처럼 그렇게 아름답지 않다.
决 ◆ jué	절대로, 결코	[활용 형태: 决+不] 我们决不轻易放弃理想。우리는 절대 쉽게 꿈을 포기하지 않는다.
千万 qiānwàn	제발	금지를 나타내며, 명령문에 쓰인다. [활용 형태: 千万+不要/别] 千万不要耽误时间。제발 시간을 지체하지 마라.
万万 wànwàn	절대로, 결코	평서문에 쓰인다. [활용 형태: 万万+不/没] 我万万没想到你已经结婚了。 나는 네가 이미 결혼했을 거라고 결코 생각하지 못했다.
只好 zhǐhǎo ◆ 只得 zhǐdé 不得不 bùdébù	어쩔 수 없이, 부득이	我只好在家等他。나는 어쩔 수 없이 집에서 그를 기다렸다. 他们只得推迟计划。그들은 어쩔 수 없이 계획을 연기한다. 当时的情况使同事不得不那样做。 당시의 상황이 동료를 어쩔 수 없이 그렇게 하도록 했다.
何必 hébì	구태여 ~할 필요 있겠는가	[활용 형태: 何必……呢] 何必为这些小事难过呢？이런 작은 일들로 괴로워할 필요가 있는가?
难道 ◆ nándào	설마 ~하겠는가	주어 앞에도 쓰일 수 있으며, 주로 반어문에 쓰인다. [难道+주어] [활용 형태: 难道……吗?] 你难道不知道今天是她的生日吗？ 너 설마 오늘이 그녀의 생일인 거 모르는 거 아니지? 难道你一直在抱怨吗？설마 너 계속 원망하고 있는 건 아니지?
恐怕 ◆ kǒngpà	아마 ~일 것이다	주어 앞에 쓰이며, '나쁜 결과'를 예상함을 나타낸다. [恐怕+주어] 恐怕这些问题难以避免。아마 이 문제들을 피하기 어려울 것이다.
可能 kěnéng 也许 yěxǔ	아마도, 어쩌면	这种植物可能让人过敏。이 식물은 아마도 사람에게 알레르기를 일으킬 수 있다. 我今天也许不能去看演唱会了。나는 오늘 어쩌면 콘서트 보러 못 갈 수도 있다.
大约 dàyuē 大概 dàgài	대략, 아마	[활용 형태: 大约/大概+수량 표현] 她看上去大约1米7。그녀는 대략 1m 70cm로 보인다. 大概要投入多少资金？대략 얼마의 자금을 투자해야 하는가?

至少 zhìshǎo	적어도	[활용 형태: 至少+수량 표현] 做完这件事至少需要一个星期。 이 일을 다 하는 데 적어도 일주일이 걸린다.
尽量 jǐnliàng	가능한 한, 되도록	술어 바로 앞에 위치한다. 请尽量准时到达。 되도록 정시에 도착해 주세요.
幸亏✦ xìngkuī	다행히, 운좋게	[활용 형태: 幸亏A，要不然B] [幸亏는 주어 앞에 위치] 幸亏他叫醒了我，要不然我就会迟到的。 그가 나를 깨웠으니 다행이지, 그렇지 않았으면 나는 지각할 뻔했다.
好像✦ hǎoxiàng 仿佛 fǎngfú	아마 ~같다, 마치 ~같다	[활용 형태: 仿佛……似的 마치 ~인 것 같다] 她好像又跟男朋友吵架了。 그녀는 또 남자 친구와 싸운 거 같다. 那件事仿佛是昨天刚发生似的。 그 일은 마치 어제 막 일어난 것 같다.
好(不)容易 hǎo(bu)róngyì	가까스로, 어렵사리	과정 등이 매우 어려움을 나타낸다. 朋友好不容易才找到这双手套。 친구는 간신히 이 장갑을 찾았다.
差点儿 chàdiǎnr	잘하면 ~할 수 있었다	[差点儿+바라는 일: 아쉽게도 '나쁜 결과'가 생겼음] 他差点儿考上大学。 그는 거의 대학에 붙을 뻔했다. → 결과: 대학에 합격하지 못했다(没考上大学)
差点儿没 chàdiǎnr méi	하마터면 ~할 뻔하다	[差点儿没+바라는 일/바라지 않는 일: 다행스럽게도 '좋은 결과'가 생겼음] 他差点儿没考上大学。 그는 하마터면 대학에 붙지 못할 뻔했다. → 결과: 대학에 합격했다(考上大学) 我差点儿没迟到。＝我差点儿迟到。 나는 하마터면 지각할 뻔했다. → 결과: 지각하지 않았다(没迟到)
顺便 shùnbiàn	겸사겸사, ~하는 김에	我在中国旅行的时候，顺便见了我留学时的老师。 나는 중국에서 여행할 때, 겸사겸사 유학 시절 선생님을 만났다.
主要✦ zhǔyào	주로, 대부분	小李主要负责产品宣传。 샤오리[小李]는 주로 상품 마케팅을 책임진다.
简直 jiǎnzhí	그야말로, 정말로	과장의 어기를 나타낸다. 哥哥的性格简直就像孩子一样。 형의 성격은 그야말로 아이와 같다.
确实✦ quèshí	확실히, 정말로	教育子女确实不是一件容易的事。 자녀를 교육하는 것은 확실히 쉬운 일이 아니다.
干脆 gāncuì	차라리, 아예	我们干脆重新安排日程吧。 우리 차라리 다시 일정을 조정하자.
故意 gùyì	일부러, 고의로	我不是故意忘记约会时间的。 내가 일부러 약속 시간을 잊은 것은 아니다.
乱 luàn	함부로	乱扔垃圾是导致环境污染的原因之一。 함부로 쓰레기를 버리는 것은 환경오염을 초래하는 원인 중 하나이다.

好心 hǎoxīn 명 선의, 호의 | **添麻烦** tiān máfan 번거로움을 주다, 귀찮게 하다, 폐를 끼치다 | **辛苦** xīnkǔ 형 고되다 | **工资** gōngzī 명 임금 | **情况** qíngkuàng 명 상황 | **合适** héshì 형 알맞다 | ★**健身** jiànshēn 몸을 튼튼히 하다 | **体重** tǐzhòng 명 체중 | **增加** zēngjiā 동 증가하다 | **看起来** kàn qǐlai 보아하니, 보기에 | **自信** zìxìn 동 자신하다 | **紧张** jǐnzhāng 형 긴장해 있다 | ★**搜索** sōusuǒ 검색하다 | ★**出版** chūbǎn 동 출판하다 | **领域** lǐngyù 명 분야 | **适合** shìhé 동 적합하다, 적절하다 | ★**投资** tóuzī 동 투자하다 | ★**数据** shùjù 명 데이터 | **流利** liúlì 형 유창하다 | **车站** chēzhàn 명 정류장 | **眼熟** yǎnshú 형 낯익다 | ★**现代** xiàndài 명 현대 | **外出** wàichū 동 외출하다 | **活动** huódòng 명 활동, 행사 | **公共场所** gōnggòng chǎngsuǒ 공공장소 | **言行** yánxíng 명 언행 | **拒绝** jùjué 동 거절하다 | ★**作品** zuòpǐn 명 작품 | **按照** ànzhào 개 ~에 따라 | **方法** fāngfǎ 명 방법 | **难题** nántí 명 난제 | **骗** piàn 동 속이다 | **大吃一惊** dàchī yījīng 몹시 놀라다 | ★**顿** dùn 양 끼니, 차례 [식사, 질책 등의 횟수에 쓰임] | **发脾气** fā píqi 화를 내다 | **现实** xiànshí 명 현실 | **生活** shēnghuó 명 생활 | ★**想象** xiǎngxiàng 동 상

상하다 | **美好** měihǎo 형 아름답다 | ★**轻易** qīngyì 부 쉽게, 함부로 | **放弃** fàngqì 동 포기하다 | **理想** lǐxiǎng 명 꿈 | ★**耽误** dānwu 동 지체하다 | **推迟** tuīchí 동 연기하다 | **计划** jìhuà 명 계획 | **当时** dāngshí 명 당시, 그때 | ★**抱怨** bàoyuàn 동 원망하다 | **难以** nányǐ 형 ~하기 어렵다 | **避免** bìmiǎn 동 피하다, 면하다 | **过敏** guòmǐn 형 알레르기 | **演唱会** yǎnchànghuì 명 콘서트, 음악회 | ★**投入** tóurù 동 투자하다 | ★**资金** zījīn 명 자금 | **准时** zhǔnshí 명 정확한 시간 | **到达** dàodá 동 도착하다 | **叫醒** jiàoxǐng 동 (불러서) 깨우다 | ★**吵架** chǎojià 동 싸우다 | **发生** fāshēng 동 발생하다 | ★**似的** shìde 조 ~와 같다 | ★**手套** shǒutào 명 장갑 | **旅行** lǚxíng 동 여행하다 | **负责** fùzé 동 책임을 지다 | **产品** chǎnpǐn 명 제품 | ★**宣传** xuānchuán 동 선전 | **重新** chóngxīn 부 다시 | **安排** ānpái 동 안배하다 | ★**日程** rìchéng 명 일정 | **约会** yuēhuì 동 만날 약속 | **扔** rēng 동 내버리다 | **垃圾** lājī 명 쓰레기 | ★**导致** dǎozhì 동 초래하다, 야기하다 | **污染** wūrǎn 명 오염 | **原因** yuányīn 명 원인

4 어기부사의 위치

(1) 기본 위치: 어기부사 + 다른 부사

어기부사는 보통 다른 부사들 앞에 위치한다.

会员们**几乎**都参加了。 회원들은 거의 모두 참석했다. → 어기부사+범위부사

尽量不要使用一次性杯子。 되도록 일회용 컵을 사용하지 마라. → 어기부사+부정부사

会员 huìyuán 명 회원 | **使用** shǐyòng 동 사용하다 | **一次性** yícìxìng 명 일회용

(2) 예외적인 위치

어기부사는 대체로 주어 뒤에 위치하지만, 일부 어기부사는 주어 앞에 위치하기도 한다.

幸亏你帮了我的忙,要不然实验就不能取得成功。
다행히 네가 도와줬기 망정이지 그렇지 않았으면 실험은 성공하지 못했을 것이다.

反正那不是我的错误。 어쨌든 그것은 내 잘못이 아니다.

要不然 yàoburán 그렇지 않으면 | ★**实验** shíyàn 명 실험 | **取得** qǔdé 동 얻다 | **成功** chénggōng 동 성공하다

> **주어 앞에 위치하는 어기부사**
>
> **原来** yuánlái 원래, 알고 보니 | **怪不得** guàibude 어쩐지 | **难怪** nánguài 어쩐지, 과연
> **难道** nándào 설마 ~하겠는가? | **到底** dàodǐ 도대체 | **究竟** jiūjìng 도대체 | **反正** fǎnzhèng 어쨌든
> **反而** fǎn'ér 오히려 | **其实** qíshí 사실은, 실제로는 | **幸亏** xìngkuī 다행히, 운 좋게
> **果然** guǒrán 과연, 생각한 대로 | **恐怕** kǒngpà 아마 ~일 것이다 [부정적 상황]

배운 내용 점검하기

1 어기부사란?
  술어 앞에서 긍정, 추측, 강조, 의문 등 화자의 다양한 어기·어투를 표현하는 부사이다.

2 어기부사의 위치
  어기부사는 대부분 다른 부사들 앞에 위치하지만, 일부 어기부사는 주어 앞에 위치하기도 한다.

STEP 3 실력 다지기

Day 11

1 到底　了　成功　实验

2 结束了　事　这件　总算

3 蛋糕　了　那块　过期　好像

4 形成在　月球　46亿年前　大约

5 无法　达到　根本　他们　目标

6 都　他　不喜欢　大家　难怪

7 终于　我　打扫　这间屋子　把　干净了

8 发现了　他　及时　幸亏　这些错误

해설서 p.165

12 접속사(1) 병렬·점층·전환

Day 12

STEP 1 유형 파악하기

◆ 접속사는 서로 연관이 있는 두 개 이상의 구나 절을 하나의 문장으로 이어 주는 역할을 한다. 그 종류와 쓰임이 다양하므로 문장에서 어떠한 관계를 나타내는지 파악해야 한다.

◆ 쓰기 제1부분에서 접속사의 출제 비율은 4년에 1회 출제될 정도로 미미하지만, 듣기·독해·쓰기 제2부분에서 매우 유용하게 활용되므로 반드시 숙지해야 한다. 실력 다지기에 준비된 문제는 '해석 연습' 위주로 공부하자.

● 제1부분 예제

| 既聪明 | 又善良 | 我的儿子 |

정답&풀이

[既A又B   A할 뿐만 아니라 B하다]

대사+조사+명사   접속사+형용사   부사+형용사
我的儿子   **既聪明**   **又善良**。 나의 아들은 똑똑하고 착하다.
관형어+的+주어   既+술어1   又+술어2

STEP 1 '既A又B' 형식이 쓰인 문장으로 A가 형용사이면, B도 형용사이다. 제시어는 '既聪明+又善良' 순서로 배열한다.

STEP 2 남은 제시어 '我的儿子'는 문장 맨 앞에 위치해 주어 역할을 한다.

既 jì 쩝 ~할 뿐만 아니라, ~이며, ~하고도 [既A又B: A할 뿐만 아니라 또한 B하다] | ★聪明 cōngmíng 형 똑똑하다 | ★善良 shànliáng 형 선량하다, 착하다

STEP 2 내공 쌓기

1 병렬 관계 접속사

두 개 이상의 구나 절을 연결하여 동시에 일어나는 일을 설명하거나, 하나의 사물을 다양한 방면에서 설명할 때 사용하는 접속사이다.

(一)边 A (一)边 B = 一面 A 一面 B A하면서 B하다
(yì)biān A (yì)biān B = yímiàn A yímiàn B

두 가지 동작이 동시에 진행됨 [A, B: 구체적인 동작동사]

他(一)边划船，(一)边唱歌。 그는 배를 저으면서 노래를 부른다.
我一边好奇，一边激动。(✗) → 추상적 의미의 동사나 형용사는 쓸 수 없음

一方面 A，(另)一方面 B 한편으로는 A하고 다른 한편으로는 B하다
yìfāngmiàn A, (lìng) yìfāngmiàn B

두 가지 원인이나 상황이 동시에 존재함 [A, B: 주로 추상동사]
想学好汉语的原因是**一方面**要跟中国人交流，**另一方面**要了解中国文化。
중국어를 마스터하고자 하는 이유는 한편으로는 중국인과 교류를 하려는 것이고, 다른 한편으로는 중국 문화를 이해하려는 것이다.

既 A 又 B = 又 A 又 B A이기도 하고, B이기도 하다 ✦
jì A yòu B = yòu A yòu B

두 개의 동작 혹은 상태가 동시에 존재함 [A가 동사이면 B도 동사, A가 형용사이면 B도 형용사]
他**既**是去度假**又**是去看亲戚。 그는 휴가를 보내러 가면서 친척도 보러 가기로 했다. → A, B: 동사
她**又**谦虚**又**温柔。 그녀는 겸손하고 온유하다. → A, B: 형용사

주어 + 既 A 也 B 주어는 A이기도 하면서 B이기도 하다
jì A yě B

두 개의 동작 혹은 상태가 존재함 [A, B: 동사]
吸烟**既**损害自己的健康，**也**影响别人的健康。
흡연은 자신의 건강을 해치기도 하고 다른 이의 건강에 영향을 주기도 한다.

| 划 huá 동 (배를) 젓다 | ★好奇 hàoqí 형 호기심이 많다 | 激动 jīdòng 동 흥분하다, 감동하다 | 原因 yuányīn 명 원인 | 交流 jiāoliú 동 교류하다 | 度假 dùjià 동 휴가를 보내다 | 亲戚 qīnqi 명 친척 | ★谦虚 qiānxū 형 겸허하다 | ★温柔 wēnróu 형 온유하다 | 吸烟 xīyān 동 담배를 피우다 | 损害 sǔnhài 동 해치다, 손상시키다 |

2 점층 관계 접속사

시간, 정도, 수량, 범위 등에 있어 뒤 절이 앞 절보다 한층 더 심화된 상황을 나타낼 때 사용하는 접속사이다. 점층 관계 접속사는 함께 호응하는 부사와 세트로 외워 두어야 한다. 접속사와 주어의 배열 순서에 따라 문장의 의미가 달라지기도 한다는 점에 주의하자.

不但/不仅/不光 A，而且/还/也/甚至还 B A할 뿐만 아니라, 게다가 B하다 ✦
búdàn / bùjǐn / bùguāng A, érqiě / hái / yě / shènzhì hái B

주어가 같은 경우: 주어+不但 / 주어가 다른 경우: 不但+주어1, 而且+주어2
[A: 대상, 범위, 행동 / B: 확장 범위, 이어지는 행동]
那家超市**不仅**离家很近，**而且**卖的东西很全。 그 시장은 집에서 가까울 뿐만 아니라, 파는 물건도 많다. → 주어+不仅
不但规模很小，员工**也**很少。 규모가 작을 뿐만 아니라, 직원도 적다. → 不但+주어1, 주어2+也

不但+不/没 A，反而/反倒 B A하지 않을 뿐 아니라, 오히려 B하다
búdàn+bù / méi A, fǎn'ér / fǎndào B

[B: 예상하지 못한 상황]
他**不但不**支持我，**反而**把我批评了一顿。 그는 나를 지지하지 않을 뿐만 아니라 오히려 나를 한 차례 꾸짖었다.
风**不但没**停，**反倒**越刮越大了。 바람은 멈추지 않았을 뿐만 아니라 오히려 점점 더 거세졌다.

连 A 都/也……，别说/更不用说 B 了 A조차도 ~한데, B는 말할 필요도 없다
lián A dōu / yě ……, bié shuō / gèng búyòng shuō B le

他**连**走路**都**不会，**更不用说**跑了。 그는 걷는 것도 못하는데, 뛰는 것은 말할 필요도 없다.

别说/不用说 A，连 B 都/也…… A는 말할 필요도 없고, B조차도 ~하다
bié shuō / búyòng shuō A, lián B dōu / yě ……

别说跑，他**连**走路**都**不会。 뛰는 것은 말할 것도 없고, 그는 걷는 것조차 하지 못한다.

A，甚至 B 都/也 …… A하고, 심지어 B까지 ~하다
A, shènzhì B dōu/yě ……

这个路口经常堵车，甚至大清早也堵得很严重。 이 길목은 자주 차가 막히는데, 심지어 이른 아침에도 심각하게 막힌다.

除了A(以)外，(B)还 C A외에도 (B 또한) C하다 → '추가'에 방점
chúle A (yǐ)wài, (B) hái C

[A: 범위 / B: 주어 / C: 추가되는 범위와 행동]
爷爷除了钓鱼以外，还有很多业余爱好。 할아버지는 낚시 외에도, 많은 취미를 가지고 계신다.

除了A(以)外，(B) 都 C A를 제외하고 (B는) 모두 C하다 → '제외'에 방점
chúle A (yǐ)wài, (B) dōu C

[A: 제외되는 대상 / B: 범위 / C: 행동]
班里除了小金以外，都是中国人。 반에서 샤오진을 제외하고 모두 중국인이다.

全 quán 형 완전하다, 완비하다 | ★规模 guīmó 명 규모 | 员工 yuángōng 명 직원 | 支持 zhīchí 동 지지하다 | 批评 pīpíng 동 꾸짖다, 질책하다 | ★顿 dùn 양 번, 차례, 끼니 [식사·질책·권고 등의 횟수에 쓰임] | 停 tíng 동 멈추다 | 刮 guā 동 (바람이) 불다 | 路口 lùkǒu 명 길목 | 堵车 dǔchē 동 차가 막히다 | 大清早 dàqīngzǎo 명 이른 아침, 새벽 | 堵 dǔ 동 막다 | 严重 yánzhòng 형 심각하다 | 钓鱼 diàoyú 동 낚시하다 | ★业余 yèyú 형 여가의

3 전환 관계 접속사

서로 상반되는 문장을 연결할 때 쓰는 접속사이다.

A，但(是)/可(是)/不过/然而/只是/却 B A하지만, B하다
A, dàn(shì) / kě(shì) / búguò / rán'ér / zhǐshì / què B

这个玩具很便宜，可是质量很好。 이 장난감은 매우 싸지만, 품질은 좋다.
我去年和男朋友分手了，但还是忘不了他。 나는 작년에 남자 친구와 헤어졌지만, 여전히 그를 잊지 못한다.

虽然/尽管/固然/虽说 A，但(是)/可(是)/不过/(然)而/只是+주어+却/倒/则 B 비록 A하지만, B하다 ★
suīrán / jǐnguǎn / gùrán / suīshuō A, dàn(shì) / kě(shì) / búguò / (rán)'ér / zhǐshì …… què / dào / zé B

那篇文章虽然很短，但很重要。 그 글은 비록 짧지만, 매우 중요하다.
尽管别人不敢说，不过他明确地说出来了。 다른 사람은 감히 말을 못하지만, 그는 명확하게 말했다.

A，其实 B A이지만(하지만), 사실은 B하다
A, qíshí B

企鹅的行动看起来很笨，其实它们充满智慧。 펭귄의 행동은 멍청해 보이지만, 사실 그들은 지혜가 충만하다.

★玩具 wánjù 명 장난감 | 质量 zhìliàng 명 품질 | ★分手 fēnshǒu 동 헤어지다 | 篇 piān 양 편 [일정한 형식을 갖춘 문장을 세는 단위] | 文章 wénzhāng 명 문장 | 不敢 bùgǎn 감히 ~하지 못하다 | 明确 míngquè 동 명확하게 하다 | 企鹅 qǐ'é 명 펭귄 | ★行动 xíngdòng 명 행동 | 看起来 kàn qilai 보기에 ~하다 | 笨 bèn 형 멍청하다 | ★充满 chōngmǎn 동 충만하다, 가득 차다 | ★智慧 zhìhuì 명 지혜

🔖 배운 내용 점검하기

1 병렬 관계 복문 형식 (一)边 A (一)边 B | 既/又 A 又 B 등이 있다.

2 점층 관계 복문 형식 不但/不仅 A, 而且/还/也/甚至还 B | 不但+不/没 A, 反而/反倒 B 등이 있다.

3 전환 관계 복문 형식 虽然/尽管/虽说 A, 但(是)/可(是)/不过/(然)而/只是+주어+却+B 등이 있다.

STEP 3　실력 다지기

1 既英俊　这个　又聪明　小伙子

_____

2 一方面是　认识更多的朋友　我来补习班　为了学习汉语　另一方面是为了

_____

3 会带来不好的影响　不但不能成功　你这样做　反而

_____

4 不仅会说　他　而且　说得　英语　不错

_____

5 甚至站着　也能　我太困了　睡着

_____

6 通过考试　努力学习　他非常　然而没有

_____

7 我却很喜欢　不高　这份工作　虽然工资

_____

8 可是　要坚持自己的梦想　我还是　都不支持我　尽管大家

_____

해설서 p.168

13 접속사(2) 가설·조건·인과

Day 13

STEP 1 유형 파악하기

◆ 접속사 문제는 듣기, 독해, 쓰기 제2부분에서 꼭 알아야 하기 때문에 정확하게 그 뜻과 구조를 숙지해야 한다.
◆ 자주 쓰이는 접속사는 예문과 함께 익혀 그 뜻을 파악하고 쓰기 제2부분에서 활용할 수 있도록 하자!

● 제1부분 예제

下雨	如果明天	去爬山了	就不	我们

정답&풀이

[**如果A，就B** 만약 A하면 B하다]

접속사+명사	동사	대사	부사+부사	동사+동사+조사
如果明天	下雨,	我们	就不	去爬山了。
如果+부사어	술어	주어	就+부사어	술어1+술어2

만약 내일 비가 오면, 우리는 등산 가지 않을 것이다.

STEP 1 '如果A，就B(만약 A하면 B하다)'는 가설 관계 접속사 구문으로 A에는 가설, B에는 A로 얻어지는 결과가 나온다. 앞 절에는 가설이 와야 하기 때문에 문맥상 '下雨'가 오는 것이 적합하다.

STEP 2 '我们'이 뒤 절의 주어가 되며, '不去爬山了'가 앞의 가설에 따른 결과가 된다.

如果 rúguǒ 쩝 만일, 만약 | 明天 míngtiān 명 내일 | 下雨 xiàyǔ 동 비가 내리다 | 爬山 páshān 동 등산하다, 산을 오르다

STEP 2 내공 쌓기

1 가설 관계 접속사

앞 절에 가설, 가정하는 내용을 제시하고, 뒤 절에는 그에 따른 결과나 추론을 나타낸다.

如果/要是/若是/假如/假使/假若/倘若/若 A(的话)，那(么)/就/便/则 B 만약 A라면, B하다 ✦
rúguǒ / yàoshi / ruòshì / jiǎrú / jiǎshǐ / jiǎruò / tǎngruò / ruò A (dehuà), nà(me) / jiù / biàn / zé B

[A: 가설 / B: A로 얻어지는 결과]

如果不及时处理这个问题，**就**会造成严重的后果。 만약 제때 이 문제를 처리하지 않는다면, 심각한 결과를 초래할 것이다.
假如有一天我能说好汉语的话，**那**该有多好啊。 만약 어느 날 내가 중국어를 잘 할 수 있게 된다면, 얼마나 좋을까.

即使/就是/就算/哪怕 A，也 B 설령 A일지라도, B하다
jíshǐ / jiùshì / jiùsuàn / nǎpà A, yě B

[A: 극단적인 가설 / B: 어떤 가설에도 변하지 않는 결과]

即使失败，**也**要继续坚持。 설령 실패하더라도 계속 견지해야 한다.
哪怕遇到困难，**也**不要害怕。 설사 어려움에 부딪히더라도, 두려워하지 마라.

要不是 A，就/该 B 만약 A하지 않았다면, B했을 것이다
yàobúshì A, jiù / gāi B

[A: 현실과 반대되는 상황 / B: A에 따른 결과]

要不是路上堵车，这会儿就应该到了。 만약 길에 차가 막히지 않았다면, 지금 이미 도착했을 것이다.

(幸亏/幸好) A，要不然/要不/不然/否则 B 다행히 A했으니 망정이지, 그렇지 않았다면 B했다
(xìngkuī / xìnghǎo) A, yàoburán / yàobù / bùrán / fǒuzé B

[A: 다행스러운 상황 / B: 원하지 않는 결과]

幸亏她叫醒了我，否则我就迟到了。 다행히 그녀가 나를 깨워 주었기에 망정이지, 그렇지 않았다면 나는 지각했을 것이다.

没有 A，就没有/不 B A가 없었더라면 B는 없었을 것이다[B하지 않았을 것이다]
méiyǒu A, jiù méiyǒu / bù B

没有辛苦，就没有收获。 수고 없이는 소득도 없다.
没有他的帮助，我就不可能取得今天的成就。 그의 도움이 없었다면, 나는 오늘의 성과를 얻을 수 없었을 것이다.

及时 jíshí 🄫 제때에 | ★处理 chǔlǐ 🄭 처리하다 | ★造成 zàochéng 🄭 초래하다, 야기하다 | 严重 yánzhòng 🄮 심각하다 | ★后果 hòuguǒ 🄬 결과 | 失败 shībài 🄭 실패하다 | 继续 jìxù 🄭 계속하다 | 坚持 jiānchí 🄭 견지하다, 고수하다 | 困难 kùnnán 🄬 어려움 | 堵车 dǔchē 🄭 차가 막히다 | 这会儿 zhèhuìr 🄬 지금, 이때 | 叫醒 jiàoxǐng 🄭 (불러서) 깨우다 | 辛苦 xīnkǔ 🄬 고생, 수고 | ★收获 shōuhuò 🄬 수확, 성과 | 取得 qǔdé 🄭 얻다 | ★成就 chéngjiù 🄬 성과, 성취

2 조건 관계 접속사

앞 절에 조건을 제시하고, 뒤 절에서 그 조건에 따른 결과를 나타낸다.

无论/不论/不管 A，都/也/总/反正 B A를 막론하고 B하다 ✦
wúlùn / búlùn / bùguǎn A, dōu / yě / zǒng / fǎnzhèng B

[A: 조건 (주로 선택의문문, 의문대사, 정반의문문 형식) / B: 변하지 않는 결과]

无论是朋友还是陌生人，他们都会热情招待。 친구든 낯선 사람이든 간에, 그들은 친절히 접대할 것이다. → 선택의문문
不论发生什么事情，我们都永远不会离开你。 무슨 일이 일어나든, 우리는 영원히 너를 떠나지 않을 것이다. → 의문대사
不管你说不说出来，他们都会及时发现的。 네가 말을 하든 안하든지 간에, 그들은 즉시 발견할 것이다. → 정반의문문

只有/除非 A，才 B A해야만, B하다 → A라는 '조건'을 강조함
zhǐyǒu / chúfēi A, cái B

[A: 유일한 조건 / B: 결과]

只有你亲自去请他，他才会来。 네가 직접 그에게 부탁해야만 그가 올 것이다.
除非你亲自来，才能取走文件。 니가 직접 와야만, 문서를 가져갈 수 있다.

只要 A，就/便 B A하기만 하면, B하다 ✦ → B라는 '결과'를 강조함
zhǐyào A, jiù / biàn B

[A: 충분 조건 / B: A 조건을 만족시키면 생기는 결과]

只要下定决心，就没有办不到的事情。 결심만 하면, 못할 일이 없다.

(除非) A，否则/不然/要不 B A해야지, 그렇지 않으면 B하다
(chúfēi) A, fǒuzé / bùrán / yàobù B

[A: 조건 / B: A가 안 될 경우 발생하는 결과]

除非你改变你的想法，否则我不会帮助你。 네가 너의 생각을 고쳐야지, 그렇지 않으면 나는 너를 도와줄 수 없다.

陌生人 mòshēngrén 몡 낯선 사람 | ★招待 zhāodài 동 접대하다 | 发生 fāshēng 동 발생하다 | 永远 yǒngyuǎn 冃 언제나 | 及时 jíshí 冃 즉시, 곧바로 | ★亲自 qīnzì 冃 직접, 친히 | 取 qǔ 동 가지다 | ★文件 wénjiàn 몡 문서 | ★决心 juéxīn 몡 결심, 다짐 | 改变 gǎibiàn 동 고치다, 바꾸다 | 想法 xiǎngfa 몡 생각, 의견

3 인과 관계 접속사

앞 절에서 원인을 제시하고, 뒤 절에는 그에 따른 결과나 판단을 나타낸다.

因为 A，所以 B A이기 때문에, B하다 ✦
yīnwèi A, suǒyǐ B

[A: 원인 / B: 결과]
因为雨下得很大，**所以**今天的活动取消了。비가 많이 와서 오늘 행사는 취소되었다.

由于 A，所以/因此/因而 B A이기 때문에, B하다 ✦
yóuyú A, suǒyǐ / yīncǐ / yīnér B

[A: 원인 / B: 결과] → '因为'는 '因此' '因而'과 호응할 수 없음
由于活动已结束，**因此**无法免费提供。행사가 이미 끝났기 때문에 무료로 제공할 수 없다.

之所以 A，是因为 B A한 까닭은, B이기 때문이다 → '원인'을 강조함
zhīsuǒyǐ A, shì yīnwèi B

[A: 결과 / B: 원인]
他**之所以**能成功，**是因为**工作很勤奋。그가 성공할 수 있었던 이유는 일을 매우 부지런히 했기 때문이다.

A，于是/从而 B A해서, B하다 → '결과'를 강조함
A, yúshì / cóng'ér B

[A: 조건이나 원인 / B: 결과]
他们对汉语很感兴趣，**于是**成立了一个汉语社团。그들은 중국어에 관심이 있어서 중국어 동아리를 만들었다.
那位画家有时间就会看各种漫画，**从而**积累了很多素材。
그 화가는 시간이 있을 때마다 각종 만화를 보며 소재를 많이 축적했다.

既(然) A，那么/就 B 기왕 A하게 되었으니, B하다
jì(rán) A, nàme / jiù B

[A: 이미 발생하였거나 확정된 사실 / B: A에 따른 결과]
既然你已经决定了，我也**就**不说什么了。기왕 네가 이미 결정했으니, 나도 아무 말 안 하겠다.

A, 以致/以至(于) B A하여, B를 초래하다
A yǐzhì / yǐzhì(yú) B

[A: 원인 / B: 나쁜 결과]
她太生气了，**以致于**说不出一句话来。그녀는 너무 화가 나서 한마디 말도 할 수 없었다.
他工作很忙，**以至于**忽视了家庭。그는 일이 바빠서 가정에 소홀하였다.

活动 huódòng 몡 행사, 활동 | ★取消 qǔxiāo 동 취소하다 | 产品 chǎnpǐn 몡 제품 | 无法 wúfǎ 동 ~할 방법이 없다 | 免费 miǎnfèi 동 무료로 하다 | 提供 tígōng 동 제공하다 | 成功 chénggōng 동 성공하다 | ★勤奋 qínfèn 톙 근면하다, 열심이다 | ★成立 chénglì 동 결성하다, 창립하다 | 社团 shètuán 몡 동아리 | 画家 huàjiā 몡 화가 | 漫画 mànhuà 몡 만화 | 积累 jīlěi 동 축적하다 | 素材 sùcái 몡 (예술 작품의) 소재 | ★忽视 hūshì 동 소홀히 하다, 경시하다 | ★家庭 jiātíng 몡 가정

배운 내용 점검하기

1 **가설 관계** 如果/要是 A, 那么/就 B | 即使 A, 也 B 등이 있다.
2 **조건 관계** 无论/不论/不管 A, 都/也/总/反正 B | 只有/除非 A, 才 B | 只要 A, 就/便 B 등이 있다.
3 **인과 관계** 因为 A, 所以 B | 由于 A, 所以/因此/因而 B | 之所以 A, 是因为 B 등이 있다.

STEP 3 실력 다지기

1 不要去了   下雪   还   就   如果
___

2 要继续挑战   即使   我也   你们都反对
___

3 就失败了   要不然这次实验   幸亏   他及时发现了错误
___

4 成功有多难   想试试   无论   我都
___

5 否则我   他亲自来   除非   不会去的
___

6 开不了机   因此   我的电脑中了病毒   由于
___

7 那么开心   我通过了考试   我之所以   是因为
___

8 那么就   你生病了   别来了   既然
___

해설서 p.171

14 접속사(3) 선택·목적·선후

Day 14

STEP 1 유형 파악하기

◆ 선택 관계를 나타내는 접속사는 듣기 영역에서 자주 출제된다. 목적 관계 접속사는 쓰기 제2부분에서 작문을 할 때 자주 쓰인다.

◆ 선후 관계를 나타내는 접속사와 복문 구조는 각 영역 문제 풀이에 중요한 역할을 하니, 하나하나 주의 깊게 살펴보자.

● 제1부분 예제

| 他每天学习 | 准备考试 | 很晚 | 为了 | 到 |

정답&풀이

[为了+A(목적), B(행위) A하기 위해 B하다]

접속사	동사+명사	대사+명사+동사	개사+부사+형용사
为了	准备考试,	他每天学习	到很晚。 시험 준비를 위해 그는 매일 늦게까지 공부했다.
为了	술어+목적어	주어+부사어+술어	보어

STEP 1 '为了 A, B' 형식이 쓰인 문장으로 A에는 '목적', B에는 '목적을 이루기 위한 행동'이 온다. 문맥상 '准备考试'가 목적이 되는 A에 위치한다.

STEP 2 동작이 언제까지 지속되는지를 나타내기 위해서 동작동사 뒤에 개사 '到'와 함께 시간의 양 '很晚'을 써서 표현한다.

| 为了 wèile 개 ~를 하기 위하여 [为了+A, B: A하기 위해 B하다] | 准备 zhǔnbèi 동 준비하다, ~하려고 하다, ~할 작정이다 | 考试 kǎoshì 명 시험, 고사 | 每天 měitiān 명 매일, 날마다 | 学习 xuéxí 동 배우다, 공부하다, 학습하다 | 晚 wǎn 형 늦다

STEP 2 내공 쌓기

1 선택 관계 접속사

나열한 항목 중 한 가지를 선택함을 나타낼 때 사용하는 접속사이다.

(是) A，还是 B? A인가 B인가?
(shì) A, háishi B?

A와 B 중 하나를 선택하는 선택의문문으로, A, B 외에 다른 선택은 없음 [A, B: 같은 부류의 대상]

这部照相机是新的还是旧的？ 이 카메라는 새거야 아니면 오래된 거야?

不是 A，就是 B A가 아니면 B이다, A 또는 B이다 ◆
búshì A, jiùshì B

A와 B 각각 50%의 가능성이 있음 [A, B: 사실 또는 행동]

他一天到晚不是上网，就是玩游戏。 그는 하루종일 인터넷 아니면 게임을 한다.

不是 A，而是 B　A가 아니고 B이다 ✦
búshì A, érshì B

A가 아니라 B가 사실임을 강조함 [B를 선택함]

跌倒**不是**失败，**而是**成功的开始。 좌절하는 것은 실패가 아니라, 성공하는 것의 시작이다.

要么 A，要么 B = 或者 A，或者 B = 或是 A，或是 B　A하든지 B하든지 하다
yàome A, yàome B = huòzhě A, huòzhě B = huòshì A, huòshì B

A나 B 또는 제3의 것도 선택 가능, 의문문에는 사용할 수 없음

他中午**要么**吃面条**要么**吃馒头。 그는 점심에 국수를 먹든지 찐빵을 먹는다.
或是发短信，**或是**亲自去找他，你拿主意吧。 문자를 보내든지, 직접 그를 찾아가든지, 네가 결정해.

与其 A，(还) 不如 B　A하느니 (차라리) B하는 편이 낫다 ✦
yǔqí A, (hái) bùrú B

주어진 상황에서 A와 B 중 B를 선택함 [A: 좋지 않다고 생각한 행동 / B: 선택한 행동]

与其天天呆在家里，**不如**去健身房锻炼身体。 매일 집에서 그냥 있느니 헬스장에 가서 몸을 단련하는 게 낫겠다.

宁可/宁愿/宁肯 A，也要 B　A할지언정 B하겠다
nìngkě / nìngyuàn / nìngkěn A, yě yào B

어쩔 수 없이 B를 선택함

我**宁可**熬夜，**也要**把事做完。 나는 밤을 샐지언정 일을 마쳐야 한다.

宁可/宁愿/宁肯 A，也不 B　차라리 A할지언정 B하지는 않겠다
nìngkě / nìngyuàn / nìngkěn A, yě bù B

A와 B 중 A를 선택함

他**宁可**失败**也不**愿意放弃。 그는 실패할지언정 포기하고 싶지 않다.

部 bù 양 [기계를 세는 단위] | 跌倒 diēdǎo 동 좌절하다, 실패하다 | 失败 shībài 명 실패 동 실패하다 | 成功 chénggōng 동 성공하다 | ★馒头 mántou 명 찐빵, 만터우 | 短信 duǎnxìn 명 문자 메시지 | ★亲自 qīnzì 부 직접, 손수, 친히 | 拿主意 ná zhǔyi 생각을 정하다, 방법을 결정하다 | ★呆 dāi 동 (어떤 장소에) 있다, 머물다 | 健身房 jiànshēnfáng 명 헬스장 | ★熬夜 áoyè 동 밤새다, 철야하다 | 放弃 fàngqì 동 포기하다, 버리다

2 목적 관계 접속사

어떠한 '목적'과 그 목적을 달성하기 위한 '행동이나 방법'을 나타낸다.

为了 A, B　A하기 위해서 B하다 ✦
wèile A, B

주어가 '为了' 앞에 오기도 함 [A: 목적 / B: A를 이루기 위한 행동]

为了提高汉语水平，我不断地努力学习。 중국어 수준을 높이기 위해 나는 계속해서 열심히 공부한다.

A, 以便/是为了/为的是 B　A한 것은 B하기 위해서이다
A, yǐbiàn / shì wèile / wèi de shì B

[A: B를 이루기 위한 행동 / B: 목적]

我们这样做，**是为了**公司的利益。 우리가 이렇게 하는 것은 회사의 이익을 위해서이다.
我看这些书，**为的是**扩大词汇量。 내가 이 책들을 보는 것은 어휘량을 늘리기 위해서이다.

A，以免/免得/省得 B	B를 면하게 하기 위해서 A하다
A, yǐmiǎn / miǎnde / shěngde B	

[A: B하지 않기 위한 행동 / B: 바라지 않는 일]

过马路时要小心，**以免**发生意外。 의외의 사고가 발생하지 않도록, 길을 건널 때 조심해야 한다.
千万不要贪图小利，**免得**上当受骗。 사기당하지 않도록 작은 이익을 탐내지 마라.

★**不断** búduàn 튀 계속해서, 끊임없이, 부단히 | ★**利益** lìyì 명 이익 | ★**扩大** kuòdà 동 키우다, 확대하다 | ★**词汇** cíhuì 명 어휘 | **量** liàng 명 양, 수량 | **马路** mǎlù 명 큰길, 대로, 자동차 도로 | **发生** fāshēng 동 (원래 없던 현상이) 발생하다, 일어나다, 생기다 | ★**意外** yìwài 명 뜻밖의 사고, 의외의 재난 | **千万** qiānwàn 튀 절대로, 부디, 제발 | **贪图** tāntú 동 탐내다, 욕심부리다 | **小利** xiǎolì 명 보잘것없는 이익 | ★**上当** shàngdàng 동 속다, 꾐에 빠지다, 사기를 당하다 | **受骗** shòupiàn 동 속다, 속임을 당하다

3 선후 관계 접속사

어떠한 순서에 따른 '연속적인' 동작이나 상황을 나타내는 접속사이다.

先 A，然后/再/接着 B	먼저 A하고, 그 다음에 B하다
xiān A, ránhòu / zài / jiēzhe B	

'先'은 주어 앞에 쓸 수 없음 [A, B: 행동]

我们**先**考虑一下刚才的方案，**再**开会吧。 우리 우선 방금 전 방안을 좀 생각했다가 다시 이어서 회의합시다.
先看题目，**然后**阅读内容。 먼저 제목을 보고 나서 내용을 읽는다.

等 A，就/便/再 B	A한 후에, B하다
děng A, jiù / biàn / zài B	

A에 결과보어 '完'이나 조사 '了'가 쓰임 [A, B: 행동]

你得**等**做完作业**再**出去玩。 너는 숙제를 다 한 후에 나가 놀 수 있다.
等发工资了，**就**还给你。 월급 받으면 너에게 갚을게.

一 A，就 B	① A하자마자 바로 B하다 / ② A하면 바로 B한다
yī A, jiù B	

① A, B 두 행동이 짧은 시간에 이루어짐 [A, B: 행동]

弟弟总是**一**到家，**就**躺在沙发上看手机。 남동생은 항상 집에 도착하자마자 소파에 누워 휴대폰을 본다.

② A 이후 어김없이 B가 발생함 [A: 선행되는 행동 조건 / B: 결과]

我**一**开灯他**就**吵着说睡不着。 내가 등을 켜기만 하면 그는 바로 잠을 자지 못하겠다고 투정 부린다.

考虑 kǎolǜ 동 생각하다, 고려하다 | ★**方案** fāng'àn 명 방안 | **开会** kāihuì 동 회의를 열다 | ★**题目** tímù 명 제목, 표제, 테마 | **阅读** yuèdú 동 (책이나 신문을) 보다 | **内容** nèiróng 명 내용 | **得** děi 조동 ~해야 한다 | **工资** gōngzī 명 월급, 임금 | **躺** tǎng 동 눕다, 드러눕다 | **沙发** shāfā 명 소파 | ★**吵** chǎo 동 말다툼하다 [여기서는 '투정부리다'로 쓰임]

📋 배운 내용 점검하기

1 선택 관계 不是 A，就是 B | 不是 A，而是 B | 与其 A，(还)不如 B

2 목적 관계 为了 A，B | A，以便/是为了/为的是 B | A，以免/免得/省得 B

3 선후 관계 先 A，然后/再/接着 B | 等 A，就/便/再 B | 一 A，就 B

STEP 3 실력 다지기

Day 14

1 休息   或者   我周末在家   和朋友们出去玩儿

2 没有时间   不是不喜欢运动   她   而是

3 天天玩儿电脑浪费时间   一门语言   与其   不如学

4 想运动   我宁可   也不   不吃饭减肥

5 我做出了   提高成绩   为了   很多努力

6 是为了   学汉语   找到更好的工作

7 一会儿   就去运动了   然后   我先休息了

8 等   吃饭吧   再一起   我考完试

→ 해설서 p.174

15 수사·양사

쓰기 제1부분

Day 15

STEP 1 유형 파악하기

◆ 일반적으로 '수사'는 명사를 직접 수식할 수 없고, 수사와 명사 사이에 '양사'가 있어야 한다. 양사의 종류는 매우 다양하므로, 자주 결합하는 양사와 명사를 함께 숙지해야 한다.

◆ 양사는 명량사, 동량사, 시량사로 나눌 수 있다. '수사+명량사'는 주어나 목적어를 수식하는 관형어 역할을 하며, '수사+동량사/시량사'는 동사 뒤에 위치하여 수량보어 역할을 한다.

● 제1부분 예제

一个   的确   她   可靠的伙伴   是

정답&풀이

[수사(一)+양사(个)+형용사+的+명사]

대사	부사	동사	수사+양사	형용사+조사+명사
她	的确	是	一个	可靠的 伙伴。 그녀는 확실히 믿을 만한 동료이다.
주어	부사어	술어	관형어+的	목적어

STEP 1 동사 '是'가 보이면, 'A是B' 문형을 떠올리자. A 자리에는 '특정한 어휘'가 오며, B 자리에는 'A를 설명하는 내용'이 온다. 따라서 특정적인 대상을 나타내는 어휘인 인칭대사 '她'가 A 자리에 위치한다.

STEP 2 '可靠的'의 수식을 받는 명사 '伙伴'이 B 자리에 위치한다. '수사+양사'의 결합인 '一个'는 관형어의 어순에 따라 '可靠的伙伴' 앞에 위치한다. 남은 제시어 '的确'는 술어 '是' 앞에서 부사어 역할을 한다.

★的确 díquè 문 확실히, 분명히, 정말, 참으로 | ★可靠 kěkào 형 믿을 만하다, 믿음직하다, 믿음직스럽다 | ★伙伴 huǒbàn 명 동료, 친구, 동반자

STEP 2 내공 쌓기

1 수사

(1) 수사의 종류

숫자를 나타내는 수사에는 '수의 적고 많음'을 나타내는 기수, '순서'를 나타내는 서수, '대략적인 수'를 나타내는 어림수가 있다.

기수	정수	숫자 [1, 2, 3······]와 자릿수 [일, 십, 백···] 零 líng 0 | 一 yī 1 | 十 shí 10 | 百 bǎi 100
	소수	소수점으로 표시하는 수 [소수점(.): 点 diǎn] 소수점 아래는 자릿수를 읽지 않고 숫자를 각각 읽는다. 五点八 wǔ diǎn bā 5.8 | 零点三九 líng diǎn sān jiǔ 0.39

분수	전체에 대한 부분을 나타내는 수 [분수(/): 分之 fēn zhī / 퍼센트(%): 百分之 bǎi fēn zhī] ① 분수: A分之B (A분의 B), C又A分之B(C와 A분의 B) 四分之三 sì fēn zhī sān 4분의 3(¾) ǀ 六又三分之一 liù yòu sān fēn zhī yī 6과 3분의 1(6⅓) ② 퍼센트: 百分之A(A%) 百分之三十 bǎi fēn zhī sānshí 30% ǀ 百分之百 bǎi fēn zhī bǎi 100% 百分之六十七点五 bǎi fēn zhī liùshíqī diǎn wǔ 67.5%
배수	어떤 수의 갑절이 되는 수 [수사+倍 bèi: ~배] 两倍 liǎng bèi 두 배 ǀ 四倍 sì bèi 네 배 增加了三倍。 3배가 더 늘었다 → 현재 수량 = 기존 수량 + 기존 수량X3 增加到三倍。 3배로 늘었다 → 현재 수량 = 기존 수량X3
서수	순서를 나타내는 수 [第 dì+수사: ~번째] '第'를 쓰지 않는 경우도 있다. 第一 dì yī 첫 번째 ǀ 第三册 dì sān cè 제3권 ǀ 二年级 èr niánjí 2학년
어림수	대략적이고 불확실한 수 三四个 sān sì ge 3~4개 ǀ 六个多小时 liù ge duō xiǎoshí 여섯 시간 남짓 三点左右 sān diǎn zuǒyòu 3시 정도

> **tip** 二 vs. 两 vs. 俩
> - 二 èr: 숫자, 소수, 분수, 서수에 쓰이며, 십 단위에서는 '二'을 쓴다. → 二十 20
> - 两 liǎng: 양사 앞이나 천 단위 이상에서 쓰이며, 백단위는 '二'과 '两' 모두 가능하다.
>   → 两千二百 2200, 两个 2개, 二百/两百 200
> - 俩 liǎ: '两个'의 의미이므로 양사를 따로 추가하지 않는다. → 姐妹俩 자매 둘, 两个人/俩人 두 사람

(2) 어림수의 형식

① 인접한 두 숫자

인접한 숫자를 연달아 사용하는 형식으로, 작은 수에서 큰 수로 배열한다. 단, '十'는 '九' 또는 '十一'와 연이어 사용할 수 없다.

四五公里 4~5킬로미터   三四个朋友 서너 명의 친구

九十个 (✕)   十十一个 (✕)

公里 gōnglǐ 킬로미터(km)

② 수사나 양사 뒤에 '多' '来'

'多'는 앞의 수사보다 많은 수를 나타내고, '来'는 앞의 수사보다 약간 많거나 적은 수를 나타낸다. 수사의 끝자리가 0인지 아닌지에 따라 '多/来'가 붙는 위치가 다르니 잘 확인하자.

수사 [끝자리가 '0'인 수]+多/来+(양사)+명사	수사 [끝자리가 '0'이 아닌 수]+(양사)+多/来+명사
十 多 个 月 10여 개월 수사 양사 명사	一 个 多 月 한 달 남짓 수사 양사 명사
十 来 个 月 10개월 정도 수사 양사 명사	一 个 来 月 한 달 가량 수사 양사 명사

③ 수량사+(명사)+左右/前后/上下

수량사 뒤에 '左右' '前后' '上下'를 써서 '~쯤, ~정도'라는 의미를 나타낸다.

左右 zuǒyòu	시점/시간/나이/무게/높이/길이/돈 + 左右 三点左右 3시쯤 ǀ 三个小时左右 3시간 정도 ǀ 60岁左右 60세 정도 60公斤左右 60킬로그램 정도 ǀ 1米7左右 1미터 70센티미터 정도 3公里左右 3킬로미터 정도 ǀ 3块左右 3위안 정도
前后 qiánhòu	시점/특정한 날짜 + 前后 三点前后 3시 전후 ǀ 中秋节前后 중추절 전후
上下 shàngxià	많은 나이/무게/높이 + 上下 60岁上下 60세 정도 ǀ 60公斤上下 60킬로그램 정도 ǀ 1米7上下 1미터 70센티미터 정도

中秋节 Zhōngqiūjié 고유 중추절, 추석

 일반적으로, '多'와 '左右'는 함께 쓰이지 않는다.
20多岁左右 (×)

2 양사

(1) 양사의 종류

명량사	사람, 사물 등 명사를 세는 단위	어순: 수사+명량사+명사 혹은 지시대사+(수사)+명량사+명사 　　　　　　수사　명량사　명사 桌子上有　两　张　照片。 책상 위에 사진 두 장이 있다. 　　　　　　관형어　목적어 지시대사 명량사　명사 那　个　人　坐在我旁边。 그 사람이 내 옆에 앉는다. 관형어　주어 → 수가 1일 때는 수사 생략 가능 [주로 주어나 목적어를 수식하는 관형어 역할일 때]
동량사	동작이나 행위의 양을 세는 단위	어순: 동사+수사+동량사 [동사 뒤에서 주로 보어 역할] 　　　　　　동사　수사 + 동량사　명사 我每个星期都　打　两 次　羽毛球。 나는 매주 두 번 배드민턴을 친다. 　　　　　　술어　수량보어　목적어
시량사	시간의 길이를 나타내는 단위	어순: 동사+수사+시량사+명사 [술어 뒤에서 주로 보어 역할] 시량사는 양사와 명사의 특징을 가지고 있어 '준양사'라고도 함 　　동사　　수사 + 시량사+명사 她　打扮　了　一个小时　才出门。 그녀는 1시간 동안 꾸미고 나갔다. 　　술어　　　수량보어

羽毛球 yǔmáoqiú 명 배드민턴 ǀ **打扮** dǎban 동 꾸미다, 치장하다 ǀ **出门** chūmén 동 외출하다

(2) **주요 명량사**

사람이나 사물을 세는 양사로, 주로 관형어 역할을 한다. 명량사는 크게 개체양사, 집합양사, 도량사, 부정양사, 차용양사로 나눌 수 있다.

① **개체양사**

하나의 개체인 사람이나 사물을 세는 양사이다.

个 ge ♦	사람, 사물 [가장 보편적으로 사용됨]	一个学生 한 명의 학생 ǀ 一个面包 빵 한 개 一个想法 한 가지 생각
位 wèi	사람 [직업, 신분을 나타내는 말에 쓰이며, 존경의 의미를 포함]	一位老师 선생님 한 분 ǀ 一位老人 노인 한 분 一位客人 손님 한 분
名 míng	직업이나 신분이 있는 사람	一名职员 직원 한 명 ǀ 一名教师 교사 한 명
	석차	第一名 1등
口 kǒu	식구, 가족 수	四口人 네 식구
头 tóu	가축 [소, 코끼리, 당나귀 등]	一头牛 소 한 마리 ǀ 一头大象 코끼리 한 마리
匹 pǐ	가축 [말, 낙타, 노새 등]	一匹马 말 한 필 ǀ 一匹骆驼 낙타 한 마리
	옷감 [포·비단 등]	一匹布 포목 한 필 ǀ 一匹丝绸 비단 한 필
只 zhī ♦	동물 [성조 조심: 부사 只의 발음은 zhǐ]	一只鸟 새 한 마리 ǀ 一只小狗 강아지 한 마리 一只鸡 닭 한 마리
	짝을 이루거나 대칭된 물건의 한쪽	一只手 한쪽 손 ǀ 一只耳朵 한쪽 귀 ǀ 一只眼睛 한쪽 눈
台 tái ♦	기계	一台电视 TV 한 대 ǀ 一台电脑 컴퓨터 한 대 一台冰箱 냉장고 한 대
辆 liàng	차량	两辆自行车 자전거 두 대 ǀ 一辆卡车 트럭 한 대
份 fèn ♦	업무, 일, 선물	一份工作 하나의 업무 ǀ 一份礼物 선물 하나
	문건이나 간행물	一份文件 문서 한 부 ǀ 一份简历 이력서 한 부
	전체를 나눈 부분	分成两份 두 부분으로 나누다
件 jiàn ♦	일, 사건, 옷, 사물	一件事情 일 하나 ǀ 一件衣服 옷 한 벌 ǀ 一件行李 짐 하나
起 qǐ	일, 사건	一起交通事故 교통사고 한 건
块 kuài	덩어리, 조각	一块石头 돌 한 개 ǀ 一块肉 한 덩어리의 고기
	중국 화폐 단위 '元'	一块钱 1위안
片 piàn	평평하고 얇은 물건	一片药 약 한 알 ǀ 一片草叶 풀잎 한 잎 ǀ 一片云 구름 한 개
	넓게 펼쳐진 평면이나 범위	一片大海 망망대해 ǀ 一片草地 일대의 잔디
笔 bǐ	금전이나 그것과 관련있는 것	一笔钱 한 뭉치의 돈 ǀ 一笔生意 한 가지 사업

양사	용법	예시
条 tiáo ✦	길고 가늘며 구부릴 수 있는 사물	一条毛巾 수건 하나 ǀ 一条领带 넥타이 하나 一条路 길 한 곳 ǀ 一条河 강 한 줄기 ǀ 一条蛇 뱀 한 마리
	항목이나 조목으로 나누어진 것	一条新闻 한 가지 뉴스 ǀ 一条消息 한 가지 소식 一条路线 하나의 노선
	일부 추상적인 것	一条心 하나의 마음 ǀ 一条生命 하나의 생명
根 gēn	얇고 긴 것 [주로 생물]	一根头发 머리카락 한 가닥 ǀ 一根竹子 대나무 하나
支 zhī	곧고 딱딱하며 얇고 긴 것 [주로 무생물]	一支铅笔 연필 한 자루 ǀ 一支笛子 피리 한 개 一支蜡烛 양초 하나
棵 kē	식물, 나무	一棵草 풀 한 포기 ǀ 一棵树 나무 한 그루 一棵白菜 배추 한 포기
家 jiā ✦	영리를 목적으로 하는 개체	一家商店 상점 한 곳 ǀ 一家工厂 공장 한 곳
所 suǒ	영리를 목적으로 하지 않는 개체	一所学校 학교 한 곳 ǀ 一所医院 병원 한 곳
间 jiān	방	一间教室 교실 한 칸 ǀ 一间客厅 거실 한 칸 ǀ 一间卧室 침실 한 칸
座 zuò	크고 고정된 것, 건축물	一座山 산 하나 ǀ 一座桥 다리 하나 ǀ 一座塔 탑 하나 一座城市 도시 하나
张 zhāng ✦	종이, 책상, 침대처럼 넓은 표면을 지닌 것	一张地图 지도 한 장 ǀ 一张纸 종이 한 장 ǀ 一张照片 사진 한 장 一张床 침대 하나 ǀ 一张桌子 책상 하나 ǀ 一张脸 얼굴 하나
幅 fú ✦	옷감, 종이, 그림	一幅画儿 그림 한 폭 ǀ 一幅布 천 한 폭 ǀ 一幅窗帘 커튼 한 폭
篇 piān	일정한 형식을 갖춘 문장	一篇文章 글 한 편 ǀ 一篇论文 논문 한 편 ǀ 一篇小说 소설 한 편
本 běn ✦	책	一本书 책 한 권 ǀ 一本词典 사전 한 권 ǀ 一本杂志 잡지 한 권
部 bù ✦	서적, 영화	一部电影 영화 한 편 ǀ 一部作品 작품 한 편 一部小说 소설 한 편
	차량, 기계	一部手机 휴대폰 한 대 ǀ 一部机器 기계 한 대
节 jié	여러 개로 나누어진 것	一节课 한 시간 수업 ǀ 一节车厢 객실 한 칸
门 mén	수업, 학문, 기술	一门学问 학문 한 과목 ǀ 一门技术 기술 한 가지
首 shǒu	시나 가사 노래	一首诗 시 한 수 ǀ 一首歌 노래 한 곡
场 ✦ cháng/chǎng	cháng 자연 현상, 일의 경과	下了一场雪 한 차례 눈이 내렸다 发生了一场战争 한 차례 전쟁이 발생했다
	chǎng 문화, 오락, 체육 활동	看了一场电影 영화를 한 번 봤다 参加了那场足球比赛 그 축구 시합에 참가했다
种 zhǒng ✦	종류	这种事 이런 일 ǀ 两种方法 두 가지 방법 ǀ 这种情况 이런 상황
项 xiàng ✦	항목을 나누는 사물	第一项 첫 번째 항 ǀ 一项任务 한 가지 임무

届 jiè ✦	정기적인 회의나 졸업 연차	首届奥运会 제1회 올림픽 | 本届毕业生 금년 졸업생	
顶 dǐng	꼭대기가 있는 사물	一顶帽子 모자 하나 | 一顶帐篷 천막 하나	
把 bǎ ✦	손잡이가 있는 물건	一把刀 칼 한 자루 | 一把剪刀 가위 하나 | 一把扇子 부채 하나 一把水壶 주전자 하나 | 一把椅子 의자 하나	
	한 주먹에 움켜쥔 분량	一把花生 한 줌의 땅콩 | 一把米 한 줌의 쌀 | 一把土 한 줌의 흙	
	(주로 나이, 힘, 기능) 일부 추상적인 사물	一把年纪 많은 나이 | 一把劲儿 힘껏 | 一把手 유능한 사람	
颗 kē	알갱이 모양의 것	一颗珍珠 진주 한 알 | 一颗心 하나의 마음 | 一颗星星 별 하나	
粒 lì	비교적 작은 알갱이, 미세한 입자	一粒米 쌀 한 톨 | 一粒沙子 모래 한 알 | 一粒种子 씨앗 한 알	
滴 dī	(주로 액체의) 방울	一滴眼泪 눈물 한 방울 | 一滴汗 땀 한 방울	

想法 xiǎngfa 몡 생각, 의견, 견해 | **老人** lǎorén 몡 노인 | **职员** zhíyuán 몡 직원 | **教师** jiàoshī 몡 교사 | **牛** niú 몡 소 | ★**大象** dàxiàng 몡 코끼리 | **骆驼** luòtuo 몡 낙타 | ★**布** bù 몡 천, 베, 포 | **丝绸** sīchóu 몡 비단, 명주, 견직물 | **鸡** jī 몡 닭 | ★**卡车** kǎchē 몡 트럭 | **文件** wénjiàn 몡 문서 | **分成** fēnchéng 동 나누다 | **行李** xíngli 몡 짐 | **交通** jiāotōng 몡 교통 | **事故** shìgù 몡 사고 | ★**石头** shítou 몡 돌 | **肉** ròu 몡 고기 | **草叶** cǎoyè 몡 풀잎 | **大海** dàhǎi 몡 바다 | **草地** cǎodì 몡 잔디밭, 풀밭 | **生意** shēngyi 몡 사업, 장사 | **毛巾** máojīn 몡 수건 | **领带** lǐngdài 몡 넥타이 | **河** hé 몡 강 | ★**蛇** shé 몡 뱀 | **消息** xiāoxi 몡 소식 | **路线** lùxiàn 몡 노선 | **生命** shēngmìng 몡 생명, 목숨 | ★**竹子** zhúzi 몡 대나무 | **笛子** dízi 몡 피리 | **蜡烛** làzhú 몡 양초, 초 | **白菜** báicài 몡 배추 | ★**工厂** gōngchǎng 몡 공장 | **客厅** kètīng 몡 거실, 응접실 | ★**卧室** wòshì 몡 침실 | **山** shān 몡 산 | **桥** qiáo 몡 다리, 교량 | **塔** tǎ 몡 탑 | **纸** zhǐ 몡 종이 | **床** chuáng 몡 침대 | ★**窗帘** chuānglián 몡 커튼 | **文章** wénzhāng 몡 문장 | ★**论文** lùnwén 몡 논문 | **小说** xiǎoshuō 몡 소설 | ★**作品** zuòpǐn 몡 (문학, 예술의) 작품, 창작품 | ★**机器** jīqì 몡 기계, 기기 | ★**车厢** chēxiāng 몡 객실, 화물칸 | ★**学问** xuéwen 몡 학문, 학식 | **技术** jìshù 몡 기술 | ★**诗** shī 몡 시 | **歌** gē 몡 노래 | **发生** fāshēng 동 (원래 없던 현상이) 발생하다, 일어나다, 생기다 | ★**战争** zhànzhēng 몡 전쟁 | **足球** zúqiú 몡 축구 | **方法** fāngfǎ 몡 방법, 수단, 방식 | **情况** qíngkuàng 몡 상황 | **任务** rènwu 몡 임무, 책무 | ★**首** shǒu 수 제1 | **奥运会** Àoyùnhuì 고유 올림픽 | **毕业生** bìyèshēng 몡 졸업생 | **帐篷** zhàngpeng 몡 천막, 장막, 텐트 | **刀** dāo 몡 칼 | ★**剪刀** jiǎndāo 몡 가위 | **扇子** shànzi 몡 부채 | **水壶** shuǐhú 몡 주전자, 항아리 | ★**花生** huāshēng 몡 땅콩 | ★**土** tǔ 몡 흙 | ★**年纪** niánjì 몡 나이, 연령 | **劲儿** jìnr 몡 힘, 기운 | **珍珠** zhēnzhū 몡 진주 | **星星** xīngxing 몡 별 | **沙子** shāzi 몡 모래 | **种子** zhǒngzi 몡 씨앗, 종자, 열매 | **眼泪** yǎnlèi 몡 눈물 | **汗** hàn 몡 땀

② 집합양사

두 개 이상의 개체로 이루어진 사물, 단체를 세는 양사이다.

对 duì ✦	성별, 좌우 등으로 한 쌍을 이룬 사람, 동물, 사물	一对夫妻 한 쌍의 부부 | 一对情侣 한 쌍의 연인 一对翅膀 한 쌍의 날개
双 shuāng ✦	좌우 대칭의 신체 부위	一双眼睛 양쪽 눈 | 一双耳朵 양쪽 귀 | 一双手 양손 一双脚 두 발 | 一双腿 두 다리
	짝을 이루어 사용하는 물건	一双手套 장갑 한 켤레 | 一双袜子 양말 한 켤레 一双鞋 신발 한 켤레 | 一双筷子 젓가락 한 벌
副 fù	짝, 세트를 이룬 물건	一副手套 장갑 한 켤레 | 一副眼镜 안경 하나
	표정이나 모습	一副笑容 웃는 얼굴 | 一副表情 표정 하나
套 tào	세트, 조, 벌을 이루는 것	一套邮票 우표 한 세트 | 一套家具 가구 한 세트 | 一套房子 집 한 채
批 pī	많은 사람, 사물 무더기	一批货物 한 무더기의 물건 | 一批学生 한 무리의 학생

堆 duī	무더기, 추상적인 사물	一堆人 한 무리의 사람 ǀ 一堆垃圾 한 무더기의 쓰레기 一堆问题 많은 문제 ǀ 一大堆工作 산처럼 쌓인 일
群 qún	모여 있는 사람이나 동물	一群孩子 한 무리의 아이들 ǀ 一群昆虫 한 떼의 곤충

夫妻 fūqī 명 부부 ǀ 情侣 qínglǚ 명 연인, 애인 ǀ ★翅膀 chìbǎng 명 (새·곤충 등의) 날개 ǀ ★手套 shǒutào 명 장갑 ǀ 袜子 wàzi 명 양말 ǀ 鞋 xié 명 신발 ǀ 眼镜 yǎnjìng 명 안경 ǀ 笑容 xiàoróng 명 웃는 얼굴 ǀ ★表情 biǎoqíng 명 표정 ǀ 邮票 yóupiào 명 우표 ǀ 家具 jiājù 명 가구 ǀ 房子 fángzi 명 집, 건물 ǀ 货物 huòwù 명 물품, 상품 ǀ 垃圾 lājī 명 쓰레기 ǀ ★昆虫 kūnchóng 명 곤충

③ 도량사

도량사는 길이, 무게, 넓이, 용량, 나이, 온도 등을 세는 도량형의 계산 단위이다. 대표적으로 '米 mǐ 미터' '公里 gōnglǐ 킬로미터' '升 shēng 리터' '公斤 gōngjīn 킬로그램' '平方米 píngfāngmǐ 제곱미터' 등이 있다.

一米三 1미터 30센티미터　　三公里 3킬로미터　　一升 1리터
五公斤 5킬로그램　　十五平方米 15제곱미터

④ 부정양사

정해지지 않은 수량을 나타내는 양사로, '약간, 조금'이라는 뜻을 나타내는 '点(儿) diǎn(r)'과 '些 xiē'가 있다. 이런 부정양사 앞에 올 수 있는 수사는 '一'뿐이다.

一点儿饼干 약간의 과자　　一点儿毛病 약간의 문제점　　那些要求 그 요구들

⑤ 차용명량사

일부 명사가 양사로 활용된 것으로, 주로 사물을 담는 '용기'나 사람의 '신체 부위'가 사용된다. '용기'가 활용된 것은 '杯 bēi 잔' '瓶 píng 병' '碗 wǎn 그릇' '盒 hé 상자' '壶 hú 주전자' '桶 tǒng 통' '箱 xiāng 박스' 등이 있다.

一杯牛奶 우유 한 잔　　一瓶啤酒 맥주 한 병　　一碗饭 밥 한 공기　　一盒巧克力 초콜릿 한 상자
一壶茶 차 한 주전자　　一桶汽油 휘발유 한 통　　一箱橘子 귤 한 박스

巧克力 qiǎokèlì 명 초콜릿 ǀ ★汽油 qìyóu 명 휘발유 ǀ 橘子 júzi 명 귤

'신체 부위'가 활용된 것은 '头 tóu' '脸 liǎn' '手 shǒu' '腿 tuǐ' '身 shēn' 등이 있다. 각각의 의미는 예시를 참고하자.

一头汗 머리에 흥건한 땀　　一头白发 머리에 가득한 백발　　一脸汗 얼굴에 흥건한 땀
一手汗 손에 흥건한 땀　　一腿汗 다리에 흥건한 땀　　一身汗 온몸에 흥건한 땀

(3) 주요 동량사

동작의 단위나 횟수를 세는 양사로, 주로 동사 뒤에 쓰여 보어 역할을 한다. [22단원 수량보어 참조]

次 cì ✦	동작의 횟수	吃了一次 한 번 먹었다 ǀ 做了一次 한 번 했다
回 huí	'次'와 같은 의미로, 구어체에 많이 쓰임	笑了一回 한 번 웃었다 ǀ 体验了一回 한 번 체험했다 念了一回 한 번 읽었다
遍 biàn ✦	시작부터 끝까지 전체 과정	读了一遍 한 번 읽었다 ǀ 看了一遍 한 번 봤다
趟 tàng ✦	왕복하는 동작	去了一趟外国 외국으로 한 번 갔다 ǀ 白跑了一趟 허탕쳤다 回了一趟老家 고향으로 한 번 돌아갔다

顿 dùn	끼니, 질책, 권고	吃了一顿饭 한 끼 식사했다 | 打了他一顿 그를 한 차례 때렸다 被妈妈骂了一顿 엄마에게 한 차례 혼났다
下 xià	비교적 짧고 가벼운 동작	敲了几下门 문을 몇 번 두드렸다 摇了几下瓶子 병을 몇 번 흔들었다
阵 zhèn	갑작스럽고 비교적 짧은 시간의 동작 [항상 '一'와 함께 쓰임]	下了一阵暴雨 폭우가 한바탕 내렸다 刮来了一阵风 바람이 한차례 불어왔다 大笑了一阵 크게 한바탕 웃었다

★体验 tǐyàn 통 체험하다 | ★念 niàn 통 생각하다, 고려하다 | 外国 wàiguó 명 외국 | 白跑 báipǎo 통 헛걸음하다 | 老家 lǎojiā 명 고향 | ★骂 mà 통 질책하다, 꾸짖다 | 敲 qiāo 통 두드리다 | ★摇 yáo 통 흔들다, 흔들어 움직이다 | 暴雨 bàoyǔ 명 폭우

이외에도, 동작, 행위에 필요한 '도구'나 '신체 부위'를 임시로 빌려쓰는 '차용동량사'가 있다.

打了一针 주사를 한 대 맞았다　　剪了一剪子 가위로 싹둑 잘랐다　　切一刀 칼로 한 번 자르다
砍一刀 칼로 한 번 베다　　　　　开一枪 총으로 한 번 쏘다　　　　吃了一口 한 입 먹었다
看了一眼 흘끔 한 번 보았다　　　打了他一拳 그를 한 대 쳤다　　　　打了他一巴掌 그의 뺨을 한 대 때렸다

打针 dǎzhēn 통 주사를 놓다, 주사를 맞다 | 剪 jiǎn 통 자르다, 깎다 | 剪子 jiǎnzi 명 가위 | ★切 qiē 통 (칼로) 자르다, 썰다 | 刀 dāo 명 칼 | ★砍 kǎn 통 베다, 패다, 치다 | 巴掌 bāzhang 명 손바닥

(4) 주요 시량사

술어 뒤에서 시간의 길이를 나타내는 양사로, 주로 보어 역할을 한다. [22단원 수량보어 참조]

一秒 1초　　　　　一分钟 1분　　　　　一天 하루　　　　　一年 1년

秒 miǎo 양 초

단, '星期' '小时' '钟头' 등과 같은 시량사는 앞에 양사 '个'를 붙인다.

一个小时 한 시간　　　　一个钟头 한 시간　　　　一个星期 일주일

钟头 zhōngtóu 명 시간

배운 내용 점검하기

1 수사란?
숫자를 나타내는 품사로, 수량을 나타내는 '기수', 순서를 나타내는 '서수', 대략적인 수를 나타내는 '어림수'로 나뉜다.

2 양사란?
사람이나 사물의 수량이나 동작의 횟수를 나타내는 품사로 명량사, 동량사, 시량사가 있다. 대개 '수사+양사+명사'의 어순으로 명사 앞이나 동사 뒤에 위치해 관형어나 동량보어의 역할을 한다.

STEP 3 실력 다지기

Day 15

1 一直在   小马   酒吧   一家   经营着

_____

2 一首   这是   歌   赞美爱情的

_____

3 整理   把   我们   要   一下   房间

_____

4 买的   今天   衣服   300块钱   一共

_____

5 弟弟   我的   自行车   有   一辆

_____

6 亲切   非常   老师   新来的   这位

_____

7 两年   我在   上海   住了

_____

8 两倍   今天的   比前天   上涨了   股票价格

_____

해설서 p.176

16 是자문, 有자문

쓰기 제1부분

Day 16

STEP 1 유형 파악하기

◆ '是'자문은 중국어의 기본 문형 중 하나로, 판단을 나타내거나, 사물을 설명하거나, 소속을 나타내는 등 다양한 용법으로 쓰일 수 있다. 판단 용법이 출제되는 비중이 점점 높아지고 있으므로, 반드시 숙지해야 한다.

◆ '有'자문은 '존재'를 나타내지만, 뒤에 오는 목적어에 따라 '소유', '설명', '평가' 등의 다양한 의미를 나타낼 수 있기 때문에 정확한 의미 파악이 중요하다. 특히, 존재·소유 문제가 시험에 많이 나온다.

● 제1부분 예제

老板 服装店 的 那家 是位设计师

정답&풀이

[A是B A는 B이다 (A:특정 어휘/B:설명)]

대사+양사	명사	조사	명사	동사+양사+명사
那家	服装店	的	老板	是位设计师。 그 옷 가게의 사장님은 디자이너이다.
	관형어+的		주어	술어+관형어+목적어

STEP 1 동사 '是'는 'A是B' 형태로 쓰여, 'A는 B이다'라는 의미를 나타낸다. 따라서 특정한 대상을 나타내는 명사 '老板'이 A에 위치하고, '관형어+목적어' 구조의 '位设计师'가 동사 '是' 뒤의 설명 부분에 해당한다.

STEP 2 하나의 중심어에 여러 개의 관형어가 쓰여 관형어구를 이룰 때, 일반적으로 '제한성 관형어'가 먼저 오고, 그 뒤에 '묘사성 관형어'가 온다. 따라서 지시대사와 양사가 결합한 '那家'가 제한성 관형어로서 먼저 위치하고, '服装店'이 '的'와 결합하여 묘사성 관형어가 된다.

★服装 fúzhuāng 몡 의류, 복장, 의복 [服装店: 옷 가게] | ★老板 lǎobǎn 몡 사장 | 位 wèi 양 분, 명 [공경의 뜻을 내포함] | 设计师 shèjìshī 몡 디자이너, 설계사

STEP 2 내공 쌓기

1 '是'자문

(1) '是'자문의 종류

① A[사람/사물]+是+B[사람/사물]: A는 B이다 → 동격

주어와 목적어의 대상과 범위가 일치하거나, 주어가 목적어의 종류, 소속, 판단 등의 관계임을 나타낸다. 주어와 목적어는 보통 바꾸어 쓸 수 없으나, 일부 문장에서는 가능하다.

小丽是一位主持人。 샤오리는 MC이다. ≠ 一位主持人是小丽。 (×)
这是一个关于爱情的故事。 이것은 사랑에 관한 이야기이다.
他是小王。 그 사람이 샤오왕이다. = 小王是他。 샤오왕은 그 사람이다.

釜山**是**韩国最大的城市之一。 부산은 한국에서 가장 큰 도시 중 하나이다. → A是B之一(A는 B 중 하나이다) [판단, 설명 시]

爱情 àiqíng 명 (주로 남녀간의) 애정 | **主持人** zhǔchírén 명 MC, 사회자 | **釜山** Fǔshān 고유 부산 | **韩国** Hánguó 고유 한국 | **之一** zhīyī ~중의 하나

② Ⓐ[장소]+是+Ⓑ[사람/사물]: A는 B이다 → 존재 [28단원 존현문 참조]

어떤 장소에 사람이나 사물이 존재한다는 의미를 나타내며, 일반적으로 주어에는 '장소'가 온다.

箱子里**是**一些水果。 상자 안에 있는 것은 약간의 과일이다. → 일반명사+방위사: 장소

火车站一层**是**售票厅。 기차역 1층에는 매표소가 있다.

箱子 xiāngzi 명 상자 | **售票厅** shòupiàotīng 명 매표소

③ Ⓐ[대상]+是+Ⓑ[설명]+的: A는 B의 것이다 → 분류

주어에 대한 분류, 성질, 용도, 특징 등을 나타낸다. 문장 끝에 '的'가 자주 쓰인다.

这副耳环**是**我的。 이 귀고리는 내 것이다.

这双筷子**是**竹的。 이 젓가락은 대나무로 만든 것이다.

副 fù 양 조, 벌, 쌍 [한 벌 또는 한 쌍으로 되어 있는 물건에 쓰임] | ★**耳环** ěrhuán 명 귀고리

(2) '是'자문의 부정형, 의문형

① Ⓐ+不是+Ⓑ: A는 B가 아니다 → 부정형

'是'자문을 부정형으로 만들 때는 부정부사 '不'만 쓸 수 있고, '没(有)'는 사용할 수 없다.

我**不是**秘书。 나는 비서가 아니다.   我没是秘书。(×)

★**秘书** mìshū 명 비서

② Ⓐ+是/不是+Ⓑ+吗? = Ⓐ+是不是+Ⓑ? → 의문형

문장 끝에 어기조사 '吗'를 쓰거나, 술어 '是'를 정반의문 형식으로 쓴다. 정반의문문 뒤에는 조사 '吗'를 쓰지 않는다.

A: 这台笔记本电脑**是**你的**吗**? = 这台笔记本电脑**是不是**你的? 이 노트북 네 것이니?

B: **是**。/**不是**。 네. / 아니요.

台 tái 양 대 [기계·차량·설비 등을 세는 단위] | **笔记本电脑** bǐjìběn diànnǎo 명 노트북

2 '有'자문

(1) '有'자문의 종류

① Ⓐ[장소/시간]+有+Ⓑ[사람/사물]: A에 B가 있다 → 존재 [28단원 존현문 참조]

어떤 장소나 시간에 사람이나 사물이 존재함을 나타낸다. 목적어에는 '불특정한' 사람이나 사물이 온다.

地铁站附近**有**很多公寓。 지하철역 근처에는 많은 아파트들이 있다.

明朝**有**本著名的医书，叫《本草纲目》。 명나라에는 「본초강목」이라는 저명한 의서가 있다.

★**公寓** gōngyù 명 아파트 | **著名** zhùmíng 형 저명하다, 유명하다 | **医书** yīshū 명 의서 | **本草纲目** Běncǎo gāngmù 고유 본초강목 [명나라 이시진이 지은 본초학의 연구서]

② A[사람/조직]+有+B[소유하는 대상]: A는 B가 있다 → 소유

소유나 포함을 나타내며, 목적어는 종종 수량사의 수식을 받기도 한다.

他有一个幸福的家庭。 그는 행복한 가정을 가지고 있다.

我们学校还有别的校区。 우리 학교는 또 다른 캠퍼스를 가지고 있다.

幸福 xìngfú 형 행복하다 | ★家庭 jiātíng 명 가정 | 校区 xiàoqū 캠퍼스

③ A[대상]+(정도부사)+有+B[추상명사]: A는 B가 있다 → 설명/평가

주어에 대한 설명과 평가를 나타내며, 이때, '有'는 정도부사의 수식을 받을 수 있다.

他的儿子很有礼貌。 그의 아들은 예의가 있다.

这位选手非常有经验。 저 선수는 경험이 많다.

礼貌 lǐmào 명 예의 | 选手 xuǎnshǒu 명 선수 | 经验 jīngyàn 명 경험

자주 쓰이는 很有+추상명사

很有 +	礼貌 lǐmào 예의가 있다	意义 yìyì 뜻깊다	魅力 mèilì 매력 있다
	经验 jīngyàn 경험이 있다	价值 jiàzhí 가치 있다	特色 tèsè 특색 있다
	能力 nénglì 능력이 있다	道理 dàolǐ 일리가 있다	精神 jīngshén 활기차다
	才能 cáinéng 재능이 있다	前途 qiántú 장래가 유망하다	效果 xiàoguǒ 효과가 있다

④ A[대상]+有+B[수량사]: A는 B만큼 되다 → 정도나 수량 도달/비교

어떠한 정도나 수량에 도달했거나 비교하는 것을 나타내며, 목적어는 주로 수량사가 온다.

我家离学校大概有三公里。 우리 집은 학교에서 대략 3km 정도 된다.

这个问题有那个(问题)严重吗? 이 문제가 저 문제만큼 심각하니?

大概 dàgài 분 대개 | 公里 gōnglǐ 양 킬로미터 | 严重 yánzhòng 형 심각하다

⑤ A[대상]+有+(了)+B[2음절 명사/2음절 동사]: A는 ~하게 B되었다(~한 B가 생겼다) → 발생/출현

발생이나 출현을 나타내며, 이때 조사 '了'가 자주 쓰인다. 목적어는 관형어의 수식을 받기도 한다.

我的汉语水平有了明显的提高。 나의 중국어 실력은 뚜렷하게 향상되었다.

那座城市的经济有了很大发展。 그 도시의 경제는 크게 발전하게 되었다.

★明显 míngxiǎn 형 뚜렷하다 | 座 zuò 양 좌, 동, 채 [산·건축물·교량·대포 등의 비교적 크고 든든한 것이나 고정된 물체를 세는 데 쓰임] | 经济 jīngjì 명 경제 | 发展 fāzhǎn 명 발전

(2) '有'자문의 부정형, 의문형

① A+没有+B: A는 B가 없다 → 부정형

'有'자문은 '没'로 부정한다. '不'로는 부정하지 않는다. '没有'의 '有'는 생략할 수 있으며, 부정형에서는 목적어 앞에 수량사를 사용할 수 없다.

我没(有)教材。 나는 교재가 없다.

我没有一块肥皂。(X) → 我没有肥皂。(O) 나는 비누가 없다.

★教材 jiàocái 명 교재 | ★肥皂 féizào 명 비누

② A+有/没有+B+吗? = A+有没有+B? → 의문형

문장 끝에 어기조사 '吗'를 쓰거나, 술어 '有'를 정반의문문 형식으로 쓴다. 정반의문문 뒤에는 '吗'를 쓰지 않는다.

A: 您有发票吗? = 您有没有发票? 당신은 영수증이 있나요?

B: 有。/ 没有。 있어요. / 없어요.

★ 发票 fāpiào 명 영수증

> **'是'자문, '有'자문의 술어 '是'와 '有'가 다른 동사술어와 다른 점은?**
>
> (1) 중첩할 수 없다 → 他是是胆小鬼。(×) / 她有有戒指。(×)
> (2) 뒤에 보어를 쓸 수 없다 → 他是完胆小鬼。(×) / 她有完戒指。(×)
> (3) '是' 뒤에는 동태조사를 쓸 수 없다 → 他是了胆小鬼。(×)
>
> ★ 胆小鬼 dǎnxiǎoguǐ 명 겁쟁이 | ★ 戒指 jièzhi 명 반지

배운 내용 점검하기

1 '是'와 '有'가 술어로 쓰인 문장을 각각 '是'자문, '有'자문이라고 한다.

2 '是'자문은 '주어+是+목적어' 형태로, 동격, 존재, 분류 등을 나타낸다.

3 '有'자문은 '주어+有+목적어' 형태로, 일반적으로 존재나 소유를 나타낸다.

STEP 3 실력 다지기

Day 16

1 都   我们   护士   经验丰富的   是

2 不是   小说家   我姐姐   有名的   最

3 最有名的菜   火锅   之一   是   四川

4 所有人   是   保护环境   义务   的

5 吗   图书馆   学生   里   很多   有

6 营养   这种   很丰富的   有   蔬菜

7 贡献   有   这位职员   突出的   对我们公司

8 角色   电视剧里的   有魅力   很   这部

→ 해설서 p.179

17 是……的 강조 구문

Day 17

STEP 1 유형 파악하기

- 기본 어순은 '주어+是+강조 내용+的'이다. '시간' '장소' '방식' '목적' '동작의 행위자'를 강조하거나, 말하는 이의 '생각' '견해' '태도'를 강조할 때 사용한다.
- 제시어의 '的'가 관형어를 이끄는 역할이 아니라면, '是……的' 강조 구문의 '的'로 쓰인 것인지 의심해야 한다. '是……的' 강조 구문에서 '是'는 흔히 생략되며, 쓰기 부분에서 자주 등장하므로 주의해야 한다.
- 목적어가 명사인지 대사인지에 따라 목적어의 위치가 달라지니 주의하자.

● 제1부분 예제

厨房	打破的	的窗户	是谁

정답&풀이

[주어+是+강조 내용+的]

명사	조사+명사	동사+대사	동사+조사
厨房	的窗户	是谁	打破的? 부엌의 창문은 누가 깨뜨렸습니까?
관형어+的	주어	是+강조 내용	술어+的

STEP 1 제시어에 '是'와 '的'가 있다면 '是……的' 강조 구문인지 먼저 의심해 봐야 한다. '是……的' 강조 구문의 형식은 '주어+是+강조 내용+的'로 '是……的' 사이에 강조하는 내용이 무엇인지만 찾으면 된다. 술어 '打破'는 '的'와 함께 이미 제시되어 있다.

STEP 2 '是'와 결합된 대사 '谁'가 '是……的' 사이에 위치하여 행위자를 강조하며, '厨房的窗户'가 주어가 된다.

★厨房 chúfáng 몡 부엌, 주방 | ★窗户 chuānghu 몡 창문 | 打破 dǎpò 동 때려 부수다

STEP 2 내공 쌓기

1 '是……的' 강조 구문의 종류

(1) 이미 발생한 일의 '시간' '장소' '재료' '방식' '목적' '대상' 등을 강조

주어 + (是)	시간	……的	你是哪年出生的? 너는 몇 년생이니?
	장소		我的汉语是在中国学的。 내 중국어는 중국에서 배운 것이다.
	재료		这座桥是用石头造的。 이 다리는 돌로 만들었다.
	방식		他是骑摩托车去的。 그는 오토바이를 타고 갔다.
	목적		他是为这件事来的。 그는 이 일 때문에 왔다.
	대상		这个方案是政府公布的。 이 방안은 정부가 공표하였다.

부정형은 '不是……的'이다.

他不是自愿放弃的。 그는 자진해서 포기하지 않았다.

出生 chūshēng 동 태어나다, 출생하다 | 座 zuò 양 좌, 동, 채 [산·건축물·교량·대포 등의 비교적 크고 든든한 것이나 고정된 물체를 세는 데 쓰임] | 桥 qiáo 명 다리 | ★石头 shítou 명 돌 | 造 zào 동 만들다 | ★摩托车 mótuōchē 명 오토바이 | ★方案 fāng'àn 명 방안 | ★政府 zhèngfǔ 명 정부 | ★公布 gōngbù 동 공표하다, 공포하다 | ★自愿 zìyuàn 동 자원하다 | 放弃 fàngqì 동 포기하다

(2) '화자의 주관적인 견해/판단'을 강조

| 주어 + 是 | 화자의 견해 | 的 | 她是很会唱歌的。 그녀는 노래를 잘한다. |
| | 화자의 판단 | | 他的决定是正确的。 그의 결정은 옳다. |

부정형은 '是不……的'이다.

我认为这样做是不对的。 나는 이렇게 하는 것은 옳지 않다고 생각한다.

正确 zhèngquè 형 올바르다, 정확하다

(3) '어떤 결과에 대한 동작의 행위/원인'을 강조

동사 뒤에 목적어가 있을 경우 '주어+是+동사+목적어+동사+的' 순서로 동사를 한 번 더 중복한다.

| 주어 + 是 | 동작의 행위 | 的 | 这个消息是昨天看新闻看到的。 이 소식은 어제 뉴스에서 본 것이다. |
| | 동작의 원인 | | 我头疼是熬夜熬的。 내가 머리가 아픈 것은 밤을 새서이다. |

消息 xiāoxi 명 소식 | 头疼 tóuténg 형 머리가 아프다 | ★熬夜 áoyè 동 밤을 새다

2 '是……的' 강조 구문의 특징

이미 발생한 일의 '시간' '장소' '재료' 등을 강조하는 '是……的' 강조 구문의 특징은 다음과 같다.

(1) 술어 위치 및 '是'의 생략

① '是……的' 강조 구문에서 '是'는 술어가 아니며, 술어는 반드시 '是'와 '的' 사이에 위치해야 한다.

票是我在网上订的。 표는 내가 인터넷에서 예매한 것이다.

② '是……的' 강조 구문에서 '是'는 생략 가능하지만, '的'는 생략할 수 없다.

他是陪父母一起去。(×) → 他(是)陪父母一起去的。(○) 그는 부모님을 모시고 같이 갔다.

③ 단, 부정 형식에서 '是'는 생략할 수 없다.

我不用信用卡结账的。(×) → 我不是用信用卡结账的。(○) 나는 신용카드로 결제하지 않았다.

订票 dìngpiào 동 (차·항공·선박 등의) 표를 예매하다 | 陪 péi 동 모시다 | ★结账 jiézhàng 동 계산하다

(2) 시제

'是……的' 강조 구문은 이미 일어난 일에 대해서 서술하는 것이므로, 과거 시제의 일에만 사용한다.
그리고, 그 자체로 '완료'의 의미를 지니므로, 완료를 나타내는 동태조사 '了'는 쓰지 않는다.

夫妻是明天招待客人的。(×) → 미래 시제 불가
夫妻是昨天招待了客人的。(×) → '了' 사용 불가
夫妻是昨天招待的客人。(○) 부부는 어제 손님을 대접하였다.

夫妻 fūqī 명 부부 | ★招待 zhāodài 동 대접하다

(3) 목적어의 위치

① 명사 목적어는 '的' 앞, 뒤에 모두 올 수 있다.

她是在免税店买化妆品的。= 她是在免税店买的化妆品。 그녀는 면세점에서 화장품을 샀다.

② 인칭대사 목적어는 '的' 앞에 위치한다.

我是在图书馆看到的他。(×) → 我是在图书馆看到他的。(○) 나는 도서관에서 그를 보았다.

免税店 miǎnshuìdiàn 명 면세점 | 化妆品 huàzhuāngpǐn 명 화장품

배운 내용 점검하기

1 '是……的' 강조 구문이란?
화자가 말하고자 하는 것을 강조하는 용법으로, 이미 일어난 일의 시간, 장소, 방식 등을 강조하거나 화자의 주관적인 생각, 주어에 대한 설명 등을 강조한다.

2. '是……的' 강조 구문의 특징
과거 시제에만 사용할 수 있고, 강조하는 내용은 항상 술어 바로 앞에 위치한다. 명사 목적어는 '的' 앞, 뒤에 모두 올 수 있지만 인칭대사 목적어는 '的' 앞'에만 위치한다.

STEP 3 실력 다지기

1 在韩国   是   衣服   买的   这件

2 退休的   妈妈   是   前年   不

3 罚款的   是   闯红灯   要

4 礼物是   带   我   这些   回来的   从中国

5 是去年考上   弟弟   这   大学的   所

6 用信用卡   的   结账   是   我

7 是掌握在   手里   命运   自己   的

8 是从清代   这种   的   流传下来   工艺品

18 보어(1) 위치와 종류

쓰기 제1부분 — Day 21

STEP 1 유형 파악하기

◆ 보어는 술어 뒤에서 술어를 보충 설명하는 문장성분으로 정도보어, 결과보어, 방향보어, 수량보어, 가능보어가 있다. 쓰기 제1부분에서는 '정도보어'와 '결과보어'가 가장 많이 출제된다.

◆ 제시어에 동사나 형용사가 2개 이상 있다면, 하나는 술어, 다른 하나는 보어일 확률이 높다. 먼저 술어를 정한 뒤, 다른 단어를 술어 뒤에 배치해 의미가 통할 경우 올바른 문장이라고 볼 수 있다.

● 제1부분 예제

| 顺利 | 进行得 | 十分 | 集中训练 |

정답&풀이

[술어+得+정도보어]

형용사+명사	동사+조사	부사	형용사
集中训练	进行得	十分	顺利。
관형어+주어	술어+得		정도보어

집중 훈련은 매우 순조롭게 진행되었다.

STEP 1 조사 '得' 앞에 쓰인 동사 '进行'이 술어이다. 정도보어의 기본 형식은 '술어+得+정도보어[부사+형용사]' 이므로 정도부사 '十分'과 형용사 '顺利'가 '进行得' 뒤에 위치해 정도보어 역할을 한다.

STEP 2 남은 제시어 '集中训练'이 문장의 주어가 된다.

★**集中** jízhōng 형 집중된, 집중적인 | ★**训练** xùnliàn 명 훈련 | **进行** jìnxíng 동 (진행)하다 | **十分** shífēn 부 매우, 아주, 대단히, 충분히 [=非常] | **顺利** shùnlì 형 순조롭다, 일이 잘 되어가다

STEP 2 내공 쌓기

문장에서 주어와 술어만으로 뜻이 불완전할 경우, 문장이 완전해지도록 술어 뒤에서 의미를 보충하는 문장성분이다. 보어에는 '정도보어' '결과보어' '방향보어' '수량보어' '가능보어'가 있다.

1 정도보어

술어[동사/형용사] 뒤에서 술어가 도달한 정도나 상태를 나타내거나, 동작 및 상태의 묘사, 설명, 평가 등을 나타낸다.

说　得　**很流利**　말을 유창하게 하다 → 동작의 정도 보충 [동작: 동사 说]
술어　　　정도보어

累　得　**走不动**　了　피곤해서 걸을 수 없다 → 상태의 정도 보충 [상태: 형용사 累]
술어　　　정도보어

流利 liúlì 형 유창하다

2 결과보어

동사 뒤에서 동작을 통해 생긴 결과가 어떠한지, 행동의 대상이 누구인지 등을 나타낸다.

看 懂 了中文报 중국 신문을 보고 이해했다 → 동작의 결과 '懂'
술어 결과보어

送 给她 一份礼物 그녀에게 선물 하나를 주다 → 행동의 대상 '她'
술어 결과보어

报 bào 몡 신문

3 방향보어

술어[동사/형용사] 뒤에서 동작이 진행되는 방향을 나타내거나, 파생된 의미를 보충한다. 방향보어는 1음절 방향보어인 '단순방향보어'와 2음절 방향보어인 '복합방향보어'로 나뉜다.

	上	下	进	出	过	回	开	起
来	上来	下来	进来	出来	过来	回来	开来	起来
去	上去	下去	进去	出去	过去	回去	开去	×

带来 가져오다 → 술어 [동사 带]+단순방향보어 [来]
跑进去 뛰어들어가다 → 술어 [동사 跑]+복합방향보어 [进去]
安静下来 조용해지다 → 술어 [형용사 安静]+복합방향보어 [下来]

4 수량보어

동사 뒤에서 동작이 진행되는 횟수를 나타내는 '동량보어'와, 동작이 지속되는 시간을 나타내는 '시량보어'가 있다.

找 过 几次 여러 번 찾았다 → 동작의 횟수
술어 동량보어

玩儿 了 一个小时 了 한 시간 동안 놀았다 → 지속되는 시간
술어 시량보어

5 가능보어

동사 뒤에서 동작이 가능한지 여부를 나타낸다. 술어와 결과보어/방향보어 사이에 '가능'할 때는 '得', '불가능'할 때는 '不'를 사용하여 가능 여부를 나타낸다.

回 得来 돌아올 수 있다 → 동작의 가능
술어 가능보어

去 不了 갈 수 없다 → 동작의 불가능
술어 가능보어

배운 내용 점검하기

- **보어란?**
문장에서 주어와 술어만으로 뜻이 불완전할 경우, 문장이 완전해지도록 술어 뒤에서 의미를 보충하는 문장성분이다. 보어에는 '정도보어' '결과보어' '방향보어' '수량보어' '가능보어'가 있다.

STEP 3 실력 다지기

Day 21

1 进行得   谈判   这次   顺利   很

2 吗   份   你做得完   这   报告

3 突然   电梯   停住   了

4 相当   表现得   女儿   活跃   在学校

5 委屈得   小孩儿   邻居家的   起来   哭了

6 听   我每天   一遍   录音   都

7 三年   制作了   这部   动画片

8 工作能力   还   你们的   要求   达不到

19 보어(2) 정도보어

Day 22

STEP 1 유형 파악하기

- 보어 중 출제 빈도가 가장 높은 '정도보어'는 술어 뒤에서 상태나 동작의 정도를 보충하는 보어로, 제시어 중 '得'가 있다면 우선 정도보어를 떠올려야 한다.
- 정도보어는 일반적으로 '정도부사+형용사' 형태로 많이 쓰이는데, 각종 구, 절, 의문사 등도 쓰일 수 있다.
- 정도보어 앞에 보통 조사 '得'를 쓰지만, '得'를 쓰지 않는 형식도 있다.

● 제1부분 예제

| 课 | 得 | 下学期的 | 很满 | 安排 |

정답&풀이 [주어+술어+得+정도보어]

명사+명사+조사	명사	동사	조사	부사+형용사
下学期的	**课**	**安排**	**得**	**很满**。 다음 학기 수업은 꽉 차 있다.
관형어+的	주어	술어	得	정도보어

STEP 1 동사 '安排'가 술어가 되고, 조사 '得'는 술어 뒤에서 정도보어를 이끄는 조사이므로 '安排' 뒤에 위치해야 한다. 정도부사와 결합된 '很满'이 정도보어로 쓰여 '得' 뒤에 위치한다.

STEP 2 명사 '课'가 문장의 주어가 되고 조사 '的'와 결합된 '下学期的'는 주어 앞에 위치해 관형어 역할을 한다.

下 xià 명 다음, 나중 [下学期: 다음 학기] | ★**学期** xuéqī 명 학기 | **课** kè 명 수업, 강의 | ★**安排** ānpái 동 (일·계획 등을) 배정하다, 세우다, 처리하다 | ★**满** mǎn 형 가득차다, 가득하다

STEP 2 내공 쌓기

1 정도보어의 형식

(1) 주어 + 술어 +得+ 정도보어

정도보어의 기본 형식은 '주어+술어[동사/형용사]+得+정도보어'이다. 정도보어는 형용사(구), 형용사 중첩, 각종 구나 절, 의문사 등 여러 형태로 쓰인다.

她的普通话说得非常地道。 그녀의 표준어는 본토 수준이다. → 정도부사+형용사

妈妈感动得哭了。 엄마는 감동해서 울었다. → 동사

我气得一句话也说不出来。 나는 화가 나서 한마디 말도 못했다. → 절

普通话 pǔtōnghuà 명 현대 중국어의 표준어 | ★**地道** dìdao 형 정통의, 진짜의 | **感动** gǎndòng 동 감동하다 | **气** qì 동 화내다 | **句** jù 양 마디, 편 [말·글의 수를 세는 단위]

(2) 주어 + (동사 술어) + 목적어 + 동사 술어 + 得 + 정도보어 → 목적어가 있는 경우

동사 술어와 목적어가 함께 있는 경우, 보어 바로 앞에는 술어가 위치해야 하므로, 동사 술어를 한 번 더 반복한 형태인 '(술)-목-술-보' 형식으로 쓴다. 이 구문에서 첫 번째 동사 술어는 생략이 가능하다.

他 (写) 文章 写 得 非常生动。 그는 문장을 매우 생동감 있게 쓴다.
　술어　목적어　술어　　정도보어

她 (打) 羽毛球 打 得 很好。 그녀는 배드민턴을 잘 친다.
　술어　목적어　술어　정도보어

文章 wénzhāng 명 문장 | ★生动 shēngdòng 형 생동감 있다 | 羽毛球 yǔmáoqiú 명 배드민턴

(3) 부정형: 주어 + 술어 + 得 + 不 + 형용사

정도보어는 술어의 정도나 상태를 설명하는 성분이므로, 부정형으로 쓸 때는 부정부사 '不'를 정도를 나타내는 형용사 앞에 쓴다.

这盘肉做得不嫩。 이 고기는 연하지 않다.
孩子洗手洗得不干净。 아이는 손을 깨끗이 닦지 않는다.

盘 pán 양 대, 그릇 [표면이 넓은 것, 평평한 것 등의 수량을 나타냄] | ★嫩 nèn 형 연하다 | 洗手 xǐ shǒu 손을 씻다

(4) 의문형

문장 끝에 어기조사 '吗'를 쓰거나, '得' 뒤의 형용사를 정반의문문 형식으로 만들거나, '得' 뒤에 '怎么样'을 써서 의문문을 만든다. 또한 의문대사를 써서 구체적인 내용을 물어볼 수도 있다.

他(画)画儿画得好吗? 그는 그림을 잘 그리니? → 吗
他(画)画儿画得好不好? 그는 그림을 잘 그리니 못 그리니? → 정반의문문
他(画)画儿画得怎么样? 그가 그린 그림은 어때? → 怎么样
他的哪幅画儿画得最好? 그의 어떤 그림이 가장 잘 그렸니? → 의문대사

2 정도보어의 고정격식

(1) 주어 + 술어[형용사/심리활동동사] + 极了/死了/坏了/透了

'정도가 심하거나 극에 달함'을 나타내며, 일반적으로 의문문에서는 사용되지 않는다. '死了' '坏了' '透了'는 주로 부정적이고 소극적인 뉘앙스의 형용사에 쓰인다.

这座大厦的外观豪华极了。 이 빌딩의 외관은 매우 호화롭다.
一点儿他的消息也没有，急死了。 그의 소식이 조금도 없으니 조급해 죽겠다.

座 zuò 양 동, 채 [산·건축물·교량·대포 등의 비교적 크고 든든한 것이나 고정된 물체를 세는 데 쓰임] | ★大厦 dàshà 명 빌딩, 고층 건물 | 外观 wàiguān 명 외관 | ★豪华 háohuá 형 호화롭다 | 消息 xiāoxi 명 소식

(2) 주어 + 술어[형용사/심리활동동사] + 得 + 很/不行/不得了/要命/要死

상태나 정도가 심함을 나타내며, 이 중 '要命'과 '要死'는 정도가 극히 심함을 나타낸다. '不行' '不得了' '要命' '要死'는 과장의 어감이 있으며, '不行' '要命' '要死'는 주로 부정적이고 소극적인 뉘앙스의 형용사에 쓰인다.

最近我的心情好得很。 요즘 내 기분은 너무 좋다.
孩子们高兴得不得了。 아이들은 완전 기뻐한다.

他因为要准备面试而忙得要命。 그는 면접 준비 때문에 너무 바빠서 죽을 지경이다.

心情 xīnqíng 몡 기분 | 面试 miànshì 몡 면접

(3) **주어 + 술어[형용사] + 得慌**

불쾌감이나 부족함 등이 심하고, 심리적, 육체적으로 견딜 수 없음을 나타낸다. 소극적 의미의 1음절 술어에만 쓰인다.

她最近减肥，所以一到晚上就饿得慌。 그녀는 요즘 다이어트를 해서, 밤만 되면 너무 배고프다.
我整天呆在家里闷得慌。 나는 온종일 집에 있어서 너무 답답하다.

减肥 jiǎnféi 통 다이어트하다 | 整天 zhěngtiān 몡 온종일 | ★呆 dāi 통 머무르다 | 闷 mèn 혱 답답하다

(4) **주어 + 술어[형용사/동사] + 多了/得多**

'훨씬, 많이'라는 의미로 '比'자문처럼 비교의 의미를 나타내는 문장에서 많이 쓰인다.

工作效率比以前高多了。 업무 효율이 예전보다 훨씬 높아졌다.
这个产品的质量比那个好得多。 이 제품의 품질은 그것보다 훨씬 좋다.

★效率 xiàolǜ 몡 효율 | 产品 chǎnpǐn 몡 제품 | 质量 zhìliàng 몡 품질

(5) **주어 + 술어[동사/형용사] + 个 + 정도보어**

정도보어를 이끄는 구조조사 '得' 대신 '个'를 사용해 표현하기도 한다. 모든 '得'를 '个'로 바꿀 수 있는 것은 아니므로 자주 쓰이는 표현들을 숙어처럼 외워 두는 것이 좋다.

饿个半死 너무 배고프다   笑个不停 계속 웃는다   问个明白 분명히 물어보다
累个半死 너무 피곤하다   忙个不停 계속 바쁘다   说个没完 이야기가 끝이 없다

📋 배운 내용 점검하기

1 정도보어란?
술어 뒤에서 동작이나 상태가 어느 정도인지 나타내는 보어를 말한다.

2 정도보어 문형의 기본 형식
① 주어+술어+得+정도보어[정도부사+형용사] ✦
② 목적어가 있는 경우: 주어+(동사 술어)+목적어+동사 술어+得+정도보어
③ 부정형: 주어+술어+得+不+형용사

STEP 3 실력 다지기

1 进行得   相当   手术   成功   昨天的

_____

2 很有   大厦   这些   特色   建得

_____

3 大   这家   比以前   规模   公司的   多了

_____

4 写得   内容   很完整   论文的   这篇

_____

5 忙   我最近   不得了   得

_____

6 得   她的腰带   系   太紧了

_____

7 法语水平   我的   比姐姐   得多   高

_____

8 男嘉宾   出色   十分   这位   表现得

_____

20 보어(3) 결과보어

쓰기 제1부분 | Day 23

STEP 1 유형 파악하기

- '결과보어'는 동사 뒤에서 동작이 진행된 후의 동작이나 상태의 결과가 어떠한지 나타낸다.
- 동사와 결과보어 사이에는 다른 성분이 들어갈 수 없으며, 문장에서 술어로 쓰인 동사와 결과보어로 쓰인 동사를 구분할 수 있어야 한다.
- 결과보어는 '把'자문과 함께 시험에 자주 출제된다.

● 제1부분 예제

生产于	那台	两年前	机器

정답&풀이

[술어+于+시간(결과보어)]

대사+양사	명사	동사+개사	수사+양사+명사
那台	机器	生产于	两年前
관형어	주어	술어+于	결과보어

그 기계는 2년 전에 생산되었다.

STEP 1 술어는 동사 '生产'으로, '生产'과 결합한 '于'는 결과보어로 자주 쓰이는 개사이다. 개사 '于' 뒤에는 '시간' 또는 '장소'가 와서 개사구 보어 역할을 하므로 시간을 나타내는 '两年前'이 뒤에 위치한다.

STEP 2 문장의 주어는 명사 '机器'이고, '那台'는 주어 앞에서 관형어 역할을 한다.

台 tái 양 대 [기계·차량·설비 등을 세는 단위] | ★机器 jīqì 명 기계, 기기 | ★生产 shēngchǎn 동 생산하다

STEP 2 내공 쌓기

1 주요 결과보어
동사나 형용사가 결과보어로 많이 쓰이고, '到' '在' '给'와 같은 일부 개사들도 결과보어 역할을 한다.

(1) 결과보어로 자주 쓰이는 동사

完 wán	완료·완성 他匆匆忙忙地做完了那项工作。 그는 서둘러 그 일을 끝마쳤다. 你用完笔之后马上还给我吧。 너는 펜을 다 쓴 후에 바로 나에게 돌려줘.
到 dào	동작의 결과나 목적 도달 他曾经在国际大赛上拿到过冠军。 그는 이전에 국제 대회에서 1등을 차지한 적이 있다. 这种病毒会对人体起到致命的作用。 이런 바이러스는 인체에 치명적인 작용을 일으킬 수 있다.

着 zháo	동작의 결과나 목적 도달 [주요 결합 동사: 睡/找/捡/猜] 他太累了，一躺下就睡着了。 그는 너무 피곤해서 눕자마자 바로 잠이 들었다. 我找了半天也没找着我的眼镜。 나는 한참 동안 찾았지만 내 안경을 찾지 못했다.
见 jiàn	시각, 청각, 후각 등으로 대상을 감지함 [주요 결합 동사: 看/闻/听/梦/遇/碰] 孩子一看见陌生人就哭了起来。 아이는 낯선 사람을 보자마자 울기 시작했다. 我一进星巴克就闻见了浓浓的咖啡味儿。 나는 스타벅스에 들어가자마자 진한 커피 향을 맡았다.
成 chéng	변화하여 다른 것이 됨 [주요 결합 동사: 翻译/变/当] 我不能把这句汉语翻译成英语。 나는 중국어를 영어로 번역할 수 없다. 秋天叶子慢慢变成了红色。 가을에 나뭇잎이 천천히 붉은색으로 변했다.
掉 diào	제거·사라짐 [주요 결합 동사: 吃/扔/拔/改/删] 我把零食全吃掉了。 나는 간식을 전부 먹어 치웠다. 我扔掉了那些没用的东西。 나는 그런 필요 없는 물건을 버렸다.
懂 dǒng	이해하게 됨 [주요 결합 동사: 看/听] 他看懂了那部电影的内容。 그는 그 영화의 내용을 이해했다. 我没(有)听懂这个笑话。 나는 이 우스갯소리를 알아듣지 못했다.
住 zhù	동작의 고정이나 정착 [주요 결합 동사: 记/抓/停/站] 你一定要记住文章里核心的句子。 너는 반드시 이 문장에서 핵심적인 구문을 기억해야 한다. 小偷儿被警察抓住了。 도둑은 경찰에게 잡혔다. 생각이나 감정이 통제당함 [주요 결합 동사: 把握/吸引] 他正确地把握住了那个问题的关键。 그는 그 문제의 핵심을 정확히 파악하였다. 我完全被她吸引住了。 나는 완전히 그녀에게 사로잡혔다.
走 zǒu	어떤 행동을 하며 떠남 [주요 결합 동사: 借/拿/带/搬] 那本杂志被别人借走了。 그 잡지는 다른 사람이 빌려 갔다. 他把所有的东西都拿走了。 그는 모든 물건을 가져갔다.

匆忙 cōngmáng 형 다급하다 | ★项 xiàng 양 가지, 항목 | ★曾经 céngjīng 부 이전에, 이미 | 国际 guójì 명 국제 | 大赛 dàsài 명 규모가 큰 경기 | 冠军 guànjūn 명 1등, 우승 | 躺 tǎng 동 눕다 | 眼镜 yǎnjìng 명 안경 | 陌生人 mòshēngrén 명 낯선 사람 | 星巴克 Xīngbākè 고유 스타벅스 | 闻 wén 동 냄새를 맡다 | ★浓 nóng 형 짙다, 진하다 | 味儿 wèir 명 냄새 | 句 jù 양 마디, 편 [말·글의 수를 세는 단위] | 翻译 fānyì 동 번역하다 | 英语 Yīngyǔ 고유 영어 | 秋天 qiūtiān 명 가을 | 叶子 yèzi 명 잎 | ★零食 língshí 명 간식 | 全 quán 부 전부, 모두 | 扔 rēng 동 내버리다 | 内容 nèiróng 명 내용 | 笑话 xiàohua 명 우스갯소리 | 文章 wénzhāng 명 글, 문장 | 核心 héxīn 명 핵심 | 小偷 xiǎotōu 명 도둑 | 警察 jǐngchá 명 경찰 | 抓 zhuā 동 잡다 | 正确 zhèngquè 형 정확하다 | ★把握 bǎwò 동 파악하다 | 关键 guānjiàn 명 키포인트, 관건 | 完全 wánquán 부 완전히, 전혀 | 吸引 xīyǐn 동 매료시키다 | 杂志 zázhì 명 잡지 | 所有 suǒyǒu 형 모든, 일체의

(2) 결과보어로 자주 쓰이는 형용사

好 hǎo	동작의 완성, 만족스러운 정도 [주요 결합 동사: 准备/学/做] 做任何事之前都要事先准备好。 어떤 일을 하든 사전에 준비를 잘해야 한다. 他想学好一门外语。 그는 외국어 한 가지를 마스터하려고 한다.
惯 guàn	습관이 되어 익숙한 상태 [주요 결합 동사: 吃/住/看/听/用] 我是南方人，所以吃惯了清淡的食物。 나는 남방 사람이라서, 담백한 음식을 먹는 데 익숙하다. 我们住惯了小房间。 우리는 작은 방에 사는 데 익숙하다.

光 guāng	조금도 남지 않은 상태 [주요 결합 동사: 吃/花/喝]	
	他把冰箱里的东西都吃光了。	그는 냉장고 안의 음식을 다 먹었다.
	我已经花光了自己所有的钱。	나는 이미 내 모든 돈을 다 썼다.
错 cuò	동작의 결과에 오류 발생 [주요 결합 동사: 记/发/看/弄]	
	我记错了出发时间，火车已经开走了。	내가 출발 시간을 잘못 기억해서 기차는 이미 떠났다.
	他把电子邮件发错了。	그는 이메일을 잘못 보냈다.
满 mǎn	가득한 상태 [주요 결합 동사: 挤/放/坐/摆/开]	
	这个时间，酒吧里挤满了客人。	이 시간에 술집에 손님이 가득 찼다.
	桌子上放满了杯子。	책상 위에 컵이 가득 놓여 있다.
干净 gānjìng	깨끗하고 깔끔한 상태 [주요 결합 동사: 打扫/洗/擦]	
	我周末打算把家打扫干净。	나는 주말에 집을 깨끗이 청소할 예정이다.
	吃东西前应该先把手洗干净。	음식을 먹기 전에 먼저 손을 깨끗이 씻어야 한다.

任何 rènhé 때 어떠한 | ★事先 shìxiān 명 사전 | 外语 wàiyǔ 명 외국어 | ★清淡 qīngdàn 형 담백하다 | ★食物 shíwù 명 음식물 | 出发 chūfā 명 출발 | ★酒吧 jiǔbā 명 술집 | 挤 jǐ 동 빽빽이 들어차다, 붐비다

(3) 결과보어로 자주 쓰이는 개사

到 dào	동사+到+시간/장소/수량 [시간, 장소, 수량에 다다름]	
	这场争论一直持续到了第二天晚上。	이 논쟁은 다음날 저녁까지 내내 지속되었다. → 시간
	她把花插到新买的花瓶里。	그녀는 꽃을 새로 산 화병에 꽂는다. → 장소
	接受诊断的人数增加到2,000人了。	진료를 받은 사람 수가 2,000명까지 증가했다. → 수량
在 zài	동사+在+행동이 일어나는 시간/장소 [주요 결합 동사: 发生/趟/放/坐/住]	
	这件事大约发生在20世纪中旬。	이 일은 대략 20세기 중반에 발생했다. → 시간
	妈妈喜欢躺在沙发上看电视。	엄마는 소파에 누워서 TV 보는 것을 좋아하신다. → 장소
给 gěi	동사+给+행동의 대상 [주요 결합 동사: 送/交]	
	他送给我一束玫瑰。	그는 나에게 장미 한 다발을 준다.
	我已经把论文交给教授了。	나는 이미 논문을 교수님께 전했다.
往 wǎng	동사+往+행동이 향하는 장소 [주요 결합 동사: 开/飞]	
	这趟列车是开往北京的。	이번 열차는 베이징으로 향한다.
	她赶上了飞往伦敦的最后一趟航班。	그녀는 런던으로 가는 마지막 비행기를 탔다.
于 yú	동사+于+동작이 이루어지는 시간/장소/대상/기점 [주요 결합 동사: 出生/毕业]	
	他出生于2002年。	그는 2002년에 태어났다. → 시간
	我毕业于清华大学中文系。	나는 칭화대학 중문과를 졸업했다. → 장소
自 zì	동사+自+동작의 시작점/출처 [주요 결합 동사: 来/选/发]	
	我们学校的外国留学生来自世界各地。	
	우리 학교의 외국 유학생은 세계 각지에서 왔다.	
	这篇文章选自鲁迅的著作。	이 문장은 루쉰의 저서에서 발췌하였다.

场 cháng 양 [일의 경과·자연 현상 등의 횟수를 세는 말] | ★争论 zhēnglùn 명 논쟁, 쟁론 | ★持续 chíxù 동 지속하다 | ★插 chā 동 꽂다 | 花瓶 huāpíng 명 꽃병 | 接受 jiēshòu 동 받다 | ★诊断 zhěnduàn 동 진단 | 人数 rénshù 명 사람 수 | 增加 zēngjiā 동 증가하다 | 大约 dàyuē 부 대략, 대개 | 发生 fāshēng 동 발생하다 | 世纪 shìjì 명 세기 | ★中旬 zhōngxún 명 중순 | 躺 tǎng 동 눕다 | 沙发 shāfā 명 소파 | 束 shù 양 다발, 단, 묶음 | 玫瑰 méigui 명 장미 | ★论文 lùnwén 명 논문 | 教授 jiàoshòu 명 교수 | 趟 tàng 양 차례, 번 | ★列车 lièchē 명 열차 | 赶上 gǎnshàng 동 시간에 대다 | 伦敦 Lúndūn 고유 런던 | 航班 hángbān 명 항공편 | 出生 chūshēng 동 출생하다

| **毕业** biyè 동 졸업하다 | **清华大学** Qīnghuá Dàxué 고유 칭화대학교 | **外国** wàiguó 명 외국 | **留学生** liúxuéshēng 명 유학생 | **各地** gèdì 명 각지 | **篇** piān 양 편 [일정한 형식을 갖춘 문장을 세는 단위] | **鲁迅** Lǔ Xùn 고유 루쉰, 노신 [중국 현대의 저명한 문학가, 사상가 겸 혁명가] | **著作** zhùzuò 명 저서

2 결과보어의 형식

(1) 동사 술어 + 결과보어 + (了)

결과보어는 동작의 '결과'를 나타내므로 동태조사 '了'가 자주 함께 쓰인다. 단, 동사와 결과보어 사이에 '了'나 목적어 등 어떠한 성분도 들어갈 수 없다.

他终于找了到理想的工作。(×) → '了'도 중간에 쓰일 수 없음

他终于找理想的工作到了。(×) → '목적어'도 중간에 쓰일 수 없음

他终于找到了理想的工作。 그는 마침내 이상적인 일자리를 찾았다.

理想 lǐxiǎng 형 이상적이다

(2) 没 + 동사 술어 + 결과보어 → 부정형

결과보어를 부정할 때는 보통 과거를 부정하는 부정부사 '没'를 쓰며, 이때 '了'는 쓰지 않는다. 단, 가정문에서 결과보어 부정은 '不'로 한다.

他没修好我的电脑。 그는 내 컴퓨터를 고치지 못했다.

你修不好我的电脑的话，我就去专门的维修店。 네가 내 컴퓨터를 고치지 못한다면, 나는 전문 수리점에 갈 거야.

修 xiū 동 수리하다 | **专门** zhuānmén 형 전문적인 | **维修店** wéixiūdiàn 수리점

(3) 술어 + 결과보어 + 了 + 吗/没有? = 술어 + 결과보어 + 没 + 술어 + 결과보어? → 의문형

결과보어의 의문 형식은 문장 끝에 '吗'나 '没有'를 붙이거나, '没를 넣은 정반의문문' 형식으로 만든다.

你听见了吗? = 你听见了没有? = 你听见没听见? 너 들었니?

📋 배운 내용 점검하기

1 결과보어란?
동작이 진행된 후의 동작이나 상태의 '결과'가 어떠한지를 보충 설명하는 보어를 결과보어라고 한다. 결과보어는 주로 동사, 형용사, 개사구가 쓰인다.

2 결과보어의 기본 형식
① 긍정형: 동사 술어+결과보어[동사/형용사/개사구]
② 부정형: 没+동사 술어+결과보어
③ 의문형: 동사 술어+결과보어+吗/没有 [=술어+결과보어+没+술어+결과보어]

STEP 3 실력 다지기

Day 23

1 满了   电梯里   人   挤

_____

2 初级课程   把   完了   我   学

_____

3 放到   都   这个抽屉里了   钥匙

_____

4 上   写字台   满了   材料   摆

_____

5 被弟弟   那些   面包   光了   吃

_____

6 电脑上了   我   洒在   水   不小心把

_____

7 保存在   这幅   一直   山水画   国家博物馆

_____

8 那份材料   把   麻烦你   我   递给

_____

→ 해설서 p.190

21 보어(4) 방향보어

쓰기 제1부분

Day 24

STEP 1 유형 파악하기

- '방향보어'는 술어 뒤에서 동작의 방향을 나타내는 보어로 1음절 '단순방향보어'와 2음절 '복합방향보어'로 나뉜다.
- 방향보어는 기본 의미 이외에도 파생적 의미가 매우 다양하므로 의미를 숙지해 두어야 한다.
- 쓰기 영역에서 방향보어의 중요도가 매우 높아졌다. 특히, 방향보어가 목적어와 함께 쓰일 경우 '목적어의 위치'에 주의해야 한다. [ex. 回北京来 → 동사 + 장소 목적어 + 来/去]

● 제1부분 예제

| 醒过来了 | 爷爷手术 | 终于 | 后 |

정답&풀이

[醒过来 깨어나다]

명사+동사	명사	부사	동사+동사+조사
爷爷手术	后	终于	醒过来了。
주어	부사어		술어+방향보어+了

할아버지는 수술 후에 마침내 깨어나셨다.

STEP 1 방향보어 '过来'와 결합된 동사 '醒'이 문장의 술어가 되며, 어기부사 '终于'는 술어 앞에 위치한다.

STEP 2 주어는 명사 '爷爷'이고, 주어와 결합된 '手术' 뒤에 명사 '后'가 위치해 시점을 표현해주며, 부사어의 어순에 따라 시점을 나타내는 어휘는 어기부사 앞에 위치한다.

爷爷 yéye 뎽 할아버지 | ★手术 shǒushù 동 수술하다 | 终于 zhōngyú 뷔 마침내, 결국 | 醒 xǐng 동 깨다

STEP 2 내공 쌓기

1 방향보어의 기본 형식

방향보어는 '술어 뒤'에서 '동작의 방향'을 나타내는 보어이다.

他刚<u>进来</u>，电话就响了。 그가 막 들어오자 전화가 울렸다.
弟弟跑<u>出去</u>了。 남동생이 뛰어나갔다.

刚 gāng 뷔 막, 방금

2 방향보어의 종류

방향을 나타내는 동사의 음절에 따라 '단순방향보어 [来/去/上/下/进/出/过/回/开/起]'와 '복합방향보어 [上/下/进/出/过/回/开/起 + 来/去]'로 나뉜다.

	上	下	进	出	过	回	开	起
来	上来 올라오다	下来 내려오다	进来 들어오다	出来 나오다	过来 다가오다	回来 돌아오다	开来 퍼져 나오다	起来 일어나다
去	上去 올라가다	下去 내려가다	进去 들어가다	出去 나가다	过去 지나가다	回去 돌아가다	开去 퍼져 나가다	×

(1) 단순방향보어

1음절 동사 [来/去/上/下/进/出/过/回/开/起]가 술어 뒤에서 동작의 방향이나 파생된 의미를 나타내는 보어로, 조사 '了'와 함께 쓰일 경우, '了'는 방향보어 뒤에 쓰인다.

① 기본 의미

来 lái 去 qù	화자와 가까우면 来, 화자와 멀면 去 拿来玩具 장난감을 가져오다 ǀ 走来走去很麻烦 왔다 갔다 번거롭다
上 shàng	낮은 곳 → 높은 곳 [走/爬/飞 + 上] 走上楼 위층으로 올라가다 ǀ 爬上山顶 산 정상에 오르다
下 xià	높은 곳 → 낮은 곳 [坐/躺/滚 + 下] 在沙发上坐下 소파에 앉다 ǀ 在床上躺下 침대에 눕다
进 jìn	공간 또는 장소로 진입 [跑/走 + 进] 跑进教室 교실로 뛰어 들어가다 ǀ 走进房间 방에 걸어 들어가다
出 chū	공간 또는 장소로부터 나옴 [走/拿/跑 + 出] 走出宿舍 기숙사를 나가다 ǀ 拿出教材 교재를 꺼내다
过 guò	어떤 공간을 지나감 [穿 + 过] 穿过树林 숲을 거쳐 지나가다
回 huí	원래의 자리로 되돌아감 [找/放/送 + 回] 找回感觉 느낌을 되찾다 ǀ 放回原处 제자리에 갖다 놓다
开 kāi	어떤 장소를 떠남 [离/搬/拿/走 + 开] 离开故乡 고향을 떠나다 ǀ 把桌子搬开 책상을 옮기다
起 qǐ	낮은 곳 → 높은 곳 [장소 목적어를 취하지 않음][拿/站/升/抬 + 起] 拿起笔 펜을 들다 ǀ 站起身 일어나다

★ **玩具** wánjù 명 장난감 ǀ **麻烦** máfan 형 번거롭다 ǀ **山顶** shāndǐng 명 산 정상 ǀ **沙发** shāfā 명 소파 ǀ **床** chuáng 명 침대 ǀ **躺** tǎng 동 눕다 ǀ ★ **宿舍** sùshè 명 기숙사 ǀ ★ **教材** jiàocái 명 교재 ǀ **树林** shùlín 명 숲 ǀ **感觉** gǎnjué 명 느낌 ǀ **原处** yuánchù 명 제자리 ǀ **故乡** gùxiāng 명 고향

② 주요 파생 의미

上 shàng	시작과 지속 [爱/喜欢/聊+上] 爱上他了 그를 사랑하게 되었다 ǀ 跟他聊上了(几句) 그와 이야기하다	
	목적 달성 [考/住/选+上] 考上名牌大学 명문 대학에 합격하다 ǀ 住上大房子 큰 집에 살게 되다	
	그침, 닫힘 [关/拉/合/贴+上] 把门关上 문을 닫다 ǀ 把窗帘拉上 커튼을 치다	
下 xià	고정됨 [留/记+下] 留下地址 주소를 남기다 ǀ 记下电话号码 전화번호를 적다	
	분리·이탈 [脱/摘/撕+下] 脱下外套 외투를 벗다 ǀ 摘下眼镜 안경을 벗다	
	(공간적) 수용 [坐/装/放/摆/盛+下] 坐得下十个人 10명이 앉을 수 있다 ǀ 装得下所有的行李 모든 짐을 실을 수 있다	
出 chū	없는 상태에서 결과가 생김 [想/说/猜+出] 想出了好主意 좋은 생각이 떠올랐다 ǀ 说出自己的秘密 자신의 비밀을 말하다	
过 guò	방향 변경 [转/掉+过] 转过身来看我 뒤돌아서 나를 쳐다보다 ǀ 汽车掉过头 차가 유턴하다	
开 kāi	나누거나 분리됨 [打/睁+开] 打开箱子 상자를 열다 ǀ 睁开眼睛 눈을 뜨다	
	확대, 분산 [传/展+开] 消息传开 소식이 퍼지다 ǀ 展开翅膀 날개를 펼치다	
起 qǐ	동작, 상황, 상태의 시작 [谈/响/说/聊+起] 谈起留学生活 유학 생활에 대해 얘기하기 시작하다 响起铃声 벨소리가 울리기 시작하다	
	경제, 시간, 자격 등 역량 여부 [买/付/吃/穿+不/得+起] 买不起房子 (돈이 없어) 집을 살 수 없다 →동사+不/得+起 형태로 결합 付得起费用 비용을 지불할 수 있다 → 가능보어로 쓰임	

★名牌 míngpái 몡 [지명도가 아주 높은 기관] ǀ 房子 fángzi 몡 집 ǀ ★窗帘 chuānglián 몡 커튼, 블라인드 ǀ 地址 dìzhǐ 몡 주소 ǀ 电话号码 diànhuà hàomǎ 전화번호 ǀ 脱 tuō 동 벗다 ǀ 外套 wàitào 몡 외투 ǀ ★摘 zhāi 동 벗다 ǀ 眼镜 yǎnjìng 몡 안경 ǀ ★装 zhuāng 동 (화물을) 싣다 ǀ 所有 suǒyǒu 형 모든 [所有+的+명사] ǀ 行李 xíngli 몡 짐, 수화물 ǀ 主意 zhǔyi 몡 생각 ǀ 秘密 mìmì 몡 비밀 ǀ 转 zhuǎn 동 돌다 ǀ 掉头 diàotóu 동 유턴하다 ǀ 箱子 xiāngzi 몡 상자 ǀ 睁 zhēng 동 눈을 뜨다 ǀ 消息 xiāoxi 몡 소식 ǀ ★翅膀 chìbǎng 몡 날개 ǀ 谈 tán 동 말하다 ǀ 生活 shēnghuó 몡 생활 ǀ 响 xiǎng 동 소리를 내다 ǀ 铃声 língshēng 몡 벨소리 ǀ 付 fù 동 지불하다 ǀ 费用 fèiyòng 몡 비용

(2) **복합방향보어**

단순방향보어 [上/下/进/出/过/回/开/起]가 '来' '去'와 결합하여 술어 뒤에서 동작의 방향이나 파생된 의미를 나타내는 보어로, 조사 '了'가 술어 뒤에 쓰일 수 있다.

① 기본 의미

上来 shànglai	낮은 곳 → 높은 곳 [화자와 가까워짐] 走上楼来 위층으로 올라오다 ǀ 把行李拿上来 짐을 들다
上去 shàngqu	낮은 곳 → 높은 곳 [화자와 멀어짐] 爬上山去 산에 올라가다 ǀ 把石头搬上去 돌을 옮기다
下来 xiàlai	높은 곳 → 낮은 곳 [화자와 가까워짐] 从楼梯上走下来 계단에서 걸어 내려오다 ǀ 把东西拿下来 물건을 내려놓다
下去 xiàqu	높은 곳 → 낮은 곳 [화자와 멀어짐] 沿着路走下去 길을 따라 걸어 내려가다 ǀ 跑下去 뛰어 내려가다
进来 jìnlai	장소로 들어오는 동작이 화자 쪽으로 행해짐 进房间来 방으로 들어오다 ǀ 走了进来 걸어 들어왔다
进去 jìnqu	장소에 들어가는 동작이 화자 반대 방향으로 행해짐 进公园去 공원에 들어가다 ǀ 没听进去 귀담아 듣지 않았다
出来 chūlai	안 → 밖 [화자와 가까워짐] 从银行里走出来 은행에서 걸어 나오다 ǀ 从教室里跑出来 교실에서 뛰어나오다
出去 chūqu	밖 → 안 [화자로부터 멀어짐] 哭着跑出去 울면서 뛰어나가다 ǀ 笑着走出去 웃으면서 걸어 나가다
过来 guòlai	먼 곳 → 가까운 곳 [화자와 가까워짐] 一辆车开过来 차 한 대가 오다 ǀ 向我跑过来 나를 향해 뛰어오다
过去 guòqu	가까운 곳 → 먼 곳 [화자와 멀어짐] 递过去一件衣服 옷 한 벌을 건네주다 ǀ 向妈妈跑过去 엄마에게 뛰어가다
回来 huílai	원래의 장소로 되돌아옴 [화자와 가까워짐] 回宿舍来 기숙사로 돌아오다 ǀ 回家乡来 고향으로 돌아오다
回去 huíqu	원래의 장소로 되돌아감 [화자와 멀어짐] 拿材料回公司去 자료를 들고 회사로 돌아가다 ǀ 开车回家去 운전해서 집으로 돌아가다
开来 kāilai 开去 kāiqu	현상, 사상, 행동이 일정한 방향으로 점점 확대되어 나아감 传播开来 전파되어 나가다 ǀ 分散开去 분산되다
起来 qǐlai	낮은 곳 → 높은 곳 突然站起来 갑자기 일어나다 ǀ 举起手来 손을 들다

★石头 shítou 명 돌 ǀ 楼梯 lóutī 명 계단, 층계 ǀ ★递 dì 동 넘겨주다 ǀ ★家乡 jiāxiāng 명 고향 ǀ 材料 cáiliào 명 재료 ǀ ★传播 chuánbō 동 전파하다, 널리 퍼뜨리다 ǀ 分散 fēnsàn 동 분산시키다 ǀ 举 jǔ 동 들다

② 주요 파생 의미

上来 shànglai	동작의 완성 여부 [동사+不/得+上来] → 가능보어로 쓰임	
	回答不上来问题 문제에 대답하지 못하다 ǀ 说不上来 말로 설명할 수 없다	
上去 shàngqu	(겉모양을 통해) 추측 [看+上去]	
	看上去很年轻 젊어 보이다 ǀ 看上去很苗条 날씬해 보이다	
下来 xiàlai	고정	
	把声音录下来 목소리를 녹음하다 ǀ 一个人留下来 혼자 남다	
	분리·이탈	
	把衣服脱下来 옷을 벗다 ǀ 把耳环摘下来 귀걸이를 빼다	
	과거에서 현재까지 지속	
	这些风俗被流传了下来 이 풍속들이 전해져 내려왔다 ǀ 坚持下来 계속 유지해오다	
	정도의 약화·감소 [일부 형용사+下来]	
	安静下来 조용해지다 ǀ 天黑下来 날이 어두워지다	
下去 xiàqu	현재에서 미래까지 지속	
	风俗被流传下去 풍속이 전해져 내려가다 ǀ 坚持下去 계속 유지해가다	
	상태나 정도의 증가·심화 [일부 형용사+下去]	
	瘦下去 살이 빠지다 ǀ 一直热下去 계속 더워지다	
出来 chūlai	발견·식별 [认/看/分/猜+出来]	
	认不出来他是谁 그가 누구인지 못 알아보다 ǀ 几乎看不出来 거의 분간할 수 없다	
	결과가 나옴	
	写出来一篇文章 글 한 편을 써내다 ǀ 想出方案来 방안을 생각해 내다	
过来 guòlai	정상적인 상태로 돌아옴 [改/醒/救/恢复+过来]	
	把坏习惯改过来 나쁜 습관을 고치다 ǀ 终于醒过来 마침내 깨어나다	
	동작을 해 낼 능력의 여부 [동사+不/得+过来] → 가능보어로 쓰임	
	忙不过来 너무 바쁘다 ǀ 一个人看不过来 혼자서 다 볼 수가 없다	
过去 guòqu	본래의 정상적인 상태를 잃음 [晕/昏/醉/死+过去]	
	病人晕过去了 환자가 기절했다 ǀ 差点儿昏过去 하마터면 기절할 뻔하다	
起来 qǐlai	동작, 상황의 시작	
	鼓起掌来 박수를 치기 시작하다 ǀ 吵起架来 다투기 시작하다	
	추측·평가 [看/穿/听/闻+起来]	
	看起来五十多岁 보아하니 50여 세 정도인 것 같다 ǀ 穿起来很舒服 입어 보니 편안하다	
	분산 → 집중 [收/团结/包/合/存/集中/收集/收拾+起来]	
	把这些东西收起来 이 물건들을 정리하다 ǀ 团结起来 단결하다	
	변화의 시작, 지속 [긍정적 의미의 형용사+起来]	
	关系好起来 사이가 좋아지기 시작하다 ǀ 让她高兴起来 그녀를 기쁘게 하다	

★苗条 miáotiao 형 날씬하다 ǀ 录 lù 동 녹음하다 ǀ 脱 tuō 동 (몸에서) 벗다 ǀ 耳环 ěrhuán 명 귀고리 ǀ ★摘 zhāi 동 (쓰거나 걸려 있는 물건을) 벗다, 벗기다 ǀ ★风俗 fēngsú 명 풍속 ǀ ★流传 liúchuán 동 (세상에) 널리 퍼지다, 유전하다 ǀ 坚持 jiānchí 동 견지하다, 지속하다 ǀ 篇 piān 양 편 [일정한 형식을 갖춘 문장을 세는 단위] ǀ 文章 wénzhāng 명 글, 문장 ǀ ★方案 fāng'àn 명 방안 ǀ 改 gǎi 동 고치다 ǀ 醒

xǐng 동 잠에서 깨다 | ★晕 yūn 형 (머리가) 어지럽다 | 昏 hūn 동 기절하다 | ★鼓掌 gǔzhǎng 동 박수 치다 | ★吵架 chǎojià 동 다투다, 말다툼하다 | 团结 tuánjié 동 단결하다

3 목적어의 위치

(1) 일반 목적어일 때

사물이나 사람을 나타내는 일반 목적어는 '来' '去'의 앞이나 뒤에 위치할 수 있다.

단순방향보어 → 술어+来/去+일반 목적어 or
　　　　　　　　술어+일반 목적어+来/去

복합방향보어 → 술어+방향보어1+来/去+일반 목적어 or
　　　　　　　　술어+방향보어1+일반 목적어+来/去

他拿去了一些水果。= 他拿了一些水果去。 그는 과일을 조금 가져갔다.
她拿出来箱子里的东西。= 她拿出箱子里的东西来。 그녀는 상자 안의 물건을 꺼낸다.

(2) 추상 목적어일 때

추상적인 의미의 목적어는 '来' '去'의 뒤에 위치한다.

단순방향보어 → 술어+来/去+추상 목적어
복합방향보어 → 술어+방향보어1+来/去+추상 목적어

这件事给他带来了麻烦。 이 일은 그에게 번거로움을 가져왔다.
他想出来了一个主意。 그는 한 가지 아이디어를 생각해 냈다.

麻烦 máfan 명 번거로움 | 主意 zhǔyi 명 생각, 의견

(3) 장소나 인칭대사 목적어일 때

장소나 인칭대사 목적어는 '来' '去'의 앞에 위치한다.

단순방향보어 → 술어+장소/인칭대사 목적어+来/去
복합방향보어 → 술어+방향보어1+장소/인칭대사 목적어+来/去

他前几天回中国去了。 그는 며칠 전에 중국으로 돌아갔다.
朋友赶紧跑出门外去。 친구가 서둘러 문 밖으로 뛰쳐나간다.
教授看了半天才认出我来。 교수님은 한참 동안 보고서야 나를 알아봤다.

★赶紧 gǎnjǐn 부 서둘러, 급히

(4) 술어가 이합동사일 때

이합동사가 술어일 경우 이합동사 중 목적어에 해당하는 어휘는 '来' '去'의 앞에 위치한다.

이합동사의 동사 부분+방향보어1+이합동사의 목적어 부분+来/去

突然下起雨来了。 갑자기 비가 오기 시작했다.
她抬起头来看了看天上的星星。 그녀는 고개를 들어 하늘의 별을 바라봤다.

抬 tái 동 들다 | 星星 xīngxing 명 별

4 방향보어의 부정 형식

방향보어의 일반적인 부정은 '没'로 하고, 가정문이나 조건문일 때 부정은 '不'로 한다. 방향보어를 부정할 경우 '没/不'는 동사 앞에 위치하지만, 방향보어가 가능보어로 쓰일 경우에는 '不'를 동사와 방향보어 사이에 넣는다.

我没做出这道数学题来。 나는 이 수학 문제를 풀지 못했다. → 没+동사+방향보어

你不做出这道数学题来就不能休息。 너는 이 수학 문제를 풀지 않으면 쉴 수 없다. → 不+동사+방향보어

我做不出这道数学题来。 나는 이 수학 문제를 풀지 못하겠다. → 동사+不+방향보어 [가능보어로 쓰임]

道 dào 양 [문제를 세는 양사]

배운 내용 점검하기

1 방향보어란?
동사나 형용사 뒤에 놓여 동작의 방향을 나타내거나 다른 파생적 의미를 나타내는 보어를 말한다. 방향보어에는 단순방향보어와 복합방향보어가 있다.

2 단순방향보어의 목적어 위치
① 일반 목적어: 술어+来/去+일반 목적어 or 술어+일반 목적어+来/去
② 추상 목적어: 술어+来/去+추상 목적어
③ 장소/인칭대사 목적어: 술어+장소/인칭대사 목적어+来/去

3 복합방향보어의 목적어 위치
① 일반 목적어: 술어+방향보어1+来/去+일반 목적어 or 술어+방향보어1+일반 목적어+来/去
② 추상 목적어: 술어+방향보어1+来/去+추상 목적어
③ 장소/인칭대사 목적어: 술어+방향보어1+장소/인칭대사 목적어+来/去
④ 이합동사가 쓰였을 경우: 동사 부분+방향보어1+목적어 부분+来/去

STEP 3 실력 다지기

1 下来了   情绪   很快稳定   她的

2 走进了   宴会大厅   陆续   中外嘉宾们   都

3 响起了   教室里   掌声   热烈的

4 下起了   傍晚时   小雨   山上突然

5 眼泪   流下了   伤心地   她

6 打印   还   资料   出来   没

7 过去了   飞机上   晕   他   忽然在

8 还没   他的   过来   恢复   身体

22 보어(5) 수량보어

쓰기 제1부분 / Day 25

STEP 1 유형 파악하기

◆ '수량보어'에는 동작의 횟수를 나타내는 '동량보어'와 동작이 진행된 시간을 나타내는 '시량보어'가 있다.

◆ 수량보어 역시 동사 뒤에 위치하지만, 목적어와 함께 쓰일 때 목적어와 동사의 종류에 따라 어순이 달라지므로 주의해야 한다.

◆ 술어와 수량보어 사이에 '了'나 '过'를 쓸 수 있다. 시량보어는 '了'의 위치에 따라 나타내는 의미가 달라지기도 한다. 술어가 비지속성 동사일 경우 '了'는 시량보어 뒤에 위치한다. 쓰기 제2부분 작문 시 특히 조심해야 하는 부분이다.

● 제1부분 예제

| 三次 | 过 | 这里总共 | 发生 | 地震 |

정답&풀이

[술어+过+수량보어]

| 대사+부사 | 동사 | 조사 | 수사+양사 | 명사 |
| 这里总共 | 发生 | 过 | 三次 | 地震。| 이곳은 전부 세 번의 지진이 발생한 적 있다.
| 주어+부사어 | 술어 | 过 | 수량보어 | 목적어 |

STEP 1 동태조사 '过'는 술어인 동사 '发生' 바로 뒤에 위치해 동작의 '경험'을 나타낸다. 수량을 나타내는 '三次'는 술어 뒤에 위치해 동작의 횟수를 나타내는 동량보어 역할을 한다.

STEP 2 '일반 목적어'는 술어와 동량보어 뒤에 위치하므로 명사 '地震'이 문장 제일 마지막에 위치한다. 주어인 장소를 나타내는 '这里'와 부사어인 '总共'이 결합한 제시어 '这里总共'은 문장 맨 앞에 위치한다.

★**总共** zǒnggòng 🈶 전부, 모두 | **发生** fāshēng 🈷 발생하다, 일어나다, 생기다 | ★**地震** dìzhèn 🈸 지진

STEP 2 내공 쌓기

수량보어에는 동작의 횟수를 나타내는 '동량보어'와 동작이 진행된 시간을 나타내는 '시량보어'가 있다.

1 동량보어

동사 술어 뒤에서 동작이나 행위가 진행되는 횟수를 나타내는 보어로, '수사+동량사'가 동량보어 역할을 한다. 대표적인 동량사로는 '次 cì' '回 huí' '遍 biàn' '趟 tàng' '顿 dùn' '下 xià' '阵 zhèn'이 있다. [p.226 참고]

老师又强调了一遍。 선생님은 다시 한 번 강조했다.

你向行人打听一下。 네가 행인에게 좀 물어봐.

★强调 qiángdiào 동 강조하다 | 遍 biàn 양 번, 회 [동작이 시작되어 끝날 때까지의 전 과정을 말함] | ★行人 xíngrén 명 행인 | ★打听 dǎting 동 물어보다

2 동량보어와 목적어의 위치

(1) **일반 목적어일 때: 술어 + 동량보어 + 일반 목적어**

일반 목적어는 술어와 동량보어 뒤에 위치한다.

我们每个月都搞一次活动。 우리는 매월 한 번 행사를 진행한다.

他要换两次公交车才能到学校。 그는 버스를 두 번 갈아타야 비로소 학교에 도착할 수 있다.

★搞 gǎo 동 하다, 실시하다 | 活动 huódòng 명 행사 | 公交车 gōngjiāochē 명 버스

(2) **대사 목적어일 때: 술어 + 대사 목적어 + 동량보어**

대사 목적어는 술어와 동량보어 사이에 위치한다.

我找过他好几次。 나는 그를 여러 번 찾았다.

他突然打了我一拳。 그는 갑자기 나를 한 대 쳤다.

拳 quán 양 대

(3) **인명/지명 목적어일 때: 술어 + 인명/지명 목적어 + 동량보어 or 술어 + 동량보어 + 인명/지명 목적어**

인명이나 지명 목적어는 술어와 동량보어 사이에 위치하거나 동량보어 뒤에 위치한다.

他见过小李两次。 = 他见过两次小李。 그는 샤오리를 두 번 만난 적이 있다. → 인명 목적어

我去过欧洲一次。 = 我去过一次欧洲。 나는 유럽에 한 번 가 본 적이 있다. → 지명 목적어

欧洲 Ōuzhōu 고유 유럽

(4) **술어가 이합동사일 때: 이합동사의 동사 부분 + 동량보어 + 이합동사의 목적어 부분**

동량보어는 이합동사의 동사 부분과 목적어 부분 사이에 위치한다. 작문할 때 자주 틀리니 숙지하자.

我每周都爬一次山。 나는 매주 한 번 등산을 한다.

最近一个星期下两三次雨。 요즘 일주일에 두세 번 비가 온다.

3 시량보어

동사 술어 뒤에서 동작이 지속되는 시간을 나타내는 보어로, '수사+시량사'가 시량보어 역할을 한다. 대표적인 시량사로는 '秒 miǎo' '分钟 fēnzhōng' '小时 xiǎoshí' '天 tiān' '星期 xīngqī' '年 nián'이 있다. [p. 227 참고]

我在北京住了三年。 나는 베이징에서 3년간 살았다.
我跟他聊了几个小时。 나는 그와 몇 시간 동안 이야기했다.

4 시량보어와 목적어의 위치

(1) 일반 목적어일 때:

동사 술어 + (了) + 시량보어 + (的) + 일반 목적어 or **동사 술어 + 일반 목적어 + 동사 + (了) + 시량보어**

일반 목적어는 술어와 시량보어 뒤에 위치하거나, 동사를 중복하여 '동목동보' 형식으로 쓴다.

我看了十分钟(的)报纸。 = 我看报纸看了十分钟。 나는 10분 동안 신문을 봤다.
他做了两个小时(的)运动。 = 他做运动做了两个小时。 그는 두 시간 동안 운동했다.

(2) 대사 목적어일 때: 술어 + 대사 목적어 + 시량보어

대사 목적어는 술어와 시량보어 사이에 위치한다.

我等了你半天。 나는 너를 한참 기다렸다.   我找了他一个小时。 나는 그를 1시간 동안 찾았다.

(3) 인명 목적어일 때: 술어 + 인명 목적어 + 시량보어 or **술어 + 시량보어 + 인명 목적어**

인명 목적어는 술어와 시량보어 사이에 위치하거나 시량보어 뒤에 위치한다.

我找了小王半天。 = 我找了半天小王。 나는 샤오왕을 한참 찾았다.
你等小明一会儿。 = 你等一会儿小明。 너는 샤오밍을 잠깐 기다려라.

(4) 술어가 이합동사일 때: 이합동사의 동사 부분 + 시량보어 + (的) + 이합동사의 목적어 부분

시량보어는 이합동사의 동사 부분과 목적어 부분 사이에 위치한다.

我们在咖啡厅谈了两个多小时(的)话。 우리는 커피숍에서 두 시간 이상 이야기했다.
我一般睡八个小时(的)觉。 나는 보통 8시간 잔다.

咖啡厅 kāfēitīng 몡 커피숍 | 谈话 tánhuà 동 이야기하다

(5) 술어가 비지속성 동사일 때: 비지속성 동사 술어 + 목적어 + 시량보어 + 了

동작이 한 번 완료되면 그 동작을 계속 지속시킬 수 없는 동사를 비지속성 동사라 한다. 대표적으로 '来' '去' '到' '结婚' '下课' '毕业' '当' '死' 등이 있다. 비지속성 동사가 술어로 쓰인 경우에 시량보어는 동작의 지속 시간이 아닌 '동작 발생 후 경과한 시간'을 나타낸다.

我来中国已经一年多了。 내가 중국에 온 지 벌써 1년이 넘었다.
她毕业都快三年了。 그녀는 졸업한 지 곧 3년이 된다.

毕业 bìyè 동 졸업하다

> **시량보어와 '了'의 위치**
>
> (1) 동사 술어+`了`+시량보어+목적어 or 동사 술어+목적어+동사+`了`+시량보어 → 동작의 완료
>
> 　　동사 술어 바로 뒤에 '了'를 쓰거나, '술목술보' 형식에서 두 번째 동사 뒤에 '了'를 쓸 경우 동작의 완료를 나타낸다.
>
> 　　我学了三年多(的)汉语。= 我学汉语学了三年多。 나는 3년 넘게 중국어를 배웠다. [지금은 배우지 않음]
>
> (2) 동사 술어+목적어+동사 술어+(`了`)+시량보어+`了` → 동작의 지속
>
> 　　시량보어 뒤에 '了'를 쓰면 동작의 지속을 나타낸다.
>
> 　　我学汉语学三年多了。= 我学汉语学了三年多了。 나는 3년 넘게 중국어를 배우고 있다. [지금도 배우고 있음]

5 수량보어의 부정형

수량보어는 동작의 횟수와 시간을 나타내므로, 보통 부정형으로는 쓰이지 않는다. 단, 동작의 횟수나 시간을 부정적으로 강조하고 싶을 때 '수량사'가 술어 앞에서 '부사어'로 쓰일 수 있다. 이때는 수량사가 '수량보어'로 쓰인 것이 아니라 '부사어'로 쓰인 것이니 두 용법의 차이를 혼동하지 말자.

[수량사+(也/都)+부정부사+동사]

他一次也没戴过手表。 그는 한 번도 손목시계를 찬 적이 없다.

我一个小时也没歇过。 나는 한 시간도 쉰 적이 없다.

戴 dài 동 (머리·얼굴·가슴·팔·손 등에) 착용하다 | ★歇 xiē 동 쉬다

📝 배운 내용 점검하기

1 수량보어란?
　동사 뒤에 놓여 동작의 횟수를 나타내는 '동량보어'와 동사 뒤에 놓여 동작이 진행된 시간을 나타내는 '시량보어'를 합쳐서 수량보어라고 한다.

2 수량보어의 기본 형식
　① 동량보어: 동사 술어+수사+동량사
　② 시량보어: 동사 술어+수사+시량사

STEP 3 실력 다지기

Day 25

1 生气地   我一眼   看了   妈妈

2 昨天只   一顿饭   吃了   我

3 好几次电话   刚才给   女朋友   我打了

4 跟我   一个上午   哥哥   讨论了

5 两个小时了   打球   爸爸   打了

6 都要   新闻   我每天   半个小时   听

7 骗过   这个人   我一次   曾经

8 很多遍   被奶奶   批评   我   过

해설서 p.196

23 보어(6) 가능보어

Day 26

STEP 1 유형 파악하기

◆ '가능보어'는 동사 뒤에서 동작 실현의 가능성을 나타내는 보어로, 동사와 결과보어/방향보어 사이에 '得'를 쓰면 가능, '不'를 쓰면 불가능을 나타낸다.

◆ 자주 쓰이는 가능보어 표현은 꼭 외워 두자.

◆ '得' '不'를 사용한다는 점에서 형식이 닮아 보이는 '가능보어'와 '정도보어'의 차이점을 숙지하자.

● 제1부분 예제

始终	恋爱	经历	忘不了那次	他

정답&풀이

[술어(忘)+가능보어(不了)]

대사	부사	동사+부사+동사+대사+양사	명사	명사
他	始终	忘不了那次	恋爱	经历。 그는 그 연애 경험을 시종일관 잊지 못한다.
주어	부사어	술어+가능보어 + 관형어		목적어

STEP 1 동사 '忘'이 문장의 술어가 되고, 술어 뒤 '不了'가 가능보어로 쓰였다. '不了'는 주로 '양적인 면에서 실현될 수 없거나 완성해 낼 수 없음'을 나타낸다.

STEP 2 시간부사 '始终'은 술어 앞에서 부사어 역할을 한다. 잊지 못하는 주체인 '他'가 주어이며, 술어와 결합된 관형어 '那次恋爱' 뒤에는 목적어 '经历'가 위치해 잊지 못하는 내용을 나타낸다.

★始终 shǐzhōng 〔부〕 시종일관, 한결같이, 줄곧 | 忘 wàng 〔동〕 잊다 | 不了 buliǎo ~할 수가 없다 | ★恋爱 liàn'ài 〔명〕 연애 | 经历 jīnglì 〔명〕 경험, 경력

STEP 2 내공 쌓기

1 주요 가능보어

가능보어는 동사와 결과보어/방향보어 사이에 '得'를 쓰면 가능, '不'를 쓰면 불가능을 나타내는 보어이다. 일반적으로 가능보어에서는 '得'보다 '不'가 훨씬 많이 쓰이니, 불가능을 나타내는 주요 표현 위주로 의미와 용법을 익히자.

不了 buliǎo	실현·완성할 수 없음 [주요 빈출 결합 형식: 做/干/用+不了] 他做不了这么难的动作。 그는 이렇게 어려운 동작을 할 수 없다. 胆小的人干不了大事。 겁이 많은 사람은 큰 일을 할 수 없다. 西方人用得了筷子吗? 서양 사람이 젓가락을 사용할 수 있어? (양이 많아서) ~할 수 없음 [주요 빈출 결합 형식: 吃/花/喝/做+不了] ✦ 儿子吃不了这么多零食。 아들은 이렇게 많은 간식을 먹을 수 없다. 我一个月花不了那么多钱。 나는 한 달 동안 그렇게 많은 돈을 쓸 수 없다. 这么多酒, 你一个人喝得了吗? 이렇게 많은 술을 너 혼자 마실 수 있어?

不到 bùdào	요구나 수준에 도달할 수 없음 [주요 빈출 결합 형식: 找/买/走+不到] 朋友不明白自己为什么找不到工作。 친구는 자신이 왜 일을 못 구하고 있는지 이해하지 못한다. 他一直买不到回国的机票。 그는 줄곧 귀국하는 비행기표를 사지 못했다. 天黑前，我们走得到家。 날이 어두워지기 전에, 우리는 집에 걸어갈 수 있다.
不着 buzháo	목적을 달성할 수 없음 [주요 빈출 결합 형식: 找/睡+不着] 妹妹又找不着钥匙。 여동생은 또 열쇠를 찾을 수 없다. 外边这么吵，怎么能睡得着？ 밖이 이렇게 시끄러운데, 어떻게 잘 수가 있겠니? 동작이 대상에 미치는 것을 허용할 수 없음 [주요 빈출 결합 형식: 管+不着] 他的事我管不着。 그의 일은 내가 상관할 수 없다.
不起 bùqǐ	(경제적 여유가 없어서) ~할 수 없음 [주요 빈출 결합 형식: 买/付/住+不起] ✦ 江南的房子一般人买不起。 강남의 집은 일반인들은 살 수 없다. 他付得起这个月的房租。 그는 이번 달 방세를 낼 수 있다.
不惯 búguàn	(습관이 안 되서) ~할 수 없음 [주요 빈출 결합 형식: 看/吃+不惯] ✦ 他的行为真叫人看不惯。 그의 행동은 정말 눈에 거슬리게 한다. 爷爷只吃得惯奶奶做的饭菜。 할아버지는 할머니께서 만드신 음식만 드시는 게 익숙하다.
不上 bushàng	목적을 실현할 수 없음. 결과에 도달할 수 없음 [주요 빈출 결합 형식: 用/赶+不上] 我用不上这些资料。 나는 이 자료들을 쓸 데가 없다. 现在出去还赶得上公交车。 지금 나가야 버스를 탈 수 있다.
不下 buxià	공간/수량에 여유가 없어서 ~할 수 없음 [주요 빈출 결합 형식: 吃/坐/装+不下] ✦ 姐姐已经吃完饭了，现在什么也吃不下。 언니는 이미 밥을 다 먹어서, 이제 아무것도 먹을 수 없다. 这辆车坐得下我们全家人吗？ 이 차는 우리 가족 전부 탈 수 있나요?
不动 budòng	무겁거나 힘들어서 ~할 수 없음 [주요 빈출 결합 형식: 走/拿/搬+不动] ✦ 我已经累得走不动了。 나는 이제 피곤해서 더 이상 걸을 수 없다. 他搬不动那块石头。 그는 그 돌을 옮길 수 없다. 这个行李不重，我一个人拿得动。 이 짐은 무겁지 않아서 나 혼자 들 수 있다.
不住 buzhù	(동작이 고정/안정되지 않아서) ~할 수 없음 [주요 빈출 결합 형식: 忍/记/靠+不住] ✦ 她忍不住大哭了起来。 그녀는 참지 못하고 크게 울기 시작했다. 你记得住学过的内容吗？ 너는 배웠던 내용을 기억할 수 있니?

动作 dòngzuò 명 동작, 행동 | 胆小 dǎnxiǎo 형 겁이 많다 | 干 gàn 동 (일을) 하다 | 西方人 xīfāngrén 명 서양인 | ★零食 língshí 명 간식 | 外边 wàibian 명 밖, 바깥 | ★吵 chǎo 형 시끄럽다 | 管 guǎn 동 간섭하다 | 江南 Jiāngnán 고유 강남 | 付 fù 동 지불하다 | 房租 fángzū 명 집세 | ★行为 xíngwéi 명 행위 | 饭菜 fàncài 명 음식 | ★资料 zīliào 명 자료 | 赶 gǎn 동 (열차·버스 등의 시간에) 대다 | 公交车 gōngjiāochē 명 버스 | 全 quán 형 모든, 전체의 | 家人 jiārén 명 가족 | ★石头 shítou 명 돌 | 行李 xíngli 명 짐 | 重 zhòng 형 무겁다 | 忍 rěn 동 참다

2 가능보어의 형식

(1) 술어[동사]+得/不+결과보어/방향보어

동사와 결과보어/방향보어 사이에 '得'를 쓰면 '~할 수 있다'라는 긍정을 나타내며, '不'를 쓰면 '~할 수 없다'라는 부정의 의미를 나타낸다.

这本书连孩子都看得懂。 이 책은 아이조차도 보고 이해할 수 있다. → 동사+得+결과보어

老师的问题他都答得出来。 선생님의 문제에 그는 다 대답할 수 있다. → 동사+得+방향보어

他的声音太小了，我听不清楚。 그의 목소리가 너무 작아서 나는 잘 알아들을 수가 없다. → 동사+不+결과보어

今天的工作太多了，同事一个人忙不过来。 오늘 일이 너무 많아서, 동료 혼자 다 할 수 없다. → 동사+不+방향보어

连 lián 개 ~조차도 | 答 dá 동 대답하다

(2) 의문형

가능보어의 의문형은 문장 끝에 '吗'를 쓰거나, 정반의문문 형식으로 만든다.

你看得出来吗? 너는 알아볼 수 있니? → '吗' 의문문

你看不出来吗? 너는 알아볼 수 없니? → '吗' 의문문

你看得出来看不出来? 너는 알아볼 수 있겠니 없겠니? → 정반의문문

(3) 가능보어와 목적어의 위치

일반 목적어는 가능보어 뒤에 위치하거나, 주어 앞[문장 앞]에 오기도 한다. 그러나 쓰기 제1부분 어순 배열 문제를 풀 때는 '술어+가능보어+목적어' 어순으로 배열하는 것이 정석이다.

反正我今天做不完那么多的家务。 어쨌든 나는 오늘 저렇게 많은 집안일을 할 수 없다.

那么多的家务反正我今天做不完。 저렇게 많은 집안일을 어쨌든 나는 할 수 없다.

我的车装不下这么多行李。 나의 차는 이렇게 많은 짐을 실을 수 없다.

这么多行李我的车装不下。 이렇게 많은 짐을 나의 차는 실을 수 없다.

反正 fǎnzheng 부 어쨌든, 결국 | ★家务 jiāwù 명 가사 | ★装 zhuāng 동 (화물을) 싣다 | 行李 xíngli 명 여행 짐

> **tip 가능보어 vs. 정도보어**
>
> | | 가능보어 | 정도보어 |
> |---|---|---|
> | 의미 | 동작의 가능·불가능 | 동작/상태의 수준·정도 |
> | 긍정형 | 修得好 잘 고칠 수 있다
修得好电脑 컴퓨터를 잘 고칠 수 있다 | 修得很好 잘 고친다
修电脑修得很好 컴퓨터를 잘 고친다 |
> | 부정형 | 修不好 잘 고칠 수 없다 | 修得不好 잘 못 고친다 |
> | 정반의문형 | 修得好修不好? 잘 고칠 수 있니 없니? | 修得好不好? 잘 고치니 못 고치니? |

배운 내용 점검하기

1 가능보어란?
동사 뒤에서 동작이 어떤 결과나 상황에 도달할 수 있는지 없는지를 나타내는 보어이다.

2 가능보어의 기본 형식
① 기본형: 동사+得+결과보어/방향보어
② 부정형: 동사+不+결과보어/방향보어

STEP 3 실력 다지기

1 去不了   我   婚礼   她的

2 贵的   我   太   买不起   车

3 教室   人   多   里   坐不下这么

4 一个人   工作   做不完这些   他

5 别人的   我老是   名字   记不住

6 回得来   八点   晚上   吗   以前你

7 香菜   大部分   吃不惯   都   韩国人

8 听得懂   我的   这个   广播   老师

해설서 p.199

24 개사(1) 위치와 종류

쓰기 제1부분 / Day 27

STEP 1 유형 파악하기

- 일반적으로 개사는 단독으로 쓰일 수 없으며 개사 뒤에는 반드시 명사, 대사, 명사구가 위치한다. 각각의 개사(구)와 함께 자주 쓰이는 동사를 잘 알아야 쓰기 영역에서 고득점을 받을 수 있다.

- 개사는 문장에서 부사어, 관형어, 보어 역할을 할 수 있다. 개사가 부사어 역할을 할 때는 '(부사+조동사)+개사구+술어' 어순이 되고, 보어 역할을 할 때는 '술어+개사+명사(구)/대사' 어순이 된다.

● 제1부분 예제

| 中国文化 | 我 | 感兴趣 | 对 | 很 |

정답&풀이

[对……感兴趣 ~에 관심이 있다]

| 대사 | 개사 | 고유명사+명사 | 부사 | 동사 |
| 我 | 对 | 中国文化 | 很 | 感兴趣。 | 나는 중국 문화에 매우 관심이 있다.
| 주어 | | 부사어 | | 술어 |

STEP 1 '对……感兴趣' 구문이 쓰인 문장으로 '感兴趣'가 술어이다. 정도부사 '很'은 술어 앞에 위치하며, 대사 '我'가 문장의 주어가 된다.

STEP 2 개사는 단독으로 쓰이지 못한다. 개사 '对' 뒤에는 술어와 호응하는 흥미를 가지는 대상이 들어가야 하며, '中国文化'가 오는 것이 적절하다.

对 duì 개 ~에 대해 | 中国 Zhōngguó 고유 중국 | 文化 wénhuà 명 문화 | 感兴趣 gǎn xìngqù 관심이 있다, 흥미가 있다, 좋아하다

STEP 2 내공 쌓기

1 개사의 종류

개사는 단독으로 쓰지 않고 명사(구)나 대사와 함께 개사구를 이루어 동작이 행해지는 시간, 장소, 대상, 방향, 근거, 범위, 방식 등을 나타낸다.

시간·장소	在 zài ~에(서) | 于 yú ~에서 | 离 lí ~에서, ~로부터 | 从 cóng ~부터 | 自 zì ~부터 自从 zìcóng ~부터 | 打 dǎ ~로부터 | 由 yóu ~로부터, ~에서 | 到 dào ~로, ~까지 | 当 dāng ~할 때
대상	跟 gēn ~와, ~에게 | 为 wèi ~에게, ~를 위하여 | 给 gěi ~에게 | 替 tì ~를 위하여, ~때문에 把 bǎ ~를 | 被 bèi ~에 의해 | 比 bǐ ~보다 | 对 duì ~에(대하여), ~에(게) | 对于 duìyú ~에 (대하여) 关于 guānyú ~에 관하여 | 至于 zhìyú ~에 관해서는
방향	向 xiàng ~를 향하여 | 朝 cháo ~를 향하여 | 往 wǎng ~를 향하여 | 随着 suízhe ~를 따라 顺着 shùnzhe ~를 따라 | 沿着 yánzhe ~를 따라 | 跟着 gēnzhe ~를 따라

| 근거 | 按(照) àn(zhào) ~에 따라 | (根)据 (gēn)jù ~에 근거하여 | 凭 píng ~를 근거로 하여
趁 chèn ~를 이용해서, ~하는 틈을 타서 | 以 yǐ ~로서 | 作为 zuòwéi ~로서 |

2 개사의 특징

(1) 개사구: 개사 + 명사/대사

개사는 단독으로 쓰이지 않고, 뒤에 명사나 대사와 함께 개사구를 이룬다.

妈妈给买了一份礼物。(×) → 妈妈给孩子买了一份礼物。(○) 엄마는 아이에게 선물 하나를 사 주었다.

份 fèn 양 벌, 세트

(2) 부사어, 관형어, 보어 역할

개사는 '개사구'를 이루어, 문장 속에서 부사어, 관형어, 보어 역할을 할 수 있다.

① **부사어 역할: 개사구 + 술어**

개사구는 술어 앞에 위치하여 부사어 역할을 한다.

我已经跟父母商量好这件事了。 나는 이미 부모님과 이 일을 잘 상의했다.

단, 개사구가 길고 복잡하거나 대화의 화제를 나타낼 경우, 주어 앞에 위치하고, 개사구와 주어 사이에 쉼표(,)가 쓰인다.

关于中国历史，我们还不太了解。 중국 역사에 관해, 우리는 여전히 잘 모른다.

商量 shāngliang 동 상의하다, 의논하다

② **관형어 역할: (대사/수량사) + 개사구 + 的 + 주어/목적어**

개사구가 관형어로서 주어나 목적어를 수식할 경우, 개사구와 주어/목적어 사이에 조사 '的'를 쓴다.

他对这件事的贡献很大。 이 일에 대한 그의 공헌은 매우 크다.
这是一本关于中国经济的书。 이것은 중국 경제에 관한 책이다.

★贡献 gòngxiàn 명 공헌 | 经济 jīngjì 명 경제

③ **보어 역할: 술어 + 개사구**

'在' '到' '于' '自' '给' '向' '往'과 같은 일부 개사는 '술어 뒤'에서 결과보어 역할을 한다.

他的灵感来自日常生活。 그의 영감은 일상생활에서 나온 것이다.
这条围巾要送给谁？ 이 목도리 누구에게 줄 거야?

灵感 línggǎn 명 영감 | ★日常 rìcháng 형 일상의, 일상적인 | 生活 shēnghuó 명 생활 | ★围巾 wéijīn 명 목도리

배운 내용 점검하기

1 개사란?
명사나 대사, 명사구와 함께 개사구를 이루어 동작이 행해지는 시간·장소·대상·방향·근거·범위·방식 등을 나타내는 품사를 말한다.

2 개사의 특징
문장에서 단독으로 쓰일 수 없고 뒤에 오는 명사, 대사, 명사구와 함께 '개사구'를 이루어 부사어, 관형어, 보어의 역할을 한다. 부사어로 쓰인 개사구는 '부사+조동사+개사구+술어' 어순으로 쓰인다.

STEP 3 실력 다지기

Day 27

1 纪录片   那部   为拍摄   以植物   对象

2 中文系   毕业于   她   北京大学

3 摇   小狗   朝我   尾巴   一直

4 工作   行业   在   我姐姐   媒体

5 业务   他   公司的   非常熟悉   对

6 这件   送给我   衣服   妹妹   把

7 吗   可以   信用卡   结账   这里   用

8 由我们   所有费用都   这次   来承担   表演的

→ 해설서 p.202

25 개사(2) 시간, 장소

Day 28

STEP 1 유형 파악하기

◆ 시간이나 장소를 이끄는 주요 개사에는 '在' '于' '离' '从' '自' '自从' '打' '由' '到' '当' 등이 있다. 개사는 단독으로 쓰일 수 없으므로 반드시 개사 뒤에 시간이나 장소를 나타내는 단어가 온다.

◆ 시간과 장소를 나타내는 주요 개사의 용법과 의미를 잘 외워 두면, 독해 실력, 작문 실력을 높일 수 있다. 개사를 외울 때는 고정격식 형태로 외워 두어야 헷갈리지 않는다.

● 제1부분 예제

工作了	她	三年	在北京

정답&풀이

[在+장소 ~에서]

대사	개사+고유명사	동사+조사	수사+양사
她	在北京	工作了	三年。 그녀는 베이징에서 3년간 일했다.
주어	부사어	술어+了	보어

STEP 1 조사 '了'와 결합된 동사 '工作'가 문장의 술어가 되며, 대사 '她'가 주어가 된다.

STEP 2 개사구 '在北京'은 술어 앞에 위치해 부사어 역할을 하며, '三年'은 술어 뒤에 위치해 보어 역할을 한다.

在 zài 개 ~에서 | 北京 Běijīng 고유 베이징, 북경 | 工作 gōngzuò 동 일하다, 근무하다

STEP 2 내공 쌓기

1 시간·장소를 나타내는 주요 개사

동작이나 상황이 일어나는 '시간'과 '장소'를 나타내며, 술어 앞에서 부사어 역할을 하거나 술어 뒤에서 보어 역할을 한다.

在 zài ✦	~에서	'행동의 시간' '장소의 범위'를 나타낸다. 学校在暑假开设了写作讲座。 학교는 여름방학 때 글쓰기 강좌를 개설하였다. → 시간 [부사어] 人们不应该在街上乱扔垃圾。 → 장소 [부사어] 사람들은 길거리에 함부로 쓰레기를 버려서는 안 된다. 술어 뒤에 보어로 올 수 있다. [술어+在+장소/시간] 他暂时住在朋友家里。 그는 잠깐 친구네서 살고 있다. → 장소 [보어]

개사	뜻	설명 및 예문
于 ✦ yú	~에서	'보어'로 쓰여 '시간/장소/대상/비교의 기준'을 나타낸다. 中华人民共和国成立于1949年。 중화인민공화국은 1949년에 창립되었다. → 시간 这个植物生长于热带地区。 이 식물은 열대 지역에서 자란다. → 장소 多吃新鲜的蔬菜有利于健康。 신선한 야채를 많이 먹는 것은 건강에 좋다. → 형용사+于+대상 这个地区工人的收入高于全国平均水平。 → 형용사+于+비교 기준 이 지역 노동자의 수입은 전국 평균 수준보다 높다.
离 ✦ lí	~에서, ~로부터	'시간/공간/추상적 거리상의 기준점'을 나타내며, 부사어로 쓰인다. 离上课还有十分钟。 수업 시작까지 아직 10분이 남았다. → 시간적 便利店离宿舍很近。 편의점은 기숙사에서 가깝다. → 공간적 他的汉语水平离老师的要求还差得远。 → 추상적 그의 중국어 수준은 선생님 요구에 아직 멀었다.
从 ✦ cóng	~부터, ~에서	'시간/장소의 출발점'을 나타내며, 부사어로 쓰인다. 超市从早上几点开始营业？ 슈퍼마켓은 아침 몇 시부터 영업하나요? → 시간 我从图书馆借了一本有趣的书。 나는 도서관에서 재미있는 책 한 권을 빌렸다. → 장소 我们从早上一直玩儿到晚上。 우리는 아침부터 저녁까지 내내 놀았다. → 从A到B
自 zì	~부터, ~에서	'시간/장소의 출발점' 또는 '사물의 근거나 출처'를 나타낸다. 自去年起，很多人参加了这个俱乐部。 → 自A起 [부사어] 작년부터 많은 사람들이 이 동아리에 가입했다. 这列火车昨天自哈尔滨出发，今天到达了天津。 → 自+시간/장소 [부사어] 이 기차는 어제 하얼빈에서 출발해서, 오늘 톈진에 도착했다. 술어 뒤에 보어로도 쓰일 수 있다. [술어+自+장소/출처] 这个成语来自民间传说。 이 사자성어는 민간 전설에서 나왔다. → 출처 [보어]
自从 zìcóng	~부터	'시간상의 기점'을 나타내며, 보통 부사어로서 '문장 앞'에 위치한다. 他自从学了中文以后就更喜欢中国了。 → '自从+시간+(以后/以来)' 형식 그는 중국어를 배운 이후로 중국이 더 좋아졌다.
打 dǎ	~로부터 [=从, 由, 自]	'시간이나 장소의 출발점'을 나타내며, 부사어로 쓰인다. 打明天起我就要开始减肥了。 → '打A起/开始' 형식 내일부터 나는 다이어트를 시작하기로 결정했다.
由 yóu	~에서	'시간이나 장소의 출발점'을 나타낸다. 北京市的结婚登记时间由20分钟缩短至15分钟。 → 시간 베이징시의 결혼 신고 시간이 20분에서 15분으로 단축되었다. 参观者可以由广场进入到博物馆。 관람객은 광장에서 박물관으로 들어갈 수 있다. → 장소
到 ✦ dào	~로, ~까지	'시간이나 장소의 도착점'을 나타낸다. 大多数人从九点工作到六点。 대다수 사람들은 9시부터 6시까지 일한다. → 시간 [보어] 我每年都到这儿来度假。 나는 매년 이곳에 와서 휴가를 보낸다. → 장소 [부사어] 술어 뒤에 보어로 올 수 있다. [술어+到+시간/장소] 爸爸累得一直睡到第二天下午。 아빠는 피곤해서 다음날 오후까지 계속 잤다. → 시간 [보어] 他坐火车回到了自己的家乡。 그는 기차를 타고 자신의 고향으로 돌아갔다. → 장소 [보어]
当 ✦ dāng	~할 때	행동이 일어나는 시간을 나타내며, 시점을 나타내는 명사나 동사구 등이 함께 쓰일 수 있다. [当A时/的时候 A할 때 I 当A以后/之后 A한 이후에 I 当A以前/之前 A하기 전에] 当怀孕的时候一定要吃营养丰富的食物。 임신했을 때 영양이 풍부한 음식을 먹어야 한다.

25 개사(2) 시간, 장소

暑假 shǔjià 명 여름방학 | 开设 kāishè 동 (학과목 과정을) 개설하다 | ★写作 xiězuò 동 글을 짓다 | ★讲座 jiǎngzuò 명 강좌 | 乱 luàn 부 함부로, 제멋대로 | 扔 rēng 동 내버리다 | 垃圾 lājī 명 쓰레기 | 暂时 zànshí 명 잠시 | 中华人民共和国 Zhōnghuá Rénmín Gònghéguó 고유 중화인민공화국 | ★成立 chénglì 동 창립하다, 성립하다 | 植物 zhíwù 명 식물 | ★生长 shēngzhǎng 동 성장하다, 자라다 | 热带 rèdài 명 열대 | ★地区 dìqū 명 지역 | ★蔬菜 shūcài 명 채소 | ★有利 yǒulì 형 이롭다, 유익하다 | ★工人 gōngrén 명 노동자 | ★收入 shōurù 명 수입, 소득 | 全国 quánguó 명 전국 | ★平均 píngjūn 명 평균 | 便利店 biànlìdiàn 명 편의점 | ★宿舍 sùshè 명 기숙사 | ★营业 yíngyè 명 영업 | 有趣 yǒuqù 형 재미있다, 흥미있다 | ★俱乐部 jùlèbù 명 클럽 | 列 liè 양 줄, 열 [행렬을 이룬 사람이나 사물에 쓰임] | 火车 huǒchē 명 기차 | 哈尔滨 Hā'ěrbīn 고유 하얼빈 [헤이룽장(黑龙江)성의 성도(省都)] | 出发 chūfā 동 출발하다 | 到达 dàodá 동 도착하다 | 天津 Tiānjīn 고유 톈진 [중국 제3의 도시] | ★成语 chéngyǔ 명 성어 | 民间 mínjiān 명 민간 | ★传说 chuánshuō 명 전설 | ★减肥 jiǎnféi 동 다이어트하다 | 市 shì 명 (행정 구획 단위로) 시 | 登记 dēngjì 동 등기, 등록 [주로 법률상의 수속 등에 쓰임] | ★缩短 suōduǎn 동 (길이·거리·시간 등을) 단축하다, 줄이다 | 至 zhì 동 ~라 한 결과에 달하다 | ★广场 guǎngchǎng 명 광장 | 进入 jìnrù 동 (어떤 범위 또는 시기에) 들다 | ★博物馆 bówùguǎn 명 박물관 | 大多数 dàduōshù 명 대다수 | 度假 dùjià 동 휴가를 보내다 | ★家乡 jiāxiāng 명 고향 | ★怀孕 huáiyùn 동 임신하다 | ★营养 yíngyǎng 명 영양 | 丰富 fēngfù 형 풍부하다 | ★食物 shíwù 명 음식물

2 개사 활용 고정격식

(1) 개사 '在'의 고정격식

- 在(A)比赛中 zài (A) bǐsài zhōng (A) 시합에서
  朋友在这次比赛中, 取得了好成绩。 친구는 이번 대회에서 좋은 성적을 얻었다.

- 在(A的)过程中 zài (A de) guòchéng zhōng A 과정에서
  弟弟在运动的过程中, 感到了快乐。 남동생은 운동하는 과정에서 즐거움을 느꼈다.

- 在(A)生活中 zài (A) shēnghuó zhōng (A) 생활에 있어서
  我们在日常生活中会遇到很多问题。 우리는 일상생활에서 많은 문제에 부딪힌다.

- 在(A的)帮助下 zài (A de) bāngzhù xià (A)의 도움하에
  在朋友的帮助下, 小丽很快就解决了这个问题。 친구의 도움하에, 샤오리[小丽]는 빠르게 이 문제를 해결했다.

- 在A的条件下 zài A de tiáojiàn xià A의 조건하에
  在简历合格的条件下, 才可以进行面试。 이력서가 합격한다는 조건하에, 면접을 진행할 수 있다.

- 在A期间 zài A qījiān A 기간에
  在工作期间, 我得到了很多同事的帮助。 일하는 기간에, 나는 많은 동료들의 도움을 받았다.

- 在A时期 zài A shíqī A 시기에
  在战国时期, 出现了很多有名的历史人物。 전국 시기에 많은 유명한 역사 인물이 출현했다.

取得 qǔdé 동 얻다, 취득하다 | 过程 guòchéng 명 과정 | ★日常 rìcháng 형 일상의, 평소의 | 生活 shēnghuó 명 생활 | ★简历 jiǎnlì 명 이력서 | 合格 hégé 동 합격하다 | 条件 tiáojiàn 명 조건 | 进行 jìnxíng 동 진행하다 | 面试 miànshì 명 면접시험 | ★期间 qījiān 명 기간 | 得到 dédào 동 얻다 | 战国 Zhànguó 고유 전국시대 | ★时期 shíqī 명 시기 | 出现 chūxiàn 동 출현하다 | ★人物 rénwù 명 인물

(2) 개사 '于'의 고정격식

- A出生于B A chūshēng yú B A는 B에서 태어나다
  那位音乐家出生于德国。 그 음악가는 독일에서 태어났다.

- A毕业于B A bìyè yú B A는 B를 졸업하다
  她毕业于北京大学。 그녀는 베이징 대학을 졸업했다.

音乐家 yīnyuèjiā 명 음악가 | 出生 chūshēng 동 태어나다, 출생하다 | 德国 Déguó 고유 독일 | 毕业 bìyè 동 졸업하다 | 北京大学 Běijīng Dàxué 고유 베이징 대학

(3) 개사 '离'의 고정격식

- **A离B远** A lí B yuǎn A는 B에서 멀다
  公司<u>离</u>我家很<u>远</u>。 회사는 우리 집에서 멀다.

- **A离B近** A lí B jìn A는 B에서 가깝다
  老家<u>离</u>我现在住的地方很<u>近</u>。 고향은 내가 지금 사는 곳에서 가깝다.

老家 lǎojiā [명] 고향

(4) 개사 '从'의 고정격식

- **从A到B** cóng A dào B A에서 B까지
  <u>从</u>首尔<u>到</u>北京坐飞机要两个小时。 서울에서 베이징까지 비행기를 타면 2시간 걸린다.

- **从A开始** cóng A kāishǐ A에서부터 시작하다
  <u>从</u>6月<u>开始</u>，这种商品就一直很受欢迎。 6월부터 시작해서, 이 상품은 내내 인기가 있다.

- **从A起** cóng A qǐ A부터
  那家商店<u>从</u>今天<u>起</u>临时停业。 저 상점은 오늘부터 임시 휴업한다.

- **从A出发** cóng A chūfā A에서 출발하다
  <u>从</u>我家<u>出发</u>到公司要1个小时。 우리 집에서 출발하면 회사까지 1시간 걸린다.

- **从A角度来看** cóng A jiǎodù láikàn A의 관점에서 볼 때
  <u>从</u>他们的<u>角度来看</u>，会生气也是正常的。 그들의 관점에서 볼 때, 화를 내는 것 또한 정상적이다.

首尔 Shǒu'ěr [고유] 서울 | 商品 shāngpǐn [명] 상품 | 受欢迎 shòu huānyíng 환영을 받다 | ★临时 línshí [명] 임시 | 停业 tíngyè [동] 휴업하다 | 出发 chūfā [동] 출발하다 | 角度 jiǎodù [명] 관점, 각도 | 生气 shēngqì [동] 화내다 | 正常 zhèngcháng [형] 정상적이다

(5) 개사 '自'의 고정격식

- **A来自B** A láizì B A는 B에서 오다
  这些留学生都<u>来自</u>亚洲。 이 유학생들은 모두 아시아에서 왔다.

亚洲 Yàzhōu [고유] 아시아

📋 배운 내용 점검하기

1 시간·장소를 나타내는 개사란?
'在' '于' '离' '从' '自' '自从' '打' '由' '到' '当' 등과 같이 시간이나 장소를 이끌어내는 개사를 말한다. 주로 부사어, 보어 역할을 한다.

2 시간·장소 개사의 보어 역할
시간이나 장소를 나타내는 개사 중 '在' '于' '自' '到' 등은 술어 뒤에 놓여 결과보어로도 쓰인다. [20단원 결과보어 참조]

STEP 3 실력 다지기

1 开始   从今天   培训   我们

___

2 不占   在这场比赛中   对方   优势

___

3 都   房间里   姐姐   呆在   一整天

___

4 到8月中旬   这次   将持续   活动   夏令营

___

5 正式   2019年   工业展览馆   建成于

___

6 已经   她   这家公司   从   辞职了

___

7 电视剧的灵感   一个   真实的   这部   故事   来自

___

8 成绩   还差得   离自己的目标   我的   很远

___

26 개사(3) 대상

쓰기 제1부분 | Day 29

STEP 1 유형 파악하기

- 대상을 나타내는 개사는 뒤에 오는 명사나 대사와 함께 문장에서 주로 '관형어'나 '부사어' 역할을 한다. 단, '给'는 관형어나 부사어 역할 이외에도 술어 뒤에서 보어 역할도 한다.
- 대상을 나타내는 개사는 '함께 쓰이는 동사'를 고정격식 형태로 함께 기억해 두는 것이 좋다. 고정격식 형태로 외워 두면, 해석이 비슷해 혼동하기 쉬운 개사들의 용법 차이를 구분하기에도 수월하다.

● 제1부분 예제

| 青少年对 | 充满 | 着 | 夏令营 | 期待 |

정답&풀이 [对+대상+술어]

명사	개사	명사	동사	조사	명사
青少年	对	夏令营	充满	着	期待
주어	부사어		술어	着	목적어

青少年对夏令营充满着期待。 청소년들은 여름 캠프에 대한 기대가 가득 차 있다.

STEP 1 동태조사 '着'는 술어인 동사 '充满' 바로 뒤에 위치하여 동작의 진행 및 지속을 나타내고, 목적어는 '期待'가 된다.

STEP 2 주어는 개사 '对' 앞의 명사 '青少年'이므로, 남은 제시어 '夏令营'은 '对' 뒤에 위치한다.

★青少年 qīngshàonián 몡 청소년 | ★夏令营 xiàlìngyíng 몡 여름 학교, 여름 캠프 | 充满 chōngmǎn 동 가득 채우다 | ★期待 qīdài 몡 기대

STEP 2 내공 쌓기

1 대상을 나타내는 주요 개사

| 和 hé ✦
跟 gēn ✦
同 tóng
与 yǔ ✦ | ~와 | '함께 동작을 하는 대상'을 나타낸다.
我**和**姑姑的关系很亲密。 나와 고모는 사이가 좋다.
我想**跟**他们用韩语交流。 나는 그들과 한국어로 교류하고 싶다.
你最好**同**他谈谈这件事。 너는 이 일을 그와 이야기하는 것이 가장 좋겠다.
与以前相比，他显得更健康了。 예전과 비교해서 그는 더 건강해 보인다. |

给 gěi	~에게	'이득/피해/동작을 받는 대상'을 나타낸다. 今天我给你们当翻译。 오늘 내가 너희들에게 통역이 되어 줄게. → 이득 真不好意思，我又给你们添麻烦了。 → 피해 정말 미안해. 내가 또 너희들을 번거롭게 했구나. 姐姐给朋友发了一份电子邮件。 언니는 친구에게 이메일을 보냈다. → 동작
		술어 뒤에 보어 올 수 있다. [술어+给+대상] 父亲把包裹寄给了儿子。 아버지는 아들에게 소포를 부쳤다.
为 wèi	~에게 ~를 위하여 ~때문에	'이득을 얻는 대상'이나 '원인/목적'을 나타낼 수 있다. 公司为员工提供了休息的空间。 회사는 직원에게 쉴 공간을 제공하였다. → 이득 我在这儿一直很好，别再为我操心了。 → 원인 나는 여기서 잘 있으니, 이제 나 때문에 걱정하지 마.
把 bǎ	~를 [= 将 jiāng]	대상을 술어 앞으로 이끌어 내 처치의 결과를 강조하는 문장을 만든다. [p.299 참고] [A+把+B+술어+기타 성분] 他把那个字写得很清楚。 그는 그 글자를 정확히 쓴다.
被 bèi	~에 의해	행동을 가하는 행위의 주체를 이끌어, 피동문을 만든다. [p.299 참고] [A(행위의 대상)+被+B(행위의 주체)+술어+기타 성분] 窗户突然被大风刮掉了。 창문이 갑자기 바람에 뜯겼다.
比 bǐ	~보다	비교의 대상을 이끌어, 비교문을 만든다. [A+比+B+술어] [p.294 참고] 他身体比以前结实多了。 그의 몸은 예전보다 많이 튼튼해졌다.
连 lián	~조차 ~마저	'连……也/都' 형식으로 쓰여, '강조'하는 대상을 나타낸다. 最近他忙得要命，连周末也不能休息。 최근에 그는 너무 바빠서 주말조차 쉴 수 없다.
替 tì	~를 대신해서	'동작의 대상'을 나타낸다. 如果我去不了，你就替我出席吧。 만약에 내가 갈 수 없다면, 네가 나를 대신해서 출석해라.
由 yóu	~가	'동작의 주체'를 나타낸다. 今晚的这个会议由他来主持吧。 오늘 밤 이 회의는 그가 주관한다.
对 duì		'동작이나 행위의 대상'을 나타낸다. 他对这件事一点儿也不关心。 그는 이 일에 대해 조금도 관심이 없다. 小张对妻子实在太好了。 샤오쟝[小张]은 아내에게 정말 매우 잘한다.
对于 duìyú	~에 (대하여)	每个人对于成功都有自己的标准。 모든 사람은 성공에 대해 자신의 기준이 있다. 我们对于这个现象要仔细观察。 = 对于这个现象我们要仔细观察。 우리는 이 현상에 대해 자세히 관찰하려고 한다. 我们要对于这个现象仔细观察。(✗) → 부사, 조동사는 '对于' 뒤에만! 丈夫对于妻子太好了。(✗) → '사람+对于+사람' 형식으로는 쓸 수 없음
关于 guānyú	~에 관하여	'동작이 미치는 범위나 관련 내용'을 나타낸다. 关于这件事情，我特地咨询了律师。 → 부사어 이 일에 관해서 나는 특별히 변호사에게 자문을 구했다.
		'关于+범위/내용+的+대상' 형식을 취해, 관형어로도 쓰인다. 她知道很多关于美术的知识。 그녀는 미술에 대한 지식을 많이 알고 있다. → 관형어

至于 zhìyú	~에 관해서는, ~로 말하면	'앞 내용과 다른 화제'를 이끌어 낸다. 我们应该先解决资金的问题，至于别的问题，还是以后再说吧。 우리는 먼저 자금 문제를 해결해야 해. 다른 문제에 관해서는 이후에 다시 말하자.

★**姑姑** gūgu 명 고모 | **关系** guānxi 명 관계 | **亲密** qīnmì 형 사이가 좋다 | **韩语** Hányǔ 고유 한국어 | **交流** jiāoliú 동 교류하다 | **最好** zuìhǎo 부 ~하는 것이 가장 좋다 | **谈** tán 동 이야기하다 | **相比** xiāngbǐ 동 비교하다 | ★**显得** xiǎnde 동 ~하게 보이다, ~인 것 같다 | **当** dāng 동 ~가 되다 | **翻译** fānyì 명 통역가 | **不好意思** bù hǎoyìsi 미안합니다 | **添麻烦** tiān máfan 번거롭게 하다, 성가시게 하다 | **份** fèn 양 부 [신문이나 문건 등을 세는 양사] | **父亲** fùqīn 명 부친 | ★**包裹** bāoguǒ 명 소포 | **寄** jì 동 (우편으로) 부치다 | **员工** yuángōng 명 직원 | **提供** tígōng 동 제공하다 | ★**空间** kōngjiān 명 공간 | ★**操心** cāoxīn 동 걱정하다 | **清楚** qīngchu 형 분명하다 | **窗户** chuānghu 명 창문 | **刮** guā 동 긁다 | **掉** diào 동 ~해 버리다 [동사 뒤에 쓰여 동작의 완성을 나타냄] | **结实** jiēshi 형 (신체가) 튼튼하다 | **要命** yàomìng 형 심하다 [정도 보어에 쓰여서 상황이나 상태가 극점에 달한 것을 나타냄] | **出席** chūxí 동 출석하다, 참석하다 | **今晚** jīnwǎn 오늘 밤 | ★**主持** zhǔchí 동 주관하다 | **实在** shízài 부 정말 | **成功** chénggōng 명 성공 | **标准** biāozhǔn 명 기준, 표준 | ★**现象** xiànxiàng 명 현상 | **仔细** zǐxì 형 자세하다, 꼼꼼하다 | ★**观察** guānchá 동 관찰하다 | **特地** tèdì 부 특별히 | ★**咨询** zīxún 동 자문하다 | **律师** lǜshī 명 변호사 | ★**美术** měishù 명 미술 | **知识** zhīshi 명 지식 | ★**资金** zījīn 명 자금

2 개사 활용 고정격식

(1) 개사 '跟/和'의 고정격식

- **跟/和A一样[相同]** gēn/hé A yíyàng[xiāngtóng] A와 같다
  他还是跟平时一样安静。 그는 평소와 똑같이 여전히 평온하다.

- **跟/和A联系** gēn/hé A liánxì A와 연락하다
  我没有勇气再跟她联系。 나는 그녀에게 다시 연락할 용기가 없다.

- **跟/和A见面** gēn/hé A jiànmiàn A와 만나다
  丽丽打算下个星期和男朋友的父母见面。 리리[丽丽]는 다음 주에 남자 친구의 부모님을 만날 계획이다.

- **跟/和A交流** gēn/hé A jiāoliú A와 교류하다
  去留学的话，跟外国朋友交流的机会就更多了。 유학을 가면, 외국 친구와 교류할 기회가 더 많아진다.

- **跟/和A结婚** gēn/hé A jiéhūn A와 결혼하다
  我跟丈夫是三年前结婚的。 나와 남편은 3년 전에 결혼했다.

- **跟/和A分手** gēn/hé A fēnshǒu A와 헤어지다
  我和他分手以后，就再也没联系过他。 나는 그와 헤어진 후, 다시는 그와 연락하지 않았다.

- **跟/和A商量** gēn/hé A shāngliang A와 상의하다
  小李有事要跟导演商量。 사오리[小李]는 연출자와 상의할 일이 있다.

平时 píngshí 명 평소 | ★**勇气** yǒngqì 명 용기 | **联系** liánxì 동 연락하다 | ★**导演** dǎoyǎn 명 연출자

(2) 개사 '给'의 고정격식

- **给A介绍B** gěi A jièshào B A에게 B를 소개하다
  舅舅给我介绍了一个对象。 외삼촌은 나에게 결혼 상대자를 소개시켜 줬다.

- **给A留下B** gěi A liúxià B A에게 B를 남기다
  这次旅游给我留下了非常深刻的印象。 이번 여행은 나에게 매우 깊은 인상을 남겼다.

- **给A带来B** gěi A dàilái B A에게 B를 가져다주다
  运动给人们带来了快乐。 운동은 사람들에게 즐거움을 가져다줬다.

★**舅舅** jiùjiu 명 외삼촌 | ★**对象** duìxiàng 명 결혼 상대 | ★**深刻** shēnkè 형 (느낌이나 인상이) 깊다 | **印象** yìnxiàng 명 인상

(3) 개사 '为'의 고정격식

- **为A担心** wèi A dānxīn A 때문에 걱정하다
  妈妈总是<u>为</u>我<u>担心</u>。 엄마는 항상 나 때문에 걱정한다.

- **为A发愁** wèi A fāchóu A 때문에 걱정하다
  丽丽最近一直在<u>为</u>毕业论文<u>发愁</u>。 리리[丽丽]는 요즘 졸업논문 때문에 계속 걱정하고 있다.

- **为A准备** wèi A zhǔnbèi A를 위해 준비하다
  学生们<u>为</u>老师<u>准备</u>了生日晚会。 학생들은 선생님을 위해 생일 파티를 준비했다.

- **为A服务** wèi A fúwù A를 위해 서비스하다
  这个服务员总是热情地<u>为</u>餐厅的客人<u>服务</u>。 이 종업원은 항상 친절하게 식당의 손님을 위해 서비스한다.

- **为A提供B** wèi A tígōng B A를 위해 B를 제공하다
  补习班<u>为</u>学生们<u>提供</u>了很多资料。 학원은 학생들을 위해 많은 자료를 제공했다.

毕业 bìyè 명 졸업 | ★论文 lùnwén 명 논문 | 晚会 wǎnhuì 명 파티 | 餐厅 cāntīng 명 식당 | 服务 fúwù 동 서비스하다 | 补习班 bǔxíbān 명 학원 | ★资料 zīliào 명 자료

(4) 개사 '对'의 고정격식

- **对A来说** duì A lái shuō A에게 있어서, ~의 입장에서
  <u>对</u>学生<u>来说</u>，成绩是非常重要的。 학생에게 있어서, 성적은 매우 중요하다.

- **对A有兴趣/感兴趣** duì A yǒu xìngqù/ gǎn xìngqù A에 흥미가 있다
  我最近<u>对</u>股票很<u>有兴趣</u>。 나는 요즘 주식에 흥미가 있다.

- **对A有好处** duì A yǒu hǎochù A에 좋다/좋은 점이 있다
  锻炼身体<u>对</u>健康<u>有好处</u>。 신체를 단련하는 것은 건강에 좋다.

- **对A有信心** duì A yǒu xìnxīn A에 자신이 있다
  他<u>对</u>这次考试很<u>有信心</u>。 그는 이번 시험에 자신이 있다.

- **对A有意见** duì A yǒu yìjiàn A에 대해 불만이 있다
  很多同事都<u>对</u>公司的这项规定<u>有意见</u>。 많은 동료들이 회사의 이 규정에 불만이 있다.

- **对A产生怀疑** duì A chǎnshēng huáiyí A에 대하여 의심이 생기다 [产生+추상 목적어]
  大家<u>对</u>这个问题<u>产生</u>了<u>怀疑</u>。 모두 이 문제에 대해 의심이 생겼다.

★股票 gǔpiào 명 주식 | 兴趣 xìngqù 명 흥미 | ★项 xiàng 양 항목 | 规定 guīdìng 명 규정

(5) 개사 '由'의 고정격식

- **由A负责** yóu A fùzé A가 책임지다
  学习上的问题<u>由</u>班主任<u>负责</u>。 학습 상의 문제는 담임 선생님이 책임진다.

- **由A决定** yóu A juédìng A가 결정하다
  这次的出差日程<u>由</u>老板<u>决定</u>。 이번 출장 일정은 사장이 결정한다.

- **由A组成** yóu A zǔchéng A로 구성하다
  这个小组的成员<u>由</u>高中生<u>组成</u>。 이 팀의 구성원은 고등학생으로 구성되어 있다.

班主任 bānzhǔrèn 명 담임 | 出差 chūchāi 동 출장 가다 | ★日程 rìchéng 명 일정 | ★老板 lǎobǎn 명 사장 | 小组 xiǎozǔ 명 팀, 조, 그룹 | 成员 chéngyuán 명 구성인원 | 高中生 gāozhōngshēng 명 고등학생

배운 내용 점검하기

1 대상을 나타내는 개사란?
'给, 为, 和, 跟, 与, 同, 把, 被, 连, 比' 등과 같이 동작의 대상을 이끌어내는 개사를 말한다.

2 대상을 나타내는 개사의 역할
개사구를 이루어, 주로 '관형어'나 '부사어' 역할을 한다.

STEP 3 실력 다지기

1 会   人口老龄化   产生   对经济发展   一定的影响

2 的参考   这些工具书   重要   学生们提供了   为

3 给我   留下了   很深的印象   演讲   她的

4 成长   实践对于   有好处   孩子的

5 我要   那件事   跟老板   今天   商量

6 为   找   自己犯的错误   别   借口

7 要写关于   报告   中国历史的   这个星期我

8 把   妈妈   阳台上   裤子   晒在

해설서 p.208

27 개사(4) 방향, 근거, 방식, 수단, 목적, 원인

쓰기 제1부분 / Day 30

STEP 1 유형 파악하기

◆ 대부분의 개사들은 주로 부사어 역할을 하며, 술어 앞에 위치한다. 그러나 일부 개사들은 술어 뒤에서 보어 역할을 하기도 하므로, 각각의 용법과 의미를 정확하게 파악해야 한다.

● 제1부분 예제

通过	他	这个消息	网络	了解了

정답&풀이

[通过+방식/수단 ~을 통해]

대사	개사	명사	동사+조사	대사+양사+명사
他	通过	网络	了解了	这个消息。
주어	부사어		술어+了	관형어+목적어

그는 인터넷을 통해 이 소식을 알게 되었다.

STEP 1 조사 '了'와 결합한 동사 '了解'가 술어가 되며, '알다'라는 의미의 술어와 짝꿍을 이루는 목적어는 '消息'이다. 따라서 제시어 '通过'는 동사가 아니라 개사로 쓰였음을 알 수 있다. 개사 '通过'는 목적을 이루는 수단, 방식을 나타낸다. '通过' 뒤에는 '소식을 알게 되는 수단'이 되는 '网络'가 와야 한다.

STEP 2 대사 '他'가 문장의 주어가 된다.

★通过 tōngguò 개 ~을 통해, ~에 의해 | 网络 wǎngluò 명 네트워크, 웹, 사이버 | 了解 liǎojiě 동 알다, 이해하다 | ★消息 xiāoxi 명 소식

STEP 2 내공 쌓기

1 방향을 나타내는 주요 개사

(1) '向' '朝' '往'

① 공통점: 개사 '向' '朝' '往'은 '동작의 방향'을 나타낼 때는 서로 바꾸어 쓰는 것이 가능하다.

向前看。 = 朝前看。 = 往前看。 앞을 (향해) 본다. → 向/朝/往+동작의 방향+행동 (~를 향하여)

② 차이점(1): '向'과 '朝'는 구체적인 동작동사와 함께 쓰일 수 있지만 '往'은 그렇지 않고, '向'은 추상동사와 함께 쓰일 수 있지만 '朝' '往'은 그렇지 않다.

	구체적인 동작동사	추상동사
向 xiàng	她向我招手。 그녀는 나를 향해 손짓한다.	他向我介绍了这儿的风俗习惯。 그는 나에게 이곳의 풍속 습관을 소개했다.
朝 cháo	她朝我招手。 그녀는 나를 향해 손짓한다.	×
往 wǎng	×	×

> 구체적인 동작동사: 挥手 huīshǒu 동 손을 흔들다 | 伸手 shēnshǒu 동 손을 뻗다, 손을 내밀다
> 招手 zhāoshǒu 동 손짓하다 | 摇头 yáotóu 동 고개를 젓다
> 点头 diǎntóu 동 고개를 끄덕이다
> 추상동사: 表示 biǎoshì 동 나타내다 | 解释 jiěshì 동 설명하다, 해명하다 | 说明 shuōmíng 동 설명하다
> 打听 dǎting 동 물어보다

③ 차이점(2): '向'과 '往'이 이끄는 개사구는 술어 뒤에 위치해 보어로도 쓰이지만, '朝'가 이끄는 개사구는 부사어로만 쓰인다.

我国经济已经走向全球化。 우리나라 경제는 이미 세계화되었다. → 보어

这列火车开往上海。 이 열차는 상하이로 간다. → 보어

孩子哭着朝妈妈跑去。 아이가 울면서 엄마에게 뛰어갔다. → 부사어

④ 차이점(3): '向'과 '朝'는 고정된 상태의 방향을 표시할 수 있지만, '往'은 그럴 수 없다.

我家窗户向南开着。 = 我家窗户朝南开着。 우리 집 창문은 남쪽을 향해 열려 있다.

★风俗 fēngsú 명 풍속 | 经济 jīngjì 명 경제 | 全球化 quánqiúhuà 명 세계화 | 列 liè 양 열, 줄 [행렬을 이룬 사람이나 사물에 대하여 쓰임] | 火车 huǒchē 명 기차 | 窗户 chuānghu 명 창문

개사 '向' '往'의 고정격식

- 向A道歉 xiàng A dàoqiàn A에게 사과하다

  犯错的学生正在向老师道歉。 실수한 학생이 선생님에게 사과하고 있다.

- 向/往A拐/转 xiàng/wǎng A guǎi/zhuǎn A로 돌다

  司机在向左转。 운전사가 좌측으로 돌고 있다.

  从这儿往右拐就能看到沙滩。 여기서 오른쪽으로 돌면 백사장을 볼 수 있다.

- 走向A zǒuxiàng A A로 나아가다 [走向+장소/추상명사] → 보어 역할

  他慢慢地走向厨房。 그는 천천히 주방으로 향한다.

  坚持是走向成功的一个重要因素。 고수하는 것은 성공으로 향하는 중요한 요소이다.

- 开往A kāiwǎng A A를 향하여 가다 → 보어 역할

  他坐上了开往南京的火车。 그는 난징행 기차를 탔다.

- 飞往A fēiwǎng A A로 (날아)가다 → 보어 역할

  这个航班是飞往中国的。 이 항공편은 중국으로 가는 것이다.

道歉 dàoqiàn 동 사과하다 | 右 yòu 우측 | 拐 guǎi 동 방향을 바꾸다 | ★沙滩 shātān 명 백사장 | 厨房 chúfáng 명 주방 | 坚持 jiānchí 동 고수하다 | 成功 chénggōng 명 성공 | ★因素 yīnsù 명 요소 | 南京 Nánjīng 고유 난징 [장쑤(江苏)성의 성도] | 航班 hángbān 명 (비행기나 배의) 항공편, 운항편

(2) '随着' '顺着' '沿着' '跟着'

'随着' '顺着' '沿着' '跟着'는 모두 '~를 따라서'라는 뜻으로 해석이 동일하지만, 뒤에 오는 내용들에 차이가 있다.

随着 suízhe	~를 따라서	随着+변화/발전/개선 ǀ 顺着/沿着+경과/노선 ǀ 沿着+추상적인 개념 随着年龄的增长，我对这件事的看法也有了改变。 나이가 들면서, 이 일에 대한 나의 견해 역시 바뀌었다.
顺着 shùnzhe		顺着/沿着这条路一直走，就能到达目的地了。 이 길을 따라 계속 가면, 목적지에 도착할 것이다.
沿着 yánzhe		这个实验将沿着两个方向进行下去。 이 실험은 두 가지 방향으로 진행될 것이다.
跟着 gēnzhe		跟着+사람/행동 大家来跟着我读一遍。 모두 저를 따라 한 번 읽으세요.

年龄 niánlíng 몡 나이 ǀ 增长 zēngzhǎng 동 증가하다 ǀ 看法 kànfǎ 몡 견해 ǀ 改变 gǎibiàn 동 바뀌다 ǀ 到达 dàodá 동 도착하다 ǀ 目的地 mùdìdì 몡 목적지 ǀ ★实验 shíyàn 몡 실험 ǀ 方向 fāngxiàng 몡 방향 ǀ 进行 jìnxíng 동 진행하다 ǀ 遍 biàn 양 번, 회 [동작이 시작되어 끝날 때까지의 전 과정을 말함]

❷ 근거를 나타내는 주요 개사

按(照) àn(zhào)	~에 따라	按(照)+행동의 기준 [规律/规定/道理/条件/方法/标准] 这件事必须按照规定来处理。 이 일은 반드시 규정에 따라 처리해야 한다. 这种机器是按照国际标准制造的。 이 기계는 국제 표준에 따라 제조되었다.
(根)据 (gēn)jù	~에 근거하여	(根)据+판단과 결론의 근거 [分析/研究/调查/报道/统计] 根据最新调查显示，我国的人口总数减少了。 최신 조사에 근거하면, 우리나라의 인구는 감소하였다. 根据分析，可以得出这样的结论。 → '동사' 목적어도 취할 수 있음 분석에 근거하여 이런 결론을 얻을 수 있다.
凭 píng	~를 근거로 하여 ~에 따라	凭+근거/능력/증거 你们凭什么这样说？ 너희는 왜 이렇게 말하는 거니？ 凭她的经验和能力，一定能很好地完成这项工作。 그녀의 경험과 능력에 따라, 반드시 이 일을 잘 완수할 수 있을 것이다.
趁(着) chèn(zhe)	~를 틈타서 ~를 이용해서	趁(着)+조건/기회/때 趁着天晴，我们把衣服拿出去晒晒吧。 맑은 날을 틈타 우리 옷을 꺼내서 햇볕에 말리자.
以 yǐ	~로서	以+동작의 근거/방식/수단 他以证人的身份发言。 그는 증인 신분으로서 발언한다. 这个作品是以爱情为主题的。 → 以A为B(A를 B로 하다/여기다) 이 작품은 사랑을 주제로 하였다.
作为 zuòwéi	~로서	作为+사람의 신분/사물의 성질 [주로 문장 맨 앞에 쓰임] 作为一名教师，她感到自己的职业非常有意义。 교사로서 그녀는 자신의 직업에 매우 보람을 느꼈다. 作为业余爱好，爸爸经常周末去钓鱼。 여가 취미로서 아빠는 늘 주말에 낚시하러 가신다.

★**规律** guīlǜ 몡 규율, 규칙 | **规定** guīdìng 몡 규정 | **道理** dàoli 몡 도리 | **条件** tiáojiàn 몡 조건 | **方法** fāngfǎ 몡 방법, 수단 | **标准** biāozhǔn 몡 표준 | **处理** chǔlǐ 통 처리하다 | ★**机器** jīqì 몡 기계 | **国际** guójì 몡 국제 | ★**制造** zhìzào 통 제조하다 | **分析** fēnxī 통 분석하다 | **研究** yánjiū 통 연구하다 | **调查** diàochá 통 조사하다 | **报道** bàodào 통 보도하다 | **统计** tǒngjì 통 통계하다 | **最新** zuìxīn 몡 최신의 | ★**显示** xiǎnshì 통 뚜렷하게 나타내 보이다 | **我国** wǒ guó 몡 우리나라 | ★**人口** rénkǒu 몡 인구 | **总数** zǒngshù 몡 총수 | **减少** jiǎnshǎo 통 감소하다 | **得出** déchū 통 ~를 얻다 | ★**结论** jiélùn 몡 결론 | **经验** jīngyàn 몡 경험 | **能力** nénglì 몡 능력 | ★**项** xiàng 양 항목 | ★**晒** shài 통 햇볕을 쬐다 | **证人** zhèngrén 몡 증인 | ★**身份** shēnfèn 몡 신분 | ★**发言** fāyán 통 발언하다 | ★**作品** zuòpǐn 몡 작품 | **爱情** àiqíng 몡 (남녀 간의) 애정 | ★**主题** zhǔtí 몡 주제 | **教师** jiàoshī 몡 교사 | ★**意义** yìyì 몡 보람 | **职业** zhíyè 몡 직업 | ★**业余** yèyú 몡 여가의 | **钓鱼** diàoyú 통 낚시하다

3 방식·수단을 나타내는 주요 개사

用 yòng	~로	동작, 행동의 방식 또는 도구를 나타낸다. [用+방식/도구] 学生们正在**用**电脑写作业。 학생들은 컴퓨터로 숙제를 하고 있다.
通过 tōngguò	~를 통해	목적을 이루는 방식 또는 수단을 강조한다. [通过+방식/수단] **通过**网络购票可以节省时间。 인터넷을 통해 표를 구매하면 시간을 절약할 수 있다.
经过 jīngguò	~를 거쳐	목적을 이루는 과정을 강조한다. [经过+숫자] **经过**十年的努力，他终于买了一套房子。 10년간의 노력으로, 그는 집 한 채를 샀다.

★**网络** wǎngluò 몡 인터넷, 네트워크 | **购票** gòupiào 통 표를 사다 | ★**节省** jiéshěng 통 절약하다 | ★**套** tào 양 채 [집을 세는 단위], 세트, 조 | **房子** fángzi 몡 집, 건물

4 목적·원인을 나타내는 주요 개사

为 wèi	~를 위하여 ~때문에	서비스의 대상을 나타낸다. **为**我们的友谊干杯！ 우리의 우정을 위하여 건배! 我**为**我的朋友感到开心！ 나는 내 친구 때문에 즐거워! 商场**为**顾客提供了良好的购物环境。 백화점은 고객에게 좋은 쇼핑 환경을 제공한다.
为了 wèile	~를 위해서	목적을 나타내며, 주어 앞, 뒤 모두 올 수 있음 他每天努力锻炼，就是**为了**能参加奥运会。 그가 매일 열심히 단련하는 것은 바로 올림픽에 참가할 수 있기 위해서이다.
由 yóu	~로 인하여	원인, 방식, 출처를 나타냄 这起交通事故是**由**很多原因造成的。 이번 교통사고는 많은 원인으로 일어났다.
由于 yóuyú	~때문에	동작 행위의 원인이나 이유를 끌어낸다. **由于**天气条件不好，比赛被取消了。 날씨 조건이 안 좋기 때문에, 시합이 취소되었다.
因为 yīnwèi	~때문에	원인을 나타내는 사람 또는 사물을 끌어낸다. 他们没通过考试是**因为**没有努力准备。 그들이 시험을 통과하지 못한 것은 그들이 열심히 준비하지 않았기 때문이다.

友谊 yǒuyì 몡 우정, 우의 | **干杯** gānbēi 통 건배하다 | **感到** gǎndào 통 느끼다 | **开心** kāixīn 톙 즐겁다, 유쾌하다 | **商场** shāngchǎng 몡 백화점 | **顾客** gùkè 몡 고객 | **提供** tígōng 통 제공하다 | ★**良好** liánghǎo 톙 양호하다 | **购物** gòuwù 통 쇼핑하다 | **奥运会** Àoyùnhuì 고유 올림픽 | **起** qǐ 양 번, 차례, 건 [횟수나 건수를 나타내는 데 쓰임] | **交通事故** jiāotōng shìgù 몡 교통사고 | **原因** yuányīn 몡 원인 | ★**造成** zàochéng 통 야기하다, 발생시키다 | **条件** tiáojiàn 몡 조건 | ★**取消** qǔxiāo 통 취소하다

배운 내용 점검하기

1. **방향을 나타내는 개사란?** '向' '朝' '往' '随着' '顺着' '沿着' '跟着' 등과 같이 동작이나 상태의 방향을 나타내는 개사를 말한다. 주로 술어 앞에서 부사어 역할을 하며, '向' '往'은 일부 동사 뒤에 놓여 보어 역할을 하기도 한다.

2. **근거를 나타내는 개사란?** '按(照)' '根据' '凭' '趁(着)' '以' '作为' 등과 같이 동작/판단의 기준을 나타내는 개사를 말한다. 고정적으로 자주 함께 쓰이는 명사들과 개사구를 이루어 술어 앞이나, 문장의 앞절에 위치해 부사어 역할을 한다.

3. **방식·수단을 나타내는 개사란?** '用' '通过' '经过' 등과 같이 동작의 방식·수단을 나타내는 개사를 말한다.

4. **목적·원인을 나타내는 개사란?** '为' '为了' '由' '由于' '因为' 등과 같이 동작의 원인을 나타내는 개사를 말한다.

STEP 3 실력 다지기

1 了解   通过   我想   中国文化   学汉语

2 为基础   武术运动以   文化   中国传统

3 一下   请   这个要求   按照   重新修改

4 不断地   经过   努力才得到的   他的成功是

5 那家书店   向前走300米   你   就能看到

6 一点儿   往右边   靠   请

7 是   责任   作为家长的   教育孩子

8 发展   越来越   随着科技的   人们的交流方式   多了

28 존현문

Day 31

STEP 1 유형 파악하기

◆ 존현문은 시험에 자주 출제되는 문형이니 구조적 특징을 반드시 숙지하자. 가장 특징적인 부분은 존현문은 '장소'나 '시간'이 '주어'가 되고, '사람'이나 '사물'이 '목적어'가 된다는 점이다.

◆ 존현문에서 술어 뒤에는 '着' '了' '방향보어' '결과보어'가 올 수 있다.

◆ 장소를 나타내는 단어는 개사[从, 到, 在, 往, 向 등]와 자주 쓰이지만, 존현문에서는 문장 맨 앞에 이와 같은 개사가 올 수 없다. 따라서, 제시어에 장소를 나타내는 단어는 있지만 개사가 없다면 존현문 쪽으로 방향을 잡자.

● 제1부분 예제

| 放着 | 办公室 | 三台 | 传真机 |

정답&풀이

[장소A+술어+着+대상B   A에(서) B가 ~하고 있다]

명사	동사+조사	수사+양사	명사
办公室	放着	三台	传真机。 사무실에 팩스 세 대가 놓여 있다.
주어	술어+着	관형어	목적어

STEP 1 조사 '着'는 지속될 수 있는 동사와 함께 쓰여 '~해 있다'라는 뜻을 나타내는 존현문을 만들 수 있다. 장소를 나타내는 명사 '办公室'가 주어가 되고 사물명사 '传真机'가 목적어가 된다.

STEP 2 존현문에서 목적어는 보통 수량사의 수식을 받으므로 '三台'는 목적어 앞에 위치해 목적어를 수식한다.

办公室 bàngōngshì 명 사무실 | **放** fàng 동 놓다, 두다 | ★**台** tái 양 대 [기계·차량·설비 등을 세는 단위] | **传真机** chuánzhēnjī 명 팩스

STEP 2 내공 쌓기

1 존현문의 종류

존현문은 사람이나 사물의 '존재' '출현' '소실'을 나타내는 문형이다. 존현문에는 여러 문형이 있는데, 문형마다 나타내는 의미 및 구조적 특징이 다르다.

(1) '동사 + 着' 존현문: 장소 + 동사 + 着 + 불특정한 사람/사물

'어떤 장소에 불특정한 대상이 존재함'을 나타낸다. 술어에는 지속적인 동작을 나타내는 동사가 오고, 동사 뒤에는 일반적으로 조사 '着'가 위치한다.

椅子上坐着一位老人。 의자에 노인 한 분이 앉아 있다.   墙上贴着一张地图。 벽에 한 장의 지도가 붙어 있다.

老人 lǎorén 명 노인 | **墙** qiáng 명 벽, 담 | **贴** tiē 동 붙이다

28 존현문   285

대표 술어

정지: 坐 zuò 앉다 | 站 zhàn 서다 | 躺 tǎng 눕다 | 睡 shuì 자다 | 停 tíng 멈추다 | 住 zhù 살다
蹲 dūn 쪼그리고 앉다 | 躲 duǒ 숨다
사물을 옮기는 동작: 放 fàng (아무렇게나) 놓다 | 摆 bǎi (의도한 대로) 놓다 | 搬 bān 옮기다
贴 tiē 붙이다 | 写 xiě 쓰다 | 挂 guà 걸다 | 插 chā 꽂다 | 堆 duī 쌓다 | 穿 chuān 입다
脱 tuō 벗다 | 存 cún 존재하다

(2) 출현·소실: 시간/장소 + 동사 + 了/보어 + 불특정한 사람/사물

'어떤 시간대나 장소에 대상이 출현하거나 없어짐'을 나타낸다. 동사 뒤에는 조사 '了'나 보어가 위치한다.

去年这里**发生**了一场可怕的地震。 작년에 이곳에 무서운 지진이 발생했다.
会议室**来**了几位专家。 회의실에 전문가 몇 분이 오셨다.
前面**开**过来一辆汽车。 앞쪽에서 차 한 대가 온다.

发生 fāshēng 통 발생하다 | 场 cháng 양 [일의 경과·자연 현상 등의 횟수를 셀 때 씀] | ★可怕 kěpà 형 무섭다, 두렵다 | ★地震 dìzhèn 명 지진 | 会议室 huìyìshì 명 회의실 | ★专家 zhuānjiā 명 전문가 | 汽车 qìchē 명 자동차

대표 술어

출현: 出现 chūxiàn 나타나다 | 出来 chūlái 생기다 | 发生 fāshēng 발생하다 | 飘 piāo 흩날리다
이동: 来 lái 오다 | 走 zǒu 가다 | 跑 pǎo 도망가다 | 掉 diào 떨어지다 | 上 shàng 오르다 | 进 jìn 들다 | 过 guò 건너다
소실: 丢 diū 잃어버리다 | 死 sǐ 사라지다 | 消失 xiāoshī 사라지다 | 消灭 xiāomiè 없어지다

(3) '有'자 존현문: 장소 + 有 + 불특정한 사람/사물

어떤 장소에 단순히 어떤 사람이나 사물이 있음을 나타낸다. 목적어는 청자가 모르는 '불특정한 대상'이며, 보통 수량사의 수식을 받는다.

机场里**有**很多外国人。 공항에 많은 외국인이 있다.
桌子上**有**一台电脑。 책상 위에 컴퓨터 한 대가 있다.

台 tái 양 대 [기계·차량·설비 등을 세는 단위]

(4) '是'자 존현문: 장소 + 是 + 사람/사물

어떤 장소에 존재하고 있는 사람이나 사물에 대한 구체적인 판단을 나타낸다. 일반적으로 주어에는 장소가 오며, 목적어는 특정할 수도 있고, 불특정할 수도 있다.

邮局右边**是**国家博物馆。 우체국 오른쪽은 국립박물관이다. → 특정한 목적어
这些名胜古迹吸引了很多游客，到处都**是**人。 → 불특정한 목적어
이런 명승고적은 많은 여행객들을 끌어들이는데, 곳곳이 사람 천지다.

邮局 yóujú 명 우체국 | 右边 yòubiān 명 오른쪽 | ★博物馆 bówùguǎn 명 박물관 | ★名胜古迹 míngshèng gǔjì 명 명승고적 | 吸引 xīyǐn 통 끌어당기다 | 游客 yóukè 명 여행객 | 到处 dàochù 명 곳곳

2 존현문의 특징

(1) '시간/장소'가 주어로 쓰인다.

존현문의 주어는 '시간'이나 '장소'로, 문두에 쓰인다. 장소가 주어인 경우 일반 명사는 단독으로 장소를 나타낼 수 없기 때문에, '일반 명사+방위사' 형태로 쓴다.

桌子放着一堆东西。（×）→ 桌子上放着一堆东西。（○） 테이블 위에 한 무더기의 물건들이 놓여있다.

牌子写着禁止拍照。（×）→ 牌子上写着禁止拍照。（○） 팻말에 사진 촬영 금지라고 적혀있다.

★堆 duī 양 무더기, 더미 | 牌子 páizi 명 팻말 | 禁止 jìnzhǐ 동 금지하다 | 拍照 pāizhào 동 사진을 찍다

(2) '시간/장소' 주어 앞에 개사를 쓰지 않는다.

존현문의 주어 자리에 쓰이는 시간, 장소 앞에 '在'나 '从'과 같은 개사를 쓰지 않는다.

在昨天发生了一件重大的事情。（×）→ 昨天发生了一件重大的事情。（○） 어제 중대한 일이 발생했다.

从前边走来一个人。（×）→ 前边走来一个人。（○） 앞에 한 사람이 걸어온다.

重大 zhòngdà 형 중대하다

(3) 목적어에 지시대사를 쓰지 않는다.

존현문은 '불특정한 대상'이 존재함을 나타내는 문장이므로, 목적어에 '这' '那'와 같이 특정하는 지시대사를 쓸 수 없다. 목적어인 '불특정한 대상'은 보통 수량사로 수식한다.

学校门口停着那辆自行车。（×）→ 学校门口停着一辆自行车。（○） 학교 입구에 자전거 한 대가 세워져 있다.

단, 부정문에서는 수량사가 있는 목적어를 쓸 수 없다.

公寓门口没蹲着一只小狗。（×）→ 公寓门口没蹲着小狗。（○） 아파트 입구에 강아지가 웅크리고 있지 않다.

门口 ménkǒu 명 입구 | 停 tíng 동 세우다, 정거하다 | ★公寓 gōngyù 명 아파트 | ★蹲 dūn 동 웅크려 앉다 | 小狗 xiǎogǒu 명 강아지

3 '有'자문 vs. '是'자문 vs. '在'자문

이번 단원에서 배운 '有'자 존현문, '是'자 존현문과 동사 '在'가 쓰인 문장의 차이점은 아래와 같다. 해석상으로는 큰 차이가 없어 보일 수 있지만, 각각의 문형은 '강조하는 바'가 서로 다르다.

	장소+有+대상	장소+是+대상	사물·사람+在+장소
의미	장소에 어떤 사물·사람이 '존재함' [존재 유무]	장소에 존재하는 사물이 '무엇인지'를 구체적으로 나타냄 [존재 대상]	사물·사람이 '어디에' 존재함 [존재 위치]
주어	특정한 장소 ○ 수량사 수식 ×	특정한 장소 ○ 수량사 수식 ×	특정한 사물·사람 ○ 수량사 수식 ×
목적어	'불특정'한 대상 수량사 수식 ○ 청자가 모르는 대상	'불특정'하거나 '특정'한 대상 수량사나 다른 관형어 수식 ○ 청자가 알고 있는 대상	'특정'한 장소 수량사 수식 ×
예문	学校前面有一个公园。 학교 앞에 공원이 하나 있다.	学校前面是一个公园。 학교 앞 공원이다.	公园在学校前面。 공원은 학교 앞에 있다.

배운 내용 점검하기

1 존현문이란?
어떤 장소나 시간에 사람이나 사물의 '존재' '출현' '소실'을 나타내는 문장이다.

2 존현문의 특징
존현문에서는 장소나 시간을 나타내는 단어가 주어가 되며, 사람이나 사물은 목적어가 된다.

STEP 3 실력 다지기

Day 31

1 出现了   彩虹   一道   天空中

2 三个   学校宿舍里   留学生   搬来了

3 一些不穿的   堆着   墙角   衣服

4 小河   有   奶奶   家门前   一条

5 外国人   住着   隔壁   一个

6 阳光   房间   充满了   里

7 写着   牌子   上   禁止吸烟

8 挂着   山水画   一幅   墙上

해설서 p.214

29 연동문, 겸어문

쓰기 제1부분 / Day 32

STEP 1 유형 파악하기

◆ '연동문'은 하나의 주어가 두 개 이상의 술어를 갖는 문장이다. 연동문에서 '부사, 조동사의 위치', '동태조사의 위치'를 잘 알아 두어야 한다.

◆ '겸어문'은 한 문장에 두 개 이상의 동사가 있고 첫 번째 동사의 목적어가 두 번째 동사의 의미상 주어 역할을 겸하는 문장이다. 겸어문 역시 '부사, 조동사의 위치'를 잘 알아 두자.

● 제1부분 예제

巨大的压力	承受	着	让我	失败

정답&풀이 [주어+让+A+承受+B]

명사	동사+대사	동사	조사	형용사+조사+명사
失败	让我	承受	着	巨大的压力。 실패는 나로 하여금 엄청난 스트레스를 받게 했다.
주어	술어1+목적어1/의미상 주어	술어2	着	관형어+的+목적어2

STEP 1 동사 '让'은 겸어문을 만드는 동사 중 하나이다. '让' 겸어문의 기본 공식 '주어+让(동사1)+목적어1[=의미상 주어]+동사2+(목적어2)'를 기억하자. '让我'는 '첫 번째 술어+첫 번째 목적어'가 된다. 동사2는 '承受'이고, 동태조사 '着'는 동사2 뒤에 위치한다.

STEP 2 동사 '承受(받아들이다)'와 의미상 호응하는 '巨大的压力'가 목적어2 자리에 오고, '失败'는 주어로서 문장 맨 앞에 위치한다.

失败 shībài 명 실패 | 让 ràng 동 ~하게 하다, 하도록 하다 [(주어)+让+대상+술어/내용] | ★承受 chéngshòu 동 받아들이다, 견뎌 내다, 감당하다, 감내하다, 이겨 내다 | ★巨大 jùdà 형 (규모·수량 등이) 아주 크다[많다] | 压力 yālì 명 스트레스, 압력

STEP 2 내공 쌓기

1 연동문

연동문이란 하나의 주어가 두 개 이상의 동사를 술어로 갖는 문장이다. 기본 어순은 '주어+동사1+(목적어1)+동사2+(목적어2)'이다.

(1) **연동문의 종류** [동사1: A, 동사2: B]

연속	A하고 B하다	他洗完澡就打开了电视。 그는 샤워를 마치고 텔레비전을 켰다.
목적	B하러 A하다	我去机场接客人了。 나는 공항에 손님을 마중하러 갔다.
방식	A로 B하다	我们经常用电子邮件互相联系。 우리는 자주 이메일로 서로 연락한다.

互相 hùxiāng 부 서로, 상호 | 联系 liánxì 동 연락하다, 연결하다

연속, 목적, 방식을 나타내는 연동문에서 동사1[A]에 자주 쓰이는 동사

来 lái 오다 | 去 qù 가다 | 到 dào 도착하다 | 坐 zuò 앉다 | 用 yòng 쓰다 | 有 yǒu 있다 | 带 dài 데리다 | 陪 péi 동반하다

기타 연동문 문형

(1) 没有 + 명사구 + 동사구 ~할 ~가 없다
   我没有理由支持你。 내가 널 지지할 만한 이유가 없다.

(2) 동사1 着 + 不 동사2 ~하고는 ~하지 않다
   儿子抓着我不放。 아들이 나를 붙잡고 놓지 않는다.

(2) 연동문의 특징

① 일반 부사/부정부사/조동사 + 동사1

연동문에서 일반 부사, 부정부사, 조동사는 일반적으로 첫 번째 동사 앞에 위치한다.

我 **不 想 去** 参加 他们的婚礼。 나는 그들의 결혼식에 참석하러 가고 싶지 않다.
　　부정부사 조동사 동사1　동사2

我 **还 要 去** 市场 买 些 东西 做 菜。 나는 또 시장에 가 물건들을 사서 요리하려고 한다.
　　부사 조동사 동사1　동사2　　　　동사3

★婚礼 hūnlǐ 몡 결혼식 | ★市场 shìchǎng 몡 시장

② 동사1: 중첩 불가, 가능보어 불가

동사1은 중첩이 불가능하나 동사2는 중첩이 가능하다.

我上上网查资料。(✗)　　我上网查查资料。(○) 나는 인터넷으로 자료를 찾는다.

또한 동사1은 가능보어를 쓸 수 없다.

我陪不了弟弟去宴会。(✗)　　我不能陪弟弟去宴会。(○) 나는 남동생을 데리고 파티에 갈 수 없다.

查 chá 동 찾아보다, 조사하다 | ★资料 zīliào 몡 자료 | ★陪 péi 동반하다 | ★宴会 yànhuì 몡 파티, 연회

③ 동태조사의 위치

조사 '了'와 '过'는 일반적으로 동사2에 붙는다. 조사 '着'는 첫 번째 동사 뒤에 온다.

她去图书馆借了几本书。 그녀는 도서관에 가서 책을 몇 권 빌렸다. → 완료
我坐飞机去过北京。 나는 비행기를 타고 베이징에 가 본 적이 있다. → 경험
走着去需要半个小时。 걸어서 가면 30분이 걸린다. → 동사1+着+동사2

단! 두 동작이 연속적으로 발생하며, 미래를 나타낼 때에는 '了'를 '동사1+了+就/再/才+동사2'와 같이 쓴다.

我每天下了课就回家。 나는 매일 수업이 끝나면 바로 집으로 간다.

2 겸어문

겸어문은 한 문장에 동사가 두 개 이상 있고, '첫 번째 동사의 목적어'가 '두 번째 동사의 의미상 주어'를 겸하는 문장이다. 기본 어순은 '주어+동사1+목적어1[=의미상 주어2]+동사2+(목적어2)'이다.

(1) 겸어문의 종류

종류	설명 및 예문
사역/요청	让/使/令/请/要求/派 + A + 동사2: A가 (동사2)하도록 (요청)하다 （동사1　　　　　　　겸어　동사2） 这本小说让我很感动。이 소설은 나를 매우 감동시켰다. 我请路人照了一张相。나는 행인에게 사진을 한 장 찍어 달라고 부탁했다.
인정/호칭	称/叫/选/认 + A + 做/为/当 + B: A를 B로 ~하다 （동사1　　　　겸어　동사2） 大家选我当代表。모두가 나를 대표로 뽑았다. 人人都称他为英雄。사람들은 모두 그를 영웅으로 부른다.
좋음/싫음/ 칭찬/비판/애증	爱/喜欢/表扬/称赞/夸/嫌/批评+ A + 동사2: A가 (동사2)하는 것을 (동사1)하다 （동사1　　　　　　　　　　겸어　동사2） 客人夸她招待得十分周到。손님은 그녀가 매우 세심하게 대접하였다고 칭찬한다. 大家都嫌他那么做。모두 그가 그렇게 하는 것을 싫어한다.
'有/没有' 겸어문	有/没有 + A + 동사2: ~를 한 A가 있다/없다 （동사1　　　겸어　동사2） 有人拍我的肩膀打个招呼。누군가 내 어깨를 치며 인사를 한다. 没有人给你发短信。아무도 너에게 문자를 보내지 않았다.
'是' 겸어문	是 + A + 동사2: A가 ~하다 ['是' 앞에는 일반적으로 주어가 없으며 겸어를 강조함] （동사1 겸어　동사2） 是伙伴给了我力量。파트너가 내게 힘을 주었다. 是他帮助我们演出。그는 우리가 공연하는 것을 도와줬다.

小说 xiǎoshuō 몡 소설 | 感动 gǎndòng 동 감동하다 | 路人 lùrén 몡 행인 | 称 chēng 동 부르다, 호칭하다 | 选 xuǎn 동 뽑다, 선택하다 | ★代表 dàibiǎo 몡 대표 | ★英雄 yīngxióng 몡 영웅 | 表扬 biǎoyáng 동 칭찬하다 | 夸 kuā 동 칭찬하다 | 嫌 xián 동 싫어하다 | 批评 pīpíng 동 비판하다 | ★周到 zhōudào 형 세심하다 | 肩膀 jiānbǎng 몡 어깨 | 打招呼 dǎ zhāohu 인사하다 | ★伙伴 huǒbàn 몡 파트너 | 短信 duǎnxin 몡 문자 메시지 | ★力量 lìliàng 몡 힘

(2) 겸어문의 특징

① 부사어의 위치: 일반 부사/부정부사/조동사 + 동사1

겸어문에서 일반 부사, 부정부사, 조동사는 첫 번째 동사 앞에 위치한다.

妈妈 **不** **让** 我 养 宠物。 엄마는 내가 애완동물을 못 키우게 하신다.
　　부정부사 동사1 겸어 동사2

那个消息 **会** **让** 妈妈 吃惊 的。 그 소식은 엄마를 놀라게 할 것이다.
　　　　조동사 동사1 겸어 동사2

养 yǎng 동 기르다, 양육하다 | ★宠物 chǒngwù 몡 애완동물 | 消息 xiāoxi 몡 소식 | 吃惊 chījīng 동 놀라다

② 동태조사의 위치: 동사1 + 동사2 + 了/过

동태조사 '了/过'는 첫 번째 동사 뒤에 쓸 수 없고, 두 번째 동사 뒤에 위치한다. 그리고 겸어문에서는 일반적으로 동태조사 '着'를 쓰지 않는다.

他让了我叫一辆出租汽车。(×) → 他让我叫了一辆出租汽车。(○) 그가 내게 택시를 한 대 부르라고 했다.
我请过他喝咖啡。(×) → 我请他喝过咖啡。(○) 나는 그에게 커피를 산 적이 있다.

단, 동사1이 '使' '让' '叫'를 제외한 동사이면서 겸어문 앞이나 뒤에 원인, 조건, 결과에 대한 언급이 있으면 동사1 뒤에 '了'를 쓸 수 있다.

为了提高汉语水平，我请了一位老师辅导我汉语。
중국어 수준을 향상시키기 위해서, 나는 내게 중국어를 가르쳐 줄 선생님 한 분을 모셨다.

★辅导 fǔdǎo 동 (학습을) 도우며 지도하다

> **tip 겸어문+연동문**
> 겸어문과 연동문이 함께 결합되어 쓰일 경우, 첫 번째 동사는 사역의 의미를 갖는다.
>
> 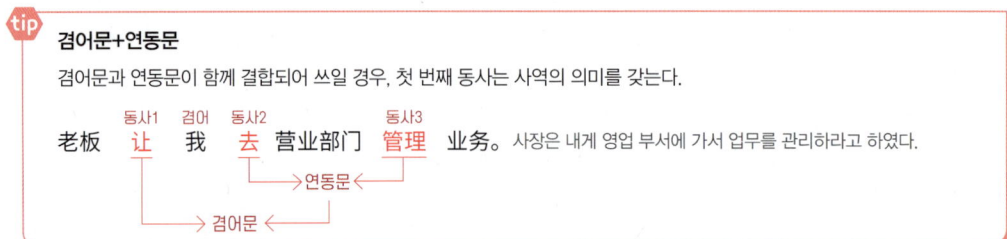 사장은 내게 영업 부서에 가서 업무를 관리하라고 하였다.

배운 내용 점검하기

1 연동문이란?
하나의 주어가 두 개 이상의 동사를 술어로 갖는 문장

2 연동문의 기본 어순
주어+술어1+(목적어1)+술어2+(목적어2)

3 겸어문이란?
한 문장에 두 개 이상의 동사가 있고, 첫 번째 동사의 목적어가 두 번째 동사의 의미상의 주어 역할을 겸하는 문장

4 겸어문의 기본 어순
주어+술어1+목적어1[=의미상 주어2]+술어2+(목적어2)

STEP 3 실력 다지기

Day 32

1 看病了   你   医院   去   吗

2 去   不想坐   旅行   我   船

3 吧   一起去   下了班   那家咖啡厅   就

4 佩服   老师的   让学生   很   乐观精神

5 令   吃惊   所有人   调查结果

6 出差   派我   公司   去外国

7 感动   很   发言   我的   使大家

8 还没   我们班有   毕业   几个学生

해설서 p.217

30 비교문

Day 33

STEP 1 유형 파악하기

◆ 개사 '比'가 보이면 비교문을 떠올리자. '比'자 비교문 및 다양한 비교문의 상용 문형과 각각의 부정 형식을 숙지해야 한다.

◆ 개사 '比'는 '比+비교 대상' 형태로 개사구를 이루어 부사어 역할을 하므로, '술어 앞'에 위치한다.

◆ '(没)有'가 항상 소유의 의미를 나타내는 것은 아니다. 문장 속 '(没)有'가 소유의 의미를 나타내고 있지 않다면 비교문이 아닌지 생각해 봐야 한다.

● 제1부분 예제

比去年	一倍	今年的奖金	多了

정답&풀이

[A+比+B+술어+一倍 A는 B보다 배로 ~하다]

명사+조사+명사	개사+명사	형용사+조사	수사+양사
今年的奖金	比去年	多了	一倍。 올해의 장려금은 작년보다 배로 많다.
관형어+的+주어	부사어	술어+了	보어

STEP 1 개사 '比'가 쓰인 비교문으로 형용사 '多'가 술어가 되고 구체적인 차이를 나타내는 수량사 '一倍'가 술어 뒤에 위치해 구체적인 차이를 나타낸다.

STEP 2 올해와 작년의 '奖金'을 비교하는 내용이다. 개사 '比' 앞의 주어 자리에는 생략되지 않은 형태로 비교하는 대상을 제시해야 한다.

★奖金 jiǎngjīn 몡 장려금, 상여금 | 比 bǐ 깨 ~보다 [A+比+B+술어: A는 B보다 ~하다] | ★倍 bèi 양 배, 곱절

STEP 2 내공 쌓기

1 '比'자 비교문

(1) A + 比 + B + 술어: A가 B보다 ~하다 ✦

개사 '比' 앞뒤에 비교 대상인 A와 B가 위치한다. 술어로는 형용사나 동사구가 올 수 있다.

他的工作能力比别人出色。 그의 업무 능력은 다른 사람보다 뛰어나다.

姐姐比妹妹显得年轻。 언니가 여동생보다 젊어 보인다.

能力 nénglì 몡 능력 | ★出色 chūsè 혱 뛰어나다 | ★显得 xiǎnde 동 ~인 것처럼 보이다

(2) ⓐ + 比 + ⓑ + 更/还 + 술어: A가 B보다 '더/훨씬' ~하다 ✦

비교한 정도의 차이가 심함을 나타낼 때는 술어 앞에 부사 '更'이나 '还'를 사용할 수 있다. 다른 정도부사[很, 非常, 十分, 有点儿 등]나 '정도보어[极了 등]'는 쓸 수 없다.
[更 : 비교대상 A와 B 모든 비교 가능/还 : 비교대상 A와 B 유사함 비교 가능]

我比你非常了解他。(✗) → 我比你更了解他。(○) 내가 너보다 그를 더 잘 안다.
做朋友比做情侣很好。(✗) → 做朋友比做情侣还好。(○) 친구가 되는 것이 연인이 되는 것보다 더 좋다.

情侣 qínglǚ 몡 연인, 애인

(3) ⓐ + 比 + ⓑ + 술어 + 多了/得多/很多: A가 B보다 '훨씬 많이' ~하다

비교한 정도의 차이가 클 때는 술어 뒤에 '多了' '得多' '很多'를 붙여 나타낼 수 있다.

他今年的表现比去年活跃多了。 그의 올해 행동은 작년보다 훨씬 활기차다.
这个行李箱比那个大得多。 이 트렁크는 저것보다 훨씬 크다.

★表现 biǎoxiàn 몡 행동, 표현 | ★活跃 huóyuè 혱 활기차다

(4) ⓐ + 比 + ⓑ + 술어 + 一点儿/一些: A가 B보다 '조금' ~하다

비교한 정도의 차이가 적을 때는 술어 뒤에 '一点儿' '一些'를 붙여 나타낼 수 있다.

这个款式比那个独特一点儿。 이 스타일은 저것보다 조금 독특하다.
北京的气候比首尔的干燥一些。 베이징의 기후는 서울보다 조금 건조하다.

款式 kuǎnshì 몡 스타일 | ★独特 dútè 혱 독특하다 | 气候 qìhòu 몡 기후 | 首尔 Shǒu'ěr 고유 서울 | ★干燥 gānzào 혱 건조하다

(5) ⓐ + 比 + ⓑ + 술어 + 구체적인 차이: A가 B보다 '~만큼' ~하다 ✦

'구체적인 차이'는 술어 뒤에 '수사+양사'로 나타낸다.

他比我大三岁。 그는 나보다 3살 많다.
今天的气温比昨天高五度。 오늘 기온이 어제보다 5도 높다.

气温 qìwēn 몡 기온 | 度 dù 양 (온도·밀도·농도 등의) 단위

(6) ⓐ + 没有/不如 + ⓑ + (这么/那么) + 술어: A는 B만큼 (이렇게/그렇게) ~하지 않다 → 부정형

'比'자문의 부정형을 만드는 '没有'와 '不如'는 일반적으로 서로 바꿔 쓸 수 있다. 단, '不如'는 술어 부분을 생략할 수 있지만, '没有'는 생략할 수 없다.

他没有我坚强。 = 他不如我坚强。 그는 나만큼 강하지 못하다.
他没有我。(✗) → 他不如我。(○) 그는 나만 못하다.

★坚强 jiānqiáng 혱 굳고 강하다

2 '유사성'을 비교하는 비교문

(1) A + 跟/和/同/与 + B + 一样 : A는 B와 같다 [A=B]
    A + 跟/和/同/与 + B + 술어 : A는 B와 같이 ~하다 [A≒B]

비교되는 대상인 A와 B가 서로 같음을 나타내며, 부정형은 '不一样'으로 나타낸다. '一样' 뒤에 술어가 없다면 '一样'이 술어 역할이고, '一样' 뒤에 술어가 있다면 이때 '一样'은 부사어로 쓰인 것이다.

我的扇子跟她的一样。 내 부채는 그녀의 것과 같다. → 술어: 一样

这件运动服和那件一样时髦。 이 트레이닝복은 저 트레이닝복과 같이 패셔너블하다. → 부사어

实验结果与我想象的完全不一样。 실험 결과는 내가 상상한 것과 완전히 다르다. → 부정형

★扇子 shànzi 명 부채 | 运动服 yùndòngfú 명 운동복 | 时髦 shímáo 형 유행이다, 현대적이다 | ★实验 shíyàn 명 실험 | 结果 jiéguǒ 명 결과 | ★想象 xiǎngxiàng 동 상상하다 | 完全 wánquán 부 완전히

> **tip**
> '跟/和/同/与……一样'의 역할
> '跟/和/同/与……一样'은 부사어, 관형어, 보어로도 쓰일 수 있다.
> 那些人也跟你一样有很多困难。 그 사람들도 너와 똑같이 어려움이 많다. → 부사어
> 我有件和你一样的衬衫。 나는 너와 같은 와이셔츠가 있다. → 관형어
> 爸爸做菜做得同妈妈一样好。 아빠는 엄마와 똑같이 요리를 잘 하신다. → 보어

(2) A + 有 + B + (这么/那么) + 술어 : A는 B만큼 (이렇게/그렇게) ~하다

A가 B만큼의 정도나 수량에 도달해서 비교하는 것을 나타내며, 부정형은 '没有'로 쓰인다.

这个明星有你说得这么有名吗? 이 스타가 네가 말한 만큼 이렇게 유명하니?

那个国家没有我国那么发达。 그 나라는 우리나라만큼 그렇게 발달하지 못했다.

★明星 míngxīng 명 스타 | 我国 wǒ guó 명 우리나라 | ★发达 fādá 동 발달하다

(3) A + 像 + B + 这么/那么/这样/那样 + 술어 : A는 B처럼 이렇게/그렇게 ~하다 [A≒B]

비교의 정도가 비슷함을 나타내며 부정형은 '不像'으로 쓴다. 이때 '这么' '那么' '这样' '那样'은 대개 생략할 수 없다.

他的女儿长得像娃娃那样可爱。 그의 딸은 인형처럼 그렇게 귀엽게 생겼다.

我不像她那么善良。 나는 그녀처럼 그렇게 착하지는 않다.

娃娃 wáwa 명 인형 | 善良 shànliáng 형 착하다, 선량하다

3 '최상급'을 나타내는 비교문

(1) 没有 + (A + 比 + B) + 更/再 + 술어(+的) + 了 : B보다 더 ~한 것은 없다 [B가 가장 ~하다]

비교 대상인 A와 B 둘 다 생략 가능하며, 최상의 정도를 나타낸다.

没有什么比健康更重要了。 건강보다 더 중요한 것은 없다.

没有再合适的了。 더 이상 적합한 것은 없다.

合适 héshì 형 적합하다

(2) A + 比 + 의문대사 + 都 + 형용사 : A는 ~보다도 ~하다 [가장 ~하다]

B 자리에 의문대사를 써서 최상의 정도를 나타낸다. 비교하는 대상인 A는 생략 가능하다.

我家比哪儿都温暖。 우리 집이 어느 곳보다 따뜻하다.

结婚那天他比任何人都兴奋。 결혼하는 그날 그는 어떤 사람보다 흥분했다.

★温暖 wēnnuǎn 형 따뜻하다 | 任何 rènhé 대 어떠한 | 兴奋 xīngfèn 형 흥분하다

4 '심화됨'을 나타내는 비교문

(1) A + 越来越 + 술어(了) : A는 점점 ~해지다

사람이나 사물의 정도가 시간에 따라 변함을 나타내며, 술어로 형용사나 동사구가 올 수 있다.

随着经济的发展，人们的生活水平越来越高了。 경제 발전에 따라, 사람들의 생활 수준이 점점 높아졌다.

我越来越喜欢那个姑娘了。 나는 점점 그 아가씨를 좋아하게 되었다.

随着 suízhe 개 ~에 따라 | 经济 jīngjì 명 경제 | 发展 fāzhǎn 명 발전 | 生活 shēnghuó 명 생활 | ★姑娘 gūniang 명 아가씨

(2) 越 + 술어1 + 越 + 술어2 : ~할수록 ~해지다

사람이나 사물의 정도가 시간에 따라 변함을 나타내며, 술어로 형용사나 동사구가 올 수 있다.

他越想越觉得生气。 그는 생각할수록 화가 난다.

节目越有意思收视率越高。 프로그램이 재미있을수록 시청률이 오른다.

有意思 yǒu yìsi 재미있다 | 收视率 shōushìlǜ 명 시청률

(3) 一 + 양사 A + 比 + 一 + 양사 A + 술어 : 매 A마다 ~해지다

동일한 양사를 반복해서 A 자리에 쓴다. 주로 사용되는 양사로는 '天' '年' '个' 등이 있다. 술어로 형용사나 동사구가 올 수 있다.

这儿天气一天比一天暖和了。 이곳의 날씨가 나날이 따뜻해진다.

他的工作经验一年比一年丰富。 그의 업무 경험은 해마다 풍부해진다.

暖和 nuǎnhuo 형 따뜻하다 | 经验 jīngyàn 명 경험 | 丰富 fēngfù 형 풍부하다

배운 내용 점검하기

1 비교문이란?

둘 이상의 사람이나 사물을 서로 비교하여 그 특징이나 정도의 차이를 나타내는 문장

2 '比'자문의 어순

① A+比+B+술어: A가 B보다 ~하다
② A+比+B+更/还+술어: A가 B보다 '더/훨씬' ~하다
③ A+比+B+술어+구체적인 차이: A가 B보다 '~만큼' ~하다

STEP 3 실력 다지기

1 公司   比那家   这家公司的   好   待遇

2 都比我   她   更出色   在各个方面

3 工作   重要   一样   和休息

4 规模   大了   比从前   这家公司的   很多

5 那么   没有想象的   事情   顺利

6 面积   比日本   大得多   中国的

7 好   他们家的   我家   不如   经济条件

8 她现在   越来越   喝牛奶了   不喜欢

쓰기 제1부분

31 把자문, 被자문

Day 34

STEP 1 유형 파악하기

- '把'자문과 '被'자문은 거의 매회 출제되는 매우 중요한 문형이다. 기본 어순은 물론, 자주 쓰이는 동사와 함께 고정 격식 형태로도 외워 두자.

- '把'자문은 개사 '把'를 사용해 술어의 변화나 결과, 영향 등을 강조하는 구문이다. '把'자문의 기본 어순은 '주어+把+목적어+술어+기타 성분'이다. 이때 '把'는 '将'과 바꿔 쓸 수 있다.

- '被'자문은 개사 '被'를 사용한 피동 구문이다. '被'자문의 기본 어순은 '주어+被+목적어+술어+기타 성분'이다. 이때 주어는 '행위의 대상'이고, '被' 뒤에 오는 목적어는 '행위의 주체'이다. '被' 뒤의 목적어는 생략할 수 있다.

- '把'자문, '被'자문 어순에서 목적어의 위치에 특히 주의하자.

- 시간명사, 시간부사, 부정부사, 조동사의 위치에 주의하자. 이들은 모두 개사 '把/被' 앞에 위치하며, 술어는 단독으로 사용할 수 없고, 일반적으로 동사 뒤에 기타 성분이 와야 한다.

● 제1부분 예제

| 把 | 这段 | 你干脆 | 文章 | 删除吧 |

정답&풀이   [把A删除 A를 삭제하다]

| 대사+부사 | 개사 | 대사+양사 | 명사 | 동사+조사 |
| 你干脆 | 把 | 这段 | 文章 | 删除吧。 | 이 문장을 아예 삭제하세요.
| 주어 | | 부사어 | | 술어+吧 |

STEP 1 술어는 동사 '删除'이고, '把'와 함께 행위의 대상인 '文章'이 술어 앞에 위치한다. 문장을 세는 양사 '段'이 포함된 제시어 '这段'은 '文章' 바로 앞에 위치한다.

STEP 2 부사 '干脆'는 부사어의 어순에 따라 개사구 '把这段文章' 앞에 위치한다. 어기조사 '吧'는 문장 끝에 붙어 권유의 어기를 나타낸다.

★ 干脆 gāncuì 〔부〕 아예, 차라리 | 文章 wénzhāng 〔명〕 문장 | ★ 删除 shānchú 〔동〕 빼다, 삭제하다, 지우다

STEP 2　내공 쌓기

1 '把'자문의 형식

(1) 주어 + 把 + 목적어 + 술어 + 기타 성분
　　　　　　부사어

'(주어)가 (목적어)를 ~하다'라는 의미로, 행위의 대상인 목적어는 '把+목적어' 형태로 반드시 '술어 앞'에 위치해야 한다. '把' 대신 '将'을 사용해서도 같은 뜻을 나타낼 수 있다.

他　把　车　停　在了门口。 그는 차를 입구에 세워 두었다.
주어　把　목적어　술어　기타 성분

我　把　这篇文章　修改　了两遍。 나는 이 문장을 두 번 수정했다.
주어　把　관형어+목적어　술어　기타 성분

停 tíng 동 세우다 | **篇** piān 양 편 [일정한 형식을 갖춘 문장을 세는 단위] | **文章** wénzhāng 명 문장 | ★**修改** xiūgǎi 동 수정하다 | **遍** biàn 양 번, 회 [동작이 시작되어 끝날 때까지의 전 과정을 세는 단위]

(2) 주어 + 시간명사/시간부사/부정부사/조동사 + 把 + 목적어 + (给) + 술어 + 기타 성분
　　　　　　　　　　　　　부사어

시간명사, 시간부사, 부정부사, 조동사는 보통 개사 '把' 앞에 오며, 술어 앞에는 강조를 나타내는 조사 '给'도 쓸 수 있다.

　　시간부사　개사　목적어
她　已经　把　行李　整理　好了。 그녀는 이미 짐을 다 정리했다.
주어　　부사어　　　술어　기타 성분

　　시간명사 부정부사 조동사 개사　목적어　조사
我　今天　不　能　把　这些资料　(给)　整理　完。 나는 오늘 이 자료들을 다 정리할 수 없다.
주어　　　　부사어　　　　　　　　　술어 기타 성분

行李 xíngli 명 여행 짐 | **整理** zhěnglǐ 동 정리하다, 정돈하다

2 '把'자문의 특징

(1) 특정한 목적어

'把'자문은 '특정한 사물'에 행동한 결과를 강조하므로, '목적어'는 반드시 '한정적'이거나 '이미 알고 있는 것'이어야 한다. 특정한 목적어는 '这' '那'나 '我的'와 같은 관형어의 수식을 받을 수 있고, 관형어 수식을 받지 않은 사물도 문맥상 그 자체가 특정하다면 목적어로 쓰일 수 있다.

他把一辆自行车丢了。(✗) → 어떤 자전거인지 불확실함
他把那辆自行车丢了。(○) 그는 그 자전거를 잃어버렸다. ──┐
他把新买的自行车丢了。(○) 그는 새로 산 자전거를 잃어버렸다. ├→ 관형어의 수식을 받아 특정해진 목적어
他把自行车丢了。(○) 그는 자전거를 잃어버렸다. → 화자나 청자가 알고 있는 경우

丢 diū 동 잃어버리다

(2) 주어 + 把 + 목적어 + 동사 + 기타 성분

'把'자문의 동사 뒤에는 반드시 기타 성분이 와야 한다. 기타 성분으로는 '동태조사' '각종 보어' '동사 중첩'이 올 수 있다. 단, 조사 '过'와 '가능보어'는 기타 성분으로 올 수 없다.

동태조사	了	她把文件打印了。	그녀는 문서를 프린트했다.
	着	你把窗户开着吧。	너는 창문을 열어 둬라.
보어	정도보어	他把头发剪得很短。	그는 머리카락을 짧게 잘랐다.
	결과보어	我把黑板擦干净了。	나는 칠판을 깨끗이 닦았다.
	방향보어	别忘了把数码相机带来。	디지털카메라를 가져오는 거 잊지 마.
	시량보어	经理把会议日期推迟了两天。	사장님은 회의 날짜를 이틀 연기했다.
	동량보어	我把那本小说看了两遍。	나는 그 소설책을 두 번 봤다.
동사 중첩		你把房间整理整理。	너 방 좀 정리해라.

★**文件** wénjiàn 명 문서 | **打印** dǎyìn 동 프린트하다 | **窗户** chuānghu 명 창문 | **剪** jiǎn 동 자르다 | **擦** cā 동 닦다 | **忘** wàng 동 잊다 | **数码相机** shùmǎ xiàngjī 명 디지털 카메라 | ★**日期** rìqī 명 날짜 | **推迟** tuīchí 동 연기하다 | **小说** xiǎoshuō 명 소설 | **遍** biàn 양 번, 회 [동작이 시작되어 끝날 때까지의 전 과정을 말함] | ★**整理** zhěnglǐ 동 정리하다

(3) 사용 불가 술어: 판단/인지/심리활동/출현/발생을 나타내는 동사

'把'자문은 특정한 사물에 가해지는 '동작의 결과 및 영향을 강조'하는 문장이다. 따라서 술어는 기본적으로 목적어를 가지며, '목적어에 영향을 주는' 동사여야 하므로, 판단이나 인지를 나타내는 동사나 심리활동동사는 술어로 사용할 수 없다.

我已经把他认识了。(×) → 我已经认识他了。(○) 나는 이미 그를 알고 있었다. → 인지
我把他讨厌。(×) → 我讨厌他。(○) 나는 그를 싫어한다. → 심리활동
她把一个女儿生了。(×) → 她生了一个女儿。(○) 그녀는 딸을 하나 낳았다. → 출현
他们之间总是把误会产生。(×) → 他们之间总是产生误会。(○) 그들 사이에는 항상 오해가 생긴다. → 발생

讨厌 tǎoyàn 동 싫어하다 | **生** shēng 동 낳다, 태어나다 | **之间** zhījiān 명 ~사이 | **误会** wùhuì 명 오해 | ★**产生** chǎnshēng 동 생기다, 발생하다

판단 및 인지를 나타내는 동사

是 shì ~이다 | 有 yǒu 있다 | 像 xiàng ~와 같다 | 看见 kànjiàn 보다, 보이다 | 听见 tīngjiàn 듣다, 들리다
发现 fāxiàn 발견하다 | 感到 gǎndào 느끼다 | 觉得 juéde ~라고 생각하다 | 知道 zhīdào 알다
认识 rènshi 알다 | 决定 juédìng 결정하다

심리활동을 나타내는 동사

喜欢 xǐhuan 좋아하다 | 讨厌 tǎoyàn 싫어하다 | 生气 shēngqì 화내다 | 害怕 hàipà 겁내다
关心 guānxīn 관심있다 | 担心 dānxīn 걱정하다 | 怀疑 huáiyí 의심하다

출현 및 발생을 나타내는 동사

出生 chūshēng 태어나다, 출생하다 | 出现 chūxiàn 나타나다 | 产生 chǎnshēng 발생하다

3 '把'자문의 고정격식

- **把A交给B** bǎ A jiāogěi B　A를 B에게 건네주다
  你能把这本书交给老师吗？ 너는 이 책을 선생님께 건네줄 수 있어?

- **把A还给B** bǎ A huángěi B　A를 B에게 갚다, A를 B에게 돌려주다
  我要把这笔钱还给哥哥。 나는 이 돈을 오빠에게 갚아야 한다.

- **把A发给B** bǎ A fāgěi B　A를 B에 보내다
  我把我的简历发给了公司。 나는 내 이력서를 회사에 보냈다.

- **把A放在B** bǎ A fàngzài B　A를 B에 두다
  她把电视放在客厅里了。 그녀는 텔레비전을 거실에 두었다.

- **把A挂在B** bǎ A guàzài B　A를 B에 걸다
  别把照片挂在门后。 사진을 문 뒤에 걸지 마.

- **把A称为B** bǎ A chēngwéi B　A를 B라고 부르다
  人们把熊猫称为"国宝"。 사람들은 판다를 '국보'라고 부른다.

- **把A当成/当做B** bǎ A dàngchéng/dàngzuò B　A를 B로 여기다, A를 B로 삼다
  奶奶总是把我当成小孩子。 할머니는 항상 나를 어린아이로 여긴다.

- **把A翻译成B** bǎ A fānyìchéng B　A를 B로 번역하다
  我想把这本小说翻译成英文。 나는 이 소설을 영어로 번역하고 싶다.

- **把A删除** bǎ A shānchú　A를 삭제하다
  他不小心把资料删除了。 그는 부주의하여 자료를 삭제했다.

笔 bǐ 양 묶, 건 [돈이나 그와 관련된 것에 쓰임] | ★简历 jiǎnlì 명 이력서 | 客厅 kètīng 명 거실 | 挂 guà 동 걸다 | 国宝 guóbǎo 명 국보 | 当成 dàngchéng ~로 여기다 | 翻译 fānyì 동 번역하다 | 英文 Yīngwén 고유 영어 | ★资料 zīliào 명 자료 | ★删除 shānchú 동 삭제하다, 지우다

4 '被'자문의 형식

(1) 주어 + 被 + 목적어 + 술어 + 기타 성분
　　　　　　부사어

'(주어)가 (목적어)에 의해 ~를 당하다'라는 의미로, 주어는 '행위의 대상'을, 목적어는 '행위의 주체'를 나타낸다. 행위의 주체인 목적어는 '被+목적어' 형태로 반드시 '술어 앞'에 위치해야 한다. '被'는 '让' '叫' '给'와 바꿔 쓸 수 있다.

他的　要求　被　老板　拒绝　了。 그의 요구는 사장에게 거절당했다.
관형어 주어　被　목적어　술어　了

这个　秘密　让　别人　发现　了。 이 비밀은 다른 사람에게 알려졌다.
관형어 주어　让　목적어　술어　了

★老板 lǎobǎn 명 사장 | 拒绝 jùjué 동 거절하다, 거부하다 | ★秘密 mìmì 명 비밀, 기밀

(2) 주어 + 시간명사 + 시간부사 + 부정부사 + 조동사 + 被 + 목적어 + (给) + 술어 + 기타 성분
　　　　　　　　　　　　　　　부사어

시간명사, 시간부사, 부정부사, 조동사는 모두 개사 '被' 앞에 오며, 술어 앞에는 피동의 어기를 강조하는 조사 '给'가 올 수 있다. 단, 개사 '被' 대신 개사 '给'를 쓸 경우 술어 앞에 피동의 어기를 강조하는 조사 '给'는 쓸 수 없다.

他的主张 **从来 就 没有 被** 我们(给) 考虑 过。 그의 주장은 여태껏 우리들에게 고려된 적이 없다.
주어 / 시간부사 시간부사 부정부사 개사 목적어 조사 / 술어 / 기타 성분

★主张 zhǔzhāng 명 주장, 견해, 의견 | 考虑 kǎolǜ 동 고려하다, 생각하다

5 '被'자문의 특징

(1) 특정한 주어와 목적어

'被'자문에서 주어와 목적어는 확실한 것이거나, 화자나 청자가 이미 알고 있는 것이어야 한다.

一个电脑被弟弟弄坏了。(×) → 那个电脑被弟弟弄坏了。(○) 그 컴퓨터는 남동생이 망가뜨렸다. → 특정한 주어
小偷被一个警察抓住了。(×) → 小偷被那个警察抓住了。(○) 도둑은 그 경찰에게 붙잡혔다. → 특정한 목적어
小偷被警察抓住了。(○) 도둑은 경찰에게 붙잡혔다. → 문맥을 통해 추측 가능한 주어와 목적어

또한 목적어를 알고 있는 경우, 알 수 없는 경우, 밝히고 싶지 않거나 강조할 필요가 없는 경우에 목적어를 생략할 수 있다. 단 '被' '给' 뒤의 목적어는 생략할 수 있지만, '让' '叫' 뒤의 목적어는 생략할 수 없다.

狮子被(人们)称为"动物之王"。 사자는 (사람들에 의해) 동물의 왕이라 불린다.
这次考试给(学校)取消了。 이 시험은 (학교에 의해) 취소되었다.

弄坏 nònghuài 동 망가뜨리다, 못쓰게 하다 | 小偷 xiǎotōu 명 도둑 | 警察 jǐngchá 명 경찰 | 抓住 zhuāzhu 동 붙잡다, 체포하다 | ★狮子 shīzi 명 사자 | 称为 chēngwéi 동 ~라고 부르다 | 之 zhī 조 ~의, ~하는 | 王 wáng 명 왕 | ★取消 qǔxiāo 동 취소하다

(2) 주어 + 被 + 목적어 + 술어 + 기타 성분

술어 뒤 기타 성분에는 일반적으로 동태조사와 보어가 온다. 단, 기타 성분에 동태조사 '着', 가능보어, 동사 중첩은 쓰지 않는다.

동태조사	了	他被卡车撞倒了。 그는 트럭에 부딪쳐 넘어졌다.
	过	入境的所有人都被检查过。 입국한 모든 사람들은 검사를 받았다.
보어	정도보어	他被吓得全身发抖。 그는 놀라서 온몸이 떨렸다.
	결과보어	我被美丽的景色吸引住了。 나는 아름다운 풍경에 매료당했다.
	방향보어	地上的垃圾被他捡起来了。 땅 위의 쓰레기를 그가 주웠다.
	시량보어	航班被延误了十个小时。 항공편이 10시간 지연되었다.
	동량보어	我被他打了一顿。 나는 그에게 한 대 맞았다.

★卡车 kǎchē 명 트럭 | 撞倒 zhuàngdǎo 동 부딪쳐 넘어지다 | 入境 rùjìng 동 입국하다 | ★吓 xià 동 놀라다, 무서워하다 | 全身 quánshēn 명 온몸, 전신 | ★发抖 fādǒu 동 (벌벌·부들부들·달달) 떨다, 떨리다 | 美丽 měilì 형 아름답다, 예쁘다 | 景色 jǐngsè 명 풍경, 경치 | 吸引 xīyǐn 동 매료시키다, 끌어당기다 | 垃圾 lājī 명 쓰레기 | ★捡 jiǎn 동 줍다 | 航班 hángbān 명 항공편, 운항편 | 延误 yánwù 동 지연하다, 지체하다 | ★顿 dùn 양 번, 차례 [식사, 질책, 권고 등의 횟수를 세는 단위]

(3) 술어에 쓰이는 동사

'把'자문과 달리 '被'자문에서는 심리활동동사, 판단동사, 감각[인지]동사를 쓸 수 있다.

他们俩的秘密被我听见了。 그 두 사람의 비밀이 나에게 들렸다. → 감각동사
那件事很快就被她知道了。 그 일은 빠르게 그녀에게 알려졌다. → 인지상태동사

俩 liǎ 수 두 사람 [=两个人] | ★秘密 mìmì 명 비밀, 기밀

6 '被'자문의 고정격식

- **被(A)当做/认为B** bèi (A) dàngzuò/rènwéi B (A에 의해) B라고 여겨지다
  熊猫**被**人们**当做**中国的吉祥物。 판다는 사람들에게 중국의 마스코트라고 여겨진다.

- **被(A)誉为/称为B** bèi (A) yùwéi/chēngwéi B (A에 의해) B라고 불리다
  牡丹**被誉为**"花中之王"。 모란은 '꽃 중의 왕'이라고 불린다.

- **被(A)选为B** bèi (A) xuǎnwéi B (A에 의해) B로 뽑히다
  她**被选为**最有影响力的经济学家。 그녀는 가장 영향력 있는 경제학자로 뽑혔다.

- **被(A)感动** bèi (A) gǎndòng (A에 의해) 감동받다
  她**被**朋友的真心**感动**了。 그녀는 친구의 진심에 감동받았다.

- **被(A)批评** bèi (A) pīpíng (A에 의해) 꾸지람을 받다
  儿子做错事后**被**爸爸**批评**了。 아들은 잘못을 한 후 아빠에게 꾸지람을 받았다.

- **被(A)取消** bèi (A) qǔxiāo (A에 의해) 취소되다
  由于下大雨，出游的计划**被取消**了。 비가 많이 내려서, 여행 계획이 취소되었다.

- **被(A)推迟** bèi (A) tuīchí (A에 의해) 연기되다
  面试时间**被**公司**推迟**了两个小时。 면접 시간이 회사에 의해 두 시간 연기됐다.

- **被(A)拒绝** bèi (A) jùjué (A에 의해) 거절당하다
  他提出的要求**被**所有人**拒绝**了。 그가 제기한 요구는 모든 사람들에게 거절당했다.

- **被(A)录取** bèi (A) lùqǔ (A에 의해) 채용되다
  我**被**那家公司**录取**了。 나는 그 회사에 채용되었다.

- **被(A)批准** bèi (A) pīzhǔn (A에 의해) 승인되다
  他的签证申请很快就**被批准**了。 그의 비자 신청은 빨리 승인되었다.

- **被(A)打碎** bèi (A) dǎsuì (A에 의해) 깨지다
  新买的花瓶**被**小猫给**打碎**了。 새로 산 꽃병이 고양이에 의해 깨져 버렸다.

吉祥物 jíxiángwù 명 마스코트 | **牡丹** mǔdan 명 모란(꽃) | **影响力** yǐngxiǎnglì 명 영향력 | **经济** jīngjì 명 경제 | **学家** xuéjiā 명 학자 | **真心** zhēnxīn 명 진심 | **由于** yóuyú 개 ~때문에, ~로 인하여 | **出游** chūyóu 동 여행하다 | **计划** jìhuà 명 계획 | **面试** miànshì 명 면접 | **提出** tíchū 동 제기하다, 제출하다 | **签证** qiānzhèng 명 비자 | **申请** shēnqǐng 동 신청 | **花瓶** huāpíng 명 꽃병

배운 내용 점검하기

1 '把'자문 기본 어순
주어+把+목적어+술어+기타 성분

2 '被'자문의 기본 어순
주어+被+목적어+술어+기타 성분

3 '把'자문, '被'자문의 특징
① '把'자문의 목적어는 특정적이어야 한다. '판단' '인지' '심리 활동' '출현' '발생'을 나타내는 동사는 술어가 될 수 없다
② '被'자문의 주어와 목적어는 반드시 특정한 것이어야 한다. 술어 자리에는 '把'자문과 달리 '심리활동' '감각' '인지 상태'를 나타내는 동사도 쓸 수 있다.

STEP 3 실력 다지기

Day 34

1 填写完整   把   请您   信息

2 孩子   删除了   照片   不小心把

3 你   送给我   麻烦   那份资料   把

4 收拾一下   要   房间   把   你今天

5 被内蒙古的   我   吸引了   风景

6 我   那所   录取了   被   名牌大学

7 取消了   我的   被   考试资格

8 都   拒绝了   被   他的要求   我

해설서 p.223

32 조사

Day 35

STEP 1 유형 파악하기

◆ 조사는 '구조조사' '동태조사' '어기조사'로 나뉜다. 자체적인 의미는 없고, 단어나 구, 문장 끝에 붙어 부가적인 의미를 나타낸다. 조사마다 쓰이는 위치가 정해져 있어, 용법을 제대로 알아 두면 어순을 좀 더 빠르게 배열할 수 있다.

◆ 동태조사 '了' '着' '过'는 동사 뒤에 위치하므로 문장에서 술어를 찾는 중요한 단서가 된다. 구조조사 '的' '地' '得'는 관형어, 부사어, 보어 역할을 이끄는 조사이므로 수식할 단어를 찾는다면 어순을 배열하기 쉽다.

◆ 어기조사는 화자의 어투를 나타내는 조사로서, 문장 맨 끝에 쓰인다.

● 제1부분 예제

| 采访 | 王教授 | 记者的 | 接受了 |

정답&풀이

[接受采访 인터뷰에 응하다]

고유명사+명사	동사+조사	명사+조사	명사
王教授	接受了	记者的	采访
주어	술어+了	관형어+的	목적어

왕 교수는 기자의 인터뷰에 응했다.

STEP 1 조사 '了'와 결합한 동사 '接受'가 문장의 술어가 되며, 술어와 호응하는 '采访'이 목적어가 된다. '接受采访'은 빈출 짝꿍 표현이므로 기억해두자. 주어는 '인터뷰를 받은' 대상인 '王教授'가 된다.

STEP 2 구조조사 '的'와 결합한 '记者的'는 문맥상 목적어 '采访'을 앞에서 수식한다.

教授 jiàoshòu 명 교수 | 接受 jiēshòu 동 받아들이다, 받다, 수락하다 | 记者 jìzhě 명 기자 | ★采访 cǎifǎng 동 인터뷰하다, 취재하다 명 인터뷰

STEP 2 내공 쌓기

1 구조조사

단어와 단어 사이에 쓰여 어법적 관계를 나타내는 조사로 '的' '地' '得'가 있다.

	관형어 뒤에 놓여 주어나 목적어를 수식하는 역할	
的 de	명사/대사/동사/형용사/구/절+的+명사 관형어　　　　　주어/목적어	政府的方案 정부의 방안 | 我的点心 내 간식 发表的意见 발표한 의견 | 美丽的风景 아름다운 풍경 又高档又贵的东西 고급스럽고 비싼 물건 妈妈做的菜 엄마가 만든 음식

地 de	부사어 뒤에 놓여 술어를 수식하는 역할		
	동사/형용사+地+동사 　　부사어　　술어		不断地努力学习 끊임없이 열심히 공부하다 痛痛快快地玩了一天 신나게 하루 동안 놀았다
得 de	술어 뒤에서 정도보어를 이끌고, 가능보어를 만드는 조사		
	동사/형용사+得+정도보어 　　　술어		描写得很不错 잘 묘사하다 忙得很 매우 바쁘다
	동사+得+결과보어/방향보어 　　술어		做得好 잘할 수 있다 → 得+결과보어 回得去 돌아갈 수 있다 → 得+방향보어

★政府 zhèngfǔ 명 정부 | ★方案 fāng'àn 명 방안 | ★点心 diǎnxin 명 간식 | ★发表 fābiǎo 동 발표하다, 글을 게재하다 | 意见 yìjiàn 명 의견, 견해 | 美丽 měilì 형 아름답다, 예쁘다 | ★风景 fēngjǐng 명 풍경, 경치 | ★高档 gāodàng 형 고급의, 상당의 | ★不断 búduàn 동 계속하다 | ★痛快 tòngkuài 형 통쾌하다, 즐겁다 | ★描写 miáoxiě 동 묘사하다, 그려 내다

> **구와 절이란?**
> 구: 두 개 이상의 단어가 모여 하나의 역할을 하는 것
> 절: 두 개 이상의 단어가 모여 문장의 일부를 구성하는 것으로 주어부와 술어부가 있는 복문을 구성하는 단문

2 동태조사

동사 뒤에 쓰여 동작의 상태를 나타내는 조사로 '了' '着' '过'가 있다. 문장의 시제를 나타내며, 문장 배열 문제에서 술어를 찾는 중요한 단서가 된다.

了 le	동사 뒤에 위치해 동작의 완성이나 실현을 나타낸다. 朋友上当了。 친구는 속았다. 孩子在手机上下载了一个游戏。 아이는 휴대폰에서 게임 하나를 다운로드했다.
	미래 완료, 과거 완료 시제에 모두 사용 가능하다. 明天我下了飞机直接就去见你。 → 동사1+了+목적어+就/再/才+동사2 [미래 완료] 내일 나는 비행기에서 내리자마자 바로 직접 너를 만나러 갈 거야. 妹妹学了两年的汉语。 여동생은 2년간 중국어를 배웠다. → 동사+了+시량보어 [동작의 완료] 我已经等了他很长时间了。 나는 이미 그를 한참 동안 기다렸다. → 동사+(了)+시량보어+了 [현재까지 지속]
	동사가 2개일 때 了는 두 번째 동사 뒤에 위치한다. • 来/去/到+동사2+了 　他去了图书馆借几本书。(×) → 他去图书馆借了几本书。(○) 　　　　　　　　　　　　　　　　　그는 도서관에 가서 몇 권의 책을 빌렸다. • 동사1[방식]+동사2+了 　那个孩子用了叉子吃面条。(×) → 那个孩子用叉子吃了面条。(○) 　　　　　　　　　　　　　　　　　그 아이는 포크로 국수를 먹었다. • 使/让/叫[동사1]+동사2+了 　那次经历真让了我开眼界。(×) → 那次经历真让我开了眼界。(○) 　　　　　　　　　　　　　　　　　그 경험은 정말 내 시야를 넓혀 주었다.

着 zhe		동사 뒤에 쓰여 동작의 진행 및 지속을 나타낸다. 동작의 진행을 나타낼 경우 부사 '正在'나 어기조사 '呢'와 자주 쓰인다. 他们面临着巨大的风险。 그들은 커다란 위험에 직면해 있다. → 동사+着 外面正下着雪呢！ 밖에 눈이 막 내리고 있어! → 正/在/正在+동사+着……(呢) 他正在努力准备着呢！ 그는 한창 열심히 준비하고 있다. → 正/在/正在+동사+着……(呢) 窗台上摆着一盆花。 창턱에 꽃 화분 하나가 놓여 있다. → 장소+동사+着+명사구 [28단원 존현문 참조]	
		'동사1+着+동사2'는 방식, 수단을 나타낸다. 동사와 '着' 사이에는 다른 성분이 올 수 없다. 他们站着拥抱彼此。 그들은 서서 서로를 포옹한다. → 동사1+着+(목적어)+동사2 我们说着说着他就来了。 우리가 이야기하다 보니 그가 왔다. → 동사1+着+동사1+着+동사2	
过 guo		동사 뒤에 쓰여 과거의 경험이나 동작의 완료를 나타내고, 형용사 뒤에 쓰이면 비교의 의미를 나타낸다. 동사/형용사와 '过' 사이에는 다른 성분이 올 수 없다.	
	동사+过	과거의 경험 / 동작의 완료 我出版过三本小说。 나는 세 권의 소설을 출간한 적이 있다. → 과거의 경험 我们吃过晚饭就回家了。 우리는 저녁을 먹고 집으로 돌아갔다. → 동작의 완료	
		부사 '曾经'이나 '从来+没'와 자주 결합해 쓰인다. 他曾经邀请过我们。 그는 예전에 우리를 초대한 적이 있다. 我从来没有和他说过话。 나는 여태껏 그와 이야기를 해 본 적이 없다.	
		연동문에서 조사 '过'는 두 번째 동사 뒤에 위치한다. 我以前去动物园看过熊猫。 나는 이전에 동물원에 가서 판다를 본 적이 있다.	
		술목 구조의 이합동사와 쓰일 경우, 이합동사의 술어 부분 뒤에 위치한다. 他帮我的忙过。(✕) → 他帮过我的忙。(○) 그는 나를 도와준 적이 있다.	
	형용사+过	비교의 의미 她以前胖过，但现在瘦了很多。 그녀는 예전에 뚱뚱했었는데, 지금은 많이 날씬해졌다.	

★**上当** shàngdàng 동 속다, 꾐에 빠지다 | ★**下载** xiàzài 동 다운로드하다 | **直接** zhíjiē 형 직접 | ★**叉子** chāzi 명 포크 | **经历** jīnglì 명 경험, 경력 | **眼界** yǎnjiè 명 시야, 안목 | ★**面临** miànlín 동 직면하다, 당면하다 | ★**巨大** jùdà 형 아주 크다 | **风险** fēngxiǎn 명 위험, 모험 | **正** zhèng 부 마침 | **窗台** chuāngtái 명 창턱 | ★**摆** bǎi 동 놓다 | ★**盆** pén 양 [화분을 세는 단위] | **拥抱** yōngbào 동 포옹하다, 껴안다 | **彼此** bǐcǐ 대 서로, 상호 | ★**出版** chūbǎn 동 출간하다, 출판하다, 발행하다 | **小说** xiǎoshuō 명 소설 | **晚饭** wǎnfàn 명 저녁밥 | ★**曾经** céngjīng 부 일찍이 | **邀请** yāoqǐng 동 초대하다 | **动物园** dòngwùyuán 명 동물원

동태조사를 쓰지 않는 경우

(1) 동태조사 '了'를 쓰지 않는 경우

① '没'를 사용해 부정한 경우

弟弟没吃了冰激凌。(✕) → 弟弟没吃冰激凌。(○) 남동생은 아이스크림을 안 먹었다.

예외: [시간의 양+没+동사+了] 我们30多年没见了。(○) 우리는 30년 넘게 못 봤다.

② '总是' '一直' '每天' '常常' 등 습관이거나 지속적인 동작을 나타내는 어휘와 쓰인 경우

冬天我常常去滑雪了。(✕) → 冬天我常常去滑雪。(○) 겨울에 나는 자주 스키 타러 간다.

③ 심리활동동사[喜欢/想念/讨厌/担心/怕] 뒤

她非常想念了去世的妈妈。(✕) → 她非常想念去世的妈妈。(○) 그녀는 돌아가신 엄마를 너무나 그리워한다.

(2) 동태조사 '着'를 쓰지 않는 경우
① '使/让/叫'가 쓰인 겸어문인 경우
他让着我转告你。(×) → 他让我转告你。(○) 그가 나에게 너한테 전하라고 했다.
② 동사 뒤에 시량보어, 동량보어가 있는 경우
我等着她半天了。(×) → 我等了她半天了。(○) 나는 그녀를 한참 기다렸다. →시량보어
我找着他好几次。(×) → 我找了他好几次。(○) 나는 그를 여러 번 찾았다. →동량보어

(3) 동태조사 '过'를 쓰지 않는 경우
① '总是' '一直' '每天' '常常' 등 습관이거나 지속적인 동작을 나타내는 어휘와 쓰인 경우
我常常去过外国。(×) → 我常常去外国。(○) 나는 자주 외국에 간다.
② 인지동사[认识, 觉得, 听见, 发现 등] 뒤
我早就认识过她。(×) → 我早就认识她。(○) 나는 그녀를 진작에 알고 있었다.

★ **冰激凌** bīngjīlíng 명 아이스크림 | **常常** chángcháng 부 자주, 늘, 항상 | **滑雪** huáxuě 동 스키를 타다 | ★ **想念** xiǎngniàn 동 그리워하다, 생각하다 | ★ **去世** qùshì 동 돌아가다, 세상을 뜨다 | ★ **转告** zhuǎngào 동 (말을) 전하다, 전언하다 | **半天** bàntiān 명 한나절, 한참 | **外国** wàiguó 명 외국 | **早就** zǎojiù 부 진작, 이미

3 어기조사

문장 끝에 쓰여 화자의 말투, 심정, 기분 등을 나타내는 조사로 '了' '吗' '吧' '啊' '呢' '的' '嘛' 등이 있다.

了 le	상황이나 상태의 변화를 나타낸다. 我不想跟他来往了。 나는 그와 왕래하고 싶지 않다. 姐姐的孩子已经成了大人了。 언니의 아이는 벌써 성인이 되었다. → 동사+了(동태조사)+목적어+了(어기조사) 곧 변화가 일어날 것을 나타낸다. [형식: 要/就要/快/快要/就……了] 我们快要举行婚礼了。 우리는 곧 결혼식을 한다. 주관적 견해를 강조한다. 他说的话太片面了。 그의 말은 너무 일방적이다. → 太/可……了 (매우 ~하다) 该转变观念了。 생각을 바꿔야 한다. → 该……了 (마땅히 ~해야 한다, ~의 차례다) 他的事我再也不管了。 그의 일에 나는 다시는 관여하지 않을 거다. → 再也不……了 (다시는 ~하지 않다) 这个问题以后我们不再议论了。 → 不再……了 (더 이상 ~가 아니다) 이 문제를 이후에 우리는 더 이상 논의하지 않는다. 这个机器已经坏了，不能再用了。 → 不能再……了 (더 이상 ~할 수 없다) 이 기계는 이미 고장 나서 더 이상 쓸 수 없다.
吗 ma	의문을 나타내며, 일반적인 의문문, 반어문에 쓰인다. 你每天用功学习吗？ 너는 매일 열심히 공부하니? → 일반 의문문 你不是说一个人承担所有责任吗？ 너 혼자서 모든 책임을 진다고 말하지 않았니? → 반어문
吧 ba	요구, 명령, 권유, 동의, 추측[可能/也许/大概/一定……吧] 등의 어기를 나타낸다. 给我拿几块饼干吧。 나에게 과자 몇 개만 줘. → 요구 别在床上躺着了，快起来吧！ 침대에 누워 있지 말고 빨리 일어나! → 명령 你痛快地说出来吧。 너 속 시원하게 말해 봐. → 권유 好吧，我答应你了。 좋아, 허락할게. → 동의 困难可能会逐渐减少吧。 어려움은 점차 줄 것이다. → 추측

啊 a	감탄, 긍정, 동의 등의 어기를 나타내며 경우에 따라 'ya 呀' 'wa 哇' 등의 발음으로 읽힌다. 这儿的风景多美啊(ya)！ 이곳의 풍경은 정말 아름답다! → 감탄 是啊(ya)，我觉得认识她非常幸运。 그래, 나는 그녀를 알게된 게 매우 행운이라고 생각해. → 긍정 好啊(wa)，你想怎么做就怎么做吧！ 좋아, 네가 하고 싶은 대로 해. → 동의
呢 ne	평서문에서 진행, 미완성, 지속, 강조 등의 어기를 나타내거나, 생략 형태의 의문문에 쓰여 의문의 어기를 나타내기도 한다. 我在欣赏音乐呢。 나는 음악을 감상하고 있다. → 在……呢 [진행] 时间不早了，她还在打扮呢。 시간이 늦었는데, 그녀는 아직도 치장하고 있다. → 还……呢 [미완성] 我们依然保持着联系呢。 우리는 여전히 연락을 유지하고 있다. → 동사+着……呢 [지속] 他俩不吵架才怪呢！ 그들 둘이 싸우지 않는 게 이상하지! → 才……呢 [강조] 我喜欢幽默的人，你呢？ 나는 유머러스한 사람이 좋아. 너는? → 대상+呢 [생략 의문문]
的 de	긍정·추측·확신의 어기를 나타내거나, 시간·장소·방식·목적·동작의 행위자 등을 강조한다. 缺乏营养会引发各种疾病的。 영양부족은 각종 질병을 야기할 것이다. → 会……(的)(~일 것이다) [추측·확신] 我是从中国来的。 나는 중국에서 왔다. → [17단원 是……的 강조 구문 참조]
嘛 ma	이치나 도리, 사실 등이 명백하여 당연함을 나타낸다. 你看，我说了要小心点儿嘛。 너 봐, 내가 조심해야 한다고 말했잖아.

来往 láiwǎng 동 왕래하다 | 成 chéng 동 되다 | 大人 dàren 명 성인, 어른 | 举行 jǔxíng 동 거행하다, 개최하다 | ★婚礼 hūnlǐ 명 결혼식 | ★片面 piànmiàn 형 일방적이다, 단편적이다 | ★转变 zhuǎnbiàn 동 바꾸다, 전변하다 | ★观念 guānniàn 명 생각, 관념 | 管 guǎn 동 관여하다, 간섭하다 | 以后 yǐhòu 명 이후 | ★议论 yìlùn 동 논의하다, 의논하다 | 机器 jīqì 명 기계, 기기 | ★用功 yònggōng 동 열심히 공부하다, 노력하다 | ★承担 chéngdān 동 책임지다, 맡다, 담당하다 | 饼干 bǐnggān 명 과자, 비스킷 | 躺 tǎng 동 눕다, 드러눕다 | ★痛快 tòngkuài 형 통쾌하다 | ★答应 dāying 동 승낙하다, 동의하다 | 困难 kùnnan 명 어려움 | ★逐渐 zhújiàn 부 점차, 점점 | ★减少 jiǎnshǎo 동 줄다, 감소하다, 줄이다 | 呀 ya 조 [어조사 '啊(·a)'가 앞 음절의 모음(a·e·i·o·u)의 영향을 받아 변화된 음을 표기하기 위한 글자] | 哇 wa 조 [어조사 '啊(·a)'가 앞 음절의 모음(u·ao·ou)의 영향을 받아 변화된 음을 표기하기 위한 글자] | 风景 fēngjǐng 명 풍경, 경치 | ★幸运 xìngyùn 형 행운이다, 운이 좋다 | ★欣赏 xīnshǎng 동 감상하다 | 打扮 dǎban 동 치장하다, 꾸미다 | ★依然 yīrán 부 여전히 | ★保持 bǎochí 동 유지하다, 지키다 | 联系 liánxì 동 연락 | 俩 liǎ 수 두 사람 [=两个人] | ★吵架 chǎojià 동 말다툼하다, 다투다 | 怪 guài 형 이상하다 | 幽默 yōumò 형 유머러스하다 | ★缺乏 quēfá 동 결핍되다, 결여되다 | ★营养 yíngyǎng 명 영양 | 引发 yǐnfā 동 (병 등을) 야기하다 | 疾病 jíbìng 명 병, 질병

배운 내용 점검하기

1 조사의 특징
조사는 다양한 부가적인 의미를 나타내는 품사이다. 단독으로 쓰이지 않으며 반드시 다른 단어나 구, 문장과 함께 쓰여 어법적인 관계를 나타낸다.

2 조사의 분류
① 구조조사: 단어, 구, 문장 뒤에서 어법 관계를 나타내는 조사로 '的' '地' '得'가 있다.
② 동태조사: 동사 뒤에 위치해 동작의 상태를 나타내는 조사로 '了' '着' '过'가 있다.
③ 어기조사: 문장 끝에 쓰여 화자의 말투, 심정, 기분 등을 나타내는 조사로 '了' '吗' '吧' '啊' '呢' '的' '嘛' 등이 있다.

STEP 3 실력 다지기

Day 35

1 这个结论   可靠   呢   是否

___

2 历史   记录了   当年的   完整地   这本书

___

3 意见   警察   过   双方的   已经征求

___

4 热烈的   非常   受到   欢迎   王导演

___

5 巨大的   爸爸   承受着   一直   压力

___

6 书   摆放得   桌子上的   整整齐齐

___

7 为她   专家   制定了   方案   新的治疗

___

8 我   信封里   放在了   把收据

___

해설서 p.226

33 관형어, 부사어

쓰기 제1부분 | Day 36

STEP 1 유형 파악하기

- 관형어와 부사어 뒤에 구조조사 '的'와 '地'가 어떤 경우에 쓰이고 안 쓰이는지 확실히 구분해야 한다. 단어나 구 뒤에 '的'가 붙으면 주어나 목적어를 수식해 주는 관형어 자리에, '地'가 붙으면 부사어 자리에 배열한다.
- 술어를 꾸며 주는 부사어의 어순은 '부사+조동사+개사구'로, 시간 강조 어휘나 비교적 긴 개사구, 일부 어기·시간·빈도 부사는 주어 앞에 종종 쓰이기도 한다.

● 제1부분 예제

乐观生活的	态度	佩服朋友	我

정답&풀이

[관형어+的+목적어]

대사	동사+명사	형용사+명사+조사	명사
我	佩服朋友	乐观生活的	态度。 나는 친구의 낙관적인 생활 태도에 감탄했다.
주어	술어	관형어 的	목적어

STEP 1 동사 '佩服'가 문장의 술어가 되며, 인칭대사 '我'가 문장의 주어, 명사 '态度'가 목적어가 된다.
STEP 2 조사 '的'와 결합한 남은 제시어 '乐观生活'는 목적어 '态度' 앞에서 관형어 역할을 한다.

★**佩服** pèifú 통 감탄하다, 경탄하다, 감복하다 | ★**乐观** lèguān 형 낙관적이다, 희망차다 | **生活** shēnghuó 명 생활 | **态度** tàidu 명 태도

STEP 2 내공 쌓기

1 관형어

관형어는 보통 '주어나 목적어[중심어]' 앞에서 수식하는 문장성분으로, 수식하는 내용에 따라 제한성 관형어와 묘사성 관형어로 나눌 수 있다.

(1) 관형어의 종류

제한성 관형어	소유, 소속, 시간, 장소, 범위, 수량 등에서 사람이나 사물을 제한한다. 弟弟⑩电脑 남동생의 컴퓨터 → 소유/소속　　2002年⑩世界杯足球赛 2002년 월드컵 → 시간 中国⑩故宫 중국의 고궁 → 장소　　　　　　　　四岁⑩孩子 4살의 아이 → 범위 两杯咖啡 커피 두 잔 → 수량

묘사성 관형어	사람이나 사물의 성질, 상태, 동작 또는 직업, 재질, 재료를 묘사한다. 普通人 보통 사람 ǀ 新买的书 새로 산 책 → 사람·사물의 성질·상태 穿裤子的人 바지를 입은 사람 ǀ 关于中国文化的书 중국 문화에 관한 책 → 사람·사물의 특징 汉语老师 중국어 선생님 → 직업 玻璃杯 유리컵 → 재질·재료

世界杯足球赛 shìjièbēi zúqiúsài 월드컵 ǀ **故宫** Gùgōng [고유] 고궁 ǀ **普通** pǔtōng [형] 보통이다 ǀ ★**玻璃** bōli [명] 유리

(2) 관형어와 '的'

일반적으로 관형어 뒤에 조사 '的'가 쓰여 관형어와 중심어를 연결해 준다. 그러나 경우에 따라 조사 '的'를 생략하거나, 사용할 수 없다.

① '的'를 쓰는 경우: 관형어 + 的 + 중심어

관형어가 대사/명사(구)/동사(구)/2음절 형용사/형용사 중첩/형용사구/주술구/개사구/관용어구인 경우, 관형어 뒤에 조사 '的'를 쓴다.

我的兄弟 나의 형제 → 대사	忙忙碌碌的人生 바쁜 인생 → 형용사 중첩
未来的计划 미래의 계획 → 명사	非常神秘的人物 매우 신비한 인물 → 형용사구
市场门口的商店 시장 입구의 상점 → 명사구	我尊敬的老师 내가 존경하는 선생님 → 주술구
用功的学生 열심히 공부하는 학생 → 동사	关于环保的法律 환경 보호에 관한 법률 → 개사구
有资格的人 자격 있는 사람 → 동사구	没完没了的工作 끝이 없는 일 → 관용어구
善良的人 착한 사람 → 2음절 형용사	

★**兄弟** xiōngdì [명] 형제, 형과 아우 ǀ ★**未来** wèilái [명] 미래 ǀ **计划** jìhuà [명] 계획 ǀ ★**市场** shìchǎng [명] 시장 ǀ **门口** ménkǒu [명] 입구 ǀ ★**用功** yònggōng [동] 열심히 공부하다, 노력하다 ǀ ★**资格** zīgé [명] 자격 ǀ ★**善良** shànliáng [형] 착하다, 선량하다 ǀ **忙碌** mánglù [형] 바쁘다 ǀ ★**人生** rénshēng [명] 인생 ǀ **神秘** shénmì [형] 신비하다 ǀ ★**人物** rénwù [명] 인물 ǀ ★**尊敬** zūnjìng [동] 존경하다 ǀ **环保** huánbǎo [명] 환경 보호 ǀ **法律** fǎlǜ [명] 법률 ǀ **没完没了** méiwán méiliǎo [성] 한도 끝도 없다

② '的'를 쓰지 않는 경우: 관형어+중심어

(지시대사)+수량사/고유명사/什么/多少/1음절 형용사/가족/소속/숙어가 관형어인 경우, 관형어 뒤에 조사 '的'를 쓰지 않는다.

一本杂志 잡지 한 권 ǀ 这两家企业 이 두 기업 → (지시대사)+수량사	
中国地图 중국 지도 ǀ 汉语拼音 한어병음 → 고유명사	
什么名牌 어떤 명품 ǀ 多少时间 얼마 동안 → 什么/多少	
好邻居 좋은 이웃 ǀ 新书 새 책 → 1음절 형용사	
我爸爸 우리 아빠 ǀ 我们学校 우리 학교 → 가족/소속	
经济观念 경제 관념 ǀ 学习态度 학습 태도 → 숙어처럼 쓰이는 경우	

杂志 zázhì [명] 잡지 ǀ ★**企业** qǐyè [명] 기업 ǀ ★**拼音** pīnyīn [명] 병음 [현대 중국어 음절 구성 규칙에 따라 자음과 모음을 조합하여 성조를 붙여 한 음절을 구성함] ǀ ★**名牌** míngpái [명] 유명 상표, 유명 브랜드 ǀ **经济** jīngjì [명] 경제 ǀ ★**观念** guānniàn [명] 관념, 생각 ǀ **态度** tàidu [명] 태도

(3) 관형어의 형식

① 지시대사/수사 + 양사 + 각종 구 + 的 + 중심어 ✦
         제한성 관형어   묘사성 관형어

하나의 중심어에 여러 개의 관형어가 놓일 때, 보통 '제한성 관형어 → 묘사성 관형어' 순으로 쓴다.

这是一种很实用的工具。 이것은 일종의 실용적인 도구이다. → 수사+양사+정도부사+형용사+的
他是一个充满热情的演员。 그는 열정이 넘치는 배우이다. → 수사+양사+동사+명사+的

★**实用** shíyòng 형 실용적이다 | ★**工具** gōngjù 명 도구, 수단, 공구 | ★**充满** chōngmǎn 동 가득 채우다 | **演员** yǎnyuán 명 배우, 연기자

② 더 복잡한 경우의 어순

여러 품사의 단어들이 하나의 관형어를 이루어 더 복잡해진 경우의 어순은 예문으로 익혀 보자. 예문으로 익힌 후, 어순 법칙을 보면 좀 더 이해하기 쉽다.

소유명사/대사+시간사+장소사+주술구+개사구+동사(구)+지시대사+수량사+
형용사구/기타 수식성구+'的'를 쓰지 않는 형용사/수식성 명사

대사	명사	시간(명)사	장소사	동사구	지시대사	수량사	형용사구	중심어
我	姐姐	昨天	在百货商店	买的	那	三条	蓝色的	裙子

우리 언니가 어제 백화점에서 산 그 세 벌의 파란색 치마

시간사, 장소사는 소유명사, 대사 앞뒤에, 지시대사+수량사는 개사구, 동사(구), 형용사(구) 앞뒤에 올 수 있다.

시간사	명사	개사구	동사구	지시대사	수량사	형용사구	'的'를 쓰지 않는 형용사	중심어
今天	爸爸	为我的生日	准备好的	那	一款	好看的	新	手机

오늘 아빠가 내 생일을 위해 준비하신 저 예쁜 새 휴대폰

百货商店 bǎihuò shāngdiàn 명 백화점 | **蓝色** lánsè 명 파란색 | **款** kuǎn 양 종류, 모양, 유형, 스타일, 타입

2 부사어

부사어란 술어 앞에서 술어를 묘사하거나 제한하는 문장성분으로, 묘사성 부사어와 한정성 부사어로 나뉜다.

(1) 부사어의 종류

묘사성 부사어	동작의 방식 또는 동작하는 사람의 상태를 묘사한다. **慢慢**地吃 천천히 먹다 **高高兴兴**地下班回家 기쁘게 퇴근해서 집에 가다
한정성 부사어	시간, 장소, 부정, 대상, 방식, 목적, 정도 등에 대해 문장 전체 또는 술어를 제한한다. **明天**考试 내일 시험이다 **在超市**买 슈퍼에서 사다 **跟朋友**吵架 친구와 다투다

下班 xiàbān 동 퇴근하다 | ★**吵架** chǎojià 동 다투다

(2) 부사어와 '地'

일반적으로 부사어 뒤에 조사 '地'가 쓰여 부사어와 술어를 연결해 준다. 그러나 경우에 따라 조사 '地'를 생략하거나, 사용할 수 없다.

① '地'를 쓰는 경우: 주술구/ 2음절 형용사 / 동사구 + 地 + 술어

주술구, 2음절 형용사, 동사구가 술어를 꾸밀 경우, 보통 조사 '地'를 쓴다.

他焦急地走下楼去。 그는 초조해하며 아래층으로 내려갔다. → 주술구+地
他急急忙忙地出了门。 그는 매우 급하게 외출했다. → 2음절 형용사+地
她一般会有计划地消费。 그녀는 일반적으로 계획적으로 소비한다. → 동사구+地

焦急 jiāojí 형 초조하다, 조급해하다 | 下楼 xiàlóu 동 (위층·계단 등에서) 내려가다 | ★急忙 jímáng 형 급하다 | ★消费 xiāofèi 동 소비하다

② '地'를 쓰지 않는 경우: **제한성 부사어/1음절 형용사 + 술어**

시간, 장소, 범위, 대상, 목적, 정도를 나타내는 제한성 부사어나 1음절 형용사인 부사어 뒤에는 대부분 '地'를 쓰지 않는다.

你今天晚上有空吗? 너 오늘 밤에 시간 있어? → 시간
孩子们在操场踢足球。 아이들은 운동장에서 축구를 한다. → 장소
今天学过的生词我都背完了。 오늘 배웠던 단어를 나는 모두 외웠다. → 범위
我们给教授发邮件。 우리는 교수님께 우편물을 보낸다. → 대상
我为了挣钱什么活儿都做。 나는 돈을 벌기 위해 무슨 일이든 한다. → 목적
她把屋里收拾得非常整齐。 그녀는 방을 매우 깔끔하게 정리했다. → 정도
快走吧。 빨리 가자. → 1음절 형용사

空 kòng 명 틈, 짬, 겨를 | ★操场 cāochǎng 명 운동장 | 生词 shēngcí 명 새 단어, 새 낱말 | ★背 bèi 동 외우다, 암기하다 | 教授 jiàoshòu 명 교수 | 邮件 yóujiàn 명 우편물 | 挣钱 zhèngqián 동 돈을 벌다 | 活 huó 명 일 | 屋 wū 명 방, 거실 | 收拾 shōushi 동 정리하다, 정돈하다 | ★整齐 zhěngqí 형 깔끔하다, 정연하다, 단정하다

(3) 부사어의 형식

① 부사어의 기본 위치 및 어순: **주어 + 부사 + 조동사 + 개사구 + 술어**

여러 개의 부사어가 함께 쓰일 때 보통 '부사+조동사+개사구' 어순으로 쓴다. ✦

我一直想跟你们商量这件事情。 나는 계속 너희와 이 일을 상의하고 싶다. → 부사+조동사+개사구

일부 부사는 동사와 긴밀하여 '조동사+부사+동사' 순서로 쓰이기도 한다.

你得单独调查那件事。 너는 단독으로 그 일을 조사해야 한다. → 조동사+부사

商量 shāngliang 동 상의하다, 의논하다, 협의하다 | 得 děi 조동 ~해야 한다 | 单独 dāndú 부 단독으로 | 调查 diàochá 동 조사하다 | 结果 jiéguǒ 명 결과, 결실

부사어는 보통 주어와 술어 사이에 위치하지만, 시간사, 비교적 긴 개사구, 일부 어기·시간·빈도부사는 주어 앞에도 올 수 있다.

昨天记者采访了一位著名作家。 어제 기자는 저명한 작가를 인터뷰했다. → 시간 강조
对于别人的批评、建议, 他一直虚心地接受。 → 긴 개사구
다른 사람의 비평과 건의에 대해 그는 계속 겸허하게 받아들인다.
难道你不知道这件事吗? 설마 당신 이 일을 모르나요? → 어기부사

记者 jìzhě 명 기자 | ★采访 cǎifǎng 동 인터뷰하다, 취재하다, 탐방하다 | 著名 zhùmíng 형 저명하다, 유명하다 | 作家 zuòjiā 명 작가 | 对于 duìyú 개 ~에 대해서, ~에 대하여 | 批评 pīpíng 명 비평, 비판 | 建议 jiànyì 명 건의, 제안, 제의 | ★虚心 xūxīn 형 겸손하다, 겸허하다 | 接受 jiēshòu 동 받아들이다, 받다 | 难道 nándào 부 설마 ~란 말인가?, 설마 ~하겠는가? [难道……吗?: 설마 ~란 말인가?]

② 더 복잡한 경우의 어순

안 그래도 복잡한 부사어인데, 여러 개의 부사, 여러 개의 구가 함께 쓰일 때는 그 안에서 또 어떤 어순으로 배열해야 할까? 먼저 예문을 여러 번 읽으면서 어순을 익힌 후, 어순 법칙을 보며 이해해 보자.

시간+어기·빈도·범위부사+행위자 묘사[주로 형용사(구)]+목적·근거·관계·협동[주로 개사구]+ 장소·공간·방향·노선[주로 개사구]+대상[주로 개사구]+동작 묘사

我 上个星期〔시간〕 竟然〔어기〕 为了一件小事〔근거〕 在路上〔장소〕 跟女朋友〔대상〕 吵了起来。
나는 지난주 뜻밖에 작은 일 하나 때문에 길에서 여자 친구와 싸웠다.

领导 已经〔시간〕 在会议室〔장소〕 向大家〔대상〕 说明了情况。 상사는 이미 회의실에서 모두에게 상황을 설명했다.

형용사(구)는 개사구의 앞이나 뒤에 모두 올 수 있다.

孩子看见我后，迅速地〔행위자 묘사〕 向我〔방향〕 跑过来。 = 孩子看见我后，向我〔방향〕 迅速地〔행위자 묘사〕 跑过来。
아이는 나를 본 후, 재빨리 나를 향해 뛰어왔다.

竟然 jìngrán 뜻밖에, 놀랍게도, 의외로 | ★**吵** chǎo 말다툼하다 | ★**领导** lǐngdǎo 상사, 지도자, 리더 | **会议室** huìyìshì 회의실 | **说明** shuōmíng 설명하다 | **情况** qíngkuàng 상황 | ★**迅速** xùnsù 재빠르다, 신속하다

배운 내용 점검하기

1 관형어의 어순
주어/목적어 앞에 위치하며, 관형어구의 배열 순서는 '지시대사/수사+양사+각종 구+的+중심어'

2 부사어의 어순
일반적으로 주어 뒤, 술어 앞에 위치하며 주어 앞에 오는 경우도 있다. 부사는 형용사나 개사구 앞에, 형용사는 개사구 앞이나 뒤에 위치한다.

STEP 3 실력 다지기

Day 36

1 设计风格   他的   独特   很

_____

2 退休前在   爸爸   工作   报社

_____

3 已经   辞职了   我   从海关部门

_____

4 女性的   一项   针对   那是   心理测试

_____

5 购买了   他   意外保险   一份

_____

6 差别   非常大   那几家   待遇   公司的

_____

7 一项传统   跆拳道   韩国的   运动   是

_____

8 带来了   很多   儿子   给我们家   快乐

_____

해설서 p.229

01 작문 첫걸음

쓰기 제2부분

Day 02

작문 기초 지식 쌓기

쓰기 제2부분에는 '80자 분량'으로 '작문'하는 문제가 '제시어 작문'과 '사진 작문' 총 2가지 유형으로 출제된다. 유형별 빈출 내용을 숙지하고 문장부호와 원고지 작성법, 작문할 때 쓰면 좋은 표현 등을 함께 익히면 좀 더 단시간에 작문 실력을 향상시킬 수 있다.

1 문장부호

한국어 문장부호와 중국어 문장부호의 용법상 차이는 다음과 같다. 문장부호에 대한 내용은 p.132에서도 확인할 수 있다.

중국어 문장 부호		한국어와 차이점
" "	引号 yǐnhào 따옴표 [인용부호]	중국어는 작은따옴표와 큰따옴표를 구분하지 않고 사용한다. [한국어: ' ', " "]
、	顿号 dùnhào 모점	한국에서는 모점 대신 쉼표를 통용하여 사용하지만 중국어에서는 쉼표(,)와 모점(、)을 구분하여 사용한다. [한국어: ,]
。	句号 jùhào 마침표	중국어는 마침표를 쓸 때 속을 채우지 않고 찍는다. [한국어: .]
……	省略号 shěnglüèhào 말줄임표	한국어는 말줄임표를 쓸 때, 점 3개를 찍어도 상관없지만, 중국어로 말줄임표를 쓸 때는 꼭 점 6개를 찍어야 한다. [한국어: …]

2 원고지 작성법 및 수정 부호

쓰기 제2부분 답안지에는 112자를 쓸 수 있는 작은 원고지가 총 두 개[제시어로 글쓰기용, 사진 보고 글쓰기용] 주어진다. '80자 내외로 쓰기'라는 요구에 따라 (문장부호를 제외하고) 75~85자 분량으로 한 편의 글을 완성하는 것이 좋다. 원고지 작성법에 맞게 썼는지 여부 또한 채점의 기준이 되므로 제대로 알고 정확하게 써야 한다.

(1) 원고지 작성법

(2) 원고지 수정 부호

3 자주 쓰는 짝꿍 표현

- 网络发达 wǎngluò fādá 인터넷이 발달하다
- 制定计划 zhìdìng jìhuà 계획을 세우다
- 缓解压力 huǎnjiě yālì 스트레스를 완화시키다
- 鼓起勇气 gǔqǐ yǒngqì 용기를 내다
- 有看法 yǒu kànfǎ 견해가 있다
- 整理资料 zhěnglǐ zīliào 자료를 정리하다
- 解决问题 jiějué wèntí 문제를 해결하다
- 乐观的态度 lèguān de tàidu 낙관적인 태도
- 性格活泼 xìnggé huópō 성격이 활발하다
- 十分谦虚 shífēn qiānxū 매우 겸손하다
- 坚强的性格 jiānqiáng de xìnggé 굳센 성격
- 虚心请教 xūxīn qǐngjiào 겸손하게 가르침을 청하다

- 快乐的生活 kuàilè de shēnghuó 즐거운 생활
- 感到紧张 gǎndào jǐnzhāng 긴장감을 느끼다
- 极为兴奋 jíwéi xīngfèn 매우 흥분하다
- 感到自豪 gǎndào zìháo 자랑스럽다
- 觉得可怕 juéde kěpà 무섭다고 생각하다
- 感到担心 gǎndào dānxīn 걱정하다
- 养成习惯 yǎngchéng xíguàn 습관을 기르다
- 想念家乡 xiǎngniàn jiāxiāng 고향을 그리워하다
- 产生矛盾 chǎnshēng máodùn 갈등이 생기다
- 被……传染 bèi……chuánrǎn ~에 의해 감염되다
- 产生不良影响 chǎnshēng bùliáng yǐngxiǎng 좋지 않은 영향을 끼친다

4 다양한 주제에 활용되는 기초 단어

동사	感谢 gǎnxiè 동 감사하다 | 面对 miànduì 동 직면하다 | 服务 fúwù 동 서비스하다 控制 kòngzhì 동 제어하다 | 影响 yǐngxiǎng 동 영향을 주다 명 영향 | 信任 xìnrèn 동 신임하다 명 신임 帮助 bāngzhù 동 돕다 명 도움 | 想念 xiǎngniàn 동 그리워하다 | 熬夜 áoyè 동 밤새다 珍惜 zhēnxī 동 소중히 여기다 | 乐观 lèguān 동 낙관하다 형 낙관적인 | 坚持 jiānchí 동 끝까지 버티다 坚强 jiānqiáng 동 견고히 하다 형 (조직, 의지) 완강하다 | 表示 biǎoshì 동 의미하다 | 吸引 xīyǐn 동 끌어당기다 适合 shìhé 동 적합하다 | 承受 chéngshòu 동 받아들이다 | 激动 jīdòng 동 흥분하다 咨询 zīxún 동 의견을 구하다 | 值得 zhídé 동 ~할 만한 가치가 있다 | 发言 fāyán 동 의견을 발표하다 回国 huíguó 동 귀국하다 | 积累 jīlěi 동 쌓이다 | 演出 yǎnchū 동 공연하다 명 공연
형용사	快乐 kuàilè 형 즐겁다 | 美丽 měilì 형 아름답다 | 紧张 jǐnzhāng 형 긴장해 있다 | 巧妙 qiǎomiào 형 교묘하다
명사	信息 xìnxī 명 소식 | 网络 wǎngluò 명 인터넷 | 计划 jìhuà 명 계획 | 城市 chéngshì 명 도시 压力 yālì 명 스트레스 | 勇气 yǒngqì 명 용기 | 语言 yǔyán 명 언어 | 成就感 chéngjiùgǎn 명 성취감 结果 jiéguǒ 명 결과 | 资料 zīliào 명 자료 | 材料 cáiliào 명 자료 | 母亲 mǔqīn 명 어머니 看法 kànfǎ 명 견해 | 意见 yìjiàn 명 의견 | 问题 wèntí 명 문제

5 주제 불문! 만능 패턴

여러 주제의 글에 활용하기 좋은 만능 패턴을 '도입, 전개, 마무리' 단계별로 정리했다. 만능 패턴을 사용하면 글의 문맥이 자연스러워지고, 글자 수를 채우기 위한 부담도 덜 수 있다. 아래에 정리한 패턴과 모범 문장을 외우고, 함께 결합해 쓸 수 있는 표현을 넣어 바꿔 써 보자.

(1) 도입

패턴	예문	활용 표현
今天是…… 오늘은 ~이다	今天是我父母亲的结婚纪念日。 오늘은 우리 부모님의 결혼 기념일이다.	▶ 母亲节 어머니의 날 ▶ 公布考试成绩的日子 시험 성적을 공표하는 날
A是B的日子 A는 B한 날이다	明天是妹妹大学毕业的日子。 내일은 여동생의 대학교 졸업하는 날이다.	▶ A: 昨天 어제 B: 参加面试 면접에 참가하다 ▶ A: 星期五 금요일 B: 搬家 이사하다
我的爱好是…… 나의 취미는 ~이다	我的爱好是爬山和踢足球。 나의 취미는 등산을 하는 것과 축구를 하는 것이다.	▶ 练瑜伽 요가를 하다 ▶ 收集邮票 우표를 수집하다
现在很多人(不)喜欢…… 현재 많은 사람들이 ~ (안) 좋아한다	现在很多年轻人喜欢自己开车去旅行。 현재 많은 젊은이들은 스스로 운전해서 여행 가는 것을 좋아한다.	▶ 吃零食 간식을 먹다 ▶ 去健身房锻炼身体 헬스장에 가서 몸을 단련하다
A马上就要B了 A가 곧 B하려 한다	婚礼马上就要开始了，我很期待。 결혼식이 곧 시작하려 하고, 나는 기대하고 있다.	▶ A: 考试 시험을 보다 B: 结束 끝나다
最近开始流行…… 최근 ~가 유행하기 시작했다	韩国最近开始流行中国牌子的充电器。 한국에서는 최근 중국 브랜드의 충전기가 유행하기 시작했다.	▶ 蓝色的服饰 파란색 옷 ▶ 自驾游 운전해서 여행을 하다
我最近有一次……的经历 나는 최근 ~한 경험이 있다	我最近有一次去中国学习的经历。 나는 최근에 중국에 공부하러 간 경험이 있다.	▶ 去外国出差 외국 출장을 가다 ▶ 参加学术报告会 학술 보고회에 참가하다
最近很多人开始…… 최근 많은 사람들이 ~하기 시작한다	最近很多人开始减肥。 최근 많은 사람들이 다이어트를 시작한다.	▶ 健身 신체를 단련하다 ▶ 玩儿自媒体 1인 미디어에서 놀다
上个月我去A[장소] B[행동] 지난달에 나는 B하러 A에 갔다 [지난달에 나는 A에 가서 B했다]	上个月我去美国出差了。 지난달에 나는 미국으로 출장을 갔다.	▶ 杭州旅游 항저우에 여행을 가다 ▶ 北京看朋友 베이징에서 친구를 보다
去年我+동사+过 작년에 나는 ~한 적이 있다	去年我有过一次印象深刻的面试。 작년에 인상 깊은 면접이 한 번 있었다.	▶ 去过台湾旅行 타이완에 여행을 간 적이 있다 ▶ 参加过厨艺大赛 요리 대회에 참가한 적이 있다
从小就…… 어렸을 때부터 ~하다	她从小就非常独立，从来不依靠别人。 그녀는 어려서부터 매우 독립적이어서, 지금까지 다른 사람에게 의지한 적이 없었다.	▶ 十分聪明 매우 총명하다 ▶ 有礼貌 예의가 있다

父母亲 fùmǔqīn 명 부모님 | 纪念日 jìniànrì 명 기념일 | 母亲节 Mǔqīn Jié 고유 어머니의 날 | ★日子 rìzi 명 날 | 毕业 bìyè 동 졸업하다 | 面试 miànshì 명 면접시험 | 练瑜伽 liàn yújiā 요가를 하다 | 收集 shōují 동 수집하다 | 邮票 yóupiào 명 우표 | 年轻人 niánqīngrén 명 젊은이, 젊은 사람, 청년 | 开车 kāichē 동 운전을 하다 | 旅行 lǚxíng 동 여행하다 | ★零食 língshí 명 간식 | 健身房 jiànshēnfáng 명 헬스장 | ★婚礼 hūnlǐ 명 결혼식 | ★期待 qīdài 동 기대하다, 기다리다, 고대하다 | 韩国 Hánguó 고유 한국 | 牌子

páizi 명 상표 | ★充电器 chōngdiànqì 명 충전기 | 自驾游 zìjiàyóu 동 자가 운전 여행을 하다 | 外国 wàiguó 명 외국 | 出差 chūchāi 동 출장 가다 | ★学术 xuéshù 명 학술 | 报告会 bàogàohuì 명 보고회 | 减肥 jiǎnféi 동 살을 빼다, 체중을 줄이다 | ★健身 jiànshēn 동 신체를 건강하게 하다 | 自媒体 zìméitǐ 명 1인 미디어 | 美国 Měiguó 고유 미국 | 杭州 Hángzhōu 고유 항저우 | 印象 yìnxiàng 명 인상 | 深刻 shēnkè 형 (인상이) 깊다 | 台湾 Táiwān 고유 타이완 | 厨艺 chúyì 명 요리 기술 | 大赛 dàsài 명 대회 | ★独立 dúlì 동 독립적으로 하다 | 从来 cónglái 부 (과거부터) 지금까지, 여태껏 | 依靠 yīkào 동 의지하다, 의존하다 | 十分 shífēn 부 매우, 아주, 대단히 | 礼貌 lǐmào 명 예의

(2) 전개

给A介绍B A에게 B를 소개하다	经理给大家介绍了新来的同事。 사장님이 모두에게 새로 온 동료를 소개하였다.	▶ A: 游客 여행객 B: 故宫的历史 고궁의 역사
看到A，我B A를 보고 나는 B했다	看到孩子亲手准备的礼物，我感动极了。 아이가 직접 준비한 선물을 보고 나는 매우 감동받았다.	▶ 考卷的分数 시험지의 점수 欣慰极了 기쁘고 안심이 되다
当A(的)时(候)，B A할 때, B하다	当他还在上大学的时候，就已经开始创业了。 그가 아직 대학교를 다닐 때, 이미 창업을 시작했다.	▶ A: 他在实习 실습을 하다 B: 就参与了著名桥梁的设计工作 바로 유명한 다리의 설계 작업에 참여하였다
在A的帮助下，B A의 도움으로 B하다	在同事的帮助下，我完成了这次任务。 동료의 도움으로, 이번 임무를 완수했다.	▶ A: 朋友 친구 B: 我解决了问题 나는 문제를 해결했다 ▶ A: 老师 선생님 B: 学生们提高了成绩 학생들은 성적을 올렸다
那么，……有什么好处呢？ 그렇다면 ~는 어떤 좋은 점이 있을까?	那么，运动有什么好处呢？ 그렇다면 운동은 어떤 좋은 점이 있을까?	▶ 多喝水 물을 많이 마시다 ▶ 实践 실천하다
我对A充满[有]B 나는 A에 대해 B가 충만하다	我对自己充满信心。 나는 자신에 대해 자신감이 충만하다.	▶ A: 我的学生 나의 학생 B: 期望 기대 ▶ A: 这次比赛 이번 경기 B: 把握 자신
越来越+형용사 갈수록 (점점) ~하다	她越来越自信。 그녀는 갈수록 자신만만해한다.	▶ 开朗 명랑하다 ▶ 热情 친절하다, 열정적이다 ▶ 漂亮 예쁘다
看上去/看(起)来/看样子 보아하니, 보니까	她看上去好像有什么事。 그녀를 보아하니 무슨 일이 있는 것 같다.	▶ 心情很好 기분이 좋다 ▶ 很高兴 기쁘다
A与B有关 A는 B와 관계가 있다	这种传统风俗与气候有关。 이런 전통 풍습은 기후와 관련이 있다.	▶ A: 成绩的提高 성적의 향상 B: 学习方法 공부 방법
怎么A也不/没B 아무리 A해도 B하지 않다	她怎么吃也不胖，真羡慕她啊。 그녀는 아무리 먹어도 살이 안 찌니, 정말 그녀가 부럽다.	▶ A: 逛街 거리를 구경하며 돌아다니다 B: 不累 지치지 않는다

游客 yóukè 명 여행객, 관광객 | 故宫 Gùgōng 고유 고궁 | 亲手 qīnshǒu 부 직접 | 感动 gǎndòng 동 감동하다 | 极了 jí le 부 매우, 아주 | 考卷 kǎojuàn 명 시험지, 시험 답안 | 分数 fēnshù 명 점수 | 欣慰 xīnwèi 형 기쁘고 안심이 되다 | 创业 chuàngyè 동 창업하다 | ★实习 shíxí 동 실습하다 | ★参与 cānyù 동 참여하다 | 著名 zhùmíng 형 유명하다 | 桥梁 qiáoliáng 명 다리 | ★设计 shèjì 명 설계 | 任务 rènwu 명 임무 | ★实践 shíjiàn 동 실천하다 | 信心 xìnxīn 명 자신감 | 期望 qīwàng 명 기대 | ★把握 bǎwò 명 자신 | 自信

zìxìn 형 자신만만하다 | **好像** hǎoxiàng 튀 마치 ~와 같다 | **心情** xīnqíng 명 기분, 마음 | ★**传统** chuántǒng 명 전통 | ★**风俗** fēngsú 명 풍속 | **气候** qìhòu 명 기후 | **方法** fāngfǎ 명 방법, 수단 | **羡慕** xiànmù 동 부러워하다, 탐내다 | **逛街** guàngjiē 동 거리를 구경하며 돌아다니다, 거리를 쏘다니다

(3) 마무리

希望…… ~하기를 바란다	我**希望**她能享受美好的生活。 나는 그녀가 아름다운 생활을 누릴 수 있기를 바란다.	▶ 能在北京遇见他 베이징에서 그를 만나다 ▶ 我们都能事业有成 우리의 사업이 성공하다
下次一定要…… 다음 번에 반드시 ~할 것이다	我**下次一定要**通过HSK5级考试。 나는 다음 번에는 반드시 HSK 5급 시험을 합격할 것이다.	▶ 尝一下这道菜 이 요리를 맛보다 ▶ 独立完成报告 혼자서 보고서를 완성하다
通过这件事， **我变得更……了** 이 일을 통해 나는 더욱 ~해졌다	**通过这件事，我变得更**成熟**了**。 이 일을 통해서 나는 더욱 성숙해졌다.	▶ 优秀 우수하다 ▶ 会关心人 사람들에게 관심을 갖다
现在我变得……了 이제 나는 ~졌다	**现在我变得**能理解别人**了**。 이제 나는 다른 사람들을 잘 이해할 수 있게 되었다.	▶ 更活泼 더욱 활발해지다 ▶ 会照顾人 사람을 보살피다
A使B丰富多彩 A는 B를 풍요롭게 할 것이다	社团活动**使**我的大学生活变得**丰富多彩**。 동아리 활동은 나의 대학 생활을 풍요롭게 할 것이다.	▶ A: 越来越多的体验活动 점점 더 많은 체험 활동 B: 孩子们的校园生活 아이들의 학교 생활
A给B留下深刻的印象 A는 B에게 깊은 인상을 남기다	去年的实习经历**给**我**留下了深刻的印象**。 작년의 실습 경험은 나에게 깊은 인상을 남겼다.	▶ A: 他的表演 그의 연기 B: 观众们 관중들
A给B带来C A는 B에게 C를 가져다주다	业余活动**给**同学们**带来**了乐趣。 여가 활동은 학우들에게 즐거움을 가져다줬다.	▶ A: 金融危机 금융 위기 B: 各国 각국 C: 不小的负担 적지 않은 부담
A让我们B A는 우리를 B하게 한다	运动**让我们**很健康。 운동은 우리를 건강하게 한다.	▶ A: 多喝水 물을 많이 마시다 B: 充满活力 활력이 충만하다
总而言之…… 결론적으로 말하자면, 요컨대	**总而言之**，要等实验得出结论后，论文才能发表。 요컨대, 실험이 결론이 난 후에야 논문을 발표할 수 있다.	▶ 长辈的话对年轻人的生活还是很有帮助的 연장자의 말은 젊은이들의 생활에 도움이 된다

★**享受** xiǎngshòu 동 누리다 | **美好** měihǎo 형 아름답다, 좋다 | **遇见** yùjiàn 동 만나다 | **事业** shìyè 명 사업 | **有成** yǒuchéng 성공하다, 완성하다 | **通过** tōngguò 동 통과하다 | **级** jí 양 급, 등급 | **尝** cháng 동 맛보다, 시식하다 | **道** dào 양 요리를 세는 단위 | ★**独立** dúlì 동 홀로 서다 | **报告** bàogào 명 보고서 | ★**成熟** chéngshú 동 성숙하다 | **优秀** yōuxiù 형 우수하다 | **理解** lǐjiě 동 이해하다 | **活泼** huópō 형 활발하다 | **社团** shètuán 명 동아리 | **越来越** yuèláiyuè 점점 | ★**体验** tǐyàn 동 체험 | **校园** xiàoyuán 명 캠퍼스, 교정 | **表演** biǎoyǎn 동 연기 | **观众** guānzhòng 명 관중 | **业余** yèyú 명 여가 | **乐趣** lèqù 명 즐거움 | **金融** jīnróng 명 금융 | **危机** wēijī 명 위기 | **负担** fùdān 명 부담 | ★**充满** chōngmǎn 동 충만하다 | **活力** huólì 명 활력 | ★**实验** shíyàn 명 실험 | **得出** déchū 동 ~를 얻어 내다 | ★**结论** jiélùn 명 결론 | **论文** lùnwén 명 논문 | **发表** fābiǎo 동 (신문·잡지 등에) 발표하다 | ★**长辈** zhǎngbèi 명 연장자

6 문장을 자연스럽게 이어 주는 접속사 구문

접속사를 이용하면 훨씬 자연스러운 글을 완성할 수 있다. 많은 접속사 구문 중에서도 작문을 할 때 특히 많이 사용하는 빈출 접속사를 아래에 정리하였다. 예문과 함께 익혀 두자.

- **因为 A 所以 B** yīnwèi A suǒyǐ B
  A하기 때문에 그래서 B하다

  因为不能去中国旅行，**所以**妹妹很难过。
  중국으로 여행을 갈 수 없어서 여동생은 슬프다.

- **为了 A, B** wèile A, B
  A하기 위해, B하다 [A: 목적, B: 행위]

  为了不迟到，我今天比平时早起了一个小时。
  지각하지 않기 위해, 나는 오늘 평소보다 1시간 일찍 일어났다.

- **不但 A 而且 B** búdàn A érqiě B
  A일뿐만 아니라 게다가 B하다

  韩国化妆品**不但**价格合理，**而且**质量也很好。
  한국 화장품은 가격이 합리적일 뿐만 아니라, 품질도 좋다.

- **一边 A 一边 B** yìbiān A yìbiān B
  A하면서 B하다 [두 동작이 동시에 진행됨을 나타냄]

  老爷爷**一边**看着以前的照片，**一边**回忆往事。
  할아버지는 예전의 사진을 보면서 옛일을 회상하신다.

- **如果 A 就 B** rúguǒ A jiù B
  만약 A라면 B하다

  你明天**如果**有时间，我们**就**一起去逛街吧。
  너 내일 시간이 있으면 우리 같이 아이쇼핑하러 가자.

- **只有 A 才 B** zhǐyǒu A cái B
  오직 A해야만 B하다

  只有经历风雨，**才**能看见彩虹。
  비바람을 겪어야만, 무지개를 볼 수 있다.

- **不管 A 都 B** bùguǎn A dōu B
  A이든 상관없이 모두 B하다

  他**不管**遇到什么困难**都**不放弃。
  그는 어떤 어려움이 닥쳐도 포기하지 않는다.

- **虽然 A 但是 B** suīrán A dànshì B
  비록 A지만, B이다

  虽然这道题很难，**但是**我还是把它做出来了。
  비록 이 문제는 매우 어렵지만, 나는 그래도 그것을 풀어냈다.

- **先 A, 然后 B** xiān A, ránhòu B
  먼저 A하고, 그다음에 B하다

  我们**先**打扫房间，**然后**去买东西。
  우리 먼저 방을 청소한 후에 물건 사러 가자.

- **一 A 就 B** yī A jiù B
  A하기만 하면 B하다 [습관성을 강조함]

  很多学生**一**看书**就**想睡觉。
  많은 학생들이 책만 읽으면 잠을 자고 싶어 한다.

旅行 lǚxíng 동 여행하다 | 平时 píngshí 명 평소, 평상시 | 早起 zǎoqǐ 동 일찍 일어나다 | 化妆品 huàzhuāngpǐn 명 화장품 | 价格 jiàgé 명 가격, 값 | ★合理 hélǐ 형 도리에 맞다, 합리적이다 | 质量 zhìliàng 명 품질, 질 | 回忆 huíyì 동 추억하다, 회상하다 | 往事 wǎngshì 명 지난 일, 옛일 | 逛街 guàngjiē 동 아이쇼핑하다, 거리 구경을 하다 | 经历 jīnglì 동 몸소 겪다 | 风雨 fēngyǔ 명 바람과 비, 고초 | ★彩虹 cǎihóng 명 무지개 | 困难 kùnnan 명 어려움 | 放弃 fàngqì 동 포기하다 | 道 dào 양 [문제를 세는 단위] | 题 tí 명 문제

7 '태도·성격·기분·감정' 관련 표현

자신의 경험을 떠올려 글을 작성하든, 가상의 이야기로 글을 작성하든, '화자' 혹은 '주인공'의 태도, 성격, 기분, 감정을 나타내는 내용을 추가하면 이야기의 흐름도 매끄러워지고, 분량도 채울 수 있어 좋다. 활용도 높은 표현들을 아래에 문장 형태로 정리했으니 잘 익혀 두자.

- 没有乐观的态度，就很难克服困难。
  낙관적인 태도가 없다면, 난관을 극복하기 어렵다.

- 性格活泼的人容易受到别人的欢迎。
  성격이 활발한 사람은 다른 사람에게 환영받기 쉽다.

- 张教授总是十分谦虚地对待每个人。
  장[张] 교수님은 늘 사람들을 겸손하게 대하신다.

- 这个角色和这位演员一样，有着坚强的性格。
  이 역할은 이 배우와 마찬가지로, 굳센 성격을 지니고 있다.

- 每个人都应该有虚心向别人请教的心态。
  모든 사람은 다른 사람에게 가르침을 청하는 겸손한 마음을 지녀야 한다.

- 孩子在幼年时期应该度过快乐的生活。
  아이는 유년 시절에 즐거운 생활을 보내야 한다.

- 购物是一件令人极为兴奋的事。
  쇼핑하는 것은 사람을 매우 흥분시키는 일이다.

- 韩国队在比赛中取得了胜利，我感到十分自豪。
  한국 팀이 경기에서 승리해서, 나는 매우 자랑스럽다.

- 她的行为让我觉得她是一个可怕的人。
  그녀의 행동은 나로 하여금 그녀가 무서운 사람이라고 생각하게 한다.

- 当你感到烦恼时，可以找朋友聊聊天。
  걱정이 될 때는 친구를 찾아 이야기를 해도 좋다.

8 한국인이 많이 틀리는 유의어

한국어 해석이 비슷하여 한국인들이 자주 틀리는 어휘가 있다. 보다 완벽한 글을 작성하기 위해 먼저 유의어를 살펴보자.

- **合适** héshì [형] 적합하다, 알맞다
  - 형용사이므로 뒤에 목적어가 올 수 없음
  - '的'와 결합해 관형어로 사용 가능
  - **合适的价钱** 합리적인 가격 (○)

- **适合** shìhé [동] 적합하다, 알맞다
  - 동사이므로 뒤에 목적어가 올 수 있음
  - 관형어로 사용 불가
  - **适合的价钱** (×)

- **购物** gòuwù [동] 물품을 구입하다
  - 이합동사로 뒤에 목적어가 올 수 없음
  - **购物机票。** (×)

- **购买** gòumǎi [동] 사다, 구입하다
  - 동사이므로 뒤에 목적어가 올 수 있음
  - **购买机票。** 비행기표를 구매하다 (○)

- **引起** yǐnqǐ [동] 야기하다, 끌다
  - 목적어: 긍정적인 결과, 부정적인 결과
  - **睡眠不足是引起注意力减退的主要原因。**
    수면 부족은 주의력 감퇴를 야기하는 주요 원인이다.

- **导致** dǎozhì [동] 초래하다, 야기하다
  - 목적어: 부정적인 결과
  - **经济的发展是导致环境污染的因素之一。**
    경제 발전은 환경오염을 초래하는 요소 중 하나이다.

- **帮助** bāngzhù [동] 돕다, 원조하다
  - 다른 사람에게 '물질적/정신적'으로 지원을 해 준다는 의미
  - 목적어를 취함. 구어와 서면어 모두 쓰임
  - **教授帮助我完成了这次的实验。**
    교수님이 이번 실험을 끝내도록 나를 도와주셨다.

- **帮忙** bāngmáng [동] 일을 돕다, 거들어 주다
  - 곤경에 빠진 사람을 돕는다는 의미가 강함
  - 이합동사라 뒤에 목적어를 취할 수 없음
  - **上次朋友帮了我一个大忙，我今天要请客。**
    지난번에 친구가 나를 도와줘서, 나는 오늘 한턱낼 것이다.

- **知道** zhīdào [동] 알다, 이해하다
  - '이해 여부와 상관 없이' 단순히 알고 있음을 나타냄
  - **我知道那本书。** 나는 그 책을 안다.

- **明白** míngbai [동] 알다, 이해하다
  - '알고 이해했음'을 나타냄
  - **我明白那本书的内容。** 나는 그 책의 내용을 이해한다.

- **一直** yìzhí [부] 줄곧, 계속
  - 처음부터 끝까지 또는 과거부터 현재까지 '동작이 중간에 끊어지 않거나' '상황이 변하지 않고 계속됨'을 나타냄
  - **从以前到现在，哥哥一直很努力工作。**
    예전부터 지금까지, 형은 줄곧 열심히 일한다.

- **继续** jìxù [동] 계속하다
  - 활동, 업무, 발전, 노력이 앞으로 '계속 이어지거나 중간에 멈췄다가 다시 이어짐'을 나타냄
  - **听说，班主任不会继续教我们班了。**
    담임 선생님이 계속 우리 반을 가르치지 않을 것이라고 들었다.

- **受到** shòudào [동] 받다
  - 목적어: 칭찬이나 비판 등 '추상적인 목적어'
  - **受到了表扬** 칭찬을 받았다

- **收到** shōudào [동] 받다
  - 목적어: 구체적인 사물
  - **今天收到货了。** 오늘 물건을 받았다

- **觉得** juéde [동] ~라고 생각하다
  - 주관적 생각이나 의견 또는 판단에 대해 사용
  - **大家都觉得这次考试比较难。**
    모두들 이번 시험이 비교적 어렵다고 생각한다.

- **感觉** gǎnjué [명] 느낌, 감각 [동] 생각하다
  - 직접 느끼고 체험한 신체적 반응에 대한 느낌을 표현할 때 사용
  - 뒤에 오는 대상은 구체적이거나 추상적인 사물일 수도 있음
  - **旅行可以给人带来幸福的感觉。**
    여행은 사람들에게 행복한 느낌을 가져다준다.

- **理解** lǐjiě [동] 알다, 이해하다
  - 타인의 감정, 입장, 태도, 생각 등을 알고 이해함을 강조
  - 목적어 없이 사용 가능
  - **你的心情我可以理解。**
    너의 심정을 나는 이해할 수 있다.

- **了解** liǎojiě [동] 자세하게 알다, 이해하다
  - 어떤 사람, 사실, 상황, 사건 등을 알고 있음을 나타냄
  - 객관적으로 파악할 수 있는 내용에 대해 사용
  - 뒤에 목적어가 있어야 함
  - **我不太了解这件事的全部经过。**
    나는 이 일의 전 과정은 잘 모른다.

价钱 jiàqian 몡 가격, 값 | 机票 jīpiào 비행기표 | 睡眠 shuìmián 몡 수면 | ★不足 bùzú 혱 부족하다 | 注意力 zhùyìlì 몡 주의력 | 减退 jiǎntuì 됭 감퇴하다 | 原因 yuányīn 몡 원인 | 污染 wūrǎn 몡 오염 | ★因素 yīnsù 몡 요소 | 教授 jiàoshòu 몡 교수 | 请客 qǐngkè 됭 한턱내다 | 内容 nèiróng 몡 내용 | 听说 tīngshuō 듣자 하니 | 班主任 bānzhǔrèn 몡 학급 담임 | 表扬 biǎoyáng 됭 칭찬하다 | 货 huò 몡 물품, 상품 | 带来 dàilái 됭 가져다주다, 가져오다 | 幸福 xìngfú 몡 행복 | 全部 quánbù 몡 전부 | 经过 jīngguò 몡 과정

9 고득점을 노릴 수 있는 '고급 표현'

함축적인 표현을 익혀 두면, 보다 더 고득점을 받을 수 있다.

- **举世闻名** jǔshì wénmíng 전 세계에 이름이 알려지다, 명성이 높다
  中国的万里长城以雄伟壮观而举世闻名。
  중국의 만리장성은 웅장한 장관으로 전 세계에 널리 알려졌다.

- **入乡随俗** rùxiāng suísú 그 지방에 가면 그곳의 풍속을 따라야 한다, 로마에 가면 로마법을 따라야 한다
  去了别的国家就应该入乡随俗，要尝试体验当地的文化和习俗。
  다른 나라에 가면 그곳의 풍속을 따르고, 현지의 문화와 풍습을 체험해야 한다.

- **犹豫不决** yóuyù bùjué 머뭇거리다, 결단을 내리지 못하고 망설이다
  遇到事情他总是犹豫不决，不能果断地做出判断。
  일이 닥쳤을 때 그는 항상 머뭇거리면서 결단력 있게 판단을 내리지 못한다.

- **众所周知** zhòngsuǒ zhōuzhī 모든 사람이 다 알고 있다
  他是中国著名的现代小说家，这是大家众所周知的事情。
  그는 중국의 유명한 현대 소설가이다. 이것은 모든 사람이 다 알고 있는 일이다.

- **百里挑一** bǎilǐ tiāoyī = **千里挑一** qiānlǐ tiāoyī 매우 출중하다, 뛰어나다
  他是我们公司百里挑一的职员。 그는 우리 회사의 매우 출중한 직원이다.

- **百闻不如一见** bǎi wén bùrú yī jiàn 백문이 불여일견이다, 백 번 듣는 것이 한 번 보는 것만 못하다
  黄山的美景真是百闻不如一见。 황산의 아름다운 풍경은 정말 백문이불여일견이다.

- **三天打鱼，两天晒网** sāntiān dǎyú, liǎngtiān shàiwǎng 공부나 일을 꾸준하게 하지 못하다
  他学习的时候，三天打鱼，两天晒网，考试当然会不及格。
  그는 공부할 때 꾸준하게 하지 못하니 시험은 당연히 불합격일 것이다.

- **太阳从西边出来** tàiyáng cóng xībian chūlái 해가 서쪽에서 뜨다
  他今天不仅没有睡懒觉，反而早起晨练，真是太阳从西边出来了。
  그는 오늘 늦잠을 자지 않았을 뿐만 아니라 오히려 일찍 일어나 운동도 했다. 정말 해가 서쪽에서 뜨겠다.

- **一分钱一分货** yì fēn qián yì fēn huò = **好货不便宜，便宜没好货** hǎo huò bù piányi , piányi méi hǎo huò 싼 게 비지떡이다, 한 푼으로는 한 푼어치의 물건밖에 살 수 없다
  一分钱一分货，还是不要买太便宜的了。 싼 게 비지떡이라고, 너무 싼 것은 사지 않는 것이 좋겠다.

万里长城 Wàn Lǐ Chángchéng 고유 만리장성 | **雄伟** xióngwěi 혱 웅대하고 위세가 넘치다 | **壮观** zhuàngguān 몡 장관 | ★**当地** dāngdì 몡 현지 | **习俗** xísú 몡 풍속 | **果断** guǒduàn 혱 결단력이 있다 | **判断** pànduàn 됭 판단하다 | **著名** zhùmíng 혱 유명하다 | ★**现代** xiàndài 몡 현대 | **小说家** xiǎoshuōjiā 몡 소설가 | **职员** zhíyuán 몡 직원 | **黄山** Huángshān 고유 황산 | **美景** měijǐng 몡 아름다운 풍경 | ★**及格** jígé 됭 합격하다 | **睡懒觉** shuì lǎnjiào 늦잠을 자다 | **晨练** chénliàn 됭 아침 운동을 하다

02 제시어 사용해 작문하기

Day 03~05

STEP 1 유형 파악하기

- 제시어 중 '주제어'로 삼을 제시어를 고르고, '소재' 및 '주제'를 먼저 정하자. 그다음에 자신에게 '익숙한 방향'으로, '잘 아는 표현'을 활용해 '글의 뼈대'를 구체적으로 구상해 보자. '도입-전개-마무리' 순서로 단계별로 한 줄씩 문장의 윤곽을 구성해 보고, 수식어를 사용해 글을 확장한다.
- '일상생활' 관련 제시어의 출제 비중이 가장 높고, 그다음으로는 '학교/직장' 관련 제시어도 꾸준히 출제되고 있다. '일상생활' '학교/직장'과 관련된 제시어라면 자신의 '경험'을 떠올려 이야기로 구성하자.
- '경험'을 떠올릴 수 없는 제시어일 경우, 자신의 '의견/주장'을 반영하는 글을 쓰자. '의견/주장'을 나타낼 때 주로 쓰이는 상용구, 짝꿍 어휘를 알아 두면, 단시간에 짜임새 있게 글을 완성할 수 있다.
- 제시어의 품사는 다양하다. 쉬운 단어, 간결하고 분명한 표현으로 작문해야 한다. 또, 출제 범위가 매우 넓어서, 평소에 빈출 제시어를 중심으로 짝꿍 어휘를 함께 알아 두어야 한다.
- 원고지 격식에 맞추어 정확하게 작성하는 것이 중요하다.

● 제2부분 예제

| 婚礼 | 彼此 | 祝福 | 热闹 | 亲戚 |

[제시어 '婚礼' '祝福' '热闹'를 보고 '행복한 결혼식'을 주제로, 관련 경험을 떠올려 글을 완성한다.]

제시어 살펴보기

婚礼 hūnlǐ 명 결혼식

'婚礼'는 일반적으로 '举行婚礼(결혼식을 거행하다)'와 같이 사용된다.
举行婚礼 결혼식을 하다 | 参加婚礼 결혼식에 참석하다
婚礼上充满了笑声和祝福。 결혼식장은 웃음소리와 축복으로 가득했다.
我参加了朋友的婚礼，感觉非常浪漫。 나는 친구 결혼식에 참석했는데, 정말 로맨틱했다.

彼此 bǐcǐ 대 서로, 상호, 피차, 쌍방

'彼此'는 일반적으로 대명사로 사용되어 '彼此相爱(서로 사랑하다)', '彼此信任(서로 신뢰하다)' 등의 표현에서 볼 수 있다.
彼此关心 서로 관심을 가지다 | 彼此尊重 상호 존중하다
我们是好朋友，应该彼此理解。 우리는 좋은 친구이니, 서로 이해해야 한다.
夫妻之间要彼此信任，才能幸福地生活。 부부 사이에는 상호 간 신뢰가 있어야, 행복하게 살 수 있다.

祝福 zhùfú 명 축복, 축하 동 축복하다, 기원하다, 축원하다

'祝福'는 동사와 명사로 모두 사용 가능해서 문장에서 다양한 문장성분으로 쓰일 수 있다.

表达祝福 축복을 표하다 | 送上祝福 축복을 드리다
他们接受了亲朋好友的祝福。 그들은 친척과 친구들의 축복을 받았다.
我祝福你们白头偕老。 저는 당신들이 백년해로하기를 기원합니다.

热闹 rènao 형 떠들썩하다 [일반적으로 장소에 쓰임]

'热闹'는 시끌벅적하고 활기찬 분위기를 나타내는 어휘로, 장소 또는 분위기를 표현할 때 많이 쓰인다.

热闹的气氛 시끌벅적한 분위기 | 热闹的街道 떠들썩한 거리
这个市场每天都很热闹。 이 시장은 매일같이 매우 번화하다.
春节期间，大街小巷都非常热闹。 춘절 시기에는, 거리 곳곳이 매우 시끌벅적하다.
婚礼上，热闹的场面让人感到温暖。 결혼식의 떠들썩한 장면이 사람들에게 따스함을 느끼게 했다.

亲戚 qīnqi 명 친척

'亲戚'는 친척을 의미하며, 주로 '拜访亲戚(친척을 방문하다)' 등과 같이 사용된다.

走亲戚 친척을 찾아가다
过年时，我们会去拜访亲戚。 새해에 우리는 친척을 방문할 것이다.
我的亲戚都住在北京。 나의 친척은 모두 베이징에 살고 있다.
我们亲戚之间的关系一直很好。 우리 친척들 간의 사이는 줄곧 매우 좋다.

뼈대 잡기

(1) 주제 찾기　　　　제시어 '婚礼', '热闹'를 보고 '떠들썩한 결혼식'을 주제로 정하기
(2) 내용 구상하기　　오늘은 나의 결혼식 날임. 가족, 친척들의 축복으로 행복한 감정을 느낌.
(3) 세부사항 설정하기　인물: 我 나 / 丈夫 남편 / 家人 가족 / 亲戚 친척 / 朋友们 친구들
　　　　　　　　　　시점: 今天 오늘
　　　　　　　　　　장소: 婚礼上 결혼식
　　　　　　　　　　감정: 非常幸福 매우 행복하다

작문하기

도입　今天是我举行婚礼的日子。为了准备这次的婚礼，我们投入了很多精力。
　　　오늘은 내가 결혼식을 올리는 날이다. 이번 결혼식을 준비하기 위해 우리는 많은 정성을 쏟았다.

전개　婚礼上热闹的气氛和来自家人、亲戚、朋友们的祝福，都让我感到非常幸福。
　　　결혼식에서의 떠들썩한 분위기와 가족, 친척, 친구들이 보내준 축복 덕분에 나는 정말 행복함을 느꼈다.

마무리　相信只要我和丈夫彼此相爱，努力生活，我们一定会有一个幸福的未来。
　　　나와 남편이 서로 사랑하고 열심히 살아간다면, 우리에게 분명 행복한 미래가 있을 것이다.

◆ 작문 필수템 ◆

작문할 때 활용하면 좋은 표현, 주의해야 할 포인트

① A 是 B 的日子: A는 B한 날이다
② 举行婚礼: 결혼식을 하다
③ 为了: ~를 하기 위하여
　　　[为了+목적, 행위: ~하기 위하여 ~하다]
④ 来自: ~(로)부터 오다, ~에서 나오다
⑤ 让: ~하게 하다, 하도록 하다
　　　[(주어)+让+대상+술어/내용]
⑥ 只要: ~하기만 하면

			今	天	是	我	举	行	婚	礼	的	日	子	。	为	了
准	备	这	次	的	婚	礼	，	我	们	投	入	了	很	多	精	
力	。	婚	礼	上	热	闹	的	气	氛	和	来	自	家	人	、	48
亲	戚	、	朋	友	们	的	祝	福	，	都	让	我	感	到	非	
常	幸	福	。	相	信	只	要	我	和	丈	夫	彼	此	相	爱	，
努	力	生	活	，	我	们	一	定	会	有	一	个	幸	福	的	80
未	来	。														

(문장부호 제외 88자)

举行 jǔxíng 통 개최하다, 거행하다 | ★**日子** rìzi 명 날 | ★**投入** tóurù 통 돌입하다, 뛰어들다, 참가하다, 개시하다, 들어가다 | ★**精力** jīnglì 명 정력, 정신과 체력 | ★**气氛** qìfēn 명 분위기 | **家人** jiārén 명 가족 | **幸福** xìngfú 형 행복하다 | **相信** xiāngxìn 통 믿다, 신임하다, 신뢰하다 | **努力** nǔlì 통 노력하다, 열심히 하다, 힘쓰다 | **生活** shēnghuó 명 생활 통 생활하다 | **一定** yídìng 부 반드시, 필히, 꼭 | ★**未来** wèilái 명 미래

STEP 2 내공 쌓기

1 일상

(1) 행사/모임/(인간) 관계

빈출 제시어	婚礼 hūnlǐ 명 결혼식 | 打扮 dǎban 통 꾸미다, 화장하다 | 聚会 jùhuì 명 모임 통 모이다 活动 huódòng 명 활동 | 纪念 jìniàn 명 기념 통 기념하다 | 合影 héyǐng 명 단체 사진 통 함께 사진을 찍다 祝福 zhùfú 통 축복하다 | 祝贺 zhùhè 통 축하하다 | 热闹 rènao 형 왁자지껄하다 纪念日 jìniànrì 명 기념일 | 庆祝 qìngzhù 통 경축하다 | 举行 jǔxíng 통 거행하다 举办 jǔbàn 통 거행하다, 개최하다 | 气氛 qìfēn 명 분위기 | 幸福 xìngfú 형 행복하다 명 행복 消极 xiāojí 형 소극적이다 | 参加 cānjiā 통 참석하다 | 邀请 yāoqǐng 통 초대하다 명 초청 舍不得 shěbude 아쉽다 | 沟通 gōutōng 통 소통하다 | 打交道 dǎ jiāodao 왕래하다 打招呼 dǎ zhāohu 인사하다 | 晚会 wǎnhuì 명 저녁 모임 | 态度 tàidu 명 태도 接待 jiēdài 통 접대하다 | 请客 qǐngkè 통 한턱내다 | 碰见 pèngjiàn 통 (우연히) 만나다 交流 jiāoliú 통 교류하다 | 交往 jiāowǎng 통 교제하다
주요 짝꿍 표현	举行婚礼 jǔxíng hūnlǐ 혼례를 올리다 感到幸福 gǎndào xìngfú 행복을 느끼다 祝贺……结婚 zhùhè……jiéhūn ~의 결혼을 축하하다 纪念国庆节 jìniàn Guóqìngjié 국경절을 기념하다 参加婚礼/聚会 cānjiā hūnlǐ/jùhuì 결혼식/모임에 참석하다 跟……打交道 gēn……dǎ jiāodao ~와 왕래하다 进行沟通 jìnxíng gōutōng 소통하다 参加晚会 cānjiā wǎnhuì 저녁 모임에 참가하다 接待客人 jiēdài kèrén 손님을 접대하다 保持……态度 bǎochí……tàidu ~하는 태도를 유지하다
모범 문장	很多人认为旅行会让人感到幸福。 많은 사람들은 여행이 행복을 느끼게 해 준다고 생각한다. 为了祝贺朋友结婚，我买了一份特别的礼物。 친구의 결혼을 축하하기 위해, 나는 특별한 선물을 샀다. 在中国，人们纪念国庆节的方式是多种多样的。 중국에서, 사람들이 국경절을 기념하는 방식은 다양하다. 学校希望家长能和学生进行良好的沟通。 학교는 학부모가 학생들과 원활한 소통을 할 수 있기를 희망한다.

旅行 lǚxíng 명 여행 | **份** fèn 양 벌, 세트 [배합하여 한 벌이 되는 것을 세는 단위] | ★**方式** fāngshì 명 방식, 방법 | **多种多样** duōzhǒng duōyàng 각양각색의, 여러 가지의 | **家长** jiāzhǎng 명 학부모, 가장 | **良好** liánghǎo 형 양호하다

(2) 건강/다이어트

빈출 제시어	健康 jiànkāng 혱 건강하다 ｜ 减肥 jiǎnféi 동 살을 빼다, 다이어트하다 ｜ 手术 shǒushù 명 수술 동 수술하다 恢复 huīfù 동 회복하다 ｜ 营养 yíngyǎng 명 영양 ｜ 有害 yǒuhài 동 유해하다 危害 wēihài 동 손상시키다 명 손해 ｜ 胖 pàng 혱 (몸이) 뚱뚱하다 ｜ 身材 shēncái 명 몸매 苗条 miáotiao 혱 날씬하다 ｜ 健身房 jiànshēnfáng 명 헬스장 ｜ 食品 shípǐn 명 식품 零食 língshí 명 간식 ｜ 体育 tǐyù 명 체육 ｜ 习惯 xíguàn 명 습관 동 습관이 되다

주요 짝꿍 표현	做手术 zuò shǒushù 수술을 하다	身材苗条 shēncái miáotiao 몸매가 날씬하다
	对身体有[没有]好处 duì shēntǐ yǒu [méiyǒu] hǎochù 신체에 좋은 점이 있다[없다]	油炸食品 yóuzhá shípǐn 튀김 식품 吃零食 chī língshí 간식을 먹다
	对身体有害 duì shēntǐ yǒuhài 신체에 해롭다	改正坏习惯 gǎizhèng huài xíguàn 나쁜 습관을 고치다

모범 문장	抽烟对身体没有任何好处。 담배를 피우는 것은 몸에 어떠한 좋은 점도 없다. 长时间熬夜加班或学习对身体有害。 장시간 밤을 새서 잔업을 하거나 공부를 하는 것은 신체에 해롭다. 多吃油炸食品会影响健康。 튀김 식품을 많이 먹으면 건강에 영향을 줄 것이다. 只有及时改正坏习惯，才可能拥有健康的生活。 제때에 나쁜 습관을 고쳐야만, 건강한 생활을 가질 수 있다.

★ 熬夜 áoyè 동 밤새다 ｜ 加班 jiābān 동 야근하다 ｜ 或 huò 접 혹은, 또는 ｜ 拥有 yōngyǒu 동 소유하다, 가지다 ｜ 生活 shēnghuó 동 살다, 생활하다

(3) 취미

빈출 제시어	爱好 àihào 명 취미 ｜ 球迷 qiúmí 명 축구 팬 ｜ 热烈 rèliè 혱 열렬하다 ｜ 感受 gǎnshòu 명 느낌 동 느끼다 风景 fēngjǐng 명 풍경 ｜ 旅行 lǚxíng 명 여행 동 여행하다 ｜ 风俗 fēngsú 명 풍속 ｜ 特色 tèsè 명 특색 欣赏 xīnshǎng 동 감상하다 ｜ 摄影 shèyǐng 동 사진 촬영 동 사진을 찍다 ｜ 乐器 yuèqì 명 악기 业余 yèyú 명 여가 혱 아마추어의 ｜ 熟练 shúliàn 형 능숙하다 ｜ 观看 guānkàn 동 참관하다 表演 biǎoyǎn 명 공연 동 공연하다 ｜ 空闲 kòngxián 명 여가 ｜ 排队 páiduì 동 줄을 서다 佩服 pèifú 동 감탄하다 ｜ 电影院 diànyǐngyuàn 명 영화관 ｜ 聊天 liáotiān 동 이야기하다

주요 짝꿍 표현	欣赏风景 xīnshǎng fēngjǐng 풍경을 감상하다	精彩的表演 jīngcǎi de biǎoyǎn 훌륭한 공연
	观看比赛 guānkàn bǐsài 경기를 관람하다	和……聊天 hé …… liáotiān ~와 이야기하다

모범 문장	我在旅行期间，欣赏到了很多当地有名的风景。 나는 여행하는 동안 그 지방의 유명한 풍경을 많이 감상했다. 演员们精彩的表演让台下的观众留下了眼泪。 배우들의 훌륭한 공연은 무대 아래의 관중들의 눈물을 자아냈다. 张教授很喜欢和学生们在下课以后聊天。 쟁张] 교수님은 수업 후에 학생들과 이야기하는 것을 좋아한다.

★ 期间 qījiān 명 기간 ｜ ★ 当地 dāngdì 명 그 지방 ｜ 演员 yǎnyuán 명 배우 ｜ 台 tái 명 무대, 단 ｜ 留下 liúxià 동 남기다 ｜ 眼泪 yǎnlèi 명 눈물 ｜ 教授 jiàoshòu 명 교수 ｜ 以后 yǐhòu 명 이후

(4) 쇼핑

빈출 제시어	销售 xiāoshòu 명 판매 동 판매하다 | 信用卡 xìnyòngkǎ 명 신용카드 | 刷卡 shuākǎ 동 카드로 결제하다 购买 gòumǎi 동 구매하다 | 购物 gòuwù 동 물건을 사다 | 消费 xiāofèi 동 소비하다 명 소비 商场 shāngchǎng 명 백화점 | 费用 fèiyòng 명 비용 | 牛仔裤 niúzǎikù 명 청바지 名牌 míngpái 명 명품, 유명 상표 | 推荐 tuījiàn 동 추천하다
주요 짝꿍 표현	向……推荐 xiàng …… tuījiàn ~에게 추천하다 · 刷信用卡 shuā xìnyòngkǎ 신용카드로 결제하다 购买二手产品 gòumǎi èrshǒu chǎnpǐn 중고 상품을 구매하다 · 刷卡购物 shuākǎ gòuwù 카드로 결제해 물건을 사다
모범 문장	近年来，购买二手产品的趋势正在不断上升。 최근에 중고 상품을 구매하는 추세가 끊임없이 증가하고 있다. 刷卡购物是现代人的主要消费手段。 카드로 결제해서 물건을 사는 것은 현대인의 주요 소비 수단이다.

★ 趋势 qūshì 명 추세 | 上升 shàngshēng 동 증가하다 | ★ 现代 xiàndài 명 현대 | 手段 shǒuduàn 명 수단, 방법

2 학교/직장

학교/직장 제시어는 일상생활 다음으로 꾸준히 출제되고 있는 유형이다. '학교 생활'과 관련해서는 졸업, 수업, 대회, 취업, 시험 등의 제시어가, '직장 생활'과 관련해서는 실습, 면접, 업무, 출장, 갈등, 성과, 채용, 사직 등 다양한 주제의 제시어가 출제된다.

(1) 학교

빈출 제시어	学校 xuéxiào 명 학교 | 听课 tīngkè 동 수업을 듣다 | 学习 xuéxí 동 공부하다 | 成绩 chéngjì 명 성적 奖学金 jiǎngxuéjīn 명 장학금 | 辅导 fǔdǎo 동 도우며 지도하다 | 指导 zhǐdǎo 동 지도하다 用功 yònggōng 동 노력하다 | 参加 cānjiā 동 참가하다 | 奋斗 fèndòu 동 분투하다 一等奖 yīděngjiǎng 1등상 | 演讲 yǎnjiǎng 명 연설 | 报名 bàomíng 동 등록하다 | 刻苦 kèkǔ 형 각고하다 毕业 bìyè 명 졸업 동 졸업하다 | 论文 lùnwén 명 논문 | 参考 cānkǎo 동 참고하다
주요 짝꿍 표현	努力学习 nǔlì xuéxí 열심히 공부하다 · 毕业论文 bìyè lùnwén 졸업논문 成绩优秀 chéngjì yōuxiù 성적이 우수하다 · 参考资料 cānkǎo zīliào 자료를 참고하다 获得奖学金 huòdé jiǎngxuéjīn 장학금을 받다 · 参加比赛 cānjiā bǐsài 시합에 참가하다 取得毕业证书 qǔdé bìyè zhèngshū 졸업장을 취득하다 · 获得……奖 huòdé……jiǎng ~상을 수상하다
모범 문장	如果不努力学习，就很难取得好成绩。 만약 열심히 공부하지 않는다면, 좋은 성적을 받기 어려울 것이다. 弟弟这学期的成绩非常优秀，但他还是非常谦虚。 동생은 이번 학기 성적이 매우 우수하지만, 그는 여전히 매우 겸손하다. 取得了毕业证书并不代表一定会被社会认可。 졸업장을 취득한 것이 반드시 사회의 인정을 받는 것은 아니다. 学校推迟了交毕业论文的时间。 학교는 졸업논문을 제출하는 기간을 연기했다. 为了完成论文，我参考了很多相关的资料。 논문을 완성하기 위해, 나는 많은 관련 자료를 참고하였다. 我和弟弟要参加学校举行的演讲比赛。 나와 남동생은 학교에서 주최하는 웅변대회에 참가할 것이다.

取得 qǔdé 동 얻다, 취득하다 | 学期 xuéqī 명 학기 | ★ 谦虚 qiānxū 동 겸손하다, 겸허하다 | ★ 代表 dàibiǎo 동 나타나다, 대신하다 |
社会 shèhuì 명 사회 | 认可 rènkě 명 인정 | 推迟 tuīchí 동 연기하다 | 交 jiāo 동 제출하다 | ★ 相关 xiāngguān 동 관련이 있다

(2) 직장

빈출 제시어	公司 gōngsī 명 회사 | 办公室 bàngōngshì 명 사무실 | 求职 qiúzhí 동 구직하다 竞争 jìngzhēng 동 경쟁하다 명 경쟁 | 激烈 jīliè 형 치열하다 | 面试 miànshì 명 면접시험 동 면접시험 보다 实习生 shíxíshēng 명 인턴 | 应聘 yìngpìn 동 지원하다 | 实习 shíxí 동 실습하다 录取 lùqǔ 동 채용하다 | 学历 xuélì 명 학력 | 招聘 zhāopìn 동 모집하다 | 辞职 cízhí 동 사직하다 工作 gōngzuò 명 업무 동 일하다 | 打工 dǎgōng 동 아르바이트하다 | 责任 zérèn 명 책임 报告 bàogào 명 보고서 | 任务 rènwu 명 임무 | 开会 kāihuì 동 회의를 열다 加班 jiābān 동 초과 근무하다 | 能干 nénggàn 형 능력이 뛰어나다 | 效率 xiàolǜ 명 효율 管理 guǎnlǐ 동 관리하다 | 从事 cóngshì 동 종사하다 | 纠纷 jiūfēn 명 분쟁 待遇 dàiyù 명 (급료·보수·권리·지위 등의) 대우 동 대우하다 | 收入 shōurù 명 수입 老板 lǎobǎn 명 사장 | 经理 jīnglǐ 명 사장 | 赚 zhuàn 동 (돈을) 벌다 | 职业 zhíyè 명 직업 办理 bànlǐ 동 (사무를) 처리하다 | 措施 cuòshī 명 조치 | 批准 pīzhǔn 동 승인하다 出差 chūchāi 동 출장 가다 | 日程 rìchéng 명 일정 | 时差 shíchā 명 시차 | 派 pài 동 파견하다 合作 hézuò 동 협력하다 | 对手 duìshǒu 명 상대 | 利润 lìrùn 명 이윤
주요 짝꿍 표현	找工作 zhǎo gōngzuò 일을 찾다 求职过程 qiúzhí guòchéng 구직 과정 竞争激烈 jìngzhēng jīliè 경쟁이 치열하다 准备面试 zhǔnbèi miànshì 면접을 준비하다 办理业务 bànlǐ yèwù 업무를 처리하다 采取措施 cǎiqǔ cuòshī 조치를 취하다 时差问题 shíchā wèntí 시차 문제 批准要求 pīzhǔn yāoqiú 요구를 승인하다 安排日程 ānpái rìchéng 일정을 짜다 去……出差 qù…… chūchāi ~로 출장을 가다 工作能力 gōngzuò nénglì 업무 능력 互相合作 hùxiāng hézuò 서로 협력하다 被公司录取 bèi gōngsī lùqǔ 회사에 채용되다 考虑辞职 kǎolǜ cízhí 사직을 고려하다 负责任/承担责任 fù zérèn / chéngdān zérèn 책임을 지다 完成任务 wánchéng rènwù 임무를 완성하다
모범 문장	不见得是名牌大学的学生，就能找到好工作。 명문 대학 학생이라고 해서 꼭 좋은 직업을 찾을 수 있는 것은 아니다. 姐姐在求职过程中遇到了很多困难。 언니는 구직 과정에서 많은 어려움을 만났다. 大学毕业以前，我就在银行做过实习生。 대학을 졸업하기 전에, 나는 은행에서 인턴으로 일한 적이 있다. 幸好公司及时采取了解决措施，才避免了损失。 다행히 회사가 제때 해결하는 조치를 취해서 손실을 피했다. 他因为时差问题而无法集中注意力。 그는 시차 문제 때문에 집중할 수 없었다. 两家公司因产品生产问题而发生纠纷。 두 회사는 제품 생산 문제로 분쟁이 발생했다. 被国外的公司录取是我最大的理想。 해외 기업에 채용되는 것이 나의 가장 큰 이상이다.

★**不见得** bújiàndé 부 반드시 ~한 것은 아니다, 반드시 ~라고는 할 수 없다 | ★**名牌** míngpái 명 [지명도가 높은 기관이나 사람] | **困难** kùnnan 명 어려움 | **及时** jíshí 부 즉시, 곧바로, 신속히 | **无法** wúfǎ 동 할 수 없다, 방법이 없다 | **集中** jízhōng 동 집중하다 | **国外** guówài 명 외국 | **理想** lǐxiǎng 명 이상

3 기타

경험, 성장, 교훈, 인터넷, 과학기술, 방송, 출판 등 다양한 소재로 관련 제시어가 출제된다.

(1) 경험 / 성장 / 교훈

빈출 제시어	错误 cuòwù 명 잘못 | 面对 miànduì 동 직면하다 | 克服 kèfú 동 극복하다 | 教训 jiàoxùn 명 교훈 体验 tǐyàn 명 체험 동 체험하다 | 积累 jīlěi 동 쌓이다 | 挑战 tiǎozhàn 명 도전 | 进步 jìnbù 동 진보하다 勇气 yǒngqì 명 용기 | 失败 shībài 동 실패하다 명 실패 | 目标 mùbiāo 명 목표 坚持 jiānchí 동 고수하다 | 经验 jīngyàn 명 경험 | 成长 chéngzhǎng 동 성장하다 奋斗 fèndòu 동 (일정한 목적을 달성하기 위해) 분투하다 | 面临 miànlín 동 (문제나 상황 등에) 직면하다 回忆 huíyì 동 회상하다 명 추억 | 时光 shíguāng 명 시절 | 梦想 mèngxiǎng 명 꿈 青春 qīngchūn 명 청춘 | 爱护 àihù 동 소중히 하다 | 资源 zīyuán 명 자원
주요 짝꿍 표현	犯错误 fàn cuòwù 잘못을 하다 珍惜时光 zhēnxī shíguāng 시간을 소중히 여기다 克服难题 kèfú nántí 난관을 극복하다 实现梦想 shíxiàn mèngxiǎng 꿈을 실현하다 积累经验 jīlěi jīngyàn 경험을 쌓다 面对问题 miànduì wèntí 문제에 직면하다 面临困难 miànlín kùnnán 어려움에 직면하다 节约资源 jiéyuē zīyuán 자원을 절약하다
모범 문장	我们必须认识到自己的错误，避免下次再犯同样的错误。 우리는 반드시 자신의 잘못을 인식해서, 다음에 같은 잘못을 다시 범하는 것을 피해야 한다. 不是每个人都可以顺利地克服所有难题。모든 사람들이 모든 난관을 순조롭게 극복하는 것은 아니다. 这次活动让志愿者们积累了经验。이번 활동은 자원봉사자들에게 경험을 쌓게 해 주었다. 不要等到老了才后悔当初没有珍惜时光。늙어서 이전에 시간을 소중히 여기지 않았던 것을 후회하지 마라. 不断充实自己是实现梦想的前提。끊임없이 자신에게 충실하는 것이 꿈을 실현하는 전제 조건이다.

★避免 bìmiǎn 동 피하다, 면하다 | 同样 tóngyàng 형 같다, 다름없다 | 顺利 shùnlì 형 순조롭다, 일이 잘 되어가다 | 所有 suǒyǒu 형 모든, 전부의, 일체의 | 活动 huódòng 명 활동, 행동 | ★志愿者 zhìyuànzhě 명 지원자 | 后悔 hòuhuǐ 동 후회하다 | 当初 dāngchū 명 당초, 애초 | ★不断 búduàn 부 계속해서, 끊임없이 | 充实 chōngshí 형 충실하다 | 前提 qiántí 명 전제, 전제 조건

(2) 인터넷, 과학기술 / 방송·출판 산업

빈출 제시어	科技水平 kējì shuǐpíng 과학기술 수준 | 网络 wǎngluò 명 인터넷 | 网站 wǎngzhàn 명 웹사이트 上网 shàngwǎng 동 인터넷하다 | 软件 ruǎnjiàn 명 소프트웨어 | 病毒 bìngdú 명 바이러스 通讯 tōngxùn 명 통신 | 下载 xiàzài 동 다운로드하다 | 出版 chūbǎn 동 출판하다 节目 jiémù 명 프로그램 | 记者 jìzhě 명 기자 | 媒体 méitǐ 명 대중 매체 | 广告 guǎnggào 명 광고 报道 bàodào 동 보도하다 명 보도 | 记录 jìlù 동 기록하다 명 기록 | 宣传 xuānchuán 동 홍보하다 反映 fǎnyìng 동 반영하다
주요 짝꿍 표현	提高科技水平 tígāo kējì shuǐpíng 과학기술 수준을 향상시키다 下载软件 xiàzài ruǎnjiàn 소프트웨어를 다운로드하다 访问网站 fǎngwèn wǎngzhàn 웹사이트에 방문하다 播出……节目 bōchū……jiémù ~프로그램을 방송하다

모범 문장	这项研究完成后，可以提高现有的科技水平。 이 연구가 완료되면 지금의 과학기술 수준을 향상시킬 수 있다. 客人们可以随时访问这家餐厅的网站。 고객들은 언제나 이 식당의 웹사이트에 방문할 수 있다. 想要免费看这些电影，就得下载那个软件。 이 영화들을 무료로 보고 싶다면, 저 소프트웨어를 다운로드해야 한다. 电视上现在播出的那个节目是今年最有人气的节目之一。 TV에서 지금 방송하고 있는 저 프로그램은 올해 가장 인기 있는 프로그램 중 하나이다.

★ **项** xiàng 양 항목, 종목, 사항 | **研究** yánjiū 명 연구 | **现有** xiànyǒu 현존의, 현행의 | ★**随时** suíshí 부 언제나, 아무 때나, 언제든지 | **餐厅** cāntīng 명 식당 | **人气** rénqì 명 인기

(3) 기타

빈출 제시어	**养成** yǎngchéng 동 기르다	**想念** xiǎngniàn 동 그리워하다	**熟悉** shúxī 형 익숙하다 **取消** qǔxiāo 동 취소하다	**遗憾** yíhàn 형 유감스럽다	**相处** xiāngchǔ 동 함께 지내다 **矛盾** máodùn 명 갈등	**出色** chūsè 형 특별히 좋다	**传染** chuánrǎn 동 감염하다 **辩论** biànlùn 동 변론하다	**鼓舞** gǔwǔ 동 격려하다	**罚款** fákuǎn 벌금을 내다	**费用** fèiyong 명 비용
주요 짝꿍 표현	**养成习惯** yǎngchéng xíguàn 습관을 기르다 **想念家乡** xiǎngniàn jiāxiāng 고향을 그리워하다	**被……传染** bèi chuánrǎn ~에 의해 감염되다 **产生矛盾** chǎnshēng máodùn 갈등이 생기다
모범 문장	我们应该养成谨慎的习惯。 우리는 신중하게 하는 습관을 길러야 한다. 多年的留学生活使我更加想念家乡。 다년간의 유학 생활은 나를 더욱 고향을 그리워하게 만들었다. 弟弟的感冒很严重，姐姐被他传染了。 남동생의 감기가 심해서, 언니가 그에 의해 감염됐다.

★**谨慎** jǐnshèn 형 신중하다, 조심스럽다 | **严重** yánzhòng 형 매우 심하다, 심각하다

> **태도·성격·기분·감정**
>
> 태도, 성격, 기분, 감정을 나타내는 단어가 제시어로도 종종 등장한다. 앞서 여러 영역에서 관련 표현을 외웠겠지만, 복습한다는 느낌으로 다시 한번 꼼꼼하게 단어를 익혀 보자.
>
> **乐观** lèguān 형 낙관적이다 | **活泼** huópō 형 활발하다 | **谦虚** qiānxū 형 겸손하다 | **坚强** jiānqiáng 형 굳세다 | **诚实** chéngshí 형 성실하다 | **虚心** xūxīn 형 겸손하다 | **快乐** kuàilè 형 즐겁다 | **自豪** zìháo 형 스스로 긍지를 느끼다 | **兴奋** xīngfèn 형 흥분하다 동 흥분시키다 | **可怕** kěpà 형 무섭다 | **后悔** hòuhuǐ 형 후회하다 | **心理** xīnlǐ 명 심리 | **发愁** fāchóu 동 근심하다 | **敏感** mǐngǎn 형 민감하다 | **冷静** lěngjìng 형 냉정하다 | **烦恼** fánnǎo 형 걱정스럽다

4 의견·주장

논설문 형식의 글을 쓸 때는 다음 표현들을 활용해 의견, 주장을 나타낼 수 있다.

- **我觉得**…… wǒ juéde 나는 ~라고 생각한다
  → **我觉得**住在郊区也有很多好处，比如环境好、房价便宜等等。
    나는 교외에 사는 것도 좋은 점이 많다고 생각한다. 예를 들면 환경이 좋고 집값이 싼 것 등등이 있다

- **我认为**…… wǒ rènwéi 나는 ~라고 여기다
  → **我认为**，解决问题的关键在于资金。 나는 문제를 해결하는 관건이 자금에 있다고 생각한다.

- **我们应该……** wǒmen yīnggāi 우리는 마땅히 ~해야 한다
  → 我们应该吸取这次的失败教训，并且及时改正。 우리는 이번 실패를 교훈으로 받아들여 제때에 바로잡아야 한다.

- **对A来说** duì A lái shuō A에게 있어서
  → 对老师来说，学生的进步是最大的幸福。 선생님에게 있어서 학생의 발전이 가장 큰 행복이다.

- **从A角度来看** cóng A jiǎodù lái kàn A의 각도에서 보았을 때
  → 从公司的角度来看，网络营销有不可替代的优势。 회사의 시각에서 볼 때 온라인 마케팅은 대체 불가능한 장점이 있다.

- **最重要的是……** zuì zhòngyào de shì 가장 중요한 것은 ~이다
  → 最重要的是网络更便于人们随时随地分享知识。
  가장 중요한 것은 인터넷은 사람들에게 언제 어디서나 지식을 공유하는 데 편하다는 것이다.

- **这样做** zhèyàng zuò 이렇게 하면
  → 这样做不仅能节约钱，还对环境保护有帮助。 이렇게 하면 돈을 절약할 수 있을 뿐만 아니라 환경 보호에도 도움이 된다.

- **我的看法是，……** wǒ de kànfǎ shì 나의 생각은 ~이다
  → 我的看法是，不同的文化之间也有很多相同的地方。 나의 생각은 서로 다른 문화 간에도 비슷한 부분이 있다는 것이다.

- **提醒……** tíxǐng ~를 일깨워 주다
  → 会议提醒我们要合理利用资源。 회의는 우리가 자원을 합리적으로 이용해야 한다는 것을 일깨워 준다.

- **最好……** zuìhǎo ~하는 것이 가장 좋다
  → 最好给每位客人准备一份礼物，以此表达谢意。 모든 손님에게 선물을 준비하여 감사의 뜻을 표현하는 것이 가장 좋다.

배운 내용 점검하기

✦ 한국어 해석을 참고하여 빈칸에 중국어 표현을 채워 써 보세요.

_____我们在学校的操场上举办了一场_____。我们班表演的_____非常精彩，并且_____了大家很大的欢迎 。

해석 어젯저녁 우리는 학교 운동장에서 이브닝 파티를 열었다. 우리 반에서 공연한 프로그램은 매우 훌륭했고, 게다가 모두에게 큰 환영을 받았다.

어휘 ★操场 cāochǎng 명 운동장 | 举办 jǔbàn 동 거행하다, 개최하다 | 表演 biǎoyǎn 동 공연하다 | 精彩 jīngcǎi 형 훌륭하다 | 并且 bìngqiě 접 또한, 그리고

정답 昨天晚上, 晚会, 节目, 受到

STEP 3 실력 다지기

Day 13

经常、危害、胖、零食、影响

48
80

Day 15

活动、成长、合影、纪念、共同

48
80

Day 17

加班、旅行、压力、城市、心情

Day 21

网络、合理、缺少、消极、交流

Day 23

演讲、遍、紧张、表现、热烈

Day 26

追求、毕业、看法、专业、发展

Day 28

辞职、实际、观念、有利、考虑

Day 31

浪费、珍惜、粮食、养成、可怕

Day 34

通讯、促进、随时、距离、普遍

Day 37

错误、问题、虚心、经验、过程

쓰기 제2부분

03 사진 보고 작문하기

Day 08~10

STEP 1 유형 파악하기

◆ 실생활에서 접하게 되는 상황이나 모습이 사진으로 제시되는 '일상' 유형의 출제 비율이 가장 높다.
◆ '학교 및 직장' 유형의 문제도 꾸준히 출제된다. 주로 인물의 '행동' '표정' '상태'에 초점을 맞춘 사진들이 많다.

● 제2부분 예제

사진 살펴보기

▶ 두 여성이 공항에서 '포옹'을 하고 있는 모습이다. 해당 사진이 익숙한 사진인지 아닌지에 따라 글의 형식을 정하고, 생각나는 단어를 간단하게 정리한 후, 글을 완성해 보자.
  * 익숙한 사진 → 내 일상 / 낯선 사진 → 그림 설명
▶ 그림 속 정보를 기반으로 연상되는 표현
  * 공항에 있는 모습 → 机场 공항 / 飞机 비행기
  * 포옹하고 있는 모습 → 拥抱 포옹하다 / 难过 슬프다

뼈대 잡기

(1) **주제 찾기** 여동생과 '포옹'하기
(2) **내용 구상하기** 여동생이 유학을 가는 날이다. 우리는 포옹을 했고, 나는 마음이 슬펐다.
(3) **세부사항 설정하기** 인물: 我 나 / 妹妹 여동생　　시점: 今天 오늘　　장소: 机场 공항
　　　　　　　　　　　행동: 拥抱 포옹하다 / 分开 헤어지다　감정: 有点儿难过 조금 슬프다

작문하기

글이 될 재료들을 다 모았으니, 이제 문장으로 만들어 보자. 가능한 한 자신이 가장 잘 알고 있는 표현들을 활용해 어법에 맞는 문장으로 작문하는 것이 중요하다.

도입　今天是妹妹去留学的日子，从昨天开始，我就和她一起准备，今天一大早送她到了机场。
　　　　오늘은 여동생이 유학을 떠나는 날이다. 어제부터 나는 그녀와 함께 준비를 했고, 오늘 아침 일찍 공항까지 데려다 주었다.

전개　当妹妹准备上飞机时，我们拥抱在了一起。我们真的要分开了，虽然有点儿难过，但还是忍住没哭。
　　　　여동생이 비행기에 타려고 할 때, 우리는 서로 꼭 껴안았다. 우리는 정말 헤어져야 했고, 조금 슬펐지만, 울음을 참았다.

마무리　希望她的留学生活能圆满结束。
　　　　그녀의 유학 생활이 원만하게 마무리되기를 바란다.

> ◆ 작문 필수템 ◆
>
> 작문할 때 활용하면 좋은 표현, 주의해야 할 포인트
>
> ① A是 B 的日子: A는 B한 날이다
> ② 从A开始: A부터 시작하다
> ③ 当A时: A할 때
> ④ A在一起: 함께 A하다
> ⑤ 虽然A, 但B : 비록 A이지만, B하다
> ⑥ 希望 (생각하는 것이 실현되기를) 바라다, 희망하다 → 希望은 절[주어+술어+목적어]을 목적어로 취할 수 있는 동사로, 뒤에는 희망하는 내용이 목적어로 나온다.

	今	天	是	妹	妹	去	留	学	的	日	子	，	从	昨
天	开	始	，	我	就	和	她	一	起	准	备	，	今	天	一
大	早	送	她	到	了	机	场	。	当	妹	妹	准	备	上	飞
机	时	，	我	们	拥	抱	在	了	一	起	。	我	们	真	的
要	分	开	了	，	虽	然	有	点	儿	难	过	，	但	还	是
忍	住	没	哭	。	希	望	她	的	留	学	生	活	能	圆	满
结	束	。													

(문장부호 제외 87자)

留学 liúxué 동 유학하다 | ★日子 rìzi 명 날 | 一大早 yídàzǎo 명 이른 아침, 새벽 | ★拥抱 yōngbào 동 포옹하다, 껴안다 | 分开 fēnkāi 동 헤어지다, 떨어지다 | 虽然A, 但B suīrán A, dàn B 비록 A이지만, B하다 | 有点儿 yǒudiǎnr 부 조금, 약간 [有点儿+형용사: 부정이나 불만의 뉘앙스를 나타냄] | 难过 nánguò 형 슬프다 | 忍住 rěnzhù 동 꾹 참다 | 哭 kū 동 (소리 내어) 울다 | 希望 xīwàng 동 생각하는 것이 실현되기를 바라다, 희망하다 | 生活 shēnghuó 명 생활 동 생활하다 | 圆满 yuánmǎn 형 원만하다, 완벽하다, 훌륭하다, 충분하다 | 结束 jiéshù 동 끝나다

STEP 2 내공 쌓기

세부 유형을 '일상' '학교 및 직장' '과학기술' '인터뷰' '환경' '금지'로 분류하고, 빈출 사진들을 정리했다. 사진 옆에는 사진에 들어맞는 모범 문장 및 기타 활용 가능한 어휘들을 정리했고, 각각의 표 아래에는 관련 유형에서 두루 활용할 수 있는, 혹은 추가로 활용할 수 있는 어휘들을 정리했다.

1 일상

어떤 상황을 묘사하거나 인물들의 구체적인 동작이 드러난 사진이 출제된다.

(1) 집안일 / 기념일 / 쇼핑 등

★ 搬家的时候，我们一起抬了沙发。
이사를 할 때, 우리는 함께 소파를 들었다.

抬 tái 동 들다 | 沙发 shāfā 명 소파 | 装修 zhuāngxiū 동 인테리어를 하다 | 搬家 bānjiā 이사하다 | 整理 zhěnglǐ 동 정리하다 | 打扫 dǎsǎo 동 청소하다

★ 我准备把生日礼物送给妹妹。
나는 여동생에게 생일 선물을 주려고 한다.

礼物 lǐwù 명 선물 | 送给 sòng gěi ~에게 주다, 선물하다 | 送 sòng 동 주다 | 生日 shēngrì 명 생일 | 包裹 bāoguǒ 동 포장하다 | 蛋糕 dàngāo 명 케이크

★ 咖啡洒在笔记本电脑上以后，电脑就出毛病了。
노트북에 커피를 엎지른 후, 컴퓨터가 고장이 났다.

笔记本电脑 bǐjìběn diànnǎo 몡 노트북 | **电脑** diànnǎo 몡 컴퓨터 | **洒** sǎ 동 엎지르다 | **毛病** máobìng 몡 고장 | **功能** gōngnéng 몡 기능

★ 小女孩经常给阳台上的花浇水。
소녀는 늘 베란다의 꽃에 물을 준다.

浇水 jiāoshuǐ 동 물을 주다 | **关心** guānxīn 동 관심을 갖다 | **阳台** yángtái 몡 베란다 | **阳光** yángguāng 몡 햇빛

★ 男的拿着一双鞋问百货商场的售货员能否试穿。
남자는 신발 한 쌍을 들고 백화점 판매원에게 신어 봐도 되는지 묻는다.

百货商场 bǎihuò shāngchǎng 몡 백화점 | **超市** chāoshì 몡 슈퍼마켓 | **一双鞋** yì shuāng xié 신발 한 켤레 | **购买** gòumǎi 동 구매하다 | **购物** gòuwù 동 물품을 구입하다 | **逛街** guàngjiē 동 아이쇼핑하다 | **价格** jiàgé 몡 가격 | **便宜** piányi 형 싸다 | **试穿** shìchuān 착용해 보다 | **适合** shìhé 동 어울리다 | **售货员** shòuhuòyuán 몡 판매원 | **挑选** tiāoxuǎn 동 고르다 | **推荐** tuījiàn 동 추천하다

★ 因为妈妈的行李箱有点多，所以孩子提前到了机场准备接妈妈一起回家。
엄마의 짐이 많기 때문에 아이는 미리 공항에 도착해서 엄마를 마중하여 집에 돌아갈 준비를 했다.

机场 jīchǎng 몡 공항 | **火车站** huǒchēzhàn 몡 기차역 | **行李** xíngli 몡 짐 | **行李箱** xínglixiāng 몡 캐리어 가방 | **欢迎** huānyíng 동 환영하다 | **回家的路上** huíjiā de lùshang 집으로 돌아가는 길에

★ 婚礼上，我们收到了很多客人的祝贺。
결혼식에서 우리는 많은 하객들의 축하를 받았다.

结婚 jiéhūn 동 결혼하다 | **婚礼** hūnlǐ 몡 결혼식 | **幸福** xìngfú 형 행복하다 | **祝贺** zhùhè 동 축하하다 | **新人** xīnrén 몡 신혼부부 | **蜜月** mìyuè 몡 허니문 | **宾馆** bīnguǎn 몡 호텔

테마 관련 어휘

房间 fángjiān 몡 방 | **房子** fángzi 몡 집 | **图书馆** túshūguǎn 몡 도서관 | **咖啡厅** kāfēitīng 몡 커피숍
饭馆 fànguǎn 몡 식당 | **商店** shāngdiàn 몡 상점 | **日常** rìcháng 몡 일상 | **生活** shēnghuó 몡 생활
周末 zhōumò 몡 주말 | **上个星期** shàng ge xīngqī 지난주 [↔ **下个星期** xià ge xīngqī 다음 주]
周日 zhōurì 몡 일요일 [= **星期天** xīngqītiān = **星期日** xīngqīrì = **礼拜天** lǐbàitiān] | **一起** yìqǐ 부 같이, 함께
常常 chángcháng 부 자주, 늘, 항상 | **快乐** kuàilè 형 즐겁다, 유쾌하다 | **愉快** yúkuài 형 즐겁다, 기쁘다

(2) 여가 / 취미

★ 虽然我滑雪滑得不太好，但是很喜欢这项运动。
나는 비록 스키를 잘 타지는 못하지만, 이런 종류의 운동을 좋아한다.

滑雪 huáxuě 몡 스키 동 스키를 타다 | 冬天 dōngtiān 몡 겨울 | 滑雪场 huáxuěchǎng 몡 스키장 | 山顶 shāndǐng 몡 산 정상 | 滑雪滑得很好 huáxuě huá de hěn hǎo 스키를 잘 타다

★ 爸爸带着儿子在湖边钓鱼钓了很长时间。
아빠는 아들을 데리고 호숫가에서 오랫동안 낚시를 했다.

钓鱼 diàoyú 동 낚시하다 | 抓鱼 zhuā yú 물고기를 잡다 | 河边 hébiān 몡 강가 | 江边 jiāngbiān 몡 강가 | 船舷 chuánxián 몡 뱃전 | 平静 píngjìng 몡 (마음·환경 등이) 차분하다

★ 我跟朋友正在商量今天的旅行日程，我们想先去看名胜古迹。
나는 친구와 오늘 여행 일정을 상의하고 있는데, 우리는 먼저 명승고적을 보러 가고 싶다.

旅游 lǚyóu 동 여행하다 | 旅行 lǚxíng 동 여행하다 | 游览 yóulǎn 동 유람하다 | 景点 jǐngdiǎn 몡 명소 | 风景 fēngjǐng 몡 풍경 | 享受 xiǎngshòu 동 즐기다 | 名胜古迹 míngshèng gǔjì 명승고적

★ 每天早上到公园跑步是我跟丈夫坚持了很多年的习惯。
매일 아침 공원에 가서 조깅을 하는 것은 나와 남편이 여러 해 동안 해 온 습관이다.

跑步 pǎobù 동 달리다 | 公园 gōngyuán 몡 공원 | 操场 cāochǎng 몡 운동장 | 每天 měi tiān 몡 매일 | 早上 zǎoshang 몡 아침

★ 她在钢琴演奏会上的表现精彩极了。
그녀는 피아노 연주회에서 매우 훌륭했다.

弹钢琴 tán gāngqín 피아노를 치다 | 演奏会 yǎnzòuhuì 몡 연주회 | 好听 hǎotīng 몡 듣기 좋다 | 精彩 jīngcǎi 몡 훌륭하다 | 表现 biǎoxiàn 몡 표현

★ 大家都在展览馆欣赏着大师的名作。
모두들 전시관에서 대가의 명작을 감상하고 있다.

参观 cānguān 동 참관하다 | 欣赏 xīnshǎng 동 감상하다 | 观看 guānkàn 동 참관하다 | 展览 zhǎnlǎn 동 전람하다 | 展览馆 zhǎnlǎnguǎn 몡 전시관 | 展览会 zhǎnlǎnhuì 몡 전람회

★ 坚持到健身房锻炼一段时间以后，我的身材变得苗条多了。
헬스장에서 꾸준히 몸을 단련하고 나서 나는 몸이 많이 날씬해졌다.

健身房 jiànshēnfáng 몡 헬스장 | 锻炼 duànliàn 동 단련하다 | 减肥 jiǎnféi 동 다이어트하다 | 身材 shēncái 몡 몸매 | 苗条 miáotiao 몡 (여성의 몸매가) 아름답고 날씬하다 | 明显 míngxiǎn 몡 뚜렷하다 | 效果 xiàoguǒ 몡 효과

★ 爷爷经常带小狗去公园散步。
할아버지는 종종 강아지를 데리고 공원에 가서 산책을 하신다.

散步 sànbù 동 산보하다 | 养宠物 yǎng chǒngwù 애완동물을 키우다 | 公园 gōngyuán 명 공원 | 运动场 yùndòngchǎng 명 운동장 | 带 dài 동 데리다 | 训练 xùnliàn 동 훈련하다 | 小狗 xiǎogǒu 강아지

테마 관련 어휘

爱好 àihào 명 취미 | 运动 yùndòng 명 운동 | 爱 ài 동 ~하기를 좋아하다 | 喜欢 xǐhuan 동 좋아하다
爱好者 àihàozhě 명 애호가 | 骑 qí 동 (동물·자전거 등에) 타다 | 自行车 zìxíngchē 명 자전거
踢 tī 동 차다 | 足球 zúqiú 명 축구 | 打 dǎ 동 (운동을) 하다 | 篮球 lánqiú 명 농구
网球 wǎngqiú 명 테니스 | 乒乓球 pīngpāngqiú 명 탁구 | 羽毛球 yǔmáoqiú 명 배드민턴
缓解 huǎnjiě 동 완화시키다 | 压力 yālì 명 스트레스 | 放松 fàngsōng 동 느슨하게 하다
心情 xīnqíng 명 기분 | 深刻 shēnkè 형 (인상이) 깊다 | 印象 yìnxiàng 명 인상 | 爬山 páshān 동 등산하다
摄影 shèyǐng 동 사진을 찍다 | 下象棋 xià xiàngqí 장기를 두다

(3) 음식

★ 我跟朋友在一家新开的餐厅吃饭，这里的服务员十分热情。
나는 친구와 새로 개업한 식당에서 밥을 먹는데, 이곳의 종업원은 매우 친절하다.

菜单 càidān 명 메뉴판 | 点菜 diǎncài 동 요리를 주문하다 | 餐厅 cāntīng 명 식당 | 饭馆 fànguǎn 명 식당 | 服务员 fúwùyuán 명 종업원 | 客人 kèrén 명 손님 | 热情 rèqíng 형 친절하다

★ 最近流行把吃的东西拍下来传到社交网站上，跟朋友一起分享。
요즈음 음식 사진을 찍어서 SNS에 올려 친구와 함께 공유하는 것이 유행이다.

拍 pāi 동 (사진을) 찍다 | 社交网站 shèjiāo wǎngzhàn 사회연결망(SNS) | 聚会 jùhuì 모임

★ 好客的丈夫邀请了好朋友晚上来家里做客，所以我现在正跟他一起做菜呢。
손님 접대하는 것을 좋아하는 남편이 친한 친구를 만찬회에 초대해서, 나는 지금 그와 함께 요리를 하고 있다.

做菜 zuò cài 요리를 하다 | 上菜 shàng cài 요리를 내오다 | 邀请 yāoqǐng 동 초대하다 | 好客 hàokè 형 손님 접대를 좋아하다 | 晚会 wǎnhuì 명 만찬회

테마 관련 어휘

吃 chī 동 먹다 | 喝 hē 동 마시다 | 吃饭 chī fàn 동 밥을 먹다 | 菜 cài 명 요리 | 好吃 hǎochī 형 맛있다
味道 wèidao 명 맛 | 口味 kǒuwèi 명 맛, 입맛 | 买单 mǎidān 명 계산서 | 结账 jiézhàng 동 계산하다
打包 dǎbāo 동 포장하다 | 月饼 yuèbing 명 월병 | 饺子 jiǎozi 명 교자 | 蛋糕 dàngāo 명 케이크
咖啡 kāfēi 명 커피 | 请客 qǐngkè 동 접대하다

(4) 건강

★ 医生正在给病人检查身体。
의사는 환자에게 신체 검사를 하고 있다.

病人 bìngrén 몡 환자 | **医生** yīshēng 몡 의사 | **大夫** dàifu 몡 의사 | **护士** hùshi 몡 간호사 | **检查** jiǎnchá 동 검사하다 | **看病** kànbìng 동 진찰하다 | **治疗** zhìliáo 동 치료하다

★ 我昨天一直流鼻涕，可能是前两天出去玩儿时，穿得太少，所以得了感冒。
나는 어제 계속 콧물이 흘렀는데, 아마 이틀 전에 나가서 놀 때 옷을 적게 입어서 감기에 걸린 것 같다.

流鼻涕 liú bítì 콧물이 흐르다 | **发烧** fāshāo 동 열이 나다 | **得感冒** dé gǎnmào 감기에 걸리다 | **着凉** zháoliáng 감기에 걸리다 | **生病** shēngbìng 동 병이 나다 | **不舒服** bù shūfu (몸이) 아프다 | **吃药** chī yào 약을 먹다

★ 我们到医院探望住院的老师，她告诉我们她很快就能出院了。
우리는 입원한 선생님의 병문안을 갔고, 선생님은 우리에게 곧 퇴원할 것이라고 알려 주셨다.

探望 tànwàng 동 방문하다, 문안하다 | **住院** zhùyuàn 동 입원하다 | **出院** chūyuàn 동 퇴원하다 | **好转** hǎozhuǎn 동 호전되다 | **恢复** huīfù 동 회복하다 | **探病** tànbìng 동 병문안하다 | **体贴** tǐtiē 동 자상하게 돌보다

테마 관련 어휘

健康 jiànkāng 몡 건강 형 건강하다 | **身体** shēntǐ 몡 몸 | **医院** yīyuàn 몡 병원 | **病** bìng 몡 병 | **打针** dǎzhēn 동 주사를 맞다 | **受伤** shòushāng 동 부상을 입다 | **头疼** tóuténg 동 머리가 아프다 | **咳嗽** késou 동 기침하다 | **肚子** dùzi 몡 복부 | **嗓子** sǎngzi 몡 목 | **挂号** guàhào 동 접수하다 | **做手术** zuò shǒushù 수술하다

2 학교 및 직장

'학교'나 '직장'에서 발생하는 상황이 드러난 사진이 출제된다. '학교' 관련 유형일 경우, 주로 '학업' 관련 상황이나 '입학' '졸업'과 같은 이벤트와 관련되어 있다. '직장' 관련 유형일 경우, '회의' '출장' '성공' '면접'과 관련되어 있다. 학교 또는 직장 관련 유형에서는 자신의 경험을 너무 깊게 생각한 나머지, 시간 조절에 실패하거나 논리성을 잃지 않도록 주의해야 한다.

(1) 학교

★ 为了去理想的大学，我妹妹最近一直努力学习。
원하는 대학교에 가기 위해 내 여동생은 요즘 계속 열심히 공부한다.

努力 nǔlì 동 노력하다 | **学习** xuéxí 동 공부하다 | **交** jiāo 동 내다 | **论文** lùnwén 몡 논문 | **考上** kǎoshàng 동 (시험에) 합격하다 | **合格** hégé 동 합격하다 | **刻苦** kèkǔ 형 몹시 애를 쓰다

★ 大学老师爱用提问的方式培养学生的独立思维。
대학 교수님들은 질문을 하는 방식으로 학생들의 독립적인 사고를 키우는 것을 좋아한다.

教授 jiàoshòu 명 교수 | 大学 dàxué 명 대학교 | 提问 tíwèn 동 (주로 교사가 학생에게) 질문하다 | 严格 yángé 형 엄격하다 | 用功 yònggōng 동 열심히 배우다 | 指导 zhǐdǎo 동 지도하다

★ 我一直鼓励学生，希望她能缓解压力、克服困难。
나는 줄곧 학생을 격려하며 그녀가 스트레스를 풀고 어려움을 극복하기를 바란다.

辅导 fǔdǎo 동 (학습, 훈련을) 도우며 지도하다 | 鼓励 gǔlì 동 격려하다 | 进步 jìnbù 동 진보하다 | 受到 shòudào 동 받다 | 压力 yālì 명 스트레스 | 遇到 yùdào 동 맞닥뜨리다 | 困难 kùnnan 명 곤란 형 어렵다 | 帮助 bāngzhù 명 도움 동 돕다 | 紧张 jǐnzhāng 형 긴장하다

★ 昨天是我的毕业典礼，我很高兴能以第一名的成绩提前毕业。
어제는 나의 졸업식이었는데, 내가 1등으로 조기 졸업을 하게 되어 기쁘다.

毕业 bìyè 동 졸업하다 명 졸업 | 毕业典礼 bìyè diǎnlǐ 명 학위 수여식 | 提前毕业 tíqián bìyè 조기 졸업 | 学习成绩 xuéxí chéngjì 명 학습 성적 | 第一名 dì yī míng 일등 | 参加 cānjiā 동 (어떤 조직이나 활동에) 참가하다

테마 관련 어휘

学校 xuéxiào 명 학교 | 上课 shàngkè 동 수업하다 | 下课 xiàkè 동 수업을 마치다 | 老师 lǎoshī 명 선생님 | 学生 xuésheng 명 학생 | 同学 tóngxué 명 학우 | 作业 zuòyè 명 숙제 | 报名 bàomíng 동 등록하다 | 考试 kǎoshì 명 시험 | 上学 shàngxué 동 입학하다 | 辩论 biànlùn 동 토론하다 | 比赛 bǐsài 명 대회 | 表现 biǎoxiàn 명 태도 동 나타내다 | 冠军 guànjūn 명 우승

(2) **직장**

★ 老板开会的时候针对不同的意见，和大家商量了解决办法。
사장님은 회의 중에 다른 의견에 초점을 두고 모두와 해결 방법을 상의했다.

会议室 huìyìshì 명 회의실 | 建议 jiànyì 동 제안하다 | 开会 kāihuì 동 회의를 열다 | 提出 tíchū 동 제시하다 | 意见 yìjiàn 명 의견 | 商量 shāngliang 동 상의하다, 협의하다 | 经理 jīnglǐ 명 사장 | 老板 lǎobǎn 명 사장

★ 公司派我去杭州出差，这次出差时间不长，我觉得带一个行李箱就足够了。
회사에서 나를 항저우로 출장을 보내는데, 이번 출장은 길지 않아서, 캐리어 하나 가지고 가면 충분하다고 생각한다.

出差 chūchāi 동 출장 가다 | 派 pài 동 보내다 | 机场 jīchǎng 명 공항 | 行李 xíngli 명 짐 | 行李箱 xínglixiāng 명 캐리어 가방

★ 李组长负责的项目圆满结束，大家都在鼓掌向他表示祝贺。
리[李] 팀장님이 맡은 업무가 원만하게 끝나자, 모두 박수를 치며 축하했다.

鼓掌 gǔzhǎng 동 박수 치다 | **获得** huòdé 동 얻다 | **成果** chéngguǒ 명 성과 | **签合同** qiān hétong 계약하다 | **负责** fùzé 동 책임지다 | **完成** wánchéng 동 완성하다 | **任务** rènwu 명 임무 | **成功** chénggōng 명 성공 동 성공하다 | **突出** tūchū 동 돋보이게 하다 | **称赞** chēngzàn 동 칭찬하다 | **奋斗** fèndòu 동 (일정한 목적을 달성하기 위해) 분투하다 | **升职** shēngzhí 동 승진하다 | **成立** chénglì 동 (조직·기구 등을) 창립하다

★ 面试官被应聘者认真的态度打动了。
면접관은 지원자의 착실한 태도에 감동을 받았다.

面试 miànshì 명 면접 | **面试官** miànshìguān 명 면접관 | **应聘者** yìngpìnzhě 명 지원자 | **招聘** zhāopìn 동 모집하다, 채용하다 | **经验** jīngyàn 명 경험 | **工资** gōngzī 명 월급 | **待遇** dàiyù 명 대우 | **找工作** zhǎo gōngzuò 구직하다 | **求职** qiúzhí 동 직업을 찾다 | **投简历** tóu jiǎnlì 이력서를 넣다

테마 관련 어휘

公司 gōngsī 명 회사 | **工作** gōngzuò 명 일 동 일하다 | **上班** shàngbān 동 출근하다 | **下班** xiàbān 동 퇴근하다
加班 jiābān 동 야근하다 | **办公室** bàngōngshì 명 사무실 | **同事** tóngshì 명 동료 | **职员** zhíyuán 명 직원
上司 shàngsi 명 상사 | **辞职** cízhí 동 사직하다 | **退休** tuìxiū 동 퇴직하다 | **事业** shìyè 명 사업
提高 tígāo 동 높이다 | **认真** rènzhēn 형 착실하다 | **请假** qǐngjià 동 휴가를 신청하다 | **机会** jīhuì 명 기회
实习生 shíxíshēng 명 인턴 | **要求** yāoqiú 동 요구하다 명 요구 | **严格** yángé 형 엄격하다
应聘 yìngpìn 동 지원하다

3 과학기술

최근 '과학기술'에 관련된 주제가 전 영역에 걸쳐 많이 출제되고 있으니, 각별히 주의하자.

★ 随着人工智能技术的发展，科学家们研发出了给人类治病的机器人。
인공지능 기술의 발전에 따라, 과학자들은 인류의 질병을 치료하는 로봇을 개발해 냈다.

人工智能 réngōng zhìnéng 인공지능 | **机器人** jīqìrén 명 로봇 | **替** tì 동 대신하다 | **人类** rénlèi 명 인류 | **治疗** zhìliáo 동 치료하다

★ 用手机发短信已经成为人们日常交流的必要手段。
휴대폰으로 문자를 보내는 것은 이미 사람들이 일상적인 교류를 하는 데 필요한 수단이 되었다.

手机 shǒujī 명 휴대폰 | **发** fā 동 보내다 | **短信** duǎnxìn 명 문자메시지 | **传递** chuándì 동 전달하다 | **信息** xìnxī 명 정보 | **手段** shǒuduàn 명 수단

테마 관련 어휘

科技 kējì 명 과학기술 | **发展** fāzhǎn 명 발전 동 발전하다 | **带来** dàilái 가져다주다
方便 fāngbiàn 형 편리하다 | **生活** shēnghuó 명 생활 | **水平** shuǐpíng 명 수준 | **提高** tígāo 동 향상시키다
工具 gōngjù 명 도구 | **使用** shǐyòng 동 사용하다 | **随着** suízhe 개 ~따라서 | **随时** suíshí 부 언제든지

4 인터뷰

인터뷰 중인 '모습'을 '묘사'해서 분량을 채우기에는 한계가 있으니, 상상력을 동원해서 '인터뷰 내용'을 보충하자. '영화' '환경' '과학기술' 등 자신이 잘 아는 표현이 많은 주제로 방향을 설정하면 어렵지 않다.

★ 有关人士在记者会上对此次事件发表了正面回应。
관계자는 기자 회견에서 이번 사건에 대해 정면 대응을 발표했다.

记者会 jìzhěhuì 명 기자 회견 | **宣布** xuānbù 동 발표하다 | **发表** fābiǎo 동 발표하다 | **正式** zhèngshì 형 공식의 | **立场** lìchǎng 명 입장 | **发言** fāyán 동 의견을 발표하다 | **媒体** méitǐ 명 대중매체 | **看法** kànfǎ 명 견해 | **打听** dǎting 동 물어보다

테마 관련 어휘

记者 jìzhě 명 기자 | **进行** jìnxíng 동 진행하다 | **接受** jiēshòu 동 받아들이다 | **采访** cǎifǎng 동 인터뷰하다
告诉 gàosu 동 알리다 | **回答** huídá 동 대답하다 | **情况** qíngkuàng 명 상황 | **意见** yìjiàn 명 의견
准备 zhǔnbèi 동 준비하다 | **建议** jiànyì 동 건의하다 | **关于** guānyú 개 ~에 관해 | **轻松** qīngsōng 형 수월하다
现场 xiànchǎng 명 (사건이나 사고의) 현장 | **紧张** jǐnzhāng 형 긴장해 있다 | **愉快** yúkuài 형 유쾌하다
积极 jījí 형 적극적이다 | **顺利** shùnlì 형 순조롭다 | **问题** wèntí 명 문제 | **幽默** yōumò 형 유머러스하다
麦克风 màikèfēng 명 마이크 | **大街** dàjiē 명 대로 | **街头** jiētóu 명 길거리
市民 shìmín 명 시민 | **摄影师** shèyǐngshī 명 카메라맨 | **节目** jiémù 명 프로그램 | **专家** zhuānjiā 명 전문가

5 환경

쓰레기를 줍는 모습, 쓰레기가 버려진 모습 등이 출제된다. 환경오염, 환경보호를 주제로 글을 완성하자.

★ 孩子应该从小就养成不乱扔垃圾的好习惯。
아이는 어려서부터 쓰레기를 함부로 버리지 않는 좋은 습관을 길러야 한다.

★ 每年都有很多塑料袋、筷子等一次性用品被使用。
매년 많은 비닐봉지, 젓가락 등 일회용품이 사용된다.

乱 luàn 부 함부로 | **扔** rēng 동 버리다 | **捡** jiǎn 동 줍다 | **垃圾** lājī 명 쓰레기 | **垃圾桶** lājītǒng 명 쓰레기통 | **塑料袋** sùliàodài 명 비닐봉지 | **一次性用品** yícìxìng yòngpǐn 명 일회용품 | **丢** diū 동 버리다

테마 관련 어휘

保护 bǎohù 동 보호하다 | **爱护** àihù 동 사랑하고 보호하다 | **环境** huánjìng 명 환경 | **工厂** gōngchǎng 명 공장
空气 kōngqì 명 공기 | **污染** wūrǎn 명 오염 동 오염되다 | **威胁** wēixié 동 위협하다 | **废气** fèiqì 명 폐기 가스
废水 fèishuǐ 명 폐수 | **伤害** shānghài 동 손상시키다 | **生态** shēngtài 명 생태 | **遭到** zāodào 동 당하다
造成 zàochéng 동 (좋지 않은 결과를) 초래하다 | **破坏** pòhuài 동 파괴하다 | **损害** sǔnhài 동 손상시키다
严重 yánzhòng 형 심각하다 | **从我做起** cóng wǒ zuòqǐ 나부터 시작하다

6 금지

흡연 금지, 낚시 금지, 주차 금지 등의 표지판이 제시 사진으로 등장한다. 표지판의 내용에 맞게 적절한 키워드를 활용해 내용을 구성하면 된다.

★ 在路上、学校、地铁站等公共场所随处可见禁止吸烟的标志。
길거리, 학교, 지하철역 등 공공장소 곳곳에서 흡연 금지 표지판을 볼 수 있다.

★ 请勿在这儿钓鱼。
이곳에서 낚시를 하지 마시오.

★ 前面是禁止通行区域，我们就把车停这儿吧。
앞이 통행 금지 구역이니 우리 이곳에 주차하자.

테마 관련 어휘

禁止 jìnzhǐ 동 금지하다 | 别 bié 부 ~하지 마라 | 不可以 bù kěyǐ ~해서는 안 된다
不要 búyào 부 ~하지 마라 | 请勿 qǐng wù ~하지 마시오 | 随地 suídì 부 아무 데나
抽烟 chōuyān 동 흡연하다 [≒ 吸烟 xīyān] | 街 jiē 명 거리 | 路上 lùshang 명 길 위
公共场合 gōnggòng chǎnghé 공공장소 | 公共场所 gōnggòng chǎngsuǒ 공공장소
钓鱼 diàoyú 동 낚시하다 | 湖边 húbiān 명 호숫가 | 河边 hébiān 명 강가
处于 chǔyú 동 (사람·사물이 어떤 지위·상태·환경·시간에) 처하다 | 灭绝 mièjué 동 멸종하다 | 危机 wēijī 명 위기
车辆 chēliàng 명 차량 | 通行 tōngxíng 동 (사람·차량 등이) 통행하다
停车 tíngchē 동 차량을 주차하다 | 罚款 fákuǎn 명 벌금 | 동 벌금을 부과하다

> **tip** 사진에 인물의 표정, 태도가 드러나 있다면 함께 언급해 주자.
> 幸福 xìngfú 형 행복하다 | 感动 gǎndòng 동 감동하다 | 感激 gǎnjī 동 감격하다 | 害羞 hàixiū 동 수줍어하다 | 犹豫 yóuyù 형 머뭇거리다 | 惭愧 cánkuì 형 부끄럽다 | 难过 nánguò 형 괴롭다 | 难受 nánshòu 형 견딜 수 없다 | 安慰 ānwèi 동 위로하다 | 灰心 huīxīn 동 낙담하다 | 伤心 shāngxīn 동 상심하다 | 担心 dānxīn 동 걱정하다 | 发愁 fāchóu 동 걱정하다 | 烦恼 fánnǎo 형 번뇌하다 | 吵架 chǎojià 동 말다툼하다

배운 내용 점검하기

✦ 제시된 그림과 한국어 해석을 참고하여 중국어로 작문해 보세요.

세부 설정 가이드
언제: 매일   어디서: 회사에서

→ _____

나는 거의 매일 회사에 있다.

정답 我几乎每天在公司。

STEP 3 실력 다지기

Day 14

해설서 p.252

Day 16

해설서 p.253

Day 18

48
80

→ 해설서 p.254

Day 22

48
80

→ 해설서 p.255

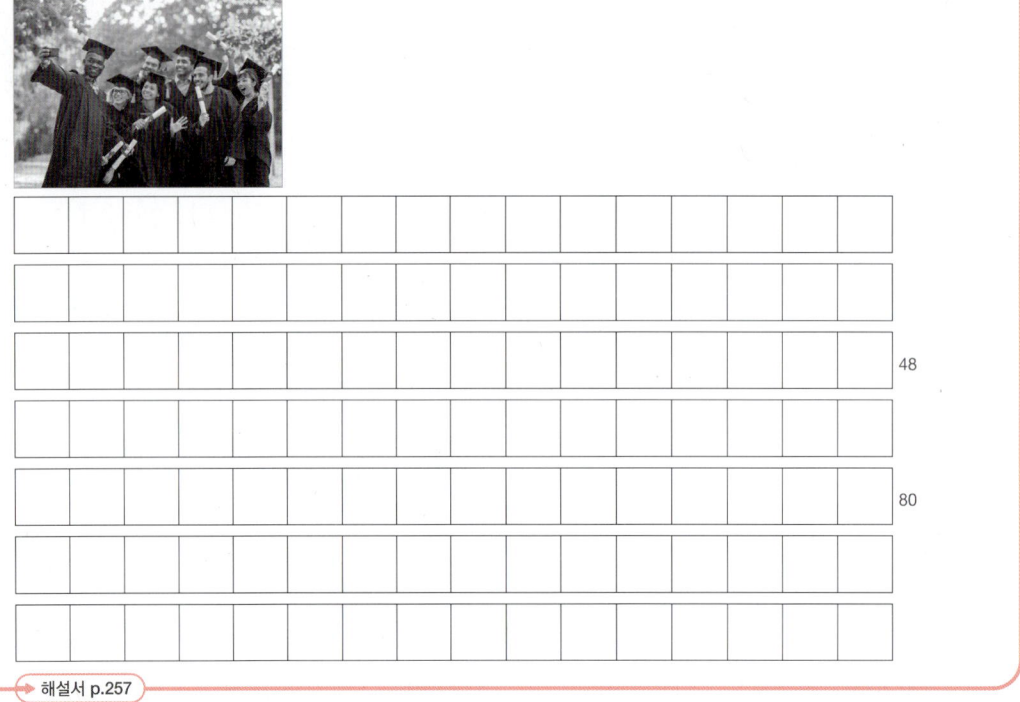

Day 29

|48|
|80|

→ 해설서 p.258

Day 32

|48|
|80|

→ 해설서 p.259

Day 35

48
80

Day 38

48
80

실전 모의고사

실제 시험 1회분을 절반 분량씩 '중간 점검용' '최종 점검용'으로 풀어 보며 스스로의 실력을 점검하자. 시간 내에 문제를 풀고 OMR 마킹까지 하는 실전 훈련을 해 보자.

▶ Mini 모의고사 1 `Day 19~20` 중간 점검
▶ Mini 모의고사 2 `Day 39~40` 최종 점검

Mini 모의고사 채점표

	Mini 모의고사 1	Mini 모의고사 2	문항당 평균 배점 (추정치)
듣기	_____ / 21문항	_____ / 22 문항	2.3점
독해	_____ / 24 문항	_____ / 25 문항	2점
쓰기1	_____ / 4문항	_____ / 4문항	5점
쓰기2	_____ / 2문항	_____ / 2문항	15점
총점			

Mini 모의고사 기준, 90점 이상이면 합격입니다.
(실제 시험에서는 문항 수가 2배이므로, 총점이 180점 이상이어야 합격입니다.)

Mini 모의고사 1

정답 및 해설→해설서 p.262   Day 19~20

● 듣기는 21문항(약 14분), 독해는 24문항(약 24분), 쓰기는 6문항(약 35분)으로 구성되어 있습니다.

一、听力

21문항 | 약 14분

● track Mini Test 01

第一部分

第1-10题：请选出正确答案。 녹음 속 질문에 알맞은 답을 고르세요..

1. A 道歉
   B 拿文件
   C 办理入职
   D 开实习证明

2. A 胃不舒服
   B 对身体不好
   C 会破坏鲜味儿
   D 想吃清淡点儿

3. A 特别骄傲
   B 有学问
   C 太看重成绩
   D 备课很认真

4. A 很无聊
   B 很好听
   C 音量太大
   D 歌词太难

5. A 参赛时间
   B 游戏规则
   C 投资类型
   D 测验结果

6. A 电话响了
   B 进错房间了
   C 没系安全带
   D 坐错位置了

7. A 要赶报告
   B 没有兴趣
   C 加班太累
   D 要去约会

8. A 有的人还没到
   B 要去买票
   C 手机没电了
   D 那儿太拥挤

9. A 司机
   B 科学家
   C 老师
   D 理发师

10. A 床底下
    B 抽屉里
    C 书桌下
    D 书包里

→ 해설서 p.262

第二部分

第11-21题：请选出正确答案。 녹음 속 질문에 알맞은 답을 고르세요. (녹음 1개당 1~4개의 질문이 주어집니다.)

11. A 男的是教练
    B 他在学游泳
    C 女的觉得舞步很简单
    D 那个动作必须掌握

12. A 娱乐节目
    B 文学作品
    C 电视剧
    D 夏令营活动

13. A 电视台
    B 家具店
    C 俱乐部
    D 海鲜市场

14. A 室内照片
    B 租房网站的网址
    C 公司的地址
    D 房东的手机号

15. A 逻辑清楚
    B 图表不够
    C 数据错了
    D 能够评优

16. A 价格太贵
    B 距离地铁站远
    C 服务员的态度差
    D 顾客觉得咖啡太淡

17. A 延长营业时间
    B 对员工进行教育
    C 换了红色的咖啡杯
    D 增加了数十种新口味

18. A 关爱老年人
    B 鼓励人们环保
    C 传播法律知识
    D 让人保持年轻

19. A 制作宣传册
    B 举办展览会
    C 走上街头推广
    D 利用社交媒体

20. A 逻辑性强
    B 有想象力
    C 有条理
    D 语言生动

21. A 51岁
    B 54岁
    C 57岁
    D 60岁

二、阅读

第一部分

第22-28题：请选出正确答案。 빈칸에 알맞은 답을 고르세요.

22~24

人为何会感觉到冷呢？这是由于人的皮肤__22__不均匀地分布着很多能够感觉到温度变化的感受器。这些感受器大体分为两类：一类专门感受热，它们所在的皮肤部位叫"热点"；而另一类专门感受冷，它们所在的皮肤部位就叫作"冷点"。

一般来讲，皮肤上的"热点"要比"冷点"少。因此相对来说，人们对冷会更__23__。当外界温度下降的时候，皮肤的温度也会随着下降，这就刺激到了表皮的"冷点"，"冷点"再通过神经系统把"冷"的信息传递给大脑，__24__使人感到冷。

22. A 表面　　B 内部　　C 范围　　D 单位

23. A 敏感　　B 活泼　　C 小心　　D 片面

24. A 否则　　B 从而　　C 宁可　　D 除非

25~28

唐太宗拥有两个十分得力的大臣，一个是杜如晦，另一个是房玄龄。唐朝开国不久后，很多规章典法都是由他们两人商量__25__的。这两个人之所以会组合在一起也是有原因的。原来，每当唐太宗与房玄龄研究国事时，房玄龄总是可以提出有价值的意见与具体的解决办法，__26__，不知道最终应该使用哪种办法来解决问题。

但一遇到这种情况，唐太宗就会将杜如晦请来。等杜如晦来了，对问题稍加分析后，__27__会果断地选出一个最佳方案。他们两人，一个人善于出谋划策，一个人则善于做决断，因此人们就用"房谋杜断"来形容二人，意思就是他们各自具有专长而又各自具有__28__，同时也比喻互相配合，取长补短。

25. A 制定　　B 制成　　C 制造　　D 特定

26. A 并把意见对外宣布　　　　B 但他往往做不了决定
　　C 杜如晦总是提反对意见　　D 唐太宗不相信他们二人

27. A 随时　　B 通常　　C 更　　　D 逐渐

28. A 趋向　　B 方法　　C 性质　　D 特色

第二部分

第29-33题：请选出与试题内容一致的一项。 지문 내용과 일치하는 보기를 고르세요.

29. 研究证明，一个人在做了两小时的有氧运动之后，创造力和注意力的集中程度会高于运动前。这是因为有氧运动可以促使大脑内部产生愉悦感，这种愉悦感可让人释放压力，从而减少负面情绪。换句话说，若你想在工作的时候创意不断，那就试着在工作前进行骑自行车或跑步等有氧运动吧。

    A 骑车可治疗失眠
    B 乐观的人更热情
    C 有氧运动需特殊设备
    D 有氧运动可提升创造力

30. 隋唐时期，朝廷会给每名官员发一个"鱼符"，这相当于官员的"身份证"，"鱼符"是一种用金属或木头制成的小物件，形似小鱼，分为左右两片，持有人会随身携带其中的一片，用来证明自己的身份。

    A 鱼符都是金的
    B 鱼符是方形的
    C 持有鱼符的人拥有兵权
    D 鱼符是唐朝官员的"身份证"

31. 若你做的梦伴随着多种情绪，那就说明这是有意义的梦。这种梦的内容往往和我们清醒时未解决的问题有关系。当这些问题进入到人们的梦境里时，会被再一次加工及处理，可它不会带给人们压力或困扰。

    A 多梦的人往往睡眠质量好
    B 梦的内容与现实无关
    C 带情绪的梦是有意义的
    D 做梦是过于骄傲的表现

32. 西安观音寺中长有一棵千年银杏树。相传，这棵银杏树是当年李世民亲自种下的，距今已经有超过一千四百年的历史了，现在它已被列入国家古树名木保护名录。一到秋季，这棵银杏树下便铺满了黄叶，像金黄色的地毯一样，吸引着众多游客前去观赏。

    A 观音寺禁止游客进入
    B 银杏树只适合夏天观赏
    C 那棵银杏树是千年古树
    D 银杏树的果实可以治病

33. 现在许多电子地图不但可以显示平面地图，还能够显示立体的街景图片。那这些街景图是如何来的呢？实际上，街景工程师就是采集这些街景图数据的人。他们全年都在外工作，从热闹的城市到安静的深山丛林，足迹几乎踏遍了全世界的每一个角落。

    A 电子地图无法提供准确的路线
    B 街景工程师会推荐旅游景点
    C 中国的电子地图研发前景不乐观
    D 街景工程师负责收集图片数据

第三部分

第34-45题： 请选出正确答案。 지문에 근거해, 질문에 알맞은 답을 고르세요.

34~37

"运动洗衣"也许在将来会成为一种全新的洗衣方式。最先提出这一概念的是来自大连的一群大学生。他们发明了一种用自行车来提供动力的洗衣机。

发明者称："骑车是一项十分流行的运动，而洗衣服是你每天或至少每周都要做的事，那为什么不将二者结合起来呢？"

这种自行车洗衣机和普通的健身器材一样，固定于室内。它的工作原理是：将脏衣服放入自行车底端的一个洗衣仓里，当人们骑车的时候，就会产生电量带动洗衣仓转动，直到把衣服洗干净为止。而剩余的电还能用于显示屏，甚至可以存储起来。

尽管自行车洗衣机现在仅仅是一个概念产品，可它对于那些要洗的衣服较少，而且又要锻炼的人来讲非常适用。在科技迅速发展的今天，说不定哪一天你就可以在商店中遇到这个产品了。

34. 自行车洗衣机：
    - A 由学生发明
    - B 能骑到室外
    - C 非常浪费电
    - D 可折叠

35. 洗衣仓靠什么转动？
    - A 充电器
    - B 风能
    - C 用手推
    - D 骑车产生的电能

36. 自行车洗衣机最适合哪些人？
    - A 懂设计的人
    - B 热爱生活的人
    - C 经常出差的上班族
    - D 洗衣不多且需要锻炼的人

37. 根据上文，下列哪项正确？
    - A 运动洗衣已十分流行
    - B 骑车的人很少
    - C 目前买不到自行车洗衣机
    - D 自行车洗衣机洗的衣服更干净

38~41

在云南丽江，有一种名为雪桃的水果，不但味道好而且特别有营养。当地很多人都想种植雪桃，可雪桃的成活率却很低。从小就对植物感兴趣的朱姝杰非常想解决这个难题。

朱姝杰是一名丽江的中学生，她是一个喜欢思考的姑娘。通过仔细观察，她发现原来是由于雪桃核的壳太硬，才导致桃苗不能发芽，于是她就打算把桃核打开，直接使用桃仁在春季育苗。可当她试着敲开桃核的时候，没想到，里面的桃仁也被弄烂了，为此她感到很苦恼。

有一天，她在外边散步，突然踢到了一个桃核，她仔细看了看，发现这个桃核是裂开的。于是，她向一位村民询问桃核为什么会自然裂开。村民对她说："前些日子，桃核在阳光下晒了好几天，后来又下了一场大雨，最后桃核就自己裂开了。"

朱姝杰听后很高兴，立刻跑回家拿出自己收集的桃核，先将它们放到院子中晒了几天，接着又把它们放到冷水盆中泡了一段时间后取出来，轻轻地敲了几下，桃核果然纷纷裂开，而且里边的桃仁完好无损。到了春天，她将桃仁种在了地里，不久后，就长出来了可爱的嫩苗。就这样，朱姝杰解决了雪桃育苗这一难题，她也因此在青少年科技创新大赛中获得了银奖。

38. 朱姝杰从小对什么感兴趣？
   A 舞蹈　　　　　　　　　B 植物
   C 运动　　　　　　　　　D 武术

39. 雪桃有什么特点？
   A 不易存放　　　　　　　B 冬季成熟
   C 营养价值高　　　　　　D 桃核很大

40. 朱姝杰最后是怎样把桃核弄开的？
   A 用火加热　　　　　　　B 往地上扔
   C 使用微波炉　　　　　　D 晒后放入冷水中

41. 根据上文，可以知道什么？
   A 朱姝杰善于观察　　　　B 雪桃都长在山坡上
   C 丽江冬天降雪量大　　　D 朱姝杰考上了清华大学

42~45

　　有一位父亲拿一道并不怎么新鲜的智力游戏题来考他的儿子："一个桌面有四个角，锯掉一个角，还剩下几个？"

　　儿子不假思索地回答道："当然还剩三个了！"这样的答案是父亲意料之内的。于是父亲笑着说道："是吗？错了，还剩下五个。"

　　儿子难以接受这个答案，坚持他的数学原理："四减一等于三。"

　　父亲却早有准备，他找出一张长方形的白纸，用剪刀剪去了一个角，对儿子说："假如这是一张桌面，现在剪去了一个角，你数一下还剩几个角？"

　　儿子当然也不笨，他立刻便明白了父亲的智力游戏，也笑着说："是，这么"剪"是剩五个角，但我为什么要这么"剪"？"

　　说着，他拿过父亲手中的剪刀与"桌面"，沿着"桌面"的对角线剪了下去，之后挥舞起了手里的三角形，很得意地问父亲："您瞧，现在不就只剩三个角了吗？"

　　父亲哑口无言，一时间有点儿尴尬。可没过多久，父亲便高兴地笑了起来，对儿子说："很好，想一想，还有别的可能性吗？"

　　儿子歪着头在白纸上比划着，然后说："也有可能是四个角。"只见他拿着剪刀沿"桌面"一边除了两个顶点之外的任何地方向其他两个顶点的其中一个剪下去，得到的仍然是一个四角的"桌面"。

　　许多时候，我们习惯按照常规思考的方式去回答问题与寻求答案，这往往会束缚我们的思考。事实上，思考与实践才是我们找出答案的有效方法。只有多角度、多方位地进行思考，敢于实践，才可以摆脱惯性思维方式，找出更多的可能性。

42. 文章开头儿子根据什么回答了父亲的问题？

　　A 思考　　　　　　　　　　B 数学
　　C 经历　　　　　　　　　　D 实践

43. 最后谁做对了这道题？

　　A 儿子　　　　　　　　　　B 母亲
　　C 都做对了　　　　　　　　D 都做错了

44. 对于父亲的问题，哪一项答案没有可能性？

　　A 两个角　　　　　　　　　B 三个角
　　C 四个角　　　　　　　　　D 五个角

45. 哪一项不是这个故事要说明的？

　　A 打破常规思维　　　　　　B 全面考虑问题
　　C 勇于开展实践　　　　　　D 坚持惯性思维

三、书写

第一部分

第46-49题： 完成句子。 제시어를 어순에 맞게 배열하여 하나의 문장으로 완성하세요.

例如：　发表　这篇论文　什么时候　是　的

这篇论文是什么时候发表的?

46. 好孩子　我的　是个孝顺长辈的　妹妹

___

47. 相当　辩论　激烈　得　双方

___

48. 签字　结账　信用卡　本人　需要

___

49. 风景画　墙上　漂亮的　一幅　挂着

___

第 二 部 分

第50-51题：写短文。 작문하세요.

50. 请结合下列词语（要全部使用），写一篇80字左右的短文。
    제시어를 전부 사용해 80자 내외로 작문하세요.

    热爱、平时、养成、投入、逐渐

51. 请结合这张图片写一篇80字左右的短文。 제시된 사진에 부합하도록 80자 내외로 작문하세요.

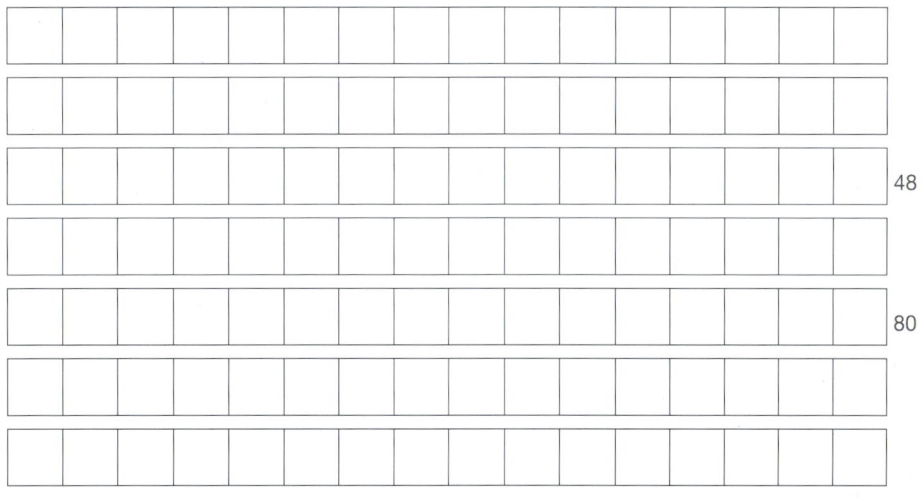

Mini 모의고사 2

정답 및 해설 → 해설서 p.290

Day 39~40

◆ 듣기는 22문항(약 14분), 독해는 25문항(약 25분), 쓰기는 6문항(약 35분)으로 구성되어 있습니다.

一、听力

22문항 | 약 14분

• track Mini Test 02

第一部分

第1-10题：请选出正确答案。 녹음 속 질문에 알맞은 답을 고르세요.

1. A 十分抽象
   B 主题很特别
   C 构图不合理
   D 色彩处理得好

2. A 服装
   B 运动鞋
   C 日用品
   D 化妆品

3. A 多锻炼
   B 少喝啤酒
   C 买台加湿器
   D 去医院挂号

4. A 出席聚会
   B 招聘实习生
   C 全程负责翻译
   D 接待投资方代表

5. A 车票
   B 住宿发票
   C 名单
   D 营业执照

6. A 害怕主人
   B 弄坏了沙发
   C 会偷跑出去
   D 爱跟影子玩儿

7. A 发生交通事故了
   B 没带驾驶证
   C 弄丢了收据
   D 身上钱不够

8. A 非常刻苦
   B 适合弹钢琴
   C 计算能力强
   D 演技很好

9. A 纪录片
   B 喜剧片
   C 科幻片
   D 爱情片

10. A 车钥匙
    B 准考证
    C 银行卡
    D 电池

→ 해설서 p.290

第二部分

第11-22题：请选出正确答案。 녹음 속 질문에 알맞은 답을 고르세요. (녹음 1개당 1~4개의 질문이 주어집니다.)

11. A 乐器
    B 电脑
    C 摩托车
    D 照相机

12. A 火车站
    B 商业大厦里
    C 动物园入口
    D 国家博物馆对面

13. A 女的要退票
    B 男的要坐二等座
    C 他们不是同一趟车
    D 他们不在一个车厢

14. A 很无聊
    B 没前途
    C 休息时间少
    D 太累

15. A 元旦
    B 春节
    C 中秋节
    D 休年假时

16. A 院门前
    B 胡同里
    C 帘子后面
    D 书画馆中

17. A 很谦虚
    B 十分好客
    C 非常骄傲
    D 敏感多疑

18. A 服装厂一般位于市中心
    B 服装厂会排出大量废水
    C 手工制作的布料不结实
    D 制衣过程中常会造成浪费

19. A 销售人员
    B 公司职员
    C 志愿者协会
    D 服装设计师

20. A 充分利用面料
    B 改善办公环境
    C 采用进口面料
    D 重新改造旧衣服

21. A 把钱藏在柜子里
    B 把钱埋在地下
    C 把钱存起来
    D 把钱交给父亲

22. A 斤斤计较
    B 一丝不苟
    C 自作聪明
    D 一心一意

二、阅读

第一部分

第23-30题：请选出正确答案。 빈칸에 알맞은 답을 고르세요.

23~26

有一种说法很流行："把手机或电脑的背景色设置为绿色，就能保护眼睛。"可这种说法真的__23__吗？

专家表示，当人们看远处的花草树木时，之所以会感到眼睛非常舒服，主要是由于长时间看着近处时，眼睛内部的睫状肌会一直收缩，而向远处看则能缓解它的紧张__24__，这其实跟看什么物体及看什么颜色无关。虽然研究也__25__，绿色能让人放松且觉得平静，可它对眼睛本身并没什么特别的作用。

所以，如果想要保护眼睛，比起更换手机和电脑的背景色，__26__，多眨一眨眼睛，或者每隔一会儿就看一下远处。

23. A 基本　　B 科学　　C 非法　　D 明显

24. A 状态　　B 图形　　C 形象　　D 样式

25. A 表明　　B 开发　　C 指挥　　D 描述

26. A 手机要反复杀毒　　　　　B 得多养些花草
    C 更有效的方法是学会放松　　D 看纸质书对眼睛没有伤害

27~30

一个年轻人刚刚进公司，老板交给了他一项很简单的工作，他认为这样不能展现出自己的才华，所以请老板多给他安排点儿事情做。

老板听了以后，说："我举个例子，若我每次只扔给你一个球，你一定可以轻松接到。当你将那个球拿__27__后，再扔给你第二个球，那你一定也可以抓住。可我同时扔给你两个球的话，__28__。同样是为了接两个球，你__29__非要同时接住呢？这和工作的道理相同，若你手里有两项任务，则必须先保证将__30__一项做好，然后再去做另一项，以免手忙脚乱，否则到最后连一个也做不好。"

27. A 稳　　　B 正　　　C 熟　　　D 输

28. A 如果让你来扔球　　　　　　B 大概会捡到别的球
    C 你恐怕一个都抓不住　　　　D 并且扔球的时候容易摔倒

29. A 尽管　　B 何必　　C 终于　　D 幸亏

30. A 周围　　B 当时　　C 其他　　D 其中

第 二 部 分

第31-35题：请选出与试题内容一致的一项。 지문 내용과 일치하는 보기를 고르세요.

31. 为何玩儿雪之后人们会感到手变热了呢？这是由于手碰到雪以后，皮肤受到刺激，大脑则会快速做出反应，从而带动血液循环，血管中的血液就会马上流向手部的毛细血管。血液的流动产生了热量，所以手就不觉得凉了。

    A 摸雪时会冻伤手　　　　　　B 容易手冷的人胃不好
    C 大脑受到刺激反应会变快　　D 手部发热和血液流动有关

32. 当自身的需求得不到满足而产生挫折感的时候，为了缓解心里的不安，人们常常会编造某些理由来安慰自己，以摆脱消极的心理状态。心理学上称之为"酸葡萄心理"，这是人类的心理防卫功能之一。

    A 爱说假话的人缺乏自信　　　　B 谦虚的人更在乎他人的评价
    C 有"酸葡萄心理"的人很悲观　　D "酸葡萄心理"有助于调整心态

33. 深圳地铁11号线在近期第一次进行了载人试运行。该线路总长519公里，最高时速达120公里，是目前中国编组最大、时速最快且噪音最低的地铁。此外，车厢里蓝天白云的顶灯设计，也为乘客带来了特别的乘车体验。

    A 深圳最近开通了首条地铁　　　B 深圳制造出了无人驾驶火车
    C 深圳11号线地铁时速很快　　　D 深圳11号线地铁车厢很小

34. 世界园艺博览会简称"世园会"，是最高级别的专业性国际博览会，它的目的是为了宣传生态文明。很多国家与地区都通过举办世园会向全世界人民展示园艺之美和自然之美，并以此提升自身形象、促进交流。

A 世园会提倡节能减排
B 世园会由学校发起
C 世园会能增进各国间交流
D 办世园会是为了带动消费

35. 有一种恒星叫白矮星它们体积较矮小，颜色呈白色，所以被人们称为白矮星。白矮星是一种非常特殊的天体，它的亮度低、体积小，但是密度极高、质量很大。比如天狼星的伴星就是最早被发现的白矮星，体积与地球差不多，可重量却与太阳相当。

A 白矮星体积小，但是很重
B 白矮星的名字是从长度来的
C 白矮星是白色的，所以很亮
D 有些白矮星与地球的重量、体积都差不多

第三部分

第36-47题：请选出正确答案。 지문에 근거해, 질문에 알맞은 답을 고르세요.

36~39

在一座城市中，出现了一些特殊的广告牌，很多人在它们的前面停下了脚步。
它们究竟有什么特别的魅力呢？

这些广告牌是一家公司为了宣传一种运动饮料而设计制作的。起初大部分人都建议将广告牌设计为电子显示屏，再请明星拍一段广告在电子屏幕上循环播放。但该公司的老板认为这种形式的广告不但成本高，还缺乏新意，特别容易被人忽视。

"既然这是运动饮料，那么我们可以从运动入手，针对爱运动的人来设计广告牌。"一位设计师说的话提醒了大家。

在设计团队的共同努力下，这款集运动健身和广告宣传于一体的广告牌终于问世了。广告牌呈现的形式多样，有的是可以跑步的平板，有的是可以攀爬的墙，有的则是可以练拳击的软墙……路过的人都能免费体验。如果你的表现突出，还能得到它的赞美："你比想象中更加有力量！"那款运动饮料则被印刷在广告牌的一角上，人们运动后看到它，就会产生要将其一饮而尽的想法，而这就是设计者想要得到的效果。

36. 不同于传统的广告牌，那款广告牌：
    A 能够移动　　　　　　　　B 能用来健身
    C 有查询功能　　　　　　　D 显示屏巨大

37. 经理为什么反对请明星拍广告？
    A 毫无新鲜感　　　　　　　B 费用过低
    C 有过失败的经历　　　　　D 难以找到合适的人选

38. 人们运动完后看到广告牌会：
    A 想与广告牌合影　　　　　B 肌肉酸痛
    C 想喝那款饮料　　　　　　D 忽视广告内容

39. 根据上文，正确的是：
    A 广告牌都放于室内　　　　B 广告牌花费的时间很短
    C 那款广告牌效果很好　　　D 广告的创意是老板提出来的

40~43

有个人得到了一匹千里马,可一直把它当作普通马饲养。一天,他有急事要骑那匹千里马,可千里马却跑得特别慢。后来,他反省了一下,觉得是自己平日里对千里马的关心太少,所以才导致千里马变得与普通的马一样。于是,他又养了一匹千里马。

他请最棒的工匠做了一副精美的马鞍,就连马嚼和马镫也使用了最好的黄铜打造。他还花很多钱为千里马建造了一个豪华的马厩,并从远方买来了最好的草料。在他的悉心照料下,千里马看起来确实更雄健了。为了保存千里马的体力,让它在重要时刻更好地发挥实力,他平日里都不舍得放千里马出来,更不舍得骑它,就这样,千里马一直都在豪华的马厩里享受着美食,悠闲地生活着。

一年一次的赛马大会就要开始了,他觉得终于到千里马表现的时候了。于是把千里马精心地打扮了一番,牵着它走向赛场。他们走到哪儿,哪儿就会发出阵阵赞美声,这让他很得意!

比赛要开始时,他骄傲地昂起头,好像冠军已经是他的了。

发令枪一响,人们都开始驱马狂奔,但他的千里马却怎么也跑不快。他非常生气,使劲儿地催马赶快跑,结果不催还好,一催千里马反倒停下来不动了。最后,他只能牵着马退出了比赛。这个时候他才明白,发现千里马仅仅是第一步,更重要的是怎样培养千里马。

40. 那个人认为第一匹千里马能力下降的原因是:
    A 那匹马年纪太大　　　　　　　B 自己对它缺少关心
    C 在家里待久了　　　　　　　　D 干的活儿太少了

41. 根据第2段,那个人为什么不让第二匹千里马奔跑?
    A 担心它跑丢　　　　　　　　　B 怕马伤人
    C 怕它摔倒　　　　　　　　　　D 想保存它的体力

42. 比赛场上,那匹千里马最后怎么了?
    A 被吓跑了　　　　　　　　　　B 停住不跑了
    C 弄伤了行人　　　　　　　　　D 把路牌撞倒了

43. 上文主要想告诉我们
    A 怎么发现千里马　　　　　　　B 千万不要每天训练千里马
    C 赛马的时候怎样获得好名次　　D 正确养马比发现好马更重要

44~47

　　18世纪末，英国政府曾经将罪犯发配到澳洲，对那里进行开发。有一些私人船主包下了运送工作。最初，英国政府实施的方法是按上船的人数支付船主费用。于是，为了牟求暴利，船主们尽量多地往船上装人，并把他们的生活标准降至最低。一旦船离了岸，船主就可以按照人数拿到政府的钱。然而对于这些人是否可以活着到澳洲便不管不问了。三年以后，英国政府注意到了该问题：三年里从英国送达至澳洲的罪犯在船上的死亡率高达12%，其中死亡最为严重的是一艘上船人数424人，死亡人数为158人的船，死亡率竟然高达37%。英国政府想了许多办法：每艘船派一个政府官员进行监督，还会派一名医生来负责犯人的卫生与医疗，甚至对犯人在船上的生活标准制定了硬性规定，并召集船主进行教育培训……可情况仍然没有改善，死亡率还是居高不下。

　　后来，一名英国议员建议，如果反过来，按照到澳洲后上岸的人数来计算报酬呢？政府采纳了他的提议。这个规定一经实施，船主们便主动要求医生跟船同行，还在船上准备了药物，改善生活环境，尽最大可能让每个上船的人都能健康地抵达澳洲。以前看上去让人头痛的问题就如此轻而易举地得到了解决。

　　这个逆向思维的办法既有效又简单，可很多人却想不到。因为生活中人们受到惯性思维的束缚，抑制了创造力。解决难题的办法，有时就如同瓶底的水，当你够不到喝不着时，只需倒过来就可以轻松地喝到了。

44. 18世纪末，谁负责罪犯到澳洲的运送工作？
　　A 英国政府　　　　　　　　B 美洲政府
　　C 私人船主　　　　　　　　D 政府人员

45. 英国政府没有采用什么办法解决犯人死亡问题？
　　A 派医生上船治病　　　　　B 惩罚卑劣的船主
　　C 派政府官员监督　　　　　D 硬性规定船上的生活标准

46. 英国政府怎样解决了死亡率高的难题？
　　A 派警察监督每艘船　　　　B 改变计算报酬的方式
　　C 严格规定船上的生活条件　D 提高船上的医疗条件

47. 下列哪项说法与原文不符？
　　A 议员运用逆向思维解决了难题　　B 船主为牟取暴利不顾人的死活
　　C 逆向思维能够轻松解决问题　　　D 私人船主们不愿为政府工作

三、书写

第一部分

第48-51题：完成句子。

例如： 发表   这篇论文   什么时候   是   的
这篇论文是什么时候发表的?

48. 这篇   非常不错   采访提纲   写得

49. 办理   临时身份证的   复杂多了   比   想象的

50. 抽屉里   橡皮   你要记得   放回   把

51. 我前天   被   寄的   退回来了   包裹

第二部分

第52-53题：写短文。 작문하세요.

52. 请结合下列词语（要全部使用），写一篇80字左右的短文。
    제시어를 전부 사용해 80자 내외로 작문하세요.

    风俗、比如、表现、特色、至今

53. 请结合这张图片写一篇80字左右的短文。 제시된 사진에 부합하도록 80자 내외로 작문하세요.

3rd Edition

HSK 5급
남미숙 저
한권으로 끝내기

해설서

다락원

차례

실력 다지기 해설

듣기 — 4
독해 — 50
쓰기 — 138

실전 모의고사 해설

Mini 모의고사 1 — 262
Mini 모의고사 2 — 290

01 직업·신분

듣기 제1·2부분

본서 p.24

● **Day 02** track 06
  1 D   2 A   3 C   4 C

1 D [**护照** 여권 / **外公** 외할아버지] 대화에서 '부정적인 상황'을 설명하는 부분에 '정답의 단서'가 등장하는 경우가 많으니 특히 주의해서 듣자. '我外公的护照丢了(제 외할아버지의 여권을 잃어버렸어요)'라는 남자의 말을 통해, 남자가 '外公(외할아버지)'을 도와 여권을 만들고 싶어함을 알 수 있다.

男: <u>我外公的护照丢了</u>，请问我可以替他办新的吗？ 女: 抱歉，像护照这样的证件必须本人亲自办理。	남: 제 외할아버지의 여권을 잃어버렸어요. 제가 외할아버지를 대신해서 새것을 만들 수 있을까요? 여: 죄송합니다. 여권 같은 증명서는 반드시 본인이 직접 처리해야 합니다.
问: 男的想帮谁办护照? A 舅舅　　　B 孙子 C 爷爷　　　**D 外公**	질문: 남자는 누구를 도와 여권을 만들고 싶어 하는가? A 외삼촌　　B 손자 C 할아버지　**D 외할아버지**

★ **外公** wàigōng 명 외할아버지, 외조부 | **丢** diū 동 잃어버리다 | **替** tì 동 대신하다 | **办** bàn 동 (일을) 하다, 처리하다 | **抱歉** bàoqiàn 형 미안하다 | ★ **证件** zhèngjiàn 명 (학생증·신분증 등의) 증명서, 증거 서류 | **本人** běnrén 명 본인, 나 | ★ **亲自** qīnzì 부 직접, 손수 | ★ **办理** bànlǐ 동 (수속을) 밟다, 처리하다 | ★ **舅舅** jiùjiu 명 외삼촌 | **孙子** sūnzi 명 손자

2 A [**准备下午的课** 오후 수업을 준비하다 → **教师** 교사] 녹음을 듣기 전에 보기를 미리 파악함으로써, 질문이 누군가의 직업을 묻거나 행위의 대상, 주체가 누구인지에 대한 것임을 짐작할 수 있다. '수업(课)'을 '준비(准备)'하는 직업으로 적절한 것은 보기 중 '教师(교사)'뿐이다.

女: 没想到在这儿遇到你了，去喝杯咖啡吧! 男: 我是想去，但是现在<u>要准备下午的课</u>。如果你可以的话，我下课后咱们一起吃饭吧!	여: 여기에서 너를 마주칠 줄 생각도 못했어. 가서 커피 한 잔 하자! 남: 가고 싶기는 한데, <u>지금 오후 수업을 준비해야 해</u>. 만약 네가 가능하다면, 나 수업이 끝난 후에 우리 같이 밥 먹자!
问: 男的最可能是做什么的? **A 教师**　B 理发师　C 厨师　D 老板	질문: 남자는 무엇을 하는 사람일 가능성이 가장 큰가? **A 교사**　B 이발사　C 요리사　D 사장

没想到 méi xiǎngdào 생각도 못하다 | **咱们** zánmen 대 우리 [자기쪽과 상대방을 모두 포함함] | **教师** jiàoshī 명 교사 | **理发师** lǐfàshī 명 이발사 | **厨师** chúshī 명 요리사 | ★ **老板** lǎobǎn 명 사장

 tip '선생님'이라는 직업을 유추할 수 있는 표현

◆ 现在开始上课。수업을 시작하겠습니다.　　　　◆ 请把书翻到(第)32页。32쪽을 펴세요.
◆ 今天的课就上到这儿。오늘 수업은 여기까지 하겠습니다.　◆ 请交作业[试卷]。과제[시험지]를 제출해 주세요.

4　듣기 제1·2부분

3 **C** [采访 인터뷰 → 记者 기자] '新闻稿(뉴스 원고)'와 '采访(인터뷰)'이 정답을 유추할 수 있는 핵심 키워드이다. 녹음에서 여자의 직업이 직접 언급되지는 않았지만, 이 키워드만으로 여자의 직업이 '记者(기자)'임을 충분히 유추할 수 있다. 평소에 단어를 외울 때 특정 직업과 관련도가 높은 어휘를 같이 외워 두자.(본서 p.20 참고)

男: 小李[Xiǎo Lǐ], 今天的新闻稿完成了吗?
女: 还没呢。我刚才结束了一个采访, 一直整理录音文件来着。

问: 根据对话, 女的最可能从事什么职业?
A 空姐　　　　　B 护士
C 记者　　　　D 会计师

남: 샤오리, 오늘의 뉴스 원고는 완성했나요?
여: 아직이에요. 저는 방금 인터뷰 하나를 끝내고, 녹음 파일을 계속 정리하고 있는 중이에요.

질문: 대화에 근거하여, 여자는 무슨 직업에 종사할 가능성이 가장 큰가?
A 스튜어디스　　　B 간호사
C 기자　　　　D 회계사

新闻稿 xīnwéngǎo 명 뉴스 원고 | ★采访 cǎifǎng 명 인터뷰 | 整理 zhěnglǐ 동 정리하다 | ★录音 lùyīn 명 녹음 | 文件 wénjiàn 명 파일, 문서, 서류 | 对话 duìhuà 명 대화 | ★从事 cóngshì 동 종사하다 | 职业 zhíyè 명 직업 | 空姐 kōngjiě 명 스튜어디스 | 护士 hùshi 명 간호사 | 记者 jìzhě 명 기자 | 会计师 kuàijìshī 명 (공인)회계사

---

4 **C** [采访 인터뷰 / 王教授 왕 교수] 여자가 남자에게 한 말 '下周王教授的采访很重要, 你一定要做好充分准备(다음 주에 왕 교수님의 인터뷰가 중요하니, 반드시 준비를 충분히 잘 해야 해요)'에서, 남자가 인터뷰를 해야 하는 대상이 '王教授(왕 교수)'임을 알 수 있다. 녹음 앞부분에 정답의 단서가 나오는 경우가 많으니 앞부분도 주의해서 들어야 한다. 녹음 첫마디에 '小杨(샤오양)'이 언급되었지만, '小杨(샤오양)'은 인터뷰 대상이 아니라, 인터뷰하는 사람이다.

女: 小杨[Xiǎo Yáng], 下周王[Wáng]教授的采访很重要, 你一定要做好充分准备。
男: 我知道。刚才我已经把采访提纲放在您桌上了。
女: 好的, 会议一结束我就看。
男: 谢谢您。如果有问题, 请随时告诉我。

问: 男的要采访谁?
A 著名演员　　　B 小杨
C 王教授　　　D 企业家

여: 샤오양[小杨], 다음 주에 왕 교수님의 인터뷰가 중요하니, 반드시 준비를 충분히 잘 해야 해요.
남: 알겠습니다. 방금 전 저는 이미 인터뷰 개요를 책상 위에 두었습니다.
여: 좋아요, 회의가 끝나면 내가 바로 볼게요.
남: 고맙습니다. 만약 문제가 있으면 언제든지 저에게 알려 주세요.

질문: 남자는 누구를 인터뷰하려고 하는가?
A 유명 배우　　　B 샤오양
C 왕 교수　　　D 기업가

下周 xià zhōu 명 다음 주 | 教授 jiàoshòu 명 교수 | ★采访 cǎifǎng 명 인터뷰하다, 취재하다 | ★充分 chōngfèn 형 충분하다 | ★提纲 tígāng 명 개요, 요점 | 一A就B yī A jiù B A하자마자 B하다 | ★随时 suíshí 부 언제든지, 수시로, 아무 때나 | 著名 zhùmíng 형 유명하다, 저명하다 | 演员 yǎnyuán 명 배우 | 企业家 qǐyèjiā 명 기업가

● Day 03   ● track 07
    5 B   6 B   7 D   8 C

5 B [去看＋A A를 보러 가다] 여자의 말 '不是跟你姐约好九点去看姥姥吗?(너희 누나와 9시에 외할머니를 뵈러 가기로 약속한 것 아니었니?)'를 통해 남자가 '누구'를 보러 가는지 알 수 있다. 남자가 약속을 '推迟到晚上了(저녁으로 미루었어)'라고 대답한 부분에서 외할머니를 만나러 가는 시간이 '晚上(저녁)'임도 확인할 수 있다. 녹음에 언급되는 두 인물 '姐(누나)'와 '姥姥(외할머니)'가 모두 보기에 제시되지만, '姐姐(누나)'는 '姥姥'를 뵈러 남자와 함께 동행하는 인물이다. 이처럼 녹음에 인물이 두 명 이상 언급되어 오답을 유도하기도 하니 주의해서 듣자!

女: 你为什么还没出门呢，不是跟你姐约好九点去看姥姥吗? 男: 我姐临时有急事，把时间推迟到晚上了。	여: 너 왜 아직 집을 나서지 않았어, 너희 누나와 9시에 외할머니를 뵈러 가기로 약속한 것 아니었니? 남: 우리 누나가 갑자기 급한 일이 있어서, 시간을 저녁으로 미루었어.
问: 男的晚上要去看谁? A 父亲 **B 姥姥** C 姐姐 D 奶奶	질문: 남자는 저녁에 누구를 보러 가려고 하는가? A 아버지 **B 외할머니** C 누나 D 할머니

出门 chūmén 동 외출하다, 집을 나서다 | 约 yuē 동 약속하다 | ★姥姥 lǎolao 명 외할머니 | ★临时 línshí 부 갑자기, 그때가 되어 | 急事 jíshì 급한 일, 긴급한 사건 | 推迟 tuīchí 동 뒤로 미루다, 늦추다, 연기하다 | 父亲 fùqīn 명 아버지, 부친

6 B [专题报道 특집 보도] '我得做专题报道(저는 특집 보도를 해야 하거든요)'라고 말하는 남자의 직업으로 적합한 것은 'B. 记者(기자)'이다. '导演(감독님)'이라는 단어가 직접적으로 언급됐다고 해서, 뒤의 녹음을 흘려들어서는 안 된다. (지필 시험일 경우) 귀로는 녹음에 집중하면서 손으로는 '여: 쉬 감독, 영화, 극본 수정' '남: 得做, 보도'라고 핵심 포인트를 메모해 두면 정답률을 높일 수 있다.

男: 徐[Xú]导演，能向我们提前透露一下，您新电影的拍摄计划吗? 我得做专题报道。 女: 新电影的剧本还在修改当中。完成以后，会通知各位的。	남: 쉬(徐) 감독님 저희에게 미리 감독님의 새 영화 촬영 계획을 좀 귀띔해 주실 수 있나요? 저는 특집 보도를 해야 하거든요. 여: 새 영화의 극본은 아직 수정 중에 있어요. 완성한 이후에 여러분께 알려 드리겠습니다.
问: 男的最可能是干什么的? A 导演 **B 记者** C 作家 D 艺术家	질문: 남자는 어떤 일을 할 가능성이 가장 큰가? A 감독 **B 기자** C 작가 D 예술가

★导演 dǎoyǎn 명 감독, 연출자 | 提前 tíqián 동 (예정된 시간·위치를) 앞당기다 | 透露 tòulù 동 (소식·상황·의중 등을) 귀띔하다, 드러내다 | 拍摄 pāishè 동 촬영하다, 사진을 찍다 | 计划 jìhuà 명 계획 | 得 děi 조동 ~해야 한다 | 专题报道 zhuāntí bàodào 명 특집 보도 | 剧本 jùběn 명 (연극의) 극본, 각본, 대본 | 修改 xiūgǎi 동 수정하다, 고치다 | 当中 dāngzhōng 명 그중, 그 가운데 | 通知 tōngzhī 동 알리다, 통지하다 | 各位 gèwèi 명 여러분 | 记者 jìzhě 명 기자 | 作家 zuòjiā 명 작가 | 艺术家 yìshùjiā 명 예술가

> **提前 vs. 推迟**
> '提前'과 '推迟'는 서로 반대되는 의미를 가졌다. 예정된 시간을 앞당길 때는 동사 '提前'을, 예정된 시간을 뒤로 미룰 때는 '推迟'를 써서 표현한다.
> ◆ 会议已经**提前**开始了。 회의는 이미 앞당겨서 시작했다.
> ◆ 会议时间**推迟**了一(个)小时。 회의 시간이 1시간 연기되었다.

7 D [角色 배역 / 演员 배우] '塑造形象(이미지를 묘사하다)'과 '角色(배역)'라는 키워드를 잘 캐치하여 대화를 들었다면 남자의 직업이 'D. 演员(배우)'임을 유추해 낼 수 있었을 것이다. 도리어 보기 A, C가 녹음에 언급되어, 녹음 내용만 단편적으로 듣고 답을 찾는다면 오답을 찾을 확률이 높다. 이 문제는 대화 내용을 이해했어야만 정답을 찾을 수 있는 난이도 높은 문제이다.

女: 您最近塑造的都是警察形象。请问有没有打算转型呢? 男: 其实我什么角色都想尝试。是否转型要看剧本和导演的需要。	여: 당신이 최근에 인물을 묘사한 것들은 모두 경찰 이미지입니다. (배역을) 바꿀 계획이 있나요? 남: 사실 저는 어떤 배역이든 다 시도해 보고 싶어요. 배역을 바꿀지 여부는 대본과 감독의 요구를 봐야 해요.
问: 男的从事什么职业? A 警察　B 服务员　C 导演　**D 演员**	질문: 남자는 무슨 직업에 종사하는가? A 경찰　B 종업원　C 감독　**D 배우**

塑造 sùzào 동 인물을 묘사하다 | 警察 jǐngchá 명 경찰 | ★形象 xíngxiàng 명 이미지, 형상 | 转型 zhuǎnxíng 동 바꾸다, 교체하다, 전환하다 | ★角色 juésè 명 배역 | 尝试 chángshì 동 시도해 보다 | 是否 shìfǒu 부 ~인지 아닌지 | 剧本 jùběn 명 대본 | ★导演 dǎoyǎn 명 감독, 연출자 | 需要 xūyào 명 요구 | ★从事 cóngshì 동 종사하다 | 职业 zhíyè 명 직업 | 演员 yǎnyuán 명 배우

> **'角'의 두 가지 발음**
> '角'는 쓰임에 따라 발음이 다르므로, 발음을 정확히 파악해 외워야 한다.
> ♦ 角 jiǎo : 三角 sān jiǎo 3갸오 | 牛角 niújiǎo 소뿔
> ♦ 角 jué : 角色 juésè 배역

8 C [担任+직업/신분 ~를 맡다] 대화에서 사격 선수(射击运动员)의 과거 직업인 '运动员(운동선수)'과 현재 직업인 '教练(코치)'이 모두 언급되었고, 이 어휘들이 모두 보기로 제시되어 있기에, 대화 내용과 질문을 끝까지 정확히 들었어야 하는 문제였다. '目前'과 '现在'가 모두 '현재'를 의미한다는 것도 알아 두자.

男: 那个射击运动员是不是上届比赛的冠军啊? 女: 是他，但他现在已经不当运动员了。 男: 是吗? 那他做什么? 女: 我看新闻说他目前担任国家队的教练。	남: 그 사격 선수는 지난 번 대회의 우승자 아니야? 여: 그 사람이야. 그런데 그는 지금 이미 운동선수를 하고 있지 않아. 남: 그래? 그럼 그는 뭐 하는데? 여: 내가 뉴스에서 봤는데 그가 현재 국가 대표팀의 코치를 맡고 있다고 하던데.
问: 那位射击运动员现在从事什么职业? A 播音员　B 运动员　**C 教练**　D 主持人	질문: 그 사격 선수는 현재 무슨 직업에 종사하는가? A 아나운서　B 운동선수　**C 코치**　D 사회자

★射击 shèjī 명 사격 | 运动员 yùndòngyuán 명 운동선수 | ★届 jiè 양 회, 기 [정기적인 회의나 경기 및 졸업 연차 등에 쓰임] | ★冠军 guànjūn 명 우승(자), 챔피언, 1등 | 当 dāng 동 ~가 되다 | ★目前 mùqián 명 현재, 지금 | ★担任 dānrèn 동 맡다, 담당하다 | 国家队 guójiāduì 명 국가 대표팀 | ★教练 jiàoliàn 명 코치 | ★从事 cóngshì 동 종사하다, 일을 하다 | 职业 zhíyè 명 직업 | 播音员 bōyīnyuán 명 아나운서 | 主持人 zhǔchírén 명 사회자, 진행자, MC

듣기 제1·2부분

02 장소·시간

본서 p.31

● Day 05　　　　　　　　　　　　　　　　　● track 13
　1 A　　2 B　　3 D　　4 A

1　A [搬到+장소 ~로 이사가다]　여자가 '你明天要搬到学校宿舍了(너 내일 학교 기숙사로 이사 가는데)'라며, 남자가 이사 갈 곳이 '学校宿舍(학교 기숙사)'라고 직접적으로 언급했다. 녹음에 'D. 超市(슈퍼마켓)'가 언급되기도 했지만, 남자가 이사 가려는 곳으로 언급된 것이 아니다. 이렇게 '장소'가 2개 이상 언급되는 문제도 종종 출제된다.

女：你明天要搬到学校宿舍了，东西都收拾好了吗？ 男：嗯，差不多了，我想去了那儿再买日用品，反正学校门口就有超市。	여：너 내일 학교 기숙사로 이사 가는데, 물건은 모두 잘 정리했니? 남：응. 거의 다 되었어. 나는 그곳에 가서 생활용품을 다시 사려고 해. 어차피 학교 입구에 바로 슈퍼마켓이 있어.
问：男的明天要搬到哪儿? **A 学校宿舍**　　B 市里的宾馆 C 朋友家　　　　D 超市	질문: 남자는 내일 어디로 이사 가려고 하는가? **A 학교 기숙사**　　B 시내의 호텔 C 친구 집　　　　D 슈퍼마켓

★ 宿舍 sùshè 명 기숙사 | 收拾 shōushi 동 정리하다, 정돈하다 | 嗯 ng 감 응, 그래 | 差不多 chàbuduō 형 거의 되다 | ★ 日用品 rìyòngpǐn 명 생활용품, 일용품 | ★ 反正 fǎnzhèng 부 어차피, 아무튼 | 门口 ménkǒu 명 입구, 현관 | 市里 shìlǐ 명 시내

2　B [那时 그때 → 大学毕业 대학 졸업]　보기를 통해 시간을 묻는 문제임을 예상하고, '시기'에 주의해서 녹음을 들어야 한다. 남자의 말 '大学毕业都七年了(대학 졸업한 지 벌써 7년인데)'를 통해 '那时的合影(그때의 단체 사진)'의 '那时(그때)'가 '大学时期(대학 시절)'임을 알 수 있다.

男：我们大学毕业都七年了，那时的合影你还留着呢? 女：是啊，我一直很怀念那段时光。	남：우리 대학 졸업한 지 벌써 7년인데, 그때의 단체 사진을 너는 아직도 가지고 있어? 여：응(맞아). 난 줄곧 그때 그 시절이 그리워.
问：他们的合影是什么时候拍的? A 上个月中旬　　**B 大学时期** C 前年国庆节　　D 刚结婚时	질문: 그들의 단체 사진은 언제 찍은 것인가? A 지난달 중순　　**B 대학 시절** C 재작년 국경절　　D 막 결혼했을 때

毕业 bìyè 동 졸업하다 | ★ 合影 héyǐng 명 단체 사진 | 留 liú 동 보관하다, 보존하다, 간수하다 | ★ 怀念 huáiniàn 동 그리워하다, 회상하다 | 时光 shíguāng 명 시절, 시기, 때 | ★ 拍 pāi 동 (사진을) 찍다 | ★ 中旬 zhōngxún 명 중순 | ★ 时期 shíqī 명 (특정한) 시기 | 前年 qiánnián 명 재작년 | 国庆节 Guóqìngjié 고유 국경절

3　D [买票 표를 사다 / 字幕 자막]　관련 표현을 통해 대화가 이루어지는 장소를 '유추'해 내야 하는 쉽지 않은 문제이다. 키워드는 '票(표)'와 '字幕(자막)'로, 보기 중 두 키워드와 연관이 있는 장소는 'D. 电影院(영화관)'이다.

女：买第六排的票，好吗？ 男：再靠前一点儿吧。我视力不好，<u>坐后边看不清字幕</u>。	여：여섯 번째 줄의 표를 살게. 어때? 남：좀 더 앞쪽으로 하자. 내 시력이 좋지 않아서 뒤쪽에 앉으면 자막이 선명하게 보이지 않아.
问：他们最可能在哪儿？ A 饭馆儿　B 便利店　C 照相馆　**D 电影院**	질문: 그들은 어디에 있을 가능성이 가장 큰가? A 식당　B 편의점　C 사진관　**D 영화관**

排 pái 몡 줄, 열 | **靠** kào 통 다가서다, 접근하다 | **视力** shìlì 몡 시력 | **不清** bù qīng 선명하지 않다 | ★**字幕** zìmù 몡 자막 | **饭馆儿** fànguǎnr 몡 식당, 음식점 | **便利店** biànlìdiàn 몡 편의점 | **照相馆** zhàoxiàngguǎn 몡 사진관 | **电影院** diànyǐngyuàn 몡 영화관, 극장

4　A [去+장소 ~로 가다] 남자의 말 '明天早上我送您去机场(내일 아침에 제가 당신을 공항으로 바래다 드리겠습니다)'에서 '여자가 가려는 장소'가 'A. 机场(공항)'임을 알 수 있다. 보기 'D. 宾馆(호텔)'도 녹음에 언급됐으나, '宾馆(호텔)'은 여자가 공항으로 가는 택시를 예약했다는 말을 하기 위해 언급되었을 뿐, 여자가 가려는 장소가 아니다.

男：赵[Zhào]经理，<u>明天早上我送您去机场</u>。 女：不用了，我已经让宾馆帮我预订出租车了。 男：那如果您还有什么要帮忙的，可以随时给我打电话。 女：好，十分感谢你这两天的热情接待。	남：자오[赵] 사장님, 내일 아침에 제가 당신을 공항으로 바래다 드리겠습니다. 여：괜찮아요. 저는 이미 호텔에 택시를 예약하게 해 뒀어요. 남：그럼 만약에 무슨 도움이 필요하시면, 언제든지 저에게 전화 주셔도 됩니다. 여：좋아요, 요 며칠 뜨거운 환대에 정말 감사드립니다.
问：女的明天早上要去哪儿？ **A 机场**　B 邮局　C 火车站　D 宾馆	질문: 여자는 내일 아침에 어디에 가려고 하는가? **A 공항**　B 우체국　C 기차역　D 호텔

帮 bāng 통 돕다, 거들다 | ★**预订** yùdìng 통 예약하다 | ★**随时** suíshí 된 언제든지, 언제나, 수시로 | **十分** shífēn 된 매우, 대단히 | **感谢** gǎnxiè 통 감사하다, 고맙다 | **热情** rèqíng 혱 열정적이다, 따뜻하다 | ★**接待** jiēdài 통 접대하다 | **邮局** yóujú 몡 우체국

● Day 06　　　　　　　　　　　　　● track 14
　5 **A**　6 **D**　7 **D**　8 **C**

5　A [国庆节 국경절] 녹음 첫마디에 남자가 '张家界(장자제)'에 '国庆节(국경절)' 때 가겠다고 직접적으로 언급했다. 이처럼 녹음 첫마디에 바로 답이 나오기도 하니, 처음부터 집중해서 들어야 한다.

男：<u>国庆节我打算去张家界玩儿</u>，你去过那儿吗？ 女：当然啊，去年暑假的时候去过。但我建议你避开旅游高峰期去。	남：국경절에 나 장자제에 가서 놀려고 하는데, 너 가 본 적 있어? 여：당연하지, 작년 여름방학에 갔었어. 하지만 여행 성수기를 피해서 가기를 권해.
问：男的打算什么时候去张家界？ **A 国庆节**　B 暑假　C 劳动节　D 年底	질문: 남자는 언제 장자제에 가려고 했는가? **A 국경절**　B 여름방학　C 노동절　D 연말

国庆节 Guóqìngjié 고유 국경절 [10월 1일] | **张家界** Zhāngjiājiè 고유 장자제 | **暑假** shǔjià 명 여름방학, 여름휴가 | **建议** jiànyì 동 제안하다, 제의하다 | **避开** bìkāi 동 피하다, 비키다 | **高峰期** gāofēngqī 명 성수기, 절정기 | **劳动节** Láodòngjié 고유 노동절 [5월 1일] | **年底** niándǐ 명 연말

6 **D** [**上班** 근무하다 ≒ **工作** 일하다] '小张(샤오장)'이라고 불린 남자가 '我表姐就在杂志社上班(내 사촌 누나가 잡지사에서 근무해)'이라고 말한 것에서 '小张的表姐(샤오장의 사촌 누나)'가 'D. 杂志社(잡지사)'에서 일함을 알 수 있다.

女: 小张[Xiǎo Zhāng], 公司让我负责宣传活动, 你认识在媒体行业工作的人吗? 能不能给我介绍介绍? 男: 我表姐就在杂志社上班, 我给你她的联系方式吧. 问: 小张的表姐在哪儿工作? A 医院　B 免税店　C 图书馆　**D 杂志社**	여: 샤오장[小张], 회사가 나한테 홍보 활동을 맡겼어. 너 매체 쪽에서 일하는 사람 아니? 나에게 소개 좀 해 줄 수 있어? 남: 내 사촌 누나가 잡지사에서 근무해. 내가 너에게 그녀의 연락처를 줄게. 질문: 샤오장의 사촌 누나는 어디에서 일하는가? A 병원　B 면세점　C 도서관　**D 잡지사**

负责 fùzé 동 맡다, 책임지다 | ★**宣传** xuānchuán 동 홍보하다, 선전하다 | **活动** huódòng 명 활동, 행사 | ★**媒体** méitǐ 명 대중 매체, 매스 미디어 | **行业** hángyè 명 업무, 직업 | **表姐** biǎojiě 명 사촌 누나, 사촌 언니 | **杂志社** zázhìshè 명 잡지사 | **联系** liánxì 동 연락하다 | ★**方式** fāngshì 명 방식, 방법 | **免税店** miǎnshuìdiàn 명 면세점

7 **D** [**理财产品** 재테크 상품 / **投资** 투자] '理财产品(재테크 상품)'과 '投资风险(투자 리스크)'이 대화 장소를 유추할 수 있는 핵심 어휘이다. 이 두 키워드가 포함된 문장을 통해 대화 장소가 '금융'과 관련되어 있음을 유추할 수 있다. 보기에 제시된 장소 중 '금융'과 관련된 장소는 'D. 银行(은행)'뿐이다.

男: 您好, 请问有什么能帮您的吗? 女: 我想咨询一下理财产品. 男: 那我先给您做一个投资风险评估吧. 女: 好的, 谢谢. 问: 对话最可能发生在哪儿? A 商店　B 博物馆　C 学校　**D 银行**	남: 안녕하세요. (실례지만,) 무엇을 도와드릴까요? 여: 저는 재테크 상품에 대해 좀 물어보고 싶어요. 남: 그럼 제가 우선 손님께 투자 리스크 평가를 해 드릴게요. 여: 알겠어요. 감사합니다. 질문: 대화는 어디에서 발생했을 가능성이 가장 높은가? A 상점　B 박물관　C 학교　**D 은행**

帮 bāng 동 돕다, 거들다 | ★**咨询** zīxún 동 자문하다, 의견을 구하다 | **理财产品** lǐcái chǎnpǐn 명 재테크 상품 | ★**投资** tóuzī 동 투자 | ★**风险** fēngxiǎn 명 리스크, 위험 | **评估** pínggū 동 평가하다 | **对话** duìhuà 명 대화 | **发生** fāshēng 동 발생하다 | ★**博物馆** bówùguǎn 명 박물관

> **tip** 장소가 '은행'임을 알려 주는 핵심 빈출 문장
> - 请帮我开通一个账户。계좌 하나를 개설해 주세요.
> - 请问, 办理信用卡的手续复杂吗? 실례합니다. 신용카드 발급 수속이 복잡합니까?
> - 请重新输入您的密码。당신의 비밀번호를 다시 입력해 주세요.
> - 请问, 这里能办理国际转账业务吗? 실례합니다, 여기서 국제 이체 업무 처리를 할 수 있습니까?

8 C [打包 포장하다] '这两个菜请帮我打包(이 두 음식을 포장해 주세요)'라는 말이 쓰일 만한 장소는 보기에서 'C. 식당(餐厅)'뿐이다.

女: 先生，实在抱歉，我们的营业时间已经到了。 男: 真是不好意思，我们聊得太高兴了，把时间也忘了，那我现在就结账。 女: 好。请问您刷卡还是付现金？ 男: 付现金吧，还有<u>这两个菜请帮我打包</u>。	여: 선생님, 정말 죄송합니다. 저희의 영업시간이 이미 다 되었습니다. 남: 정말 죄송합니다. 저희가 이야기하는 게 너무 즐겁다 보니 시간조차 잊어버렸네요. 그럼 제가 지금 바로 계산하겠습니다. 여: 네. 실례지만 카드로 결제하실 건가요, 아니면 현금으로 내실 건가요? 남: 현금입니다. 그리고 <u>이 두 음식은 포장해 주세요</u>.
问: 他们现在最可能在哪儿？ A 地下停车场　　B 美发店 **C 餐厅**　　　　D 公司	질문: 그들은 현재 어디에 있을 가능성이 가장 높은가? A 지하 주차장　　B 미용실 **C 식당**　　　　D 회사

实在 shízài 🔹 정말, 참으로 | **抱歉** bàoqiàn 🔹 죄송합니다, 미안하다 | ★**营业** yíngyè 🔹 영업 | **真是** zhēnshi 🔹 정말, 실로 | **不好意思** bù hǎoyìsi 🔹 죄송하다, 미안하다 | **聊** liáo 🔹 잡담하다, 한담하다 | **忘** wàng 🔹 잊다, 잊어버리다 | ★**结账** jiézhàng 🔹 계산하다 | **刷卡** shuākǎ 🔹 카드로 결제하다, 카드를 긁다 | **付** fù 🔹 지불하다 | **现金** xiànjīn 🔹 현금 | **打包** dǎbāo 🔹 포장하다, 싸다 | **地下** dìxià 🔹 지하 | **停车场** tíngchēchǎng 🔹 주차장 | **美发店** měifàdiàn 🔹 미용실 | **餐厅** cāntīng 🔹 식당

---

03 행동

듣기 제1·2부분

본서 p.36

Day 08

track 20

1 C　2 D　3 B　4 D

1 C [中 당첨되다 / 兑换 현금으로 바꾸다] 보기가 모두 어떤 '행동'을 표현하는 말이므로, '행동'에 주의해서 들어야 한다. '中了二等奖(2등상에 당첨됐어요)'과 '在这儿兑换吗？(여기서 현금으로 바꾸는 건가요?)'라는 남자의 말을 통해, 남자가 '상금을 교환하는(兑换奖金)' 중임을 알 수 있다.

男: 你好，我刚才抽<u>中了二等奖</u>，请问是<u>在这儿兑换</u>吗？ 女: 是的，恭喜您，二等奖的<u>奖金是50元</u>，您只要登记一下就能领取了。	남: 안녕하세요. 제가 방금 2등상 추첨에 당첨됐어요. 실례지만 여기에서 현금으로 바꾸는 건가요? 여: 맞습니다. 축하드립니다. 2등상의 <u>상금은 50위안입니다</u>. 등록만 하시면 바로 받으실 수 있어요.
问: 男的正在做什么？ A 主持婚礼　　B 咨询问题 **C 兑换奖金**　　D 招聘职员	질문: 남자는 무엇을 하고 있는 중인가？ A 결혼식 사회를 본다　　B 문제를 자문한다 **C 상금을 교환한다**　　D 직원을 채용한다

抽 chōu 图 뽑다 | 中 zhòng 图 당첨되다 | 二等 èrděng 형 이등의, 두 번째의 | 奖 jiǎng 명 상 | ★兑换 duìhuàn 图 현금으로 바꾸다 | ★恭喜 gōngxǐ 图 축하하다 | 奖金 jiǎngjīn 명 상금 | 只要A就B zhǐyào A jiù B A하기만 하면, B하다 | ★登记 dēngjì 图 등록하다, 등기하다, 기입하다 | 领取 lǐngqǔ 图 (발급한 것을) 받다, 수령하다 | ★主持 zhǔchí 图 사회를 보다 | 婚礼 hūnlǐ 명 결혼식 | ★咨询 zīxún 图 자문하다, 상의하다 | 招聘 zhāopìn 图 (공모의 방식으로) 채용하다, 모집하다 | 职员 zhíyuán 명 직원

2 **D** [爬 오르다 / 山顶 산 정상] '爬(오르다)'와 '山顶(산 정상)'이 대화 속 남녀의 행동을 유추할 수 있게 하는 키워드이다. 모두 보기 'D. 爬山(등산하다)'과 관련된 어휘로, 여자가 '올라갈 힘이 없다(没有劲儿爬了)'고 하자 남자는 '곧 산 정상에 도착한다(马上就要到山顶了)'며 여자를 독려하고 있다.

女：我们还是坐缆车上去吧，我真没有劲儿爬了。 男：再坚持一下吧，我们马上就要到山顶了。 问：他们正在做什么？ A 购物　　　　　B 游泳 C 上课　　　　　**D 爬山**	여: 우리 케이블카를 타고 올라가는 게 더 좋겠어. 나 정말 올라갈 힘이 없어졌어. 남: 조금만 더 견뎌 보자. 우리는 곧 정상에 도착할 거야. 질문: 그들은 무엇을 하고 있는가? A 쇼핑을 한다　　B 수영을 한다 C 수업을 한다　　**D 등산을 한다**

缆车 lǎnchē 명 케이블카 | 劲儿 jìnr 명 힘, 기운 | 爬 pá 图 기어오르다, 오르다 | 坚持 jiānchí 图 어떤 상태나 행위를 계속 지속하게 하다 | 就要 jiùyào 图 곧, 머지않아 | 山顶 shāndǐng 명 산 정상, 산꼭대기 | 购物 gòuwù 图 쇼핑하다, 물건을 사다 [≒买东西] | 上课 shàngkè 图 수업하다

3 **B** [付款 결제하다 ≒ 结账 계산하다] '结账(계산하다)'과 '付款(결제하다)'이 비슷한 의미라는 것을 알고 있다면, 문제를 보다 쉽게 풀 수 있다. 여자가 '结账'하는 장소를 묻고 남자가 어디에서 '付款'하는지 알려 주고 있으므로, 정답은 'B. 付款(결제를 한다)'이다. 핵심 어휘를 많이 학습해 두는 것이 고득점 획득의 지름길임을 잊지 말자.

男：您好，玩具在这个柜台付款就行。 女：其他商品也能在这儿结账吗？ 男：对不起，其他的商品请到二楼收银台付款。 女：知道了，谢谢你。 问：女的最可能在做什么？ A 开会　　　　　**B 付款** C 问路　　　　　D 考试	남: 안녕하세요. 장난감은 이 계산대에서 결제하시면 됩니다. 여: 다른 상품도 여기에서 계산할 수 있나요? 남: 죄송합니다. 다른 상품은 2층 계산대에 가셔서 결제해 주세요. 여: 알겠습니다. 감사합니다. 질문: 여자는 무엇을 하고 있을 가능성이 가장 큰가? A 회의를 한다　　**B 결제를 한다** C 길을 묻는다　　D 시험을 친다

★玩具 wánjù 명 장난감, 완구 | ★柜台 guìtái 명 계산대, 카운터 | 付款 fùkuǎn 图 결제하다, 돈을 지불하다 | ★商品 shāngpǐn 명 상품 | ★结账 jiézhàng 图 계산하다 | 楼 lóu 양 층 | 收银台 shōuyíntái 명 계산대, 카운터 | 开会 kāihuì 图 회의를 열다 | 问路 wènlù 图 길을 묻다

4 D [**调整状态** 컨디션을 조절하다] 녹음 내용이 잘 이해되지 않는 문제를 만나더라도 끝까지 포기하지 말자. 문제가 어려울수록 들리는 게 답이다. 대화 마지막에 보기 D의 표현 '调整状态(컨디션을 조절해야 해)'가 그대로 언급됐다.

女：北京队输了，太可惜了。 男：那场比赛他们并没有发挥好。 女：对啊。连续打了六场，太累了。 男：对。他们接下来得好好儿休息，<u>调整状态</u>。 问：男的认为北京队接下来应该做什么？ A 努力训练　　　B 请新队员 C 换战术　　　　**D 调整状态**	여: 베이징 팀이 졌어. 너무 아쉬워. 남: 그 경기는 그들이 조금도 (실력을) 잘 발휘하지 못했어. 여: 맞아. 연속으로 여섯 경기를 해서 너무 피곤한 거야. 남: 맞아. 그들은 다음에 잘 쉬면서 컨디션을 조절해야 해. 질문: 남자는 베이징 팀이 다음에 무엇을 해야 한다고 생각하는가? A 열심히 연습한다　　B 새로운 팀원을 초빙한다 C 전술을 바꾼다　　　**D 컨디션을 조절한다**

队 duì 명 팀 | **输** shū 동 지다, 패하다 | **可惜** kěxī 형 아깝다, 아쉽다 | **场** chǎng 양 회, 번, 차례 [문예·오락·체육 활동 등에 쓰임] | **并** bìng 부 조금도, 결코, 전혀 [부정사의 앞에 쓰여 부정의 어투를 강조함] | ★ **发挥** fāhuī 동 발휘하다 | ★ **连续** liánxù 동 연속하다, 계속하다 | **打** dǎ 동 (놀이·운동을) 하다 | **接下来** jiē xiàlai 다음은 | **得** děi 조동 ~해야 한다 | **好好儿** hǎohāor 부 잘, 충분히 | ★ **调整** tiáozhěng 동 조절하다, 조정하다 | ★ **状态** zhuàngtài 명 상태, 컨디션 [调整状态: 컨디션을 조절하다] | ★ **训练** xùnliàn 동 훈련하다 | **队员** duìyuán 명 팀원, 대원 | **战术** zhànshù 명 전술

● **Day 09**　　　　　　　　　　　　　　　　　　● track 21

5 C　　**6** D　　**7** B　　**8** A

5 C [**补办** 재발급하다] 여자는 남자에게 '회원 카드(会员卡)'를 잃어버렸다며 '재발급(补办)'이 가능한지 묻고 있다. 관련된 어휘만 알고 있으면 쉽게 풀 수 있는 문제이다.

女：您好，我不小心把会员卡弄丢了。<u>可以补办吗</u>？ 男：行，请把您的身份证号告诉我，我查一查您的信息。 问：女的正在做什么？ A 预订火车票 B 买手机 **C 补办会员卡** D 领取赠品	여: 안녕하세요. 제가 조심하지 않아서 회원 카드를 잃어 버렸어요. 재발급할 수 있나요? 남: 네. 당신의 신분증 번호를 저에게 알려 주세요. 제가 당신의 정보를 좀 찾아보겠습니다. 질문: 여자는 무엇을 하고 있는 중인가? A 기차표를 예매한다 B 휴대폰을 구입한다 **C 회원 카드를 재발급 받는다** D 증정품을 수령한다

会员卡 huìyuánkǎ 회원 카드 | **弄丢** nòngdiū 동 잃어버리다, 분실하다 | **补办** bǔbàn 동 재발급하다 | **行** xíng 동 좋다 | **身份证号** shēn fènzhèng hào 명 신분증 번호 | **查** chá 동 찾아보다, 조사하다 | **信息** xìnxī 명 정보 | ★ **预订** yùdìng 동 예매하다, 예약하다 | **火车票** huǒchēpiào 기차표 | **领取** lǐngqǔ 동 (발급한 것을) 수령하다, 받다 | **赠品** zèngpǐn 명 증정품, 선물, 경품

 발급, 등록, 가입, 접수 관련 문장
- 办理投资业务请去旁边的窗口。 투자 업무 처리를 하려면, 옆 창구로 가 주세요.
- 我要注册这家网站的账户。 나는 이 사이트의 계정을 등록해야 한다.
- 请问，学生证是在这里办吗？ 실례합니다, 학생증은 이곳에서 처리하나요?

6 D [换一台打印机 프린터를 바꾸다] 여자의 마지막 말 '你换一台打印机重新打印吧(프린터를 바꿔서 다시 인쇄해 봐)'를 놓치지 않았다면 쉽게 정답을 고를 수 있었을 것이다. 평소에 '구문' 형태로 익히고 듣는 연습을 해야 한다.

男：办公室的打印机是不是坏了？打印出来的文件太模糊了。
女：你不会是用窗口那台打印的吧？
男：是呀。就是那台。
女：那台的确有点儿问题，维修人员下午会来修理，<u>你换一台打印机重新打印吧</u>。

问：女的建议男的怎么做？
A 给维修人员打电话
B 重新照照片
C 修理复印机
D 换台打印机打印

남: 사무실의 프린터 고장 난 거 아니야? 인쇄된 문서가 너무 흐릿해.
여: 너 창문 쪽의 그 프린터를 쓴 건 아니겠지?
남: 맞아. 바로 그거야.
여: 그 프린터는 확실히 좀 문제가 있어. 수리 직원이 오후에 와서 고칠 거야. <u>프린터를 바꿔서 다시 인쇄해 봐</u>.

질문: 여자는 남자에게 어떻게 하라고 제안하는가?
A 수리 직원에게 전화한다
B 다시 사진을 찍는다
C 복사기를 수리한다
D 프린터를 바꾸어 인쇄한다

打印机 dǎyìnjī 몡 프린터 | 打印 dǎyìn 통 프린트하다, 인쇄하다 | 出来 chūlai 통 [동사 뒤에 쓰여 동작의 완성이나 실현을 나타냄] | ★文件 wénjiàn 몡 문서, 서류 | ★模糊 móhu 형 흐릿하다, 모호하다 | 窗口 chuāngkǒu 몡 창가, 창문 | 台 tái 양 (기계, 차량) 대 | 的确 díquè 혭 확실히 | 维修人员 wéixiū rényuán 수리 기사 | 修理 xiūlǐ 통 수리하다 | 重新 chóngxīn 혭 다시 | 建议 jiànyì 통 제안하다, 건의하다 | 照 zhào 통 (사진이나 영화를) 찍다, 촬영하다 [=拍 pāi] | 复印机 fùyìnjī 몡 복사기

7 B [报名 신청하다 / 网球班 테니스 반] 여자의 말 '网球班还可以报名吗? (테니스 반은 아직 신청이 가능한가요?)'가 핵심 문장이다. 여자는 '테니스를 배우려고(学网球)' 테니스 수업에 등록하는 것이므로 답은 B이다.

女：请问，这一期的<u>网球班还可以报名吗</u>？
男：可以，他们星期六才开课。
女：那麻烦您给我一张报名表吧。
男：好的。这是我们所有教练的资料，您先看一下。

问：女的想做什么？
A 上网   **B 学网球**
C 参加比赛   D 写简历

여: 실례지만, 이번 <u>테니스 반은 아직 신청이 가능한가요?</u>
남: 가능합니다. 그들은 토요일에 비로소 수업을 시작합니다.
여: 그럼 죄송하지만 저에게 신청서 한 장 주세요.
남: 알겠습니다. 이것은 저희 모든 코치들의 자료입니다. 우선 살펴보세요.

질문: 여자는 무엇을 하고 싶어 하는가?
A 인터넷을 한다   **B 테니스를 배운다**
C 경기에 참석한다   D 이력서를 쓴다

期 qī 양 기 [일정 시기를 몇 개로 구분한 것 중의 하나] | 网球 wǎngqiú 몡 테니스 | 报名 bàomíng 통 신청하다, 등록하다 | 星期六 xīngqīliù 토요일 | 开课 kāikè 통 수업을 시작하다, 개강하다 | 麻烦 máfan 통 귀찮게 하다, 폐를 끼치다, 성가시게 하다 | 报名表 bàomíngbiǎo 신청서 | 所有 suǒyǒu 혭 모든, 전부의 | ★教练 jiàoliàn 몡 코치, 감독 | ★资料 zīliào 몡 자료 | 上网 shàngwǎng 통 인터넷을 하다 | ★简历 jiǎnlì 몡 이력서, 약력

8 A [接受采访 인터뷰에 응하다] 남자가 여자에게 '연극에서 어떤 배역을 연기하는지, 이 배역이 도전인지' 묻고 있는 것에서, 여자가 '인터뷰에 응하고(接受采访)' 있는 중임을 알 수 있다. '进行采访(인터뷰를 진행하다)'도 자주 출제되는 표현이니 함께 알아 두자.

男: 您在那部戏里演的是什么角色?
女: 一位正直的警察。
男: 对您来说，这个角色挑战大吗?
女: 非常大。有许多很难把握的内心戏。

问: 女的最可能在做什么?
A 接受采访　　　　B 学习汉语
C 和朋友逛街　　　　D 上法律课

남: 당신은 그 연극에서 무슨 배역을 연기하시나요?
여: 정직한 경찰입니다.
남: 당신에게 있어서, 이 배역은 큰 도전인가요?
여: 매우 큽니다. 파악하기 힘든 심리 (연기)가 많이 있습니다.

질문: 여자는 무엇을 하고 있을 가능성이 가장 큰가?
A 인터뷰에 응한다　　　B 중국어를 공부한다
C 친구와 아이쇼핑을 한다　D 법률 수업을 듣는다

部 bù 양 편, 부 [서적·영화 등에 쓰는 단위] | 戏 xì 명 연극, 극 | 演 yǎn 동 연기하다, 공연하다 | ★角色 juésè 명 배역, 역할 | 正直 zhèngzhí 형 정직하다 | 警察 jǐngchá 명 경찰 | 对……来说 duì……lái shuō ~에게 있어서 | ★挑战 tiǎozhàn 명 도전 | 许多 xǔduō 형 (사람의 수나 물건의 수량이) 매우 많다 | ★把握 bǎwò 동 (추상적인 것을) 파악하다, 장악하다 | 内心 nèixīn 명 마음속, 속내 | 接受 jiēshòu 동 수락하다, 받다 | ★采访 cǎifǎng 동 인터뷰하다, 취재하다 [接受采访: 인터뷰에 응하다] | 逛街 guàngjiē 동 아이쇼핑하다, 거리구경을 하다 | 法律 fǎlǜ 명 법률

듣기 제1·2부분 04 어투·심정·태도

본서 p.43

● Day 11　　　　　　　　　　　　　track 27
1 A　　2 A　　3 D　　4 D

1 A [幸好 다행히 → 感谢 감사하다]　녹음 첫마디에 나오는 '幸好(다행히)'가 여자의 태도를 유추할 수 있는 핵심 어휘이다. '남자의 문자가 아니었다면 헛걸음할 뻔했다'며 남자에게 말을 건네는 여자의 태도로 적합한 보기는 'A. 感谢(감사하다)'이다. '多亏 duōkuī 다행히' '幸亏 xìngkuī 다행히'도 고마움을 표현할 때 쓰이는 표현이므로 함께 알아 두자!

女: 幸好你刚才给我发了个短信，不然我就要白跑一趟了。
男: 我也是早上才接到的通知。怕你不知道就赶紧告诉你了。

问: 女的是什么态度?
A 感谢　　　　B 后悔
C 祝贺　　　　D 拒绝

여: 네가 방금 나에게 문자를 하나 보내 줘서 다행이지, 아니었다면 나는 바로 헛걸음할 뻔했어.
남: 나도 아침에서야 받은 통지야. 네가 모를까 봐 걱정돼서 바로 서둘러 너에게 알려 준 거야.

질문: 여자는 어떤 태도인가?
A 감사하다　　　B 후회하다
C 축하하다　　　　D 거절하다

幸好 xìnghǎo 부 다행히, 운 좋게, 요행으로 [幸好/幸亏A，(要)不然B: A해서 다행이지, 그렇지 않았다면 B했다] | 短信 duǎnxìn 명 문자 메시지 [发短信: 문자 메시지를 보내다] | ★不然 bùrán 접 그렇지 않으면, 아니면 | 白跑 báipǎo 헛걸음하다 | 趟 tàng 양 차례, 번 [왕래한 횟수를 세는 데 쓰임] | 接到 jiēdào 동 받다, 입수하다 | 通知 tōngzhī 명 통지 | 怕 pà 동 걱정하다, 근심하다 | ★赶紧 gǎnjǐn 부 서둘러, 재빨리 | 态度 tàidu 명 태도 | 感谢 gǎnxiè 동 감사하다 | 后悔 hòuhuǐ 동 후회하다 | 祝贺 zhùhè 동 축하하다 | 拒绝 jùjué 동 거절하다

2 A [非得……不可 ~하지 않으면 안 된다 ≒ 一定要 반드시 ~해야 한다] 이중 부정은 '강한 긍정'을 나타내므로 '这次的计划书我非得自己完成不可'는 '이번 계획서는 내가 스스로 꼭 완성해야 돼'라는 의미로 이해된다. '非得……不可(하지 않으면 안 돼)'는 一定要(반드시 ~해야 한다) '应该(마땅히 ~해야 한다)'와 바꿔 쓸 수 있다. 이렇게 '이중 부정 표현'이 쓰인 문장이 핵심 근거 문장이 되는 경우가 많다.

男: 这次的计划书我非得自己完成不可。 女: 好吧，那你先试试看，需要我帮助的话随时告诉我。	남: 이번 계획서는 내가 스스로 완성하지 않으면 안 돼. 여: 그래 좋아. 그럼 네가 먼저 해 보고, 내 도움이 필요하면 언제든 나에게 알려 줘.
问: 男的是什么意思? **A 计划书一定要自己做** B 完成计划书还需要时间 C 计划书不能自己完成 D 计划书随时能完成	질문: 남자는 무슨 의미인가? **A 계획서는 반드시 자신이 작성해야 한다** B 계획서를 완성하는 데 아직 시간이 필요하다 C 계획서는 자신이 완성할 수 없다 D 계획서는 언제든지 완성할 수 있다

计划书 jìhuàshū 몡 계획서, 제안서 | **非得** fēiděi 閉 ~하지 않으면 안 된다, 반드시 ~해야 한다 | **不可** bùkě 동 ~해서는 안 된다 | **试** shì 동 시험 삼아 해 보다 | **……的话** ……dehuà 조 ~하다면, ~이면 | ★**随时** suíshí 閉 언제든지, 수시로, 아무 때나

3 D [后悔 후회하다 ≒ 可惜 아쉽다] '真是太后悔了!(정말 너무 후회된다!)'가 여자의 심정을 유추할 수 있는 핵심 표현이다. 풍경이 아름다운데 카메라를 가지고 오지 않아서 '후회된다'는 말에서 여자의 '아쉬움'을 느낄 수 있다.

女: 没想到，这儿的风景居然这么美! 真是太后悔了! 男: 为什么后悔? 女: 没带相机啊，用手机拍的效果跟相机可没法比。 男: 可现在只能用手机照了，总比没有好啊。	여: 여기 풍경이 뜻밖에 이렇게 아름다울 거라고는 생각도 못했어. 정말 너무 후회된다! 남: 왜 후회를 해? 여: 카메라를 안 가져왔잖아. 휴대폰으로 촬영한 효과는 카메라와 비교도 할 수 없어. 남: 하지만 지금은 휴대폰으로 찍을 수밖에 없고, 어쨌든 없는 것보단 낫잖아.
问: 女的现在心情怎么样? A 感激　　　　B 生气 C 骄傲　　　　**D 可惜**	질문: 여자의 현재 심정은 어떠한가? A 감격하다　　B 화나다 C 거만하다　　**D 아쉽다**

没想到 méi xiǎngdào 생각지 못하다 | ★**风景** fēngjǐng 몡 풍경, 경치 | ★**居然** jūrán 閉 뜻밖에, 놀랍게도, 예상 외로 | **美** měi 혱 아름답다 | **真是** zhēnshi 閉 정말 | **后悔** hòuhuǐ 동 후회하다 | **相机** xiàngjī 몡 카메라 | ★**拍** pāi 동 촬영하다, 찍다 | **效果** xiàoguǒ 몡 효과 | **可** kě 閉 강조를 나타냄 | **没法** méifǎ 몡 방법이 없다 | **可** kě 접 하지만, 그러나 | **只** zhǐ 閉 단지, 다만 | **总** zǒng 閉 어쨌든, 아무튼 | **心情** xīnqíng 몡 심정, 마음, 감정 | ★**感激** gǎnjī 동 감격하다, 감사하다 | **骄傲** jiāo'ào 혱 거만하다 | **可惜** kěxī 혱 아쉽다, 아깝다, 섭섭하다

> **'뜻밖에'라는 뜻을 나타내는 기출 표현**
> - 没想到 méi xiǎngdào 뜻밖이다
> - 竟然 jìngrán 閉 뜻밖에도, 의외로
> - 出乎意料 chū hū yì liào 성 예상 밖이다
> - 居然 jūrán 閉 뜻밖에, 놀랍게도

4　D　[放心 마음을 놓다 ↔ 担心 걱정하다]　'您放心(안심하세요)'이라는 여자의 말이 남자의 심정을 유추할 수 있는 핵심 표현이다. 회사의 '대출 진행 상황'을 물으며 잘 처리하길 단단히 당부하는 남자의 말 '一定要处理好'와 그를 안심시키려는 여자의 말 '您放心'에서, 현재 남자가 대출 문제로 '걱정하고(担心)' 있음을 알 수 있다. 참고로, '걱정하지 마세요'라며 안심시키는 말로는 '别担心' '不要担心'도 자주 출제된다.

男：公司的贷款问题进行得怎么样了？ 女：还算顺利，已经跟银行方面谈得差不多了。 男：这次贷款对公司非常重要，<u>一定要处理好</u>。 女：<u>您放心</u>，一有好消息我就马上向您报告。	남: 회사의 대출 문제는 어떻게 처리되고 있습니까? 여: 순조로운 편이에요. 이미 은행 측과 거의 다 이야기가 되었습니다. 남: 이번 대출은 회사에 매우 중요하니 <u>반드시 잘 처리해야</u> 합니다. 여: <u>안심하세요</u>. 좋은 소식이 있으면 바로 당신께 보고하겠습니다.
问：男的现在心情怎么样？ A 羡慕　　　　B 安慰 C 惊讶　　　　**D 担心**	질문: 남자의 현재 심정은 어떠한가? A 부러워하다　　B 위로가 되다 C 놀랍고 의아하다　　**D 걱정하다**

★ **贷款** dàikuǎn 동 대출하다, 대부하다 | **进行** jìnxíng 동 진행하다 | **算** suàn 동 ~인 셈이다, ~로 인정하다 | **顺利** shùnlì 형 순조롭다, 일이 잘 되어가다 | **方面** fāngmiàn 명 방면, 분야, 부분 | **谈** tán 동 이야기하다, 말하다 | **差不多** chàbuduō 형 거의 다 되다, 그럭저럭 되다 | ★ **处理** chǔlǐ 동 처리하다 | **一A就B** yī A jiù B A하자마자 B하다 | **消息** xiāoxi 명 소식 | ★ **报告** bàogào 동 보고하다 | **羡慕** xiànmù 동 부러워하다, 탐내다 | ★ **安慰** ānwèi 동 위로하다, 위안하다 | **惊讶** jīngyà 형 놀랍고 의아하다

● **Day 12**　　　　　　　　　　　　　● track 28
5　D　6　C　7　C　8　B

5　D　[太过奖了 정말 과찬이십니다 → 谦虚 겸손하다]　인물의 '태도'는 대화에서 직접 언급되기 보다는 '대화 분위기'를 통해 유추해야 하는 경우가 많다. 이 문제 역시 '您真是太过奖了(정말 과찬이십니다)'라는 남자의 말을 통해 답을 유추할 수 있다. '过奖(과찬이십니다)'은 칭찬을 들은 후 '겸손(谦虚)'하게 대답할 때 자주 사용되는 표현이다.

女：公司这个季度的销售量有了明显提高，<u>这都是因为你们部门的广告方案做得好</u>。 男：<u>您真是太过奖了</u>，其实各部门的合作也很重要。	여: 회사의 이번 분기 판매량이 뚜렷하게 증가했습니다. <u>이는 모두 여러분 부서가 광고 방안을 잘 짰기 때문입니다.</u> 남: <u>정말 과찬이십니다</u>. 사실 각 부서의 협력도 매우 중요합니다.
问：男的是什么态度？ A 称赞　　　　B 批评 C 抱怨　　　　**D 谦虚**	질문: 남자는 어떤 태도인가? A 칭찬하다　　B 비평하다 C 원망하다　　**D 겸손하다**

季度 jìdù 명 분기 | **销售量** xiāoshòuliàng 명 판매량, 매출량 | ★ **明显** míngxiǎn 형 뚜렷하다, 분명하다 | ★ **部门** bùmén 명 부서 | **广告** guǎnggào 명 광고 | ★ **方案** fāng'àn 명 방안 | **真是** zhēnshi 부 정말 | **过奖** guòjiǎng 동 과찬이십니다 | ★ **合作** hézuò 명 협력, 합작 | **态度** tàidu 명 태도 | ★ **称赞** chēngzàn 동 칭찬하다, 찬양하다 | **批评** pīpíng 동 비평하다, 지적하다, 꾸짖다 | ★ **抱怨** bàoyuàn 동 원망하다 | ★ **谦虚** qiānxū 형 겸손하다, 겸허하다

6 **C** [支持 지지하다 ≒ 赞成 찬성하다] '支持(지지하다)'는 상대의 말에 적극적으로 편을 들 때 자주 사용되는 표현으로, 여자의 태도를 유추할 수 있는 핵심 표현이다. 여자가 남자에게 '我会支持你的(내가 너를 지지할게)'라고 말했으므로, 여자가 남자의 계획에 '찬성한다(赞成)'고 유추할 수 있다.

男：最近旅游市场非常大，我很想开一家旅游用品专卖店。 女：我会支持你的。如果需要帮忙你尽管告诉我。	남：최근 여행 시장이 매우 커. 나는 여행 용품 전문 매장을 정말 열고 싶어. 여：내가 너를 지지할게. 만약 도움이 필요하다면 어려워말고 나에게 알려 줘.
问：女的是什么态度？ A 犹豫　　　B 怀疑 C 赞成　　　D 表扬	질문: 여자는 무슨 태도인가? A 주저하다　　B 의심하다 C 찬성하다　　D 칭찬하다

★ **市场** shìchǎng 명 시장 | **用品** yòngpǐn 명 용품 | **专卖店** zhuānmàidiàn 명 전문 매장 | **支持** zhīchí 동 지지하다 | **尽管** jǐnguǎn 부 어려워 말고, 마음 놓고 | **态度** tàidu 명 태도 | ★ **犹豫** yóuyù 형 주저하다, 망설이다 | **怀疑** huáiyí 동 의심하다, 의심을 품다 | ★ **赞成** zànchéng 동 찬성하다 | **表扬** biǎoyáng 동 칭찬하다, 표창하다

---

7 **C** [要是A就好了 만약 A라면 좋을 텐데 → 羡慕 부러워하다] 여자가 '丽丽'의 몸매가 좋다고 칭찬한 후, '我要是有她那样的身材就好了(나도 만약 그녀 같은 몸매라면 좋을 텐데)'라고 덧붙여 말한 것에서, 여자가 '丽丽'를 '부러워한다(羡慕)'고 유추할 수 있다. 같은 말이라도 앞뒤 문장에 따라 의미가 달라질 수 있으므로, 문맥에 주의하며 들어야 한다.

女：丽丽的身材真好，我觉得她穿什么都好看。 男：可不是嘛。 女：我要是有她那样的身材就好了。 男：你努力的话一定也会有好身材的。	여：리리[丽丽]의 몸매는 정말 좋아. 난 그녀가 뭘 입어도 다 예쁜 것 같아. 남：그러게 말이야. 여：나도 만약 그녀 같은 몸매라면 좋을 텐데. 남：네가 노력한다면 반드시 좋은 몸매를 갖게 될 거야.
问：女的是什么语气？ A 不满　　　B 劝告 C 羡慕　　　D 讽刺	질문: 여자는 어떤 어투인가? A 불만스럽다　　B 충고하다 C 부러워하다　　D 풍자하다

★ **身材** shēncái 명 몸매, 체격 | **好看** hǎokàn 형 예쁘다, 보기 좋다 | **可不是嘛** kěbúshì ma 그러게 말이야, 그러니까 | **要是** yàoshi 접 만약 ~이라면 | **……的话** ……dehuà 조 ~하다면, ~이면 | **语气** yǔqì 명 어투, 말투 | **不满** bùmǎn 동 불만스럽다, 만족하지 않다 | **劝告** quàngào 동 충고하다 | **羡慕** xiànmù 동 부러워하다 | ★ **讽刺** fěngcì 동 풍자하다

 최근에도 '외모를 칭찬하는 내용'의 문제가 꾸준히 출제되고 있다.

---

8 **B** [难道A吗? 설마 A란 말인가?] 녹음을 듣기 전에 보기를 미리 확인했다면 비교적 쉽게 풀 수 있는 문제로, '시점'과 '행동'에 주의하여 들어야 한다. 여자는 '难道你不知道我们下周一要考试吗?(설마 너 우리가 다음 주 월요일에 시험 봐야 하는 걸 모른단 말이야?)'라는 반어 표현을 통해 '다음 주 월요일에 시험이 있다'는 것을 강조하였다. 이렇게 '반어 표현'이 있는 문장은 종종 정답을 찾는 핵심 근거가 된다.

男: 我们好久没出去玩儿了，这个周末一起出去怎么样？ 女: 难道你不知道我们下周一要考试吗？ 男: 我当然知道啊。 女: 我看这个星期我们还是先复习，考完试再一起去玩儿吧。	남: 우리 오랫동안 나가서 놀지 못했는데, 이번 주말에 같이 나가는 건 어때? 여: 설마 너 우리가 다음 주 월요일에 시험 봐야 하는 걸 모른단 말이야? 남: 나야 당연히 알지. 여: 내가 보기에 이번 주에는 우리 복습하고, 시험을 다 본 후 같이 놀러 가자.
问: 女的是什么意思？ A 这个星期去玩儿 **B 下星期有考试** C 复习完了再去玩儿 D 考试前不用复习	질문: 여자는 무슨 의미인가? A 이번 주에 놀러 간다 **B 다음 주에 시험이 있다** C 복습을 다 하고 나서 다시 놀러 간다 D 시험 전에 복습할 필요가 없다

好久 hǎojiǔ 형 (시간이) 오래다 | **难道** nándào 부 설마 ~란 말인가? [주로 吗와 함께 사용하여 반어의 어기를 강조함] | **周一** zhōuyī 월요일 | **不用** búyòng 부 ~할 필요가 없다

05 일상·학교·회사

본서 p.48

● Day 14　　　　　　　　　　　　　● track 34
　1 C　　2 D　　3 D　　4 B

1　C [过敏 알레르기 반응을 보이다]　녹음을 듣기 전 보기를 먼저 훑어봤다면 대화 내용을 짐작하고, 핵심 어휘를 단번에 알아챌 수 있었을 것이다. 보기가 녹음에 그대로 나오는 경우도 있으니 반드시 보기를 먼저 봐야 한다. 핵심 어휘인 '过敏'을 제대로 들어 내는 것이 관건이다. '~에 알레르기가 있다'는 '对……过敏'이라고 표현한다. 빈출 활용 형태인 '对海鲜/花粉/药物过敏(해산물/꽃가루/약물에 알레르기가 있다)'도 함께 알아 두자.

男: 你的脖子怎么这么红？ 女: 我怀疑可能是昨天晚上吃海鲜过敏了。	남: 너 목이 왜 이렇게 빨개? 여: 아마도 어제저녁에 해산물을 먹어서 알레르기가 생긴 것 같아.
问: 女的可能怎么了？ A 太热了　　　B 感冒了 **C 过敏了**　　D 住院了	질문: 여자는 아마도 어떠한가? A 너무 덥다　　　B 감기에 걸렸다 **C 알레르기가 생겼다**　D 입원했다

★**脖子** bózi 명 목 | **怀疑** huáiyí 동 추측하다, 짐작하다, 의심하다 | ★**海鲜** hǎixiān 명 해산물 | ★**过敏** guòmǐn 동 알레르기 반응을 보이다, 예민하다 | **住院** zhùyuàn 동 (환자가) 입원하다

2 D [**项目通过了** 프로젝트가 통과되다] '들리는 그대로가 답'이 가장 많이 출제되는 유형의 문제로, 난이도 '하'에 해당한다. 여자의 말 '项目终于通过了(프로젝트가 마침내 통과되다)'에서 '终于(마침내)'만 제외하고 그대로 보기에 제시되었다.

女：你知道吗？我们实验室申请的项目终于通过了。 男：太好了！我们之前的辛苦总算没白费。	여: 너 알아? 우리 실험실이 신청한 프로젝트가 마침내 통과됐어. 남: 너무 좋다! 우리의 지난 고생이 마침내 헛된 것이 아니게 됐구나.
问：根据对话，下列哪项正确？ A 发奖金了　　　　B 要换设备了 C 股票赚钱了　　　**D 项目通过了**	질문: 대화에 근거해 다음 중 옳은 것은? A 장려금이 나왔다　　B 설비를 바꾸려고 한다 C 주식으로 돈을 벌었다　**D 프로젝트가 통과되었다**

实验室 shíyànshì 몡 실험실 | **申请** shēnqǐng 동 신청하다 | ★**项目** xiàngmù 몡 프로젝트 | **通过** tōngguò 동 통과하다 | **辛苦** xīnkǔ 형 고생스럽다 | ★**总算** zǒngsuàn 팀 마침내, 대체로 ~한 셈이다 | **白费** báifèi 동 헛되이 낭비하다, 쓸데없이 소비하다 | **对话** duìhuà 몡 대화 | ★**项** xiàng 양 항목, 조항 | **正确** zhèngquè 형 올바르다 | **发** fā 동 교부하다, 내주다 | **奖金** jiǎngjīn 몡 장려금, 보너스 | ★**设备** shèbèi 몡 설비, 시설 | ★**股票** gǔpiào 몡 주식 | **赚钱** zhuànqián 동 돈을 벌다, 이윤을 남기다

3 D [**婚礼日期** 결혼식 날짜] 모든 보기에 공통으로 '小美的婚礼……(샤오메이의 결혼~)'라는 문구가 제시되어 있으므로, 집중해서 들어야 할 부분은 '小美的婚礼'의 '뒷부분(地点, 花球, 费用, 日期)'이다. 만약 남자가 언급한 '婚礼日期(결혼식 날짜)'라는 키워드를 놓쳤다면, 여자의 말 '日期定在十月一号(날짜는 10월 1일로 정했어)'를 통해서도 정답을 유추할 수 있다.

男：小美的婚礼日期已经定了吗？ 女：是的，日期定在十月一号，那时是国庆长假，亲戚朋友都可以来参加婚礼。	남: 샤오메이[小美]의 결혼식 날짜는 이미 정해졌니? 여: 응(맞아). 날짜는 10월 1일로 정했어. 그때는 국경절 장기 휴가라 친척과 친구들이 모두 결혼식에 참석하러 올 수 있어.
问：他们在谈什么？ A 小美的婚礼地点 B 小美的婚礼花球 C 小美的婚礼费用 **D 小美的婚礼日期**	질문: 그들은 무엇을 이야기하고 있는가? A 샤오메이의 결혼식 장소 B 샤오메이의 부케 C 샤오메이의 결혼식 비용 **D 샤오메이의 결혼식 날짜**

★**婚礼** hūnlǐ 몡 결혼식 | ★**日期** rìqī 몡 (특정한) 날짜, 기간, 기일 | **定** dìng 동 정하다, 결정하다 | **国庆** Guóqìng 고유 국경절, 건국 기념일 | **长假** chángjià 몡 장기 휴가, 장기 방학 | **亲戚** qīnqi 몡 친척 | **谈** tán 동 이야기하다, 말하다 | **地点** dìdiǎn 몡 장소 | **婚礼花球** hūnlǐ huāqiú 몡 부케 | **费用** fèiyong 몡 비용

4 B [担任任务 임무를 맡다 / 采访 인터뷰하다] '所以(그래서)' 앞이나 '因为(왜냐하면)' 뒤에 나오는 말에 집중하자. 여자의 말 '……担任了一个采访任务(~인터뷰를 맡았어요)'에서 여자가 모임에 갈 수 없게 된 이유가 드러난다. 이렇게 접속사 뒤에 핵심 키워드가 나오는 경우가 많다.

女：喂，你好。我临时担任了一个采访任务，所以明天的聚会我去不了了。 男：就不能让别的人替你去吗? 女：不行啊，那个采访对象是我之前接触过的人，别人都不怎么熟悉。 男：知道了，那我明天帮你和大家解释一下吧。	여: 여보세요, 안녕하세요. 제가 임시로 인터뷰 업무를 맡게 돼서 내일 모임에 갈 수 없게 됐어요. 남: 그냥 다른 사람에게 대신 가라고 할 수 없나요? 여: 안 돼요. 그 인터뷰 대상은 제가 예전에 접촉해 본 적이 있는 사람이에요. 다른 사람은 모두 그다지 익숙하지 않아요. 남: 알겠어요. 그럼 제가 내일 당신을 도와 모두에게 설명할게요.
问：女的为什么不去参加聚会? A 不在学校　　　　B 要去采访 C 要去外国　　　　D 身体不好	질문: 여자는 왜 모임에 참석하러 가지 않는가? A 학교에 있지 않다　　B 인터뷰를 하러 가야 한다 C 외국에 가야 한다　　D 몸이 좋지 않다

★ **临时** línshí 형 임시의, 일시적인 | ★ **担任** dānrèn 동 맡다 | ★ **采访** cǎifǎng 동 인터뷰하다, 취재하다 | **任务** rènwu 명 업무, 임무 [担任任务: 업무를 맡다] | **聚会** jùhuì 명 모임, 집회 | **不了** buliǎo ~할 수가 없다 [동사+不了의 형태로 쓰여 동작을 완성할 수 없음을 나타냄] | **替** tì 동 대신하다 | ★ **对象** duìxiàng 명 대상 | ★ **接触** jiēchù 동 접촉하다, 관계를 갖다 | **不怎么** bù zěnme 그다지[별로] ~하지 않다 | **熟悉** shúxī 동 익숙하다, 잘 알다 | **帮** bāng 동 돕다 | **解释** jiěshì 동 설명하다, 해석하다

● Day 15　　　　　　　　　　　　　　　　　　　　　　　● track 35
　　5 B　　6 A　　7 D　　8 C

5 B [出国做交换生 외국에 교환 학생으로 가다]　남자가 '出国做交换生的手续(외국에 교환 학생으로 가는 수속)'의 처리 여부에 대해 물었고, 여자가 '只剩下导师的推荐信(지도 교수의 추천서만 남았다)'이라고 대답하였다. 실제 시험에도 녹음에 나온 표현과 구문이 질문이나 보기에 그대로 나오는 문제가 자주 출제된다. 녹음을 듣기 전 보기를 먼저 분석하면 쉽게 답을 고를 수 있는 비교적 낮은 난이도의 문제이다.

男：暑假出国做交换生的手续，你办好了吗? 女：差不多都办好了，只剩下导师的推荐信了。	남: 여름방학에 외국에 교환 학생으로 가는 수속 다 처리했니? 여: 거의 다 처리했고, 지도 교수님의 추천서만 남았어.
问：女的为什么需要导师的推荐信? A 要申请读本科 B 要出国做交换生 C 想去市场部实习 D 想在公司上班	질문: 여자는 왜 지도 교수의 추천서가 필요한가? A 학부 과정을 신청하려고 한다 B 외국에 교환 학생으로 가려고 한다 C 마케팅부에서 인턴을 하고 싶어 한다 D 회사에 출근하고 싶어 한다

暑假 shǔjià 명 여름방학, 여름휴가 | **出国** chūguó 동 외국에 가다, 출국하다 | **交换生** jiāohuànshēng 교환 학생 | ★ **手续** shǒuxù 명 수속, 절차 | **办** bàn 동 처리하다, 하다 | **差不多** chàbuduō 분 거의, 대체로 | **剩下** shèngxià 남다 | **导师** dǎoshī 명 지도 교수 | **推荐信** tuījiànxìn 추천서 | **申请** shēnqǐng 동 신청하다 | ★ **本科** běnkē 명 (대학교의) 학부 과정 | **市场部** shìchǎngbù 마케팅부 | ★ **实习** shíxí 동 실습하다, 인턴하다

6 A [竞争激烈 경쟁이 치열하다]

보기에 제시된 '工作环境(업무 환경)'과 '竞争(경쟁)'이 녹음에 모두 언급되어 있으므로, 핵심 '단어'만 듣고서는 정답을 골라낼 수 없다. 핵심 문장 '**可**竞争非常激烈(**하지만** 경쟁이 매우 치열하다)'까지 잘 들었어야 한다. 역접의 의미를 나타내는 접속사 '可(하지만)' 뒤에 정답을 찾을 수 있는 근거가 제시되는 경우가 많으므로 주의해서 듣자.

女: 听说你在电视台实习, 感觉还行吗? 男: 工作环境和待遇都挺好的, 可竞争非常激烈。	여: 너 텔레비전 방송국에서 인턴을 하고 있다고 들었는데, 어떠니? 남: 업무 환경과 대우는 모두 아주 좋아. 하지만 경쟁이 매우 치열해.
问: 男的觉得实习单位怎么样? **A 竞争激烈**　　B 工作环境不好 C 假期很短　　　D 工资太低	질문: 남자는 인턴하고 있는 회사가 어떻다고 생각하는가? **A 경쟁이 치열하다**　　B 업무 환경이 좋지 않다 C 휴가가 매우 짧다　　　D 급여가 너무 낮다

听说 tīngshuō 图 듣자 하니, 듣건대 | **电视台** diànshìtái 图 TV 방송국 | ★ **实习** shíxí 图 실습하다 | **感觉** gǎnjué 图 느낌, 감각 | ★ **待遇** dàiyù 图 (급료·보수·권리·지위 등의) 대우 | **挺** tǐng 图 아주, 매우, 상당히 [挺……的: 매우 ~하다] | **可** kě 젭 하지만, 그러나 | **竞争** jìngzhēng 图 경쟁 | ★ **激烈** jīliè 图 치열하다, 격렬하다 | ★ **单位** dānwèi 图 회사, 부서 | **假期** jiàqī 图 휴가 기간 | **工资** gōngzī 图 급여, 월급, 임금 | **低** dī 图 낮다

7 D [晚一点儿 조금 늦게 ≒ 延长 연장하다]

'晚一点儿交(조금 늦게 제출하다)'가 '延长期限(기한을 연장하다)'의 의미임을 알아채는 것이 관건이다. '再给你延长两天(다시 이틀 더 연장해 줄게)'이라는 여자의 말을 통해서도 정답을 유추할 수 있다. 핵심 내용이 두 번 반복해서 언급되었으므로, 하나라도 집중해서 잘 들었다면 어렵지 않게 풀 수 있는 문제이다.

男: 王[Wáng]教授, 我的论文还要修改一下, 能晚一点儿交吗? 女: 知道了, 那再给你延长两天吧。	남: 왕[王] 교수님, 제 논문은 좀 더 수정해야 하는데, 조금 늦게 제출해도 될까요? 여: 알겠어요. 그럼 이틀 더 연장해 줄게요.
问: 男的有什么请求? A 参加研讨会 B 买参考书 C 请父母签字 **D 延长交论文的期限**	질문: 남자는 어떤 부탁이 있는가? A 세미나에 참석한다 B 참고서를 구입한다 C 부모님께 서명을 부탁한다 **D 논문 제출 기한을 연장한다**

教授 jiàoshòu 图 교수 | ★ **论文** lùnwén 图 논문 | ★ **修改** xiūgǎi 图 (원고를) 수정하다, 고치다 | **晚** wǎn 图 (규정된 혹은 적합한 시간보다) 늦다 | **交** jiāo 图 제출하다, 건네주다 | ★ **延长** yáncháng 图 (거리·시간 등을) 연장하다, 늘이다 | ★ **请求** qǐngqiú 图 부탁, 요청 | **研讨会** yántǎohuì 图 세미나, 연구 토론회 | **参考书** cānkǎoshū 图 참고서 | **父母** fùmǔ 图 부모 | **签字** qiānzì 图 서명하다, 사인하다 | **期限** qīxiàn 图 기한

8 C [花瓶漏水 꽃병에 물이 샌다 → 花瓶有问题 꽃병에 문제가 있다]

'花瓶(꽃병)'을 물러달라고 요구하는 여자에게 남자가 '问题(문제)'가 있는지 물어보았고, 여자가 '漏水(물이 샌다)'라는 것을 '문제점(问题)'으로 들어 대답했다.

女: 您好, 麻烦您帮我把这个花瓶退掉吧。 男: 请问, 这个花瓶有什么质量问题吗?	여: 안녕하세요. 번거롭겠지만 이 꽃병을 물러 주세요. 남: 실례지만, 이 꽃병에 어떤 품질 문제가 있나요?

女: 对。我刚才买回家后发现花瓶漏水。
男: 请给我看看您的购物小票，我马上就为您办理退货。

问: 根据对话可以知道什么？
A 花瓶瓶口过大
B 花瓶很贵
C 花瓶有问题
D 女的在买花

여: 네. 제가 방금 전 구매해서 집에 돌아간 후에 꽃병이 물이 새는 것을 발견했어요.
남: 저에게 구매 영수증을 좀 보여 주세요. 제가 바로 반품 처리해 드리겠습니다.

질문: 대화에 근거해 무엇을 알 수 있는가？
A 꽃병 입구가 너무 크다
B 꽃병이 비싸다
C 꽃병에 문제가 있다
D 여자는 꽃을 사고 있다

麻烦 máfan 동 번거롭게 하다, 폐를 끼치다 | **帮** bāng 동 돕다 | **花瓶** huāpíng 명 꽃병 | **退掉** tuìdiào 동 무르다, 되돌려 주다, 반환하다 | **质量** zhìliàng 명 품질, 질 | ★**漏** lòu 동 (물체가 구멍이나 틈이 생겨) 새다 [漏水: 물이 새다] | **购物** gòuwù 동 물품을 구입하다, 물건을 사다 [≒买东西] | **小票** xiǎopiào 명 영수증 | ★**办理** bànlǐ 동 처리하다, 해결하다 | **退货** tuìhuò 동 반품하다 | **对话** duìhuà 명 대화 | **口** kǒu 명 (그릇의) 입구 | **过大** guòdà 형 너무 크다, 지나치게 크다

06 여가생활·전자·IT

듣기 제1·2부분

본서 p.53

● Day 17

track 41

1 C 2 C 3 B 4 A

1 C [**直达广州** 광저우로 직행하다 / **转机** 비행기를 갈아타다] 보기가 '행동'과 관련한 내용이므로 녹음이 '어떤 상황'인지 파악하며 들어야 한다. (지필 시험일 경우) 흐름을 잘 기억할 수 있도록 메모하면서 듣자. 남자는 광저우에 가려고 했지만 직행 항공권이 없어서 상하이에서 '转机(갈아타다)'해야 한다고 했다.

女: 你元旦不是要去广州旅游吗？怎么买了去上海的机票？
男: 直达广州的机票已经没有了，所以只能去上海转机了。

问: 根据对话，可以知道什么？
A 他们想一起回家
B 男的不想直飞广州
C 男的要在上海转机
D 男的在帮女的订票

여: 너 신정에 광저우에 여행 가려던 것 아니었어? 왜 상하이로 가는 항공권을 산 거야?
남: 광저우로 직행하는 항공권은 이미 없어. 그래서 상하이에 가서 비행기를 갈아탈 수밖에 없어.

질문: 대화에 근거하여, 무엇을 알 수 있는가？
A 그들은 함께 집에 돌아가고자 한다
B 남자는 광저우로 바로 가고 싶어 하지 않는다
C 남자는 상하이에서 비행기를 갈아타려고 한다
D 남자는 여자를 도와 항공권을 예약하고 있다

★**元旦** Yuándàn 고유 신정 [양력 1월 1일] | **广州** Guǎngzhōu 고유 광저우 | **上海** Shànghǎi 고유 상하이 | **机票** jīpiào 명 항공권, 비행기표 | **直达** zhídá 동 직행하다, 직통하다 | **转机** zhuǎnjī 동 비행기를 갈아타다 | **对话** duìhuà 명 대화 | **直飞** zhífēi 동 직항하다, 직행하다 | **订票** dìngpiào 동 (차·선박·항공 등의) 표를 예매하다

> **tip** 항공 관련 빈출 어휘
> 듣기 뿐만 아니라 독해에서도 많이 출제된다.
> - 航班 hángbān 명 항공편
> - 办手续 bàn shǒuxù 수속을 밟다
> - 乘坐 chéngzuò 통 탑승하다 [乘坐飞机: 비행기에 탑승하다]
> - 登记手续 dēngjì shǒuxù 탑승 수속

2 **C** [付费 비용을 지불하다] 녹음을 다 듣지 못했어도, '怎么不能用了(왜 사용할 수 없게 된 거지)'와 '要付费了(비용을 지불해야 해)'만 들었다면, 보기에도 그대로 나와있는 답 'C. 付费'를 충분히 고를 수 있다. 녹음을 듣기 전 보기를 먼저 보는 습관을 반드시 들여야 한다!

男: 电脑上的这个杀毒软件怎么突然不能用了呢?	남: 컴퓨터의 이 백신 프로그램은 왜 갑자기 사용할 수 없게 된 거지?
女: 可能是因为软件免费试用期已经到了, 你想继续用的话就要付费了。	여: 아마도 프로그램을 무료로 사용하는 기간이 이미 다 되어서 일 거야. 계속 쓰고 싶으면 비용을 지불해야 해.
问: 要想继续使用那个软件需要怎么做?	질문: 계속 그 프로그램을 쓰고 싶다면 어떻게 해야 하는가?
A 删除所有文件　　B 重新登录 **C 付费**　　D 换密码	A 모든 파일을 삭제한다　　B 다시 로그인한다 **C 비용을 지불한다**　　D 비밀번호를 바꾼다

杀毒软件 shādú ruǎnjiàn 명 컴퓨터 바이러스 백신 | ★软件 ruǎnjiàn 명 소프트웨어 | 免费 miǎnfèi 통 무료로 하다 | 试用期 shìyòngqī 명 사용 기간 | 继续 jìxù 통 계속하다 | 付费 fù fèi 비용을 지불하다 [녹付钱] | 使用 shǐyòng 통 사용하다, 쓰다 | ★删除 shānchú 통 삭제하다, 지우다 | 所有 suǒyǒu 형 모든, 전부의 | ★文件 wénjiàn 명 파일, 문서 | 重新 chóngxīn 부 다시, 재차 | 登录 dēnglù 통 로그인하다 | 密码 mìmǎ 명 비밀번호

3 **B** [A不仅B而且C也D A가 B할 뿐 아니라 C도 D하다] 각각의 보기 관련 표현이 녹음에 모두 언급되어서, 단어 중심으로만 녹음을 들었다면 정답을 찾기 어렵다. 단어가 아닌 구문 형태로 듣는 연습을 해야 한다. 또한, 남자가 한 말인지 여자가 한 말인지도 정확히 구분하며 들어야 한다.

女: 去上海旅游住哪儿好呀?	여: 상하이에 여행 가면 어디에서 묵는 게 좋지?
男: 我推荐你去南京路上的家庭旅馆, 不仅价格便宜, 而且服务也非常周到。	남: 나는 난징루에 있는 민박집에 가는 걸 추천해. 가격이 저렴할 뿐만 아니라 서비스도 매우 세심해.
女: 可我查了一下路线, 那儿离旅游景点太远了, 是不是还要租辆车?	여: 그런데 내가 길을 좀 찾아봤는데, 그곳이 관광 명소와 너무 멀더라. 차도 빌려야 하는 거 아니야?
男: 那倒不用, 到了那里, 你只要跟老板打声招呼, 他会帮你安排的。	남: 그건 필요 없어. 그곳에 도착해서 사장님께 알리기만 하면, 그가 너를 도와 준비해 줄 거야.
问: 男的认为家庭旅馆怎么样?	질문: 남자는 민박집이 어떻다고 생각하는가?
A 价格高　　**B 服务周到** C 没有床位　　D 离景点很近	A 가격이 높다　　**B 서비스가 세심하다** C 침대 자리가 없다　　D 명소에서 가깝다

★推荐 tuījiàn 통 추천하다 | 家庭旅馆 jiātíng lǚguǎn 민박집 | 不仅A而且B bùjǐn A érqiě B A뿐만 아니라 게다가 B하다 | 价格 jiàgé 명 가격 | 服务 fúwù 명 서비스하다 | 周到 zhōudào 형 세심하다, 빈틈없다 | 查 chá 통 찾아보다, 조사하다 | 路线 lùxiàn 명 노선 | 离 lí 개 ~에서, ~로부터 [离+기준점+远: (기준점)에서 멀다] | 景点 jǐngdiǎn 명 명소, 경치가 좋은 곳 [旅游景点: 관광 명소] | 租 zū 통 임대하다 | 辆 liàng 양 대, 량 [차량을 세는 단위] | 倒 dào 부 오히려, 도리어 [=倒是] | 只要 zhǐyào 접 ~하기만 하면 | ★老板 lǎobǎn 명 사장 | 打招呼 dǎzhāohu 통 (말이나 행동으로) 인사하다 | 声 shēng 양 마디, 번 [소리의 횟수를 나타냄] | 安排 ānpái 통 준비하다, 안배하다, 일을 처리하다 | 床位 chuángwèi 명 (숙박업소·병원·여객선 등의) 침상

4 A [没充满电 충전이 다 안 됐다] 녹음에 '手机充电(휴대폰 충전)'이 다 되었는지에 대해 직접적으로 밝히고 있지 않기 때문에, 아들의 설명과 엄마의 대답을 모두 이해해야 답을 고를 수 있는 난이도 '상'의 문제이다. '绿灯(녹색불)'이면 '충전이 다 된 것'이고, '红灯(빨간불)'이면 '충전이 다 안 된 것'이라는 아들의 설명을 참고했을 때, 불이 아직 '红色(빨간색)'이라는 엄마의 대답은 '手机还没充满电(휴대폰이 아직 다 충전되지 않았다)'으로 이해할 수 있다.

男：妈，你帮我看一下手机充好电没有？ 女：充电器上的指示灯还亮着，是充好了吗？ 男：绿灯亮了就是充好了，红灯亮着就是没充好。 女：现在灯还是红色的。	남: 엄마, 휴대폰 충전이 다 되었는지 좀 봐 주실래요? 여: 충전기에 표시등이 아직 켜져 있는데, 충전이 다 된 거니? 남: 녹색불이 들어오면 충전이 다 된 거고, 빨간불이 들어오면 충전이 다 안 된 거예요. 여: 지금 불은 아직 빨간색이야.
问：根据对话，下列哪项正确？ **A 手机还没充满电** B 女的关机了 C 电池坏了 D 手机坏了	질문: 대화에 근거하여, 다음 중 옳은 것은 무엇인가? **A 휴대폰이 아직 다 충전되지 않았다** B 여자는 휴대폰을 껐다 C 배터리가 고장 났다 D 휴대폰이 고장 났다

帮 bāng 동 돕다 | 充电 chōngdiàn 동 충전하다 | ★充电器 chōngdiànqì 명 충전기 | 指示灯 zhǐshìdēng 명 표시등 | ★亮 liàng 동 빛나다 | 充 chōng 동 가득 채우다, 메우다 | 绿灯 lǜdēng 명 녹색등, 파란불 | 红灯 hóngdēng 명 빨간불, 붉은 등 | 满 mǎn 형 가득차다 | 关机 guānjī 동 휴대폰을 끄다, 전원을 끄다 | ★电池 diànchí 명 배터리, 전지

● Day 18   ● track 42

5 C   6 A   7 A   8 A

5 C [更喜欢看…… ~를 보는 걸 더 좋아해 / 喜剧片 코미디 영화] 'A. 动作片(액션 영화)'과 'C. 喜剧片(코미디 영화)'이 녹음에 모두 등장했기 때문에, 단어만 듣고 답을 맞추려면 혼동스러울 수 있는 문제이다. 남자는 '动作片(액션 영화)'을 보러 가자고 했지만, 여자는 '喜剧片(코미디 영화)'을 보는 것을 좋아한다고 했다. 질문에서는 '여자'가 어떤 장르의 영화를 보는 것을 좋아하는지 묻고 있으므로, 정답은 C다. 듣기에서는 반드시 남자와 여자가 번갈아가며 대화하므로, 누가 한 말인지 구분해서 정확히 들어야 한다.

男：最近新上映了两部动作片，我们一起去看看吧。 女：我还是不去了。动作片太刺激了，我更喜欢看轻松一点儿的喜剧片。	남: 최근 두 편의 액션 영화가 개봉했어. 우리 같이 가서 보자. 여: 난 안 가는 게 좋겠어. 액션 영화는 너무 자극적이야. 나는 좀 가벼운 코미디 영화를 보는 게 더 좋아.
问：女的喜欢看哪种类型的电影？ A 动作片 B 记录片 **C 喜剧片** D 恐怖片	질문: 여자는 어떤 장르의 영화를 보는 것을 좋아하는가? A 액션 영화 B 다큐멘터리 영화 **C 코미디 영화** D 공포 영화

上映 shàngyìng 동 개봉하다, 상영하다 | 部 bù 양 편, 권 [영화나 서적을 세는 단위] | 动作片 dòngzuòpiàn 명 액션 영화 | 还是 háishi 부 ~하는 편이 (더) 좋다 [상의나 희망의 어감이 있음] | ★刺激 cìjī 동 자극하다 | 轻松 qīngsōng 형 가볍다, 부담이 없다 | 喜剧片 xǐjùpiàn 명 코미디 영화 | ★类型 lèixíng 명 장르, 유형 | 记录片 jìlùpiàn 명 다큐멘터리 영화 | 恐怖片 kǒngbùpiàn 명 공포 영화

6 A [信号不稳定 신호가 불안정하다 → 网络不稳定 인터넷이 불안정하다] 녹음을 듣기 전 보기를 미리 파악했다면 쉽게 답을 찾을 수 있는 문제였다. 녹음 속 '信号不稳定(신호가 불안정하다)'만 듣고 'D. 手机信号不稳定'을 선택하면 안 된다. 본질적으로는 '网络(인터넷)'가 불안정한 것을 고치려고 전화를 건 것이므로, 답은 'A. 网络不稳定'이다.

女: 喂, 请问能来帮我检查一下我家的网络吗? 这几天信号一直不稳定。 男: 好, 请告诉我您的地址, 我们的维修人员很快就会过去的。	여: 여보세요? 우리 집 인터넷을 좀 점검하러 와 주실 수 있을까요? 요 며칠 신호가 계속 불안정해요. 남: 네, 주소를 알려 주세요. 저희 수리 직원이 금방 갈거예요.
问: 女的打电话的原因是什么? **A 网络不稳定**　　　B 冰箱漏电 C 电视有问题　　　D 手机信号不稳定	질문: 여자가 전화를 건 이유는 무엇인가? **A 인터넷이 불안정하다**　　B 냉장고가 누전된다 C TV에 문제가 있다　　D 휴대폰 신호가 불안정하다

帮 bāng 동 돕다 | ★**网络** wǎngluò 명 인터넷, 네트워크 | ★**信号** xìnhào 명 신호 | ★**稳定** wěndìng 형 안정적이다 | **地址** dìzhǐ 명 주소 | ★**维修** wéixiū 동 수리, 보수 동 수리하다, 보수하다 | ★**人员** rényuán 명 인원, 요원 | **会……的** huì …… de ~할 것이다 | **原因** yuányīn 명 이유, 원인 | **漏电** lòudiàn 동 누전되다

 '실례합니다'
듣기에서는 '실례합니다'라는 표현이 다양한 표현으로 자주 등장한다. 길을 묻거나 A/S를 요청하는 등 다양한 상황에서 등장하고 있으니 알아 두면 좋다!
♦ 请问 qǐngwèn = 麻烦你 máfan nǐ = 打扰一下 dǎrǎo yíxià = 劳驾 láojià

7 A [我来帮你……吧 내가 너를 도와 좀 ~해 볼게] 보기 각각의 어휘가 녹음에 등장해 혼란스러웠을 수 있다. 마지막 여자의 말 '那我来帮你联系联系吧(그럼 내가 너를 도와 좀 연락해 볼게)'를 통해 답이 A라는 것을 유추할 수 있다.

男: 你认识会打太极拳的人吗? 女: 认识几位, 你想学太极拳吗? 男: 不, 春节时有个中国文化体验活动, 想邀请三位老师去教太极拳。 女: 哦, 那我来帮你联系联系吧。	남: 너 태극권을 할 줄 아는 사람을 아니? 여: 몇 분 알아. 너 태극권을 배우고 싶니? 남: 아니. 춘절에 중국 문화 체험 활동이 있는데, 세 분의 선생님을 초청해서 태극권을 가르치고 싶어서. 여: 아. 그럼 내가 너를 도와 좀 연락해 볼게.
问: 根据对话, 下列哪项正确? **A 女的答应帮男的** B 体验活动开始了 C 女的会打太极拳 D 男的是体育老师	질문: 대화에 근거하여, 다음 중 옳은 것은 무엇인가? **A 여자는 남자를 돕기로 약속한다** B 체험 활동이 시작되었다 C 여자는 태극권을 할 줄 안다 D 남자는 체육 선생님이다

打 dǎ 동 (놀이·운동을) 하다 | ★**太极拳** tàijíquán 명 태극권 | **春节** Chūnjié 고유 춘절, 중국의 음력설 | ★**体验** tǐyàn 명 체험 | **活动** huódòng 명 활동 | **邀请** yāoqǐng 동 초청하다, 초대하다 | **哦** ò 감 (어떤 사실이나 상황을 깨달았음을 나타내어) 아! 오! | **联系** liánxì 동 연락하다 | **对话** duìhuà 명 대화 | ★**项** xiàng 양 항목 | **正确** zhèngquè 형 올바르다 | **答应** dāying 동 승낙하다, 동의하다 | **体育** tǐyù 명 체육

8 **A** [把A掉在B里了 A를 B에 빠트렸어 / 水池 세면대] '把手机掉在水池里了(휴대폰을 세면대에 빠트렸어)'가 정답을 유추할 수 있는 핵심 문장이다. 만약 '水池(세면대)'의 의미를 모르거나 챙겨 듣지 못했다면, '先把它吹干(먼저 그것을 바람에 말려야 해)'을 통해 휴대폰이 물에 빠졌거나 젖었다는 것을 유추할 수도 있다.

女：我洗手的时候，把手机掉在水池里了。
男：你怎么这么不小心啊？你先别开机，把它吹干。
女：我刚才已经用吹风机吹了半天了，还是没反应。
男：我帮你看看，如果还是不行，就只能拿去修了。

问：手机怎么了？
A 掉水里了
B 该充电了
C 不能下载软件
D 中病毒了

여: 손 씻을 때 휴대폰을 세면대에 빠트렸어.
남: 넌 어쩜 이렇게 조심성이 없니? 우선 전원을 켜지 말고, 휴대폰을 바람에 말려.
여: 내가 방금 전에 벌써 드라이기로 한참을 말렸는데 여전히 반응이 없어.
남: 내가 한번 봐 줄게. 만약에 그래도 안 되면 수리하러 가는 수밖에 없지.

질문: 휴대폰이 어떻게 되었는가?
A 물에 빠졌다
B 충전을 해야 한다
C 소프트웨어를 다운로드할 수 없다
D 바이러스에 걸렸다

掉 diào 동 떨어지다, 떨어뜨리다 | **水池** shuǐchí 명 세면대, 싱크대 | **开机** kāijī 동 (기계·컴퓨터 등을) 켜다 | **吹干** chuīgān 바람에 말리다 | **吹风机** chuīfēngjī 명 드라이기, 헤어드라이어 | ★ **吹** chuī 동 불다 | **半天** bàntiān 명 한참, 한참 동안 | ★ **反应** fǎnyìng 명 반응 | **如果** rúguǒ 접 만약, 만일 | **拿** ná 동 (손으로) 가지다, 잡다, 얻다 | **修** xiū 동 수리하다 | **充电** chōngdiàn 동 충전하다 | ★ **下载** xiàzài 동 다운로드하다 | ★ **软件** ruǎnjiàn 명 소프트웨어 | **中** zhòng 동 당하다, 입다 | ★ **病毒** bìngdú 명 바이러스 [中病毒 zhòng bìngdú 바이러스에 걸리다]

듣기 제1·2부분

07 유의어

본서 p.59

● Day 22   ● track 48

1 A   2 A   3 C   4 C

1 **A** [住在 ~에서 살다 ≒ 生活在 ~에서 생활하다] 남자의 말 '我从小就跟父母住在北京(나는 어려서부터 부모님과 베이징에서 살았어)'에서 정답을 찾을 수 있다. 이처럼, '所以' 뒤에는 정답의 단서가 되는 문장이 종종 등장하니 주의해서 들어야 한다.

女：你北京话说得太地道了，以前我根本没想到你会是外国人。
男：我的父母是外交官，所以<u>我从小就跟父母住在北京</u>。

여: 너는 베이징 말을 진짜 잘하는구나. 예전에 나는 네가 외국인이라고 전혀 생각하지 못했어.
남: 우리 부모님이 외교관이셔. 그래서 <u>나는 어려서부터 부모님과 베이징에서 살았어</u>.

问: 关于男的可以知道什么?	질문: 남자에 관하여 무엇을 알 수 있는가?
A 从小生活在北京	**A 어려서부터 베이징에서 생활했다**
B 父母是律师	B 부모님이 변호사이다
C 硕士没毕业	C 석사를 졸업하지 않았다
D 学习不努力	D 공부를 열심히 하지 않는다

话 huà 몡 언어 | ★**地道** dìdao 휑 정통의, 진짜이다 | ★**根本** gēnběn 뷔 전혀, 아예 | **没想到** méi xiǎngdào 생각하지 못하다 | **外国人** wàiguórén 몡 외국인 | **外交官** wàijiāoguān 몡 외교관 | **从小** cóngxiǎo 뷔 어린 시절부터, 어릴 때부터 | **生活** shēnghuó 동 살다, 생존하다 | **律师** lǜshī 몡 변호사 | **硕士** shuòshì 몡 석사 | **毕业** bìyè 동 졸업하다

2   A [**久远** 멀고 오래다]   보기의 어휘가 녹음에 그대로 나와 비교적 쉽게 풀 수 있는 문제이다. '年代好像都挺久远的 (연대가 매우 오래된 것 같아)'라는 남자의 말에서 A가 정답임을 알 수 있다.

男: 这儿的建筑看着年代好像都挺久远的。	남: 이곳의 건축물을 보니 연대가 모두 매우 오래된 것 같아.
女: 是啊，导游说那几栋木结构的房子都已经有三百多年的历史了。	여: 맞아. 가이드가 그 몇 채의 목조 건물은 모두 이미 300여 년의 역사가 있다고 말했어.
问: 男的觉得那儿的建筑怎么样?	질문: 남자는 그곳의 건축물이 어떻다고 생각하는가?
A 年代久远 B 非常新	**A 연대가 매우 오래됐다** B 매우 새것이다
C 很独特 D 墙很厚	C 독특하다 D 벽이 두껍다

★**建筑** jiànzhù 몡 건축물 | ★**年代** niándài 몡 연대 | **好像** hǎoxiàng 뷔 마치 ~와 같다 | **挺** tǐng 뷔 매우, 아주, 상당히 | **久远** jiǔyuǎn 휑 멀고 오래다, 까마득하다 | **导游** dǎoyóu 몡 가이드 | **栋** dòng 양 동, 채 [건물을 세는 단위] | **木** mù 몡 나무 | ★**结构** jiégòu 몡 구조 [木结构: 목조] | **房子** fángzi 몡 집, 건물 | ★**独特** dútè 휑 독특하다 | ★**墙** qiáng 몡 벽 | **厚** hòu 휑 두껍다

3   C [**拉伤** 찢다, 찢어지다 → **受伤** 부상당하다]   녹음의 '腿部肌肉拉伤了(다리 근육이 찢어졌어요)'의 '拉伤(찢다, 찢어지다)'이 '受伤(부상당하다)'과 같은 의미인 것을 알았다면 쉽게 답을 고를 수 있는 난이도가 낮은 문제이다.

女: 大夫, 小王[Xiǎo Wáng]的伤势怎么样?	여: 의사 선생님, 샤오왕[小王]의 부상 상태는 어떤가요?
男: 她的腿部肌肉拉伤了，幸好没有伤到骨头。	남: 그녀의 다리 근육이 찢어졌어요. 다행히 뼈까지 다치지 않았어요.
女: 那她需要住院吗? 要多久才能恢复?	여: 그럼 그녀는 입원해야 하나요? 얼마나 있어야 회복할 수 있나요?
男: 不用住院，回家休息就可以了，但至少得卧床休养三个星期。	남: 입원할 필요는 없어요. 집으로 돌아가서 쉬기만 하면 됩니다. 하지만 최소한 3주는 침대에 누워서 요양해야 해요.
问: 小王怎么了?	질문: 샤오왕은 어떻게 되었는가?
A 过敏了 B 头疼	A 알레르기가 생겼다 B 머리가 아프다
C 腿受伤了 D 感冒了	**C 다리에 부상을 당했다** D 감기에 걸렸다

大夫 dàifu 몡 의사 | **伤势** shāngshì 몡 부상 정도, 다친 상태 | **腿部** tuǐbù 몡 다리 | ★**肌肉** jīròu 몡 근육 | **拉伤** lāshāng 찢다, 찢어지다 | **幸好** xìnghǎo 뷔 다행히, 운 좋게, 요행으로 | **骨头** gǔtou 몡 뼈 | **住院** zhùyuàn 동 (환자가) 입원하다 | ★**恢复** huīfù 동 회복하다 | **不用** búyòng 뷔 ~할 필요가 없다 | **至少** zhìshǎo 뷔 적어도, 최소한 | **卧床** wòchuáng 동 침대에 눕다 | **休养** xiūyǎng 동 요양하다, 휴양하다 | **星期** xīngqī 몡 주, 주일 | ★**过敏** guòmǐn 동 알레르기 반응을 보이다 | **头疼** tóuténg 동 머리가 아프다 | **腿** tuǐ 몡 다리 | ★**受伤** shòushāng 동 부상을 당하다, 다치다

4 C [练过 수련한 적이 있다 ≒ 学过 배운 적이 있다]   녹음 속 '练过武术(무술을 수련한 적이 있다)'와 보기의 '学过武术(무술을 배운 적이 있다)'가 문맥에 따라 비슷한 의미로 사용될 수 있는 것이 핵심이다.

男：张美[Zhāngměi]在这部电影里的表现太棒了，非常符合我心中的女主角形象。 女：对呀，她的演技的确进步了不少。 男：而且她在戏里的功夫也挺不错的。 女：是，听说她<u>以前练过武术</u>还得过几次冠军呢！	남: 장메이[张美]는 이 영화에서의 연기가 너무 좋았어. 내 마음속의 여자 주인공 이미지와 정말 잘 맞아. 여: 맞아. 그녀의 연기는 확실히 적잖이 늘었어. 남: 그리고 그녀는 작품 속에서의 무술도 정말 좋았어. 여: 맞아. 듣자 하니 그녀는 예전에 무술을 수련한 적이 있고, 게다가 몇 번 1등을 했었대!
问：关于张美可以知道什么？ A 演技很差　　　　B 比较幽默 **C 学过武术**　　　D 想当记者	질문: 장메이에 관하여 무엇을 알 수 있는가? A 연기가 매우 부족하다　B 비교적 유머러스하다 **C 무술을 배운 적이 있다**　D 기자가 되고 싶어 한다

部 bù 영 부 [서적·영화 등을 세는 단위] | ★表现 biǎoxiàn 영 표현 | 棒 bàng 형 (성적이) 좋다 | 符合 fúhé 동 부합하다, 들어맞다 | 心中 xīnzhōng 영 마음속 | 女主角 nǚzhǔjué 영 주연 여배우 | ★形象 xíngxiàng 영 이미지 | 演技 yǎnjì 영 연기 | 的确 díquè 위 확실히, 분명히 | ★进步 jìnbù 동 진보하다 | 而且 érqiě 접 게다가, 뿐만 아니라 | 戏 xì 영 극 | 功夫 gōngfu 영 무술, 무예 | 挺 tǐng 위 매우, 아주, 대단히 | 不错 búcuò 형 좋다, 괜찮다 | 听说 tīngshuō 동 듣자 하니 | 练 liàn 동 연습하다, 훈련하다 | ★武术 wǔshù 영 무술 | 得 dé 동 얻다, 획득하다 | ★冠军 guànjūn 영 1등, 우승 [得冠军: 1등을 하다] | 幽默 yōumò 형 유머러스하다 | 当 dāng 동 ~가 되다 | 记者 jìzhě 영 기자

> **tip** '1등'을 나타내는 다양한 표현
> - 第一名 dì yī míng 영 1위, 1등
> - 冠军 guànjūn 영 1등, 우승
> - 得冠军 dé guànjūn 1등을 하다

Day 23　　track 49
5 C　6 D　7 C　8 D

5 C [做了…… ~했다 ≒ 当过…… ~한 적이 있다]   남자는 겨울방학 때 '奥运会志愿者(올림픽 자원봉사자)'를 했다고 하였다. '했다'라는 의미가 녹음에서는 '做了……(~했다)'로, 보기에서는 '当过……(~한 적이 있다)'로 표현되었다. 보기 중 일치하는 것은 'C. 男的当过志愿者(남자는 자원봉사자를 한 적이 있다)'뿐이다.

女：你以前居然跟奥运会羽毛球冠军合过影？ 男：对啊，当时我正在北京上大学，<u>寒假时去做了奥运会志愿者</u>。	여: 너 예전에 놀랍게도 올림픽 배드민턴 우승자와 함께 사진을 찍은 적이 있구나? 남: 맞아. 당시에 나는 베이징에서 대학에 다니고 있었는데, 겨울방학 때 가서 올림픽 자원봉사자를 했어.
问：根据对话，下列哪项正确？ A 男的比赛输了 B 男的还没毕业 **C 男的当过志愿者** D 男的想学羽毛球	질문: 대화에 근거해, 다음 중 옳은 것은? A 남자는 경기에서 졌다 B 남자는 아직 졸업하지 않았다 **C 남자는 자원봉사자를 한 적이 있다** D 남자는 배드민턴을 배우고 싶어 한다

★居然 jūrán 위 놀랍게도, 뜻밖에 | 奥运会 Àoyùnhuì 고유 올림픽 | 羽毛球 yǔmáoqiú 영 배드민턴 | ★冠军 guànjūn 영 챔피언, 우승자, 1등 | ★合影 héyǐng 동 함께 사진을 찍다 | 当时 dāngshí 영 당시, 그 때 | ★正 zhèng 위 마침, 한창 [동작이 진행 중이거나 상태가 지속 중에 있음을 나타냄]

寒假 hánjià 몡 겨울방학 | ★志愿者 zhìyuànzhě 몡 자원봉사자 | 对话 duìhuà 몡 대화 | ★项 xiàng 양 항목 | 正确 zhèngquè 혱 올바르다 | 输 shū 통 지다, 패하다 | 毕业 bìyè 통 졸업하다 | 当 dāng 통 ~가 되다

6 D [有把握 자신 있다 ≒ 有信心 자신감이 있다] '자신 있냐'는 남자의 물음에 여자는 '肯定没问题(분명 문제없을 거야)'라고 장담하며 자신감을 내비치고 있다.

男：这次要考教师资格证，你有把握吗？ 女：<u>肯定没问题</u>，因为我准备得非常充分。	남: 이번에 교사 자격증 시험을 보는데, <u>자신 있어</u>? 여: <u>분명 문제없을 거야</u>. 왜냐하면 나는 아주 충분히 준비했거든.
问：关于女的，下列哪项正确？ A 在办理护照 B 准备考博士 C 是大学校长 **D 对自己有信心**	질문: 여자에 관하여 다음 중 옳은 것은? A 여권을 신청하고 있다 B 박사 시험을 보려고 한다 C 대학 총장이다 **D 스스로에 대해 자신감이 있다**

考 kǎo 통 시험을 보다 | 教师 jiàoshī 몡 교사 | 资格证 zīgézhèng 자격증 | ★把握 bǎwò (성공에 대한) 자신, 가능성 | 肯定 kěndìng 부 확실히, 틀림없이 | 没问题 méi wèntí 문제 없다, 자신 있다 | ★充分 chōngfèn 혱 충분하다 | 办理 bànlǐ (수속을) 밟다, 처리하다 | 博士 bóshì 몡 박사(학위) | ★信心 xìnxīn 몡 자신, 확신, 믿음 [对……有信心: ~에 대해 자신감이 있다]

7 C [有时间…… ~할 시간을 가지다] '我想有更多的时间在家陪她(나는 집에서 그녀와 같이 더 많은 시간을 가지고 싶어)'가 핵심 문장이다. 임신한 '아내(太太)'를 녹음에서는 '她'라고 나타냈고, 보기에서는 '家人(가족)'으로 나타냈다. 보기 D에 쓰인 표현 '太累了'도 녹음에 언급됐지만, 이것은 여자가 추측해서 물어본 것일 뿐, 남자가 일자리를 바꾸려는 이유로 언급된 것이 아니다.

女：听说你要换工作，你的单位待遇不是很好吗？ 男：好是好，但常常要加班和出差。 女：太累了，对吧？ 男：不是。我太太怀孕了，<u>我想有更多的时间在家陪她</u>。	여: 듣자 하니 너 일자리를 바꾸려고 한다던데, 너희 회사는 대우가 굉장히 좋은 것 아니었어? 남: 좋기는 좋은데, 자주 야근을 해야 하고 출장도 가야 해. 여: 너무 피곤하구나. 그렇지? 남: 아니야. 아내가 임신을 해서 <u>나는 집에서 그녀와 함께 더 많은 시간을 가지고 싶어</u>.
问：男的为什么准备换工作？ A 同事很难相处 B 工资太低 **C 想多点儿时间陪家人** D 太累了	질문: 남자는 왜 일자리를 바꾸려고 준비하는가? A 동료가 어울리기에 매우 힘들어서 B 임금이 너무 낮아서 **C 가족과 함께할 시간이 더 많았으면 해서** D 너무 피곤해서

听说 tīngshuō 듣자 하니 | ★单位 dānwèi 몡 회사 | 待遇 dàiyù 몡 대우 | 加班 jiābān 야근하다, 초과 근무를 하다 | 出差 chūchāi 통 출장 가다 | ★太太 tàitai 몡 아내 | 怀孕 huáiyùn 통 임신하다 | 陪 péi 통 곁에서 도와주다, 시중들다 [陪+사람] | ★相处 xiāngchǔ 통 함께 지내다 | 工资 gōngzī 몡 월급, 임금 | 低 dī 혱 낮다 [工资低: 월급이 낮다] | 家人 jiārén 몡 가족

8 D [拿到 손에 넣다, 입수하다 ≒ 得到 얻다, 받다] '你是怎么拿到这张签名照的? (너는 어떻게 이 싸인 사진을 손에 넣은 거야?)'가 핵심 문장이다. 녹음에 쓰인 표현 '拿到(손에 넣다, 입수하다)'는 보기에서 '得到(얻다, 받다)'로 달리 표현되었다.

男: 快来看! 这可是我最喜欢的演员的签名照。 女: 看你兴奋的。你是怎么拿到这张签名照的? 男: 我去电影节做志愿者了! 她是开幕式的嘉宾, 刚好我负责接待她。 女: 你运气太好了。	남: 빨리 와서 봐! 이건 정말 내가 가장 좋아하는 배우의 싸인 사진이야. 여: 너 흥분한 것 좀 봐. 너는 어떻게 이 싸인 사진을 손에 넣은 거야? 남: 내가 자원봉사를 하러 영화제에 갔어! 그녀는 개막식의 내빈이었고, 마침 내가 그녀를 접대하는 것을 맡았어. 여: 너 운이 정말 좋았네.
问: 男的为什么很兴奋? A 在电影节上获奖了 B 和导演合影了 C 被邀请做嘉宾 **D 得到了签名照**	질문: 남자는 왜 흥분해 있는가? A 영화제에서 상을 받아서 B 감독과 함께 사진을 찍어서 C 내빈으로 초대 받아서 **D 싸인 사진을 얻어서**

可 kě [부] [평서문에 쓰여 강조를 나타냄] | **演员** yǎnyuán [명] 배우, 연기자 | **签名** qiānmíng [동] 사인하다, 서명하다 | **照** zhào [명] 사진 | **兴奋** xīngfèn [형] 흥분하다 | **拿到** nádào [동] 손에 넣다, 입수하다 | **电影节** diànyǐngjié [명] 영화제 | ★ **开幕式** kāimùshì [명] 개막식 | ★ **嘉宾** jiābīn [명] 내빈, 귀빈 | **刚好** gānghǎo [부] 때마침, 알맞게 | **负责** fùzé [동] 책임지다 | **接待** jiēdài [동] 접대하다, 응접하다, 영접하다 | ★ **运气** yùnqi [명] 운, 운수 | **获奖** huòjiǎng [동] 상을 타다, 수상하다 | ★ **导演** dǎoyǎn [명] 감독, 연출자 | ★ **合影** héyǐng [동] 함께 사진을 찍다 | **邀请** yāoqǐng [동] 초대하다, 초청하다 | **得到** dédào [동] 얻다, 받다

08 의미 파악

듣기 제1·2부분

본서 p.64

● Day 25　　　　　　　　　　　　　　　　　　● track 55
　1　D　　2　C　　3　C　　4　B

1　D　[**只买需要的** 필요한 것만 사다 = **别浪费钱** 돈을 낭비하지 마라] 이 문제는 단순히 단어나 표현을 매칭시켜서는 풀 수 없고, 남자가 한 말의 '의미'를 파악해야 풀 수 있다. '以后你只买需要的就行(이후에는 네가 필요한 것만 사면 돼)'이라는 남자의 말은 '필요 없는 물건은 사지 말라'는 의미를 전달하고 있다.

女: 这堆东西都是超市促销的时候买的，买回来后都没用，真是太浪费了。 男: 你的这种购物心理就是商家所希望的，以后你只买需要的就行了。	여: 이 물건들은 모두 슈퍼에서 판촉 행사를 할 때 산 건데, 사 온 후에 모두 사용하지 않았어. 정말 너무 낭비야. 남: 너의 이런 구매 심리가 바로 판매자가 바라는 거야. 이후에는 네가 필요한 것만 사면 돼.
问: 男的是什么意思? A 打折时买 B 尽量刷卡 C 把钱存起来 **D 别浪费钱**	질문: 남자는 무슨 의미인가? A 할인할 때 구입한다 B 최대한 카드로 결제한다 C 돈을 저금한다 **D 돈을 낭비하지 마라**

★ **堆** duī 양 더미, 무리 [물건이나 사람이 모여 있는 것을 셀 때 쓰임] | **促销** cùxiāo 동 판촉하다, 판매를 촉진시키다 | **浪费** làngfèi 동 낭비하다, 허비하다 | **购物** gòuwù 동 구매하다, 물건을 사다 [≒买东西] | ★ **心理** xīnlǐ 명 심리 | **商家** shāngjiā 명 판매자, 상점 | ★ **所** suǒ 조 ~하는 바 [주체와 동작과의 관계를 강조함] | **打折** dǎzhé 동 할인하다 | **尽量** jǐnliàng 부 최대한, 가능한 한 | **刷卡** shuākǎ 동 카드로 결제하다, 카드를 긁다 | **存** cún 동 저축하다, 모으다 | **起来** qǐlai 동 [동사나 형용사 뒤에 쓰여 동작이 시작되고 계속됨을 나타냄]

2　C　[**适应** 적응하다]　남자의 말 '慢慢适应就好了(천천히 적응하면 돼)'가 핵심 문장이다. 문장의 의미를 파악해야 하는 문제이지만, '适应'이라는 키워드에 근거해 쉽게 답을 찾을 수도 있는 문제이다.

女: 真怀念以前的生活，现在工作了，再也没有那么多时间了。 男: 刚开始工作都会有这种感觉，你慢慢适应就好了。	여: 이전의 생활이 정말 그리워. 이제는 일을 해서, 더 이상 그렇게 많은 시간이 없게 되었어. 남: 막 일을 시작하면, 모두 그런 느낌을 가질 수 있어. 천천히 적응하면 돼.
问: 男的是什么意思? A 劝女的休息 B 要培养兴趣 **C 要学会适应** D 要珍惜友情	질문: 남자는 무슨 의미인가? A 여자에게 휴식을 취하라고 권한다 B 취미를 길러야 한다 **C 적응할 줄 알아야 한다** D 우정을 소중히 여겨야 한다

怀念 huáiniàn 동 그리워하다, 회상하다 | **生活** shēnghuó 명 생활 | **再也** zàiyě 부 더 이상, 이제 더는 [뒤에 부정의 뜻이 옴] | **刚** gāng 부 막, 방금 | **感觉** gǎnjué 명 느낌, 감각 | **慢慢** mànmàn 천천히, 차츰 | **适应** shìyìng 동 적응하다 | ★ **劝** quàn 동 권하다, 설득하다 | ★ **培养** péiyǎng 동 기르다, 양성하다 | **兴趣** xìngqù 명 취미, 흥미 | **学会** xuéhuì 동 배워서 알다, 배워서 할 수 있다 | ★ **珍惜** zhēnxī 동 소중히 여기다 | **友情** yǒuqíng 명 우정

3 **C** [家乡 고향 = 老家 고향 / 大变样 ≒ 变化大 변화가 크다] '고향'을 나타내는 말로 녹음에서는 '家乡'이, 보기에서는 '老家'가 쓰였고, 녹음에는 '大变样'이라고 표현한 것을 보기에서는 '变化大'로 표현하기도 했다. 이처럼 유의어를 알아야 하는 경우가 있으니, 평소에 잘 숙지해 두자! (본서 p.56 참고)

女: 最近有很多企业到咱们家乡投资。这儿的楼就是新建的。 男: 才几年没回来, <u>家乡真是大变样了。</u>	여: 최근 많은 기업이 우리 고향에 와서 투자를 하고 있어. 이곳의 건물은 새로 지은 거야. 남: 돌아오지 않은 지 겨우 몇 년밖에 되지 않았는데 <u>고향이 정말 많이 변했어.</u>
问: 男的是什么意思? A 决定改行做工人 B 想开工厂 **C 老家变化大** D 非常想家人	질문: 남자는 무슨 의미인가? A 직업을 바꾸어 노동자가 되기로 했다 B 공장을 열고 싶다 **C 고향의 변화가 크다** D 가족이 매우 그립다

★ **企业** qǐyè 몡 기업 | **咱们** zánmen 떼 우리(들) [화자와 청자를 모두 포함함] | ★ **家乡** jiāxiāng 몡 고향 | ★ **投资** tóuzī 동 투자하다 | **楼** lóu 몡 다층 건물 | **新建** xīnjiàn 동 새로 짓다, 새로 건설하다 | **真是** zhēnshi 된 정말, 참으로 | **变样** biànyàng 동 모습이 변하다, 변모하다 | **改行** gǎiháng 동 직업을 바꾸다, 업종을 바꾸다 | ★ **工人** gōngrén 몡 노동자 | ★ **工厂** gōngchǎng 몡 공장 [开工厂: 공장을 열다] | **老家** lǎojiā 몡 고향

4 **B** [想 생각하다 = 考虑 고려하다] 녹음에 전환을 나타내는 접속사[但是/其实/不过]가 등장한다면, 그 뒤를 주의 깊게 듣자. 여자의 말 '但是我还要再想想! (하지만 저는 아무래도 더 생각해 봐야겠어요!)'은 '구매를 좀 더 고려해 봐야겠다'는 의미로 이해된다. 녹음에 쓰인 표현 '想'은 보기 B에서 '考虑(생각하다, 고려하다)'로 쓰였다.

男: 这款手机现在购买可享受优惠。 女: 真的吗? <u>但是我还要再想想!</u>	남: 이 휴대폰은 지금 구입하시면 혜택을 받으실 수 있어요. 여: 정말요? <u>하지만 저는 아무래도 더 생각해 봐야겠어요!</u>
问: 女的是什么意思? A 不想存钱 **B 再考虑一下** C 想咨询问题 D 不信男的	질문: 여자는 무슨 의미인가? A 저금을 하고 싶지 않다 **B 좀 더 고려해 보겠다** C 문제를 상의하고 싶다 D 남자를 믿지 않는다

款 kuǎn 양 종류, 모양, 스타일 | **购买** gòumǎi 동 구입하다, 구매하다 | **可** kě 조동 ~할 수 있다 [동사나 형용사 앞에서 허가 또는 가능을 나타냄] | ★ **享受** xiǎngshòu 동 받다, 누리다, 향유하다 | ★ **优惠** yōuhuì 형 특혜의, 우대의 [享受优惠: 혜택을 누리다] | **但是** dànshì 접 그러나, 그렇지만 | **存钱** cúnqián 동 저금하다, 예금하다 | **考虑** kǎolǜ 동 고려하다, 생각하다 | ★ **咨询** zīxún 동 상의하다, 의논하다 | **不信** búxìn 동 믿지 않다, 신임하지 않다

● Day 26　　　　　　　　　　　　　　　　　　　　　　　● track 56
5 D　6 A　7 C　8 A

5　D　[怀念这段时光 이 시간을 그리워하다 → 珍惜现在 현재를 소중히 여기다]　남자의 마지막 말 '但是以后你一定会怀念这段时光的(그렇지만 나중에는 분명 이 시간을 그리워하게 될 거야)'에 담긴 함축적 의미는 '이 시간을 긍정적으로 생각하고 있다'이다.

女：我最近每天都陪孩子看动画片，真的很累。 男：你要享受现在。等孩子长大了，你想做也没机会了。 女：我明白你的意思了，当父母还真不容易。 男：是啊，但是以后你一定会怀念这段时光的。	여: 나는 요즘 매일 아이와 함께 만화 영화를 보는데 정말 피곤해. 남: 현재를 즐겨야 해. 아이가 크면, 네가 하고 싶어도 기회가 없어져. 여: 무슨 뜻인지 알겠어. 부모가 되는 건 정말 어려워. 남: 그래. 그렇지만 나중에는 분명 이 시간을 그리워하게 될 거야.
问：男人的话主要是什么意思？ A 不要怀疑孩子 B 要帮助孩子学习 C 应该多看孩子的书 D 要珍惜现在	질문: 남자의 말은 주로 무슨 의미인가? A 아이를 의심해서는 안 된다 B 아이가 공부하는 것을 도와주어야 한다 C 아이의 책을 많이 읽어야 한다 D 현재를 소중히 여겨야 한다

陪 péi 图 동반하다 [陪+사람] | **动画片** dònghuàpiàn 圆 만화 영화, 애니메이션 | **真的** zhēn de 凰 정말, 참으로 | ★**享受** xiǎngshòu 图 즐기다, 누리다, 향유하다 | **等** děng 图 ~때가 되다, ~까지 기다리다 | **长大** zhǎngdà 图 자라다, 성장하다 | **当** dāng 图 ~가 되다, 담당하다 | **父母** fùmǔ 圆 부모 | ★**怀念** huáiniàn 图 그리워하다, 회상하다 | **时光** shíguāng 圆 시간, 시기 | **怀疑** huáiyí 图 의심하다, 의심을 품다 | ★**珍惜** zhēnxī 图 소중히 여기다

6　A　[再坚持一下吧 조금만 더 버텨 봐 → 继续爬 계속 올라가다]　핵심 키워드를 파악했다면 비교적 쉽게 풀 수 있는 난이도가 낮은 문제이다. '再坚持一下吧(조금만 더 버텨 봐)'라는 여자의 말을 통해 여자가 남자에게 '계속 계단을 올라가'고 독려하고 있음을 알 수 있다. 만약 핵심 키워드를 놓쳤다면 여자의 두 번째 말 '我们已经快到了(우리 거의 다 왔어)'를 통해서도 여자가 '계속 올라가자'고 남자를 독려하고 있음을 알 수 있다.

男：这段路怎么有这么多台阶啊？我实在走不动了！ 女：已经走了一大半了，再坚持一下吧。 男：你知道它有多少个台阶吗？ 女：据说有两千多个。你看，我们已经快到了。	남: 이 길은 왜 이렇게 계단이 많지? 정말 걸을 수가 없어! 여: 이미 절반도 넘게 왔어. 조금만 더 버텨 봐. 남: 너 이 길이 계단이 몇 개인지 아니? 여: 듣기로는 2천 개가 넘는다고 하더라. 봐, 우리 거의 다 왔어.
问：女的是什么意思？ A 继续爬 B 平时多锻炼 C 休息一会儿再走 D 天气有变化	질문: 여자의 말은 무슨 의미인가? A 계속 올라간다 B 평소에 운동을 많이 한다 C 조금 쉬었다가 다시 간다 D 날씨에 변화가 있다

★**台阶** táijiē 圆 계단, 층계 | **实在** shízài 凰 정말, 참으로 | **走不动** zǒu bu dòng 걸을 수가 없다 | **一大半** yídàbàn 圆 (절)반 이상, 과반 | **坚持** jiānchí 图 견지하다, 유지하다, 고수하다 | **据说** jùshuō 图 듣건대 ~라 한다 | **快A了** kuài A le 곧 A하려고 한다 | **继续** jìxù 图 계속하다 | **爬** pá 图 오르다, 기어오르다 | **平时** píngshí 圆 평소, 평상시

7 C [一会儿等A了 잠시 후에 A하면] 여자가 '一会儿等大家都到了(잠시 후에 사람들 다 오면)'라고 말한 부분에서 아직 도착하지 않은 일행이 있다는 사실을 유추할 수 있다.

男：你是怎么找到风景这么美的地方的？ 女：我在网上找了好久才找到。 男：我们快照张相吧。 女：行。咱们先照几张，一会儿等大家都到了，别忘了一起合影。	남：너는 어떻게 풍경이 이렇게 아름다운 곳을 찾았니？ 여：나는 인터넷에서 한참 검색하고 나서야 찾았어. 남：우리 빨리 사진 찍자. 여：그래. 우리 먼저 몇 장 찍자, 잠시 후에 사람들 다 오면 같이 단체 사진 찍는 거 잊지 마.
问：根据对话，可以知道什么？ A 想先吃饭 B 相机该充电了 **C 有的人还没到** D 这儿的风景不怎么样	질문：대화에 근거하여 알 수 있는 것은 무엇인가？ A 먼저 밥을 먹고 싶어 한다 B 카메라를 충전할 때가 되었다 **C 어떤 사람은 아직 도착하지 않았다** D 이곳의 풍경은 좋지 않다

★风景 fēngjǐng 명 풍경, 경치 | 美 měi 형 아름답다 | 网上 wǎngshàng 명 인터넷 | 好久 hǎojiǔ 형 (시간이) 오래다 | 照相 zhàoxiàng 통 사진을 찍다 | 张 zhāng 양 장 [종이·가죽 등을 세는 단위] | 咱们 zánmen 대 우리 | 一会儿 yíhuìr 잠시, 짧은 시간 | ★合影 héyǐng 통 단체 사진을 찍다, 함께 사진을 찍다 | 对话 duìhuà 명 대화 | 相机 xiàngjī 명 카메라 | 该 gāi 조동 ~해야 한다 | 充电 chōngdiàn 통 충전하다 | 不怎么样 bù zěnmeyàng 별로 좋지 않다

8 A [还不公布 아직 공표하지 않다 = 还没评出 아직 판정해 내지 않다] '最佳辩手(최고 변론 선수)'를 주제로 한 대화로, 여자의 말 '还不公布最终结果(아직도 최종 결과를 공표하지 않다)'와 남자의 말 '还在讨论(아직도 토론하고 있대)'이 답을 유추하기 위한 핵심 문장이다. 이들의 말을 종합하여 이해해 보면, '最佳辩手(최고 변론 선수)'가 아직 발표/선정되지 않았다는 점을 알 수 있다.

女：为什么还不公布最终结果呢？ 男：听说五位评委的意见不统一，还在讨论。 女：看来这次的竞争很激烈啊。 男：是啊，真希望我们中有人能成为最佳辩手。	여：왜 아직도 최종 결과를 공표하지 않는 걸까？ 남：듣기로는, 다섯 분의 심사위원 의견이 일치하지 않아서 아직도 토론하고 있대. 여：보아하니, 이번 경쟁은 치열하네. 남：맞아. 우리 중 누군가가 최고의 변론 선수가 되기를 정말로 바래.
问：根据对话，可以知道什么？ **A 还没评出最佳辩手** B 比赛不公正 C 有选手退赛 D 参赛人数要调整	질문：대화에 근거하여 알 수 있는 것은 무엇인가？ **A 아직 최고의 변론 선수를 판정해 내지 않았다** B 시합이 공정하지 않다 C 퇴장한 선수가 있다 D 시합 참가자의 수를 조정해야 한다

★公布 gōngbù 통 공표하다, 공포하다 | 最终 zuìzhōng 형 최종의, 맨 마지막의 | 结果 jiéguǒ 명 결과, 결실 | 听说 tīngshuō 통 듣자 하니 | 评委 píngwěi 명 심사위원 | 意见 yìjiàn 명 의견, 견해 | ★统一 tǒngyī 통 하나로 일치되다, 통일하다 | 讨论 tǎolùn 통 토론하다 | 看来 kànlái 보아하니, 보기에 | 竞争 jìngzhēng 명 경쟁 | ★激烈 jīliè 형 치열하다, 격렬하다 | 有人 yǒu rén 누군가, 어떤 사람 | 成为 chéngwéi 통 ~가 되다, ~로 되다 | 最佳 zuìjiā 형 최고의, 가장 좋다 | 辩手 biànshǒu 명 변론 선수, 토론자 | 评 píng 통 심사하다, 판정하다 | 公正 gōngzhèng 형 공정하다, 공평하다 | 选手 xuǎnshǒu 명 선수 | ★退 tuì 통 물러나다, 그만두다 | 赛 sài 명 시합, 대회 | 参赛 cānsài 통 시합에 참가하다 | 人数 rénshù 명 사람 수 | ★调整 tiáozhěng 통 조정하다, 조절하다

09 이야기

● Day 28　　　　　　　　　　　　　　　● track 61
　1 A　　2 D　　3 B

1 **A** [发表作品 작품을 발표하다]　보기 'A. 发表了很多作品(매우 많은 작품을 발표했다)'의 내용이 녹음 첫 부분에 '发表了很多有影响力的作品(매우 많은 영향력 있는 작품을 발표하였다)'이라고 언급되었다. 녹음과 보기에 사용된 어휘가 거의 같으므로, 보기를 먼저 읽었다면 쉽게 답을 찾을 수 있는 '난이도 하'의 문제이다.

2 **D** [星期天 일요일 = 礼拜天 일요일]　보기가 모두 시간을 나타내는 표현이라면 녹음을 들을 때 시간 관련 키워드에 집중하자. 기자가 작가에게 작품을 쓰는 데 '시간이 얼마나 걸리셨나요?'라고 묻자 작가가 '所有的星期天(모든 일요일)'이라고 대답했다. 보기 D에 쓰인 '礼拜天'은 '星期天(일요일)'과 같은 의미이다.

3 **B** [如何利用A 어떻게 A를 이용하느냐]　녹음의 마지막에 '如何利用业余时间一定程度上决定着你的未来(여가 시간을 어떻게 이용하느냐가 어느 정도 당신의 미래를 결정한다)'라고 글의 주제를 직접적으로 드러내고 있다. 주제에 대한 단서는 주로 뒷부분에 등장한다.

第1到3题是根据下面一段话：

　　一位知名作家在全国许多优秀刊物上 **¹发表了很多有影响力的作品**。近日，他接受了一位记者的采访，记者问："您写了那么多作品一共花了多长时间？"作家回答："三十多年来 **²所有的星期天**。"原来作家的作品全都是在自己的业余时间完成的，一个人的时间用在哪儿，他的成就就在哪儿。 **³如何利用业余时间一定程度上决定着你的未来。**

1~3번 문제는 다음 내용에 근거한다.

　　한 유명 작가가 전국의 여러 우수한 간행물에 **¹많은 영향력 있는 작품을 발표하였다**. 최근, 그는 한 기자의 인터뷰에 응했다. 기자는 "그렇게 많은 작품을 쓰셨는데, 시간이 얼마나 걸리셨나요?"라고 물었다. 작가는 "30여 년 동안의 **²모든 일요일이요.**"라고 답했다. 알고 보니, 작가의 작품은 모두 자신의 여가 시간에 완성한 것이었다. 한 사람의 시간을 어디에 쓰느냐에 따라 그의 성과가 어디에 있는지가 달라진다. **³여가 시간을 어떻게 이용하느냐가 어느 정도 당신의 미래를 결정한다.**

1　关于那位作家可以知道什么？
　　A 发表了很多作品
　　B 很有爱心
　　C 是英语教授
　　D 爱写爱情小说

2　那位作家一般在什么时候写作？
　　A 工作时间　　　B 寒假
　　C 每天晚上　　　**D 礼拜天**

3　这段话主要想告诉我们什么？
　　A 要养成读书的好习惯
　　B 要珍惜业余时间
　　C 写作全凭想象
　　D 不要急着追求利益

1　그 작가에 관하여 무엇을 알 수 있는가?
　　A 매우 많은 작품을 발표했다
　　B 마음씨가 매우 따뜻하다
　　C 영어 교수이다
　　D 로맨스 소설 쓰기를 좋아한다

2　그 작가는 보통 언제 작품을 쓰는가?
　　A 업무 시간　　　B 겨울방학
　　C 매일 저녁　　　**D 일요일**

3　이 글은 우리에게 주로 무엇을 알려 주고자 하는가?
　　A 독서하는 좋은 습관을 길러야 한다
　　B 여가 시간을 소중히 여겨야 한다
　　C 글쓰기는 모두 상상에 달려 있다
　　D 조급하게 이익을 추구해선 안 된다

知名 zhīmíng 형 유명한 [주로 사람에게 쓰임] | **作家** zuòjiā 명 작가 | **全国** quánguó 명 전국 | **许多** xǔduō 형 (사람의 수나 물건의 수량이) 매우 많다 | **优秀** yōuxiù 형 우수하다, 아주 뛰어나다 | **刊物** kānwù 명 간행물, 출판물 | ★**发表** fābiǎo 동 발표하다, 글을 개재하다 | **影响力** yǐngxiǎnglì 명 영

향력 | ★**作品** zuòpǐn 명 작품 | **近日** jìnrì 명 최근, 근래 | **接受** jiēshòu 동 응하다, 받아들이다 | **记者** jìzhě 명 기자 | ★**采访** cǎifǎng 동 인터뷰하다, 취재하다 [接受采访: 인터뷰에 응하다] | **所有** suǒyǒu 형 모든, 전부의 | **星期天** xīngqītiān 명 일요일 | **原来** yuánlái 부 알고 보니 | **全都** quándōu 부 모두, 전부 | ★**业余** yèyú 명 여가, 업무 외 [业余时间: 여가 시간] | ★**成就** chéngjiù 명 성과, 성취 | ★**如何** rúhé 대 어떻게 | ★**利用** lìyòng 동 이용하다 | ★**程度** chéngdù 명 정도 | ★**未来** wèilái 명 미래 | ★**爱心** àixīn 명 (인간이나 환경에 대한) 관심과 사랑, 사랑하는 마음 | ★**教授** jiàoshòu 명 교수 | **爱情** àiqíng 명 애정, 남녀 간의 사랑 | **小说** xiǎoshuō 명 소설 | ★**写作** xiězuò 동 글을 짓다, 창작하다 | **寒假** hánjià 명 겨울방학 | **礼拜天** lǐbàitiān 명 일요일 | **养成** yǎngchéng 동 기르다, 양성하다 [养成习惯: 습관을 기르다] | ★**珍惜** zhēnxī 동 소중히 여기다, 진귀하게 여겨 아끼다 | **全凭** quánpíng 동 모두 ~에 의거하다, 전적으로 의거하다 | ★**想象** xiǎngxiàng 동 상상 | **急着** jízhe 동 조급하게 서두르다 | ★**追求** zhuīqiú 동 추구하다, 탐구하다 | ★**利益** lìyì 명 이익, 이득 [追求利益: 이익을 추구하다]

> **'일요일'을 나타내는 표현**
>
> 중국어로 요일을 표현할 때 다양한 표현을 쓸 수 있다. 그중 듣기 시험에 자주 등장하는 '일요일'이라는 유의어 표현들을 알아 두자!! 참고로 '주말'은 '周末 zhōumò'이다.
> ◆ 星期天 xīngqītiān = 星期日 xīngqīrì = 礼拜天 lǐbàitiān = 周日 zhōurì 일요일

Day 29
4 B   **5** C   **6** B

○ track 62

4 B [**把A放在B** A를 B에 놓다]   녹음을 듣기 전에 반드시 보기를 미리 파악해야 한다. 녹음 앞부분에 '把所有的精力和时间都放在练习小提琴上(모든 에너지와 시간을 바이올린 연습에 쏟아부었다)'이라고 바이올린 연습에 대한 젊은이의 열정이 드러난 부분이 보기 B와 의미가 서로 통한다. 보기 B에 쓰인 '用功'이 '힘써 배우다, 노력하다'라는 뜻임을 알았어야 풀 수 있는 문제로, 이와 같이 '함축적 의미'를 파악해야 하는 유형의 문제는 대체로 난이도가 높다.

5 C [**取消计划** 계획을 취소하다]   평론가의 충고를 듣고 젊은이는 '取消了全部的演出计划(모든 공연 계획을 취소했다)'라고 했다. 이와 일치하는 보기는 C뿐이다.

6 B [**著名** 저명하다 = **出名** 유명하다]   '주제'에 대한 단서는 주로 뒷부분에 등장한다. 마침내 '세계에서 저명한 바이올리니스트(世界著名的小提琴家)'가 되었다는 말은 '유명해졌다'로 바꿔 말할 수 있다. '终于(마침내)'라는 표현은 보기 중 '最后(최종적으로)'와 내포하는 뜻이 같으므로, 정답을 찾는 중요 단서가 된다. 녹음과 보기에서 '终于(마침내)'는 '最后(결국)'로 '著名(저명하다)'은 '出名(유명해지다)'으로 바꿔 표현되었다.

第4到6题是根据下面一段话：

一个年轻人特别喜欢拉小提琴，她 ⁴把所有的精力和时间都放在练习小提琴上，在她第一次演出结束后，有一位音乐评论家在报纸上这样写道："她虽是一位未经正式训练的音乐家，但如果说她是一颗宝石，那么她现在还处于未经雕饰的粗糙状态。"年轻人面对这样的批评并没生气，而是去了报社请求编辑部安排她和那位音乐评论家见一面。见面后，她诚恳地向那位评论家请教了许多问题。后来，⁵年轻人听了评论家的建议，取消了全部的演出计划，并开始重新练习。⁶多年后，她终于成为了世界著名的小提琴家。

4~6번 문제는 다음 내용에 근거한다.

한 젊은이가 바이올린 켜는 것을 매우 좋아했다. 그녀는 ⁴모든 에너지와 시간을 바이올린 연습에 쏟아부었다. 그녀의 첫 공연이 끝난 후, 한 음악 평론가가 신문에 이렇게 썼다. "그녀는 비록 정식 훈련을 거치지 않은 음악가이지만, 만약 그녀가 보석이라고 한다면, 그녀는 현재 아직 조각하여 장식되지 않은 투박한 상태에 있다." 젊은이는 이러한 평가에 대해 전혀 화를 내지 않고, 신문사에 가서 그녀와 그 음악평론가가 한 번 만날 수 있도록 약속을 잡아 달라고 편집부에 부탁했다. 만난 후 그녀는 그 평론가에게 간절하게 여러 가지 문제에 대해 가르침을 청했다. ⁵그 후, 젊은이는 평론가의 충고를 듣고, 모든 공연 계획을 취소하고, 다시 연습하기 시작했다. ⁶여러 해 후, 그녀는 마침내 세계에서 저명한 바이올리니스트가 되었다.

4 关于年轻人下列哪项正确?
　A 表演时非常紧张
　B 学小提琴很用功
　C 从小就有名师教导
　D 会弹钢琴

5 听了评论家的建议后，年轻人是怎么做的?
　A 推迟了演出时间
　B 去报社参加面试
　C 取消演出计划
　D 放弃梦想

6 根据这段话可以知道什么?
　A 音乐会观众很少
　B 年轻人最后出名了
　C 电台负责宣传音乐会
　D 年轻人想向评论家道歉

4 젊은이에 관하여 다음 중 옳은 것은?
　A 공연을 할 때 매우 긴장한다
　B 바이올린을 열심히 배운다
　C 어렸을 때부터 유명한 스승이 가르쳤다
　D 피아노를 칠 줄 안다

5 평론가의 충고를 들은 후, 젊은이는 어떻게 하였는가?
　A 공연 시간을 늦추었다
　B 신문사에 가서 면접에 참가했다
　C 공연 계획을 취소했다
　D 꿈을 포기했다

6 이 글에 따르면 무엇을 알 수 있는가?
　A 음악회 관중이 적다
　B 젊은이는 결국 유명해졌다
　C 라디오 방송국이 음악회 홍보를 책임진다
　D 젊은이는 평론가에게 사과하고 싶어 한다

年轻人 niánqīngrén 명 젊은이 | **拉** lā 동 켜다, 연주하다 | **小提琴** xiǎotíqín 명 바이올린 | **所有** suǒyǒu 형 모든, 전부의 | ★**精力** jīnglì 명 에너지, 정력 | **演出** yǎnchū 명 공연 | **评论家** pínglùnjiā 명 평론가, 비평가 | **道** dào 동 말하다 [문어(文語)의 '曰'에 해당] | **虽是A但B** suīshì A dàn B 비록 A일지라도 B하다 | **未经** wèijīng 부 (어떤 과정을) 거치지 않다 | **正式** zhèngshì 정식의, 공식의 | ★**训练** xùnliàn 동 훈련하다 | **音乐家** yīnyuèjiā 명 음악가 | **如果A那么B** rúguǒ A nàme B 만약 A라면, 그렇다면 B하다 | ★**颗** kē 양 알 [둥글고 작은 알맹이 모양을 세는 단위] | **宝石** bǎoshí 명 보석 | **处于** chǔyú 동 처하다, 놓이다 | **雕饰** diāoshì 동 조각하여 장식하다 | ★**粗糙** cūcāo 형 투박하다, 거칠다 | ★**状态** zhuàngtài 명 상태 | ★**面对** miànduì 동 직면하다, 직접 대면하다 | **批评** pīpíng 명 비평 | **并** bìng 부 전혀, 결코 [부정사 앞에 쓰여 부정의 어투 강조] | **报社** bàoshè 명 신문사 | ★**请求** qǐngqiú 동 부탁하다, 바라다, 요청하다 | **编辑部** biānjíbù 명 편집부 | **安排** ānpái 동 안배하다, 배정하다, 계획하다 | ★**诚恳** chéngkěn 형 간절하다, 진실하다 | **请教** qǐngjiào 동 가르침을 청하다 | **许多** xǔduō 형 매우 많다 | **建议** jiànyì 명 건의, 제안, 제의 | ★**取消** qǔxiāo 동 취소하다 | **全部** quánbù 명 모든, 전부 | **计划** jìhuà 명 계획 | **重新** chóngxīn 부 다시, 재차 | **成为** chéngwéi 동 ~이 되다, ~으로 되다 | ★**著名** zhùmíng 형 저명하다, 유명하다 | **小提琴家** xiǎotíqínjiā 바이올리니스트 | **表演** biǎoyǎn 동 공연하다 | **紧张** jǐnzhāng 형 긴장해 있다, 불안하다 | ★**用功** yònggōng 동 노력하다, 힘써 배우다 | **从小** cóngxiǎo 부 어린 시절부터, 어릴 때부터 | **有名** yǒumíng 형 유명하다 | **师** shī 명 스승, 선생 | **教导** jiàodǎo 동 가르치다 | **弹钢琴** tán gāngqín 피아노를 치다 | **推迟** tuīchí 동 연기하다, 늦추다 | **面试** miànshì 명 면접시험 [参加面试: 면접에 참가하다] | **放弃** fàngqì 동 포기하다, 버리다 | ★**梦想** mèngxiǎng 명 꿈 | **音乐会** yīnyuèhuì 명 음악회 | **观众** guānzhòng 명 관중 | **出名** chūmíng 동 유명해지다, 이름을 날리다 | ★**电台** diàntái 명 라디오 방송국 | **负责** fùzé 동 책임지다 | ★**宣传** xuānchuán 동 홍보하다, 선전하다 | **道歉** dàoqiàn 동 사과하다 [向A道歉: A에게 사과하다]

Day 30

 track 63

7 D　　8 A　　9 A

7 **D** [**令……更畅销** ~를 더 잘 팔리게 하다] '为了令自己的珠宝更畅销(자신의 보석을 더 잘 팔리게 하기 위해)'에서 답이 'D. 为了卖出更多珠宝(더 많은 보석을 팔기 위해서)'임을 알 수 있다.

8 **A** [**漂亮** 예쁘다 ≒ **既美观又精致** 아름다우면서 정교하다]　녹음에서 그 상자에 대해 묘사하길, '特别漂亮(특히 아름답게)' '既美观又精致(아름답고 정교한)'라고 하였다. 이와 일치하는 답은 'A. 十分精美(매우 정교하고 아름답다)'이다. 접속사 '既'는 '既A又/且/也B(A하고 (또) B하다)'형식으로 표현하여 사건, 상황, 특징 등 병렬된 사실을 나타낸다. 이 표현은 '又A又B' 형식으로도 바뀌어 출제될 수도 있으므로 함께 알아 두자!

9 **A** [**买椟还珠** 취사 선택이 적절하지 않다 → **不能只看表面** 겉모습만 봐선 안 된다]　'주제'를 묻는 질문이다. 녹음 마지막 부분에 나오는 성어 '买椟还珠'에 주제가 드러난다. 성어의 뜻을 알지 못한다 해도 앞뒤에 나오는 설명을 통해 그 의미를 파악할 수 있다. 생소한 어휘나 성어의 경우 대화의 앞뒤 내용을 파악하면 그 뜻을 유추할 수 있다.

第7到9题是根据下面一段话：

　　楚国有一个商人专门卖珠宝，⁷为了令自己的珠宝更畅销，他特地用名贵的木料做了很多盒子把珠宝装在里边卖。⁸这种装珠宝的盒子制作得特别漂亮，而且还能散发出一种香味。有个人看到装珠宝的盒子⁸既美观又精致，就买了下来，但没想到他却打开盒子把里边的珠宝都拿出来退还给了珠宝商，只拿着空盒子走了。这就是成语"买椟还珠"的由来，这个成语用来比喻一些人⁹只重视事物的外表，却忽略了那些真正有价值的东西，取舍不当。

7~9번 문제는 다음 내용에 근거한다.

　　초나라에 전문적으로 보석을 파는 한 상인이 있었다. ⁷자신의 보석을 더 잘 팔리게 하기 위해, 그는 특별히 진귀한 목재로 많은 작은 상자를 만들어 보석을 그 안에 담아 팔았다. ⁸이러한 보석을 담는 상자는 특히 아름답게 제작되었고, 게다가 일종의 향기를 내뿜었다. 어떤 사람이 보석을 담는 상자가 ⁸아름답고 정교한 것을 보고는 바로 샀는데, 생각지 못하게 그는 상자를 열어 그 안의 보석을 모두 꺼내어 보석상에게 돌려주었고, 그저 빈 상자를 가지고 갔다. 이것이 바로 성어 '진주 상자 사고 진주는 되돌려준다'의 유래이다. 이 성어는 몇몇 사람들이 ⁹사물의 겉모습만을 중시하고, 오히려 진정으로 가치 있는 물건을 소홀히 하여, 취사 선택이 적절하지 않은 것을 비유한다.

7 商人为什么要做那些盒子？
　A 有人要买
　B 喜欢木盒的颜色
　C 打算卖盒子
　D 为了卖出更多珠宝

7 상인은 왜 그 상자들을 만들고자 했는가?
　A 어떤 사람이 사려고 해서
　B 나무 상자의 색을 좋아해서
　C 상자를 팔 계획이어서
　D 더 많은 보석을 팔기 위해서

8 关于那些盒子，可以知道什么？
　A 十分精美
　B 非常重
　C 用途广
　D 很耐用

8 그 상자들에 관하여, 무엇을 알 수 있는가?
　A 매우 정교하고 아름답다
　B 굉장히 무겁다
　C 용도가 넓다
　D 내구성이 강하다

9 这段话主要想告诉我们什么？
　A 不能只看表面
　B 要坚持到底
　C 别不懂装懂
　D 不应以貌取人

9 이 글은 우리에게 주로 무엇을 알려 주고자 하는가?
　A 겉만 보아서는 안 된다
　B 끝까지 해나가야 한다
　C 모르면서 아는 척 해서는 안 된다
　D 외모로 사람을 평가해서는 안 된다

| 楚 Chǔ [고유] 초나라 | 商人 shāngrén [명] 상인 | 专门 zhuānmén [부] 전문적으로 | 珠宝 zhūbǎo [명] 보석류, 진주와 보석 | 令 lìng [동] ~하게 하다, ~을 시키다 | 畅销 chàngxiāo [형] 잘 팔리다, 판로가 넓다 | 特地 tèdì [부] 특별히, 일부러 | 名贵 míngguì [형] 유명하고 진귀하다 | 木料 mùliào [명] 목재, 재목 | 盒子 hézi [명] 작은 상자 | ★装 zhuāng [동] 담다, 포장하다 | ★制作 zhìzuò [동] 제작하다 | 散发 sànfā [동] 내뿜다, 발산하다 | 香味 xiāngwèi [명] 향기 | 既A又B jì A yòu B A하고 (또) B하다 | 美观 měiguān [형] 아름답다, 예쁘다 | 精致 jīngzhì [형] 정교하다, 세밀하다 | 打开 dǎkāi [동] 열다 | 出来 chūlai [동] 동사 뒤에 쓰여, 동작이 안에서 바깥으로 행해지는 것을 나타냄 [拿出来: 꺼내다] | 退还 tuìhuán [동] (받거나 산 물건을) 돌려주다, 반환하다 | 空 kōng [형] (속이) 비다 | ★成语 chéngyǔ [명] 성어 | 买椟还珠 mǎidúhuánzhū [성] 진주 상자는 사고 진주는 되돌려주다, 안목이 없어 취사선택을 잘 못하다 | 由来 yóulái [명] 유래, 출처 | 用来 yònglái [동] ~를 하다, ~에 쓰다 | 比喻 bǐyù [동] 비유하다 | 重视 zhòngshì [동] 중시하다, 중요시하다 | ★事物 shìwù [명] 사물 | 外表 wàibiǎo [명] 겉모습, 외관 | 忽略 hūlüè [동] 소홀히 하다, 등한시하다 | 真正 zhēnzhèng [형] 진정한, 참된 | ★价值 jiàzhí [명] 가치 | 取舍 qǔshě [동] 취사선택하다 | 不当 búdàng [형] 적절하지 않다, 부당하다 | 木盒 mùhé [명] 나무 상자 | 十分 shífēn [부] 매우, 아주 [=非常] | 精美 jīngměi [형] 정교하고 아름답다 | 重 zhòng [형] 무겁다 | ★用途 yòngtú [명] 용도 | 广 guǎng [형] 넓다, 보편적이다 | 耐用 nàiyòng [형] 내구성이 강하다, 오래가다 | ★表面 biǎomiàn [명] 겉, 외관, 표면 | 坚持 jiānchí [동] 견지하다, 지속하다 | 到底 dàodǐ [동] 끝까지 ~하다 | ★装 zhuāng [동] ~인 체하다 [不懂装懂 모르면서 아는 척하다] | 以貌取人 yǐmàoqǔrén [성] 외모로 사람을 평가하다, 용모로 사람을 고르다 |

---

 tip

'为了'가 들어간 표현이 들리면, 이어지는 '인과 관계'를 잘 파악해 두자. '为什么'를 사용해 이유를 묻는 문제가 주로 출제되기 때문이다.

A: 你为什么看上去这么累？ 너 왜 이렇게 피곤해 보이니?
B: **为了**完成作业，我昨晚没能睡觉。 숙제를 다 하기 위해서, 나 어제 밤에 잠을 잘 수 없었어.

● Day 31   ● track 64
10 B   11 C

10 B [确保公平性 공평성을 확보하다 = 实现公平 공평함을 실현하다] '为(~를 위하여)' 뒤에 이어지는 내용에 항상 집중하자. '你来分，我来选(상대방이 나누고 내가 고르다)'의 방식은 '공평성을 확보하기 위한 가장 효과적인 방법(为确保其公平性，最有效的方法)'이라고 하였다. 바꿔 말하면 이 방식은 '实现公平(공평함을 실현하다)'의 장점이 있다는 말이다.

11 C [将A切成两块 A를 두 조각으로 나누다 = 把A分成两份 A를 두 조각으로 나누다] 자신의 이익을 보장하기 위해, '将蛋糕平均切成两块(케이크를 균등하게 두 조각으로 나누다)'라고 했으므로 답은 'C. 把蛋糕平均分成两份'이다. '将'은 '把'로, '切成'은 '分成'으로 바꾸어 표현했지만 녹음의 핵심 키워드가 보기에 그대로 제시되었다.

第10到11题是根据下面一段话：
　　两个人怎样分蛋糕是一个非常经典的问题，¹⁰为确保其公平性，最有效的方法是你来分，我来选。首先，其中一个人将蛋糕切成两块，然后另一人选出自己想要的那块，剩下的那块则留给切蛋糕的人，由于切蛋糕的人事先不知道另一个人选哪一块，所以¹¹为了保证自己的利益，他一定会尽量将蛋糕平均切成两块，这样不管另一个人如何选择，他都可以保证自己不吃亏。

10~11번 문제는 다음 내용에 근거한다.
　　두 사람이 어떻게 케이크를 나누느냐 하는 것은 매우 전형적인 문제이다. ¹⁰공평성을 확보하기 위한 가장 효과적인 방법은 상대방이 나누고 내가 고르는 것이다. 먼저, 그중 한 사람이 케이크를 두 조각으로 자르고, 그 다음 다른 한 사람이 자신이 갖고 싶은 조각을 고르고, 남은 조각은 케이크를 자른 사람에게 남겨 준다. 케이크를 자르는 사람은 사전에 다른 사람이 어떤 조각을 고를지 모르기 때문에, ¹¹자신의 이익을 보장하기 위해, 그는 분명히 최대한 케이크를 균등하게 두 조각으로 나눌 것이다. 이렇게 하면 다른 사람이 어떻게 선택하든지 상관없이 그는 자신이 손해를 보지 않는 것을 보장할 수 있다.

10 "你来分，我来选"的方法有什么好处？
　A 外观好看　　　B 实现公平
　C 工具简单　　　D 味道更好

10 '상대방이 나누고 내가 고르는' 방식은 어떤 장점이 있는가?
　A 외관이 보기 좋다　B 공평함을 실현한다
　C 도구가 간단하다　D 맛이 더 좋다

11 要想保证自己的利益，切蛋糕的人需要怎么做？
　A 自己选蛋糕
　B 购买大蛋糕
　C 把蛋糕平均分成两份
　D 找别人切蛋糕

11 자신의 이익을 보장하고 싶다면, 케이크를 자르는 사람은 어떻게 해야 하는가?
　A 스스로 케이크를 고른다
　B 큰 케이크를 구입한다
　C 케이크를 균등하게 두 조각으로 나눈다
　D 다른 사람을 찾아 케이크를 자른다

分 fēn 동 나누다 | ★**经典** jīngdiǎn 형 전형적인, 표준이 되는 | **确保** quèbǎo 동 확보하다, 확실히 보장하다 | **公平性** gōngpíngxìng 명 공평성 | **有效** yǒuxiào 형 효과가 있다, 효력이 있다 | **方法** fāngfǎ 명 방법, 방식 | **选** xuǎn 동 고르다, 선택하다 | **首先** shǒuxiān 부 맨 먼저, 우선 | **其中** qízhōng 대 그중, 그 가운데 | **将** jiāng 개 ~를 [=把] | ★**切** qiē 동 자르다, 썰다 | **成** chéng 동 ~가 되다, ~로 변하다 | **然后** ránhòu 접 그다음에, 그런 후에 | **剩下** shèngxià 동 남다 | **则** zé 부 바로(곧) ~이다 [=就(是)] | **留** liú 동 남기다 | **由于A所以B** yóuyú A suǒyǐ B A때문에 그래서 B이다 | ★**事先** shìxiān 명 사전에, 미리 | **保证** bǎozhèng 동 보증하다 | **利益** lìyì 명 이익 | **尽量** jǐnliàng 부 최대한, 가능한 한 | ★**平均** píngjūn 형 균등한, 평균의 | **不管A都B** bùguǎn A dōu B A를 막론하고 모두 다 B하다 | ★**如何** rúhé 대 어떠한가, 어떻게 하면 [=怎么] | ★**吃亏** chīkuī 동 손해를 보다, 손실을 입다 | **好处** hǎochù 명 장점, 좋은 점 | **外观** wàiguān 명 외관, 외견 | ★**实现** shíxiàn 동 실현하다, 달성하다 | **公平** gōngpíng 형 공평하다, 공정하다 | ★**工具** gōngjù 명 도구, 수단 | **味道** wèidao 명 맛 | **购买** gòumǎi 동 구입하다, 구매하다 | **份** fèn 양 (전체를 나눈) 조각, 등분

tip '将'은 '把'와 같은 의미로 목적어를 동사 앞에 놓을 때 사용한다. [把자문 기본 형식: S+把+O+V+기타 성분]
　◆ 他**把**他的秘密告诉了我。= 他**将**他的秘密告诉了我。 그는 그의 비밀을 나에게 알려 줬다.

● **Day 32**

12 C   13 D   14 C

● track 65

12 C [**成绩单** 성적표] 보기를 먼저 확인했다면, 녹음에서 'C. 成绩单(성적표)'이 언급되는 지점을 바로 잡아낼 수 있다. 녹음에서 '当面试官看到这名学生提供的成绩单时，却感到有些失望(면접관이 이 학생이 제공한 성적표를 봤을 때, 오히려 다소 실망했다)'이라며 실망한 이유를 밝혔다.

13 D [**不会尽全力做到最好** 최고를 위한 최선의 노력을 다하지 않을 것이다 = **可能不尽力** 최선을 다하지 않을 것 같다]
'表示' 뒤에는 언행을 통한 생각, 감정, 태도 등을 나타내는 표현이 나온다. 면접관이 언급한 평가 '在未来的工作中可能也不会尽全力做到最好(앞으로의 업무 중에 최고를 위한 최선의 노력을 다하지 않을 것입니다)'와 일치하는 보기는 'D 未来工作可能不尽力(앞으로의 일에 최선을 다하지 않을 것 같다)'이다.

14 C [**决定不录用这名学生** 이 학생을 채용하지 않기로 결정했다] 미리 보기를 확인했다면 녹음에서 '面试官决定不录用这名学生(면접관은 이 학생을 채용하지 않기로 결정했다)'이라는 말이 나왔을 때 답이 'C. 那名毕业生没被录用(그 졸업생은 채용되지 않았다)'임을 확인할 수 있다.

第12到14题是根据下面一段话：

一位毕业于名牌大学的毕业生到一家企业应聘。面试中，他表现得很好，并且得到了几位面试官的认可。然而，¹²<u>当面试官看到这名学生提供的成绩单时，却感到有些失望</u>。原因是这名学生在校期间的各门功课成绩几乎都只是刚及格。于是，经过反复讨论，¹⁴<u>面试官决定不录用这名学生</u>。他们表示：虽然成绩并不是判断人才最重要的标准，但却能从侧面反映出一个人的做事态度。通过这名学生的成绩可以知道，他在学业方面，并没有尽最大的努力。而这样的人，¹³<u>在未来的工作中可能也不会尽全力做到最好</u>。

12~14번 문제는 다음 내용에 근거한다.

명문 대학을 졸업한 학생이 한 기업에 지원을 했다. 면접시험에서 그는 아주 잘 표현했고 게다가 몇 명의 면접관에게 인정을 받았다. 그런데 ¹²면접관은 이 학생이 낸 성적표를 봤을 때 오히려 다소 실망했다. 원인은 이 학생의 재학 기간 중 각 과목의 학업 성적이 거의 모두 겨우 합격에 불과했기 때문이었다. 그래서 반복된 토론을 거쳐 ¹⁴면접관은 이 학생을 채용하지 않기로 결정했다. 그들은 다음과 같이 밝혔다. "비록 성적이 결코 인재를 판단하는 가장 중요한 기준은 아니지만, 도리어 다른 측면에서 한 사람의 일하는 태도를 반영합니다. 이 학생의 성적을 통해 그가 학업 면에서 결코 최선의 노력을 다하지 않았음을 알 수 있습니다. 이러한 사람은 ¹³앞으로의 업무에서 최고를 위한 최선의 노력을 다하지 않을 것입니다."

12 面试官看到学生的什么感到失望？

　A 汇款单　　　　　B 推荐信
　C 成绩单　　　　D 护照

13 面试官如何评价那名学生？

　A 有一定的领导能力
　B 人际关系良好
　C 善于灵活运用知识
　D 未来工作可能不尽力

14 根据这段话，可以知道什么？

　A 该企业竞争激烈
　B 年轻人对面试结果很满意
　C 那名毕业生没被录用
　D 那名毕业生通过了面试

12 면접관은 학생의 무엇을 보고 실망했는가?

　A 송금 영수증　　B 추천서
　C 성적표　　　　D 여권

13 면접관은 어떻게 그 학생을 평가하는가?

　A 어느 정도의 지도 능력을 가지고 있다
　B 대인관계가 양호하다
　C 지식을 융통성 있게 잘 활용한다
　D 앞으로의 일에 최선을 다하지 않을 것 같다

14 이 글에 따르면 무엇을 알 수 있는가?

　A 이 기업의 경쟁은 치열하다
　B 젊은이는 면접 결과에 대해 매우 만족한다
　C 그 졸업생은 채용되지 않았다
　D 그 졸업생은 면접을 통과했다

毕业 bìyè 동 졸업하다 | 于 yú 깨 (장소/시간)에 | ★名牌 míngpái 명 지명도가 아주 높은 기관 | 毕业生 bìyèshēng 졸업생 | ★企业 qǐyè 명 기업 | 应聘 yìngpìn 동 지원하다 | 面试 miànshì 명 면접 | ★表现 biǎoxiàn 동 표현하다, 나타내다 | 并且 bìngqiě 접 게다가, 또한 | 得到 dédào 동 얻다, 받다 | 面试官 miànshìguān 명 면접관 | 认可 rènkě 동 인정 | 然而 rán'ér 접 그런데, 그러나 | 提供 tígōng 동 제공하다, 공급하다 | 成绩单 chéngjīdān 명 성적표 | 感到 gǎndào 동 느끼다, 여기다 | 有些 yǒuxiē 대 다소, 조금, 약간 | 失望 shīwàng 형 실망하다, 낙담하다 | 原因 yuányīn 명 원인 | 在校 zàixiào 동 재학 | ★期间 qījiān 명 기간, 시간 | 功课 gōngkè 명 학업, 학습 | 刚 gāng 부 겨우, 간신히 | ★及格 jígé 동 합격하다 | 于是 yúshì 접 그래서 | 经过 jīngguò 동 거치다, 겪다 | ★反复 fǎnfù 동 반복하다, 거듭하다 | 讨论 tǎolùn 동 토론 | 录用 lùyòng 동 채용하다, 고용하다 | 表示 biǎoshì 동 나타내다, 표시하다 | 虽然A但B suīrán A dàn B 비록 A일지라도 그러나 B하다 | 并 bìng 부 결코, 전혀 | 判断 pànduàn 동 판단하다, 판정하다 | ★人才 réncái 명 인재 | 标准 biāozhǔn 명 기준, 표준 | 侧面 cèmiàn 명 다른 면, 측면 | ★反映 fǎnyìng 동 반영하다 | 做事 zuòshì 동 일을 하다 | 态度 tàidu 명 태도 | 通过 tōngguò 깨 ~을 통해 | 学业 xuéyè 명 학업 | 方面 fāngmiàn 명 방면, 분야 | 尽 jǐn 동 될 수 있는 한 ~하다, 되도록 ~하다 | 而 ér 접 그리고 [뜻이 서로 이어지는 성분을 연결하여 순접을 나타냄] | ★未来 wèilái 명 앞으로의, 조만간 | 全力 quánlì 명 전력, 혼신의 힘 [여기서는 '최고'로 쓰임] | 最好 zuìhǎo 부 최선 [여기서는 '최선의 노력'으로 쓰임] | 汇款单 huìkuǎndān 명 송금 영수증 | 推荐信 tuījiànxìn 명 추천서 | ★如何 rúhé 대 어떻게, 어떤 | ★评价 píngjià 동 평가하다 | ★领导 lǐngdǎo 명 지도, 영도 | 能力 nénglì 명 능력 | 人际关系 rénjì guānxi 명 대인관계, 인간관계 | 良好 liánghǎo 형 양호하다, 좋다 | ★善于 shànyú 동 ~를 잘하다, ~에 능하다 | ★灵活 línghuó 형 융통성이 있다, 민첩하다 | ★运用 yùnyòng 동 활용하다, 운용하다 | 知识 zhīshi 명 지식 | ★尽力 jìnlì 동 온 힘을 다하다 [여기서는 '최선을 다하다'로 쓰임] | 该 gāi 대 (앞에서 언급한) 이, 그, 저 | 竞争 jìngzhēng 명 경쟁 | ★激烈 jīliè 형 치열하다, 격렬하다 | 年轻人 niánqīngrén 명 젊은이 | 结果 jiéguǒ 명 결과, 결실

> **tip**
> 'A于是B'는 A가 B와 시간의 선후관계로 긴밀한 연관이 있을 경우에 사용하며, '因为A所以B'는 A와 B가 원인과 결과로 연관이 있을 경우에 사용한다.
> - 上班快要迟到了，**于是**我跑了起来。 출근에 늦을 것 같아서, 나는 달리기 시작했다. → 시간의 선후관계
> - **因为**昨晚喝了太多酒，**所以**今天头很疼。 어제저녁에 술을 너무 많이 마셔서, 오늘 머리가 아프다. → 원인과 결과

듣기 제2부분 10 설명문·논설문

본서 p.76

● Day 34　　　　　　　　　　　track 70
　1 A　　2 C　　3 C

1 **A** [旧手机 낡은 휴대폰 / 二手市场 중고 시장]　세부 내용 파악 문제는 대부분 녹음에 나온 표현이 그대로 보기에 나온다. 녹음에서 '多数旧手机通过分类处理，翻新后进入二手市场(많은 낡은 휴대폰은 분류 처리를 통해 새롭게 고친 후에 중고 시장으로 들어간다)'이라며 대부분의 '旧手机'가 '二手市场'으로 들어간다고 언급하였다.

2 **C** [有害物质 유해 물질]　녹음에서 '一部废旧手机中的有害物质至少有15种(폐휴대폰 하나에 유해 물질이 최소한 15종류가 있다)'이라며 이유를 먼저 설명하고, 폐휴대폰을 잘못 처리하면 인체 건강에 위협을 초래한다고 설명했다. 보기 C에 쓰인 '含'은 '함유하다, 포함하다'라는 의미로 '包含'과 같은 의미이다.

3 **C** [A来看 A에서 보면]　보기를 먼저 읽었다면 녹음 마지막 부분에서 '废旧手机的利用和高效回收都有非常重要的意义(폐휴대폰의 이용과 높은 효율의 회수가 모두 매우 중요한 의미를 지니고 있다)'라고 언급된 부분이 'C. 要高效利用废旧手机'의 내용과 일치한다는 것을 알 수 있다. '주제'는 주로 마지막 부분에 등장한다.

第1到3题是根据下面一段话：

最近的一项调查发现，多数人平均2-3年就会更换新手机。那么，被换掉的旧手机都去哪儿了呢？原来，¹多数旧手机通过分类处理，翻新后进入二手市场，再次出售；而有的旧手机经过简单拆解处理以后，一部分零部件会再一次被回收利用，而完全没有回收价值的手机，则会直接作为垃圾处理掉。而值得注意的是，²一部废旧手机中的有害物质至少有15种，如果处理不当，将会对人体健康构成很大的威胁。³因此，无论是从环保角度还是资源的综合利用来看，废旧手机的利用和高效回收都有非常重要的意义。

1 大部分旧手机都去哪里了？
　A 二手市场　　　　B 工厂
　C 软件公司　　　　D 放在家里

2 为什么废旧手机处理不当会威胁人类健康？
　A 会更费电
　B 会造成水资源短缺
　C 内含有害物质
　D 导致电脑中毒

3 这段话主要想告诉我们什么？
　A 如何购买手机
　B 要注意交通安全
　C 要高效利用废旧手机
　D 手机有助于人际交往

1~3번 문제는 다음 내용에 근거한다.

최근 조사 결과, 많은 사람들이 평균 2~3년마다 새로운 휴대폰으로 바꾼다는 것을 발견했다. 그렇다면 바꿔진 낡은 휴대폰은 모두 어디로 갔을까? 알고 보니, ¹많은 낡은 휴대폰은 분류 처리를 통해 새롭게 고친 후에 중고 시장으로 들어가 다시 판매된다. 그리고 어떤 낡은 휴대폰은 간단한 해체 처리를 거친 후 일부 부품은 다시 한 번 회수하여 사용되고, 회수의 가치가 전혀 없는 휴대폰은 바로 쓰레기로 간주하여 처리해 버린다. 그런데 주의할 필요가 있는 것은, ²폐휴대폰 하나에 유해 물질이 최소한 15종류가 있으며, 만약 제대로 처리하지 않으면 인체 건강에 매우 큰 위협을 초래한다는 점이다. ³따라서 환경보호의 관점에서든 자원의 종합적 이용의 관점에서든 폐휴대폰의 이용과 높은 효율의 회수 모두 매우 중요한 의미가 있다.

1 대부분의 낡은 휴대폰은 모두 어디로 갔는가?
　A 중고 시장　　　　B 공장
　C 소프트웨어 회사　　D 집에 놔 둔다

2 왜 폐휴대폰을 잘못 처리하면 인류의 건강을 위협하게 되는가?
　A 더 전력을 소비할 수 있어서
　B 수자원 부족을 초래해서
　C 내부에 유해 물질을 함유하고 있어서
　D 컴퓨터 중독을 초래해서

3 이 이야기는 주로 우리에게 무엇을 알려 주고자 하는가?
　A 어떻게 휴대폰을 구입하는가
　B 교통안전에 주의해야 한다
　C 높은 효율로 폐휴대폰을 이용해야 한다
　D 휴대폰은 인간관계에 도움이 된다

★ 项 xiàng 영 항목 | 调查 diàochá 동 조사하다 [명사 용법으로 쓰임] | 多数 duōshù 영 다수 | ★ 平均 píngjūn 영 평균 | 更换 gēnghuàn 동 바꾸다, 교체하다 | 那么 nàme 접 그렇다면, 그러면 | 旧 jiù 형 낡다, 오래되다 | 原来 yuánlái 부 알고 보니 | 通过 tōngguò 개 ~을 통해, ~에 의해 | ★ 分类 fēnlèi 동 분류하다 | ★ 处理 chǔlǐ 동 처리하다 | 翻新 fānxīn 새로 고치다, 새롭게 하다 | 进入 jìnrù 동 (어떤 범위나 시기로) 들어가다, 진입하다 | 二手 èrshǒu 형 중고의 | ★ 市场 shìchǎng 영 시장 | 再次 zàicì 부 또다시, 재차 | 出售 chūshòu 동 판매하다, 팔다 | 而 ér 접 그리고, 그런데 [순접이나 역접을 나타냄] | 经过 jīngguò 동 거치다 | ★ 拆 chāi 동 해체하다, 헐다 | 解 jiě 동 분해하다, 분리하다 | 一部分 yíbùfen 영 일부분 | 零部件 língbùjiàn 영 부(속)품 | 回收 huíshōu 동 (폐품이나 오래된 물건을) 회수하다, 회수하여 이용하다 | ★ 利用 lìyòng 동 이용하다 | 完全 wánquán 부 전혀, 완전히 | ★ 价值 jiàzhí 영 가치 | 则 zé 부 바로 ~이다, 곧 [=就(是)] | 直接 zhíjiē 영 직접 | ★ 作为 zuòwéi 동 ~로 간주하다, ~로 여기다 | 垃圾 lājī 영 쓰레기 | 掉 diào 동 ~해 버리다 [동사 뒤에 쓰여 동작의 완성을 나타냄] | 值得 zhídé 동 ~할 필요가 있다 | 部 bù 영 대 [기계나 차량을 세는 단위] | 废旧 fèijiù 형 폐기된, 낡아서 못 쓰게 된 | 有害 yǒuhài 동 유해 | ★ 物质 wùzhì 영 물질 | 至少 zhìshǎo 부 최소한, 적어도 | 不当 búdàng 형 적당하지 않다, 적절하지 않다 | 将 jiāng 부 ~하게 될 것이다 | 人体 réntǐ 영 인체 | ★ 构成 gòuchéng 동 이루다, 형성하다 | ★ 威胁 wēixié 영 위협 | 因此 yīncǐ 접 따라서, 그래서, 이 때문에 | 无论A还是B都C wúlùn A háishi B dōu C A와 B를 막론하고 모두 C하다 | 环保 huánbǎo 영 환경보호 [=环境保护] | ★ 角度 jiǎodù 영 관점, 각도 | ★ 资源 zīyuán 영 자원 | ★ 综合 zōnghé 동 종합하다 | 来看 láikàn ~에서 보면, ~에게 있어서 | 高效 gāoxiào 형 높은 효율, 높은 효능의 | ★ 意义 yìyì 영 의미, 의의 | 大部分 dàbùfen 영 대부분 | ★ 工厂 gōngchǎng 영 공장 | 软件 ruǎnjiàn 영 소프트웨어 | ★ 人类 rénlèi 영 인류 | 费电 fèidiàn 동 전력을 소비하다 | ★ 造成 zàochéng 동 초래하다, 야기하다 [나쁜 결과를 초래할 때 쓰임] | 水资源 shuǐzīyuán 영 수자원 | 短缺 duǎnquē 동 (물자가) 부족하다, 모자라다 | 含 hán 동 함유하다, 포함하다 | ★ 导致 dǎozhì 동 초래하다, 야기하다 | 中毒 zhòngdú 동 중독되다 | ★ 如何 rúhé 대 어떻게 | 购买 gòumǎi 동 사다, 구매하다 | 安全 ānquán 영 안전 형 안전하다 | 有助于 yǒuzhùyú ~에 도움이 되다 | 人际 rénjì 영 사람과 사람 사이 | ★ 交往 jiāowǎng 동 교제, 왕래

> **tip**
> 세부 내용을 물어보는 질문의 단서는 의문문으로 나오는 경우도 있으므로, 끝부분이 의문문인지 주의해서 들어야 한다.
> '被换掉的旧手机都去哪了呢?(바꿔진 낡은 휴대폰은 모두 어디로 갔을까?)'처럼, '의문문'이 들리면 집중하자.
> 이에 대한 답변과 관련해 '세부 내용'을 묻는 문제가 나올 가능성이 매우 높다.

● **Day 35**　　　　　　　　　　　　　　　　　　　　● track 71
　4　B　　5　D　　6　D

4　B　[为了A[목적], B[행동] A하기 위하여 B하다] 　 옛사람들이 녹나무로 책 상자를 만들어 서적을 보관한 목적을 '为了防止藏书出现虫蛀等问题(소장 도서에 벌레가 생기는 등의 문제가 나타나는 것을 방지하기 위하여)'라고 언급했다.

5　D　[A指的是B A가 가리키는 것은 B다] 　 이 문제는 '특정 단어'의 의미를 묻는 유형으로, 질문에서 묻는 특정 단어의 의미는 전후 문맥을 살펴야 파악할 수 있으므로, 녹음을 듣는 내내 집중하고 있어야 한다. 질문에서 묻는 단어인 '门第'의 의미는 녹음 후반부에 '门第在古代指的是富贵人家(가문은 고대에 부귀한 집안을 일컬었다)'라고 직접적으로 언급되었다.

6　D　[在A中放B A에 B를 넣다] 　 이 문제는 '사실 여부'를 물어보는 유형이다. 보기 D의 내용이 녹음에서 '在书箱中放一种名叫云香草的中药(책 속에 운향초라 불리는 일종의 중의학 약재를 넣었는데)'라고 언급되었다.

第4到6题是根据下面一段话：

　　以前的读书人家里一般都有很多藏书，**4**为了防止藏书出现虫蛀等问题，古人会将樟木制成书箱来存放书籍，或**6**在书箱中放一种名叫云香草的中药，蛀虫闻到樟木或云香草的味道以后就会远离，书籍就能得到非常好的保护。时间长了，当人打开书箱，翻阅书籍时，就可以闻到一股香气，这也就是后来"书香"这一概念的形成。而**5**"门第"在古代指的是富贵人家，所以"书香门第"常用来指上几辈家中有读书人的富贵家庭。

4　古人为什么要用樟木箱存放书籍？
　A 樟木很多
　B 能保护书
　C 外观好看
　D 象征富贵

5　门第是什么意思？
　A 中药
　B 门牌号码
　C 有学问的人
　D 富贵人家

4~6번 문제는 다음 내용에 근거한다.

　　과거 지식인 집에는 일반적으로 많은 소장 도서가 있었다. **4**소장 도서에 벌레가 생기는 등의 문제가 나타나는 것을 방지하기 위하여, 옛사람들은 녹나무로 책 상자를 만들어 서적을 보관하거나, 또는 **6**책 속에 운향초 불리는 일종의 중의학 약재를 넣었다. 좀벌레가 녹나무나 운향초의 냄새를 맡고 나면 바로 멀리 떨어져서, 책은 보호를 잘 받을 수 있었다. 시간이 오래 흐른 뒤에 사람이 책 상자를 열어 책을 펼쳤을 때 향기를 맡게 되는데, 이것이 바로 나중에 '책 향기'의 개념의 형성이다. 그리고, **5**'가문'은 고대에 부귀한 집안을 일컬었다. 그래서 '서향가문(书香门第)'은 몇 대에 이어 집안에 지식인이 있는 부귀한 가정을 일컫는 데에 자주 사용된다.

4　옛사람들은 왜 녹나무 상자로 서적을 보관하려 했는가?
　A 녹나무가 매우 많아서
　B 책을 보호할 수 있어서
　C 외관이 예뻐서
　D 부유함을 상징해서

5　가문은 무슨 의미인가?
　A 중의학 약재
　B 번지수
　C 학문이 있는 사람
　D 부귀한 집안

6 根据这段话，下列哪项正确？
A 书放久了要丢掉
B 古代印刷书价格贵
C 书的香味对身体有害
D 古人会在书箱中放中药

6 이 이야기에 근거해서, 다음 중 옳은 것은?
A 책은 오래 두면 버려야 한다
B 고대 인쇄 서적은 가격이 비쌌다
C 책의 향기는 몸에 해롭다
D 옛사람들은 서적에 중의학 약재를 넣었을 것이다

| **读书人** dúshūrén 몡 지식인, 학자 | **藏书** cángshū 몡 소장 도서, 장서 | **防止** fángzhǐ 동 방지하다 | **出现** chūxiàn 동 생기다, 나타나다 | **虫蛀** chóngzhù 동 벌레 먹다, 좀이 쓸다 | **古人** gǔrén 몡 옛사람 | **将** jiāng 개 ~를 [=把] | **樟木** zhāngmù 몡 녹나무 목재 | **制** zhì 동 만들다, 제조하다 | **书箱** shūxiāng 몡 (책을 담는) 상자 | **存放** cúnfàng 동 보관해 두다 | **书籍** shūjí 몡 서적, 책 | **或** huò 접 혹은, 또는 | **名** míng 몡 이름 | **云香草** yúnxiāngcǎo 몡 운향초, 개솔새 [볏과의 여러해살이풀] | **中药** zhōngyào 몡 중국 의약, 한약 | **蛀虫** zhùchóng 몡 좀(벌레) | ★**闻** wén 동 냄새를 맡다 | **味道** wèidao 몡 냄새 | **远离** yuǎnlí 동 멀리 떨어지다, 멀리 떠나다 | **得到** dédào 동 얻다, 받다, 획득하다, 손에 넣다 | **保护** bǎohù 동 보호하다 | **打开** dǎkāi 동 열다 | **翻阅** fānyuè 동 (서적이나 서류를) 쭉 훑어보다, 쭉 페이지를 넘기다 | **股** gǔ 양 줄기 [냄새·맛·기체·힘 등을 세는 단위] | **香气** xiāngqì 몡 향기 | ★**概念** gàiniàn 몡 개념 | ★**形成** xíngchéng 동 형성되다, 이루어지다 / 형성 | **而** ér 접 그리고, ~하고 [순접을 나타냄] | **门第** méndì 몡 가문, 집안 | ★**古代** gǔdài 몡 고대 | **指** zhǐ 동 (의미상으로) 의미하다, 가리키다 | **富贵** fùguì 형 부귀하다 | **人家** rénjiā 몡 집안 | **常用** chángyòng 동 상용하다, 늘 쓰다 | **辈** bèi 몡 대, 세대, 항렬 | ★**家庭** jiātíng 몡 가정 | **外观** wàiguān 몡 외관 | **好看** hǎokàn 형 보기 좋다, 근사하다 | ★**象征** xiàngzhēng 동 상징하다 | **门牌** ménpái 몡 번지, 문패 | **号码** hàomǎ 몡 숫자, 번호 | ★**学问** xuéwen 몡 학문, 지식 | **丢掉** diūdiào 동 버리다 | ★**印刷** yìnshuā 동 인쇄하다 | **价格** jiàgé 몡 가격, 값 | **香味** xiāngwèi 몡 향기, 향 | **有害** yǒuhài 동 해롭다, 유해하다 |

 보기가 어떤 유형인지 확실하게 파악이 되지 않고, 포괄적인 내용으로 써져 있다면 '일치, 불일치'를 판단하는 문제이다. '哪项正确' 문제는 옳은 보기를 하나 골라내는 문제로, 들리는 게 답인 경우가 많다.

● **Day 36**
7 B   8 A   9 B

● track 72

7 **B** [让A[대상]+B[행동] A가 B하게 하다] 보기로 제시된 'B. 意外'가 녹음에도 그대로 나왔으므로, 보기를 먼저 파악했다면 쉽게 정답을 맞혔을 것이다. 접속사 '但' 뒤에 핵심 내용이 나오는 경우가 많으니 주의 깊게 듣자.

8 **A** [盐水 소금물 → 盐分 염분] 녹음에 사용된 단어 '吃苦'의 의미를 묻는 질문이다. 이렇게 생소한 단어나 표현의 의미는 앞뒤 문맥을 통해 유추해 낼 수 있다. '吃苦'가 언급된 이후에 이어지는 말 '专家便让人往椰子树的根部浇上了一些又苦又咸的盐水(전문가는 바로 사람들에게 야자수의 뿌리 부분에 약간 쓰면서 짠 소금물을 뿌리게 하였다)'에서 '吃苦'의 뜻이 'A. 吸收盐分(염분을 흡수하다)'임을 알 수 있다.

9 **B** [A与[和]B相似 A와 B가 비슷하다] 이렇게 사실 여부를 묻는 유형은 보기와 녹음을 '일대일로 대응'시켜 들으며 답을 찾아야 한다. 보기 'B. 云南与海南气候相似(윈난과 하이난은 기후가 비슷하다)'의 내용이 녹음에 '海南和云南的气候很相似(하이난과 윈난의 기후는 비슷하다)'라고 언급된 적이 있으므로, 답은 B이다. 다른 보기들은 녹음에서 언급된 바 없다.

第7到9题是根据下面一段话：

　　⁹海南和云南的气候很相似，于是就有人把海南的椰子树移植到了云南，以为会有很大的收获。⁷但让人意外的是，种在云南的椰子树居然不结果实。专家诊断后说："你们这里的椰子树缺少了一种特殊的养分。"大家都说："可是我们给了它所有需要的养分呀！"专家摇了摇头说：⁸"椰子树只有先"吃苦"才会结出果实。"大家听后却满是疑惑。⁸专家便让人往椰子树的根部浇上了一些又苦又咸的盐水。第二年，云南人果然吃到了自己种的椰子。原来海南当地四面都是海，土壤中的盐分含量很高，海南的椰子树就是因为吸收了土壤中的盐分才能结出果实的。而云南的土壤里缺少盐分，椰子树自然不能结出果实。

7 当发现本地种的椰子树不结果实时，云南人有什么反应？
　A 高兴　　　　　　**B 意外**
　C 兴奋　　　　　　D 期待

8 这段话中所说的"吃苦"指的是什么？
　A 吸收盐分　　　B 吸收水分
　C 忍受干旱　　　　D 不结果实

9 根据这段话，下列哪项正确？
　A 专家的意见没有效果
　B 云南与海南气候相似
　C 云南的椰子不甜
　D 云南人不种椰子树了

7~9번 문제는 다음 내용에 근거한다.

　　⁹하이난과 윈난의 기후는 비슷하다. 그래서 어떤 사람이 하이난의 야자수를 윈난에 옮겨 심고, 많은 수확이 있을 것이라 생각했다. ⁷하지만 의외인 것은, 윈난에 심은 야자수가 뜻밖에 열매를 맺지 않았다는 것이다. 전문가는 진단 후, "이곳의 야자수는 한 종류의 특수한 양분이 부족합니다."라고 말했다. 모두들, "하지만 우리는 야자수가 필요로 하는 모든 양분을 주었습니다!"라고 말했다. 전문가는 고개를 저으며, ⁸"야자수는 먼저 고통을 겪어야만 비로소 열매를 맺습니다."라고 말했다. 모두들 듣고 나서 오히려 의혹이 가득했다. ⁸전문가는 바로 사람들에게 야자수의 뿌리 부분에 약간 쓰면서 짠 소금물을 뿌리게 하였다. 다음 해, 윈난 사람들은 과연 자신들이 심은 야자를 먹게 되었다. 알고 보니, 하이난 현지는 사면이 바다이기 때문에, 토양 속의 염분 함량이 매우 높고, 하이난의 야자수는 토양 속의 염분을 흡수했기 때문에 비로소 열매를 맺을 수 있는 것이었다. 그러나 윈난의 토양 안에는 염분이 부족하여, 야자수가 당연히 열매를 맺을 수 없었던 것이다.

7 현지에 심은 야자수가 열매를 맺지 않는 것을 발견했을 때, 윈난 사람들은 어떤 반응이었는가?
　A 기뻐했다　　　　**B 의외였다**
　C 흥분했다　　　　D 기대했다

8 이 이야기에서 말하는 '고통을 겪다'는 무엇을 일컫는가?
　A 염분을 흡수하다　　B 수분을 흡수하다
　C 가뭄을 견디다　　D 열매를 맺지 않다

9 이 이야기에 근거해, 다음 중 옳은 것은?
　A 전문가의 의견은 효과가 없었다
　B 윈난과 하이난은 기후가 비슷하다
　C 윈난의 야자는 달지 않다
　D 윈난 사람들은 야자수를 심지 않게 되었다

海南 Hǎinán 고유 하이난 | 云南 Yúnnán 고유 윈난 | 气候 qìhòu 명 기후 | ★相似 xiāngsì 형 닮다, 비슷하다, 근사하다 | 于是 yúshì 접 그래서, 그리하여 | 椰子树 yēzishù 명 야자수 | 移植 yízhí 동 옮겨 심다, 이식하다 | 以为 yǐwéi 동 생각하다, 여기다 [주로 '~라고 여겼는데 아니다'라는 부정적인 어기를 내포함] | ★收获 shōuhuò 명 수확, 소득 | 意外 yìwài 형 의외의, 뜻밖에 | 种 zhòng 동 심다 | ★居然 jūrán 부 뜻밖에, 예상 외로 | 结 jiē 동 (열매·씨앗을) 맺다 | ★果实 guǒshí 명 과실, 열매 [结果实: 열매를 맺다] | ★专家 zhuānjiā 명 전문가 | ★诊断 zhěnduàn 동 진단하다 | 缺少 quēshǎo 동 부족하다, 모자라다 | ★特殊 tèshū 형 특수하다, 특별하다 | 养分 yǎngfèn 명 양분, 영양분 | 所有 suǒyǒu 형 모든, 전부의 | ★摇 yáo 동 흔들다, 흔들어 움직이다 | 摇头 yáotóu 동 고개를 가로젓다 [부정·거부·반대의 의미를 나타냄] | 吃苦 chīkǔ 동 고통을 겪다, 고생하다 | 却 què 부 오히려, 도리어 [역접을 나타내며, '倒'·'可'보다 어감이 약함] | 满 mǎn 형 가득하다, 가득차다 | 疑惑 yíhuò 명 의혹, 의심 | ★便 biàn 부 바로, 곧 [=就] | ★根 gēn 명 뿌리 | 部 bù 명 부분, 부위 | ★浇 jiāo 동 (액체를) 뿌리다, 끼얹다 | 又A又B yòu A yòu B A하기도 하고 B하기도 하다 [두 가지 동작이나 성질이 모두 존재함을 나타냄] | 咸 xián 형 짜다, 소금기가 있다 | 盐水 yánshuǐ 명 염수, 소금물 | ★果然 guǒrán 부 과연, 생각한 대로 | 原来 yuánlái 부 알고 보니 | ★当地 dāngdì 명 현지, 현장 | 四面 sìmiàn 명 사면, 사방 | 土壤 tǔrǎng 명 토양 | 盐分 yánfèn 명 염분, 염도 | 含量 hánliàng 명 함량 | ★吸收 xīshōu 동 흡수하다 | 而 ér 접 ~지만, 그러나, ~면서 [역접을 나타냄] | 自然 zìrán 부 당연히, 자연히 | 本地 běndì 명 현지 | ★反应 fǎnyìng 명 반응 | 兴奋 xīngfèn 형 흥분하다 | ★期待 qīdài 동 기대하다, 바라다 | 指 zhǐ 동 (의미상으로) 의미하다, 가리키다 | 水分 shuǐfèn 명 수분 | 忍受 rěnshòu 동 견디다, 참다 | 干旱 gānhàn 명 가뭄 | 意见 yìjiàn 명 의견 | 效果 xiàoguǒ 명 효과

● Day 37　　　　　　　　　　　　　　　　　　　● track 73
10 B　　11 D　　12 A

10　B　[可观的收入 상당한 소득 → 满意的收入 만족스러운 소득]　보기 A~D 모두 이치상, 직업 행복감을 얻을 수 있게 하지만, 녹음에 근거한 내용만이 답이 될 수 있다는 점에 주의하자. 직업 행복감을 얻을 수 있는 중요한 요소는 '足够的闲暇时间(충분한 여가 시간)'과 '可观的收入(상당한 소득)'라고 하였다. 보기 중 'B. 满意的收入(만족스러운 소득)'가 두 번째로 소개된 '可观的收入'에 해당하므로 답은 B이다.

11　D　[不仅A还B　A할 뿐만 아니라 B하기도 하다]　녹음 중반부에 '自由职业者(프리랜서)'의 장점이 소개되었다. 소개된 여러 장점 중 '还少了很多人际交往上的矛盾(많은 인간관계상의 갈등도 적다)'이라는 부분이 보기 'D. 人际矛盾较少(인간관계 갈등이 비교적 적다)'와 일치한다.

12　A　[做起A　A를 하기 시작하다]　일반적으로 주제는 녹음의 맨 앞부분 또는 마지막 부분에 드러난다. 하지만 녹음 전체를 이해해야 비로소 파악할 수 있거나 주제가 잘 드러나지 않는 경우도 있다. 녹음의 핵심 단어를 포함하면서 전체 내용을 가장 잘 표현한 'A. 自由职业者幸福感高(프리랜서의 행복감이 높다)'가 정답이다.

第10到12题是根据下面一段话：

根据最新影响职业幸福感的五大因素排行榜，可以知道：¹⁰足够的闲暇时间和可观的收入都是获得职业幸福感的重要因素。那么，怎样的工作会既有很多空闲时间又有满意的收入呢？最近，作为职业幸福感榜首的自由职业，就满足了上面的两个要求。在时间方面，¹¹自由职业者不仅免去了平日上班的奔波，还少了很多人际交往上的矛盾。在收入方面，百分之76的自由职业者月收入都高于全国平均工资水平。¹²因此，很多有一定职业技能的人都已放弃原有的固定工作，而做起了自由职业者。

10~12번 문제는 다음 내용에 근거한다.

직업 행복감에 영향을 미치는 5대 요소 최신 순위에 따르면, ¹⁰충분한 여가 시간과 상당한 소득이 모두 직업 행복감을 얻을 수 있는 중요한 요소라는 것을 알 수 있다. 그렇다면, 어떤 일이 많은 휴식 시간이 있을 뿐만 아니라 또 만족스러운 소득을 지니고 있을까? 최근 직업 행복도 1위로서 자유 직업이 위의 두 가지 요구를 충족시켰다. 시간 측면에서, ¹¹프리랜서는 평일 출근의 분주함을 면할 뿐만 아니라, 많은 인간관계상의 갈등도 적다. 소득 측면에서, 76%의 프리랜서는 월 소득이 전국 평균 임금 수준보다 높다. ¹²따라서 일정한 직업 기술을 가지고 있는 많은 사람들은 모두 이미 원래의 고정된 직업을 포기하고 프리랜서를 하기 시작했다.

10　根据这段话，下列哪项可以使人获得职业幸福感？
A 舒适的工作环境　　**B 满意的收入**
C 高学历　　　　　　D 家人的肯定

11　关于自由职业者可以知道什么？
A 经常出差
B 生活压力不大
C 多从事教育行业
D 人际矛盾较少

12　这段话主要想告诉我们什么？
A 自由职业者幸福感高
B 自由职业失业风险很大
C 全国工资水平提高了
D 应掌握很多职业技能

10　이 이야기에 따르면, 다음 중 사람들로 하여금 직업 행복감을 얻을 수 있게 해 주는 것은?
A 편안한 업무 환경　　**B 만족스러운 소득**
C 고학력　　　　　　　D 가족의 인정

11　프리랜서에 관하여 무엇을 알 수 있는가?
A 자주 출장 간다
B 생활 스트레스가 크지 않다
C 교육 업종에 많이 종사한다
D 인간관계 갈등이 비교적 적다

12　이 이야기는 우리에게 주로 무엇을 알려 주고자 하는가?
A 프리랜서의 행복감이 높다
B 자유 직업은 실업 위험이 매우 크다
C 전국 임금 수준이 높아졌다
D 많은 직업 기술에 정통해야 한다

| 最新 zuìxīn 형 최신의 | 职业 zhíyè 명 직업 | 幸福感 xìngfúgǎn 행복감 | ★因素 yīnsù 명 요소 | 排行榜 páihángbǎng 명 순위 차트 | 足够 zúgòu 형 충분하다 | 闲暇 xiánxiá 명 여가, 한가한 시간 | 可观 kěguān 형 상당하다, 굉장하다 [도달한 정도나 수준이 비교적 높은 것을 가리킴] | 收入 shōurù 명 소득, 수입 | 获得 huòdé 동 얻다, 취득하다 | 那么 nàme 접 그렇다면, 그러면 | 怎样 zěnyàng 대 어떤, 어떻게 | 既A又B jì A yòu B A할 뿐만 아니라 또한 B하기도 하다 | 空闲 kòngxián 명 여가, 한가한 시간 | 满意 mǎnyì 형 만족스럽다, 만족하다 | ★作为 zuòwéi 개 ~으로서 | 榜首 bǎngshǒu 명 명단의 맨 처음 | 自由职业 zìyóu zhíyè 자유 직업 | ★满足 mǎnzú 동 만족시키다 | 方面 fāngmiàn 명 측면, 방면 | 自由职业者 zìyóu zhíyèzhě 명 프리랜서 | 不仅A还B bùjǐn A hái B A할뿐만 아니라 B하기도 하다 | 免去 miǎnqù 동 면하다, 면제하다 | 平日 píngrì 명 평일, 평상시 | 上班 shàngbān 동 출근하다 | 奔波 bēnbō 동 분주하다, 바쁘다 | 人际 rénjì 명 사람과 사람 사이 | ★交往 jiāowǎng 동 교제, 왕래 | ★矛盾 máodùn 명 갈등, 모순 동 모순되다 | 百分之 bǎi fēn zhī 퍼센트 | 高于 gāoyú 동 ~보다 높다 | 全国 quánguó 명 전국, 나라 전체 | ★平均 píngjūn 명 평균 | 工资 gōngzī 명 임금, 월급 | 因此 yīncǐ 접 그래서, 이 때문에 | 技能 jìnéng 명 기능, 솜씨 | 放弃 fàngqì 동 포기하다, 버리다 | 原有 yuányǒu 형 원래 있는, 고유의 | ★固定 gùdìng 동 고정되다 | 而 ér 접 ~하고, 그리고 [순접을 나타냄] | 起 qǐ 동 (동사 뒤에 쓰여) ~하기 시작하다 | 使 shǐ 동 ~하게 하다 [=让 ràng] | 舒适 shūshì 형 편안하다, 쾌적하다 | ★学历 xuélì 명 학력 | 家人 jiārén 명 가족 | 肯定 kěndìng 동 인정 | 出差 chūchāi 동 출장 가다 | 压力 yālì 명 스트레스 | ★从事 cóngshì 동 종사하다, 몸담다 | 教育 jiàoyù 명 교육 | ★行业 hángyè 명 업종, 직종 | 较 jiào 부 비교적, 좀 | 失业 shīyè 동 실업하다, 직업을 잃다 | ★风险 fēngxiǎn 명 위험, 모험 | ★掌握 zhǎngwò 동 정통하다, 장악하다 |

● Day 38　　　　　　　　　　　　　　　　　● track 74
　13　D　　14　B　　15　A

13 D [看 보다 ≒ 观看 관람하다, 보다]　보기가 모두 '행동'에 대한 내용이므로, 녹음에 나오는 '행동' 관련 언급을 주의해 들어야 한다. 녹음에 따르면 심리학자는 지원자에게 '无声短片 (무성 단편 영화)'과 '有声短片 (유성 단편 영화)'을 '보게' 했다. 핵심 키워드인 '短片'이 녹음과 보기에 그대로 쓰였으나, '보다(看)'라는 행위를 '观看'이라는 어휘로 대체했다.

14 B [一样 같다 = 一致 일치하다]　두 번째 테스트의 '결과(结果)'는 '和前面的测试基本一致(앞의 테스트와 거의 일치하다)'라고 했으므로 'B. 结果基本一样(결과가 거의 같다)'이 답이다. 보기에 쓰인 형용사 '一样'은 '같다'라는 뜻으로, 녹음의 '一致(일치하다)'와 같은 의미이다.

15 A [원인/방법 + 从而 + 결과/목적]　'从而' 뒤에는 '결과/목적'에 대한 말이 이어지니, 주의해서 들어야 한다. 녹음에서 '增强人对听觉和视觉信息的回忆能力(사람들의 청각과 시각 정보에 대한 회상 능력을 높여 준다)'라고 언급된 부분이 보기 A와 일치한다.

第13到15题是根据下面一段话：

　　当你忘记密码的时候，不妨闭上眼睛回忆一下。有心理学家发现这样将有助于排除外部的干扰，增强人的回忆能力。¹³心理学家让近三百名志愿者先看了一部无声短片，然后心理学家就短片内容对他们提问，并让一半志愿者睁着眼睛回答，让另一半人闭着眼睛回答。结果显示，睁着眼睛回答的人正确率只有45%，而闭上眼睛的人正确率却达到了75%。接着心理学家又让志愿者观看了一部有声短片，并且让他们接受了同样的测试，¹⁴结果和前面的测试基本一致。¹⁵心理学家解释道，闭着眼睛可以让人们对所回忆的事情建立起比较清晰的影像，从而增强人对听觉和视觉信息的回忆能力。

13~15번 문제는 다음 내용에 근거한다.

　　당신이 비밀번호를 잊었을 때, 눈을 감고 한번 떠올려 보는 것도 괜찮다. 한 심리학자는 이렇게 하면 외부의 방해를 없애는 데 도움이 되고, 사람의 회상 능력을 높여 줄 것이라는 점을 발견했다. ¹³심리학자는 300명에 가까운 지원자에게 우선 무성 단편 영화를 보게 한 뒤, 바로 그들에게 단편 영화의 내용에 대해 질문하면서, 절반의 지원자에게는 눈을 뜨고 대답을 하게 하고, 나머지 절반의 사람들에게는 눈을 감고 대답하게 했다. 그 결과, 눈을 뜨고 대답한 사람의 정확도는 단지 45%였던 반면, 눈을 감았던 사람의 정확도는 75%에 달했다. 이어서 심리학자는 또 지원자에게 유성 단편 영화를 관람하게 하고, 또한 그들에게 같은 테스트를 받게 했다. ¹⁴결과는 앞의 테스트와 거의 일치했다. ¹⁵심리학자는 '눈을 감는 것이 사람들에게 회상하려는 일에 대해 비교적 또렷한 이미지를 만들게 하고, 이로써 사람들의 청각과 시각 정보에 대한 회상 능력을 높여 주는 것'이라고 설명했다.

13 心理学家让志愿者做了什么？
 A 互相微笑　　　B 咨询问题
 C 做题　　　　　**D 观看短片**

14 关于两次测试，下列哪项正确？
 A 人数不同　　　**B 结果基本一样**
 C 结果相反　　　D 内容相同

15 根据这段话，可以知道什么？
 A 闭眼能增强回忆能力
 B 有声影像更容易被记住
 C 实验出现了多次错误
 D 睁眼答题错误率为68%

---

13 심리학자는 지원자로 하여금 무엇을 하게 하였는가?
 A 서로 미소 짓기　　　B 문제를 자문하기
 C 문제 풀기　　　　　**D 단편 영화 보기**

14 두 번의 테스트에 관하여, 다음 중 옳은 것은?
 A 사람 수가 다르다　　**B 결과가 거의 같다**
 C 결과가 상반된다　　　D 내용이 서로 같다

15 이 이야기에 따르면, 무엇을 알 수 있는가?
 A 눈을 감으면 회상 능력을 높일 수 있다
 B 유성 영상은 기억되기 더욱 쉽다
 C 실험에 여러 차례의 오류가 나타났다
 D 눈을 뜨고 문제를 풀면 오답률이 68%이다

密码 mìmǎ 몡 비밀번호 | **不妨** bùfáng 튄 (~하는 것도) 괜찮다, 무방하다 | **闭** bì 동 닫다 | **回忆** huíyì 동 회상하다, 추억하다 | **心理学家** xīnlǐxuéjiā 몡 심리학자 | **有助于** yǒuzhùyú ~에 도움이 되다 | **排除** páichú 동 제거하다, 없애다 | **外部** wàibù 몡 외부, 밖, 바깥 | **干扰** gānrǎo 동 방해[排除干扰: 방해를 없애다] | **增强** zēngqiáng 동 높이다, 강화하다 | **能力** nénglì 몡 능력 | **名** míng 양 [사람을 세는 단위] | ★**志愿者** zhìyuànzhě 몡 지원자 | **部** bù 양 편, 부 [영화나 서적의 편수 등을 세는 단위] | **无声** wúshēng 동 소리가 없다 | **短片** duǎnpiàn 몡 단편 영화 | **然后** ránhòu 접 그런 후에, 그다음에 | **内容** nèiróng 몡 내용 | **提问** tíwèn 동 질문하다 | ★**睁** zhēng 동 (눈을) 크게 뜨다 | **结果** jiéguǒ 몡 결과, 결실 | ★**显示** xiǎnshì 동 보여주다, 뚜렷하게 나타내 보이다 | **正确** zhèngquè 혱 정확하다 | **率** lǜ 몡 율, 비율 [正确率: 정확도] | **而** ér 접 ~지만, ~나 | ★**达到** dádào 동 도달하다, 달성하다 | **接着** jiēzhe 튄 이어서, 계속하여 | **观看** guānkàn 동 관람하다, 보다 | **有声** yǒushēng 혱 유성의, 소리가 있는 | **并且** bìngqiě 접 또, 또한, 동시에 | **接受** jiēshòu 동 받다, 수락하다 | **同样** tóngyàng 혱 서로 같다, 다름없다 | **测试** cèshì 동 테스트하다, 실험하다 | ★**基本** jīběn 튄 거의, 대체로 | ★**一致** yízhì 혱 일치하다 | **解释** jiěshì 동 설명하다 | **道** dào 동 말하다 | ★**建立** jiànlì 동 만들다, 건립하다 | ★**清晰** qīngxī 혱 또렷하다, 분명하다 | **影像** yǐngxiàng 몡 이미지, 형상, 모습 [*建立影像: 이미지를 만들다] | ★**从而** cóng'ér 접 이로써, 따라서 | **听觉** tīngjué 몡 청각 | **视觉** shìjué 몡 시각 | **信息** xìnxī 몡 정보 | **互相** hùxiāng 튄 서로, 상호 | ★**微笑** wēixiào 동 미소 짓다, 웃음 짓다 | ★**咨询** zīxún 동 자문하다, 상의하다, 의논하다 | **做题** zuòtí 동 연습 문제를 풀다 | ★**项** xiàng 양 항목 | **人数** rénshù 몡 사람 수 | **相反** xiāngfǎn 동 상반되다 | **相同** xiāngtóng 혱 서로 같다 | **闭眼** bìyǎn 동 눈을 감다 | **记住** jìzhu 동 확실히 기억해 두다 | **出现** chūxiàn 동 나타나다, 출현하다 | **多次** duōcì 혱 여러 번의, 다수의 | **错误** cuòwù 몡 오류, 잘못 | **睁眼** zhēngyǎn 동 눈을 뜨다 | **答题** dátí 동 (시험) 문제를 풀다 | **为** wéi 동 ~이다 [=是]

독해 제1부분
01 빈칸에 알맞은 말 고르기

본서 pp.93~98

● Day 02 track yuedu 01
1 B 2 D 3 B 4 C

1~4

1 B [最早 ≒ 早先 최초의]

到底是谁最先用这个方法的呢? 据说这种正字计数法最早是在戏院用来登记人数的。
　　　　　　　　　　　　　　　　　　　기원에 대한 설명

빈칸 뒤에 '정(正)자 기수법은 최초에는 극장에서 사람 수를 기재하는 데에 쓰였다'라고 '정(正)자 기수법의 기원'에 대해 설명이 이어져 있다. 따라서, 빈칸에 들어갈 알맞은 질문은 '최초에 어디서, 누가, 왜 기수법을 사용했는지' 등에 관한 질문이어야 하므로, 보기 B가 답이다.

A 青少年是怎样学会计算的呢 청소년은 어떻게 계산을 배운 것일까?
B 到底是谁最先用这个方法的呢 도대체 누가 가장 먼저 이 방법을 썼던 것일까?
C 怎样正确运用正字计数法呢 어떻게 정(正)자 기수법을 정확하게 활용할까?
D 正字计数法有哪些缺点呢 정(正)자 기수법은 어떤 단점이 있을까?

★ 青少年 qīngshàonián 명 청소년 | 学会 xuéhuì 동 배워서 할 수 있다, 배워서 알다 | ★ 计算 jìsuàn 동 계산하다 | 到底 dàodǐ 부 도대체 | 正确 zhèngquè 형 정확하다, 올바르다 | ★ 运用 yùnyòng 동 활용하다, 응용하다 | 缺点 quēdiǎn 명 단점, 결점

2 D [满+수량사 ~만큼의 한도에 이르다]

只有服务员在门前招呼客人, 满 了5位后就领着客人入座
　　　　　　　　　　　　　　　　수량사

빈칸 뒤 '5位(다섯 명)'와 호응하는 보기를 찾자. 보기 중 수량사와 호응하는 어휘는 '(일정한 한도에) 이르다'는 의미의 'D. 满'뿐이다.

A 想 xiǎng 동 생각하다 [想+방법/아이디어]
　为了提高销售量, 我们要想出一个好办法: 如何吸引顾客的注意。
　판매량을 늘리기 위해서 우리는 '어떻게 고객의 주의를 끌 것인가'에 대한 좋은 방법을 생각해 내야 한다.
　想办法 방법을 생각하다 | 想主意 아이디어를 생각하다 | 想起来 (일시적으로 잊었던 것이) 생각이 나다

B 低 dī 형 낮다 [수준/가격+低] 동 (머리를) 숙이다
　批发的数量越多, 价格越低。 도매하는 수량이 많을수록, 가격이 낮아진다.
　他害羞地低下了头。 그는 부끄러워서 고개를 숙였다.
　价格低 가격이 낮다 | 低头 고개를 숙이다 | 水平低 수준이 낮다

C 挡 dǎng 동 막다, 저지하다, 차단하다 [挡+바람/햇빛/문/사람]
　雨伞不仅能挡风、挡雨, 而且还能挡阳光。 우산은 바람과 비를 막을 수 있을 뿐만 아니라, 햇빛도 차단한다.
　挡风 바람을 막다 | 挡阳光 햇빛을 차단하다 | 挡门 문을 막다 | 挡人 사람을 막다

D 满 mǎn 형 가득 차 있다 [满+숫자/수량] 동 (일정한 한도에) 이르다, 꽉 채우다

购满800元，可享受8折优惠。 8백 위안을 구매하면, 20% 할인 혜택을 받을 수 있다.

满+숫자/수량 ~에 꽉 차다 | 装满 가득 차다

3 B [广泛流行起来 널리 유행하기 시작하다]

在民间正字计数法便开始 广泛 流行起来。一直到现在，许多中国人还……

빈칸 뒤의 표현 '流行起来(유행하기 시작했다)'와 연결해 해석해 보면, 문맥상 'B. 广泛(광범위하다)'과 'D. 长久(시간이 오래다)' 모두 정답이 될 수 있을 것 같지만, 방향보어 '起来(~하기 시작하다)'는 시간의 지속을 나타내는 '长'과 함께 쓸 수 없으므로 답은 'B. 广泛(광범위하다)'이다.

A 秘密 mìmì 명 비밀

离职后的员工也应该保守原公司的 秘密。
이직 후의 직원도 원래 회사의 비밀을 지켜야 한다.

保守秘密 비밀을 지키다 | 泄露秘密 비밀을 누설하다 | 秘密进行 비밀로 진행하다

B 广泛 guǎngfàn 형 (범위가) 광범위하다, 폭넓다 [범위 강조]

工作时，广泛 听取各方的意见是必不可少的。
일할 때, 각계의 의견에 폭넓게 귀를 기울이는 것은 필수적이다.

内容广泛 내용이 광범위하다 | 用途广泛 용도가 폭넓다 | 广泛流传 폭넓게 퍼지다

C 轻松 qīngsōng 형 홀가분하다, 수월하다, 부담이 없다

每次考完试，学生们都感到很 轻松。 매번 시험이 다 끝나면, 학생들은 모두 마음이 홀가분하다.

感到轻松 마음이 가볍다 | 轻松地完成 수월하게 완성하다

D 长久 chángjiǔ 형 매우 길고 오래다 [시간의 지속]

汉语学习是一个 长久 的计划。 중국어 학습은 하나의 장기적인 계획이다.

长久计划 오랫동안 계획하다 | 长久进行 오랫동안 진행하다

4 C [保留习惯 습관을 유지하다]

许多中国人还 保留 着用正字计数的习惯。
　　　　　　　　　동태조사　　　목적어

빈칸 뒤에 동태조사(着)가 있으니 빈칸은 동사 자리이다. 뒤에 나오는 목적어 '习惯(습관)'과 호응할 수 있는 동사 어휘는 'C. 保留(유지하다)'뿐이다.

A 促使 cùshǐ 동 ~하게 하다, ~하도록 촉진/재촉하다 [促使+A(대상)+B(행동)]

希望能 促使 社会的进步，痛苦能 促使 我们自身的成长。
희망은 사회의 발전을 촉진시킬 수 있고, 고통은 우리 자신의 성장을 촉진시킬 수 있다.

促使社会进步 사회 발전을 촉진하다 | 促使+A+成长 A가 성장하도록 촉진하다

B 证明 zhèngmíng 동 증명하다 [证明+내용/사실]

通过这次考试，可以 证明 她的成绩非常优秀。 이번 시험을 통해, 그녀의 성적이 매우 우수하다는 것을 증명할 수 있다.

证明事实 사실을 증명하다 | 通过……证明 ~를 통해 증명하다

C 保留 bǎoliú 동 보존하다, 유지하다, 보류하다 [保留+습관/풍습/의견]

我们应该 保留 传统习俗。 우리는 마땅히 전통 풍습을 보존해야 한다.

保留传统 전통을 보존하다 | 保留习惯 습관을 유지하다 | 保留意见 의견을 보류하다

tip
保留, 保持, 维持 유의어 비교

保留 bǎoliú 통 보존하다, 보류하다	사물이나 상황이 변하지 않음을 나타내거나, 서로 다른 의견에 대해 바로 결정하지 않고 후에 결정하는 것을 뜻할 때 쓰인다.
	保留资料 자료를 보존하다 ǀ 保留意见 의견을 보류하다
保持 bǎochí 통 유지하다, 지키다	원래의 '좋은 상태'를 보호하고 계속 유지하여 '변하거나 중단되지 않게 함'을 의미한다. 주로 관계, 전통, 위생 등의 방면에 쓰인다.
	保持联系 연락을 유지하다 ǀ 保持习惯 습관을 유지하다
维持 wéichí 통 유지하다, 지키다	노력이나 수단을 통해 '지금의 상황을 더 이상 나쁘게 만들지 않는다'는 의미로 '保持'보다 지속되는 시간이 짧으며 내포하고 있는 뜻도 가볍다. 생활, 질서, 생명 등의 방면에 쓰인다.
	维持生活 생활을 유지하다 ǀ 维持秩序 질서를 유지하다

D **法度** fǎdù 명 법률과 제도
为了国家安全，我们要遵守**法度**。 국가 안전을 위해, 우리는 법률과 제도를 준수해야 한다.
遵守**法度** 법률과 제도를 준수하다

中国人在计数的时候，通常会用"正"字，一个正字有5画，代表数字5，两个正字则代表数字10，以此类推。这种计数方法又简单又易懂，受到了很多中国人的欢迎。那么，**1 到底是谁最先用这个方法的呢**？据说这种正字计数法最早是在戏院用来登记人数的。

清代时，戏院是很重要的娱乐场所，天天都有许多观众。那时还没有门票，只有服务员在门前招呼客人，**2 满**了5位后就领着客人入座，然后记账的人便会在黑板上写下一个正字，并且注明此服务员的名字，然后由其负责收钱。

后来，在民间正字计数法便开始**3 广泛**流行起来。一直到现在，许多中国人还**4 保留**着用正字计数的习惯。

중국인은 수를 셀 때 보통 '정(正)'자를 사용한다. 한 개의 정(正)자는 5획으로, 숫자 5를 의미한다. 두 개의 정(正)자는 숫자 10을 의미하며, 이러한 방식으로 유추한다. 이러한 수를 세는 방식은 간단하고 알기 쉬워서 많은 중국인에게 인기가 있다. 그렇다면 **1 도대체 누가 가장 먼저 이 방법을 썼던 것일까**? 이러한 정(正)자 기수법은 최초에는 극장에서 사람 수를 기재하는 데에 쓰였다고 한다.

청나라 시기, 극장은 매우 중요한 오락 장소로 날마다 매우 많은 관중이 있었다. 당시에는 아직 입장권이 없었고, 단지 종업원이 문 앞에서 손님을 불러 모아, 5명이 **2 꽉 차면** 바로 손님을 안내하여 자리에 앉혔다. 그 다음 장부를 적는 사람이 칠판 위에 정(正)자를 하나 쓰고, 또한 그 종업원의 이름을 적은 다음에 종업원이 돈 받는 것을 책임졌다.

나중에 민간에서 정(正)자 기수법이 **3 광범위하게** 유행하기 시작했다. 지금까지도 많은 중국인이 여전히 정(正)자를 이용해 수를 세는 습관을 **4 유지하고** 있다.

计数 jìshù 통 수를 세다, 통계를 내다 ǀ ★通常 tōngcháng 명 보통, 통상 ǀ 画 huà 명 (한자의) 획 ǀ ★则 zé 부 곧, 바로 [=就(是)] ǀ ★代表 dàibiǎo 통 대표하다, 대신하다 ǀ 数字 shùzì 명 숫자 ǀ 类推 lèituī 통 유추하다 ǀ 方法 fāngfǎ 명 방식, 방법, 수단 ǀ 易懂 yìdǒng 형 알기 쉽다 ǀ 受 shòu 통 받다 [受到欢迎: 인기가 있다, 환영을 받다] ǀ 到底 dàodǐ 부 도대체 ǀ ★据说 jùshuō 통 다른 사람의 말에 의하면 ~라 한다 ǀ 计数法 jìshùfǎ 명 기수법 [숫자를 사용하여 수를 적는 방법] ǀ 最早 zuìzǎo 최초 ǀ 戏院 xìyuàn 명 극장 ǀ 用来 yònglái ~에 쓰다, ~함으로써 ǀ ★登记 dēngjì 통 기재하다, 등록하다 ǀ 人数 rénshù 명 사람 수 ǀ 清代 Qīngdài 고유 청대 ǀ ★娱乐 yúlè 명 오락 (쉬는 시간을) 즐겁게 보내다 ǀ 场所 chǎngsuǒ 명 장소 ǀ 天天 tiāntiān 명 날마다, 매일 ǀ 许多 xǔduō 형 (사람의 수나 물건의 수량이) 매우 많다 ǀ 观众 guānzhòng 명 관중, 구경꾼 ǀ 门票 ménpiào 명 입장권 ǀ

招呼 zhāohu 동 (손짓하여) 부르다 | **满** mǎn 형 꽉 차다, 가득 차다 | **领** lǐng 동 안내하다, 이끌다 | **入座** rùzuò 동 자리에 앉다 | **记账** jìzhàng 동 장부에 적다 | ★**便** biàn 부 바로, 곧 [=就] | **注明** zhùmíng 동 주를 달아 밝히다, 상세히 주를 달다 | **由** yóu 개 ~가 [동작의 주체를 나타냄] | **其** qí 대 그, 그녀, 그것 | **负责** fùzé 동 책임지다 | **收** shōu 동 받다, 접수하다 | **民间** mínjiān 명 민간 | ★**广泛** guǎngfàn 형 광범위하다, 폭넓다 | **流行** liúxíng 동 유행하다, 성행하다 | ★**保留** bǎoliú 동 유지하다, 보존하다

● **Day 03** track yuedu 02
5 C 6 A 7 D 8 C

5~8

5 C [**把握心理** 심리를 파악하다]

作为一名男性，要 把握 好女性角色的表情和心理
　　　　　　　조동사　　　　　　　　목적어

빈칸 앞에 조동사 '要'가 있으므로 빈칸은 동사 술어 자리이다. 목적어 '表情和心理(표정과 심리)'와 의미상 가장 잘 호응하는 동사는 심리, 태도, 표정을 목적어로 취할 수 있는 'C. 把握(파악하다, 장악하다)'이다.

A 产生 chǎnshēng 동 (새로운 것이) 생기다, 발생하다, 나타나다 [产生+추상]
　　网络技术的发展对整个社会产生了巨大的影响。 인터넷 기술의 발전은 사회 전체에 거대한 영향을 미쳤다.
　　产生……影响 ~한 영향을 미치다 | 产生副作用 부작용이 나타나다

B 组织 zǔzhī 동 (사람 또는 사물이 총체적인 형태를 갖추도록) 조직하다, 구성하다
　　　　　　　명 (일정한 체계에 근거한) 조직, 구성, 결성
　　这次聚会是由小王组织的。 이번 모임은 샤오왕이 조직한 것이다.
　　A由B组织 A는 B가 조직하다 | 组织聚会 모임을 조직하다 | 组织活动 활동을 구성하다 | 政府组织 정부 조직

C 把握 bǎwò 동 (추상적인 것을) 파악하다, 장악하다, 잡다 명 자신감
　　作为领导，只有把握员工心理，才能和员工和谐相处。 지도자로서, 직원들의 심리를 파악해야만 직원들과 잘 지낼 수 있다.
　　只有不断寻找机会的人才会及时把握机会。 끊임없이 기회를 찾는 사람만이 제때에 기회를 잡을 수 있다.
　　把握员工心理 직원의 심리를 파악하다 | 把握机会 기회를 잡다 | 有把握 자신이 있다 | 没有把握 자신이 없다

D 成立 chénglì 동 (조직·기구 등을) 창립하다, 설립하다, 결성하다
　　我们公司成立于1985年。 우리 회사는 1985년도에 창립되었다.
　　成立于+A[시간/장소] A에 창립되다 | 成立公司 회사를 설립하다 | 成立学校 학교를 설립하다

6 A [**趁……的时候** ~때를 틈타서]

他 趁 正收拾衣服的妻子不注意的时候，随手拿起一个盆子摔在地上，

빈칸이 포함된 문장이 술어 '摔'를 수식하는 구조로, 빈칸에는 개사가 들어가야 한다. 일반적으로 개사는 명사나 동사와 결합해 문장에서 술어를 수식하는 부사어 역할을 한다. 의미상 빈칸 뒤 명사 '时候'와 결합해 술어 '摔'를 수식하는 구조로, '아내가 방심한~'이라고 해석할 수 있으므로, 어떠한 '시간'이나 '기회'를 (유리하게) 이용한다는 의미의 'A. 趁(~를 틈타, 이용해서)'이 답이다. '趁'은 주로 뒤에 시간을 수반하기 때문에, 빈칸 뒤 '……的时候'가 결정적인 힌트이다.

A 趁 chèn 개 (시간 또는 기회를) ~를 틈타, 이용해서 [趁(着)+시간/기회]
　　趁(着)这次机会，我要学习汉语。 이번 기회를 이용해서, 나는 중국어를 공부할 것이다.
　　趁(着)机会 기회를 틈타 | 趁(着)年轻 젊음을 틈타

01 빈칸에 알맞은 말 고르기 53

B 靠 kào 동 (신체의 일부를 다른 사람이나 사물에) 기대다, 의지하다, 접근하다, 신뢰하다

网上说把腿靠在墙上可以瘦腿。 인터넷에서 다리를 벽에 기대면 다리가 날씬해질 수 있다고 한다.

靠在墙上 벽에 기대다 │ 背靠背 서로 등을 맞대다

C 从 cóng 개 (시간 또는 공간의 기점을 표시하여) ~에서부터, (시간 또는 지점을) 거쳐

从首尔到北京坐飞机需要两个小时。 서울에서부터 베이징까지 비행기를 타면 두 시간 걸린다.

从A到B A에서부터 B까지 [시간, 공간, 범위 등을 나타냄] │ 从A以后 A(한) 이후 │ 从A开始 A부터 시작하다

D 和 hé 개 ~와 접 ~와

有烦恼的时候应该多和朋友交流。 고민이 있을 때 친구들과 많이 교류해야 한다.

A和B交流 A는 B와 교류하다 │ A和B一起 A는 B와 함께 │ A和B A와 B

---

7 D [大叫一声 → 정황: 놀라다]

只听"咣当"一声巨响，妻子惊得身子一抖，大叫一声，很久说不出话来。

빈칸 앞뒤 내용을 살펴보자. 앞의 내용은 '와장창(咣当)'하는 큰 소리가 나는 것을 들었다는 내용이고, 뒤의 내용은 소리를 지른 후 아주 오랫동안 말을 하지 못했다는 내용이다. 앞뒤의 내용을 통해 알아낸 '소리를 듣고 놀랐다'는 정황과 관계된 내용은 보기 중 'D. 妻子惊得身子一抖(아내는 몸이 떨릴 정도로 놀랐다)'뿐이다.

A 他并没有关注妻子 그는 결코 아내에게 관심을 갖지 않았다

B 他很快就后悔了 그는 곧바로 후회했다

C 盆子被摔碎了 그릇이 내던져져 깨졌다

D 妻子惊得身子一抖 아내는 몸이 떨릴 정도로 놀랐다

并 bìng 부 결코, 전혀, 조금도 [부정문 앞에 쓰여 부정의 어투 강조] │ 关注 guānzhù 동 관심을 가지다 │ 后悔 hòuhuǐ 동 후회하다 │ 摔 shuāi 동 내던지다 │ ★碎 suì 동 깨지다, 부서지다 │ 抖 dǒu 동 떨다

---

8 C [형용사/동사 + 地 + 술어]

又将其 巧妙 地 融入表演中
　　　　　　　　술어

어법적 관계를 나타내는 구조조사 '地'는 '형용사나 동사'가 뒤에 있는 동사 술어를 수식하는 '부사어 역할'을 하게 한다. 기본 어순은 '형용사/동사+地+술어'이다. 즉, 빈칸은 술어 '融入(융화시키다)'를 수식해 주는 부사어 자리로, 문맥에도 맞고 술어와 호응이 가장 잘 맞는 보기는 '절묘하게 융화시키다'라고 해석되는 'C. 巧妙(절묘하다)'이다.

A 一定 yídìng 부 (단호하거나 또는 확정적으로) 반드시, 필히, 꼭 [≒肯定] 형 일정하다, 규정되다, 확정되다, 규칙적이다

将来的你，一定会感谢现在努力的自己。 미래의 당신은, 지금 노력하는 스스로에게 반드시 감사하게 될 것이다.

一定会 반드시 ~할 것이다 │ 一定要 반드시 ~해야 한다

B 果然 guǒrán 부 역시, 과연, 아니나 다를까 [일반적으로 뒤 문장에 씀]

百闻不如一见，这个地方的风景果然不错。 백문이 불여일견이라더니, 이곳의 풍경은 과연 좋다.

天气预报说今天有雨，果然真下雨了。 일기예보에서 오늘 비가 온다고 했는데, 과연 정말 비가 왔다.

果不其然 과연, 아니나 다를까 ['果然'을 강조한 말]

C 巧妙 qiǎomiào 형 (짜임새나 생김새 따위가) 절묘하다, 뛰어나다, 교묘하다

这幅作品的巧妙设计让人十分惊奇。 이 작품의 절묘한 설계에 사람들은 놀라움을 금치 못했다.

巧妙(的)设计 절묘한 설계 │ 手法巧妙 솜씨가 뛰어나다 │ 回答巧妙 대답이 절묘하다

D 唯一 wéiyī 형 유일한, 하나밖에 없는 [관형어의 용법이 시험에 자주 출제됨]

想要得到好成绩，唯一的方法就是不断努力。 좋은 성적을 얻고 싶다면, 유일한 방법은 끊임없이 노력하는 것이다.

唯一的方法 유일한 방법 | 唯一的依靠 유일한 버팀목

著名京剧大师梅兰芳擅长饰演旦角，即女性角色，他曾经塑造过一系列栩栩如生的女性形象。但是，作为一名男性，要 5 把握好女性角色的表情和心理，难度很大。

有一次，为了很好地表现女性吃惊的样子，梅兰芳再三思索，并反复模仿，但总觉得不够味儿。回家以后，他 6 趁正收拾衣服的妻子不注意的时候，随手拿起一个盆子摔在地上，只听"哐当"一声巨响，7 妻子惊得身子一抖，大叫一声，很久说不出话来。他把妻子的神情看得清清楚楚，并以此反复琢磨并反复模仿，又将其 8 巧妙地融入表演中，将女性吃惊的样子演得活灵活现。

유명한 경극의 대가 메이란팡은 단각(旦角), 즉 여자 역할을 연기하는 데 능했다. 그는 일찍이 일련의 생동감 넘치는 여성의 이미지를 형상화했었다. 하지만 한 남성으로서, 여성 역할의 표정과 심리를 잘 5 파악하기에는 어려움이 매우 컸다.

한번은, 여성이 놀란 모습을 잘 표현하기 위해, 메이란팡은 거듭 고민하고, 반복해서 모방했지만, 늘 느낌이 부족하다고 생각했다. 집에 돌아간 후, 그는 마침 옷을 정리하고 있는 아내가 방심한 때를 6 틈타서, 손이 가는 대로 그릇을 들어 바닥에 내던졌다. '와장창'하는 큰 소리가 나는 것을 듣고, 7 아내는 몸이 떨릴 정도로 놀라서 크게 소리를 지른 후, 아주 오랫동안 말을 하지 못했다. 그는 아내의 표정을 아주 명확하게 보았고, 이것을 반복해서 생각하고 모방했으며, 또한 그것을 8 절묘하게 공연 속에 융화시켜, 여성이 놀란 모습을 실감나게 연기했다.

著名 zhùmíng 형 유명하다, 저명하다 | 京剧 jīngjù 명 경극 [중국의 주요 전통 연극] | 大师 dàshī 명 대가, 거장 | 梅兰芳 Méi Lánfāng 고유 메이란팡 [1894-1961, 중국의 경극 배우] | 擅长 shàncháng 동 (어떤 방면에) 잘하다, 정통하다 | 饰演 shìyǎn 동 ~역을 연기하다 | 旦角 dànjué 명 (중국 전통극에서) 여자 (배)역 | 即 jí 부 즉, 바로 [=就] | 女性 nǚxìng 명 여자, 여성 | ★角色 juésè 명 (연극이나 영화·TV의) 배역, 역할 | 曾经 céngjīng 부 일찍이, 이미 | 塑造 sùzào 동 (언어·문자·기타 예술 수단으로) 인물을 형상화하다 | 一系列 yíxìliè 형 일련의, 연속의 | 栩栩如生 xǔxǔ rú shēng 성 생동감이 넘쳐흐르다, 마치 살아 있는 것같이 생생하다 | ★形象 xíngxiàng 명 이미지 | ★作为 zuòwéi 동 ~로서, ~의 신분으로서 [반드시 명사성 목적어를 취해야 함] | 男性 nánxìng 명 남성 | ★把握 bǎwò 동 (추상적인 것을) 파악하다, 잡다 | ★表情 biǎoqíng 명 표정 | ★心理 xīnlǐ 명 심리 | 难度 nándù 명 난이도, 난도 | ★表现 biǎoxiàn 동 표현하다, 나타내다 | 吃惊 chījīng 동 놀라다 | 样子 yàngzi 명 모습, 모양 | 再三 zàisān 부 거듭, 여러 번 | 思索 sīsuǒ 동 깊이 생각하다, 사색하다 | 并 bìng 접 그리고, 또 | ★反复 fǎnfù 부 반복하여, 거듭 | ★模仿 mófǎng 동 모방하다, 흉내내다 | 总 zǒng 부 늘, 줄곧 | 不够 búgòu 형 부족하다 | 味儿 wèir 명 느낌, 재미, 맛 | ★趁 chèn 개 ~를 틈타, (시간·기회를) 이용해서 | ★正 zhèng 부 마침 | 收拾 shōushi 동 정리하다, 정돈하다 | ★随手 suíshǒu 부 손이 가는 대로, ~하는 김에 | 拿 ná 동 (손으로) 들다, 쥐다, 잡다 | 起 qǐ 동 [동사 뒤에 쓰여, 위로 들어올리는 행위를 나타냄] | 盆子 pénzi 명 대야, 화분 | 摔 shuāi 동 내던지다, 내동댕이치다, 넘어지다 | 哐当 guāngdāng 와장창, 쾅[물체가 부딪쳐 나는 소리] | 声 shēng 명 소리를 내다 | 巨响 jùxiǎng 명 큰 소리 | 惊 jīng 동 놀래다 | 身子 shēnzi 명 몸, 신체 | 抖 dǒu 동 떨다 | 神情 shénqíng 명 표정, 기색 | 清清楚楚 qīngqīngchǔchǔ 형 분명하다, 또렷하다 | 以 yǐ 개 ~로 | 此 cǐ 대 이, 이것 | 琢磨 zuómó 동 깊이 생각하다, 사색하다 | 将 jiāng 개 ~를 [=把] | ★巧妙 qiǎomiào 형 절묘하다, 뛰어나다, 교묘하다 | 融入 róngrù 동 융화되어 들어가다 | 表演 biǎoyǎn 명 공연 동 공연하다, 연기하다 | 活灵活现 huólíng huóxiàn 성 (묘사·서술·연기 등이) 생동감 있다, 생생하다

Day 10
9 A　10 B　11 A　12 C

◦ track yuedu 03

9~12

9　A [对A产生影响 A에게 영향을 끼치다]

人们的一举一动都会对环境 产生 影响。

'影响(영향)'과 호응할 수 있는 동사를 찾는 것이 문제의 핵심이다. 가장 헷갈리는 보기는 'A. 产生'과 'D. 生产'일 텐데, '产生'은 일반적으로 추상적인 단어와 호응하고, '生产'은 인공적인 생산을 의미하며, 추상적인 단어와 호응하지 않는다. 따라서 추상적인 단어인 '影响(영향)'과 호응할 수 있는 'A. 产生'이 답이다. 참고로, '(아이를) 출산하다'라는 의미로 쓸 때는 '产生'과 '生产' 모두 사용할 수 있다.

A 产生 chǎnshēng 동 (새로운 것이) 생기다, 발생하다, 나타나다 [产生+추상 목적어]
父母的关系会对孩子的成长产生很大的影响。 부모의 관계는 아이의 성장에 큰 영향을 줄 수 있다.
产生影响 영향을 끼치다 ㅣ 产生矛盾 모순이 생기다 ㅣ 产生误会 오해가 생기다

B 致使 zhìshǐ 동 ~를 초래하다, ~를 야기하다, ~를 가져오다 [致使+대상+동작(안 좋은 일)]
由于没有及时治疗，致使他的病情严重了。 제때에 치료하지 않아서 그의 병세는 심각함을 초래했다.
致使A严重 A에게 심각함을 초래하다 ㅣ 致使A影响B A가 B에게 안 좋은 영향을 끼치게 하다

C 制造 zhìzào 동 (비교적 대규모의 물건을) 제조하다, 만들다 [制造+飞机/武器/设备/机器]
　　　　　　　　동 (부정적인 상황을) 만들다 [制造+垃圾/污染]
这家公司每年都会制造大量的工业品。 이 회사는 매년 대량의 공산품을 만든다.
我昨天去观看了化妆品的制造过程。 나는 어제 화장품 제조 과정을 보러 갔다.
制造产品 상품을 제조하다 ㅣ 制造过程 제조 과정 ㅣ 制造成本 제조 원가

D 生产 shēngchǎn 동 (인공적으로) 생산하다, 만들다 [生产+사물 목적어]
本公司大量生产电脑电池、耳机等配件。 당사는 컴퓨터 배터리, 이어폰 등의 부품을 대량 생산합니다.
大量生产 대량으로 생산하다 ㅣ 生产日期 생산 일자

10　B [提出概念 개념을 제시하다]

所以有人提出了"无痕山林"的 概念 。"无痕山林"是一种环境教育的理念，……

빈칸 뒤 문장에서 '无痕山林'이 무엇인지, 그 개념(概念)에 대해 설명하고 있으므로, 빈칸에는 'B. 概念(개념)'이 가장 적합하다.

A 结论 jiélùn 명 결론
希望你仔细调查后再下结论。 네가 자세히 조사한 후 다시 결론을 내리길 바라.
下结论 결론을 내다 ㅣ 得出结论 결론을 얻다

B 概念 gàiniàn 명 개념
请问你知道具体概念和抽象概念的区别吗？ 실례지만 당신은 구체적인 개념과 추상적인 개념의 차이를 알고 있습니까?
具体概念 구체적 개념 ㅣ 抽象概念 추상적 개념 ㅣ 形成概念 개념을 형성하다 ㅣ 提出概念 개념을 제시하다

C 要求 yāoqiú 명 (구체적인) 요구
只要我提出合理的要求，爸爸基本上都会满足我。 내가 합리적인 요구를 제시하기만 하면, 아빠는 대체로 다 들어주실 거다.
提出要求 요구를 제시하다 ㅣ 基本要求 기본적 요구

D 结果 jiéguǒ 명 (일정한 단계 또는 최후의 상태까지 발전한) 결과, 결실
换一种方法做事，会产生不一样的结果。 방법을 바꿔서 일을 하면, 다른 결과를 낼 수 있을 것이다.
产生结果 결과를 내다 ǀ 发表结果 결과를 발표하다 ǀ 取得好结果 좋은 결과를 얻다

11 A [遵守规定 규정을 준수하다]

推广"无痕山林"的理念不仅是为了教育大家 遵守 "请勿乱扔垃圾""严禁野外生火"等规定，……
　　　　　　　　　　　　　　　　　　　　　　　　　　　　목적어

문장이 길어서 어렵게 느꼈을 수도 있지만, 어휘 호응 관계에만 집중해도 답을 쉽게 찾을 수 있다. 보기가 모두 동사이므로, 빈칸은 술어 자리일 확률이 높다. 이 문장에서 목적어 역할을 할 수 있는 어휘는 명사 '规定(규정)'으로, 보기 중 '规定(규정)'과 의미상 가장 잘 호응하는 동사 'A. 遵守(준수하다)'가 답이다.

A 遵守 zūnshǒu 동 (규정, 행동 등을) 준수하다, 지키다
考生应该严格遵守考试时间。 수험생은 반드시 시험 시간을 엄격히 준수해야 한다.
遵守时间 시간을 준수하다 ǀ 遵守规定 규정을 준수하다 ǀ 严格遵守 엄격히 준수하다 ǀ 遵守道德 도덕을 지키다

B 创造 chuàngzào 동 (새로운 방법이나 이론을) 창조하다, 만들다, 발명하다
不要总是等待机会，要自己创造机会。 늘 기회를 기다리지 말고, 스스로 기회를 만들어라.
创造机会 기회를 만들다 ǀ 发明创造 발명하고 창조하다 ǀ 创造奇迹 기적을 만들다

C 导致 dǎozhì 동 (부정적인 상황을) 초래하다, 야기하다 [导致+부정적인 상황]
由于今天下大雨，导致下午的活动被取消了。 오늘 비가 많이 와서 오후 활동이 취소되었다.
导致影响 영향을 미치다 ǀ 由A导致B A 때문에 B가 초래되다 ǀ 导致后果 안 좋은 결과를 초래하다

D 利用 lìyòng 동 이용하다
生活中多利用公共交通工具，可以减少环境污染。 생활 속에서 대중교통을 많이 이용하면, 환경오염을 줄일 수 있다.
利用交通工具 교통수단을 이용하다 ǀ 利用资源 자원을 이용하다 ǀ 合理利用 합리적으로 이용하다
被A利用 A에게 이용되다

12 C [(가설) + A以后, (미래)]

相信这种生活态度形成以后， 人们的行为就会有所不同 。

빈칸 앞 절 '这种生活态度(이러한 생활 태도)'는 더 앞 문장의 '사람들이 보다 환경을 사랑하고 보호하는 생활 태도'를 의미한다. 따라서, 문맥상 이러한 생활 태도가 형성된 후에는 '긍정적 바람이나 기대'가 이어지리라 믿는 것이 자연스럽다.

A 大家的认识将非常有限 모두의 인식은 매우 제한적일 것이다
B 情况得到了改善 상황이 개선되었다
C 人们的行为就会有所不同 사람들의 행동이 어느 정도 달라질 것이다
D 极难引发大家深思 모두가 깊은 생각을 하도록 하기는 매우 어렵다

将 jiāng 부 ~일 것이다 ǀ 有限 yǒuxiàn 형 한계가 있다 ǀ 情况 qíngkuàng 명 상황 ǀ 得到 dédào 동 얻다, 받다 ǀ ★改善 gǎishàn 동 개선하다 [得到改善: 개선되다] ǀ ★行为 xíngwéi 명 행위, 행동 ǀ 极 jí 부 매우, 아주 ǀ 引发 yǐnfā 동 일으키다, 야기하다 ǀ 深思 shēnsī 동 깊이 생각하다

在户外旅行的时候，人们的一举一动都会对环境9产生影响。在山顶大喊时，会吓到山上生活的动物；为了拍照留念而摘花折树……这些行为都是会对自然造成破坏的行为。所以有人提出了"无痕山林"的10概念。"无痕山林"是一种环境教育的理念，旨在提醒人们在自然中活动的时候，要关注并身体力行地保护自然环境。通过教育而不是管制的方式，渐渐形成一套户外活动行为准则。

推广"无痕山林"的理念不仅是为了教育大家11遵守"请勿乱扔垃圾""严禁野外生火"等规定，而且更是为了让人们形成爱护环境的生活态度。相信这种生活态度形成以后，12人们的行为就会有所不同。

야외에서 여행을 할 때, 사람들의 모든 행동은 환경에 영향을 9 끼치게 된다. 산 정상에서 소리를 지를 때 산에서 생활하는 동물들을 놀라게 하고, 사진을 찍어 기념으로 남기기 위해 꽃과 나무를 꺾는 것 … 이러한 행동들은 모두 자연에 파괴를 초래하는 행동들이다. 그래서 누군가 '흔적 남기지 않기'의 10 개념을 제시하였다. '흔적 남기지 않기'는 일종의 환경 교육 이념으로, 사람들이 자연에서 활동할 때, 자연환경 보호에 관심을 가지고 몸소 실천하도록 일깨우는 것에 그 목적이 있다. 통제가 아닌, 교육 방식을 통해 점진적으로 하나의 야외 활동의 행동 규범을 형성하는 것이다.

'흔적 남기지 않기'의 이념을 보급하는 것은, '쓰레기를 함부로 버리지 마시오', '야외에서 불 피우는 것을 엄금합니다' 등의 규정을 모두 11 준수하도록 교육하기 위해서일 뿐만 아니라, 또한 사람들이 보다 환경을 사랑하고 보호하는 생활 태도를 형성하도록 하기 위함이다. 이러한 생활 태도가 형성된 후, 12 사람들의 행동이 어느 정도 달라질 것이라 믿는다.

户外 hùwài 명 야외 | 旅行 lǚxíng 동 여행하다 명 여행 | 一举一动 yìjǔ yídòng 성 모든 행동, 일거수일투족 | ★产生 chǎnshēng 동 발생하다, 생기다 | 山顶 shāndǐng 명 산 정상 | ★喊 hǎn 동 소리치다, 외치다 | ★吓 xià 동 놀라게 하다, 무섭게 하다 | 生活 shēnghuó 동 생활하다, 생존하다 | 拍照 pāizhào 동 사진을 찍다 | 留念 liúniàn 동 기념을 남기다 | ★摘 zhāi 동 (식물의 꽃·열매·잎을) 꺾다, 따다 | 折 zhé 동 꺾다 | 行为 xíngwéi 명 행동, 행위 | 自然 zìrán 명 자연 | 造成 zàochéng 동 초래하다, 야기하다 | ★破坏 pòhuài 동 파괴하다 [造成破坏: 파괴를 초래하다] | 提出 tíchū 동 제시하다, 제출하다 | 无痕山林 wúhén shānlín 흔적 남기지 않기 [자연 환경을 보호하기 위한 운동으로 자연을 방문할 때 '흔적 남기지 않기(Leave No Trace)' 지침을 의미함] | ★概念 gàiniàn 명 개념 | 教育 jiàoyù 명 교육 | 理念 lǐniàn 명 이념 | 旨 zhǐ 명 목적, 취지, 의도 | 提醒 tíxǐng 동 일깨우다, 깨우치다 | 活动 huódòng 동 활동하다 | 关注 guānzhù 동 관심을 가지다 | 并 bìng 접 그리고, 또 | 身体力行 shēntǐ lìxíng 몸소 체험하고 힘써 실천하다 | 保护 bǎohù 동 보호하다 | 通过 tōngguò 개 ~를 통해, ~에 의해 | 管制 guǎnzhì 동 통제, 단속 | ★方式 fāngshì 명 방식, 방법 | 渐渐 jiànjiàn 부 점점, 점차 | ★形成 xíngchéng 동 형성되다, 이루어지다 | ★套 tào 양 벌, 조 | 准则 zhǔnzé 명 규범, 준칙 | ★推广 tuīguǎng 동 널리 보급하다, 일반화하다 | 不仅 bùjǐn 접 ~일 뿐만 아니라 | ~에 그치지 않다 | ★遵守 zūnshǒu 동 준수하다, 지키다 | ★勿 wù 부 ~하지 마라, ~해서는 안 된다 [请勿: ~하지 마시오] | 乱 luàn 부 함부로, 마구 | 扔 rēng 동 내버리다 | 垃圾 lājī 명 쓰레기 | 严禁 yánjìn 동 엄격하게 금지하다 | 野外 yěwài 명 야외, 교외 | 生火 shēnghuǒ 동 불을 피우다 | 规定 guīdìng 명 규정, 규칙 | ★爱护 àihù 동 사랑하고 보호하다, 소중히 하다 | 态度 tàidu 명 태도 | 有所 yǒusuǒ 동 다소(어느 정도, 좀) ~하다 | 不同 bùtóng 형 다르다 [有所不同: 다소 다르다]

● Day 11   ● track yuedu 04

   13 C   14 A   15 B   16 D

13~16

13 C [陌生 생소하다]

但是语言不通、昂贵的住宿费、对陌生环境的畏惧等原因，……

'세계 일주'라는 꿈을 이루지 못하게 하는 '원인(原因)'을 나열하고 있는 문장이다. 빈칸에는 보기 'C. 陌生 (낯설다)'이 들어가 '陌生环境 (낯선 환경)'으로 내용이 완성되어야 '원인' 중 하나로 자연스럽다.

A 巨大 jùdà 형 (규모·수량 등이) 아주 크다, 거대하다 [巨大+추상명사]
过去和现在我们的生活发生了巨大的变化。 과거와 현재 우리의 생활에 아주 큰 변화가 생겼다.
巨大的变化 아주 큰 변화 | 巨大的影响 아주 큰 영향 | 为……做出巨大贡献 ~를 위해 아주 큰 공헌을 하다

B 神奇 shénqí 형 신기하다, 기묘하다, 신비롭고 기이하다
世界上有很多神奇的自然景观。 세계에는 신기한 자연경관이 많이 있다.
神奇的事件 신기한 사건 | 神奇的现象 신기한 현상 | 功效神奇 효능이 신기하다

C 陌生 mòshēng 형 낯설다, 생소하다, 눈에 익지 않다
在陌生的环境中，我不太爱说话。 낯선 환경에서 나는 말하는 것을 그다지 좋아하지 않는다.
陌生的环境 낯선 환경 | 陌生人 낯선 사람 | 感到陌生 낯설다고 느끼다

D 锐利 ruìlì 형 (눈빛·말·칼 등이) 날카롭다, 예리하다
他用锐利的目光看着旁边的人。 그는 날카로운 눈빛으로 옆 사람을 보고 있다.
锐利的目光 날카로운 눈빛 | 锐利的尖刀 날카로운 칼

14 A [所谓A是指B A라는 것은 B를 의미한다]

越来越多的年轻人开始关注"跨国沙发客"这种旅游 方式 。

빈칸 뒤에는 '跨国沙发客(국외 카우치 서핑)'의 의미와 방식에 대한 설명이 이어져 있다. 설명을 읽고 '跨国沙发客'라는 용어에 대한 이해도를 높인 후, 각각의 보기를 빈칸에 넣어 해석해 보자. 용어의 개념에 가장 부합하는 보기는 'A. 方式(방식)'이다. 일반적으로 신조어, 고사성어 등 낯선 어휘는 지문에서 바로 그 뜻을 설명해 주는 경우가 많으니, 모르는 용어라고 당황하지 말고 침착하게 빈칸 앞뒤의 내용을 살펴보자.

A 方式 fāngshì 명 방식, 방법
文章的表达方式很特别。 문장의 표현 방식이 매우 특별하다.
表达方式 표현 방식 | 沟通方式 소통 방식 | 采取方式 방식을 취하다

B 差别 chābié 명 (형식 또는 내용상의) 차이, 차별, 구별
我们两个的性格差别很大。 우리 두 사람의 성격은 차이가 크다.
差别大 차이가 크다 | 细微的差别 미세한 차이

C 意思 yìsi 명 의미, 뜻
这句话包含了好几层的意思。 이 말은 여러 가지 의미를 포함했다.
包含意思 의미를 포함하다 | 理解意思 뜻을 이해하다 | 表达意思 의미를 나타내다

D 优点 yōudiǎn 명 장점
我们应该多学习别人身上具有的优点。 우리는 다른 사람이 가지고 있는 장점을 많이 배워야 한다.
具有优点 장점을 가지다 | 突出优点 장점을 부각시키다 | 发挥优点 장점을 발휘하다

15 B [享受服务 서비스를 누리다]

……，并且免费 享受 最贴心的导游服务；……

빈칸이 술어 자리일 때는, 제시된 목적어와 호응 관계가 맞는 보기가 무엇인지 따져 보자. 빈칸 뒤쪽에 제시된 목적어 '服务(서비스)'와 의미상 가장 잘 호응하는 동사는 'B. 享受(누리다)'이다. '享受服务(서비스를 누리다)'와 같은 빈출 표현을 미리 잘 외워 두면 풀이 시간을 단축할 수 있다. 보기 'D. 体会'는 주로 생각, 사상 등을 체험하여 터득하는 것을 표현할 때 사용하며, 직접 체험한 것에만 사용할 수 있다.

A 负责 fùzé 통 (일을) 책임지다

他在公司负责产品销售的业务。 그는 회사에서 제품 판매 업무를 책임지고 있다.

负责业务 업무를 책임지다 ǀ 由A来负责 A가 책임지다 ǀ 负责人 책임자

B 享受 xiǎngshòu 통 (물질적 또는 정신적으로) 누리다, 즐기다, 향유하다 [享受+누리는 내용]

我们应该尽情享受人生的乐趣。 우리는 인생의 즐거움을 마음껏 누려야 한다.

享受人生 인생을 누리다 ǀ 享受生活 생활을 즐기다 ǀ 享受待遇 대우를 누리다

C 展开 zhǎnkāi 통 (대규모로 진행하여) 전개하다, 벌이다 / 펴다, 펼치다

他带领学生们展开课外活动。 그는 학생들을 인솔하여 수업 외 활동을 진행한다.

展开活动 활동을 전개하다 ǀ 展开讨论 토론을 벌이다 ǀ 展开想象力的翅膀 상상의 날개를 펴다

D 体会 tǐhuì 통 (인식·감정을) 체득하다, 체험하여 터득하다, 이해하다

通过这次活动，同学们体会到了赚钱的辛苦。 이번 활동을 통해, 학우들은 돈을 버는 수고를 체득했다.

体会到A的心情 A의 마음을 이해하다 ǀ 体会意思 뜻을 이해하다 ǀ 体会思想 사상을 체득하다

16 D [热情地招待 열정적으로 대접하다]

……; 而当对方到你所在的城市旅行时, 你也要同样热情地招待他。

문장 부호 '쌍반점(;)'은 병렬 관계의 문장을 연결한다. '당신이 상대방이 있는 도시에 여행 갔을 때 어떤 서비스를 받을 수 있는지'에 대해 다루고 있는 ';' 앞의 내용과 병렬 관계를 이루려면, ';' 뒤의 내용에는 '상대방이 당신이 있는 도시에 와서 여행할 때' '상대방은 어떤 서비스를 받을 수 있는지'에 대한 말이 들어가야 한다. 따라서, 보기 중 가장 문맥에 부합하는 보기는 'D. 你也要同样热情地招待他(당신도 마찬가지로 열정적으로 그를 대접해 주어야 한다)'이다.

A 未必会告诉你 당신에게 반드시 알려 줄 수 있는 것은 아니다
B 你可能会感到很无奈 당신은 아마 어쩔 수 없다고 느낄 것이다
C 也会接受采访 또한 인터뷰에 응하게 될 것이다
D 你也要同样热情地招待他 당신도 마찬가지로 열정적으로 그를 대접해 주어야 한다

★未必 wèibì 분 반드시 ~한 것은 아니다 ǀ 无奈 wúnài 어찌해 볼 도리가 없다 ǀ 接受 jiēshòu 받아들이다, 받다 ǀ ★采访 cǎifǎng 통 인터뷰하다, 취재하다 [接受采访: 인터뷰에 응하다]

许多人都想去环游世界，但是语言不通、昂贵的住宿费、对13 陌生环境的畏惧等原因，让很多人美梦难圆。现在，越来越多的年轻人开始关注"跨国沙发客"这种旅游14 方式。所谓"跨国沙发客"是指你与另一个国家的人，通过"沙发客俱乐部"这一网络平台取得联系后，当你到对方所在的城市旅游时，可以睡他家的沙发，并且免费15 享受最贴心的导游服务; 而当对方到你所在的城市旅行时，16 你也要同样热情地

많은 사람들이 세계 일주를 가고 싶어 하지만, 통하지 않는 언어, 비싼 숙박비, 13 낯선 환경에 대한 두려움 등의 이유로 꿈을 이루지 못하고 있다. 현재 점점 더 많은 젊은이들이 '국외 카우치 서핑'이라는 여행 14 방식에 관심을 갖기 시작했다. '국외 카우치 서핑'이라는 것은 당신과 다른 나라의 사람이 '카우치 클럽'이라는 인터넷 플랫폼을 통해서 연락처를 얻은 후, 당신이 상대방이 있는 도시에 가서 여행할 때, 그의 집 소파에서 잘 수 있을 뿐만 아니라 가장 친근한 안내 서비스를 무료로 15 누릴 수 있는 것을 의미한다. 그리고 상대방이 당신이 있는 도시에 와서 여행할 때, 16 당신도 마찬가지로 열정적으로 그를 대접해 주어야 한다. 물론 '카우치'는 여기서 그저 한 가지 부호에 불과하다. 큰 바다 저편에서 당신을 기다리고 있는 것은 어쩌면 하나의 편안한 큰 침대일지도 모른다. 게다가 가장 좋은 것은 상대방이 현지 문화를 소개하는 사람

招待他。当然，"沙发"在这儿只是一个符号，大洋彼岸等待着你的也可能是一张舒适的大床呢。而且最棒的是，对方不仅是当地文化的介绍者和旅游活地图，还有可能成为你的知音。

招待他 : ~일 뿐만 아니라 게다가
活地图 : 살아 있는 지도

이자 여행의 살아 있는 지도일 뿐만 아니라, 당신의 절친한 친구가 될 수도 있다는 점이다.

*카우치 서핑이란? 여행하고자 하는 곳을 현지인의 도움을 받아서 무료로 숙박부터 가이드까지 받을 수 있는 것을 이르는 말

许多 xǔduō 형 (사람의 수나 물건의 수량이) 매우 많다 | 环游世界 huányóu shìjiè 세계 일주를 하다 | 语言 yǔyán 명 언어 | 不通 bùtōng 동 (글이나 말 등이) 통하지 않다, 매끄럽지 않다 | 昂贵 ángguì 형 비싸다 | 住宿 zhùsù 동 숙박하다, 묵다 | 费 fèi 명 비용, 요금 [住宿费: 숙박비] | ★陌生 mòshēng 형 낯설다, 생소하다 | 畏惧 wèijù 동 두려워하다, 무서워하다 | 原因 yuányīn 명 원인 | 美梦 měimèng 명 좋은 꿈, 아름다운 꿈 | ★圆 yuán 동 이루다, 실현하다, 성취하다 [圆梦: 꿈을 이루다] | 越来越 yuèláiyuè 부 점점, 더욱더 [정도의 증가를 나타냄] | 年轻人 niánqīngrén 명 젊은이 | 关注 guānzhù 동 관심을 가지다, 주시하다 | 跨国 kuàguó 동 국경을 뛰어넘다 | 沙发 shāfā 명 소파 | 客 kè 명 손님 [跨国沙客: 跨国 카우치 서핑(Couch Surfing)] | ★方式 fāngshì 명 방식, 방법 | 所谓 suǒwèi 형 이른바, 소위, ~라는 것은 | 指 zhǐ 동 의미하다, 가리키다 | 与 yǔ 개 ~와 | 通过 tōngguò 개 ~를 통해, ~에 의해 | ★俱乐部 jùlèbù 명 클럽 | 网络 wǎngluò 명 인터넷, 네트워크 | 平台 píngtái 명 플랫폼 | 取得 qǔdé 동 얻다, 취득하다 | 联系 liánxì 동 연락 | ★对方 duìfāng 명 상대방 | 所在 suǒzài 명 존재하는 곳, 소재, 장소 | 旅行 lǚxíng 동 여행하다 | 睡 shuì 동 (잠을) 자다 | 并且 bìngqiě 접 뿐만 아니라, 또한 | 免费 miǎnfèi 동 무료로 하다 | ★享受 xiǎngshòu 동 누리다, 즐기다 | 贴心 tiēxīn 형 마음에 딱 들다 | 导游 dǎoyóu 명 가이드 | 服务 fúwù 동 서비스 | 同样 tóngyàng 형 마찬가지이다, 서로 같다 | ★招待 zhāodài 동 대접하다, 환대하다 | 符号 fúhào 명 부호, 기호 | 大洋 dàyáng 명 큰 바다, 대양 | 彼岸 bǐ'àn 명 (강·호수·바다 등의) 반대편, 맞은편 | ★等待 děngdài 동 기다리다 | ★舒适 shūshì 형 편안하다, 쾌적하다 | 棒 bàng 형 좋다, 훌륭하다 | 不仅 bùjǐn 접 ~일 뿐만 아니라 | ★当地 dāngdì 명 현지 | 活 huó 형 살아있는, 생동적이다, 활기차다 | 成为 chéngwéi 동 ~가 되다, ~로 되다 | 知音 zhīyīn 명 서로 마음이 통하는 친한 벗, 지기

Day 16

17 A 18 B 19 D 20 B

● track yuedu 05

17~20

17 A [魅力十足 매력이 넘치다]

这些可爱活泼的孩子们在舞台上或写或画，或唱或跳，魅力十足。

빈칸 바로 뒤의 형용사 '十足(넘쳐흐르다)'와 호응할 수 있는 단어를 찾는 것이 핵심이다. 빈칸 앞 절에서 '아이들이 귀엽고 활발하다'고 했으므로, 문맥상 형용사 '十足'와 호응할 수 있는 어휘는 'A. 魅力(매력)'이다. 이외에도 '充满魅力'라는 표현이 '매력이 넘쳐흐르다'라는 의미로 자주 사용된다.

A 魅力 mèilì 명 매력

她的性格非常有魅力，很多人喜欢她。 그녀의 성격은 매우 매력 있어서, 많은 사람들이 그녀를 좋아한다.

有魅力 매력이 있다 | 充满魅力 매력이 넘치다 | 具有魅力 매력을 갖고 있다 | 体现魅力 매력을 드러내다

B 结果 jiéguǒ 명 (일정 단계 또는 최후의 상태까지 발전한) 결과, 결실

通过他的努力，终于得到了好结果。 그의 노력을 통해, 마침내 좋은 결과를 얻었다.

得到结果 결과를 얻다 | 出现结果 결과가 나타나다 | 满意的结果 만족스러운 결과 | 产生结果 결과를 낳다

C 身体 shēntǐ 명 신체, 몸

老年人每年应该定期去做身体检查。 노인들은 매년 정기적으로 가서 신체검사를 받아야 한다.

身体检查 신체검사 | 身体健康 신체 건강 | 爱护身体 신체를 사랑하고 아끼다

D 运用 yùnyòng 동 활용하다, 운용하다

他很会运用已学的知识解决难题。 그는 이미 배운 지식을 잘 활용해서 난제를 해결했다.

运用知识 지식을 활용하다 | 运用技术 기술을 활용하다 | 广泛运用 널리 활용하다

18　B　［接触＋접촉하는 대상　~를 접하다］

孩子们如果过早地 接触 这些社会化的东西则会削弱他们世界里原本应该有的美好。

빈칸 앞 구조조사 '地'는 부사어 뒤에 놓여 동사인 '술어'를 수식하는 역할을 한다. 문맥상 앞에 '过早'의 수식을 받으며, 뒤에 '社会化的东西'와 호응할 수 있는 동사는 'B. 接触(접하다)'뿐이다. 보기 'A. 实现(실현하다)'은 이상, 목표, 요구 등 긍정적인 표현과 함께 사용하는 어휘이므로, 문맥에도 맞지 않으므로 답이 될 수 없다.

　A　**实现**　shíxiàn　图 (노력을 통해 '목적·계획·이상'을) 실현하다, 달성하다

　　三年后，他终于 实现 了他的理想。 3년 후, 그는 마침내 그의 이상을 실현했다.
　　实现理想 이상을 실현하다 ｜ 实现目标 목표를 실현하다 ｜ 实现价值 가치를 실현하다

　B　**接触**　jiēchù　图 접하다, 접촉하다, 닿다

　　在真正地 接触 社会之前，我们要先适应大学这个"小社会"。
　　진정으로 사회를 접하기 전에, 우리는 대학이라는 이 '작은 사회'에 먼저 적응해야 한다.
　　接触社会 사회를 접하다 ｜ 接触陌生人 낯선 사람과 접촉하다 ｜ 接触身体 신체를 접촉하다

　C　**再三**　zàisān　图 거듭, 여러 번

　　我把钱借给了他，所以他 再三 向我表示感谢。 나는 돈을 그에게 빌려주었고, 그래서 그는 거듭 나에게 감사를 표시했다.
　　再三表示感谢 거듭 감사를 표시하다 ｜ 再三要求 여러 번 요구하다

　D　**幸亏**　xìngkuī　图 (누군가의 도움으로) 다행히, 요행으로, 운 좋게
　　［幸亏A, 否则(要不然)B 의 형식으로 많이 쓰인다］ (≒多亏 duōkuī)

　　幸亏 考试前还有三天时间可以复习。 다행히 시험 전에 3일의 시간이 더 있어서 복습을 할 수 있다.

19　D　［造成＋안 좋은 일］

这无疑将会给他们 造成 非常巨大的压力。

목적어 '压力(스트레스)'와 호응할 수 있는 동사 술어를 찾는 것이 핵심이다. 'D. 造成'은 '초래하다, 야기하다, 발생시키다'라는 의미로, '좋지 않은 결과'를 목적어로 취한다. 이번 문제는 보기 단어 각각의 용법을 상세히 몰랐어도, 해석만으로도 충분히 맞출 수 있었을 테지만, 유의어가 함께 보기에 등장할 경우에 대비해 용법과 예문까지 잘 익혀 두자.

　A　**成立**　chénglì　图 (조직·기구 등을) 설립하다, 창립하다, 결성하다 [成立＋회사/기구/단체]

　　他大学毕业后就马上 成立 了自己的公司。 그는 대학을 졸업한 후에 바로 자신의 회사를 설립했다.
　　成立公司 회사를 설립하다 ｜ 成立团体 단체를 설립하다 ｜ 成立于A A(시간/장소)에 설립하다

　B　**挑选**　tiāoxuǎn　图 (적합한 요구에 맞게) 고르다, 선택하다 [挑选＋사람/사물]

　　他精心 挑选 了一个礼物给妈妈。 그는 엄마에게 드릴 선물을 정성 들여 골랐다.
　　精心挑选 정성 들여 고르다 ｜ 挑选礼物 선물을 고르다 ｜ 挑选演员 배우를 고르다

　C　**总结**　zǒngjié　图 (개별적인 의견을 한데 묶어서) 총정리하다, 총괄하다, 총결산하다

　　这本书 总结 了许多人生的道理。 이 책은 많은 인생의 도리를 총정리했다.
　　总结人生的道理 인생의 도리를 총정리하다 ｜ 总结经验 경험을 총괄하다 ｜ 总结失败的教训 실패의 교훈을 총정리하다

　D　**造成**　zàochéng　图 초래하다, 야기하다, 발생시키다 [造成＋안 좋은 일]

　　员工因失误而给公司 造成 了巨大的损失。 직원이 실수를 해서 회사에 막대한 손실을 발생시켰다.
　　造成损失 손실을 발생시키다 ｜ 造成事故 사고를 초래하다 ｜ 造成压力 스트레스를 초래하다

20 B [值得 + 구체적인 내용]

"出名要趁早"到底是给孩子们的未来开启了一扇大门，还是给孩子们的童年带来了没有必要的困扰，<u>这很值得人们深思</u>。

빈칸에 들어갈 '문장'을 고르는 유형을 풀 때는 '문맥 파악'에 좀 더 공을 들여야 한다. 빈칸 앞에 나온 '到底是……, 还是……' 구문의 내용을 통해, '出名要趁早'에 대해서는 아직 결론지을 수 없는 상황임을 알 수 있다. 따라서 이어지는 빈칸에는 '단정 짓는' 내용의 문장이 아니라, '우리가 생각해 봐야 하는 문제이다'라는 취지의 '열린 내용'이 오는 것이 적절하다.

A 孩子应该保持安静 아이는 조용히 해야 한다
B 这很值得人们深思 이는 사람들이 깊이 생각해 볼 만한 가치가 있다
C 人们应加强孩子的教育 사람들은 아이들의 교육을 강화해야 한다
D 父母对此不抱希望 부모는 이에 대해 희망을 품지 않는다

★保持 bǎochí 동 (지속적으로) 유지하다, 지키다 | 加强 jiāqiáng 동 강화하다, 증강하다 | 教育 jiàoyù 명 교육 | 父母 fùmǔ 명 부모 | 抱 bào 동 (생각이나 의견을) 마음에 품다

如今, 许多家长都抱着"出名要趁早"的想法让自己的孩子参加各种各样的才艺比赛, 这些可爱活泼的孩子们在舞台上或写或画, 或唱或跳, 17 魅力十足。但是, 很多观众却认为, 这种竞争性很强的比赛不应该出现在孩子们的世界里, 孩子们如果过早地 18 接触这些社会化的东西则会削弱他们世界里原本应该有的美好。并且, 一旦节目播出, 孩子们就不得不面对各种各样的评价, 这无疑将会给他们 19 造成非常巨大的压力。

"出名要趁早"到底是给孩子们的未来开启了一扇大门, 还是给孩子们的童年带来了没有必要的困扰, 20 这很值得人们深思。

오늘날, 많은 학부모가 '유명해지려면 조기에 해야 한다'라는 생각을 품고 자신의 아이에게 각종 재능 경연 대회에 참가하게 한다. 이 귀엽고 활발한 아이들은 무대 위에서 글을 쓰거나 아니면 그림을 그리거나, 또는 노래를 부르거나 춤을 추든 간에 17 매력이 넘쳐 흐른다. 하지만 많은 시청자들은 오히려, 이러한 경쟁성이 매우 강한 경연 대회는 아이들의 세계에 나타나서는 안 되며, 아이들이 만약 너무 일찍 이런 사회화된 것을 18 접하면, 그들의 세계에 원래 있어야 하는 아름다움을 약화시킬 것이라고 생각한다. 게다가, 일단 프로그램이 방송되면, 아이들은 어쩔 수 없이 각종 평가에 직면할 수밖에 없다. 이는 틀림없이 그들에게 매우 큰 스트레스를 19 초래할 것이다.

'유명해지려면 조기에 해야 한다'가 과연 아이들의 미래에 하나의 큰 문을 열어 주는 것인지, 아니면 아이들의 어린 시절에 불필요한 어려움을 가져다주는 것인지, 20 이는 사람들이 깊이 생각해 볼 만한 가치가 있다.

★如今 rújīn 오늘날, 현재 | 许多 xǔduō 형 (사람의 수나 물건의 수량이) 매우 많다 | 家长 jiāzhǎng 명 학부모 | 抱 bào 동 (생각이나 의견을) 마음에 품다 | 出名要趁早 chūmíng yào chènzǎo 유명해지려면 조기에 해야 한다 | 想法 xiǎngfǎ 명 생각, 의견 | 各种各样 gèzhǒng gèyàng 형 각종, 여러 종 | 才艺 cáiyì 명 재능과 기예 | 活泼 huópō 형 활발하다 | 舞台 wǔtái 명 무대 | 或A或B huò A huò B A하거나 B하다 | 唱 chàng 동 노래하다 | 跳 tiào 동 뛰다, 도약하다 [여기서는 '跳舞 춤을 추다'의 의미] | ★魅力 mèilì 명 매력 | 十足 shízú 형 넘쳐흐르다, 충분하다 | 观众 guānzhòng 명 시청자, 관객, 관중 | 竞争性 jìngzhēngxìng 명 경쟁성 | 强 qiáng 형 강하다 | 出现 chūxiàn 동 나타나다 | 过早 guòzǎo 형 너무 이르다 | ★接触 jiēchù 동 접하다, 접촉하다 | 社会化 shèhuìhuà 동 사회화되다, 사회화하다 | 削弱 xuēruò 동 약화되다, 약화시키다 | 原本 yuánběn 부 원래, 본래 | 美好 měihǎo 형 아름답다, 좋다, 훌륭하다 | 并且 bìngqiě 접 게다가, 나아가 | ★一旦 yídàn 부 일단 ~한다면 [아직 일어나지 않은 가정의 상황을 나타냄] | 播出 bōchū 동 방송하다, 방송으로 내보내다 | 不得不 bùdébù 어쩔 수 없이 | ★面对 miànduì 동 직면하다, 마주 보다 | ★评价 píngjià 명 평가 | 无疑 wúyí 부 틀림이 없다, 의심할 바 없다 | ★造成 zàochéng 동 초래하다, 야기하다 | 巨大 jùdà 형 아주 크다 | 压力 yālì 명 스트레스 | 到底 dàodǐ 부 과연, 도대체 | ★未来 wèilái 명 미래 | 开启 kāiqǐ 동 열다, 개방하다 | 扇 shàn 양 짝, 틀 [문·창문 등에 쓰임] | 童年 tóngnián 명 어린

시절, 어릴 적 | **带来** dàilái 동 가져다주다 | ★ **必要** bìyào 동 필요로 하다 | **困扰** kùnrǎo 동 귀찮게 굴다, 괴롭히다 | **值得** zhídé 동 ~할 만한 가치가 있다 | **深思** shēnsī 동 깊이 생각하다

Day 17

21 B   22 A   23 A   24 A

track yuedu 06

21~24

21 B [为A提供B A를 위해 B를 제공하다]

海南岛有一种沉香树，它能为人们 提供 一种叫沉香的产品。

빈칸은 목적어 '产品(산물)'과 호응하는 '술어' 자리이다. '产品'만 보고 'A. 生产'을 골랐을 수도 있었겠지만, '生产'은 인공적으로 만들어 낸 상품에 쓰이는 어휘이므로, 생산 주체가 '나무'인 이 문장에는 적절하지 않다. 'B. 提供'은 서비스와 같은 추상적 사물 또는 사람 등에 제한 없이 사용할 수 있으며, '为A提供B'의 형식으로 사용하여 'A를 위해 B를 제공하다'라는 의미를 나타낸다. 따라서 답은 'B. 提供'이다.

A 生产 shēngchǎn 동 (사람이 상품이나 물건을) 생산하다 [生产+사물 목적어]
为了能提高粮食**生产**量，农民们想了很多办法。 식량 생산량을 향상시킬 수 있도록, 농민들은 많은 방법을 생각했다.
提高**生产**量 생산량을 향상시키다 | **生产**产品 제품을 생산하다 | **生产**粮食 식량을 생산하다

B 提供 tígōng 동 (필요한 물자나 의견 등을 제시하여 사용할 수 있도록) 제공하다, 공급하다, 내놓다
他作为班长愿意为有困难的同学**提供**帮助。 그는 반장으로서 어려움이 있는 학우를 위해 도움을 주기를 바란다.
为A**提供**B A를 위해 B를 제공하다 | **提供**帮助 도움을 제공하다 | **提供**服务 서비스를 제공하다

C 设计 shèjì 동 (어떤 일, 사물의 외형, 내부의 상황에 대해 구체적으로 구상하여, 계획 또는 형상도를 그려내) 설계하다, 디자인하다 명 디자인, 설계
这个作品因很多巧妙的**设计**而有名。 이 작품은 많은 뛰어난 디자인으로 유명하다.
巧妙的**设计** 뛰어난 디자인 | **设计**方案 방안을 설계하다 | **设计**产品 제품을 디자인하다

D 开展 kāizhǎn 동 (활동이나 프로그램을) 확대하다, 전개하다 [주로 '起来' '下去' 등의 단어와 함께 쓰인다]
此次会议上决定的活动计划被迅速**开展**起来。 이번 회의에서 결정한 활동 계획은 매우 신속하게 전개되기 시작했다.
迅速**开展**起来 신속하게 전개되기 시작하다 | **开展**活动 활동을 확대하다 | **开展**业务 업무를 확대하다

22 A [经济价值 경제 가치]

其经济 价值 非常高。

보기 중 의미상 빈칸 앞의 '经济(경제)'와 호응할 수 있는 어휘는 'A. 价值(가치)' 'B. 基础(기초)' 'D. 形态(형태)'이다. 그 중에서도 빈칸 뒤의 '非常高(매우 높다)'와도 호응할 수 있는 어휘는 'A. 价值'뿐이다. '基础'는 '扎实(튼튼하다)' '牢固(견고하다)'라는 의미의 형용사와 주로 호응하고, '形态'는 주로 '多样(다양하다)' '丰富(풍부하다)' 등과 함께 사용된다.

A 价值 jiàzhí 명 가치
这种蔬菜不仅味道好，而且营养**价值**也很高。 이런 종류의 채소는 맛도 좋을 뿐만 아니라 영양 가치 또한 매우 높다.
价值高 가치가 높다 | 营养**价值** 영양 가치 | 具有经济**价值** 경제적 가치를 가지고 있다

B 基础 jīchǔ 명 기반, 기초, 바탕 [주로 '经济' '物质' '知识' 등의 단어와 같이 쓰인다]
合作必须建立在双方信任的**基础**上。 협력은 반드시 양측 신임의 기초 위에 맺어져야 한다.

在……基础上 ~의 기초 위에 | 经济基础 경제 기초 | 基础知识 기초 지식

C 顺序 shùnxù 몡 (시간 또는 공간상 이어지는) 순서, 차례, 순번
演出人员都按照出场顺序在排队等候。 출연자 모두 등장 순서에 맞춰 줄을 서서 기다리고 있다.
按照顺序 순서에 따라 | 有顺序 순서가 있다 | 排列顺序 순서를 배열하다

D 形态 xíngtài 몡 (사물의 겉모습 또는 표현에 대한) 형태
一种新型的社会形态正在形成。 새로운 유형의 사회 형태가 마침 형성되고 있는 중이다.
社会形态 사회 형태 | 意识形态 이데올로기, 관념 형태

23 A [只有A，才B A해야만 (비로소) B하다]

只有这样做， 才能产生沉香。
　　　조건　　　　　결과

접속사 '只有'가 이끄는 절은 '유일한 조건'을 나타낸다. 빈칸 앞의 '只有这样做'가 가리키는 바는 '沉香'이 생기는 조건에 대한 설명이므로, 빈칸에는 '이 조건으로 인한 결과'를 연결하는 것이 자연스럽다. 따라서 답은 A이다.

A 才能产生沉香 비로소 침향이 생길 수 있다
B 树容易受冻 나무가 쉽게 냉해를 입는다
C 能避免遭虫害 병충해 입는 것을 피할 수 있다
D 提高大家的环保意识 모두의 환경보호 의식을 향상시키다

受冻 shòudòng 통 냉해를 입다, 얼다 | ★避免 bìmiǎn 통 피하다, 면하다 | 遭 zāo 통 (불행이나 불리한 일을) 당하다, 겪다 | 虫害 chónghài 몡 충해, 병충해 | 环保 huánbǎo 환경보호 [环境保护의 줄임말] | 意识 yìshí 몡 의식

24 A [流出来 흘러나오다]

沉香树的树脂会 自动 流出来并且聚集到其伤口的周围，……

빈칸은 술어 '流'를 수식하는 부사어 자리다. 빈칸 앞뒤는 '상처 입은 부위를 보호하기 위해, 침향나무의 수지가 흘러나온다(流出来)'는 내용으로, 침향나무의 수지는 인위적으로 나오는 것이 아니라 자연적으로 나오는 것이기 때문에 의미상 '流出来'를 수식할 수 있는 부사는 'A. 自动(저절로)'이다.

A 自动 zìdòng 凡 저절로 혱 자동으로
泪水从他的眼睛里自动流了出来。 눈물이 그의 눈에서 저절로 흘러나왔다.
自动流出来 저절로 흘러나오다 | 全自动 전자동 | 自动组织 자동으로 구성하다

B 实践 shíjiàn 통 (의식적인 활동이나 프로그램을) 실천하다, 실행하다, 이행하다
青年人要在社会实践中锻炼自己。 청년들은 사회에서 실천하는 가운데 자신을 단련해야 한다.
社会实践 사회에서 실천하다 | 实践经验 경험을 실천하다

C 个别 gèbié 혱 (홀수, 또는 극소수로서) 극히 드문, 개개의, 개별적인
这家公司解释他们的机器故障只是个别现象。 이 회사는 그들의 기계 고장이 단지 극히 드문 현상일 뿐이라고 해명했다.
个别现象 극히 드문 현상 | 个别管理 개별 관리

D 联合 liánhé 통 (사람들이 연계하여 어떤 일을 공통적으로 할 수 있도록) 연합하다, 결합하다, 단결하다
听说他们要跟一家中国公司联合起来研发新产品。
듣자 하니 그들은 중국 회사와 연합하여 신제품을 개발하려 한다고 한다.
A跟B联合 A와 B가 연합하다 | 经济联合 경제 연합

海南岛有一种沉香树，它能为人们 21 提供一种叫沉香的产品。沉香十分珍贵，它不仅是一种很名贵的药材，也是一种稀有的高级香料，其经济 22 价值非常高。

　　沉香的产生十分有意思：它是从树的伤口里流出来的。当地人会拿着刀在沉香树上砍些口子，这一种做法叫"开香门"，只有这样做，23 才能产生沉香。

　　原来，为了保护受伤的部位，沉香树的树脂会 24 自动流出来并且聚集到其伤口的周围，历经数年，当积累的树脂达到一定厚度的时候，将它们取下，便是沉香。

　　하이난섬에는 침향나무가 있는데, 이 나무는 사람들을 위해 '침향'이라고 부르는 산물을 21 제공할 수 있다. 침향은 매우 진귀한데, 이것은 매우 귀한 약재일 뿐만 아니라 희귀한 고급 향료이기도 해서, 그 경제적 22 가치가 매우 높다.

　　침향의 생성은 매우 흥미롭다. 이것은 나무의 상처에서 흘러나오는 것이다. 현지인은 칼을 들고 침향나무를 찍어서 약간의 상처를 내는데, 이러한 방법을 '개향문'이라고 부르며 이렇게 해야만 23 비로소 침향이 생길 수 있다.

　　알고 보니, 상처 입은 부위를 보호하기 위해, 침향나무의 수지가 24 저절로 흘러나오고, 그 상처 주변에 모이게 되는 것이었다. 수년을 거쳐서 쌓인 수지가 일정한 두께에 달했을 때, 그것들을 채취하면, 그게 바로 침향이다.

海南岛 Hǎinándǎo 고유 하이난섬 | **沉香树** chénxiāngshù 명 침향나무 | **提供** tígōng 동 제공하다, 공급하다 | ★**产品** chǎnpǐn 명 산물, 제품, 생산품 | **十分** shífēn 부 매우, 아주 | **珍贵** zhēnguì 형 진귀하다, 귀중하다 | **不仅A也B** bùjǐn A yě B A뿐만 아니라 B도 | **名贵** míngguì 형 유명하고 진귀하다 | **药材** yàocái 명 약재 | **稀有** xīyǒu 형 희귀하다, 드물다 | ★**高级** gāojí 형 고급의 | **香料** xiāngliào 명 향료 | **经济** jīngjì 명 경제 | ★**价值** jiàzhí 명 가치 | ★**产生** chǎnshēng 동 생기다, 발생하다 | **有意思** yǒu yìsi 흥미 있다, 재미있다 | **伤口** shāngkǒu 명 상처 | **流** liú 동 흐르다 | **出来** chūlai 동 (안에서 밖으로) 나오다 | ★**当地** dāngdì 명 현지 | **刀** dāo 명 칼 | **砍** kǎn 동 (도끼 등으로) 찍다, 패다 | **口子** kǒuzi 명 상처, 갈라진 곳, 틈 | **做法** zuòfǎ 명 (일 처리나 물건을 만드는) 방법 | **原来** yuánlái 부 알고 보니 | **保护** bǎohù 동 보호하다 | ★**受伤** shòushāng 동 상처를 입다, 부상당하다 | **部位** bùwèi 명 부위 [주로 인체에 사용됨] | **树脂** shùzhī 명 (화학) 수지 | ★**自动** zìdòng 부 저절로 | **并且** bìngqiě 접 뿐만 아니라, 또한 | **聚集** jùjí 동 모이다, 모으다 | **周围** zhōuwéi 명 주변, 주위 | **历经** lìjīng 여러 번 거치다, 여러 번 경험하다 | **积累** jīlěi 동 쌓이다, 축적되다 | ★**达到** dádào 동 도달하다, 이르다 | **厚度** hòudù 명 두께 | **将** jiāng 개 ~를 [=把] | **取** qǔ 동 채취하다, 취하다, 가지다 | ★**便** biàn 부 곧, 바로 [=就]

● Day 21   ● track yuedu 07
25 B   26 B   27 B   28 C

25~28

25 B [원인+所以+결과]

他的女儿小时候非常不喜欢数学，所以数学成绩很差。

'수학을 매우 싫어했다'는 빈칸 앞의 내용과 가장 자연스럽게 이어지는 보기는 '그래서 수학 성적이 좋지 않았다'라는 내용의 B이다.

A 被一所高中录取了 한 고등학교에 합격했다
B 所以数学成绩很差 그래서 수학 성적이 매우 좋지 않았다
C 同学们都很喜欢她 학우들 모두 그녀를 매우 좋아한다
D 对数学很感兴趣 수학에 매우 관심이 있다

★ 所 suǒ 양 개, 곳, 군데 [학교·병원 등을 세는 단위] | 高中 gāozhōng 명 고등학교 | ★ 录取 lùqǔ 동 합격시키다, 채용하다

26 B [而是 그러나[전환]]

小李没有生气，而是对她大加称赞：……

'不是/没有A，而是B'는 'A가 아니라 B이다'라는 전환의 의미를 나타낸다. '샤오리는 화를 내지 않았다'는 앞의 내용과 상반되면서도 문맥에 맞는 보기는 'B. 称赞(칭찬하다)'이다.

A 咨询 zīxún 동 상의하다, 상담하다, 자문하다 명 컨설턴트
我想去旅行社咨询一下我的签证办理的情况。 나는 여행사에 가서 나의 비자 처리 상황을 상의하고 싶다.
咨询情况 상황을 상의하다 | 向A咨询 A에게 자문하다 | 心理咨询 심리 상담

B 称赞 chēngzàn 동 칭찬하다
他平时乐于助人，大家都对他连连称赞。 그는 평소에 남을 기꺼이 도와서, 모두들 그에 대해 끊임없이 칭찬을 한다.
对A称赞 A에 대해 칭찬하다 | 值得称赞 칭찬할 만하다 | 连连称赞 끊임없이 칭찬하다

C 重视 zhòngshì 동 중시하다, 중요시하다 [=看重 kànzhòng] 명 중시, 중요시
他做事一般只重视结果，不在意过程。 그는 일을 할 때 보통 결과만 중시하고, 과정은 개의치 않는다.
重视结果 결과를 중시하다 | 重视教育 교육을 중시하다 | 受到重视 중시되다

D 确定 quèdìng 동 (명확하여 틀림없이) 확인하다, 확정하다, 확실히 결정을 내리다 형 명확하다, 확정적이다
老板让我确定明天的出差日程。 사장님은 나에게 내일 출장 일정을 확인하도록 했다.
确定日程 일정을 확인하다 | 确定的答复 확실한 답변 | 确定的语气 확실한 어기 | 确定地回答 확실하게 대답하다

27 B [特意准备 특별히 준비하다]

小李特意准备了20道难度降低了的题，……

빈칸 뒤에 술어 '准备'가 있으므로 빈칸은 술어를 수식하는 부사어 자리임을 금방 알 수 있지만, 주어진 보기가 전부 부사이므로 이것만으로는 답을 골라내기 어렵다. 문맥상 '샤오리가 딸을 격려하기 위해 다음날 특별히(特意) 난이도가 낮은 20문제를 준비했다'는 내용으로 완성되어야 자연스럽다.

A 逐渐 zhújiàn 〔튄〕 (시간의 흐름에 따라) 점점, 점차 [=渐渐 jiànjiàn]
从今天开始，气温会逐渐下降。오늘부터 기온이 점차 내려가겠습니다.
逐渐下降 점차 내려가다 | 逐渐改变 점점 변하다 | 逐渐减少 점점 줄어들다

B 特意 tèyì 〔튄〕 (특별하게 신경 써서) 특별히, 일부러 [=专门]
今天是妈妈的生日，我特意为她准备了一个礼物。
오늘은 엄마의 생신이라서 나는 특별히 엄마를 위해 선물 하나를 준비했다.
特意准备 특별히 준비하다 | 特意安排 특별히 마련하다

C 分别 fēnbié 〔튄〕 각각, 따로따로
这两个人分别在自己的工作中取得了成就。이 두 사람은 각각 자신의 일에서 성과를 거두었다.
分别进行 각각 진행하다 | 分别管理 각각 관리하다 | 分别处理 각각 처리하다

D 难道 nándào 〔튄〕 설마 ~는 아니겠지요, 설마 ~란 말인가? [难道……吗?의 형태로 쓰여 반문의 어기를 나타냄]
难道你不知道他对你的心意吗? 설마 너 너에 대한 그의 마음을 모르는 건 아니지?

28 C [太……了 너무 ~ 하다]

天啊，你真是太了不起了!

'太……了'는 '너무 ~하다'라는 의미로, '太'와 '了' 사이에는 형용사 또는 심리동사만 사용할 수 있다. 빈칸 앞뒤 내용은 샤오리가 딸을 격려하는 내용이므로 문맥상 'C. 了不起(대단하다)'가 적절하다.

A 同意 tóngyì 〔동〕 (어떤 주장, 견해에 대해) 동의하다, 찬성하다
我请求了好几次，妈妈就是不同意我的意见。내가 여러 번 부탁했지만, 엄마는 내 의견에 동의하지 않으신다.
同意意见 의견에 동의하다

B 没关系 méi guānxi 괜찮다
没关系，知道错了，及时改正就行了。괜찮아요, 잘못된 것을 알았으니, 제때에 고치면 돼요.

C 了不起 liǎobuqǐ 〔형〕 대단하다, 비범하다, 굉장하다
鲁迅是一位了不起的人物。루쉰[鲁迅]은 대단한 인물이다.

D 喜欢 xǐhuan 〔동〕 좋아하다, 호감을 가지다 [喜欢+좋아하는 내용]
有些人喜欢在运动后马上喝水。어떤 사람들은 운동 후에 바로 물을 마시는 것을 좋아한다.

一位教育家曾经说过："孩子需鼓励，就如植物需浇水一样。"
[일찍이 ~라고 말한 적이 있다]
[마치 ~와 같다]

小李是一位普通的技术员，他非常善于鼓励别人。他的女儿小时候非常不喜欢数学，**25** 所以数学成绩很差。有一天，小李给女儿出了20道数学题，结果女儿竟然做错了19道。小李没有生气，而是对她大加 **26** 称赞："这道题这
[~에 능하다]
[성적이 좋지 않다]
[~에게 문제를 내다]
[전환]
[~를 칭찬하다]

한 교육가가 일찍이 "마치 식물에게 물을 줘야 하는 것처럼, 아이들은 격려가 필요하다."라고 말한 적이 있다.

샤오리[小李]는 평범한 기술자로, 그는 다른 사람을 격려하는 데에 매우 능했다. 그의 딸은 어렸을 때 수학을 매우 싫어했고, **25** 그래서 수학 성적이 매우 좋지 않았다. 어느 날, 샤오리는 딸에게 20개의 수학 문제를 내주었는데, 그 결과 딸은 놀랍게도 19문제를 틀렸다. 샤오리는 화를 내지 않고, 딸을 크게 **26** 칭찬했다. "이 문제는 이렇게 어려운데, 너는 놀랍게도 맞힐 수 있구나? 나는 어렸을 때 정말 한 문제도 못 풀었단다!" 다음날 오후, 샤오리는 **27** 특별히 난이도를 낮춘 문제 20개를 준비해서, 다시 딸에게 풀도록 했다. 그 결과 단번에

么难，你竟然都能做对？我小时候可是一道题也做不出啊！"第二天下午，小李 27 特意准备了 20道难度降低了的题，再让女儿做，结果一下子就做对了10道。他又鼓励女儿说："天啊，你真是太 28 了不起了！仅仅一天之内，可以有这么大的进步！"第三天晚上，女儿自己主动要求："爸爸，今天晚上咱们还做数学题吧！"

一年之后，小李女儿的数学成绩已经在她们班里数一数二了。

바로 10문제를 맞혔다. 그는 또 딸을 격려하며 "세상에, 너 정말 아주 28 대단하구나! 겨우 하루 만에, 이렇게 큰 발전을 하다니!"라고 말했다. 셋째 날 저녁, 딸은 스스로 능동적으로, "아빠, 오늘 저녁에 또 수학 문제 풀어요!"라고 요구했다.

1년 후, 샤오리의 딸의 수학 성적은 이미 그녀의 반에서 손꼽히게 되었다.

教育家 jiàoyùjiā 명 교육가 | ★**曾经** céngjīng 부 일찍이, 이전에 | **需** xū 동 요구되다, 필요하다 | **鼓励** gǔlì 동 격려하다 | **如** rú 동 (마치) ~와 같다, ~와 비슷하다 | **植物** zhíwù 명 식물 | **浇水** jiāoshuǐ 동 물을 주다 | **普通** pǔtōng 형 평범하다, 보통이다 | **技术员** jìshùyuán 명 기술자 | ★**善于** shànyú 동 ~에 능하다, ~를 잘하다 | **小时候** xiǎoshíhou 명 어렸을 때 | **道** dào 양 (명령이나 문제 등을 세는 단위) | **结果** jiéguǒ 명 결과, 결실 | **竟然** jìngrán 부 놀랍게도, 의외로 | **而是** érshì 그러나 [전환을 나타냄] | **加** jiā 동 (어떤 행동을 남기게)하다, 가하다 | ★**称赞** chēngzàn 동 칭찬하다 [对A 称赞: A에 대해 칭찬하다] | **可是** kěshì 정말, 굉장히, 확실히 [술어를 강조함] | **特意** tèyì 부 특별히, 일부러 | **难度** nándù 명 난이도 | **降低** jiàngdī 동 낮추다, 낮아지다 | **真是** zhēnshì 부 정말, 실로 | ★**了不起** liǎobuqǐ 대단하다, 굉장하다 | **仅仅** jǐnjǐn 부 겨우, 단지 | **之内** zhīnèi 명 ~의 내, ~의 안 | ★**进步** jìnbù 명 발전, 진보 동 진보하다 | ★**主动** zhǔdòng 형 능동적이다, 주동적이다 | **数一数二** shǔyī shǔèr 성 손꼽히다, 뛰어나다

> tip
> 一A也B: 한 개의 A도 B하다 [B 자리에는 '부정문'이 온다]
> ◆ 我见到他的时候紧张得一句话也说不出来。나는 그를 봤을 때, 긴장해서 한마디도 말하지 못했다.

• Day 22
29 A   30 C   31 D   32 A

• track yuedu 08

29~32

29 A [指责 비난하다]

其中一个人指责另一个人**欠**他很多黄金不还，

일반적으로 '指责(비난하다)' 뒤에는 '비난받는 상황'이 나온다. 빈칸 뒤에는 '黄金(황금)'을 갚지 않았다는 내용이 이어져 있고, 뒤에 '不还'이 있는 것으로 보아 빈칸에 'A. 欠(빚지다)'이 들어가 내용이 '빚지고 갚지 않았다'로 연결되는 것이 자연스럽다.

A 欠 qiàn 동 빚지다 [欠+돈/비용/빚]
这个人老是**欠**钱不还。이 사람은 늘상 빚지고 갚지 않는다.
欠钱不还 빚지고 갚지 않다 | **欠**费 비용을 빚지다 | **欠**债 빚지다

B 买 mǎi 동 사다 [买+물건]
超市今天打折，啤酒**买**一送一。마트에서 오늘 할인을 하는데, 맥주 한 병을 사면 한 병을 더 준다.
买一送一 하나를 사면 하나를 더 주다 [1+1 행사] | **买**得起 살 수 있다 | **买**不起 살 수 없다

C 看 kàn 동 보다, 구경하다
现在看报纸的人不多，都用手机看新闻。지금은 신문을 보는 사람이 많지 않다. 모두 휴대폰을 이용해서 뉴스를 본다.
看报纸 신문을 보다 | 看得起 중시하다 | 看不起 경시하다

D 卖 mài 동 힘을 다하다, 팔다, 판매하다
不必在没有意义的事情上卖力气。의미 없는 일에 있는 힘을 다할 필요가 없다.
卖力气 있는 힘을 다하다 | 卖光 남김 없이 다 팔다

30 C [三片叶子 3개의 나뭇잎 = 它们 그것들]

从那棵树上摘三片叶子回来，我得审问它们，它们会告诉我实情。

빈칸 앞 '它们'이 의미하는 것은 '三片叶子'이다. '나뭇잎을 심문해야 한다'라는 법관의 말과 관련도가 높은 보기는 'C. 它们会告诉我实情'뿐이다. 독해력이 부족하다면, 보기 A의 '那棵树'라는 표현만 보고 A를 선택했을 수도 있다. 하지만 빈칸 앞에서 법관은 원고에게 '나뭇잎을 따오라'고 분명히 지시했으므로, 법관이 자신을 그 나무로 데려가 달라고 말할 필요가 없다.

A 带我去看一下那棵树 저를 데리고 그 나무를 좀 보러 가 주세요
B 借钱的欠条要保存好 돈을 빌려준 차용증은 잘 간수해야 합니다
C 它们会告诉我实情 그것들이 저에게 실제 사정을 알려 줄 것입니다
D 你可以请家人过来 당신은 가족들에게 오라고 할 수 있습니다

借钱 jièqián 동 돈을 빌려주다, 돈을 빌리다 | 欠条 qiàntiáo 명 차용증 | ★保存 bǎocún 동 간수하다, 보존하다 | 过来 guòlái 동 오다

31 D [怎么能……呢? 어떻게 ~할 수 있니? [반문의 어기 강조]]

法官顿时变得 严肃 起来，问道："既然你没和他去过那里，怎么能知道还有一段路？"

'问道' 뒤 문장은 법관이 피고에게 묻는 말로, 법관이 묻는 말에는 '피고에 대한 의심'이 묻어 있다. 피고를 의심하는 상황에서 법관의 태도로 적합한 보기는 'D. 严肃(엄숙하다)'이다.

A 紧张 jǐnzhāng 형 불안하다, 긴장해 있다 [감정/정서+紧张], 긴박하다
他每次考试的时候都心情紧张。그는 매번 시험을 볼 때마다, 마음이 불안하다.
心情紧张 마음이 불안하다 | 缓解紧张的情绪 불안한 마음을 풀다 | 紧张的情节 긴박한 줄거리

B 敏感 mǐngǎn 형 민감하다, 감각이 예민하다 [피부/감각+敏感]
我考试时对周围的噪音异常敏感。나는 시험 볼 때 주위 소음에 몹시 민감하다.
异常敏感 몹시 민감하다 | 对……敏感 ~에 대해 민감하다 | 皮肤敏感 피부가 민감하다

C 难过 nánguò 형 괴롭다, 고통스럽다, 슬프다 [심리적으로 괴롭고 힘듦, 생활해 나가기 쉽지 않음을 나타냄]
考试成绩下降的时候我感到很难过。시험 성적이 떨어졌을 때, 나는 매우 괴로웠다.
感到难过 괴로움을 느끼다 | 令……难过 ~를 고통스럽게 하다 | 难过地说 슬프게 말하다

D 严肃 yánsù 형 (표정, 태도, 분위기 등이) 근엄하다, 엄숙하다, 진지하다
说这件事情时他的表情非常严肃。이 일을 말할 때 그의 표정은 매우 근엄하다.
表情严肃 표정이 근엄하다 | 态度严肃 태도가 근엄하다 | 气氛严肃 분위기가 엄숙하다

'难受'와 '难过'의 차이점

难受 nánshòu 형 (몸이) 괴롭다, (마음이) 아프다	심리적으로 혹은 신체적으로 힘든 것을 의미 我一般晕车的时候非常难受。 나는 보통 멀미할 때 매우 힘들다.
难过 nánguò 형 괴롭다, 고통스럽다	심리적으로 혹은 생활이 곤궁하여 마음이 힘든 것을 의미 我家十年前很穷，日子很难过。 우리 집은 10년 전에 매우 가난해서 살기 힘들었다.

32 A [不小心说出了实话, ＿＿＿＿ 承认是…… → 사실+인정]

他这才发现自己不小心说出了实话，只好承认是他骗了原告。

빈칸은 앞뒤 문장을 연결하는 '접속사' 혹은 '부사' 자리이다. 피고가 자신이 원고를 속였음을 인정한 것은 '실수로' 사실을 말한 탓에 '어쩔 수 없어서(只好)'이다. 점층(B), 전환(C), 가정(D)을 나타내는 연결어가 쓰이기에는 적절하지 않다.

A 只好 zhǐhǎo 부 어쩔 수 없이, ~할 수밖에 없다 [=不得不]

没有人同意我的意见，我只好一个人完成这件事。
나의 의견에 동의하는 사람이 없으면, 나는 어쩔 수 없이 혼자 이 일을 완성할 수밖에 없다.

B 况且 kuàngqiě 접 게다가, 더구나, 하물며 [반어문에 쓸 수 없음]

北京这么大，况且你又不知道地址，怎么能找到他。
베이징은 이렇게 크고, 게다가 너는 주소도 모르는데, 어떻게 그를 찾을 수 있겠니.

C 反而 fǎn'ér 부 오히려, 반대로, 도리어 [不仅A, 反而B: A일 뿐만 아니라, 오히려 B하다]

哥哥减了两个月的肥，不仅没瘦，反而更胖了。
오빠는 두 달 동안 다이어트를 했는데, 살이 안 빠졌을 뿐만 아니라, 오히려 더 뚱뚱해졌다.

D 如果 rúguǒ 접 만약, 만일 [如果A(가설), 那么就B(결과): 만약 A하면, 그러면 바로 B하다]

如果明天下雨，那么我就送你去机场。 만약 내일 비가 오면, 내가 너를 공항에 데려다줄게.

有一天，有两个人来见法官，其中一个人指责另一个人 **29** 欠他很多黄金不还，另一个人则死不承认，并且坚持说："我今天第一次见到他，从未向他借过什么黄金。"法官问原告："你是在哪儿把黄金借给他的？"原告说："就在离城不远那棵树下。"法官点点头，说："那你再去一趟，从那棵树上摘三片叶子回来，我得审问它们，**30** 它们会告诉我实情。"

于是，原告马上去摘树叶，而被告留在法庭上，法官没有再和他说话，而是开始审理其他案子。正当被告全神贯注地观看法官审案的时候，

어느 날, 두 사람이 법관을 만나러 왔다. 그중 한 사람은 다른 사람이 그에게 많은 황금을 **29** 빚지고 갚지 않는다고 비난했고, 또 다른 사람은 도리어 죽어도 인정하지 않을 뿐만 아니라 끝까지 "저는 오늘 처음으로 그를 봅니다. 여태껏 그에게 어떤 황금도 빌린 적이 없습니다."라고 말했다. 법관은 원고에게 "당신은 어디에서 황금을 그에게 빌려준 거죠?"라고 물었다. 원고는, "도시에서 멀지 않은 그 나무 아래입니다."라고 말했다. 법관은 고개를 끄덕이며, "그러면 다시 한번 가서, 그 나무에서 3개의 나뭇잎을 따서 돌아오세요. 저는 나뭇잎을 심문해야 합니다. **30** 그것들이 저에게 실제 사정을 알려 줄 거예요."라고 말했다.

그래서, 원고는 바로 나뭇잎을 따러 갔고, 피고는 법정에 남았다. 법관은 그와 다시 말을 하지 않았고, 다른 사건을 심리하기 시작했다. 마침 피고가 집중해서 법관이 사안을 심리하는 것을 보고 있을 때, 법관이 갑자기 피고에게 물었다. "그는 지금 그 나무가 있는 그곳까지 갔을까요?" 그는 "아직 조금 더 가야합니다!"라고 대답했다. 법관은 갑자기 **31** 엄숙해

法官突然问被告：“他现在走到那棵树那里没有？”他答道：“还得有一段路呢！”法官顿时变得 31 严肃 起来，问道：“既然你没和他去过那里，怎么能知道还有一段路？”他这才发现自己不小心 说出了 实话，32 只好 承认是他骗了原告。

지더니, "당신은 그와 그곳에 가 본 적이 없는 이상, 어떻게 아직 조금 더 가야하는 것을 알죠?"라고 물었다. 그는 그제서야 자신이 실수로 사실을 말했다는 것을 알게 되었고, 32 어쩔 수 없이 자신이 원고를 속였음을 인정했다.

法官 fǎguān 圐 법관 | 其中 qízhōng 떼 그중에, 그 안에 | 指责 zhǐzé 图 비난하다, 지적하다 | ★欠 qiàn 图 빚지다 | ★黄金 huángjīn 圐 황금 | ★则 zé 젭 도리어, 오히려 | 死 sǐ 图 죽어도 ~않다, 절대로 ~않다 | 承认 chéngrèn 图 인정하다, 승인하다 | 并且 bìngqiě 젭 또, 또한 | 坚持 jiānchí 图 지속하다, 견지하다 | 从未 cóngwèi 뷔 여태껏 ~하지 않다, 지금까지 ~한 적이 없다 | 原告 yuángào 圐 원고 | 城 chéng 圐 도시 | 棵 kē 떼 그루, 포기 | 点头 diǎntóu 图 (찬성·동의·수긍·이해의 의미로) 고개를 끄덕이다 | 趟 tàng 떼 차례, 번 [왕래한 횟수를 세는 데 쓰임] | ★摘 zhāi 图 (식물의 꽃·열매·잎을) 따다, 꺾다, 뜯다 | ★片 piàn 떼 잎, 조각 [평평하고 얇은 모양의 사물에 쓰임] | 叶子 yèzi 圐 잎, 잎사귀 | 审问 shěnwèn 图 심문하다, 취조하다 | 实情 shíqíng 圐 실제 사정 | 于是 yúshì 젭 그래서, 이에 | 树叶 shùyè 圐 나뭇잎 | 而 ér 젭 ~하고, 그리고 [순접을 나타냄] | 被告 bèigào 圐 피고 | 留 liú 图 머무르다 | 法庭 fǎtíng 圐 법정 | 审理 shěnlǐ 图 심리하다, 심사하여 처리하다 | 案子 ànzi 圐 (법률상의) 사건, 소송 | ★正 zhèng 뷔 마침, 막 | 当 dāng 떼 [바로 그 시간이나 그 장소를 가리킬 때 쓰임] | 全神贯注 quánshén guànzhù 囫 온 정신을 집중시키다 | 观看 guānkàn 图 보다, 관람하다 | 审案 shěn'àn 图 (안건을) 심리하다 | 答道 dádào 图 대답하여 말하다, 대답하다 | 顿时 dùnshí 뷔 갑자기, 문득 | 变 biàn 图 변하다 | ★严肃 yánsù 囫 엄숙하다, 근엄하다 | 问道 wèndào 图 물어보다 | 既然 jìrán 젭 (이미 이렇게) ~된 바에야, ~된 이상 | ★实话 shíhuà 圐 실화, 진실한 말 | 只好 zhǐhǎo 뷔 어쩔 수 없이, ~할 수밖에 없다 | 骗 piàn 图 속이다, 기만하다

● Day 27 　　　　　　　　　　　　　　○ track yuedu 09

33 A　　34 C　　35 D　　36 A

33~36

33 A　[원인 + 从而(그리하여) + 결과]

……，便于来往的行人看清他们脚下的路，<u>从而避免了很多事故的发生</u>。

동인당 사장이 해자(城沟)를 판 곳에 등롱(灯笼)을 매달아 왕래하는 행인들이 '발 밑의 길을 알아보기 쉽도록' 하였고, 사람들이 '동인당이 등롱을 매달아 준 것'에 감사해한다는 정황이 다음 문단에 드러나 있으므로, 빈칸에 들어가는 내용 역시 '긍정적'이어야 자연스러울 것이다. B, D처럼 부정적인 결과가 이어지는 것은 상식에 맞지 않으며, C는 맥락과 전혀 관계없으므로 답이 될 수 없다.

A　从而避免了很多事故的发生　이로써 많은 사고의 발생을 방지했다

B　不过遭到了行人的反对　그러나 행인의 반대에 부딪혔다

C　行人尽到了自己的责任　행인은 자신의 책임을 다했다

D　可是情况却变得更糟糕　하지만 상황은 오히려 더욱 엉망으로 변했다

不过 búguò 젭 그러나, 하지만 | 遭到 zāodào 图 (불행이나 불리한 일을) 당하다, 겪다 | 反对 fǎnduì 图 반대하다 | 尽 jìn 图 다하다 | 责任 zérèn 圐 책임 | 可是 kěshì 젭 그러나, 하지만 | ★糟糕 zāogāo 囫 엉망이 되다, 못 쓰게 되다

34 C [没有不 이중 부정 [=강한 긍정]]

路过的人没有不 称赞 药店老板的善举的。

'이중 부정(没有不)'은 '강한 긍정'의 의미를 나타낸다. 빈칸 뒤의 내용은 '동인당 약방 사장의 선행'에 대한 내용으로, 빈칸의 목적어에 해당한다. 문맥상 '善举(선행)'와 호응하는 술어는 'C. 称赞(칭찬하다)'이다. 'B. 鼓励'는 일반적으로 응원이나 격려의 대상을 목적어로 취한다.

A 选择 xuǎnzé 동 선택하다, 고르다

人不应该总选择轻松的路，而应该选择正确的路。 사람은 항상 쉬운 길을 선택하는 것이 아니라 올바른 길을 선택해야 한다.

选择正确的路 올바른 길을 선택하다 ┃ 选择方向 방향을 선택하다 ┃ 选择地点 장소를 선택하다

B 鼓励 gǔlì 동 격려하다

受到了老师的鼓励后，我更自信了。 선생님의 격려를 받은 후, 나는 더 자신감이 생겼다.

受到鼓励 격려를 받다 ┃ A鼓励B A가 B를 격려하다

C 称赞 chēngzàn 동 칭찬하다

大家对他的善举表示称赞。 모두 그의 선행에 칭찬을 표시한다.

对A称赞 A에 대해 칭찬하다 ┃ 得到称赞 칭찬을 받다 ┃ 大加称赞 크게 칭찬하다

D 批评 pīpíng 동 (주로 단점이나 잘못을) 꾸짖다, 나무라다, 질책하다

他昨天逃课去了网吧，被老师狠狠地批评了一顿。 그는 어제 수업을 빼먹고 PC방에 가서, 선생님에게 호되게 혼났다.

被A批评了一顿 A에게 (한 번) 혼나다 ┃ 严厉地批评 엄하게 꾸짖다

35 D [流传开来 널리 퍼지다]

同仁堂的名声也开始在老北京里 流传 开来。
　　　　　주어　　　　　　　　　　술어　보어

빈칸은 복합방향보어 '开来'의 수식을 받는 술어 자리이다. 복합방향보어 '开来'와 주어 '名声(명성)'과 호응하는 보기는 'D. 流传(널리 퍼지다)'이다. 헷갈릴 때는 빈칸 다음 절까지 더 해석해 보자.

A 反应 fǎnyìng 명 (외부의 자극 혹은 의견에 대한) 반응

这部手机用得太久了，最近反应有点儿慢。 이 휴대폰은 사용한 지 너무 오래되서, 최근에 반응이 조금 늦다.

反应慢 반응이 느리다 ┃ 过敏反应 알레르기 반응 ┃ 反应灵活 반응이 민첩하다

B 促进 cùjìn 동 (발전할 수 있도록) 촉진시키다, 촉진하다

人生中的困难可以促进我们成长。 인생의 어려움은 우리의 성장을 촉진시킬 수 있다.

促进成长 성장을 촉진시키다 ┃ 促进生长 생장을 촉진시키다 ┃ 积极促进 적극적으로 촉진하다

C 集合 jíhé 동 (흩어진 사람 또는 사물이 한곳에) 모이다, 집합하다

要去看电影的同学下午三点在楼下集合。 영화를 보러 갈 학생들은 오후 3시에 아래층으로 모여 주세요.

在A集合 A에서 집합하다 ┃ 集合地点 집합 장소

D 流传 liúchuán 동 세상에 널리 퍼지다, 대대로 전해 내려오다 ['传统' '习惯' 등의 단어와 주로 쓰인다]

在民间广泛流传的俗语都有一定的由来。 민간에서 광범위하게 전해 내려온 속어는 모두 특정한 유래가 있다.

广泛流传 광범위하게 전해 내려오다 ┃ 流传传统 전통이 전해 내려오다 ┃ 流传传说 전설이 전해 내려오다

36 A [当时 당시 → 年代 시대]

在当时那个没有网络及电视的 **年代**，

시간을 나타내는 명사 '当时(당시)'는 '인터넷과 텔레비전이 없던 그때'를 의미하는 것으로, '当时'와 호응할 수 있는 어휘는 'A. 年代(시대)'이다.

A 年代 niándài 명 시기, 시대, 연대

战争**年代**，人们都生活得很艰难。 전쟁 시기에 사람들은 모두 생활이 어려웠다.

战争**年代** 전쟁 시기 | 发展的**年代** 발전한 시대 | **年代**久远 연대가 오래되다

B 过程 guòchéng 명 과정

小孩智力的发展**过程**中，容易受到周围环境的影响。 어린아이의 지능 발전 과정 중, 주위 환경의 영향을 받기 쉽다.

发展的**过程** 발전의 과정 | 在A**过程**中 A 과정 중 | 复杂的**过程** 복잡한 과정

C 行程 xíngchéng 명 여정, 노정

他正在制定明天的**行程**计划。 그는 마침 내일의 여정 계획을 세우고 있다.

行程计划 여정 계획 | 艰苦的**行程** 힘든 여정

D 理念 lǐniàn 명 이념, 사상, 신념

服务第一是我们公司的**理念**。 서비스 제일은 우리 회사의 이념이다.

坚定的**理念** 확고히 굳힌 신념 | 形成**理念** 이념을 형성하다 | 设计**理念** 디자인 이념

很久以前，老北京城**年年**都要挖城沟。当时并没有路灯，晚上车子和行人稍不注意**的话**，**就**会掉进城沟里。**有一次**，"同仁堂"药店的老板看到了这种情况，**大发善心**，**请人**做了一些灯笼，把它们**悬挂**在挖城沟的地方，**便于**来往的行人看清他们脚下的路，**33 从而避免了很多事故的发生**。

每到晚上，**当**看到贴有"同仁堂"三个大字的灯笼悬挂于沟边**的时候**，路过的人**没有不** **34 称赞**药店老板的善举的，"同仁堂"三个字也**就给**大家**留下**了非常**深刻的印象**。**渐渐地**，同仁堂的名声也开始在老北京里 **35 流传**开来，大家买药治病首先就会想到同仁堂。在当时那个没有网络及电视的 **36 年代**，同仁堂用善意和真诚，**为**自己**打出**了最好的**广告**。

오래전, 옛 베이징 성은 해마다 해자를 파야 했다. 당시에는 가로등이 전혀 없었기 때문에, 저녁 때 자전거와 행인이 조금만 부주의하면, 바로 해자에 빠졌다. 한번은, '동인당' 약방 사장이 이러한 상황을 보고는, 크게 선심을 베풀었다. 사람을 시켜 몇 개의 등롱을 만들어서 그것을 해자를 판 곳에 매달아, 왕래하는 행인들이 그들 발 밑의 길을 알아보기 쉽도록 하였다. **33 이로써 많은 사고의 발생을 방지했다**.

저녁이 되어, '동인당'이라는 세 개의 큰 글자가 붙여진 등롱이 도랑 옆에 걸려 있는 것을 봤을 때, 지나가던 사람들은 약방 사장의 선행을 **34 칭찬하지** 않는 사람이 없었고 '동인당' 세 글자 역시 모두에게 매우 깊은 인상을 남겼다. 점차 동인당의 명성도 옛 베이징 안에서 **35 널리 퍼지기** 시작하여, 모두들 약을 사서 병을 고칠 땐 먼저 동인당을 떠올렸다. 그 당시 인터넷과 TV가 없던 **36 시대**에, 동인당은 선의와 진실함으로, 자신을 위해 가장 좋은 광고를 한 것이다.

城 chéng 명 성, 성벽 | 年年 niánnián 명 매년 | 挖 wā 동 (공구나 손으로) 파다, 파내다 | 城沟 chénggōu 명 해자 [성 주위를 둘러서 판 연못] | 当时 dāngshí 명 당시, 그때 | 并 bìng 부 전혀, 결코 [부정사와 함께 쓰여 부정의 어투 강조] | 路灯 lùdēng 명 가로등 | 车子 chēzi 명 자전거, 자동차 | ★行人 xíngrén 명 행인 | 稍 shāo 부 약간, 조금 | 掉 diào 동 떨어지다 | 进 jìn 동 [결과보어로 동사 뒤에 쓰여 동작이 밖에서 안으로 행해짐을 나타냄] | 同仁堂 Tóngréntáng 고유 동인당 [중국 베이징에 위치한 한약방] | 药店 yàodiàn 명 약방, 약국 | ★老板 lǎobǎn 명 사장 | 情况 qíngkuàng 명 상황 | 善心 shànxīn 명 선심, 착한 마음 [发善心: 선심을 베풀다] | 灯笼 dēnglong 명 등롱 [등의 일종], 초롱 | 悬挂 xuánguà 동 걸다, 매달다 | 便于 biànyú 동 (~하기에) 쉽다, ~에 편하다 | 来往 láiwǎng 동 오고 가다, 왕래하다 | 看清 kànqīng 동 잘 보다, 분명하게 보다 | ★从而 cóng'ér 접 따라서, 그리하여 | ★避免 bìmiǎn 동 방지하다, 피하다, 면하다 | 事故 shìgù 명 사고 | 发生 fāshēng 동 발생하다 [发生事故: 사고가 발생하다] | 贴 tiē 동 붙이다 | 路过 lùguò 동 지나다, 통과하다 | ★称赞 chēngzàn 동 칭찬하다 | 善举 shànjǔ 명 선행, 자선 사업 | 留下 liúxià 동 남기다 | ★深刻 shēnkè 형 (인상이) 깊다 | 印象 yìnxiàng 명 인상 | 渐渐 jiànjiàn 부 점점, 점차 | 名声 míngshēng 명 명성 | ★流传 liúchuán 동 세상에 널리 퍼지다, 대대로 전해 내려오다 | 治病 zhìbìng 동 병을 고치다, 질병을 치료하다 | 首先 shǒuxiān 부 우선, 가장 먼저 | ★网络 wǎngluò 명 인터넷, 네트워크 | 及 jí 접 ~와, 및 | ★年代 niándài 명 시대, 연대 | 善意 shànyì 명 선의, 호의 | 真诚 zhēnchéng 형 진실하다, 진심 어리다, 성실하다 | 广告 guǎnggào 명 광고, 선전

Day 28

track yuedu 10

37 C   38 A   39 B   40 D

37~40

37 C [那时 그때]

那时的实验**往往**具有危险性，

해석만 해 봐도, 문맥상 '具有(지니다)'를 수식해 줄 수 있는 보기는 'C. 往往(종종)'뿐이다. 모든 보기를 해석할 수 있는 수준이라면 쉽게 맞추었을 문제이지만, 어법 포인트 두 가지를 복습 겸 짚고 넘어가자. 첫째, '동사 앞'에는 '부사'나 '조동사' '개사구'가 위치해야 한다. 둘째, '往往(종종)'은 '과거'의 경험이나 상황이 '특정한 조건에서' 자주 존재하거나 발생하는 빈도를 나타내는 부사이다. 이 문제에서는 과거의 어느 때를 나타내는 '那时'가 답을 찾는 힌트가 된다.

A 通过 tōngguò 동 (의안 등이) 통과하다 개 ~를 통하여 [通过 + 수단 / 방식 / 방법 + 술어]
  当听到**通过**考试的消息时，他激动地大哭起来。 시험을 통과했다는 소식을 들었을 때, 그는 감격해서 크게 울기 시작했다.
  通过考试 시험을 통과하다 | 通过……方式[手段] ~방식[수단]을 통해

B 渐渐 jiànjiàn 부 (정도 또는 수량 등이) 점점, 점차 [渐渐 + 술어: 조금씩 변하여 점차 증가하거나 감소하는 것을 강조]
  听了妈妈的话，他**渐渐**改变了以前的坏习惯。 엄마의 말을 듣고, 그는 이전의 나쁜 습관을 점점 바꿨다.
  渐渐改变 점점 바꾸다 | 渐渐形成 점차 형성하다

C 往往 wǎngwǎng 부 (존재 또는 발생에 대해) 종종, 자주, 흔히, 때때로, 이따금 [≒常常]
  [과거의 객관적이고 규칙적인 일에 주로 쓰임, 미래의 불규칙한 상황에는 사용할 수 없음]
  做事情犹豫不决，**往往**会错失机会。 일을 할 때 결단을 내리지 못하고 망설이면, 종종 기회를 놓친다.

   '常常'과 '往往'
  '常常'은 단순히 동작이 '자주' 일어남을 나타내고, '往往'은 '어떤 조건에서' 어떤 상황이 '자주' 일어남을 나타낸다.
  '往往'을 사용할 때는 반복적으로 어떤 상황이 발생하는 '조건'이 문장에 나와야 한다.
  ◆ 欢迎你们以后**常常**来我家玩。 （〇） 앞으로 저희 집에 자주 놀러 오세요.
  ◆ 欢迎你们以后**往往**来我家玩。 （×）

D 如果 rúguǒ 접 만약, 만일 [주어 앞뒤에 위치하여, 가정을 표현]
  [如果 / 假如A，那 / 那么 / 就B: 만약 A한다면 바로 B한다]
  如果上课不认真听讲，**那么**成绩就不会提高。 만약 수업을 성실하게 듣지 않으면, 성적이 향상되지 않을 것이다.

38 A [주어+得+술어+목적어]

且这个东西还得 具备 一些别的特点, ……

조동사 '得(děi ~해야 한다)'는 반드시 동사 술어 앞에 사용해야 한다. 따라서, 빈칸은 동사 자리이다. 또한 보기 중 목적어 '特点(특징)'을 취할 수 있는 동사는 'A. 具备(갖추다)'뿐이다.

A 具备 jùbèi 동 (갖추어야 할 추상적인 물품, 조건, 능력 등을) 갖추다, 구비하다
这家公司已经具备了上市的条件。 이 회사는 이미 출시 조건을 갖추었다.
工作中必须要具备处理各种问题的能力。 업무 중, 각종 문제를 처리하는 능력을 필히 갖추어야 한다.
具备条件 조건을 갖추다 | 具备能力 능력을 갖추다

B 大于 dàyú ~보다 크다 [A+형용사+于+B: A는 B보다 ~하다 (비교)]
相比之下，这么做一定是利大于弊。 비교해서 말하자면, 이렇게 하는 것이 폐단보다 이익이 크다.

C 对于 duìyú 개 (문어체로 쓰여) ~에 대해서, ~에 대하여 [对于+대상]
对于这件事，她始终不表明她的看法。 이 일에 대해, 그녀는 시종일관 자신의 견해를 표명하지 않는다.

D 在于 zàiyú 동 ~에 달려 있다, ~에 있다 [A在于B: A는 B에 달려 있다]
成不成功在于自己付出了多少汗水和时间。 성공 여부는 자신이 얼마큼의 땀과 시간을 들였는지에 달려 있다.
生命在于运动。 생명은 운동에 달려 있다 | 原因在于A 원인은 A에 있다

tip '具备', '具有'의 차이점

具备 jùbèi 동 갖추다, 구비하다	주로 조건, 재능, 능력 등을 갖추어 부족한 것이 없음, 이미 표준에 달했음을 나타냄. 목적어: 구체적, 추상적인 목적어
	已经具备了实行五天工作制的必备条件。 이미 주 5일 근무제 시행의 필수 조건이 다 갖추어졌다.
	工作中应该具备处理各种问题的能力。 업무상 각종 문제를 처리하는 능력을 갖추어야 한다.
具有 jùyǒu 동 있다, 가지다	뜻, 수준, 품격, 작용 등을 가지고 있는 것을 나타냄. 목적어: 주로 추상적인 목적어
	外国朋友很喜欢具有中国传统风格的艺术品。 외국인 친구는 중국 전통 풍격을 지닌 예술품을 좋아한다.

39 B [특징+而+결론]

例如……, 而白大褂就是一个不错的选择。 ……
작업복에 필요한 특징   흰 가운의 특징

빈칸 앞에서 '작업복에 필요한 특징'들을 서술했고, 이어서 빈칸 뒤에서 '그것들이 흰 가운의 특징'이라고 설명했으므로, 문맥상 빈칸에는 B처럼 흰 가운에 대한 긍정적인 내용이 이어져야 자연스럽다.

A 做完实验后要立即洗手 실험을 끝낸 후 곧바로 손을 씻어야 한다
B 而白大褂就是一个不错的选择 그래서 흰 가운은 괜찮은 선택이었다
C 深色的衣服比较耐脏 짙은 색의 옷은 비교적 더러움을 잘 타지 않는다
D 这可难倒了研究人员 이는 연구원을 곤란하게 했다

★实验 shíyàn 명 실험 | ★立即 lìjí 부 곧바로, 즉시, 바로 | 洗手 xǐshǒu 동 손을 씻다 | 深色 shēnsè 명 짙은 색 | 耐脏 nàizāng 형 더러움을 잘 타지 않다, 쉽게 더러워지지 않다 | 难倒 nándǎo 동 곤란하게 하다, 쩔쩔매게 하다 | 研究人员 yánjiūrényuán 연구원

40 D [反复+동작동사]

经过 反复 清洗也不掉色。

보기 중 동작동사인 '清洗(세탁하다)'와 어울리는 부사는 'D. 反复(반복하여)'이다.

A 一共 yígòng 囝 모두, 전부, 합계 [一共+구체적인 수량/숫자]
会议上他一共提出了三个问题。 회의에서 그는 모두 세 가지 문제를 제기했다.

B 随便 suíbiàn 囝 제멋대로, 마음대로, 함부로 동 마음대로 하다, 좋을 대로 하다
我们公司要求上班的时候不能随便着装。 우리 회사는 출근할 때 마음대로 복장을 착용해서는 안 된다고 요구한다.
随便着装 제멋대로 착용하다 | 随便安排 제멋대로 배정하다 | 随你的便吧 당신 좋을 대로 하세요

C 尤其 yóuqí 囝 특히, 더욱이 [어떤 사물을 특별히 강조하는 의미로, '尤其是'의 형태로 쓰임]
我喜欢喝酒，尤其是喝啤酒。 나는 술 마시는 걸 좋아하는데, 특히 맥주 마시는 걸 좋아한다.

D 反复 fǎnfù 囝 반복하여, 거듭, 되풀이하여 [동작, 행동이 반복될 때 사용함]
他在会议上反复强调了几件事情。 그는 회의에서 몇 가지 일을 반복해서 강조했다.

白大褂作为实验室里的工作服已经有至少一百年的历史了，白大褂为什么会成为传统的工作服呢？那时的实验 **37** 往往具有危险性，也极易把衣服弄脏。于是，就需一种东西，可以穿在衣服外边，来保护衣服。且这个东西还得 **38** 具备一些别的特点，例如易发现污渍，清洗方便，还要经得起高温消毒，**39** 而白大褂就是一个不错的选择。白色上边一有了脏东西就极易被看到，经过 **40** 反复清洗也不掉色，后来白大褂就作为传统被保留了下来。

흰 가운은 실험실 작업복으로 이미 최소한 백 년의 역사를 가지고 있다. 흰 가운은 왜 전통적인 작업복이 되었을까? 당시의 실험은 **37** 종종 위험성을 지니고 있었고, 옷이 더럽혀지기도 매우 쉬웠다. 그래서 겉에 입어 옷을 보호할 수 있는 물건이 필요했고 또한 몇몇 다른 특징도 **38** 가지고 있어야 했다. 예를 들면 오염을 쉽게 발견할 수 있고, 세탁이 편리하며, 고온의 소독을 견딜 수 있어야 했다. **39** 그래서 흰 가운은 괜찮은 선택이었다. 흰색 위에 더러운 것이 생기면 아주 쉽게 발견할 수 있고, **40** 반복적으로 세탁을 해도 색이 바래지 않아서, 훗날 흰 가운은 전통으로 유지되어 왔다.

白大褂 báidàguà 명 (의료인의) 흰 가운 | ★作为 zuòwéi 개 ~로서 | 实验室 shíyànshì 명 실험실 | 工作服 gōngzuòfú 명 작업복, 근무복 | 至少 zhìshǎo 부 적어도, 최소한 | 成为 chéngwéi 동 ~가 되다, ~로 되다 | ★传统 chuántǒng 명 전통이다 | 实验 shíyàn 명 실험 | 往往 wǎngwǎng 부 종종, 자주 | 具有 jùyǒu 동 지니다, 가지다 | 危险性 wēixiǎnxìng 위험성 | 极 jí 부 아주, 극히 [가장 높은 정도를 나타냄] | 易 yì 형 쉽다, 용이하다 | 弄脏 nòngzāng 동 더럽히다 | 于是 yúshì 접 그래서, 이리하여 | 需 xū 동 필요하다, 요구되다 | 外边 wàibian 명 바깥 | 保护 bǎohù 동 보호하다 | 且 qiě 접 또한, 게다가, 더욱이 [而且, 并且에 해당함] | ★具备 jùbèi 동 (물품 등을) 갖추다, 구비하다 | 特点 tèdiǎn 명 특징, 특색 | 例如 lìrú 동 예를 들면, 예컨대 | 污渍 wūzì 명 때, 땟자국, 기름때 | 清洗 qīngxǐ 동 세탁하다, 깨끗이 씻다 | 经得起 jīngdeqǐ 견뎌내다 | 高温 gāowēn 명 고온 | 消毒 xiāodú 동 소독하다 | 而 ér 접 ~해서, 그리고 [순접을 나타냄] | 不错 búcuò 형 괜찮다, 좋다 | 白色 báisè 명 흰색 | 上边 shàngbian 명 위, 위쪽 | 脏 zāng 형 더럽다, 지저분하다 | 经过 jīngguò 동 거치다 | ★反复 fǎnfù 부 반복하여, 거듭 | 掉色 diàoshǎi 동 탈색되다, 색이 바래다 | ★保留 bǎoliú 동 유지하다, 보존하다

Day 37
track yuedu 11
41 B   **42** C   **43** A   **44** C

41~44

41 B [상식/견해, 事实+真的吗? [앞에 제시된 상식/견해에 의구심을 나타냄]]

中国有种说法是"喝粥养胃"。然而，**事实** 真的是这样的吗?
　　　　　　　　　　　　　　　　　　 의구심

빈칸 뒤에 나오는 표현 '真的是这样的吗? (정말 이러할까?)'는 '喝粥养胃(죽을 먹어서 위를 보호한다)'라는 견해에 대해 의구심을 나타내는 문장이다. 의구심을 나타내는 어감을 유지하며, '喝粥养胃'라는 견해와도 자연스럽게 호응하는 어휘는 'B. 事实(사실)'이다.

A 意义 yìyì 명 의미, 의의, 뜻

在某种**意义**上, 你的话很有道理。 어떤 의미에서 너의 말은 일리가 있다.

在……**意义**上 ~라는 의미상 | 具有**意义** 의의를 가지고 있다 | 包含**意义** 뜻을 포함하다

B 事实 shìshí 명 사실

昨晚的录像证明了**事实**。 어제저녁의 녹화는 사실을 증명했다.

证明**事实** 사실을 증명하다 | 尊重**事实** 사실을 존중하다

C 范围 fànwéi 명 범위

想问题时应该扩大思考**范围**。 문제를 생각할 때 사고의 범위를 확대해야 한다.

扩大**范围** 범위를 확대하다 | 在……**范围**内 ~범위 내에서

D 结果 jiéguǒ 명 결과, 결실, 열매

这次新出的产品在销量上没有取得令人满意的**结果**。 이번에 새로 나온 제품은 판매량에서 만족스러운 결과를 얻지 못했다.

取得**结果** 결과를 얻다 | 满意的**结果** 만족스러운 결과

> **tip** '结果 jiéguǒ'의 부사적 용법
>
> '结果'는 명사로도 쓰이지만, '결국, 마침내' 라는 의미의 부사로도 많이 사용된다. 비슷하게 해석되는 '终于(zhōngyú 결국, 마침내)'는 바라던 것이 이루어졌을 때 사용하는 반면 '结果'는 어떤 일의 객관적 결과를 나타낼 때 사용한다.
>
> ◆ 他做事很马虎, **结果**受到了老板的批评。 그는 일을 아주 대충해서, 결국 사장님한테 꾸지람을 들었다.

42 C [通常 일반적인]

……, 由于粥 **通常** 煮得非常烂, ……

이 문제는 앞뒤 문장의 내용을 파악해서 문맥에 어울리는 어휘를 찾아 넣어야 하는 문제이다. 핵심 단어인 '粥(죽)'와 '煮(끓이다)'와 '보기'를 모두 해석할 수 있었다면 쉽게 'C. 通常(보통)'을 답으로 고를 수 있었을 것이다.

A 活动 huódòng 명 활동, 행동

多参加有意义的**活动**可以增长见识。 의미있는 활동에 많이 참가하면, 견문을 넓힐 수 있다.

参加**活动** 활동에 참가하다 | 举办**活动** 행사를 개최하다

B 暂时 zànshí 부 잠시   명 잠시, 잠깐, 일시

您的飞机航班**暂时**取消。 당신의 항공편은 일시 취소되었습니다. [부사적 용법]

不要被**暂时**的现象而迷惑。 일시적인 현상에 현혹되면 안 된다. [명사적 용법]

暂时取消 잠깐 취소하다 | 暂时的现象 일시적인 현상

C 通常 tōngcháng 뿐 보통, 일반적으로, 통상적으로 혱 통상적인
他通常坐公交车回家。그는 보통 버스를 타고 집에 돌아간다. [부사적 용법]
在通常情况下，我都会帮助你的。일반적인 상황에서 나는 너를 도울 것이다. [형용사적 용법]
通常进行 통상적으로 진행하다 | 在通常情况下 일반적인 상황에서

D 偶尔 ǒu'ěr 뿐 가끔
这条路段偶尔会发生事故。이 구간에서는 가끔 사고가 발생한다.
偶尔发生 가끔 발생하다 | 偶尔出现 가끔 출현하다

43 A [无需进行消化 ≒ 不用消化 소화할 필요가 없다 → 直接吸收 바로 흡수하다]

无需胃对它进行特别的消化，就可直接让人体吸收。
　　　　　　　　　소화

빈칸 앞에서는 '粥(죽)'의 '消化(소화)'에 대해 이야기하고 있으므로, 빈칸에는 '吸收(흡수)'에 대해 이야기하고 있는 A가 들어가야 맞다.

A 就可直接让人体吸收 바로 인체로 흡수하게 할 수 있다
B 刚出锅的粥不可以立刻喝 갓 나온 죽은 바로 먹으면 안 된다
C 味道极具特色 맛이 매우 특색 있다
D 许多医生推荐大米粥 많은 의사는 쌀죽을 추천한다

★锅 guō 명 솥, 냄비 | 出锅 chūguō (요리가) 다 되다, 완성되다 | ★立刻 lìkè 뿐 곧, 즉시, 바로 | 味道 wèidao 명 맛 | 极 jí 뿐 아주, 몹시, 매우 [가장 높은 정도를 나타냄] | 具 jù 동 갖추다, 가지다 | ★特色 tèsè 명 특색 | 许多 xǔduō 혱 대단히 많은 | ★推荐 tuījiàn 동 추천하다

44 C [＿＿＿＿ 调理的过程，包括在……等各个方面都]

养胃是一个综合调理的过程，包括在运动、饮食、作息等各个方面都要注意。

운동, 식사, 휴식 등 '다방면으로' 모두 주의해야 한다는 말은 '종합적인(综合)' 관리가 필요하다는 말과 의미가 통한다.

A 应对 yìngduì 동 대응하다, 대처하다
大家都在思考应对物价上涨最有效的手段。모두 물가 상승에 대응할 가장 효과적인 수단을 생각하고 있다.
应对问题 문제에 대처하다 | 应对的手段 대응 수단

B 承受 chéngshòu 동 (임무·애로·압력·시련 등을) 견뎌내다, 감당하다
对于下个月的考试，我内心承受着很大的压力。다음 달 시험에 대해, 나는 속으로 큰 스트레스를 견디고 있다.
承受压力 스트레스를 견뎌내다 | 承受负担 부담을 감당하다 | 承受……情况 ~한 상황을 감당하다

C 综合 zōnghé 동 종합하다
老板综合各方意见后决定辞退这个员工。사장은 각 방면의 의견을 종합한 후 이 직원을 해임하기로 결정했다.
综合各方意见 각 방면의 의견을 종합하다 | 综合管理 종합하여 관리하다

D 表达 biǎodá 동 (추상적인 감정이나 사상 등을) 나타내다, 표현하다, 드러내다
这幅画表达了他思念家乡的感情。이 그림은 그가 고향을 그리워하는 감정을 표현했다.
表达感情 감정을 표현하다 | 表达态度 태도를 나타내다 | 表达意见 의견을 표현하다

现代人的生活节奏越来越快，而按时吃饭的人却越来越少，所以得胃病的人也逐渐增多。中国有种说法是"喝粥养胃"。然而，41 事实真的是这样吗？

其实喝粥养胃确实有一定的科学根据，由于粥 42 通常煮得非常烂，无需胃对它进行特别的消化，43 就可直接让人体吸收。尤其是对于"受伤"的胃来说，喝粥能够减轻胃的工作负担。所以，从"给胃减负"的角度来看，喝粥有养胃的作用。但是医生也指出，喝粥养胃并不适合所有人。养胃是一个 44 综合调理的过程，包括在运动、饮食、作息等各个方面都要注意。

현대인의 생활 리듬은 점점 빨라지고 있다. 그러나 제시간에 밥을 먹는 사람은 오히려 점점 더 줄어들고 있어서 위장병을 앓는 사람도 점점 증가하고 있다. 중국에는 '죽을 먹어서 위를 보호한다'라는 견해가 있는데, 그러나 41 사실 정말 이러할까?

사실 죽을 먹어서 위를 보호하는 것은 확실히 어느 정도의 과학적 근거가 있다. 죽은 42 보통 매우 퍼지게 끓이기 때문에 위가 특별히 죽을 소화할 필요가 없어서 43 바로 인체로 흡수하게 할 수 있다. 특히 '상처를 입은' 위에 있어서, 죽을 먹으면 위의 업무 부담을 줄여 줄 수 있다. 따라서 '위에 부담을 줄여 주는' 관점에서 봤을 때, 죽을 먹는 것은 위를 보호하는 기능이 있다. 하지만 의사는 '죽을 먹어서 위를 보호하는 것이 결코 모든 사람에게 적합하지는 않다'고도 지적한다. 위를 보호하는 것은 44 종합적인 관리가 필요한 과정으로 운동, 식사, 휴식 등을 포함해 다방면으로 모두 주의해야 한다.

★ **现代** xiàndài 명 현대 | **生活** shēnghuó 명 생활 | **节奏** jiézòu 명 리듬 | **越来越** yuèláiyuè 부 점점, 더욱더 [정도의 증가를 나타냄] | **按时** ànshí 부 제시간에, 제때에 | **得** dé 동 (병을) 앓다, 얻다 | **胃病** wèibìng 명 위장병, 위병 | ★ **逐渐** zhújiàn 부 점점, 점차 | **增多** zēngduō 동 증가하다 | **说法** shuōfǎ 명 의견, 견해 | **粥** zhōu 명 죽 | **养** yǎng 동 보호하다 | ★ **胃** wèi 명 위 | **然而** rán'ér 접 그러나, 그렇지만 | ★ **事实** shìshí 명 사실 | **确实** quèshí 부 정말로, 확실히 | **科学** kēxué 명 과학적이다 | **由于** yóuyú 접 ~때문에, ~로 인하여 | ★ **通常** tōngcháng 명 보통, 통상 | ★ **煮** zhǔ 동 끓이다, 익히다 | ★ **烂** làn 형 (음식물이 너무 익어서) 무르다, 흐물흐물하다 | **无需** wúxū 동 ~할 필요가 없다 | **进行** jìnxíng 동 진행하다 | ★ **消化** xiāohuà 동 소화하다 | **可** kě 조동 ~할 수 있다 [=可以] | **直接** zhíjiē 부 직접 | **人体** réntǐ 명 인체 | ★ **吸收** xīshōu 동 흡수하다, 섭취하다 | **对于** duìyú 개 ~에 대해서, ~에 대하여 | ★ **受伤** shòushāng 동 상처를 입다, 부상당하다, 부상을 입다 | **……来说** ……láishuō ~으로 말하자면 [对于A来说: A에 대해 말하자면] | **能够** nénggòu 조동 ~할 수 있다 | **减轻** jiǎnqīng 동 줄다, 감소하다 | **负担** fùdān 명 부담, 책임 | **减负** jiǎnfù 부담을 줄이다 | ★ **角度** jiǎodù 명 관점, (문제를 보는) 각도 | **来看** láikàn ~에서 보면, ~에게 있어서 | **作用** zuòyòng 명 기능, 작용, 효과 | **指出** zhǐchū 지적하다, 밝히다 | **适合** shìhé 동 적합하다, 알맞다 | **所有** suǒyǒu 형 모든, 전부의 | ★ **综合** zōnghé 동 종합하다 | **调理** tiáolǐ 동 관리하다, 돌보다 | **过程** guòchéng 명 과정 | ★ **包括** bāokuò 동 포함하다, 포괄하다 | **饮食** yǐnshí 명 음식 먹고 마시다 명 음식 | **作息** zuòxī 동 일하고 휴식하다 | **方面** fāngmiàn 명 분야, 방면

● Day 38 ● track yuedu 12

45 A   46 C   47 B   48 D

45~48

45 A [创造奇迹 기적을 만들다]

金庸的武侠小说创造了中国现代文学史上的 奇迹：

'的'는 '관형어+的+명사/대사' 형태로 활용된다. 빈칸 앞의 '的'에서 힌트를 얻어, 빈칸이 '명사' 자리임을 알아챌 수 있다. 제시된 보기 중 '명사'로 쓰일 수 있으며, 동사 '创造'와 호응하는 단어는 'A. 奇迹(기적)'뿐이다. '创造奇迹(기적을 만들다)'라는 짝꿍 표현은 꼭 기억해 두자.

A 奇迹 qíjì 명 기적

长城不但是中国的骄傲，还是世界的奇迹。 만리장성은 중국의 자랑일 뿐만 아니라 세계의 기적이다.

世界的奇迹 세계의 기적 | 创造奇迹 기적을 창조하다

B 奇妙 qímiào 형 기묘하다, 신기하다

这个优美的童话里充满了奇妙的幻想。 이 아름다운 동화에는 기묘한 환상이 가득 차 있다.

奇妙的幻想 기묘한 환상 | 奇妙的作用 신기한 작용

C 新奇 xīnqí 형 신기하다, 새롭다

如此新奇的想法，只有他能想出来。 이처럼 신기한 생각은 오직 그만이 생각해 낼 수 있다.

新奇的想法 신기한 생각 | 感到新奇 신기해하다

D 奇怪 qíguài 형 이상하다, 희한하다

姐姐既聪明又用功，考上名牌大学并不奇怪。
누나는 총명하고 열심히 공부하기 때문에, 명문 대학에 합격하는 것이 결코 이상하지 않다.

味道很奇怪 맛이 이상하다 | 表情很奇怪 표정이 이상하다

46 C [只要A，就B A하기만 하면 B하다]

从中国至亚洲各个国家，再到欧美国家，只要是有华人的地方，就有金庸迷。

보기에 모두 '접속사'가 쓰여 있으니, 뒤 절에 쓰인 부사 '就'에서 힌트를 얻자. 부사 '就'와 호응해 쓰이는 접속사는 보기 C에 쓰인 '只要'이므로, 답은 C이다. '只要A，就B(A하기만 하면 B하다)' 구문은 핵심 접속사 구문이니 반드시 암기하자!

A 不管有多少中国人 중국인이 얼마나 있든 관계없이
B 因为内容引人入胜 내용이 사람을 매료시키기 때문에
C 只要是有华人的地方 중국계 사람이 있는 곳이기만 하면
D 除不认字的文盲以外 글자를 모르는 문맹 외에도

不管 bùguǎn 접 ~에 관계없이 | 内容 nèiróng 명 내용 | 引人入胜 yǐnrén rùshèng 정 (풍경이나 문장 등이) 사람을 매료시키다 | 只要 zhǐyào 접 ~하기만 하면 | 华人 huárén 명 중국계 사람 | 除 chú 개 ~를 제외하고 | 认字 rènzì 동 글자를 알다 | 文盲 wénmáng 명 문맹

47 B [引起注意 주의를 끌다]

奇特的"金庸现象"已引起全球文史学家们广泛的注意，
　　　　　　　　　　술어　　　　　　　　　　　목적어

목적어 '注意(주의)'와 호응하는 술어를 찾아야 한다. 답은 '(주의를) 끌다, 야기하다'라는 의미의 'B. 引起'이다. '引起注意(주의를 끌다)'는 자주 쓰이는 짝꿍 표현이므로, 반드시 외워 두자!

A 发现 fāxiàn 동 발견하다, 알아차리다

每个人都应善于发现自己的短处。 모든 사람은 자신의 단점을 잘 발견해야 한다.

发现短处 단점을 발견하다 | 发现秘密 비밀을 발견하다

B 引起 yǐnqǐ 동 (주의를) 끌다, 야기하다

产品如果不够独特就无法引起消费者的关注。 제품이 독특하지 않으면 소비자의 관심을 끌 수 없다.

引起关注 관심을 끌다 | 引起注意 주의를 끌다 | 引起热烈反响 뜨거운 반응을 불러일으키다

C 发生 fāshēng 동 발생하다, 일어나다

生命中所发生的每一件事必有其意义。 삶에서 일어나는 모든 일은 반드시 그 의미가 있다.

发生事故 사고가 발생하다 | 发生意外 의외의 일이 발생하다

D 引用 yǐnyòng 동 인용하다

这篇文章里引用了很多名言，很有说服力。 이 글에는 많은 명언을 인용해서, 매우 설득력이 있다.

引用名言 명언을 인용하다 | 引用文章 문장을 인용하다

48 D [深刻 (이해·파악·인상 등이) 깊다]

不少学者对金庸作品的阐释与理解，深刻且独特，

김용 작품의 '해석과 이해(阐释与理解)'가 어떠한지 설명하는 부분이다. 뒤 절에서 김용의 작품을 '신기함을 내포한 작품'이라고 언급하고 있다는 점에서, 빈칸은 '긍정적인 어기'를 지닌 표현으로 채워야 함을 알아챌 수 있다. 긍정적인 어기의 표현은 보기 중 'B. 深厚'와 'D. 深刻'가 있는데, '深厚'는 감정이나 물체의 층이 두터움을 나타내는 데 쓰이는 표현이므로, 본질에 대한 이해와 파악을 나타내는 'D. 深刻(깊다)'가 답이다.

A 呆板 dāibǎn 형 융통성이 없다, 고지식하다

他做事呆板，因此失去了好多机会。 그는 일하는 것이 융통성이 없어서 많은 기회를 놓쳤다.

做事呆板 일하는 것이 융통성이 없다 | 思想呆板 생각이 융통성이 없다

B 深厚 shēnhòu 형 (감정이) 깊고 두텁다

经过一年的相处，大家结下了深厚的友谊。 일 년 동안의 교제를 통해 모두 깊은 우정을 맺었다.

深厚的友谊 깊은 우정 | 深厚的情意 깊은 감정

C 肤浅 fūqiǎn 형 (학식이) 얕다, 얄팍하다, (이해가) 깊지 못하다

我对外国文学的了解很肤浅。 나는 외국 문학에 대한 이해가 매우 얕다.

对……的了解很肤浅 ~에 대한 이해가 얕다 | 理解肤浅 이해가 얕다

D 深刻 shēnkè 형 (본질에 대한 이해와 파악) 깊다, (인상이나 느낌이) 깊다

每个人都有印象最深刻的事情。 사람마다 가장 기억에 남는 일이 있다.

深刻的道理 깊이 있는 도리 | 印象深刻的人 인상(이) 깊은 사람

金庸的武侠小说创造了中国现代文学史上的 45 奇迹。上到政府官员、学者教授、文人墨客，下到农民、工人、小贩，从中国至亚洲各个国家，再到欧美国家，46 只要是有华人的地方，就有金庸迷。

奇特的"金庸现象"已 47 引起全球文史学家们广泛的注意，并且引发了国内外"金学"的蓬勃兴起。不少学者对金庸作品的阐释与理解，48 深刻且独特，其作品被称为"内涵挖掘不尽的神奇之作"。相信在不远的未来，金庸的武侠小说与"金学"将会成为全球性的研究热点，还会被载入世界文学史册。

김용의 무협소설은 중국 현대문학사의 45 기적을 만들어 냈다. 위로는 정부 관료, 학자, 교수, 문인 묵객부터 아래로는 농민, 노동자와 소상인까지, 중국에서 아시아 각 국가, 그리고 구미의 나라에 이르기까지, 46 중국계 사람이 있는 곳이기만 하면 김용의 팬이 있다.

기묘한 '김용 현상'은 이미 전 세계 문학사가들의 폭넓은 주의를 47 끌었으며, 국내외 '김학'이 활발하게 일어나게 했다. 많은 학자들이 김용의 작품에 대한 해석과 이해가 48 깊고 독특해 그 작품은 '발굴할 수 없는 신기함을 내포하고 있는 작품'으로 불린다. 멀지 않은 미래에, 김용의 무협소설과 '김학'이 세계적인 연구 이슈가 될 것이며, 세계 문학사에 기록될 것이라 믿는다.

金庸 Jīn Yōng [고유] 김용 [중국 홍콩 특별행정구의 무협 소설 작가이며 언론인] | **武侠小说** wǔxiá xiǎoshuō [명] 무협 소설 | ★**创造** chuàngzào [동] 만들다, 창조하다 | ★**现代** xiàndài [명] 현대 | ★**文学** wénxué [명] 문학 | **史** shǐ [명] 역사 | **政府官员** zhèngfǔ guānyuán [명] 정부 관료, 국가 공무원 | **学者** xuézhě [명] 학자 | **教授** jiàoshòu [명] 교수 | **文人** wénrén [명] 문인 | **墨客** mòkè [명] 묵객 [글씨를 쓰거나 그림을 그리는 사람] | ★**农民** nóngmín [명] 농민 | ★**工人** gōngrén [명] 노동자 | **小贩** xiǎofàn [명] 소상인 | **至** zhì [동] ~에 이르다, 도착하다 [=到] | **亚洲** Yàzhōu [고유] 아시아주 | **只要** zhǐyào [접] ~하기만 하면 | **华人** huárén [명] 중국계 사람 | **迷** mí [명] 팬, 애호가 | **奇特** qítè [형] 기묘하다, 희한하다 | ★**现象** xiànxiàng [명] 현상 | **引起** yǐnqǐ [동] (주의를) 끌다, 야기하다 | **全球** quánqiú [명] 전 세계 | ★**广泛** guǎngfàn [형] 광범위하다 | **并且** bìngqiě [접] 게다가, 나아가 | **引发** yǐnfā [동] 일으키다, 야기하다 | **蓬勃** péngbó [형] 왕성하다, 크게 발전하다 | **兴起** xīngqǐ [동] 일어나다, 흥기하다 | **学者** xuézhě [명] 학자 | ★**作品** zuòpǐn [명] 작품 | **阐释** chǎnshì [동] 상세히 해석하다 | **理解** lǐjiě [동] 이해하다 | ★**深刻** shēnkè [형] 깊다 | ★**独特** dútè [동] 독특하다 | **称为** chēngwéi [동] (~라고) 부르다, 일컫다 | **内涵** nèihán [동] 내포하다 [명] 의미, 내용 | **挖掘** wājué [동] 발굴하다, 캐다, 찾아내다 | **不尽** bújìn [형] 다하지 못하다, 끝이 없다 | **神奇** shénqí [형] 신기하다 | ★**未来** wèilái [명] 미래 | **成为** chéngwéi [동] ~가 되다 | **全球性** quánqiúxìng [형] 전 세계적 | **研究** yánjiū [동] 연구하다 | **热点** rèdiǎn [명] 이슈, 화두, 초점 | **载** zǎi [동] 기록하다 | ★**册** cè [명] 책

독해 제2부분 02 지문과 일치하는 보기 고르기

본서 pp.109~120

● **Day 05** track yuedu 13
1 B 2 C 3 C 4 B

1 **B** [通过A等方式 A 등의 방식을 통하여] 많은 도시에서 도시의 주차 공간 자원을 통합한 후, 휴대폰, 소프트웨어, 인터넷 웹사이트 등의 다양한 방식을 통해 '검색 서비스(查询服务)'를 제공한다고 했다.

A (x) 점점 더 심각해지고 있다고 한 것은 '주차 규정을 위반'하는 현상이지, 주차비를 마구 징수하는 현상이 아니다.

C (x) 주차 규정을 위반하는 현상에 대한 언급은 있었지만, 벌금 관련 내용은 언급되지 않았다.

D (x) 대중교통 시설에 대한 내용은 언급되지 않았다.

　　"停车难"已经成为了许多大城市的通病，由于车位十分紧张，所以 **AC** 违章停车的现象也越来越严重，为了解决这个问题， **B** 近年来很多城市建立了停车管理信息系统，将城市车位资源整合后，通过手机电话、软件、网站等方式为市民提供多样的查询服务，从而缓解了市民的停车压力。

A 停车乱收费现象越来越严重
B 部分城市可上网查询车位
C 违章停车将面临罚款
D 市民十分依赖公共交通设施

　　'주차난'은 이미 많은 대도시의 일반적인 문제가 되었다. 주차 공간이 매우 부족하기 때문에, **AC** 주차 규정을 위반하는 현상도 점점 더 심각해지고 있다. 이 문제를 해결하기 위해, **B** 최근 몇 년간 많은 도시에서 주차 관리 정보 시스템을 만들었다. 도시의 주차 공간 자원을 통합한 후, 휴대폰, 소프트웨어, 인터넷 웹사이트 등의 방식을 통해서 시민들을 위한 다양한 검색 서비스를 제공함으로써 시민들의 주차 스트레스를 해소했다.

A 주차비를 마구 징수하는 현상이 점점 심각해지고 있다
B 일부 도시는 인터넷에서 주차 공간을 검색할 수 있다
C 주차 규정을 위반하면 벌금에 직면하게 될 것이다
D 시민들은 대중교통 시설에 매우 의존한다

停车 tíngchē 동 주차하다 | 难 nán 명 재난, 불행 | 成为 chéngwéi 동 ~가 되다, ~로 되다 | 许多 xǔduō 형 (사람의 수나 물건의 수량이) 매우 많다 | 大城市 dàchéngshì 명 대도시 | 通病 tōngbìng 명 일반적 폐단, 결점 | 由于 yóuyú 접 ~때문에, ~로 인하여 [由于A 所以B: A때문에 그래서 B하다] | 车位 chēwèi 명 주차 공간, 주·정차 자리 | 十分 shífēn 부 매우, 아주 [=非常] | 紧张 jǐnzhāng 형 (필요한 물품이) 부족하다, 빠듯하다 | 违章 wéizhāng 동 규정을 위반하다 | ★现象 xiànxiàng 명 현상 | 越来越 yuèláiyuè 부 점점, 더욱더 [정도의 증가를 나타냄] | 严重 yánzhòng 형 심각하다 | 近年 jìnnián 명 최근 몇 년 | ★建立 jiànlì 동 만들다, 세우다, 건립하다 | 管理 guǎnlǐ 동 관리하다 | 信息 xìnxī 명 정보 | ★系统 xìtǒng 명 시스템 | 将 jiāng 개 ~를 [=把] | ★资源 zīyuán 명 자원 | 整合 zhěnghé 동 통합 조정하다 | 并且 bìngqiě 접 나아가, 또한, 그리고 | 通过 tōngguò 개 ~를 통해, ~에 의해 | ★软件 ruǎnjiàn 명 소프트웨어 | 网站 wǎngzhàn 명 (인터넷) 웹사이트 | ★方式 fāngshì 명 방식, 방법 | 市民 shìmín 명 시민 | 提供 tígōng 동 (자료·의견·조건·물자 등을) 제공하다, 공급하다 | 多样 duōyàng 형 다양하다 | 查询 cháxún 동 검색하다, 조회하다 | 服务 fúwù 동 서비스하다 | ★从而 cóng'ér 접 ~함으로써, 따라서 | ★缓解 huǎnjiě 동 완화시키다, 호전시키다 | 压力 yālì 명 스트레스 [缓解压力: 스트레스를 해소하다] | 乱 luàn 부 마구, 함부로, 제멋대로 | 收费 shōufèi 동 요금을 징수하다, 비용을 받다 | 部分 bùfen 명 일부, 부분 | 将 jiāng 부 ~하게 될 것이다, ~일 것이다 | ★面临 miànlín 동 직면하다, 당면하다 | ★罚款 fákuǎn 동 벌금을 부과하다 명 벌금, 과태료 | 依赖 yīlài 동 의존하다 | 公共交通 gōnggòng jiāotōng 대중교통 | ★设施 shèshī 명 시설

2 **C** [开拓 ≒ 开辟 개척하다] 지문에서 '실크로드는 한나라 시기에 개척하다'라고 설명하며 '开拓(개척하다)'라는 단어를 사용했고, 보기 C에서는 유의어 '开辟(개척하다)'를 사용했다. '开拓'와 '开辟'는 모두 6급 어휘이다. 최근 들어 5급 시험에 6급 어휘가 종종 출제되고 있다. 모르는 단어였다고 하더라도, '开'를 통해 의미를 유추할 수 있고, 앞뒤 내용과 문맥으로 의미를 파악할 수도 있다.

A (x) 실크로드는 현대가 아니라 '고대 한나라' 시기에 생겼다.

B (x) 바다에 있는 실크로드는 '해상 실크로드'라고 부른다고 했다.

84 독해 제2부분

D (x) 방직물은 동방[중국]에서 서방으로 전해졌다고 했다.

A C "丝绸之路"是中国古代汉朝时期所开拓的商业通道。**D** 因中国的纺织物通过这条道路传入西方，所以被称为"丝绸之路"。另外，**B** 中国南部地区还有一条从海上向西方延伸的贸易文化通道，叫做"海上丝绸之路"。	**A C** '실크로드'는 중국 고대 한나라 시기에 개척한 상업 통로이다. **D** 중국의 방직물이 이 통로를 통해 서방에 전해졌기 때문에, 그래서 '실크로드'라고 불린다. 이 밖에, **B** 중국 남부 지역에는 바다에서 서방으로 뻗어 나가는 무역 문화 통로도 있는데, '해상 실크로드'라고 부른다.
A 丝绸之路现代才有	A 실크로드는 현대에 비로소 생겼다
B 丝绸之路在海上	B 실크로드는 바다에 있다
C 丝绸之路是由汉朝人开辟的	**C 실크로드는 한나라 사람이 개척한 것이다**
D 纺织物是从西方传入东方的	D 방직물은 서방에서 동방으로 전해졌다

丝绸之路 Sīchóu zhī lù 고유 실크로드, 비단길 | ★**古代** gǔdài 명 고대 | **汉朝** Hàncháo 고유 한나라 | ★**时期** shíqī 명 (특정한) 시기 | **开拓** kāituò 동 개척하다, 개간하다 | ★**商业** shāngyè 명 상업, 비즈니스 | **通过** tōngguò 개 ~를 통하여, ~를 거쳐 동 통과하다 | **通道** tōngdào 명 통로, 대로 | **纺织物** fǎngzhīwù 명 방직물 | **传入** chuánrù 동 전해지다, 전해 들어오다 | **西方** xīfāng 명 서방, 서쪽 | ★**称** chēng 동 부르다 [被称为: ~라고 불리다] | **另外** lìngwài 접 이 밖에, 이 외에 | **南部** nánbù 명 남부 | **地区** dìqū 명 지역, 지구 | **海上** hǎishàng 명 해상 | **延伸** yánshēn 동 뻗어나가다 | ★**贸易** màoyì 명 무역 | **叫做** jiàozuò 동 ~라고 부르다 | ★**现代** xiàndài 명 현대 | **由** yóu 개 ~가 [동작의 주체를 나타냄] | **开辟** kāipì 동 개척하다, (길을) 열다 | **东方** dōngfāng 명 동방, 동쪽, 아시아

3 C [应(该)+강조하고자 하는 내용] 의견이나 주장을 서술할 때 쓰이는 표현 '应(~해야 한다)'에 항상 주목하자. 마지막 문장에서 '应时刻保持乐观的心态(우리는 항상 낙관적인 심리 상태를 유지해야 한다)'라고, 보기 C의 내용이 직접적으로 언급되었다. 이 문제처럼, 지문 마지막 문장에 화자의 주장이 나오면, 그 내용을 다룬 보기가 정답인 경우가 많다.

A (x) 지문에 언급되지 않았다.

B (x) 헬스클럽에서 운동하는 것이 언급되었지만, '건강한 신체는 단련에 달려 있다'고 언급한 부분은 없다.

D (x) 신체 건강과 심리 상태를 비교하여 설명했지만 어느 것이 더 중요하다는 내용은 언급되지 않았다.

"可塑性"是人类身体具有的特点之一。经常去健身房运动的人会发现：不管是肌肉还是力量都会慢慢增长。其实人的心理也是一样的，当我们处于某种情绪时，与其相关的生理或心理就会成为常态，**C** 所以我们应时刻保持乐观的心态，并提醒自己不要陷入负面情绪中。	'적응성'은 인류의 신체가 가진 특징 중의 하나이다. 자주 헬스클럽에 가서 운동을 하는 사람은 '근육이든 힘이든 모두 천천히 증가하는 것'을 발견할 수 있다. 사실 사람의 심리도 같다. 우리가 어떤 감정에 놓일 때, 이와 관련 있는 신체 혹은 심리가 평소의 모습이 된다. **C** 그래서 우리는 항상 낙관적인 심리 상태를 유지해야 하고, 부정적인 감정에 빠지지 않도록 자신을 일깨워야 한다.
A 要养成早睡早起的好习惯	A 일찍 자고 일찍 일어나는 좋은 습관을 길러야 한다
B 健康的身体靠锻炼	B 건강한 신체는 단련에 달려 있다
C 保持乐观心态十分重要	**C 낙관적인 심리 상태를 유지하는 것은 매우 중요하다**
D 心理健康比生理健康更重要	D 심리 건강은 신체 건강보다 더 중요하다

可塑性 kěsùxìng 명 적응성 | ★**人类** rénlèi 명 인류 | **具有** jùyǒu 동 지니다, 가지다 | ★**特点** tèdiǎn 명 특징, 특색 | **之一** zhīyī 명 ~중의 하나 | ★**健身房** jiànshēnfáng 명 헬스클럽 | **不管A还是B都C** bùguǎn A háishì B dōu C A든지 아니면 B든지 관계 없이 모두 C하다 | ★**肌肉** jīròu 명 근육 | ★**力量** lìliang 명 힘 | **增长** zēngzhǎng 동 증가하다, 향상시키다 | **心理** xīnlǐ 명 심리 | **当** dāng [바로 그 시간이나 그 장소를 가리킬 때 쓰임] [当……时: ~할 때] | **处于** chǔyú 동 놓이다, 처하다 | ★**某** mǒu 대 어느, 아무 | ★**情绪** qíngxù 명 감정, 기분 | **与** yǔ 개 ~와 [=和] | **其** qí 대 그, 그것들 | ★**相关** xiāngguān 동 관련이 있다 | **生理** shēnglǐ 명 생리 [지문에서는 '신체'의 의미로 쓰임] | **或** huò 부 또는, 혹은 | **成为** chéngwéi 동 ~가 되다 | **常态** chángtài 명 평소의 모습, 상태, 정상 상태 | ★**时刻** shíkè 부 항상, 늘 | ★**保持** bǎochí 동 유지하다 | ★**乐观** lèguān 형 낙관적이다, 낙

관하다 | **心态** xīntài 명 심리 상태 | **提醒** tíxǐng 동 깨우치다 | **陷入** xiànrù 동 (불리한 상황에) 빠지다, 처하다 | **负面** fùmiàn 명 부정적인 면 | **养成** yǎngchéng 동 기르다, 양성하다 | **早睡早起** zǎoshuì zǎoqǐ 일찍 자고 일찍 일어나다 | ★**靠** kào 동 ~에 달려있다 | **十分** shífēn 튄 매우, 대단히 [=非常 fēicháng]

> tip
> '应(该)' '一定' '要' '得' 뒤에는 화자가 전달하고자 하는 중요한 내용이 나오는 경우가 많다.

4 **B** [**吸引注意力** 주의력을 끌다] 보기에 쓰인 표현이 지문에 그대로 등장한, 난이도 下의 문제이다. 영아와 이야기를 할 때 소리를 길게 끌면 영아의 주의력을 끌 수 있을 뿐만 아니라, 영아의 단어 식별 능력을 높일 수 있다고 했으므로 답은 B이다.

A, D (✗) 지문에 언급되지 않았다.

C (✗) '말하는 속도'에 관한 이야기는 아니었고, 속도가 빨라야 한다고 추측할 만한 단서도 전혀 없다.

在日常生活中，也许你会发现，人们往往喜欢用拖长音或夸张的语气与婴儿说话，其实这是非常有必要的。研究表明，**BC** 和婴儿说话时拖长音不但可以吸引婴儿的注意力，还可以提高婴儿识别单词的能力。	일상생활에서 아마도 당신은 사람들이 종종 소리를 길게 끌거나, 과장된 말투로 영아와 이야기하는 걸 좋아한다는 점을 발견할 것이다. 사실 이것은 매우 필요한 것이다. 연구 결과 **BC** 영아와 이야기를 할 때 소리를 길게 끌면, 영아의 주의력을 끌 수 있을 뿐만 아니라 영아의 단어 식별 능력도 향상시킬 수 있다.
A 婴儿可以识别每个人的声音 **B 拖长声音能吸引婴儿的注意力** C 和婴儿说话时语速要快 D 早教影响婴儿的成长	A 영아는 모든 사람의 목소리를 식별할 수 있다 **B 소리를 길게 끌면 영아의 주의력을 끌 수 있다** C 영아와 말을 할 때는 속도가 빨라야 한다 D 조기 교육은 영아의 성장에 영향을 미친다

★**日常** rìcháng 명 일상 | **生活** shēnghuó 명 생활 | **往往** wǎngwǎng 튄 종종, 자주 | **拖长** tuōcháng 동 길게 끌다 | **音** yīn 명 소리 | ★**夸张** kuāzhāng 동 과장하다 | ★**语气** yǔqì 명 말투, 어투 | **婴儿** yīng'ér 명 영아 | ★**必要** bìyào 명 필요 | **研究** yánjiū 동 연구하다 | ★**表明** biǎomíng 동 분명하게 나타내다, 밝히다 [研究表明: 연구 결과] | **吸引** xīyǐn 동 끌어당기다, 유인하다 | **注意力** zhùyìlì 명 주의력 [吸引注意力: 주의력을 끌다] | **识别** shíbié 동 식별하다, 분별하다 | **单词** dāncí 명 단어 | **能力** nénglì 명 능력 [提高能力: 능력을 향상시키다] | **语速** yǔsù 명 말의 속도 | **早教** zǎojiào 조기 교육 [婴幼儿早期教育(유아 조기 교육)의 약칭] | ★**成长** chéngzhǎng 동 성장

● **Day 06**   ● track yuedu 14
5 C   6 D   7 C   8 A

5 **C** [**加薪** 봉급이 오르다 ≒ **加工资** 임금이 오르다] 지문의 '纪念最后一次加薪10周年(마지막으로 봉급이 오른 지 10주년을 기념하다)'이 보기에서는 '十年没加工资了(10년 동안 임금이 오르지 않았다)'로 바꾸어 표현되었다. 지문에 쓰인 표현 '加薪(봉급을 올리다)'의 '薪'은 '薪水'에 해당하는 말로, '工资(임금, 월급)'와 동의어이다.

A, B (✗) 지문에 언급되지 않았고, 지문 내용만으로 유추할 수 없다.

D (✗) 사장이 '근무시간에 술을 마시는 행위'를 화를 내며 지적했으므로 틀린 내용이다. 또한, 이처럼 상식에 벗어난 내용은 답이 될 가능성이 낮다.

工厂里，一个女职员居然在上班的时候喝啤酒。老板看见了，非常生气地问她："你为什么在上班的时候喝酒？"这个女职员回答说："对不起，老板，我这是为了 C 纪念最后一次加薪10周年。"	공장에서 한 여직원이 놀랍게도 근무 중에 맥주를 마셨다. 사장이 보고는 매우 화가 나서 그녀에게 "당신은 왜 근무시간에 술을 마십니까？"라고 물었다. 이 여직원은 "죄송합니다, 사장님. 이건 C 마지막으로 봉급이 오른 지 10주년을 기념하는 거예요."라고 대답했다.
A 职员平时不喝咖啡 B 老板要对职员罚款 C 员工有十年没加工资了 D 上班时间喝酒也没关系	A 직원은 평소에 커피를 마시지 않는다 B 사장은 직원에게 벌금을 부과하려고 한다 C 직원은 10년 동안 임금이 오르지 않았다 D 근무시간에 술을 마셔도 상관없다

★ 工厂 gōngchǎng 명 공장 | 职员 zhíyuán 명 직원, 사무원 | ★ 居然 jūrán 부 놀랍게도, 뜻밖에 | ★ 老板 lǎobǎn 명 사장 | ★ 纪念 jìniàn 동 기념하다 | 加薪 jiāxīn 동 봉급을 올리다, 임금을 인상하다 | 周年 zhōunián 명 주년 | 平时 píngshí 명 평소, 평상시 | ★ 罚款 fákuǎn 동 벌금을 부과하다 | ★ 员工 yuángōng 명 직원 | 加 jiā 동 더하다, 늘리다, 증가하다 | 工资 gōngzī 명 임금, 월급

6 [**D** 每个人都会经历 사람마다 모두 겪다 ≒ 每个人必经 사람마다 반드시 거치다] 지문의 시작과 마지막 내용만 읽어도 정답을 고를 수 있는 문제이다. 시작 부분에서 '叛逆期(반항기)'는 '每个人(사람마다)'이 모두 겪는다고 했고, 마지막 부분에서도 '必经的阶段(반드시 거쳐야 하는 단계)'이라고 했으므로, 관련 표현이 모두 등장한 보기 D가 답이다.

A, C (×) 지문에 언급되지 않았다.

B (×) 지문에 언급된 '반항기'의 주된 특징과 반대되는 내용이다.

D 在成长过程中，每个人都会经历一段"叛逆期"，**B** 拒绝接受父母的意见是这一时期的主要特征之一，甚至跟父母"对着干"。其实这并不完全是坏事，从人心理发展的角度来看，这是获得独立思考能力不可缺少的、也是 **D** 必经的阶段。	**D** 성장 과정에서 사람마다 모두 '반항기'를 겪는다. **B** 부모의 의견을 받아들이기를 거절하는 것은 이 시기의 주된 특징 중의 하나이며, 심지어 부모와 정면으로 맞서기도 한다. 사실 이는 결코 전혀 나쁜 일만은 아니다. 인간의 심리 발전 관점에서 봤을 때, 이것은 독립적 사고 능력을 얻기 위해서 빼놓을 수 없는, 역시 **D** 반드시 거쳐야 하는 단계이다.
A 父母不应批评孩子 B "叛逆期"的孩子特别听话 C 孩子要孝顺父母 D "叛逆期"是每个人的必经阶段	A 부모는 아이를 꾸짖어서는 안 된다 B '반항기'의 아이는 특히 말을 잘 듣는다 C 아이들은 부모님께 효도해야 한다 D '반항기'는 사람마다 반드시 거쳐야 하는 단계이다

★ 成长 chéngzhǎng 동 성장하다 | 过程 guòchéng 명 과정 | 经历 jīnglì 동 몸소 겪다, 체험하다 | 叛逆 pànnì 동 배반하다, 반역하다 | 期 qī 명 시기 [叛逆期: 반항기] | 拒绝 jùjué 동 거절하다, 거부하다 | 接受 jiēshòu 동 받아들이다, 수락하다 | 父母 fùmǔ 명 부모 | 意见 yìjiàn 명 의견, 견해 [接受意见: 의견을 받아들이다] | ★ 时期 shíqī 명 (특정한) 시기 | ★ 特征 tèzhēng 명 특징 | 之一 zhīyī 명 ~중의 하나 | 甚至 shènzhì 부 심지어 | 对着干 duìzhegàn (상대를 반대하거나 이기려고) 정면으로 맞서다, 대립적인 행동을 하다 | 并 bìng 부 결코, 전혀 ['不'나 '没'앞에 쓰여 부정의 어투 강조] | 完全 wánquán 부 전혀, 완전히 | 坏事 huàishì 명 나쁜 일 | ★ 心理 xīnlǐ 명 심리 | 发展 fāzhǎn 명 발전 | ★ 角度 jiǎodù 명 (문제를 보는) 관점, 각도 [从A的角度来看: A의 관점에서 보면] | 获得 huòdé 동 얻다, 획득하다 | ★ 独立 dúlì 동 독립하다 | ★ 思考 sīkǎo 동 사고하다, 사색하다 | 能力 nénglì 명 능력 | 不可缺少 bùkě quēshǎo 없어서는 안 되는 | 必 bì 부 반드시 | 经 jīng 동 거치다 | 阶段 jiēduàn 명 단계 [必经阶段: 반드시 거쳐야 하는 단계] | 批评 pīpíng 동 꾸짖다, 비판하다 | 听话 tīnghuà 동 (어른·윗사람의) 말을 잘 듣다 | ★ 孝顺 xiàoshùn 동 효도하다, 공경하다

7 C [充当A的角色 A한 역할을 맡다] 고객은 모든 상품을 알아보러 갈 시간이 많지 않기 때문에 판매원은 우수한 고문의 역할을 맡아야 한다고 했다. 이는 판매원이 다양한 상품을 이해해야 한다는 보기 C의 의미와 통한다.

A, B (×) 지문에 언급되지 않았다.

D (×) 판매원이 고객의 수요를 만족시켜야 한다고 했지, '고객에게 친절하다'는 언급은 없었다.

一名优秀的销售员能为顾客提供有效的帮助。C 顾客没有很多时间去了解所有商品，因此销售员就应充当顾问的角色，要用自己对商品的了解，帮助顾客理解并选择商品，D 以此来满足顾客的需求。

A 好的商品更容易被人接受
B 顾客购物时应货比三家
C 销售员要了解各类商品
D 销售员对顾客都很热情

| 우수한 판매원은 고객에게 효과적인 도움을 제공할 수 있다. C 고객은 모든 상품을 알아보러 갈 시간이 많지 않기 때문에 판매원은 고문의 역할을 맡아야 한다. 상품에 대한 자신의 이해를 통해 고객이 상품을 이해하고 선택할 수 있게 도움으로써, D 이렇게 고객의 수요를 만족시켜야 한다.

A 좋은 상품은 사람들에게 더욱 쉽게 받아들여진다
B 고객은 물건을 구매할 때 여러 곳을 비교해 보아야 한다
C 판매원은 다양한 상품을 이해해야 한다
D 판매원은 고객에게 모두 매우 친절하다

优秀 yōuxiù 웹 우수하다, 아주 뛰어나다 | 销售员 xiāoshòuyuán 몡 판매원 | 顾客 gùkè 몡 고객, 손님 | 提供 tígōng 통 제공하다, 공급하다 | ★有效 yǒuxiào 혱 효과가 있다 | 所有 suǒyǒu 혱 모든, 전부의 | ★商品 shāngpǐn 몡 상품 | 因此 yīncǐ 젭 그래서, 이 때문에 | 充当 chōngdāng 통 (어떤 직무·역할을) 맡다, 담당하다 | 顾问 gùwèn 몡 고문(전문가) | ★角色 juésè 몡 역할, 배역 | 理解 lǐjiě 통 이해하다, 알다 | ★满足 mǎnzú 통 만족시키다 | 需求 xūqiú 몡 수요 | 接受 jiēshòu 통 받아들이다, 수락하다 | 购物 gòuwù 통 물건을 사다 [≒买东西] | 货比三家 huòbǐsānjiā (물건을 구매할 때) 여러 곳을 비교해야 한다 | 各类 gèlèi 혱 각(여러) 종류의

---

8 A [不能独立分析 ≒ 无法独立分析 독립적으로 분석할 수 없다] 로봇은 사람의 대뇌처럼 '사물을 독립적으로 분석할 수 없다'며, 보기 A의 내용이 직접적으로 언급됐다.

B, C, D (×) 지문에 언급되지 않았다.

机器人之所以可以听懂人类讲的话，是由于它安装了和人耳类似的"听觉器官"。机器人的"耳朵"是由计算机系统控制的，它按照人提前编写好的电脑程序进行工作。A 机器人的"大脑"不能像人的大脑那样独立分析事物，因此它的"听力"是有限的。

A 机器人无法独立分析事物
B 机器人可以记住人的声音
C 机器人仅能听到近距离声音
D 未来机器人可以和人们正常对话

로봇이 인류가 하는 말을 알아들을 수 있는 이유는, 사람의 귀와 유사한 '청각 기관'을 장착했기 때문이다. 로봇의 '귀'는 컴퓨터 시스템이 제어하고, 그것은 사람이 사전에 편집한 컴퓨터 프로그램대로 작동한다. A 로봇의 '대뇌'는 사람의 대뇌처럼 사물을 독립적으로 분석할 수 없다. 따라서, 그것의 '청력'은 한계가 있다.

A 로봇은 사물을 독립적으로 분석할 수 없다
B 로봇은 사람의 목소리를 기억할 수 있다
C 로봇은 가까운 거리의 소리만 들을 수 있다
D 미래에 로봇은 사람과 정상적으로 대화할 수 있다

机器人 jīqìrén 몡 로봇 | 之所以 zhīsuǒyǐ 젭 ~한 까닭, ~의 이유 | ★人类 rénlèi 몡 인류 | 由于 yóuyú 젭 ~때문에, ~로 인하여 [由于A因此B: A때문에 그래서 B하다] | ★安装 ānzhuāng 통 장착하다, 설치하다 | 耳 ěr 몡 귀 | 类似 lèisì 혱 유사하다, 비슷하다 | 听觉 tīngjué 몡 청각 | 器官 qìguān 몡 (생물의) 기관 | 由 yóu 개 ~가 [동작의 주체를 나타냄] | 计算机 jìsuànjī 몡 컴퓨터, 계산기 | ★系统 xìtǒng 몡 시스템 | ★控制 kòngzhì 통 제어하다, 통제하다 | 之后 zhīhòu 몡 그 후, 그 뒤 | 按照 ànzhào 개 ~에 따라, ~에 의해 | 提前 tíqián 통 (예정된 시간·위치를) 앞당기다 | 编写 biānxiě 통 편집하여 저술하다 | ★程序 chéngxù 몡 순서, 절차 | 进行 jìnxíng 통 진행하다 | 大脑 dànǎo 몡 대뇌 | ★独立 dúlì 통 독자적으로 하다, 혼자의 힘으로 하다 | ★分析 fēnxī 통 분석하다 | ★事物 shìwù 몡 사물 | 因此 yīncǐ 젭 그래서, 이로 인하여 | 听力 tīnglì 몡 청력 | 有限 yǒuxiàn 혱 한계가 있다 | 无法 wúfǎ 통 ~할 방법이 없다, ~할 수 없다 | 仅 jǐn 뷔 다만, 단지 | 距离 jùlí 몡 거리, 간격 | ★未来 wèilái 몡 미래, 미래의 | 正常 zhèngcháng 혱 정상적인 | 对话 duìhuà 몡 대화

Day 12

track yuedu 15

9 B 10 B 11 D 12 A

9 **B** [**不直接介绍** 직접 소개하지 않는다 / **A及B** A와 B [병렬 관계를 나타냄]] 보기 B의 핵심 표현인 '软广告(간접광고)' '不直接介绍商品(상품을 직접 소개하지 않는다)'가 지문 첫 문장에 등장했고, 문장이 의미하는 바가 보기 B와 동일하다.

A (×) 신문 외에도 인터넷, TV 프로그램 등 매체를 활용한다고 했다.

C, D (×) 지문에서 언급되지 않았으며, 유추해서 알 수 있는 내용도 아니다.

B 软广告是指商家不直接介绍商品及服务, **A** 而是通过在网络、电视节目、报纸等宣传载体上插入带有引导性的短片、文章及画面, 或者通过赞助公益事业、社会活动等方式来提升该企业品牌知名度促进企业销售的一种广告形式。	**B** 간접광고는 판매자가 상품과 서비스를 직접 소개하지 않고, **A** 인터넷, TV 프로그램, 신문 등의 홍보 매체에 안내하는 짧은 영상, 글, 화면을 끼워 넣거나, 공익사업, 사회 활동 등을 후원하는 방식으로 그 기업의 브랜드 인지도를 높여서 기업 판매를 촉진하는 광고 형식을 의미한다.
A 软广告只出现在报纸上	A 간접광고는 신문에만 나타난다
B 软广告不直接介绍商品	**B 간접광고는 상품을 직접 소개하지 않는다**
C 软广告深受消费者喜爱	C 간접광고는 소비자의 큰 사랑을 받는다
D 软广告不赚钱	D 간접광고는 돈벌이가 되지 않는다

软广告 ruǎnguǎnggào 명 간접광고 | **指** zhǐ 동 의미하다, 가리키다 | **商家** shāngjiā 명 판매자, 상품 판매측 | **直接** zhíjiē 부 직접 | ★**商品** shāngpǐn 명 상품 | **及** jí 접 ~와, 및 | **服务** fúwù 동 서비스하다 | **而** ér 접 ~하고, 그리고 | **通过** tōngguò 개 ~를 통해, ~에 의해 | ★**网络** wǎngluò 명 인터넷, 네트워크 | ★**宣传** xuānchuán 동 홍보하다, 선전하다 | **载体** zàitǐ 명 매체, 전달 도구 | **插入** chārù 동 끼워 넣다 | **带有** dàiyǒu 동 띠고 있다, 포함하고 있다 | **引导** yǐndǎo 동 안내하다, 유도하다, 인도하다 | **短片** duǎnpiàn 명 짧은 영상, 단편 영화 | **文章** wénzhāng 명 글, 문장 | **画面** huàmiàn 명 화면 | **或者** huòzhě 접 ~이거나, 혹은, 또는 | **赞助** zànzhù 동 (경제적으로) 후원하다, 협찬하다 | **公益** gōngyì 명 공익, 공공 이익 | **事业** shìyè 명 사업 | **社会活动** shèhuì huódòng 명 사회 활동 | ★**方式** fāngshì 명 방식, 방법 | **提升** tíshēng 동 (직위·등급 등을) 높이다, 진급시키다 | **该** gāi 대 이, 그, 저 [앞에 나온 사람 또는 사물을 가리키며 此 또는 这个에 해당함] | ★**企业** qǐyè 명 기업 | **品牌** pǐnpái 명 브랜드, 상표 | **知名度** zhīmíngdù 명 인지도, 지명도 | **促进** cùjìn 동 촉진시키다 | **销售** xiāoshòu 동 판매, 매출 [促进销售: 판매를 촉진시키다] | **广告** guǎnggào 명 광고 | ★**形式** xíngshì 명 형식, 형태 | **出现** chūxiàn 동 나타나다, 출현하다 | **深受** shēnshòu 동 깊이 받다, 크게 입다 | **消费者** xiāofèizhě 명 소비자 | **喜爱** xǐ'ài 동 좋아하다, 사랑하다 [深受喜爱: 큰 사랑을 받다] | **赚钱** zhuànqián 동 돈을 벌다, 이윤을 남기다

10 **B** [**把门窗打开一些** 문과 창문을 조금 열어 놓다 ≒ **不要紧闭门窗** 문과 창문을 꽉 닫지 말아라] '잠을 잘 때 문과 창문을 좀 열어서 신선한 공기가 실내로 들어올 수 있게 하는 것이 가장 좋다'는 지문의 마지막 문장은 보기 B와 그 의미가 서로 통한다. 두 문장에 쓰인 동사 '打开(열다)'와 '紧闭(꽉 닫다)'는 그 자체로는 반대되는 의미이지만, 문장이 나타내는 의미는 서로 통한다.

A (×) 문과 창문을 꽉 닫으면 이산화탄소와 유해 물질이 늘어난다고 했으므로, 산소 부족 상황에서 유해 물질이 성장하기 어렵다고 볼 수 없다.

C, D (×) 지문에 언급되지 않았다.

不少人睡觉的时候总是喜欢紧闭门窗, 其实这样对人体是有害的。人们入睡后每分钟要吸入300毫升氧气, 呼出250毫升二氧化碳, 如果门窗紧闭的话, 不到两小时, **A** 室内的二氧化碳量就会增加两倍, 细菌等有害物质也将成倍增长。因此, **B** 睡觉的时候最好把门窗打开	많은 사람들이 잠을 잘 때 항상 문과 창문을 꼭 닫는 것을 좋아한다. 그러나 사실 이렇게 하면 인체에 해롭다. 사람들은 잠이 든 후 1분에 300ml의 산소를 마시고, 250ml의 이산화탄소를 내쉰다. 만약 문과 창문을 꽉 닫으면, 두 시간이 되지 않아서 **A** 실내의 이산화탄소 양이 바로 2배로 증가하고, 세균 등 유해 물질 역시 배로 늘어나게 된다. 따라서, **B** 잠을 잘 때 문과 창문을 좀 열어서, 신선한 공기를 확보해 실내로 들어올 수 있게

02 지문과 일치하는 보기 고르기 89

一些，以确保新鲜空气能进入室内。　　　　하는 것이 가장 좋다.

A 缺氧的情况下有害物质难以生长　　　　A 산소 부족 상황에서 유해 물질이 성장하기 어렵다
B 睡觉时最好不要紧闭门窗　　　　　　　B 잠을 잘 때 문과 창문을 꽉 닫지 않는 것이 가장 좋다
C 室内应少放置植物　　　　　　　　　　C 실내에 식물을 적게 놓아야 한다
D 房间的布局不会影响睡眠　　　　　　　D 방의 배치는 수면에 영향을 미치지 않는다

不少 bùshǎo 형 많다, 적지 않다 [=很多] | **紧闭** jǐnbì 동 꼭 닫다 | **门窗** ménchuāng 명 문과 창문 | **人体** réntǐ 명 인체 | **有害** yǒuhài 동 해롭다, 유해하다 [对A有害: A에 해롭다] | **入睡** rùshuì 동 잠들다 | **吸入** xīrù 동 흡입하다, 빨아들이다 | **毫升** háoshēng 양 밀리리터[ml] | **氧气** yǎngqì 명 산소 | **呼** hū 동 숨을 내쉬다 | **二氧化碳** èryǎnghuàtàn 명 이산화탄소 | **……的话** ……dehuà 조 ~하다면, ~이면 | **不到** búdào 동 (어떤 수량에) 도달하지 못하다 | **室内** shìnèi 명 실내 | **量** liàng 명 양, 수량 | **增加** zēngjiā 동 증가하다, 늘리다 | **倍** bèi 양 배, 배수 | **细菌** xìjūn 명 세균 | **等** děng 조 등 | ★**物质** wùzhì 명 물질 | **成倍** chéngbèi 동 배가 되다 [수량의 증가에만 사용하고 감소에는 사용하지 못함] | **增长** zēngzhǎng 동 증가하다, 늘어나다 | **因此** yīncǐ 접 이로 인하여, 그래서 | **最好** zuìhǎo 부 ~하는 게 제일 좋다 | **打开** dǎkāi 동 열다 | **确保** quèbǎo 동 확보하다, 확실히 보장하다 | **空气** kōngqì 명 공기 | **进入** jìnrù 동 (어떤 시기·상태·범위에) 들다 | **缺氧** quēyǎng 명 산소 부족, 산소 결핍 | **情况** qíngkuàng 명 상황, 정황 | **难以** nányǐ 동 ~하기 어렵다 | ★**生长** shēngzhǎng 동 성장하다 | **放置** fàngzhì 동 놓아두다, 방치하다 | **植物** zhíwù 명 식물 | **布局** bùjú 명 배치, 구조 | **睡眠** shuìmián 명 수면

A对B有害 A는 B에 해롭다

'有害'는 '해롭다'라는 의미로 '对'와 함께 호응하여, 'A는 B에 좋지 않다'는 의미로 쓰인다. 반대 의미로는 'A对B有益(A는 B에 이롭다)'를 사용하면 된다. '对'와 함께 짝을 이루는 고정격식은 5급에서 자주 출제되므로 예문과 함께 반드시 암기해 두자!

◆ 抽烟对身体健康有害。담배를 피우는 것은 신체 건강에 해롭다.

---

11 D [**由A发起** A에서(부터) 시작하다] 첫 문장에서 세계기록유산은 유네스코가 시작한 것임을 알 수 있다. '联合国教科文组织(유네스코)' '世界记忆工程(세계기록유산)', 이 두 단어는 HSK 전 영역 빈출 고유명사이니 꼭 외워 두자. [*뜻을 모르는 단어를 만났다고 당황하지 말자! 임의로 K라고 대치하여 해석해도 충분히 문제를 풀 수 있다.]

A (×) 모든 형식의 진귀한 문서 및 구술 역사 기록이 포함된다고 했다.

B (×) 세계문화유산을 보호하는 것이 목적이다.

C (×) 지문에서 언급되지 않았다.

D 由联合国教科文组织发起的世界记忆工程，**B** 目的是为了保护世界文化遗产。世界记忆工程关注的主要是文化遗产，**A** 具体包括手稿、档案馆和图书馆保存的所有形式的珍贵文件，及口述历史等等。

A 只有口述文件才可以申请保护
B 世界记忆工程保护各地语言
C 申报世界记忆工程目录非常容易
D 世界记忆工程由联合国教科文组织发起

D 유네스코에서 시작한 세계기록유산의 **B** 목적은 세계문화유산을 보호하는 것이다. 세계기록유산의 관심은 주로 문화유산이고, **A** 구체적으로는 친필 원고, 기록보관소 도서관에서 보존하고 있는 모든 형식의 진귀한 문서 및 구술 역사 등이 포함된다.

A 구술 문서만 보호를 신청할 수 있다
B 세계기록유산은 각지의 언어를 보호한다
C 세계기록유산 목록에 등록하는 것은 매우 쉽다
D 세계기록유산은 유네스코가 시작한 것이다

由 yóu 개 ~에서, ~로부터 | **联合国教科文组织** Liánhéguó Jiàokēwén Zǔzhī 유네스코(UNESCO), 국제 연합 교육 과학 문화 기구 [联合国教育科学及文化组织의 준말] | **发起** fāqǐ 동 시작하다, 제창하다 | ★**记忆** jìyì 명 기억 | **工程** gōngchéng 명 프로젝트, 프로그램 [世界记忆工程: 세계기록유산] | **目的** mùdì 명 목적 | **是为了** shì wèile ~하기 위해서 | **保护** bǎohù 동 보호하다 | **遗产** yíchǎn 명 유산 | **关注** guānzhù 명 관심 | ★**具体** jùtǐ 형 구체적이다 | ★**包括** bāokuò 동 포함하다, 포괄하다 | **手稿** shǒugǎo 명 친필 원고, 직접 쓴 원고 | **档案馆** dàng'ānguǎn 기록보관소 | ★**保存** bǎocún 동 보존하다, 간수하다 | **所有** suǒyǒu 형 모든, 전부의 | ★**形式** xíngshì 명 형식 | **珍贵** zhēnguì 형 진귀하다 | ★**文件** wénjiàn 명 문서 | **及** jí 접 및, ~와 | **口述** kǒushù 동 구술하다 | **申请** shēnqǐng 동 신청하다 | **各地** gèdì 명 각지, 각처, 여러 곳 | **语言** yǔyán 명 언어 | **申报** shēnbào 동 (상급 기관이나 관련 부서에) 서면으로 보고하다 | ★**目录** mùlù 명 목록

12 **A** [能熟食也可生吃 → 吃法多样] 익혀서 먹을 수도 있고 생으로도 먹을 수 있다고 했으므로, 먹는 방법이 다양하다는 것을 알 수 있다.

B (×) 토마토에 실제로 독이 있었던 게 아니라, 예전에 독이 있다고 '여겨졌'다고 했다.

C (×) 지문에 언급되지 않았다.

D (×) 18세기에 이르러서야 토마토의 가치를 알게 되었다고 했다.

中国是西红柿的栽种大国。然而，在 **B** 过去，西红柿一直都被当作是有毒的食物，**D** 直至18世纪，大家才知道了它的价值。西红柿营养非常丰富，**A** 能熟食也可生吃。如今，它已成为餐桌上的美味。

A 西红柿吃法多样
B 以前西红柿是有毒的
C 西红柿的种植正在不断缩减
D 18世纪前就开始食用西红柿

중국은 토마토 재배 대국이다. 그러나 **B** 과거에 토마토는 독이 있는 음식이라고 줄곧 여겨졌는데, **D** 18세기에 이르러서야 사람들은 비로소 그 가치를 알게 되었다. 토마토는 영양이 매우 풍부하고, **A** 익혀서 먹을 수도 있고 생으로도 먹을 수 있다. 오늘날, 토마토는 이미 식탁 위의 맛있는 음식이 되었다.

A 토마토는 먹는 방법이 다양하다
B 예전에 토마토는 독이 있었다
C 토마토 재배는 계속해서 감소하고 있다
D 18세기 전에 토마토를 먹기 시작했다

西红柿 xīhóngshì 몡 토마토 | **栽种** zāizhòng 동 재배하다, 심다 | **大国** dàguó 몡 대국 | **当作** dàngzuò 동 ~로 여기다, ~로 간주하다 | **毒** dú 몡 독 | **食物** shíwù 몡 음식물 | **直至** zhízhì 쭉 ~에 이르다 [=直到] | **世纪** shìjì 몡 세기 | ★**价值** jiàzhí 몡 가치 | ★**营养** yíngyǎng 몡 영양 | **丰富** fēngfù 혱 풍부하다, 풍족하다 [营养丰富 영양이 풍부하다] | **熟食** shúshí 동 익혀 먹다 | **生吃** shēngchī 동 날것으로 먹다 | **如今** rújīn 몡 (비교적 먼 과거에 대하여) 오늘날, 현재 | **成为** chéngwéi 동 ~가 되다, ~로 되다 | **餐桌** cānzhuō 몡 식탁 | **美味** měiwèi 몡 맛있는 음식, 좋은 맛 | **法** fǎ 몡 방법, 방식 | **多样** duōyàng 혱 다양하다 | **种植** zhòngzhí 동 재배하다, 심다 | ★**不断** búduàn 부 계속해서, 끊임없이, 부단히 | **缩减** suōjiǎn 동 축소하다, 줄이다 | **食用** shíyòng 동 먹다, 식용하다

● **Day 13**　　　　　　　　　　　　　　　　　　　　　　○ track yuedu 16
　　13 A　　14 B　　15 C　　16 C

13 **A** [进入睡眠状态 수면 상태로 들어가다 ≒ 睡眠 잠을 자다] 석양이 서쪽으로 질 때 수련의 꽃잎은 닫히고 다시 수면 상태로 들어간다고 했다. 수련은 식물의 일종이므로, '식물도 잠을 잔다'는 내용의 보기 A가 답이다.

B (×) 지문과 반대되는 내용이다. 석양이 서쪽으로 질 때, 즉, 밤에 수련은 다시 수면 상태로 들어간다.

C, D (×) 지문에 언급되지 않았다.

在植物界中，有些植物也会"犯困"，比如生长在水面上的睡莲。每当旭日东升时，它那美丽的花瓣就会慢慢地舒展开，似乎正从甜蜜的睡梦中苏醒；而 **A B** 夕阳西下时，它的花瓣又会闭拢，重新进入睡眠状态。由于它"昼醒夜睡"的规律性非常明显，所以就有"睡莲"的美名。

식물계에서 어떤 식물들은 '졸음'을 느끼기도 한다. 예를 들면 수면 위에서 자라는 수련은 매번 아침 해가 동쪽에서 떠오를 때마다, 수련의 그 아름다운 꽃잎이 천천히 펴지고 마치 막 달콤한 꿈 속에서 깨어나는 것 같다. 그러나 **A B** 석양이 서쪽으로 질 때, 수련의 꽃잎은 닫히고 다시 수면 상태로 들어간다. 수련은 '낮에 깨고 밤에 자는' 규칙성이 매우 명확하기 때문에, 그래서 '수련[睡莲]'이라는 아름다운 명칭을 가지게 됐다.

A 植物也有睡眠 B 睡莲通常在夜晚开花 C 植物的睡眠时间一般很短 D 睡莲的花期特别长	**A 식물도 잠을 잔다** B 수련은 보통 밤에 꽃이 핀다 C 식물의 수면 시간은 일반적으로 매우 짧다 D 수련의 꽃이 피어 있는 기간은 매우 길다

植物界 zhíwùjiè 몡 식물계 | **有些** yǒuxiē 때 어떤, 일부 | **植物** zhíwù 몡 식물 | **犯困** fànkùn 동 졸리다, 잠이 오다 | **比如** bǐrú 접 예를 들어 | ★**生长** shēngzhǎng 동 자라다, 생장하다 | **水面** shuǐmiàn 몡 수면, 물의 표면 | **睡莲** shuìlián 몡 수련 | **旭日东升** xùrì dōngshēng 아침 해가 방금 동쪽에서 떠오르다 | **美丽** měilì 혱 아름답다, 예쁘다, 곱다 | **花瓣** huābàn 몡 꽃잎 | **舒展** shūzhǎn 동 펴다, 펼치다 | ★**似乎** sìhū 부 마치 ~인 것 같다 | **甜蜜** tiánmì 혱 달콤하다, 유쾌하다 | **睡梦** shuìmèng 몡 꿈, 잠 | **苏醒** sūxǐng 동 (혼수상태에서) 깨어나다, 의식을 회복하다 | **而** ér 접 그러나, ~지만 [역접을 나타냄] | **夕阳** xīyáng 몡 석양 | **下** xià 동 떨어지다 | **夕阳西下**: 석양이 서쪽으로 지다 | **闭拢** bìlǒng 동 눈을 감다, 입을 다물다 | **重新** chóngxīn 부 다시, 재차 | **进入** jìnrù 동 (어떤 범위·시기·상태로) 들다 | **睡眠** shuìmián 몡 수면 | ★**状态** zhuàngtài 몡 상태 | **由于** yóuyú 접 ~때문에, ~로 인하여 | **昼** zhòu 몡 낮 | **醒** xǐng 동 잠에서 깨다 | **夜** yè 몡 밤 | **睡** shuì 동 잠을 자다 | **规律性** guīlǜxìng 몡 규칙성, 패턴 | ★**明显** míngxiǎn 혱 뚜렷하다, 분명하다 | **获得** huòdé 동 얻다, 취득하다 | **美名** měimíng 몡 아름다운 이름, 명성 | ★**通常** tōngcháng 몡 보통, 통상, 평상시 | **夜晚** yèwǎn 몡 밤, 야간 | **开花** kāihuā 동 꽃이 피다 | **花期** huāqī 몡 화기, 꽃이 피어 있는 기간

14 B [**拥有生命** 생명체를 지니다 ≒ **存在生命** 생명이 존재한다] 마지막 문장을 통해 정답을 확인할 수 있다. 지문의 '拥有生命(생명체를 지니다)'이 보기 B에서는 '存在生命(생명이 존재하다)'으로 표현되었다.

A (×) '한 항성 주변의 일정 거리의 범위'라고 했다.

C (×) '춥지도 덥지도 않다'고는 했지만 '온도 변화'에 대한 언급은 없었다.

D (×) 지문에 언급되지 않았다.

A "宜居带"就是指一颗恒星周围的一定距离范围。如果行星落在这一范围内，就能接收到这颗恒星传递的适中热量，既不太冷也不太热，所以水可以以液态的形式存在。而液态水则是生命生存时必不可少的元素，因此，**B 行星在这一范围里将会有更多的机会拥有生命**。	A '서식 가능 지역'은 한 항성 주변의 일정한 거리의 범위를 의미한다. 만약 행성이 이 범위 안에 있다면, 이 항성이 전달하는 적절한 열에너지를 받을 수 있는데, 그다지 춥지도 덥지도 않아서 물이 액체의 형태로 존재할 수 있다. 그리고 액체 상태의 물은 생명이 생존할 때 빼놓을 수 없는 요소이며, 따라서 **B 행성은 이 범위 안에서 생명체를 지닐 수 있는 더 많은 기회를 갖게 된다**.
A 宜居带指两颗恒星之间的距离 **B 宜居带存在生命的可能性大** C 宜居带周围温度变化很大 D 宜居带内行星常常互相碰撞	A 서식 가능 지역은 두 개의 항성 간의 거리를 의미한다 **B 서식 가능 지역은 생명이 존재할 가능성이 크다** C 서식 가능 지역 주위의 온도 변화가 매우 크다 D 서식 가능 지역 내의 행성은 자주 서로 부딪힌다

宜居带 yíjūdài 서식 가능 지역 | **指** zhǐ 동 의미한다, 가리키다 | ★**颗** kē 양 알 [둥글고 작은 알맹이 모양과 같은 것을 세는 단위] | **恒星** héngxīng 몡 항성 [태양처럼 스스로 빛과 열을 내어 한자리에 머물러 있는 천체] | **周围** zhōuwéi 몡 주변, 주위 | **距离** jùlí 몡 거리, 간격 | ★**范围** fànwéi 몡 범위 | **行星** xíngxīng 몡 행성, 유성 [태양과 같은 항성의 주위를 공전하는 천체] | **落** luò 동 자리잡다, 머물다 | **接收** jiēshōu 동 받다, 받아들이다 | **传递** chuándì 동 전달하다, 전하다 | **适中** shìzhōng 혱 적절하다, 적당하다 | **热量** rèliàng 몡 열량 | **既A也B** jì A yě B A할 뿐만 아니라 B하다 | **以** yǐ 개 ~로(써) | **液态** yètài 몡 액상, 액태 | ★**形式** xíngshì 몡 형태, 형식 | ★**存在** cúnzài 동 존재하다 | **而** ér 접 그리고 [순접을 나타냄] | ★**则** zé 부 바로 ~이다 [판단구에 쓰여 긍정을 나타냄] | **生命** shēngmìng 몡 생명 | **生存** shēngcún 동 생존하다 | **必不可少** bìbùkěshǎo 없어서는 안 된다 | **元素** yuánsù 몡 요소, 원소 | **因此** yīncǐ 접 그래서, 이 때문에 | **将** jiāng 부 ~하게 될 것이다, ~일 것이다 | **拥有** yōngyǒu 동 지니다, 가지다 | **之间** zhījiān 몡 ~의 사이, ~지간 | **可能性** kěnéngxìng 몡 가능성 | **温度** wēndù 몡 온도 | **互相** hùxiāng 부 서로, 상호 | **碰撞** pèngzhuàng 동 부딪히다, 충돌하다

15 C [**不可代替** 대체할 수 없다] '종이책이 사람에게 주는 느낌(纸质书给人的感觉)'은 전자책 리더기가 '대체할 수 없다(不可代替)'고 한 것으로 미루어 보아, 사람들이 종이책의 느낌을 더 좋아한다고 추측할 수 있다.

A (×) 종이책에 대한 견해로 언급된 내용이다.

B (×) 종이책이 눈을 보호할 수 있다고 했다.

D (×) 종이책이 사람에게 주는 느낌이 전자 리더기가 '대체할 수 없는 것'이라고 생각한다는 것은 종이책과 전자책 리더기가 다르다고 생각하는 것을 의미한다.

许多读者表示，**A** 纸质书不仅提供了很有用的信息，而且由于它没有广告，就避免了浪费时间。此外，长时间浏览屏幕眼睛易干、易疼，而 **B** 纸质书可以保护眼睛。**CD** 部分读者甚至觉得纸质书给人的感觉是所有形式的电子阅读器都不可代替的。

A 电子阅读器没有广告，节省时间
B 电子阅读器对读者的眼睛非常好
C 很多读者更喜欢纸质图书的感觉
D 不少人觉得纸质书与电子阅读器一样

많은 독자들은 **A** 종이책이 유용한 정보를 제공할 뿐만 아니라, 광고도 없기 때문에 시간 낭비를 피했다고 한다. 이 외에, 오랜 시간 화면을 훑어보면 쉽게 눈이 건조해지고 아프지만, **B** 종이책은 눈을 보호할 수 있다. **CD** 일부 독자들은 심지어 종이책이 사람에게 주는 느낌은 모든 형식의 전자 리더기가 대체할 수 없는 것이라고 생각한다.

A 전자 리더기는 광고가 없고, 시간을 절약한다
B 전자 리더기는 독자의 눈에 매우 좋다
C 많은 독자들이 종이 서적의 느낌을 더 좋아한다
D 적지 않은 사람들이 종이책과 전자 리더기가 같다고 생각한다

许多 xǔduō 형 (사람이나 물건이) 매우 많다 | **读者** dúzhě 명 독자 | **表示** biǎoshì 동 (언행으로 생각이나 감정 등을) 나타내다, 표시하다 | **纸质** zhǐzhì 명 종이 | **不仅** bùjǐn 접 ~뿐만 아니라 [不仅A而且B: A뿐만 아니라 게다가 B하다] | **提供** tígōng 동 제공하다 | **有用** yǒuyòng 형 유용하다, 쓸모가 있다 | **信息** xìnxī 명 정보 | **由于** yóuyú 접 ~때문에 [由于A所以B: A때문에 그래서 B하다] | **广告** guǎnggào 명 광고 | ★**避免** bìmiǎn 동 피하다, 면하다 | **浪费** làngfèi 동 낭비하다, 허비하다 | ★**此外** cǐwài 접 이 외에, 이 밖에 | ★**浏览** liúlǎn 동 (대충) 훑어보다, 대강 둘러보다 | **屏幕** píngmù 명 화면, 스크린 | **干** gān 형 마르다 | **而** ér 접 그러나 [역접을 나타냄] | **保护** bǎohù 동 보호하다 | ★**有利** yǒulì 형 유리하다, 도움이 되다 [有利于A: A에 유리하다, 도움이 되다] | **部分** bùfen 명 일부 | **感觉** gǎnjué 명 느낌, 감각 | **所有** suǒyǒu 형 모든, 전부의 | ★**形式** xíngshì 명 형식, 형태 | **电子** diànzǐ 명 전자 | **阅读器** yuèdúqì 명 리더기 | ★**代替** dàitì 동 대체하다, 대신하다 | ★**节省** jiéshěng 동 절약하다, 아끼다 | **图书** túshū 명 서적, 도서

---

16 C [**A被B用来C** A는 B에 의해 C하는 데에 쓰인다] 신혼부부는 케이크에 꽂았던 묘목을 자신의 집에 심어서 '작은 묘목이 그들의 아름다운 결혼과 함께 성장하도록 한다(让小树苗陪伴着他们美好的婚姻一起成长)'고 했으므로, 묘목이 현지인들에게 결혼의 성장을 증명하는 데 쓰인다는 것을 알 수 있다.

A, B (×) 지문에 언급되지 않았다.

D (×) 케이크 꼭대기에 묘목을 꽂아 놓는다고 했다.

百慕大群岛位于北大西洋，那里有一个特殊的结婚习俗就是在当地居民举行婚礼的时候，**D** 他们会在多层蛋糕的最顶层插上一株小树苗。之后，**C** 新婚夫妇会将这株小树苗种在自己家中，让小树苗陪伴着他们美好的婚姻一起成长。

A 百慕大群岛上居民结婚率很低
B 蛋糕应由新婚夫妇烤制
C 树苗被当地人用来见证婚姻成长
D 树苗一般插在蛋糕底层

버뮤다 제도는 북대서양에 위치해 있다. 그곳에는 한 가지 특수한 결혼 풍습이 있는데, 바로 현지 주민들이 결혼식을 할 때, **D** 그들이 여러 층의 케이크 꼭대기에 한 개의 작은 묘목을 꽂아 놓는다는 점이다. 그다음, **C** 신혼부부는 이 묘목을 자신의 집에 심어서, 작은 묘목이 그들의 아름다운 결혼과 함께 성장하도록 한다.

A 버뮤다 제도의 주민들은 결혼율이 매우 낮다
B 케이크는 신혼부부가 구워서 만들어야 한다
C 묘목은 현지인들에게 결혼의 성장을 증명하는 데 쓰인다
D 묘목은 일반적으로 케이크 맨 아래층에 꼽는다

百慕大群岛 Bǎimùdà Qúndǎo 고유 버뮤다 제도 | ★**位于** wèiyú 동 ~에 위치하다 | **北大西洋** Běidàxīyáng 고유 북대서양 | ★**特殊** tèshū 형 특수하다, 특별하다 | **习俗** xísú 명 풍습 | ★**当地** dāngdì 명 현지 | **居民** jūmín 명 주민, 거주민 | **举行** jǔxíng 동 거행하다 | ★**婚礼** hūnlǐ 명 결혼식 [举行婚礼 결혼식을 하다] | **层** céng 명 층 | **顶层** dǐngcéng 명 맨 꼭대기층 | ★**插** chā 동 꽂다, 끼우다 | **株** zhū 명 그루 | **树苗** shùmiáo 명 묘목 | **之后** zhīhòu 명 그다음, 그 후 | **新婚** xīnhūn 명 신혼 | **夫妇** fūfù 명 부부 | **将** jiāng 개 ~를 [=把] | **种** zhòng 동 심다, 뿌리다, 파종하다 | **陪伴** péibàn 동 함께하다, 동반하다 | **美好** měihǎo 형 아름답다, 행복하다 | ★**婚姻** hūnyīn 명 결혼, 혼인 | ★**成长** chéngzhǎng 동 성장하다, 자라다, 생장하다

率 lǜ 명 율, 비율 | 低 dī 형 낮다 | 应 yīng 조동 당연히 ~해야 한다 | 由 yóu 개 ~가 [동작의 주체를 나타냄] | 用来 yònglái 동 ~에 쓰다, 사용하다 | 见证 jiànzhèng 동 (눈으로 직접 보아) 증명할 수 있다, 증거를 댈 수 있다 | 烤制 kǎozhì 동 구워서 만들다, 굽다 | 底层 dǐcéng 명 맨 아래층, 하층, 밑바닥

● Day 18

○ track yuedu 17

| 17 D | 18 B | 19 C | 20 D |

17 D [不可缺少 없어서는 안 된다 ≒ 离不开 떨어질 수 없다] 휴대폰은 생활에서 '없어서는 안 될 일부분(不可缺少的一部分)'이라고 언급된 내용이 보기에서 '휴대폰에서 떨어질 수 없다(离不开手机)'로 바꾸어 표현됐다.

A, C (✗) 지문에 언급되지 않았다.

B (✗) 휴대폰이 없는 시기로 돌아가길 바라지 않는 사람이 70%라고 했다.

　　对于现代人来说，似乎难以想象：若回到没有手机的年代，人们的生活将会变成什么样子。最近有一项调查表明，愿意回到没有手机的年代的人仅有30%，**B** 而明确表示不愿意的人则达70%。在后者看来，**D** 手机已经是他们生活中不可缺少的一部分了。

A 手机的价格越来越贵
B 有70%的人没有手机
C 手机给健康带来了危害
D 大部分人已经离不开手机

　　현대인에게 있어서 만약 휴대폰이 없는 시기로 돌아간다면, 사람들의 생활이 어떻게 바뀔지 상상하기란 어려울 것 같다. 최근 한 조사에 따르면, 휴대폰이 없는 시기로 돌아가길 바라는 사람은 단지 30%에 불과하지만, **B** 원하지 않는다고 명확하게 밝힌 사람은 70%에 달한다. 후자가 보기에, **D** 휴대폰은 이미 그들의 생활에서 없어서는 안 될 일부분이 되었다.

A 휴대폰의 가격은 점점 비싸진다
B 70%의 사람들은 휴대폰이 없다
C 휴대폰은 건강에 해를 끼친다
D 대부분의 사람들은 이미 휴대폰에서 떨어질 수 없다

对于 duìyú 개 ~에 대해서, ~에 대하여 | ★现代 xiàndài 명 현대 | ★似乎 sìhū 부 (마치) ~인 것 같다, ~인 듯하다 | 难以 nányǐ 동 ~하기 어렵다 [뒤에 이음절 동사를 수반함] | ★想象 xiǎngxiàng 동 상상하다 | 若 ruò 접 만약, 만일 [=如果] | 回到 huídào 동 (상황이 변한 후 다시) 원래 상태로 되돌아가다 | ★年代 niándài 명 시기, 시대 [비교적 오래 지난 때를 가리킴] | 生活 shēnghuó 명 생활 | 将 jiāng 부 ~하게 될 것이다, ~일 것이다 | 变成 biànchéng 동 ~으로 변하다, ~로 되다 | 样子 yàngzi 명 모습, 모양 | ★项 xiàng 양 가지, 항목 | 调查 diàochá 동 조사하다 | ★表明 biǎomíng 동 분명히 밝히다, 표명하다 [调查表明: 조사에 따르면] | 仅有 jǐnyǒu 단지 ~밖에 없다, 거의 ~없다 | 而 ér 접 ~지만, ~면서 [역접을 나타냄] | ★明确 míngquè 형 명확하다, 확실하다 | 表示 biǎoshì 동 나타내다, 표시하다 | ★则 zé 부 바로(곧) ~이다 [=就(是)] | 达 dá 동 도달하다 | 后者 hòuzhě 대 후자, 뒤의 것 | 看来 kànlái 보기에, 보아하니 | 不可缺少 bùkě quēshǎo 없어서는 안 된다, 필수불가결하다 [=必不可少] | 一部分 yībùfen 일부분 | 价格 jiàgé 명 가격, 값 | 越来越 yuèláiyuè 부 점점, 갈수록 | ★危害 wēihài 동 해, 위해 동 해를 끼치다, 손상시키다 | 大部分 dàbùfen 대부분 | 离不开 líbukāi 동 떨어질 수 없다, 벗어날 수 없다

---

18 B [保持微笑 미소를 유지하다] 다른 사람과 악수할 때 '미소를 유지해야 한다(保持微笑)'고 했으므로, 답은 B이다.

A (✗) 악수할 때 상대방을 주시해야 한다고 했다.

C (✗) 지문에 언급되지 않았다.

D (✗) 악수하는 시간은 3초를 넘기면 안 된다고 했다.

　　握手有助于交流感情、增进友谊，是人们之间沟通的重要方式。**A B** 与别人握手时要注视对方，保持微笑，注意力集中，一般情况下，**D** 握手的时间不应该超过3秒。值得注意的是，握手时必须站起身来，这表现了对别人的尊重和礼貌。

　　악수는 감정을 교류하고 우정을 돈독하게 하는 데 도움이 되며, 사람들 간에 소통하는 중요한 방식이다. **A B** 다른 사람과 악수할 때 상대방을 주시하고, 미소를 유지하며, 주의력을 집중해야 한다. 일반적인 상황에서, **D** 악수하는 시간은 3초를 넘기면 안 된다. 주의할 점은 악수할 때 반드시 일어서야 하는데, 이것은 다른 사람에 대한 존중과 예의를 표현한다.

A 握手时无需看对方	A 악수할 때 상대방을 볼 필요가 없다
B 握手时应保持微笑	B 악수할 때 미소를 유지해야 한다
C 冬天握手可以带手套	C 겨울에 악수할 때는 장갑을 착용해도 된다
D 长时间握手有助于增进感情	D 오랜 시간 악수하는 것은 감정을 증진시키는 데 도움이 된다

★ **握手** wòshǒu 동 악수하다, 손을 잡다 | **有助于** yǒuzhùyú ~에 도움이 되다 | **交流** jiāoliú 동 교류하다 | **感情** gǎnqíng 명 감정 | **增进** zēngjìn 동 증진시키다 | **友谊** yǒuyì 명 우정, 우의 | **沟通** gōutōng 동 소통하다, 교류하다 | **方式** fāngshì 명 방식, 방법 | **与** yǔ 개 ~와 | **注视** zhùshì 동 주시하다, 주목하다 | ★ **对方** duìfāng 명 상대방, 상대편 | ★ **保持** bǎochí 동 유지하다, 지키다 | ★ **微笑** wēixiào 명 미소 | **注意力** zhùyìlì 명 주의력 | ★ **集中** jízhōng 동 집중하다 | **情况** qíngkuàng 명 상황 | **超过** chāoguò 동 넘다, 초과하다 | **秒** miǎo 양 초 | **值得** zhídé 동 ~할 필요가 있다, ~할 만한 가치가 있다 | ★ **表现** biǎoxiàn 동 표현하다 | **尊重** zūnzhòng 동 존중 | **礼貌** lǐmào 명 예의 | **无需** wúxū ~할 필요가 없다 [=无须] | ★ **手套** shǒutào 명 장갑

독해 제2부분 점수 획득 비결은 '대조 능력'이다. 지문과 보기를 정확하고 빠르게 대조하여 내용과 일치하는 항목을 파악해야 한다. 고정격식 및 짝꿍 어휘 위주로 공부하면 좀 더 빠르게 실력이 향상될 수 있다.

19 C [让A更B(술어) A에게 더욱 B하게 하다]   지문의 첫 문장과 마지막 문장에 풀이 포인트가 등장하는 문제이다. 피치 핑크, 펄 화이트, '민트 그린'과 같은 색채 용어가 단어의 표현력을 높여 '색을 더욱 구체적이게 만든다'고 했으므로 답은 C이다.

A, B, D (×) 지문에 언급되지 않았다.

C 人们在选购商品的时候，经常会听到像蜜桃粉、珍珠白、薄荷绿这样的色彩用词。像这样在基本的颜色词前面加上某一种具体事物的名称，从而细化颜色分类的方法，已成为一种流行趋势，C 因为它可以增强词语的表现力，让色彩更形象。	C 사람들은 상품을 골라서 살 때, 피치 핑크, 펄 화이트, 민트 그린과 같은 색채 단어를 사용하는 것을 자주 들을 수 있다. 이처럼 기본적인 색상 단어 앞에 어떤 구체적인 사물의 명칭을 붙여서 색깔 분류를 세분화하는 방법은 이미 트렌드가 되었다. C 왜냐하면 이는 단어의 표현력을 높여 색을 더욱 구체화시키기 때문이다.
A 年轻人都热爱新奇的事物	A 젊은 사람은 모두 신기한 사물을 좋아한다
B 浅色的衣服更受人们欢迎	B 옅은 색의 옷을 사람들이 더 좋아한다
C "薄荷绿"比"绿"更形象	C '민트 그린'은 '녹색'보다 더욱 구체적이다
D 水果的颜色越鲜艳味道越甜	D 과일의 색은 산뜻하고 아름다울수록 달콤하다

选购 xuǎngòu 동 골라서 사다, 선택하여 사다 | ★ **商品** shāngpǐn 명 상품 | **蜜桃粉** mìtáo fěn 피치 핑크 | **珍珠白** zhēnzhū bái 명 펄 화이트, 진주색 | **薄荷绿** bòhé lǜ 민트 그린 | ★ **色彩** sècǎi 명 색, 색깔, 색채 | **用词** yòngcí 동 단어를 사용하다 | ★ **基本** jīběn 형 기본의, 기본적인 | **加上** jiāshàng 동 더하다, 첨가하다 | ★ **某** mǒu 대 아무, 어느, 모 | ★ **具体** jùtǐ 형 구체적이다 | ★ **事物** shìwù 명 사물 | **名称** míngchēng 명 명칭, 이름 | ★ **从而** cóng'ér 접 따라서, 이리하여, 그리하여 | **细化** xìhuà 동 세분화하다 | **分类** fēnlèi 동 분류하다 | **方法** fāngfǎ 명 방법, 수단 | ★ **成为** chéngwéi 동 ~가 되다, ~로 되다 | **流行** liúxíng 동 유행하다 | ★ **趋势** qūshì 명 트렌드, 추세 | **增强** zēngqiáng 동 높이다, 강화하다, 증강하다 | **词语** cíyǔ 명 단어와 어구, 어휘, 글자 | **表现力** biǎoxiànlì 명 표현력 | ★ **形象** xíngxiàng 형 구체적이다, 생생하다 | **年轻人** niánqīngrén 명 젊은 사람, 젊은이 | ★ **热爱** rè'ài 동 뜨겁게 사랑하다 | **新奇** xīnqí 형 신기하다 | **浅色** qiǎnsè 명 연한 색 | ★ **鲜艳** xiānyàn 형 산뜻하고 아름답다, 화려하다 | **味道** wèidao 명 맛

20 **D** [损害电池寿命 건전지 수명을 해치다] 지문의 마지막 문장에 보기 D의 내용이 언급되었다. '电池(건전지)' 같은 낯선 용어 때문에 어렵게 느껴졌을 수도 있지만, 보기가 토씨만 아주 조금 바뀌고 핵심 표현이 전부 그대로 쓰였으므로 난이도가 높은 문제는 아니다.

A, B, C (✗) 지문에 언급되지 않았다.

电池的充电周期不是指充一次电的时间，而是指电池将百分之百的电量都用完，之后再充满的过程。例如一块电池第一天使用了一半电量后把它充满，第二天又使用了一半电量再充满，这两次充电算作一个充电周期。值得注意的是，**D 每次都等到电池快没电时再充电的话，会损害电池寿命。**	건전지의 충전 주기는 충전을 한 번 하는 시간을 일컫는 것이 아니라, 건전지가 100%의 전기량을 다 쓰고, 그다음 다시 가득 충전하는 과정을 가리킨다. 예를 들면 한 건전지를 첫날 절반의 전기량을 사용 후 그것을 가득 충전하고, 다음 날에 또 절반의 전기량을 사용한 다음 다시 가득 충전하면, 이 두 번의 충전이 한 번의 충전 주기라고 할 수 있다. 주의해야 할 것은 **D** 매번 건전지에 거의 배터리가 없을 때 다시 충전을 한다면 건전지의 수명을 해칠 수 있다는 점이다.
A 充电器要经常更换 B 首次充电充满10个小时 C 充电时打电话很危险 **D 快没电时充电损害电池寿命**	A 충전기는 자주 바꿔야 한다 B 처음 충전하면 10시간을 채워야 한다 C 충전할 때 전화를 하는 것은 매우 위험하다 **D 배터리가 거의 없을 때 충전하면 건전지 수명을 해친다**

★ **电池** diànchí 명 건전지 | **充电** chōngdiàn 동 충전하다 | **周期** zhōuqī 명 주기 | **不是A而是B** búshì A érshì B A가 아니라 B이다 | **指** zhǐ 동 가리키다, 지시하다 | **将** jiāng 개 ~를 [=把] | **百分之** bǎi fēn zhī 퍼센트 | **电量** diànliàng 명 전기량, 전량 | **之后** zhīhòu 그 후, 그 뒤 | ★ **充满** chōngmǎn 동 가득 채우다 | **过程** guòchéng 명 과정 | **例如** lìrú 접 예를 들다, 예컨대 | **使用** shǐyòng 동 사용하다, 쓰다 | **算作** suànzuò ~라고 할 수 있다, ~인 셈이다 | **值得** zhídé 동 ~할 필요가 있다 | **等到** děngdào ~때에 이르러, ~까지 기다리다 | **损害** sǔnhài 해치다, 손상시키다 | ★ **寿命** shòumìng 명 수명, 목숨 | ★ **充电器** chōngdiànqì 명 충전기 | **更换** gēnghuàn 동 바꾸다, 교체하다 | **首次** shǒucì 명 처음, 첫 번째 | **危险** wēixiǎn 형 위험하다

> **不是A而是B** A가 아니라 B이다
> 강조하고 싶은 내용은 '而是' 뒤에 있는 내용이므로, 문제를 풀 때는 '而是' 뒤의 내용에 집중해야 한다!
> ◆ 不是我说错了，而是你听错了。 내가 잘못 말한 게 아니라, 네가 잘못 들은 거다.
> ◆ 我不是学生，而是老师。 나는 학생이 아니라, 선생님이다.
> ◆ 这不是故意的，而是失误了。 이건 고의가 아니라, 실수였다.

● **Day 23**   ● track yuedu 18
21 **D**   22 **C**   23 **A**   24 **D**

21 **D** [研究证实+연구 결과] 지문의 '购买实物'가 보기에서는 '实物消费'라고 바꾸어 표현되었고, 지문의 '更加持久'는 보기에서 '持续更久'라고 표현되었다. 표현이 조금 바뀌어 나오긴 했지만, 단어 및 글자의 기본 의미를 알고 있었다면 어렵지 않게 이해할 수 있는 수준으로 변형되어 출제됐다.

A, C (✗) 지문에 언급되지 않았다.

B (✗) 체험형 소비는 행복한 감정이 빠르게 사라질 뿐, 행복을 주지 않는 것은 아니다. '无法让······'은 '~하게 할 수 없다'라는 뜻이다.

D 研究证实，人们通过购买实物得到的幸福感是更加持久的。这是因为物品在反复的使用过程中会让人产生更多的幸福感。而观看表演等 **B** 体验式消费，只会使人在体验过程中幸福感增加，但体验一结束这种感觉就会很快消失。	**D** 한 연구는 사람들이 실물을 구매하면서 얻는 행복감이 더 오래 지속된다는 것을 증명했다. 이는 물건을 반복적으로 사용하는 과정이 사람들에게 더 많은 행복감을 느끼게 하기 때문이다. 그런데 공연 관람 등과 같은 **B** 체험형 소비는 체험 과정에서 행복감을 증가시킬 뿐이며, 체험이 끝나고 나면 이러한 감정은 빠르게 사라진다.
A 消费者最看重包装 B 体验式消费无法让人感到幸福 C 现代人更强调精神上的追求 **D 实物消费的幸福感会持续更久**	A 소비자는 포장을 가장 중시한다 B 체험형 소비는 사람들에게 행복을 주지 않는다 C 현대인은 정신적 추구를 더 강조한다 **D 실물 소비의 행복감이 더 오래 지속될 것이다**

研究 yánjiū 명 연구 | 证实 zhèngshí 통 증명하다, 실증하다 | 通过 tōngguò 개 ~를 거쳐, ~를 통하여 | 购买 gòumǎi 통 구매하다, 사다 | 实物 shíwù 명 실물 | 得到 dédào 통 얻다 | 幸福感 xìngfúgǎn 명 행복감 | 更加 gèngjiā 부 더, 더욱, 훨씬 | 持久 chíjiǔ 형 오래 지속되다 | 物品 wùpǐn 명 물품 | ★反复 fǎnfù 통 반복하다 | 使用 shǐyòng 통 사용하다, 쓰다 | 过程 guòchéng 명 과정 | ★产生 chǎnshēng 통 생기다, 발생하다, 나타나다 | 而 ér 접 그러나, ~지만 [역접을 나타냄] | 观看 guānkàn 통 관람하다, 보다, 참관하다 | 表演 biǎoyǎn 명 공연 통 공연하다, 연기하다 | ★体验 tǐyàn 통 체험 | 式 shì 명 형식, 양식 | 消费 xiāofèi 통 소비하다 | 使 shǐ 통 ~하게 하다, ~하게 시키다 [=让] | 增加 zēngjiā 통 증가하다, 더하다, 늘리다 | 感觉 gǎnjué 명 감각, 느낌 | ★消失 xiāoshī 통 사라지다 | 消费者 xiāofèizhě 명 소비자 | 看重 kànzhòng 통 중시하다 | 包装 bāozhuāng 명 포장 | 无法 wúfǎ 통 ~할 수 없다, 방법이 없다 | 感到 gǎndào 통 느끼다, 여기다 | 幸福 xìngfú 명 행복 | ★现代 xiàndài 명 현대 | ★强调 qiángdiào 통 강조하다 | ★精神 jīngshén 명 정신 | ★追求 zhuīqiú 통 추구하다, 탐구하다 | 持续 chíxù 통 지속하다

22 C [A是为了B(목적) A하는 것은 B하기 위해서이다] 일반적으로 '其实(사실)' 뒤에는 '화자가 강조하고 싶은 내용'이 나오기 때문에, 문제 풀이의 포인트가 되는 경우가 많다. 엘리베이터에 거울을 설치한 목적은 '다리가 불편한 장애인의 편의를 위한 것'이라고 했으므로, 답은 C이다.

A, B (×) 지문에 언급되지 않았다.

D (×) 지문을 통해 거울에 보이는 층수가 거꾸로 된 것인지는 알 수 없다.

我们都知道，电梯里一般都装有一面镜子，大多数人都以为镜子的作用是给乘坐电梯的人整理仪表用的。**C** 其实，最初电梯里装镜子主要是为了方便腿脚不便的残疾人，因为当他们摇着轮椅进来后，不必费力地转身，**D** 就可以从镜子里看到显示的楼层数。	우리는 엘리베이터 안에 일반적으로 거울이 설치되어 있다는 것을 모두가 알고 있다. 대다수의 사람들은 거울의 역할이 엘리베이터 탑승자의 외모를 정돈하기 위한 용도인줄 알고 있다. **C** 사실, 맨 처음 엘리베이터에 거울을 설치한 주된 목적은 다리가 불편한 장애인의 편의를 위해서였다. 왜냐하면 그들이 휠체어를 좌우로 움직이며 들어오고 나서, 애써 몸을 돌릴 필요 없이, **D** 거울에 보이는 층수를 볼 수 있기 때문이다.
A 应让残疾人先进电梯 B 装镜子可使电梯显得空间大 **C 电梯的镜子可方便残疾人** D 镜子里显示的楼层是反的	A 장애인이 먼저 엘리베이터에 들어가게 해야 한다 B 거울을 설치하는 것은 엘리베이터 공간이 커 보이게 할 수 있다 **C 엘리베이터의 거울은 장애인을 편리하게 해 줄 수 있다** D 거울에 보이는 층수는 거꾸로 된 것이다

★装 zhuāng 통 설치하다, 달다 | 面 miàn 양 개, 폭 [평평한 물건을 세는 단위] | 镜子 jìngzi 명 거울 | 大多数 dàduōshù 명 대다수 | 以为 yǐwéi 통 알다, 여기다 | 作用 zuòyòng 명 역할, 작용 | 乘坐 chéngzuò 통 (자동차·배·비행기 등을) 타다 | 整理 zhěnglǐ 통 정리하다 | 仪表 yíbiǎo 명 외모, 풍채 | ★最初 zuìchū 명 맨 처음, 최초 | 是为了 shì wèile ~하기 위해서 | 腿脚 tuǐjiǎo 명 다리, 다리와 발 | 不便 búbiàn 형 불편하다 | 残疾人 cánjírén 명 장애인 | ★摇 yáo 통 (좌우로) 흔들어 움직이다, 흔들다 | 轮椅 lúnyǐ 명 휠체어 | 不必 búbì 부 ~할 필요 없다 | 费力 fèilì 통 애쓰다, 힘을 들이다 | 转身 zhuǎnshēn 통 몸을 돌리다, 방향을 바꾸다 | ★显示 xiǎnshì 통 뚜렷하게 나타나 보이다, 보여 주다 | 楼层 lóucéng 명 층, 각층 | ★数 shù 명 수 | 可 kě 조동 ~할 수 있다, ~해도 좋다 [동사나 형용사 앞에서 허가 또는 가능을 나타냄] | ★显得 xiǎnde 통 ~인 것처럼 보이다 | ★空间 kōngjiān 명 공간 | 反 fǎn 형 거꾸로, 반대의

23 A [造成污染 오염을 야기하다] '스톤 페이퍼는 환경에 오염을 야기하지 않는다'고 했으므로, 스톤 페이퍼는 일종의 친환경 소재라고 볼 수 있다.

B, C, D (✕) 지문에 언급되지 않았다.

石头纸是一种介于塑料和纸张之间的新型材料，既可以替代部分传统的专业性纸张和功能性纸张，又可以替代大部分传统塑料包装物。它具有成本低和易处理的特点，既为使用者节省了大量的费用，又 **A** 不会对环境造成污染。	스톤 페이퍼는 일종의 플라스틱과 종이 중간에 있는 새로운 타입의 소재로, 일부 전통적인 전문 종이와 기능성 종이를 대체할 수 있을 뿐만 아니라, 대부분의 전통적인 플라스틱 포장재도 대체할 수 있다. 이것은 원가가 낮고 처리하기 쉽다는 특징을 가지고 있어, 사용자들이 많은 비용을 아낄 수 있게 할 뿐만 아니라, **A** 환경에 오염을 야기하지도 않는다.
A 石头纸是一种环保材料 B 石头纸主要用于教育领域 C 石头纸制作方法简单 D 石头纸多出口外国	**A** 스톤 페이퍼는 일종의 친환경 소재다 B 스톤 페이퍼는 주로 교육 분야에 쓰인다 C 스톤 페이퍼의 제작 방법은 간단하다 D 스톤 페이퍼는 외국에 많이 수출한다

★石头 shítou 명 돌 | 纸 zhǐ 명 종이 | 介于 jièyú 동 ~의 사이에 있다 | 塑料 sùliào 명 플라스틱 | 及 jí 접 ~와, 및 | 纸张 zhǐzhāng 명 종이 | 之间 zhījiān 명 (~의) 사이, 지간 | 新型 xīnxíng 형 새로운 타입의, 신형의 | 材料 cáiliào 명 소재, 재료 | 既 jì 접 ~할 뿐만 아니라, ~이며, ~하고도 [既A又B: A할 뿐만 또한 B하다] | 替代 tìdài 동 대체하다, 대신하다 | 部分 bùfen 명 일부, 부분 | ★传统 chuántǒng 형 전통적이다 | 专业性 zhuānyèxìng 전문성 | 功能性 gōngnéngxìng 기능성 | 大部分 dàbùfen 대부분 | 包装 bāozhuāng 명 포장 | 物 wù 명 물질, 물건 | 具有 jùyǒu 동 가지고 있다, 구비하다 | 费用 fèiyòng 명 비용 | 低 dī 형 낮다 | 易 yì 형 쉽다, 용이하다 | ★处理 chǔlǐ 동 처리하다 | 特点 tèdiǎn 명 특징, 특성 [具有特点: 특징을 가지다] | 使用者 shǐyòngzhě 명 사용자 | 节省 jiéshěng 동 아끼다, 절약하다 | 大量 dàliàng 형 많은 양의, 다량의 | ★造成 zàochéng 동 야기하다, 초래하다 | 污染 wūrǎn 명 오염 [产生污染: 오염을 일으키다] | 环保 huánbǎo 명 친환경, 환경보호 ['环境保护'의 준말] | 用于 yòngyú 동 ~에 쓰다 | 教育 jiàoyù 명 교육 | ★领域 lǐngyù 명 분야, 영역 | ★制作 zhìzuò 동 제작하다 | 方法 fāngfǎ 명 방법, 수단 | ★出口 chūkǒu 동 수출하다 | 外国 wàiguó 명 외국

24 D [希望+희망하는 내용] 세계 정신 건강 기구는 미소를 통해 '사람과 사람 사이에 친선과 즐거움을 전달할 수 있기를 바란다'고 했으므로 세계 미소의 날이 즐거움을 전달하기를 바란다는 내용의 보기 D가 답이다.

A, B, C (✕) 지문에 언급되지 않았다.

世界精神卫生组织于1948年将每一年的5月8日定为"世界微笑日"。这是唯一一个用来庆祝人类行为表情的节日。**D** 该组织希望通过微笑使人类身心获得健康的同时，在人和人之间传递友善和快乐，并且促进社会和谐。	세계 정신 건강 기구는 1948년에 매년 5월 8일을 '세계 미소의 날'로 정했다. 이것은 인류가 표정을 짓는 행위를 경축하는 유일한 기념일이다. **D** 이 기구는 미소를 통해 인류의 심신 건강을 얻게 함과 동시에, 사람과 사람 사이에 친선과 즐거움을 전달하고 사회 화합을 촉진시킬 수 있기를 바란다.
A 赞美能改善人际关系 B 爱微笑的人更长寿 C 有关组织将取消表情节日 **D** 世界微笑日希望传播快乐	A 찬미하는 것은 대인 관계를 개선할 수 있다 B 미소 짓기 좋아하는 사람은 더 장수한다 C 관련 기구는 표정 경축일을 취소할 것이다 **D** 세계 미소의 날이 즐거움을 전파하기를 바란다

世界精神卫生组织 Shìjiè Jīngshén Wèishēng Zǔzhī 고유 세계 정신 건강 기구 | 于 yú 개 ~에, ~에서 [동작이나 행위의 장소·시간·범위를 이끌어내며, '在'에 해당함] | 将 jiāng 개 ~를 | 定为 dìngwéi ~로 정하다 | ★微笑 wēixiào 명 미소 | ★唯一 wéiyī 형 유일한, 하나밖에 없는 | 用来 yònglái 동 ~에 사용하다, ~에 쓰다 | 庆祝 qìngzhù 동 경축하다 | ★人类 rénlèi 명 인류 | ★行为 xíngwéi 명 행위, 행동 | ★表情 biǎoqíng 명 표정 | 该 gāi 대 이, 그, 저 | ★组织 zǔzhī 명 기구, 조직 | 使 shǐ 동 ~하게 하다 | 身心 shēnxīn 명 심신, 몸과 마음 | 获得 huòdé 동 얻다 | 同时 tóngshí 부 동시에 | 传递 chuándì 동 전달하다, 전하다, 건네다 | 友善 yǒushàn 형 우호적이다, 사이가 좋다, 다정하다 | 并且 bìngqiě 접 그리고, ~할 뿐만 아니라 또한 | ★促进 cùjìn 동 촉진시키다, 촉진하다 | 社会 shèhuì 명 사회 | 和谐 héxié 형 잘 어울리다, 조화롭다 [여기서는 명사적 용법인 '화합'으로 쓰임] | 赞美 zànměi 동 찬미하다, 찬양하다 | ★改善 gǎishàn 동 개선하다 | 人际 rénjì 명 사람과 사람 사이 [人际关系: 대인관계] | ★微

笑 wēixiào 동 미소 짓다, 웃음 짓다 | **长寿** chángshòu 형 장수하다, 오래 살다 | **有关** yǒuguān 관계가 있다 | **将** jiāng 부 장차, 막, 곧 | ★**取消** qǔxiāo 동 취소하다 | ★**传播** chuánbō 동 전파하다, 널리 퍼뜨리다

● Day 24
25 **B**   26 **C**   27 **A**   28 **C**

track yuedu 19

25 B [敲打 두드리다]   젓가락을 사용할 때의 '예절(礼仪)'을 예로 들며, 말을 할 때 젓가락으로 테이블과 그릇을 '두드리면(敲打)' 안 된다고 했다. 즉, 이런 행동은 예절에 맞지 않는 무례한 행동으로 볼 수 있다.

A (×) 젓가락을 사용할 때 일정한 예절이 있다고 했으므로, 신경 쓰지 않는다는 내용은 맞지 않는다.

C (×) 젓가락을 테이블 위에 올려놓으면 안 되는 게 아니라, 되도록 소리를 내지 않게 내려놔야 한다고 했다.

D (×) 젓가락으로 접시를 두드리면 안 된다고 했지만, 이것이 화난 것을 의미하는지는 알 수 없다.

食用中餐时，最主要的用具是筷子。**A** 中国人使用筷子时，有一定的礼仪。**B** 说话的时候，不可以拿着筷子随便乱舞，不可以用筷子指别人，**BD** 也不可以用筷子敲打桌面和碗碟。**C** 每次用完筷子都应轻轻地放下，尽可能地不发出声音。在用餐离开的时候，应将筷子轻轻地放在桌子上或者碗上，不可以插在碗中。

중국요리를 먹을 때 가장 주요한 도구는 젓가락이다. **A** 중국인은 젓가락을 사용할 때, 일정한 예절이 있다. **B** 말을 할 때, 젓가락을 들고 마음대로 휘저으면 안 되고, 젓가락으로 사람을 가리켜서도 안 되며, **BD** 젓가락으로 테이블과 그릇을 두드려서도 안 된다. **C** 매번 젓가락을 다 쓰면 조심히 내려놔야 하고, 되도록 소리를 내지 않아야 한다. 식사 중에 자리를 떠날 때는, 젓가락을 테이블이나 그릇에 조심히 놓아야지, 그릇 안에 꽂아서는 안 된다.

A 用筷子没有太多讲究
B 说话时用筷子敲打不礼貌
C 筷子不可以放在桌面上
D 用筷子敲盘子表示生气

A 젓가락 사용에 그다지 신경 쓰지 않는다
B 말을 할 때 젓가락으로 두드리는 것은 무례하다
C 젓가락을 테이블 위에 올려놓으면 안 된다
D 젓가락으로 접시를 두드리면 화난 것을 의미한다

食用 shíyòng 동 먹다, 식사하다 | **中餐** zhōngcān 명 중국요리, 중국 음식 | **用具** yòngjù 명 도구 | **使用** shǐyòng 동 사용하다, 쓰다 | **礼仪** lǐyí 명 예절, 예의, 에티켓 | **随便** suíbiàn 부 마음대로, 함부로 | **乱** luàn 부 함부로 | **舞** wǔ 동 휘두르다 [乱舞: 난무하다, 여기서는 '휘젓다'라는 의미로 쓰였음] | **指** zhǐ 동 가리키다 | **敲打** qiāodǎ 동 두드리다, 치다 | **桌面** zhuōmiàn 명 테이블의 윗면 | **碗碟** wǎndié 명 사발과 접시 | **轻轻** qīngqīng 형 (무게가) 가볍다 | **放下** fàngxià 동 내려놓다 | **尽可能** jǐnkěnéng 부 되도록, 가능한 한 | **发出** fāchū 동 (소리 등을) 내다, (열기·냄새 등을) 내뿜다, 발산하다 | **用餐** yòngcān 동 식사를 하다, 밥을 먹다 | **将** jiāng 개 ~를 [=把] | **或者** huòzhě 접 혹은, 또는 | ★**插** chā 동 꽂다, 끼우다 | ★**讲究** jiǎngjiu 동 신경을 쓰다, 중요시하다 | **礼貌** lǐmào 형 예의바르다 | **敲** qiāo 동 두드리다 | **表示** biǎoshì 동 의미하다, 나타내다

26 C [多次重拍 여러 번 재촬영되다 → 被拍成了 ~로 제작되다]   지문에서 '영화, 드라마로도 여러 번 재촬영되었다(电影、电视剧也多次重拍)'라고 했으므로, '영화로 제작되었다'는 내용의 보기 C가 정답이다.

A (×) '목란사'는 '북조 시대의 민요'라고 했다.

B (×) '목란사'와 역사서의 내용이 다르다고 했으므로, 역사서에도 기록돼 있음을 알 수 있다.

D (×) 화목란은 아버지 대신 입대했다.

花木兰是中国古代的女英雄，**D** 以替父亲从军，并打败入侵敌人而闻名天下。她的故事经常出现在很多文艺作品中，**C** 电影、电视剧也多次重拍。有关她的一些介绍最早出现在 **A** 北朝民歌《木兰辞》中，然而，**B** 史书中关于她的出生年月和故乡，却记载不一。	화목란은 중국 고대의 여자 영웅으로, **D** 아버지를 대신해 군대에 입대하여 적들의 침입을 물리친 것으로 유명하다. 그녀의 이야기는 많은 문예 작품에서 자주 등장하고, **C** 영화, 드라마로도 여러 번 재촬영되었다. 그녀와 관련된 몇 가지 소개들은 **A** 북조 시대의 민요 '목란사'에서 가장 먼저 나타났지만, **B** 역사서 속 그녀와 관련한 출생일과 고향은 기록이 다르다.
A《木兰辞》是唐朝民歌 B 史书对花木兰没有记录 C 花木兰的故事被拍成了电影 D 花木兰和父亲一起参加了军队	A '목란사'는 당나라의 민요이다 B 역사서는 화목란에 대해 기록하지 않았다 C 화목란의 이야기는 영화로 제작되었다 D 화목란과 아버지는 함께 군대에 입대했다

花木兰 Huāmùlán [고유] 화목란 [화목란의 이야기는 애니메이션 〈뮬란(Mulan)〉으로도 제작되었음] | ★古代 gǔdài [명] 고대 | ★英雄 yīngxióng [명] 영웅 | 以 yǐ [개] ~로(써) | 替 tì [동] 대신하다 | 父亲 fùqīn [명] 아버지, 부친 | 从军 cóngjūn [동] 입대하다 | 并 bìng [접] 게다가, 또 | 打败 dǎbài [동] 물리치다, 누르다 | 入侵 rùqīn [동] 침입하다 | 敌人 dírén [명] 적 | 而 ér [접] ~하고, 그리고 [순접을 나타냄] | 闻名天下 wénmíng tiānxià 세계적으로 유명하다 | 出现 chūxiàn [동] 출현하다, 나타나다 | 文艺 wényì [명] 문예 | ★作品 zuòpǐn [명] (문학, 예술)작품, 창작품 | 电视剧 diànshìjù [명] 텔레비전 드라마 | 重 chóng [부] 다시, 재차 | ★拍 pāi [동] 촬영하다 | 有关 yǒuguān [동] 관계가 있다 | 最早 zuìzǎo [명] 최초 | 北朝 Běicháo [고유] 북조 시대, 북조 [남북조(南北朝) 시대의 북위(北魏)·북제(北齊)·북주(北周)의 총칭] | 民歌 míngē [명] 민요, 민가 | 木兰辞 Mùláncí [고유] 목란사 [중국 북조 때의 장편 서사시] | 然而 rán'ér [접] 그러나 | 史书 shǐshū [명] 역사서 | 出生年月 chūshēngniányuè [명] 출생일, 생년월일 | 故乡 gùxiāng [명] 고향 | 却 què [부] 오히려 | 记载 jìzǎi [명] 기록 | 不一 bùyī [형] 다르다, 일치하지 않다 | 唐朝 Tángcháo [고유] 당나라 시대 | ★记录 jìlù [명] 기록

27 A [以A著称于世 A로 세상에 유명하다] 지문에서 위룽설산에 대한 세상의 평가를 '빼어나고, 아름답고, 기이하고, 험준한 것으로 세상에 유명하다(以秀、美、奇、险著称于世)'라고 언급했다. 이 말에 담긴 주요 의미는 보기 A에 쓰인 표현 '风景优美(경치가 아름답다)'로 나타낼 수 있다.

B, C (x) 지문에 언급되지 않았다.

D (x) 매년 많은 여행객이 이곳에 와서 감상하도록 이끈다고 했으므로, 지문과 반대되는 내용이다.

玉龙雪山位于云南玉龙纳西族自治县境内，是北半球位置最靠南的大雪山。玉龙雪山集寒带、亚热带和温带的多种自然景观于一身，**A** 以秀、美、奇、险著称于世，**D** 一年四季都会吸引众多游客前来观赏。	위룽설산은 윈난성 위룽 나시족 자치현 지역 안에 위치하며, 북반구에서 위치가 가장 남쪽에 가까운 큰 설산이다. 위룽설산은 한대, 아열대, 온대의 다양한 자연경관이 한데 모여 있으며, **A** 빼어나고, 아름답고, 기이하고, 험준한 것으로 세상에 유명하여, **D** 1년 4계절 많은 여행객이 이곳에 와서 감상하도록 이끈다.
A 玉龙雪山风景优美 B 玉龙雪山环境被破坏 C 玉龙雪山植物种类多 D 玉龙雪山游客极少	**A 위룽설산은 경치가 아름답다** B 위룽설산은 환경이 파괴되었다 C 위룽설산은 식물의 종류가 많다 D 위룽설산은 여행객이 극히 적다

玉龙 Yùlóng [고유] 위룽 [윈난(云南)성 리장(丽江)시에 있는 위룽 나시족 자치현(玉龙纳西族自治县)] | 雪山 xuěshān [명] 설산 | ★位于 wèiyú [동] ~에 위치하다 [位于+장소/위치] | 云南 Yúnnán [고유] 윈난성 | 玉龙纳西族自治县 Yùlóngnàxīzúzìzhìxiàn [고유] 위룽 나시족 자치현 | 境内 jìngnèi [명] (일정한)지역 안, 경내 | 北半球 běibànqiú [명] 북반구 | ★位置 wèizhì [명] 위치 | ★靠 kào [동] 접근하다, 다가서다 | 南边 nánbian [명] 남쪽 | 集 jí [동] 모으다, 집합시키다 | 寒带 hándài [명] 한대 | 亚热带 yàrèdài [명] 아열대 | 温带 wēndài [명] 온대 | 自然 zìrán [명] 자연 | 景观 jǐngguān [명] 경관, 경치 | 于 yú [개] ~에, ~에서 [동작이나 행위의 장소·시간·범위를 이끌어내며, '在'에 해당함] | 身 shēn [명] (물건의 중요한 부분) | 秀 xiù [형] 빼어나다, 우수하다 | 美 měi [형] 아름답다, 예쁘다 | 奇 qí [형] 기이하다 | 险 xiǎn [형] 험준하다, 험하다 | 著称 zhùchēng [동] 유명하다, 저명하다 | 世 shì [명] 세상, 세계 | 以……著称于世: ~로 세상에 유명하다 | 年年 niánnián [명] 매년 | 吸引 xīyǐn [동] 끌어당기다, 매료시키다 | 游客 yóukè [명] 여행객 | 前来 qiánlái [동] 이쪽으로 오다, 다가오다 | 观赏 guānshǎng [동] 감상하다, 보고 즐기다 | 风景 fēngjǐng [명] 경치, 풍경 | ★优美 yōuměi [형] 우아하고 아름답다 [风景优美: 경치가 우아하고 아름답다] | ★破坏 pòhuài [동] 파괴하다 | 植物 zhíwù [명] 식물 | 种类 zhǒnglèi [명] 종류 | 极 jí [부] 극히, 아주

28 C [早晚温差大 일교차가 크다] 지문의 표현이 보기에 거의 그대로 나왔다. '백로'는 일 년 중 '아침저녁 일교차(早晚温差)'가 '가장 큰 날'이라고 했으므로, 답은 C이다.

A (×) 날씨가 점점 서늘해진다고 했으므로, 상반되는 내용이다.
B (×) 가을이 왔음을 상징한다고 했으므로 폭설(暴雪)은 지문 내용과 맞지 않는다.
D (×) 가을이 왔음을 상징하기도 한다고 했다. 즉, 여름과 가을의 경계인 셈이다.

每年的9月7日或者8日，是中国农历"二十四节气"中的第十五个节气——白露。此节气指的是 **A** 天气渐渐变凉，晚上花草树木上的水汽会凝结成露珠。而且 **C** 这一天，是一年里早晚温差最大的一天，而且也 **B D** 标志着秋天的到来。

A 白露以后天气会变热
B 白露时节会下暴雪
C 白露时节早晚温差大
D 白露是春夏季节的分界

매년 9월 7일 혹은 8일은 중국의 음력 '24절기' 중의 15번째 절기인 '백로'이다. 이 절기는 **A** 날씨가 점점 서늘해지고, 저녁에 화초와 나무 위의 수증기가 이슬로 응결되는 시기를 일컫는다. 또한 **C** 이 날은 일 년 중 아침저녁 일교차가 가장 큰 날이며, 뿐만 아니라 **B D** 가을이 왔음을 상징하기도 한다.

A 백로 이후 날씨가 더워진다
B 백로 때 폭설이 내린다
C 백로 때 아침저녁 일교차가 크다
D 백로는 봄과 여름의 경계이다

农历 nónglì 명 음력 | 二十四节气 èrshísì jiéqi 명 24절기 | 节气 jiéqi 명 절기 | 白露 Báilù 고유 백로 [24절기 중 15번째 절기] | 此 cǐ 대 이, 이 것 | 指 zhǐ 동 가리키다 | 渐渐 jiànjiàn 부 점점, 점차 | 变 biàn 동 변하다 | 凉 liáng 형 서늘하다, 차갑다 | 花草 huācǎo 명 화초 | 树木 shùmù 명 나무, 수목 | 水汽 shuǐqì 명 수증기 | 凝结 níngjié 동 응결되다, 응결하다 | 成 chéng 동 ~가 되다 | 露珠 lùzhū 명 이슬(방울) | 早晚 zǎowǎn 명 아침과 저녁 | 温差 wēnchā 명 일교차, 온도차 | ★标志 biāozhì 동 상징하다, 나타내다 | 秋天 qiūtiān 명 가을 | 到来 dàolái 동 도래하다, 닥쳐오다 | 时节 shíjié 명 때, 절기 | 暴雪 bàoxuě 명 폭설 | 夏季 xiàjì 명 여름 | 分界 fēnjiè 명 경계

● Day **29**

● track yuedu 20

29 **D** 30 **D** 31 **C**

29 D [对A进行描述 A에 대해 기술하다 ≒ 记录A A를 기록하다] 지문에서 '对每种药物的……、功用、……等都进行了描述(모든 약물의 ~, 효능, ~ 등이 모두 기술되어 있다)'라며, '功用(효능)'을 기록했다는 점을 밝혔으므로, 'D. 记录了药物的功用(약물의 효능을 기록했다)'이 맞는 설명이다.

A (×) 『본초강목』은 명나라의 이시진이 썼다고 했다.
B (×) 『본초강목』에는 1,160장의 그림도 수록되어 있다고 했다.
C (×) 『본초강목』은 동물들이 아니라, 약물을 기록한 책이다.

A 明代李时珍的《本草纲目》是一本医药学著作。**C D** 书中不仅记录了1892种药物，并且对每种药物的栽培、功用、形态和产地等都进行了详细地描述。另外，著作中还记载了民间流传的药方11096个，**B** 且附有1160幅图片。该书现已被翻译成多国语言在世界各地流传。

A 명나라 이시진의 『본초강목』은 의약학 저서이다. **C D** 책에는 1,892종의 약물이 기록되어 있을 뿐만 아니라, 모든 약물의 재배, 효능, 형태와 생산지 등이 모두 상세히 기술되어 있다. 이 외에도, 저서에는 민간에서 전해지는 처방전 11,096개가 기록되어 있고, **B** 1,160장의 그림도 첨부되어 있다. 이 책은 현재 이미 여러 나라의 언어로 번역되어 세계 각지에서 전해지고 있다.

A 《本草纲目》由数十人合作完成	A 『본초강목』은 수십 명의 사람들이 협력해 완성했다
B 《本草纲目》只有文字没有图片	B 『본초강목』은 문자만 있고 그림은 없다
C 《本草纲目》记载了很多动物	C 『본초강목』은 많은 동물들을 기록했다
D 《本草纲目》记录了药物的功用	**D 『본초강목』은 약물의 효용을 기록했다**

明代 Míngdài 고유 명나라 | **李时珍** Lǐ Shízhēn 고유 이시진 [1518~1593, 중국 명대의 의학자] | **本草纲目** Běncǎo Gāngmù 고유 본초강목 [중국 명대의 의학자 이시진(李时珍)이 편찬한 의학 서적] | **医药学** yīyàoxué 명 의약학 | **著作** zhùzuò 명 저서 | **不仅** bùjǐn 접 ~만 아니라 [不仅A而且B: A뿐만 아니라 게다가 B하다] | ★**记录** jìlù 동 기록하다 | **药物** yàowù 명 약물, 약품 | **栽培** zāipéi 동 재배하다, 심어 가꾸다 | **功用** gōngyòng 명 효능, 효용, 기능 | **形态** xíngtài 명 (사물의) 형태 | **产地** chǎndì 명 생산지, 산지 | **进行** jìnxíng 동 진행하다 | **详细** xiángxì 형 상세하다 | **描述** miáoshù 동 (언어·문장으로) 기술하다, 서술하다, 묘사하다 | **另外** lìngwài 접 이 외에, 이 밖에 | **记载** jìzǎi 동 기록하다, 기재하다 | **民间** mínjiān 명 민간 | ★**流传** liúchuán 동 대대로 전해 내려오다 | **药方** yàofāng 명 처방전, 처방 | **附有** fùyǒu 동 첨부하다 | ★**幅** fú 양 폭 [옷감·종이·그림 등을 세는 단위] | **图片** túpiàn 명 [그림·사진·탁본 등의 총칭] | **该** gāi 대 이, 그, 저 [=此=这个] | **翻译** fānyì 동 번역하다 [翻译……: ~로 번역되다] | **语言** yǔyán 명 언어 | **各地** gèdì 명 각지, 각 지역 | **由** yóu 개 ~가 [동작의 주체를 나타냄] | ★**合作** hézuò 동 협력하다, 합작하다 명 협력, 합작 | ★**文字** wénzì 명 문자, 글자

30 D [**形似**A 모양이 A를 닮다 ≒ **形状很像**A 형태가 A를 매우 닮다] 첫 문장에서 얼하이는 그 모양이 사람의 귀를 닮아서 이름을 얻게 되었다고 했다. 지문의 '形似'를 보기에서는 '形状很像'으로 표현했다.

A (✕) 얼하이의 수질은 비교적 좋다고 했으므로 맞지 않는 내용이다.

B (✕) 얼하이는 상하이 사람들이 지은 이름이 아니라, 바이족 사람들이 지은 이름이다.

C (✕) 풍경이 아름다워서 이름을 얻었다는 설명은 없다.

CD 洱海因其形似人的耳朵，且风浪大如海而得名。它是云南省第二大淡水湖。**A** 洱海水质优良，水产资源丰富，同时还是一个有着美丽景色的风景区。洱海虽然被人们称为海，但它其实只是个湖泊，**B** 据说是因为以前白族人没见过大海，为了表示对大海的向往，所以才称它为洱海。	**CD** 얼하이는 그 모양이 사람의 귀를 닮았고 또한 바람과 물결이 바다처럼 커서 이름을 얻게 되었다. 얼하이는 윈난성에서 두 번째로 큰 담수호이다. **A** 얼하이는 수질이 좋고, 수산 자원이 풍부하며, 아름다운 경치를 가지고 있는 명승지구이기도 하다. 얼하이는 비록 사람들에 의해 바다(海 hǎi)라 불리지만, 사실은 호수에 불과하다. **B** 전해지는 바에 따르면 예전에 바이족 사람들이 바다를 본 적이 없어서 바다에 대한 동경심을 표현하기 위해 이 호수를 얼하이라고 불렀다고 한다.
A 洱海水资源污染严重	A 얼하이의 수자원 오염이 심각하다
B 洱海是上海人取的名字	B 얼하이는 상하이 사람들이 지은 이름이다
C 洱海因景色秀美而得名	C 얼하이는 풍경이 아름다워서 이름을 얻었다
D 洱海的形状很像人的耳朵	**D 얼하이의 형태는 사람의 귀를 매우 닮았다**

洱海 Ěrhǎi 고유 얼하이 [윈난성에 있는 호수 이름] | **因** yīn 접 ~때문에, ~로 인하여 | **形** xíng 명 모양, 모습 | **似** sì 동 닮다, 비슷하다 | **且** qiě 접 또한, 게다가, 더욱이 | **风浪** fēnglàng 명 바람과 물결, 풍랑 | **如** rú 동 ~와 같다 | **海** hǎi 명 바다 | **而** ér 접 [목적 또는 원인 등을 나타내는 성분을 연결시킴] | **得名** démíng 동 이름을 얻다 | **此** cǐ 대 이, 이것 | **云南省** Yúnnánshěng 고유 윈난성, 운남성 | **淡水湖** dànshuǐhú 명 담수호 | **水质** shuǐzhì 명 수질 | **优良** yōuliáng 형 아주 좋다, 우량하다 | **水产资源** shuǐchǎnzīyuán 명 수산 자원 | **十分** shífēn 부 매우, 아주 [=非常] | **丰富** fēngfù 형 풍부하다, 많다 | **同时** tóngshí 접 또한, 게다가 | **有着** yǒuzhe 동 (가지고) 있다, 존재하다 | **美丽** měilì 형 아름답다, 예쁘다 | **景色** jǐngsè 명 경치, 풍경 | **风景区** fēngjǐngqū 명 명승지구, 관광지구 | **称为** chēngwéi 동 ~라고 부르다 [被A称为B: A에 의해 B라고 불리다] | **湖泊** húpō 명 호수 | ★**据说** jùshuō 동 전해지는 말에 의하면 ~라 한다, 듣건대 | **白族** Báizú 고유 바이족 [중국 윈난성에 거주하는 소수민족] | **表示** biǎoshì 동 표시하다, 나타내다 | **向往** xiàngwǎng 동 동경하다 | **水资源** shuǐzīyuán 명 수자원 | **污染** wūrǎn 동 오염 | **严重** yánzhòng 형 심각하다 | **上海** Shànghǎi 고유 상하이 | **取** qǔ 동 고르다 [取名字: 이름을 짓다] | **秀美** xiùměi 형 아름답다, 수려하다 | ★**形状** xíngzhuàng 명 형태, 모양, 형상

31 C [以A作为B A를 B로 여기다] 지문의 첫 부분에 '中国传统文化究竟是什么?(중국 전통문화란 도대체 무엇일까?)'로 의문을 제기한 다음, 이어서 이에 대한 정의를 '인, 의, 예, 지, 신(仁、义、礼、智、信)'이라 말한다고 했으므로, 답은 C이다.

A (×) 지문을 통해서는 알 수 없다.

B (×) 화자의 의견에 반대되는 내용이다.

D (×) 진정한 문화는 사람들에게 깨끗하게 잊혀졌다고 했다.

C "中国传统文化"究竟指的是什么？是先秦时期以儒家学说作为代表的对社会的看法，还有对社会行为规范的探索——即"仁、义、礼、智、信"。但文学艺术自汉代之后占据了文化的地位，**B** 致使一说起文化，人们就会觉得是唐诗宋词元曲明剧，**BD** 而真正的文化却被人们忘记得一干二净。

A 汉代的文学艺术地位不高
B 唐诗宋词元曲明剧是真正的文化
C 真正的中国传统文化是"仁义礼智信"
D 人们都了解什么是真正的中国传统文化

C '중국 전통문화'란 도대체 무엇일까? 선진(춘추전국) 시기에 유가의 학설로 대표되는 사회적 견해, 그리고 사회 행위 규범에 대한 탐구인데, 즉 '인, 의, 예, 지, 신'을 말한다. 그러나 문학예술은 한대 이후부터 문화적 지위를 차지해서, **B** 문화라고 하면 사람들은 바로 당시와 송사, 원곡 그리고 명극을 떠올리게 되었고, **BD** 진정한 문화는 오히려 사람들에게 깨끗하게 잊혀졌다.

A 한나라 때의 문학예술의 지위는 높지 않았다
B 당시와 송사, 원곡 그리고 명극은 진정한 문화이다
C 진정한 중국 전통문화는 '인의예지신'이다
D 사람들은 모두 진정한 중국 전통문화가 무엇인지 안다

★ **传统** chuántǒng 명 전통 | **究竟** jiūjìng 부 도대체, 대관절 | **指** zhǐ 동 가리키다 | **先秦** Xiān Qín 고유 선진 [일반적으로 진나라 통일 전인 춘추전국시대를 가리킴] | ★ **时期** shíqī 명 (특정한) 시기 | **以** yǐ 개 ~로 | **儒家** Rújiā 고유 유가, 유학자 | **学说** xuéshuō 명 학설 | ★ **作为** zuòwéi 동 ~로 하다, ~로 삼다 | ★ **代表** dàibiǎo 동 대표하다, 나타내다 | **社会** shèhuì 명 사회 | **看法** kànfǎ 명 견해 | ★ **行为** xíngwéi 명 행위, 행동 | **规范** guīfàn 명 규범, 본보기 | **探索** tànsuǒ 동 탐구하다, 탐색하다, 찾다 | **即** jí 부 즉, 바로 | **仁** rén 명 인, 어진 마음 | **义** yì 명 의, 정의 | **礼** lǐ 명 예, 예의 | **智** zhì 명 지, 지혜 | **信** xìn 명 신, 믿음 | ★ **文学** wénxué 명 문학 | **艺术** yìshù 명 예술 | **自** zì 개 ~에서(부터) | **汉代** Hàndài 고유 한나라 시대 | **之后** zhīhòu 명 ~이후, ~다음 | **占据** zhànjù 동 차지하다, 점거하다 | ★ **地位** dìwèi 명 (사회적) 지위, 위치 | **致使** zhìshǐ 동 (안 좋은 결과를) 야기하다, 초래하다 | **唐诗** Tángshī 고유 당시 | **宋词** Sòngcí 고유 송사 [송나라 때 성행한 운문] | **元曲** Yuánqǔ 고유 원곡 [원대 잡극(雜劇)과 산곡(散曲)의 총칭] | **明剧** Míngjù 고유 명극 | **真正** zhēnzhèng 형 진정한, 참된 | **却** què 부 오히려, 도리어, 그러나 | **一干二净** yīgānèrjìng 성 깨끗이, 모조리

● Day **30**
● track yuedu 21

32 **B**   33 **C**   34 **C**

32 B [之所以A，是为了B A한 까닭은 B 때문이다] 지문 마지막 부분에 '단오절의 의의'에 대해 설명하였다. '是为了纪念中国古代伟大的爱国诗人屈原(중국 고대의 위대한 애국 시인 굴원을 기념하기 위해서)'이라고 '쫑쯔를 먹고' 또 '용선 경기'를 하는 의미에 대해 언급했으므로 보기 B가 설명과 일치한다.

A (×) 단오절은 오일절이라고 불린다고 한 것은 과거에 한정한 설명이 아니다.

C (×) 국수가 아닌 쫑쯔를 먹는다고 했다.

D (×) 단오절에 용선 경기를 하는 것은 굴원을 기념하기 위해서이다.

每年农历五月初五，是中国的传统节日端午节。**A** 该节日又被称为午日节、五月节、端五、端阳节，也称夏节。端午节在中国是一个非常盛行的隆重节日。**C** 过端午节时，人们会吃粽子，还会赛龙舟。**BD** 据悉，之所以举办这些活动，是为了纪念中国古代伟大的爱国诗人屈原。	매년 음력 5월 5일은, 중국의 전통 명절인 단오절이다. **A** 이 명절은 또한 오일절, 오월절, 단오, 단양절 그리고 하절이라고도 불린다. 단오절은 중국에서 매우 성행하는 성대한 명절이다. **C** 단오절을 지낼 때, 사람들은 쫑쯔를 먹고, 또 용선 경기를 한다. **BD** 이러한 활동을 하는 이유는 중국 고대의 위대한 애국 시인 굴원을 기념하기 위해서라고 알려져 있다.
A 端午节，过去被称为"午日节" B 过端午节是为了纪念古代的一个诗人 C 过端午节的时候，吃面条 D 端午节赛龙舟，没有特殊的意义	A 단오절은 과거에는 '오일절'이라고 불렸다 B 단오절을 지내는 것은 고대의 한 시인을 기념하기 위해서이다 C 단오절을 지낼 때는 국수를 먹는다 D 단오절에 용선 경기를 하는 것은 특별한 의미가 없다

农历 nónglì 몡 음력 | 初五 chūwǔ 초닷샛날 | ★传统 chuántǒng 몡 전통 | 端午节 Duānwǔjié 고유 단오절, 단오 | ★称 chēng 동 부르다 [被称为: ~라고 불리다] | 午日节 Wǔrìjié 고유 오일절, 단오 | 五月节 Wǔyuèjié 고유 오월절, 단오 | 夏节 Xiàjié 고유 하절, 단오 | 盛行 shèngxíng 동 성행하다 | 隆重 lóngzhòng 휑 성대하다 | 粽子 zòngzi 몡 쫑쯔 [단오절에 먹는 전통 음식] | 赛龙舟 sài lóngzhōu 용선 경기를 하다 | 据悉 jùxī 동 아는 바에 의하면, 아는 바로는 | 之所以 zhīsuǒyǐ 젭 ~한 까닭은, ~의 이유는 | 举办 jǔbàn 동 개최하다, 거행하다 | 活动 huódòng 몡 활동, 행사 | 是为了 shìwèile ~하기 위해서다 | ★纪念 jìniàn 동 기념하다 | ★古代 gǔdài 몡 고대 | ★伟大 wěidà 혱 위대하다 | 爱国 àiguó 동 애국하다, 나라를 사랑하다 | 诗人 shīrén 몡 시인 | 屈原 Qū Yuán 고유 굴원 [BC 340~BC 278년, 전국 시대 초(楚)나라의 시인] | ★特殊 tèshū 혱 특별하다, 특수하다 | ★意义 yìyì 몡 의미

33 C [**深受喜爱** 깊이 사랑받다 ≒ **很受欢迎** 환영받다] '중국인들에게 깊은 사랑을 받는다'고 했으므로, '얼후는 중국에서 환영받는다'는 내용의 보기 C가 답이다.

A (×) 얼후는 가격이 저렴하다고 했다.

B (×) 지문에 언급되지 않았다

D (×) 얼후를 '중국의 바이올린'이라고 부른다고 했지만, 얼후와 바이올린을 비교하지는 않았다.

二胡发出的乐音有着非常丰富的表现力，所以 **D** 有人称二胡为"中国的小提琴"。由于二胡的音色略带忧伤，因而适于表达深沉的情感。二胡的制作也比较简单、**A** 价格便宜、而且容易学会，所以 **C** 深受中国人的喜爱。	얼후가 내는 소리는 매우 풍부한 표현력을 가지고 있다. 그래서 **D** 어떤 사람은 얼후를 '중국의 바이올린'이라고 부른다. 얼후의 음색은 듣기에 다소 구슬프기 때문에, 깊은 감정을 표현하기에 적합하다. 얼후의 제작 또한 비교적 간단하고, **A** 가격이 저렴하며, 배우기 쉽다. 따라서 **C** 중국인들에게 깊은 사랑을 받는다.
A 普通人买不起小提琴 B 越来越多的老年人喜欢二胡 C 二胡在中国很受欢迎 D 小提琴比二胡更富有表现力	A 보통 사람들은 비싸서 바이올린을 살 수 없다 B 점점 더 많은 노인들이 얼후를 좋아한다 C 얼후는 중국에서 매우 환영받는다 D 바이올린은 얼후보다 표현력이 더 풍부하다

二胡 èrhú 몡 얼후, 이호 [우리나라의 해금과 비슷한 중국 현악기] | 发出 fāchū 동 (소리 등을) 내다 | 乐音 yuèyīn 몡 음악 소리 | 丰富 fēngfù 혱 풍부하다, 많다 | 表现力 biǎoxiànlì 몡 표현력 | ★称 chēng 동 부르다 [称A为B: A를 B라고 부르다] | 小提琴 xiǎotíqín 몡 바이올린 | 由于 yóuyú 젭 ~때문에, ~로 인하여 | 音色 yīnsè 몡 음색 | 略 lüè 児 약간, 조금 | 忧伤 yōushāng 혱 근심하고 슬퍼하다, 고뇌에 잠기다 | ★因而 yīn'ér 젭 그래서, 그러므로 | 适于 shìyú ~에 적합하다, ~에 알맞다 | ★表达 biǎodá 동 표현하다, 나타내다 | 深沉 shēnchén 혱 (속이나 생각이) 깊다 | 情感 qínggǎn 몡 감정, 느낌 [表达情感: 감정을 표현하다] | 制作 zhìzuò 동 제작하다, 만들다 | 价格 jiàgé 몡 가격, 값 | ★优美 yōuměi 혱 우아하고 아름답다 | 学会 xuéhuì 동 배워서 할 수 있다, 배워서 알다 | 深受 shēnshòu 동 깊이 받다 | 喜爱 xǐ'ài 동 사랑하다, 좋아하다 [深受喜爱: 깊은 사랑을 받다] | 普通 pǔtōng 혱 보통이다, 일반적이다, 평범하다 | 不起 buqǐ ~할 수 없다 [동사 뒤에 놓여 힘이나 능력이 부족함을 나타냄] | 越来越 yuèláiyuè 児 점점, 더욱더 [정도의 증가를 나타냄] | 老年人 lǎoniánrén 몡 노인 | 受 shòu 동 받다 [受欢迎: 환영을 받다, 인기가 있다] | 富有 fùyǒu 동 풍부하다, 부유하다

34 C [风光 풍경 → 美景 아름다운 풍경 / 欣赏美景 아름다운 풍경을 감상하다] 지문의 마지막 문장에서 '가을'에 이 열차를 탔을 때 볼 수 있는 '아름다운 풍경'에 대해 세부적으로 묘사하고 있다.

- A (×) 몇 개의 현을 지나가는지에 대해서까지는 언급되지 않았다.
- B (×) 하이커우와 하얼빈을 연결하는 철로의 전체 길이가 4,424km라고 하였으므로, 만 킬로미터 이상 서로 떨어져 있다는 것은 맞지 않다.
- D (×) 개통 여부는 언급되지 않았다.

K1124次列车连接着中国最南及最北的两个省会城市——海口和哈尔滨。**B** 这条线路全长共4424公里，运行时间为64小时零7分，**A** 沿途会经过12个省份。**C** 如果游客秋天乘坐这趟列车，那一路上不仅能欣赏到金黄耀眼的麦浪梯田和银装素裹的北国风光，还可以看到一望无垠的碧海蓝天。

A 该趟列车途经64个县
B 海口与哈尔滨相距上万公里
C 秋季乘坐这趟列车可欣赏美景
D 该趟列车尚未开通

K1124 열차는 중국의 최남단과 최북단의 두 성도(省都)인 하이커우와 하얼빈을 연결한다. **B** 이 노선은 전체 길이가 모두 4,424km로, 운행 시간은 64시간 7분이며, **A** 길을 따라 12개의 성을 지날 것이다. **C** 만약 여행객이 가을에 이 열차를 타면, 도중에 황금빛 눈부신 보리 물결의 계단식 밭과 은백색의 옷을 입은 북쪽 지역의 풍경을 감상할 수 있을 뿐만 아니라, 끝이 펼쳐진 맑은 바다와 푸른 하늘을 볼 수 있다.

A 이 열차는 모두 64개의 현을 지나간다
B 하이커우는 하얼빈과 만 킬로미터 이상 서로 떨어져 있다
C 가을철 이 열차를 타면 아름다운 풍경을 감상할 수 있다
D 이 열차는 아직 개통되지 않았다

★ 列车 lièchē 몡 열차 | 连接 liánjiē 동 연결하다, 잇다 | 及 jí 집 ~와, 및 | 省会 shěnghuì 몡 성도 [성(省) 정부 소재지] | 海口 Hǎikǒu 고유 하이커우 [하이난성의 성도] | 哈尔滨 Hā'ěrbīn 고유 하얼빈 [헤이룽장성의 성도] | 线路 xiànlù 몡 노선, 선로, 회로 | 全长 quáncháng 몡 전체 길이 | 公里 gōnglǐ 양 킬로미터(km) | 运行 yùnxíng 동 운행하다 | 沿途 yántú 부 길을 따라 | 经过 jīngguò 동 지나다, 거치다, 경유하다 | 省份 shěngfèn 몡 성(省) [고유 명사와 함께 쓰이지 않고 단독으로 쓰임] | 游客 yóukè 몡 여행객, 관광객 | 秋天 qiūtiān 몡 가을 | 乘坐 chéngzuò 동 (열차·자동차·배·비행기 등을) 타다 | 趟 tàng 양 편, 번, 차례 [정기적인 교통수단의 운행 횟수를 세는 데 쓰임] | 一路 yílù 몡 도중, 노중 | 不仅A还B bùjǐn A hái B A뿐만 아니라 B하기도 하다 | ★ 欣赏 xīnshǎng 동 감상하다 | 金黄 jīnhuáng 몡 황금빛의, 황금색의 | 耀眼 yàoyǎn 몡 (광선이나 색채가 강렬하여) 눈부시다 | 麦浪 màilàng 몡 맥랑 [바람에 흔들리는 밀이나 보리 이삭의 물결] | 梯田 tītián 몡 계단식 밭 | 银装 yínzhuāng 몡 은백색의 옷차림 | 素裹 sùguǒ 몡 소복 단장 [아래위를 흰옷으로 차리고 몸을 곱게 꾸밈] | 北国 běiguó 몡 중국의 북부 | 风光 fēngguāng 몡 풍경, 경치, 풍광 | 一望无垠 yíwàngwúyín 생 끝없이 아득하고 멀다 [일망무제: 눈을 가리는 것이 없을 만큼 바라보아도 끝이 멀고 먼 모습] | 碧海 bìhǎi 몡 푸른 바다 | 蓝天 lántiān 몡 푸른 하늘, 창공 | 该 gāi 대 이, 그, 저 [앞에 나온 사람 또는 사물을 가리키며 此 또는 这个에 해당함] | 途经 tújīng 동 ~를 지나가다, ~를 경유하다 | ★ 县 xiàn 몡 현 [중국 행정 구획 단위의 하나로 지구·자치구·직할시 밑에 속함] | 与 yǔ 개 ~와 | 相距 xiāngjù 동 서로 떨어지다 | 上万 shàngwàn 주 만 정도, 만 이상 | 秋季 qiūjì 몡 가을철, 추계 | 可 kě 조동 ~할 수 있다 [=可以] | 美景 měijǐng 몡 아름다운 풍경 | 尚未 shàngwèi 부 아직 ~하지 않다 | 开通 kāitōng 동 개통하다

● Day 33

35 D 36 D 37 D

track yuedu 22

---

35 D [无法比拟 비교할 수 없다 ≒ 无法替代 대체할 수 없다] 지문에 나온 어휘가 그대로 보기에 나올 수도 있지만, 비슷한 뜻의 다른 어휘로 나오는 경우도 많다. 지문의 '无法比拟(비교할 수 없다)'라는 표현이 '无法替代(대체할 수 없다)'로 바꾸어 쓸 수 있다는 점을 알아야 풀 수 있는, 난이도 높은 문제였다.

- A (×) '웨이보' 열기의 발원지는 언급되지 않았다.
- B (×) '언제 어디서나(随时随地)' 사용할 수 있다고 했다.
- C (×) 미니 블로그와 같으며, 140자 이상은 게시할 수 없다고 했다.

A 最近，以Twitter为首的"微博"热，正在从国外席卷至中国。C "微博"有些像"迷你博客"，每次发布不得超过140个字或者一张图片。B 你可以随时随地、随心所欲地去浏览"微博"，并且发布"微博"。D 这是其他任何产品都无法比拟的。	A 최근, 트위터를 비롯한 '웨이보' 열기가, 국외에서부터 중국까지 휩쓸고 있다. C '웨이보'는 '미니 블로그'와 같아서, 매번 140자 혹은 한 장의 사진 이상은 게시할 수 없다. B 당신은 언제 어디서나 하고 싶은 대로 '웨이보'를 훑어볼 수 있을 뿐만 아니라 '웨이보'를 게시할 수도 있다. D 이것은 다른 어떤 제품과도 비교할 수 없는 것이다.
A "微博"热在亚洲产生并且影响全世界 B "微博"的使用有地点与时间的限制 C "微博"就是博客，没有字数的要求 D "微博"有别的产品无法替代的优越性	A '웨이보' 열기는 아시아에서 생겨났을 뿐만 아니라 전 세계에 영향을 주고 있다 B '웨이보'의 사용은 장소와 시간의 제한이 있다 C '웨이보'가 바로 블로그이고, 글자 수의 요구가 없다 D '웨이보'는 다른 제품이 대체할 수 없는 우월성이 있다

| 以 yǐ 개 ~로(써) | 为首 wéishǒu 동 ~를 대표로 하다 [以A为首: A를 비롯하여] | 微博 wēibó 명 미니 블로그 | 热 rè 명 열기, 유행, 붐 | 国外 guówài 명 국외, 외국 | 席卷 xíjuǎn 동 휩쓸다, 석권하다 | 至 zhì 동 이르다, ~까지 도달하다 [=到] | 迷你 mínǐ 형 미니, 소형의 | 博客 bókè 명 블로그 | 发布 fābù 동 게시하다, 공포하다, 알리다 | 不得 bùdé (어떤 압력이나 제한 때문에) ~할 수 없다, 불가능하다 | 超过 chāoguò 동 넘다, 초과하다 | 或者 huòzhě 접 혹은, 또는 | 图片 túpiàn 명 사진 | ★随时 suíshí 부 수시로, 아무 때나 | 随地 suídì 부 어디서나, 아무데나 | 随心所欲 suí xīn suǒ yù 성 하고 싶은 대로 하다, 자기의 뜻대로 하다 | ★浏览 liúlǎn 동 대강 훑어보다, 대강 둘러보다 | 并且 bìngqiě 접 ~할 뿐만 아니라 또한, 또 | 任何 rènhé 대 어떠한, 무슨 | ★产品 chǎnpǐn 명 제품 | 无法 wúfǎ ~을 할 수 없다, ~할 방법이 없다 | 比拟 bǐnǐ 동 비교하다, 견주다 | 亚洲 Yàzhōu 고유 아시아 | ★产生 chǎnshēng 동 생기다, 발생하다 | 全世界 quánshìjiè 명 전 세계 | 使用 shǐyòng 동 사용하다, 쓰다 | 地点 dìdiǎn 명 장소 | ★限制 xiànzhì 명 제한 | 替代 tìdài 동 대체하다, 대신하다 | 优越 yōuyuè 형 우월하다, 뛰어나다 [优越性: 우월성]

36 D [闹笑话 웃음거리가 되다] 이야기(에피소드) 지문은 각 인물의 '말'과 '행동' 및 '감정' 등을 파악하는 것이 중요하며, '전체 내용의 흐름'을 파악해야 정답을 찾을 수 있는 경우가 많다. 서점 사장이 작가를 기쁘게 하려고 한 행동이 오히려 작가를 놀라게 했고, 작가의 물음에 엉뚱한 대답을 해 웃음거리가 되었다는 내용이므로 답은 D이다.

A (×) 서점의 사장은 '작가를 기쁘게 할 일'을 생각했지만, 결국 당황스러운 상황을 맞게 된다.
B (×) 작가의 책이 모두 팔린 것이 아니며, 오히려 사장이 당황해서 다른 사람의 책이 모두 팔렸다고 말했다.
C (×) 이 도시에서 가장 큰 서점이라고 했다.

有一位很有名的作家在外国旅行，他来到一个城市，C 决定先去这个城市最大的书店参观。听到这个消息后，A 书店老板想做点儿让这位作家开心的事。于是，他在全部的书架上摆满了这位作家写的书。作家一走进书店，就发现书架上都是自己的书，非常吃惊。"别人的书呢？"他不解地问道。D "别人的书？"书店的老板一时不知所措，信口开河地说道："全……全部都卖光了。"	한 유명한 작가가 외국을 여행할 때, 그는 어떤 도시에 도착해서 C 이 도시의 가장 큰 서점을 먼저 둘러봐야겠다고 결정했다. 이 소식을 듣고, A 서점의 사장은 이 작가를 기쁘게 할 일을 생각했다. 그래서 그는 모든 책꽂이에 이 작가가 쓴 책을 가득 진열했다. 작가가 서점에 들어서자마자 책꽂이에 모두 자신의 책인 것을 발견하고 매우 놀랐다. "다른 사람의 책은요?" 그는 이해하지 못한 채 물었다. D "다른 사람의 책이요?" 서점 사장은 잠시 어찌할 바를 모르고 입에서 나오는 대로 말했다. "모두…모두 다 팔렸어요."
A 书店老板非常高兴 B 作家的书被卖光了 C 这家书店规模很小 D 书店老板闹了个笑话	A 서점의 사장은 매우 기뻤다 B 작가의 책은 모두 팔렸다 C 이 서점의 규모는 매우 작다 D 서점의 사장은 웃음거리가 됐다

作家 zuòjiā 명 작가 | 外国 wàiguó 명 외국 | 旅行 lǚxíng 동 여행하다 | 书店 shūdiàn 명 서점 | 参观 cānguān 동 (전람회·명승고적 등을) 참관하다, 견학하다 | 消息 xiāoxi 명 소식 | ★老板 lǎobǎn 명 사장 | 开心 kāixīn 형 기쁘다, 즐겁다 | 于是 yúshì 접 그래서, 그리하여 | 全部 quánbù

모든, 전부의 몡 모두, 전부 | ★书架 shūjià 몡 책꽂이 | ★摆 bǎi 동 진열하다, 배치하다 | 满 mǎn 혱 가득 차다, 가득하다 | 一A, 就B yī A, jiù B A하자마자 B하다, A하기만 하면 B하다 | 吃惊 chījīng 동 놀라다 | 不解 bùjiě 동 이해하지 못하다 | 问道 wèndào 동 물어보다 | 一时 yìshí 몡 잠시, 한 동안 | 不知所措 bùzhī suǒcuò 졍 어쩔 바를 모르다 | 信口开河 xìnkǒu kāihé 졍 입에서 나오는 대로 거침없이 지껄이다 | 说道 shuōdào 동 ~라고 말하다 [다른 사람의 말을 직접 화법으로 인용할 때 쓰임] | 光 guāng 혱 조금도 남지 않다 [주로 보어로 쓰임] | ★规模 guīmó 몡 규모 | 闹 nào 동 떠들썩하다, 시끄럽다 | 笑话 xiàohua 몡 우스운 이야기, 우스갯소리 [闹笑话 nào xiàohua 웃음거리가 되다, 웃음을 사다]

> 보기에 모르는 어휘가 있어도 당황하지 말자! 답이 아닌 보기를 먼저 차근차근 지워나가면 답을 찾을 수 있다.

37 D [全盛时期 전성기 ≒ 繁荣时期 번영기] 중국 고전 시가 발전의 '전성기(全盛时期)'는 당나라 시대라고 했으므로, 당나라는 고전 시가의 '번영기(繁荣时期)'라고 보는 것이 맞다.

A, C (×) 지문에 언급되지 않았다.

B (×) 많은 고전작품이 낭만주의파와 현실주의파를 겸비하고 있다고 했다.

D 中国古典诗歌发展的全盛时期是唐代。这一时期有许多伟大的诗人，而他们的作品多保存在《全唐诗》中。这些诗的题材十分广泛，涉及情感、自然、社会等各个方面。在创作方法上，B 有浪漫主义流派，也有现实主义流派，许多经典作品则两者兼具，因此成为了珍贵的文学遗产。	D 중국 고전 시가 발전의 전성기는 당나라 시대이다. 이 시기에는 많은 위대한 시인이 있으며, 그들의 작품은 〈전당시〉에 많이 보존되어 있다. 이 시들의 소재는 매우 광범위하여, 감정, 자연, 사회 등 각종 분야와 관련되어 있다. 창작 방법에 있어서, B 낭만주의 파가 있고, 현실주의 파도 있는데, 많은 고전 작품이 두 가지를 모두 겸비하고 있어서 진귀한 문학 유산이 되었다.
A 唐代的贸易非常发达 B 《全唐诗》多为浪漫主义作品 C 唐诗多表达诗人个人感情 D 唐代是古典诗歌的繁荣时期	A 당나라 시대의 무역은 매우 발달했다 B 〈전당시〉는 대부분 낭만주의 작품이다 C 당시는 시인의 개인적인 감정을 많이 표현한다 D 당나라 시대는 고전 시가의 번영기이다

★古典 gǔdiǎn 몡 고전 | 诗歌 shīgē 몡 시가 | 发展 fāzhǎn 동 발전 | 全盛时期 quánshèng shíqī 전성기 [형세나 세력이 가장 왕성한 시기] | 唐 Táng 고유 당나라 | 代 dài 몡 시대, 왕조 | ★时期 shíqī 몡 (특정한) 시기 | 许多 xǔduō 혱 (사람의 수나 물건의 수량이) 매우 많다 | ★伟大 wěidà 혱 위대하다 | 诗人 shīrén 몡 시인 | 而 ér 졉 ~하고, 그리고 [순접을 나타냄] | ★作品 zuòpǐn 몡 작품 | ★保存 bǎocún 동 보존하다, 간직하다 | 全唐诗 Quántángshī 고유 전당시 [중국 청대에 편찬된 당시 전집] | 题材 tícái 몡 (문학이나 예술 작품 등의) 소재, 제재 | 十分 shífēn 뷔 매우, 아주 [=非常] | ★广泛 guǎngfàn 혱 광범하다, 두루 미치다 | 涉及 shèjí 동 관련되다, 연관되다 | 情感 qínggǎn 몡 감정, 느낌 | 自然 zìrán 몡 자연 | 社会 shèhuì 몡 사회 | 方面 fāngmiàn 몡 분야, 방면 | 创作 chuàngzuò 동 창작하다 | 方法 fāngfǎ 몡 방법, 방식, 수단 | 浪漫主义 làngmànzhǔyì 몡 낭만주의 | 流派 liúpài 몡 (학술·문예·무술 등의) 파, 파별, 유파 | 现实主义 xiànshízhǔyì 몡 현실주의 | ★经典 jīngdiǎn 몡 고전, 경전 | 兼具 jiānjù 동 겸비하다 | 因此 yīncǐ 졉 그래서, 그러므로 | 成为 chéngwéi 동 ~가 되다, ~로 되다 | 珍贵 zhēnguì 혱 진귀하다 | ★文学 wénxué 몡 문학 | 遗产 yíchǎn 몡 유산 | ★贸易 màoyì 몡 무역 | 发达 fādá 동 발달하다, 흥성하다 | ★表达 biǎodá 동 표현하다, 나타내다 | ★个人 gèrén 몡 개인 | 感情 gǎnqíng 몡 감정 | ★繁荣 fánróng 혱 번영하다, 번창하다

● **Day 35**   ● track yuedu 23
38 A   39 A   40 B

38 A [蕴含着期望 기대를 담고 있다 ≒ 寄托着期望 기대를 걸고 있다] '荷包(쌈지)' 같은 고유명사를 알고 있는 수험생은 없었을 것이다. 이 같은 고유명사는 'k' 같은 임의의 글자로 대치시켜서 해석하자. 낯설고 어려운 어휘가 많긴 했지만, '문제' 자체의 난이도는 어렵지 않다. 문장 맨 마지막 줄에 보기 A의 핵심 표현 '期望(기대)'이 담겨 있고, 나머지 보기 B~D는 해석 난이도도 쉽고 명백히 틀린 내용들로 구성되어 있으므로, 소거법을 이용해서도 충분히 답을 A로 추정할 수 있다.

B (×) 쌈지의 모양이 다양하다고 했으므로, 지문과 상반되는 내용이다.

C (×) 어느 정도의 장식 기능과 실용적 가치가 있다고 했다.

D (×) 쌈지의 도안에 대해서만 서술했지, 중국 전통 복식의 도안 전체에 대한 언급은 없었다.

在中国的传统服饰里，荷包是不可缺少的。它是一种用来装零星物品的小包，通常被人们挂在腰间或和腰带结合成为束腰的一部分。B 荷包造型多种多样，D 图案有的繁杂有的简单。C 除了具有一定的装饰作用和实用价值外，A 还蕴含着人们对美好生活的期望。

중국의 전통 복식에서, 쌈지는 빼놓을 수 없다. 그것은 자잘한 물건을 담는 데 쓰는 작은 주머니로, 보통 허리 부분에 걸리거나, 혹은 허리띠와 결합해 허리를 동여매는 일부가 된다. B 쌈지의 모양은 다양하며, D 도안이 어떤 것은 복잡하고 또 어떤 것은 간단하다. C 어느 정도의 장식 기능과 실용적 가치가 있다는 것 외에도, A 사람들의 아름다운 생활에 대한 기대도 담겨 있다.

A 荷包寄托着人们的期望
B 荷包的样式不多
C 荷包不起装饰作用
D 中国传统服饰的图案非常单调

A 쌈지는 사람들의 기대를 담고 있다
B 쌈지의 모양은 많지 않다
C 쌈지는 장식의 기능을 하지 않는다
D 중국 전통 복식의 도안은 매우 단조롭다

★**传统** chuántǒng 명 전통 | **服饰** fúshì 명 복식, 의복과 장신구 | **荷包** hébāo 명 쌈지, 염낭 | **不可缺少** bùkě quēshǎo 없어서는 안 된다 | **用来** yònglái 동 ~에 쓰다, ~에 사용하다 | ★**装** zhuāng 동 담다 | **零星** língxīng 형 자잘하다, 소량이다 | **物品** wùpǐn 명 물품 | ★**通常** tōngcháng 명 보통, 통상 | **挂** guà 동 걸다 | ★**腰** yāo 명 허리 [腰间: 허리 부분] | **或** huò 접 혹은, 또는, 그렇지 않으면 | **腰带** yāodài 명 허리띠 | ★**结合** jiéhé 동 결합하다, 결부하다 | **束腰** shùyāo 동 허리를 동여매다 | **一部分** yībùfen 명 일부분 | **造型** zàoxíng 명 형상, 조형 | **多种多样** duōzhǒng duōyàng 생 (종류나 모양이) 아주 다양하다 | **图案** tú'àn 명 도안 | **繁杂** fánzá 형 복잡하다, 번잡하다 | **具有** jùyǒu 동 가지다, 구비하다 | ★**装饰** zhuāngshì 명 장식 | **作用** zuòyòng 명 기능, 작용, 역할 [具有作用: 기능을 가지다] | ★**实用** shíyòng 형 실용적이다 | ★**价值** jiàzhí 명 가치 [具有价值: 가치를 지니다] | **蕴含** yùnhán 동 담겨 있다, 포함하다 | **美好** měihǎo 형 아름답다, 훌륭하다 | **生活** shēnghuó 명 생활 | **期望** qīwàng 명 기대, 희망, 바람 | **寄托** jìtuō 동 (기대·희망·감정 등을 다른 사람이나 어떤 사물에) 담다, 두다 | ★**样式** yàngshì 명 모양, 양식, 스타일 | **起** qǐ 동 일으키다, 생기다, 발생하다 [起作用: 역할을 하다, 작용을 하다] | ★**单调** dāndiào 형 단조롭다

  '除了'의 다양한 용법

◆ 除了A(以外)，都B : A를 제외하고 모두 B하다 (-)
  除了你(以外)，别人都来了。너를 제외하고, 다른 사람들은 모두 다 왔다.

◆ 除了A(以外)，还B : A 외에 B도 ~하다 (+)
  他除了汉语(以外)，还会说英语。그는 중국어 외에 영어도 할 줄 안다.

---

39 A [叫A, 是B A라고 부르며, (그것이) B이다] 지문 마지막 부분에 '정남방향의 문을 오문(午门)이라고 부르는데, 고궁의 정문이다'라고 했으므로 A가 답이다.

B (×) 고궁은 명나라와 청나라, 두 왕조의 황궁이라고 했다.

C (×) 다섯 부분이 아니라, '내정'과 '전조' 두 부분으로 구성되어 있다고 했다.

D (×) '筒子河'라는 강이 자금성을 에워싸고 있다고 했다. '河'를 통해 '강'의 이름으로 유추할 수 있다.

故宫位于北京市中心，以前被称为紫禁城，B 是明清两代的皇宫，也是无与伦比的古代建筑杰作，更是世界上现存最完整、最大的木质结构的古建筑群。C 故宫的所有建筑都由"内廷"与"前朝"两个部分组成，四面都有城墙围绕，D 四周还有筒子河环抱，城的四角有角

고궁은 베이징시 중심에 위치해 있으며, 예전에는 자금성이라고 불리던, B 명·청 두 시기의 황궁이다. 또한 독보적인 고대 건축의 걸작으로, 세계에서 현존하는 가장 완벽하고 가장 큰 목조 고대건축군이기도 하다. C 고궁의 모든 건축은 '내정'과 '전조' 두 부분으로 구성되며, 네 면이 모두 성벽으로 둘러싸여 있고, D 사방이 퉁즈허[筒子河]로 에워싸여 있으며,

楼。四面各有一道门，**A 正南方向的门叫午门，是故宫的正门。**

성의 네 귀퉁이에는 각루가 있다. 사면에는 각각 문이 하나씩 있고, **A 정남방향의 문을 오문이라고 부르는데, 이는 고궁의 정문이다.**

A 故宫的正门是午门
B 故宫是三个朝代的皇宫
C 故宫由五个部分组成
D 故宫内外没有河流

A 고궁의 정문은 오문이다
B 고궁은 세 왕조의 황궁이다
C 고궁은 다섯 부분으로 구성되어 있다
D 고궁의 안팎으로는 하천이 없다

故宫 gùgōng 명 고궁 | 位于 wèiyú ~에 위치하다 | 于 yú 개 ~에 | 北京市 Běijīngshì 고유 베이징시 | ★中心 zhōngxīn 명 중심, 한가운데 | ★称 chēng 동 부르다 [被称为: ~라고 불리다] | 紫禁城 Zǐjìnchéng 고유 자금성 | 明清 Míngqīng 고유 명청 시대 [1368~1912년] | 代 dài 명 시기, 시대 | 无与伦比 wúyǔlúnbǐ 성 독보적이다, 견줄 데 없다, 탁월하다 | ★古代 gǔdài 명 고대 | 建筑 jiànzhù 명 건축, 건축물 | 杰作 jiézuò 명 걸작 | 现存 xiàncún 동 현존하다 | ★完整 wánzhěng 형 완벽하다, 완전하다, 제대로 갖추어져 있다 | 木质 mùzhì 명 목질, 나무로 된 것 | ★结构 jiégòu 명 구조, 구성, 짜임새 | 古 gǔ 명 고대, 옛날 | ★群 qún 명 무리 | 所有 suǒyǒu 형 모든, 전체의 | 内廷 nèitíng 명 내정 [궁궐의 안쪽으로 봉건 제왕과 황후가 생활하던 곳] | 与 yǔ 개 ~와 | 前朝 qiáncháo 명 전조 [왕이 직무를 보고 사신을 맞이하며 각종 연회를 배풀던 곳] | 部分 bùfen (전체 중의) 부분, 일부분 | ★组成 zǔchéng 동 구성하다, 조성하다 [由……组成: ~로 구성되다] | 四面 sìmiàn 명 사면 | 城墙 chéngqiáng 명 성벽 | ★围绕 wéirào 동 둘러싸다 | 四周 sìzhōu 명 사방, 주위 | 筒子河 Tǒngzǐhé 고유 자금성을 둘러싸고 있는 강의 이름 [성 주위를 둘러싸고 있는 연못이 해자 역할] | 环抱 huánbào 형 에워싸다, 둘러싸다 | 四角 sìjiǎo 명 사각, 네모 | 角楼 jiǎolóu 명 각루 [적의 동태를 살피기 위해 성벽 위의 모서리에 지은 누각] | 道 dào 양 [문이나 담·벽 등을 세는 단위] | 方向 fāngxiàng 명 방향 | 午门 Wǔmén 고유 오문 [자금성(紫禁城)의 남쪽 정문] | 正门 zhèngmén 명 정문 | 朝代 cháodài 명 왕조의 연대 | 皇宫 huánggōng 명 황궁 | 内外 nèiwài 명 안팎, 내외 | 河流 héliú 명 하천, 강

---

40 **B** [**属于**…… ~에 속하다] 가장 정통의 '쓰촨요리(川菜)'는 '충칭(重庆)'과 '청두(成都)' 두 곳에 있다고 했다.

A (×) 지문에 언급되지 않았다.
C (×) 아리고 매운 것은 중국 음식의 특징이 아니라 쓰촨요리의 특징이다.
D (×) 가장 정통의 쓰촨요리가 이 두 곳에 있다고 했지, 이 '두 곳에만' 있다는 말이 아니다. 쓰촨요리 식당은 이미 오래전에 전 세계에 퍼져 있다고 했다.

按照饮食特点来分，中国一共有八大菜系。可是主要的是四大菜系，即粤菜、苏菜、鲁菜和川菜。当然其中最为有名的还是人们熟悉的川菜。**C 麻和辣是川菜的突出特点**，**B D 最正宗的川菜是在重庆和成都两地。D 现在川菜馆早已经遍布全球，深受人们的欢迎。**

음식의 특징에 따라, 중국은 모두 8대 요리로 구분한다. 그러나 주된 것은 4대 요리로, 광둥요리, 장쑤요리, 산둥요리, 쓰촨요리이다. 물론 이 중에서 가장 유명한 것은 역시 사람들에게 익숙한 쓰촨요리이다. **C 아리고 매운 것은 쓰촨요리의 두드러지는 특징으로**, **B D 가장 정통한 쓰촨요리는 충칭과 청두 두 곳에 있다. D 현재 쓰촨요리 식당은 이미 오래전에 전 세계에 퍼져 있으며, 사람들에게 매우 인기가 있다.**

A 鲁菜口味十分清淡
B 重庆菜属于川菜
C 中国菜的特点是麻和辣
D 只有重庆和成都两地才有川菜

A 산둥요리의 맛은 매우 담백하다
B 충칭요리는 쓰촨요리에 속한다
C 중국 음식의 특징은 아리고 매운 것이다
D 충칭과 청두 두 곳에만 쓰촨요리가 있다

按照 ànzhào 개 ~에 따라, ~에 근거하여 | 饮食 yǐnshí 명 음식 | 特点 tèdiǎn 명 특징, 특색 | 菜系 càixì 명 (각 지방의) 요리 방식·맛 등의 계통 | 八大菜系 bā dà càixì 중국의 8대 요리 계열 | 可是 kěshì 접 그러나, 그렇지만 | 即 jí 즉, 바로 | 粤菜 Yuècài 고유 광둥(广东) 요리 | 苏菜 Sūcài 고유 장쑤성(江苏省) 요리 | 鲁菜 Lǔcài 고유 산둥(山东) 요리 | 川菜 Chuāncài 고유 쓰촨(四川) 요리 | 其中 qízhōng 대 그 중에, 그 안에 | 最为 zuìwéi 부 가장, 제일 | 熟悉 shúxī 동 익숙하다, 잘 알다 | 麻 má 형 (매우서 입안이) 아리다, 얼얼하다, 마비되다 | 辣 là 형 맵다 | ★突出 tūchū 형 두드러지다, 뚜렷하다 | 正宗 zhèngzōng 형 정통의, 진정한 | 重庆 Chóngqìng 고유 충칭, 중경 | 成都 Chéngdū 고유 청두 [쓰촨성의 성도] | 两地 liǎngdì 명 두 지역 | 川菜馆 chuān càiguǎn 명 쓰촨요리 식당 | 遍布 biànbù 동 널리 퍼지다, 도처에 널리 분포하다 | 全球 quánqiú 명 전 세계 | 受欢迎 shòu huānyíng 인기가 있다, 환영을 받다 | ★口味 kǒuwèi 명 맛 | 十分 shífēn 부 매우, 아주, 대단히 [=非常] | ★清淡 qīngdàn 형 (음식이 기름지지 않고) 담백하다 | ★属于 shǔyú ~에 속하다

Day 36
41 C　42 A　43 B

41 C [20至30米之间 ≒ 有的长约30米]　배의 길이가 일반적으로 20~30미터라고 했으므로 '어떤 용선의 길이는 대략 30미터'라고 한 보기 C가 답이다.

A (×) 경사스러운 기념일에 개최하고, 한족은 대부분 매년 단오절에 개최한다고 했다.
B (×) 많은 사람들이 함께 진행하는 '단체 노 젓기 경기'라고 했다.
D (×) 중국 각 민족의 용선 경기는 약간씩 차이가 있다고 했으므로, 한족뿐 아니라 다른 민족도 개최한다는 것을 알 수 있다.

　　赛龙舟是中国民间传统水上体育娱乐项目之一，已经流传了两千余年，A 大部分在喜庆的节日里举行，B 是许多人一起进行的集体划桨比赛。D 中国各个民族的龙舟竞赛也稍有差异，龙舟的尺寸也是因地而异。A 汉族大部分是在每年"端午节"时举行比赛，C 船长一般在 20至30米之间，每艘船上的水手大约有30名。

A 只有春节才会赛龙舟
B 赛龙舟是单人竞赛
C 龙舟有的长约30米
D 赛龙舟是汉族特有的

　　용선 경기는 중국의 민간 전통 수상 스포츠 오락 종목 중 하나이며, 이미 2000여 년 동안 전해져 내려왔다. A 대부분 경사스러운 기념일에 개최하며, B 많은 사람들이 함께 진행하는 단체 노 젓기 경기이다. D 중국 각 민족의 용선 경기는 약간씩 차이가 있는데, 용선의 크기도 지역에 따라 다르다. A 한족은 대부분 매년 '단오절'에 경기를 개최하며, C 배의 길이는 일반적으로 20~30미터 사이이고, 각 배의 선원은 대략 30명이다.

A 오직 춘절에만 용선 경기를 한다
B 용선 경기는 1인 경기이다
C 어떤 용선의 길이는 대략 30미터이다
D 용선 경기는 한족 특유의 것이다

赛龙舟 sàilóngzhōu 명 용선 경기 통 용선 경기를 하다 | 民间 mínjiān 명 민간 | ★传统 chuántǒng 명 전통 | ★娱乐 yúlè 명 오락 통 오락하다 | 项目 xiàngmù 명 항목, 종목 | 之一 zhī yī ~중의 하나 [A是……之一: A는 ~중 하나이다] | ★流传 liúchuán 통 대대로 전해 내려오다 | 余 yú 주 ~여 [정수(整数) 외의 나머지를 가리킴] | 大部分 dàbùfen 명 대부분 | 喜庆 xǐqìng 형 경사스럽다 | 举行 jǔxíng 통 개최하다, 거행하다 | 许多 xǔduō 수 (사람이나 물건이) 매우 많다 | 进行 jìnxíng 통 진행하다 | ★集体 jítǐ 명 집단, 단체 | 划桨 huájiǎng 통 노를 젓다 | 各个 gègè 대 각각, 매 | 民族 mínzú 명 민족 | 龙舟 lóngzhōu 명 용선, 용주 [뱃머리에 용의 모형을 장식한 배] | 竞赛 jìngsài 명 경기, 경쟁 | 稍 shāo 분 약간, 조금 | 差异 chāyì 명 차이, 다른 점 | 尺寸 chǐcùn 명 크기, 길이, 치수 | 因A而B yīn A ér B A때문에 B하다 | 异 yì 형 다르다, 같지 않다 | 汉族 Hànzú 고유 한족 | 端午节 Duānwǔjié 고유 단오절 | 长 cháng 명 길이 | 至 zhì 통 ~의 정도에 이르다, ~까지 이르다 | 米 mǐ 명 미터(m) | 之间 zhījiān 명 ~의 사이 | 艘 sōu 양 척 | 水手 shuǐshǒu 명 선원 | 大约 dàyuē 분 대략 | 春节 Chūnjié 고유 춘절 | 单人 dānrén 명 1인, 한 사람, 혼자 | 特有 tèyǒu 형 특유하다, 고유하다

---

42 A [例如 예를 들면]　중국화의 소재로 화조, 산수, 인물 등을 예로 든 것을 통해 중국화가 사람과 자연에 관심을 갖는다고 이해할 수 있다.

B, C (×) 지문에 언급되지 않았다.
D (×) 사람과 사람의 관계를 표현하는 것은 인물화이다.

　　国画，又被称为"中国画"，是中国传统绘画。材料和工具有绢、国画颜料、墨和毛笔等；A 题材分许多种，例如花鸟、山水、人物等。花鸟画生动地表现大自然的各种生命与人的和谐相处；山水画所表现的是人和自然之间的关系，将人和自然融为一体；D 人物画所表现的则是人类社会，人和人之间的关系。

　　국화[国画]는, '중국화'라고도 불리는, 중국 전통 회화이다. 재료와 도구는 비단, 국화 안료, 묵, 붓 등이다. A 소재는 여러 가지로 나뉘는데, 예를 들어, 화조, 산수, 인물 등이다. 화조화는 대자연의 각종 생명을 생동감 있게 표현한 것으로, 사람과 잘 어우러진다. 산수화가 표현하는 것은 사람과 자연 사이의 관계이며, 사람과 자연을 하나로 융합시킨다. D 인물화가 표현하는 것은 바로 인류 사회, 사람과 사람 사이의 관계이다.

A 中国画关注人与自然
B 国画的表现手法夸张
C 国画是现代和传统的结合
D 花鸟画表现人与人的关系

A 중국화는 사람과 자연에 관심을 갖는다
B 국화의 표현 기법은 과장법이다
C 국화는 현대와 전통의 결합이다
D 화조화는 사람과 사람의 관계를 표현한다

国画 guóhuà 명 국화 [서양화에 대하여 고유의 전통 회화를 일컫는 말] | ★ 称 chēng 동 부르다 [被称为: ~라고 불리다] | ★ 传统 chuántǒng 명 전통 | 绘画 huìhuà 명 회화, 그림 | 材料 cáiliào 명 재료, 자료, 데이터 | ★ 工具 gōngjù 명 도구, 수단 | 绢 juàn 명 비단 | 颜料 yánliào 명 안료, 물감 | 墨 mò 명 묵, 먹, 먹물 | 毛笔 máobǐ 명 붓 | 题材 tícái 명 소재, 제재 | 许多 xǔduō 형 매우 많다 | 例如 lìrú 접 예를 들어, 예컨대 | 花鸟 huāniǎo 명 화조 [꽃과 새], 화조화[花鳥畵] | 山水 shānshuǐ 명 산수(화) | 人物 rénwù 명 인물 | 花鸟画 huāniǎohuà 명 화조화 [꽃과 새를 그린 그림] | ★ 生动 shēngdòng 형 생동감 있다, 생생하다 | ★ 表现 biǎoxiàn 동 표현하다, 나타내다 | 大自然 dàzìrán 명 대자연 | 各种 gèzhǒng 형 각종의, 갖가지의 | 生命 shēngmìng 명 생명, 목숨 | 与 yǔ 개 ~와 | 和谐 héxié 형 잘 어울리다, 조화롭다 | ★ 相处 xiāngchǔ 동 함께 지내다 | 山水画 shānshuǐhuà 명 산수화 | 自然 zìrán 명 자연 | 之间 zhījiān 명 ~의 사이 | 将 jiāng 개 ~를[=把] | 融 róng 동 융합하다, 화합하다 | 一体 yìtǐ 명 일체 [融为一体: 하나로 융합시키다, 일체가 되다] | 人物画 rénwùhuà 명 인물화 | ★ 所 suǒ 조 [동사 앞에 '소+동사' 형태로 쓰여, 그 동사와 함께 명사적 성분이 됨] | ★ 则 zé 부 바로 ~이다 [=就是] | ★ 人类 rénlèi 명 인류 | 社会 shèhuì 명 사회 | 关注 guānzhù 동 관심을 가지다, 주시하다 | 手法 shǒufǎ 명 기법, 수법 | ★ 夸张 kuāzhāng 동 과장하다 | ★ 现代 xiàndài 명 현대 | ★ 结合 jiéhé 동 결합하다, 결부하다

43 B [成为习惯 관습이 되다] 빙등 예술제는 하얼빈 사람들의 관습이 되었다고 했으므로, 그만큼 사람들이 빙등을 좋아하는 것을 알 수 있다. 이처럼 지문에 정확한 힌트가 없는 경우, 전체적인 내용을 바탕으로 추론해야 한다. 이때 확실히 지문과 상관없는 보기부터 지워나가는 소거법을 이용하면 좀 더 쉽게 문제를 풀 수 있다.

A (×) '매년' 1월 5일에 기념일이 되었다는 설명에서, '매년 개최한다'는 것을 알 수 있다.

C (×) 춘절은 음력 1월 1일이다.

D (×) 1963년에 처음 개최되었다고 했으므로 아직 백 년이 되지 않았다.

D 1963年哈尔滨人使用器具冻出了多种多样的冰灯，并且在元宵节时把它们挂在树上，举办了第一届冰灯艺术节。后来，哈尔滨又于1985年在中央大街上举办了冰灯节，B 从那时起举办冰灯节就成为了哈尔滨人的习惯，AC 每年的1月5号也就成了哈尔滨极具特色的节日。

A 哈尔滨每3年举办一次冰灯艺术节
B 哈尔滨人喜欢冰灯
C 哈尔滨每年春节举办冰灯节
D 哈尔滨的冰灯节有一百多年历史

D 1963년 하얼빈 사람들은 기구를 사용해서 다양한 빙등을 얼어 냈고, 또한 원소절 때 이 빙등을 나무에 걸어 제1회 빙등 예술제를 개최했다. 이후에, 하얼빈은 다시 1985년에 중앙대로에서 빙등제를 개최했다. B 그때부터 빙등제는 하얼빈 사람들의 관습이 되었고, AC 매년 1월 5일은 하얼빈의 매우 특색 있는 기념일이 되었다.

A 하얼빈은 3년에 한 번 빙등 예술제를 개최한다
B 하얼빈 사람들은 빙등을 좋아한다
C 하얼빈은 매년 춘절에 빙등제를 개최한다
D 하얼빈의 빙등제는 백여 년의 역사가 있다

哈尔滨 Hā'ěrbīn 고유 하얼빈 [헤이룽장(黑龙江)성의 성도(省都)] | 使用 shǐyòng 동 사용하다, 쓰다 | 器具 qìjù 명 기구, 공구 | ★ 冻 dòng 동 (액체·수분이 포함된 물질이) 얼다, 응고되다, 굳다 | 出 chū 동 [동사 뒤에 쓰여, 드러나거나 완성됨을 나타냄] | 多种多样 duōzhǒng duōyàng 형 아주 다양하다 | 冰灯 bīngdēng 명 (얼음으로 조각한) 빙등, 얼음등 | 并且 bìngqiě 접 또, 또한, 아울러 | 元宵节 Yuánxiāojié 고유 원소절, 정월 대보름 | 挂 guà 동 (고리·못 등에) 걸다 | 举办 jǔbàn 동 개최하다, 거행하다, 열다 | ★ 届 jiè 양 회(回), 기(期), 차(次) | 艺术节 yìshùjié 명 예술제 | 于 yú 개 ~에(서) | 中央大街 Zhōngyāng Dàjiē 고유 중앙대로 [하얼빈의 번화가] | 冰灯节 Bīngdēngjié 고유 빙등제 [하얼빈의 얼음 축제] | 起 qǐ 동 ~하기 시작하다 | 成为 chéngwéi 동 ~가 되다, ~로 되다 | 成 chéng 동 ~가 되다, ~로 변하다 | 极 jí 부 매우, 극히 | 具 jù 동 갖추다, 가지다, 구비하다 [주로 추상적인 사물에 쓰임] | ★ 特色 tèsè 명 특색, 특징 | 春节 Chūnjié 고유 춘절

03 지문 읽고 질문에 답하기

독해 제3부분 | 본서 pp.134~145

● Day 08   ● track yuedu 25
   1 D 2 C 3 A 4 B

1 D [认识 알다 → 见面 만나다] 질문의 핵심 어구인 '想认识'가 지문에서 '想……见面'으로 표현되었다. 핵심 어구의 바로 앞 문장을 통해 왕륜이 이백을 '매우 좋아해서(非常欣赏)' 만나고 싶어 했다는 것을 알 수 있다.

2 C [爱好 취미 ≒ 喜好 좋아하다] 질문의 핵심 어구인 '李白的爱好'가 지문에서는 '李白有……喜好'로 표현되었다. 핵심 어구의 바로 뒤 문장을 통해 이백이 '桃花(복숭아꽃)'와 '喝酒(음주)'를 좋아하는 것을 확인할 수 있다.

3 A [得知上当 속은 것을 알다 ≒ 上A的当 A에게 속다] 질문의 핵심 어구인 '得知上当'이 지문에서는 '上A的当'으로 표현되었다. 핵심 어구 뒤에 이어지는 '大笑不已(웃음을 금치 못했다)'와 '称赞汪伦聪明(왕륜의 총명함을 칭찬했다)'을 통해 이백이 왕륜에게 속았음에도 화를 내지 않은 것을 알 수 있다. 보기 A의 '毫不'는 '조금도 ~않다'는 의미이다.

> **tip** '已'는 '已经'의 의미도 있지만, '멈추다, 끝나다'의 의미도 있다. 따라서 '不已'는 '멈추지 않다, ~해 마지않다'라는 의미를 나타낸다.
> ◆ 感激不已 gǎnjī bùyǐ 감격해 마지않다   ◆ 后悔不已 hòuhuǐ bùyǐ 후회해 마지않다
> ◆ 伤心不已 shāngxīn bùyǐ 슬픔이 그치지 않다   ◆ 愤怒不已 fènnù bùyǐ 참을 수 없이 화가 난다

4 B [送给…… ~에게 주다] 일치·불일치 문제는, 보기의 내용을 하나씩 지문과 대조하며 오답을 지워나가는 소거법으로 푸는 게 효과적이다. 마지막 문장에서 '李白特意写了一首诗——《赠汪伦》送给他(이백은 특별히 시 한 수,「증왕륜」을 써서 그에게 선물했다)'라고 했으므로, B가 답이다.

A (×) 왕륜은 당나라 시기의 시인이라고 했다.
C (×) 애초에 왕륜이 이백에게 말한 '万家酒家'는 '만가의 술집'이 아니라 '만씨가 연 술집'을 말하는 것이었다.
D (×) 이백이 '邀请信(초청장)'을 받았다고 했지, 왕륜이 초청장을 받지 못했다는 내용은 언급되지 않았다.

　　汪伦是唐朝的诗人，他年轻的时候住在安徽省桃花潭附近。¹他非常欣赏当朝的大诗人李白，一直想找机会和李白见面。
　　有一天，碰巧李白到安徽游览名山。汪伦心想：有什么方法可以结识李白呢？这时²他突然想起李白有两大喜好：一爱桃花，二爱喝酒。于是，他决定给李白写一封邀请信。信的内容是：先生好饮乎？此地有万家酒家。先生好游乎？此地有十里桃花。
　　李白收到了邀请信，认为信中所说正合自己心意，于是高兴地赶到了桃花潭去见汪伦。

왕륜은 당나라 시기의 시인으로, 그는 젊었을 때 안후이성의 도화못[桃花潭] 부근에 살았다. ¹그는 당대의 대시인 이백을 매우 좋아했고, 줄곧 기회를 봐서 이백과 만나고 싶어 했다.
　어느 날, 우연히 이백이 안후이성에 와서 명산을 유람했다. 왕륜은 마음속으로 '이백과 친분을 맺을 수 있는 어떤 방법이 있을까?'라고 생각했다. 이때 ²그는 갑자기 이백이 좋아하는 두 가지가 생각났다. 첫째로 좋아하는 것은 복숭아꽃이고, 둘째로 좋아하는 것은 음주이다. 그래서, 그는 이백에게 한 통의 초청장을 쓰기로 결정했다. 편지의 내용은 '선생님은 술을 좋아하십니까? 이곳에 만가의 술집이 있습니다. 선생님은 유람을 좋아하십니까? 이곳에는 십 리 복숭아꽃이 있습니다.'였다.
　이백은 초청장을 받고, 서신에서 말하는 것이 자신의 마음과 꼭 맞다고 생각해서, 기뻐하며 도화못에 서둘러 가서 왕륜을 만났다.

两人见面后，李白说："我是特地来品尝万家酒家的酒，观赏十里桃花的。"此时，汪伦才告诉李白："万家酒家是指一家姓万的人开的酒店，十里桃花是指十里地外的桃花坡。"
³李白这才发现自己上了汪伦的当，大笑不已，并称赞汪伦聪明。

后来，李白去了汪伦家做客多日，⁴分别的时候，为了感谢汪伦的招待，李白特意写了一首诗——《赠汪伦》送给他。

두 사람이 만난 후, 이백은 "저는 특별히 수만 곳 술집의 술을 맛보고, 십 리 복숭아꽃을 감상하러 왔습니다."라고 말했다. 이때 왕륜은 그제서야 이백에게, "만가의 술집은 성이 만 씨인 사람이 연 한 술집을 일컫고, 십 리 복숭아꽃은 십 리 밖의 복숭아꽃 언덕을 가리킵니다."라고 알려 주었다.
³이백은 그제서야 자신이 왕륜에게 속았다는 것을 깨닫고 크게 웃음을 금치 못했을 뿐만 아니라, 왕륜의 총명함을 칭찬했다.

나중에 이백은 왕륜의 집에 가서 며칠 동안 손님으로 있었고, ⁴헤어질 때 왕륜의 대접에 감사하기 위해, 특별히 시 한 수, 「증왕륜」을 써서 그에게 선물했다.

1 汪伦为什么想认识李白？
　A 想做大官
　B 想得到李白的诗
　C 想去各地游览
　D 很欣赏李白

2 下列哪项属于李白的爱好？
　A 看京剧　　　B 看书
　C 喝酒　　　D 写书法

3 得知上当以后，李白：
　A 毫不生气　B 告别了汪伦
　C 很后悔　　　D 非常失望

4 根据上文，下列哪项正确？
　A 汪伦是清朝诗人
　B 李白送给汪伦一首诗
　C 李白见到了万家酒家
　D 汪伦没有收到邀请信

1 왕륜은 왜 이백을 알고 싶었는가?
　A 고관이 되고 싶어서
　B 이백의 시를 얻고 싶어서
　C 각지에 가서 유람하고 싶어서
　D 이백을 매우 좋아해서

2 다음 중 이백의 취미에 해당하는 것은?
　A 경극 보기　　B 독서
　C 음주　　　 D 서예 쓰기

3 속았다는 것을 알게 된 후, 이백은?
　A 전혀 화내지 않았다　B 왕륜과 헤어졌다
　C 매우 후회했다　　　　 D 매우 실망했다

4 윗글에 근거해 다음 중 옳은 것은?
　A 왕륜은 청나라 시인이다
　B 이백은 왕륜에게 시 한 수를 선물했다
　C 이백은 수만 곳의 술집을 보았다
　D 왕륜은 초청장을 받지 못했다

汪伦 Wāng Lún 고유 왕륜 [당나라 때의 시인, 이백의 친구] | 唐 Táng 고유 당나라 | ★朝 cháo 명 왕조 | 诗人 shīrén 명 시인 | 安徽省 Ānhuīshěng 고유 안후이성 | 桃花 táohuā 명 도화, 복숭아꽃 | 潭 tán 명 깊은 못 | ★欣赏 xīnshǎng 동 좋아하다 | 当朝 dāngcháo 명 당대, 당조 | 李白 Lǐ Bái 고유 이백 [당나라 때의 저명한 시인] | 碰巧 pèngqiǎo 부 우연히, 때마침 | ★游览 yóulǎn 동 (풍경·명승 등을) 유람하다 | 名山 míngshān 명 명산 | 心想 xīnxiǎng 동 마음속으로 생각하다 | 方法 fāngfǎ 명 방법, 수단 | 结识 jiéshí 동 사귀다, 친분을 맺다 | 喜好 xǐhào 동 좋아하다, 애호하다 | 于是 yúshì 접 그래서, 그리하여 | 封 fēng 양 통, 꾸러미 | 邀请信 yāoqǐngxìn 명 초청장 | 信 xìn 명 편지, 서신, 서한 | 内容 nèiróng 명 내용 | 饮 yǐn 동 술을 마시다 | 乎 hū 조 문장 끝에 쓰여, 의문 또는 반문 등의 어기를 나타냄 | 此地 cǐdì 명 이곳, 여기 | 酒家 jiǔjiā 명 술집 | 游 yóu 동 유람하다, 이리저리 다니다 | 收到 shōudào 동 받다, 얻다 | ★所 suǒ 조 [(주로 단음절) 동사 앞에 쓰여 그 동사와 함께 명사적 성분을 구성함] | ★正 zhèng 부 꼭, 딱, 마침 [꼭 알맞음을 나타냄] | 合 hé 동 맞다, 부합하다 | 心意 xīnyì 명 마음 | 赶到 gǎndào 동 서둘러 가다, 서둘러 행동하다 | 特地 tèdì 부 특별히, 일부러 | 品尝 pǐncháng 동 맛보다, 시식하다 | 观赏 guānshǎng 동 감상하다, 보고 즐기다 | 此时 cǐshí 명 이때, 지금 | 指 zhǐ 동 가리키다, 의미하다 | 坡 pō 명 언덕, 비탈 | ★上当 shàngdàng 동 속다, 사기를 당하다 | 大笑 dàxiào 동 크게 웃다, 대소하다 | 不已 bùyǐ 멈추지 않다, ~해 마지않다 | 并且 bìngqiě 접 뿐만 아니라, 또한 | ★称赞 chēngzàn 동 칭찬하다, 찬양하다 | 做客 zuòkè 동 손님이 되다 | 多日 duōrì 대 며칠, 여러 날 | ★分别 fēnbié 동 헤어지다, 이별하다 | 感谢 gǎnxiè 동 고맙다, 감사하다 | ★招待 zhāodài 동 대접하다, 환대하다 | 特意 tèyì 부 특별히, 일부러 | ★首 shǒu 양 수 [(시诗)·사(词)·노래 등을 세는 단위] | ★诗 shī 명 시 | 赠汪伦 Zèng Wānglún 고유 증왕륜 | 大官 dàguān 명 고관, 높은 관리 | 得到 dédào 동 얻다, 받다 | 各地 gèdì 명 각지, 각처, 여러 곳 | ★项 xiàng 양 항, 종목 | ★属于 shǔyú ~에 속하다 | 京剧 jīngjù 명 경극 | 书法 shūfǎ 명 서예 | 得知 dézhī 동 알게 되다, 이해하다 | 毫不 háobù 부 전혀 ~하지 않다, 조금도 ~않다 | ★告别 gàobié 동 헤어지다, 작별 인사를 하다 | 后悔 hòuhuǐ 동 후회하다 | 失望 shīwàng 동 실망하다 | 清 Qīng 고유 청나라

Day 09

5 C 6 C 7 A 8 D

5 C [由于+원인, 因此+결과 / 能随意伸展 = 能自由地伸展 자유롭게 펼칠 수 있다] 질문의 핵심 어구인 '适应恶劣的天气'를 지문 첫 번째 단락에서 찾을 수 있다. 해당 문장은 '由于+원인, 因此+결과' 구문을 사용하여 '새가 열악한 날씨에 적응할 수 있는 것이 무엇 때문인지' 설명하고 있다. 지문의 '自由(자유롭게)'가 보기에서는 '随意(마음대로)'로 다르게 표현되었다.

6 C [找到……的智能材料 → 找到合适的材料 적합한 소재를 찾다] 질문의 핵심 어구는 '机翼变形的关键'이다. 지문에서 '机翼变形'이 언급된 다음, 바로 이어서 '关键(관건)'이 무엇인지에 대한 설명이 나온다. '……的智能材料' 앞의 수식어 부분이 길지만, '스마트한 소재를 찾다(找到智能材料)'가 핵심이다.

7 A [원인+以此+결과 / 减少飞行中受到的阻力 비행 중에 받는 저항을 줄이다 → 减小阻力 저항을 줄이다] 질문의 핵심 어구인 '飞机高速飞行时'와 '向后收拢'과 관련된 내용이 지문에서 '원인+以此+결과' 구문의 '원인' 부분에 나왔으므로, '以此' 뒤에 이어지는 내용에서 정답을 찾을 수 있다.

> **tip** 쌍점(:) 뒤의 내용에 주의하자!
> 쌍점은 인용 또는 설명을 할 때 사용한다. 일반적으로 쌍점 뒤 구체적 설명을 통해 문제의 힌트를 얻을 수 있는 경우가 많다.

8 D [还需25年的时间才可以研制成功 → 还未研制出来 아직 연구 제작되지 않았다] 마지막 단락의 '이러한 유연한 날개를 가진 비행기는 최소한 25년은 더 있어야 비로소 연구 제작에 성공할 수 있다'라는 내용에서 '변형되는 날개는 아직 연구 제작되지 않았음'을 알 수 있다.

A (✕) 무인 여객기에 관한 내용은 언급되지 않았다.

B (✕) 변형되는 날개의 소재에 대해서 언급했을 뿐, 변형 날개의 제조 비용이 매우 높다는 것은 알 수 없다.

C (✕) 지문에 언급되지 않았다.

　　最近科学家发现，鸟儿的翅膀虽然不如飞机的机翼坚硬，但是 [5]由于它们能自由地伸展，因此比飞机更能够适应各种天气状况，特别是恶劣的天气。

　　在自然的启发下，科学家正着手研制可以变形弯曲的机翼。变形机翼的设计原理是：[7]飞机在高速飞行的时候机翼能够略微向后收拢，以此能够减少飞行中受到的阻力，同时也能够减少遭遇气流时所带来的震动；而当飞机减速的时候，机翼又能够自动向前伸展，这样有助于飞机更快、更平稳地降落。

　　但要让 [6]机翼变形可不是一件容易的事，[6]关键得找到一种受到外界刺激和空气压力后能够自动屈伸的智能材料。现在较适合的机翼材料是压电陶瓷和记忆合金。前者能够对温度、电压等多种环境因素的变化做出灵敏反应；而后者则能够使飞机机翼在某种空气环境中变为特殊的形状。

　　최근 과학자는 새의 날개가 비록 비행기의 날개만큼 단단하지는 않지만, [5]자유롭게 펼칠 수 있기 때문에 비행기보다 각종 날씨 상황에 더욱 잘 적응할 수 있고, 특히 열악한 날씨에서 더욱 그렇다는 것을 발견했다.

　　자연에서 영감을 받아, 과학자들은 변형하여 구부러질 수 있는 비행기 날개의 연구 제작에 착수하고 있다. 변형되는 비행기 날개의 설계 원리는, [7]비행기가 고속으로 비행할 때, 비행기 날개가 살짝 뒤쪽으로 모아져서 비행 중에 받는 저항을 줄일 수 있으며, 동시에 기류를 만났을 때 나타나는 진동을 줄일 수 있다. 그리고 비행기가 속도를 줄일 때는 비행기 날개가 자동으로 앞쪽으로 펼쳐진다. 이렇게 되면 비행기가 더 빠르고, 더욱 안정적이게 착륙하는 데 도움이 된다.

　　하지만 비행기 [6]날개를 변형시키는 것은 결코 쉬운 일이 아니다. [6]관건은 외부의 자극과 공기의 압력을 받은 후 자동으로 구부러지고 펼쳐질 수 있는 일종의 스마트한 소재를 찾아야 한다는 점이다. 현재 비교적 적합한 비행기 날개의 소재는 압전 세라믹과 형상기억합금이다. 전자는 온도, 전압 등 다양한 환경 요소의 변화에 대해 빠른 반응을 할 수 있고, 후자는 비행기 날개를 어떠한 공기 환경 속에서 특수한 모양으로 변할 수 있게 해 준다.

但是，⁸科学家们也说，这种拥有灵活机翼的飞机至少还需25年的时间才可以研制成功。那时，飞机也将变得更加安全和舒适，能够像鸟儿一样在任何环境下自由飞翔。

하지만 ⁸과학자들도, 이러한 유연한 날개를 가진 비행기는 최소한 25년은 더 있어야 비로소 연구 제작에 성공할 수 있다고 말한다. 그때가 되면, 비행기도 더욱 안전하고 편안해질 것이고, 마치 새처럼 어떠한 환경에서 자유롭게 비행할 수 있을 것이다.

5 鸟为什么能适应恶劣的天气？
A 飞行速度慢
B 羽毛非常厚
C 翅膀能随意伸展
D 体重重

5 새는 어떻게 열악한 날씨에 적응할 수 있는가?
A 비행 속도가 느려서
B 깃털이 매우 두꺼워서
C 날개를 마음대로 펼칠 수 있어서
D 체중이 무거워서

6 使机翼变形的关键是什么？
A 天气状况
B 获得资金
C 找到合适的材料
D 飞行员的驾驶技术

6 비행기 날개를 변형시키는 것의 관건은 무엇인가?
A 날씨 상황
B 자금을 획득하는 것
C 적합한 소재를 찾는 것
D 조종사의 비행 기술

7 为什么机翼在飞机高速飞行时要向后收拢？
A 减小阻力
B 便于调整方向
C 节约能源
D 避免噪音

7 왜 비행기 날개는 비행기가 고속으로 비행할 때 뒤쪽으로 모아져야 하는가?
A 저항을 줄이기 위해
B 방향을 조정하기에 편리하기 위해
C 에너지를 절약하기 위해
D 소음을 피하기 위해

8 根据上文，下列哪项正确？
A 无人驾驶客机已经开始使用
B 变形机翼造价非常高
C 鸟撞飞机破坏力极大
D 变形机翼还未研制出来

8 윗글에 근거해 다음 중 옳은 것은?
A 무인 여객기는 이미 사용되기 시작했다
B 변형 비행기 날개는 제조 비용이 매우 높다
C 새가 비행기에 부딪히면 파괴력이 매우 크다
D 변형되는 비행기 날개는 아직 연구 제작되지 않았다

héshì 형 알맞다, 적합하다 | 飞行员 fēixíngyuán 명 (비행기) 조종사, 비행사 | ★ 驾驶 jiàshǐ 동 (자동차·선박·비행기 등) 운전하다 | 技术 jìshù 명 기술 | 便于 biànyú ~에 편하다, ~하기에 쉽다 | ★ 调整 tiáozhěng 동 조절하다, 조정하다 | 方向 fāngxiàng 명 방향 | 节约 jiéyuē 동 절약하다, 줄이다 | 能源 néngyuán 명 에너지 | ★ 避免 bìmiǎn 동 피하다, 면하다 | 噪音 zàoyīn 명 소음 | 无人驾驶 wúrén jiàshǐ 무인운전 | 客机 kèjī 명 여객기 | 使用 shǐyòng 동 사용하다, 쓰다 | 造价 zàojià 명 (자동차·선박·기계 등의) 제조 비용 | ★ 撞 zhuàng 동 (두 물체가 세게) 부딪치다 | ★ 破坏 pòhuài 동 파괴하다 [破坏力: 파괴력] | 极 jí 부 매우, 아주 [가장 높은 정도를 나타냄] | 未 wèi 부 아직 ~하지 않다

● Day 14

9 A 10 D 11 A 12 B

● track yuedu 27

9 A [吓跑了 놀라 달아났다 → 不敢吃 감히 먹지 못하다] 질문에 언급된 '游客', '食物'는 지문 전체에 계속 나오는 어휘이므로, '一开始'라는 키워드에 집중하자. 기러기(大雁)가 '놀라 달아났다(吓跑了)'고 했으므로 처음에는 경계하여 먹지 못했음을 알 수 있다.

10 D [安逸的生活 안일한 생활 → 舒适的生活 편안한 생활] 질문의 핵심 어구인 '不想回南方'이 지문에서는 '不再想去南方过冬'으로 표현되었다. 핵심 어구의 앞 문장을 통해 기러기들이 남쪽으로 가지 않은 이유가 '安逸的生活(안일한 생활)' 때문임을 알 수 있다.

11 A [又饿又冷 배고프고 춥다 → 过得很艰苦 힘들고 어렵게 지내다] 지문의 '又饿又冷(배고프고 춥다)'을 통해 기러기가 '过得很艰苦(힘들고 어렵게 지내다)'라고 유추할 수 있다.
　B (×) '몇 마리'의 기러기들이 남쪽으로 날아가는 것을 시도했다고 했으므로 지문과 일치하지 않는다.
　C (×) 찬바람이 끊임없이 깃털 안으로 파고 들었다고 했으므로, 기러기의 깃털이 추위에 매우 강하다는 말은 틀리다.
　D (×) 기러기가 배고프고 추웠다고 했으므로 지문 내용과 맞지 않는다.

12 B [通过A得来 A를 통하여 얻다] 마지막 문단에서 주제를 요약한 문장 '幸福是通过不断地奋斗和努力得来的'를 찾을 수 있다. 행복은 자신의 분투와 노력을 통해 얻는 것이라고 했으므로 보기 'B. 幸福要靠自己争取(행복은 자신이 쟁취해야 한다)'와 의미가 통한다.

　有一群大雁落在公园的湖边，它们打算先在这儿生活，等到秋天再飞往南方过冬。
　公园里的游客见到大雁都非常惊喜，纷纷掏出鱼片、饼干等食物丢给它们。⁹一开始大雁并不知道游客丢的是什么东西，所以"哗"的一声都吓跑了。日子久了，它们才尝试慢慢地靠近这些食物，并且品尝起来。
　渐渐地，大雁们知道游客对它们没有威胁，只要一看见游客丢下食物，它们便一哄而上。时间久了，大雁就以游客丢的食物为生，一只只都长得圆滚滚的。
　¹⁰到了秋天，大雁还是过着十分安逸的生活。它们不再想去南方过冬，因为飞那么远太累了。

　한 무리의 기러기가 공원의 호숫가에 머물렀다. 그들은 우선 이곳에서 생활하다가, 가을이 되면 다시 남쪽으로 날아가서 겨울을 보낼 계획이었다.
　공원 안의 관광객들이 기러기를 보고 매우 놀라고 기뻐서, 잇달아 생선회, 과자 등의 음식을 꺼내어 그들에게 던져 주었다. ⁹처음엔 기러기들이 관광객들이 던진 것이 무엇인지 전혀 몰라서 '뚝' 하는 소리에 모두 놀라 달아났다. 시간이 지나고 나서, 그들은 비로소 서서히 그 음식들에 가까이 다가가기를 시도했고, 또한 맛을 보기 시작했다.
　점차 기러기들은 관광객이 그들에게 위협이 되지 않음을 알게 되었고, 관광객이 음식을 던지는 것만 보면 그들은 바로 한번에 몰려들었다. 시간이 흐르자 기러기는 관광객이 던지는 음식으로 생계를 유지했고, 한 마리 한 마리 포동포동하게 살이 쪘다.
　¹⁰가을이 왔지만, 기러기들은 여전히 안일한 생활을 하고 있었다. 그들은 다시는 남쪽으로 가서 겨울을 보내고 싶지 않았다. 그렇게 멀리까지 날아가는 것은 너무 피곤하기 때문이었다.

冬天来了，大雪下个不停，游客也日渐稀少。食物也越来越少，再加上 ¹¹ 冷风不断地从羽毛里透进去，大雁又饿又冷。有几只大雁试图飞往南方，但因寒冷的天气和沉重的身躯让它们没飞多远就又折了回来。

　　贪图安逸往往可能会因小失大。¹² 幸福是通过不断地奋斗和努力得来的，而不是靠别人的施舍才有的。

9 一开始面对游客给的食物，大雁：
A 不敢吃　　　　B 很激动
C 觉得高兴　　　D 很难过

10 大雁为什么不想回南方了？
A 南方越来越冷
B 北方天气温暖
C 南方空气不好
D 习惯了舒适的生活

11 根据第5段，下列哪项正确？
A 大雁过得很艰苦
B 所有大雁都飞到了南方
C 大雁的羽毛非常耐寒
D 大雁不怕冷

12 上文主要想告诉我们什么？
A 遇事要乐观
B 幸福要靠自己争取
C 要善于把握机会
D 要努力学习

겨울이 되자, 큰 눈이 끊임없이 내리고, 관광객들도 차츰 적어졌다. 음식도 점점 줄어 들었고, 게다가 ¹¹ 찬바람이 끊임없이 깃털 안으로 파고 들어서, 기러기는 배고프고 추웠다. 몇 마리의 기러기들은 남쪽으로 날아가는 것을 시도했지만, 추운 날씨와 무거운 몸이 그들을 얼마 날지 못하고 다시 되돌아오게 만들었다.

안일함을 추구하면 흔히 작은 이익을 탐하다가 큰 것을 잃는다. ¹² 행복은 끊임없는 분투와 노력을 통해 얻는 것이지, 다른 사람의 은혜가 있어야 비로소 얻게 되는 것이 아니다.

9 처음에 관광객들이 주는 음식을 마주하고, 기러기들은:
A 감히 먹지 못했다　B 매우 흥분했다
C 매우 기뻤다　　　　D 매우 힘들었다

10 기러기는 왜 남쪽으로 돌아가고 싶지 않게 되었는가?
A 남쪽이 점점 추워져서
B 북쪽의 날씨가 따뜻해서
C 남쪽은 공기가 안 좋아서
D 편안한 생활에 익숙해져서

11 다섯 번째 단락에 근거해, 다음 중 옳은 것은?
A 기러기는 힘들고 어렵게 지낸다
B 모든 기러기가 남쪽으로 날아갔다
C 기러기의 깃털은 추위에 매우 강하다
D 기러기는 추위를 타지 않는다

12 윗글이 주로 알려 주고자 하는 것은?
A 문제에 마주치면 낙관적이어야 한다
B 행복은 자신이 쟁취해야 한다
C 기회를 잘 잡을 줄 알아야 한다
D 열심히 공부해야 한다

★ **群** qún 양 무리, 떼 | **大雁** dàyàn 명 기러기 | **落** luò 동 머물다, 정착하다 | **湖边** húbiān 명 호숫가 | **秋天** qiūtiān 명 가을 | **飞** fēi 동 (새나 곤충 등이) 날다 | **南方** nánfāng 명 남쪽 | **过冬** guòdōng 동 겨울을 나다 | **游客** yóukè 명 관광객, 여행객 | **惊喜** jīngxǐ 동 놀라고도 기뻐하다 | ★ **纷纷** fēnfēn 부 잇달아, 계속해서 | **掏出** tāochū 동 꺼내다, 끄집어 내다 | **鱼片** yúpiàn 명 생선회 | **饼干** bǐnggān 명 과자 | ★ **食物** shíwù 명 음식물 | **丢** diū 동 던지다, 내버리다 | **哗** huā 의성 뚝 | **吓跑** xiàpǎo 동 놀라 달아나다 | ★ **日子** rìzi 명 시간 | **尝试** chángshì 동 시도해 보다, 테스트해 보다 | **靠近** kàojìn 동 가까이 다가가다, 접근하다 | **品尝** pǐncháng 동 맛보다, 시식하다 | **起来** qǐlai 동 [동사 또는 형용사 뒤에 쓰여, 어떤 동작이 시작되어 계속됨을 나타냄] | **渐渐** jiànjiàn 부 점차, 점점 | ★ **威胁** wēixié 동 위협 | **只要A便B** zhǐyào A biàn B A하기만 하면, B하다 | **一哄而上** yīhòng'érshàng 성 아무 생각 없이 갑자기 떼거리로 행동하다, 와아 소리를 지르며 움직이다 | **以** yǐ 개 ~로 | **为生** wéishēng 동 생계를 꾸려나가다 [以A为生: A로 생계를 유지하다] | **圆滚滚** yuángǔngǔn 형 포동포동, 둥글둥글한 모양 | **安逸** ānyì 형 안일하다, 편안하고 한가하다 | **不停** bùtíng 동 끊임없다, 멈추지 않다 | **日渐** rìjiàn 부 차츰, 나날이 | **稀少** xīshǎo 형 적다, 드물다 | **再加上** zàijiāshàng 게다가 | **冷风** lěngfēng 명 찬바람 | ★ **不断** búduàn 부 끊임없이, 계속해서 | **羽毛** yǔmáo 명 깃털 | **透** tòu 동 뚫고 들어오다, 스며들다 | **进去** jìnqu 동 [동사 뒤에 쓰여, 동작이 밖에서 안으로 행해짐] | **试图** shìtú 동 시도하다 | **寒冷** hánlěng 형 춥고 차다, 한랭하다 | **沉重** chénzhòng 몹시 무겁다 | **身躯** shēnqū 명 몸, 체구, 몸집 | **折** zhé 동 되돌아오다, 방향을 바꾸다 | **回来** huílai 동 돌아오다 [동사 뒤에 쓰여 동작이 사람이나 사물로 하여금 다른 곳에서 원래 있던 곳이나 화자가 있는 곳으로 되돌아감을 나타냄] | **贪图** tāntú 동 탐내다, 욕심부리다 | **往往** wǎngwǎng 부 흔히, 자주 | **因小失大** yīnxiǎoshīdà 성 작은 이익을 탐하다가 큰 것을 잃다 | **幸福** xìngfú 행복 | **通过** tōngguò 개 ~를 통해, ~에 의해 | ★ **奋斗** fèndòu 동 분투하다 | **靠** kào 동 ~에 달려 있다 | **施舍** shīshě 동 은덕을 베풀다, 시주하다 | ★ **面对** miànduì 동 마주 대하다, 직면하다 | **不敢** bùgǎn 동 감히 ~하지 못하다 | **激动** jīdòng 동 흥분하다 | **温暖** wēnnuǎn 형 따뜻하다 | **空气** kōngqì 명 공기 | ★ **舒适** shūshì 형 편안하다, 쾌적하다 | **项** xiàng 양 항, 종목 | **艰苦** jiānkǔ 형 힘들고 어렵다, 고생스럽다 | **所有** suǒyǒu 형 모든 | **耐寒** nàihán 형 추위에 강하다, 내한성이 있다 | **不怕** búpà 동 두려워하지 않다 | **遇事** yùshì 동 의외의 일이 생기다, 뜻밖의 사고를 당하다 | ★ **乐观** lèguān 형 낙관적이다 | ★ **争取** zhēngqǔ 동 쟁취하다, 얻어 내다 | ★ **善于** shànyú 동 ~를 잘하다 | ★ **把握** bǎwò 동 잡다, 붙들다

● Day 15　　　　　　　　　　　　　　　　　　　◎ track yuedu 28
　　13 B　　14 D　　15 A　　16 C

13 B [**不是越多越好** 많을수록 좋은 것이 아니다]　'세부 내용 파악' 문제는 '질문의 핵심 어구'를 지문에서 찾아 관련 내용을 확인해야 한다. 지문에서 질문의 핵심 어구인 '奇怪的现象'을 찾아 앞뒤 내용을 읽어 보면, '마트 안의 구매 도우미가 많을수록 결코 좋은 것이 아니라는 점'에 대해 언급하고 있다.

14 D [**回头率** 재구매율 → **再次购买的次数** 재구매 횟수]　낯선 단어의 의미를 물을 때는 그 단어의 앞뒤 문장에서 답을 찾을 수 있다. '削弱了顾客购买的热情(고객의 구매 의욕을 약화시키다)'으로 인해 고객의 '回头率'가 감소했다고 했으므로, 의미가 통하는 보기는 'D. 再次购买的次数(재구매 횟수)'이다.

> **tip**　率는 욕심쟁이! 발음이 여러 개!
> ◆ lǜ - 확률, 비율
> ◆ shuài - 동 인솔하다, 거느리다 坦率 tǎnshuài 솔직하다

15 A [**失去了自由自在的感觉** 자유로운 느낌을 잃다]　질문의 핵심 어구 '过度热情的导购员'이 지문에 거의 동일한 표현(导购员过度的热情)으로 나와 있고, 이어서 어떤 것을 느끼게 하는지가 '让顾客失去了购物时休闲、自由自在的感觉(고객에게 쇼핑을 할 때 여유롭고 자유로운 느낌을 잃게 했다)'라고 언급되었다.

16 C [**销售额** 판매액 → **销售状况** 판매 상황]　질문의 핵심 어구인 '导购员的工资'를 지문에서 찾아 해당 표현의 앞뒤 내용을 읽어 보자. '구매 도우미의 월급은 판매액과 정비례한다'라는 설명이 이어지는데, 여기서 '销售额(판매액)'는 보기의 '销售状况(판매 상황)'과 맥락이 일치한다.

有一名很成功的零售商，开了几十家大型超市。然而在经营的过程中，¹³她发现了一个很奇怪的现象：超市中的导购员并不是越多越好，如果超过一定数量后再增加导购员的话，销售额反而会下降。怎么会是这样呢？经过半年多的观察，她终于找到了原因。

　　¹⁶在她的超市里，导购员的工资与销售额成正比，谁负责的货区销售状况好，谁的收入就较高，因此每个导购员对进入自己"区域"的顾客都特别热情，要么不停地向顾客推荐、介绍商品，要么积极地为顾客拿放产品。按理说，导购员如此周到和细心的服务，应该是有利于销售的，可，零售商调查后发现，事实却恰恰相反。导购员的那种贴身式服务让许多顾客感到很不自在。¹⁴这就大大削弱了顾客购买的热情，减少了顾客的回头率。

　　但为什么这种热情会引起顾客们的反感呢？其实答案非常简单，¹⁵导购员过度的热情让顾客失去了购物时休闲、自由自在的感觉；这种导购员全程陪同的做法，还容易使人有被监视的感觉。如果超市里导购员过多的话，顾客很可能一进入超市就会被包围，完全失去了自由选择的空间和时间。这样的氛围减少了购物

매우 성공한 한 소매상이 수십 개의 대형 마트를 열었다. 그러나 경영 과정에서 ¹³그녀는 이상한 현상을 하나 발견했다. 마트 안의 구매 도우미가 많을수록 결코 좋은 것이 아니라는 점이다. 일정한 수를 넘은 후 구매 도우미를 더 늘리면, 판매액이 오히려 떨어지게 된다. 어째서 이런 걸까? 반년 남짓한 관찰을 통해, 그녀는 마침내 원인을 찾아냈다.

　　¹⁶그녀의 마트에서, 구매 도우미의 월급은 판매액과 정비례한다. 맡은 구역의 판매 상황이 비교적 좋은 사람은 소득이 높기 때문에 모든 구매 도우미가 자신의 '구역'에 들어온 고객에게 특별히 친절했다. 끊임없이 고객에게 상품을 추천하고 소개하거나, 적극적으로 고객을 위해 제품을 가져다 놓았다. 이치상으로는, 구매 도우미의 이러한 빈틈없고 세심한 서비스가 분명 판매에 도움이 되지만, 소매상은 조사 후, 사실은 오히려 정반대라는 것을 알게 되었다. 구매 도우미의 이러한 따라다니기식 서비스는 많은 고객들을 매우 자유롭지 않게 했고, ¹⁴이것은 고객의 구매 의욕을 크게 약화시켰으며 고객의 재구매율을 감소시켰다.

　　하지만 이러한 친절이 왜 고객들의 반감을 초래하는 것일까? 사실 답은 매우 간단하다. ¹⁵구매 도우미의 과도한 친절이 고객이 쇼핑을 할 때 여유롭고 자유로운 느낌을 잃게 했고, 구매 도우미가 처음부터 끝까지 함께하는 이러한 방법은 사람에게 감시당하는 느낌을 들게 하기도 쉽다. 만약 마트에 구매 도우미가 너무 많다면, 고객은 아마도 마트에 들어오자마자 바로 둘러싸이게 될 것이고, 자유롭게 선택할 공간과 시간을 완전히 잃게 될 것이다. 이러한 분위기는 쇼핑의 즐거움을 감

的愉悦感，顾客自然不愿意再去。

　　看来，"热情"也有两面性，如果运用得合适，就能拉近和别人的距离；但如果运用得不恰当，反而会把别人推得更远。

소시켜, 고객은 자연스럽게 다시 가고 싶어 하지 않는다.

　　보아하니, 친절에도 양면성이 있어, 알맞게 활용한다면 다른 사람과의 거리를 가깝게 할 수 있지만, 적절하지 않게 활용한다면, 오히려 다른 사람을 더 멀리 밀어낼 것이다.

13 那个零售商发现了什么奇怪的现象？
　　A 导购员以男性居多
　　B 导购员不是越多越好
　　C 人们更愿意去百货商店
　　D 产品的销售量受季节影响

13 그 소매상은 어떤 이상한 현상을 발견했는가?
　　A 구매 도우미는 남성이 다수를 차지한다는 것
　　B 구매 도우미는 많을수록 좋은 것이 아니라는 것
　　C 사람들이 백화점에 더 가고 싶어 한다는 것
　　D 제품의 판매량이 계절의 영향을 받는다는 것

14 第2段中"回头率"的意思最可能是：
　　A 商品的说明　　B 商品使用率
　　C 购买的人数　　**D 再次购买的次数**

14 두 번째 단락 중, '回头率'의 의미로 가능성이 가장 큰 것은?
　　A 상품의 설명　　B 상품의 사용률
　　C 구입하는 사람 수　　**D 재구매 횟수**

15 过度热情的导购员会让顾客感觉怎么样？
　　A 不自由　　B 很舒服
　　C 很高兴　　D 很难过

15 과도하게 친절한 구매 도우미는 고객으로 하여금 어떻게 느끼게 하는가?
　　A 자유롭지 않다　　B 편안하다
　　C 기쁘다　　D 괴롭다

16 根据上文，导购员的工资与什么有关？
　　A 工作经验　　B 工作时间
　　C 销售状况　　D 年纪大小

16 윗글에 따르면, 구매 도우미의 급여는 무엇과 관련이 있는가?
　　A 업무 경험　　B 업무 시간
　　C 판매 상황　　D 나이가 많고 적음

| 成功 chénggōng 동 성공하다, 이루다 | 零售商 língshòushāng 명 소매상 | ★大型 dàxíng 형 대형의 | 然而 rán'ér 접 하지만, 그러나 | ★经营 jīngyíng 동 경영하다 | 过程 guòchéng 명 과정 | ★现象 xiànxiàng 명 현상 | 导购员 dǎogòuyuán 구매 도우미, 구매 상담원 | 并 bìng 부 결코, 전혀 [부정사 앞에 쓰여 부정의 어투 강조] | 超过 chāoguò 동 초과하다, 넘다 | 数量 shùliàng 명 수량 | 增加 zēngjiā 동 늘리다, 증가하다 | 销售额 xiāoshòu'é 명 판매액, 매출액 | ★反而 fǎn'ér 부 오히려, 도리어 | 下降 xiàjiàng 동 떨어지다 | 经过 jīngguò 개 ~를 통해서 | ★观察 guānchá 동 관찰 | 原因 yuányīn 명 원인 | 工资 gōngzī 명 월급 | 成 chéng 동 ~가 되다 | 正比 zhèngbǐ 명 정비례 | 负责 fùzé 동 책임지다 | 货 huò 명 물품, 상품 | 区 qū 명 구역 | ★销售 xiāoshòu 동 팔다, 판매하다 | ★状况 zhuàngkuàng 명 상황, 형편 | 收入 shōurù 명 소득, 수입 | 因此 yīncǐ 접 이 때문에, 그래서 | 进入 jìnrù 동 들다, 진입하다 | 区域 qūyù 명 구역, 지역 | 顾客 gùkè 명 고객, 손님 | 要么 yàome 접 ~하든지, 아니면 ~하든지 | 不停 bùtíng 부 계속해서 | 推荐 tuījiàn 동 추천하다, 소개하다 [向A推荐: A에게 추천하다] | ★商品 shāngpǐn 명 상품 | 积极 jījí 형 적극적이다 | ★产品 chǎnpǐn 명 제품 | 按理 ànlǐ 동 이치대로라면, 이치에 따르면 | 如此 rúcǐ 동 이와 같다, 이러하다 | 周到 zhōudào 형 빈틈없다, 치밀하다 | 细心 xìxīn 형 세심하다, 면밀하다 | 服务 fúwù 동 서비스하다 | 有利 yǒulì 형 유리하다, 이롭다 [有利于: ~에 도움이 되다] | 调查 diàochá 동 조사하다 | ★事实 shìshí 명 사실 | 恰恰 qiàqià 부 꼭, 바로 | 相反 xiāngfǎn 동 반대되다, 상반되다 | 贴身 tiēshēn 형 곁에 따라다니다 | 感到 gǎndào 동 느끼다, 여기다 | 自在 zìzài 형 자유롭다 | 大大 dàdà 부 크게, 대단히 | 削弱 xuēruò 동 약화시키다 | 购买 gòumǎi 동 구매하다, 사다 | 减少 jiǎnshǎo 동 감소시키다, 줄이다 | 回头 huítóu 동 돌아오다, 뒤돌아보다 | 率 lǜ 명 율, 비율 [顾客回头率: 재구매율, 기업의 고객이 재구매하는 횟수] | 引起 yǐnqǐ 동 초래하다, 야기하다 | 反感 fǎngǎn 명 반감 [引起反感: 반감을 불러일으키다] | 答案 dá'àn 명 답 | 过度 guòdù 형 과도하다, 지나치다 | ★失去 shīqù 동 잃다, 잃어버리다 | 购物 gòuwù 동 쇼핑하다, 물건을 구입하다 [≒买东西] | ★休闲 xiūxián 동 한가하게 지내다, 한가롭게 보내다 | 自由自在 zìyóu zìzài 성 자유자재하다 [조금도 제한이나 속박이 없는 상태] | 感觉 gǎnjué 명 느낌 | 全程 quánchéng 명 전 과정 | 陪同 péitóng 동 함께 다니다 | 做法 zuòfǎ 명 (일 처리나 물건을 만드는) 방법 | 使 shǐ 동 ~하게 하다, ~하게 시키다 [=让] | 监视 jiānshì 동 감시하다 | 过多 guòduō 형 너무 많다, 과다하다 | 包围 bāowéi 동 둘러싸다, 에워싸다 | 完全 wánquán 부 완전히 | ★自由 zìyóu 형 자유롭다 | ★空间 kōngjiān 명 공간 | 氛围 fēnwéi 명 분위기 | 愉悦 yúyuè 형 즐겁다, 유쾌하다 | 自然 zìrán 형 자연스럽다 | 看来 kànlái 보아하니 | 两面性 liǎngmiànxìng 명 양면성, 이중성 | ★运用 yùnyòng 동 활용하다, 응용하다 | 合适 héshì 형 알맞다, 적합하다 | 拉近 lājìn 동 가까이 끌어당기다 | 距离 jùlí 명 거리, 간격 | 推 tuī 동 밀어내다, 밀다 | 说明 shuōmíng 명 설명, 해설 | 使用率 shǐyònglǜ 사용률 | 人数 rénshù 명 사람 수 | 再次 zàicì 부 다시 한번, 재차 | 次数 cìshù 명 횟수 | 以 yǐ 개 ~로(서) | 男性 nánxìng 명 남성 | 居多 jūduō 동 다수를 차지하다 | 百货商店 bǎihuò shāngdiàn 백화점 | 销售量 xiāoshòuliàng 판매량 | 受 shòu 동 받다 | ★相关 xiāngguān 동 관련이 되다 | 经验 jīngyàn 명 경험 | ★年纪 niánjì 명 나이 |

● **Day 18**   ○ track yuedu 29
17 A   18 C   19 D   20 C

17 A [**制作技艺精良** 제작 기술이 정교하다 ≒ **工艺精良** 공예 기술이 정교하다]   보기 A의 '工艺'가 지문에서 '制作技艺'로 표현되었다.

    B (×) 부채면과 부채살을 취급하는 예술품 상점이 거의 사라졌다는 내용으로 보아, 일치하지 않는다.

    C (×) 타원형, 직사각형, 육각형, 원형 등의 모양이 있다고 했고, 어떤 것이 주로 사용되는지는 언급하지 않았다.

    D (×) 관상 가치가 높다고 했으므로, 지문과 반대되는 내용이다.

18 C [**渐渐走向兴盛** 점차 번창해 가다 ≒ **逐渐繁荣** 점점 번영하다]   지문에서 쑤저우 부채가 청나라 때 황가의 공납품이 되고, 점차 번창해 갔다고 했다.

    A (×) 청나라 시기에 공납품이 되었다고 했으므로 쑤저우 부채의 품질이 우수했음을 유추할 수 있다.

    B (×) 남송 시기부터 접이식 부채를 제작했다고 했지만, 구체적으로 남송 말기부터인지는 지문을 통해 알 수 없다.

    D (×) 쑤저우 부채가 공납품이 된 시기는 당나라가 아니라 청나라 시기다.

19 D [**散发出香味** 향을 낸다 ≒ **带有香味** 향을 지니고 있다]   지문에서 '檀香扇'이 나온 부분을 보기와 대조하며 체크해 보자. '향을 낸다'는 의미가 지문에서는 '散发出香味'로 보기에서는 '带有香味'로 표현되었다.

    A, B (×) 지문에 언급되지 않았다.

    C (×) 인물 도안 관련 내용은 언급되지 않았다. 알 수 없는 내용이므로, 답이 될 수 없다.

20 C [**如今** 오늘날 → **现状** 현황]   마지막 단락 첫 문장 '扇子的重要性急剧下降'을 통해 주제를 알 수 있다. 첫 문장 바로 뒤에 '如今……' 구문으로 쑤저우 부채 현황에 대한 부연 설명이 이어지고 있다.

    苏扇是苏州的特产，包括绢宫扇、折扇和檀香扇三大类，统称为"苏州雅扇"。¹⁷苏州雅扇制作技艺精良，非常受文人雅士的喜爱。

    ¹⁸南宋时苏州就有人开始制作折扇。明代宣德年间开设了专门生产扇子的小规模作坊，并且出现了许多名扇，比如著名的乌折骨泥金扇。¹⁸清代顺治年间，苏扇则成为皇家贡品，制扇业渐渐走向兴盛。

    折扇因收时折叠而得名，又因使用时要撒开，所以又称"撒扇"。折扇的扇骨制作以变化丰富和精工细致而闻名，而打磨后的竹扇骨高雅古朴、匀细光洁。

    檀香扇从折扇演变而来。¹⁹檀香扇用檀香木制扇，散发出天然香味。而且，扇面还画有山水花鸟等图案，显得非常雅致宜人。

    ¹⁷绢宫扇形状不同，主要有椭圆形、长方形、六角形、圆形等形状。扇面除了画有人物、山水、花鸟之外，还有名人题的诗句，古色古香，¹⁷非常具有观赏性。

쑤저우 부채는 쑤저우 특산품으로, 크게 비단궁 부채, 접이식 부채, 단향목 부채, 세 가지 종류가 포함되며, '쑤저우의 우아한 부채'로 총칭한다. ¹⁷'쑤저우의 우아한 부채'는 제작 기술이 정교하여, 문인과 선비들의 큰 사랑을 받았다.

¹⁸남송 시기 쑤저우에서 어떤 사람이 접이식 부채를 제작하기 시작했다. 명나라 선덕제 시기에는 전문적으로 부채를 생산하는 작은 규모의 공방을 개설하였고, 많은 유명 부채가 등장했다. 예를 들면, 유명한 오접골이금 부채가 있다. ¹⁸청나라 순치제 시기, 쑤저우 부채는 황가의 공납품이 되었고, 부채 제작업이 점차 번창해 갔다.

접이식 부채는 사용하지 않을 때 접는다고 해서 (접이식 부채라고) 이름이 지어졌고, 또 사용할 때 펴야 하기 때문에 '펴는 부채'라고도 불린다. 접이식 부채의 부챗살 제작은 변화가 풍부하며 정교하고 섬세한 것으로 유명하다. 그리고 다듬은 후의 대나무 부챗살은 우아하면서도 수수하고 고풍스러우며, 고르고 가늘면서 윤이 나고 깨끗하다.

단향목 부채는 접이식 부채가 변형된 것이다. ¹⁹단향목 부채는 단향목으로 만든 부채로, 천연의 향을 낸다. 또한, 부채면에는 산수와 꽃, 새 등의 그림이 있어서 매우 우아해 보인다.

¹⁷비단궁 부채는 모양이 각기 다른데, 주로 타원형, 직사각형, 육각형, 원형 등의 모양이 있다. 부채면은 인물, 산수, 꽃과 새 외에도, 유명인이 쓴 시구가 있고, 소박하고 우아하며, ¹⁷관상 가치가 매우 높다.

电扇和空调出现以后，[20]扇子的重要性急剧下降。如今，[17]苏州扇庄和经营苏州扇面骨的文玩店几乎消失。苏州本地制扇艺人只剩三四人，很多工艺已经面临失传的危机。

17 关于苏扇，下列哪项正确？
  A 工艺精良   B 市场巨大
  C 以方形为主   D 观赏性不好

18 根据第2段，可以知道什么？
  A 清代苏扇质量极差
  B 南宋末出现折扇
  C 清代制扇业逐渐繁荣
  D 苏扇在唐代已成为贡品

19 下列哪项属于檀香扇的特点？
  A 多用布制成
  B 扇骨又粗又重
  C 扇面画没有人物图案
  D 带有香味

20 最后一段主要谈的是什么？
  A 传统书画的发展   B 文玩店的出现
  C 苏扇的现状   D 制扇市场的未来

기술, 공예 | ★**面临** miànlín 동 직면하다, 당면하다 | **失传** shīchuán 동 전해 내려오지 않다, 실전하다 | **危机** wēijī 명 위기 [面临危机: 위기에 직면하다] | **项** xiàng 양 항, 종목 | ★**市场** shìchǎng 명 시장 | **巨大** jùdà 형 아주 크다, 거대하다 | **方形** fāngxíng 명 사각형 | **为主** wéizhǔ 동 ~를 위주로 하다 [以A为主: A를 위주로 하다] | **清代** Qīngdài 고유 청나라 시기 | **质量** zhìliàng 명 품질 | **极** jí 부 극히, 아주 | **末** mò 명 맨 나중(의), 마지막 (의) | ★**逐渐** zhújiàn 부 점점, 점차 | ★**繁荣** fánróng 형 번영하다, 크게 발전하다 | **唐** Táng 고유 당나라 | **已** yǐ 부 이미, 벌써 | **属于** shǔyú ~에 속하다 | **特点** tèdiǎn 명 특징 | ★**布** bù 명 천 | **粗** cū 형 굵다 | **重** zhòng 형 무겁다 | **带有** dàiyǒu 동 지니다 | ★**传统** chuántǒng 명 전통 | **书画** shūhuà 명 서예와 그림, 서화 | **发展** fāzhǎn 명 발전 | **现状** xiànzhuàng 명 현황, 현재 상황 | ★**未来** wèilái 명 미래

● Day 25

21 C   22 A   23 B   24 C

● track yuedu 30

21 C [**烦恼** 걱정하다 ≒ **头疼** 머리가 아프다]   질문의 핵심 어구 '烦恼'는 지문의 '头疼'과 의미가 통한다. '头疼' 다음에 이어지는 문장을 통해 왜 건축가가 머리가 아픈지 이유를 알 수 있다.

22 A [**给人自由的做法** 사람에게 자유를 주는 방법]   건축가는 '老奶奶'의 포도 판매 방식을 '선택을 맡기고(任其选择)' '자유를 주는 방법(给人自由的做法)'이라고 이해했다.

B, D (×) 지문에 언급되지 않았다.

C (×) 포도밭의 포도가 가장 먼저 다 팔렸다고 했으므로, 돈을 벌지 못한다는 보기 내용과는 일치하지 않는다.

23 B [**开放** 개방하다]   질문의 핵심 어구인 '回到工作室后'가 지문에 그대로 나오고, 바로 뒤에 건축가가 무엇을 했는지 설명이 이어진다. 건축가는 책임자에게 '撒上小草的种子'와 '提前开放了游乐园'하라고 통지했다.

24 C [**被踩出** 밟혀서 생기다]   '草地被踩出很多小路(풀밭이 밟혀서 여러 작은 길이 생겼다)'를 통해, 놀이공원의 길이 '밟아서 생긴 것(踩出来的)'임을 알 수 있다.

A, B, D (×) 지문에 언급되지 않았다.

某个游乐园经过四年的施工，很快就要对外开放了，然而连接各个景点间的路线还没有制定出具体的方案。

负责设计此游乐园的建筑师曾解决过很多个建筑方面的难题。²¹但是这次的路线设计却让他非常头疼。对于游乐园的路径方案，他已经修改了无数次，却没有一次可以让他满意的，为了找到灵感，建筑师决定出去散散心。当他的车路过一条乡间的小路时，他发现那儿漫山遍野全都是葡萄园，许多葡萄园主都在路边卖葡萄，但是过往的行人和车辆几乎没有停下来买的。

而当他的车驶进一个山谷时，发现那里有个没有人管理的葡萄园，人们只需要在路边的箱子里放些钱，就能摘一篮葡萄带走。据说这个葡萄园主是一个老奶奶，她因为行动不方便才想出了这个办法。起初她还很担心可否把葡萄卖掉，²²谁知在整个葡萄园区里，总是她园里的葡萄最先被卖完。这种任其选择、给人自由的做法令建筑师深受启发，于是他便马上调转

어느 놀이공원이 4년의 공사를 거쳐 곧 외부에 개방될 예정이었다. 그런데 각 명소 사이를 연결할 경로에 대해 아직 구체적인 방안을 세우지 못했다.

이 놀이공원의 설계를 맡은 건축가는 이전에 건축 방면의 많은 난제를 해결한 적이 있었다. ²¹하지만 이번의 경로 설계는 뜻밖에 그를 매우 머리 아프게 했다. 놀이공원의 경로 방안에 대해, 그는 이미 무수히 수정했지만, 그를 만족시킨 것은 한번도 없었다. 영감을 얻기 위해 건축가는 기분을 좀 전환하러 나가기로 했다. 그의 차가 한 시골의 좁은 길을 지나갈 때, 그는 그곳의 온 산과 들판이 모두 포도밭이고 많은 포도밭 주인들이 모두 길가에서 포도를 팔고 있었지만 멈춰서 사는 행인과 차량이 거의 없는 것을 발견했다.

그리고 그의 차가 한 산골짜기로 운전해 들어갔을 때, 그곳에는 관리하는 사람이 없는 포도밭이 있었는데, 사람들이 길가의 상자 안에 돈을 좀 넣기만 하면 한 바구니의 포도를 따서 가지고 갈 수 있다는 것을 발견했다. 듣자 하니 이 포도밭의 주인은 한 할머니이고, 그 할머니는 거동이 불편해서 이 방법을 생각해 냈다고 한다. 처음에 그녀는 포도를 팔 수 있을까 걱정했지만, ²²생각지도 못하게 전체 포도 단지에서 항상 그녀의 포도밭 포도가 가장 먼저 다 팔렸다. 선택을 맡기고, 자유를 주는 이러한 방법은 건축가로 하여금 깊은 영감을 받게

车头，返回了自己的工作室。
　　23回到工作室后，他赶快通知了游乐园的负责人：在园里撒上小草的种子并且提前开放了游乐园。没过多久，游乐园的空地都长满了小草。六个月后，24草地被踩出很多小路，这些踩出的小路有宽有窄，十分自然。
　　第二年，建筑师按人们踩出的小道铺设了人行道，后来，该游乐园的道路设计被评为世界最优秀的设计。

했고, 그리하여 그는 바로 즉시 차를 돌려서 자신의 작업실로 돌아갔다.
　　23작업실에 돌아온 후, 그는 서둘러 놀이공원 책임자에게 놀이공원에 작은 풀씨를 뿌리고, 앞당겨 놀이공원을 개방하라고 통지했다. 얼마 지나지 않아서, 놀이공원의 빈터에는 작은 풀이 가득 자랐다. 6개월 후, 24풀밭이 밟혀서 여러 작은 길이 생겼고, 이렇게 밟혀서 만들어진 작은 길은 넓은 것도 좁은 것도 있어서 매우 자연스러웠다.
　　이듬해, 건축가는 사람들이 밟아서 만들어진 좁은 길을 따라서 인도를 만들었다. 나중에, 이 놀이공원의 도로 설계는 세계에서 가장 우수한 설계로 평가되었다.

21 建筑师为什么感到烦恼?
　A 园内的游玩项目过多
　B 游乐园的位置很远
　C 园内的道路没设计好
　D 举办开幕式的场地太小

21 건축가는 왜 걱정을 하는가?
　A 놀이공원 안의 놀거리가 너무 많아서
　B 놀이공원의 위치가 매우 멀어서
　C 놀이공원 안의 도로가 설계되지 않아서
　D 개막식을 개최하는 장소가 너무 좁아서

22 关于老奶奶售卖葡萄的方式，正确的是:
　A 给人充分的自由
　B 买葡萄送红酒
　C 赚不到钱
　D 用报纸进行宣传

22 할머니가 포도를 판매하는 방식에 관하여 옳은 것은?
　A 사람에게 충분한 자유를 준다
　B 포도를 사면 포도주를 준다
　C 돈을 벌지 못한다
　D 신문으로 홍보를 한다

23 建筑师回到工作室后，做了什么决定?
　A 检查游乐设施
　B 提前开放游乐园
　C 9岁以下儿童免票
　D 听取游客的建议

23 건축가는 작업실에 돌아온 후 어떤 결정을 했는가?
　A 놀이 기구 검사하기
　B 놀이공원 앞당겨 개방하기
　C 9세 이하의 아동은 무료로 하기
　D 관광객의 의견 듣기

24 根据上文，可以知道什么?
　A 游乐园晚上有演出
　B 游人可以在园内开车
　C 游乐园的路是踩出来的
　D 游乐园内有饭店

24 윗글에 따르면 무엇을 알 수 있는가?
　A 놀이공원은 저녁에 공연이 있다
　B 관광객은 놀이공원 안에서 운전을 할 수 있다
　C 놀이공원의 길은 밟아서 생긴 것이다
　D 놀이공원 안에 호텔이 있다

★ **某** mǒu 때 어느, 아무 | **游乐园** yóulèyuán 몡 놀이공원, 유원지 | **经过** jīngguò 께 ~를 통해서 | **施工** shīgōng 통 공사하다, 시공하다 | **就要** jiùyào 틘 곧, 머지않아 | **对外开放** duìwàikāifàng 통 대외에 개방하다 | **然而** rán'ér 젭 그런데, 그러나, 하지만 | **连接** liánjiē 통 연결하다 | **各个** gègè 때 각각의, 각개의 | **景点** jǐngdiǎn 몡 명소, 경치가 좋은 곳 | **路线** lùxiàn 몡 경로, 노선 | **制定** zhìdìng 통 (계획·법규 등을) 세우다, 제정하다 | **具体** jùtǐ 혱 구체적이다 | **方案** fāng'àn 몡 방안, 계획 | **负责** fùzé 통 (떠)맡다, 책임지다 | **建筑师** jiànzhùshī 몡 건축가 | **曾** céng 틘 이전에, 일찍이, 이미 | ★ **建筑** jiànzhù 몡 건축물 | **方面** fāngmiàn 몡 방면, 분야, 영역 | **难题** nántí 몡 난제, 풀기 어려운 문제 | ★ **设计** shèjì 몡 설계 | **头疼** tóuténg 혱 머리가 아프다, 번거롭다 | **路径** lùjìng 몡 경로, 통로 | ★ **修改** xiūgǎi 통 수정하다, 고치다 | ★ **无数** wúshù 혱 무수하다, 매우 많다 | **灵感** línggǎn 몡 영감 | **散心** sànxīn 통 기분전환을 하다, 기분을 풀다 | **路过** lùguò 통 지나다, 거치다 | **乡间** xiāngjiān 몡 시골, 마을 | **漫山遍野** mànshānbiànyě 온 산과 벌판에 가득하다, 도처에 널려 있다 | **全都** quándōu 틘 모두, 전부 | **葡萄** pútáo 몡 포도 | **园** yuán 몡 (채소·과수·꽃·나무 등을 재배하는) 밭 | **许多** xǔduō 혱 (사람의 수나 물건의 수량이) 매우 많다 | **主** zhǔ 몡 주인 | **路边** lùbiān 몡 길가 | **过往** guòwǎng 통 오가다, 왕래하다 | ★ **行人** xíngrén 몡 행인 | **车辆** chēliàng 몡 차량 | **而** ér 젭 그리고, ~하고 [순접을 나타냄] | **驶** shǐ 통 (차·배 등을) 운전하다 | **山谷** shāngǔ 몡 산골짜기 | **管理** guǎnlǐ 통 관리하다 | **箱子** xiāngzi 몡 상자 | ★ **摘** zhāi 통 (식물의 꽃·열매·잎을) 따다, 꺾다 | **篮** lán 몡 바구니 | ★ **据说** jùshuō 통 듣자 하니, 다른 사람의 말에 의하면 ~라 한다 | **老奶奶** lǎonǎinai 몡 할머니 [아이들의 노부인에 대한 존칭] | ★ **行动** xíngdòng 몡 거동, 행동 | **起初** qǐchū 몡 처음, 최초 | **可否** kěfǒu 할 수 있는지 없는지, 가능한지 | **谁知** shéizhī 생각지도 않게, 누가 알겠는가? | ★ **整个** zhěnggè 몡 전체, 전부, 온 | **园区** yuánqū 몡 단지, 구역, 지구 | **任其** rènqí ~에 맡기다, 그대로 내버려 두다 | ★ **自由** zìyóu 몡 자유 | **做法** zuòfǎ 몡 방법 | **令** lìng 통 ~하

게 하다, ~를 시키다 [=让] | **深受** shēnshòu 통 (매우) 깊이 받다, 크게 입다 | ★**启发** qǐfā 영감, 깨우침 [深受启发: 깊은 영감을 받다, 깊이 깨우침을 받다] | **于是** yúshì 접 그래서, 그리하여 | ★**便** biàn 부 바로, 곧 [=就] | **调转** diàozhuǎn 통 반대 방향으로 돌리다 | **车头** chētóu 차의 앞부분 | **返回** fǎnhuí 통 (원래의 곳으로) 되돌아가다 | **工作室** gōngzuòshì 명 작업실 | **回到** huídào 통 (원래 있던 곳으로) 되돌아가다 | ★**赶快** gǎnkuài 부 서둘러, 재빨리 | **通知** tōngzhī 통 통지하다, 알리다 | **负责人** fùzérén 책임자 | **撒** sǎ 통 뿌리다 | **种子** zhǒngzi 명 씨앗, 종자 | **提前** tíqián 통 (예정된 시간·위치를) 앞당기다 | **空地** kòngdì 명 빈터, 공터 | **长满** zhǎngmǎn 통 가득 자라다, 온통 생기다 | **草地** cǎodì 명 풀밭, 잔디밭 | ★**踩** cǎi 통 밟다, 짓밟다 | ★**宽** kuān 형 (폭이) 넓다, 드넓다 | ★**窄** zhǎi 형 (폭이) 좁다 | **自然** zìrán 형 자연스럽다 | **按** àn 개 ~에 따라서, ~에 준하여 | **小道** xiǎodào 명 작은 길, 오솔길 | **铺设** pūshè 통 (도로를) 닦다 | **人行道** rénxíngdào 명 (도로 양측의) 인도, 보도 | **道路** dàolù 명 도로, 길 | **评为** píngwéi 통 ~으로 선정하다 | **优秀** yōuxiù 형 우수하다, 아주 뛰어나다 | **感到** gǎndào 통 느끼다, 여기다 | **烦恼** fánnǎo 형 걱정하다, 번뇌하다 | **游玩** yóuwán 통 놀다, 뛰놀다 | ★**项目** xiàngmù 명 항목, 프로젝트 | **过多** guòduō 형 너무 많다, 과다하다 | ★**位置** wèizhi 명 위치 | **举办** jǔbàn 통 개최하다, 거행하다 | **开幕式** kāimùshì 명 개막식 | **场地** chǎngdì 명 장소 | **售卖** shòumài 통 팔다, 판매하다 | ★**方式** fāngshì 명 방식, 방법 | **正确** zhèngquè 형 정확하다 | ★**充分** chōngfèn 형 충분하다 | **红酒** hóngjiǔ (붉은) 포도주, 레드와인 | **赚** zhuàn 통 (장사로) 돈을 벌다, 이윤을 남기다 | **进行** jìnxíng 통 하다, 진행하다 | ★**宣传** xuānchuán 통 홍보하다, 선전하다 | **游乐** yóulè 통 놀며 즐기다 | ★**设施** shèshī 명 시설 [游乐设施: 놀이기구] | **以下** yǐxià 명 이하 | **儿童** értóng 명 아동, 어린이 | **免票** miǎnpiào 명 (입장·승차할 때) 무료이다 | **听取** tīngqǔ 통 (의견·보고 등을) 귀담아듣다, 받아들이다 | **游客** yóukè 명 관광객, 여행객 | **建议** jiànyì 명 제안, 건의 | **演出** yǎnchū 명 공연 | **游人** yóurén 명 관광객, 여행객

Day 26

track yuedu 31

25 C 26 C 27 A 28 D

25 C [中午 정오 → 白天 낮 / 可达55℃ → 温度很高] 세 번째 단락에 '사막 지역(沙漠地区)'에 대한 특징이 집중 서술되어 있다. '地表(지표)'가 뜨거워지기 시작해서 '中午(정오)'가 되면 '骄阳(뙤약볕)'이 더 강해지고 최고 55도까지 올라간다고 했다.

A (×) 모래는 열용량이 낮다고 했다.

B (×) 지문에 언급되지 않았다.

D (×) 증발할 수분이 거의 없다고만 했으며, 수분 증발이 쉽지 않다는 내용은 언급되지 않았다.

26 C [A+比+B+형용사 → A+较多] 비교 대상인 두 지역 '적도(赤道)' 부근과 '사막(沙漠)' 지역에 대한 설명이 맞는지, 보기를 꼼꼼히 비교하며, 틀린 보기를 지워가는 소거법으로 답을 찾아야 한다. 지문에서 '적도(赤道)'가 '사막(沙漠)'보다 비가 많이 내린다고 했으므로, '적도(赤道)'가 비교적 비가 많이 내린다는 보기 C가 답이다.

A (×) 사막 지역은 수자원이 매우 부족하다고 했으므로 지문과 반대되는 내용이다.

B (×) 적도 지역의 식물 종류에 관해서는 언급하지 않았다.

D (×) 사막 지역의 아침과 저녁 온도에 대해서는 언급하지 않았다.

27 A [不会急剧上升 → 升高较慢] 질문 네 개를 먼저 한 번 쭉 읽었다면, 적도와 사막에 대한 설명을 확인하면서 2번과 3번을 동시에 풀어 시간을 절약할 수 있다는 것을 캐치할 수 있다. 지문에서 '赤道附近的温度并不会急剧上升 (적도 부근의 온도는 급격하게 상승하지 않는다)'이라고 했으며, 이는 '기온 상승이 비교적 느리다'는 보기 A와 의미가 통한다.

B (×) 낮의 기온이 35도를 넘는 경우는 드물다는 내용이 평균 기온이 30도라는 것을 의미하지는 않는다.

C (×) 지문에 언급되지 않았다.

D (×) 거의 매일 오전에 비가 내린다고 했지 건조하다고 하지 않았다.

28 D [不在A，而在B A에 있는 것이 아니라 B에 있다] 글의 주제를 물어보는 경우, 일반적으로 지문의 처음과 끝 부분을 보면 정답을 찾을 수 있다. 지문은 '지구상에서 가장 더운 지역은 어디일까?'라고 글을 시작한 후, '最热的地方(가장 더운 지역)'이 '赤道(적도)'가 아니라 '沙漠(사막)'인 이유를 설명하고 있다.

[28]地球上最热的地方在哪儿呢？很多人都认为是赤道地区。其实不然，世界上有很多地方，比如非洲的撒哈拉大沙漠、中国的塔克拉玛干沙漠等等，白天的最高气温都超过了45℃。而赤道地区，尽管阳光的照射非常强烈，[27]但是白天的气温很少超过35℃。

这是因为赤道附近大多都是海洋，一方面，海洋可以把太阳给它的热量传到深处；另一方面，海水蒸发时会消耗大量的热量，再加上海水的热容量大，水温的升高速度比陆地慢。因此，白天[27]赤道附近的温度并不会急剧上升。

沙漠地区则完全不同了。[26]那儿植物稀少、[26]水资源十分短缺，[25]几乎没有水分可以蒸发，[25]而且沙子热容量较小、升温较快，热量不易向地表下层传递。因此，白天沙地表面会被太阳晒得滚烫，但下层的沙子却是冷冰冰的。在沙漠地区，每当太阳露面时，气温就会急剧上升，[25]地表会开始发烫，而到了中午，更是骄阳似火，有时最高温度可达55℃。

另外，[26]赤道上降雨要比沙漠地区多，[27]几乎天天上午都会下雨，这样一来，下午赤道地区的温度便不会升得太高。而沙漠里经常是晴天，很少会下雨，阳光从早照到晚。[28]所以，地球上最热的地方不是赤道，而是沙漠。

---

[28]지구상에서 가장 더운 지역은 어디일까? 많은 사람들이 모두 적도 지역이라고 생각하지만 사실은 그렇지 않다. 세계적으로 아프리카의 사하라 사막, 중국의 타크라마칸 사막 등 낮 최고 기온이 45도가 넘는 지역이 많다. 반면에 적도 지역은 비록 햇빛의 쪼임이 매우 강하지만, [27]낮의 기온이 35도를 넘는 경우는 드물다.

이것은 적도 부근이 대부분 바다이기 때문이다. 바다는 한편으로는 태양이 바다에게 주는 열에너지를 깊은 곳으로 전달할 수 있고, 다른 한편으로는 바닷물이 증발할 때 대량의 에너지를 소비할 수도 있다. 게다가 바닷물의 열용량이 커서 수온의 상승 속도가 육지보다 느리기 때문에 낮에 [27]적도 부근의 온도는 급격하게 상승하지 않는다.

사막 지역은 도리어 완전히 다르다. [26]그곳은 식물이 드물고, [26]수자원이 매우 부족하며, [25]증발할 수 있는 수분이 거의 없다. [25]또한 모래는 열용량이 비교적 낮고, 온도 상승이 비교적 빠르며, 열에너지는 지표 아래층으로 전달되기 쉽지 않다. 따라서 낮에 모래땅 표면은 태양이 뜨겁게 내리쬐지만, 아래층의 모래는 오히려 차갑다. 사막 지역에서는 태양이 모습을 드러낼 때마다 기온이 급상승하며, [25]지표가 뜨거워지기 시작해서 정오가 되면, 뙤약볕이 더욱 불타는 듯하고 어떤 경우에는 최고 온도가 55도에 달한다.

이 밖에도 [26]적도는 사막 지역보다 비가 많이 내리는데, [27]거의 매일 오전에 비가 내린다. 이런 이유로, 오후 적도 지역의 온도는 너무 높게 올라가지 않는다. 반면 사막은 보통 맑은 날로, 비가 오는 경우가 매우 드물며 햇빛이 아침부터 저녁까지 내리쬔다. [28]따라서, 지구상의 가장 더운 지역은 적도가 아니라 사막이다.

---

25 沙漠地区有什么特点：

A 沙子热容量很大
B 早晚温差大
C 白天地表温度很高
D 水分不容易蒸发

26 根据上文，下列哪项正确：

A 沙漠地区水资源丰富
B 赤道地区植物种类多
C 赤道地区降雨较多
D 沙漠地区温差最大

27 关于赤道地区，可以知道：

A 气温升高较慢
B 平均温度30℃
C 四季气候变化非常明显
D 非常干燥

---

25 사막 지역은 어떤 특징이 있는가?

A 모래의 열용량이 매우 높다
B 아침과 저녁의 온도차가 크다
C 낮에 지표면의 온도가 높다
D 수분이 증발되기 쉽지 않다

26 윗글에 근거해, 다음 중 옳은 것은?

A 사막 지역은 수자원이 풍부하다
B 적도 지역은 식물의 종류가 다양하다
C 적도 지역은 비교적 비가 많이 내린다
D 사막 지역의 온도차가 가장 크다

27 적도 지역에 관하여 무엇을 알 수 있는가?

A 기온 상승이 비교적 느리다
B 평균 온도가 30도이다
C 사계절의 기후 변화가 매우 뚜렷하다
D 매우 건조하다

28 上文主要谈什么?
A 赤道缺水的原因
B 植物的分布
C 沙漠地区的气候
D 沙漠比赤道更热的原因

28 윗글은 주로 무엇을 이야기하는가?
A 적도에 물이 부족한 이유
B 식물의 분포
C 사막 지역의 기후
D 사막이 적도보다 더 더운 이유

| 地球 dìqiú 명 지구 | 赤道 chìdào 명 적도 | ★地区 dìqū 명 지역 | ★不然 bùrán 접 그렇지 않다 | 比如 bǐrú 접 예를 들어 [比如……等等: 예를 들어 ~등등이 있다] | 非洲 Fēizhōu 고유 아프리카 | 撒哈拉 Sāhālā 고유 사하라 [사막 이름] | ★沙漠 shāmò 명 사막 | 塔克拉玛干 Tǎkèlāmǎgān 고유 타커라마간 [사막 이름] | 等 děng 조 기타, 등등 | 白天 báitiān 명 낮 | 气温 qìwēn 명 기온 | 超过 chāoguò 동 넘다, 초과하다 | 而 ér 접 ~지만, 그러나, ~면서 [역접을 나타냄] | 尽管 jǐnguǎn 접 비록 ~라 하더라도 [尽管A但是B: 비록 A라 하더라도, 그러나 B하다] | 阳光 yángguāng 명 햇빛 | 照射 zhàoshè 동 쪼임, 조사 | ★强烈 qiángliè 형 강렬하다, 맹렬하다 | 大多 dàduō 부 대부분, 대다수 | 海洋 hǎiyáng 명 바다, 해양 | 一方面 yìfāngmiàn 접 ~하는 동시에, 한편으로 ~하면서 ~하다 | 热量 rèliàng 명 열에너지의 양, 열량 | 传 chuán 동 전하다, 퍼지다 | 深处 shēnchù 명 깊숙한 곳 | 海水 hǎishuǐ 명 바닷물 | 蒸发 zhēngfā 동 증발하다 | 消耗 xiāohào 동 (정신·힘·물자 등을) 소비하다, 소모하다 | 大量 dàliàng 형 대량의, 많은 양의 | 再加上 zàijiāshàng 게다가, 그 위에 | 热容量 rèróngliàng 명 열용량 | 水温 shuǐwēn 명 수온 | 升高 shēnggāo 동 위로 오르다, 높이 오르다 | 速度 sùdù 명 속도 | ★陆地 lùdì 명 육지 | 因此 yīncǐ 접 이 때문에, 이로 인하여 | 急剧 jíjù 형 급격하게, 급속이 | 上升 shàngshēng 동 상승하다, 위로 올라가다 | ★则 zé 접 오히려, 그러나 | 完全 wánquán 부 완전히, 아주 | 植物 zhíwù 명 식물 | 稀少 xīshǎo 형 드물다, 희소하다 | 水资源 shuǐzīyuán 명 수자원 | 十分 shífēn 부 매우, 아주 [=非常] | 短缺 duǎnquē 동 (물자가) 부족하다, 모자라다 | 水分 shuǐfèn 명 수분, 물기 | 沙子 shāzi 명 모래 | 较 jiào 부 비교적, 좀 | 升温 shēngwēn 동 온도가 상승하다 | 不易 búyì 형 쉽지 않다 | 地表 dìbiǎo 명 지표 | 下层 xiàcéng 명 아래층, 하층 | 传递 chuándì 동 전달하다, 전하다 | 沙地 shādì 명 모래땅 | ★表面 biǎomiàn 명 표면 | ★晒 shài 동 햇볕이 내리쬐다 | 滚烫 gǔntàng 형 몹시 뜨겁다 | 冷冰冰 lěngbīngbīng 형 차가운, 차디찬 | 露面 lòumiàn 동 나타나다 | 发烫 fātàng 동 뜨거워지다, 달아오르다 | 骄阳 jiāoyáng 명 뙤약볕 | 似 sì 동 ~와 같다, 비슷하다 | 火 huǒ 명 불 [骄阳似火: 뙤약볕이 마치 불 같다] | 达 dá 동 도달하다 | 另外 lìngwài 접 이 외에, 이 밖에 | 降雨 jiàngyǔ 동 비가 내리다 | 天天 tiāntiān 명 매일, 날마다 | 这样一来 zhèyàngyìlái 이런 이유로, 이런 사정으로 | ★便 biàn 부 곧, 바로 [=就] | 照 zhào 동 내리쬐다, 비추다 | 特点 tèdiǎn 명 특징 | 早晚 zǎowǎn 명 아침과 저녁 | 温差 wēnchā 명 온도차, 일교차 | ★项 xiàng 양 항, 종목 | 丰富 fēngfù 형 풍부하다 | ★种类 zhǒnglèi 명 종류 | 平均 píngjūn 명 평균 | 四季 sìjì 명 사계절 | 气候 qìhòu 명 기후 | ★明显 míngxiǎn 형 뚜렷하다, 분명하다 | ★干燥 gānzào 형 건조하다 | 缺水 quēshuǐ 물이 부족하다, 물 부족 현상을 빚다 | 原因 yuányīn 명 원인 | ★分布 fēnbù 명 분포 |

● **Day 31** ▶ track yuedu 32

29 **A** 30 **B** 31 **B** 32 **A**

29 A [控制粮价 곡물 가격을 규제하다] 질문의 핵심 어구인 '物价飞涨'을 지문에서 찾으면, 다음에 이어지는 문장에서 답을 확인할 수 있다. 물가가 폭등할 때 관청은 현지의 '곡물 가격(粮价)'을 '규제(控制)'해야 한다고 했다.

30 B [回落了 다시 떨어졌다 → 降低了 떨어졌다] 세 번째 단락은 범중엄의 방안에 시장이 어떻게 반응했는지를 다루고 있다. 지문에서 '粮价(곡물 가격)'가 '就随之回落了(곧 이에 따라 다시 떨어졌다)'라고 했고, 이를 보기에서 '最后降低了(결국 떨어졌다)'라고 표현했다.

A, C (×) 지문에 언급되지 않았다.

D (×) 범중엄의 방식이 채택된 결과에 대해 설명하고 있다.

31 B [A是指B A는 B를 가리킨다] 지문에서 '完全竞争' 바로 뒤에 이어진 '是指……' 구문에 '完全竞争'에 대한 설명이 있다. 지문의 '商品的价钱'이 보기에서는 '物价'로 표현되었다.

A (×) 범중엄은 당시 '순수경쟁(=완전경쟁)'이라는 단어를 몰랐다고 했다.

C (×) 지문에 언급되지 않았다.

D (×) '灾民(재해를 입은 사람)'은 흉년을 맞은 '杭州的百姓'으로, 이들은 흉년을 순조롭게 넘겼다고 했다.

'특정 어휘'에 대한 설명을 찾아야 할 때 지문에서 먼저 '특정 어휘'가 나오는 부분을 체크하고, '특정 어휘' 앞뒤에 'A是指B(A는 B를 가리킨다)', 'A表示B(A는 B를 나타낸다)', '这意味着A(이것은 A를 의미한다)'와 같은 표현이 쓰인 구문이 있는지 확인하자.

32 A [顺利地度过了荒年 흉년을 순조롭게 넘겼다 → 化解了……粮食危机 식량 위기를 해결했다]　지문은 범중엄이 '杭州'의 '饥荒(기근)'을 해결한 내용을 담고 있다. 지문의 '荒年(흉년)'이 보기에서 '粮食危机(식량 위기)'로 표현되었다.

　　B　(✗) 지문에 언급되지 않은 내용이다.

　　C　(✗) 일생 동안 모두 쑤저우에서 관료를 지냈다고 볼 수는 없다.

　　D　(✗) 문학가의 이미지로 모두에게 알려져 있지만, 시 쓰는 것으로 '세계적으로' 유명한지는 알 수 없다.

---

　　³²一直以来，范仲淹都是以文学家的形象为大家所熟知，然而，他其实不但很有文学才华，还特别有经济头脑。

　　相传，³²范仲淹在杭州做官时，²⁹那儿发生了严重的饥荒，物价飞涨，当地的百姓生活非常困难。²⁹按照常理，官府此时就应运用行政手段来控制当地粮价。可范仲淹身为杭州主政官员，他不但不压低粮价，反而让当地的商贩提高粮价。人们都不理解他为什么要这么做。

　　结果，出人意料的事情发生了：因为杭州粮价上涨的消息传到了四面八方，很多外地粮商认为这有利可图，就都纷纷把大米运往杭州。没过多久，当地的粮食市场就饱和了，³⁰粮价也就随之回落了。³⁰,³¹,³²这样一来，杭州的百姓最终顺利地度过了荒年。

　　这才是范仲淹的聪明之处。他所运用的这个规律，在经济学上被称为"纯粹竞争"，又叫"完全竞争"。³¹是指商品的价钱全部受市场的调节，量少了价钱就走高，数量多了价钱就走低。³¹范仲淹当时虽然不知道"纯粹竞争"这个词，但是他显然懂得这其中的道理。

　　³²지금까지 줄곧 범중엄은 문학가의 이미지로 모두에게 익히 알려졌지만, 그는 사실 문학적 재능이 있을 뿐만 아니라, 특히 경제적 관념도 있었다.

　　³²범중엄이 항저우에서 관료로 있을 때, ²⁹그곳에 심각한 기근이 발생했고 물가가 폭등해서, 현지 백성들의 생활이 매우 어려웠다고 전해진다. ²⁹상식적으로, 관청은 이때 행정 수단을 운용해 현지의 곡물 가격을 규제해야 했다. 하지만 범중엄은 항저우의 정무를 주관하는 관리로서, 곡물 가격을 낮추지 않았을 뿐만 아니라, 오히려 현지의 행상들로 하여금 곡물 가격을 높이게 했다. 사람들은 모두 그가 왜 이렇게 하는지 이해하지 못했다.

　　결국, 뜻밖의 일이 발생했다. 항저우의 곡물 가격이 올랐다는 소식이 매우 빠르게 방방곡곡에 퍼졌기 때문에, 많은 타지 곡물상들이 이익을 얻을 수 있다고 생각하여 모두 쉴 새 없이 쌀을 항저우로 운반했다. 얼마 지나지 않아, 현지의 곡물 시장은 바로 포화되었고, ³⁰곡물 가격 역시 곧 이에 따라 다시 떨어졌다. ³⁰,³¹,³²이런 이유로, 항저우의 백성들은 결국 흉년을 순조롭게 넘겼다.

　　이것이 바로 범중엄의 총명한 부분이다. 그가 활용한 이 규칙은 경제학에서 '순수경쟁'이라 불리고, 또 '완전경쟁'이라고 부르기도 한다. ³¹상품의 가격이 모두 시장의 조절을 받아, 양이 적어지면 가격이 바로 오르고, 수량이 많아지면 가격이 바로 낮아짐을 뜻한다. ³¹범중엄은 당시 비록 '순수경쟁'이라는 단어는 몰랐지만, 그는 분명히 그 속의 원리를 이해했다.

29　物价飞涨时，官府一般会怎么做？
　　A 控制粮价
　　B 向外国借粮
　　C 增加税收
　　D 发粮食

29　물가가 폭등했을 때, 관청은 일반적으로 어떻게 하는가？
　　A 곡물 가격을 규제한다
　　B 외국에서 곡식을 빌린다
　　C 세수를 늘린다
　　D 식량을 나누어 준다

30　根据第3段，下列哪项正确？
　　A 粮商捐了许多粮食
　　B 杭州的粮价最后降低了
　　C 杭州常常出现饥荒
　　D 范仲淹的提议未被采用

30　세 번째 단락에 근거해, 다음 중 옳은 것은？
　　A 곡물상은 많은 식량을 기부했다
　　B 항저우의 곡물 가격이 결국 떨어졌다
　　C 항저우는 자주 기근이 발생한다
　　D 범중엄의 제의는 채택되지 않았다

31 关于"完全竞争",可以知道?
A 最早是由范仲淹提出的
B 物价受市场调节
C 不是公平竞争
D 损害了灾民利益

32 关于范仲淹,可以知道什么?
A 化解了杭州的粮食危机
B 善于听取官员的建议
C 一生都在苏州做官
D 因写诗而闻名于世

31 '완전경쟁'에 관하여 무엇을 알 수 있는가?
A 가장 먼저 범중엄이 제기한 것이다
B 물가는 시장의 조절을 받는다
C 공정한 경쟁이 아니다
D 이재민의 이익을 훼손했다

32 범중엄에 관하여, 무엇을 알 수 있는가?
A 항저우의 식량 위기를 해결했다
B 관료의 건의를 경청하는 데에 능하다
C 일생 동안 모두 쑤저우에서 관료를 지냈다
D 시를 써서 세계적으로 유명하다

★ **以来** yǐlái 몡 이래, 동안 [一直以来: 지금까지 줄곧, 그동안 계속해서] | **范仲淹** Fàn Zhòngyān 고유 범중엄 [989~1052년, 중국 북송(北宋) 때의 정치가·학자] | **以** yǐ 게 ~로(서) | **文学家** wénxuéjiā 몡 문학가 | ★ **形象** xíngxiàng 몡 이미지 | ★ **所** suǒ 조 ~되다 [为/被+명사+所+동사의 형태로 쓰여 피동을 나타냄] | **熟知** shúzhī 동 익히 알다, 잘 알다 | **可** kě 접 [이어진 단문에서 사건의 전환을 나타냄] ['可是(그러나)'에 상당함] | ★ **文学** wénxué 몡 문학 | **才华** cáihuá 몡 (밖으로 나타난) 재능, 재주 [주로 문예 방면의 재능을 나타냄] | **经济** jīngjì 몡 경제 | **头脑** tóunǎo 몡 두뇌, 사고 능력, 생각 [经济头脑: 경제 관념] | **杭州** Hángzhōu 고유 항저우 [저장(浙江)성의 성도] | **做官** zuòguān 동 관료가 되다, 벼슬을 하다 | **发生** fāshēng 동 발생하다, 일어나다 | **严重** yánzhòng 휑 심각하다 | **饥荒** jīhuang 몡 기근, 흉작 | **物价** wùjià 몡 물가 | **飞涨** fēizhǎng 동 (물가 등이) 폭등하다 | ★ **当地** dāngdì 몡 현지, 그 지방 | **百姓** bǎixìng 몡 백성, 평민 | **生活** shēnghuó 몡 생활 | **困难** kùnnan 휑 어렵다 | **按照** ànzhào 게 ~에 의해, ~에 따라 | **常理** chánglǐ 몡 상식적인 도리, 당연한 이치 | **官府** guānfǔ 몡 관청, 관아 | ★ **运用** yùnyòng 동 운용하다, 활용하다 | **行政** xíngzhèng 몡 행정 | **手段** shǒuduàn 몡 수단, 방법 | ★ **控制** kòngzhì 동 규제하다, 제어하다 | **粮价** liángjià 몡 곡물 가격 | **然而** rán'ér 접 하지만, 그러나 | **身为** shēnwéi ~의 신분으로 | **主政** zhǔzhèng 동 정무를 주관하다 | **官员** guānyuán 몡 관리, 관원 | **不但不A反而B** búdànbù A fǎn'ér B A하기는커녕 오히려 B하다 | **压低** yādī 동 낮추다, 줄이다, 억제하다 | ★ **反而** fǎn'ér 접 오히려, 반대로 | **商贩** shāngfàn 몡 행상인, 장사꾼 | **理解** lǐjiě 동 이해하다 | **接下来** jiēxiàlái 이어서, 다음으로 | **发展** fāzhǎn 동 발전 | **大大** dàdà 튀 크게, 대폭으로 | **出人意料** chūrényìliào 셍 예상을 벗어나, 뜻밖이다 | **上涨** shàngzhǎng 동 (수위·물가 등이) 오르다 | **消息** xiāoxi 몡 소식 | **传** chuán 동 퍼지다, 전파하다 | **四面八方** sìmiàn bāfāng 셍 방방곡곡, 사방팔방 | **外地** wàidì 몡 타지, 외지 | **粮商** liángshāng 몡 곡물상, 양곡 상인 | **有利可图** yǒulì kětú 셍 취할 이익이 있다, 이익을 추구할 수 있다 | ★ **纷纷** fēnfēn 튀 (많은 사람이나 사물이) 쉴 새 없이, 계속해서 | **大米** dàmǐ 몡 쌀 | **运** yùn 동 운반하다, 운송하다 | **多久** duōjiǔ 대 아주 오래, 오랫동안 | ★ **粮食** liángshi 몡 양식, 식량 | ★ **市场** shìchǎng 몡 시장 | **饱和** bǎohé 동 포화하다, (사물이) 최대한도에 이르다 | **随之** suízhī 이에 따라, 이에 쫓아 | **回落** huíluò 동 (수위·물가 등이) 올라갔다가 다시 떨어지다 | **这样一来** zhèyàng yìlái 이런 이유로, 이런 사정으로 | **最终** zuìzhōng 몡 결국 휑 최종의, 최후의 | **顺利** shùnlì 휑 순조롭다, 일이 잘 되어가다 | ★ **度过** dùguò 동 (시간을) 넘기다, 보내다 | **荒年** huāngnián 몡 흉년 | ★ **规律** guīlǜ 몡 규칙, 규율 | **经济学** jīngjìxué 몡 경제학 | ★ **称** chēng 동 부르다 [称为: ~라고 부르다] | **纯粹竞争** chúncuì jìngzhēng 순수경쟁 [오로지 공급과 수요에 의해서만 값이 정해지고 거래가 이루어지는 경쟁] | **完全竞争** wánquán jìngzhēng 완전경쟁 | **指** zhǐ 동 가리키다 | ★ **商品** shāngpǐn 몡 상품 | **价钱** jiàqian 몡 가격, 값 | **全部** quánbù 몡 모두, 전부 | **受** shòu 동 받다 | **调节** tiáojié 동 조절하다 | **走高** zǒugāo 동 (가격 등이) 오르다, 상승하다 | **数量** shùliàng 몡 수량, 양 | **走低** zǒudī 동 (가격 등이) 내리다, 하락하다 | ★ **显然** xiǎnrán 휑 (상황이나 이치가) 분명하다, 뚜렷하다 | ★ **道理** dàolǐ 몡 이치, 도리 | **粮** liáng 몡 곡식, 양식 | **增加** zēngjiā 동 늘리다, 증가하다 | **税收** shuìshōu 몡 세수, 세금 수입 | ★ **项** xiàng 양 항, 종목 | ★ **捐** juān 동 기부하다 | **许多** xǔduō 휑 매우 많다 | **降低** jiàngdī 동 떨어지다, 낮아지다, 내려가다 | **出现** chūxiàn 동 발생하다, 출현하다 | **提议** tíyì 동 제의하다 | **未** wèi 튀 ~이 아니다 [부정을 나타내며 '不'에 해당함], 아직 ~하지 않다 | **采用** cǎiyòng 동 채택되다, 채용되다 | **由** yóu 게 ~가 [동작의 주체를 나타냄] | **提出** tíchū 동 제기하다, 제출하다 | ★ **公平** gōngpíng 휑 공정하다, 공평하다 | **竞争** jìngzhēng 동 경쟁하다 | **损害** sǔnhài 동 (사업·건강·이익·명예 등을) 훼손하다, 손상시키다, 침해하다 | **灾民** zāimín 몡 이재민 | ★ **利益** lìyì 몡 이익, 이득 | **化解** huàjiě 동 없애다, 제거하다, 풀리다 | **危机** wēijī 몡 위기 | ★ **善于** shànyú 동 ~를 잘하다, ~에 능하다 | **听取** tīngqǔ 동 (의견·보고 등을) 청취하다, 귀담아듣다 | **建议** jiànyì 몡 제안, 제의 | **一生** yìshēng 몡 일생, 평생 | **因** yīn 접 ~로 인하여, ~때문에 | **而** ér 접 목적 또는 원인 등을 나타내는 성분을 연결시킴 [因A而B: A때문에 B하다] | **闻名** wénmíng 휑 유명하다 | **于** yú 게 ~에(서) [=在] | **世** shì 몡 세계, 세상

● Day 32　　　　　　　　　　　　● track yuedu 33
33　D　　34　B　　35　B　　36　C

33　D　[由A决定 A가 결정하다]　꽃의 색깔은 '光照(햇빛)' '色素(색소)' 등의 조건에 의해 결정된다고 직접적으로 언급했다. 다른 보기들은 언급되지 않았다.

34　B　[反射阳光中含热量较多……的光波 꽃들이 햇빛 속의 열에너지가 비교적 많은 ~ 광파를 반사하다]　질문의 핵심 어구 '避免……被灼伤'과 정답이 되는 '열에너지가 광파를 반사함으로써 화상 입는 것을 피한다'는 내용이 지문과 보기에 모두 '그대로' 제시되었다. 질문의 '如何(어떻게)'는 '방법'을 묻는 표현이다.

35　B　[没有 없다 → 不存在 존재하지 않는다]　지문 첫 문장의 '但唯独没有黑色的花(유독 검은색 꽃은 없다)'가 보기 B의 내용과 일치한다.

　A　(×) 지문에 언급되지 않았다.
　C　(×) 세포액의 색소가 산성, 알칼리성, 중성 그리고 색소가 없는 경우에 각 꽃의 '색'에 대해서만 언급하였다.
　D　(×) 검은색 꽃에 관해서 쿤밍에 있는 박쥐꽃을 예로 들어 설명했으므로 지문과 일치하지 않는다.

36　C　[집중 반복되는 키워드 '花(꽃)']　'왜 검은 꽃이 없는지'에 대한 것이 전체적인 내용이기 때문에 보기 C의 《植物与自然》(식물과 자연)'이 가장 적절하다.

> 일반적으로 지문의 마지막 단락에 글의 주제가 드러나는 경우가 많지만, 최근에는 지문의 마지막뿐만 아니라 전체 내용을 다 파악해야만 풀 수 있는 문제들도 점차 증가하고 있는 추세이다. 따라서 전체 내용을 '빠르게' 읽고 '이해'하는 훈련을 꾸준히 해야 한다.

　春天，万紫千红、百花怒放，³⁵但唯独没有黑色的花，这是为什么呢？
　³³花的颜色是由光照和色素等条件决定的。当植物细胞液的色素为酸性时，开出的花便呈红色，酸性越强，花的颜色就越红；³⁵当植物细胞液的色素为碱性时，花便呈蓝色，而碱性较强时呈蓝黑色；而当细胞液的色素为中性时，花便呈紫色；如果植物细胞液里不含色素，则开出来的花呈白色。
　平时我们看到的花多为白、橙、黄、红等颜色，³⁴这是因为这些花能够反射阳光中含热量较多的黄、红、橙三种颜色的光波，它们也因此避免了被太阳灼伤。在自然界中，不存在完全黑色的花。假如黑色的花存在，那它就会吸收阳光中的所有光波，导致自身快速升温，花的组织就会十分容易被破坏。
　至于有时候我们所看到的"黑色的花"，实际上只是接近黑色的深紫色或者深红色的花。³⁵例如，在中国昆明世界园艺博览园里，有一种名叫老虎须的花，老虎须的花瓣基部长着数十条紫得发黑的细丝，是一种非常少见的"黑色花"。

　봄에는 울긋불긋한 다양한 꽃이 피지만 ³⁵유독 검은색 꽃은 없다. 왜 그럴까?
　³³꽃의 색은 햇빛과 색소 등의 조건에 의해 결정된다. 식물 세포액의 색소가 산성일 때, 피어나는 꽃은 붉은색을 띠며, 산성이 강할수록 꽃의 색은 붉어진다. ³⁵식물 세포액의 색소가 알칼리성일 때, 꽃은 푸른색을 띠고 알칼리성이 비교적 강할 때 검푸른색을 띤다. 세포액의 색소가 중성일 때, 꽃은 보라색을 띤다. 만약 식물 세포액 안에 색소를 함유하고 있지 않다면, 피어나는 꽃은 흰색을 띤다.
　평소에 우리가 보게 되는 꽃은 대부분 흰색, 주황색, 노란색, 붉은색 등의 색이다. ³⁴이것은 이 꽃들이 햇빛 속의 열에너지가 비교적 많은 노란색, 붉은색, 주황색 세 가지 색의 광파를 반사하여, 태양에 의해 화상을 입는 것을 피했기 때문이다. 자연계에는 완전히 검은색 꽃이 존재하지 않는다. 만약 검은색 꽃이 존재한다면, 그 꽃은 햇빛 속의 모든 광파를 흡수하여, 빠른 온도 상승을 초래하게 되어, 꽃의 조직이 매우 쉽게 파괴될 것이다.
　간혹 우리가 보게 되는 '검은색 꽃'에 관해서는, 사실상 그저 검은색에 가까운 짙은 보라색 혹은 짙은 붉은색 꽃에 불과하다. ³⁵예를 들면 중국 쿤밍의 세계 원예 박람원에는, 일종의 박쥐꽃이라 불리는 꽃이 있다. 박쥐 꽃은 꽃잎 밑부분에 수 십 가닥의 검은빛을 낼 정도로 보라색인 얇은 실이 자라 있는데, 일종의 매우 희귀한 '검은색 꽃'이다.

33 下列哪项属于花色形成的决定性因素?
A 雨水　　　　B 土地
C 湿度　　　　**D 色素**

34 花儿是如何避免自身被灼伤的?
A 改变内部组织结构
B 反射含热量较多的光波
C 缩短花期
D 吸取养分

35 根据上文,可以知道什么?
A 喜阴植物花色较浅
B 黑色的花儿不存在
C 花儿的细胞液多呈碱性
D 昆明没有老虎须

36 上文最可能来自哪种出版物?
A《饮食杂志》　　B《世界娱乐》
C《植物与自然》　　D《人与动物》

---

33 다음 중 꽃의 색이 형성되는 데에 결정적인 요소에 속하는 것은?
A 빗물　　　　B 토지
C 습도　　　　**D 색소**

34 꽃은 어떻게 자신이 화상을 입는 것을 피하는가?
A 내부 조직의 구조를 바꾼다
B 열에너지가 비교적 많은 광파를 반사한다
C 꽃이 피는 시기를 단축한다
D 양분을 흡수한다

35 윗글에 따르면, 무엇을 알 수 있는가?
A 그늘을 좋아하는 식물은 꽃의 색이 비교적 옅다
B 검은색 꽃은 존재하지 않는다
C 꽃의 세포액은 대부분 알칼리성을 띤다
D 쿤밍에는 박쥐꽃이 없다

36 윗글은 어떤 출판물에서 왔을 가능성이 가장 높은가?
A 『음식 잡지』　　B 『세계 오락』
C 『식물과 자연』　　D 『사람과 동물』

春天 chūntiān 몡 봄 | 万紫千红 wànzǐ qiānhóng 솅 온갖 꽃이 만발하여 울긋불긋한 모양 | 百花怒放 bǎihuā nùfàng 솅 온갖 꽃이 다 피다 | 唯独 wéidú 부 유독, 오직, 홀로 | 由 yóu 개 ~에 의해, ~로부터 [동작의 주체를 나타냄] | 光照 guāngzhào 동 (태양이) 내리쬐다 | 色素 sèsù 몡 색소 | 等 děng 조 등등 | 条件 tiáojiàn 몡 조건 | 植物 zhíwù 몡 식물 | 细胞液 xìbāoyè 몡 세포액 | 为 wéi ~이다 [=是] | 酸性 suānxìng 몡 산성 | ★便 biàn 부 곧, 바로 [=就] | 呈 chéng 동 (어떤 색깔이나 형태를) 띠다, 나타내다 | 强 qiáng 형 강하다 | 碱性 jiǎnxìng 몡 알칼리성 | 蓝色 lánsè 몡 푸른색, 파랑 | 较 jiào 부 비교적, 좀 [≒比较] | 中性 zhōngxìng 몡 중성 [산성도 알칼리도 아닌 성질] | 紫色 zǐsè 몡 보라색, 자색 | 含 hán 동 함유하다, 포함하다 | 平时 píngshí 몡 평소, 평상시 | 橙 chéng 형 주황색의, 오렌지색의 | 能够 nénggòu 조동 ~할 수 있다 | 反射 fǎnshè 동 반사하다 | 阳光 yángguāng 몡 햇빛 | 热量 rèliàng 몡 열에너지의 양, 열량 | 光波 guāngbō 몡 빛, 광파 [파동성을 강조하는 뜻에서, '빛'을 이르는 말] | ★避免 bìmiǎn 동 피하다, 면하다 | 灼伤 zhuóshāng 동 화상을 입다 | 自然界 zìránjiè 몡 자연계 | ★存在 cúnzài 동 존재하다 | ★假如 jiǎrú 접 만약, 만일 [假如A那/就B: 만약 A라면, (바로) B하다] | ★吸收 xīshōu 동 흡수하다 | 所有 suǒyǒu 몡 모든, 전부의 | ★导致 dǎozhì 동 야기하다, 초래하다 | 自身 zìshēn 대 자신, 본인 | 快速 kuàisù 형 빠르다 | 升温 shēngwēn 동 온도가 상승하다 | ★组织 zǔzhī 몡 조직 | 十分 shífēn 부 매우, 아주 [=非常] | ★破坏 pòhuài 동 파괴하다 | ★至于 zhìyú 개 ~에 관해서는, ~로 말하면 | 有时候 yǒushíhou 부 간혹, 이따금 | 实际上 shíjìshang 사실상, 실제로 | ★接近 jiējìn 동 가깝다, 비슷하다 | 深 shēn 형 (색깔이) 짙다 | 或者 huòzhě 접 혹은, 또는 | 例如 lìrú 접 예를 들면 [=比如] | 昆明 Kūnmíng 고유 쿤밍 [윈난성의 성도] | 园艺 yuányì 몡 원예 | 博览园 bólǎnyuán 박람원 | 老虎须 lǎohǔxū 몡 박쥐꽃 [다년생 초본식물] | 花瓣 huābàn 몡 꽃잎 | 基部 jībù [밑부분, 기초를 이루는 부분] | 发黑 fāhēi 동 검어지다, 거무스름해지다 | 细丝 xìsī 몡 가는 실 | 少见 shǎojiàn 형 희귀하다, 보기 드물다 | ★属于 shǔyú 동 속하다 | 花色 huāsè 몡 꽃의 색깔 | ★形成 xíngchéng 동 형성되다, 이루어지다 | 决定性 juédìngxìng 몡 결정적인 | ★因素 yīnsù 몡 요소 | 雨水 yǔshuǐ 몡 빗물 | ★土地 tǔdì 몡 토지 | 湿度 shīdù 몡 습도 | ★如何 rúhé 대 어떻게 | 改变 gǎibiàn 동 바꾸다 | ★内部 nèibù 몡 내부 | ★结构 jiégòu 몡 구조, 조직 | ★缩短 suōduǎn 동 단축하다, 줄이다 | 花期 huāqī 몡 꽃이 피는 시기 | 吸取 xīqǔ 동 흡수하다 | 养分 yǎngfèn 몡 양분 | 喜 xǐ 동 좋아하다 | 阴 yīn 몡 그늘 | ★浅 qiǎn 형 (색깔이) 옅다 | 来自 láizì ~에서 오다 | 出版物 chūbǎnwù 몡 출판물 | 饮食 yǐnshí 몡 음식 | ★娱乐 yúlè 몡 오락

● **Day 34**　　　　　　　　　　　　　　● track yuedu 34　
　37 **A**　38 **C**　39 **B**　40 **A**

37 A [没带…… ~를 가져오지 않다 → 没拿…… ~를 가져가지 않다]　질문의 핵심 어구 '拿材料'가 지문에서는 '带教材'로 제시되었고, 교재를 가져오지 않은 이유를 그 앞에 '成竹在胸'이라는 성어로 표현하였다. 이 성어의 뜻을 몰라도, 선총원이 문단에서 두각을 나타냈고 사회적으로도 유명한 사람이라는 앞 문단의 설명을 통해서 유추하여 답을 찾을 수 있다.

38 C [表示理解 이해를 나타내다 / 鼓励+A A를 격려하다]　학생들이 선총원에게 보낸 '선의의 웃음소리와 격려의 박수 소리'는 '학생들이 그를 이해하고, 격려하려는' 마음으로 이해할 수 있다.

39 B [教室里就已坐满了学生 → 听课的人多 수업을 듣는 사람이 많다]　'黑压压'는 '사람이나 물건 등이 많이 밀집하여 새까맣다'는 뜻으로, '黑压压'의 의미를 모르더라도, 앞절에서 **教室里就已坐满了学生(교실 안은 이미 학생들로 자리가 가득 찼다)**이라고 언급했기 때문에 'B. 听课的人多'를 답으로 유추해낼 수 있다.

40 A [沈从文第一次讲课时的情景 = 聘用了沈从文做讲师 선총원을 강사로 초빙했다]　'선총원이 수업 때 긴장했던 일화'를 구체적으로 소개한다. 선총원이 칠판에 썼다는 글 '今天是我第一次上课'를 통해, '선총원이 처음으로 수업을 할 때의 모습'에 대해 다룬 이야기임을 알 수 있다.

　　1928年，胡适时任中国公学校长，⁴⁰经徐志摩的介绍，聘用了沈从文做讲师，让他主讲大学一年级的文学选修课。
　　当时的沈从文已在文坛上崭露头角，在社会上也是小有名气的人，因此还没到上课时间，³⁹教室里就已坐满了学生。而上课时间到了，沈从文一走进教室，就看到下边黑压压一片，心里却陡然一凉，脑子里也变得一片空白，就连准备了无数遍的第一句话也说不出来了。
　　他呆呆地站在那儿，面色十分尴尬，双手晃来晃去却无处可放。³⁷上课前他自以为成竹在胸，所以就没带教材和教案。整整15分钟，教室里都鸦雀无声，所有的学生都很好奇地等着他开口。沈从文深吸了一口气，心情慢慢平静了下来，他课前准备好的东西也重新在脑子里聚拢，然后就开始讲课了。但是由于他依然非常紧张，原本授课内容预计一小时讲完，可他只用了不到20分钟就讲完了。
　　接下来该怎么办呢？他再次陷入了窘境。无奈之下，他只好拿起粉笔在黑板上写道：⁴⁰今天是我第一次上课，见你们人太多，害怕了。
　　³⁸顿时，教室里爆发出了善意的笑声，随即响起一阵鼓励的掌声。
　　因为有了这次经历，在以后的课堂上，沈从文都会告诫自己别紧张，慢慢地，他开始在课上变得从容起来。

　　1928년, 후스[胡适]가 중국 공학교 교장이었을 때, ⁴⁰쉬즈모[徐志摩]의 소개를 통해 선총원[沈从文]을 강사로 초빙해, 그에게 대학교 1학년의 문학 선택 과목을 강의하게 했다.
　　당시 선총원은 이미 문단에서 두각을 나타냈으며, 사회적으로도 어느 정도 유명한 사람이었다. 그래서 아직 수업 시간이 되기도 전에 ³⁹교실 안은 이미 학생들로 자리가 가득 찼다. 그런데 수업 시간이 되고, 선총원은 교실로 들어오자마자 아래쪽이 온통 새까만 것을 보고는, 가슴속이 갑자기 서늘해지고, 머릿속도 새하얗게 변해서 수차례 준비했던 첫마디조차 나오지 않았다.
　　그는 멍하니 그곳에 서 있었는데, 안색이 매우 난처했고, 두 손을 이리저리 흔들면서 어디에 둘 줄 몰랐다. ³⁷수업 전 그는 스스로 모든 준비가 됐다고 생각해서 교재와 강의안을 가져오지 않았다. 무려 15분 동안, 교실 안은 쥐 죽은 듯이 조용했고, 모든 학생들은 궁금해하며 그가 입을 열기를 기다렸다. 선총원은 숨을 한 번 깊게 들이마셨고, 마음이 천천히 안정되었다. 그가 수업 전에 준비했던 것들도 다시 머리 속에 떠올랐고 그러고 나서 바로 강의를 시작했다. 하지만 그는 여전히 매우 긴장해 있어서, 원래 수업 내용은 한 시간에 이야기를 끝낼 수 있을 것이라 예상했지만 20분도 안 되어서 이야기를 끝냈다.
　　그다음은 어떻게 해야 할까? 그는 다시 곤경에 빠졌다. 그는 어쩔 수 없이 분필을 들어 칠판에 ⁴⁰'오늘은 제가 처음으로 수업을 하는데, 여러분이 너무 많은 걸 보니 겁이 났습니다.'라고 적을 수밖에 없었다.
　　³⁸갑자기 교실 안에는 선의의 웃음소리가 터져 나왔고 곧이어 격려의 박수 소리가 울리기 시작했다.
　　이번 경험이 있었기 때문에, 이후의 수업에서 선총원은 긴장하지 않도록 스스로를 타일렀고, 천천히, 수업에서 침착해지기 시작했다.

37 沈从文没拿材料，是因为他觉得：
　A 自己准备得很充分
　B 讲课内容很少
　C 这样可以减轻压力
　D 材料限制自己的发挥

37 선총원이 자료를 가져가지 않은 것은 그가 어떻게 생각했기 때문인가?
　A 자신이 충분히 준비했다고 생각해서
　B 수업 내용이 적어서
　C 이렇게 하면 스트레스를 줄일 수 있어서
　D 자료가 자신의 발전을 제약해서

38 看见沈从文写的那句话，学生们：
A 生气地离开了教室
B 很受鼓舞
C 表示理解并鼓励了他
D 非常讨厌他

39 第2段中，"黑压压一片"指的是：
A 房间很暗　　**B 听课的人多**
C 没有学生　　D 教室很大

40 上文主要谈的是：
A 沈从文第一次讲课时的情景
B 沈从文如何从教师转变为诗人
C 紧张时应怎样做
D 中国社会的发展

38 션총원이 쓴 그 글을 보고, 학생들은?
A 화를 내며 교실을 떠났다
B 격려 받았다
C 그를 이해하고 격려한다는 것을 표현했다
D 그를 매우 싫어했다

39 두 번째 단락에서, '새까만 것'이 가리키는 것은?
A 방이 어둡다　　**B 수업을 듣는 사람이 많다**
C 학생이 없다　　D 교실이 크다

40 윗글이 주로 이야기하는 것은?
A 션총원이 처음으로 수업을 할 때의 모습
B 션총원이 어떻게 교사에서 시인으로 변했는지
C 긴장될 때 어떻게 해야 하는가
D 중국 사회의 발전

| **胡适** Hú Shì 고유 후스 [1891-1962, 현대 중국의 사상가이자 교육가] | **公学** gōngxué 명 공학 [해방 전 정부 재정에 의지하지 않았던 사립학교] | **经** jīng 동 통하다, 거치다 | **徐志摩** Xú Zhìmó 고유 쉬즈모 [1897-1931, 현대 중국의 시인. 신시 운동의 중심 인물. 미국 근대시를 연구하고 귀국한 뒤에 호적들과 함께 신월사를 조직함] | **聘用** pìnyòng 동 초빙하다, 초빙하여 임용하다 | **沈从文** Shěn Cóngwén 고유 션총원 [1902-1988, 현대 중국의 소설가] | **讲师** jiǎngshī 명 (대학의) 전임강사, 강사 | **主讲** zhǔjiǎng 동 강의를 맡다 | **★文学** wénxué 명 문학 | **选修课** xuǎnxiūkè 명 선택과목 | **当时** dāngshí 명 당시, 그때 | **已** yǐ 튄 이미, 벌써 [=已经] | **文坛** wéntán 명 문단, 문학계 | **崭露头角** zhǎnlù tóujiǎo 성 두각을 나타내다 [주로 젊은 사람을 가리킴] | **社会** shèhuì 명 사회 | **名气** míngqì 명 명성, 지명도 [=知名度] | **因此** yīncǐ 접 그래서, 이 때문에 | **满** mǎn 형 가득 차다, 가득하다 | **下边** xiàbian 명 아래쪽 | **黑压压** hēiyāyā 형 (사람이나 물건 등이 많이 밀집하여) 새까맣다 | **一片** yípiàn 명 온통, 전체 | **心里** xīnli 명 마음속, 마음 | **陡然** dǒurán 튄 갑자기, 돌연 | **凉** liáng 형 서늘하다, 차갑다 | **脑子** nǎozi 명 머리 | **变** biàn 동 변하다 | **空白** kòngbái 명 공백, 여백 | **连** lián 개 ~조차도, ~까지도 | **★无数** wúshù 형 수를 헤아리기 어렵다 | **遍** biàn 양 번, 차례, 회 [한 동작의 처음부터 끝까지의 전 과정을 가리킴] | **句** jù 양 마디, 구 [언어나 시문을 세는 단위] | **呆** dāi 형 멍하다 | **面色** miànsè 명 안색, 얼굴색 | **十分** shífēn 튄 매우, 아주 [=非常] | **尴尬** gāngà 형 (입장이) 난처하다, 곤란하다 | **双手** shuāngshǒu 명 두 손, 양손 | **晃** huàng 동 흔들다 | **A来A去** A lái A qù 이리저리 A하며 보다 [동사 뒤에 쓰여 동작이 끊임없이 반복됨을 나타냄] | **无处** wúchù 동 ~할 곳이 없다 | **以为** yǐwéi 동 여기다, 생각하다, 간주하다 | **成竹在胸** chéngzhú zàixiōng 성 일을 하기 전에 이미 모든 준비가 되어 있다 [대나무를 그리기 전에 마음속에 이미 대나무의 모습을 그리고 있다] | **教材** jiàocái 명 교재 | **教案** jiào'àn 명 강의안, 교안 | **整整** zhěngzhěng 튄 온전히, 꼬박 | **鸦雀无声** yāquèwúshēng 성 쥐 죽은 듯이 조용하다, 매우 고요하다 [까마귀와 참새 소리마저도 없다] | **所有** suǒyǒu 명 모든, 전부의 | **★好奇** hàoqí 형 궁금하게 생각하다, 호기심을 갖다 | **开口** kāikǒu 동 입을 열다, 말을 하다 | **深** shēn 형 깊다 | **吸** xī 동 들이마시다, 들이쉬다 | **一口气** yìkǒuqì 한 숨, 한 호흡 | **心情** xīnqíng 명 마음, 기분 | **慢慢** mànmān 튄 천천히, 느릿느릿 | **★平静** píngjìng 형 안정되다, 평온하다, 차분하다 | **下来** xiàlai 조 [형용사 뒤에 붙어 어떤 상태나 상황이 나타나기 시작하여 그 정도가 계속해서 심화됨을 나타냄] | **重新** chóngxīn 튄 다시, 재차 | **聚拢** jùlǒng 동 한곳에 모이다 | **讲课** jiǎngkè 동 강의하다, 수업하다 | **由于** yóuyú 개 ~때문에, ~로 인하여 | **★依然** yīrán 튄 여전히 | **紧张** jǐnzhāng 형 긴장해 있다 | **原本** yuánběn 튄 원래, 본래 | **授课** shòukè 동 수업하다, 강의하다 | **内容** nèiróng 명 내용 | **预计** yùjì 동 예측하다 | **可** kě 접 [이어진 단문에서 사건의 전환을 나타냄] ['可是(그러나)'에 상당함] | **接下来** jiē xiàlái 다음으로, 이어서 | **再次** zàicì 튄 다시, 재차 | **陷入** xiànrù 동 (불리한 지경에) 빠지다, 떨어지다 | **窘境** jiǒngjìng 명 곤경, 궁지 | **★无奈** wúnài 동 어찌 해 볼 도리가 없다, 할 수 없다, 부득이하다 | **只好** zhǐhǎo 튄 어쩔 수 없이, ~할 수밖에 없다 | **起** qǐ 동 ~하기 시작하다 [동사 뒤에 쓰여 동작의 시작을 나타내는 보어 역할을 함] | **粉笔** fěnbǐ 명 분필, 백묵 | **顿时** dùnshí 튄 갑자기, 곧바로 | **爆发** bàofā 동 갑자기 터져 나오다, 폭발하다 | **善意** shànyì 명 선의, 호의 | **笑声** xiàoshēng 명 웃음소리 | **随即** suíjí 튄 곧, 바로 [앞의 동작이나 상황이 발생한 후 즉시 뒤이어 발생함을 나타냄] | **响** xiǎng 동 울리다, 소리가 나다 | **★阵** zhèn 양 차례, 바탕 [잠시 동안 지속되는 일이나 동작을 세는 단위] | **鼓励** gǔlì 동 격려하다, (용기를) 북돋우다 | **掌声** zhǎngshēng 명 박수 소리 | **经历** jīnglì 명 경험, 경력 | **课堂** kètáng 명 수업 | **告诫** gàojiè 동 타이르다, 훈계하다 | **从容** cóngróng 형 침착하다, 허둥대지 않다 | **材料** cáiliào 명 자료 | **★充分** chōngfèn 형 충분하다 | **减轻** jiǎnqīng 동 줄다, 경감하다, 덜다 | **压力** yālì 명 스트레스 [减轻压力: 스트레스를 줄이다] | **★限制** xiànzhì 동 제약하다, 제한하다, 한정하다 | **★发挥** fāhuī 동 (잠재된 성질이나 능력을) 발휘하다, (생각 등을) 충분히 표현하다 | **受** shòu 동 받다 | **★鼓舞** gǔwǔ 동 격려하다, 고무하다 [受鼓舞: 격려를 받다] | **表示** biǎoshì 동 표시하다, 나타내다 | **理解** lǐjiě 동 이해하다, 알다 | **并** bìng 접 그리고, 또, 게다가 | **讨厌** tǎoyàn 동 싫어하다, 미워하다 | **指** zhǐ 동 가리키다 | **暗** àn 형 어둡다 | **听课** tīngkè 동 수업을 듣다 | **谈** tán 동 이야기하다 | **★情景** qíngjǐng 명 모습, 장면, 광경 | **★如何** rúhé 대 어떻게 | **教师** jiàoshī 명 교사 | **★转变** zhuǎnbiàn 동 바뀌다, 전환하다 | **诗人** shīrén 명 시인 | **怎样** zěnyàng 대 어떻게 | **发展** fāzhǎn 명 발전 |

● Day 37

41 A   42 D   43 C   44 B

● track yuedu 35

41 A [因+원인+而+결과 A해서 그래서 B하다]   질문에 '为什么'가 나오니 '因A而B'와 같은 인과 관계에 대한 표현에 주목하자. 지문에서 언급된 '嗓音高亮'이 보기에도 거의 그대로 제시되었다.

42 D [把A叫(做)B A를 B라고 부르다]   '把男性青春期的变声叫做倒仓'이라는 내용을 통해, '목이 잠기는(倒仓)' 현상은 일반적으로 '사춘기(青春期)'에 발생한다는 것을 알 수 있다.

A (×) 며칠이 지났다고만 했지 오랫동안 쉬어야 한다는 내용은 언급되지 않았다.

B, C (×) 지문에 언급되지 않았다.

43 C [分析+条件 조건을 분석하다 / 对A的研究 A에 대한 연구]   목이 잠기게 되었음에도 낙담하지 않고 이를 극복하기 위해 어떻게 노력했는지를 구체적으로 소개하며, '저우신팡이 목이 잠긴 후의 행동'에 대해 말하고 있다.

44 B [形成风格 스타일을 형성하다 / 创建+流派 유파를 만들다]   저우신팡은 목이 잠겼음에도 목소리의 특징을 살려 노력한 끝에 결국 경극의 대가가 되었다는 이야기이므로 B가 정답으로 가장 적합하다.

周信芳是一名京剧大师，⁴¹他因早年登台演出的时候嗓音高亮而闻名。冬日里的一天，周信芳早起到院子里练功时，一张口："一马离了……"发现自己的嗓音突然变得非常沙哑。他十分疑惑，又试着唱了几句，结果还是如此。他想，也许是因为昨天着凉了，于是他决定先休息几天。

但是过了好几天，周信芳的嗓子仍然未恢复正常。他这才慌了神，赶忙去找自己的前辈吕月樵。吕月樵一听便知道了，安慰他说："不用慌，你这是倒仓了。" ⁴²原来，在京剧界中把男性青春期的变声叫做倒仓，这期间，男性的声音会变得十分低粗暗哑。有的人会因为倒仓以后不能恢复原来的嗓音而变得一蹶不振，也有的人在度过这段时期以后反而能拥有更为理想的嗓音。

解除了心中的疑惑之后，周信芳更注意饮食了，每天坚持喊嗓锻炼，过了很长时间，他的嗓音总算有了一些好转，但未能恢复到原有的高亮状态，声音始终带有一丝沙哑。很多人都担心他的京剧生涯会因此结束，⁴³但他并不灰心，而是在分析了自己的嗓音条件以后，最终决定采用讲究气势的唱腔，并且尤其注重对角色感情的研究。经过自己长期的探索，周信芳不仅没有因倒仓受到限制，⁴⁴反而形成了他独特的唱腔风格，并且最终创建了一个在京剧老生中的重要流派——麒派。

저우신팡[周信芳]은 경극 대가이다. ⁴¹그는 젊은 시절 무대에 올라 공연을 할 때 목소리가 높고 밝아서 유명해졌다. 어느 겨울날, 저우신팡이 일찍 일어나서 정원에 나가 연습할 때, 입을 벌려 '떠나고 나니…'라고 하는데, 자신의 목소리가 갑자기 매우 잠겼다는 것을 알게 되었다. 그는 매우 의아하여, 또 몇 마디 불러 보았지만 결과는 여전히 같았다. 그는 어쩌면 어제 감기에 걸려서일 거라고 생각해서 우선 며칠 쉬기로 결정했다.

하지만 며칠이 지났음에도, 저우신팡의 목소리는 여전히 정상으로 회복되지 않았다. 그는 그제야 당황해서, 다급히 자신의 선배인 뤼위에치아오[吕月樵]를 찾아갔다. 뤼위에치아오는 듣자마자 바로 알아채고 그를 위로하며, "당황할 필요 없네. 자네는 목이 잠긴 거야."라고 말했다. ⁴²알고 보니, 경극계에서 남자의 사춘기에 목소리가 변하는 것을 목소리가 잠겼다고 부르는 것이었다. 이 기간 동안 남자의 목소리는 매우 낮고 굵으며 목이 쉬어 탁하게 변한다. 어떤 사람은 목소리가 잠긴 후 원래의 목소리로 회복하지 못해 좌절해서 다시는 일어서지 못하고, 또 어떤 사람은 이 시기를 견뎌낸 후 오히려 더욱 이상적인 목소리를 지니게 된다.

마음속의 의혹을 없애고 나서, 저우신팡은 식사에 더욱 주의했고, 매일 발성 연습을 계속했다. 매우 긴 시간이 지나고, 그의 목소리는 대체적으로 약간 호전되었지만, 원래의 높고 맑은 상태로 회복될 수는 없었고, 목소리에는 계속해서 다소 잠긴 소리가 남아 있었다. 많은 사람들이 그의 경극 생활이 이로 인해 끝날 것이라고 걱정했지만 ⁴³그는 결코 낙담하지 않고, 자신의 목소리 조건을 분석한 후, 최종적으로 '기세를 중요시하는 노래 곡조'를 쓰기로 결정했고, 특히 역할의 감정에 대한 연구를 중시했다. 스스로 장기적인 연구를 통해, 저우신팡은 목이 잠긴 것 때문에 제약을 받지 않았을 뿐만 아니라, ⁴⁴오히려 그의 독특한 창법 스타일을 형성하였고, 최종적으로는 경극에서 나이 많은 남자 배역의 중요한 유파인 '치파(麒派)'를 창설했다.

41 周信芳最开始为什么有名？
A 嗓音高亮　　　B 诗写得好
C 表演非常生动　D 精通书法

42 根据第2段，下列哪项正确？
A 倒仓后得长期休息
B 周信芳未获奖
C 吕月樵带他去看了医生
D 倒仓一般发生在青春期

43 第3段主要谈的是：
A 后人对周信芳的信任
B 京剧的学习方法
C 周信芳倒仓后的表现
D 周信芳的青春期

44 最适合做上文标题的是：
A 周信芳的影响力
B 巧用嗓音，成就大师
C 倒仓是医学难题
D 周信芳的好朋友

41 저우신팡은 맨 처음에 왜 유명했는가？
A 목소리가 높고 밝아서　B 시를 잘 써서
C 연기가 매우 생동감 있어서 D 서예에 정통해서

42 두 번째 단락에 근거해, 다음 중 옳은 것은?
A 목이 잠긴 후 오랫동안 쉬어야 한다
B 저우신팡은 상을 받지 못했다
C 뤼위에치아오는 그를 데리고 진찰을 받으러 갔다
D 목이 잠기는 것은 일반적으로 사춘기에 발생한다

43 세 번째 단락이 주로 이야기하는 것은:
A 후세의 저우신팡에 대한 신임
B 경극의 학습 방법
C 저우신팡이 목이 잠긴 후의 행동
D 저우신팡의 사춘기

44 윗글의 제목으로 가장 적절한 것은:
A 저우신팡의 영향력
B 목소리를 알맞게 사용하여, 대가가 되다
C 목이 잠기는 것은 의학의 난제이다
D 저우신팡의 좋은 친구

周信芳 Zhōu Xìnfāng 저우신팡 고유 [1895–1975, 중국 경극 공연예술가] | **京剧** jīngjù 명 경극 | **大师** dàshī 명 대가, 거장 | **早年** zǎonián 명 젊은 시절, 젊었을 때 | **登台** dēngtái 동 무대에 오르다 | **演出** yǎnchū 동 공연하다 | **因A而B** yīn A ér B A해서 그래서 B하다 | ★**亮** liàng 형 소리가 크고 맑다 | **嗓音** sǎngyīn 명 목소리 | **闻名** wénmíng 형 유명하다 [=有名, 著名] | **冬日** dōngrì 명 겨울 | **一天** yìtiān 명 어느 날 | **早起** zǎoqǐ 동 일찍 일어나다 | **院子** yuànzi 명 정원, 뜰 | **练功** liàngōng 동 (기예)연습하다, 연마하다 | **张口** zhāngkǒu 동 입을 벌리다, 입을 열다 | **沙哑** shāyǎ 형 목이 잠기다 | **十分** shífēn 부 매우, 아주 [=非常] | **疑惑** yíhuò 동 의아하다, 의심하다 | **接着** jiēzhe 부 이어서, 연이어 | **试** shì 동 시험 삼아 해 보다 | **句** jù 양 마디, 구, 편 [언어나 시문을 세는 단위] | **结果** jiéguǒ 명 결과 | **如此** rúcǐ 대 이와 같다, 이러하다 | **也许** yěxǔ 부 어쩌면, 아마도 [추측이나 짐작을 하여 단정하지 못함을 나타냄] | **着凉** zháoliáng 동 감기에 걸리다 [=感冒] | **于是** yúshì 접 그래서, 그리하여 | **先** xiān 부 우선, 먼저 | **先A然后B** 먼저 A하고나서 B하다 | **好几** hǎojǐ 수 몇, 여러 [양사·시간 명사 앞에 쓰여 많거나 오래됨을 나타냄] | ★**嗓子** sǎngzi 명 목소리 | **仍然** réngrán 부 여전히, 변함없이, 아직도 | **未** wèi 부 아직 ~하지 않다 [=还没] | **恢复** huīfù 동 회복되다 | **正常** zhèngcháng 형 정상적인 | **慌神(儿)** huāngshén(r) 동 당황하다, 안절부절못하다 | **赶忙** gǎnmáng 부 다급히, 서둘러, 재빨리 | **前辈** qiánbèi 명 선배 | ★**便** biàn 부 곧, 바로 [=一A便/就B: A하자마자 B하다] | ★**安慰** ānwèi 동 위로하다 | **慌** huāng 형 당황하다, 허둥대다 | **倒仓** dǎocāng (중국 전통극 배우의) 목소리가 잠기다, 목청이 사춘기에 변성하다 | **原来** yuánlái 부 알고 보니 형 원래의 | **男性** nánxìng 형 남자의, 남성의 | **青春期** qīngchūnqī 명 사춘기 | **变声** biànshēng 동 (변성기에 낮고 굵은 톤으로) 목소리가 변한다, 변성하다 | **叫做** jiàozuò 동 ~라고 부르다 [把A叫做B: A를 B라고 부르다] | ★**期间** qījiān 명 기간, 시간 | **粗** cū 형 굵다 | **暗** àn 형 어둡다, 밝지 못하다 | **哑** yǎ 형 목이 쉰 동 목이 쉬다 [暗哑: 목이 쉬어 낮고 분명하지 않은 소리] | **一蹶不振** yíjué búzhèn 한 번 좌절하고는 다시 분발하지 못하다 | ★**度过** dùguò 동 (시간을) 보내다, 지내다, 넘기다 | ★**时期** shíqī 명 (특정한) 시기 | **反而** fǎn'ér 부 오히려, 도리어 | **拥有** yōngyǒu 동 지니다, 가지다, 보유하다 | **更为** gèngwéi 부 더욱, 더, 훨씬 | **理想** lǐxiǎng 형 이상적이다, 더할 나위 없다 | **解除** jiěchú 동 없애다, 제거하다, 해소하다 | **饮食** yǐnshí 명 음식을 먹고 마시다 | **坚持** jiānchí 동 지속하다, 견지하다 | ★**喊** hǎn 동 외치다, 소리치다 | **嗓** sǎng 명 목소리 | ★**总算** zǒngsuàn 부 대체로 ~한 셈이다 | **好转** hǎozhuǎn 동 호전되다, 좋아지다 [好点儿] | **原有** yuányǒu 형 원래 있는, 고유의 | ★**状态** zhuàngtài 명 상태 | ★**始终** shǐzhōng 부 시종일관, 한결같이 | **一丝** yìsī 조금, 한 가닥 | **沙哑** shāyǎ 형 목이 잠기다 | **生涯** shēngyá 명 생활, 생애 | **因此** yīncǐ 접 이로 인하여, 그래서 | **并** bìng 부 결코 [부정사 앞에 쓰여 부정의 어투 강조] | ★**灰心** huīxīn 동 낙담하다, 낙심하다 | ★**分析** fēnxī 동 분석하다 | **条件** tiáojiàn 명 조건 | **最终** zuìzhōng 형 최종의, 맨 마지막의 | **采用** cǎiyòng 동 적합한 것을 골라 쓰다, 채용하다 | ★**讲究** jiǎngjiu 동 중요시하다 [=重视, 注重], 신경을 쓰다 | **气势** qìshì 명 기세 | **唱腔** chàngqiāng 명 (중국 전통극의) 노래 곡조, 노래 가락 | **并且** bìngqiě 접 그리고, 나아가 | **尤其** yóuqí 부 특히, 더욱이 | **注重** zhùzhòng 동 중시하다, 중점을 두다 | **角色** juésè 명 역할, 배역 | **感情** gǎnqíng 명 감정 | **研究** yánjiū 명 연구 | **经过** jīngguò 개 ~를 통해서 | **长期** chángqī 명 장기간, 장시간 | **探索** tànsuǒ 동 탐색하다, 찾다 | **不仅** bùjǐn 접 ~할 뿐만 아니라 | **受到** shòudào 동 받다, 얻다 | ★**限制** xiànzhì 명 제약, 제한, 규정된 범위 | ★**形成** xíngchéng 동 형성하다, 이루다 | ★**独特** dútè 형 독특하다, 특이하다 | ★**风格** fēnggé 명 스타일, 풍격, 기풍 [形成风格: 스타일을 형성하다] | **创建** chuàngjiàn 동 창설하다, 창립하다, 창건하다 | **老生** lǎoshēng 명 중국 전통극에서 중년 이상의 남자 배역 | **流派** liúpài 명 유파, 분파 | **诗** shī 명 시 | **表演** biǎoyǎn 동 연기 연기하다 | ★**生动** shēngdòng 형 생동감 있다, 생생하다 | ★**精通** jīngtōng 동 정통하다, 통달하다 | **书法** shūfǎ 명 서예 | **项** xiàng 양 항, 종목 | **获奖** huòjiǎng 동 상을 받다, 수상하다 | **发生** fāshēng 동 발생하다, 일어나다 | **后人** hòurén 명 후세 사람 | **信任** xìnrèn 명 신임 동 신임하다 | **方法** fāngfǎ 명 방법, 방식 | ★**表现** biǎoxiàn 명 행동, 태도 | **适合** shìhé 동 적절하다, 알맞다 | **标题** biāotí 명 제목 | **影响力** yǐngxiǎnglì 명 영향력 | **巧** qiǎo 형 딱 알맞다 | ★**成就** chéngjiù 동 이루어내다, 성취하다 | **医学** yīxué 명 의학 | **难题** nántí 명 난제, 어려운 문제

> **tip** 不仅(没/不)A反而B : A하지 않을 뿐만 아니라 오히려 B하다
> ◆ 他<u>不仅没</u>把钱还给我，<u>反而</u>还骂了我。 그는 내 돈을 갚지 않았을 뿐 아니라, 오히려 나를 욕하기까지 했다.

Day 38

● track yuedu 36

45 **A**   46 **B**   47 **D**   48 **D**

45 A [时间太长 시간이 너무 길다 → 很久 아주 오래]   질문의 핵심 어구인 '抱怨'에 대한 이유를 지문 첫 문장에서 '수하물을 기다리는 시간이 너무 길어서'라고 찾을 수 있다.

46 B [比之前多走 전보다 많이 걷다 → 增加了走路的时间 걷는 시간을 늘리다]   경영학자는 승객들이 수하물을 수취하러 갈 때 '예전보다 약 6분을 더 걷게 되는(比之前多走大约6分钟)' 해결책을 제시했고, 이는 즉, '승객의 걷는 시간이 늘어난 것'이므로 B가 정답이다.

A (×) 경영학자의 방법이 효과적이었다는 결과를 통해, '공항의 허가를 받았다'고 추측할 수 있다.

C (×) 경영학자의 방법 제시 전에 이루어진 일이다.

D (×) 지문에서 절차에 대한 언급은 없었다.

47 D [立竿见影的成效 ≒ 立刻产生明显的效果 즉시 분명한 효과가 나타나다]   성어 '立竿见影(즉시 효과가 나타나다)'의 뜻을 잘 모르더라도 성어 뒤에 '수하물을 다시 찾을 때 기다리는 시간이 너무 길어서 불만을 토로하거나 신고하는 승객이 매우 적었다'라고 했기 때문에 문맥상 보기 'D. 立刻产生明显的效果(즉시 분명한 효과가 나타났다)'가 정답으로 가장 적합하다.

48 D [将等待行李的时间缩短到了9分钟 → 9分钟的分配 9분의 분배]   이 글은 수하물을 기다리는 시간 '총 9분'을 어떻게 '분배'해 승객들의 불만을 줄어들게 했는지에 관한 내용이므로, 제목으로 가장 적절한 보기는 'D. 9分钟的分配(9분의 분배)'이다.

---

⁴⁵以前，经常有乘客会抱怨等待行李的时间太长，为此，机场的工作人员十分头疼。

为了解决这个问题，⁴⁶有一个机场增派了更多行李员，⁴⁸将等待行李的时间缩短到了9分钟。工作人员原本以为这样做就能有效地平复乘客们的情绪，可是令他们意外的是，乘客们的抱怨并没有因此而减少。

机场工作人员只好向一位著名的管理学家求助。管理学家经过调查之后发现，乘客取行李的时间是由两部分组成的，即走到行李提取处的时间与等待取行李的时间。前者大约只要1分钟，但后者却要将近8分钟。这也就是说，乘客们的时间几乎都花在了无所事事的等待上。

⁴⁶这位管理学家由此提出了一个解决方案：增加行李到机舱出口的距离。这样一来，虽然乘客们去取行李的时候会比之前多走大约6分钟，但是走到行李提取处以后，却只需要等

---

⁴⁵예전에 수하물을 기다리는 시간이 너무 길다고 불평하는 승객이 자주 있었고, 이 때문에 공항 직원은 매우 골치가 아팠다.

이 문제를 해결하기 위해, ⁴⁶한 공항에서 더 많은 수하물 담당 직원을 추가 파견했고, ⁴⁸수하물을 기다리는 시간을 9분으로 단축했다. 직원들은 원래 이렇게 하면 효과적으로 승객들의 기분을 좋아지게 할 수 있을 것이라 생각했지만, 그들에게 의외라고 느끼게 한 것은, 승객들의 불만이 이로 인해 결코 줄어들지 않았다는 점이었다.

공항 직원들은 어쩔 수 없이 한 유명한 경영학자에게 도움을 요청할 수밖에 없었다. 경영학자는 조사를 거친 후, 승객들이 수하물을 찾는 시간은 두 부분으로 구성되는데, 바로 수하물을 찾는 곳에 가는 시간과 수하물을 기다리는 시간이라는 점을 발견했다. 전자는 대략 1분 밖에 되지 않지만, 후자는 반대로 거의 8분에 가까웠다. 다시 말하면, 승객들의 시간이 거의 아무 일도 하지 않고 기다리는 데에 쓰이고 있다는 것이었다.

⁴⁶이 경영학자는 이에 근거해 한 가지 해결 방안을 제시했

待大约两分钟就可以拿到自己的行李。

⁴⁷这个新方案施行以后，便取得了立竿见影的成效，很少有乘客再因取行李时等待的时间太长而抱怨或者投诉。其实，新方案并未缩短取行李的总时长，⁴⁸它只是将走到行李提取处的时间及等待取行李的时间进行了调整而已。这一调整使乘客把大多数的等待时间花在了走路上，而走路和站着等待相比，时间似乎过得也更快，乘客们的心理时间被缩短了，他们的抱怨也自然就减少了。

45 乘客为什么经常抱怨？
   A 取行李时要等很久
   B 行李总是丢失
   C 机场服务太差
   D 航班经常延误

46 关于管理学家所提出的方案，可以知道：
   A 未被机场批准
   B 增加了乘客走路的时间
   C 增派更多行李员
   D 增加了取行李的手续

47 最后一段中画线部分的意思最可能是：
   A 新方法被运用
   B 有矛盾的说法
   C 传播范围很广
   D 立刻产生明显的效果

48 最适合做上文标题的是：
   A 乘客的问题
   B 管理学家的责任
   C 你今天运动了吗
   D 9分钟的分配

| **部分** bùfen 명 부분, 일부 | ★ **组成** zǔchéng 동 구성하다, 조직하다 [由A组成: A로 구성하다] | **即** jí 부 바로, 곧 | **提取** tíqǔ 동 찾다 | **处** chù 명 곳, 장소 | **前者** qiánzhě 부 전자, 앞의 것 | **大约** dàyuē 부 대략, 대강 | **后者** hòuzhě 대 후자, 뒤의 것 | **将近** jiāngjìn 부 거의 ~에 가깝다, 거의 ~에 이르다 | **也就是说** yě jiùshì shuō 바꾸어 (다시) 말하자면 ~라는 의미이다 | **无所事事** wúsuǒ shìshì 성 하는 일이 없다, 할 만한 일이 없다 | **由此** yóucǐ 부 이에 근거하여, 이에 따라 | **提出** tíchū 동 제시하다, 제기하다, 제출하다 | ★ **方案** fāng'àn 명 방안 | **增加** zēngjiā 동 늘리다, 증가하다 | **机舱** jīcāng 명 기내, 비행기의 객실 또는 화물칸 | ★ **出口** chūkǒu 명 출구 | **距离** jùlí 명 거리, 간격 | **这样一来** zhèyàngyìlái 이렇게 되면 | **之前** zhīqián 명 ~이전, ~의 앞 | **拿到** nádào 동 받다, 손에 넣다 | **施行** shīxíng 동 시행하다, 실행하다 | ★ **便** biàn 부 곧, 바로 [=就] | **取得** qǔdé 얻다, 취득하다 | **立竿见影** lìgān jiànyǐng 성 장대를 세우면 그림자가 나타난다 [=즉시 효과가 나타난다] | **成效** chéngxiào 명 효과, 효능 | **因** yīn 접 ~때문에, ~로 인하여 | **或者** huòzhě 접 혹은, 또는 | **投诉** tóusù 동 (기관·관계자에게) 신고하다, 불평하다 | **未** wèi 부 ~이(가) 아니다, 아직 ~하지 않다 | **总** zǒng 형 전체의, 전부의 | **时长** shícháng 명 시간의 길이 | **进行** jìnxíng 동 진행하다 | ★ **调整** tiáozhěng 동 조정하다, 조절하다 | **而已** éryǐ 조 ~뿐이다 | **使** shǐ 동 ~하게 하다, ~하게 시키다 [=让] | **大多数** dàduōshù 형 대부분의, 대다수의 | **相比** xiāngbǐ 동 비교하다, 견주다 | ★ **似乎** sìhū 부 마치 ~인 것 같아 | ★ **心理** xīnlǐ 명 심리 | **自然** zìrán 형 자연스럽다 | **丢失** diūshī 동 잃어버리다, 분실하다 | **服务** fúwù 동 서비스하다 | **航班** hángbān 명 항공편, 운항편 | **延误** yánwù 동 (일을) 지체하다, (시기를) 놓치다 | ★ **批准** pīzhǔn 동 허가하다, 비준하다, 승인하다 | ★ **手续** shǒuxù 명 절차, 수속 | **线** xiàn 명 줄, 선 | **方法** fāngfǎ 명 방법, 수단 | **运用** yùnyòng 동 활용하다, 응용하다 | ★ **矛盾** máodùn 형 모순적이다 | **说法** shuōfa 명 견해, 의견 | ★ **传播** chuánbō 동 널리 퍼뜨리다, 전파하다 | ★ **范围** fànwéi 명 범위 | **广** guǎng 형 넓다 | ★ **立刻** likè 부 즉시, 바로 | ★ **产生** chǎnshēng 동 나타나다, 발생하다 | ★ **明显** míngxiǎn 형 분명하다, 뚜렷하다 | **效果** xiàoguǒ 명 효과 | **适合** shìhé 동 적절하다, 알맞다 | **标题** biāotí 명 제목, 타이틀 | **责任** zérèn 명 책임 | ★ **分配** fēnpèi 동 분배하다, 배정하다 |

A+令+B(대상)+C(감정) A는 B로 하여금 C를 느끼게 한다

◆ 他的话**令**我很**难过**。 그의 말은 나를 슬프게 한다.

◆ 这件事**令**不少网友感到**可惜**。 이 일은 많은 네티즌들을 안타깝게 했다.

쓰기 제1부분 01 품사·문장성분

본서 p.153

● **Day 01**　정답은 아래 해설 참고

1　　　명사　　대사　　부사　　동사　　동사　　조사　　형용사　조사　　명사
　　　　昨天　　他　　已经　　做　　完　　了　　所有　　的　　作业。 어제 그는 이미 모든 숙제를 끝냈다.
　　　　부사어　주어　부사어　술어　보어　了　관형어　的　목적어

所有 suǒyǒu 형 모든, 일체의

2　　　대사　　부사　　동사　　형용사　조사　명사
　　　　他们　　比较　　喜欢　　咸　　的　　菜。 그들은 짠 음식을 비교적 좋아한다.
　　　　주어　　부사어　술어　　관형어　的　목적어

咸 xián 형 (맛이) 짜다

3　　　대사　조사　명사　　명사　　부사　　형용사
　　　　她　　的　　学习　　成绩　　非常　　优秀。 그녀의 학업 성적은 매우 우수하다.
　　　　관형어　的　관형어　주어　　부사어　술어

优秀 yōuxiù 형 우수하다, 뛰어나다

4　　　명사　　개사　대사　조사　명사　　부사　형용사
　　　　学校　　对　　我们　的　　要求　　不　　高。 학교는 우리에 대한 요구가 높지 않다.
　　　　주어　　　　부사어　　　　　　　　　　　술어

5　　　대사　동사　부사　형용사　조사　명사+명사
　　　　我　　有　　最　　贵　　的　　苹果手机。 나는 가장 비싼 아이폰을 가지고 있다.
　　　　주어　술어　　관형어+的　　　　목적어

6　　　명사　　동사　　명사　　동사
　　　　博物馆　禁止　　人们　　拍照。 박물관은 사람들이 사진 찍는 것을 금지한다.
　　　　주어1　　술어1　　주어2　　술어2
　　　　　　　　　　　　　　목적어

★**博物馆** bówùguǎn 명 박물관 | **禁止** jìnzhǐ 동 금지하다 | **拍照** pāizhào 동 사진을 찍다, 촬영하다

	대사+양사	명사	명사	부사	부사	동사	조사	
7	那家	公司	去年	就	已经	破产	了。	그 회사는 작년에 이미 파산했다.
	관형어	주어		부사어		술어	了	

★破产 pòchǎn 동 파산하다, 도산하다

	대사+양사	명사+조사	명사	부사	형용사	
8	这些	学生的	实力	非常	强。	이 학생들의 실력은 매우 강하다.
	관형어+的		주어	부사어	술어	

实力 shílì 명 실력, 힘

쓰기 제1부분 02 동사

본서 p.159

● Day 02

1 鸽子是和平的象征。
2 我们决定接受记者的采访。
3 我们都期待会有奇迹发生。
4 恭喜你获得第一名。
5 老板同意我们提出的方案。
6 我们已经结婚十多年了。
7 会议的成功给了她很大的信心。
8 开会时我跟上司见过面。

---

1 鸽子 和平的 是 象征 ─────────── [A(특정 어휘) 是 B(설명) A는 B이다]

명사	동사	명사+조사	명사	
鸽子	是	和平的	象征。	비둘기는 평화의 상징이다.
주어	술어	관형어+的	목적어	

STEP 1 'A是B' 형식에서 A에는 '특정한 어휘', B에는 주어를 설명하는 '구체적인 내용'이 온다. 따라서 특정적인 어휘 '鸽子'가 A 자리에, 남은 명사 '象征'은 B 자리에 온다. ('和平的'는 조사 '的'와 결합해 있으므로, 주어나 목적어가 될 수 없다.)

STEP 2 '和平的'는 목적어 앞에 위치해 목적어를 꾸며 주는 역할을 한다.

★鸽子 gēzi 명 비둘기 | ★和平 hépíng 명 평화 | ★象征 xiàngzhēng 명 상징, 표시

 tip '和平的象征是鸽子。'도 답으로 인정된 문제였지만, 보통 'A是B' 구문에서 A 자리에는 '특정한 어휘'가 오고, B 자리에는 '설명'이 오는 것이 일반적이다.

2 决定 我们 的 采访 接受记者 ─────────────── [决定 + 행동 ~하기로 결정하다]

대사	동사	동사+명사	조사	명사
我们	决定	接受记者	的	采访。 우리는 기자의 인터뷰를 수락하기로 결정했다.
주어	술어	술어+관형어	的	목적어
		목적어		

STEP 1 제시어에 여러 개의 동사가 등장하는 경우, 먼저 동사의 특징을 파악해야 한다. 동사 '决定'은 문장을 목적어로 받을 수 있으므로 다른 동사들보다 일반적으로 앞에 위치하여 술어가 된다.

STEP 2 동사 '接受'는 뒤에 '수락하는 내용'이 온다. 조사 '的'는 '记者' 뒤에 위치하여 '记者'와 '采访'을 연결해 준다. 즉, '接受记者的采访'이라는 문장이 술어 '决定'의 목적어가 된다. 인칭대사 '我们'은 문장 맨 앞에 위치해 문장의 주어 역할을 한다. [*인칭대사는 일반적으로 맨 앞에 많이 나온다.]

决定 juédìng 동 결정하다 | 接受 jiēshòu 동 수락하다, 받아들이다 | 记者 jìzhě 명 기자 | ★采访 cǎifǎng 명 인터뷰

3 会 都期待 奇迹发生 有 我们 ─────────────── [期待 + 바라는 내용 ~를 기대하다]

대사	부사+동사	조동사	동사	명사+명사
我们	都期待	会	有	奇迹发生。 우리는 모두 기적이 일어나기를 기대한다.
주어	부사어+술어	부사어	술어	목적어
		목적어		

STEP 1 '期待'가 문장을 목적어로 받을 수 있으므로, 동사 '期待'와 '有' 중 술어는 '期待'이다. 그리고, '期待' 앞에 복수 어휘와 함께 쓰이는 부사 '都'가 있다는 점에서 주어가 '我们'(우리)임을 알 수 있다.

STEP 2 남은 제시어 '会' '奇迹发生' '有'는 '会[조동사]+有[동사]+奇迹发生[명사구]' 순서로 배열되어 술어 '期待'의 목적어가 된다.

★期待 qīdài 동 기대하다, 바라다 | ★奇迹 qíjì 명 기적 | 发生 fāshēng 명 발생

4 获得 恭喜 第一名 你 ─────────────── [恭喜 + 대상(A) + 축하하는 내용(B) A가 B한 것을 축하하다]

동사	대사	동사	명사
恭喜	你	获得	第一名。 너 일등한 것 축하해.
술어	주어	술어	목적어
		목적어	

STEP 1 동사 '恭喜'는 일반적으로 문장 맨 앞에 위치하고, 주술목 구조의 문장을 목적어로 취한다. 목적어로는 축하 받는 대상과 축하하는 내용이 순서대로 온다.

STEP 2 남은 제시어 '获得' '第一名' '你'는 '你[축하 받는 대상]+获得第一名[축하하는 내용]' 순서로 쓰여, '恭喜'의 목적어가 된다. '获得第一名(일등을 하다)'은 자주 쓰는 짝꿍 표현이니 반드시 기억하자!

★恭喜 gōngxǐ 동 축하하다 | 获得 huòdé 동 얻다, 획득하다 | 第一名 dì yī míng 명 일등

 동사 '恭喜 gōngxǐ 축하하다' '祝贺 zhùhè 축하하다' '麻烦 máfan 귀찮게 하다'는 어순 배열 문제에서 일반적으로 맨 앞에 위치한다.

5 的方案 老板 我们提出 同意 ――――――――――――― [同意+동의하는 내용 ~에 동의하다]

명사	동사	대사+동사	조사+명사	
老板	同意	我们提出	的方案。	사장님은 우리가 제안한 방안에 동의한다.
주어	술어	관형어	的+목적어	

STEP 1 두 개의 동사 '同意' '提出' 중 술어는 무엇일까? '同意'는 문장을 목적어로 받을 수 있는 동사로, 동사가 여러 개가 나올 경우, 일반적으로 문장의 술어가 된다. '的方案' 앞에는 남은 제시어 '我们提出'와 '老板' 모두 가능하므로 주어를 먼저 찾자.

STEP 2 주어는 술어 '同意'와 호응 여부로 판단하면 된다. '동의하다'라는 행위를 할 수 있는 주체인 '老板(사장님)'이 문장의 주어가 되며, '我们提出'는 '的方案' 앞에 위치해 관형어 역할을 한다.

★**老板** lǎobǎn 명 사장 | **同意** tóngyì 동 동의하다, 찬성하다 | **提出** tíchū 동 제의하다, 말을 꺼내다 | ★**方案** fāng'àn 명 방안

> **tip** 동사가 여러 개일 때, 일반적으로 '决定 juédìng 결정하다' '期待 qīdài 기대하다' '同意 tóngyì 동의하다'가 문장 전체의 술어가 된다.

6 了 结婚 已经 我们 十多年 ――――――――――――― [已经……了 이미 ~했다]

대사	부사	동사	수량사	조사	
我们	已经	结婚	十多年	了。	우리는 이미 결혼한 지 10여 년이 되었다.
주어	부사어	술어	보어	了	

STEP 1 술어는 동사 '结婚'이고, 주어는 '결혼하다'라는 행위의 주체인 '我们'이다.

STEP 2 부사 '已经'은 술어[结婚] 앞에 위치해 부사어 역할을 한다. '十多年'은 시간의 양을 나타내는 시량보어이므로 술어 뒤에 위치한다. 조사 '了'는 '已经……了(이미 ~했다)'라는 표현으로 쓰인 것으로, 문장 맨 뒤에 위치한다.

已经 yǐjīng 부 이미, 벌써 | **结婚** jiéhūn 동 결혼하다 | **多** duō 수 ~여

7 她 很大的 给了 信心 会议的成功 ――――――――――――― [给+사람(A)+추상적인 사물(B) A에게 B를 주다]

명사+조사+명사	동사+조사	대사	부사+형용사+조사	명사	
会议的成功	给了	她	很大的	信心。	회의의 성공은 그녀에게 큰 자신감을 주었다.
관형어+的+주어	술어+了	목적어1	관형어+的	목적어2	

STEP 1 동사 '给'는 이중 목적어를 취한다는 특징을 떠올리자! 이중 목적어는 '사람 목적어+추상 목적어' 어순이므로, 인칭대사 '她'가 사람 목적어 자리에 쓰인다.

STEP 2 두 번째 목적어인 추상 목적어 자리에는 '会议的成功'과 '信心' 중 무엇이 와야 할까? 두 제시어 모두 '추상적'인 성질의 단어이므로, 문맥까지 동시에 파악하여야 해결할 수 있다. 문맥상 '成功(성공)[주어]'이 그녀에게 '信心(자신감)[두 번째 목적어]'을 주는 것이 알맞다. '很大的'는 목적어 '信心'을 수식하여 목적어 앞에 위치한다.

会议 huìyì 명 회의 | **成功** chénggōng 명 성공 | **给** gěi 동 ~에게 ~를 주다 | **信心** xìnxīn 명 자신감, 확신

8 见过 跟上司 开会时我 面 ——————————————————[跟……见面 ~와 만나다]

동사+명사+대사	개사+명사	동사+조사	명사
开会时我	跟上司	见过	面。회의할 때, 나는 상사와 만난 적이 있다.
부사어+주어	부사어	술어+过	목적어

STEP 1 '见面(만나다)'은 이합동사로, 동태조사[过]는 동사 성분 바로 뒤에 위치한다. '跟……见面(~와 만나다)'은 자주 나오는 고정격식으로, 제시어 '跟上司'는 '见' 앞에 위치해 부사어 역할을 한다.

STEP 2 시점을 나타내는 '开会时'와 인칭대사 '我'가 조합된 '开会时我'는 각각 문장의 부사어, 주어로서 개사구 '跟上司' 앞에 위치한다. 시점을 나타내는 어휘는 일반적으로 주어 앞뒤에 온다.

开会 kāihuì 동 회의를 하다 | 跟 gēn 개 ~와 | 上司 shàngsi 명 상사, 상관

쓰기 제1부분 03 형용사

본서 p.164

● **Day 03**
1 那几家公司竞争非常激烈。
2 指南针是一个非常了不起的发明。
3 奶奶做的宫保鸡丁很地道。
4 她是一位著名的作家。
5 她制定的那个计划相当出色。
6 这次方案设计得比较详细。
7 请您主动地填写资料。
8 他把脏衣服洗得干干净净的。

1 公司 竞争 非常 那几家 激烈 ——————————————————[竞争激烈 경쟁이 치열하다]

대사+수사+양사	명사	명사	부사	형용사
那几家	公司	竞争	非常	激烈。그 몇몇 회사의 경쟁이 매우 치열하다.
관형어	주어		부사어	술어

STEP 1 술어는 형용사 '激烈'로, 정도부사 '非常'의 수식을 받으며, 명사 '竞争'과 '주어-술어'로 호응한다. '竞争激烈(경쟁이 치열하다)'는 빈출 짝꿍 표현이니 꼭 기억하자.

STEP 2 '那几家'에서 '家'는 건물을 세는 양사이므로 명사 '公司' 앞에 위치한다. 형용사 술어문 뒤에는 목적어가 올 수 없으므로 '那几家公司'는 어법상, 문맥상 주어 '竞争' 앞에 위치해 관형어 역할을 한다. 양사와 명사 어순 문제는 거의 매 회 출제된다.

竞争 jìngzhēng 명 경쟁 | ★激烈 jīliè 형 치열하다, 격렬하다

2 一个 指南针 了不起的 是 非常 发明 ─────────── [관형어의 어순: 수량사+부사+형용사+的+중심어]

명사	동사	수사+양사	부사	형용사+조사	명사
指南针	是	一个	非常	了不起的	发明。
주어	술어	관형어	부사어	관형어+的	목적어
			관형어+的		

나침반은 매우 뛰어난 발명이다.

STEP 1 '是'는 술어 1순위 동사라고 생각해도 좋다. '是'는 술어로서 'A+是+B(A는 B이다)' 형태로 쓰일 수 있다. 이때 A에는 특정적인 어휘, B에는 구체적인 설명이 온다. 따라서, A에는 '指南针'이, B에는 '……发明'이 위치해야 한다.

STEP 2 정도부사[非常]는 형용사[了不起]를 앞에서 수식한다. 수량사와 형용사구가 관형어 역할을 할 경우 '수량사+형용사구' 어순으로 배열하므로, 결과적으로 '一个非常了不起的' 순서로 배열된다.

指南针 zhǐnánzhēn 몡 나침반 | ★了不起 liǎobuqǐ 혱 뛰어나다 | 发明 fāmíng 몡 발명

3 地道 宫保鸡丁 奶奶 很 做的 ─────────── [형용사 술어문: 정도부사+형용사]

명사 동사+조사	명사	부사	형용사
奶奶 做的	宫保鸡丁	很	地道。
관형어+的	주어	부사어	술어

할머니가 만든 궁바오지딩은 정통(의 맛)이다.

STEP 1 '做'가 '동사'라는 것만 생각하고 '做'를 술어로 생각했다면 문제가 풀리지 않았을 것이다. 이 문제에서 동사 '做'는 뒤에 구조조사 '的'가 붙은 형태로 제시되었다는 점을 알아채고, '형용사'도 술어로 쓰일 수 있다는 점을 떠올렸다면 쉽게 풀 수 있다. 이 문장은 형용사 술어문이므로, '很[정도부사]+地道[술어]' 순서로 배열한다.

STEP 2 '地道'는 '정통이다'라는 뜻을 나타내므로, '地道'에 주어로 호응할 수 있는 것은 '宫保鸡丁(궁바오지딩)'이다. '做的'는 어법상, 문맥상 '奶奶+做的' 순서로 결합하여 주어 '宫保鸡丁'을 앞에서 꾸며 주는 역할을 한다.

宫保鸡丁 Gōngbǎojīdīng 고유 궁바오지딩 [요리 이름] | ★地道 dìdao 혱 정통이다, 오리지널이다

4 作家 一位 是 她 著名的 ─────────── [A(특정 어휘)是B(설명) A는 B이다]

대사	동사	수사+양사	형용사+조사	명사
她	是	一位	著名的	作家。
주어	술어	관형어	관형어+的	목적어

그녀는 유명한 작가이다.

STEP 1 제시된 어휘 중 동사인 '是'가 술어가 된다. '是'자문의 주어에는 특정한 대상, 목적어에는 불특정한 대상 또는 설명이 온다. 따라서 그녀로 특정된 '她'는 주어, 일반적인 직업을 의미하는 '作家'는 목적어 자리에 온다.

STEP 2 관형어에도 어순이 있다. 수사 등 한정적인 단어가 먼저 오고, 묘사적인 단어는 뒤에 온다. 따라서 수량사 '一位' 뒤에 묘사적인 어휘 '著名的'가 위치하게 되고, '一位著名的'는 문맥상 목적어 '作家'를 수식한다.

著名 zhùmíng 혱 유명하다 | 作家 zuòjiā 몡 작가

5 那个计划 相当 她制定的 出色 ────────────── [计划出色 계획이 뛰어나다]

대사+동사+조사	지시대사+양사+명사	부사	형용사
她制定的	那个计划	相当	出色。그녀가 세운 그 계획은 상당히 뛰어나다.
관형어+的	관형어+주어	부사어	술어

STEP 1 술어는 형용사 '出色'로, 정도부사[相当]의 수식을 받아 '相当+出色' 어순으로 배열된다.

STEP 2 형용사는 목적어를 가지지 않기 때문에 명사 '计划'가 문장의 주어가 되며, '她制定的'는 주어 앞에 위치해 주어를 꾸며 주는 역할을 한다. 인칭대사가 나오면 90% 이상이 맨 앞자리이다.

★制定 zhìdìng 통 세우다, 제정하다 | 计划 jìhuà 명 계획 | ★相当 xiāngdāng 분 상당히 | ★出色 chūsè 형 대단히 뛰어나다

---

6 比较 这次 设计得 方案 详细 ─────────── [정도보어 어순: 동사+得+정도부사+형용사]

지시대사+양사	명사	동사+조사	부사	형용사
这次	方案	设计得	比较	详细。이번 계획은 비교적 상세히 설계되었다.
관형어	주어	술어+得	정도보어	

STEP 1 동사[设计] 뒤에 조사 '得'가 있는 것에서 '정도보어' 구문임을 알 수 있다. 정도보어 구문의 형태는 '술어+得+정도보어'로, 정도보어로는 '정도부사+형용사'가 쓰일 수 있다. [设计+得+比较详细]

STEP 2 주어는 명사 '方案'이고, '这次'는 관형어로서 주어 앞에 위치해 주어를 수식한다.

★方案 fāng'àn 명 계획, 방안 | ★设计 shèjì 통 설계하다 | 详细 xiángxì 형 상세하다

---

7 填写 请 主动地 资料 您 ─────────── [부사어 어순: 형용사+地+동사 술어]

동사	대사	형용사+조사	동사	명사
请	您	主动地	填写	资料。주동적으로 자료를 기입해 주세요.
술어1	목적어1 의미상 주어	부사어+地	술어2	목적어2

STEP 1 동사 '请'은 보통 주어 없이 문장 맨 앞에 쓰여 '요청'의 뜻을 나타낸다.

STEP 2 조사 '地'가 붙어 있는 '主动地'는 술어 앞에서 부사어 역할을 하므로 동사 '填写' 앞에 위치한다. 인칭대사 '您'은 술어 '请'의 목적어이자 '填写'의 의미상 주어가 되며, '资料'는 술어 '填写'의 목적어 역할을 한다. [* '请' 뒤에 오는 목적어 '您'은 생략해서 쓸 수도 있다.]

★主动 zhǔdòng 형 주동적인 | 填写 tiánxiě 통 (일정한 양식에) 써넣다, 기입하다 | ★资料 zīliào 명 자료

---

8 干干净净的 把脏衣服 得 他 洗 ─────────── [정도보어의 어순: 동사+得+형용사 중첩]

대사	개사+형용사+명사	동사	조사	형용사+조사
他	把脏衣服	洗	得	干干净净的。그는 더러운 옷을 깨끗하게 빨았다.
주어	부사어	술어	得	정도보어+的

144 쓰기 제1부분

STEP 1 '得'는 '조사' '동사' '조동사' 총 세 개의 품사를 가지기 때문에, 문장의 형식을 잘 살펴야 '得'가 무슨 용법으로 쓰였는지 알 수 있다. '행위의 대상'을 이끄는 개사 '把'가 '脏衣服(더러운 옷)'와 함께 제시된 것에서 이 문장의 술어가 동사 '洗'임을 알 수 있다. 그리고 '把'자문에는 '기타 성분'이 쓰여야 한다는 어법적 측면과, 제시어 각각을 해석했을 때의 의미 관계를 모두 고려해 봤을 때, '得'는 조사로서 동사 뒤에 위치해 '干干净净的'를 정도보어로 이끈다.

STEP 2 주어는 인칭대사 '他'이다. 이때, '把脏衣服'는 '부사어'이므로, 술어 앞에 위치해야 한다.

脏 zāng 형 더럽다

쓰기 제1부분 04 조동사

본서 p.170

● Day 04

1 图书馆内要保持安静。
2 教室里不可以抽烟。
3 他能参加今天晚上的节目吗?
4 你们得立刻采取行动。
5 我们应该马上去学校。
6 这件事会产生许多误会。
7 你的解释不能说服我们。
8 我不愿意让你知道这件事。

---

1 保持 图书馆内 安静 要 ────────── [要+동사 ~해야 한다]

명사+명사	조동사	동사	형용사
图书馆内	要	保持	安静。 도서관 안에서는 조용히 해야 합니다.
주어	부사어	술어	목적어

STEP 1 문장의 술어는 동사 '保持'이다. 조동사[要]는 술어 앞에 위치해야 한다. 목적어로는 '유지해야 하는 상태'가 와야 하는데, 이에 알맞은 것은 형용사 '安静(조용하다)'이다. '保持安静(조용함을 유지하다)'은 자주 쓰이는 짝꿍 어휘이니 반드시 암기하자.

STEP 2 '장소를 나타내는 말[图书馆内]'이 주어로 쓰였다.

★保持 bǎochí 동 유지하다 | 安静 ānjìng 형 조용하다

---

2 抽烟 不 教室里 可以 ────────── [不可以+동사 ~하면 안 된다]

명사+명사	부사	조동사	동사
教室里	不	可以	抽烟。 교실에서 담배를 피우면 안 된다.
주어	부사어		술어

STEP 1	문장의 술어는 동사 '抽烟'이다. 부사와 조동사가 함께 쓰일 경우 부사어 어순에 따라 '부사+조동사' 순서로 동사 앞에 배열된다. [不+可以+抽烟]
STEP 2	장소를 나타내는 '教室里'는 문장의 주어 역할을 한다.

教室 jiàoshì 명 교실 | 抽烟 chōuyān 동 담배를 피우다

---

3 今天晚上的 能 节目吗 他 参加 ─────────── [能+동사+吗? ~할 수 있나요?]

대사	조동사	동사	명사+명사+조사	명사+조사	
他	能	参加	今天晚上的	节目吗?	그는 오늘 저녁 프로그램에 참가할 수 있나요?
주어	부사어	술어	관형어+的	목적어+吗	

STEP 1	문장의 술어는 동사 '参加'로, '참가하다'라는 뜻의 술어 '参加'와 호응하는 명사 '节目(프로그램)'가 목적어가 된다. 이때 조동사 '能'은 부사어로서 술어 앞에 위치하고, 인칭대사 '他'는 문장의 주어가 된다.
STEP 2	조사 '的'가 있는 '今天晚上的'는 문맥상 목적어 '节目' 앞에 위치해 목적어를 수식하는 것이 적합하다.

参加 cānjiā 동 참가하다 | 节目 jiémù 명 프로그램

---

4 立刻 行动 你们 采取 得 ─────────── [得立刻 즉시 ~해야 한다]

대사	조동사	부사	동사	명사	
你们	得	立刻	采取	行动。	너희들은 즉각 행동을 취해야 한다.
주어	부사어		술어	목적어	

STEP 1	술어는 동사 '采取(취하다)'로, 이에 호응할 수 있는 목적어는 '행동'이라는 의미의 명사 '行动'이다. '采取行动(행동을 취하다)'은 자주 쓰이는 짝꿍 표현이므로 기억해 두자. '행동을 취하는' 주체인 '你们'은 주어가 된다.
STEP 2	부사어의 일반 어순은 '부사+조동사'이지만 일부 부사들은 '조동사+부사+동사' 어순으로 쓰여, 동사 바로 앞에서 직접 꾸며 준다. '立刻' 역시 동사를 직접 꾸며 주는 부사로, '得立刻' 순서로 배열된다. 예외 부사들은 등장할 때마다 그 위치를 꼭 외워 두자.

得 děi 조동 ~해야 한다 | ★立刻 lìkè 부 곧, 즉시 | ★采取 cǎiqǔ 동 취하다 | ★行动 xíngdòng 명 행동

---

5 马上 我们 学校 去 应该 ─────────── [应该马上 곧 ~해야 한다]

대사	조동사	부사	동사	명사	
我们	应该	马上	去	学校。	우리는 바로 학교에 가야 한다.
주어	부사어		술어	목적어	

STEP 1	술어는 동사 '去'로, '去' 뒤에는 장소를 나타내는 어휘가 와야 하므로, 목적어 자리에는 명사 '学校(학교)'가 온다. 인칭대사 '我们'은 문장의 주어 역할을 한다.
STEP 2	일반적으로 조동사는 부사 뒤에 위치하지만, 부사 '马上'은 술어 앞에서 술어를 직접 꾸며 주는 부사 중 하나이다. 따라서 '应该+马上+去' 순서로 배열한다.

应该 yīnggāi 조동 ~해야한다 | 马上 mǎshàng 부 곧, 즉시

6 误会 这件事 产生 许多 会 —————————————— [会产生 생길 것이다]

지시대사+양사+명사	조동사	동사	형용사	명사
这件事	会	产生	许多	误会。 이 일은 많은 오해를 생기게 할 수 있다.
관형어+주어	부사어	술어	관형어	목적어

STEP 1 술어가 되는 동사 '产生' 뒤에는 추상적인 대상이 목적어로 오므로, 명사 '误会(오해)'가 목적어로 적합하다. 조동사[会]는 동사[产生] 앞에 위치한다.

STEP 2 '这/那'의 꾸밈을 받는 제시어는 일반적으로 맨 앞 주어 자리에 위치한다. '这件事'는 서술의 대상이 되므로, 주어 자리에 위치한다. 형용사 '许多'는 문맥상 목적어 '误会'를 꾸며 주는 관형어가 된다.

★产生 chǎnshēng 동 생기다 | 许多 xǔduō 형 매우 많다 | 误会 wùhuì 명 오해

7 说服 你的 我们 不能 解释 —————————————— [不能+동사 ~할 수 없다]

대사+조사	명사	부사+조동사	동사	대사
你的	解释	不能	说服	我们。 너의 해명은 우리를 설득시킬 수 없다.
관형어+的	주어	부사어	술어	목적어

STEP 1 제시어 중 술어 자격이 있는 것은 동사 '说服'와 '解释'이다. 제시어 각각을 해석해 봤을 때, 이 문제에서 '解释'는 동사가 아닌 '명사'로 쓰여 주어 역할을 하는 것이 적합하다. 동사 '说服(설득하다)'는 목적어로 설득하는 대상'이 와야 하므로, 뒤에는 대사 '我们'이 위치한다.

STEP 2 조사 '的'가 붙은 '你'는 주어 앞에 위치해 관형어 역할을 하며, 부정부사 '不'와 결합한 조동사 '能'이 술어 '说服' 앞에 위치해 부사어 역할을 한다.

解释 jiěshì 명 해명 | ★说服 shuōfú 동 설득하다, 납득시키다

8 不愿意 我 让你 这件事 知道 —————————————— [不愿意+동사 ~하기를 원하지 않는다]

대사	부사+조동사	동사+대사	동사	대사+양사+명사
我	不愿意	让你	知道	这件事。 나는 네가 이 일을 알게 되는 것을 원하지 않는다.
주어	부사어	술어1+목적어1	술어2	관형어+목적어

STEP 1 동사 '让'이 보이면 '겸어문'을 떠올리자. 겸어문에서 '让'은 일반적으로 첫 번째 동사 자리에 오므로, 남은 동사 '知道'는 두 번째 동사 자리에 위치한다. [겸어문: P.289 참고] 행위의 주체인 인칭대사 '我'가 주어가 되고, 두 번째 동사 '知道'는 목적어로 '아는 대상'이 오므로, '知道' 뒤에는 '这件事'가 위치한다.

STEP 2 겸어문에서 부사어의 위치는 '첫 번째 동사 앞'이므로, '不[부정부사]+愿意[조동사]'는 첫 번째 동사인 '让' 앞에 위치한다.

쓰기 제1부분 05 명사, 대사

본서 p.177

● **Day 05**
1 他和我之间有很大的矛盾。
2 茶有帮助减肥的功能。
3 狐狸是世界上最狡猾的动物。
4 请您在这张表格上签字。
5 他们同意了彼此的看法。
6 所有的人都有自己的缺点。
7 导致失眠的主要原因是什么?
8 我会参加明天的那场讨论会。

---

1 有很大 他 之间 和我 的矛盾 ─────────────── [A和B之间 A와 B 사이]

대사	접속사+대사	명사	동사+부사+형용사	조사+명사	
他	和我	之间	有很大	的矛盾。	그와 나 사이에는 큰 갈등이 있다.
주어			술어+관형어	的+목적어	

STEP 1 이 문장의 술어는 제시어 '有很大'에 포함된 동사 '有'이다. '很大'는 제시어 '的矛盾'과 연결되어, '很大的矛盾' 순서로 배열된다. 이때, '有'와 '矛盾'은 '술어-목적어' 관계로 쓰였다. '有矛盾(갈등이 있다)'은 자주 함께 쓰는 짝꿍이다.

STEP 2 접속사 '和'와 명사 '之间'은 'A和B之间(A와 B 사이)' 형식으로 쓰여, '두 대상의 범위'를 가리킨다. 대사 '我'는 접속사 '和'와 결합해 있으므로, A 자리에는 대사 '他'가 위치하여 '他和我之间'이 주어가 된다.

之间 zhījiān 명 ~사이 | ★矛盾 máodùn 명 갈등, 대립

---

2 茶 帮助 有 功能 减肥的 ─────────────── [A(구체적인 대상)有B A는 B가 있다]

명사	동사	동사	동사+조사	명사	
茶	有	帮助	减肥	功能。	차는 다이어트에 도움을 주는 기능이 있다.
주어	술어	관형어+的		목적어	

STEP 1 동사 '有'에는 다양한 용법이 존재한다. 제시어 각각을 해석해 봤을 때, 이 문제에서 '有'는 '있다'라는 의미로 쓰여 '소유' 관계를 나타낸다는 것을 추측할 수 있다. 문맥상 '茶(차)'가 어떤 '功能(기능)'을 소유하는 것이 자연스러우므로, 주어는 '茶', 목적어는 '功能'이다.

STEP 2 구조조사 '的'가 있는 '减肥的'는 동사 '帮助'와 결합해 '帮助减肥的' 형태로 쓰여 목적어 '功能'을 꾸며 준다.

减肥 jiǎnféi 동 살을 빼다, 체중을 줄이다 | ★功能 gōngnéng 명 기능, 작용

---

3 世界上 是 狡猾的 狐狸 动物 最 ─────────────── [A(특정 어휘)+是+B(설명) A는 B이다]

명사	동사	명사+명사	부사	형용사+조사	명사	
狐狸	是	世界上	最	狡猾的	动物。	여우는 세상에서 가장 교활한 동물이다.
주어	술어	관형어+的			목적어	

148 쓰기 제1부분

STEP 1	제시어에 동사 '是'가 있으면 바로 '是'자문을 떠올리자. '是'자문의 주어에는 '특정한 어휘'가 오고, 목적어에는 '구체적인 설명'이 와야 한다. '동물'이라는 포괄적인 개념의 '动物'와 비교했을 때, 명사 '狐狸(여우)'가 좀 더 범위가 좁고 특정하므로, 주어는 '狐狸(여우)', 목적어는 '动物(동물)'이 된다.
STEP 2	부사 '最'는 형용사 '狡猾' 앞에 위치하고, 범위를 나타내는 '世界上'은 문맥상 '最狡猾的' 앞에 위치한다. '世界上最狡猾的'는 목적어 '动物'를 앞에서 수식하는 역할을 한다.

狐狸 húli 명 여우 | ★狡猾 jiǎohuá 형 교활하다, 간교하다

4 上 这张表格 您在 请 签字 ——— [在+장소(명사)+上]

동사	대사+개사	지시대사+양사+명사	명사	동사
请	您在	这张表格	上	签字。 이 표에 서명을 해 주세요.
술어1	목적어	부사어		술어2

STEP 1	동사 '请'은 일반적으로 문장 맨 앞에 위치해 '~해 주세요'라는 '청유'의 의미를 나타낸다. 따라서 동사 '签字'가 두 번째 술어가 된다.
STEP 2	'在A上(A에서)'이라는 고정격식에서 A에는 '장소'를 나타내는 명사가 쓰여야 하므로, A 자리에는 '这张表格'가 위치하여 '在这张表格上' 형태로 배열된다. 부사어 '在这张表格上'은 두 번째 술어 '签字' 앞에 위치한다.

表格 biǎogé 명 표, 양식 | 签字 qiānzì 동 서명하다, 사인하다

5 看法 他们 同意了 的 彼此 ——— [彼此 서로]

대사	동사+조사	대사	조사	명사
他们	同意了	彼此	的	看法。 그들은 서로의 견해에 동의했다.
주어	술어+了	관형어	的	목적어

STEP 1	조사 '了'와 함께 있는 동사 '同意(동의하다)'가 문장의 술어이다. 동의하는 주체인 '他们'은 '주어' 자리에, 동의하는 대상인 '看法(견해)'는 목적어 자리에 오면 된다.
STEP 2	대사 '彼此'는 '的'와 함께 쓰여 목적어 '看法' 앞에서 수식한다.

★彼此 bǐcǐ 대 서로, 상호 | 看法 kànfǎ 명 견해

6 都 缺点 自己的 有 所有的人 ——— [有缺点 결점이 있다]

형용사+조사+명사	부사	동사	대사+조사	명사
所有的人	都	有	自己的	缺点。 모든 사람들은 자신의 결점이 있다.
관형어+的+주어	부사어	술어	관형어+的	목적어

STEP 1	술어는 동사 '有(있다)'로, '(주어)는 (목적어)가 있다'라는 의미 관계를 생각했을 때, 목적어 자리에는 명사 '缺点(결점)'이 오는 것이 자연스러우며, 주어에는 주로 '사람'이 쓰이기 때문에 문장 맨 앞에는 '所有的人'이 위치한다.

STEP 2 범위부사 '都'는 복수 어휘 뒤에 위치하므로 '所有的人' 뒤에 배열한다. '自己的'는 목적어 '缺点'을 앞에서 수식하는 역할을 한다. '所有的+명사+都'를 공식처럼 암기하자.

所有 suǒyǒu 형 모든, 전부의 | **缺点** quēdiǎn 명 결점, 단점

---

7 导致 主要原因 的 失眠 是什么 ─────────────────── [导致+안 좋은 일 ~를 야기시키다]

동사	동사	조사	형용사+명사	동사+대사
导致	失眠	的	主要原因	是什么?
관형어	+的+	관형어	주어	술어+목적어

불면증을 야기하는 주요한 원인은 무엇입니까?

STEP 1 제시어 '是什么'는 '술어[是]+목적어[什么]' 형태로 조합된 어구이다.

STEP 2 동사 '导致'와 '失眠'은 HSK 5급 시험에 '导致失眠(불면증을 야기시키다)'이라는 조합으로 자주 출제되니, 짝꿍 표현으로 기억해 두자. 문맥상 '导致失眠'은 구조조사 '的'와 함께 쓰여 '主要原因'을 꾸며 주는 관형어 역할을 한다. '导致+안 좋은 일'을 꼭 기억해 두자!

★**导致** dǎozhì 동 야기하다, 초래하다 | ★**失眠** shīmián 동 잠을 이루지 못하다, 불면증에 걸리다 | **原因** yuányīn 명 원인

---

8 那场 会 我 讨论会 的 参加明天 ─────────────────── [参加讨论会 토론회에 참가하다]

대사	조동사	동사+명사	조사	대사+양사	명사
我	会	参加明天	的	那场	讨论会。
주어	부사어	술어	관형어+的+	관형어	목적어

나는 내일의 그 토론회에 참가할 것이다.

STEP 1 이 문장의 술어는 제시어 '参加明天'에 포함된 동사 '参加'이다. 동사 '参加'는 목적어로 '참가하는 대상'을 취하므로, '参加' 뒤에는 명사 '讨论会(토론회)'가 위치하고, '참가하는 주체'인 '주어' 자리에는 인칭대사 '我'가 위치한다. 조동사[会]는 술어 앞에서 부사어 역할을 한다.

STEP 2 '参加明天'에서 '明天'은 제시어 '的' '那场'과 결합하여 목적어 '讨论会'를 수식하는 관형어 역할을 한다.

场 chǎng 양 번, 차례 [행사·활동을 세는 단위] | **讨论会** tǎolùnhuì 명 토론회

부사(1) 위치 종류

본서 p.181

● Day 06

1 蔬菜的价格又上涨了。
2 这些水果已经坏了。
3 劳动节期间本店照常营业。 / 本店劳动节期间照常营业。
4 树林里信号比较弱。
5 我曾经担任过乒乓球队的教练。
6 他没把刚才的事情告诉母亲。
7 弟弟一整天都坐在沙发上。
8 咱们会尽量满足客人们的要求。

---

1 上涨 蔬菜的 了 又 价格 ──────────────── [又……了 또 ~했다]

명사+조사	명사	빈도부사	동사	조사
蔬菜的	价格	又	上涨	了。 채소 가격이 또 올랐다.
관형어+的	주어	부사어	술어	了

STEP 1 술어는 동사 '上涨(오르다)'으로, 명사 '价格(가격)'가 호응해 쓰인다. '蔬菜的'는 주어 앞에 위치해 주어를 수식한다.

STEP 2 빈도부사 '又'는 술어 앞에 위치해 부사어 역할을 한다. 조사 '了'는 '又'와 호응하여, 술어 '上涨' 뒤에 위치한다.

★蔬菜 shūcài 명 채소 | 价格 jiàgé 명 가격, 값 | 上涨 shàngzhǎng 동 오르다

---

2 坏 这些 已经 水果 了 ──────────────── [已经……了 이미 ~했다]

대사+양사	명사	시간부사	형용사	조사
这些	水果	已经	坏	了。 이 과일들은 이미 상했다.
관형어	주어	부사어	술어	了

STEP 1 시간부사 '已经'은 '已经A了(이미 A했다)' 형태로 자주 쓰인다는 것을 기억하자. 제시어 중, A 자리에 들어갈 술어로 알맞은 것은 형용사 '坏'이다.

STEP 2 문장의 주어는 명사 '水果'로, 관형어 '这些'의 수식을 받는다. 지시대사 '这'는 일반적으로 맨 앞자리에 쓰인다.

---

3 照常 劳动节 营业 期间 本店 ──────────────── [照常营业 평소대로 영업하다]

명사	명사	대사+명사	상태부사	동사
劳动节	期间	本店	照常	营业。 노동절 기간에 본점은 평소대로 영업한다.
부사어		관형어+주어	부사어	술어

- **STEP 1** 동사 '营业(영업하다)'가 문장의 술어로 쓰였으며, 술어와 의미상 호응하는 '店(가게)'이 주어이다.
- **STEP 2** 시점, 기간을 나타내는 '劳动节(노동절)'와 '期间(기간)'은 문장 맨 앞에 위치하여 문장 전체를 수식한다. 상태부사 '照常'은 술어 '营业' 앞에서 부사어 역할을 한다.

劳动节 Láodòngjié 고유 노동절 | ★期间 qījiān 명 기간 | 本 běn 대 자기 쪽의 | 照常 zhàocháng 부 평소대로 | ★营业 yíngyè 동 영업하다

 시점은 주어 앞뒤에 모두 위치할 수 있기 때문에, '本店劳动节期间照常营业(본점은 노동절 기간에 평소대로 영업하다)' 또한 답이 될 수 있다는 것을 기억하자!

4 比较 树林里 弱 信号 ─────────────── [형용사 술어문: 정도부사(比较)+형용사(弱)]

명사+명사	명사	정도부사	형용사
树林里	信号	比较	弱。 숲 안에서 신호는 비교적 약하다.
관형어	주어	부사어	술어

- **STEP 1** 형용사 '弱'가 문장의 술어이다. 정도부사 '比较'가 형용사 술어 앞에서 부사어 역할을 한다.
- **STEP 2** 명사 '信号'가 주어이고, 장소를 나타내는 '树林里'는 주어 앞에서 관형어 역할을 한다.

树林 shùlín 명 숲 | ★信号 xìnhào 명 신호 | ★弱 ruò 형 약하다

5 乒乓球队 我 的教练 担任过 曾经 ─────────── [曾经+동사+过 일찍이 ~한 적이 있다]

대사	시간부사	동사+조사	명사+명사	조사+명사
我	曾经	担任过	乒乓球队	的教练。 나는 일찍이 탁구 팀의 코치를 맡은 적이 있다.
주어	부사어	술어+过	관형어	的+목적어

- **STEP 1** 동태조사 '过'가 붙은 동사 '担任'이 문장의 술어이다. 시간부사 '曾经'은 술어 앞에 위치해 부사어 역할을 한다.
- **STEP 2** 술어 '担任(맡다)'과 호응할 수 있는 명사 '教练(코치)'이 목적어이다. '教练' 앞에 조사 '的'가 결합된 것으로 미루어 보아, 앞에 목적어를 꾸며 주는 관형어가 와야 한다. 문맥상 '乒乓球队(탁구 팀)'가 관형어 역할을 하고, 대사 '我'가 주어로서 문장 맨 앞에 위치한다.

★曾经 céngjīng 부 일찍이, 이전에 | ★担任 dānrèn 동 맡다 | 乒乓球 pīngpāngqiú 명 탁구 | 队 duì 명 팀 | ★教练 jiàoliàn 명 코치

6 没 他 把 告诉母亲 刚才的事情 ─────────── [주어+부정부사[没]+把+목적어+술어+기타 성분]

대사	부정부사	개사	명사+조사+명사	동사+명사
他	没	把	刚才的事情	告诉母亲。 그는 방금 전 일을 어머니께 알리지 않았다.
주어	부사어			술어+목적어

- **STEP 1** 개사 '把'가 있으므로 '把'자문의 기본 공식인 '주어+把+목적어+술어+기타 성분'을 떠올리자. 인칭대사 '他'가 문장의 주어로, 동사 '告诉'가 술어로 쓰였다.

STEP 2 '把' 뒤에는 '刚才的事情(방금 전 일)'이 위치하여 함께 개사구를 이룬다. 부사어의 기본 어순 '부사+개사구'에 따라 부정부사 '没'는 개사구 '把刚才的事情' 앞에 위치한다.

母亲 mǔqīn 명 어머니

---

7 坐在　都　沙发上　弟弟一整天 ────────────────── [整天(복수 어휘)+都]

명사+명사　범위부사　동사+개사　명사+명사
弟弟一整天　　都　　　坐在　　沙发上。 남동생은 하루 종일 소파 위에 앉아 있다.
　주어　　　　부사어　　술어+보어

STEP 1 동사 '坐'가 문장의 술어이다. 술어 뒤에 있는 개사 '在'는 개사구 보어로서, 뒤에는 보통 '장소 목적어'가 위치하므로, '沙发上'이 온다. 일반명사는 단독으로 장소를 표현할 수 없으므로, 뒤에 방위사를 붙여 장소를 나타낸다는 것을 기억하자.

STEP 2 사람 명사 '弟弟'가 문장의 주어이고, 부사 '都'는 '전체'의 의미를 가진 '一整天(하루 종일)' 뒤에 위치한다.

一整天 yìzhěngtiān 명 하루 종일, 온종일 | 沙发 shāfā 명 소파

---

8 客人们的　会　满足　咱们　尽量　要求 ────────────── [조동사+부사(尽量)+술어]

대사　조동사　어기부사　동사　명사+조사　명사
咱们　　会　　尽量　　满足　客人们的　要求。 우리는 손님들의 요구를 최대한 만족시킬 것이다.
주어　　　　부사어　　　술어　관형어+的　목적어

STEP 1 동사 '满足(만족시키다)'가 술어, 인칭대사 '咱们'이 주어, 술어와 의미상 호응하는 명사 '要求(요구)'가 목적어가 된다.

STEP 2 조사 '的'가 있는 제시어 '客人们的'는 문맥상 목적어 '要求'를 앞에서 수식한다. 부사어 어순은 일반적으로 '부사+조동사'이지만, 어기부사 '尽量'은 '술어 바로 앞'에서 술어를 수식한다. 그러므로 술어 '满足' 앞 부사어는 '会+尽量' 어순으로 배열된다.

咱们 zánmen 대 우리(들) | ★尽量 jǐnliàng 부 최대한, 되도록 | ★满足 mǎnzú 동 만족시키다

쓰기 제1부분 07 부사(2) 정도부사

본서 p.185

● **Day 07**

1 奶奶很爱看经济频道。
2 姐姐的写作能力格外出色。
3 当时的情况相当危险。
4 她观察得非常仔细。
5 他在业务方面比我更出色。
6 这只狼真是太狡猾了。
7 那些歌迷真疯狂。
8 这幅画的背景有点儿亮。

---

1 很 频道 爱 奶奶 看经济 ────────── [很爱+목적어(구/절) ~하는 것을 좋아하다]

명사	정도부사	동사	동사+명사	명사
奶奶	很	爱	看经济	频道。
주어	부사어	술어	술어+관형어+목적어	
			목적어	

할머니는 경제 채널 보는 것을 매우 좋아하신다.

STEP 1 동사 '爱'와 '看' 중에서 구나 절을 목적어로 취할 수 있는 동사 '爱'가 문장의 술어가 된다. 동사 '看'은 명사 '频道'와 술목 구조로 결합해 '爱'의 목적어가 된다.

STEP 2 행위의 주체인 '奶奶(할머니)'가 주어가 된다. 정도부사 '很'은 일반적으로 형용사를 수식하지만, 심리활동동사도 수식이 가능하므로, '很'은 동사 '爱' 앞에 위치한다.

经济 jīngjì 몡 경제 | ★频道 píndào 몡 채널

---

2 姐姐 格外 写作能力 出色 的 ────────── [格外出色 특별히 뛰어나다]

명사	조사	동사+명사	정도부사	형용사
姐姐	的	写作能力	格外	出色。
관형어	的	관형어+주어	부사어	술어

언니의 글쓰기 능력은 특별히 뛰어나다.

STEP 1 형용사 '出色'가 문장의 술어로, 정도부사 '格外'의 수식을 받는다.

STEP 2 형용사는 목적어를 받을 수 없으므로, 명사 '姐姐'와 '写作能力'는 술어 앞에 위치한다. 구조조사 '的'가 있으므로 한 단어는 주어를 수식해 주는 관형어라는 것을 알 수 있다. 문맥상 '~의 능력'으로 연결되는 편이 자연스러우므로, '姐姐+的'로 결합하여 '写作能力'를 앞에서 꾸며 준다.

★写作 xiězuò 동 글을 짓다, 저작하다 | 能力 nénglì 명 능력 | ★格外 géwài 부 특별히, 각별히, 유달리 | ★出色 chūsè 형 대단히 뛰어나다, 특출나다

---

3 危险 当时的 相当 情况 ────────── [相当危险 상당히 위험하다]

명사+조사	명사	정도부사	형용사
当时的	情况	相当	危险。
관형어+的	주어	부사어	술어

당시 상황은 상당히 위험했다.

STEP 1	형용사와 정도부사가 있는 것으로 보아 '형용사 술어문'이라는 것을 알 수 있다. 형용사 '危险'이 술어가 되며, 정도부사 '相当'이 술어를 꾸며 주는 부사어 역할을 한다.
STEP 2	'当时' 뒤에 조사 '的'가 있으므로 '当时'가 관형어라는 것을 알 수 있다. 관형어 '当时'는 주어 '情况' 앞에 위치한다.

当时 dāngshí 몡 당시, 그때 | 情况 qíngkuàng 몡 상황 | ★相当 xiāngdāng 튀 상당히, 무척 | 危险 wēixiǎn 혱 위험하다

---

4 观察得 她 非常 仔细 ——————————————— [술어+得+정도보어(정도부사+형용사)]

대사	동사+조사	정도부사	형용사
她	观察得	非常	仔细。그녀는 매우 세심하게 관찰한다.
주어	술어+得		정도보어

STEP 1	동사 뒤에 구조조사 '得'가 있는 것으로 보아 정도보어 문장임을 알 수 있다. 정도보어의 어순은 '동사 술어+得+정도보어[정도부사+형용사]'이다. 조사 '得'가 붙은 동사 '观察'가 문장의 술어가 되고, 인칭대사 '她'는 주어가 된다.
STEP 2	'非常[정도부사]+仔细[형용사]'가 조사 '得' 뒤에서 정도보어 역할을 한다.

★观察 guānchá 동 (사물·현상을) 관찰하다, 살피다 | 仔细 zǐxì 혱 세심하다, 꼼꼼하다

---

5 比我 他在 更 业务方面 出色 ——————————————— [A+比+B+更+술어 A는 B보다 더 ~하다]

대사+개사	명사+명사	개사+대사	정도부사	형용사
他在	业务方面	比我	更	出色。그는 업무 분야에서 나보다 더 뛰어나다.
주어		부사어		술어

STEP 1	개사 '比'가 있으므로 '比'자문 형식 '비교 대상[A]+比+비교 대상[B]+更+술어'를 떠올려야 한다. 형용사 '出色'가 문장의 술어가 되며, 정도부사 '更'이 술어 앞에 위치해 부사어 역할을 한다. 이미 제시된 비교 대상[B]과 대비되는 비교대상[A]은 '他'이다.
STEP 2	'他'가 개사 '在'와 함께 있으므로, 그 뒤에는 '业务方面'이 위치한다.

★业务 yèwù 몡 업무 | 方面 fāngmiàn 몡 분야, 방면, 영역

---

6 真是 这只狼 了 狡猾 太 ——————————————— [太+형용사+了 너무 ~하다]

대사+양사+명사	어기부사	정도부사	형용사	조사
这只狼	真是	太	狡猾	了。이 늑대는 정말 너무 교활하다.
관형어+주어	부사어		술어	了

STEP 1	'太……了' 형식으로 많이 쓰이는 정도부사 '太'와 조사 '了'는 술어로 쓰인 형용사 '狡猾'와 결합하여 '太狡猾了'로 배열된다. 일반적으로 정도부사는 다른 부사보다 뒤에 쓰이므로, 어기부사 '真是'는 정도부사 '太' 앞에 위치하여 부사어 역할을 한다.

STEP 2 '관형어+주어'가 결합한 형태의 제시어 '这只狼'은 문장 맨 앞에 위치한다.

狼 láng 명 늑대, 이리 | 真是 zhēnshi 부 정말 | ★狡猾 jiǎohuá 교활하다, 간교하다

> **tip** '真是(정말)'는 '인정하는 어기'를 나타내는 부사로, 정도부사 앞에 주로 함께 쓰인다.

7 那些 疯狂 真 歌迷 ────────────────────── [真疯狂 미친 듯이 날뛰다]

대사+양사	명사	정도부사	형용사
那些	歌迷	真	疯狂。 몇몇 노래팬들은 정말 미친 듯이 날뛴다.
관형어	주어	부사어	술어

STEP 1 형용사와 정도부사가 있는 것으로 보아 '형용사 술어문'이라는 것을 알 수 있다. 형용사 '疯狂'이 문장의 술어가 되며, 정도부사 '真'이 술어 앞에서 부사어 역할을 한다.

STEP 2 명사 '歌迷'가 문장의 주어가 되며, '那些'는 주어 앞에서 관형어 역할을 한다.

歌迷 gēmí 명 노래 팬(fan) | ★疯狂 fēngkuáng 형 미친 듯이 날뛰다, 광분하다, 미치다

8 背景 亮 这幅画的 有点儿 ────────────────── [有点儿+형용사 조금 ~하다]

대사+양사+명사+조사	명사	정도부사	형용사
这幅画的	背景	有点儿	亮。 이 그림의 배경은 조금 밝다.
관형어+的	주어	부사어	술어

STEP 1 '有点儿'은 부정, 불만의 느낌을 포함한 정도부사로, 문장의 술어인 형용사 '亮' 앞에 위치한다.

STEP 2 명사 '背景'이 문장의 주어가 되며, 조사 '的'가 붙은 '这幅画的'는 주어 앞에 위치해 주어를 수식한다.

★幅 fú 양 폭 [그림을 세는 단위] | ★背景 bèijǐng 명 배경 | ★亮 liàng 형 밝다

08 부사(3) 시간부사

본서 p.190

● **Day 08**

1 她曾经做过军人。
2 健身房快要关门了。
3 考试结果将在下个月初公布。
4 我们赶紧把他送进了医院。
5 我们在商量看望班主任的事情呢。
6 这部电影在中国从来没播放过。
7 你得马上解决资金问题。
8 我们应该立即采取措施。

1 曾经 她 过 做 军人 ——— [曾经+동사+过 예전에 ~한 적이 있다]

대사	시간부사	동사	조사	명사
她	曾经	做	过	军人。 그녀는 예전에 군인을 한 적이 있다.
주어	부사어	술어	过	목적어

STEP 1 '过'는 여러 품사를 가진 단어이지만, 제시된 단어들의 의미 관계를 고려했을 때, 이 문제에서 '过'는 조사로 쓰였음을 알 수 있다. 술어는 동사 '做'이고, 동태조사 '过'는 술어 바로 뒤에 위치한다. 시간부사 '曾经'은 술어 앞에 위치하며, '曾经……过(예전에 ~한 적이 있다)' 형태로 자주 쓰인다.

STEP 2 주어가 될 수 있는 어휘로 '她'와 '军人'이 있다. 이 중, 좀 더 특정적인 어휘인 '她'가 문장의 주어가 돼야 한다. 술어 '做'와 호응하는 명사 '军人'은 목적어가 된다.

★曾经 céngjīng 뵘 일찍이, 예전에 | 军人 jūnrén 명 군인

2 快要 健身房 了 关门 ——— [快要+동사+了 곧 ~(하려고) 하다]

명사	시간부사	동사	조사
健身房	快要	关门	了。 헬스장이 곧 문을 닫으려고 한다.
주어	부사어	술어	了

STEP 1 동사 '关门'이 문장의 술어, 명사 '健身房'은 문장의 주어가 된다.

STEP 2 시간부사 '快要'는 술어 앞에서 부사어 역할을 하며, 조사 '了'는 술어 뒤에 위치한다. '快要……了(곧 ~하다)'는 가까운 미래를 나타내는 표현이다.

健身房 jiànshēnfáng 명 헬스장 | 快要 kuàiyào 뵘 곧, 머지않아 | 关门 guānmén 동 문을 닫다

3 将 下个月初 在 公布 考试结果 ——— [将…… ~하게 될 것이다]

명사+명사	시간부사	개사	명사+양사+명사	동사
考试结果	将	在	下个月初	公布。 시험 결과는 다음 달 초에 발표될 것이다.
관형어+주어		부사어		술어

STEP 1 동사 '公布'가 문장의 술어, 명사 '结果'가 주어가 된다.

STEP 2 부사어 어순은 일반적으로 '부사+개사(구)'이므로 '将[시간부사]+在[개사]' 순서로 배열된다. 개사 '在' 뒤에는 '시간' 또는 '장소'가 오기 때문에, 시간을 나타내는 말 '下个月初'가 '在'와 함께 개사구를 이룬다.

结果 jiéguǒ 명 결과 | 将 jiāng 뵘 ~할 것이다 | 月初 yuèchū 명 월초 | ★公布 gōngbù 동 공포하다, 공표하다, 발표하다

4 赶紧 把他 我们 医院 送进了 ——— [부사어 어순: 시간부사+개사구]

대사	시간부사	개사+대사	동사+동사+조사	명사
我们	赶紧	把他	送进了	医院。 우리는 서둘러 그를 병원으로 이송하였다.
주어	부사어		술어+보어+了	목적어

08 부사(3) 시간부사   **157**

STEP 1	'送进'은 '送[술어]+进[방향보어]'이 결합한 단어이다. '送进' 뒤에 목적어로는 '장소'가 와야 하므로, '医院(병원)'이 목적어 자리에 온다. 따라서 인칭대사 '我们'이 주어가 된다.
STEP 2	부사어 어순은 일반적으로 '부사+개사(구)'이므로 '赶紧[시간부사]+把他[개사구]' 순서로 배열해 술어 '送' 앞에 위치한다.

★**赶紧** gǎnjǐn 🕮 서둘러, 재빨리

---

5 看望班主任的 商量 我们 事情呢 在 ─────────────── [在……呢 ~하는 중이다]

대사	시간부사	동사	동사+명사+조사	명사+조사	
我们	在	商量	看望班主任的	事情呢。	우리는 담임 선생님을 뵈러 갈 일을 상의하는 중이다.
주어	부사어	술어	관형어+的	목적어+呢	

STEP 1	술어는 동사 '商量(상의하다)'이다. 목적어는 '商量'과 의미상 호응하는 명사 '事情(일)'이고, 주어는 행위의 주체인 '我们'이다. '看望班主任的'는 문맥상 목적어 '事情'을 앞에서 수식한다.
STEP 2	'在'는 동사, 개사, 부사 세 가지 품사를 가지는데 제시어에 이미 술어가 있거나, 시간이나 장소를 나타내는 어휘가 없다면, 진행을 나타내는 '부사'로 방향을 잡아야 한다. 이 문장에는 시간, 장소 어휘가 없으므로 '在'는 시간 부사로서 술어 '商量' 앞에 위치한다. '在……呢(~하는 중이다)'는 진행을 나타내는 표현이니 기억해 두자.

商量 shāngliang 🕮 상의하다 | ★看望 kànwàng 🕮 방문하다, 문안하다 | 班主任 bānzhǔrèn 🕮 담임 교사

---

6 这部 播放过 中国 从来没 电影在 ─────────────── [从来没……过 지금까지 ~한 적이 없다]

대사+양사	명사+개사	명사	시간부사+부정부사	동사+조사	
这部	电影在	中国	从来没	播放过。	이 영화는 중국에서 지금까지 상영된 적이 없다.
관형어	주어		부사어	술어+过	

STEP 1	동태조사 '过'를 통해 동사 '播放'이 문장의 술어임을 알 수 있다. 명사 '电影(영화)'은 '상영하다'라는 뜻의 술어와 호응하여 주어도 목적어도 될 수 있지만, '电影' 뒤에 개사 '在'가 있으므로, 문장의 주어로 쓰여야 한다. 개사 '在' 뒤에는 장소명사 '中国'가 위치한다.
STEP 2	'这部'는 주어 '电影' 앞에서 관형어 역할을 한다. 술어의 내용을 강조하기 위해 부사 '从来没'는 술어 '播放' 바로 앞에 위치한다. '从来没……过(지금까지 ~한 적이 없다)'는 자주 쓰이는 구문이니 기억해 두자.

★**播放** bōfàng 🕮 상영하다

---

7 得 问题 解决资金 马上 你 ─────────────── [得马上 바로 ~해야 한다]

대사	조동사	시간부사	동사+명사	명사	
你	得	马上	解决资金	问题。	너는 바로 지금 문제를 해결해야 한다.
주어		부사어	술어+관형어	목적어	

STEP 1	'解决问题(문제를 해결하다)'는 자주 쓰이는 술목 구조 짝꿍 표현이다. 인칭대사 '你'는 문장의 주어가 된다.

STEP 2 일반적인 부사어 어순은 '부사+조동사'이지만 일부 시간부사는 조동사 뒤에 위치한다. '马上'은 조동사 '得 děi' 뒤에 위치하는 시간부사임을 꼭 기억하자.

得 děi [조동] ~해야 한다 | 解决 jiějué [동] 해결하다 | ★资金 zījīn [명] 자금

---

8 立即 我们 采取 应该 措施 ──────────────── [应该立即 즉시 ~해야 한다]

대사	조동사	시간부사	동사	명사
我们	应该	立即	采取	措施。 우리는 즉시 조치를 취해야 한다.
주어		부사어	술어	목적어

STEP 1 '采取措施(조치를 취하다)'는 시험에 자주 출제되는 술목 구조 짝꿍 표현이다. 인칭대사 '我们'은 문장의 주어가 된다.

STEP 2 '조동사'와 '부사'의 순서 배열이 핵심인 문제이다. '立即'는 조동사 뒤에 오는 시간부사로, 조동사 '应该' 뒤에 위치해 술어 '采取'를 직접 수식해 준다는 것을 기억하자.

★立即 lìjí [부] 즉시, 바로 | 采取 cǎiqǔ [동] 취하다 | ★措施 cuòshī [명] 조치, 대책

쓰기 제1부분 09 부사(4) 부정부사, 빈도부사

본서 p.196

● **Day 09**
1 你是否同意她的主张?
2 请勿在飞机上吸烟。
3 不要轻易否定孩子的观点。
4 我们的足球队不具备参赛资格。
5 会议时间不能再推迟了。
6 专家们已陆续进入了会议室。
7 我经常把盐当成糖。
8 张教授反复强调了这几个问题。

---

1 同意 你 主张 是否 她的 ──────────────── [是否…… ~인지 아닌지]

대사	부정부사	동사	대사+조사	명사
你	是否	同意	她的	主张? 너는 그녀의 주장에 동의하니?
주어	부사어	술어	관형어+的	목적어

STEP 1 술어는 동사 '同意'이고, '동의하다'라는 뜻의 술어와 의미상 호응하는 명사 '主张(주장)'이 목적어가 된다. 인칭대사 '你'는 주어가 되며, '她的'는 문맥상 목적어 '主张'을 수식한다.

STEP 2 부정부사 '是否'는 '是不是(~인지 아닌지)'와 같은 의미로, 술어 '同意' 앞에 위치해 부사어 역할을 한다. '是否'는 정반의문문을 만드는 부정부사이므로, 문장은 물음표로 마무리한다.

是否 shìfǒu 튀 ~인지 아닌지 | 同意 tóngyì 통 동의하다 | ★主张 zhǔzhāng 명 주장, 견해

2 勿在 请 上 吸烟 飞机 ———————————————————— [请勿+금지하는 내용 ~하지 마시오]

동사	부정부사+개사	명사	명사	동사	
请	勿在	飞机	上	吸烟。	비행기에서 흡연하지 마시오.
술어1		부사어		술어2	

STEP 1 동사 '请'은 부정부사 '勿'와 결합해 '~하지 마시오'라는 금지를 나타내며, 보통 문장 맨 앞에 위치한다. 개사 '在'는 뒤에 장소를 나타내는 명사 '飞机上'과 결합한다.

STEP 2 동사 '吸烟'은 두 번째 술어로서 부사어 '勿在飞机上' 뒤에 위치한다.

★勿 wù 튀 ~하지 마라, ~해서는 안 된다 | 吸烟 xīyān 통 담배를 피우다

3 孩子的 轻易 不要 观点 否定 ———————————————————— [不要…… ~하지 마라]

부정부사	형용사	동사	명사+조사	명사	
不要	轻易	否定	孩子的	观点。	아이의 관점을 쉽게 부정하지 마라.
부사어		술어	관형어+的	목적어	

STEP 1 동사 '否定(부정하다)'이 술어이고, 목적어로는 '观点(관점)'이 적합하다. 조사 '的'가 있는 '孩子的'는 목적어 앞에서 목적어를 수식하는 역할을 한다.

STEP 2 부정부사 '不要'는 '~하지 마라'라는 금지의 의미를 나타내며, 보통 문장 맨 앞에 위치한다. 형용사 '轻易'는 부사어로서, 술어 '否定' 앞에 위치한다. [*이 문장은 주어가 없는 명령문으로 쓰였다.]

★轻易 qīngyì 형 쉽다, 간단하다 | ★否定 fǒudìng 통 부정하다 | ★观点 guāndiǎn 명 관점

4 足球队 我们的 不 资格 具备参赛 ———————————————————— [具备资格 자격을 갖추다]

대사+조사	명사+명사	부정부사	동사+동사	명사	
我们的	足球队	不	具备参赛	资格。	우리 축구 팀은 시합에 참가할 자격을 갖추지 못했다.
관형어+的	관형어+주어	부사어	술어+관형어	목적어	

STEP 1 술어는 동사 '具备'이고, '갖추다'라는 뜻의 술어와 의미상 호응하는 명사 '资格(자격)'가 목적어 역할을 한다. '具备资格(자격을 갖추다)'는 짝꿍 표현으로 외워 두자.

STEP 2 명사구 '足球队'의 '队'가 주어가 되고, '足球'와 '我们的'는 주어를 수식하는 성분이다. 부정부사 '不'는 술어 '具备' 앞에 위치해 부사어 역할을 한다.

足球 zúqiú 명 축구 | 队 duì 명 팀 | ★具备 jùbèi 통 (물품 등을) 갖추다, 구비하다 | 参赛 cānsài 통 시합에 참가하다 | ★资格 zīgé 명 자격

5 再 不能 时间 推迟了 会议 — [不能+再+술어 다시 ~할 수 없다]

명사	명사	부정부사+조동사	빈도부사	동사+조사	
会议	时间	不能	再	推迟了。	회의 시간을 다시 연기할 수 없다.
관형어	주어	부사어		술어+了	

STEP 1 술어는 동사 '推迟'이다. '연기하다, 뒤로 미루다'라는 술어의 의미로 보아, '시간'과 관련된 표현이 주어가 되어야 한다. 명사 '会议'와 '时间'이 결합하여 각각 관형어와 주어가 된다.

STEP 2 일반적으로 부사어 어순은 '부사+조동사+개사구'이지만, 빈도부사 '再'는 조동사 뒤에 위치한다. 따라서 빈도부사 '再'는 '不能[부정부사+조동사]' 뒤에 위치한다.

推迟 tuīchí 통 연기하다, 뒤로 미루다

6 陆续 会议室 已 进入了 专家们 — [陆续+동사 끊임없이 ~하다]

명사+접미사	시간부사	빈도부사	동사+조사	명사	
专家们	已	陆续	进入了	会议室。	전문가들은 이미 속속 회의실에 들어서고 있다.
주어	부사어		술어+了	목적어	

STEP 1 술어는 동사 '进入'이고, '들어가다'라는 행동을 하는 주체인 '专家们'이 주어가 된다. '进入' 뒤에는 장소가 오므로, 명사 '会议室'가 목적어가 된다.

STEP 2 시간부사는 다른 부사들 앞에 오므로 시간부사 '已'는 빈도부사 '陆续' 앞에 위치한다.

★**专家** zhuānjiā 명 전문가 | **已** yǐ 분 이미, 벌써 | ★**陆续** lùxù 분 계속해서, 잇달아, 끊임없이 | **进入** jìnrù 통 들어가다 | **会议室** huìyìshì 명 회의실

7 糖 我 当成 把盐 经常 — [把A当成B A를 B로 여기다]

대사	빈도부사	개사+명사	동사	명사	
我	经常	把盐	当成	糖。	나는 종종 소금을 설탕으로 여긴다.
주어	부사어		술어	목적어	

STEP 1 '把A当成B(A를 B로 여기다)'라는 고정격식을 기억해 두었다면 좀 더 쉽게 풀 수 있는 문제이다. 개사 '把' 뒤에 결합되어 제시된 명사 '盐(소금)'과 호응하여 B 자리에 쓰일 수 있는 단어는 '糖(설탕)'이다. 주어는 인칭대사 '我'가 된다.

STEP 2 빈도부사 '经常'은 '부사+조동사+개사구'라는 부사어 어순에 따라 개사구 '把盐' 앞에 위치한다.

盐 yán 명 소금 | **当成** dàngchéng 통 ~로 여기다 | **糖** táng 명 설탕

8 反复 这几个 张教授 强调了 问题 — [反复+동사 반복하여 ~하다]

명사+명사	빈도부사	동사+조사	대사+수사+양사	명사	
张教授	反复	强调了	这几个	问题。	장[张] 교수님은 반복해서 이 몇 문제를 강조하셨다.
관형어+주어	부사어	술어+了	관형어	목적어	

09 부사(4) 부정부사, 빈도부사

STEP 1 동태조사 '了'가 결합되어 제시된 동사 '强调'가 문장의 술어이다. 사람을 나타내는 명사 '教授'는 주어가 되고, 남은 명사 제시어 '问题'는 문장의 목적어가 된다.

STEP 2 빈도부사 '反复'는 술어 앞에서 부사어 역할을 한다. '지시대사+수사+양사'가 결합한 '这几个'는 목적어인 '问题'를 수식하는 관형어로서, '问题' 앞에 위치한다.

教授 jiàoshòu 몡 교수 | ★反复 fǎnfù 뮈 반복하여, 거듭 | ★强调 qiángdiào 동 강조하다

쓰기 제1부분 10 부사(5) 범위부사, 상태부사

본서 p.201

Day 10
1 你的答案完全正确。
2 街上到处都是红叶。
3 没有票的人一律不能上车。
4 所有的事情都不能一概而论。
5 公园的娱乐设施正在逐步完善。
6 活跃的气氛渐渐变得严肃起来。
7 回家时天空中突然飘起了雪花。
8 老师亲自为我做了可口的中国菜。

1 正确 你的 完全 答案 ──────── [完全 아주, 완전히]

대사+조사	명사	범위부사	형용사
你的	答案	完全	正确。 너의 답안은 아주 정확하다.
관형어+的	주어	부사어	술어

STEP 1 술어는 형용사 '正确'로, 형용사는 목적어를 받을 수 없기 때문에 명사 제시어 '答案'이 문장의 주어가 된다.

STEP 2 범위부사 '完全'은 술어 앞에서 부사어 역할을 한다. 조사 '的'와 결합한 '你的'는 주어 앞에서 주어를 수식한다.

答案 dá'àn 몡 답안, 해답 | 完全 wánquán 뮈 아주, 완전히 | 正确 zhèngquè 혱 정확하다

2 都 街上 红叶 是 到处 ──────── [到处都 도처에 모두]

명사	범위부사	범위부사	동사	명사
街上	到处	都	是	红叶。 거리가 온통 단풍이다.
주어	부사어		술어	목적어

STEP 1 동사 '是'가 장소를 나타내는 말[街上]과 함께 쓰인 것을 통해 '존현문'임을 알 수 있다. 존현문의 기본 형식은 '장소+是+사람/사물'이므로, 장소를 나타내는 명사 '街上'이 주어, 명사 '红叶'가 목적어가 된다.

STEP 2 범위부사 '到处'는 뒤에 범위부사 '都'와 종종 같이 쓰여 술어 앞에서 부사어 역할을 한다.

街上 jiēshang 명 거리 | ★到处 dàochù 부 도처 | 红叶 hóngyè 명 단풍

---

3 人 没有票的 不 一律 上车 能 ─────────────────── [一律+부정부사+조동사+동사]

부정부사+동사+명사+조사	명사	범위부사	부정부사	조동사	동사
没有票的	人	一律	不	能	上车。 표가 없는 사람은 예외없이 차를 탈 수 없다.
관형어+的	주어		부사어		술어

STEP 1 술어는 동사 '上车'로, 사람을 나타내는 명사 '人'이 주어가 된다. 구조조사 '的'가 결합한 '没有票的'는 주어 앞에서 주어를 수식해 준다.

STEP 2 부사어 어순은 '부사+조동사+개사구'인데, 보통 부정부사는 다른 부사들 뒤에 위치하므로 범위부사 '一律'가 부정부사 '不'보다 앞에 위치하고, 조동사 '能'은 '一律不' 뒤에 위치한다.

★一律 yílǜ 부 예외 없이, 모두 | 上车 shàngchē 동 차를 타다

---

4 一概而论 所有的 事情 都不能 ─────────────────── [복수 어휘+都]

형용사+조사	명사	범위부사+부정부사+조동사	성어
所有的	事情	都不能	一概而论。 모든 일은 (예외 없이) 전부 논할 수 없다.
관형어+的	주어	부사어	술어

STEP 1 성어 '一概而论(일률적으로 논하다)'이 문장의 술어이다. 동사·형용사뿐만 아니라 성어도 술어가 될 수 있다는 점을 기억해 두자. 주어는 명사 '事情'이고, '所有的'는 주어 앞에서 주어를 수식하는 역할을 한다.

STEP 2 범위부사 '都'는 복수 어휘 뒤에 위치하며, 부사어의 어순에 따라 술어 앞에 와야 한다.

所有 suǒyǒu 형 모든, 전부의 | 一概而论 yígàiérlùn 성 일률적으로 논하다 [주로 부정문에 쓰임]

---

5 逐步 正在 公园的 娱乐设施 完善 ─────────────────── [正在+逐步+술어 점차 ~하고 있다]

명사+조사	명사+명사	시간부사	상태부사	형용사
公园的	娱乐设施	正在	逐步	完善。 공원의 오락 시설이 점차 완벽해지고 있다.
관형어+的	관형어+주어	부사어		술어

STEP 1 술어는 형용사 '完善(완벽하다)'이다. 문맥상 제시어 '娱乐设施'의 '设施'가 주어가 된다. '娱乐'와 '公园的'는 모두 주어를 수식하는 역할을 한다.

STEP 2 일반적으로 시간부사는 다른 부사보다 앞에 위치하므로 시간부사 '正在'가 상태부사 '逐步' 앞에 온다.

★娱乐 yúlè 명 오락 | ★设施 shèshī 명 시설 | ★逐步 zhúbù 부 점차 | ★完善 wánshàn 형 완벽하다, 완전하다

6 严肃起来 活跃的 渐渐 变得 气氛 ─────────────────── [渐渐 점점]

형용사+조사	명사	상태부사	동사+조사	형용사+동사	
活跃的	**气氛**	**渐渐**	**变得**	**严肃起来**。	활기찬 분위기가 점점 엄숙해지기 시작한다.
관형어+的	주어	부사어	술어+得	정도보어	

STEP 1 제시어 '变得'의 조사 '得'를 통해 정도보어 구문이라는 것을 알 수 있다. '变得'는 '变[동사]+得[조사]' 형식으로 결합한 표현으로, 뒤에는 '严肃起来'가 정도보어로 위치한다.

STEP 2 명사 '气氛'이 주어가 되고, '活跃的'는 주어 앞에서 주어를 수식한다. 상태부사 '渐渐'은 술어 앞에 위치해 부사어가 된다.

★**活跃** huóyuè 혱 활기차다 | ★**气氛** qìfēn 몡 분위기 | **渐渐** jiànjiàn 뷔 점점, 점차 | ★**严肃** yánsù 혱 (표정·기분 등이) 엄숙하다

7 飘起 天空中突然 雪花 回家时 了 ─────────────────── [突然 갑자기]

동사+명사	명사+명사+상태부사	동사+동사	조사	명사	
回家时	**天空中突然**	**飘起**	**了**	**雪花**。	집에 갈 때 하늘에 갑자기 눈송이가 날리기 시작했다.
부사어	주어+부사어	술어+보어	了	목적어	

STEP 1 제시어 '飘起'에서 '飘'와 '起'는 각각 술어, 보어 역할을 담당한다. 술어 '飘(날리다)'와 의미상 호응하는 명사 '雪花(눈송이)'가 목적어가 되고, 조사 '了'는 술어 뒤에 위치한다.

STEP 2 제시어 '天空中突然'에서 '天空中'은 주어, 상태부사 '突然'은 부사어로, 술어 앞에 위치한다. 시점을 나타내는 제시어 '回家时'는 주어 앞에 위치해 부사어 역할을 한다.

★**天空** tiānkōng 몡 하늘, 공중 | **突然** tūrán 뷔 갑자기, 문득 | ★**飘** piāo 동 (바람에) 날리다, 나부끼다 | **雪花** xuěhuā 몡 눈송이, 눈꽃

8 中国菜 老师 做了 为我 可口的 亲自 ─────────────────── [亲自 직접, 손수]

명사	상태부사	개사+대사	동사+조사	형용사+조사	명사+명사	
老师	**亲自**	**为我**	**做了**	**可口的**	**中国菜**。	선생님이 직접 나를 위해 맛있는 중국요리를 만드셨다.
주어	부사어		술어+了	관형어+的	관형어+목적어	

STEP 1 문장의 술어는 동태조사 '了'와 결합되어 있는 동사 '做'임을 알 수 있다. 만드는 대상인 '菜'가 목적어가 되고, 만드는 주체인 '老师'가 주어가 된다. '맛있는'이라는 뜻을 나타내는 제시어 '可口的'는 문맥상 목적어 '中国菜(중국요리)'를 앞에서 수식해 준다.

STEP 2 부사어 어순은 '부사+개사구'이므로, 상태부사 '亲自'는 개사구 '为我' 앞에 위치해 술어 '做'를 꾸며 준다. 고정 격식 '为+대상+做菜(~를 위해 요리하다)'를 잘 외워 두자.

★**亲自** qīnzì 뷔 직접, 손수 | **可口** kěkǒu 혱 맛있다, 입에 맞다

부사(6) 어기부사

본서 p.207

● Day 11

1 实验到底成功了。
2 这件事总算结束了。
3 那块蛋糕好像过期了。
4 月球大约形成在46亿年前。
5 他们根本无法达到目标。
6 难怪大家都不喜欢他。
7 我终于把这间屋子打扫干净了。
8 幸亏他及时发现了这些错误。

---

1 到底　了　成功　实验 ──────────────── [**到底** 결국, 마침내]

명사	어기부사	동사	조사	
实验	到底	成功	了。	실험이 결국 성공했다.
주어	부사어	술어	了	

STEP 1　술어는 동사 '成功(성공하다)'으로, 성공하는 대상인 명사 '实验(실험)'이 주어가 된다. 조사 '了'는 술어 뒤에 위치해 동작의 실현을 나타낸다.

STEP 2　어기부사 '到底'는 주어 뒤, 술어 앞에 위치해 부사어 역할을 한다.

★**实验** shíyàn 명 실험 | **到底** dàodǐ 부 결국 | **成功** chénggōng 동 성공하다

의문문에 '到底'가 쓰일 경우, '到底'는 '도대체'라는 의미를 나타내며 '주어의 앞과 뒤'에 모두 올 수 있다. 단, 주어가 의문 대명사일 경우는 반드시 문장 맨 앞에 위치한다.

---

2 结束了　事　这件　总算 ──────────────── [**总算** 마침내, 결국]

대사+양사	명사	어기부사	동사+조사	
这件	事	总算	结束了。	이 일은 마침내 끝났다.
관형어	주어	부사어	술어+了	

STEP 1　조사 '了'를 통해 동사 '结束'가 문장의 술어임을 알 수 있다. 어기부사 '总算'은 술어 앞에 위치해 부사어 역할을 한다.

STEP 2　주어는 명사 '事(일)'로, 일을 세는 양사 '件'의 수식을 받는다. 일반적으로, '这'가 포함된 어휘는 90% 이상 맨 앞 자리에 위치한다.

★**总算** zǒngsuàn 부 마침내, 결국 | **结束** jiéshù 동 끝나다, 마치다

3 蛋糕 了 那块 过期 好像 ——————————————— [好像 마치 ~인 듯하다]

대사+양사	명사	어기부사	동사	조사
那块	蛋糕	好像	过期	了。그 케이크는 기한이 지난 것 같다.
관형어	주어	부사어	술어	了

STEP 1 술어 '过期(기한이 지나다)'의 의미로 볼 때 기한이 지난 대상인 '蛋糕(케이크)'가 주어가 되며, 조사 '了'는 술어 뒤에 위치해 이미 발생한 변화를 나타낸다.

STEP 2 양사 '块'는 조각을 세는 단위로, 주어 '蛋糕' 앞에 위치해 관형어 역할을 한다. '추측'의 의미를 나타내는 어기부사 '好像'은 주어 뒤, 술어 앞에 위치해 부사어 역할을 한다.

好像 hǎoxiàng 부 마치 ~와 같다 | ★过期 guòqī 동 기한을 넘기다, 기일이 지나다

4 形成在 月球 46亿年前 大约 ——————————————— [大约+수량사]

명사	어기부사	동사+개사	수사+명사+명사
月球	大约	形成在	46亿年前。달은 대략 46억 년 전에 형성되었다.
주어	부사어	술어	보어

STEP 1 술어는 동사 '形成'이다. 술어와 함께 제시된 개사 '在' 뒤에는 '시간'이나 '장소'의 범위가 나와야 하므로, 시간을 나타내는 '46亿(수사)+年(명사)+前(명사)'이 '在' 뒤에 위치해 결과보어 역할을 한다.

STEP 2 '형성되다'라는 술어의 의미로 보아 명사 '月球(달)'가 주어이다. 주로 수량사와 함께 쓰이는 어기부사 '大约'는 주어 뒤, 술어 앞에 위치해 부사어 역할을 한다.

月球 yuèqiú 명 달 | 大约 dàyuē 부 대략 | ★形成 xíngchéng 동 형성되다, 이루어지다 | ★亿 yì 주 억

5 无法 达到 根本 他们 目标 ——————————————— [根本无法 결코 ~할 방법이 없다]

대사	어기부사	동사	동사	명사
他们	根本	无法	达到	目标。그들은 목표에 도달할 방법이 전혀 없다.
주어	부사어		술어	목적어

STEP 1 문장의 술어는 동사 '达到(도달하다)'이다. '达到'는 보통 추상명사를 목적어로 가지므로, '达到' 뒤에는 '目标(목표)'를 배열한다. 인칭대사 '他们'은 문장의 주어가 된다.

STEP 2 어기부사 '根本' 뒤에는 부정의 의미를 지닌 어휘가 오므로, 동사 '无法'가 '根本' 뒤에 위치한다.

★根本 gēnběn 부 결코, 전혀 | 无法 wúfǎ 동 ~할 방법이 없다 | ★达到 dádào 동 도달하다 | ★目标 mùbiāo 명 목표

6 都 他 不喜欢 大家 难怪 ─────────────────────────── [难怪+주어]

어기부사	대사	범위부사	부정부사+동사	대사
难怪	大家	都	不喜欢	他。어쩐지 모두 그를 좋아하지 않는다.
부사어	주어	부사어	술어	목적어

STEP 1 '不喜欢'은 부정부사와 동사가 결합한 형태로, 동사 '喜欢'이 문장의 술어로 쓰였다. 복수 어휘를 받는 범위부사 '都'가 있는 것으로 보아 복수의 사람을 표현하는 대사 '大家'가 주어가 되고, 또 다른 대사 '他'는 목적어가 된다.

STEP 2 일반적으로 어기부사는 주어 뒤, 술어 앞에 위치하지만, 일부 어기부사는 주어 앞에 위치한다. '难怪'는 예외적으로 주어 앞에 위치하는 어기부사이므로 주어 '大家' 앞에 위치한다.

★**难怪** nánguài 뷔 어쩐지

> **tip** 주어 앞에 올 수 있는 일부 어기 부사는 '原来, 到底, 幸亏, 反正, 果然, 恐怕, 难道, 其实, 怪不得, 难怪' 등이 있다.

7 终于 我 打扫 这间屋子 把 干净了 ─────────────── [终于+원하던 일+了 마침내, 결국]

대사	어기부사	개사	대사+양사+명사	동사	형용사+조사
我	终于	把	这间屋子	打扫	干净了。나는 마침내 이 방을 깨끗하게 청소했다.
주어		부사어		술어	보어+了

STEP 1 제시어에 '把'가 있으므로 '把'자문의 기본 형식인 '주어+把+목적어+술어+기타 성분'을 떠올려야 한다. 술어는 동사 '打扫'로, 형용사 '干净'이 술어 뒤에서 결과보어 역할을 한다. 인칭대사 '我'는 문장의 주어가 된다.

STEP 2 행위의 대상인 '这间屋子'가 개사 '把'와 결합하고, 어기부사 '终于'는 부사어의 어순 '부사+개사구'에 따라 개사구 '把这间屋子' 앞에 위치한다.

★**屋子** wūzi 몡 방

8 发现了 他 及时 幸亏 这些错误 ─────────────────── [幸亏+주어]

어기부사	대사	시간부사	동사+조사	대사+양사+명사
幸亏	他	及时	发现了	这些错误。다행히 그는 신속히 이 오류들을 발견했다.
부사어	주어	부사어	술어+了	관형어+목적어

STEP 1 동태조사 '了'를 통해 동사 '发现'이 술어임을 알 수 있다. '발견하다'라는 술어의 의미로 보아 발견한 대상인 '错误(오류)'가 목적어이고, 발견한 주체인 '他(그)'는 주어 역할을 한다.

STEP 2 시간부사 '及时'는 술어 앞에 위치해 부사어가 된다. 부사는 일반적으로 주어 뒤에 위치하지만, 어떤 조건에 의해 나쁜 결과를 다행히 면하게 됨을 나타내는 어기부사 '幸亏'는 예외적으로 주어 앞에 위치하는 부사임을 기억하자.

★**幸亏** xìngkuī 뷔 다행히 | **及时** jíshí 뷔 신속히, 제때에 | **错误** cuòwù 몡 오류

쓰기 제1부분 12 접속사(1) 병렬·점층·전환

본서 p.211

Day 12

1 这个小伙子既英俊又聪明。
2 我来补习班一方面是为了学习汉语，另一方面是为了认识更多的朋友。
3 你这样做不但不能成功，反而会带来不好的影响。
4 他不仅会说英语，而且说得不错。
5 我太困了，甚至站着也能睡着。
6 他非常努力学习，然而没有通过考试。
7 虽然工资不高，我却很喜欢这份工作。
8 尽管大家都不支持我，可是我还是要坚持自己的梦想。

---

1 既英俊　这个　又聪明　小伙子 ────────── [既A又B A이기도 하고, B이기도 하다]

대사+양사	명사	접속사+형용사	접속사+형용사	
这个	小伙子	既英俊	又聪明。	이 젊은이는 재능이 출중하기도 하고 똑똑하기도 하다.
관형어	주어	既+술어1	又+술어2	

STEP 1 '既A又B' 형식이 쓰인 문장이다. 두 개의 동작 혹은 상태가 동시에 존재함을 나타내며, A가 동사면 B도 동사, A가 형용사이면 B도 형용사가 쓰여야 하는 형식이다.

STEP 2 명사 '小伙子'가 문장의 주어가 되고, '这个'는 주어 앞에서 관형어 역할을 한다.

小伙子 xiǎohuǒzi 명 젊은이 | ★英俊 yīngjùn 형 재능이 출중하다

---

2 一方面是　认识更多的朋友　我来补习班　为了学习汉语　另一方面是为了
──────────────── [一方面是 A，另一方面是 B 한편으로는 A하고, (다른) 한편으로는 B하다]

대사+동사+명사	접속사+동사	개사+동사+명사	접속사+동사+개사	동사+부사+형용사+조사+명사
我来补习班	一方面是	为了学习汉语，	另一方面是为了	认识更多的朋友。
주어+술어+목적어	一方面+술어	부사어+술어+목적어	另一方面+술어+부사어	술어+관형어+的+목적어

내가 학원에 오는 것은 한편으로는 중국어를 배우기 위해서고, 한편으로는 더 많은 친구를 알기 위해서이다.

STEP 1 '一方面A, 另一方面B' 형식이 쓰인 문장이다. 두 가지 상황 또는 원인이 동시에 존재하고, A와 B는 보통 비슷한 구조로 문장을 만든다. A에는 개사 '为了'와 결합된 '学习汉语'가 위치하고, B에는 다른 목적인 '为了认识更多的朋友'가 위치한다.

STEP 2 대사 '我'가 문장의 주어로, 주어를 포함한 제시어 '我来补习班'이 문장 맨 앞에 온다.

补习班 bǔxíbān 명 학원

3 会带来不好的影响　不但不能成功　你这样做　反而 ——— [不但不A, 反而B A하지 않을 뿐 아니라, 오히려 B하다]

대사+대사+동사	접속사+조동사+동사	접속사	조동사+동사+부사+형용사+조사+명사
你这样做	不但不能成功,	反而	会带来不好的影响。
주어+부사어+술어1	不但不+부사어+술어2	反而	부사어+술어3+관형어+的+목적어

네가 이렇게 하면 성공할 수 없을 뿐만 아니라 오히려 좋지 않은 영향을 가져올 것이다.

STEP 1 '不但不A, 反而B' 형식이 쓰인 문장으로, B에는 예상치 못한 상황이 온다. 대사 '你'가 문장의 주어로, 주어를 포함한 제시어 '你这样做'가 문장 맨 앞에 위치한다.

STEP 2 이 문제에서는 '不但不' 뒤에 이미 A에 해당하는 내용이 결합되어 있다. 남은 제시어 '会带来不好的影响'은 '反而' 뒤에 오면 된다.

成功 chénggōng 동 성공하다 | ★反而 fǎn'ér 접 오히려, 도리어

4 不仅会说　他　而且　说得　英语　不错 ——— [不仅A, 而且B A할 뿐만 아니라, 게다가 B하다]

대사	접속사+조동사+동사	명사	접속사	동사+조사	형용사
他	不仅会说	英语,	而且	说得	不错。
주어	不仅+부사어+술어1	목적어	而且	술어2+得	보어

그는 영어를 할 수 있을 뿐만 아니라, 게다가 잘한다.

STEP 1 '不仅A, 而且B' 형식이 쓰인 문장이다. A에는 범위나 행동, B에는 확장되는 범위 또는 이어지는 행동이 온다.

STEP 2 접속사 '不仅'과 동사 '说'가 함께 제시되어 있으므로, '说'의 목적어를 찾아 연결하면 A 자리에 올 말을 완성할 수 있다. '말하다'라는 '说'의 의미를 고려했을 때, 뒤에는 명사 '英语(영어)'가 목적어로 와야 한다. B 자리에는 남은 제시어 '说得'와 '不错'를 배열하자. '得'가 쓰였으므로, 정도보어 구문 어순에 따라 '说得不错'로 배열하면 된다.

不仅 bùjǐn 접 ~할 뿐만 아니라 | 英语 Yīngyǔ 고유 영어

5 甚至站着　也能　我太困了　睡着 ——— [A, 甚至B A하고, 심지어 B하다]

대사+부사+형용사+조사	접속사+동사+조사	부사+조동사	동사
我太困了,	甚至站着	也能	睡着。
주어+부사어+술어+了	甚至+술어2+着	부사어	술어3

나 너무 피곤해서, 심지어 서서도 잠을 수 있어.

STEP 1 'A, 甚至B' 형식이 쓰인 문장이다. 접속사 '甚至'와 부사 '也'는 자주 함께 같이 쓰이므로 세트처럼 외워 두자. 이때 '也'는 '甚至' 뒤에 쓰이므로, 제시어는 '甚至站着 + 也能' 순서로 배열한다.

STEP 2 대사 '我'가 문장의 주어가 되고, 동사 '睡着'는 조동사 '能' 뒤에 위치한다.

困 kùn 형 피곤하다 | 甚至 shènzhì 접 심지어 | 睡着 shuìzháo 동 잠들다 ['着'발음에 주의]

6 通过考试　努力学习　他非常　然而没有 ────────── [A，然而B A이지만, B하다]

대사+부사	동사+동사	접속사+부사	동사+명사	
他非常	努力学习,	然而没有	通过考试。	그는 열심히 공부했지만, 시험에 통과하지 못했다.
주어	부사어　술어1	然而+부사어	술어2+목적어	

STEP 1 'A，然而B' 형식이 쓰인 문장으로 A와 B는 서로 상반되는 내용이어야 한다.

STEP 2 대사 '他'가 주어로, 주어가 포함된 제시어 '他非常'이 문장 맨 앞에 위치한다. 정도부사 '非常' 뒤에는 정도부사의 수식을 받을 수 있는 '努力学习'가 위치한다. B 자리에는 A의 내용 '非常努力学习'와 상반되는 내용 '没有通过考试'가 온다.

然而 rán'ér 젭 그렇지만, 그러나 | **通过** tōngguò 동 통과하다

7 我却很喜欢　不高　这份工作　虽然工资 ────────── [虽然A, 却B 비록 A하지만, 오히려 B하다]

접속사+명사	부사+형용사	대사+부사+부사+동사	대사+양사+명사	
虽然工资	不高,	我却很喜欢	这份工作。	비록 월급은 높지 않지만, 나는 이 일을 좋아한다.
虽然+주어1	부사어+술어1	주어2+却+부사어+술어2	관형어+목적어	

STEP 1 '虽然A, 却B' 형식이 쓰인 문장이다. '虽然'과 함께 제시된 명사 '工资'가 주어로, '工资'와 호응할 수 있는 '不高'가 술어 자리에 위치한다.

STEP 2 '我却很喜欢' 뒤에는 동사 '喜欢'과 호응하는 '工作'를 포함한 제시어 '这份工作'가 위치한다.

工资 gōngzī 명 월급 | **却** què 부 그러나 | **份** fèn 양 [일을 세는 단위]

8 可是　要坚持自己的梦想　我还是　都不支持我　尽管大家 ────────── [尽管A, 可是B 비록 A하지만, B하다]

접속사+대사	부사+부사+동사+대사	접속사	대사+부사	조동사+동사+대사+조사+명사	
尽管大家	都不支持我,	可是	我还是	要坚持自己的梦想。	
尽管+주어1	부사어+술어1+목적어1	可是	주어2　부사어	술어2+관형어+的+목적어2	

비록 모두 나를 지지하지 않지만, 나는 여전히 나의 꿈을 고수할 것이다.

STEP 1 '尽管A, 可是B' 형식이 쓰인 문장으로 A와 B는 서로 상반되는 내용이어야 한다.

STEP 2 '尽管'이 이끄는 문장의 주어는 '大家'이기 때문에, '可是'가 이끄는 문장의 주어는 '我'임을 알 수 있다. 그렇다면 남은 제시어 '都不支持我'와 '要坚持自己的梦想'는 어디에 들어가야 할까? A와 B에는 서로 상반되는 내용이 들어가야 하고, 부사 '都'는 복수 어휘 뒤에 위치해야 하므로, '都不支持我'는 A 자리에, '要坚持自己的梦想'는 B 자리에 위치한다.

尽管 jǐnguǎn 접 비록 ~라 하더라도 | **支持** zhīchí 동 지지하다 | **坚持** jiānchí 동 고수하다, 고집하다 | ★**梦想** mèngxiǎng 명 꿈

접속사(2) 가설·조건·인과

쓰기 제1부분
13

본서 p.215

● **Day 13**

1 如果还下雪就不要去了。
2 即使你们都反对，我也要继续挑战。
3 幸亏他及时发现了错误，要不然这次实验就失败了。
4 无论成功有多难，我都想试试。
5 除非他亲自来，否则我不会去的。
6 由于我的电脑中了病毒，因此开不了机。
7 我之所以那么开心，是因为我通过了考试。
8 既然你生病了，那么就别来了。

---

1 不要去了 下雪 还 就 如果 ──────── [如果A, 就B 만약 A라면, B하다]

접속사	부사	동사+명사	부사	부사+동사+조사
如果	还	下雪	就	不要去了。 만약 아직 눈이 내린다면 가지 마라.
如果	부사어	술어1+목적어	就	부사어+술어2+了

STEP 1 '如果A，就B' 형식이 쓰인 문장으로, A에는 가정, B에는 가정에 따른 결과나 추론이 온다.

STEP 2 A 자리에는 '还下雪(아직 눈이 내리다)'라는 가정을 위치시키고, B 자리에는 '不要去了(가지 마라)'라는 결과를 위치시키는 것이 '如果A，就B'가 이끄는 구문의 문맥에 어울린다.

---

2 要继续挑战 即使 我也 你们都反对 ──────── [即使A, 也B 설령 A일지라도, B하다]

접속사	대사+부사+동사	대사+부사	조동사+동사+동사
即使	你们都反对，	我也	要继续挑战。 설령 너희 모두가 반대하더라도, 나는 계속 도전할 것이다.
即使	주어1+부사어+술어1	주어2+也	부사어+술어2

STEP 1 '即使A，也B' 형식이 쓰인 문장으로 A에는 '극단적인 가설', B에는 '변하지 않는 결과'가 온다.

STEP 2 '也'가 뒤 절의 주어 '我'를 포함하고 있으므로, 자연스레 주어 '你们'을 포함한 제시어 '你们都反对'는 '가설'을 나타내는 A 자리에 위치하고, 남은 제시어 '要继续挑战'은 부사 '也' 뒤에 위치하여 '결과'를 나타낸다.

即使 jíshǐ 접 설령 ~하더라도 | 反对 fǎnduì 동 반대하다 | 继续 jìxù 동 계속하다 | ★挑战 tiǎozhàn 동 도전하다

3 就失败了　要不然这次实验　幸亏　他及时发现了错误

[幸亏A, 要不然B 다행히 A했으니 망정이지, 그렇지 않았다면 B했을 것이다]

부사	대사+부사+동사+조사+명사	접속사+대사+양사+명사	부사+동사+조사
幸亏	**他及时发现了错误,**	**要不然这次实验**	**就失败了。**
幸亏	주어1+부사어+술어1+了+목적어1	要不然+관형어+주어2	부사어+술어2+了

다행히 그가 제때 오류를 발견했으니 망정이지, 안 그랬으면 이번 실험은 실패했을 것이다.

STEP 1　'幸亏A，要不然B' 형식이 쓰인 문장으로, A에는 '사실', B에는 '부정적인 가설'이 온다.

STEP 2　'要不然这次实验' 뒤에 문맥상 이어질 수 있는 말은 '就失败了'이다. 남은 제시어 '他及时发现了错误'는 '幸亏'가 이끄는 앞 절에 위치하면 된다.

★**幸亏** xìngkuī 児 다행히 | **及时** jíshí 児 제때에, 신속히 | **错误** cuòwù 명 오류, 잘못 | ★**实验** shíyàn 명 실험 | **失败** shībài 동 실패하다

---

4 成功有多难　想试试　无论　我都

[无论A, 都B A든지 간에, B하다]

접속사	명사+동사+부사+형용사	대사+부사	조동사+동사
无论	**成功有多难,**	**我都**	**想试试。** 성공이 얼마나 어렵든지 간에, 나는 해 보고 싶다.
无论	주어1+부사어+술어	주어2+都	부사어+술어2

STEP 1　'无论A, 都B' 형식이 쓰인 문장으로, '어떠한 조건(A)에도 결과(B)가 변하지 않음'을 나타낸다.

STEP 2　A에는 선택의문문, 의문대사, 정반의문문 등이 오므로, 의문을 나타내는 '多'가 있는 '成功有多难'이 A에 위치하고, '想试试'는 B에 위치한다.

无论 wúlùn 접 ~를 막론하고 | **成功** chénggōng 명 성공 | **多** duō 児 얼마나 [정도를 가리킴]

 '多'는 '无论……都' 문장에 사용되어 '일정한 정도'를 나타낸다.

---

5 否则我　他亲自来　除非　不会去的

[除非A, 否则B A해야지, 그렇지 않으면 B하다]

접속사	대사+부사+동사	접속사+대사	부사+조동사+동사+조사
除非	**他亲自来,**	**否则我**	**不会去的。** 그가 직접 와야지, 그렇지 않으면 나는 안 갈 것이다.
除非	주어1+부사어+술어1	否则+주어2	부사어+술어2+的

STEP 1　'除非A，否则B' 형식이 쓰인 문장으로 A에는 '조건', B에는 '조건이 충족되지 않았을 경우 발생하는 결과'가 온다.

STEP 2　접속사 '否则' 뒤에 대사 '我'가 있으므로 주어를 포함하지 않은 제시어 '不会去的'가 B에 위치해 A의 결과를 나타내고, '除非' 뒤에는 주어[他]를 포함한 제시어 '他亲自来'가 위치해 조건을 나타낸다.

★**除非** chúfēi 접 오직 ~하여야 | ★**亲自** qīnzì 児 직접 | **否则** fǒuzé 접 만약 그렇지 않으면

6 开不了机　因此　我的电脑中了病毒　由于 ────── [由于A, 因此B　A이기 때문에, B하다]

접속사	대사+조사+명사+동사+조사+명사	접속사	동사+동사+명사
由于	我的电脑中了病毒,	因此	开不了机。내 컴퓨터가 바이러스에 걸려서 켤 수가 없다.
由于	관형어+的+주어+술어1+了+목적어1	因此	술어2+보어+목적어2

STEP 1　'由于'는 결과를 나타내는 '所以' '因此' '因而'과 호응하여 쓰인다. 이 문장은 '由于A, 因此B' 형식이 쓰인 문장으로 A에는 '원인', B에는 '그에 따른 결과'가 온다.

STEP 2　A에는 원인을 나타내는 '我的电脑中了病毒'가 오고, A의 내용에 따른 결과인 '开不了机'는 B에 위치한다.

由于 yóuyú 접 ~때문에, ~로 인하여 | ★病毒 bìngdú 명 바이러스 | 因此 yīncǐ 접 그래서, 이로 인하여, 이 때문에 | 不了 buliǎo 동 [동사 뒤에 놓여 할 수 없거나 불가능함을 나타냄] | 开机 kāijī 기계를 켜다

7 那么开心　我通过了考试　我之所以　是因为 ────── [之所以A, 是因为B　A한 까닭은, B이기 때문이다]

대사+접속사	대사+형용사	접속사	대사+동사+조사+명사
我之所以	那么开心,	是因为	我通过了考试。내가 그렇게 기뻐하는 까닭은 시험에 통과했기 때문이다.
주어1+之所以	부사어+술어1	是因为	주어2+술어2+了+목적어

STEP 1　'之所以A, 是因为B' 형식이 쓰인 문장으로 A에는 '결과', B에는 '원인'이 온다.

STEP 2　접속사 '之所以' 앞에 붙은 대사 '我'가 문장의 주어가 되므로, 주어를 포함하지 않은 제시어 '那么开心'이 뒤에 이어지고, '是因为' 뒤에는 주어 '我'를 포함하고 있는 '我通过了考试'가 이어져 '원인'을 나타낸다.

开心 kāixīn 형 기쁘다, 즐겁다, 좋다, 유쾌하다 | 通过 tōngguò 동 통과하다

8 那么就　你生病了　别来了　既然 ────── [既然A, 那么B　기왕 A하게 되었으니, B하다]

접속사	대사+동사+조사	접속사+부사	부사+동사+조사
既然	你生病了,	那么就	别来了。기왕 네가 병이 났으니 오지 마라.
既然	주어+술어1+了	那么　부사어	술어2+了

STEP 1　'既然A, 那么B' 형식이 쓰인 문장으로, A에는 '이미 실현되었거나 확정된 사실', B에는 '이미 벌어진 일로 얻어지는 결론'이 온다.

STEP 2　A에는 이미 확정된 사실인 '你生病了'가 오고, B에는 A를 전제로 한 결론인 '别来了'가 위치해 금지를 나타낸다.

既然 jìrán 접 ~된 바에야, ~인 이상

14 접속사(3) 선택·목적·선후

쓰기 제1부분
본서 p.219

● **Day 14**

1. 我周末在家休息，或者和朋友们出去玩儿。
2. 她不是不喜欢运动，而是没有时间。
3. 与其天天玩儿电脑浪费时间，不如学一门语言。
4. 我宁可不吃饭减肥，也不想运动。
5. 为了提高成绩，我做出了很多努力。
6. 学汉语是为了找到更好的工作。
7. 我先休息了一会儿，然后就去运动了。
8. 等我考完试，再一起吃饭吧。

---

1 休息 或者 我周末在家 和朋友们出去玩儿 ─────── [A或者B A 또는 B이다]

대사+명사+개사+명사	동사	접속사	개사+명사+동사+명사
我周末在家	休息，	或者	和朋友们出去玩儿。 나는 주말에 집에서 쉬거나 친구들과 나가서 논다.
주어+부사어	술어1	或者	부사어+술어2+술어3

STEP 1 'A或者B' 형식이 쓰인 문장으로 'A와 B 중 선택함'을 나타낸다.

STEP 2 주어가 될 수 있는 어휘는 인칭대사 '我'밖에 없으므로, '我周末在家'가 문장 맨 앞에 위치하며, 개사구 '在家'와 호응할 수 있는 동사 '休息'가 뒤이어 위치한다. B 자리에는 다른 선택을 나타내는 '和朋友们出去玩儿'이 온다.

---

2 没有时间 不是不喜欢运动 她 而是 ─────── [不是A，而是B A가 아니고, B이다]

대사	접속사+부사+동사+동사	접속사	부사+동사+명사
她	不是不喜欢运动，	而是	没有时间。 그녀는 운동하는 것을 좋아하지 않는 것이 아니라 시간이 없는 것이다.
주어	不是+부사어+술어1+목적어1	而是	부사어+술어2+목적어2

STEP 1 '不是A，而是B' 형식이 쓰인 문장으로 'A가 아니라 B가 사실'임을 나타낸다.

STEP 2 문장의 주어인 '她'가 문장 맨 앞에 오고, 뒤이어 '不是'가 이끄는 절 '不是不喜欢运动'이 위치하고, '而是' 뒤에는 남은 제시어 '没有时间'이 위치한다.

---

3 天天玩儿电脑浪费时间 一门语言 与其 不如学 ─────── [与其A，不如B A하느니, B하는 편이 낫다]

접속사	부사+동사+명사+동사+명사	접속사+동사	수사+양사+명사
与其	天天玩儿电脑浪费时间，	不如学	一门语言。
与其	부사어+술어1+목적어1+술어2+목적어2	不如+술어3	관형어+목적어3

매일 컴퓨터하는 걸로 시간을 낭비하느니, 언어를 배우는 게 낫다.

STEP 1 '与其A，不如B' 형식이 쓰인 문장으로 A에는 '좋지 않다고 생각한 행동', B에는 '선택한 행동'이 온다.

STEP 2 접속사 '不如' 뒤에 동사 '学'가 있으므로 그 뒤에는 '学'의 목적어로 알맞은 '一门语言'이 이어져야 한다. A 자리에는 남은 제시어 '天天玩儿电脑浪费时间'을 배치해 '좋지 않다고 생각한 행동'을 나타낸다.

★ **与其** yǔqí 접 ~하기보다는, ~하느니 | **浪费** làngfèi 동 낭비하다 | ★ **不如** bùrú 접 ~하는 편이 낫다 | **语言** yǔyán 명 언어

---

4 想运动 我宁可 也不 不吃饭减肥 ────────── [宁可A，也不B 차라리 A할지언정, B하지는 않는다]

대사+접속사	부사+동사+동사	접속사+부사	조동사+동사	
我宁可	不吃饭减肥,	也不	想运动。	나는 밥을 안 먹고 다이어트를 할지언정 운동하고 싶지 않다.
주어+宁可	부사어+술어1+술어2	也不	부사어+술어3	

STEP 1 '宁可A，也不B' 형식이 쓰인 문장으로 'A와 B 중 A를 선택함'을 나타낸다.

STEP 2 제시어 '不吃饭减肥'에 이미 부사 '不'가 포함되어 있으므로, 이 제시어는 '也不B' 자리에 올 수 없다. 그러므로, '不吃饭减肥'는 A 자리에 위치하고, B 자리에는 '想运动'이 온다.

★ **宁可** nìngkě 접 차라리 ~할지언정 | **减肥** jiǎnféi 동 다이어트하다

---

5 我做出了 提高成绩 为了 很多努力 ────────── [为了A，B A하기 위해서, B하다]

접속사	동사+명사	대사+동사+조사	부사+형용사+명사	
为了	提高成绩,	我做出了	很多努力。	성적을 높이기 위해, 나는 많은 노력을 했다.
为了	술어1+목적어1	주어+술어2+보어+了	부사어+목적어2	

STEP 1 '为了A，B' 형식이 쓰인 문장으로 A에는 '목적', B에는 '목적을 이루기 위한 행동'이 온다.

STEP 2 '我做出了'의 술어 '做'와 호응할 수 있는 목적어는 '努力'이다. 문맥상 목적에 해당되는 '提高成绩'가 A에 위치하며, 목적을 이루기 위한 행동인 '我做出了很多努力'가 B에 위치한다.

---

6 是为了 学汉语 找到更好的工作 ────────── [A，是为了B A한 것은, B하기 위해서이다]

동사+명사	접속사	동사+동사+부사+형용사+조사+명사	
学汉语	是为了	找到更好的工作。	중국어 공부를 한 것은 더 좋은 일을 찾기 위해서이다.
술어1+목적어1	是为了	술어2+보어+관형어+的+목적어2	

STEP 1 'A，是为了B' 형식이 쓰인 문장으로, A에는 '목적을 이루기 위한 행동', B에는 '목적'이 온다.

STEP 2 '더 좋은 일을 찾는 것'이 목적이 되어야 하므로 A에는 '学汉语', B에는 '找到更好的工作'가 위치한다.

7 一会儿   就去运动了   然后   我先休息了 ──────────── [先A，然后B 먼저 A하고, 그리고 B하다]

대사+부사+동사+조사	수량사	접속사	부사+동사+동사+조사	
我先休息了	一会儿，	然后	就去运动了。	나는 먼저 잠시 쉬고 나서 바로 운동하러 갔다.
주어+先+술어1+了	보어	然后	부사어+술어2+술어3+了	

STEP 1   '先A，然后B' 형식이 쓰인 문장으로, 이 형식은 동작을 순차적으로 진행함을 나타낼 때 쓰인다.

STEP 2   '我先休息了'의 술어 '休息' 뒤에 수량사 '一会儿'이 와서 수량보어 역할을 한다. '就去运动了'는 '然后' 뒤 B 자리에 위치한다.

8 等   吃饭吧   再一起   我考完试 ──────────── [等A，再B A한 후에, B하다]

접속사	대사+동사+동사+명사	접속사+부사	동사+조사	
等	我考完试，	再一起	吃饭吧。	시험이 끝난 후에, 같이 밥 먹자.
等	주어+술어1+보어+목적어	再+부사어	술어2+吧	

STEP 1   '等A，再B' 형식이 쓰인 문장으로, 이 형식은 순서대로 동작이 연속해서 발생함을 나타낼 때 쓰인다.

STEP 2   대사 '我'가 주어이므로, '我考完试'가 A 자리에 오며, 조사 '吧'는 문장 끝에 와야 하므로 '吃饭吧'는 B 자리에 위치한다.

쓰기 제1부분 15 수사, 양사

본서 p.228

● Day 15

1 小马一直在经营着一家酒吧。
2 这是一首赞美爱情的歌。
3 我们要把房间整理一下。
4 今天买的衣服一共300块钱。
5 我的弟弟有一辆自行车。
6 这位新来的老师非常亲切。
7 我在上海住了两年。
8 今天的股票价格比前天上涨了两倍。

1 一直在   小马   酒吧   一家   经营着 ──────────── [家 기업 등 영리를 목적으로 하는 개체를 세는 양사]

명사	부사+부사	동사+조사	수사+양사	명사	
小马	一直在	经营着	一家	酒吧。	샤오매[小马]는 줄곧 술집 하나를 경영하고 있다.
주어	부사어	술어+着	관형어	목적어	

STEP 1   동태조사 '着'를 통해 동사 '经营'이 술어임을 알 수 있다. '경영하다'라는 뜻의 술어와 호응하는 명사 '酒吧(술집)'가 목적어로 적합하다. 양사 '家'는 기업 등 영리를 목적으로 하는 개체를 셀 때 쓰는 양사로, 목적어 '酒吧' 앞에서 관형어 역할을 한다.

STEP 2 부사가 결합한 형태의 제시어 '一直在'는 술어 앞에서 부사어의 역할을 하고, 행위의 주체인 '小马(샤오마)'는 주어로서 문장 맨 앞에 위치한다.

★**经营** jīngyíng 동 경영하다 | ★**酒吧** jiǔbā 명 술집

2 一首 这是 歌 赞美爱情的 ——————————— [首 시, 노래 등을 세는 양사]

대사+동사	수사+양사	동사+명사+조사	명사
这是	一首	赞美爱情的	歌。 이것은 사랑을 찬미하는 노래이다.
주어+술어	관형어+的		목적어

STEP 1 제시어에서 동사 '是'를 보면 'A是B' 구문을 바로 떠올리자. 제시어 각각을 해석했을 때, 이 문제에서 'A是B' 구문은 'A와 B가 동격'임을 나타낸다. 제시어 '这是'에 주어[这]가 포함되어 있으므로, 남은 제시어들로 B에 들어갈 말을 순서대로 배열하자.

STEP 2 남은 제시어 중, 목적어 역할을 할 수 있는 제시어는 '歌'이고, 다른 제시어들은 '歌'를 꾸며 주는 관형어 역할을 한다. 관형어 어순 '한정적인 것+묘사적인 것+(的)'에 따라 '一首[수사+양사]+ 赞美爱情的'로 배열되어 목적어 '歌' 앞에 위치한다.

★**首** shǒu 양 곡, 수 [노래를 세는 단위] | ★**赞美** zànměi 동 찬미하다 | **爱情** àiqíng 명 남녀 간의 사랑 | **歌** gē 명 노래, 가곡

3 整理 把 我们 要 一下 房间 ——————————— [동사+一下 좀 ~하다]

대사	조동사	개사	명사	동사	수량사
我们	要	把	房间	整理	一下。 우리는 방을 좀 정리해야 한다.
주어		부사어		술어	보어

STEP 1 제시어에서 '把'를 보면 '把'자문의 기본 공식 '주어+把+목적어+술어+기타 성분'을 떠올리자. 문장의 술어는 동사 '整理(정리하다)'이고, 수량사 '一下'는 술어 뒤에 위치해 기타 성분으로서, 보어 역할을 한다. '把' 뒤에는 정리하는 대상인 '房间'이 위치한다.

STEP 2 부사어 어순 '부사+조동사+개사구'에 따라 부사어는 '要[조동사]+把房间[개사구]' 순서로 배열되어 술어 '整理' 앞에 위치한다. 시험에 자주 출제되는 포인트이니 꼭 외우자.

整理 zhěnglǐ 동 정리하다

4 买的 今天 衣服 300块钱 一共 ——————————— [一共+수사 전부 ~이다]

명사	동사+조사	명사	부사	수사+양사+명사
今天	买的	衣服	一共	300块钱。 오늘 산 옷은 모두 300위안이다.
관형어+的		주어	부사어	술어

STEP 1 '수량사'가 '술어'로 쓰인 문장이다. 부사 '一共'은 '수사'를 바로 수식할 수 있다는 점을 기억하자.

STEP 2 주어는 명사 '衣服'로, '买的'의 수식을 받는다. 시간사 '今天'은 '买的' 앞에 위치해 '시간'적 의미를 보충한다.

一共 yígòng 부 모두

---

5 弟弟 我的 自行车 有 一辆 ——————————————— [辆 차량 등을 세는 양사]

대사+조사	명사	동사	수사+양사	명사
我的	弟弟	有	一辆	自行车。내 남동생은 자전거 한 대가 있다.
관형어+的	주어	술어	관형어	목적어

STEP 1 동사 '有'가 문장의 술어로, 소유하는 대상인 명사 '自行车(자전거)'가 목적어가 된다. 양사 '辆'은 자전거를 세는 양사로서 목적어 '自行车' 앞에 위치해 관형어가 된다.

STEP 2 행위의 주체인 사람 '弟弟'가 주어가 되고, '我的'는 문맥상 주어 앞에 위치해 주어를 꾸며 준다.

辆 liàng 양 대 [차량을 세는 단위]

---

6 亲切 非常 老师 新来的 这位 ——————————— [관형어 어순: 한정적인 것+묘사적인 것+중심어]

대사+양사	부사+동사+조사	명사	부사	형용사
这位	新来的	老师	非常	亲切。새로 오신 선생님은 매우 친절하다.
관형어+的		주어	부사어	술어

STEP 1 형용사 '亲切'가 술어인 형용사 술어문으로, 정도부사 '非常'이 형용사 술어를 앞에서 수식한다. 사람을 나타내는 명사 '老师'가 주어가 된다.

STEP 2 관형어의 어순 '한정적인 것+묘사적인 것+(的)'에 따라 '这位[대사+양사]+新来的'가 주어 '老师'를 앞에서 수식한다.

★亲切 qīnqiè 형 친절하다

---

7 两年 我在 上海 住了 ——————————————————— [住了两年 2년 살았다]

대사+개사	명사	동사+조사	수사+양사
我在	上海	住了	两年。나는 상하이에서 2년 살았다.
주어	부사어	술어+了	보어

STEP 1 동태조사 '了'를 통해, 동사 '住'가 문장의 술어임을 알 수 있다. 주어는 인칭대사 '我'이다.

STEP 2 개사 '在' 뒤에는 장소를 나타내는 명사 '上海'가 온다. 개사구 '在上海'는 부사어로서 술어 '住' 앞에 위치한다. '수사+양사'가 결합한 '两年'은 술어 뒤에서 시간의 양을 나타내는 시량보어 역할을 한다.

8 两倍 今天的 比前天 上涨了 股票价格 ──────── [A+比+B+술어+两倍 A가 B보다 2배 ~하다]

명사+조사	명사+명사	개사+명사	동사+조사	수사+양사	
今天的	股票价格	比前天	上涨了	两倍。	오늘 주식 가격이 그저께보다 2배 올랐다.
관형어+的	관형어+주어	부사어	술어+了	보어	

STEP 1 개사 '比'가 쓰인 비교문 어순 'A+比+B+술어+(구체적인 차이)'를 떠올리자. 동사 '上涨'이 문장의 술어가 되며, 개사구 '比前天'은 술어 앞에서 부사어 역할을 한다.

STEP 2 보통 A와 B, 두 비교 대상 중 중복된 내용이 있으면 B에서 중복된 부분을 생략하므로, A 자리에 '今天的'와 '股票价格'를 순서대로 배열하는 것이 적합하다. '两倍'는 술어 뒤에서 수량보어로서 구체적인 차이를 나타내는 역할을 한다. [*시간명사가 있을 경우, 일반적으로 문장 앞쪽에 위치한다.]

★ **股票** gǔpiào 명 주식 | **价格** jiàgé 명 가격 | **前天** qiántiān 명 그저께 | **上涨** shàngzhǎng 동 (수위·물가 등이) 오르다 | **倍** bèi 양 배, 배수

쓰기 제1부분
16 是자문, 有자문

본서 p.233

● **Day 16**

1 我们都是经验丰富的护士。
2 我姐姐不是最有名的小说家。
3 火锅是四川最有名的菜之一。
4 保护环境是所有人的义务。
5 图书馆里有很多学生吗?
6 这种蔬菜有很丰富的营养。
7 这位职员对我们公司有突出的贡献。
8 这部电视剧里的角色很有魅力。

1 都 我们 护士 经验丰富的 是 ──────── [A(특정한 대상)+是+B(설명) A는 B이다]

대사	부사	동사	명사+형용사+조사	명사	
我们	都	是	经验丰富的	护士。	우리는 모두 경험이 풍부한 간호사이다.
주어	부사어	술어	관형어+的	목적어	

STEP 1 동사 '是'가 보이면 'A是B' 문형을 떠올리자. A 자리에는 '특정한 어휘'가 오며, B 자리에는 'A를 설명하는 내용'이 온다. 따라서 특정적인 대상을 나타내는 어휘 '我们'(우리)이 A 자리에 오고, '직업군'을 나타내는 명사 '护士(간호사)'는 B를 구성하는 성분이 된다.

STEP 2 범위부사 '都'는 복수 어휘 뒤에 위치하므로 주어 '我们' 뒤, 술어 '是' 앞에 위치한다. '经验丰富的'는 '护士'를 앞에서 수식한다.

经验 jīngyàn 명 경험 | **丰富** fēngfù 형 풍부하다 | **护士** hùshi 명 간호사

2 不是　小说家　我姐姐　有名的　最 ──────── [A(특정한 대상)+不是+B(설명) A는 B가 아니다]

대사+명사	부사+동사	부사	형용사+조사	명사
我姐姐	不是	最	有名的	小说家。 내 언니는 가장 유명한 소설가가 아니다.
관형어+주어	부사어+술어		관형어+的	목적어

STEP 1 '是'자문이 부정형으로 쓰인 문장으로, A 자리에는 특정한 대상이, B 자리에는 'A에 대한 설명'이 온다. '我姐姐'와 '小说家' 중 특정한 대상을 나타내는 어휘 '我姐姐'가 A 자리에 적합하다. '小说家'는 다른 성분의 수식을 받아 A를 설명하는 내용으로서 B 자리에 쓰여야 한다.

STEP 2 정도부사 '最'는 형용사 '有名'을 앞에서 수식한다. '最有名的'는 '小说家'와 결합해 B 자리에 위치한다.

小说家 xiǎoshuōjiā 몡 소설가

3 最有名的菜　火锅　之一　是　四川 ──────── [A(특정한 대상)+是+B(설명)+之一 A는 B 중 하나이다]

명사	동사	명사	부사+형용사+조사+명사	명사
火锅	是	四川	最有名的 菜	之一。 훠궈는 쓰촨에서 가장 유명한 요리 중 하나이다.
주어	술어		관형어+的	목적어

STEP 1 '是'자문에서 판단, 설명을 할 때는 주어는 특정한 대상, 목적어는 설명하는 내용이 온다. 그러므로 주어는 특정한 대상인 '火锅'가 되고, 목적어는 '火锅'의 범위에 해당하는 '菜'가 된다.

STEP 2 설명 부분에 해당하는 '四川'과 '最有名的'는 목적어 '菜'를 꾸며 주는 역할을 한다. '之一'는 '菜' 뒤에 붙여 'A+是+B+之一 (A는 B 중 하나이다)'라는 표현을 만든다.

火锅 Huǒguō 고유 훠궈 [중국식 샤브샤브] | 四川 Sìchuān 고유 쓰촨 | 之一 zhī yī 몡 ~중의 하나

4 所有人　是　保护环境　义务　的 ──────── [A(특정한 대상)+是+B(설명) A는 B이다]

동사+명사	동사	형용사+명사	조사	명사
保护环境	是	所有人	的	义务。 환경을 보호하는 것은 모든 사람들의 의무이다.
주어	술어	관형어+的		목적어

STEP 1 'A是B' 형식에서 A와 B는 '동격'이므로, A가 사람이면 B도 사람이어야 한다. 즉, 제시어 중 '所有人'은 동격의 제시어가 없으므로, 주어나 목적어는 될 수 없다.

STEP 2 특정한 대상을 나타내는 제시어 '保护环境'이 A 자리에 온다. 설명 부분인 B 자리에는 '所有人+的+义务'가 위치한다.

保护 bǎohù 동 보호하다 | ★义务 yìwù 몡 의무

5 吗 图书馆 学生 里 很多 有 ——————————— [A(장소)＋有＋B(사람)＋吗? A에 B가 있나요?]

명사	명사	동사	부사+형용사	명사	조사
图书馆	里	有	很多	学生	吗? 도서관 안에 많은 학생이 있나요?
주어		술어	관형어	목적어	吗

STEP 1 동사 '有'와 '장소를 나타내는 어휘'가 동시에 주어져 있다면, 존현문을 떠올리자. 존현문의 기본 형식은 '장소+有+불특정한 사람/사물'이다.

STEP 2 존현문의 특징은 주어 자리에 장소가 온다는 것이다. 그러나 일반명사는 단독으로 장소를 나타낼 수 없으므로, 뒤에 방위사를 붙여야 한다. 따라서, '图书馆[명사]+里[방위사]'가 주어 자리에 오고, 불특정한 대상인 명사 '学生'이 목적어가 된다. '很多'는 목적어 '学生' 앞에 위치해 관형어 역할을 하며, 어기조사 '吗'는 문장 끝에 위치해 의문을 나타낸다.

6 营养 这种 很丰富的 有 蔬菜 ——————————— [A(대상)＋有＋B(명사) A는 B가 있다]

지시대사+양사	명사	동사	부사+형용사+조사	명사
这种	蔬菜	有	很丰富的	营养。 이 채소는 풍부한 영양이 있다.
관형어	주어	술어	관형어+的	목적어

STEP 1 소유를 나타내는 '有'자문에서 주어에는 '사람/사물'이 오고, 목적어에는 '소유하는 내용'이 온다. 따라서 의미 관계상, 명사 '蔬菜'가 주어가 되고, 명사 '营养'이 목적어가 된다.

STEP 2 '这种'은 주어 '蔬菜'를 앞에서, '很丰富的'는 목적어 '营养' 앞에서 꾸며 주는 역할을 한다.

★**蔬菜** shūcài 명 채소 | **丰富** fēngfù 형 풍부하다 | ★**营养** yíngyǎng 명 영양

7 贡献 有 这位职员 突出的 对我们公司 ——————————— [A(대상)＋有＋B(추상명사) A는 B가 있다]

지시대사+양사+명사	개사+대사+명사	동사	형용사+조사	명사
这位职员	对我们公司	有	突出的	贡献。 이 직원은 우리 회사에 뛰어난 공헌을 했다.
관형어+주어	부사어	술어	관형어+的	목적어

STEP 1 설명 및 평가를 나타내는 '有'자문일 경우 목적어에는 추상명사가 온다. 그러므로 추상명사인 '贡献(공헌)'이 목적어가 되고, 공헌하는 대상인 명사 '职员(직원)'이 주어가 된다.

STEP 2 개사구 '对我们公司'는 술어 앞에서 부사어 역할을 하며, 조사 '的'가 있는 '突出的'는 문맥상 목적어 '贡献' 앞에 위치해 목적어를 꾸며 준다.

职员 zhíyuán 명 직원 | **突出** tūchū 형 뛰어나다, 돋보이다 | **贡献** gòngxiàn 명 공헌, 기여

8 角色　电视剧里的　有魅力　很　这部　──────── [A(대상)＋很＋有＋B(추상명사) A는 매우 B가 있다]

대사+양사	명사+명사+조사	명사	부사	동사+명사	
这部	电视剧里的	角色	很	有魅力。	이 드라마 안의 배역은 매력이 있다.
관형어+的		주어	부사어	술어+목적어	

STEP 1 설명 및 평가를 나타내는 '有'자문에서 동사 '有'는 뒤에 추상명사가 오면 예외적으로 정도부사 '很'의 수식을 받을 수 있다. 따라서 추상명사인 '魅力(매력)'가 목적어이며, 서술의 대상이 되는 명사 '角色(배역)'가 주어가 된다.

STEP 2 관형어의 어순 '한정적인 것+묘사적인 것+(的)'에 따라 '这部[대사+양사]+电视剧里的'가 주어 '角色'를 수식한다.

电视剧 diànshìjù 몡 드라마 | ★角色 juésè 몡 배역 | ★魅力 mèilì 몡 매력

---

17 是……的 강조 구문

본서 p.237

● **Day 17**

1 这件衣服是在韩国买的。
2 妈妈不是前年退休的。
3 闯红灯是要罚款的。
4 这些礼物是我从中国带回来的。
5 弟弟是去年考上这所大学的。
6 我是用信用卡结账的。
7 命运是掌握在自己手里的。
8 这种工艺品是从清代流传下来的。

1 在韩国　是　衣服　买的　这件　──────── [A＋是＋[장소]＋술어+的 A는 '～에서' ～했다]

대사+양사	명사	동사	개사+명사	동사+조사	
这件	衣服	是	在韩国	买的。	이 옷은 한국에서 샀다.
관형어	주어	是	장소 강조	술어+的	

STEP 1 '买的'처럼 '的'가 붙은 제시어를 항상 관형어구로 단정 짓지는 말자. 제시어에 '是'와 '的'가 있다면 '是……的' 강조 구문인지도 의심해 봐야 한다. '是……的' 구문의 기본 형식은 '주어+是+강조 내용+的'이다.

STEP 2 명사 '衣服'는 주어가 되며, '这件'은 주어 앞에서 관형어 역할을 한다. 장소를 나타내는 '在韩国'는 '是' 뒤, 술어 '买' 앞에 위치한다. 이 문장은 장소를 강조한 '是……的' 구문이다.

韩国 Hánguó 고유 한국

2 退休的 妈妈 是 前年 不 ────────────── [A+不是+[시간]+술어+的 A는 '~때' ~하지 않았다]

명사	부사	동사	명사	동사+조사
妈妈	不	是	前年	退休的。 엄마는 재작년에 퇴직한 것이 아니다.
주어	부사어	是	시간 강조	술어+的

STEP 1 제시어에 '是'와 '的'가 있다면 '是……的' 강조 구문인지 의심해 봐야 한다. '是……的' 구문의 기본 형식은 '주어+是+강조 내용+的'이므로, '是……的' 사이에 강조하는 내용이 무엇인지만 찾으면 된다. 술어 '退休'는 '的'와 함께 이미 제시되어 있다.

STEP 2 주어는 사람을 나타내는 명사 '妈妈'로, 시간을 나타내는 제시어 '前年'이 '是……的' 사이에 위치하여 '시간'을 강조한다. '是……的' 구문의 부정형은 '不是……的'이므로, 부사 '不'는 동사 '是' 앞에 위치한다.

前年 qiánnián 명 재작년 | ★退休 tuìxiū 동 퇴직하다

---

3 罚款的 是 闯红灯 要 ────────────── [A+是+[행동]+的 A는 '~하다']

동사+명사	동사	조동사	동사+조사
闯红灯	是	要	罚款的。 신호를 위반하면 벌금을 내야 한다.
주어	是	행동 강조	的

STEP 1 '是……的' 구문이 쓰인 문장으로, '罚款的'의 동사 '罚款'이 문장의 술어가 된다. '是……的' 구문에서 술어는 반드시 '是……的' 사이에 위치해야 한다는 점도 꼭 기억하자.

STEP 2 조동사 '要'는 술어 '罚款' 앞에 위치하고, 벌금을 무는 행위인 '闯红灯'이 주어가 된다. 동사구도 주어가 될 수 있다는 점을 기억하자.

★闯 chuǎng 동 갑자기 뛰어들다 | 红灯 hóngdēng 명 빨간 신호등, 적신호 | ★罚款 fákuǎn 동 벌금을 내다

---

4 礼物是 带 我 这些 回来的 从中国 ────────────── [A+是+[장소]+술어+的 A는 '~에서' ~했다]

대사+양사	명사+동사	명사	개사+명사	동사	동사+조사
这些	礼物是	我	从中国	带	回来的。 이 선물들은 내가 중국에서 가져왔다.
관형어	주어+是		장소 강조	술어	보어+的

STEP 1 제시어 '是'와 '的'를 통해 '是……的' 강조 구문임을 예상해 볼 수 있다. 제시어 '回来的' 속 동사 '回来'와 또 다른 동사 '带'는 '带[술어]+回来[보어]'로 결합해 '가지고 왔다'라는 의미를 나타낸다. '是' 앞에 붙여 제시된 명사 '礼物'는 주어가 되고 '这些'는 주어 '礼物' 앞에서 관형어 역할을 한다.

STEP 2 강조하는 내용이 될 개사구 '从中国'는 '是'와 술어[带] 사이에 위치한다. '是'와 '的' 사이에 위치하는 '강조 내용'은 '술어' 앞에 와야 한다는 점을 다시 한번 기억하자. '我'는 '从中国' 앞에 위치해 '[내가] 중국에서 가져온 것'이라고 연결시키는 편이 문맥에 적합하다. '从+출발점+带回来' 고정격식을 알면 좀 더 쉽게 풀 수 있는 문제였다.

5 是去年考上 弟弟 这 大学的 所 ─────────── [A+是+[시간]+술어+的 A는 '~때' ~했다]

명사	동사+명사+동사	대사	양사	명사+조사
弟弟	是去年考上	这	所	大学的。 남동생은 작년에 이 대학교에 합격했다.
주어	是+ 시간 강조 + 술어	관형어		목적어+的

STEP 1 제시어에 '是'와 '的'가 있고, '是' 뒤에 시간명사 '去年'이 있다는 점에서 이 문장이 시간을 강조하는 '是……的' 구문임을 알 수 있다. 술어는 동사 '考上(합격하다)'으로, 술어와 호응하는 명사 '大学(대학교)'가 목적어가 된다. '考上大学(대학에 합격하다)'는 빈출 짝꿍 표현이니 꼭 외워 두자.

STEP 2 사람을 나타내는 명사 '弟弟'가 문장의 주어가 되고, 학교, 병원 등 비영리 단체를 세는 양사 '所'는 지시대사 '这'와 함께 목적어 앞에서 관형어 역할을 한다.

考上 kǎoshàng 동 시험에 합격하다 | ★所 suǒ 양 [학교를 세는 양사]

6 用信用卡 的 结账 是 我 ─────────── [A+是+[방식]+술어+的 A는 '~로' ~했다]

대사	동사	개사+명사	동사	조사
我	是	用信用卡	结账	的。 나는 신용카드로 계산했다.
주어	是	방식 강조	술어	的

STEP 1 '是……的' 강조 구문에서 '是'는 술어가 아니다. 제시어 중 술어로 적합한 것은 동사 '结账'으로, 술어는 반드시 '是'와 '的' 사이에 위치해야 한다.

STEP 2 인칭대사 '我'가 주어가 되어 '是' 앞에 위치한다. 방식을 나타내는 개사구 '用信用卡'는 '是' 뒤, 술어 '结账' 앞에 위치한다. 이 문장은 방식을 강조하는 '是……的' 구문이다. [*用+[도구/수단]+행동/행위: ~로 ~하다]

★结账 jiézhàng 동 계산하다

7 是掌握在 手里 命运 自己 的 ─────────── [A+是+[행동]+的 A는 '~하다']

명사	동사+동사+개사	대사	명사+명사	조사
命运	是掌握在	自己	手里	的。 운명은 자신의 손 안에 달려 있다.
주어		是+행동 강조		的

STEP 1 술어는 제시어 '是掌握在'에 포함된 동사 '掌握'이다. 개사 '在' 뒤에는 '장소/시간'이 오는데, 일반명사만으로는 장소를 표현할 수 없기 때문에 방위사를 붙여 '手里' 형태로 나타낸다. 대사 '自己'는 '手里'를 수식하여 그 앞에 배열한다.

STEP 2 명사 '命运'이 문장의 주어가 되어 '是' 앞에 위치하고, '是……的' 구문에서 조사 '的'는 문장 맨 끝에 위치한다. 이 문장은 행동을 강조하는 '是……的' 구문이다.

★命运 mìngyùn 명 운명 | ★掌握 zhǎngwò 동 주도하다, 결정하다

8 是从清代　这种　的　流传下来　工艺品 ──────────── [A+是+[시간]+술어+的 A는 '～때' ～했다]

대사+양사	명사	동사+개사+명사	동사+동사	조사	
这种	工艺品	是从清代	流传下来	的。	이 공예품은 청대부터 전해 내려왔다.
관형어	주어	是+시간 강조	술어+보어	的	

STEP 1 '是' 뒤에 시간을 나타내는 '从清代'가 있으므로 이 문장은 시간을 강조하는 '是……的' 구문이다. 방향보어 '下来'와 결합한 동사 '流传'이 문장의 술어가 되고, 술어는 '是……的' 사이에 위치한다.

STEP 2 명사 '工艺品'은 문장의 주어가 되고, '지시대사+양사' 결합인 '这种'은 주어 앞에서 관형어 역할을 한다.

工艺品 gōngyìpǐn 명 공예품 | 清 Qīng 고유 청나라 | ★流传 liúchuán 동 대대로 전해 내려오다

쓰기 제1부분
18 보어(1) 위치와 종류
본서 p.240

● **Day 21**
1 这次谈判进行得很顺利。
2 你做得完这份报告吗?
3 电梯突然停住了。／突然电梯停住了。
4 女儿在学校表现得相当活跃。
5 邻居家的小孩儿委屈得哭了起来。
6 我每天都听一遍录音。
7 这部动画片制作了三年。
8 你们的工作能力还达不到要求。

1 进行得　谈判　这次　顺利　很 ──────────── [进行得很顺利 순조롭게 진행되다]

대사+양사	명사	동사+조사	부사	형용사	
这次	谈判	进行得	很	顺利。	이번 회담은 순조롭게 진행된다.
관형어	주어	술어+得	정도보어		

STEP 1 동사 '进行' 뒤에 조사 '得'가 붙어 있고, 제시어 중 '정도부사, 형용사'가 있다면, 바로 정도보어 구문의 어순을 떠올리자. 정도보어는 '술어+得+정도보어[정도부사+형용사]' 형태를 취하는 구문으로, 이에 따르면 동사 '进行'이 술어가 되고, '정도부사+형용사'인 '很顺利'가 정도보어가 된다.

STEP 2 명사 '谈判'이 문장의 주어가 되며, '这次'는 주어 '谈判' 앞에서 관형어 역할을 한다.

★谈判 tánpàn 명 회담, 협상 | 进行 jìnxíng 동 진행하다 | 顺利 shùnlì 형 순조롭다, 일이 잘 되어가다

2 吗　份　你做得完　这　报告 ──────────── [做得完 끝낼 수 있다]

대사+동사+조사+동사	대사	양사	명사	조사	
你做得完	这	份	报告	吗?	너 이 보고서를 끝낼 수 있니?
주어+술어+가능보어	관형어		목적어	吗	

18 보어(1) 위치와 종류　**185**

STEP 1 동사 '做' 뒤에 조사 '得'와 결과보어 '完'이 결합해 동작의 실현 가능을 물어보는 가능보어 형식이다.

STEP 2 명사 '报告'는 술어 '做'에 호응하여 목적어가 된다. 양사 '份'은 문건을 셀 때 쓰는 단위이므로, 목적어 '报告' 앞에 위치해 관형어가 된다. 조사 '吗'는 문장 끝에 위치해 의문의 어기를 나타낸다.

份 fèn 양 [물건을 세는 단위] | ★报告 bàogào 명 보고서

3 突然 电梯 停住 了 ─────────────── [停住了 멈췄다]

명사	부사	동사+동사	조사
电梯	突然	停住	了。 엘리베이터가 갑자기 멈췄다.
주어	부사어	술어+결과보어	了

STEP 1 동사 '停' 뒤의 동사 '住'는 결과보어로서 '동작의 고정이나 정착'을 의미한다. 조사 '了'는 '술어+(결과보어)' 뒤에 위치한다.

STEP 2 명사 '电梯'는 주어가 되며, 상태부사 '突然'은 술어 앞에 위치해 부사어 역할을 한다. '突然'은 예외적으로 주어 앞에 위치할 수 있는 부사이다. 따라서 '突然电梯停住了'라고 써도 정답이 될 수 있다.

停 tíng 동 멈추다

4 相当 表现得 女儿 活跃 在学校 ─────── [술어(表现) + 得 + 정도부사(相当) + 형용사(活跃)]

명사	개사+명사	동사+조사	부사	형용사
女儿	在学校	表现得	相当	活跃。 딸은 학교에서 상당히 활동적이다.
주어	부사어	술어+得		정도보어

STEP 1 동사 '表现' 뒤에 붙은 조사 '得'를 통해 '정도보어' 문장임을 알 수 있다. 정도보어는 '술어+得+정도보어[정도부사+형용사]' 형식으로, 이 형식에 따르면 제시어 중 동사 '表现'이 술어가 되고, '정도부사+형용사'인 '相当活跃'가 정도보어가 된다.

STEP 2 사람을 나타내는 명사 '女儿(딸)'이 문장의 주어이고, 개사구 '在学校'는 술어 앞에 위치해 부사어가 된다.

★表现 biǎoxiàn 동 나타내다 | ★相当 xiāngdāng 부 상당히, 꽤 | ★活跃 huóyuè 형 활동적이다

5 委屈得 小孩儿 邻居家的 起来 哭了 ─────── [哭了起来 울기 시작했다]

명사+명사+조사	명사	동사+조사	동사+조사	동사
邻居家的	小孩儿	委屈得	哭了	起来。 이웃집 아이는 억울해서 울기 시작했다.
관형어+的	주어	술어+得		정도보어

STEP 1 동사[委屈] 뒤에 붙은 조사 '得'를 보면 정도보어 구문을 떠올리자. 정도보어는 일반적으로 '정도부사+형용사' 형태로 많이 쓰이나, 각종 구나 절 등도 쓸 수 있다. 동사 '哭' 뒤에 동작의 시작을 나타내는 복합방향보어 '起来'를 써서 정도보어로 만든다.

STEP 2 사람을 나타내는 명사 '小孩儿'이 주어가 되며, 조사 '的'가 있는 '邻居家的'는 주어 앞에 위치해 주어를 수식한다.

邻居 línjū 명 이웃 | ★委屈 wěiqū 동 억울하다 | 哭 kū 동 울다

---

6 听 我每天 一遍 录音 都 ──────────── [听一遍录音 녹음을 한 번 듣다]

대사+명사	부사	동사	수사+양사	명사
我每天	都	听	一遍	录音。 나는 매일 녹음을 한 번 듣는다.
주어	부사어	술어	동량보어	목적어

STEP 1 동작의 횟수를 나타내는 '一遍'은 술어 뒤에서 동량보어 역할을 하는데, 동량보어와 일반 목적어가 함께 쓰일 경우 '술어+동량보어+일반 목적어' 어순이므로 동량보어 '一遍'은 술어[听]와 목적어[录音] 사이에 위치한다.

STEP 2 인칭대사 '我'가 문장의 주어가 되며, 부사 '都'는 '每天' 뒤, 술어 앞에서 부사어가 된다.

遍 biàn 양 번, 차례 | ★录音 lùyīn 명 녹음

---

7 三年 制作了 这部 动画片 ──────────── [制作了 三年 3년 동안 제작했다]

대사+양사	명사	동사+조사	수사+양사
这部	动画片	制作了	三年。 이 만화영화는 3년 동안 제작되었다.
관형어	주어	술어+了	시량보어

STEP 1 동사 '制作'가 문장의 술어이고, 시간의 양을 나타내는 '三年'은 술어 뒤에 위치해 시량보어 역할을 한다.

STEP 2 서술의 대상인 명사 '动画片'이 주어로, '这部'의 수식을 받는다.

部 bù 양 편, 부 [서적이나 영화 편수 등을 세는 단위] | ★动画片 dònghuàpiàn 명 만화영화 | ★制作 zhìzuò 동 제작하다

---

8 工作能力 还 你们的 要求 达不到 ──────────── [达不到+要求 요구에 미치지 못하다]

대사+조사	명사+명사	부사	동사+부사+동사	명사
你们的	工作能力	还	达不到	要求。 너희들의 업무 능력은 아직 요구에 미치지 못했다.
관형어+的	관형어+주어	부사어	술어+가능보어	목적어

STEP 1 동사 '达'가 문장의 술어가 되고, '不到'는 술어 뒤에서 목적에 달성하지 못함을 나타내는 가능보어 역할을 한다. '도달하다'라는 뜻의 술어와 의미상 호응하는 명사 '要求(요구)'가 목적어가 된다.

STEP 2 인칭대사 '你们' 뒤에 조사 '的'가 있기 때문에 '你们的'는 다른 성분을 수식하는 성분이어야 한다. '工作能力'의 '能力'가 주어, '你们的+工作'는 주어를 수식하는 관형어가 된다. 부사 '还'는 술어 앞에 위치해 부사어 역할을 한다.

达 dá 동 이르다

쓰기 제1부분 19 보어(2) 정도보어

본서 p.244

● **Day 22**

1 昨天的手术进行得相当成功。
2 这些大厦建得很有特色。
3 这家公司的规模比以前大多了。
4 这篇论文的内容写得很完整。
5 我最近忙得不得了。
6 她的腰带系得太紧了。
7 我的法语水平比姐姐高得多。
8 这位男嘉宾表现得十分出色。

---

1 进行得 相当 手术 成功 昨天的 ─────────── [술어+得+相当成功 상당히 성공적으로 ~하다]

명사+조사	명사	동사+조사	부사	형용사
昨天的	手术	进行得	相当	成功。
관형어+的	주어	술어+得	정도보어	

어제 수술은 상당히 성공적으로 진행되었다.

STEP 1 조사 '得' 앞에 쓰인 동사 '进行'이 술어이다. 정도보어의 기본 형식은 '술어+得+정도보어[부사+형용사]'이므로 정도부사 '相当'과 형용사 '成功'이 '进行得' 뒤에 위치해 정도보어 역할을 한다.

STEP 2 명사 '手术'가 주어이고, '昨天的'는 주어 앞에 위치해 주어를 수식한다.

★手术 shǒushù 명 수술 통 수술하다 | 进行 jìnxíng 통 진행하다 | ★相当 xiāngdāng 부 상당히 | 成功 chénggōng 형 성공적이다

---

2 很有 大厦 这些 特色 建得 ─────────── [술어+得+很有特色 매우 특색 있게 ~하다]

대사+양사	명사	동사+조사	부사+동사	명사
这些	大厦	建得	很有	特色。
관형어	주어	술어+得	정도보어	

이 빌딩들은 매우 특색 있게 지어졌다.

STEP 1 '建得'는 '동사 술어+조사'가 결합한 형태로, '得' 뒤에는 정도보어가 여러 형태로 올 수 있다. 동사 '有'는 추상 명사를 목적어로 받을 때, 정도부사의 수식을 받을 수 있다. 따라서 '很有特色'는 '得' 뒤에서 정도보어 역할을 한다.

STEP 2 서술의 대상인 명사 '大厦'가 주어가 되며, '这些'는 주어 앞에서 관형어 역할을 한다.

★大厦 dàshà 명 빌딩 | 建 jiàn 통 짓다 | 特色 tèsè 명 특색

---

3 大 这家 比以前 规模 公司的 多了 ─────────── [A+比+B+술어+多了 A는 B보다 훨씬 ~하다]

대사+양사	명사+조사	명사	개사+명사	형용사	형용사+조사
这家	公司的	规模	比以前	大	多了。
	관형어+的	주어	부사어	술어	정도보어

이 회사의 규모는 이전보다 훨씬 커졌다.

STEP 1 '比'자문처럼 '비교'의 의미를 나타내는 문장에서 '多了'는 형용사 뒤에서 정도보어로 쓰인다. 'A+比+B+술어+多了' 형식으로 기억하자. '多了'는 형용사 술어 '大' 뒤에 위치한다.

STEP 2 개사구 '比以前'은 술어 앞에 위치하고, 비교의 대상인 '规模'는 주어가 된다. 관형어 어순 '지시대사+(수사)+양사+명사'에 따라 남은 제시어들은 '这家公司的'로 배열되어, 주어 앞에서 주어를 수식해 준다.

★规模 guīmó 몡 규모

---

4 写得 内容 很完整 论文的 这篇 ─────── [술어+得+很完整 완벽하게 ~하다]

대사+양사	명사+조사	명사	동사+조사	부사+형용사	
这篇	论文的	内容	写得	很完整。	이 논문의 내용은 완벽하게 쓰였다.
관형어+的		주어	술어+得	정도보어	

STEP 1 '得'는 술어[写] 뒤에서 정도보어를 이끈다. 정도보어에는 일반적으로 '정도부사[很]+형용사[完整]' 형식이 온다.

STEP 2 '篇'은 양사로서 '论文' 앞에 위치한다. '这篇论文的'는 주어 '内容'을 앞에서 수식한다.

篇 piān 양 편 | ★论文 lùnwén 몡 논문 | 内容 nèiróng 몡 내용 | ★完整 wánzhěng 형 완벽하다

---

5 忙 我最近 不得了 得 ─────────────── [술어+得+不得了 매우 ~하다]

대사+명사	형용사	조사	형용사	
我最近	忙	得	不得了。	나는 최근에 너무 바쁘다.
주어+부사어	술어	得	정도보어	

STEP 1 문장의 술어는 형용사 '忙'으로, 술어 뒤에는 '得+不得了'가 붙어 정도의 심화를 나타낸다.

STEP 2 인칭대사 '我'는 문장의 주어가 된다.

★不得了 bùdéliǎo 형 (정도가) 심하다

---

6 得 她的腰带 系 太紧了 ─────────────── [系+得+太紧了 매우 꽉 묶다]

대사+조사+명사	동사	조사	부사+형용사+조사	
她的腰带	系	得	太紧了。	그녀의 허리띠는 매우 꽉 묶였다.
관형어+的+주어	술어	得	정도보어	

STEP 1 문장의 술어는 동사 '系'이고, 뒤에는 정도보어를 이끄는 조사 '得'가 오고, 정도보어로 '太紧了'가 '得' 뒤에 위치한다.

STEP 2 주어 '腰带'를 포함한 제시어 '她的腰带'는 문장 맨 앞에 위치한다.

腰带 yāodài 몡 허리띠 | 系 jì 동 묶다 | 紧 jǐn 동 (바짝) 죄다

7 法语水平 我的 比姐姐 得多 高 ─────── [A+比+B+술어+得多 A는 B보다 훨씬 ~하다]

대사+조사	명사+명사	개사+명사	형용사	조사+형용사	
我的	法语水平	比姐姐	高	得多。	나의 프랑스어 수준은 언니보다 훨씬 높다.
관형어+的	관형어+주어	부사어	술어	정도보어	

STEP 1 'A+比+B+술어+得多' 형식은 빈출 '比'자 활용 구문 중 하나이다. 술어인 형용사 '高' 뒤에 '得多'가 정도보어로 위치한다.

STEP 2 개사구 '比姐姐'는 부사어로서 술어 앞에 위치하고, 비교 대상인 '法语水平'은 주어가 된다. '我的'는 주어를 수식하는 역할을 한다.

法语 Fǎyǔ 고유 프랑스어

---

8 男嘉宾 出色 十分 这位 表现得 ─────── [술어+得+十分出色 매우 뛰어나게 ~하다]

대사+양사	명사+명사	동사+조사	부사	형용사	
这位	男嘉宾	表现得	十分	出色。	이 남자 게스트는 매우 뛰어나게 행동했다.
관형어	주어	술어+得	정도보어		

STEP 1 동사 '表现'이 술어가 되고, 조사 '得' 뒤에는 '十分+出色'가 정도보어로 온다.

STEP 2 사람을 나타내는 명사 '嘉宾'이 문장의 주어가 되고, 존칭의 어감을 나타내며 사람을 세는 양사 '位'는 주어 앞에 위치하여 관형어가 된다.

★嘉宾 jiābīn 명 게스트, 내빈 | 表现 biǎoxiàn 동 행동하다 | 十分 shífēn 부 매우, 아주 | ★出色 chūsè 형 대단히 뛰어나다

쓰기 제1부분 20 보어(3) 결과보어

본서 p.249

Day 23

1 电梯里挤满了人。
2 我把初级课程学完了。
3 钥匙都放到这个抽屉里了。
4 写字台上摆满了材料。
5 那些面包被弟弟吃光了。
6 我不小心把水洒在电脑上了。
7 这幅山水画一直保存在国家博物馆。
8 麻烦你把那份材料递给我。

1 满了 电梯里 人 挤 ─────────────────────────────────── [술어+满了 꽉 ~했다]

명사+명사	동사	형용사+조사	명사
电梯里	挤	满了	人。
주어	술어	결과보어+了	목적어

엘리베이터 안에 사람이 꽉 찼다.

STEP 1 결과보어는 동작이 진행된 후의 동작이나 상태의 결과를 나타내기 때문에 보통 완료를 나타내는 '了'와 함께 쓰인다. 동사 '挤'가 술어이고, 형용사 '满'은 술어 뒤에서 결과보어 역할을 한다.

STEP 2 제시어에 장소와 사람이 있는 것으로 보아 장소를 나타내는 '电梯里'는 주어, 사람을 의미하는 '人'은 목적어가 되는 존현문임을 알 수 있다.

挤 jǐ 동 빽빽이 들어차다 | 满 mǎn 형 가득 차다

2 初级课程 把 完了 我 学 ─────────────────────────────────── [술어+完+了 다 ~했다]

대사	개사	명사+명사	동사	동사+조사
我	把	初级课程	学	完了。
주어		부사어	술어	결과보어+了

나는 초급 과정을 다 배웠다.

STEP 1 제시어에 개사 '把'가 있으니, '把'자문의 기본 어순 'A+把+B+술어+기타 성분'을 떠올리자. 제시어 중 술어는 동사 '学'이고, 술어 뒤에는 '完[결과보어]+了'가 기타성분으로 위치한다. 이때, 술어와 결과보어 사이에는 다른 문장 성분이 들어갈 수 없음에 주의하자!

STEP 2 행위의 주체인 인칭대사 '我'가 주어가 되며, 개사 '把' 뒤에는 공부하는 내용인 '初级课程'이 위치해 부사어를 이룬다.

★初级 chūjí 명 초급 형 초급의 | ★课程 kèchéng 명 (교육) 과정, 커리큘럼

3 放到 都 这个抽屉里了 钥匙 ─────────────────────────────────── [술어+到+장소+了 (장소)에 ~했다]

명사	부사	동사+개사	지시대사+양사+명사+명사+조사
钥匙	都	放到	这个抽屉里了。
주어	부사어	술어+결과보어	관형어+목적어+了

열쇠는 모두 이 서랍 안에 놓았다.

STEP 1 동사와 형용사뿐만 아니라 개사도 결과보어로 자주 쓰인다. 문제에 술어 '放'과 결합한 형태로 제시된 개사 '到'가 결과보어로서, 동작이 일어나는 장소나 시간을 목적어로 취한다. 목적어는 제시어 중 장소를 나타내는 '抽屉里'이다.

STEP 2 문맥상 명사 '钥匙'가 주어이고, 부사 '都'는 술어 앞에 위치해 부사어 역할을 한다.

钥匙 yàoshi 명 열쇠 | ★抽屉 chōuti 명 서랍

4 上 写字台 满了 材料 摆 ━━━━━━━━━━━━━━━━━━━━━━━━ [摆满了 가득 놓였다]

명사	명사	동사	형용사+조사	명사
写字台	上	摆	满了	材料。 책상 위에 자료가 가득 놓여 있다.
주어		술어	결과보어+了	목적어

STEP 1 제시어 중 술어는 동사 '摆'일까, 형용사 '满'일까? 술어가 될 수 있는 후보 단어가 2개 이상 있다면 혹시 술어와 결과보어 관계가 아닌지 확인해야 한다. 술어와 결과보어 사이에 다른 성분이 들어갈 수 없으므로, 술어는 동사 '摆'이고, '了'가 붙어 있는 '满'은 결과보어로서 술어 '摆' 뒤에 위치한다.

STEP 2 일반명사는 단독으로 장소를 나타낼 수 없으므로 명사 '写字台' 뒤에 방위사 '上'가 따라온다. '写字台上(책상 위에)'은 술어 '摆' 앞에서 주어가 된다. 존현문의 경우 목적어는 불특정한 사물이 오므로, 명사 '材料'는 목적어가 된다.

写字台 xiězìtái 몡 책상, 사무용 테이블 | ★摆 bǎi 동 놓다, 배열하다 | 满 mǎn 형 가득하다, 가득차다 | 材料 cáiliào 몡 자료

---

5 被弟弟 那些 面包 光了 吃 ━━━━━━━━━━━━━━━━━━━━━━━━ [술어+光+了 다 ~했다]

지시대사+양사	명사	개사+명사	동사	형용사+조사
那些	面包	被弟弟	吃	光了。 그 빵들은 남동생이 다 먹어 버렸다.
관형어	주어	부사어	술어	결과보어+了

STEP 1 제시어에 개사 '被'가 있으니, '被'자문의 기본 어순 'A+被+B+술어+기타 성분'을 떠올리자. 제시어 중 동사 '吃'가 술어가 되고, '光[결과보어]+了'는 기타 성분으로서 술어 뒤에 위치한다. 이때 '光'은 '조금도 남지 않은 상태'를 나타내는 결과보어이다.

STEP 2 주어는 '먹다'라는 행위의 대상이 되는 명사 '面包(빵)'이고, '那些'는 주어 '面包' 앞에 위치해 관형어 역할을 한다.

光 guāng 형 아무것도 없이 텅 비다, 하나도 남아 있지 않다

---

6 电脑上了 我 洒在 水 不小心把 ━━━━━━━━━━━━━━━━━━━━━━━━ [把A洒在B了 A를 B에 쏟았다]

대사	부사+형용사+개사	명사	동사+개사	명사+조사
我	不小心把	水	洒在	电脑上了。 나는 실수로 물을 컴퓨터에 쏟았다.
주어	부사어		술어+결과보어	목적어+了

STEP 1 '把'자문의 기본 어순 'A+把+B+술어+기타 성분'을 떠올리자. 제시어 '洒在'에서 동사 '洒'는 술어, 개사 '在'는 결과보어이다. 개사 '在'는 행동이 발생한 장소를 목적어로 받는다. 따라서 장소를 나타내는 '电脑上'이 술어 뒤에 위치해 목적어 역할을 한다.

STEP 2 '쏟다'라는 행위의 대상이 되는 명사 '水'가 개사 '把' 뒤에 결합한다. 행위의 주체인 인칭대사 '我'는 주어로서 문장의 맨 앞에 위치한다.

★洒 sǎ 동 엎지르다

7 保存在 这幅 一直 山水画 国家博物馆 ─────────── [술어+在+(장소) (장소)에 ~하다]

대사+양사	명사	부사	동사+개사	명사+명사
这幅	山水画	一直	保存在	国家博物馆。 이 산수화는 줄곧 국가 박물관에 보존되어 왔다.
관형어	주어	부사어	술어+결과보어	관형어+목적어

STEP 1 술어는 동사 '保存'으로, '保存' 뒤 개사 '在'는 결과보어이다. 개사 '在'는 장소 목적어를 받을 수 있으므로, '在' 뒤에는 장소를 나타내는 말 '国家博物馆'이 온다.

STEP 2 문맥상 명사 '山水画'가 주어이고, 양사 '幅'는 그림을 세는 단위이므로 '这幅'는 주어 앞에 위치해 관형어 역할을 한다. 나머지 제시어 '一直'는 상태나 동작이 변함없이 지속됨을 나타내는 부사이므로, 술어 앞에 위치해 부사어 역할을 한다.

★**幅** fú 양 폭 [그림을 세는 양사] | **山水画** shānshuǐhuà 명 산수화 | ★**保存** bǎocún 동 보존하다 | ★**博物馆** bówùguǎn 명 박물관

8 那份材料 把 麻烦你 我 递给 ─────────── [把A递给B A를 B에게 건네주다]

동사+대사	개사	지시대사+양사+명사	동사+개사	대사
麻烦你	把	那份材料	递给	我。 번거롭겠지만 그 자료를 저에게 건네주세요.
술어1+목적어1		부사어	술어2+결과보어	목적어2

STEP 1 이 문제의 술어는 동사 '麻烦'과 '递'로, 이렇게 두 개 이상의 술어가 쓰이는 문장은 연동문이라고 한다. 동사 '麻烦'은 문장 맨 앞에 위치해 부탁이나 요구를 할 때 상대의 양해를 구하는 표현으로, 첫 번째 술어가 되고, 동사 '递'는 두 번째 술어가 된다. '递' 뒤에 붙은 개사 '给'는 결과보어로 쓰인 것으로, 행동의 대상 '我'는 '给' 뒤에 위치한다.

STEP 2 의미상 두 번째 술어 '递(건네주다)'와 호응하는 '那份材料(그 자료)'는 개사 '把'와 결합해, 술어 '递' 앞에서 부사어 역할을 한다. '把'자문의 기본 어순 'A+把+B+술어+기타 성분'을 잊지 말자.

麻烦 máfan 동 번거롭게 하다 | **份** fèn 양 부, 권 [문건을 세는 양사] | **材料** cáiliào 명 자료 | ★**递** dì 동 건네다, 전해 주다

쓰기 제1부분

21 보어(4) 방향보어

본서 p.257

● **Day 24**

1 她的情绪很快稳定下来了。
2 中外嘉宾们都陆续走进了宴会大厅。
3 教室里响起了热烈的掌声。
4 傍晚时山上突然下起了小雨。
5 她伤心地流下了眼泪。
6 资料还没打印出来。
7 他忽然在飞机上晕过去了。
8 他的身体还没恢复过来。

1 下来了　情绪　很快稳定　她的 ──────────────────────── [형용사+下来 정도의 약화]

대사+조사	명사	부사+형용사	형용사+동사+조사
她的	**情绪**	**很快稳定**	**下来了**。 그녀의 기분이 빠르게 안정되었다.
관형어+的	주어	부사어+술어	방향보어+了

STEP 1　'下来'는 술어 뒤에 방향보어로 쓰여 '정도의 약화'를 나타낼 수 있다. 형용사 술어 '稳定' 뒤에 '下来'가 결합해 상태가 '안정되었다'라는 의미를 나타낸다. 이처럼 방향보어는 동사나 형용사 뒤에 위치해 동작의 방향이나 사물의 활동, 발전 방향을 보충 설명한다.

STEP 2　명사 '情绪'가 주어가 되고, 조사 '的'와 결합한 '她的'는 주어 앞에 위치해 주어를 수식한다.

★**情绪** qíngxù 몡 기분, 마음 | ★**稳定** wěndìng 혱 안정되다

---

2 走进了　宴会大厅　陆续　中外嘉宾们　都 ──────────── [走进+장소 (장소)로 들어가다]

명사+명사	부사	부사	동사+동사+조사	명사+명사
中外嘉宾们	**都**	**陆续**	**走进了**	**宴会大厅**。 중국과 외국의 귀빈들이 끊임없이 연회장으로 들어갔다.
관형어+주어	부사어		술어+방향보어+了	목적어

STEP 1　술어는 동사 '走'로, 술어 뒤에 결합한 동사 '进'은 어떤 공간을 들어가는 것을 나타내는 방향보어이다. 즉, 방향보어 '进' 뒤에는 장소를 나타내는 말이 와야 적절하므로, '宴会大厅(연회장)'이 목적어로 온다.

STEP 2　'中外嘉宾们'의 '嘉宾们'이 문장의 주어이다. 범위부사 '都'는 복수 어휘 뒤에 위치하므로 주어 뒤에 온다. 동작이 반복되는 횟수를 나타내는 빈도부사 '陆续'는 술어 앞에 위치해, 술어를 직접 꾸며 준다.

中外 zhōngwài 중국과 외국 | ★**嘉宾** jiābīn 몡 귀빈 | ★**陆续** lùxù 閂 끊임없이 | ★**宴会** yànhuì 몡 연회 | **大厅** dàtīng 몡 홀

---

3 响起了　教室里　掌声　热烈的 ──────────────────── [响起了 울리기 시작했다]

명사+명사	동사+동사+조사	형용사+조사	명사
教室里	**响起了**	**热烈的**	**掌声**。 교실에서 열렬한 박수 소리가 울리기 시작했다.
주어	술어+방향보어+了	관형어+的	목적어

STEP 1　동사 '响'은 문장의 술어, 동사 '起'는 동작이나 상태의 시작을 나타내는 방향보어이다. 방향보어 '起'는 동사 '响' 뒤에 결합해 '울리기 시작하다'라는 의미를 나타낸다.

STEP 2　장소를 나타내는 '教室里'가 문장의 주어로 쓰였으며, 술어 뒤에는 명사 '掌声'이 목적어로 온다. 조사 '的'가 결합한 '热烈'는 문맥상 목적어 앞에 위치하여 목적어를 수식한다.

响 xiǎng 동 울리다 | ★**热烈** rèliè 혱 열렬하다 | **掌声** zhǎngshēng 몡 박수 소리

4 下起了 傍晚时 小雨 山上突然 ——————————— [下起 내리기 시작하다]

명사+명사	명사+부사	동사+동사+조사	명사
傍晚时	山上突然	下起了	小雨。 저녁 무렵에 산 위에 갑자기 비가 내리기 시작했다.
부사어	주어+부사어	술어+방향보어+了	목적어

STEP 1 이 문제에서 '下起'는 '下[동사술어]+起[방향보어]'로 결합한 형태로, 이때 방향보어 '起'는 술어 뒤에 위치해 '동작의 시작'을 나타낸다. 술어 뒤에는 '내리는(下)' 대상인 명사 '小雨(비)'가 목적어로 온다.

STEP 2 부사 '突然'은 술어 앞에 위치하며, 시점을 나타내는 '傍晚时'는 문장 맨 앞에 위치해 부사어가 된다.

★ **傍晚** bàngwǎn 명 저녁 무렵

---

5 眼泪 流下了 伤心地 她 ——————————————— [流下 흐르다]

대사	동사+조사	동사+동사+조사	명사
她	伤心地	流下了	眼泪。 그녀는 슬퍼서 눈물이 흘렀다.
주어	부사어+地	술어+방향보어+了	목적어

STEP 1 조사 '地'를 통해 '地' 앞의 '伤心'이 부사어임을 알 수 있다. '伤心地' 뒤에는 술어 '流'가 온다.

STEP 2 동사 '流' 뒤에 있는 '下'는 방향보어로, 술어의 방향을 나타낸다. '流下' 뒤에는 '흐르는(流)' 대상인 '眼泪(눈물)'가 결합해 '流下了眼泪'로 배열된다. 인칭대사 '她'는 문장의 주어가 된다.

伤心 shāngxīn 동 슬퍼하다 | **流** liú 동 흐르다 | **眼泪** yǎnlèi 명 눈물

---

6 打印 还 资料 出来 没 ——————————————— [打印出来 인쇄되다]

명사	부사	부사	동사	동사
资料	还	没	打印	出来。 자료가 아직 인쇄되지 않았다.
주어	부사어		술어	방향보어

STEP 1 술어는 동사 '打印'이고, '出来'는 술어 뒤에 위치해 '동작을 통해 결과가 나타남'을 표시하는 방향보어이다.

STEP 2 주어는 명사 '资料'이다. 일반적으로 일반부사와 부정부사가 함께 나오면 '일반부사+부정부사' 어순을 따르므로, 부사어는 '还+没'로 배열된다.

★ **资料** zīliào 명 자료 | **打印** dǎyìn 동 인쇄하다

---

7 过去了 飞机上 晕 他 忽然在 ——————————— [晕过去 기절하다]

대사	부사+개사	명사+명사	동사	동사+조사
他	忽然在	飞机上	晕	过去了。 그는 갑자기 비행기에서 기절했다.
주어	부사어		술어	방향보어+了

| STEP 1 | 문장의 술어는 동사 '晕'이다. 동사 '过去'는 '사람이나 사물이 본래의 정상적인 상태를 잃음'을 의미하는 방향보어로 쓰였다. |
| STEP 2 | 주어는 인칭대사 '他'이고, '忽然在'는 부사어로서 술어 앞에 위치한다. '在' 뒤에는 장소가 와야 하므로, '飞机上'이 위치한다. |

★忽然 hūrán 児 갑자기 | ★晕 yūn 동 기절하다

8 还没 他的 过来 恢复 身体 ———— [恢复过来 회복되다]

대사+조사	명사	부사+부사	동사	동사
他的	身体	还没	恢复	过来。 그의 몸은 아직 회복되지 않았다.
관형어+的	주어	부사어	술어	방향보어

| STEP 1 | 문장의 술어는 동사 '恢复'이고, 동사 '过来'는 '사물이 정상적인 상태로 돌아옴'을 의미하는 방향보어로 쓰였다. |
| STEP 2 | 부사가 결합한 '还没'는 술어 앞에 위치해 부사어가 된다. 제시어 중 주어 후보는 대사인 '他'와 명사인 '身体'인데, '他'는 이미 조사 '的'와 결합된 상태로 제시되었기 때문에 주어로 적절하지 않다. 따라서 명사 '身体'가 주어가 되고, '他的'는 주어를 꾸며 주는 역할을 한다. |

★恢复 huīfù 동 회복되다

22 보어(5) 수량보어

본서 p.262

● Day 25

1 妈妈生气地看了我一眼。
2 我昨天只吃了一顿饭。
3 女朋友刚才给我打了好几次电话。
4 哥哥跟我讨论了一个上午。
5 爸爸打球打了两个小时了。
6 我每天都要听半个小时新闻。
7 这个人曾经骗过我一次。
8 我被奶奶批评过很多遍。

1 生气地 我一眼 看了 妈妈 ———— [看+了+A(대사 목적어)+一眼 A를 한 번 쳐다봤다]

명사	동사+조사	동사+조사	대사+수사+양사
妈妈	生气地	看了	我一眼。 엄마는 화가 나서 나를 한 번 쳐다봤다.
주어	부사어+地	술어+了	목적어+동량보어

| STEP 1 | 조사 '了'와 결합되어 제시된 동사 '看'이 문장의 술어가 된다. '看' 뒤에는 제시어 '我[대사 목적어]+一眼[동량보어]'이 온다. '대사 목적어'는 동사와 동량보어 사이에 위치한다. |

STEP 2 사람을 나타내는 명사 '妈妈'가 주어이다. '生气地'는 술어 '看' 앞에 위치해 부사어를 이룬다.

眼 yǎn 양 [눈으로 보는 횟수 등을 세는 양사]

 구조조사 '地'는 술어를 직접 수식할 수 없는 동사, 형용사, 명사, 구 뒤에 결합해 부사어를 만든다.

2 昨天只　一顿饭　吃了　我 ──────── [吃+了+一顿+A(일반 목적어) A를 한 끼 먹었다]

대사	명사+부사	동사+조사	수사+양사+명사
我	昨天只	吃了	一顿饭。 나는 어제 밥을 한 끼만 먹었다.
주어	부사어	술어+了	동량보어+목적어

STEP 1 '동량보어'의 경우, '일반 목적어'는 동사와 동량보어 뒤에 위치한다. 따라서 술어 '吃' 뒤에 제시어 '一顿[동량보어]+饭[일반 목적어]'이 온다.

STEP 2 인칭대사 '我'가 주어가 되며, 시간사 '昨天'은 주어의 앞과 뒤에 모두 올 수 있지만 뒤에 부사 '只'와 결합되어 있으므로 주어 뒤, 술어 앞에 위치해 부사어 역할을 한다.

★顿 dùn 양 끼, 번 [식사를 세는 양사]

3 好几次电话　刚才给　女朋友　我打了 ──── [동사+了+好几次+A(일반 목적어) A를 여러 차례 ~했다]

명사	명사+개사	대사+동사+조사	수사+양사+명사
女朋友	刚才给	我打了	好几次电话。 여자 친구가 방금 나에게 전화를 여러 차례 걸었다.
주어	부사어	술어+了	동량보어+목적어

STEP 1 동사 '打'가 술어이고, 술어의 의미로 보아 목적어는 동량보어 '好几次'와 결합한 명사 '电话'이다. 대사가 아닌 '일반 목적어'는 동사와 동량보어 뒤에 위치한다는 점에 주의하자!

STEP 2 개사 '给' 뒤에는 제시어 '我打了'의 '我'가 결합해 '행동의 대상'을 나타낸다. 문맥상 사람을 나타내는 '女朋友'가 주어로서 문장 맨 앞에 위치한다.

好几 hǎojǐ 수 여러, 몇

4 跟我　一个上午　哥哥　讨论了 ──────── [동사+了+一个上午 오전 내내 ~했다]

명사	개사+대사	동사+조사	수사+양사+명사
哥哥	跟我	讨论了	一个上午。 형은 나와 오전 내내 토론했다.
주어	부사어	술어+了	시량보어

STEP 1 동태조사 '了'를 통해 '讨论'이 술어임을 알 수 있다. '一个上午'는 시간을 나타내는 말로, 술어 뒤에 위치해 동작이 지속되는 시간을 나타내는 '시량보어'로 쓰일 수 있다.

STEP 2 사람을 나타내는 말 '哥哥'가 주어로서 문장 맨 앞에 위치하고, 대상을 나타내는 개사구 '跟我'는 술어 앞에 위치해 부사어 역할을 한다.

讨论 tǎolùn 동 토론하다

5 两个小时了 打球 爸爸 打了 ────── [A(술어)+B(목적어)+A(술어)+了+两个小时了 두 시간째 B를 A하고 있다]

명사	동사+명사	동사+조사	수사+양사+명사+조사
爸爸	打球	打了	两个小时了。아빠는 두 시간째 공을 치고 계신다.
주어	술어+목적어	술어+了	시량보어+了

STEP 1 이 문제는 목적어가 있는 시량보어 구문을 동사를 중복해 표현하는 형식을 알고 있는지 확인하는 문제이다. 시량보어 구문에서, 일반 목적어는 술어와 시량보어 뒤에 위치하거나, 동사를 중복하여 '술어+목적어+술어+시량보어' 순서로 위치한다. 이때 동태조사 '了'는 중복해서 써 준 두 번째 술어 뒤에 위치한다.

STEP 2 제시어 중 동사 '打'가 술어이고 목적어는 '球'이다. 따라서 목적어 뒤에 '打了'를 배열하고 그 뒤에 시량보어 '两个小时了'가 위치한다. 문맥상 주어는 사람을 나타내는 명사 '爸爸'이다.

打球 dǎqiú 동 공을 치다

 시량보어 구문에서 술어 뒤에만 '了'를 쓰면 '완료'의 의미를 나타내고 술어와 시량보어 뒤에 모두 '了'를 쓰면 '지속'의 의미를 나타낸다.

6 都要 新闻 我每天 半个小时 听 ────── [술어+半个小时+A(일반 목적어) 30분씩 A를 ~한다]

대사+명사	부사+조동사	동사	수사+양사+명사	명사
我每天	都要	听	半个小时	新闻。나는 매일 30분씩 뉴스를 듣는다.
주어	부사어	술어	시량보어	목적어

STEP 1 이 문제는 시량보어 구문에서 목적어의 위치를 잘 알고 있는지 확인하는 문제이다. 문장의 술어는 동사 '听(듣다)'이고, 문맥상 명사 '新闻(신문)'이 목적어가 된다. '新闻'과 같은 일반 목적어는 술어와 시량보어 뒤에 위치하거나, 동사를 중복해 써야 하는데, 이 문제는 동사를 중복해 쓴 형식이 아니므로, '半个小时'는 '술어[听] + 半个小时 + 목적어[新闻]' 순서로 위치한다.

STEP 2 문맥상 대사 '我'가 주어이고, 주어 뒤 명사 '每天'은 조동사 '要'와 함께 술어 앞에서 부사어 역할을 한다.

7 骗过 这个人 我一次 曾经 ────── [A(동사)+B(대사 목적어)+一次 B를 한 번 A하다]

지시대사+양사+명사	부사	동사+조사	대사+수사+양사
这个人	曾经	骗过	我一次。이 사람은 예전에 나를 한 번 속인 적이 있다.
주어	부사어	술어+过	목적어+동량보어

STEP 1 조사 '过'와 결합한 동사 '骗'이 문장의 술어이다. 동사 '骗(속이다)'은 목적어로 '속이는 대상'을 취해야 하므로 '我'가 포함된 제시어 '我一次'가 '骗' 뒤에 이어져야 한다. 동량보어 구문에서 목적어가 대사일 경우 동량보어는 목적어 뒤에 위치한다는 것을 기억하자.

STEP 2 시간부사 '曾经'은 대개 '曾经+술어+过' 형식으로 쓰여 이전의 경험을 나타낸다. 나머지 제시어 '这个人'은 주어로서 문장 맨 앞에 위치한다.

★ 曾经 céngjīng 児 일찍이, 이전에 | 骗 piàn 통 속이다

8 很多遍 被奶奶 批评 我 过 ─────────────────────── [동사+很多遍 여러 번 ~하다]

대사	개사+명사	동사	조사	부사+형용사+양사	
我	被奶奶	批评	过	很多遍。	나는 할머니께 여러 번 꾸지람을 들었다.
주어	부사어	술어	过	동량보어	

STEP 1 동태조사 '过'는 술어[批评] 바로 뒤에 위치해 동작의 '경험'을 나타낸다. 그리고 수량을 나타내는 '很多遍'은 술어 뒤에 위치해 동작의 횟수를 나타내는 동량보어 역할을 한다.

STEP 2 제시어에 개사 '被'가 있으므로 피동문임을 알 수 있다. '被' 뒤에는 문맥상 꾸짖는 행위의 주체인 '奶奶'가 결합해 개사구를 이루어 술어 앞에서 부사어 역할을 하고, '奶奶'에 의해 꾸지람을 듣는 대상인 대사 '我'는 문장 맨 앞에 위치해 주어 역할을 한다.

批评 pīpíng 통 꾸짖다 | 遍 biàn 양 번, 차례

쓰기 제1부분 23 보어(6) 가능보어

본서 p.266

● **Day 26**
1 我去不了她的婚礼。
2 我买不起太贵的车。
3 教室里坐不下这么多人。
4 他一个人做不完这些工作。
5 我老是记不住别人的名字。
6 晚上八点以前你回得来吗?
7 大部分韩国人都吃不惯香菜。
8 我的老师听得懂这个广播。

1 去不了 我 婚礼 她的 ─────────────────────── [去不了 갈 수 없다]

대사	동사+부사+동사	대사+조사	명사	
我	去不了	她的	婚礼。	나는 그녀의 결혼식에 갈 수 없다.
주어	술어+가능보어	관형어+的	목적어	

STEP 1 가능보어는 동사 뒤에서 동작이 어떤 결과나 상황에 도달할 수 있는지 없는지를 나타내는 보어로, 술어와 보어 사이에 조사 '得' 또는 부정부사 '不'를 써서 표현한다. 동사 '去'가 술어이고, 술어 뒤 '不了'가 가능보어로 쓰였다. '不了'는 주로 '양적인 면에서 실현될 수 없거나 완성해 낼 수 없음'을 나타낸다.

STEP 2 술어 '去(가다)' 뒤에는 장소가 나와야 하기 때문에 '婚礼(결혼식)'가 술어 뒤에서 목적어 역할을 하고, 문맥상 인칭대사 '我'가 주어이므로 문장 맨 앞에 위치한다. 조사 '的'와 결합한 대사 '她'는 목적어 앞에 위치해 관형어 역할을 한다.

不了 buliǎo ~할 수(가) 없다 [동사의 뒤에 쓰여 동작을 완료할 수 없음을 강조함] | ★婚礼 hūnlǐ 몡 결혼식

---

2 贵的 我 太 买不起 车 ──────────────── [买不起 (비싸서) 살 수 없다]

대사	동사+부사+동사	부사	형용사+조사	명사
我	买不起	太	贵的	车。
주어	술어+가능보어		관형어+的	목적어

나는 너무 비싼 차를 살 수 없다.

STEP 1 술어 '买' 뒤에 결합되어 제시된 '不起'는 '경제적 여유가 없어서 할 수 없음'을 나타내는 가능보어이다. 따라서, 살 수 없는 대상인 '车(차)'가 목적어이고, 술어와 목적어의 의미로 보아 사람을 나타내는 '我'가 주어이다.

STEP 2 조사 '的'와 결합한 형용사 '贵'는 목적어 앞에 위치해 관형어 역할을 하고, 정도부사 '太'는 형용사 '贵' 앞에 위치한다.

不起 buqǐ ~할 수 없다 [동사 뒤에 놓여 역량이 부족함을 표시함] | 车 chē 몡 차

---

3 教室 人 多 里 坐不下这么 ──────────────── [坐不下 앉을 수 없다]

명사	명사	동사+부사+동사+대사	형용사	명사
教室	里	坐不下这么	多	人。
	주어	술어+가능보어	관형어	목적어

교실 안에는 이렇게 많은 사람이 앉을 수 없다.

STEP 1 '공간이나 수량적 여유가 없어서 하지 못함'을 나타내는 가능보어인 '不下'와 결합한 동사 '坐'가 술어이다. 따라서 앉을 수 없는 대상인 '人'이 목적어이고, 장소를 나타내는 말인 '教室里'가 주어가 된다.

STEP 2 형용사 '多'는 문맥상 '坐不下这么'의 '这么'와 결합하여 목적어 앞에 위치해 관형어 역할을 한다.

不下 buxià [동사 뒤에 붙어 어떤 동작을 완성하지 못했거나 결과가 없음을 나타냄] | 这么 zhème 떼 이렇게

---

4 一个人 工作 做不完这些 他 ──────────────── [做不完 다 할 수 없다]

대사	수사+양사+명사	동사+부사+동사+대사+양사	명사
他	一个人	做不完这些	工作。
주어		술어+가능보어+관형어	목적어

그 혼자 이 일을 다 할 수 없다.

STEP 1 동사 '做'가 술어이고, 술어 뒤 '不完'은 '다 할 수 없음'을 나타내는 가능보어이다. 따라서 할 수 없는 동작인 '工作'가 술어 뒤에 위치해 목적어 역할을 한다.

STEP 2 주어는 인칭대사인 '他'가 된다. 수량사 '一个人'은 주어 혼자 동작할 할 수 없음을 강조하기 위해 쓰는 표현으로, 주어 뒤에 위치한다.

不完 buwán [동사 뒤에 붙어 어떤 동작을 다 할 수 없음을 나타냄]

5 别人的 我老是 名字 记不住 ──────────────────── [记不住 기억하지 못하다]

대사+부사	동사+부사+동사	대사+조사	명사
我老是	记不住	别人的	名字。
주어+부사어	술어+가능보어	관형어+的	목적어

나는 항상 다른 사람의 이름을 기억하지 못한다.

STEP 1 동사 '记'가 술어이고, 술어 뒤 '不住'는 동작이 고정되거나 안정되지 않아서 '~할 수 없다'라는 뜻을 나타내는 가능보어이다. 따라서 기억할 수 없는 대상인 '名字(이름)'가 술어 뒤에 위치해 목적어 역할을 한다.

STEP 2 술어와 목적어의 의미로 보아 인칭대사 '我'가 주어이고, 주어 뒤에 붙어 제시된 부사 '老是'는 술어 앞에서 부사어 역할을 한다. 조사 '的'와 결합된 '别人'은 문맥상 목적어 앞에 위치해 관형어 역할을 한다.

老是 lǎoshì [부] 항상, 늘 | 记 jì [동] 기억하다 | 不住 buzhù ~하지 못하다 [동사 뒤에 붙어 동작을 실현할 수 없거나 동작이 불안정·불확실함을 나타냄]

6 回得来 八点 晚上 吗 以前你 ──────────────────── [回得来 돌아올 수 있다]

명사	수사+양사	명사+대사	동사+조사+동사	조사
晚上	八点	以前你	回得来	吗?
부사어		주어	술어+가능보어	吗

저녁 8시 이전에 너 돌아올 수 있니?

STEP 1 동사 '回'가 술어이다. 술어 뒤에 결합한 '得来'는 가능보어로, 이처럼 가능보어가 '가능'을 나타낼 때는 '동사+[得]+결과보어/방향보어'의 형식으로 쓴다. 조사 '吗'는 문장 끝에 놓여 의문문을 만든다.

STEP 2 문맥상 대사 '你'가 주어이다. 주어 앞에 시점을 나타내는 명사 '以前'이 결합해 있으므로 그 앞에 '晚上八点'을 배열해 시간을 나타내는 어구를 완성한다. 이렇게 시간을 나타내는 말이 주어 앞에 위치하면 '시간을 강조'하는 어기를 띤다. 부사어는 보통 주어와 술어 사이에 위치하지만 '시간명사'는 주어 앞과 뒤에 모두 올 수 있다는 점에 주의하자!

7 香菜 大部分 吃不惯 都 韩国人 ──────────────────── [吃不惯 (습관이 되지 않아) 먹지 못하다]

명사	명사	부사	동사+부사+형용사	명사
大部分	韩国人	都	吃不惯	香菜。
관형어	주어	부사어	술어+가능보어	목적어

대부분의 한국 사람들은 고수를 먹는 데 익숙하지 않다.

STEP 1 술어 '吃' 뒤에 결합한 '不惯'은 '습관이 되지 않아서 할 수 없음'을 나타내는 가능보어이다. 술어 '吃(먹다)'의 목적어로 적합한 것은 '香菜(고수)'이고, 사람을 나타내는 말 '韩国人'은 주어가 된다.

STEP 2 명사 '大部分'은 주어 앞에 위치해 관형어 역할을 하고, 부사 '都'는 복수 어휘 뒤에 위치해야 하므로 주어 뒤, 술어 앞에 위치해 부사어 역할을 한다.

大部分 dàbùfen [명] 대부분 | 韩国人 Hánguórén [고유] 한국인 | 香菜 xiāngcài [명] 고수

8 听得懂 我的 这个 广播 老师 ——————————————— [听得懂 알아들을 수 있다]

대사+조사	명사	동사+조사+동사	대사+양사	명사
我的	老师	听得懂	这个	广播。
관형어+的	주어	술어+가능보어	관형어	목적어

우리 선생님은 이 방송을 알아들을 수 있다.

STEP 1 동사 '听'이 술어이고, 술어 뒤 '得懂'은 '알 수 있음'을 나타내는 가능보어이다. '듣고 알 수 있는 대상'인 명사 '广播(방송)'가 목적어이고, 주어는 사람을 나타내는 명사 '老师'이다.

STEP 2 문맥상 조사 '的'와 결합한 대사 '我'가 주어 앞에서 관형어 역할을 하고, '这个'는 목적어 앞에 위치해 관형어 역할을 한다.

广播 guǎngbō 명 방송

쓰기 제1부분
24 개사(1) 위치와 종류

본서 p.269

● **Day 27**
1 那部纪录片以植物为拍摄对象。
2 她毕业于北京大学中文系。
3 小狗一直朝我摇尾巴。
4 我姐姐在媒体行业工作。
5 他对公司的业务非常熟悉。
6 妹妹把这件衣服送给我。
7 这里可以用信用卡结账吗?
8 这次表演的所有费用都由我们来承担。

1 纪录片 那部 为拍摄 以植物 对象 ————————— [以A为B A를 B로 하다]

대사+양사	명사	개사+명사	동사+동사	명사
那部	纪录片	以植物	为拍摄	对象。
관형어	주어	부사어	술어+관형어	목적어

그 다큐멘터리는 식물을 촬영 대상으로 한다.

STEP 1 개사 '以'와 동사 '为'가 제시어에 있다면 '以A为B(A를 B로 하다)' 구문을 떠올리자. '以植物为拍摄'만으로는 완전히 의미가 전달 되지 않기 때문에 '拍摄' 뒤에 '对象'을 넣어 구문을 완성한다.

STEP 2 문맥상 명사 '纪录片(다큐멘터리)'이 주어가 된다. 양사 '部'는 영화나 서적을 세는 단위이므로, 주어 '纪录片'을 수식하는 관형어가 되어 문장 맨 앞에 위치한다.

部 bù 양 부, 편 [서적이나 영화 편수 등을 세는 단위] | 纪录片 jìlùpiàn 명 다큐멘터리 | 植物 zhíwù 명 식물 | 拍摄 pāishè 동 촬영하다 | ★对象 duìxiàng 명 대상

2 中文系 毕业于 她 北京大学 ――――――――――――――――――[毕业于+장소 ~를 졸업하다]

대사	동사+개사	명사	명사
她	毕业于	北京大学	中文系。 그녀는 베이징대학 중문과를 졸업했다.
주어	술어+보어	관형어	목적어

STEP 1 동사 '毕业'가 문장의 술어이다. 동사 '毕业'는 이합동사라서 뒤에 목적어를 취하지 않고, 대상을 나타낼 때는 개사 '于'와 결합하여 나타내야 한다.

STEP 2 명사를 나열할 때는 '큰 범주→작은 범주[北京大学+中文系]'의 순서대로 위치한다. 주어는 행위의 주체인 '她'이다.

毕业 biyè 동 졸업하다 | 系 xì 명 학과, 과

3 摇 小狗 朝我 尾巴 一直 ――――――――――――――――――[朝+대상 ~를 향하여]

명사	부사	개사+대사	동사	명사
小狗	一直	朝我	摇	尾巴。 강아지가 계속 나를 향해 꼬리를 흔든다.
주어	부사어		술어	목적어

STEP 1 문장의 술어는 동사 '摇'로, '흔들다'라는 술어의 의미상 명사 '尾巴(꼬리)'가 목적어로 호응한다.

STEP 2 술어 '摇(흔들다)'의 행위를 할 수 있는 명사 '小狗(강아지)'가 문장의 주어가 된다. 부사어의 어순 [부사+조동사+개사구]에 따라 부사 '一直' 뒤에 개사구 '朝我'가 위치한다.

★朝 cháo 개 ~를 향하여 | ★摇 yáo 동 (손, 머리, 꼬리) 흔들다 | ★尾巴 wěiba 명 꼬리

4 工作 行业 在 我姐姐 媒体 ――――――――――――――――――[在+장소 ~에서]

대사+명사	개사	명사	명사	동사
我姐姐	在	媒体	行业	工作。 내 언니는 미디어 업계에서 일한다.
관형어+주어	부사어			술어

STEP 1 문장의 술어는 동사 '工作'이다. 개사 '在' 뒤에는 범위, 조건 등이 올 수 있으므로, 명사 '媒体' '行业'가 '在' 뒤에 위치해 하나의 범위를 만들어, 술어 '工作' 앞에 위치한다.

STEP 2 사람을 나타내는 '我姐姐'가 문장 맨 앞에 위치한다.

★媒体 méitǐ 명 미디어 | ★行业 hángyè 명 업무, 직업 [여기에서는 '업계'로 쓰임]

5 业务 他 公司的 非常熟悉 对 ――――――――――――――――――[对……熟悉 ~에 익숙하다]

대사	개사	명사+조사	명사	부사+형용사
他	对	公司的	业务	非常熟悉。 그는 회사의 업무에 매우 익숙하다.
주어		부사어		술어

24 개사(1) 위치와 종류   **203**

STEP 1	정도부사 '非常'과 결합되어 제시된 형용사 '熟悉'가 문장의 술어이다. 형용사는 뒤에 목적어를 가져올 수 없기 때문에 개사를 이용해 설명하려는 대상을 술어 앞으로 놓는다.
STEP 2	행위의 주체인 인칭대사 '他'가 문장의 주어가 된다. 개사 '对' 뒤에는 행위의 대상이 와야하므로, '公司的+业务'가 개사 '对' 뒤에 붙어 부사어를 이룬다.

★业务 yèwù 명 업무 | 熟悉 shúxī 형 익숙하다

 중국어의 기본 어순과 다른 어순들이 문제에 종종 나온다. 기본적인 부사어의 어순 배열은 '부사+조동사+개사구'이지만, 정도부사는 형용사와 아주 밀접하게 결합하기 때문에, 개사구가 정도부사 앞에 위치한다. 위와 같이 '형용사와 정도부사, 개사구' 어순 배열을 포인트로 잡은 문제가 종종 나오니, 잘 기억해 두자.

6 这件 送给我 衣服 妹妹 把 ──────── [把+A+送给+대상 A를 ~에게 주다]

명사	개사	지시대사+양사	명사	동사+개사+대상
妹妹	把	这件	衣服	送给我。여동생은 이 옷을 나에게 주었다.
주어		부사어		술어+보어+목적어

STEP 1	개사 '把'는 행위의 대상을 술어 앞으로 위치시켜 행위의 결과를 강조하는 구문이다. 문장의 술어는 동사 '送'이고, '送'과 결합되어 제시된 개사구 '给我'는 술어의 의미를 보완하는 보어이다. 개사 '给' 뒤에는 '대상'을 나타내는 말이 온다는 것을 기억해 두자.
STEP 2	행동을 받는 명사 '衣服'가 '把' 뒤에 위치하며, 행위의 주체인 '妹妹'는 주어로서 문장 맨 앞에 위치한다. 옷을 세는 양사 '件'이 포함된 제시어 '这件'은 '衣服' 바로 앞에 위치한다.

7 吗 可以 信用卡 结账 这里 用 ──────── [用+도구+행동/행위 ~로 ~하다]

지시대사	조동사	개사	명사	동사	조사
这里	可以	用	信用卡	结账	吗? 여기에서 신용카드로 계산해도 됩니까?
주어		부사어		술어	吗

STEP 1	문장의 술어는 동사 '结账(계산하다)'이다. 이 문제에서 '用'은 동사가 아니라 '개사'로, '도구, 수단'과 관련된 어휘와 함께 쓰여 술어 앞에 부사어로 위치한다. 따라서 계산하는 수단이 되는 '信用卡(신용카드)'는 개사 '用' 뒤에 쓰인다.
STEP 2	장소를 나타내는 '这里'가 문장의 주어가 되고, 조동사 '可以'는 부사어의 어순에 따라 개사 '用' 앞에 위치한다. 조사 '吗'는 문장 끝에 위치해 의문의 어기를 나타낸다.

信用卡 xìnyòngkǎ 명 신용카드 | ★结账 jiézhàng 동 계산하다

8 由我们　所有费用都　这次　来承担　表演的 ──────────　[由+대상+承担 ~가 부담하다]

지시대사+양사	명사+조사	형용사+명사+부사	개사+대사	동사+동사
这次	表演的	所有费用都	由我们	来承担。
관형어		주어	부사어	술어1+술어2

이번 상연의 모든 비용은 모두 우리가 부담한다.

STEP 1　문장의 술어는 '承担'이다. 또 다른 동사 '来'는 술어 앞에서 술어의 행동을 강조하는 의미로 쓰였다. 개사 '由'가 이끄는 개사구 '由我们'은 술어 앞에 위치해 부사어가 된다. '由……承担'이라는 빈출 활용 구문을 미리 알고 있었다면 좀 더 쉽게 배열 위치를 찾을 수 있다.

STEP 2　'부담하다'라는 의미의 술어와의 호응 관계를 따져 보면 주어는 '都' 앞에 제시된 '所有费用(모든 비용)'이다. '这次+表演的'는 주어 앞에 위치해 주어를 수식하는 역할을 한다.

表演 biǎoyǎn 몡 상연 | 所有 suǒyǒu 혱 모든 | 费用 fèiyong 몡 비용, 지출 | 由 yóu 개 ~가 | 来 lái 동 [동사 앞에 놓여, 어떤 일을 하려고 하는 '적극성'을 나타냄] | ★承担 chéngdān 동 부담하다, 책임지다

쓰기 제1부분 25 개사(2) 시간, 장소

본서 p.274

● **Day 28**

1 我们从今天开始培训。
2 对方在这场比赛中不占优势。
3 姐姐一整天都呆在房间里。
4 这次夏令营活动将持续到8月中旬。
5 工业展览馆正式建成于2019年。
6 她已经从这家公司辞职了。
7 这部电视剧的灵感来自一个真实的故事。
8 我的成绩离自己的目标还差得很远。

1 开始　从今天　培训　我们 ──────── [从+시간(사)+开始+동사 목적어 ~부터 ~를 시작하다]

대사	개사+명사	동사	동사
我们	从今天	开始	培训。
주어	부사어	술어	목적어

우리는 오늘부터 훈련을 시작한다.

STEP 1　2개의 동사 중 술어로 적합한 것은 동사를 목적어로 취할 수 있는 동사 '开始'이다. 따라서 다른 동사 '培训'은 술어 '开始'의 목적어가 된다.

STEP 2　행위의 주체를 나타내는 인칭대사 '我们'이 문장의 주어가 되고, '시간'을 나타내는 개사구 '从今天'이 술어 '开始' 앞에서 부사어 역할을 한다.

2 不占　在这场比赛中　对方　优势　　　　　　　　　　　　　　　　[在……比赛中 시합에서]

명사	개사+대사+양사+명사 부사+동사	명사
对方	在这场比赛中　　　不占	优势。상대방은 이 시합에서 우세를 점하지 않는다.
주어	부사어　　　　　술어	목적어

STEP 1　부정부사 '不' 뒤는 술어인 경우가 많다. 부정부사 '不'와 결합한 동사 '占'이 문장의 술어가 되며, 문맥상 명사 '优势'가 목적어로 가장 적합하다. '占优势(우세를 점하다)'는 짝꿍 어휘로 기억하도록 하자.

STEP 2　행위의 주체를 나타내는 명사 '对方'이 문장의 주어가 되며, 개사구 '在这场比赛中'은 술어 앞에 위치해 부사어의 역할을 한다.

★对方 duìfāng 몡 상대방 | 场 chǎng 양 회, 번, 차례 | ★占 zhàn 동 점하다, 차지하다 | ★优势 yōushì 몡 우세

---

3 都　房间里　姐姐　呆在　一整天　　　　　　　　　　　　　　　　[呆在+장소 ~에서 머물다]

명사	수사+명사	부사	동사+개사	명사+명사
姐姐	一整天	都	呆在	房间里。언니는 온종일 방 안에 머무른다.
주어	부사어		술어	보어

STEP 1　동사 '呆'가 문장의 술어이다. '呆' 뒤에 함께 제시된 '在'는 개사로, 뒤에는 장소를 나타내는 어휘가 올 수 있다. '在' 뒤에는 장소를 나타내는 말 '房间里'가 결합하여 '在房间里'라는 개사구 보어가 된다.

STEP 2　행위의 주체인 '姐姐'가 주어로서 문장 맨 앞에 위치한다. 시간을 나타내는 '一整天'은 부사 '都'와 결합하여 술어 '呆' 앞에서 부사어 역할을 한다.

整天 zhěngtiān 몡 온종일 | ★呆 dāi 동 머무르다

---

4 到8月中旬　这次　将持续　活动　夏令营　　　　　　　　　　　　[동사+到+시간 ~까지 ~하다]

대사+양사	명사	명사	부사+동사	개사+수사+명사+명사
这次	夏令营	活动	将持续	到8月中旬。이번 여름캠프 활동은 8월 중순까지 지속될 것이다.
관형어		주어	부사어+술어	보어

STEP 1　부사 '将'과 함께 제시된 동사 '持续'가 이 문장의 술어이다. 개사 '到'는 술어 뒤에 '到+시간/장소'의 형태로 쓰여 보어 역할을 할 수 있다.

STEP 2　문맥상 명사 '活动(활동)'이 주어이며, '这次'는 '夏令营(여름캠프)'과 결합하여 주어 앞에서 관형어 역할을 한다.

★夏令营 xiàlìngyíng 몡 여름캠프 | 活动 huódòng 몡 활동, 행사 | 将 jiāng 부 ~하게 될 것이다, ~일 것이다 | ★持续 chíxù 동 지속하다 | ★中旬 zhōngxún 몡 중순

5 正式　2019年　工业展览馆　建成于 ────────────────── [建成于+시간 ~에 건설되었다]

명사+명사	형용사	동사+개사	수사+양사
工业展览馆	**正式**	**建成于**	**2019年**。 공업 전시관은 공식적으로 2019년도에 건설되었다.
관형어+주어	부사어	술어	보어

STEP 1　개사 '于'와 결합한 동사 '建成'이 술어이다. 개사 '于' 뒤에는 '시간' 또는 '장소'가 와서 개사구 보어 역할을 하므로 '2019年'을 '建成于' 뒤에 위치시킨다.

STEP 2　문장의 주어는 명사 '展览馆'이고, 형용사 '正式'는 술어 앞에 쓰여 부사어 역할을 한다.

★**工业** gōngyè 몡 공업 | **展览馆** zhǎnlǎnguǎn 몡 전시관 | **正式** zhèngshì 형 공식의, 정식의 | **建成** jiànchéng 동 건설하다

---

6 已经　她　这家公司　从　辞职了 ────────────────── [从+장소+辞职 ~에서 사직하다]

대사	부사	개사	대사+양사+명사	동사+조사
她	**已经**	**从**	**这家公司**	**辞职了**。 그녀는 이미 이 회사에서 사직했다.
주어		부사어		술어+了

STEP 1　조사 '了'와 결합한 동사 '辞职'가 문장의 술어가 되고, 행위의 주체인 인칭대사 '她'는 문장의 주어가 된다.

STEP 2　부사어의 기본 어순은 '부사+조동사+개사구'이므로, '已经[부사]+从[개사]' 순서로 먼저 배열한다. 그리고, 개사 '从' 뒤에는 장소가 올 수 있으므로, '这家公司'가 '从' 뒤에 위치해 개사구를 이룬다.

★**辞职** cízhí 동 사직하다

---

7 电视剧的灵感　一个　真实的　这部　故事　来自 ────────────── [来自+기원/장소 ~에서 오다]

대사+양사	명사+조사+명사	동사+개사	수사+양사	형용사+조사	명사
这部	**电视剧的灵感**	**来自**	**一个**	**真实的**	**故事**。 이 드라마의 영감은 실화에서 나온 것이다.
관형어+的	주어	술어			보어

STEP 1　개사 '自'와 함께 있는 동사 '来'가 문장의 술어이다. '~에서 오다'라는 문맥에 어울리려면 '灵感'이 문장의 주어로 적합하다. '这部'와 '电视剧的'는 주어 앞에서 관형어 역할을 한다.

STEP 2　형용사 '真实'가 조사 '的'와 같이 쓰인 것으로 보아, 뒤에는 수식을 받는 대상이 와야 함을 알 수 있다. 의미 관계상 '真实的' 뒤에는 명사 '故事'가 결합하고, '一个'는 관형어 어순에 따라 '真实的' 앞에 위치한다. 이렇게 완성된 개사구 '自+一个真实的故事'는 술어 뒤에서 보어 역할을 한다.

部 bù 양 [서적, 영화 등에 쓰이는 세는 단위] | **电视剧** diànshìjù 몡 텔레비전 드라마 | **灵感** línggǎn 몡 영감 | ★**真实** zhēnshí 형 실제의, 사실의 | **故事** gùshi 몡 이야기

8 成绩　还差得　离自己的目标　我的　很远　　　　　　　　　[离+추상적 기준+远 ~로부터 멀다]

대사+조사	명사	개사+대사+조사+명사	부사+형용사+조사	부사+형용사	
我的	成绩	离自己的目标	还差得	很远。	나의 성적은 내 목표보다 아직도 멀었다.
관형어+的	주어	부사어	술어+得	보어	

STEP 1　구조조사 '得' 뒤에는 주로 술어의 정도를 강조하는 정도보어가 온다. '정도부사+형용사' 구조인 '很远'이 조사 '得' 뒤에 위치해 정도보어의 역할을 한다. 문장의 술어는 '得'와 결합되어 나온 형용사 '差'이다.

STEP 2　문맥상 명사 '成绩'가 주어가 되며, 조사 '的'가 결합한 '我'는 주어 앞에서 관형어 역할을 한다. 개사구 '离自己的目标'는 주어 뒤에 위치한다.

쓰기 제1부분 26 | 개사(3) 대상

본서 p.279

● Day 29
1　人口老龄化会对经济发展产生一定的影响。
2　这些工具书为学生们提供了重要的参考。
3　她的演讲给我留下了很深的印象。
4　实践对于孩子的成长有好处。
5　今天我要跟老板商量那件事。
6　别为自己犯的错误找借口。
7　这个星期我要写关于中国历史的报告。
8　妈妈把裤子晒在阳台上。

1　会　人口老龄化　产生　对经济发展　一定的影响　　　　　　[对+대상+产生影响 ~에 영향을 미치다]

명사+명사	조동사	개사+명사+명사	동사	형용사+조사+명사	
人口老龄化	会	对经济发展	产生	一定的影响。	인구 고령화는 경제 발전에 어느 정도의 영향을 미칠 것이다.
관형어+주어	부사어		술어	관형어+的+목적어	

STEP 1　'对……产生……影响' 구문이 쓰인 문장이다. '对经济发展'은 부사어, '产生'은 술어, '影响'은 목적어가 된다. 구조조사 '的'가 결합된 '一定'은 목적어 '影响'을 수식하는 관형어가 된다.

STEP 2　문맥상 주어는 '人口老龄化'의 '老龄化'이다. 조동사 '会'는 부사어의 어순 '부사+조동사+개사구'에 따라 개사구 '对经济发展' 앞에 위치한다.

人口老龄化 rénkǒu lǎolínghuà 인구 고령화 | **经济** jīngjì 명 경제 | **发展** fāzhǎn 명 발전 | ★**产生** chǎnshēng 동 생기다, 발생하다

2 的参考 这些工具书 重要 学生们提供了 为 ─────── [为+대상+提供 ~에게 ~를 제공하다]

대사+양사+명사	개사	명사+동사+조사	형용사	조사+명사	
这些工具书	为	学生们提供了	重要	的参考。	이 참고 도서는 학생들에게 중요한 참고를 제공하였다.
관형어+주어	부사어	술어+了	관형어	的+목적어	

STEP 1 동태조사 '了'가 붙어 있는 동사 '提供(제공하다)'이 문장의 술어가 된다. 술어와 어울리는 목적어는 문맥상 '参考(참고)'로, 앞에 구조조사 '的'가 있는 걸로 보아 앞에 관형어가 결합할 것임을 알 수 있다. 목적어 '参考'를 꾸며 줄 수 있는 관형어로는 '重要'가 적합하다.

STEP 2 대상을 나타내는 개사 '为'는 술어 앞에 제시된 '学生们'과 결합하여 부사어가 된다. 주어는 명사 '工具书'로, 관형어 '这些'의 수식을 받는다.

工具书 gōngjùshū 명 (사전·색인·연감·연표 등과 같은) 참고 도서, 기본 참고서 | **提供** tígōng 동 제공하다 | ★**参考** cānkǎo 명 참고

3 给我 留下了 很深的印象 演讲 她的 ─────── [给+대상+留下……的印象 ~에게 ~한 인상을 남기다]

대사+조사	명사	개사+대사	동사+동사+조사	부사+형용사+조사+명사	
她的	演讲	给我	留下了	很深的印象。	그녀의 강연은 나에게 깊은 인상을 남겼다.
관형어+的	주어	부사어	술어+보어+了	관형어+的+목적어	

STEP 1 방향보어 '下'와 결합한 동사 '留(남기다)'가 술어이다. 문맥상 '강연이 깊은 인상을 남기다'라고 연결되어야 하므로, 주어는 '演讲(강연)'이고, 목적어는 '印象(인상)'이다.

STEP 2 개사구 '给我'는 부사어 어순에 따라 술어 앞에 온다. 나머지 제시어 '她的'는 수식 성분으로, 문맥상 주어 '演讲' 앞에 배열한다. 개사 '给'를 이용한 고정격식 '给A留下B (A에게 B를 남기다)'를 알고 있었다면 쉽게 풀 수 있는 문제이다. 빈출 고정격식은 반드시 기억해 두자.

★**演讲** yǎnjiǎng 명 강연, 연설 | **留** liú 동 남기다 | **深** shēn 형 깊다 | **印象** yìnxiàng 명 인상

4 成长 实践对于 有好处 孩子的 ─────── [对于+대상+有好处 ~에 대해 좋은 점이 있다]

명사+개사	명사+조사	명사	동사+명사	
实践对于	孩子的	成长	有好处。	실천은 아이의 성장에 좋은 점이 있다.
주어	부사어		술어+목적어	

STEP 1 술어는 동사 '有'로, 제시어 '有好处(좋은 점이 있다)'는 개사 '对于'와 함께 쓰여 'A对于B有好处(A는 B에 대해 좋은 점이 있다)'라는 형식으로 자주 등장한다. '对于' 뒤에는 동작이나 행위의 대상이 온다.

STEP 2 주어는 개사 '对于' 앞의 명사 '实践'이므로, 남은 제시어는 '对于' 뒤 부분에 배열되면 된다. '孩子' 뒤에는 조사 '的'가 결합되어 있으므로, 남은 제시어는 '孩子的+成长' 순서로 결합되어 개사구를 이룬다.

★**实践** shíjiàn 명 실천 | **对于** duìyú 개 ~에 대해 | ★**成长** chéngzhǎng 동 성장하다 | **好处** hǎochù 명 좋은 점

5 我要 那件事 跟老板 今天 商量 ─────────────── [跟+대상+商量 ~와 상의하다]

명사	대사+조동사	개사+명사	동사	지시대사+양사+명사	
今天	我要	跟老板	商量	那件事。	오늘 나는 사장과 그 일을 상의할 것이다.
부사어	주어	부사어	술어	관형어+목적어	

STEP 1 개사 '跟'을 이용한 고정격식 '跟……商量'은 시험에 자주 출제되는 표현이니 반드시 기억해 두도록 하자. '상의하다'라는 뜻을 가진 동사 '商量' 뒤에는 상의하는 내용이 오기 때문에 목적어는 '事'가 된다.

STEP 2 위치상, 주어는 조동사 '要' 앞에 위치할 '我'이다. 시간사는 일반적으로 주어 앞뒤에 올 수 있지만 여기서는 주어 뒤에 조동사가 있기 때문에 '今天'은 문장 맨 앞에 위치해 시간을 강조한다.

★老板 lǎobǎn 명 사장 | 商量 shāngliang 동 상의하다

---

6 为 找 自己犯的错误 别 借口 ─────────────── [为+대상+找借口 ~에 대해서 핑계를 찾다]

부사	개사	대사+동사+조사+명사	동사	명사	
别	为	自己犯的错误	找	借口。	자신이 저지른 잘못에 대해서 핑계를 찾지 마라.
부사어			술어	목적어	

STEP 1 개사 '为'를 이용한 고정격식 '为……找借口'를 찾을 수 있어야 한다. 개사 '为' 뒤에는 대상이 오므로 '自己犯的错误'가 '为'뒤에 위치하여 '为自己犯的错误'라는 개사구를 이루어 술어 앞에서 부사어 역할을 한다.

STEP 2 부사 '别'는 일반적으로 문장 맨 앞에 위치해서 '~하지 마라'라는 금지의 표현을 나타낸다.

犯 fàn 동 저지르다, 범하다 | 错误 cuòwù 명 잘못 | ★借口 jièkǒu 명 핑계, 구실

---

7 要写关于 报告 中国历史的 这个星期我 ─────────────── [关于+대상+的报告 ~에 관한 보고서]

대사+양사+명사+대사	조동사+동사+개사	명사+명사+조사	명사	
这个星期我	要写关于	中国历史的	报告。	이번 주는 내가 중국 역사에 관한 보고서를 써야 해.
부사어+주어	부사어+술어	관형어+的	목적어	

STEP 1 술어는 동사 '写'이다. 그리고 그 뒤에 쓰인 '关于'는 대상을 나타내는 개사로, 행동의 내용이나 범위를 이끈다. 이에 따라, '쓰는 내용'에 해당하는 말로서 '中国历史的+报告'가 '关于' 뒤에 이어져야 한다.

STEP 2 주어는 인칭대사 '我'이다. 주어 앞에 위치한 '这个星期'는 시간을 강조한다.

星期 xīngqī 명 주, 주일 | 关于 guānyú 개 ~에 관한 | 历史 lìshǐ 명 역사 | ★报告 bàogào 명 보고서

---

8 把 妈妈 阳台上 裤子 晒在 ─────────────── [A+把+B+술어+기타성분]

명사	개사	명사	동사+개사	명사+명사	
妈妈	把	裤子	晒在	阳台上。	엄마는 바지를 발코니에서 햇볕에 말리셨다.
주어	부사어		술어	보어	

STEP 1 제시어에 개사 '把'가 있으니, '把'자문의 기본 어순을 떠올리자. 이 문장의 술어는 동사 '晒'로, 뒤에 '在'가 있는 걸로 보아 뒤에 장소를 나타내는 표현이 와야 함을 알 수 있다. '晒在' 뒤에는 장소를 나타내는 말 '阳台上'을 배치하여, 개사구 보어 '在阳台上'을 완성한다.

STEP 2 문맥상 주어는 사람을 나타내는 '妈妈'이고, 햇볕에 말려지는 대상인 '裤子'는 '把' 뒤에 위치한다.

晒 shài 동 햇볕에 말리다, 햇볕을 쬐다 | ★**阳台** yángtái 명 발코니, 베란다

27 개사(4) 방향, 근거, 방식, 수단, 목적, 원인

본서 p.284

● **Day 30**
1. 我想通过学汉语了解中国文化。
2. 武术运动以中国传统文化为基础。
3. 请按照这个要求重新修改一下。
4. 他的成功是经过不断地努力才得到的。
5. 你向前走300米就能看到那家书店。
6. 请往右边靠一点儿。
7. 教育孩子是作为家长的责任。
8. 随着科技的发展，人们的交流方式越来越多了。

1 了解 通过 我想 中国文化 学汉语   [通过+수단, 방식 ~를 통해]

대사+조동사	개사	동사+명사	동사	명사+명사
我想	通过	学汉语	了解	中国文化。
주어	부사어		술어	관형어+목적어

나는 중국어 공부를 통해서 중국 문화를 이해하고 싶다.

STEP 1 문장의 술어는 동사 '了解'이고, '이해하다'라는 의미의 술어와 짝꿍을 이룰 수 있는 목적어는 '文化'이다. 술어가 '了解'이므로, 이 문제에서 제시어 '通过'는 동사가 아니라 '개사'로 쓰였음을 알 수 있다. 개사 '通过'는 목적을 이루는 수단, 방식을 나타낸다. '通过' 뒤에는 '중국 문화를 이해하는 방식'이 되는 '学汉语'가 위치한다.

STEP 2 주어 '我'를 포함한 제시어 '我想'은 문장 맨 앞에 위치한다. 이때 '想'은 조동사이다.

通过 tōngguò 개 ~를 통해 | **了解** liǎojiě 동 이해하다 | **文化** wénhuà 명 문화

 '经过 jīngguò'와 '通过 tōngguò' 모두 '어떤 공간이나 과정을 거쳐'라는 의미를 가지고 있지만 '经过'는 '과정'을 강조하고 '通过'는 '수단'이나 '방식'을 강조한다.

2 为基础　武术运动以　文化　中国传统 ——————————— [以A为基础 A를 기초로 삼다]

명사+명사+개사	명사+명사	명사	동사+명사	
武术运动以	中国传统	文化	为基础	。우슈 운동은 중국 전통문화를 기초로 한다.
관형어+주어	부사어		술어+목적어	

STEP 1 '为基础'는 '술어[为]+목적어[基础]' 조합이다. 제시어 '为基础'의 동사 '为'와 또 다른 제시어 '武术运动以'의 개사 '以'와 연결성을 찾아 고정격식 '以A为B(A를 B로 삼다)'를 떠올렸다면 쉽게 순서를 배열할 수 있다. 개사 '以'는 근거, 방식, 수단 등을 나타낸다.

STEP 2 STEP 1에서 완성된 부분의 해석은 '우슈 운동은 ~를 기초로 한다(武术运动以……为基础)'이다. 이때 빈 공간에 들어갈 말은 남은 제시어 '中国+传统文化(중국 전통문화)'이다.

★武术 wǔshù 명 우슈, 무술 | 以 yǐ 개 ~로 | ★传统 chuántǒng 명 전통 | 基础 jīchǔ 명 기초

---

3 一下　请　这个要求　按照　重新修改 ——————————— [按照+근거+행동 (근거)에 따라 ~하다]

동사	개사	지시대사+양사+명사	부사+동사	동량사	
请	按照	这个要求	重新修改	一下	。이 요구에 따라 다시 좀 고쳐 주세요.
술어1		부사어	술어2	보어	

STEP 1 동사 '请'은 보통 주어 없이 '문장 맨 앞'에 위치하여 '부탁'이나 '요청'을 나타낸다. '请' 뒤에 이어지는 술어는 제시어 '重新修改'의 '修改'로, 술어 '修改' 뒤에는 양사 '一下(좀 ~하다)'가 위치해 동량보어 역할을 한다.

STEP 2 개사 '按照'는 '행위나 동작의 기준'을 나타내므로 '这个要求'와 결합해 '请'과 '重新' 사이에서 부사어 역할을 한다.

按照 ànzhào 개 ~에 따라 | 重新 chóngxīn 부 다시, 재차 | ★修改 xiūgǎi 동 고치다

---

4 不断地　经过　努力才得到　他的成功是 ——————————— [经过+과정 ~를 거쳐]

대사+조사+명사+동사	개사	동사+조사	동사+부사+동사+조사	
他的成功是	经过	不断地	努力才得到的	。그의 성공은 끊임없는 노력을 거쳐 비로소 얻은 것이다.
관형어+的+주어+是	부사어		술어1+부사어+술어2+的	

STEP 1 '是……的' 강조 구문으로, '是……的' 사이에 강조하는 내용이 온다. 이때 주의할 점은 술어는 '是……的' 사이에 위치해야 한다는 점이다.

STEP 2 '是……的' 형식대로 제시어를 배열하고 나면, 남은 제시어는 '经过'와 '不断地'이다. 개사 '经过'는 '~를 거쳐'라는 의미로 행위의 과정을 강조하는 개사이며, '不断地'는 동사나 형용사를 수식할 수 있으므로, 제시어는 '经过+不断地+努力……' 순서로 결합하여 '끊임 없는 노력'을 거쳤다는 내용의 개사구가 완성된다.

成功 chénggōng 명 성공 | ★不断 búduàn 동 끊임없다 | 得到 dédào 동 얻다

5 那家书店　向前走300米　你　就能看到 ────────── [向+동작의 방향+행위 (방향)을 향해 ~하다]

대사	개사+명사+동사+수사+양사	부사+조동사+동사	수사+양사+명사
你	向前走300米	就能看到	那家书店。 너는 앞을 향해 300미터 걸어가면 그 서점을 볼 수 있다.
주어	부사어	술어+보어	관형어+목적어

STEP 1 조동사 '能' 뒤에 위치한 동사 '看'이 술어이다. 제시어 '向前走300米'는 '동작의 방향'을 나타내는 개사 '向'이 이끄는 개사구로, 술어 앞에서 부사어 역할을 한다.

STEP 2 '가다'라는 행동의 주체인 '你'가 주어로서 문장 맨 앞에 위치한다. '那家书店'은 '관형어+목적어' 구조로, 술어 '看' 뒤에 위치한다.

家 jiā 양 [집, 점포, 공장 등을 세는 단위] | 书店 shūdiàn 명 서점

---

6 一点儿　往右边　靠　请 ────────── [往+동작의 방향 ~를 향해]

동사	개사+명사	동사	수량사
请	往右边	靠	一点儿。 오른쪽으로 좀 붙어 주세요.
술어1	부사어	술어2	보어

STEP 1 동사 '请'은 문장 맨 앞에 위치해 부탁이나 요청을 나타낸다. '(동작의 이동) 방향'을 나타내는 개사 '往'이 이끄는 개사구 '往右边'은 동사 술어 '靠' 앞에 위치한다.

STEP 2 수량사 '一点儿'은 의미를 보충하는 대상이 '동작'이기 때문에, '靠' 바로 뒤에 붙어 보어 역할을 한다.

右边 yòubian 명 오른쪽, 우측 | ★靠 kào 동 기대다, 접근하다

---

7 是　责任　作为家长的　教育孩子 ────────── [作为+신분 ~로서]

동사+명사	동사	개사+명사+조사	명사
教育孩子	是	作为家长的	责任。 아이를 교육하는 것은 가장으로서의 책임이다.
주어	술어	관형어+的	목적어

STEP 1 제시어 '作为家长的'는 '신분'을 나타내는 말을 이끄는 개사 '作为(~로서)'가 이끄는 개사구 '作为家长'에 구조조사 '的'가 붙은 형식이다. '作为家长的'의 수식을 받기에 의미상 적합한 제시어는 명사 '责任'이다.

STEP 2 문장의 술어는 동사 '是'이다. '是' 앞에는 특정한 어휘, 뒤에는 설명이 온다. 따라서 동사구 '教育孩子'가 문장의 주어로서 '是' 앞에 위치하고 '作为家长的责任'은 '是' 뒤에 위치한다.

教育 jiàoyù 동 교육하다 | 作为 zuòwéi 개 ~로서 | 家长 jiāzhǎng 명 가장 | 责任 zérèn 명 책임

8 发展 越来越 随着科技的 人们的交流方式 多了 ──────── [随着+변화, 발전, 개선, 결과 ~에 따라]

개사+명사+조사	명사	명사+조사+명사+명사	부사	형용사+조사	
随着科技的	发展，	人们的交流方式	越来越	多了。	과학기술의 발전에 따라 사람들의 교류 방식이 점점 더 많아졌다.
부사어		관형어+的+관형어+주어	부사어	술어+了	

STEP 1 '随着……发展'은 HSK 빈출 고정격식이다. 개사 '随着'가 이끄는 개사구는 주로 부사어로서 문장 맨 앞에 위치한다.

STEP 2 부사 '越来越' 뒤에는 술어가 되는 형용사 '多'가 오며, '人们的交流方式'의 '方式'는 문장의 주어로서, 부사 '越来越' 앞에 위치한다

随着 suízhe 개 ~에 따라서 | 科技 kējì 명 과학기술 | 发展 fāzhǎn 명 발전 | 交流 jiāoliú 명 교류 | ★方式 fāngshì 명 방식

쓰기 제1부분 28 존현문

본서 p.288

● **Day 31**
1 天空中出现了一道彩虹。   2 学校宿舍里搬来了三个留学生。
3 墙角堆着一些不穿的衣服。 4 奶奶家门前有一条小河。
5 隔壁住着一个外国人。   6 房间里充满了阳光。
7 牌子上写着禁止吸烟。   8 墙上挂着一幅山水画。

1 出现了 彩虹 一道 天空中 ──────── [장소+出现+사물 (장소)에 ~가 나타나다]

명사+명사	동사+조사	수사+양사	명사	
天空中	出现了	一道	彩虹。	하늘에 무지개가 나타났다.
주어	술어+了	관형어	목적어	

STEP 1 동사 '出现'이 술어로 쓰이면 목적어로 '출현한 사람이나 사물'을 취하므로, 목적어는 명사 '彩虹(무지개)'이다. 양사 '道'는 무지개를 세는 단위이므로 목적어 앞에서 관형어의 역할을 한다.

STEP 2 존현문의 주어는 장소나 시간이므로, '하늘'이라는 장소를 나타내는 제시어 '天空中'이 문장의 주어가 된다. 일반명사는 단독으로 쓰여 장소를 나타낼 수 없어서 '방위사'를 붙여 '장소'를 나타낸다는 것을 기억하자.

★天空 tiānkōng 명 하늘 | 出现 chūxiàn 동 나타나다 | 道 dào 양 줄기, 가닥 [강, 하천과 같은 가늘고 긴 모양을 세는 단위] | ★彩虹 cǎihóng 명 무지개

2 三个 学校宿舍里 留学生 搬来了 ──────── [장소+搬来+사람 (장소)에 ~가 이사 오다]

명사+명사+명사	동사+동사+조사	수사+양사	명사
学校宿舍里	搬来了	三个	留学生。
관형어+주어	술어+보어+了	관형어	목적어

학교 기숙사에 3명의 유학생이 이사 왔다.

STEP 1 제시어 '搬来了'는 '술어[搬]+보어[来]+了' 구조로 결합된 표현이다. 동사 '搬'이 장소명사와 함께 쓰인 것에서, 출현을 나타내는 존현문임을 알 수 있다. 존현문의 기본 공식은 '주어[장소]+술어+목적어[인물/사물]'이다.

STEP 2 장소를 나타내는 말 '宿舍里'가 문장의 주어가 되고, '学校'는 관형어로서 주어를 꾸며 준다. 사람을 나타내는 '留学生'은 문장의 목적어가 된다. 수사와 양사가 결합한 '三个'는 목적어 앞에서 관형어 역할을 한다.

★宿舍 sùshè 몡 기숙사 | 留学生 liúxuéshēng 몡 유학생

---

3 一些不穿的 堆着 墙角 衣服 ──────── [장소+堆着+사물 (장소)에 ~가 쌓여 있다]

명사	동사+조사	수량사+부사+동사+조사	명사
墙角	堆着	一些不穿的	衣服。
주어	술어+着	관형어+的	목적어

벽 구석에 입지 않는 옷이 쌓여 있다.

STEP 1 제시어에 '동사+着'와 '장소를 나타내는 말'이 있다면 '존현문'일 확률이 높다. 존현문의 주요 특징은 주어 자리에 장소가 오고, 목적어 자리에 사물이 온다는 점이다. 이 특징에 따라, '墙角(벽 구석)'와 '衣服(옷)'가 각각 문장의 주어, 목적어가 된다.

STEP 2 조사 '的'가 결합한 '一些不穿的'는 목적어를 수식하는 역할을 한다.

墙角 qiángjiǎo 몡 담이나 벽의 모퉁이나 구석 | ★堆 duī 동 쌓여 있다

---

4 小河 有 奶奶 家门前 一条 ──────── [장소+有+사물 (장소)에 ~가 있다]

명사	명사+명사	동사	수사+양사	명사
奶奶	家门前	有	一条	小河。
관형어	주어	술어	관형어	목적어

할머니 집 대문 앞에 개울이 하나 있다.

STEP 1 동사 '有'와 장소를 나타내는 표현 '家门前'을 통해 존현문 문제임을 추측해 볼 수 있다. 존현문의 특징에 따라, 장소를 나타내는 말 '家门前'은 주어 자리에 온다.

STEP 2 그렇다면 목적어 자리에는 '奶奶'와 '小河' 중 무엇이 와야 할까? 존현문에서 목적어는 불특정한 사물이나 사람이 와야 하는데, 이때 '수사+양사' 형식 관형어의 수식을 받아 '불특정함'을 나타내는 경우가 일반적이다. 즉, 제시어 '一条'와 호응할 수 있는 명사 '小河'가 목적어이다. 특정한 어휘인 '奶奶'는 주어 앞에 위치해 관형어 역할을 한다.

家门 jiāmén 몡 집 대문 | 小河 xiǎohé 몡 개울

5 外国人 住着 隔壁 一个 ─────────────── [장소+住着+사람 (장소)에 ~가 살고 있다]

명사	동사+조사	수사+양사	명사
隔壁	住着	一个	外国人。 옆집에 외국인 한 명이 살고 있다.
주어	술어+着	관형어	목적어

STEP 1 조사 '着'는 동사와 함께 쓰여 '존현문'을 만들 수 있다. 주어 자리에는 장소를 나타내는 어휘 '隔壁'가 온다.

STEP 2 존현문에서 목적어는 불특정한 사람/사물이어야 하며, 수량사의 수식을 받는 형태가 일반적이다. 수량사 '一个'의 수식을 받는 '外国人'이 목적어 자리에 온다.

★隔壁 gébì 명 이웃집

---

6 阳光 房间 充满了 里 ─────────────── [장소+充满+사물 (장소)에 ~가 가득하다]

명사	명사	동사+조사	명사
房间	里	充满了	阳光。 방 안에 햇빛이 가득 찼다.
주어		술어+了	목적어

STEP 1 '장소를 나타내는 어휘[房间]'가 있고, 동사 뒤에 '了'가 있으면 존현문을 떠올리자. 장소명사는 경우에 따라 방위사를 넣어도 되고, 빼도 되는데, 이 문장에서 '房间[장소명사]'은 두 경우가 모두 가능하다.

STEP 2 술어는 조사 '了' 앞의 동사 '充满'으로, '充满' 뒤에 명사 '阳光'이 목적어로 위치한다.

★充满 chōngmǎn 동 가득 차다, 넘치다 | 阳光 yángguāng 명 햇빛

---

7 写着 牌子 上 禁止吸烟 ─────────────── [장소+写着+사물 (장소)에 ~가 쓰여 있다]

명사	명사	동사+조사	동사+동사
牌子	上	写着	禁止吸烟。 팻말에 '흡연 금지'라고 쓰여 있다.
주어		술어+着	목적어

STEP 1 '동사+着'와 장소를 나타내는 말이 제시어로 있는 것으로 보아 존현문임을 알 수 있다. 일반명사는 단독으로 장소를 나타낼 수 없으므로, 방위사와 결합된 '牌子+上'이라는 형태로 주어 자리에 위치한다.

STEP 2 주어, 술어와 호응하는 '禁止吸烟'이 목적어 역할을 한다.

牌子 páizi 명 팻말 | 禁止 jìnzhǐ 동 금지하다 | 吸烟 xīyān 동 흡연하다

---

8 挂着 山水画 一幅 墙上 ─────────────── [장소+挂着+사물 (장소)에 ~가 걸려 있다]

명사	동사+조사	수사+양사	명사
墙上	挂着	一幅	山水画。 벽에 산수화 한 폭이 걸려 있다.
주어	술어+着	관형어	목적어

STEP 1 '동사+着'와 장소를 나타내는 말이 제시어에 있으면 바로 존현문 형식을 떠올리자. 장소를 나타내는 '墙上'이 주어 자리에 온다.

STEP 2 걸려 있는 대상인 '山水画'가 목적어가 되며, 그림을 세는 양사인 '幅'는 목적어 앞에 위치한다.

★墙 qiáng 명 벽 | 挂 guà 동 걸다 | ★幅 fú 양 폭 [그림을 세는 단위] | 山水画 shānshuǐhuà 명 산수화

29 연동문, 겸어문

본서 p.293

● Day 32

1 你去医院看病了吗?
2 我不想坐船去旅行。
3 下了班就一起去那家咖啡厅吧。
4 老师的乐观精神让学生很佩服。
5 调查结果令所有人吃惊。
6 公司派我去外国出差。
7 我的发言使大家很感动。
8 我们班有几个学生还没毕业。

1 看病了 你 医院 去 吗 ──────── [去+장소+행동 (장소)에 가서 ~하다]

대사	동사	명사	동사+조사	조사
你	去	医院	看病了	吗?
주어	술어1	목적어	술어2+了	吗

병원에 가서 진찰 받았어요?

STEP 1 제시어에 동사가 2개 있는 것에서 '연동문'임을 알 수 있다. 연동문에서 동사 '去'는 보통 첫 번째 자리에 위치한다. 첫 번째 동사 '去'는 장소를 목적어로 취하기 때문에 뒤에 명사 '医院(병원)'이 오고, 조사 '了'가 붙은 동사 '看病'이 두 번째 술어 역할을 한다.

STEP 2 인칭대사 '你'가 문장의 주어가 되고, 조사 '吗'는 문장 맨 끝에 위치해 의문의 어기를 나타낸다.

看病 kànbìng 동 진찰을 받다

2 去 不想坐 旅行 我 船 ──────── [坐+교통수단+행동 (교통수단)을 타고 ~하다]

대사	부사+조동사+동사	명사	동사	동사
我	不想坐	船	去	旅行。
주어	부사어+술어1	목적어1	술어2	술어3

나는 배를 타고 여행 가고 싶지 않다.

STEP 1 연동문에서 술어의 배열 순서는 '행동의 순서'를 따르므로, 문맥상 '坐船→去→旅行' 순서로 배열한다. 덧붙여, 연동문에서 부사어는 일반적으로 첫 번째 동사 앞에 위치하므로, 부사어 '不想'과 붙어 제시된 '坐'가 첫 번째 동사라는 것을 더욱 쉽게 파악할 수 있다.

| STEP 2 | 행동의 주체인 '我'가 문장 맨 앞에 위치해 주어가 된다. |

船 chuán 명 배

3 吧 一起去 下了班 那家咖啡厅 就 ────── [동사1(A)+了+就+동사2(B) A하자마자 B하다]

동사+조사+명사	부사	부사+동사	대사+양사+명사	조사
下了班	就	一起去	那家咖啡厅	吧。퇴근하고 바로 함께 그 커피숍 가자.
술어1+了+목적어1	부사어	술어2	관형어+목적어2	吧

| STEP 1 | 연동문에서 동작이 연속으로 발생할 때 조사 '了'는 첫 번째 동사 뒤에 위치한다는 것을 기억하자. 따라서 '下了班'을 앞쪽에 위치시키고, 다른 동사 '去'를 두 번째 술어로 삼자. '去' 뒤에는 장소가 오기 때문에 '那家咖啡厅'은 두 번째 목적어가 된다. |
| STEP 2 | 'A了就B' 구문을 알고 있어야 고민 없이 부사 '就'의 위치를 찾을 수 있다. 어기조사 '吧'는 문장 끝에 붙어, 권유의 어기를 나타낸다. |

咖啡厅 kāfēitīng 명 커피숍

4 佩服 老师的 让学生 很 乐观精神 ────── [让+A+很佩服 A로 하여금 감탄하게 하다]

명사+조사	형용사+명사	동사+명사	부사	동사
老师的	乐观精神	让学生	很	佩服。선생님의 낙관적인 정신은 학생을 감탄시켰다.
관형어+的	관형어+주어	술어1+목적어1 [=의미상 주어]	부사어	술어2

| STEP 1 | 동사 '让'은 겸어문을 만드는 동사 중 하나이다. '让' 겸어문의 기본 공식 '让+목적어1[=의미상 주어]+동사2+(목적어2)'를 기억하자. '让学生'은 '첫 번째 술어+첫 번째 목적어'가 되고 또 다른 동사 '佩服'는 두 번째 술어가 된다. |
| STEP 2 | 문맥상 '乐观精神'의 '精神'이 주어가 되고 조사 '的'가 붙은 '老师'는 주어를 수식하는 관형어가 되어 문장 맨 앞에 위치한다. '佩服'는 심리활동동사로서, 정도부사[很]의 수식을 받는다. |

乐观 lèguān 형 낙관적이다 | ★精神 jīngshén 명 정신 | ★佩服 pèifú 동 감탄하다, 탄복하다

5 令 吃惊 所有人 调查结果 ────── [令A吃惊 A를 놀라게 하다]

명사+명사	동사	형용사+명사	동사
调查结果	令	所有人	吃惊。조사 결과는 모든 사람들을 놀라게 했다.
관형어+주어	술어1	관형어+목적어 [=의미상 주어]	술어2

| STEP 1 | 동사 '令'은 겸어문을 만드는 동사 중 하나로, '令[술어1]' 뒤에는 목적어, 술어2가 순서대로 위치한다. 두 번째 술어로 적합한 것은 동사인 '吃惊'이고, '所有'와 결합한 명사 '人'이 '令'의 목적어이자 '吃惊'의 주어이다. |
| STEP 2 | '调查结果'는 '관형어+주어'로서, 문장 맨 앞에 위치한다. |

调查 diàochá 몡 조사 | 结果 jiéguǒ 몡 결과 | 令 lìng 동 ~하게 하다 | 所有 suǒyǒu 형 모든 | 吃惊 chījīng 동 놀라다

6 出差 派我 公司 去外国 ────────── [派+A+去+장소+出差 A에게 (장소)로 출장 가라고 하다]

명사	동사+대사	동사+명사	동사
公司	派我	去外国	出差。
주어1	술어1+목적어1 [=의미상 주어]	술어2+목적어2	술어3

회사는 나에게 외국으로 출장 가라고 했다.

STEP 1 동사 '派'는 겸어문을 만드는 동사로, 첫 번째 술어가 된다. 이 문장은 겸어문이자 연동문으로, 연동문에서 술어는 '행동의 순서'대로 배열해야 하므로, 술어는 '去→出差' 순서대로 배열하면 된다.

STEP 2 행동을 시키는 대상인 '公司'가 문장 맨 앞에서 주어 역할을 한다.

★派 pài 동 (일을) 분배하다 | 出差 chūchāi 동 출장 가다

7 感动 很 发言 我的 使大家 ────────── [使A感动 A를 감동시키다]

대사+조사	명사	동사+대사	부사	동사
我的	发言	使大家	很	感动。
관형어+的	주어	술어1+목적어 [=의미상 주어]	부사어	술어2

나의 발언은 모두를 감동시켰다.

STEP 1 겸어문을 만드는 동사 '使'가 있으니, 겸어문 형식에 따라, 그 뒤에 배열될 '목적어[=의미상 주어]+술어2'를 찾아 배열해 보자. 두 번째 술어는 동사 '感动'으로, 심리활동동사인 '感动'은 정도부사 '很'의 수식을 받을 수 있다.

STEP 2 '发言'은 문장 맨 앞에서 주어가 된다. '我的'는 주어 앞에 위치해 주어를 꾸며 주는 역할을 한다.

★发言 fāyán 몡 발언 | 使 shǐ 동 ~하게 하다, ~하게 시키다 [=让 ràng] | 感动 gǎndòng 동 감동하다

8 还没 我们班有 毕业 几个学生 ────────── [有+대상(A)+행동(B) B를 한 A가 있다]

대사+명사+동사	수사+양사+명사	부사+부사	동사
我们班有	几个学生	还没	毕业。
관형어+주어+술어1	관형어+목적어	부사어	술어2

우리 반에 아직 졸업하지 않은 몇 명의 학생이 있다.

STEP 1 제시어에 동사가 두 개가 보이고, 그 중 하나가 '有'라는 점에서, 유무 여부를 나타내는 겸어문이라는 것을 알 수 있다. 제시어 '我们班有'는 '주어+첫 번째 술어' 조합이고, 두 번째 술어가 될 동사 '毕业'는 이합동사이므로 뒤에 목적어를 수반하지 않고 쓰인다.

STEP 2 부사끼리 결합한 '还没'는 부사어로서 술어 앞에 쓰인다. '学生'은 첫 번째 술어 '有'의 목적어이자, 두 번째 술어 '毕业'의 주어로서, '有' 뒤에 위치한다.

毕业 bìyè 동 졸업하다

비교문

본서 p.298

● **Day 33**

1 这家公司的待遇比那家公司好。
2 她在各个方面都比我更出色。
3 工作和休息一样重要。
4 这家公司的规模比从前大了很多。
5 事情没有想象的那么顺利。
6 中国的面积比日本大得多。
7 他们家的经济条件不如我家好。
8 她现在越来越不喜欢喝牛奶了。

---

1 公司 比那家 这家公司的 好 待遇 ─────── [A+比+B+형용사 A는 B보다 ~하다]

대사+양사+명사+조사	명사	개사+대사+양사	명사	형용사	
这家公司的	待遇	比那家	公司	好。	이 회사의 대우는 그 회사보다 좋다.
관형어+的	주어	부사어		술어	

STEP 1 제시어에 개사 '比'가 보이면 '比'자 비교문의 기본 어순 'A+比+B+술어'를 떠올리자. 이때 A와 B는 비교하는 두 대상을 의미한다. 제시된 형태에서 힌트를 얻어 1차적으로 배열해 보면 'A+比那家……+好'로 조합할 수 있다. '那家'에서 끊어져 미완성 상태인 B 자리를 채워 줄 단어는 명사 '公司'이다.

STEP 2 '좋다'라는 술어의 의미로 보아 '待遇(대우)'가 주어이며, '这家公司的'는 주어 앞에 위치해 주어를 수식한다. A와 B에 중복되는 내용이 있을 경우, B에는 중복된 내용을 생략하여 쓸 수 있으므로, '那家公司' 뒤에는 '的待遇'가 생략된 형태라 볼 수 있다.

★**待遇** dàiyù 명 대우

---

2 都比我 她 更出色 在各个方面 ─────── [A+比+B+更+형용사 A는 B보다 더 ~하다]

대사	개사+형용사+명사	부사+개사+대사	부사+형용사	
她	在各个方面	都比我	更出色。	그녀는 각각의 면에서 모두 나보다 더 뛰어나다.
주어	부사어		술어	

STEP 1 일반적으로 비교문에는 정도부사가 쓰일 수 없지만, 부사 '更'이나 '还'는 쓸 수 있다. 부사 '更' 뒤에 있는 형용사 '出色'는 문장의 술어가 된다.

STEP 2 비교 대상은 이미 '比' 뒤에 '我'라고 제시되어 있다. 문장 맨 앞에 위치할 주어로 적절한 것은 '我'와 비교할 수 있는 대상인 '她'이다. 개사구 '在各个方面'은 비교 대상을 부연 설명하는 부사어로서, 주어 뒤에 위치한다.

各个 gègè 형 각각의 | **方面** fāngmiàn 명 면, 분야 | ★**出色** chūsè 형 대단히 뛰어나다

3 工作　重要　一样　和休息 ────────── [A+和+B+一样+술어 A는 B와 같이 ~하다]

명사	개사+명사	형용사	형용사
工作	和休息	一样	重要。 일하는 것도 쉬는 것만큼 중요하다.
주어	부사어		술어

STEP 1 제시어에 '和'와 '一样'이 있다면 유사성을 비교하는 비교문 'A+和+B+一样+술어'를 떠올리자. 형용사 '重要'는 '一样' 뒤에서 술어의 역할을 한다.

STEP 2 제시어 '和休息'에서 비교 대상이 '休息'임을 알 수 있다. '休息'와 비교 가능한 대상은 명사 '工作'이므로, '工作'가 문장 맨 앞에 주어로서 위치한다.

4 规模　大了　比从前　这家公司的　很多 ────────── [A +比+B+술어+很多 A는 B보다 더 ~하다]

대사+양사+명사+조사	명사	개사+명사	형용사+조사	부사+형용사
这家公司的	规模	比从前	大了	很多。 이 회사의 규모는 이전보다 더 커졌다.
관형어+的	주어	부사어	술어+了	보어

STEP 1 '比'자 비교문에서 '很多'를 술어 뒤에 붙여 '정도의 차이가 큼'을 나타낼 수 있다. 술어로 쓰인 형용사 '大'는 '很多'와 함께 쓰여 '더 커졌다'라는 의미를 나타낸다.

STEP 2 명사 '规模'가 주어이고, '这家公司的'는 주어 앞에서 주어를 수식하는 역할을 한다.

★**规模** guīmó 명 규모 | ★**从前** cóngqián 명 이전, 종전

5 那么　没有想象的　事情　顺利 ────────── [A+没有+B+那么+술어 A는 B만큼 그렇게 ~하지 않다]

명사	동사+명사+的	대사	형용사
事情	没有想象的	那么	顺利。 일은 상상만큼 그렇게 순조롭지 않다.
주어	부사어		술어

STEP 1 '没有'는 비교문의 부정형으로 'A+没有+B+형용사'의 공식으로 쓰여 'A는 B보다 ~하지 않다'라는 의미를 가지며, 형용사 '顺利'가 이 문장의 술어가 된다.

STEP 2 명사 '事情'이 A[주어]가 되어 문장 앞에 위치하고, 대사 '那么'는 술어 '顺利' 앞에 위치해 정도를 강조한다.

★**想象** xiǎngxiàng 명 상상 | **顺利** shùnlì 형 순조롭다

6 面积　比日本　大得多　中国的 ────────── [A+比+B+술어+得多 A는 B보다 더 ~하다]

명사+조사	명사	개사+명사	형용사+조사+형용사
中国的	面积	比日本	大得多。 중국의 면적은 일본보다 더 크다.
관형어+的	주어	부사어	술어+보어

STEP 1	제시어 '比日本'의 '比'에서 '比'자 비교문임을 알 수 있다. 비교문에서 형용사 술어 뒤에 쓰이는 '得多'는 보어로서 '훨씬, 더'라는 의미를 나타낸다. 술어는 '得多' 앞에 있는 형용사 '大'이다.
STEP 2	주어는 명사 '面积'로, '中国的'는 주어 앞에 위치하여 주어를 수식하는 역할을 한다.

★面积 miànjī 명 면적

7 好 他们家的 我家 不如 经济条件 ──── [A+不如+B+술어 A는 B만큼 ~하지 못하다]

대사+명사+조사	명사+명사	동사	대사+명사	형용사
他们家的	经济条件	不如	我家	好。 그들 집의 경제 조건은 우리 집보다 좋지 못하다.
관형어+的	관형어+주어	부사어		술어

STEP 1	비교문 'A+不如+B+술어' 형식은 'A는 B만큼 ~하지 못하다'라는 의미를 지닌다. 술어는 형용사 '好'이다.
STEP 2	두 비교 대상 A와 B 중, A의 내용이 좀 더 구체적이며 생략되지 않은 형태로 쓰인다. 따라서 명사 '条件'이 문장의 주어로 적합하며, '他们家的'는 주어 앞에서 주어를 수식한다. '我家'는 주어와 비교하는 대상으로서, '不如' 뒤에 위치해 부사어 역할을 한다.

经济 jīngjì 명 경제 | 条件 tiáojiàn 명 조건 | ★不如 bùrú 동 ~만 못하다

8 她现在 越来越 喝牛奶了 不喜欢 ──── [越来越+술어 점점 ~하다]

대사+명사	부사	부사+동사	동사+명사+조사
她现在	越来越	不喜欢	喝牛奶了。 그녀는 현재 점점 우유 마시는 것을 싫어하게 됐다.
주어	부사어	술어	목적어+了

STEP 1	부사 '越来越'는 술어 앞에 위치해 정도의 심화를 나타낸다. 술어는 동사 '喜欢'이다.
STEP 2	술어 '喜欢'의 목적어로는 '우유를 마시다'라는 의미의 동사구 '喝牛奶'가 적절하다. 인칭대사 '她'는 주어로서 문장 맨 앞에 위치하고, 상황의 변화를 강조하는 어기조사 '了'는 문장 맨 끝에 위치한다.

把자문, 被자문

본서 p.305

● **Day 34**

1 请您把信息填写完整。
2 孩子不小心把照片删除了。
3 麻烦你把那份材料递给我。
4 你今天要把房间收拾一下。
5 我被内蒙古的风景吸引了。
6 我被那所名牌大学录取了。
7 我的考试资格被取消了。
8 他的要求都被我拒绝了。

---

1 填写完整 把 请您 信息 ──────────── [A把B填写 A가 B를 기입하다]

동사+대사	개사	명사	동사+형용사	
请您	把	信息	填写完整。	정보를 완전하게 기입해 주세요.
술어1+목적어	부사어		술어2+보어	

STEP 1 동사 '请'은 일반적으로 '문장 맨 앞'에 위치해 '부탁'이나 '요청'을 나타낸다. 동사 '填写'는 두 번째 술어 역할을 한다. 여러 문형이 쓰여 어렵게 느껴질 수 있는 문장이다.

STEP 2 개사 '把'는 행위의 대상을 술어 앞으로 이끌어 내고, 동작의 결과 및 영향을 강조하는 '把'자문을 만든다. '填写'라는 행위의 대상인 명사 '信息'가 개사 '把'와 결합하여 술어 앞 부사어 자리에 위치한다. 이 문장은 동사 '请'을 사용한 겸어문임과 동시에 '把'자문이 쓰인 문장이다. 이 문제를 틀렸다면, 두 문형의 주요 특징을 다시 한번 복습하고, 이 문장을 모범 예문으로 외워 두자.

信息 xìnxī 몡 정보 | 填写 tiánxiě 동 (일정한 양식에) 기입하다 | ★完整 wánzhěng 톙 완전하다

---

2 孩子 删除了 照片 不小心把 ──────────── [A把B删除了 A가 B를 삭제했다]

명사	부사+동사+개사	명사	동사+조사	
孩子	不小心把	照片	删除了。	아이가 실수로 사진을 삭제했다.
주어	부사어		술어+了	

STEP 1 제시어 중 '把'가 있다면 '把'자문 기본 형식인 '주어+把+목적어[행위 대상]+술어+기타 성분'을 기억하자. 술어는 동사 '删除'이고, '把' 뒤에는 행위의 대상인 명사 '照片'이 위치한다.

STEP 2 행위의 주체인 '孩子'가 주어로서 문장 맨 앞에 위치한다.

★删除 shānchú 동 삭제하다

3 你　送给我　麻烦　那份资料　把 ——————————— [把A送给B A를 B에게 보내 주다]

동사	대사	개사	대사+양사+명사	동사+개사+대사
麻烦	你	把	那份资料	送给我。번거롭겠지만 그 자료를 나에게 보내 줘.
술어1	목적어		부사어	술어2+보어

STEP 1 '麻烦'은 겸어문을 만드는 동사로, 일반적으로 문장 맨 앞에 첫 번째 술어로 위치하여, '부탁'이나 '요청'을 나타낸다. '麻烦' 바로 뒤에는 '번거롭게 하는 대상'인 대사 '你'가 위치하고, 나머지 동사 '送'은 두 번째 술어가 된다.

STEP 2 두 번째 술어 '送'의 의미로 보아 '把'와 '那份资料'가 결합하여 술어 앞에서 부사어의 역할을 한다.

麻烦 máfan 동 번거롭게 하다 | 资料 zīliào 명 자료

---

4 收拾一下　要　房间　把　你今天 ——————————— [A把B收拾一下 A가 B를 좀 정리하다]

명사+명사	조동사	개사	명사	동사+수량사
你今天	要	把	房间	收拾一下。너는 오늘 방을 좀 정리해야 한다.
주어		부사어		술어+보어

STEP 1 '把'자문 기본 형식인 '주어+把+목적어[행위 대상]+술어+기타 성분'을 떠올리자. 우선, 술어는 수량사 '一下'와 함께 있는 동사 '收拾(정리하다)'이다. '정리하는 대상'인 '房间'은 개사 '把' 뒤에 위치한다.

STEP 2 조동사 '要'는 부사어의 어순에 따라 개사 '把' 앞에 위치하며, 주어 '你'가 포함된 제시어 '你今天'은 문장 맨 앞에 위치한다.

收拾 shōushi 동 정리하다

---

5 被内蒙古的　我　吸引了　风景 ——————————— [A被B吸引了 A가 B에 매료되다]

대사	개사+명사+조사	명사	동사+조사
我	被内蒙古的	风景	吸引了。나는 네이멍구의 풍경에 매료됐다.
주어	부사어		술어+了

STEP 1 피동을 나타내는 '被'자문이다. '被'자문의 기본 공식 '주어[행위 대상]+被+목적어[행위 주체]+술어+기타 성분'에 따라 제시어 '吸引了'는 각각 술어와 기타성분으로서 문장 맨 마지막에 위치한다.

STEP 2 매료된 대상인 '我'가 주어가 되고, '我'를 매료시킨 '风景'은 '被' 뒤에 위치한다.

内蒙古 Nèiměnggǔ 고유 네이멍구 | ★风景 fēngjǐng 명 풍경 | 吸引 xīyǐn 동 매료시키다

6 我　那所　录取了　被　名牌大学 ─────────────────────── [A被B录取了 A가 B에 합격했다]

대사	개사	대사+양사	명사+명사	동사+조사
我	被	那所	名牌大学	录取了。 나는 그 명문 대학에 합격했다.
주어		부사어		술어+了

STEP 1 피동을 나타내는 '被'자문의 기본 형식에 근거하여, 'A被B录取了(A가 B에 합격했다)'로 틀을 잡을 수 있다. 이로써, 남은 제시어는 '我' '那所' '名牌大学'가 되고, 이들을 각각 A와 B 자리에 알맞게 배치하면 된다.

STEP 2 합격한 대상인 '我'는 주어 자리에 위치하고, '我'를 합격시킨 대상에 해당하는 '那所 + 名牌大学'는 '被' 뒤에 위치한다.

★**名牌** míngpái 명 유명, 명문 [지명도가 높은 기관] | ★**录取** lùqǔ 동 합격시키다

7 取消了　我的　被　考试资格 ─────────────────────── [A被取消了 A가 취소됐다]

대사+조사	명사+명사	개사	동사+조사
我的	考试资格	被	取消了。 나의 시험 자격은 취소됐다.
관형어+的	주어	부사어	술어+了

STEP 1 개사 '被'를 통해 '被'자 구문임을 알 수 있다. 술어는 동사 '取消'로, '取消' 뒤에 붙어 제시된 '了'는 기타성분에 해당한다.

STEP 2 '被'자문에서 목적어는 경우에 따라 생략이 가능하지만, 주어는 반드시 특정한 것이어야 한다. 따라서 '考试资格'가 주어가 되며, '我的'는 주어 앞에 위치해 주어를 수식한다.

★**资格** zīgé 명 자격 | ★**取消** qǔxiāo 동 취소하다

8 都　拒绝了　被　他的要求　我 ─────────────────────── [A被B拒绝了 A가 B에 거절당했다]

대사+조사+명사	부사	개사	대사	동사+조사
他的要求	都	被	我	拒绝了。 그의 요구는 모두 나에게 거절당했다.
관형어+的+주어	부사어			술어+了

STEP 1 개사 '被'를 통해 '被'자 구문임을 알 수 있다. 술어는 '거절하다'라는 뜻의 '拒绝'가 되며, '거절하다'라는 행위의 주체가 될 수 있는 것은 '사람'인 '我'이다.

STEP 2 '被'자문에서 주어는 행위의 대상이다. 따라서, 거절당한 대상인 '要求'가 문장의 주어가 되고, 부사 '都'는 부사어의 어순 '부사+조동사+개사구'에 따라 개사구 '被我' 앞에 위치한다.

拒绝 jùjué 동 거절하다

쓰기 제1부분
32 조사

본서 p.311

● **Day 35**

1 这个结论是否可靠呢?
2 这本书完整地记录了当年的历史。
3 警察已经征求过双方的意见。
4 王导演受到非常热烈的欢迎。
5 爸爸一直承受着巨大的压力。
6 桌子上的书摆放得整整齐齐。
7 专家为她制定了新的治疗方案。
8 我把收据放在了信封里。

---

1 这个结论 可靠 呢 是否 ──────────────── [문장+呢? ~인가?]

대사+양사+명사	부사	형용사	조사	
这个结论	是否	可靠	呢?	이 결론은 믿을 만한가?
관형어+주어	부사어	술어	呢	

STEP 1 형용사 '可靠'가 문장의 술어이다. 형용사는 뒤에 목적어를 가져올 수 없기 때문에 명사 '结论'의 위치는 고민할 필요 없이, 주어 자리인 문장 앞쪽이다.

STEP 2 어기조사 '呢'는 문장 끝에 쓰여 의문의 어기를 나타내며, 부사 '是否'는 술어 앞에 위치해 부사어 역할을 한다.

★**结论** jiélùn 몡 결론 | **是否** shìfǒu 뷔 ~인지 아닌지 | ★**可靠** kěkào 혱 믿을 만하다, 믿음직하다

---

2 历史 记录了 当年的 完整地 这本书 ──────────────── [부사어+地+술어]

대사+양사+명사	형용사+조사	동사+조사	명사+조사	명사	
这本书	完整地	记录了	当年的	历史。	이 책은 완벽하게 당시의 역사를 기록했다.
관형어+주어	부사어+地	술어+了	관형어+的	목적어	

STEP 1 제시어 '记录了'는 '동사 술어+조사'가 결합한 형태로, 뒤에는 '기록하는 대상'인 '历史'가 목적어로 온다. 구조조사 '地'는 술어를 수식하는 부사어를 이끄는 조사이므로, 제시어 '完整地'는 술어 '记录' 앞에 위치한다.

STEP 2 구조조사 '的'는 관형어를 이끄는 조사이므로, 제시어 '当年的'는 문맥상 목적어 '历史' 앞에 위치한다. '这'와 같은 지시대사는 일반적으로 문장 맨 앞에서 주어를 수식하는 역할을 한다.

★**完整** wánzhěng 혱 완벽하다 | ★**记录** jìlù 동 기록하다 | **当年** dāngnián 몡 당시

3 意见 警察 过 双方的 已经征求 ——————————— [동사+过 ~한 적이 있다]

명사	부사+동사	조사	명사+조사	명사
警察	已经征求	过	双方的	意见。
주어	부사어+술어	过	관형어+的	목적어

경찰은 이미 양측의 의견을 물어본 적이 있다.

STEP 1 '过'는 술어 바로 뒤에 위치하여 경험을 나타내는 동태조사이므로, 술어로 쓰인 동사 '征求' 뒤에 온다. 동사 '征求'와 의미상 호응하는 명사 '意见'은 목적어가 된다.

STEP 2 주어는 '사람'을 나타내는 명사 '警察'이다. 구조조사 '的'는 관형어를 이끄는 조사이므로, 제시어 '双方的'는 문맥상 목적어 '意见' 앞에 위치한다.

警察 jǐngchá 몡 경찰 | ★征求 zhēngqiú 동 (서면이나 구두로) 탐방하여 구하다 | ★双方 shuāngfāng 몡 양측 | 意见 yìjiàn 몡 의견, 견해

4 热烈的 非常 受到 欢迎 王导演 ——————————— [관형어+的+주어/목적어]

명사+명사	동사	부사	형용사+조사	명사
王导演	受到	非常	热烈的	欢迎。
관형어+주어	술어		관형어+的	목적어

왕[王] 감독은 매우 열렬한 환영을 받는다.

STEP 1 '受到欢迎'은 빈출 짝꿍 표현 중 하나이니, 반드시 외워 두도록 하자. 주어는 '환영을 받는' 대상인 '王导演'이 된다.

STEP 2 구조조사 '的'와 결합한 '热烈'는 문맥상 목적어 '欢迎'을 앞에서 수식하고, 정도부사 '非常'은 형용사를 수식하기 때문에 '热烈' 앞에 위치한다.

★导演 dǎoyǎn 몡 감독 | 受到 shòudào 동 받다 | ★热烈 rèliè 혱 열렬하다

5 巨大的 爸爸 承受着 一直 压力 ——————————— [동사+着 ~하고 있다]

명사	부사	동사+조사	형용사+조사	명사
爸爸	一直	承受着	巨大的	压力。
주어	부사어	술어+着	관형어+的	목적어

아빠는 계속 아주 큰 스트레스를 견뎌 내고 계신다.

STEP 1 동태조사 '着'와 함께 제시된 동사 '承受'가 술어이다. '견뎌 내다'라는 뜻의 술어와 의미상 호응하는 명사 '压力(스트레스)'가 목적어가 되고, 사람 명사 '爸爸'는 주어가 된다.

STEP 2 부사 '一直'는 술어 앞에 위치해 부사어가 되며, 구조조사 '的'와 결합한 '巨大'는 목적어 앞에 위치해 관형어가 된다.

★承受 chéngshòu 동 견뎌 내다 | ★巨大 jùdà 혱 아주 크다 | 压力 yālì 몡 스트레스

6 书 摆放得 桌子上的 整整齐齐 ──────────── [동사+得+형용사중첩 ~하는 게 ~하다]

명사+명사+조사	명사	동사+조사	형용사	
桌子上的	书	摆放得	整整齐齐。	책상 위의 책이 고르게 진열되어 있다.
관형어+的	주어	술어+得	정도보어	

STEP 1 구조조사 '得'는 술어 뒤에 위치해 정도보어를 이끄는 조사이므로, '得' 앞의 동사 '摆放'이 문장의 술어가 된다. 형용사 중첩 표현 '整整齐齐'는 조사 '得' 뒤에 위치해 정도보어 역할을 한다. 형용사 중첩 표현은 그 자체가 정도의 심화를 나타내기 때문에 앞에 정도부사의 수식을 받지 않는다.

STEP 2 주어는 명사 '书'이고, 조사 '的'가 결합한 '桌子上'이 주어 앞에 위치해 관형어 역할을 한다.

摆放 bǎifàng 동 진열하다, 배열하다 | ★整齐 zhěngqí 형 가지런하다

---

7 为她 专家 制定了 方案 新的治疗 ──────────── [동사+了]

명사	개사+대사	동사+조사	형용사+조사	명사	명사	
专家	为她	制定了	新的	治疗	方案。	전문가는 그녀를 위해 새로운 치료 계획을 세웠다.
주어	부사어	술어+了	관형어+的+관형어		목적어	

STEP 1 동태조사 '了'와 함께 제시된 동사 '制定'이 술어이다. '제정하다'라는 뜻의 술어와 의미상 호응하는 명사 '方案(방안)'이 목적어가 된다. '制定方案(방안을 제정하다)'은 자주 쓰는 짝꿍 표현이니 꼭 기억해 두도록 하자.

STEP 2 사람을 나타내는 명사 '专家'가 주어가 되며, 개사구 '为她'는 부사어의 어순에 따라 술어 앞에 위치한다. '新的治疗'는 문맥상 '方案'을 수식하는 관형어로서 목적어 앞에 위치한다.

★专家 zhuānjiā 명 전문가 | ★制定 zhìdìng 동 제정하다, 세우다 | ★治疗 zhìliáo 명 치료 | ★方案 fāng'àn 명 방안, 계획

---

8 我 信封里 放在了 把收据 ──────────── [술어+了]

대사	개사+명사	동사+개사+조사	명사+명사	
我	把收据	放在了	信封里。	나는 영수증을 봉투 안에 넣어 두었다.
주어	부사어	술어+보어+了	목적어	

STEP 1 제시어에 개사 '把'가 있으므로, '把'자 구문의 기본 공식인 '주어+把+목적어+술어+기타 성분'을 떠올리자. 술어가 될 수 있는 단어는 동사 '放'이다. 그리고 술어 뒤 '在'는 결과보어를 이끄는 개사로, '在' 뒤에는 보통 장소를 나타내는 말이 나오므로, 제시어 '信封里'와 결합해야 한다. 일반명사는 단독으로 장소를 나타낼 수 없으므로, 방위명사 '里'와 결합해 장소를 나타낸 것이다.

STEP 2 개사구 '把收据'는 술어 앞에서 부사어의 역할을 하고, 인칭대사 '我'가 문장의 주어가 된다.

★收据 shōujù 명 영수증 | 信封 xìnfēng 명 봉투

 방위사[里]가 붙어 있는 어휘는 '장소'일 가능성이 높다.

33 관형어, 부사어

본서 p.317

● Day 36

1 他的设计风格很独特。
2 爸爸退休前在报社工作。
3 我已经从海关部门辞职了。
4 那是一项针对女性的心理测试。
5 他购买了一份意外保险。
6 那几家公司的待遇差别非常大。
7 跆拳道是韩国的一项传统运动。
8 儿子给我们家带来了很多快乐。

1 设计风格 他的 独特 很 ────────────── [관형어+的+주어]

대사+조사	명사+명사	부사	형용사
他的	设计风格	很	独特。
관형어+的	관형어+주어	부사어	술어

그의 디자인 스타일은 독특하다.

STEP 1 형용사 '独特'가 술어이다. 형용사는 일반적으로 단독으로 쓰이지 않으므로 정도부사[很]가 술어 앞에 함께 쓰인다. 형용사 술어문은 목적어를 취할 수 없으므로 명사 '风格'는 주어가 된다.

STEP 2 관형어는 주어나 목적어를 수식하는 문장성분으로 보통 관형어 뒤에는 조사 '的'가 붙어 관형어와 수식을 받는 어휘(중심어)를 연결해 준다. 따라서 조사 '的'와 결합한 대사 '他'는 관형어이며, 문장 맨 앞에 위치한다.

★设计 shèjì 명 디자인 | ★风格 fēnggé 명 스타일 | ★独特 dútè 형 독특하다

2 退休前在 爸爸 工作 报社 ──────────── [시점+개사구+술어]

명사	동사+명사+개사	명사	동사
爸爸	退休前在	报社	工作。
주어	부사어		술어

아빠는 퇴직하기 전에 신문사에서 일하셨다.

STEP 1 동사 '工作'가 술어이고, 술어를 묘사하거나 제한하는 문장성분인 부사어는 일반적으로 주어와 술어 사이에 위치한다. 단 시점을 나타내는 부사어는 주어 앞뒤에 모두 올 수 있다.

STEP 2 시점을 나타내는 '退休前'이 개사 '在'와 결합되어 있으므로 '在' 뒤에 장소를 나타내는 어휘인 명사 '报社'가 결합해 술어 앞 부사어 자리에 배열된다. 사람을 나타내는 명사 '爸爸'는 문장 맨 앞에서 주어 역할을 한다.

★退休 tuìxiū 동 퇴직하다, 은퇴하다 | ★报社 bàoshè 명 신문사

3 已经 辞职了 我 从海关部门 ─────────── [부사+개사구+술어]

대사	부사	개사+명사+명사	동사+조사
我	已经	从海关部门	辞职了。
주어	부사어		술어+了

나는 이미 세관 부서에서 사직했다.

STEP 1 동사 '辞职'가 술어로 쓰였고 인칭대사 '我'는 주어가 된다.

STEP 2 여러 개의 부사어가 쓰여 하나의 구를 이룰 때, 부사어의 일반적인 어순은 '부사+조동사+개사구'이다. 따라서 남은 제시어는 '已经[부사]+从海关部门[개사구]' 순서로 결합해 술어 앞에서 부사어 역할을 한다.

★海关 hǎiguān 몡 세관 | ★部门 bùmén 몡 부서 | ★辞职 cízhí 통 사직하다

---

4 女性的 一项 针对 那是 心理测试 ─────────── [관형어의 어순: 한정적인 것+묘사적인 것]

대사+동사	수사+양사	동사	형용사+조사	명사+명사
那是	一项	针对	女性的	心理测试。 그것은 여성을 위한 심리 테스트이다.
주어+술어	관형어	+的	관형어+목적어	

STEP 1 동사 '是'는 'A是B' 형태로 쓰여, 'A는 B이다'라는 의미를 나타낸다. A에는 특정한 대상이 오고 B에는 A에 대한 구체적인 설명이 와야 한다. 따라서 동사 '是'와 결합한 특정된 지시대사 '那'가 주어이고, 남은 명사 '心理测试'가 '관형어+목적어'이다.

STEP 2 하나의 중심어에 여러 개의 관형어가 쓰여 관형어구를 이룰 때, 일반적으로 '제한성 관형어'가 먼저 오고, 그 뒤에 '묘사성 관형어'가 온다. 따라서 수사와 양사가 결합한 '一项'이 제한성 관형어로서 먼저 위치하고, '针对女性'이 술목구조를 이뤄 '的'와 결합하여 묘사성 관형어가 된다.

★项 xiàng 양 가지, 항목 | ★针对 zhēnduì 통 초점을 맞추다 | 女性 nǚxìng 형 여성의 | ★心理 xīnlǐ 명 심리 | 测试 cèshì 명 테스트, 시험

---

5 购买了 他 意外保险 一份 ─────────────── [수사+양사]

대사	동사+조사	수사+양사	명사
他	购买了	一份	意外保险。 그는 상해보험을 구매했다.
주어	술어+了	관형어	목적어

STEP 1 동태조사 '了'와 결합한 동사 '购买'가 문장의 술어가 되며, 구매하는 대상인 '意外保险'이 목적어가 된다.

STEP 2 인칭대사 '他'가 주어가 되며, 양사 '份'은 어떤 문건이나 서류를 세는 단위로, 목적어 '意外保险' 앞에 위치해 관형어가 된다.

购买 gòumǎi 통 사다, 구매하다 | 份 fèn 양 부, 권 [문건 등을 세는 단위] | 意外保险 yìwài bǎoxiǎn 명 상해보험

---

6 差别 非常大 那几家 待遇 公司的 ─────────── [관형어+的＋주어]

대사+수사+양사	명사+조사	명사	명사	부사+형용사
那几家	公司的	待遇	差别	非常大。 그 몇 개 회사의 대우 차이는 매우 크다.
관형어	+的	관형어	주어	부사어+술어

STEP 1 형용사 '大'가 술어이고, 형용사는 일반적으로 단독으로 쓰이지 않고 정도부사[非常]의 수식을 받는다.

STEP 2   형용사 술어문은 뒤에 목적어가 오지 않기 때문에 명사 '待遇'와 '差別'는 '待遇差別'로 결합해 각각 관형어와 주어 역할을 하고, 양사 '家'는 회사를 세는 단위이므로 '公司的' 앞에 위치해 '公司'와 함께 주어 앞에서 관형어 역할을 한다.

★待遇 dàiyù 명 대우, 대접 | 差別 chābié 명 차이, 격차

7   一项传统 跆拳道 韩国的 运动 是 ──────────── [A是B A는 B이다]

명사	동사	명사+조사	수사+양사+명사	명사
跆拳道	是	韩国的	一项传统	运动。
주어	술어	관형어		목적어

태권도는 한국의 전통 운동이다.

STEP 1   'A是B' 구문에서 A에는 특정한 대상이 오며, B에는 A에 대한 구체적인 설명이 온다. 따라서 '跆拳道'와 '运动' 중, 비교적 범위가 더 특정적인 '跆拳道'가 문장의 주어가 되고, '运动'은 목적어 역할을 한다.

STEP 2   일반적으로 관형어는 '한정적인 내용→묘사적인 내용' 순서로 배열되는데, 한정적인 관형어가 동시에 나왔을 때는 '소속' 관련 어휘가 '수량사'보다 먼저 오기 때문에 '**韩国的一项传统**' 순서로 배열한다.

跆拳道 Táiquándào 고유 태권도 | 韩国 Hánguó 고유 한국 | ★项 xiàng 양 가지, 항목 | ★传统 chuántǒng 명 전통

> **tip** 제한성 관형어가 동시에 나올 경우, 일반적으로 아래 순서대로 배열한다.
> [장소/범위] → [소속] → [시간] → [수량사/지시대사+양사]
> 她是 **中国队的 一位** 选手。 그녀는 중국팀의 한 선수이다. → 소속+수량
> 弟弟 **的 这条** 牛仔裤已经洗了。 남동생의 이 청바지는 이미 빨았다. → 소속+지시대사+양사

8   带来了 很多 儿子 给我们家 快乐 ──────────── [给A带来快乐 A에게 즐거움을 가져다주다]

명사	개사+대사+명사	동사+조사	부사+형용사	형용사
儿子	给我们家	带来了	很多	快乐。
주어	부사어	술어+了	관형어	목적어

아들은 우리 집에 많은 즐거움을 가져다줬다.

STEP 1   동태조사 '了'와 함께 있는 동사 '带来'가 술어이다. 동사 '带来'는 뒤에 추상적인 어휘를 목적어로 취할 수 있으므로 형용사 '快乐(즐거움)'가 술어 뒤에 위치해 목적어 역할을 한다.

STEP 2   행위의 주체인 '儿子'가 주어로서 문장 맨 앞에 위치하고, 개사구 '给我们' 뒤에는 소속을 나타내는 어휘 '家'가 추가로 결합해 술어 앞에서 부사어 역할을 한다. '很多'는 문맥상 목적어를 수식하여 '快乐' 앞에 위치한다.

쓰기 제2부분 02 제시어 사용해 글 쓰기

본서 pp.335~339

● **Day 13** 모범답안은 아래 해설 참고

经常　　危害　　胖　　零食　　影响

[제시어 '零食' '胖' '危害'를 중심으로, '간식을 많이 먹으면 살이 찌고 몸에 해롭다'는 내용으로 글을 완성한다.]

제시어 살펴보기

经常 jīngcháng 〈부〉 자주, 종종, 항상

'经常'은 행위나 상황이 발생한 횟수가 많거나 빈도가 높아 습관적인 것을 말한다.

经常吃+음식 ~를 자주 먹다 | 经常不吃饭 자주 밥을 먹지 않다
他经常吃一些没营养的东西。 그는 자주 영양가 없는 음식을 먹는다.
经常不按时吃饭，身体就会越来越差。 자주 제때 밥을 먹지 않으면 몸이 점점 나빠질 것이다.

危害 wēihài 〈명〉 손해, 손상 〈동〉 해를 끼치다, 해치다

'危害'는 사람의 안전, 생명, 건강, 사회 질서에 손해를 끼치는 것을 뜻한다.

造成危害 해를 끼치다 | 危害健康 건강에 해를 끼치다 | 危害安全 안전을 해치다
乱扔垃圾的行为给环境和人的健康都造成了危害。 쓰레기를 함부로 버리는 행위는 환경과 사람의 건강에 해를 끼쳤다.
空气污染会危害人们的身体健康。 공기 오염은 사람들의 신체 건강을 해칠 것이다.

胖 pàng 〈형〉 (몸이) 뚱뚱하다, 살찌다

'胖'은 문장에서 주로 술어로 쓰이며, 운동 및 다이어트와 관련된 내용에 많이 쓰인다.

变胖 뚱뚱해지다 | 过胖 지나치게 살찌다 | 长胖 살찌다
他一觉醒来后，觉得自己胖了。 그는 자고 일어난 후, 자신이 뚱뚱해졌다고 느꼈다.
她在留学期间变胖了，所以现在正在减肥。 그녀는 유학 기간에 뚱뚱해져서, 지금 다이어트하고 있는 중이다.

零食 língshí 〈명〉 간식

'零食'는 주로 다이어트와 관련된 제시어들과 함께 등장한다. 사진 작문의 먹는 사진에도 활용해 쓸 수 있는 어휘이다.

吃零食 간식을 먹다 | 买零食 간식을 사다
零食不能为人体补充需要的营养。 간식은 인체의 필요한 영양을 보충할 수 없다.
我一边吃零食，一边看电视。 나는 간식을 먹으면서 텔레비전을 본다.

影响 yǐngxiǎng 명 영향 동 영향을 주다

'影响'은 명사로 쓰일 경우, 동사 '受到' '有' 또는 형용사 등과 함께 주어 또는 목적어로 쓰인다. 동사로 쓰일 경우, 건강, 상태, 심리 등의 어휘와 함께 쓰인다.

受到影响 영향을 받다 | 影响健康 건강에 영향을 주다 | 影响睡眠 수면에 영향을 주다
垃圾食品的影响比我们想象的要更严重。 불량식품의 영향은 우리가 생각한 것보다 훨씬 더 심각하다.
被污染的环境会影响我们的身体健康。 오염된 환경은 우리의 건강에 영향을 줄 것이다.

뼈대 잡기

(1) 주제 찾기　　　胖, 零食 → '비만' '건강'과 관련된 내용 생각하기
(2) 내용 구상하기　 간식을 자주, 많이 먹으면 살도 찌고 몸에도 해롭다. 이런 식습관을 고쳐야 한다.
(3) 세부사항 설정하기　목적: 为了健康　건강을 위해
　　　　　　　　　　행동: 改正不良的饮食习惯　좋지 않은 식습관을 고치다

작문하기

도입　人们都知道身材过胖对身体有不良影响，可人们还是会吃很多零食、油炸食品之类的食物。
　　　 '사람들은 지나치게 살찌면 신체에 좋지 않은 영향을 준다는 점'을 모두 알고 있다. 그러나 사람들은 여전히 많은 간식, 튀긴 식품 등의 음식을 먹는다.

전개　专家也表示，经常吃这些东西，会对身体造成极大的危害。
　　　 전문가 또한 이러한 음식을 자주 먹으면 신체에 큰 해를 줄 수 있다고 말한다.

마무리　所以为了健康，我们应该改正不良的饮食习惯。
　　　 그래서 건강을 위해, 우리는 좋지 않은 음식 습관을 고쳐야 한다.

◆ 작문 필수템 ◆

작문할 때 활용하면 좋은 표현, 주의해야 할 포인트

① 人们都知道 [알고 있는 내용]，可 [반대되는 내용]: 사람들은 ~를 안다, 하지만 ~하다
② A 对 B 有影响: A는 B에 대해 영향이 있다
③ 专家表示 [근거 내용]: 전문가가 ~에 대해 말한다 → 글의 신빙성을 높여 준다
④ A 对 B 造成+[안 좋은일]: A는 B에 대해 (안 좋은 일) 을 야기하다
⑤ 所以 [결론]: 그래서 ~하다 → 글의 주제를 나타낸다
⑥ 为了 [목적], [행위]: ~를 위해 ~를 하다
⑦ 조동사 '应该': 뒤에 행위의 '당위성'과 관련된 내용이 많이 온다.
⑧ 改正习惯: 습관을 고치다

人	们	都	知	道	身	材	过	胖	对	身	体	有	不
良	影	响	，	可	人	们	还	是	会	吃	很	多	零	食	、
油	炸	食	品	之	类	的	食	物	。	专	家	也	表	示	，	48
经	常	吃	这	些	东	西	，	会	对	身	体	造	成	极	大
的	危	害	。	所	以	为	了	健	康	，	我	们	应	该	改	80
正	不	良	的	饮	食	习	惯	。

문장부호 제외 79자

★身材 shēncái 명 몸매 | 不良 bùliáng 형 좋지 않다
★零食 língshí 명 간식 | ★油炸 yóuzhá 형 기름에 튀기다
食品 shípǐn 명 식품 | 之类 zhīlèi 명 등, 따위
★食物 shíwù 명 음식물 | ★专家 zhuānjiā 명 전문가
表示 biǎoshì 동 가리키다
★造成 zàochéng 동 조성하다, 형성하다
★危害 wēihài 명 해
★改正 gǎizhèng 동 개정하다, 시정하다
饮食 yǐnshí 명 음식

● **Day 15** 모범답안은 아래 해설 참고

活动　成长　合影　纪念　共同

[제시어 '活动' '纪念'을 중심으로 '활동이나 행사를 기념하는 내용'의 글을 완성한다.]

제시어 살펴보기

活动 huódòng 명 활동, 행사 동 활동하다

'活动'은 체육 활동, 문화 행사 등 다양한 환경에서 쓰일 수 있는 어휘이다.

娱乐活动 오락 활동 | 安排活动 행사를 짜다 | 组织活动 활동을 조직하다
轻松的娱乐活动可以缓解疲劳。 가벼운 오락 활동은 피로를 풀 수 있다.
学校为同学们安排了暑期夏令营活动。 학교는 학생들을 위해 여름 캠프 행사를 짰다.

成长 chéngzhǎng 동 성장하다 명 성장

'成长'은 사람, 동물, 식물이 시간이 지날수록 성숙되는 것을 나타낸다. 뒤에 목적어는 취하지 않는다.

成长的A 성장한 A | 成长过程 성장 과정 | 快速成长 급성장
你可以不成功，但你不能不成长。 너는 성공하지 않아도 되지만, 성장하지 않으면 안 된다.
孩子的成长过程中父母的陪伴是很必要的。 아이의 성장 과정에서 부모의 동반은 매우 필요한 것이다.

合影 héyǐng 동 함께 사진을 찍다 명 단체 사진

'合影'은 여행, 행사 등 다양한 곳에서 '여러 사람들과 사진을 찍어 남기는 행동'을 할 때 쓸 수 있는 어휘이다. 사진 작문에서는 직접 사진을 찍는 행위 또는 사진을 보는 상황에 활용할 수 있다.

一起合影 함께 사진을 찍다 | 这张合影 이 단체 사진 | 拍合影 단체 사진을 찍다
他离开前，我们决定一起合影。 그가 떠나기 전에, 우리는 함께 사진을 찍기로 결정했다.
这张合影是我们毕业时照的。 이 단체 사진은 우리가 졸업할 때 찍은 것이다.

纪念 jìniàn 동 기념하다 명 기념 형 기념하는

'纪念'은 어떤 뜻깊은 일이나 훌륭한 인물 등을 오래도록 잊지 않고 간직하는 것을 나타내는 어휘이다.

留下纪念 기념으로 남기다 | 纪念旅行 여행을 기념하다 | 纪念日 기념일
照片可以为我们留下纪念。 사진은 우리에게 기념을 남길 수 있게 한다.
今天是我们结婚10周年的纪念日。 오늘은 우리 결혼 10주년 기념일이다.

共同 gòngtóng 부 함께, 다 같이 형 공동의, 공통의

'共同'이 부사로 쓰일 때는 '努力' 등과 같은 함께 하는 '동작, 행동' 어휘들과 사용할 수 있다. 형용사로 쓰일 때는 술어로는 쓰이지 않고 관형어로 많이 쓰이며, 정도부사의 수식을 받지 못한다.

共同努力 함께 노력하다 | 共同成长 함께 성장하다 | 共同的目标 공동의 목표

让我们共同努力，把美好的理想变为现实。 우리는 함께 노력해서 아름다운 이상을 현실로 변화시킨다.
我们共同的目标就是考上理想的大学。 우리 공동의 목표는 바로 이상적인 대학에 합격하는 것이다.

뼈대 잡기

(1) 주제 찾기　　活动, 纪念 → '학교 행사'와 관련된 내용 생각하기
(2) 내용 구상하기　대학 생활을 기념하기 위한 활동을 통해 추억을 남겼다.
(3) 세부사항 설정하기　시간: 毕业前　졸업 전
　　　　　　　　　　행동: 组织了集体活动　단체 활동을 조직했다
　　　　　　　　　　목적: 为了纪念四年大学生活　4년간의 대학 생활을 기념하기 위해

작문하기

도입　毕业前，我们班组织了一次集体活动。
　　　　졸업 전, 우리 반은 한 차례 단체 활동을 조직했다.

전개　目的是为了纪念我们共同成长的四年大学生活。
　　　　목적은 우리가 함께 성장한 4년간의 대학 생활을 기념하기 위해서이다.

마무리　这次活动不仅给我们留下了美好的回忆，而且活动结束时，大家合影留念，并约定了以后一定要再见面。
　　　　이번 활동은 우리에게 아름다운 추억을 남겼을 뿐만 아니라, 활동이 끝날 때 모두 함께 사진을 찍어 기념으로 남겼고, 또한 이후에도 반드시 다시 만나야 한다고 약속했다

◆ 작문 필수템 ◆

작문할 때 활용하면 좋은 표현, 주의해야 할 포인트

① 组织活动: 활동을 조직하다
② 目的是为了 [이유]: 목적은 ~하기 위해서이다
③ 不仅 A 而且 B: A할 뿐만 아니라 B이다 → 점층의 의미를 나타낸다
④ 给 A 留下了 B: A에게 B를 남겼다 → B에는 추상적인 어휘를 쓴다
⑤ 并: '그리고, 또'라는 의미로, 동사가 중심이 되는 구문의 연결에 쓰인다.

毕业前，我们班组织了一次集体活动。目的是为了纪念我们共同成长的四年大学生活。这次活动不仅给我48们留下了美好的回忆，而且活动结束时，大家合影留念，并约定了以后一80定要再见面。

문장부호 제외 77자

毕业 bìyè 동 졸업하다 | ★组织 zǔzhī 동 조직하다
★集体 jítǐ 명 단체 | 活动 huódòng 명 활동
目的 mùdì 명 목적 | ★纪念 jìniàn 동 기념하다
共同 gòngtóng 부 함께
★成长 chéngzhǎng 동 성장하다
美好 měihǎo 형 아름답다 | 回忆 huíyì 명 추억
★合影 héyǐng 동 함께 사진을 찍다
留念 liúniàn 동 기념으로 남기다
约定 yuēdìng 동 약속하다

● **Day 17**　모범답안은 아래 해설 참고

| 加班　　旅行　　压力　　城市　　心情 |

[제시어 '加班' '压力'를 중심으로 '야근 때문에 받은 스트레스'를 주제로 경험과 관련지어 글을 완성한다.]

제시어 살펴보기

加班 jiābān 동 야근하다

'加班'은 이합동사로, 뒤에 목적어를 쓰지 않는다. '회사'나 '업무' 관련 내용으로 작문할 때 자주 쓰는 어휘이다.

每天加班 매일 야근하다 | 必须加班 반드시 야근해야 한다
经理几乎每天都加班加到很晚。 사장님은 거의 매일 늦게까지 야근한다.
由于经常加班，他的身体越来越差了。 자주 야근하기 때문에 그의 몸은 점점 안좋아졌다.

旅行 lǚxíng 동 여행하다

'旅行'은 한국인들이 많이 틀리는 어휘이다. 뒤에 '장소를 목적어로 가져올 수 없다'는 점에 주의하자. 주요 활용 형태로 '去+장소+旅行'을 기억하자. '旅行'이나 '旅游'는 목적어와 함께 쓸 수 없으므로, 목적어와 함께 쓰고 싶다면, '游览'으로 써야 한다.

经常旅行 자주 여행을 가다 | 去旅行 여행을 가다 | 旅行计划 여행 계획
这次假期我想去欧洲旅行。 이번 휴가 기간에 나는 유럽으로 여행을 가고 싶다.
他为我们制定好了旅行计划。 그는 우리를 위해 여행 계획을 잘 세웠다.

压力 yālì 명 스트레스

'压力'는 일상생활부터 회사, 교육까지 다양한 주제의 문장에 쓰일 수 있다.

面对压力 스트레스에 직면하다 | 受到压力 스트레스를 받다 | 缓解压力 스트레스를 풀다
我们要学会如何面对困难和压力。 우리는 어떻게 어려움과 스트레스에 마주해야 하는지 배워야 한다.
弟弟因为学习成绩不好，而受到压力。 남동생은 학업 성적이 좋지 않아서 스트레스를 받는다.

城市 chéngshì 명 도시

'城市'와 함께 쓰일 수 있는 양사는 '座'이다. 어휘에 맞는 양사를 사용해 작문하면 고득점을 받을 수 있다.

这座城市 이 도시 | 离开城市 도시를 떠나다 | 繁华的城市 번화한 도시
他在这座陌生的城市里没有朋友。 그는 이 낯선 도시에 친구가 없다.
这座城市发展得越来越快。 이 도시는 점점 더 빠르게 발전하고 있다.

心情 xīnqíng 명 마음, 기분, 심정, 감정

'心情'은 표정을 통해 드러나는 사람의 감정 상태를 말한다. 감정 상태까지 언급해 작문하면 추가 점수를 받을 수 있다.

放松心情 마음을 편안하게 하다 | 心情不好 기분이 좋지 않다

面对压力时，找一个放松心情的方法很重要。 스트레스에 맞닥뜨렸을 때, 마음을 편하게 하는 방법을 찾는 것이 매우 중요하다.
人们的心情会随着环境的变化而变化。 사람들의 기분은 환경 변화에 따라 변한다.

뼈대 잡기

(1) 주제 찾기　　　加班, 压力 → '야근 스트레스'에 대한 내용 생각하기
(2) 내용 구상하기　일을 시작하고서는 쉴 시간이 적었는데, 마침 여행 계획이 생겨서 여행으로 스트레스를 풀었다.
(3) 세부사항 설정하기　시간: 自从工作后　일을 한 후
　　　　　　　　　　　행동: 去旅行　여행을 가다
　　　　　　　　　　　감정: 缓解压力　스트레스를 풀다 / 放松心情　마음을 편안하게 하다

작문하기

도입　自从工作后，我基本上每天加班，很少有休息的时间。
일을 한 후, 나는 대부분 매일 야근을 해서 쉬는 시간이 거의 없었다.

전개　今年终于有机会实现去旅行的计划了。
올해, 마침내 나는 여행을 갈 계획을 실현할 수 있는 기회가 생겼다.

마무리　离开现在住的城市，我去了一个安静的地方，在那里，我不仅放松了心情，还缓解了工作中的压力。
지금 사는 도시를 떠나, 나는 조용한 지역으로 갔는데, 그곳에서 나는 마음을 편안하게 했을 뿐만 아니라 업무상의 스트레스도 풀었다.

◆ 작문 필수템 ◆

작문할 때 활용하면 좋은 표현, 주의해야 할 포인트

① 自从……后: ~한 후
② 基本上: 대부분
③ 终于……了: 마침내 ~하다
④ 有机会: 기회가 있다
⑤ 实现计划: 계획을 실현하다
⑥ 不仅……还……: ~할 뿐만 아니라 ~하다
⑦ 放松心情: 마음을 편안하게 하다
⑧ 缓解压力: 스트레스를 풀다

　　自从工作后，我基本上每天加班，
很少有休息的时间。今年终于有机会
实现去旅行的计划了。离开现在住的　48
城市，我去了一个安静的地方，在那
里，我不仅放松了心情还缓解了工作　80
中的压力。

문장부호 제외 77자

★自从 zìcóng 개 ~한 후
基本上 jīběnshang 부 대부분, 주로
★实现 shíxiàn 동 실현하다 ｜ 计划 jìhuà 명 계획
放松 fàngsōng 동 느슨하게 하다
★缓解 huǎnjiě 동 완화시키다

● **Day 21** 모범답안은 아래 해설 참고

网络　合理　缺少　消极　交流

[제시어 '网络' '交流'를 중심으로, '인터넷 발달이 소통에 미치는 영향'을 주제로 글을 완성한다.]

제시어 살펴보기

网络 wǎngluò 명 인터넷, 네트워크

'网络'는 정보기술, 인터넷 등과 관련된 어휘와 함께 쓰여 IT기술 발전 등에 관한 내용을 쓸 수 있으므로, 관련 주제 어휘를 함께 숙지하는 것이 좋다.

网络设备 인터넷 설비 | **网络**问题 인터넷 문제 | **网络**发展 인터넷이 발전하다
现在很多人都在利用**网络**赚钱。 지금 많은 사람들은 인터넷을 이용해 돈을 벌고 있다.
网络上的信息不一定都是真实的。 인터넷상의 정보가 반드시 진실인 것은 아니다.

合理 hélǐ 형 합리적이다, 도리에 맞다

'合理'는 '관형어' '술어'로도 쓰이지만, 술어 앞에서 '부사어'로도 많이 쓰인다.

合理的要求 합리적인 요구 | **合理**的理由 합리적인 이유 | **合理**地利用 합리적으로 이용하다
妈妈会满足孩子所有**合理**的要求。 엄마는 아이의 모든 합리적인 요구를 만족시킬 것이다.
我们应该**合理**利用生活资源。 우리는 반드시 생활 자원을 합리적으로 이용해야 한다.

缺少 quēshǎo 동 부족하다, 모자라다

'缺少'는 사람 또는 사물의 '수량이 없거나 충분하지 못해 부족한 것'을 나타내며, 구어체에 많이 쓰인다.

缺少关爱 관심이 부족하다 | **缺少**沟通 소통이 부족하다 | **缺少**信息 정보가 부족하다
父母不能让自己的孩子**缺少**关爱。 부모는 자신의 아이에게 관심이 부족해서는 안 된다.
他们由于**缺少**沟通，产生了误会。 그들은 소통이 부족해서 오해가 생겼다.

消极 xiāojí 형 부정적이다, 소극적이다

'消极'는 어떤 일에 대해 스스로 희망이 없다고 생각해 노력하지 않거나, 부정적이고 발전적이지 않은 면을 묘사할 때 쓰인다.

消极的态度 부정적인 태도 | **消极**的情绪 부정적인 감정
逃避是一种**消极**的生活态度。 도피하는 것은 부정적인 생활 태도이다.
一遇到困难就产生**消极**情绪是不对的。 어려움을 겪자마자 부정적인 기분이 생기는 것은 옳지 않은 것이다.

交流 jiāoliú 동 교류하다

'交流'는 자신이 가지고 있는 지식, 기술, 경험, 사상 등을 상대방과 주고 받는 것을 말한다.

互相**交流** 서로 교류하다 | **交流**工具 교류하는 도구 | 和A**交流** A와 교류하다
语言是人们**交流**的工具。 언어는 사람들이 교류하는 도구이다.
公司里没人愿意和他**交流**。 회사 안에서 그와 교류하기를 원하는 사람이 없다.

뼈대 잡기

(1) **주제 찾기**　　　网络, 交流 → '인터넷의 발달이 소통에 미치는 영향'을 생각해 보자
(2) **내용 구상하기**　　인터넷은 이미 생활의 일부분이 되었지만, 단점도 있으니, 합리적으로 이용해야 한다.
(3) **세부사항 설정하기**　시간: 如今　오늘날
　　　　　　　　　　어떻게: 应该合理利用网络　합리적으로 인터넷을 이용하여야 한다

작문하기

도입　　如今, 网络迅速发展，并已成为生活的一部分。
　　　　　오늘날, 인터넷이 빠르게 발전했고, 이미 생활의 일부분이 되었다.

전개　　但这也带来了一些消极的影响，比如：人们缺少了面对面交流的机会、见面时也一直看手机等。
　　　　　그러나 이것은 부정적인 영향도 가져왔다. 예를 들어, 사람들이 얼굴을 맞대고 교류할 기회가 부족해지고, 만날 때도 계속 휴대폰을 보는 등이 그러하다.

마무리　我认为，作为新时代的年轻人，我们应该合理利用网络。
　　　　　나는 새로운 시대의 젊은이로서, 우리는 마땅히 합리적으로 인터넷을 이용해야 한다고 생각한다.

◆ 작문 필수템 ◆

작문할 때 활용하면 좋은 표현, 주의해야 할 포인트

① **如今**: (비교적 먼 과거에 대비하여) 오늘날, 지금, 이제 [≒现在]
② **成为……**: ~가 되다
③ **带来……的影响**: ~의 영향을 가져오다
④ **比如……**: '예'에 해당되는 내용을 열거할 수 있게 하는 어휘로, '콜론(:)', '모점(、)'과 함께 자주 쓴다.
⑤ **缺少机会**: 기회가 부족하다
⑥ **我认为……**: 나는 ~라고 생각하다 → 화자의 주장을 나타낸다
⑦ **合理利用**: 합리적으로 이용하다

	如今	，	网络	迅	速	发	展	，	并	已	成为
生	活	的	一	部	分	。	但	这	也	带来	了	一	些	消
极	的	影	响	，	比	如	：	人	们	缺少	了	面	对	面
交流	的	机	会	、	见	面	时	也	一	直	看	手	机	等。
我	认	为	，	作	为	新	时	代	的	年	轻	人	，	我们
应	该	合理	利	用	网	络	。							

문장부호 제외 78자

★**如今** rújīn 몡 (비교적 먼 과거에 대하여) 오늘날
★**迅速** xùnsù 혱 재빠르다 | **发展** fāzhǎn 동 발전하다
成为 chéngwéi 동 ~가 되다 | **带来** dàilái 가져오다
比如 bǐrú 접 예를 들어
面对面 miànduìmiàn 동 얼굴이 맞대다, 맨투맨(man to man)으로 하다 | ★**作为** zuòwéi 개 ~로서
★**时代** shídài 몡 시대, 시기 | ★**利用** lìyòng 동 이용하다

● **Day 23** 모범답안은 아래 해설 참고

演讲　遍　紧张　表现　热烈

[제시어 '演讲' '紧张' '表现'을 중심으로 '웅변 대회 때 긴장했던 일'을 주제로 글을 완성한다.]

제시어 살펴보기

演讲 yǎnjiǎng 명 강연, 연설 동 강연하다, 연설하다

'演讲'은 매년 1번씩은 꼭 제시어 작문이든 사진 작문이든, 작문 영역에 꼭 쓰이는 어휘이므로, 반드시 숙지해야 한다.
演讲比赛 웅변 대회 | 准备演讲 강연을 준비하다
他第一次上台演讲，表情有点儿紧张。 그는 처음으로 무대에 올라 강연을 하는데, 표정이 조금 긴장되어 있다.
这位教授的演讲十分精彩，大家都在为他鼓掌。 이 교수의 강연은 매우 훌륭해서, 모두 그에게 박수를 치고 있다.

遍 biàn 양 번, 차례, 회

'遍'은 양사로, '동작의 횟수'를 나타내는 역할을 한다. 일반적으로 술어 뒤쪽에 쓰인다.
几遍 몇 번 | 无数遍 수없이, 여러 번, 골백번
老师讲了很多遍，可我还是记不住。 선생님이 여러 번 이야기 했지만, 나는 여전히 기억하지 못한다.
同样的歌曲他已经唱了三遍了。 같은 노래를 그는 이미 세 번 불렀다.

紧张 jǐnzhāng 형 긴장해 있다

'紧张'은 정신적으로 매우 흥분되어 있고, 불안한 것을 의미한다.
十分紧张 매우 긴장하다 | 紧张的氛围 긴장된 분위기
考试时太紧张会影响发挥。 시험 때 너무 긴장하면 (실력을) 발휘하는 데 영향을 줄 것이다.
在陌生人面前他总是显得很紧张。 낯선 사람 앞에서 그는 항상 긴장한 것처럼 보인다.

表现 biǎoxiàn 명 표현, 태도 동 표현하다, 나타내다

'表现'은 생활, 학습 등 전반적으로 반영되는 행동, 태도 혹은 사물의 상태, 현상을 나타낸다.
选手的表现 선수의 활약 | 突出的表现 특출한 표현 | 表现力 표현력 | 表现出…… ~를 나타내다
她的表现让所有人都很失望。 그녀의 태도는 모든 사람들을 실망시켰다.
小李有了女朋友后，经常表现出一副得意的样子。 샤오리[小李]는 여자친구가 생긴 후, 의기양양한 표정을 자주 짓는다.

热烈 rèliè 형 열렬하다

'热烈'는 분위기나 기운이 흥분되어 있음을 나타내며, 주로 서면어로 쓰인다.
热烈欢迎 열렬히 환영하다 | 讨论得热烈 열정적으로 토론하다 | 气氛热烈 분위기가 뜨겁다
学生们对新来的老师表示热烈欢迎。 학생들은 새로 온 선생님을 열렬히 환영한다.
他们在会议上讨论得十分热烈。 그들은 회의에서 매우 열정적으로 토론한다.

뼈대 잡기

(1) 주제 찾기　　演讲, 紧张, 表现 → 웅변 대회로 인해 긴장했던 에피소드 만들기

(2) 내용 구상하기　샤오리는 웅변 대회에서 1등을 차지했다. 샤오리는 나에게 무수한 연습을 거쳤기 때문에 이러한 성적을 받을 수 있었다고 말했다.

(3) 세부사항 설정하기　시간: 上个月　지난달
　　　　　　　　　　　행동: 参加了演讲比赛　웅변 대회에 참가했다
　　　　　　　　　　　결과: 获得了第一名　1등을 차지했다

작문하기

도입　上个月，小李参加了学校的演讲比赛。
　　　　지난달, 샤오리는 학교의 웅변 대회에 참가했다.

전개　因为他表现突出，而且观众反应很热烈，所以他获得了第一名。
　　　　그는 표현이 뛰어난데다가, 관중들의 반응이 뜨거웠기 때문에 1등을 차지했다.

마무리　后来，他告诉我，其实他当时非常紧张，但因为经过了无数遍的练习，所以取得了这样的成绩。
　　　　나중에 그는 나에게 사실 당시에 매우 긴장했지만, 무수한 연습을 거쳤기 때문에 이러한 성적을 받은 것이라고 말했다.

◆ 작문 필수템 ◆

작문할 때 활용하면 좋은 표현, 주의해야 할 포인트

① 参加……比赛: ~ 대회를 참가하다
② 表现突出: 표현이 뛰어나다
③ 反应热烈: 반응이 뜨겁다
④ 获得第一名: 1등을 하다
⑤ 其实: '其实' 뒤에는 앞에서 말한 사실에 대한 보충이나 해명이 이어진다.
⑥ 经过练习: 연습을 거치다
⑦ 取得成绩: 성적을 받다

　　上个月，小李参加了学校的演讲比赛。因为他表现突出，而且观众反应很热烈，所以他获得了第一名。后来，他告诉我，其实他当时非常紧张，但因为经过了无数遍的练习，所以取得了这样的成绩。

문장부호 제외 77자

★突出 tūchū 형 돋보이다, 뛰어나다
观众 guānzhòng 명 관중 | ★反应 fǎnyìng 명 반응
获得 huòdé 동 획득하다, 얻다
第一名 dì yī míng 명 1등 | 当时 dāngshí 명 당시, 그때
★无数 wúshù 형 무수하다 | 取得 qǔdé 동 얻다, 취득하다

• **Day 26** 모범답안은 아래 해설 참고

追求　毕业　看法　专业　发展

[제시어 '毕业' '专业'를 중심으로 '졸업과 전공'에 관련된 주제로 글을 완성한다.]

제시어 살펴보기

追求 zhuīqiú 통 추구하다

'追求'는 적극적인 행동으로 어떤 목적을 도달하기 위해 쟁취하는 것을 말한다.

追求结果 결과를 추구하다 | 追求前景 전망을 추구하다 | 追求理想 이상을 추구하다
做任何事都不能只追求结果而不注重过程。 어떤 일을 하든 오직 결과만 추구하고 과정을 소홀히 해서는 안 된다.
有很多人选专业时，会过分追求就业前景。 많은 사람들이 전공을 선택할 때, 지나치게 취업 전망을 추구할 것이다.

毕业 bìyè 통 졸업하다 명 졸업

동사 '毕业'는 이합동사라서 뒤에 목적어를 쓰지 않으며, 학교와 관련된 내용에서 많이 쓰인다. 사진 작문에서는 학사모를 쓴 사진이 가끔 출제되기도 한다.

大学毕业 대학을 졸업하다 | 毕业时 졸업할 때 | 毕业论文 졸업 논문
他大学毕业两年了都没有找到工作。 그는 대학 졸업한 지 2년이 되었는데도 취업을 하지 못했다.
毕业时，我们全班同学在一起合影留念。 졸업할 때, 우리 반 전체 학생들과 함께 기념사진을 찍었다.

看法 kànfǎ 명 견해

'看法'는 사람, 일에 대한 인식을 가리키며, 속 깊은 사고나 고찰이 없는 상황에서도 쓰일 수 있다.

表达看法 견해를 나타내다 | 看法一致 견해가 일치하다 | 普遍看法 보편적인 견해
对这个问题大家都表达了不一样的看法。 이 문제에 대해 모두 다른 견해를 나타냈다.
在这件事情上，两个人的看法一致。 이 일에 있어서는 두 사람의 견해가 일치한다.

专业 zhuānyè 명 전공, 전문 형 전문의

'专业'는 공부, 학교, 졸업 등 교육과 관련된 내용에서 쓸 수 있으며, 특정 분야의 능통한 사람에 대해 말할 때도 사용할 수 있다.

大学专业 대학 전공 | 专业的技术 전문적인 기술 | 专业的+직업/신분 전문적인 (직업/신분)
现在计算机专业是个热门专业。 현재 컴퓨터 전공은 인기 있는 전공이다.
很多人选择大学专业时最先考虑自己的兴趣爱好。 많은 사람들은 대학 전공을 선택할 때 가장 먼저 자신의 흥미와 취미를 고려한다.

发展 fāzhǎn 명 발전 통 발전하다

'发展'은 '체제'나 '규모' 또는 '사물'이 커지거나, '계급'이 높아지는 등의 변화를 나타낸다.

随着……的发展 ~의 발전에 따라 | 发展前景 발전 전망 | 发展速度 발전 속도 | 促进发展 발전을 촉진시키다
随着经济的发展，人们的生活水平也得到了提高。 경제 발전에 따라, 사람들의 생활 수준 역시 높아졌다.
如今，中国已经发展成了一个科技强国。 현재, 중국은 이미 과학기술 강국으로 발전했다.

뼈대 잡기

(1) 주제 찾기   毕业, 专业 → '학교 졸업 후 진로'와 관련해 최근 발생한 이슈, 문제를 떠올리자.

(2) 내용 구상하기   졸업 후 일자리를 찾을 때, '전공, 발전 가능성' 등의 문제들을 고려하게 된다.

(3) 세부사항 설정하기   인물: 刚毕业的学生 이제 막 졸업을 한 학생
목적: 找适合自己专业的工作 자신의 전공과 적합한 일을 찾다
행동: 从自己能做好的工作 자신이 잘할 수 있는 일부터 하다

작문하기

도입 很多刚**毕业**的学生在找工作时，都会考虑一些问题。
이제 막 졸업한 많은 학생이 일을 찾을 때, 몇 가지 문제들을 고려할 것이다.

전개 有的人想找适合自己**专业**的工作，有的人看重**发展**，还有人只**追求**理想不考虑实际情况。
어떤 사람은 자신의 전공과 적합한 일을 찾고 싶어하고, 어떤 사람은 발전을 중시하고, 또 어떤 사람은 이상만을 추구하고 실제 상황을 고려하지 않는다.

마무리 我的**看法**是，刚毕业的学生应该先从自己能做好的工作开始。
나의 생각은 이제 막 졸업한 학생은 먼저 자신이 잘할 수 있는 일부터 시작해야 한다는 것이다.

◆ **작문 필수템** ◆

작문할 때 활용하면 좋은 표현, 주의해야 할 포인트

① 找工作: 일을 찾다, 구직하다
② 考虑问题[/情况]: 문제를[상황을] 고려하다
③ 有(的)人 A, 有(的)人 B: 어떤 사람은 A하고, 어떤 사람은 B하다 → 다양한 사람들의 행동을 묘사한다
④ 我的看法是……: 나의 생각은 ~이다 → 화자의 주장, 생각을 나타낸다
⑤ 从……开始: ~부터 시작하다

　很多刚毕业的学生在找工作时，都会考虑一些问题。有的人想找适合自己专业的工作，有的人看重发展，还有人只追求理想不考虑实际情况。我的看法是，刚毕业的学生应该先从自己能做好的工作开始。

문장부호 제외 82자

刚 gāng 閉 막, 방금 | **考虑** kǎolǜ 图 고려하다
适合 shìhé 图 적합하다 | **看重** kànzhòng 图 중시하다
理想 lǐxiǎng 圀 이상 | **实际** shíjì 圀 실제
情况 qíngkuàng 圀 상황

Day 28 모범답안은 아래 해설 참고

辞职　实际　观念　有利　考虑

[제시어 '辞职' '考虑' 등을 보고 '사직을 고려하는 내용'을 주제로 글을 완성한다.]

제시어 살펴보기

辞职 cízhí 동 사직하다, 직장을 그만두다

'辞职'는 현재 내가 맡고 있는 직무를 그만둔다는 의미를 나타낸다. '일'과 관련된 작문을 할 때 많이 쓰인다.

决定辞职 사직하기로 결정하다 | 申请辞职 사직을 신청하다 | 拒绝辞职 사직을 거절하다
辞职后，小李一直在学习汉语。 직장을 그만둔 후, 샤오리는 계속 중국어 공부를 하고 있다.
他反复思考后，还是决定辞职。 그는 거듭 생각한 후, 결국 사직하기로 결정했다.

实际 shíjì 명 실제 형 현실적이다, 실제적이다

'实际'는 객관적으로 존재하는 상황 또는 사물을 뜻하기도 하며, 구체적이고 사실에 부합된다는 뜻도 있다.

实际情况 실제 상황 | 实际问题 실제 문제 | 实际的困难 현실적인 어려움
他根据公司的实际情况，制定了一份计划。 그는 회사의 실정에 근거해, 계획을 세웠다.
做什么事情都要从实际出发。 어떤 일을 하든 모두 실제에서 출발해야 한다.

观念 guānniàn 명 관념, 생각

'观念'은 오랫동안 형성되어 바뀌기 어려운 사상, 의식을 가리킨다.

有观念 생각이 있다 | 观念不同 생각이 다르다 | 观念的差异 관념의 차이
他的头脑中还是有很多旧观念。 그의 머릿속에는 여전히 낡은 관념들이 많이 있다.
我和他聊天儿时，发现我们有很多观念是不同的。 나는 그와 이야기할 때, 우리가 많은 생각이 다르다는 것을 발견했다.

有利 yǒulì 형 유리하다, 유익하다

'有利'는 시기, 상황, 조건, 지위 등이 좋은 상태에 있다는 것을 나타낸다. 개사 '于'와 함께 자주 쓰여 '~에 유리하다'라는 뜻을 의미한다.

有利时机 유리한 시기 | 有利环境 유리한 환경 | 有利的选择 유리한 선택 | 对A有利 A에게 유리하다
如今，正是年轻人创业的有利时机。 지금이 바로 젊은이가 창업하기 유리한 시기이다.
人们应该吃有利于健康的食品。 사람들은 건강에 좋은 식품을 먹어야 한다.

考虑 kǎolǜ 동 고려하다, 생각하다

'考虑'는 어떤 일에 대해서 깊이 생각함을 나타내며, 비교적 가벼운 상황에서 두루 쓰인다.

再三考虑 여러 번 고려하다 | 考虑利益 이익을 고려하다 | 考虑未来 미래를 생각하다
父母再三考虑后，同意了我去留学的决定。 부모님은 여러 번 생각한 후, 내가 유학 가기로 한 결정에 동의했다.
你应该考虑大家的利益，不能只考虑自己。 너는 모두의 이익을 고려해야지, 자신만 생각해서는 안 된다.

뼈대 잡기

(1) **주제 찾기**　　辞职, 考虑 → '사직'할 때 고려할 점을 생각해 보자

(2) **내용 구상하기**　'사직'할 때는 상황을 객관적으로 분석해야만 자신에게 유리한 선택을 내릴 수 있다.

(3) **세부사항 설정하기**　시점: 随着时代的进步和发展　시대적 진보와 발전에 따라
　　　　　　　　　　　행동: 把辞职看成是一件很小的事情　사직하는 것을 하나의 작은 일로 보다
　　　　　　　　　　　결과: 对自己有利的选择　자신에게 유리한 선택을 하다

작문하기

도입　随着时代的进步和发展，越来越多的年轻人把辞职看成是一件很小的事情。
　　　시대적 진보와 발전에 따라, 점점 더 많은 젊은이가 사직하는 것을 작은 일로 여긴다.

전개　这当然有观念的差异，但是我认为每个人在考虑辞职的时候，都应该想想个人的实际情况，不要只抱怨。
　　　이것은 당연히 관념의 차이가 있겠지만, 나는 모든 사람은 사직을 고려할 때, 마땅히 개인의 현실적인 상황을 생각해 보고, 원망만 해서는 안 된다고 생각한다.

마무리　只有客观地分析，才能做出对自己有利的选择。
　　　객관적으로 분석해야만 비로소 자신에게 유리한 선택을 할 수 있다.

◆ 작문 필수템 ◆

작문할 때 활용하면 좋은 표현, 주의해야 할 포인트

① 越来越: 뒤에는 주로 형용사가 위치해 정도의 심화를 나타낸다.
② 把 A 看成 B: A를 B로 여기다/간주하다
③ 观念的差异: 관념의 차이
④ 但是我认为……: 앞의 내용과 반대 입장의 주장을 나타낸다.
⑤ 考虑辞职: 사직을 고려하다
⑥ 客观地分析: 객관적으로 분석하다
⑦ 只有 A, 才能 B: A해야만 비로소 B할 수 있다
⑧ 做出选择: 선택을 하다

　　随着时代的进步和发展，越来越多的年轻人把辞职看成是一件很小的事情。这当然有观念的差异，但是我认为每个人在考虑辞职的时候，都应该想想个人的实际情况，不要只抱怨。只有客观地分析，才能做出对自己有利的选择。

문장부호 제외 92자

随着 suízhe 〔개〕 ~에 따라 | ★时代 shídài 〔명〕 시대
★进步 jìnbù 〔명〕 진보 | 发展 fāzhǎn 〔명〕 발전
越来越 yuèláiyuè 〔부〕 점점
年轻人 niánqīngrén 〔명〕 젊은이
看成 kànchéng 〔동〕 ~로 간주하다 | 差异 chāyì 〔명〕 차이
★个人 gèrén 〔명〕 개인 | 情况 qíngkuàng 〔명〕 상황
不要 búyào 〔부〕 ~해서는 안 된다
★抱怨 bàoyuàn 〔동〕 원망하다
★客观 kèguān 〔형〕 객관적이다 | ★分析 fēnxī 〔동〕 분석하다

Day 31 모범답안은 아래 해설 참고

浪费　珍惜　粮食　养成　可怕

[제시어 '浪费' '粮食'를 중심으로, '식량을 낭비하면 안 된다'는 주제로 글을 완성한다.]

제시어 살펴보기

浪费 làngfèi 통 낭비하다, 허비하다

'浪费'는 시간, 인력, 돈 등을 제한 없이 함부로 쓰거나 비합리적으로 사용하는 것을 나타낸다.
浪费时间 시간을 낭비하다 | 浪费钱 돈을 낭비하다 | 浪费资源 자원을 낭비하다
婚礼的费用过高，新郎觉得有点儿浪费。 결혼식 비용이 너무 비싸서, 신랑은 좀 낭비하는 것이라고 생각한다.
与其浪费时间，不如做些有意义的事。 시간을 낭비하느니, 의미 있는 일을 하는 것이 낫다.

珍惜 zhēnxī 통 소중히 여기다, 진귀하게 여겨 아끼다

'珍惜'는 힘들게 얻은 생명, 시간, 명예 등을 소중히 생각하는 것을 나타낸다.
珍惜时间 시간을 귀중하게 여기다 | 珍惜生命 생명을 소중히 여기다 | 珍惜友谊 우정을 소중히 여기다
珍惜时间说起来容易，做起来难。 시간을 귀중하게 여긴다는 것이 말하기에는 쉽지만, 행동하기는 어렵다.
经过那次事故以后，我更加珍惜生命了。 그 사고를 겪은 후, 나는 생명을 더 소중히 여긴다.

粮食 liángshi 명 식량, 양식

'粮食'는 다이어트, 식습관과 관련된 내용으로 작문할 때 많이 쓰이는 어휘이다.
珍惜粮食 식량을 소중히 여기다 | 粮食生产 식량을 생산하다 | 粮食产量 식량 생산량
父母应该从小教育孩子珍惜粮食。 부모는 어릴 때부터 아이가 식량을 소중히 여기도록 교육해야 한다.
粮食生产对每个国家都十分重要。 식량 생산은 모든 국가에 매우 중요하다.

养成 yǎngchéng 통 습관이 되다, 길러지다

'养成'은 사람이 습관, 성격, 기풍 등의 형태나 내용을 갖추게 함을 나타낸다.
养成习惯 습관을 기르다 | 难养成好习惯 좋은 습관을 기르기 어렵다 | 容易养成坏习惯 나쁜 습관을 기르기 쉽다
他从小就养成了早起读书的习惯。 그는 어릴 때부터 일찍 일어나 독서하는 습관을 길렀다.
自己一个人生活后，我养成了很多不好的饮食习惯。 혼자서 생활한 후, 나는 좋지 않은 식습관이 많이 생겼다.

可怕 kěpà 형 두렵다, 무섭다, 겁나다

'可怕'는 사람에게 두려움을 느끼게 하는 것을 나타낸다. 비교적 가벼운 어조로, 구어체에 많이 쓰인다.
十分可怕 매우 두렵다 | 可怕的场面 무서운 장면
失败并不可怕，可怕的是放弃自己。 실패는 결코 두려운 것이 아니다. 두려운 것은 자기자신을 포기하는 것이다.
听到这个可怕的消息，人们都惊呆了。 이 두려운 소식을 들은 후, 사람들은 모두 놀라서 얼이 빠졌다.

뼈대 잡기

(1) 주제 찾기	浪费, 粮食 → '식량 낭비'에 대한 생각을 정리해 보자.	
(2) 내용 구상하기	아이에게 '낭비하지 않는 습관'을 교육시키는 것은 학교만의 임무가 아니다.	
(3) 세부사항 설정하기	인물: 家长 가장 / 孩子 아이	
	주장: 教育孩子从小养成珍惜粮食和不浪费资源的习惯	
	아이가 어릴 때부터 식량을 귀하게 여기고 자원을 낭비하지 않는 습관을 기르도록 교육하다	

작문하기

도입 作为家长，教育孩子从小养成珍惜粮食和不浪费资源的习惯是我们的责任。
가장으로서, 아이가 어릴 때부터 식량을 귀하게 여기고 자원을 낭비하지 않는 습관을 기를 수 있도록 교육하는 것은 우리의 책임이다.

전개 告诉孩子们，浪费会造成可怕的后果，这些教育不只是学校的任务。
아이들에게 낭비는 두려운 결과를 초래할 것이라고 알리는, 이러한 교육은 학교만의 임무가 아니라는 것이다.

마무리 当然，在教育孩子的同时，我们自己也要做到。
물론, 아이를 교육하는 동시에, 우리 스스로도 해내야 한다.

◆ 작문 필수템 ◆

작문할 때 활용하면 좋은 표현, 주의해야 할 포인트

① 作为: ~한 신분으로서
② 教育孩子: 아이를 교육하다
③ 珍惜粮食: 식량을 귀하게 여기다
④ 浪费资源: 자원을 낭비하다
⑤ 养成习惯: 습관을 기르다
⑥ 珍惜: ~를 소중히 여기다
⑦ 造成……的后果: ~라는 부정적 결과를 초래하다
⑧ 不只是……: ~만은 아니다
⑨ 在……的同时: ~하는 동시에
⑩ 做到: ~을 해내다

作为家长，教育孩子从小养成珍惜粮食和不浪费资源的习惯是我们的责任。告诉孩子们，浪费会造成可怕的后果，这些教育不只是学校的任务。当然，在教育孩子的同时，我们自己也要做到。

문장부호 제외 76자

★**作为** zuòwéi 깨 ~로서 | **家长** jiāzhǎng 명 가장
教育 jiàoyù 동 교육하다 | **从小** cóngxiǎo 부 어릴 때부터
★**资源** zīyuán 명 자원 | **责任** zérèn 명 책임
★**造成** zàochéng 동 (좋지 않은 결과를) 초래하다, 야기하다
★**后果** hòuguǒ 명 (주로 안 좋은) 결과
任务 rènwu 명 임무 | **同时** tóngshí 명 동시

• **Day 34** 모범답안은 아래 해설 참고

通讯　促进　随时　距离　普遍

[제시어 '通讯' '促进' 등을 보고 '통신 기술의 발전'이라는 주제로 글을 완성한다.]

제시어 살펴보기

通讯 tōngxùn 圆 통신, 뉴스, 기사

'通讯'은 통신 기기를 사용해서 소식을 전달하는 것을 말한다. 소식을 보도하는 글을 나타내기도 한다.

通讯设备 통신 설비 | 通讯方式 통신 방식 | 通讯费用 통신 비용
随着科技的发展，通讯设备也在不断升级。 과학기술의 발전에 따라, 통신 설비 역시 끊임없이 향상되었다.
如今，人们似乎已经忘记了书信这种古老的通讯方式。 현재, 사람들은 편지와 같은 오래된 통신 방식을 이미 잊어버린 것 같다.

促进 cùjìn 圄 촉진시키다, 촉진하다

'促进'은 어떠한 사물이나 조건이 단결하거나, 우호적 관계로 발전하도록 촉진하는 것을 나타낸다. 주로 좋은 일에 사용한다.

促进发展 발전을 촉진시키다 | 促进往来 왕래를 촉진시키다 | 促进消化 소화를 촉진시키다
科学技术不仅促进了经济的发展，也促进了社会的发展。
과학기술은 경제 발전을 촉진시켰을 뿐만 아니라, 사회의 발전도 촉진시켰다.
互联网的出现促进了国与国之间的往来。 인터넷의 출현은 국가 간의 왕래를 촉진시켰다.

随时 suíshí 凰 언제나, 수시로

'随时'는 술어 앞에서 부사어로 쓰여 '시간의 흐름'을 나타낸다.

随时联系 언제나 연락하다 | 随时上门 수시로 방문하다
学习上有不懂的问题可以随时上网查找。 학습상 모르는 문제가 있으면 언제든지 인터넷에서 찾을 수 있다.
人们随时都可以利用手机获得想要的信息。 사람들은 언제나 휴대폰을 이용해 원하는 정보를 얻을 수 있다.

距离 jùlí 圆 거리, 간격 圄 ~로부터 떨어지다

'距离'는 물리적 거리를 나타내기도 하지만, 감정, 인식 등의 차이로 인한 거리감을 나타내기도 한다.

产生距离 거리가 생기다 | 缩短距离 거리를 줄이다 | 距离公司 회사로부터 떨어져있다
这场误会使两人产生了距离。 이번 오해로 두 사람은 거리가 생겼다.
这里距离目的地大约3公里。 이곳에서 목적지까지 대략 3킬로미터 떨어져 있다.

普遍 pǔbiàn 囹 보편적이다, 일반적이다

'普遍'은 진리, 규율 등 존재하는 모든 것에 공통성이 있는 것을 나타낸다.

普遍的现象 보편적인 현상 | 普遍的问题 보편적인 문제
科学技术使人们的生活水平普遍得到了提高。 과학기술은 사람들의 생활 수준을 보편적으로 향상시켰다.
现在，使用智能手机的现象非常普遍。 요즘에는 스마트폰을 사용하는 현상이 매우 보편적이다.

뼈대 잡기

(1) **주제 찾기** 通讯, 促进 → 현재 '통신 기술 발전'에 대한 나의 생각을 정리해 보자.
(2) **내용 구상하기** 과학기술은 우리의 생활을 촉진시켰고, 생활에 큰 변화를 가져왔다.
(3) **세부사항 설정하기** 대상: 通讯技术 통신 기술 / 科学技术(科技) 과학기술
내용: 了解信息 정보를 알다 / 没有了距离的限制 거리의 제한이 없다
결론: 给我们的生活带来了巨大的变化 우리의 생활에 큰 변화를 가져왔다

작문하기

도입 随着通讯技术的发展和各种科学技术的普遍运用，人类的生活越来越方便了。
통신 기술의 발전과 각종 과학기술의 보편적 운용에 따라, 인류의 생활은 점점 더 편리해졌다.

전개 比如随时可以了解想知道的信息、人与人之间的交流没有了距离的限制等等。
예를 들어 언제든지 알고 싶은 정보를 알 수 있고, 사람 간 교류에 거리의 제한이 없어진 것 등등이다.

마무리 科技促进了我们的生活，给我们的生活带来了巨大的变化。
과학기술은 우리의 생활을 촉진시켰고, 우리의 생활에 큰 변화를 가져왔다.

◆ 작문 필수템 ◆

작문할 때 활용하면 좋은 표현, 주의해야 할 포인트
① 随着……的发展: ~의 발전에 따라
② 通讯技术: 통신 기술
③ 科学技术: 과학기술
④ 比如……: 예시를 열거할 때 쓰는 어휘로, '모점(、)'과 자주 함께 쓰인다
⑤ 了解信息: 정보를 알다
⑥ 给 A 带来 B 变化: A에게 B한 변화를 가져오다

随着通讯技术的发展和各种科学技术的普遍运用，人类的生活越来越方便了。比如随时可以了解想知道的信息、人与人之间的交流没有了距离的限制等等。科技促进了我们的生活，给我们的生活带来了巨大的变化。

문장부호 제외 88자

随着 suízhe 개 ~에 따라 | **技术** jìshù 명 기술
发展 fāzhǎn 명 발전 | **科学** kēxué 명 과학
★**运用** yùnyòng 동 운용하다 | ★**人类** rénlèi 명 인류
生活 shēnghuó 명 생활 | **越来越** yuèláiyuè 부 점점
比如 bǐrú 접 예를 들어 | **信息** xìnxī 명 정보
与 yǔ 개 ~와 | **之间** zhījiān 명 사이
交流 jiāoliú 동 교류하다 | ★**限制** xiànzhì 명 제한, 제약
等等 děngděng 조 기타, 등등 | **科技** kējì 명 과학 기술
带来 dàilái 동 가져오다 | **巨大** jùdà 형 아주 크다

Day 37 모범답안은 아래 해설 참고

错误　问题　虚心　经验　过程

[제시어 '错误' '经验'을 중심으로, '잘못을 통해 경험을 쌓는 내용'을 주제로 주장의 글을 완성한다.]

제시어 살펴보기

错误 cuòwù 명 잘못, 착오

'错误'는 올바르지 못한 행동, 사물을 나타낸다

有错误 잘못이 있다 | 犯错误 잘못을 하다 | 改正错误 잘못을 고치다
认识到自己的错误，就要尽快改正。 자신의 잘못을 깨닫고, 빨리 고쳐야 한다.
请不要每次都犯同样的错误。 매번 똑같은 잘못을 하지 마세요.

问题 wèntí 명 문제

'问题'는 '해답'을 요구하는 문제를 뜻하기도 하고, '해결해야 할' 문제 또는 숙제를 뜻하기도 한다.

面对问题 문제를 대하다 | 解决问题 문제를 해결하다 | 复杂的问题 복잡한 문제
用积极的心态面对问题是很重要的。 긍정적인 마음으로 문제를 대하는 것이 매우 중요하다.
我们不应把工作中的问题带到家庭中。 우리는 업무상의 문제를 가정에 가져가서는 안 된다.

虚心 xūxīn 형 겸손하다, 겸허하다, 허심하다

'虚心'은 자신의 행동, 견해 등에 있어서 상대방의 비판이나 비평을 잘 받아들이는 태도를 나타낸다.

虚心的态度 겸손한 태도 | 虚心礼貌 겸손하고 예의 바르다
我们应该虚心接受别人善意的批评。 우리는 마땅히 다른 사람의 선의의 비평을 겸허히 받아들여야 한다.
虚心并不是所有人都能做到的。 겸손은 결코 모든 사람이 할 수 있는 게 아니다.

经验 jīngyàn 명 경험, 체험 동 몸소 경험하다, 직접 체험하다

'经验'은 생활에서 습득한 지식을 나타내며, 실제 겪은 것을 나타내기도 한다.

积累经验 경험을 쌓다 | 工作经验 업무 경험 | 社会经验 사회 경험
积累经验对学习是十分有益的。 경험을 쌓는 것은 학습에 매우 유익하다.
失败会给我们留下宝贵的经验和教训。 실패는 우리에게 귀중한 경험과 교훈을 남겨 줄 것이다.

过程 guòchéng 명 과정

'过程'은 어떠한 과정을 말할 때 빠지지 않고 나오는 어휘이다.

成长过程 성장 과정 | 发展过程 발전 과정 | 制作过程 제작 과정
父母的关心对孩子的成长过程有很大的影响。 부모의 관심은 아이 성장 과정에 영향이 매우 크다.
失败是取得成功必经的过程。 실패는 성공하기 위해 반드시 거쳐야 하는 과정이다.

뼈대 잡기

(1) **주제 찾기**　　错误, 经验 → 잘못을 통한 성장과 성공에 대한 내용을 정리해 보자
(2) **내용 구상하기**　실패와 잘못이 두려운 것만은 아니라는 점을 알아야만, 성공의 경험을 쌓을 수 있다
(3) **세부사항 설정하기**　행동: 犯错误 잘못을 저지르다 / 在改正错误的过程中成长 잘못을 고치는 과정에서 성장하다
　　　　　　　　　　　결론: 才能积累成功的经验 비로소 성공의 경험을 쌓을 수 있다

작문하기

도입　每个人都会犯错误，但重要的是面对自己的问题，在改正错误的过程中成长。
　　　모든 사람들이 잘못을 저지를 수 있지만, 중요한 것은 자신의 문제를 직면하고 잘못을 고치는 과정 속에서 성장해 나가는 것이다.

전개　我们应该知道，失败和错误并不可怕，因为它会让我们变得更虚心、更成熟。
　　　우리는 실패와 잘못이 결코 두려운 것이 아니라는 것을 알아야 한다. 왜냐하면 그것이 우리를 더 겸손하고 성숙하게 만들기 때문이다.

마무리　只有这样，我们才能积累成功的经验。
　　　이렇게 해야만, 우리는 성공의 경험을 쌓을 수 있다.

◆ 작문 필수템 ◆

작문할 때 활용하면 좋은 표현, 주의해야 할 포인트

① 每个人都会……: 모든 사람들이 ~할 수 있다 → 보편적인 상황을 제기한다.
② 犯错误: 잘못을 저지르다
③ 但重要的是……: 하지만 중요한 것은 ~이다 → 주제를 나타낸다
④ 面对问题: 문제에 맞닥뜨리다
⑤ 在……的过程中: ~의 과정 중
⑥ 让+대상+행위: ~에게 ~하게 하다
⑦ 只有这样……才能……: 이렇게 해야만 비로소 ~할 수 있다

每	个	人	都	会	犯	错	误	,	但	重	要	的	是
面	对	自	己	的	问	题	,	在	改	正	错	误	的	过	程
中	成	长	。	我	们	应	该	知	道	,	失	败	和	错	误
并	不	可	怕	,	因	为	它	会	让	我	们	变	得	更	虚
心	、	更	成	熟	。	只	有	这	样	,	我	们	才	能	积
累	成	功	的	经	验	。									

문장부호 제외 76자

犯 fàn 동 (위법이나 해서는 안 될 일을) 저지르다
★**面对** miànduì 동 직면하다, 마주 보다
★**改正** gǎizhèng 동 (잘못을) 개정하다
★**成长** chéngzhǎng 동 성장하다 | **失败** shībài 명 실패
并 bìng 부 결코, 전혀 [부정사 앞에 쓰여 '부정'의 어투를 강조함] 접 그리고, 또 | **可怕** kěpà 형 두렵다, 무섭다
变 biàn 동 변화하다 | ★**成熟** chéngshú 형 성숙하다
积累 jīlěi 동 쌓이다

---

tip 可怕, 害怕 유의어 비교

可怕 kěpà 형 무섭다, 두렵다	'무서움을 느끼게 하는 대상'을 형용할 때 쓰인다. 형용사이기 때문에 뒤에 목적어가 올 수 없다. 可怕的狗 무서운 개 [대상 자체가 무서움]
害怕 hàipà 동 무서워하다, 두려워하다	'무서움을 느끼는 대상'을 형용할 때 쓰인다. 동사로 뒤에 목적어가 올 수 있다. 害怕狗 개를 무서워하다 [자신이 느끼기에 무서움]

03 사진 보고 작문하기

쓰기 제2부분 | 본서 pp.350~354

● **Day 14**   모범답안은 아래 해설 참고

[한 가족이 '새 차'를 구매하려는 이야기를 만들어 보자.]

사진 살펴보기

한 가족이 자동차 딜러에게 자동차에 대한 설명을 듣고 있다.

* 자동차 판매 매장 → 去买新车 새 차를 사러 갔다
* 자동차 판매원 → 销售员介绍车 판매원이 자동차를 소개하다

뼈대 잡기

(1) 주제 설정하기   새 차 구매
(2) 내용 구상하기   오래 전부터 차를 새로 장만할 계획이었다. 판매원의 친절한 서비스 덕분에, 만족스러운 차를 구매했다.
(3) 세부사항 설정하기   인물: 我 나 / 丈夫 남편 / 销售员 판매원   시점: 从很久以前 오래 전부터
             장소: 卖车的商店 차를 파는 가게   행동: 买到了满意的新车 마음에 드는 새 차를 샀다

작문하기

도입 我和丈夫从很久以前就开始存钱，打算买一台新车。
나와 남편은 새 차를 한 대 사려고 오래 전부터 저축을 시작했다.

전개 这一天终于来了。我们一家三口非常高兴地去了卖车的商店，售货员很认真地向我们介绍了每台车的性能和价格。
그 날이 마침내 왔다. 우리 세 식구는 매우 기쁘게 차를 파는 가게에 갔고, 판매원은 열심히 우리에게 모든 차의 성능과 가격을 소개했다.

마무리 在他热情的服务下，我们买到了满意的新车。그의 친절한 서비스 덕분에, 우리는 마음에 드는 새 차를 샀다.

◆ **작문 필수템** ◆

작문할 때 활용하면 좋은 표현, 주의해야 할 포인트

① 从……开始: ~부터 시작하다
② 终于……了: 마침내 ~했다
③ 高兴地/认真地……: 기쁘게/열심히 ~하다
④ 向……介绍: ~에게 소개하다
⑤ 在……下: [일정한 범위, 장소, 조건 등에 속함을 나타냄]
⑥ 热情的服务: 친절한 서비스

	我	和	丈	夫	从	很	久	以	前	就	开	始	存	钱，
打	算	买	一	台	新	车	。	这	一	天	终	于	来	了	。
我	们	一	家	三	口	非	常	高	兴	地	去	了	卖	车	的
商	店	，	售	货	员	很	认	真	地	向	我	们	介	绍	了
每	台	车	的	性	能	和	价	格	。	在	他	热	情	的	服
务	下	，	我	们	买	到	了	满	意	的	新	车	。		

문장부호 제외 86자

存钱 cúnqián 동 저축하다
台 tái 양 대 [기계·차량·설비 등을 세는 단위]
售货员 shòuhuòyuán 명 판매원, 점원
性能 xìngnéng 명 성능 | **价格** jiàgé 명 가격, 값
服务 fúwù 명 서비스

• **Day 16** 모범답안은 아래 해설 참고

['스키 배우기'에 대하여 엄마나 아이의 시점으로 한 편의 글을 완성한다.]

사진 살펴보기

아이가 엄마에게 스키 타는 법을 배우고 있다.

* 겨울철, 스키 → 冬天去滑雪场滑雪 겨울에 스키 타러 스키장에 간다
* 스키를 타는 어른과 아이 → 妈妈教我滑雪 엄마가 나에게 스키를 가르쳐 준다

뼈대 잡기

(1) **주제 설정하기** 스키 배우기

(2) **내용 구상하기** 어렸을 때 엄마가 친절히 스키 타는 법을 가르쳐 주신 덕분에, 스키는 내가 가장 좋아하는 겨울철 운동이 됐다.

(3) **세부사항 설정하기** 인물: 我 나 / 妈妈 엄마
시점: 在我很小的时候 내가 어렸을 때
장소: 滑雪场 스키장
행동: 带我去滑雪场 나를 데리고 스키장에 가다 / 妈妈教我 엄마가 나를 가르치다
결과: 留下很深刻的印象 나에게 깊은 인상을 남기다

작문하기

도입 在冬季的运动中，我最喜欢的就是滑雪。 겨울철 운동 중, 내가 가장 좋아하는 것은 바로 스키이다.

전개 在我很小的时候，妈妈就常带我去滑雪场。记得第一次学滑雪的时候我很害怕，是妈妈一直在我旁边，拉着我的手，一点一点地教我。
내가 어렸을 때, 엄마는 나를 데리고 스키장에 자주 갔다. 처음 스키를 배울 때, 내가 두려워했다는 것을 기억하는데, 엄마가 계속 내 근처에서, 내 손을 끌어서 조금씩 나를 가르치셨다.

마무리 那次经历给我留下了深刻的印象。 그 경험은 나에게 깊은 인상을 남겼다.

◆ **작문 필수템** ◆

작문할 때 활용하면 좋은 표현, 주의해야 할 포인트
① (在)……的时候: ~할 때
② 我最喜欢的就是……: 내가 가장 좋아하는 것은 바로 ~이다
③ 带A去B: A를 데리고 B에 가다
④ 记得+기억하고 있는 내용: ~를 기억하다
⑤ 给我留下深刻的印象: 나에게 깊은 인상을 남기다

		在	冬	季	的	运	动	中	，	我	最	喜	欢	的	就
是	滑	雪	。	在	我	很	小	的	时	候	，	妈	妈	就	常
带	我	去	滑	雪	场	。	记	得	第	一	次	学	滑	雪	的
时	候	我	很	害	怕	，	是	妈	妈	一	直	在	我	旁	边
，	拉	着	我	的	手	，	一	点	一	点	地	教	我	。	那 次
经	历	给	我	留	下	了	深	刻	的	印	象	。			

문장부호 제외 83자

冬季 dōngjì 명 겨울 | **滑雪** huáxuě 명 스키 동 스키를 타다
滑雪场 huáxuěchǎng 명 스키장 | **拉** lā 동 끌다, 당기다
经历 jīnglì 명 경험 | **留下** liúxià 동 남기다
★ **深刻** shēnkè 형 (인상이) 깊다, (느낌이) 매우 강렬하다
印象 yìnxiàng 명 인상

• **Day 18** 모범답안은 아래 해설 참고

[어릴 때 다쳤던 경험과 관련지어 한 편의 이야기를 완성한다.]

사진 살펴보기

다친 여자아이를 엄마가 치료해 주고 있다.

* 상처 → 摔倒了, 有伤口 넘어져서 상처가 났다
* 치료해 주는 상황 → 妹妹受伤了, 妈妈做治疗 여동생이 다쳐서 엄마가 치료한다

뼈대 잡기

(1) 주제 설정하기   여동생의 상처 치료하기
(2) 내용 구상하기   학교에서 다친 여동생을 엄마가 치료해 주었다. 나는 내일 아픈 여동생에게 맛있는 것을 사 줄 것이다.
(3) 세부사항 설정하기 인물: 妹妹 여동생 / 妈妈 엄마
　　　　　　　　　행동: 妹妹受伤了 여동생이 다쳤다 → 妈妈给妹妹做治疗 엄마가 여동생을 치료하다

작문하기

도입 妹妹今天在学校受伤了，她一到家，妈妈就开始给她洗伤口。
여동생은 오늘 학교에서 다쳤다. 여동생이 집에 도착하자마자 엄마는 바로 여동생의 상처를 씻겨 주기 시작했다.

전개 她看起来很痛，但是她没有哭。妈妈说如果明天还是不好的话，就去医院，可她说只想在家休息，不想去医院。
그녀는 아파 보였지만 울지 않았다. 엄마는 만약 내일 여전히 좋지 않으면, 바로 병원에 가자고 말씀하셨다. 하지만 그녀는 집에서 쉬고 싶고, 병원에 가기 싫다고 했다.

마무리 我决定明天回家的时候给妹妹买些好吃的东西。
나는 내일 집으로 돌아갈 때, 여동생에게 맛있는 것을 사 주기로 결정했다.

◆ **작문 필수템** ◆

작문할 때 활용하면 좋은 표현, 주의해야 할 포인트

① 在+장소+행위: ~에서 ~하다
② 一A就B: A하자 마자 바로 B하다
③ 看起来: 보아하니
④ 如果A的话，就B: 만약 A하다면, 바로 B하다
⑤ 我决定……: 나는 ~하기로 결정하다
⑥ 给A买B: A에게 B를 사 주다

문장부호 제외 87자

★受伤 shòushāng 동 상처를 입다, 부상당하다
伤口 shāngkǒu 명 상처
看起来 kàn qǐlai 보기에, 보아하니 | 痛 tòng 형 아프다

妹	妹	今	天	在	学	校	受	伤	了	，	她	一	到
家	，	妈	妈	就	开	始	给	她	洗	伤	口	。	她	看	起
来	很	痛	，	但	是	她	没	有	哭	。	妈	妈	说	如	果
明	天	还	是	不	好	的	话	，	就	去	医	院	，	可	她
说	只	想	在	家	休	息	，	不	想	去	医	院	。	我	决
定	明	天	回	家	的	时	候	给	妹	妹	买	些	好	吃	的
东	西	。													

Day 22 모범답안은 아래 해설 참고

[이사 후 커튼을 설치했던 경험을 떠올려 이야기를 완성한다.]

사진 살펴보기

커튼을 달고 있다.

* 커튼 → 安窗帘 커튼을 달다

뼈대 잡기

(1) **주제 설정하기**   이사한 집에 커튼 달기
(2) **내용 구상하기**   새 집으로 이사하게 되어 온종일 바빴고, 커튼을 다는 일이 생각보다 어려웠다.
(3) **세부사항 설정하기**   시점: 从早上到下午 아침부터 오후까지
　　　　　　　　　　　장소: 新家 새 집
　　　　　　　　　　　행동: 安窗帘 커튼을 달다 / 看说明书 설명서를 보다 / 安不好 잘 달지 못하다

작문하기

도입   今天是我们搬新家的日子，我从早上忙到下午。
오늘은 우리가 새 집으로 이사하는 날이다. 나는 아침부터 오후까지 계속 바빴다.

전개   最后，我尝试窗帘，没想到看起来很容易，可我却怎么也安不好。后来，还是丈夫下班回家后仔细地看了一遍说明书，才终于把窗帘安上。
마지막에 커튼을 달려고 시도하는데, 생각지 못하게, 보기에는 쉬워 보였지만, 어떻게 해 봐도 잘 달지 못했다. 나중에 남편이 퇴근하고 돌아온 후, 꼼꼼하게 설명서를 살펴보고서야 마침내 커튼을 달게 되었다.

마무리   今天虽然很累，但我们感到很幸福。 오늘은 비록 피곤했지만, 우리는 행복하다.

◆ 작문 필수템 ◆

작문할 때 활용하면 좋은 표현, 주의해야 할 포인트

① 今天是……的日子: 오늘은 ~하는 날이다
② 从A忙到B: A부터 B까지 바쁘다
③ 安不好: 잘 달지 못하다 → 동사[安]+결과보어[不好]
④ 仔细地: 꼼꼼하게
⑤ 虽然A，但B: 비록 A하지만, 그러나 B하다
⑥ 感到幸福: 행복하다, 행복을 느끼다

	今	天	是	我	们	搬	新	家	的	日	子	，	我	从
早	上	忙	到	下	午	。	最	后	，	我	尝	试	窗	帘	，
没	想	到	看	起	来	很	容	易	，	可	我	却	怎	么	也
安	不	好	。	后	来	，	还	是	丈	夫	下	班	回	家	后
仔	细	地	看	了	一	遍	说	明	书	，	才	终	于	把	窗
帘	安	上	。	今	天	虽	然	很	累	，	但	我	们	感	到
很	幸	福	。												

문장부호 제외 87자

★ **日子** rìzi 명 날 | **安** ān 동 설치하다, 장치하다
★ **窗帘** chuānglián 명 커튼
看起来 kàn qǐlai 보기에, 보아하니
却 què 부 오히려, 도리어
还是 háishi 부 ~하는 것이 낫겠다
仔细 zǐxì 형 꼼꼼하다, 세심하다
遍 biàn 양 번, 차례 [한 동작의 처음부터 끝까지의 전 과정을 가리킴] | **说明书** shuōmíngshū 명 설명서
感到 gǎndào 동 느끼다, 여기다 | **幸福** xìngfú 명 행복

Day 24 모범답안은 아래 해설 참고

[가족들과 집에서 취미 생활을 즐긴 경험을 떠올려 이야기를 완성하자.]

사진 살펴보기
집안에서 가족이 정답게 장기를 두고 있다.

* 장기 → 在下棋 장기를 두고 있다
* 세 사람 → 父亲、丈夫和我 아버지, 남편, 나

뼈대 잡기

(1) **주제 설정하기** 아버지와 장기 두기

(2) **내용 구상하기** 아버지는 작년에 퇴직하셔서, 혼자 집에 있기 무료해하신다. 아버지의 무료함을 달래 드리기 위해, 아버지와 장기를 두었는데, 아버지가 기뻐하시는 모습을 보니 행복하다.

(3) **세부사항 설정하기** 인물: 父亲 아버지 / 我 나 / 丈夫 남편
　　　　　　　　　　　 장소: 父亲的家 아버지의 집
　　　　　　　　　　　 행동: 和父亲一起下棋 아버지와 같이 장기를 두다

작문하기

도입 父亲去年退休了，他总是说一个人在家很无聊，所以我决定有时间的话，就尽量多去父亲家陪他。
아버지는 작년에 퇴직하셨다. 그는 혼자 집에 있어서 무료하다고 항상 말씀하셔서, 나는 시간이 있으면 가능한 한 많이 아버지 집에 가서 모시고 있기로 결정했다.

전개 这个周末我和丈夫去了父亲家，他一直让我们陪他下棋。
이번 주 주말, 나와 남편은 아버지 집에 갔고, 아버지는 계속 우리가 당신과 장기를 두도록 하셨다.

마무리 虽然丈夫一直输，但是看到父亲开心，我们感到很幸福。
비록 남편은 계속 졌지만, 아버지가 기뻐하시는 것을 보니, 우리는 행복했다.

◆ 작문 필수템 ◆

작문할 때 활용하면 좋은 표현, 주의해야 할 포인트	① ……的话: ~하면 [가정] ② 去+장소+행위: ~에 가서 ~하다 ③ 让+대상+행위: ~로 하여금 ~하게 하다	④ 虽然A但是B: 비록 A하지만 그러나 B하다 ⑤ 感到幸福: 행복하다고 느끼다

문장부호 제외 84자

父亲 fùqīn 명 아버지, 부친
★退休 tuìxiū 동 퇴직하다, 퇴임하다
无聊 wúliáo 형 무료하다, 따분하다, 지루하다
★尽量 jǐnliàng 부 가능한 한, 되도록
陪 péi 동 모시다, 동반하다 | 下棋 xiàqí 동 장기를 두다
输 shū 동 지다, 패하다 | 开心 kāixīn 형 기쁘다, 즐겁다
感到 gǎndào 동 느끼다, 여기다 | 幸福 xìngfú 명 행복

● **Day 27**   모범답안은 아래 해설 참고

[졸업식날을 떠올려 이야기를 만들자.]

사진 살펴보기

학생들이 졸업을 기념하기 위해 단체 사진을 찍고 있다.

* 졸업 → **参加毕业典礼**   졸업식에 참가하다
* 사진 → **一起合影留念**   함께 기념 사진을 찍었다

뼈대 잡기

(1) **주제 설정하기**   졸업식과 졸업 기념 사진

(2) **내용 구상하기**   졸업식에서 학우들과 사진을 찍으며 매우 즐거웠다. 앞으로 매년 모이자고 약속했다.

(3) **세부사항 설정하기**   인물: 同学们 학우들
　　　　　　　　　　　　감정: 非常开心 매우 즐겁다
　　　　　　　　　　　　행위: 参加毕业典礼 졸업식에 참가하다 / 一起合影留念 함께 기념 사진을 찍다

작문하기

도입   8月26号是我们毕业的日子。我和我的同学们一起参加了毕业典礼。
8월 26일은 우리가 졸업하는 날이다. 나와 내 학우들은 함께 졸업식에 참가했다.

전개   典礼结束后,我们还一起合影留念,大家都非常开心。我们约定以后每年的这个时候都再聚在一起。
졸업식이 끝난 후, 우리는 함께 기념 사진을 찍었고, 모두 매우 즐거웠다. 우리는 앞으로 매년 이 무렵 다시 모이기로 약속했다.

마무리   希望我和我的同学们都能拥有一个美好的未来。
나와 내 학우들 모두 아름다운 미래를 가질 수 있기를 희망한다.

◆ **작문 필수템** ◆

작문할 때 활용하면 좋은 표현, 주의해야 할 포인트

① 동사 '毕业'는 이합동사로서 뒤에 목적어를 쓰지 않는다.
　→ 大学毕业 (○) 대학을 졸업하다
　　毕业大学 (×)
　　毕业于首尔大学 (○) 서울대학교를 졸업하다

② 参加毕业典礼: 졸업식에 참가하다
③ 合影留念: 기념 사진을 찍다
④ 希望……: ~하기를 바라다
⑤ 복수 어휘 + 都: 부사 '都' 앞에는 대부분 복수 어휘가 온다.

문장부호 제외 88자

★**日子** rìzi 명 날
毕业典礼 bìyè diǎnlǐ 졸업식, 학위수여식
★**合影** héyǐng 동 함께 사진을 찍다
留念 liúniàn 동 기념으로 남기다, (남겨 두어) 기념으로 삼다
开心 kāixīn 형 즐겁다, 기쁘다, 좋다, 유쾌하다
约定 yuēdìng 동 약속하여 정하다 | **以后** yǐhòu 명 이후
聚 jù 동 모이다, 회합하다 | **拥有** yōngyǒu 동 가지다
美好 měihǎo 형 아름답다 | ★**未来** wèilái 명 미래

| | 8 | 月 | 26 | 号 | 是 | 我 | 们 | 毕 | 业 | 的 | 日 | 子 | 。 | 我 |
| 和 | 我 | 的 | 同 | 学 | 们 | 一 | 起 | 参 | 加 | 了 | 毕 | 业 | 典 | 礼 | 。 |
| 典 | 礼 | 结 | 束 | 后 | , | 我 | 们 | 还 | 一 | 起 | 合 | 影 | 留 | 念 | , | 48
| 大 | 家 | 都 | 非 | 常 | 开 | 心 | 。 | 我 | 们 | 约 | 定 | 以 | 后 | 每 | 年 |
| 的 | 这 | 个 | 时 | 候 | 都 | 再 | 聚 | 在 | 一 | 起 | 。 | 希 | 望 | 我 | 和 | 80
| 我 | 的 | 同 | 学 | 们 | 都 | 能 | 拥 | 有 | 一 | 个 | 美 | 好 | 的 | 未 | 来 | 。 |

• **Day 29** 모범답안은 아래 해설 참고

[실제 경험이나 간접 경험을 떠올려 '성공적인 업무 수행'과 관련된 이야기를 만들자.]

사진 살펴보기

정장을 입은 사람들이 박수를 치고 있다. 차림새로 미루어 보아, 회사 동료들로 관계를 설정할 수 있다.

* 정장을 입은 사람들 → 同事们 회사 동료들
* 박수치는 모습 → 表示祝贺 축하하다

뼈대 잡기

(1) 주제 설정하기 성공적으로 업무를 마쳐 회사 동료들과 축하하기

(2) 내용 구상하기 회사 동료들과 협력하여 좋은 결과를 얻어내, 서로 박수를 치며 축하를 표했다.

(3) 세부사항 설정하기 인물: 上司 상사 / 同事们 동료들   시점: 上个月 지난달 / 今天 오늘
행위: 负责一项重要的工作 중요한 업무를 담당하다 / 受到了上司的称赞 상사의 칭찬을 받았다
鼓掌向上司表示感谢 상사를 향해 박수를 치며 감사를 표하다
互相表示祝贺 서로 축하를 표하다

작문하기

도입 上个月，我的部门负责了一项重要的工作，在同事们的共同努力下，今天终于有了结果。
지난달, 우리 부서는 중요한 업무를 담당했고, 동료들의 공동의 노력하에 오늘 드디어 결실을 맺었다.

전개 我们不但受到了上司的称赞，而且晚上还会聚餐。
우리는 상사의 칭찬을 받았을 뿐만 아니라, 저녁에 회식도 할 것이다.

마무리 大家听到这个好消息后，不但鼓掌向上司表示感谢，也互相表示了祝贺。
모두 이 좋은 소식을 듣고 난 후, 박수를 치며 상사에게 감사를 표했을 뿐만 아니라 서로 축하를 표했다.

◆ **작문 필수템** ◆

작문할 때 활용하면 좋은 표현, 주의해야 할 포인트	① 负责工作: 업무를 담당하다 ② 在……努力下: ~노력하에 ③ 不但A，而且B: A할 뿐만 아니라, B하다 ④ 受到称赞: 칭찬을 받다	⑤ 听到消息: 소식을 들었다 ⑥ 表示感谢: 감사를 표하다 ⑦ 表示祝贺: 축하를 표하다

　　上个月，我的部门负责了一项重
要的工作，在同事们的共同努力下，
今天终于有了结果。我们不但受到了48
上司的称赞，而且晚上还会聚餐。大
家听到这个好消息后，不但鼓掌向上80
司表示感谢，也互相表示了祝贺。

문장부호 제외 84자

★**部门** bùmén 명 부서, 부문 | **负责** fùzé 동 책임지다
★**项** xiàng 양 항목, 종목, 사항
共同 gòngtóng 형 공동의, 공통의
结果 jiéguǒ 명 결과, 결실 | **受到** shòudào 동 받다, 얻다
上司 shàngsi 명 상사, 상관
★**称赞** chēngzàn 명 칭찬, 찬양 | **聚餐** jùcān 동 회식하다
消息 xiāoxi 명 소식
★**鼓掌** gǔzhǎng 동 박수치다, 손뼉을 치다
表示 biǎoshì 동 표시하다, 나타내다
感谢 gǎnxiè 명 감사
互相 hùxiāng 부 서로, 상호 | **祝贺** zhùhè 명 축하, 경하

● Day 32   모범답안은 아래 해설 참고

[실제 경험과 관련지을 수 없는 사진이니, 묘사하거나 설명하는 글을 만들자.]

사진 살펴보기

로봇이 청소하고 있는 장면이다.

* 걸레 → 打扫工具 청소 도구
* 청소 로봇 → 机器人打扫, 很舒服 로봇이 청소를 하면 편하다

뼈대 잡기

(1) **주제 설정하기** 로봇 청소기와 과학기술의 발전

(2) **내용 구상하기** 과학기술의 발전에 따라 청소 도구에도 변화가 생겼다. 로봇 청소기로 청소하면 시간이 절약된다. 이처럼 과학기술은 우리의 생활을 편하게 해 줄 것이다.

(3) **세부사항 설정하기** 도입: 随着科技的不断发展 과학기술이 끊임없이 발전함에 따라
행동: 利用机器人来打扫房间 로봇을 이용해서 방을 청소하다 [机器人 로봇]
결과: 节省时间 시간을 절약하다 / 做别的事 다른 일을 하다
方便我们的生活 우리의 생활을 편하게 하다

작문하기

도입 随着科技的不断发展，人们的生活水平也不断提高，连打扫工具也发生了变化。
과학기술의 끊임없는 발전에 따라, 사람들의 생활 수준 또한 계속해서 향상되고 청소 도구조차도 변화가 생겼다.

전개 很多家庭利用机器人来打扫房间，这样不仅能节省时间，而且我们可以有更多的时间做别的事。
많은 가정에서 로봇을 이용해 방을 청소하는데, 이렇게 하면, 시간을 절약할 수 있을 뿐만 아니라, 우리는 더 많은 시간을 가지고 다른 일을 할 수 있다.

마무리 科技在将来还会不断地方便我们的生活。 과학기술은 미래에 여전히 끊임없이 우리의 생활을 편하게 할 것이다.

◆ **작문 필수템** ◆

작문할 때 활용하면 좋은 표현, 주의해야 할 포인트

① 随着……发展: ~의 발전에 따라
② 水平提高: 수준이 향상되다 [提高水平 수준을 향상시키다]
③ 发生变化: 변화가 생기다
④ 利用+대상+행위: ~를 이용하여 ~하다
⑤ 동사 '来': 다른 동사 앞에 놓여 어떤 일을 하려고 하는 적극성을 띠거나, 어떤 행동을 하게 하는 어감을 나타낸다.
⑥ 不仅……而且……: ~할 뿐만 아니라 ~하다
⑦ 节省时间: 시간을 절약하다

		随	着	科	技	的	不	断	发	展	，	人	们	的	生
活	水	平	也	不	断	提	高	，	连	打	扫	工	具	也	发
生	了	变	化	。	很	多	家	庭	利	用	机	器	人	来	打	48
扫	房	间	，	这	样	不	仅	能	节	省	时	间	，	而	且
我	们	可	以	有	更	多	的	时	间	做	别	的	事	。	科	80
技	在	将	来	还	会	不	断	地	方	便	我	们	的	生	活	。

문장부호 제외 88자

随着 suízhe 깨 ~에 따라 | **科技** kējì 명 과학기술
★**不断** búduàn 통 끊임없다 | 끊임없이, 계속해서
发展 fāzhǎn 명 발전 | **生活** shēnghuó 명 생활
连 lián 깨 ~조차도, ~마저도 | ★**工具** gōngjù 명 도구, 수단
发生 fāshēng 통 생기다, 발생하다
★**家庭** jiātíng 명 가정 | ★**利用** lìyòng 통 이용하다
机器人 jīqìrén 명 로봇
不仅 bùjǐn 접 ~뿐만 아니라 [不仅A而且B: A뿐만 아니라 게다가 B하다] | ★**节省** jiéshěng 통 절약하다, 아끼다
将来 jiānglái 명 미래, 장래

● Day 35   모범답안은 아래 해설 참고

['영화, 드라마'처럼 익숙한 소재와 관련된 '인터뷰'로 설정하자.]

사진 살펴보기

인터뷰 장면이다.

* 두 인물 → 演员 배우 / 记者 기자
* 인터뷰하는 남자 → 进行采访 인터뷰를 진행하다 → 回答问题 질문에 대답하다

뼈대 잡기

(1) 주제 설정하기   유명 배우의 인터뷰
(2) 내용 구상하기   곧 개봉할 영화에 대한 인터뷰를 하는 유명 배우
(3) 세부사항 설정하기   인물: 演员 배우 / 记者 기자
   행동: 接受记者的采访 기자의 인터뷰를 받아들이다
       向大家介绍关于电影的情况 모두에게 영화의 상황에 대해 소개하다
   이유: 新电影快要上映了 새 영화가 곧 개봉할 것이다

작문하기

도입   他是一位非常受欢迎的演员。그는 매우 인기 있는 배우이다.

전개   因为他的新电影快要上映了，所以今天他接受了记者的采访。他不但向大家介绍了关于电影的情况，而且回答了很多记者关心的问题。
그의 새로운 영화가 곧 개봉하기 때문에 오늘 그는 기자의 인터뷰에 응했다. 그는 모두에게 영화의 상황에 관해 소개를 했을 뿐만 아니라, 많은 기자가 관심 있어하는 문제에 대답을 했다.

마무리   最后，他还收到很多影迷寄来的礼物，他感到非常开心。
마지막으로, 그는 영화팬들이 보내온 선물도 받아서, 매우 신이 났다.

◆ 작문 필수템 ◆

작문할 때 활용하면 좋은 표현, 주의해야 할 포인트
① A是B: A는 B이다
② 受欢迎: 인기가 있다
③ 快要……了: 곧 ~하다
④ 接受采访: 인터뷰를 받아들이다
⑤ 回答问题: 문제에 답하다
⑥ 最后: 마지막으로 → 이야기를 마무리할 때 쓴다
⑦ 收到礼物: 선물을 받다
⑧ 感到开心: 신이 나다

	他	是	一	位	非	常	受	欢	迎	的	演	员	。	因
为	他	的	新	电	影	快	要	上	映	了	，所	以	今	天
他	接	受	了	记	者	的	采	访	。	他	不	但	向	大	家	48
介	绍	了	关	于	电	影	的	情	况	，	而	且	回	答	了
很	多	记	者	关	心	的	问	题	。	最	后	，	他	还	收	80
到	很	多	影	迷	寄	来	的	礼	物	，	他	感	到	非	常
开	心	。

문장부호 제외 89자

演员 yǎnyuán 명 배우, 연기자
快要 kuàiyào 부 곧, 머지않아
上映 shàngyìng 동 (영화를) 상영하다
接受 jiēshòu 동 받아들이다, 수락하다
记者 jìzhě 명 기자
★采访 cǎifǎng 동 취재하다, 탐방하다
情况 qíngkuàng 명 상황, 정황
收到 shōudào 동 받다, 수령하다
影迷 yǐngmí 명 영화광, 영화팬
寄 jì 동 (우편으로) 부치다, 보내다
开心 kāixīn 형 기쁘다, 즐겁다

● **Day 38** 모범답안은 아래 해설 참고

['안전'이나 '환경'과 관련지어 '낚시 금지'에 대한 글을 완성하자.]

사진 살펴보기

'금지 표지판'이 제시된 사진은 자신의 일상생활에 관련짓기 보다는 그림을 설명하고 주장하는 방식으로 글을 작성하는 편이 훨씬 수월하다.

* 낚시 금지 표지판 → 告诉人们, 以免钓鱼 낚시를 하지 않도록 사람들에게 알리다
* 낚시 금지 장소 → 海边 해변 / 江 강

뼈대 잡기

(1) **주제 설정하기** 낚시 금지 표지판
(2) **내용 구상하기** 해변에서 낚시 금지 표지판을 보게 되면 마땅히 금지 사항을 준수해야 한다.
(3) **세부사항 설정하기** 시점: 很多时候 많은 경우
　　　　　　　　　　　 장소: 在海边 해변에서
　　　　　　　　　　　 대상: 禁止钓鱼标志 낚시 금지 표지판
　　　　　　　　　　　 주장: 应该遵守 마땅히 준수해야 한다

작문하기

도입　很多时候，人们会在海边看到禁止钓鱼的标志。 많은 경우, 사람들은 해변에서 낚시 금지 표지를 보게 된다.

전개　不管是出于安全的原因，还是环境的原因，当我们看到这样的标志时，都应该遵守。
　　　　안전의 원인이든 아니면 환경의 원인이든, 우리가 이러한 모양의 표지를 보게 되었을 때, 모두 마땅히 준수해야 한다.

마무리　我们还要告诉身边的人，特别是孩子，只有这样，人类才会有更好的生存环境。
　　　　우리는 주변 사람들에게, 특히 아이들에게 이렇게 해야만 비로소 더 좋은 생존 환경을 가지게 될 것이라는 점을 알려 주어야 한다.

◆ **작문 필수템** ◆

작문할 때 활용하면 좋은 표현, 주의해야 할 포인트
① 在+장소+행위: ~에서 ~를 하다
② 不管A还是B都……: A든 B든 막론하고 모두 ~하다
③ 当……时: ~할 때
④ 告诉+대상+(내용): ~에게 (~를) 알리다
⑤ 只有A才B: A해야만 비로소 B하다

很	多	时	候	，	人	们	会	在	海	边	看	到	禁
止	钓	鱼	的	标	志	。	不	管	是	出	于	安	全	的	原
因	，	还	是	环	境	的	原	因	，	当	我	们	看	到	这
样	的	标	志	时	，	都	应	该	遵	守	。	我	们	还	要
告	诉	身	边	的	人	，	特	别	是	孩	子	，	只	有	这
样	，	人	类	才	会	有	更	好	的	生	存	环	境	。

문장부호 제외 83자

海边 hǎibiān 명 해변 | **禁止** jìnzhǐ 동 금지하다, 불허하다
钓鱼 diàoyú 동 낚시하다 | ★**标志** biāozhì 명 표지, 상징
不管 bùguǎn 접 ~를 막론하고 [不管A还是B都C: A든 B든 막론하고 모두 C하다]
出于 chūyú 동 나오다, 발생하다
安全 ānquán 명 안전 | **原因** yuányīn 명 원인
★**遵守** zūnshǒu 동 (규정 등을) 준수하다, 지키다
身边 shēnbiān 명 곁, 신변 | ★**人类** rénlèi 명 인류
生存 shēngcún 명 생존

Mini 모의고사 1

본서 pp. 356~365

● Day 19~20 ● track mini test 01

听力 | 듣기

1	C	2	C	3	B	4	B	5	B	6	D	7	C	8	A
9	D	10	A	11	D	12	A	13	B	14	B	15	A	16	D
17	C	18	B	19	D	20	B	21	C								

阅读 | 독해

22	A	23	A	24	B	25	A	26	B	27	A	28	D	29	D
30	D	31	C	32	C	33	D	34	A	35	D	36	D	37	C
38	B	39	C	40	D	41	A	42	B	43	C	44	A	45	D

书写 | 쓰기

46 我的妹妹是个孝顺长辈的好孩子。
47 双方辩论得相当激烈。
48 信用卡结账需要本人签字。
49 墙上挂着一幅漂亮的风景画。
50 [모범답안]은 p.287 해설 참조
51 [모범답안]은 p.289 해설 참조

听力 | 듣기

1 C [入职手续 입사 수속] 동사(구)로 이루어진 보기를 통해 '행동'과 관련된 질문이 이어질 것을 예상할 수 있다. '들리는 그대로가 답'인 유형의 문제로, 왕[王] 비서가 온 이유를 설명하는 여자의 말 '是来办理入职手续(입사 수속을 하러 왔다)'에 보기 'C. 办理入职'가 그대로 언급되었다.

女: 这位是新来的王秘书，是来办理入职手续的。 男: 好，请把她的材料给我。	여: 이 분은 새로 오신 왕[王] 비서님입니다. 입사 수속을 하러 오셨어요. 남: 네, 그녀의 자료를 저에게 주세요.
问: 王秘书是来做什么的？ A 道歉　　　　B 拿文件 C 办理入职　　D 开实习证明	질문: 왕 비서는 무엇을 하러 왔는가? A 사과하러　　　B 문서를 가지러 C 입사 수속을 하러　D 실습 증명서를 떼러

王 Wáng 고유 왕 [성씨] | ★秘书 mìshū 명 비서 | ★办理 bànlǐ 동 (수속을) 밟다, 처리하다, 취급하다 | 入职 rùzhí 명 입사 | ★手续 shǒuxù 명 수속, 절차 | 材料 cáiliào 명 자료, 데이터 | 道歉 dàoqiàn 동 사과하다, 사죄하다 | ★文件 wénjiàn 명 문서 | ★实习 shíxí 명 실습 | 证明 zhèngmíng 명 증명서

2 C [破坏 해치다] 이 문제 역시 '들리는 그대로가 답'이다. 여자의 말 '放辣椒的话会破坏鱼的鲜味儿(고추를 넣으면 생선의 신선한 맛을 망가뜨릴 수 있어)'에 보기 'C. 会破坏鲜味儿(신선한 맛이 망가져서)'가 그대로 제시되었다.

男：姐，做鱼汤用放辣椒吗？ 女：不用，放辣椒的话会破坏鱼的鲜味儿，倒些酱油就行了。	남: 누나, 생선탕 만들 때 고추를 넣을 필요가 있어? 여: 필요 없어. 고추를 넣으면 생선의 신선한 맛을 망가뜨릴 수 있어. 간장만 조금 넣으면 돼.
问：女的为什么不让放辣椒？ A 胃不舒服　　　B 对身体不好 C 会破坏鲜味儿　D 想吃清淡点儿	질문: 여자는 왜 고추를 넣지 말라고 했는가? A 위가 불편해서　　B 몸에 좋지 않아서 C 신선한 맛이 망가져서　D 좀 담백하게 먹고 싶어서

鱼汤 yútāng 명 생선탕 | ★**辣椒** làjiāo 명 고추 | **……的话** ……dehuà 조 ~하다면, ~이면 [가정] | ★**破坏** pòhuài 동 파괴하다 | ★**鲜** xiān 형 신선하다 | **味儿** wèir 명 맛 | **倒** dào 동 따르다, 붓다, 쏟다 | ★**酱油** jiàngyóu 명 간장 | ★**胃** wèi 명 위 | ★**清淡** qīngdàn 형 (음식이 기름지지 않고) 담백하다

---

3 B [有学问 학식이 있다] 보기를 먼저 파악함으로써 '어떤 대상에 대한 특징, 평가'에 대한 녹음이 이어질 것임을 알 수 있다. 이럴 때는 여자와 남자가 말하는 포인트를 구분해가며 들어야 헷갈리지 않는다. 여자의 키워드는 '有意思(재미있다)' '受欢迎(인기있다)'이고, 남자의 키워드는 '有学问(학식이 있다)' '很幽默(유머러스하다)' '一种享受(즐거운 일)'이다. 다행히, 이 중 관련 있는 보기는 'B. 有学问'뿐이고, 헷갈리는 보기도 없어서 난이도는 낮은 문제이다.

女：刘教授的课太有意思了，难怪那么受欢迎。 男：是啊，她既有学问，说话又很幽默。听她的课简直是一种享受。	여: 리우 교수님의 강의는 너무 재미있어. 어쩐지 인기가 그렇게 많더라니. 남: 맞아, 교수님은 학식이 있을 뿐만 아니라, 말씀하시는 것도 정말 유머러스해. 교수님 수업을 듣는 건 정말 즐거운 일이야.
问：男的觉得刘教授怎么样？ A 特别骄傲 B 有学问 C 太看重成绩 D 备课很认真	질문: 남자는 리우[刘] 교수가 어떻다고 생각하는가? A 매우 거만하다 B 학식이 있다 C 지나치게 성적을 중시한다 D 수업 준비를 열심히 한다

教授 jiàoshòu 명 교수 | **有意思** yǒuyìsi 형 재미있다 | ★**难怪** nánguài 부 어쩐지, 과연 | **那么** nàme 대 그렇게, 저렇게 | **受欢迎** shòu huānyíng 인기가 있다, 환영을 받다 | **既** jì 접 ~할 뿐만 아니라 [既A又B: A할 뿐만 아니라 또한 B하다] | ★**学问** xuéwen 명 학식, 학문 | **幽默** yōumò 형 유머러스하다 | ★**简直** jiǎnzhí 부 정말로, 너무나 | ★**享受** xiǎngshòu 명 즐거움 | **骄傲** jiāo'ào 형 거만하다 | **看重** kànzhòng 동 중시하다 | **备课** bèikè 동 (교사가) 수업 준비하다

---

4 B [太好听了 ≒ 很好听] 난이도는 낮지만, '녹음 초반 집중력'이 관건인 문제이다. 녹음 첫마디에 여자가 '手机铃声太好听了(휴대폰 벨소리 너무 듣기 좋다)'라고 했으므로, 답은 'B. 很好听(매우 듣기 좋다)'이다. 이처럼 녹음 첫 부분에 바로 답이 나오기도 하므로 반드시 녹음을 처음부터 집중해서 들어야 한다.

女：你的手机铃声太好听了，是什么歌？ 男：《最爱的人》，是电视剧《妻子的秘密》的主题曲。	여: 네 휴대폰 벨소리 정말 듣기 좋다. 무슨 노래야? 남: 〈가장 사랑하는 사람〉이야. 드라마 〈아내의 비밀〉 주제곡이야.

问：女的觉得那个手机铃声怎么样？	질문: 여자는 휴대폰 벨소리가 어떻다고 생각하는가?
A 很无聊　　　B 很好听	A 무척 지루하다　　　B 매우 듣기 좋다
C 音量太大　　　D 歌词太难	C 볼륨이 너무 크다　　D 가사가 너무 어렵다

铃声 língshēng 명 벨소리 | **好听** hǎotīng 형 듣기 좋다 | **电视剧** diànshìjù 명 텔레비전 드라마 | ★**秘密** mìmì 명 비밀 | **主题曲** zhǔtíqǔ 명 주제곡 | **无聊** wúliáo 형 지루하다, 무료하다 | **音量** yīnliàng 명 볼륨, 음량 | **歌词** gēcí 명 가사

5　B [**游戏的规则** 게임의 규칙] '小游戏的规则(미니 게임의 규칙)'를 이해하지 못하겠다고 어려움을 토로하는 남자의 말에 여자가 '找到两幅图片的不同之处(두 그림의 다른 점을 찾아야 해)'라고 '游戏规则(게임 규칙)'를 설명해 주었다.

男：我还是没明白这个小游戏的规则，究竟要怎么玩儿啊？	남: 나는 이 미니 게임의 규칙을 여전히 이해하지 못했어. 도대체 어떻게 하는 거야?
女：你得在规定的时间里找到两幅图片的不同之处，找得越多分数就越高。	여: 정해진 시간 안에 두 그림의 다른 점을 찾아야 해. 찾는 게 많을수록 점수가 높아.
问：他们在谈什么？	질문: 이들은 무엇에 대해 이야기하고 있는가?
A 参赛时间　　　B 游戏规则	A 경기 참여 시간　　B 게임 규칙
C 投资类型　　　D 测验结果	C 투자 유형　　　　D 테스트 결과

★**规则** guīzé 명 규칙 | **究竟** jiūjìng 부 도대체, 대관절 | **得** děi 조동 ~해야 한다 | **规定** guīdìng 동 규정하다, 정하다 | ★**幅** fú 양 폭 [옷감·종이·그림 등을 세는 단위] | **图片** túpiàn 명 그림, 사진 | **不同之处** bùtóng zhī chù 다른 점, 차이점 | **越A越B** yuè A yuè B A하면 할수록 B하다 | **分数** fēnshù 명 점수 | **谈** tán 동 이야기하다 | **参赛** cānsài 동 시합에 참가하다 | ★**投资** tóuzī 동 투자 | ★**类型** lèixíng 명 유형 | ★**测验** cèyàn 동 테스트하다, 시험하다 | **结果** jiéguǒ 명 결과, 결실

6　D [**没注意** 주의를 기울이지 않다] '位置(자리)'라는 단어만으로 정답을 추측할 수도 있었겠지만, 기본적으로 이 문제는 '맥락을 종합적으로 이해하고 풀어야 하는 유형'의 문제이다. 앞에 세 줄은 귀빈석이니 '位置(자리)'를 바꿔 주겠다는 남자의 말에, 여자가 '没注意(주의를 기울이지 않다)'라며 자신의 부주의함에 대해 사과하는 상황을 통해, '여자가 자리를 잘못 앉았음'을 알 수 있다.

男：真抱歉，小姐，前三排是嘉宾席，我给您换个位置吧。	남: 아가씨, 정말 죄송하지만 앞에 세 줄은 귀빈석입니다. (제가 당신의) 자리를 바꿔 드리겠습니다.
女：真对不起，我刚才没注意。	여: 정말 죄송합니다. 제가 방금 주의를 기울이지 않았어요 [=신경을 쓰지 못했네요].
问：女的怎么了？	질문: 여자는 어떻게 된 것인가?
A 电话响了　　　B 进错房间了	A 전화벨이 울렸다　　B 방에 잘못 들어갔다
C 没系安全带　　D 坐错位置了	C 안전벨트를 매지 않았다　D 자리를 잘못 앉았다

抱歉 bàoqiàn 동 죄송합니다, 미안해하다 | **排** pái 명 줄, 열 | ★**嘉宾** jiābīn 명 귀빈, 내빈 | **席** xí (앉는) 좌석, 자리 [嘉宾席: 귀빈석] | ★**位置** wèizhì 명 위치 [여기서는 '자리'를 나타냄] | **响** xiǎng 동 소리가 나다 | ★**系** jì 동 묶다, 매다 | **安全带** ānquándài 명 (비행기·자동차 등의) 안전벨트

7 **C** [太累了 너무 피곤하다] '들리는 그대로가 답'인 유형의 문제로, 남자가 '这几天一直加班，太累了(요 며칠 계속 야근을 해서 너무 피곤해)'라며, 축구를 보러 가지 않는 이유로 언급한 내용이 보기 C에 그대로 제시되었다.

女：下班后一起去看足球吧，今天可是总决赛。 男：你自己去吧，我这几天一直加班，太累了。 问：男的为什么不去看球赛？ A 要赶报告 B 没有兴趣 **C 加班太累** D 要去约会	여：퇴근하고 같이 축구 보러 가자. 오늘이 바로 결승전이야. 남：너 혼자 가. 나는 요 며칠 계속 야근을 해서 너무 피곤해. 질문：남자는 왜 축구를 보러 가지 않는가? A 서둘러 보고해야 해서 B 흥미가 없어서 **C 야근으로 인해 너무 피곤해서** D 데이트를 가야 해서

下班 xiàbān 통 퇴근하다 | **足球** zúqiú 명 축구 | **可是** kěshì 부 정말, 굉장히, 대단히 [술어를 강조함] | **总决赛** zǒng juésài 명 결승전 | **加班** jiābān 통 야근하다, 잔업하다 | **球赛** qiúsài 명 축구 경기 | **赶** gǎn 통 서두르다, 재촉하다 | ★**报告** bàogào 통 보고하다 | **兴趣** xìngqù 명 흥미 | **约会** yuēhuì 명 데이트, 약속

8 **A** [等……都到 ~가 모두 도착하면] 말에 '내포된 정황'을 파악해야 하는 유형의 문제이다. 여자가 '等大家都到了(사람들이 모두 도착하면)'라고 말한 부분에서 '아직 도착하지 않은 일행'이 있음을 추론해 낼 줄 알아야 한다. '等'은 '(~할 때까지) 기다리다'란 의미로 어떤 '시간'이나 '조건'을 이끈다.

男：这里的风景太美了！咱们一起照张相吧。 女：好，一会儿等大家都到了，咱们再来一张大合照。 问：女的是什么意思？ **A 有的人还没到** B 要去买票 C 手机没电了 D 那儿太拥挤	남：여기 풍경이 너무 아름답다! 우리 같이 사진 찍자. 여：좋아. 잠시 후에 사람들이 모두 도착하면, 우리 또 단체 사진 찍자. 질문：여자의 말은 무슨 의미인가? **A 아직 도착하지 않은 사람이 있다** B 표를 사러 가야 한다 C 휴대폰 배터리가 없다 D 그곳은 너무 붐빈다

★**风景** fēngjǐng 명 풍경, 경치 | **咱们** zánmen 대 우리들 [=我们] | **照相** zhàoxiàng 통 사진을 찍다, 촬영하다 | **合照** hézhào 통 단체 사진을 찍다 | **没电** méi diàn 배터리가 없다 [=没有电] | ★**拥挤** yōngjǐ 형 붐비다, 혼잡하다

9 **D** [剪头发 머리(카락)을 자르다] 보기를 통해 '직업'과 관련된 문제임을 알 수 있다. 머리를 짧게 자르고 싶다는 여자의 말에 대한 남자의 대답을 통해 남자가 '이발사'임을 유추할 수 있다.

女：最近流行的是短发，所以我想把头发剪短点儿。 男：没问题，我来帮您设计设计。 问：男的最可能是做什么的？ A 司机　　　　B 科学家 C 老师　　　　**D 理发师**	여：요즘 유행하는 게 단발이라, 머리를 좀 짧게 자르고 싶어요. 남：문제없습니다. 제가 디자인해 드리죠. 질문：남자는 아마도 무엇을 하는 사람인가? A 기사　　　　B 과학자 C 선생님　　　**D 이발사**

流行 liúxíng 동 유행하다 | 短发 duǎnfà 명 단발, 짧은 머리 | 剪 jiǎn 동 자르다, 깎다 | 帮 bāng 동 돕다, 거들다 | ★设计 shèjì 동 디자인하다, 설계하다 | 科学家 kēxuéjiā 명 과학자 | 理发师 lǐfàshī 명 이발사

10 A [是不是…… ~인 거 아니야?]
보기가 '장소'들로 구성되어 있으니, 녹음에 언급되는 '장소'에 특히 집중해서 들어야 한다. '是不是在床底啊?(침대 밑에 있는 거 아니야?)'라는 남자의 말에 보기 'A. 床底(침대 밑)'가 그대로 언급됐다.

女: 我的耳环掉在地上了，快来帮我找找，我找了半天也没找到。	여: 내 귀고리가 땅에 떨어졌는데 빨리 와서 좀 찾아 줘. 한참을 찾았는데도 못 찾았어.
男: 是不是在床底下啊? 你把手电筒给我。	남: 침대 밑에 있는 거 아니야? 손전등 좀 줘 봐.
问: 男的怀疑耳环在哪儿?	질문: 남자는 귀고리가 어디에 있을 거라고 추측하는가?
A 床底下 B 抽屉里	**A 침대 밑** B 서랍 안
C 书桌下 D 书包里	C 책상 아래 D 책가방 안

★耳环 ěrhuán 명 귀고리 | 掉 diào 동 떨어지다, 떨어뜨리다 | 地上 dìshàng 명 땅 | 半天 bàntiān 명 한참, 한참 동안 | 床 chuáng 명 침대 | 底下 dǐxia 명 아래, 밑 | 手电筒 shǒudiàntǒng 명 손전등 | 怀疑 huáiyí 동 추측하다, 예측하다, 의심하다 | ★抽屉 chōuti 명 서랍 | 书桌 shūzhuō 명 책상 | 书包 shūbāo 명 책가방

11 D [一定要 ≒ 必须 반드시 ~해야 한다]
여자가 남자에게 어떤 동작을 가르치면서 '你一定要掌握(반드시 숙달해야 한다)'라고 말한 것을 통해, 보기 'D. 那个动作必须掌握(그 동작은 반드시 숙달해야 한다)'가 답임을 알 수 있다. 당위성을 나타내는 '必须' '一定要' '应该' '应' '该' '得' 뒤에 답이 많이 나오므로 주의해서 들어야 한다.

女: 这个动作能够训练你的平衡感。	여: 이 동작은 당신의 균형감을 훈련시킬 수 있어요.
男: 但对我来说实在太难了!	남: 하지만 저에게는 정말 너무 어렵습니다!
女: 这是古典舞入门的基本动作，你一定要掌握。	여: 이것은 고전 무용 입문의 기본 동작입니다. 반드시 숙달해야 해요.
男: 知道了，老师。我平时一定多练习。	남: 알겠습니다. 선생님. 평소에 반드시 많이 연습할게요.
问: 根据对话，可以知道什么?	질문: 대화에 근거해, 알 수 있는 것은?
A 男的是教练	A 남자는 코치다
B 他在学游泳	B 그는 수영을 배우고 있다
C 女的觉得舞步很简单	C 여자는 무용의 스텝이 매우 쉽다고 생각한다
D 那个动作必须掌握	**D 그 동작은 반드시 숙달해야 한다**

动作 dòngzuò 명 동작, 행동 | 能够 nénggòu 조동 ~할 수 있다 | ★训练 xùnliàn 동 훈련하다 | ★平衡 pínghéng 명 균형, 평형 [平衡感 pínghénggǎn 균형감] | ……来说 ……láishuō ~으로 말하자면 [对于A来说: A에게 있어서] | 实在 shízài 부 정말, 참으로 | ★古典 gǔdiǎn 명 고전 | 舞 wǔ 명 무용, 춤 | 入门 rùmén 명 입문 | ★基本 jīběn 명 기본 | ★掌握 zhǎngwò 동 숙달하다, 파악하다 | 平时 píngshí 명 평소, 평상시 | ★教练 jiàoliàn 명 코치 | 舞步 wǔbù 명 무용의 스텝

12 A [娱乐节目 예능 프로그램]
여자가 말한 '了不起的挑战(대단한 도전)'은 '娱乐节目(예능 프로그램)'라고 했다. 녹음에 등장한 '电视剧(드라마)'는 그저 남자가 추측해 물은 내용일 뿐이다.

女: 你看过《了不起的挑战》吗?	여: 〈대단한 도전〉 본 적 있니?
男: 没看过，我最近忙着准备考试呢。那是部电视剧吗?	남: 본 적 없어. 요즘 시험 준비하느라 바쁘잖아. 그건 TV 드라마야?
女: 不是，是一个娱乐节目，主要的内容是让明星嘉宾去体验普通人的工作。	여: 아니, 예능 프로그램이야. 주요 내용은 스타 게스트에게 보통 사람의 일을 체험해 보게 하는 거야.
男: 听上去很有趣，等我考完试也看看。	남: 아주 재미있게 들린다. 시험이 끝나면 한번 봐야겠다.
问: 他们在聊什么?	질문: 그들은 무엇에 대해 이야기하고 있나?
A 娱乐节目　　B 文学作品	**A 예능 프로그램**　　B 문학 작품
C 电视剧　　D 夏令营活动	C TV 드라마　　D 여름 캠프 활동

★了不起 liǎobuqǐ 형 대단하다, 뛰어나다 | ★挑战 tiǎozhàn 명 도전 | 部 bù 양 부, 편 [서적이나 영화 편수 등을 세는 단위] | 电视剧 diànshìjù 명 TV 드라마 | ★娱乐 yúlè 명 오락 [娱乐节目: 예능 프로그램] | 内容 nèiróng 명 내용 | ★明星 míngxīng 명 스타 [인기있는 배우나 운동 선수] | ★嘉宾 jiābīn 명 게스트, 귀빈, 내빈 | ★体验 tǐyàn 동 체험하다 | 普通 pǔtōng 형 보통이다, 일반적이다 | 听上去 tīng shàngqu 듣기에 | 有趣 yǒuqù 형 재미있다, 흥미가 있다 | 聊 liáo 동 이야기하다 | ★文学 wénxué 명 문학 | ★作品 zuòpǐn 명 (문학, 예술의) 작품, 창작품 | ★夏令营 xiàlìngyíng 명 여름 캠프, 여름 학교 | 活动 huódòng 명 활동, 행사

13　B　[家具 가구]　보기를 통해 '장소'를 묻는 문제임을 유추할 수 있다. 녹음 첫마디에 여자가 '您想买哪种家具?(어떤 가구를 사고 싶으신가요?)'라고 물은 후, 두 사람이 줄곧 '家具(가구)'에 대해서 이야기하고 있으므로, 대화가 이루어지고 있는 장소는 'B. 家具店(가구점)'이다.

女: 先生，您想买哪种家具? 金属的还是实木的?	여: 선생님, 어떤 가구를 사고 싶으신가요? 금속이요, 아니면 목재요?
男: 这两种家具的区别是什么?	남: 이 두 가지 가구의 차이는 무엇인가요?
女: 金属家具现代感更强，实木家具更结实。	여: 금속 가구는 모던한 느낌이 더 강하고, 목재 가구는 더 튼튼합니다.
男: 那你可以带我看一下金属的吗?	남: 그렇다면, 금속 가구를 저에게 보여 주실 수 있나요?
问: 他们现在最可能在哪儿?	질문: 그들은 지금 어디에 있을 가능성이 가장 높은가?
A 电视台　　**B 家具店**	A 방송국　　**B 가구점**
C 俱乐部　　D 海鲜市场	C 클럽　　D 해산물 시장

家具 jiājù 명 가구 | ★金属 jīnshǔ 명 금속 | 实木 shímù 명 나무로 만든 | 区别 qūbié 명 차이, 구별 | ★现代 xiàndài 명 현대 | 感 gǎn 명 느낌 [现代感: 모던한, 현대적 감각] | 强 qiáng 형 강하다, 힘이 세다 | ★结实 jiēshi 형 튼튼하다, 견고하다 | 电视台 diànshìtái 명 TV 방송국 | 家具店 jiājù diàn 명 가구점 | ★俱乐部 jùlèbù 명 클럽, 동호회 | ★海鲜 hǎixiān 명 해산물 | ★市场 shìchǎng 명 시장

14　B　[租房信息 주택 임대 정보 / 把网址发 인터넷 주소를 보내다]　'租房信息(주택 임대 정보)'를 어디에 가서 찾을 수 있는지 묻는 남자에게 여자가 '把网址发给你(인터넷 주소를 보내 줄게)'라고 말한 것을 정확하게 들었다면 어렵지 않게 풀 수 있는 문제이다. 그러나 전체 내용을 이해하지 못하고, 녹음 첫 부분의 '公司(회사)'와 마지막 부분의 '地址(주소)'라는 단어만 얼핏 들었다면, 보기 'C. 公司的地址(회사 주소)'를 답으로 고르게 되는, 함정이 있는 문제였다.

男: 公司周围的房租真高啊，光是中介费就要三千多块。
女: 是呀，这里毕竟是市中心。但你也可以直接去找房东谈谈，这样会更省钱。
男: 那我在哪儿能看到租房信息呢？
女: 有个专门的网站，我现在就把网址发给你。

남: 회사 주변의 주택 임대료는 정말 비싸구나. 중개 수수료만 해도 3,000여 위안이야.
여: 그래. 여긴 아무래도 시내 중심이니까. 하지만 직접 집주인을 찾아가서 이야기해도 돼. 그러면 돈을 더 아낄 수 있어.
남: 그럼 어디에서 임대 정보를 볼 수 있어?
여: 전문 웹사이트가 있어. 지금 인터넷 주소를 보내 줄게.

问: 女的要给男的发什么？
A 室内照片　　B 租房网站的网址
C 公司的地址　D 房东的手机号

질문: 여자는 남자에게 무엇을 보내주려고 하는가?
A 실내 사진　　B 주택 임대 사이트의 인터넷 주소
C 회사 주소　　D 집주인의 휴대폰 번호

周围 zhōuwéi 명 주변, 주위 | 房租 fángzū 명 임대료, 집세 | 光是 guāngshì 児 뿐만, 단지 | ★中介 zhōngjiè 동 중개하다, 매개하다 | 费 fèi 명 비용 [中介费 중개 수수료] | 毕竟 bìjìng 児 결국, 끝내 | 市中心 shìzhōngxīn 명 시내 중심, 도시 중심부 | 直接 zhíjiē 児 직접 | 房东 fángdōng 명 집주인 | 谈 tán 동 이야기하다 | 省 shěng 동 아끼다, 절약하다 [省钱: 돈을 아끼다] | 那 nà 접 그러면 | 租房 zūfáng 동 집을 세내다 | 信息 xìnxī 명 정보 | 专门 zhuānmén 児 전문 | 网站 wǎngzhàn 명 (인터넷) 웹사이트 | 网址 wǎngzhǐ 명 인터넷 주소 | 室内 shìnèi 명 실내 | 地址 dìzhǐ 명 주소, 소재지

15 A [逻辑清楚 논리가 분명하다] '逻辑十分清楚(논리가 매우 분명하다)'라는 여자의 말에 보기 'A. 逻辑清楚(논리가 분명하다)'가 그대로 나왔다.

男: 李老师，您找我吗？
女: 你这篇论文写得很好，不仅逻辑十分清楚，观点也很新。
男: 谢谢您，那么我能联系杂志社发表吗？
女: 可以，如果需要的话，我可以帮你推荐。

남: 리[李] 선생님, 절 찾으셨나요?
여: 너 이 논문을 정말 잘 썼구나. 논리가 매우 분명할 뿐만 아니라, 관점도 새로워.
남: 감사합니다. 그럼 제가 잡지사에 연락해서 발표할 수 있을까요?
여: 가능해. 만약 필요하다면 내가 추천해 줄 수 있어.

问: 女的认为那篇论文怎么样？
A 逻辑清楚　　B 图表不够
C 数据错了　　D 能够评优

질문: 여자는 그 논문을 어떻게 생각하는가?
A 논리가 분명하다　　B 도표가 부족하다
C 데이터가 잘못됐다　D 우수 평가를 할 수 있다

篇 piān 양 편, 장 [문장·종이 등을 세는 단위] | ★论文 lùnwén 명 논문 | 不仅 bùjǐn 접 ~뿐만 아니라 [不仅A也B: A뿐만 아니라 게다가 B하다] | ★逻辑 luójí 명 논리 | 十分 shífēn 児 매우, 대단히 [=非常] | ★观点 guāndiǎn 명 관점, 견해 | 那么 nàme 접 그러면, 그렇다면 | 联系 liánxì 동 연락하다, 연결하다 | 杂志社 zázhìshè 명 잡지사 | ★发表 fābiǎo 동 (신문·잡지 등에) 발표하다, 글을 게재하다 | ★推荐 tuījiàn 동 추천하다 | 图表 túbiǎo 명 도표, 그림표 | 不够 búgòu 형 부족하다 | ★数据 shùjù 명 데이터 | 能够 nénggòu 조동 ~할 수 있다 | 评优 píngyōu 동 우수한 것으로 평가 선정하다

16 D [味道太淡了 맛이 너무 싱겁다] 구체적인 '이유'에 대해 묻는 문제가 자주 출제되기 때문에, 녹음을 들을 때는 항상 녹음 속 '인과 관계'에 주의해야 한다. 녹음 초반에, '咖啡的味道太淡了(커피 맛이 너무 싱겁다)'라고 이야기한 손님이 있었다는 점을 들어 장사가 안 되는 이유를 나타냈다.

17 C [改用 다른 것으로 바꿔서 쓰다 ≒ 换 교체하다] 장사가 안 되는 이유가 노란색 잔 때문에 커피가 싱거워 보였기 때문임을 깨닫고, '咖啡馆改用了红色的杯子(카페는 빨간색 잔으로 바꿔서 사용했다)'라고 했다. 이때 '改用'은 '다른 것으로 바꿔 쓰다'라는 의미로, 보기에서는 '换(교체하다)'으로 표현되었다.

第16到17题是根据下面一段话：

ⁱ⁶有一家咖啡馆，最近几个月生意变得越来越冷清，有客人说咖啡的味道太淡了。老板觉得十分委屈，因为相同价格的咖啡，他们店里用的材料不比别家的少。

老板认真观察后发现，原来问题出在咖啡杯上。他们店里用的是黄色的杯子，由于色彩搭配的关系，使用这种杯子装咖啡后，咖啡看起来颜色非常淡，所以客人都会觉得咖啡浓度不够。后来，¹⁷这家咖啡馆改用了红色的杯子，尽管咖啡的浓度与原来相同，可客人却明显增多了。

16 咖啡店为什么生意很冷清？
　A 价格太贵
　B 距离地铁站远
　C 服务员的态度差
　D 顾客觉得咖啡太淡

17 老板最后采取了什么措施？
　A 延长营业时间
　B 对员工进行教育
　C 换了红色的咖啡杯
　D 增加了数十种新口味

16~17번 문제는 다음 내용에 근거한다.

¹⁶한 카페의 장사가 최근 몇 개월 동안 갈수록 한산해졌는데, 커피 맛이 너무 싱겁다고 이야기하는 손님이 있었다. 같은 값의 커피면 그의 가게에서 사용하는 재료가 다른 집보다 적은 것도 아니었기 때문에 사장은 너무 억울했다.

사장은 열심히 관찰을 한 뒤, 알고 보니 문제가 커피 잔에 있다는 것을 발견했다. 그의 가게에서 사용하는 건 노란색 잔인데, 색 조합으로 인해, 이 (노란색) 잔을 사용해 커피를 담으면 커피의 색이 매우 연해 보였기 때문에 손님들이 커피 농도가 부족하다고 생각하게 된 것이다. 그 후 ¹⁷이 카페는 빨간색 잔으로 바꿔서 사용했고, 커피의 농도는 예전과 같았음에도 불구하고 고객은 오히려 뚜렷하게 증가했다.

16 카페의 장사가 안 된 이유는 무엇인가?
　A 가격이 비싸서
　B 지하철 역에서 멀어서
　C 종업원의 태도가 나빠서
　D 고객이 느끼기에 커피가 너무 싱거워서

17 사장은 마지막에 어떤 조치를 취했는가?
　A 영업 시간 연장하기
　B 직원에게 교육 진행하기
　C 빨간색 커피 잔으로 교체하기
　D 수십 가지의 새로운 맛을 추가하기

咖啡馆 kāfēiguǎn 몡 카페, 커피숍 | **生意** shēngyi 몡 장사, 사업 | **越来越** yuèláiyuè 뿐 갈수록, 점점 | **冷清** lěngqīng 혱 한산하다 | **味道** wèidao 몡 맛 | ★**淡** dàn 혱 (맛이) 싱겁다, (농도가) 낮다, (색깔이) 연하다 | **老板** lǎobǎn 몡 사장 | **十分** shífēn 뿐 매우 | ★**委屈** wěiqu 혱 (부당한 지적·대우를 받아) 억울하다, 고통스럽다 | **相同** xiāngtóng 혱 서로 같다, 똑같다 | **价格** jiàgé 몡 값, 가격 | **材料** cáiliào 몡 재료 | **不比** bùbǐ ~의 비교가 되지 않다, ~에 비교할 수 없다 | **别家** biéjiā 몡 다른 집, 남의 집 | ★**观察** guānchá 동 (사물·현상을) 관찰하다, 살피다 | **原来** yuánlái 뿐 알고 보니 혱 원래의, 본래의 | **黄色** huángsè 몡 노란색 | **由于** yóuyú 젭 ~때문에, ~로 인하여 [由于A所以B: A때문에 그래서 B하다] | ★**色彩** sècǎi 몡 색깔, 색채 | **搭配** dāpèi 동 조합하다, 배합하다 | **使用** shǐyòng 동 사용하다, 쓰다 | ★**装** zhuāng 동 담다, 포장하다 | **看起来** kàn qǐlai 보기에 ~하다, 보아하니 ~하다 | **浓度** nóngdù 몡 농도 | **不够** búgòu 혱 부족하다 | **改用** gǎiyòng 동 다른 것으로 바꿔 쓰다, 고쳐 쓰다 | **红色** hóngsè 몡 붉은색 | **尽管** jǐnguǎn 젭 ~에도 불구하고, 비록 ~라 하더라도 | **与** yǔ 깨 ~와 | **相同** xiāngtóng 혱 서로 같다, 똑같다 | **却** què 뿐 오히려, 도리어 [역접을 나타내고, '倒 可'보다 어감이 약함] | ★**明显** míngxiǎn 혱 뚜렷하다, 확연히 드러나다 | **增多** zēngduō 동 증가하다, 많아지다 | **距离** jùlí 동 (~로부터) 떨어지다 몡 거리, 간격 | **地铁站** dìtiězhàn 몡 지하철역 | **态度** tàidu 몡 태도 | **顾客** gùkè 몡 고객, 손님 | ★**采取** cǎiqǔ 동 (방침·조치 등을) 취하다, 채택하다 | ★**措施** cuòshī 몡 조치, 대책 [采取措施: 조치를 취하다] | ★**延长** yáncháng 동 (주로 거리·시간 등을) 연장하다, 늘이다 | ★**营业** yíngyè 동 영업하다 | ★**员工** yuángōng 몡 직원 | **进行** jìnxíng 동 진행하다 | **教育** jiàoyù 몡 교육 | **增加** zēngjiā 동 증가하다, 더하다, 늘리다 | **数十种** shùshízhǒng 수십 종 | ★**口味** kǒuwèi 몡 맛

> **tip** 정답이 헷갈린다면, 확실히 답이 아닌 보기부터 지우자. 녹음에서 언급되지 않은 말이 답이 될 수는 없다.
> '소거법'은 바로 답이 보이지 않는 문제 풀이에 많이 사용되는 방법이다.

18 B [呼吁 호소하다 / 采取行动 행동을 취하다] '앵그리버드'라는 만화 캐릭터를 통해 사람들에게 '比如节约用水、乘坐公共交通工具等(물 절약, 대중교통 이용 등)'과 같이 적극적으로 행동을 취할 것을 호소하고자 한다고 설명했다. 이 말은 즉, 보기 'B. 鼓励人们环保(사람들에게 환경 보호를 장려하기 위해서)'와 같은 의미이다.

19 D [通过…… ~를 통해 → 利用…… ~를 활용하다] 세부 내용 파악 문제는 대부분 녹음에 나온 표현이 그대로 보기에 나온다. 녹음 속 핵심 포인트 '通过社交媒体(SNS를 통해)'는 보기에서 'D. 利用社交媒体(SNS 활용)'라고, 살짝 다르게 표현됐다.

第18到19题是根据下面一段话

　　二零一六年三月十八日，联合国秘书长将游戏"愤怒的小鸟"里的红色小鸟任命为"绿色荣誉大使"。联合国希望通过这一深受人们喜爱的卡通形象，¹⁸呼吁人们为应对气候变化积极地采取行动，比如节约用水、乘坐公共交通工具等，并 ¹⁹希望公众可以通过社交媒体分享经验，让"愤怒的小鸟"变得"开心"起来。

18 联合国让"红色小鸟"做"绿色荣誉大使"的目的是什么？
　A 关爱老年人
　B 鼓励人们环保
　C 传播法律知识
　D 让人保持年轻

19 联合国希望人们如何分享经验？
　A 制作宣传册　　B 举办展览会
　C 走上街头推广　**D 利用社交媒体**

18~19번 문제는 다음 내용에 근거한다.

　　2016년 3월 18일, UN 사무총장은 게임 '앵그리 버드'의 붉은 새를 '친환경 명예대사'로 임명했다.
　　UN은 사람들에게 큰 사랑을 받고 있는 이 만화 캐릭터를 통해 ¹⁸사람들이 기후 변화에 적극적으로 대응해 행동할 수 있도록 물 절약, 대중교통 이용 등을 호소했다. 또한 ¹⁹대중들이 SNS를 통해 경험을 공유함으로써, '앵그리 버드'가 '기쁨'으로 바뀌길 바란다.

18 UN이 '붉은 새'를 '친환경 명예대사'로 임명한 목적은 무엇인가?
　A 노인을 배려하고 사랑하기 위해서
　B 사람들에게 환경 보호를 장려하기 위해서
　C 법률 지식을 전파하기 위해서
　D 사람들에게 젊음을 유지하게 하기 위해서

19 UN은 사람들이 어떻게 경험을 공유하길 바라는가?
　A 홍보 전단 제작　　B 전람회 개최
　C 거리에 나와 널리 보급　**D SNS 활용**

联合国 Liánhéguó 몡 유엔(UN), 국제연합 | **秘书长** mìshūzhǎng 몡 비서장 [여기서는 '유엔 사무총장'의 의미로 쓰임] | **将** jiāng 깨 ~를 [=把] | **愤怒** fènnù 몡 분노 | **小鸟** xiǎoniǎo 몡 작은 새 | **任命** rènmìng 몡 임명하다 | **为** wéi 통 ~으로 삼다 | **绿色** lǜsè 몡 친환경이 | **荣誉** róngyù 몡 명예, 영예 | **大使** dàshǐ 몡 대사 | **通过** tōngguò 깨 ~를 통해 [통과+수단/방식/방법] | **喜爱** xǐ'ài 통 사랑하다, 좋아하다 | **卡通** kǎtōng 몡 만화, 카툰 | ★**形象** xíngxiàng 몡 (총체적인) 이미지, 형상 | **呼吁** hūyù 통 호소하다, 구하다 | **应对** yìngduì 통 대응하다 | **气候变化** qìhòu biànhuà 몡 기후변화 | **积极** jījí 톙 적극적이다, 의욕적이다 | ★**采取** cǎiqǔ 통 취하다 | ★**行动** xíngdòng 몡 행동 [采取行动: 행동을 취하다] | **比如** bǐrú 집 예를 들어 | **节约** jiéyuē 통 절약하다, 줄이다 | **乘坐** chéngzuò 통 (자동차·배 등을) 타다 | **公共** gōnggòng 톙 공중의, 공공의 | **交通** jiāotōng 몡 교통 [公共交通: 대중교통] | ★**工具** gōngjù 몡 수단, 도구 | **并且** bìngqiě 집 또한, 아울러 | **公众** gōngzhòng 몡 대중, 사람들 | **社交媒体** shèjiāo méitǐ 몡 SNS, 소셜 미디어 | **分享** fēnxiǎng 통 (기쁨·행복·좋은 점 등을) 공유하다, 함께 나누다 | **经验** jīngyàn 몡 경험, 체험 | **开心** kāixīn 톙 기쁘다, 즐겁다 | **目的** mùdì 몡 목적 | **关爱** guān'ài 통 배려하고 사랑하다 | **老年人** lǎoniánrén 몡 노인 | **鼓励** gǔlì 통 장려하다, 격려하다 | **环保** huánbǎo 몡 환경 보호 ['环境保护'의 줄임말] | ★**传播** chuánbō 통 전파하다, 널리 퍼뜨리다 | **法律** fǎlǜ 몡 법률 | **知识** zhīshi 몡 지식 | ★**保持** bǎochí 통 유지하다, 지키다 | **如何** rúhé 때 어떻게, 왜 [=怎么] | ★**制作** zhìzuò 통 제작하다, 만들다 | **宣传册** xuānchuáncè 몡 전단, 팸플릿 | **举办** jǔbàn 통 개최하다 | **展览会** zhǎnlǎnhuì 몡 전람회 [举办展览会: 전람회를 개최하다] | **街头** jiētóu 몡 길거리 | ★**推广** tuīguǎng 통 널리 보급하다, 일반화하다 | ★**利用** lìyòng 통 활용하다, 이용하다

---

20 B [幽默感与想象力 유머 감각과 상상력] '极具'의 의미를 몰랐어도 '幽默感(유머 감각)'과 '想象力(상상력)'를 잘 들었다면 보기 'B. 有想象力'를 바로 고를 수 있었을 것이다. 녹음을 듣기 전 보기의 내용을 꼭 확인하자!

21 C [수상 연도 2012 – 출생 연도 1955 = 나이 57] 모옌은 1955년 출생인데, 2012년에 노벨문학상을 수상했다고 했으니, 상을 수상할 때 그의 나이는 'C. 57岁(57세)'이다. 숫자 관련 문제는 녹음을 들으면서 체크해 두어야 수월하게 대응할 수 있다.

第20到21题是根据下面一段话

莫言是首位荣获诺贝尔奖的中国作家。[21]莫言获得2012年诺贝尔文学奖是北京时间2012年10月11日晚7点由瑞典文学院宣布的。

莫言是山东人，[21]生于1955年，[20]他的作品极具幽默感与想象力，不少优秀作品已被翻译成多国语言出版。其中由《红高粱家族》改编的电影《红高粱》，还荣获了国际大奖。

20 莫言的作品有什么特点?

　　A 逻辑性强　　　**B 有想象力**
　　C 有条理　　　　D 语言生动

21 莫言获诺贝尔奖时是多大年纪?

　　A 51岁　　　　　B 54岁
　　C 57岁　　　　 D 60岁

20~21번 문제는 다음 내용에 근거한다.

모옌은 영예롭게도 노벨상을 획득한 첫 번째 중국 작가이다. [21]모옌의 2012년 노벨 문학상 수상은 베이징 시간 2012년 10월 11일 저녁 7시에 스웨덴 문학원이 발표했다.

모옌은 산둥 사람으로, [21]1955년에 태어났다. [20]그의 작품은 유머 감각과 상상력이 넘쳐서, 많은 뛰어난 작품들이 이미 많은 나라의 언어로 번역되어 출판되었다. 그중에서 〈붉은 수수밭 가족〉은 영화 〈붉은 수수밭〉으로 각색되었을 뿐만 아니라 영예롭게도 국제적인 큰 상을 받기도 했다.

20 모옌의 작품은 어떤 특징이 있는가?

　　A 논리성이 강하다　　**B 상상력이 있다**
　　C 조리가 있다　　　　D 언어가 생동감이 있다

21 모옌이 노벨상을 받았을 때는 몇 세였는가?

　　A 51세　　　　　B 54세
　　C 57세　　　　 D 60세

莫言 Mòyán 고유 모옌 [1955년~, 2012년 노벨문학상 수상자] | **首** shǒu 형 최초의 | **荣获** rónghuò 동 영예롭게도 ~를 획득하다, (상을 받는 등의) 영예를 누리다 | **诺贝尔奖** Nuòbèi'ěrjiǎng 고유 노벨상 | **作家** zuòjiā 명 작가 | **获得** huòdé 동 얻다, 획득하다 | **诺贝尔文学奖** Nuòbèi'ěr wénxuéjiǎng 고유 노벨 문학상 | **由** yóu 개 ~가 | **瑞典** Ruìdiǎn 고유 스웨덴 | ★**文学** wénxué 명 문학 | ★**宣布** xuānbù 동 발표하다, 선포하다, 공표하다 | **山东** Shāndōng 고유 산둥성 | **生于** shēngyú ~에서 태어나다 [生于 +시간/장소] | ★**作品** zuòpǐn 명 (문학, 예술의) 작품, 창작품 | **具** jù 동 갖추다, 구비하다 [주로 추상적인 사물에 쓰임] | **幽默感** yōumògǎn 명 유머 감각, 유머러스한 느낌 | **想象力** xiǎngxiànglì 명 상상력 | **优秀** yōuxiù 형 우수하다, 아주 뛰어나다 | **翻译** fānyì 동 번역하다, 통역하다 [翻译成…: ~로 번역되다] | **语言** yǔyán 명 언어 | ★**出版** chūbǎn 동 (서적·음반 등을) 출판하다, 발행하다, 출간하다 | **其中** qízhōng 대 그중에, 그 안에 | **部** bù 양 부, 편 [서적이나 영화 편수 등을 세는 단위] | **小说** xiǎoshuō 명 소설 | **改编** gǎibiān 동 (원작을) 각색하다 | **红高粱** Hónggāoliáng 고유 붉은 수수밭 [영화 제목] | **国际** guójì 명 국제 | **大奖** dàjiǎng 명 큰 상, 대상 | **特点** tèdiǎn 명 특징, 특색, 특성 | **逻辑性** luójíxìng 명 논리성 | **强** qiáng 형 강하다 | **条理** tiáolǐ 명 (생각·말·문장 등의) 조리, 사리, 순서 | ★**生动** shēngdòng 형 생동감 있다, 생동하다, 생생하다

阅读 | 독해

22~24

22 A [**表皮** 표피 = **皮肤表面** 피부 표면]

这是由于人的皮肤 表面 不均匀地分布着很多能够感觉到温度变化的感受器。

빈칸은 문장의 주어인 '皮肤(피부)'와 이어지는 부분으로, 의미상 빈칸에 들어갈 적절한 보기는 '表面(표면)'과 '内部(내부)'뿐이다. 문단 마지막 부분에 '表皮的冷点(표피의 냉점)'이라고 언급된 것을 통해, 감각 수용기가 분포되어 있는 부위가 바로 피부의 '表面(표면)'임을 알 수 있다. '单位(단위)'는 어떤 기구나 단체 또는 회사를 의미하므로 문맥상 전혀 맞지 않는다.

A **表面** biǎomiàn 명 표면, 외견, 외관, 겉

我们应该通过表面现象看到事物的本质。우리는 드러난 현상을 통해서 사물의 본질을 봐야 한다.

物体表面 물체의 표면 | 表面上看 표면적으로 보면 | 表面现象 드러난 현상

B 内部 nèibù 명 내부
公司的内部矛盾应该尽快解决。 회사의 내부 갈등은 최대한 빨리 해결해야 한다.
内部因素 내부 요소 | 内部矛盾 내부 갈등 | 内部结构 내부 구조

C 范围 fànwéi 명 범위
你的作业必须在规定的时间范围内交给我。 너의 숙제는 반드시 규정된 시간 범위 내에 나에게 제출해야 한다.
在……范围内 ~범위 내에서 | 扩大范围 범위를 확대하다

D 单位 dānwèi 명 (단체, 기관 등) 단위
请在信封上写明工作单位的地址。 편지 봉투에 직장 주소를 적어 주세요.
工作单位 직장, 근무처 | 单位班车 셔틀버스

23 **A** [对……敏感 ~에 민감하다]

因此相对来说，人们对冷会更 敏感 。

빈칸 바로 앞에 부사 '更'이 있는 것으로 보아, 빈칸은 형용사 술어 자리일 확률이 크며, 빈칸 앞의 '对(~에 대해서)'와 호응할 수 있는 술어는 보기 중 '敏感(민감하다)'과 '小心(조심하다)'이다. '피부에 열점보다 냉점이 더 많다'라는 앞 문장과의 연결성을 생각했을 때, '敏感(민감하다)'이 빈칸에 들어가, '이로 인해 사람은 추위에 더 민감하다'라고 이어지는 것이 가장 자연스럽다.

A 敏感 mǐngǎn 형 민감하다, 예민하다
我平时对天气的变化特别敏感。 나는 평소에 날씨 변화에 특히 민감하다.
对……敏感 ~에 대해 민감하다 | 皮肤敏感 피부가 민감하다 | 异常敏感 몹시 민감하다

B 活泼 huópō 형 활발하다, 활달하다, 활기차다
幼儿园里的孩子们各个性格活泼、十分可爱。 유치원의 아이들은 모두 성격이 활발하고 매우 귀엽다.
性格活泼 성격이 활발하다 | 生动活泼 생동감 있고 활기차다

C 小心 xiǎoxīn 동 조심하다, 주의하다 형 조심하는, 주의하는
张秘书工作一向小心谨慎，很少犯错。 장[张] 비서는 줄곧 조심스럽고 신중하게 일해서, 실수를 거의 하지 않는다.
小心谨慎 조심스럽고 신중하다 | 小心+일/사람 ~를 주의하다 | 小心翼翼 (성어) 매우 조심스럽다

D 片面 piànmiàn 형 단편적이다, 일방적이다 명 한 쪽, 일반, 단편
如果只是片面地分析问题，那么就不会得到准确的结果。
만약 단편적으로만 문제를 분석한다면, 정확한 결과를 얻을 수 없을 것이다.
片面分析 단편적인 분석 | 片面性 편견, 일방성 | 片面理解 단편적인 이해

24 **B** [원인+从而+결과 ~함으로써, 따라서]

"冷点"再通过神经系统把"冷"的信息传递给大脑， 从而 使人感到冷。

보기가 모두 접속사이므로, 빈칸 주변 문장 간 연결 관계만 파악하면 문제를 쉽게 풀 수 있다. 빈칸 앞에는 사람이 어떻게 피부로 추위를 느끼는지 그 '원인'을 설명하고, 빈칸 뒤에는 사람에게 추위를 느끼게 한다라는 '결과'가 나오므로, 빈칸 앞뒤가 '인과 관계'임을 알 수 있다. 보기 중 '인과 관계'의 문장을 연결하는 접속사는 'C. 从而(~함으로써)'뿐이다. '否则'는 '가정-결과' 관계에, '宁可'는 '선택' 관계에, '除非'는 '조건-결과' 관계에 사용한다.

A 否则 fǒuzé 접 만약 그렇지 않으면 [앞의 조건이 실현되지 않을 경우, 뒤의 상황이 나타나게 됨을 표시함]

我们要提高环保意识，否则将失去现在的一切。 우리가 환경보호 의식을 높이지 않으면 지금의 모든 것을 잃게 될 것이다.

B 从而 cóng'ér 접 ~함으로써, 따라서, 이리하여, 그리하여 [≒所以]
[문장의 앞부분은 원인·방법을 뒷부분은 결과·목적 등을 나타낼 때에 이를 연결하는 접속사]

政府减轻了农民的负担，从而激发了他们的积极性。
정부는 농민의 부담을 줄였고, 그렇게 함으로써 그들의 적극성을 불러일으켰다.

C 宁可 nìngkě 접 차라리 (~하는 것이 낫다), 오히려 (~할지언정) [宁可A也不B: A할지언정 B하지 않는다]

上下班时间，我宁可坐地铁，也不坐出租车。 출퇴근 시간에 나는 차라리 지하철을 타지 택시를 타지는 않는다.

D 除非 chúfēi 접 다만 ~함으로써만이 비로서, 오직 ~하여야(비로소)
[어떤 조건이 유일한 조건임을 나타내며, '只有(단지)'에 해당함] [除非A否则B: A하지 않으면 B한다]

这件事除非李经理亲自过来，否则是没办法解决的。 이 일은 리[李] 사장이 직접 오지 않으면 해결할 방법이 없다.

人为何会感觉到冷呢？这是由于人的皮肤22表面不均匀地分布着很多能够感觉到温度变化的感受器。这些感受器大体分为两类：一类专门感受热，它们所在的皮肤部位叫"热点"；而另一类专门感受冷，它们所在的皮肤部位就叫作"冷点"。

一般来讲，皮肤上的"热点"要比"冷点"少。因此相对来说，人们对冷会更23敏感。当外界温度下降的时候，皮肤的温度也会随着下降，这就刺激到了表皮的"冷点"，"冷点"再通过神经系统把"冷"的信息传递给大脑，24从而使人感到冷。

사람은 왜 추위를 느끼는 것일까? 이는 인간의 피부 22 표면에 온도 변화를 느낄 수 있는 수많은 감각 수용기가 불균형하게 분포되어 있기 때문이다. 이러한 감각 수용기는 크게 두 가지로 분류된다. 한 종류는 더위만을 느끼며 이 감각 수용기가 있는 피부 부위를 '열점'이라고 한다. 그리고 다른 한 종류는 추위만 느끼는데, 이들이 있는 피부 부위를 '냉점'이라고 한다.

일반적으로 피부의 '열점'은 '냉점'보다 적다. 이로 인해 상대적으로 사람들은 추위에 더 23 민감하다. 외부의 온도가 내려갈 때 피부의 온도도 따라서 내려가는데, 이것은 표피의 '냉점'을 자극하게 되고, '냉점'이 다시 신경 계통을 통해 '추운' 정보를 대뇌에 전달 24 함으로써 사람에게 추위를 느끼게 한다.

为何 wèihé 부 왜, 무엇 때문에 [≒为什么] | **感觉** gǎnjué 통 느끼다 | **由于** yóuyú 접 ~때문에 | **皮肤** pífū 명 피부 | ★**表面** biǎomiàn 명 표면 | ★**均匀** jūnyún 형 균등하다, 고르다 | ★**分布** fēnbù 통 (일정한 지역에) 분포하다, 널려 있다 | **温度** wēndù 명 온도 | **感受器** gǎnshòuqì 명 감각 수용기, 피하 신경계의 말초 조직 | **大体** dàtǐ 부 대체로, 대략 | **分为** fēnwéi 통 (~으로) 분류하다, 나누다 | **类** lèi 명 종류, 분류 | **专门** zhuānmén 부 오로지, 전문적으로 | ★**感受** gǎnshòu 통 (영향을) 받다, 느끼다 | ★**所** suǒ 조 [(주로 단음절) 동사 앞에 '所+동사' 형태로 쓰여 그 동사와 함께 명사적 성분이 됨] | **部位** bùwèi 명 (주로 인체의) 부위, 위치 | **热点** rèdiǎn 명 열점 [주위 환경보다 온도가 높은 국부 지역] | **而** ér 접 그리고 [순접을 나타냄] | **另** lìng 대 다른, 그 밖[이외]의 | **冷点** lěngdiǎn 명 냉점 | **因此** yīncǐ 접 이로 인하여, 그래서 [≒所以] | ★**相对** xiāngduì 부 상대적으로, 비교적 | **……来说** ……láishuō ~으로 말하자면 [相对来说: 상대적으로] | ★**敏感** mǐngǎn 형 민감하다 | **当** dāng 개 바로 그 시간이나 그 장소를 가리킬 때 쓰임 [当……的时候: ~할 때] | **外界** wàijiè 명 외부, 국외 | **下降** xiàjiàng 통 (수량·정도가) 내려가다, 떨어지다 | **随着** suízhe 개 ~따라서, ~에 따라 | **如此** rúcǐ 대 이와 같다, 이러하다 | ★**刺激** cìjī 통 자극하다, 흥분시키다 | **表皮** biǎopí 명 표피 | **通过** tōngguò 개 ~를 통해 | **神经** shénjīng 명 신경 | ★**系统** xìtǒng 명 시스템 | **信息** xìnxī 명 정보 | **传递** chuándì 통 전달하다, 건네다 | **至** zhì 통 ~까지 이르다 [≒到] | **大脑** dànǎo 명 대뇌 | ★**从而** cóng'ér 접 ~함으로써 | **使** shǐ 통 (~에게) ~하게 하다 [=让]

25~28

25 A [由……制定 ~가 (규칙이나 법을) 제정하다, 만들다]

唐朝开国不久后，很多规章典法都是由他们两人商量 制定 的

빈칸 앞의 '规章典法'를 그들 두 사람이 상의해 '만들었다'는 문장으로 완성하는 것이 가장 자연스럽다. 규칙이나 법을 만든다는 의미를 나타내는 말은 보기 중 'A. 制定(제정하다)'뿐이다. '制成'은 구체적인 어떤 '물건'을 만들 때 쓰는 어휘이고, '特定'은 무언가 특별히 정해져 있다는 의미로 쓰이므로, 둘 다 문맥에 맞지 않는다.

A 制定 zhìdìng 통 (법규, 계획 등을) 제정하다, 세우다
他制定了一个推进生产的计划。 그는 생산을 추진할 계획을 세웠다.
制定法律 법률을 제정하다 | 制定方案 방안을 세우다 | 制定计划 계획을 세우다

B 制成 zhìchéng 통 ~로 만들어지다
这种食品是由大豆制成的。 이런 식품은 대두[=콩]로 만들어진 것이다.
由A制成 A로 만들다 | 制成产品 제품으로 만들어지다

C 制造 zhìzào 통 (인력을 이용하여 원재료가 사용 가능한 물품이 될 수 있도록) 제조하다, 만들다
手机的制造过程没有想象的简单。 휴대폰의 제작 과정은 생각만큼 간단하지 않다.
制造过程 제조 과정 | 制造产品 제품을 제조하다 | 制造成本 제조 원가

D 特定 tèdìng 형 (조건/시간/환경) 특정한, 일정한
很多事件的发生都有它特定的历史环境。 많은 사건의 발생은 그 특정한 역사적 환경이 있다.
特定环境 특정 환경 | 特定时间 특정 시간 | 特定人物 특정 인물 | 特定条件 특정 조건

26 B [A，但B A이다. 그러나 B하다]

……， 但他往往做不了决定 ，不知道最终应该使用哪种办法来解决问题。

빈칸 앞은 방현령이 '늘 가치 있는 의견과 구체적인 해결 방안을 제시했다'는 내용이고, 빈칸 뒤는 '마지막에 어떤 방법으로 문제를 해결해야 할지 몰랐다'는 내용으로, 두 문장의 내용이 서로 상반됨을 알 수 있다. 따라서 보기 중 상반 관계를 나타내는 접속사 '但(그러나)'이 포함된 'B. 但他往往做不了决定(그러나 그는 종종 결정을 내리지 못했다)'이 답이다.

A 并把意见对外宣布 또한 의견을 대외적으로 공표했다
B 但他往往做不了决定 그러나 그는 종종 결정을 내리지 못했다
C 杜如晦总是提反对意见 두여회가 항상 반대 의견을 냈다
D 唐太宗不相信他们二人 당 태종은 그들 두 사람을 믿지 않았다

27 B [通常 일반적으로, 통상적으로]

对问题稍加分析后， 通常 会果断地选出一个最佳方案。

'규칙적으로 일어나는 일'이라는 어감을 나타낼 수 있는 '通常'이 들어가는 것이 알맞다.

A 随时 suíshí 부 언제나, 아무 때나, 수시로
学生们在补习班可以随时了解到最新的考试信息。 학생들은 학원에서 언제든지 최신 시험 정보를 알 수 있다.

B 通常 tōngcháng 🔸 보통, 일반적으로 | 🔸 일반적이다 | 🔸 보통, 통상

通常情况下，人们的注意力在下午2点后不容易集中。
보통 상황에서, 사람의 주의력은 오후 2시 이후에 집중하기 쉽지 않다.

通常情况下 보통 상황에서 | 通常的情况 일반적인 상황

C 更 gèng 🔸 더욱, 더

实验证明，对于自己不熟悉的人，我们往往更有耐心。
실험은 '자기에게 익숙하지 않은 사람에게 사람들이 종종 더욱 인내심이 있다'는 것을 증명했다.

D 逐渐 zhújiàn 🔸 (정도와 수량이 천천히 증가하거나 감소하여) 점점, 점차

自然环境被污染的同时，我们的生活也会逐渐改变。 자연환경이 오염됨과 동시에, 우리의 생활도 점차 바뀔 것이다.

逐渐改变 점점 변하다 | 逐渐减少 점점 줄어들다 | 逐渐下降 점차 내려가다

28 D [具有特色 특색을 가지고 있다]

意思就是他们各自具有专长而又各自具有 特色 ，同时也比喻互相配合，取长补短。

빈칸은 문장의 술어 '具有(가지다)'와 호응하는 목적어 자리이다. '具有'는 목적어로 주로 '추상적'인 것을 취하므로, 보기 중 '추상명사'인 'C. 性质'와 'D. 特色'가 올 수 있다. '性质'는 사물이 갖고 있는 본래의 특성을 의미하므로 문맥상 맞지 않고, 두여회와 방현령 두 사람 각각의 특별히 뛰어난 장점에 대해서 이야기하고 있다는 점에서 'D. 特色'가 답이다.

A 趋向 qūxiàng 🔸 ~하는 경향이 있다, ~로 기울어지다 | 🔸 추세, 경향 [趋向+…… ~해지고 있다]

这项制度在实践中已经趋向完善。 이 제도는 실제에서 이미 완벽해지고 있다.

B 方法 fāngfǎ 🔸 방법, 수단, 방식

应用该方法，我们的实验取得了好的结果。 그 방법을 응용해서, 우리의 실험은 좋은 결과를 얻었다.

学习方法 학습 방법 | 最佳方法 가장 좋은 방법 | 减肥方法 다이어트 방법

C 性质 xìngzhì 🔸 성질, 천성, 성격

很多化学物质的性质是不容易改变的。 많은 화학 물질의 성질은 쉽게 변하지 않는다.

化学性质 화학 성질 | 物理性质 물리 성질 | 改变性质 성질을 바꾸다

D 特色 tèsè 🔸 특색

这些作品表现出了当时社会的传统特色。 이 작품들은 당시 사회의 전통적 특색을 표현해 냈다.

表现出特色 특색을 표현해 내다 | 传统特色 전통적 특색 | 特色突出 특색이 두드러지다

唐太宗拥有两个十分得力的大臣，一个是
　　　　=有　　　　　　　　　하나는~이고, 다른 하나는 ~이다
杜如晦，另一个是房玄龄。唐朝开国不久后，
很多规章典法都是由他们两人商量**25** 制定的。
　　　　　　　　　　　　　　~가 상의하다
这两个人之所以会组合在一起也是有原因的。原
来，每当唐太宗与房玄龄研究国事时，房玄龄总
是可以提出有价值的意见与具体的解决办法，
　　　　(의견·해결 방안 등을)
　　　　제시하다

당 태종에게는 두 명의 매우 유능한 대신이 있었다. 한 명은 두여회[杜如晦]였고, 또 다른 한 명은 방현령[房玄龄]이었다. 당나라가 개국되고 얼마 지나지 않아서 많은 규정과 법규는 그 두 사람이 상의하여 **25** 제정한 것이었다. 이 두 사람이 함께 뭉친 데에는 역시 이유가 있었다. 알고 보니, 매번 당 태종과 방현령이 국사를 논의할 때 방현령은 늘 가치 있는 의견과 구체적인 해결 방안을 제시했다.

275

26 但他往往做不了决定，不知道最终应该使用哪种办法来解决问题。

但一遇到这种情况，唐太宗就会将杜如晦请来。等杜如晦来了，对问题稍加分析后，**27** 通常会果断地选出一个最佳方案。他们两人，一个人善于出谋划策，一个人则善于做决断，因此人们就用"房谋杜断"来形容二人，意思就是他们各自具有专长而又各自具有**28** 特色，同时也比喻互相配合，取长补短。

26 그렇지만 그는 종종 결정을 내리지 못했으며, 마지막에 어떤 방법으로 문제를 해결해야 할지 몰랐다.

　그러나 이러한 상황에 맞닥뜨리자마자 당 태종은 두여회를 모셔 왔다. 두여회가 오면, 문제에 대해 조금 더 분석한 뒤, **27** 일반적으로 과감하게 최고의 방안을 선택했다. 그 두 명 중, 한 명은 계책을 잘 생각해 내고, 한 명은 결단을 잘 내린다. 그래서 사람들은 '방모두단(房谋杜断)'이라는 말로 두 사람을 묘사하는데, 그 의미는 바로 '그들이 각자 특기가 있고, 또 저마다의 **28** 특색을 가지고 있다'는 것이다. 또한 서로 잘 맞고, 다른 사람의 장점을 취하여 단점을 보완한다는 것을 비유한다.

唐太宗 Táng Tàizōng 고유 당 태종 | 拥有 yōngyǒu 동 가지다, 보유하다, 소유하다 | 得力 délì 형 유능한 | 大臣 dàchén 명 대신, 중신 | 杜如晦 Dù Rúhuì 고유 두여회 [585~630년, 중국 당(唐)나라 창업기의 재상] | 另 lìng 대 다른, 그 밖[이외]의 | 房玄龄 Fáng Xuánlíng 고유 방현령 [579~648년, 당나라의 명재상] | 唐朝 Tángcháo 고유 당 왕조 | 开国 kāiguó 동 개국하다 | 不久 bùjiǔ 얼마 지나지 않아 | 规章 guīzhāng 명 규정, 규칙 | 典 diǎn 명 법칙, 표준 | 法 fǎ 법 [典法: 법규] | 商量 shāngliang 동 상의하다, 의논하다 | ★制定 zhìdìng 동 제정하다, 세우다 | 之所以 zhīsuǒyǐ 접 ~한 이유 | 组合 zǔhé 동 한데 묶다 | 原因 yuányīn 명 원인 | 原来 yuánlái 부 알고 보니 | 研究 yánjiū 동 논의하다, 검토하다, 연구하다 | 国事 guóshì 명 국가대사, 국사 | 提出 tíchū 동 제의하다, 제기하다, 제출하다 | ★价值 jiàzhí 명 가치 | 意见 yìjiàn 명 의견, 견해 [提出意见: 의견을 내다] | ★具体 jùtǐ 형 구체적이다 | 往往 wǎngwǎng 부 종종, 자주, 흔히 | 最终 zuìzhōng 형 최종의, 맨 마지막의 | 情况 qíngkuàng 명 상황 | 稍加 shāojiā 부 조금 더 | ★分析 fēnxī 동 분석하다 | ★通常 tōngcháng 부 보통, 일반적으로 [≒一般] | 果断 guǒduàn 형 결단력이 있다 | ★善于 shànyú 동 ~을 잘하다, ~에 능하다 | 出谋 chūmóu 동 꾀를 내다, 아이디어를 내다 | 划策 huàcè 동 계책을 세우다 | 则 zé 부 바로(곧) ~이다 [=就(是)] | 决断 juéduàn 동 결단을 내리다 | 因此 yīncǐ 접 그래서, 그러므로 | 房谋杜断 fáng móu dù duàn 방모두단[방현령(房玄龄)의 지략과 두여회(杜如晦)의 결단력이라는 뜻으로, 각자 지니고 있는 장점과 특색이 서로 조화를 이루어 일을 잘 해결한다는 뜻] | ★形容 xíngróng 동 묘사하다, 형용하다 | ★各自 gèzì 대 각자, 제각기 | 具有 jùyǒu 동 지니다, 가지다, 있다 | 专长 zhuāncháng 명 특기 | 而 ér 접 그리고 [≒而且] | 同时 tóngshí 명 동시에 | 比喻 bǐyù 동 비유하다 | 互相 hùxiāng 부 서로, 상호 | ★配合 pèihé 동 협동하다, 협력하다 | 取长补短 qǔcháng bǔduǎn 성 (다른 사람의) 장점을 취하여 (나의) 단점을 보완하다

29 D [创造力高于运动前 창의력이 운동 전보다 높다 → 提升创造力 창의력을 높이다]　보기 'D. 有氧运动可提升创造力(유산소 운동은 창의력을 높일 수 있다)'의 내용을 첫 번째 문장에서 바로 찾을 수 있다. 보기 D의 '提升'은 '등급을 높이다'라는 의미로 지문의 '高于(~보다 높다)'와 비슷한 의미로 쓰였다.

A, B, C (×) 지문에서 언급하지 않았다.

　研究证明，**D** 一个人在做了两小时的有氧运动之后，创造力和注意力的集中程度会高于运动前。这是因为有氧运动可以促使大脑内部产生愉悦感，这种愉悦感可让人释放压力，从而减少负面情绪。换句话说，若你想在工作的时候创意不断，那就试着在工作前进行骑自行车或跑步等有氧运动吧。

　연구는 **D** '사람은 두 시간의 유산소 운동을 한 후에 창의력과 주의력의 집중도가 운동 전보다 높다'는 것을 증명했다. 이는 유산소 운동이 대뇌 내부에 즐거운 감정을 만들게 하기 때문이며, 이러한 즐거운 감정이 스트레스를 해소하게 함으로써 부정적인 감정을 줄여 준다. 바꾸어 말하면, 만약 일을 할 때 창조적 발상이 끊임없길 바란다면, 일을 하기 전에 자전거 타기, 또는 달리기 등의 유산소 운동을 시도하자.

A 骑车可治疗失眠
B 乐观的人更热情

A 자전거를 타는 것이 불면증을 치유할 수 있다
B 긍정적인 사람이 더 열정적이다

| C 有氧运动需特殊设备 | C 유산소 운동은 특수한 장비가 필요하다 |
| D 有氧运动可提升创造力 | D 유산소 운동은 창의력을 높일 수 있다 |

证明 zhèngmíng 동 증명하다 | **有氧运动** yǒuyǎng yùndòng 명 유산소 운동 | **之后** zhīhòu 명 그 후, 그 뒤 | **创造力** chuàngzàolì 명 창의력, 창조력 | **注意力** zhùyìlì 명 주의력 | ★**集中** jízhōng 동 집중하다, 집중시키다 | ★**程度** chéngdù 명 정도 | **高于** gāoyú ~보다 높다 | ★**促使** cùshǐ 동 ~하게 하다 | **大脑** dànǎo 명 대뇌 | ★**内部** nèibù 명 내부 | ★**产生** chǎnshēng 동 생기다, 발생하다 | **愉悦** yúyuè 즐겁다, 유쾌하고 기쁘다 | **感** gǎn 감, 느낌 | **释放** shìfàng 동 방출하다, 내보내다 | **压力** yālì 명 스트레스 [**释放压力**: 스트레스를 해소하다] | **从而** cóng'ér 접 ~함으로써 | **减少** jiǎnshǎo 동 줄이다, 감소하다 | **负面** fùmiàn 명 부정적인 면 | ★**情绪** qíngxù 명 감정, 기분 | **换句话说** huàn jù huà shuō 바꾸어 말하면, 다시 말하면 | **若** ruò 접 만약, 만일 [≒如果] | **创意** chuàngyì 명 창조적인 의견 | ★**不断** búduàn 부 끊임없이 | **可** kě 동 적합하다, 맞다 | **之前** zhīqián 명 ~이전, ~의 앞 | **进行** jìnxíng 동 하다, 진행하다 | ★**治疗** zhìliáo 동 치료하다 | ★**失眠** shīmián 명 불면증 | ★**乐观** lèguān 형 낙관적이다, 희망차다 | ★**特殊** tèshū 형 특수하다, 특별하다 | ★**设备** shèbèi 명 장비, 설비 | **提升** tíshēng 동 끌어올리다, 들어올리다

30 D [A相当于B A는 B와 같다] 수당 시기에 조정이 모든 관원에게 나눠 준 '鱼符(어부)'는 '相当于官员的"身份证"(관원의 신분증과 같다)'이라고 했다.

A (×) '어부'는 '金属(금속)'나 '木头(목재)'로 제작했다고 했으므로, 모두 '金(금)'이라는 내용은 지문과 일치하지 않는다.

B (×) 모양은 작은 물고기와 비슷하다고 했으므로, '方形(사각형)'이라는 설명은 틀리다.

C (×) 병권에 관해서는 지문에서 언급하지 않았다.

隋唐时期，朝廷会给每名官员发一个 D "鱼符"，这相当于官员的"身份证"，A "鱼符"是一种用金属或木头制成的小物件，B 形似小鱼，分为左右两片，持有人会随身携带其中的一片，用来证明自己的身份。	수당[隋唐] 시기, 조정은 모든 관원에게 D '어부[鱼符]'를 나누어 주었는데, 이는 관원의 '신분증'과 같았다. A '어부'는 금속이나 목재로 제작한 작은 물건으로, B 모양은 작은 물고기와 비슷하고, 좌우 양쪽으로 나누어져, 소지한 사람은 그중의 한 쪽을 휴대하여 자신의 신분을 증명하는 데 사용했다.
A 鱼符都是金的	A 어부는 모두 금이다
B 鱼符是方形的	B 어부는 사각형이다
C 持有鱼符的人拥有兵权	C 어부를 소지한 사람은 병권을 가지고 있다
D 鱼符是唐朝官员的"身份证"	**D 어부는 당나라 시대 관원의 신분증이다**

隋 Suí 고유 수나라 | **唐** Táng 고유 당나라 | ★**时期** shíqī 명 (특정한) 시기 | **朝廷** cháotíng 명 조정 | **官员** guānyuán 명 관원, 관리 | **鱼符** yúfú 명 어부 [당송(唐宋) 시기에 물고기 모양의 부절(符節)로 신분의 증거로 사용했다] | **相当于** xiāngdāngyú ~와 같다, ~에 상당하다, ~에 맞먹다 | **身份证** shēnfènzhèng 명 신분증 | ★**金属** jīnshǔ 명 금속 | **或** huò 접 또는, 혹은 | ★**木头** mùtou 명 나무, 목재 | **制成** zhìchéng 동 ~로 만들어지다 | **物件** wùjiàn 명 물건, 물품 | **形似** xíngsì 동 모습이 비슷하다 | **分为** fēnwéi 동 (~으로) 나누다 | **左右** zuǒyòu 명 좌우 | **持有** chíyǒu 동 소지하다, 가지고 있다 | ★**随身** suíshēn 동 몸에 지니다, 휴대하다 | **携带** xiédài 동 휴대하다 | **其中** qízhōng 명 그중 | **用来** yònglái 동 ~에 사용하다 | **证明** zhèngmíng 동 증명하다 | ★**身份** shēnfen 명 신분, 지위 | **金** jīn 명 금 | **方形** fāngxíng 명 사각형 | **兵权** bīngquán 명 병권, 군 통수권

31 C [伴随着情绪 감정을 수반하다 → 带情绪 감정을 지니다] 첫 번째 문장 '若你做的梦伴随着多种情绪，那就说明这是有意义的梦(만약 당신이 꾼 꿈이 여러 감정을 수반한다면, 이는 그 꿈이 의미가 있다는 것을 설명한다)'을 요약한 보기 'C 带情绪的梦是有意义的(감정을 지닌 꿈은 의미가 있는 것이다)'가 답이다. 지문의 '伴随(수반하다)'가 보기에서는 '带(지니다)'로 바꾸어 표현되었다.

A, D (×) 지문에서 언급하지 않았다.

B (×) 꿈의 내용은 우리가 깨어 있을 때 해결하지 못한 문제와 관련되어 있다고 했으므로, 현실과 관계가 없다는 말은 틀리다.

C 若你做的梦伴随着多种情绪，那就说明这是有意义的梦。**B** 这种梦的内容往往和我们清醒时未解决的问题有关系。当这些问题进入到人们的梦境里时，会被再一次加工及处理，可它不会带给人们压力或困扰。	**C** 만약 당신이 꾼 꿈이 여러 감정을 수반한다면 이는 그 꿈이 의미가 있다는 것을 설명한다. **B** 이런 꿈의 내용은 종종 우리가 깨어 있을 때 해결하지 못한 문제와 관련이 있다. 이런 문제들이 사람들의 꿈속으로 들어갔을 때, 다시 한번 가공 및 처리를 거치게 되지만, 그것이 사람들에게 스트레스나 괴로움을 주지는 않는다.
A 多梦的人往往睡眠质量好 B 梦的内容与现实无关 **C 带情绪的梦是有意义的** D 做梦是过于骄傲的表现	A 꿈이 많은 사람은 종종 수면의 질이 좋다 B 꿈의 내용과 현실은 관계가 없다 **C 감정을 지닌 꿈은 의미가 있는 것이다** D 꿈을 꾸는 것은 지나치게 자랑스러움의 표현이다

| 梦 mèng 명 꿈 | 伴随 bànsuí 동 수반하다, 동행하다 | ★情绪 qíngxù 명 감정, 마음 | 说明 shuōmíng 동 설명하다 | ★意义 yìyì 명 의미, 뜻 | 内容 nèiróng 명 내용 | 往往 wǎngwǎng 부 종종, 자주 | 清醒 qīngxǐng 동 깨어나다 | 未 wèi 부 아직 ~하지 않다 [≒还没] | 进入 jìnrù 동 진입하다, 들다 | 梦境 mèngjìng 명 꿈속, 꿈결 | 加工 jiāgōng 동 가공 가공하다 | 及 jí 접 및, ~와 | 处理 chǔlǐ 동 처리하다 | 可是 kěshì 접 그러나, 하지만 | 困扰 kùnrǎo 동 괴롭힘, 성가심 동 괴롭히다, 성가시게 하다 | 睡眠 shuìmián 명 수면, 잠 | 质量 zhìliàng 명 질, 품질 | ★现实 xiànshí 명 현실 | 无关 wúguān 동 관계가 없다, 무관하다 [与A无关: A와 무관하다] | 过于 guòyú 부 지나치게, 너무 | 骄傲 jiāo'ào 형 자랑스럽다, 거만하다, 교만하다 | ★表现 biǎoxiàn 명 표현 동 표현하다, 나타내다

32 C [超过+수량 (수량)을 초과하다] 첫 문장에서 '有一棵千年银杏树(천 년 된 은행나무가 자라고 있다)'라고 직접적으로 언급하였다. 또한, 은행나무의 수령과 관련해서 '超过一千四百年的历史(1,400년이 넘는 역사)'라고 언급된 내용과 보기 'C. 那棵银杏树是千年古树(그 은행나무는 천 년 된 고목이다)'의 내용이 일치한다.

A, D (×) 지문에서 언급하지 않았다.

B (×) 나무의 가을철 모습을 언급했을 뿐, 여름과 관련한 내용은 언급하지 않았다.

C 西安观音寺中长有一棵千年银杏树。相传，这棵银杏树是当年李世民亲自种下的，**C** 距今已经有超过一千四百年的历史了，现在它已被列入国家古树名木保护名录。一到秋季，这棵银杏树下便铺满了黄叶，像金黄色的地毯一样，吸引着众多游客前去观赏。	**C** 시안의 관음사에는 천 년 된 은행나무가 자라고 있다. 전해지는 바에 따르면, 이 은행나무는 그 당시 이세민이 직접 심은 것이라고 하는데, **C** 지금으로부터 이미 1,400년이 넘는 역사를 가지고 있다. 현재 이 은행나무는 국가 고목(古木)과 명목(名木) 보호 리스트에 등재되었다. 가을철이 되면 이 은행나무 아래에는 노란 잎이 가득해 마치 황금색 카펫과도 같으며 많은 관광객들이 감상하러 가도록 매료시키고 있다.
A 观音寺禁止游客进入 B 银杏树只适合夏天观赏 **C 那棵银杏树是千年古树** D 银杏树的果实可以治病	A 관음사는 관광객의 진입을 금지하고 있다 B 은행나무는 여름에만 감상하는 것이 좋다 **C 그 은행나무는 천 년 된 고목이다** D 은행나무의 열매는 병을 치료할 수 있다

西安 Xī'ān 고유 시안 [산시(陕西)성의 성정부 소재지] | 观音寺 Guānyīnsì 고유 관음사 | 长 zhǎng 동 자라다, 생장하다 | 棵 kē 양 그루, 포기 [식물을 세는 단위] | 银杏树 yínxìngshù 명 은행나무 | 相传 xiāngchuán 동 전하는 바에 따르면 ~이다, ~라고 전해지다 | 当年 dāngnián 명 그 당시, 그때, 그해 | 李世民 Lǐ Shìmín 고유 이세민 [599~649년, 당 태종] | ★亲自 qīnzì 부 직접, 손수 | 种 zhòng 동 심다, 뿌리다 | 距今 jùjīn 동 지금으로부터 (얼마간) 떨어져 있다 | 超过 chāoguò 동 넘다, 초과하다 | 列入 lièrù 동 집어넣다, 끼워 넣다 [被列入: 등재되다] | 古 gǔ 형 오래되다 [古树 고목(100년 이상 된 나무)] | 名 míng 형 유명한, 명성이 있는 [名木: 명목(희소하거나 어떤 유래가 있어 이름난 나무)] | 保护 bǎohù 동 보호하다 | 名录 mínglù 명 명부, 명단 | 秋季 qiūjì 명 가을철, 추계 | 便 biàn 부 곧, 바로 [≒就] | 铺满 pūmǎn 동 가득히 깔다, 전면에 깔다 | 黄 huáng 형 노란색 | 叶 yè 명 잎 | 金黄色 jīnhuángsè 명 황금색, 금색 | 地毯 dìtǎn 명 카펫, 양탄자 | 吸引 xīyǐn 동 매료시키다, 끌어당기다 | 众多 zhòngduō 형 매우 많다 | 游客 yóukè 명 관광객, 여행객 [吸引游客: 관광객을 매료시키다] | 观赏 guānshǎng 동 감상하다, 보고 즐기다 | 禁止 jìnzhǐ 동 금지하다, 불허하다 | 进入 jìnrù 동 진입하다, 들다 | 适合 shìhé 동 적합하다, 알맞다, 적절하다 | ★果实 guǒshí 명 과실 | 治病 zhìbìng 동 병을 고치다, 치료하다

33 D [采集 수집하다 → 收集 수집하다] '街景工程师就是采集这些街景图数据的人(로드뷰 기사가 바로 로드뷰 데이터를 수집하는 사람)'이라는 내용이 보기 'D. 街景工程师负责收集图片数据(로드뷰 기사는 사진 데이터 수집을 책임진다)'의 내용과 일치한다.

A (×) 전자 지도의 '노선'과 관련된 내용은 언급되지 않았다.

B (×) 로드뷰 기사는 로드뷰 데이터를 수집하는 사람이라고 했지, 관광 명소를 추천해줄 수 있는지는 알 수 없다.

C (×) 지문에서 언급하지 않았다.

现在许多电子地图不但可以显示平面地图，还能够显示立体的街景图片。那这些街景图是如何来的呢？实际上，**BD** 街景工程师就是采集这些街景图数据的人。他们全年都在外工作，从热闹的城市到安静的深山丛林，足迹几乎踏遍了全世界的每一个角落。

A 电子地图无法提供准确的路线
B 街景工程师会推荐旅游景点
C 中国的电子地图研发前景不乐观
D 街景工程师负责收集图片数据

현재 많은 전자 지도는 평면 지도를 보여 줄 수 있을 뿐만 아니라, 입체적인 로드뷰도 보여 줄 수 있다. 그럼 이러한 로드뷰는 어떻게 온 것일까? 사실은, **BD** 로드뷰 기사가 바로 이러한 로드뷰 데이터를 수집하는 사람이다. 그들은 한 해 내내 밖에서 일하며, 번화한 도시에서부터 조용한 깊은 산 숲속까지, 이들의 발자취는 전 세계의 거의 모든 곳에 찍혀 있다.

A 전자 지도는 정확한 노선을 제공할 수 없다
B 로드뷰 기사는 관광 명소를 추천해줄 수 있다
C 중국의 전자 지도는 연구 개발 전망이 낙관적이지 않다
D 로드뷰 기사는 사진 데이터 수집을 책임진다

许多 xǔduō 혱 (사람의 수·물건의 수량이) 매우 많다 | 电子 diànzǐ 몡 전자 | 不但 búdàn 젭 ~뿐만 아니라 [不但A还B: A뿐만 아니라 또한 B하다] | ★显示 xiǎnshì 동 보여 주다, 뚜렷하게 나타내 보이다 | 平面 píngmiàn 몡 평면 | 能够 nénggòu 조동 ~할 수 있다 | 立体 lìtǐ 몡 입체 | 街景 jiējǐng 몡 길거리 풍경, 길거리 모습 | 图片 túpiàn 몡 사진 | 街景图 jiējǐngtú 몡 로드뷰 | ★如何 rúhé 대 어떻게 | 实际 shíjì 몡 실제 | ★工程师 gōngchéngshī 몡 엔지니어 | 采集 cǎijí 동 수집하다, 채집하다 | 全年 quánnián 몡 한 해, 만 1년간 | 热闹 rènao 혱 번화하다, 떠들썩하다 [일반적으로 장소에 쓰임] | 深山 shēnshān 몡 깊은 산 | 丛林 cónglín 몡 울창한 숲, 밀림 | 足迹 zújì 몡 발자취, 족적 | 踏 tà 동 밟다, 나가다 | 遍 biàn 혱 온, 전면적인 | 角落 jiǎoluò 몡 구석, 모퉁이 | 无法 wúfǎ 동 ~할 수 없다, 방법이 없다 | 提供 tígōng 동 제공하다 | 准确 zhǔnquè 혱 정확하다, 확실하다 | 路线 lùxiàn 몡 노선 | ★推荐 tuījiàn 동 추천하다, 소개하다 | 景点 jǐngdiǎn 몡 명소 | 研发 yánfā 동 연구 개발하다 | 前景 qiánjǐng 몡 전망 | ★乐观 lèguān 혱 낙관적이다 | 负责 fùzé 동 책임지다 | 收集 shōují 동 수집하다

34~37

34 A [由……发明 ~가 발명하다] 구체적 사실에 대한 질문은, 지문에서 해당 부분을 찾아 보기와 대조하며 풀면 쉽게 답을 찾을 수 있다. 지문 초반에 '大连的一群大学生(따리엔의 대학생들)'이 '用自行车来提供动力的洗衣机(자전거를 이용해 동력을 제공하는 세탁기)'를 발명했다고 언급했으므로 답은 'A. 由学生发明(학생이 발명했다)'이다.

35 D [转动 (기계가) 돌아가다, 움직이다] 질문의 키워드[转动]를 지문에서 찾아, 앞뒤 내용을 파악하면 빠르게 답을 찾을 수 있다. 질문의 키워드 '转动'은 지문에 '当人们骑车的时候，就会产生电量带动洗衣仓转动(사람이 자전거를 탈 때, 전기를 생산해서 세탁조가 돌아간다)'이라고 등장했다. 이 내용을 요약한 'D. 骑车产生的电能(자전거를 타서 생산한 전기 에너지)'이 답이다.

36 D [适用 사용에 적합하다 → 适合 적합하다] 지문의 '适用'이 질문에서는 '适合'로 바꾸어 표현되었다. 지문에서 '适用' 앞에 '要洗的衣服较少，而且又要锻炼的人(세탁해야 할 옷이 비교적 적으면서 운동도 하려고 하는 사람)'이라고 언급된 문장에서 답이 'D. 洗衣不多且需要锻炼的人(세탁물이 많지 않으면서 운동을 하려고 하는 사람)'임을 알 수 있다.

37 C [说不定 어쩌면] 마지막 문장 '说不定哪一天你就可以在商店中遇到这个产品了(어쩌면 언젠가 상점에서 이 상품을 마주치게 될 수도 있다)'라는 말은 곧 'C. 目前买不到自行车洗衣机(현재는 자전거 세탁기를 살 수 없다)'의 의미이다.

A (×) 자전거 세탁기가 하나의 콘셉트 상품에 불과하다고 했으므로, 운동 세탁이 유행하고 있다는 말은 틀리다.

B, D (×) 지문에서 언급하지 않았다.

"运动洗衣"也许在将来会成为一种全新的洗衣方式。最先提出这一概念的是来自大连的 ³⁴一群大学生。他们发明了一种用自行车来提供动力的洗衣机。

发明者称:"骑车是一项十分流行的运动,而洗衣服是你每天或至少每周都要做的事,那为什么不将二者结合起来呢?"

这种自行车洗衣机和普通的健身器材一样,固定于室内。它的工作原理是:将脏衣服放入自行车底端的一个洗衣仓里,³⁵当人们骑车的时候,就会产生电量带动洗衣仓转动,直到把衣服洗干净为止。而剩余的电还能用于显示屏,甚至可以存储起来。

尽管自行车洗衣机现在仅仅是一个概念产品,可 ³⁶它对于那些要洗的衣服较少,而且又要锻炼的人来讲非常适用。在科技迅速发展的今天, ³⁷说不定哪一天你就可以在商店中遇到这个产品了。

운동 세탁이 어쩌면 앞으로 아주 새로운 세탁 방식이 될 것이다. 제일 먼저 이 개념을 제기한 것은 따리엔의 ³⁴대학생들이다. 그들은 자전거를 이용해 동력을 제공하는 세탁기를 발명했다.

발명자는 다음과 같이 말했다. "자전거 타기는 매우 유행하는 운동입니다. 그리고 세탁은 당신이 매일 또는 최소 매주 해야 하는 일이죠. 그렇다면 왜 두 가지를 결합하지 않는 건가요?"

이러한 자전거 세탁기는 일반 헬스 기구와 같이 실내에 고정되어 있다. 이 세탁기의 작동 원리는 다음과 같다: 더러운 옷가지를 자전거 아래 부분에 있는 세탁조에 넣는다. ³⁵사람들이 자전거를 탈 때 전기를 생산해서 옷이 깨끗하게 세탁될 때까지 세탁조가 돌아가게 한다. 그리고 남은 전기는 스크린에 사용하고, 심지어 저장할 수도 있다.

비록 자전거 세탁기가 현재는 단지 하나의 콘셉트 상품에 불과하다고 하더라도, ³⁶이 자전거 세탁기는 세탁해야 할 옷이 비교적 적으면서 운동도 하려고 하는 사람에게는 매우 적합하다. 과학기술이 빠르게 발전하고 있는 오늘, ³⁷어쩌면 언젠가 상점에서 이 상품을 마주치게 될 수도 있다.

---

34 自行车洗衣机:
 A 由学生发明
 B 能骑到室外
 C 非常浪费电
 D 可折叠

35 洗衣仓靠什么转动?
 A 充电器
 B 风能
 C 用手推
 D 骑车产生的电能

36 自行车洗衣机最适合哪些人?
 A 懂设计的人
 B 热爱生活的人
 C 经常出差的上班族
 D 洗衣不多且需要锻炼的人

34 자전거 세탁기는:
 A 학생이 발명했다
 B 실외로 타고 나갈 수 있다
 C 전기 낭비가 심하다
 D 접을 수 있다

35 세탁조는 무엇으로 돌아가는가?
 A 충전기
 B 풍력 에너지
 C 손으로 밀어서
 D 자전거를 타서 생산한 전기 에너지

36 자전거 세탁기는 어떤 사람에게 가장 적합한가?
 A 디자인을 아는 사람
 B 삶을 뜨겁게 사랑하는 사람
 C 자주 출장 가는 직장인
 D 세탁물이 많지 않으면서 운동을 하려고 하는 사람

37 根据上文，下列哪项正确？	37 윗글에 근거해 다음 중 옳은 것은?
A 运动洗衣已十分流行	A 운동 세탁은 이미 매우 유행하고 있다
B 骑车的人很少	B 자전거를 타는 사람은 매우 적다
C 目前买不到自行车洗衣机	**C 현재는 자전거 세탁기를 살 수 없다**
D 自行车洗衣机洗的衣服更干净	D 자전거 세탁기로 빤 옷이 더 깨끗하다

也许 yěxǔ 뷘 어쩌면, 아마도 [추측이나 짐작을 나타냄] | **将来** jiānglái 몡 장래, 미래 | **成为** chéngwéi 동 ~이 되다, ~로 되다 | **全新** quánxīn 형 참신하다, 아주 새롭다 | ★**方式** fāngshì 몡 방식, 방법 | **最先** zuìxiān 뷘 제일 먼저 | **提出** tíchū 동 제기하다 | ★**概念** gàiniàn 몡 개념 | **来自** láizì ~에서부터 오다 | **大连** Dàlián 고유 따리엔, 대련 [중국 동북지역의 최대 항구도시] | **群** qún 양 무리, 떼 | ★**发明** fāmíng 동 발명하다 | **动力** dònglì 몡 동력, 원동력 | **洗衣机** xǐyījī 몡 세탁기 | **者** zhě [그러한 속성을 가지고 있거나 동작을 하는 사람이나 사물] | ★**称** chēng 동 말하다 | **骑车** qíchē 자전거를 타다 | ★**项** xiàng 양 가지, 항목 | **十分** shífēn 뷘 매우 | **流行** liúxíng 동 유행하는 | **而** ér 접 그리고 [≒而且] | **至少** zhìshǎo 뷘 적어도, 최소한 | **二者** èrzhě 두 가지, 양자 | ★**结合** jiéhé 동 결합하다, 결부하다 | ★**健身** jiànshēn 동 헬스, 신체를 건강하게 하다 | **器材** qìcái 몡 기구, 기자재 | ★**固定** gùdìng 형 고정되다, 불변하다 | **于** yú 개 ~에 [=在] | **普通** pǔtōng 형 일반적이다, 보통이다 | **室内** shìnèi 몡 실내 | **原理** yuánlǐ 몡 원리 | **脏** zāng 형 더럽다, 지저분하다 | **底端** dǐduān 몡 아랫부분, 밑바닥 | **仓** cāng 몡 창고 | ★**产生** chǎnshēng 동 생기다, 나타나다 | **电量** diànliàng 몡 전량, 전기량 | **带动** dàidòng 동 움직이게 하다, 움직이다 | **转动** zhuǎndòng 동 돌아가다, 움직이다 | **直到** zhídào 동 줄곧 ~까지 | **为止** wéizhǐ 동 ~하기까지 | **剩余** shèngyú 동 남겨 두다, 남기다 | **电** diàn 몡 전기 | **用于** yòngyú ~에 쓰다 | **显示屏** xiǎnshìpíng 몡 스크린, 화면 | **存储** cúnchǔ 동 저장하다 몡 축적 | **尽管** jǐnguǎn 접 비록 ~할지라도 | **仅仅** jǐnjǐn 뷘 단지, 겨우 [≒还] | ★**概念** gàiniàn 몡 개념 | ★**产品** chǎnpǐn 몡 제품, 생산품 [概念产品: 콘셉트 상품] | **对于** duìyú 개 ~에 대해서, ~에 대하여 | **适用** shìyòng 형 사용에 적합하다, 쓰기에 맞갖다 | **科技** kējì 몡 과학기술 | **迅速** xùnsù 형 신속하다 | **发展** fāzhǎn 동 발전 | ★**说不定** shuōbudìng 뷘 어쩌면, 아마 | **室外** shìwài 몡 실외, 옥외 | **浪费** làngfèi 동 낭비하다 | **折叠** zhédié 동 접다, 개다 | ★**靠** kào 동 의지하다, 의탁하다 | ★**充电器** chōngdiànqì 몡 충전기 | **风能** fēngnéng 몡 풍력 에너지 | **推** tuī 동 밀다 | **电能** diànnéng 몡 전기 에너지 | **适合** shìhé 동 적합하다 | ★**设计** shèjì 몡 디자인, 설계 | ★**热爱** rè'ài 동 뜨겁게 사랑하다 | **生活** shēnghuó 몡 생활 | **出差** chūchāi 동 (외지로) 출장 가다 | **上班族** shàngbānzú 직장인, 샐러리맨 | ★**目前** mùqián 몡 현재, 지금

38~41

38 B [对……感兴趣 ~에 흥미를 보이다] '从小就对植物感兴趣的朱姝杰(어릴 때부터 식물에 흥미를 보이던 주슈제)'를 통해 주슈제가 어렸을 때부터 'B. 植物(식물)'에 흥미를 느꼈음을 알 수 있다.

39 C [不但A，而且B A뿐아니라 B이기도 하다] 설도의 특징에 대해 '不但味道好而且特别有营养(맛이 좋을 뿐만 아니라 영양이 풍부하다)'이라고 언급했으므로, 보기 'C. 营养价值高(영양가가 높다)'가 정답이다.

40 D [先A，接着B 먼저 A하고, 이어서 B하다] 질문에서 '最后'라고 했으므로, 인물의 '마지막' 행동에 주의해서 보면 된다. 마지막 단락의 '先将它们放到院子中晒了几天，接着又把它们放到冷水盆中泡了一段时间(우선 그 씨를 마당에 두어 며칠 간 햇빛을 쬐고 이어서 또 찬물이 담긴 대야에 일정 시간 담가 두었다)'이라는 문장을 요약 정리한 보기 'C. 晒后放入冷水中(햇빛을 쬔 뒤 찬물에 넣어서)'이 답이다.

41 A [仔细观察 자세히 관찰하다 → 善于观察 관찰에 능하다] 두 번째 단락에서 '她是一个喜欢思考的姑娘。通过仔细观察，她发现原来是由于雪桃核的壳太硬，才导致桃苗不能发芽'(그녀는 생각하는 것을 좋아하는 아가씨였다. 자세한 관찰을 통해 그녀는 알고 보니 설도씨 껍데기가 너무 단단해서 모종이 싹을 틔울 수 없다는 것을 발견했다)'를 통해 보기 'A. 朱姝杰善于观察(주슈제는 관찰을 잘 한다)'가 답임을 알 수 있다.

---

³⁹在云南丽江，有一种名为雪桃的水果，不但味道好而且特别有营养。当地很多人都想种植雪桃，可雪桃的成活率却很低。³⁸从小就对植物感兴趣的朱姝杰非常想解决这个难题。

³⁹윈난[云南] 리장[丽江]에는 설도[雪桃]라는 이름의 과일이 있는데 맛이 좋을 뿐만 아니라 영양도 풍부하다. 현지의 많은 사람들이 설도를 심으려고 했지만, 설도의 활착률은 매우 낮았다. ³⁸어릴 때부터 식물에 흥미를 보이던 주슈제[朱姝杰, Zhūshūjié]는 이 난제를 무척 해결하고 싶어했다.

朱姝杰是一名丽江的中学生，[41]她是一个喜欢思考的姑娘。通过仔细观察，她发现原来是由于雪桃核的壳太硬，才导致桃苗不能发芽，于是她就打算把桃核打开，直接使用桃仁在春季育苗。可当她试着敲开桃核的时候，没想到，里面的桃仁也被弄烂了，为此她感到很苦恼。

　　有一天，她在外边散步，突然踢到了一个桃核，她仔细看了看，发现这个桃核是裂开的。于是，她向一位村民询问桃核为什么会自然裂开。村民对她说："前些日子，桃核在阳光下晒了好几天，后来又下了一场大雨，最后桃核就自己裂开了。"

　　朱姝杰听后很高兴，立刻跑回家拿出自己收集的桃核，[40]先将它们放到院子中晒了几天，接着又把它们放到冷水盆中泡了一段时间后取出来，轻轻地敲了几下，桃核果然纷纷裂开，而且里边的桃仁完好无损。到了春天，她将桃仁种在了地里，不久后，就长出来了可爱的嫩苗。就这样，朱姝杰解决了雪桃育苗这一难题，她也因此在青少年科技创新大赛中获得了银奖。

38 朱姝杰从小对什么感兴趣？
　　A 舞蹈　　　　**B 植物**
　　C 运动　　　　D 武术

39 雪桃有什么特点？
　　A 不易存放　　　B 冬季成熟
　　C 营养价值高　D 桃核很大

40 朱姝杰最后是怎样把桃核弄开的？
　　A 用火加热
　　B 往地上扔
　　C 使用微波炉
　　D 晒后放入冷水中

41 根据上文，可以知道什么？
　　A 朱姝杰善于观察
　　B 雪桃都长在山坡上
　　C 丽江冬天降雪量大
　　D 朱姝杰考上了清华大学

云南 Yúnnán 고유 윈난성 | **丽江** Lìjiāng 고유 리장 | **为** wéi 통 ~이다 [名为: ~라는 이름이다] | **雪桃** Xuětáo 고유 설도 [복숭아의 일종] | **味道** wèidao 명 맛 | ★**营养** yíngyǎng 명 영양 | ★**当地** dāngdì 명 현지, 그 곳 | **种植** zhòngzhí 통 심다, 재배하다 | **成活率** chénghuólǜ 명 활착률, 생존율

| 却 què 團 도리어, 반대로 | 低 dī 團 낮다 | 植物 zhíwù 團 식물 | 难题 nántí 團 난제 | 名 míng 團 명 [늑개] | ★思考 sīkǎo 團 사고하다, 깊이 생각하다 | ★姑娘 gūniang 團 아가씨 | 仔细 zǐxì 團 자세하다, 세심하다 | 观察 guānchá 團 (사물·현상을) 관찰하다, 살피다 | 原来 yuánlái 團 알고 보니 | 由于 yóuyú 團 ~로 인하여 | 核 hé 團 과실의 씨 | 壳 ké 團 (동물·식물·과실 등의) 껍데기, 껍질 | ★硬 yìng 團 단단하다, 딱딱하다 | ★导致 dǎozhì 團 (어떤 사태를) 야기하다, 초래하다 [导致+안 좋은일] | 发芽 fāyá 團 싹이 트다, 발아하다 | 于是 yúshì 團 그래서, 그리하여 [늑所以] | 打开 dǎkāi 團 열다 | 直接 zhíjiē 團 직접 | 桃仁 táorén 團 복숭아씨의 알맹이 | 春季 chūnjì 團 봄철, 봄 | 育苗 yùmiáo 團 육묘하다, 모종을 기르다 | 敲 qiāo 團 두드리다, 치다 | 没想到 méi xiǎngdào 생각지 못하다 | ★烂 làn 團 망가지다, (음식물이 너무 익어서) 무르다, 흐물흐물하다 | 为此 wèicǐ 團 이로 인해, 이 때문에 | 感到 gǎndào 團 느끼다, 여기다 | 苦恼 kǔnǎo 團 고뇌하다, 고민하다 | 外边 wàibian 團 밖, 바깥 | 散步 sànbù 團 산보하다 | 踢 tī 團 차다, 발길질하다 | 裂开 lièkāi 團 갈라지다, 찢어지다 | 村民 cūnmín 團 촌민, 시골 백성 | ★询问 xúnwèn 團 물어보다, 문의하다 | 自然 zìrán 團 저절로, 자연히 | ★日子 rìzi 團 날 | 阳光 yángguāng 團 햇빛 | ★晒 shài 團 햇볕을 쬐다, 햇볕에 말리다 | 好几 hǎojǐ 團 몇, 여러 | 大雨 dàyǔ 團 큰비, 호우 | ★立刻 lìkè 團 바로, 곧 | 收集 shōují 團 수집하다 | 院子 yuànzi 團 마당, 정원, 뜰 | 接着 jiēzhe 團 이어서, 계속해서, 연이어 | ★盆 pén 團 대야, 화분 | 泡 pào 團 물에 담그다 | 取 qǔ 團 고르다 | 轻 qīng 團 가볍다 | 敲 qiāo 團 두드리다 | 纷纷 fēnfēn 團 연달아, 잇달아 | 里边 lǐbian 團 안, 안쪽 | 完好 wánhǎo 團 완벽하다, 완전하다 | 无 wú 團 없다 | 损 sǔn 團 훼손하다 [无损: 손상이 없다, 영향이 없다] | 嫩苗 nènmiáo 團 새싹, 새순 | ★青少年 qīngshàonián 團 청소년 | 创新 chuàngxīn 團 창조성 團 혁신하다 | 大赛 dàsài 團 대형 경기, 큰 경기 | 获得 huòdé 團 얻다 | 银奖 yínjiǎng 團 은상 [获得银奖: 은상을 받다] | 舞蹈 wǔdǎo 團 무용, 춤 | ★武术 wǔshù 團 무술 | 特点 tèdiǎn 團 특징, 특색, 특성 | 不易 búyì 團 어렵다, 쉽지 않다 | ★存放 cúnfàng 團 보관해 두다 | 冬季 dōngjì 團 겨울 | ★成熟 chéngshú 團 (식물의 열매 등이) 익다, 여물다 | 加热 jiārè 團 가열하다, 데우다 | 扔 rēng 團 던지다, 내버리다 | 微波炉 wēibōlú 團 전자레인지 | 山坡 shānpō 團 산비탈 | 降雪量 jiàngxuěliàng 團 강설량 | 考上 kǎoshàng 團 시험에 합격하다 |

42~45

42 B [根据…… ~에 근거하다 → 坚持数学原理 수학적 원리를 고집했다] '坚持他的数学原理(그의 수학적 원리를 고집했다)'라고 했으므로 아들은 'B. 数学(수학)'에 근거해 대답한 것이다.

43 C 한 모퉁이를 잘라내 다섯 개의 각이 생긴다는 아버지의 말도 맞고, 새로운 방법으로 잘라내 삼각형, 사각형을 만들어낸 아들의 대답도 맞다. 따라서 'C. 都做对了(모두 맞췄다)'가 답이다. 전체적인 이야기를 이해해야 하는 내용으로, 어느 한 부분만 읽어서는 답을 찾아내기 어려운 문제이다.

44 A [지문에 나온 숫자 체크 → 소거법 이용] 지문에서 아버지는 오각형을, 아들은 삼각형, 사각형을 언급했다. 따라서 보기 중 지문에서 유일하게 언급되지 않은 'A. 两个角(두 개의 각)'가 답이다. 소거법으로 체크하면서 풀면 좀 더 쉽게 풀 수 있다.

45 D [只有+유일한 조건，才+결과] 보통 마지막 단락에서 전체 내용의 주제를 제시한다. 특히 '事实上'과 같은 말이 나오면 뒷부분을 주목해서 읽어야 한다. 문제가 '이 이야기가 설명하고자 하는 바가 아닌 것'이므로, 나머지 세 개는 지문에서 찾을 수 있는 내용이다. 지문의 마지막 단락에 '多角度、多方位地进行思考'는 보기 'B. 全面考虑问题'로, '敢于实践'은 보기 'C. 勇于开展实践'으로, '摆脱惯性思维方式'는 보기 'A. 打破常规思维'로 표현되었다. 마지막 단락 첫 부분에 '常规思考方式'가 나오지만, 부정적으로 언급한 것이므로 답이 아니다. 보기 A와 D에서 헷갈리도록 함정을 파 놓은 것이다.

有一位父亲拿一道并不怎么新鲜的智力游戏题来考他的儿子："一个桌面有四个角，锯掉一个角，还剩下几个？"

儿子不假思索地回答道："当然还剩三个了!"这样的答案是父亲意料之内的。于是父亲笑着说道："是吗? 错了，⁴⁴还剩下五个。"

儿子难以接受这个答案，⁴²坚持他的数学原理："四减一等于三。"

한 아버지가 그다지 새롭지 않은 지능게임을 가지고 그의 아들을 시험했다: "한 탁자에 네 개의 각이 있는데, 하나를 톱으로 잘라 버리면 몇 개가 남지?"

아들은 생각할 필요도 없이 바로 답했다. "당연히 세 개가 남죠!" 이러한 답은 아버지가 예상한 그대로였기 때문에 아버지는 웃으며 말했다. "그래? 틀렸어. ⁴⁴5개가 남았어."

아들은 그 답을 받아들이기 어려워서 ⁴²그의 수학적 원리를 고집했다. "4 빼기 1은 3이에요."

父亲却早有准备，他找出一张长方形的白纸，用剪刀剪去了一个角，对儿子说："假如这是一张桌面，现在剪去了一个角，你数一下还剩几个角？"

儿子当然也不笨，他立刻便明白了父亲的智力游戏，也笑着说："是，这么"剪"是剩五个角，但我为什么要这么"剪"？"

说着，他拿过父亲手中的剪刀与"桌面"，沿着"桌面"的对角线剪了下去，之后挥舞起手里的 **44**三角形，很得意地问父亲："您瞧，现在不就只剩三个角了吗？"

父亲哑口无言，一时间有点儿尴尬。可没过多久，父亲便高兴地笑了起来，对儿子说："很好，想一想，还有别的可能性吗？"

儿子歪着头在白纸上比划着，然后说： **44**"也有可能是四个角。"只见他拿着剪刀沿"桌面"一边除了两个顶点之外的任何地方向其他两个顶点的其中一个剪下去，得到的仍然是一个四角的"桌面"。

许多时候，我们习惯按照常规思考的方式去回答问题与寻求答案，这往往会束缚我们的思考。事实上，思考与实践才是我们找出答案的有效方法。**45**只有多角度、多方位地进行思考，敢于实践，才可以摆脱惯性思维方式，找出更多的可能性。

42 文章开头儿子根据什么回答了父亲的问题？
A 思考　　　　**B 数学**
C 经历　　　　D 实践

43 最后谁做对了这道题？
A 儿子　　　　B 母亲
C 都做对了　D 都做错了

44 对于父亲的问题，哪一项答案没有可能性？
A 两个角　　B 三个角
C 四个角　　　D 五个角

45 哪一项不是这个故事要说明的？
A 打破常规思维
B 全面考虑问题
C 勇于开展实践
D 坚持惯性思维

父亲 fùqīn 명 아버지, 부친 | 道 dào 양 문제, 줄 [문제를 세는 단위] | 并 bìng 부 [부정사 앞에 쓰여 부정의 어투 강조] | 智力 zhìlì 명 지능, 지력 [智力游戏 지능게임] | 桌面 zhuōmiàn 명 탁자, 탁자의 윗면 | 锯 jù 동 톱으로 자르다, 톱질하다 | 掉 diào 동 ~해 버리다 [동사 뒤에 결과보어로 쓰여 제거(없애 버리는 것)를 나타냄] | 剩 shèng 동 남다 | 不假思索 bùjiǎ sīsuǒ 생각할 필요 없이 곧장 반응하다 [말·행위가 신속한 것을 말함] | 道 dào 동 말하다 | 答案 dá'àn 명 답, 답안 | 意料 yìliào 예상하다, 예측하다 | 之内 zhīnèi ~의 안, ~의 내 | 于是 yúshì 접 그리하여 | 接受 jiēshòu 동 받아들이다, 수락하다 | 坚持 jiānchí 동 고집하다, 고수하다 | 原理 yuánlǐ 명 원리 | 减 jiǎn 동 빼다 | ★等于 děngyú (수량이)~와 같다 | 早 zǎo 부 일찍이, 이미 | 长方形 chángfāngxíng 명 직사각형 | 白纸 báizhǐ 명 백지 | ★剪刀 jiǎndāo 명 가위 | 剪 jiǎn 동 자르다 | ★假如 jiǎrú 접 만약, 만일 [≒如果] | ★数 shǔ 동 세다, 헤아리다 | 笨 bèn 형 어리석다, 멍청하다 | ★立刻 lìkè 부 곧, 즉시, 바로 [≒马上] | ★便 biàn 부 곧, 바로 [≒就] | 沿着 yánzhe 개 ~를 따라서, ~를 끼고 | 对角线 duìjiǎoxiàn 명 대각선 | 挥舞 huīwǔ 동 흔들다 | 得意 déyì 동 득의하다, 대단히 만족하다 | ★瞧 qiáo 동 보다, 구경하다 | 哑口无言 yǎkǒu wúyán 성 말문이 막히다, 벙어리처럼 말을 못하다 | 一时间 yìshíjiān 한순간, 갑자기 | 尴尬 gāngà 형 (입장·태도 등이) 어색하다, 난처하다 | 可能性 kěnéngxìng 명 가능성 | ★歪 wāi 형 비뚤다, 기울다, 비스듬하다 [歪头: 머리를 갸우뚱하다] | 比划 bǐhua 동 손짓하다, 비교하다 | 沿 yán 개 ~를 따라 | 顶点 dǐngdiǎn 명 정점, 꼭짓점 | 任何 rènhé 대 어떠한, 무슨 | 得到 dédào 동 얻다, 획득하다 | 仍然 réngrán 부 여전히, 아직도 [≒还] | 按照 ànzhào 개 ~에 따라, ~대로 | 常规 chángguī 명 일반적인, 통상적인 | ★思考 sīkǎo 동 사고하다, 사색하다 | 寻求 xúnqiú 동 찾다, 탐구하다 | 束缚 shùfù 동 속박, 구속 | 事实上 shìshíshang 명 사실상 | ★实践 shíjiàn 동 실천, 실행 | 有效 yǒuxiào 형 효과가 있다, 유효하다 | ★角度 jiǎodù 명 각도, 관점 | 方位 fāngwèi 명 방위, 방향 | 敢于 gǎnyú 용감하게 ~하다, 대담하게 ~하다 | 摆脱 bǎituō 동 (속박·어려운 상황 등에서) 벗어나다, 빠져나오다 | 惯性 guànxìng 명 관성, 타성 | 思维 sīwéi 명 사유 | 文章 wénzhāng 명 글, 문장 | 开头 kāitóu 명 첫머리, 처음 | 经历 jīnglì 동 몸소 겪다, 체험하다, 경험하다 | 母亲 mǔqīn 명 어머니, 모친 | 打破 dǎpò 동 (제한, 구속, 속박 등을) 깨다, 부수다 | ★全面 quánmiàn 명 전면, 전체 | 考虑 kǎolǜ 동 고려하다, 생각하다 | 开展 kāizhǎn 동 전개하다

书写 | 쓰기

46 好孩子 我的 是个孝顺长辈的 妹妹 ─────── [A(특정한 대상)+是+B(설명) A는 B이다]

대사+조사	명사	동사+양사+명사+조사	형용사+명사
我的	妹妹	是个孝顺长辈的	好孩子。
관형어+的	주어	술어	관형어 목적어

내 여동생은 손윗사람을 공경하는 착한 아이다.

STEP 1 판단이나 설명을 나타내는 '是'자문의 기본 어순은 'A[특정한 대상]+是+B[설명]'로, B에는 주어보다 좀 더 큰 범위의 내용이 온다. 즉, 명사 '妹妹'가 A 자리에 오고, 주어보다 큰 범위인 '孩子'가 B 자리에 온다.

STEP 2 조사 '的'가 결합한 대사 '我'는 문맥상 주어 앞에 위치해 주어를 특정해 주는 관형어 역할을 한다.

★孝顺 xiàoshùn 동 공경하다, 효도하다, 어버이를 잘 봉양하다 | ★长辈 zhǎngbèi 명 손윗사람, 집안 어른, 연장자

47 相当 辩论 激烈 得 双方 ─────── [동사+得+相当激烈 상당히 격렬하게 ~하다]

명사	동사	조사	부사	형용사
双方	辩论	得	相当	激烈。
주어	술어	得	정도보어	

양측은 상당히 격렬하게 논쟁한다.

STEP 1 동사 '辩论'이 문장의 술어로, 조사 '得'는 술어 뒤에 위치해 정도보어를 이끌 수 있으므로, '辩论+得+相当[정도부사]+激烈[형용사]' 순서로 배열된다.

STEP 2 '논쟁하다'라는 행위의 주체인 명사 '双方(쌍방)'이 주어이다.

★双方 shuāngfāng 명 양측, 쌍방 | ★辩论 biànlùn 동 논쟁하다, 변론하다, 토론하다 | ★相当 xiāngdāng 부 상당히, 무척 | ★激烈 jīliè 형 격렬하다, 치열하다

48 签字　结账　信用卡　本人　需要 ──────────────── [需要+행동 ~를 필요로 하다]

명사	명사	동사	대사	동사
信用卡	结账	需要	本人	签字。
관형어	주어	술어	관형어	목적어

신용카드 결제는 본인의 서명을 필요로 한다.

STEP 1 동사가 여러 개가 나올 때는 '문장 전체의 술어'를 먼저 찾자! 동사 '需要'는 문장을 목적어를 취할 수 있는 동사이므로, '需要'를 문장의 술어로 놓고 더 배열해 보자.

STEP 2 주어진 제시어들 간의 관계를 봤을 때, '需要'는 '~하는 것은 ~가 필요하다'의 의미로 쓰였다. '需要' 앞에는 '信用卡结账'이라는 행동이, '需要' 뒤에는 '本人签字'라는 방식이 오는 것이 자연스럽다.

★**结账** jiézhàng 명 결제 | **签字** qiānzì 동 서명하다

49 风景画　墙上　漂亮的　一幅　挂着 ──────────────── [A(장소)+挂着+B(사물) A에 B가 걸려 있다]

명사+명사	동사+조사	수사+양사	형용사+조사	명사
墙上	挂着	一幅	漂亮的	风景画。
주어	술어+着	관형어	관형어+的	목적어

벽에 아름다운 풍경화가 걸려 있다.

STEP 1 조사 '着'와 결합한 동사 '挂'가 있고, 장소를 나타내는 '墙上'이 있는 것으로 보아 존현문임을 알 수 있다. 주어는 장소를 나타내는 '墙上'이며, 술어는 동사 '挂'이다.

STEP 2 목적어는 명사 '风景画'로, '风景画' 앞 관형어를 어순에 맞게 배열하는 것이 관건이다. 관형어는 '제한성 관형어→묘사성 관형어' 순서로 배열되므로, '一幅+漂亮' 어순으로 배열되어야 한다. 조사 '的'에서 힌트를 얻었다면 좀 더 고민 없이 순서 배열이 가능했을 것이다.

★**墙** qiáng 명 벽 | **挂** guà 동 (고리·못 등에) 걸다 | **风景画** fēngjǐnghuà 명 풍경화

50

| 热爱　　平时　　养成　　投入　　逐渐 |

[제시어 '热爱' '平时' 등을 보고 자신이 평소에 좋아하는 것에 대한 글로 완성한다.]

제시어 살펴보기

热爱 rè'ài 동 뜨겁게 사랑하다

'热爱'는 단어 자체에 '정도가 매우 깊음'이 담겨 있다. 뒤에는 추상명사가 주로 쓰이고, 구체적인 사람 또는 사물과는 쓰이지 않는다. 명사로도 쓰일 수 있다.

热爱和平 평화를 사랑하다 | 对文学的热爱 문학에 대한 사랑
爸爸非常热爱摄影这份工作。 아빠는 촬영이라는 이 일을 매우 좋아하신다.
他无法形容自己对摄影的热爱。 그는 촬영에 대한 자신의 열정을 형용할 수 없다.

平时 píngshí 명 평소, 평상시

'平时'는 문장에서 단독으로 쓰일 수 있고, 주어 앞뒤에서 부사어의 역할을 하기도 한다.

与平时不同 평소와 다르다 | 平时努力 평소에 노력하다
平时，我除了学习就是摄影。 평소에, 나는 배우는 것 아니면 촬영을 한다.
我平时不是在家休息就是去拍风景照。 나는 평소에 집에서 쉬거나 나가서 풍경 사진을 촬영한다.

养成 yǎngchéng 동 습관이 되다, 길러지다

'养成'은 '성격, 태도, 습관' 등을 기른다는 의미로, 주로 추상적인 어휘와 함께 쓰인다.

养成习惯 습관을 기르다 | 养成心理 마음을 기르다
青少年要从小养成早睡早起的习惯。 청소년은 어릴 때부터 일찍 자고 일찍 일어나는 습관을 길러야 한다.
养成良好的习惯并不是一件容易的事。 좋은 습관을 기르는 것은 결코 쉬운 일이 아니다.

投入 tóurù 동 몰입하다, 투입하다, 돌입하다

'投入'는 '어떤 일에 열정적으로 몰두한다'는 의미로 쓰이기도 하고, '시간이나 돈을 들인다'는 의미로 쓰이기도 하는 등, 의미가 다양하다.

投入精力 에너지를 들이다 | 投入时间 시간을 들이다 | 投入资金 자금을 투자하다
工作时，我总是会投入全部的精力。 일을 할 때, 나는 늘 전력을 다한다.
调查人员投入了大量的时间进行调查。 조사원은 많은 시간을 들여 조사를 진행했다.

逐渐 zhújiàn 부 점점, 점차

'逐渐'은 주로 자연스럽게 알게 모르게 변화하는 상황에 대해 서술할 때 쓰인다. 술어 앞에 써 주면 문장의 수준이 더욱 높아져 가산점을 받을 수 있다.

逐渐减少 점점 줄어들다 | 逐渐增加 점점 증가하다
受父亲的影响，儿子逐渐喜欢上了摄影。 아버지의 영향을 받아, 아들은 점점 사진을 찍는 것을 좋아하게 되었다.
昨天那位病人的病情已经逐渐好转了。 어제 그 환자의 병세는 점차 호전되었다.

뼈대 잡기

(1) **주제 설정하기** 热爱, 平时, 养成 → 평소 좋아하는 것에 대한 이야기 또는 경험 생각해 보기

(2) **내용 구상하기** 나는 촬영하는 것을 좋아해서, 어디든 카메라를 가지고 다니는 습관이 있다. 나와 같은 취미를 가진 사람이 더 많아지기를 바란다.

(3) **세부사항 설정하기**
인물: 我 나 / 我父亲 내 아버지
시점: 从小时候 어렸을 때부터
행동: 十分热爱摄影 촬영하는 것을 매우 좋아한다
　　　养成了带着照相机的习惯 카메라를 가지고 다니는 습관을 기르다

작문하기

도입 我从小就受父亲的影响十分热爱摄影，也因此逐渐养成了无论去哪儿，都带着相机的习惯。
나는 어렸을 때부터 아버지의 영향을 받아, 촬영하는 것을 매우 좋아했고, 이로 인해 어디를 가든 항상 카메라를 가지고 다니는 습관을 조금씩 길렀다.

전개 平时，我除了工作就是摄影，在这方面投入的时间比跟家人在一起的时间还多。
평소에, 나는 일하는 것 아니면 촬영을 하는데, 이 분야에 몰입하는 시간이 가족과 같이 있는 시간보다도 더 많다.

마무리 我希望有更多的人和我一样，把摄影当成自己的爱好。
나는 나처럼 사진 찍는 것을 취미로 삼는 사람이 더 많았으면 좋겠다.

◆ 작문 필수템 ◆

작문할 때 활용하면 좋은 표현, 주의해야 할 포인트

① 我从小就: 나는 어렸을 때부터 → 어렸을 때 겪은 경험을 이야기하면서 글을 전개한다.
② 受影响: 영향을 받다 [受+추상]
③ 접속사 '因此': 앞의 행동에 대한 결과를 나타낸다. [≒所以]
④ 无论A都B: A를 막론하고 모두 B하다
⑤ 除了A就是B: A 아니면 B이다
⑥ A比B还……: A는 B보다 더 ~하다
⑦ 我希望……: ~하기를 바라다 → 앞에 이야기한 내용을 긍정적으로 강조하면서 마무리할 수 있다.

|我|从|小|就|受|父|亲|的|影|响|十|分|热|爱|
|摄|影|，|也|因|此|逐|渐|养|成|了|无|论|去|哪|儿|，|
|都|带|着|相|机|的|习|惯|。|平|时|，|我|除|了|工| 48
|作|就|是|摄|影|，|在|这|方|面|投|入|的|时|间|比|
|跟|家|人|在|一|起|的|时|间|还|多|。|我|希|望|有| 80
|更|多|的|人|和|我|一|样|，|把|摄|影|当|成|自|己|
|的|爱|好|。|

문장부호 제외 91자

从小 cóngxiǎo 📖 어릴 때부터, 어린 시절부터 | 受 shòu 📖 받다 | 十分 shífēn 📖 매우 [=非常] | ★摄影 shèyǐng 📖 사진을 찍다 | 因此 yīncǐ 📖 그러므로, 그래서 | 无论 wúlùn 📖 ~를 막론하고, ~에 관계없이 [无论A都B: A를 막론하고 모두 B하다] | 相机 xiàngjī 📖 카메라 | 方面 fāngmiàn 📖 방면, 분야 | 家人 jiārén 📖 가족 | 当成 dàngchéng ~로 여기다

51

[친구들과 '축구 경기를 관람'하는 아빠에 대한 이야기를 만들자.]

사진 살펴보기

여러 명의 남자가 축구 경기를 보고 있는 모습이다.

* 남자들 → 爸爸和他的朋友们 아빠와 친구들
* 축구공과 텔레비전 → 观看足球比赛 텔레비전으로 축구 경기를 본다

뼈대 잡기

(1) 주제 찾기   아빠와 친구들의 '축구 경기 관람'

(2) 내용 구상하기   아빠는 친구들과 축구 경기를 보는 것을 좋아한다. 간식을 먹으면서 응원하느라 집이 어지러워졌고, 엄마가 이 모습을 본다면 분명히 화를 낼 것이라고 생각한다.

(3) 세부사항 설정하기   인물: 爸爸和朋友们 아빠와 친구들   시점: 今年 올해

장소: 家 집   무엇: 足球比赛 축구 경기

방법: 一边看一边加油 축구를 보면서 응원하다 / 把家里弄得很脏 집을 어지럽히다

작문하기

도입   每次世界杯，爸爸都会和朋友们一起看比赛。今年因为妈妈不在家于是爸爸就带朋友来了我们家。
월드컵 때마다 아빠는 친구들과 함께 경기를 본다. 올해는 엄마가 집에 없기 때문에 아빠는 친구를 데리고 우리 집에 왔다.

전개   他们一边看，一边兴奋地加油，还把家里弄得很脏。
그들은 축구를 보면서 열심히 응원하고, 또 집안을 어지럽혔다.

마무리   我觉得妈妈回来后，一定会生气的。
나는 엄마가 돌아온 후에 분명 화를 낼 것이라고 생각한다.

◆ 작문 필수템 ◆

작문할 때 활용하면 좋은 표현, 주의해야 할 포인트	
① 每次 ~할 때마다	⑥ 把家里弄得很脏: 집안을 어지럽히다
② A 和 B 一起看比赛: A와 B가 함께 경기를 보다	⑦ 我觉得……: 나는 ~라고 생각한다 → 나의 생각으로 글을 마무리한다.
③ 带 A [대상] 来 B [장소]: A를 데리고 B에 오다	⑧ 一定会……的: 반드시 ~할 것이다
④ 一边 A 一边 B: A하면서 B하다 [동시 동작]	
⑤ 兴奋地加油: 열심히 응원하다	

每次世界杯，爸爸都会和朋友们一起看比赛。今年因为妈妈不在家于是爸爸就带朋友来了我们家。他们一边看，一边兴奋地加油，还把家里弄得很脏。我觉得妈妈回来后，一定会生气的。

世界杯 Shìjièbēi [고유] 월드컵 | 兴奋 xīngfèn [형] 흥분하다, 격분하다 | 加油 jiāyóu [동] 응원하다 | 弄脏 nòngzāng [동] 더럽히다

문장부호 제외 74자

Mini 모의고사 2

본서 pp. 366~375

● Day 39~40

track mini test 02

听力 | 듣기

1 D	2 C	3 C	4 D	5 B	6 D	7 D	8 B
9 A	10 B	11 C	12 D	13 D	14 A	15 D	16 C
17 A	18 D	19 D	20 A	21 B	22 C		

阅读 | 독해

23 B	24 A	25 A	26 C	27 A	28 C	29 B	30 D
31 D	32 D	33 C	34 C	35 A	36 B	37 A	38 C
39 C	40 B	41 D	42 B	43 D	44 C	45 B	46 B
47 D							

书写 | 쓰기

48 这篇采访提纲写得非常不错。
49 临时身份证的办理比想象的复杂多了。
50 你要记得把橡皮放回抽屉里。
51 我前天寄的包裹被退回来了。
52 [모범답안]은 p.316 해설 참조
53 [모범답안]은 p.318 해설 참조

听力 | 듣기

1 D [怎么样 → 如何] 녹음에 언급된 보기는 'D. 色彩处理得好(색채 처리가 좋다)'뿐이다. 풍경화를 어떻게 생각하냐는 남자의 질문에 여자가 '色彩处理得挺好的(색채 처리가 매우 좋다)'라고 답했다.

男: 李教授, 您觉得这幅风景画怎么样?
女: 色彩处理得挺好的, 作者的基本功也很不错。

问: 李教授对那幅画儿的评价如何?

A 十分抽象　　B 主题很特别
C 构图不合理　**D 色彩处理得好**

남: 리[李] 교수님, 이 풍경화를 어떻게 생각하세요?
여: 색채 처리가 매우 좋고, 작가의 기본기도 아주 좋습니다.

질문: 리 교수의 그 그림에 대한 평가는 어떠한가?

A 매우 추상적이다　　B 주제가 특별하다
C 구도가 합리적이지 않다　**D 색채 처리가 좋다**

教授 jiàoshòu 뎽 교수 | ★幅 fú 얭 폭 [옷감·종이·그림 등을 세는 단위] | 风景画 fēngjǐnghuà 뎽 풍경화 | ★色彩 sècǎi 뎽 색채, 색깔 | ★处理 chǔlǐ 툥 처리하다 | 挺 tǐng 뵘 매우, 아주 [挺+형용사+的] | 作者 zuòzhě 뎽 작가, 필자 | 基本功 jīběngōng 뎽 기본기, 기초적 지식과 기술 | ★评价 píngjià 뎽 평가 | ★如何 rúhé 떼 어떠한가 | 十分 shífēn 뵘 매우, 대단히 [=非常] | ★抽象 chōuxiàng 혱 추상적이다 | ★主题 zhǔtí 뎽 주제 | 构图 gòutú 뎽 구도 | ★合理 hélǐ 혱 합리적이다, 도리에 맞다

2 C [打A折 = A折 (10−A)×10% 할인하다] '日用品全场五折(일용품이 모두 50% 할인이야)'라는 남자의 말에서 '日用品(일용품)'이 할인 중임을 알 수 있다. 할인율을 표현할 때 10% 할인은 '打9折', 20% 할인은 '打8折' 등과 같이 표현하며 '折' 앞의 숫자가 낮아질수록 할인율이 높아진다. 이 밖에 '买1送1'는 '원 플러스 원'이란 뜻으로 실생활에서도 시험에서도 자주 사용되는 표현이니 함께 기억해 두자.

290　Mini 모의고사 2

女: 家里还有不少肥皂, 你为什么又买了那么多?
男: 前面的超市正在推广手机支付, 日用品全场五折。

问: 哪类商品在打折?

A 服装   B 运动鞋   **C 日用品**   D 化妆品

여: 집에 비누가 아직 많은데, 왜 또 그렇게 많이 샀어?
남: 앞에 있는 슈퍼마켓에서 모바일 결제를 확대하고 있는 중이라, 일용품이 모두 50% 할인이야.

질문: 어떤 종류의 상품이 할인 중인가?

A 의류   B 운동화   **C 일용품**   D 화장품

★**肥皂** féizào 몡 비누 | ★**推广** tuīguǎng 툉 확대하다, 확충하다 | **支付** zhīfù 툉 지불하다 | ★**日用品** rìyòngpǐn 몡 일용품 | **全场** quánchǎng 몡 장내 전체, 온 실내 | **折** zhé 툉 할인하다, 디스카운트하다 | **类** lèi 몡 종류, 분류 | ★**商品** shāngpǐn 몡 상품 | **打折** dǎzhé 툉 할인하다, 디스카운트하다 | ★**服装** fúzhuāng 몡 의류, 복장 | **运动鞋** yùndòngxié 몡 운동화 | **化妆品** huàzhuāngpǐn 몡 화장품

3 C [**加湿器** 가습기] 보기를 통해 '행동'과 관련된 질문을 예상할 수 있다. 날씨가 건조해서 목이 불편하다는 남자에게 여자는 '买一台空气加湿器(가습기를 한 대 사 봐)'라고 제안했다. 행동과 관련된 문제의 경우, 누가 누구에게 하는 말인지까지 잘 확인해야 한다.

男: 最近天气太干燥了, 我嗓子一直不太舒服。
女: 你可以买一台空气加湿器, 那样的话, 应该会好一点儿。

问: 女的建议男的怎么做?

A 多锻炼   B 少喝啤酒
C 买台加湿器   D 去医院挂号

남: 요즘 날씨가 너무 건조해서 나는 목이 계속 불편해.
여: 가습기를 한 대 사 봐. 그렇게 하면 좀 나아질 거야.

질문: 여자는 남자에게 어떻게 하라고 제안했는가?

A 운동을 많이 한다   B 맥주를 적게 마신다
C 가습기를 산다   D 병원에 가서 접수한다

★**干燥** gānzào 휑 건조하다 | ★**嗓子** sǎngzi 몡 목 | **台** tái 양 대 [기계·차량·설비 등을 세는 단위] | **空气加湿器** kōngqì jiāshīqì 몡 가습기 | **建议** jiànyì 툉 제안하다, 건의하다 | **加湿器** jiāshīqì 몡 가습기 | ★**挂号** guàhào 툉 (병원 창구에) 접수하다, 등록하다

4 D [**投资方** 투자자 측 / **接待** 접대하다] 여자가 언급한 '投资方(투자자 측)'과 '接待(접대하다)'가 핵심 키워드이다. 이를 놓치지 않고 들었다면 녹음을 듣는 즉시 보기 'D. 接待投资方代表(투자자 측 대표의 접대)'와 연관 지을 수 있다. '接待'는 주로 공식적이거나 중요한 용건에 쓰이며, 친구나 친척 등을 접대할 때는 일반적으로 '招待 zhāodài'를 사용한다.

女: 周三投资方会派代表过来谈判, 你去接待一下。
男: 没问题, 我现在就和他们联系。

问: 女的给男的安排了什么工作?

A 出席聚会
B 招聘实习生
C 全程负责翻译
D 接待投资方代表

여: 수요일에 투자자 측에서 대표를 파견해 협상을 하러 올 거니까, 접대하러 가세요.
남: 문제없습니다. 제가 지금 바로 그들에게 연락하겠습니다.

질문: 여자는 남자에게 어떤 일을 안배해 주었는가?

A 모임 참석
B 인턴 모집
C 전체 과정의 통역 담당
D 투자자 측 대표의 접대

周三 zhōusān 명 수요일 | 投资方 tóuzī fāng 명 투자자 측 | ★派 pài 통 파견하다 | ★代表 dàibiǎo 명 대표 통 대표하다 | ★谈判 tánpàn 통 협상하다, 회담하다 | ★接待 jiēdài 통 접대하다 | ★对方 duìfāng 명 (주체측에서 본) 상대방, 상대편 | 联系 liánxì 통 연락하다 | 安排 ānpái 통 (일·계획 등을) 안배하다, 배정하다 | ★出席 chūxí 통 (회의·행사 등에) 참석하다, 참가하다 | 聚会 jùhuì 명 모임 | 招聘 zhāopìn 통 (공모의 방식으로) 모집하다, 채용하다, 초빙하다 | 实习生 shíxíshēng 명 인턴, 실습생 | 全程 quánchéng 명 전체 과정, 풀코스 | 负责 fùzé 통 책임지다 | ★翻译 fānyì 통 통역하다, 번역하다

5 B [住宿的发票 숙박 영수증]   여자가 무엇을 찾고 있는지는 남자가 '住宿的发票(숙박 영수증)'라고 언급한 것에서 알 수 있다. 이번 문제처럼 '키워드' 단어가 '답변하는 대상[여자]'이 아닌 녹음 속 다른 화자[남자]에게서 언급되는 경우도 많으니 헷갈리지 않도록 주의하자.

男: 上个月出差时住宿的发票你没扔吧？会计找你要呢。 女: 我找一下，我记得把它放在电脑下面的抽屉里了。	남: 지난달 출장 때 숙박했던 영수증 버리지 않으셨죠? 회계사가 당신에게 요구하는데요. 여: 제가 찾아볼게요. 그것을 컴퓨터 아래 서랍 안에 둔 것으로 기억해요.
问: 女的在找什么？ A 车票 C 名单 **B 住宿发票** D 营业执照	질문: 여자는 무엇을 찾고 있는가? A 차표 C 명단 **B 숙박 영수증** D 영업 허가증

出差 chūchāi 통 출장 가다 | 住宿 zhùsù 통 숙박하다, 묵다 | ★发票 fāpiào 명 영수증 | 扔 rēng 통 내버리다 | ★会计 kuàijì 명 회계사 | ★抽屉 chōuti 명 서랍 | 车票 chēpiào 명 차표, 승차권 | 名单 míngdān 명 명단, 명부 | ★营业 yíngyè 통 영업하다 | ★执照 zhízhào 명 허가증, 면허증 [营业执照 영업 허가증, 사업자 등록증]

6 D [影子 그림자 / 和A玩儿 A와 놀다]   보기 'D. 爱跟影子玩儿(그림자와 노는 걸 좋아한다)'이 남자의 말에서 '它能和自己的影子玩儿一天(얘는 자기 그림자와도 하루 종일 놀 수 있어)'이라는 표현으로 언급됐다. '可不是嘛'는 '그러게 말이야'라는 의미로 일상 회화에서 '동의'를 나타낼 때 자주 사용되니 꼭 기억해 두자. 비슷한 의미로 '谁说不是呢(누가 아니래!)'라는 표현도 있다.

女: 这只小猫好像对所有事物都特别好奇，跑来跑去的，一直不闲着。 男: 可不是嘛，它能和自己的影子玩儿一天。	여: 이 새끼 고양이는 모든 사물에 특히 호기심이 많은 것 같아. 이리저리 뛰어다니면서 계속 가만히 있질 않아. 남: 그러게 말이야. 얘는 자기 그림자와도 하루 종일 놀 수 있어.
问: 关于那只小猫，可以知道什么？ A 害怕主人 B 弄坏了沙发 C 会偷跑出去 **D 爱跟影子玩儿**	질문: 그 새끼 고양이에 관해서 무엇을 알 수 있는가? A 주인을 무서워한다 B 소파를 망가뜨렸다 C 몰래 도망쳐 나갈 수 있다 **D 그림자와 노는 걸 좋아한다**

好像 hǎoxiàng 튀 마치 ~와 같다 | 所有 suǒyǒu 형 모든, 전부의 | 事物 shìwù 명 사물 | ★好奇 hàoqí 형 호기심을 갖다, 궁금하게 생각하다 | A来A去 A lái A qù (끊임없이) 이리저리 A하다, 왔다갔다 A하다 [같은 동사나 같은 뜻을 지닌 두 개의 동사 뒤에 쓰여 동작이 끊임없이 반복됨을 나타냄] | 闲 xián 형 한가하다, 할 일이 없다 | 可不是嘛 kě bú shì ma 그러게 말이야 | ★影子 yǐngzi 명 (물체가 빛을 받아 생기는) 그림자 | ★主人 zhǔrén 명 주인 | 弄坏 nònghuài 통 망가뜨리다, 고장 내다 | 沙发 shāfā 명 소파 | ★偷 tōu 튀 몰래, 슬그머니 통 훔치다, 도둑질하다

7 D [没有那么多钱 그렇게 많은 돈이 없다 → 钱不够 돈이 부족하다] 여자의 말 '没有那么多钱(그렇게 많은 돈이 없다)'이 보기에서는 '钱不够(돈이 부족하다)'로 바꾸어 표현되었다. 녹음을 정확히 듣지 못했더라도, 나머지 보기는 모두 녹음에서 언급되지 않았으므로, 소거법으로도 정답을 찾을 수 있다.

女: 前台说得交五百块押金，但我身上没有那么多钱。 男: 还差多少？旁边有个自动取款机，我去取。	여: 프런트에서 500위안의 보증금을 내야 한다고 했지만 내 수중에 그렇게 많은 돈이 없어. 남: 얼마가 부족해? 근처에 현금자동인출기가 있는데 내가 가서 찾을게.
问: 女的遇到了什么问题？ A 发生交通事故了 B 没带驾驶证 C 弄丢了收据 **D 身上钱不够**	질문: 여자에게 어떤 문제가 생겼는가? A 교통사고가 났다 B 운전면허증을 안 가져왔다 C 영수증을 잃어버렸다 **D 수중에 돈이 부족하다**

前台 qiántái 명 프런트, 무대 | 得 děi 조동 ~해야 한다 | 交 jiāo 동 내다 | ★押金 yājīn 명 보증금 | 身上 shēnshang 명 수중(에), 몸(에) | 那么 nàme 대 그렇게 | 自动取款机 zìdòng qǔkuǎnjī 명 현금자동인출기, ATM | 取 qǔ 동 찾다, 받다, 가지다 [取钱 돈을 찾다] | 发生 fāshēng 동 (원래 없던 현상이) 일어나다, 생기다, 발생하다 | 交通 jiāotōng 명 교통 | 事故 shìgù 명 사고 [交通事故: 교통사고] | 驾驶证 jiàshǐzhèng 명 운전 면허증 | 弄丢 nòngdiū 동 잃어버리다, 분실하다 | ★收据 shōujù 명 영수증, 수취증 | 不够 búgòu 형 부족하다

8 B [适合…… ~에 적합하다] 보기를 미리 확인했다면 쉽게 풀 수 있는 문제로 '들리는 그대로가 답'인 유형의 문제이다. 녹음 첫마디에 나오는 '适合弹钢琴(피아노를 치기에 아주 적합하다)'이 핵심 표현이다.

男: 你的手指又长又细，非常适合弹钢琴。 女: 我以前学过几年，可没坚持下来，现在想想都后悔。	남: 너의 손가락은 길고 가늘어서 피아노를 치기에 아주 적합해. 여: 나는 예전에 몇 년 동안 배웠지만, 계속하지 못했어. 지금 생각해 보면 후회돼.
问: 男的觉得女的怎么样？ A 非常刻苦 **B 适合弹钢琴** C 计算能力强 D 演技很好	질문: 남자는 여자가 어떻다고 생각하는가? A 몹시 애를 쓴다 **B 피아노를 치기에 적합하다** C 계산 능력이 뛰어나다 D 연기가 좋다

★手指 shǒuzhǐ 명 손가락 | 又A又B yòu A yòu B A하고 (또) B하다 | 细 xì 형 가늘다, (폭이) 좁다 | 适合 shìhé 동 적합하다, 알맞다 | 弹钢琴 tán gāngqín 피아노를 치다 | 坚持 jiānchí 동 견지하다, 유지하다 | 后悔 hòuhuǐ 동 후회하다 | ★刻苦 kèkǔ 형 몹시 애를 쓰다, 고생을 참아 내다 | ★计算 jìsuàn 동 계산하다 | 能力 nénglì 명 능력 | 强 qiáng 형 뛰어나다, 강하다 | 演技 yǎnjì 명 연기

9 A [纪录片 다큐멘터리] 보기가 모두 영화 장르와 관련된 어휘이다. 녹음 첫 문장에서 여자가 영화의 장르가 '纪录片(다큐멘터리)'임을 언급했다. 이렇게 첫 문장에 답이 나오는 경우도 많으므로, 앞 문제 정답을 고르고 나면 바로 그 다음 문제의 보기를 보면서 다음 문제에 대비해야 한다.

女: 这部纪录片没有中文字幕，我理解起来特别吃力。
男: 别担心，多看两遍就懂了。

问: 女的在看哪种类型的影片？

A 纪录片　　　　B 喜剧片
C 科幻片　　　　D 爱情片

여: 이 다큐멘터리는 중국어 자막이 없어서 내가 이해하기에 특히 어려워.
남: 걱정하지 마. 두어 번 더 보면 이해될 거야.

질문: 여자는 어떤 장르의 영화를 보고 있는가?

A 다큐멘터리　　　　B 코미디
C 공상과학(SF)　　　D 로맨스

部 bù 양 부, 편 [서적이나 영화 편수 등을 세는 단위] | 纪录片 jìlùpiàn 명 다큐멘터리 영화 | ★字幕 zìmù 명 (영화·텔레비전의) 자막 | 理解 lǐjiě 동 이해하다, 알다 | 吃力 chīlì 형 어렵다, 힘들다 | 遍 biàn 양 번, 차례, 회 [한 동작의 처음부터 끝까지의 전 과정을 가리킴] | ★类型 lèixíng 명 장르, 유형 | 影片 yǐngpiàn 명 영화 | 喜剧片 xǐjùpiàn 명 코미디, 희극영화 | 科幻片 kēhuànpiàn 명 SF 영화, 공상과학 영화 | 爱情片 àiqíngpiàn 명 로맨스 영화, 멜로 영화

10 **B** [忘在A A에 두고 오다] 보기가 모두 특정 사물을 나타내는 어휘이므로, 보기에 제시된 사물이 언제 언급되는지 주의하며 녹음을 듣자. '准考证带了吗?(수험표 챙겼어?)'란 남자의 말에 여자가 '忘在桌子上了(탁자 위에 두고 왔어)'라고 하였으므로, 여자가 두고 온 것은 'B. 准考证(수험표)'이다.

男: 你再确认一下，准考证带了吗？
女: 啊！忘在桌子上了，多亏你提醒，要不然就糟了。

问: 女的忘带什么了？

A 车钥匙　　　　B 准考证
C 银行卡　　　　D 电池

남: 다시 확인해 봐. 수험표 챙겼어?
여: 아! 탁자 위에 두고 왔어. 네가 일깨워 주지 않았으면 큰일 날 뻔 했어.

질문: 여자가 두고 온 것은 무엇인가?

A 차 키　　　　B 수험표
C 은행 카드　　D 배터리

★确认 quèrèn 동 확인하다 | 准考证 zhǔnkǎozhèng 명 수험표 | ★多亏 duōkuī 동 덕택이다, 은혜를 입다 | 提醒 tíxǐng 동 일깨우다 | 要不然 yàoburán 접 그렇지 않으면 | 糟 zāo 형 잘못되다, 망치다 | 钥匙 yàoshi 명 열쇠 | 银行卡 yínhángkǎ 명 은행 카드 | ★电池 diànchí 명 배터리, 전지

11 **C** [摩托车 오토바이 / A好了没 A가 다 됐나요?] 여자의 말 '我的摩托车修好了没?(제 오토바이 수리가 다 됐나요?)'가 핵심 문장으로, 이를 통해 남자가 여자의 '摩托车(오토바이)'를 수리하고 있음을 알 수 있다.

女: 师傅，我的摩托车修好了没？
男: 还没，得换个零件，我已经向工厂订购了。
女: 那我还要等多长时间？
男: 至少要两周。

问: 男的在修什么？

A 乐器　　　　B 电脑
C 摩托车　　　D 照相机

여: 기사님, 제 오토바이 수리가 다 됐나요?
남: 아직이요. 부품을 바꿔야 하는데, 이미 공장에 주문을 했어요.
여: 그럼 얼마나 기다려야 할까요?
남: 최소 2주는 있어야 합니다.

질문: 남자는 무엇을 수리하고 있는가?

A 악기　　　　B 컴퓨터
C 오토바이　　D 카메라

师傅 shīfu 명 기사님 [기예·기능을 가진 사람에 대한 존칭] | ★摩托车 mótuōchē 명 오토바이 | 修 xiū 동 수리하다 | 得 děi 조동 ~해야 한다 | ★零件 língjiàn 명 부품, 부속품 | ★工厂 gōngchǎng 명 공장 | 订购 dìnggòu 동 주문하다, 주문하여 구입하다 | 至少 zhìshǎo 부 최소한, 적어도 | ★乐器 yuèqì 명 악기

12 D [对面是…… 맞은편은 ~이다] 보기를 통해 '장소'와 관련된 문제임을 예상할 수 있다. 여자는 '对面是国家博物馆(맞은편에 국립박물관이 있다)'이라며 자신의 현재 위치를 말했다.

男：喂，我已经到约定地点了，为什么没看到你？ 女：我好像迷路了，你能过来接我吗？ 男：行，那你告诉我你周围有什么标志性建筑。 女：我对面就是国家博物馆。	남：여보세요? 나 이미 약속 장소에 도착했는데, 왜 네가 안 보이지? 여：나 길을 잃은 것 같아. 나 데리러 올 수 있어? 남：알았어. 그럼 네 주변에 어떤 랜드마크가 있는지 알려 줘. 여：내 맞은편에 바로 국립박물관이 있어.
问：女的现在在哪里？ A 火车站　　　　B 商业大厦里 C 动物园入口　　**D 国家博物馆对面**	질문：여자는 지금 어디에 있는가? A 기차역　　　　B 상업용 빌딩 안 C 동물원 입구　　**D 국립박물관 맞은편**

约定 yuēdìng 통 약속하여 정하다, 약정하다 │ 地点 dìdiǎn 명 장소, 위치 │ 好像 hǎoxiàng 뮈 마치 ~와 같다 │ 迷路 mílù 통 길을 잃다 │ 周围 zhōuwéi 명 주변, 주위 │ ★标志 biāozhì 명 상징, 표지 │ ★建筑 jiànzhù 명 건축물 [标志性建筑: 랜드마크] │ 对面 duìmiàn 명 맞은편, 건너편 │ ★博物馆 bówùguǎn 명 박물관 │ ★商业 shāngyè 명 상업, 비즈니스 │ ★大厦 dàshà 명 빌딩, (고층·대형) 건물 │ 动物园 dòngwùyuán 명 동물원 │ 入口 rùkǒu 명 입구

13 D [不在一个+장소 같은 (장소)에 있지 않다] 남자의 질문 '咱们不在一个车厢?(우리가 같은 칸에 있는 게 아니야?)'에 여자가 '对(맞아)'라고 대답했다. 또한, 남자의 질문에 여자는 이등석은 5호차, 비즈니스석은 3호차라며, 그들은 같은 '车厢(칸)'이 아니라고 부언 설명을 덧붙였다.

女：终于买到票了，可是只抢到一张商务座，另一张是二等座。 男：那咱们不在一个车厢？ 女：对，二等座在五号车厢，商务座在三号。 男：没事，票那么难买，只要有座位就行。	여：마침내 표를 샀어. 그런데 비즈니스석은 한 장밖에 못 구했고, 다른 한 장은 이등석이야. 남：그러면 우리가 같은 칸에 있는 게 아니야? 여：맞아. 이등석은 5호차, 비즈니스석은 3호야. 남：괜찮아. 표를 사기가 그렇게 어려운데, 자리가 있기만 하면 됐지.
问：根据对话，下列哪项正确？ A 女的要退票 B 男的要坐二等座 C 他们不是同一趟车 **D 他们不在一个车厢**	질문：대화에 근거해, 다음 중 옳은 것은? A 여자는 표를 환불하려고 한다 B 남자는 이등석에 앉으려고 한다 C 그들은 같은 열차가 아니다 **D 그들은 같은 칸에 있지 않다**

可是 kěshì 접 그러나, 하지만 │ ★抢 qiǎng 통 빼앗다, 탈취하다 │ 商务座 shāngwùzuò 명 비즈니스석 │ 另 lìng 때 다른, 그 밖의 │ 二等座 èrděngzuò 명 이등석 │ 咱们 zánmen 때 우리들 │ ★车厢 chēxiāng 명 (열차·자동차 등의) 칸, 객실 │ 只要 zhǐyào 접 ~하기만 하면 [只要A就B: A하기만 하면, B하다] │ 座位 zuòwèi 명 좌석 │ ★项 xiàng 양 항, 사항 │ ★退 tuì 통 (구매한 물건 등을) 반환하다, 무르다 [退票 표를 환불하다] │ 同一 tóngyī 형 같다, 동일하다 │ 趟 tàng 양 편, 번, 차례 [정기적인 교통 수단의 운행 횟수를 세는 단위]

14 A [怕 ≒ 担心 걱정하다] 접속사 뒤에 핵심 내용이 많이 나오므로 '可(是)' '但(是)' '不过'가 나오면 더욱 집중해서 듣자. 여자는 은행의 대우가 신문사보다 좋을 것이라는 점에는 동의하지만, 은행 업무에 대해 '我怕会很无聊(지루할까 봐 걱정이야)'라고 걱정을 내비쳤다.

男：听说你通过企业银行的面试了，签了没？ 女：暂时还没有，有一家报社也给了我录取通知，我正在犹豫签哪一家。 男：报社的待遇没有银行好吧？ 女：对，可我怕会很无聊。 问：女的担心银行的工作会怎么样？ A 很无聊　　　　B 没前途 C 休息时间少　　D 太累	남: 기업은행 면접을 통과했다고 들었는데, 계약했어? 여: 아직 안 했어. 어떤 한 신문사도 합격 통지를 줘서, 어느 회사와 계약할지 망설이고 있어. 남: 신문사의 대우가 은행만큼 좋지는 않겠지? 여: 맞아. 그런데 지루할까 봐 걱정이야. 질문: 여자는 은행의 업무가 어떨 것이라고 걱정하는가? A 지루하다　　　B 전망이 없다 C 휴식 시간이 적다　　D 너무 피곤하다

听说 tīngshuō 동 듣자 하니 | 通过 tōngguò 동 통과하다 | ★企业 qǐyè 명 기업 | 面试 miànshì 명 면접시험 | ★签 qiān 동 서명하다, 사인하다 [여기서는 '계약하다'의 의미로 사용됨] | 暂时 zànshí 명 잠시, 잠깐 | ★报社 bàoshè 명 신문사 | 录取 lùqǔ 동 (시험 등을 통하여) 합격시키다, 채용하다 | 通知 tōngzhī 동 통지하다, 알리다 | ★犹豫 yóuyù 형 망설이다, 주저하다 | ★待遇 dàiyù 명 (급료·보수·권리·지위 등의) 대우, 대접 | 没有 méiyǒu 동 ~보다 못하다 [≒不如] | 怕 pà 동 걱정하다, 두려워하다 | 无聊 wúliáo 형 지루하다, 심심하다 | ★前途 qiántú 명 전망, 전도, 앞길

15 D [年假 연차]　보기가 모두 시간 관련 어휘이니, 시간을 나타내는 표현에 집중해서 녹음을 들어야 한다. 녹음에 등장한 시간 표현 '中秋节(중추절)'와 '休年假的时候(연차 때)' 중, 여자가 제안한 시기는 'D. 休年假时(연차 때)'이다. '中秋节'는 남자가 계획했던 시기로 언급된 것이다.

男：听说蝴蝶泉的景色非常美。 女：是啊，那里可是大理最有名的景点之一。 男：我原来打算中秋节去转一转，可又怕人太多。 女：你可以休年假的时候去，这样可以避开旅游高峰期。 问：女的建议男的什么时候去大理？ A 元旦　　　　B 春节 C 中秋节　　　D 休年假时	남: 나비샘[蝴蝶泉]의 풍경이 매우 아름답다더라. 여: 그래. 거기가 아무래도 따리[大理]에서 가장 유명한 명소 중에 하나지. 남: 원래 중추절 때 둘러보려고 했는데, 사람이 너무 많을까 봐 걱정이야. 여: 연차 때 가 보면 되지. 그러면 여행 성수기를 피할 수 있잖아. 질문: 여자는 남자에게 언제 따리에 가라고 제안하는가? A 양력설　　　B 춘절 C 중추절　　　D 연차 때

★蝴蝶 húdié 명 나비 | 泉 quán 명 샘, 샘물 | 景色 jǐngsè 명 풍경, 경치 | 美 měi 형 아름답다 | 可是 kěshì 부 아무래도, 정말 [술어를 강조] | 大理 Dàlǐ 고유 따리 [윈난(云南)성에 소재하는 지명] | 景点 jǐngdiǎn 명 명소, 명승지 | 之一 zhīyī 명 ~중의 하나 | 原来 yuánlái 부 원래, 본래 | 中秋节 Zhōngqiūjié 고유 중추절, 추석 | 转 zhuàn 동 둘러보다, 들르다 | 年假 niánjià 명 연차, 휴가 | 避开 bìkāi 동 피하다 | 高峰期 gāofēngqī 명 성수기, 피크 | 建议 jiànyì 동 제안하다, 건의하다 | ★元旦 Yuándàn 고유 양력설, 신정 | 春节 Chūnjié 고유 춘절, 구정

16 C [躲在A A에 숨다]　보기를 미리 파악한 후, '장소'에 주의하며 녹음을 들었다면 어렵지 않게 풀 수 있는 문제이다. 대규는 '커튼 뒤에 숨어(则躲在帘子后面) 열심히 사람들의 의견과 평론을 적었다'고 했으므로, 보기 'C. 帘子后面(커튼 뒤)'이 답이다.

17 A [不仅A, 而且B A뿐만 아니라, 게다가 B하다]　인물에 대한 정보는 일반적으로 녹음의 맨 앞 부분에 나온다. 녹음에서는 대규에 대해 '他不仅博学多识，而且谦虚好学(그는 박학다식할 뿐만 아니라 겸손하고 배우는 것을 좋아했다)'라고 설명하였고, 이와 일치하는 보기는 'A. 很谦虚(매우 겸손하다)'이다.

第16到17题是根据下面一段话：

戴逵是东晋著名的画家。¹⁷他不仅博学多识，而且谦虚好学。

一次他为寺院画佛像，画完之后想听一下大家的意见，可又怕别人出于礼貌不愿意当面批评。于是，他就把画像放在寺院中供大家参观，并且在画像后面挂上了帘子，¹⁶他自己则躲在帘子后面，用心记下了人们的意见与评论，再参考这些意见对画像进行了修改。

如此反复，直到每个人都称赞为止。

16 戴逵在哪儿听大家对画像的评价？
A 院门前　　B 胡同里
C 帘子后面　D 书画馆中

17 根据这段话，戴逵是个怎样的人？
A 很谦虚
B 十分好客
C 非常骄傲
D 敏感多疑

16~17번 문제는 다음 내용에 근거한다.

대규[戴逵]는 동진 시대의 유명한 화가이다. ¹⁷그는 박학다식할 뿐만 아니라 겸손하고 배우는 것을 좋아했다.

한번은 그가 사원을 위해 불상을 그렸는데, 그림을 다 그리고 나서 사람들의 의견을 듣고 싶었지만 다른 사람들이 예의상 면전에서 비평하기를 원하지 않는 것을 우려했다. 그래서 그는 초상화를 사원에 두어 사람들이 살펴볼 수 있게 하고, 초상화 뒤에 커튼을 걸어서 ¹⁶자신은 커튼 뒤에 숨어 열심히 사람들의 의견과 평론을 적었다. 그리고 다시 그 의견들을 참고해 초상화를 수정했다.

모든 사람들이 칭찬할 때까지 이렇게 반복했다.

16 대규는 초상화에 대한 사람들의 평가를 어디에서 들었는가?
A 마당 대문 앞에서　　B 골목에서
C 커튼 뒤에서　　D 서화관에서

17 이 이야기에 따르면, 대규는 어떤 사람인가?
A 매우 겸손하다
B 손님 접대를 매우 좋아한다
C 매우 거만하다
D 예민하고 의심이 많다

戴逵 Dàikuí 고유 대규 [326~396, 东晋(동진)시대의 유명한 미술가, 조각가] | 东晋 Dōng Jìn 고유 동진 [A.D. 317~420] | 著名 zhùmíng 형 유명하다, 저명하다 | 画家 huàjiā 명 화가 | 不仅 bùjǐn 접 ~뿐만 아니라 [不仅A, 而且B: A뿐만 아니라 게다가 B하다] | 博学多识 bóxué duō shí 성 박학다식 | ★谦虚 qiānxū 형 겸손하다, 겸허하다 | 好学 hàoxué 동 배우는 것을 좋아하다 | 寺院 sìyuàn 명 사원, 절 | 佛像 fóxiàng 명 불상 | 之后 zhīhòu 명 그 후, 그 뒤 | 意见 yìjiàn 명 의견, 견해 | 出于 chūyú ~에서 나오다, ~에서 발생하다 | 礼貌 lǐmào 명 예의 형 예의바르다 | 当面 dāngmiàn 부 면전에서, 직접 마주 대하고 | 批评 pīpíng 동 비평하다, 꾸짖다 | 于是 yúshì 접 그래서 | 画像 huàxiàng 명 초상화 | 供 gōng 동 제공하다, 공급하다 | 参观 cānguān 동 (전람회·명승고적 등을) 살펴보다, 참관하다 | 挂 guà 동 (고리·못 등에) 걸다 | 帘子 liánzi 명 커튼, 발 | ★则 zé 부 바로 ~이다[=就(是)] | 躲 duǒ 동 숨다, 피하다 | 用心 yòngxīn 형 열심이다, 정신을 집중하다 | 记下 jìxià 동 적다, 기록하다 | 与 yǔ 개 ~와 | 评论 pínglùn 명 평론 동 평론하다, 비평하다 | ★参考 cānkǎo 동 참고하다, 참조하다 | 进行 jìnxíng 동 하다, 진행하다 | ★修改 xiūgǎi 동 수정하다, 고치다 | 如此 rúcǐ 대 이와 같다, 이러하다 | ★反复 fǎnfù 동 반복하다, 되풀이하다 | 直到 zhídào 동 줄곧 ~까지 | ★称赞 chēngzàn 동 칭찬하다, 찬양하다 | 为止 wéizhǐ 동 ~까지 하다 | ★评价 píngjià 명 평가 | 院门 yuànmén 명 마당 대문, 마당의 입구 | ★胡同 hútòng 명 골목 | 书画 shūhuà 명 서화, 서예와 그림 | ★好客 hàokè 형 손님 접대를 좋아하다 | 骄傲 jiāo'ào 형 거만하다 | ★敏感 mǐngǎn 형 감각이 예민하다, 민감하다 | 疑 yí 동 의심하다, 믿지 않다

---

18 D [直接扔掉 바로 버려진다 → 造成浪费 낭비를 초래하다]　보기를 미리 파악함으로써, '옷'과 관련된 '부정적'인 내용이 제시될 것을 알 수 있다. 녹음 초반의 '在做衣服的过程中，往往会有百分之十五的面料被作为垃圾直接扔掉(옷을 만드는 과정에서 흔히 15%의 원단이 쓰레기로 간주되어 바로 버려진다)'라는 내용은 보기 'D. 制衣过程中常会造成浪费(옷을 만드는 과정에서 자주 낭비를 초래한다)'로 표현할 수 있다.

19 D [理念 개념]　보기를 통해 '직업' 또는 '누구'와 관련된 질문임을 예상할 수 있다. '零浪费设计(낭비 제로 디자인)'를 제시한 것은 '服装设计师(의류 디자이너)'라고 언급됐다.

20 A [首先A, 其次B 우선 A하고, 그다음 B하다]　세부 내용 파악 문제는 대부분 녹음에 나온 표현이 그대로 보기에 나온다. 녹음에서는 '낭비 제로 디자인'에 대하여 설명하며 '以确保充分利用全部面料(모든 원단이 충분히 활용될 수 있도록 해야 한다)'라고 덧붙였고, 이 말은 즉 보기 'A. 充分利用面料(원단을 충분히 활용해야 한다)'와 같은 의미이다.

第18到20题是根据下面一段话：

一项调查显示，[18]在做衣服的过程中，往往会有百分之十五的面料被作为垃圾直接扔掉，这给环境带来了很大的影响。一方面，生产这些面料消耗了很多能源；另一方面，被丢弃的面料可能会造成污染。

于是，[19]有位服装设计师提出了"零浪费设计"的理念。首先，身为设计师，在裁剪前一定要计算好怎样最有效地使用面料，尽量实现"零浪费"。其次，[20]得会使用服装行业的废料，以确保充分利用全部面料。

18 根据这段话，下列哪项正确？
A 服装厂一般位于市中心
B 服装厂会排出大量废水
C 手工制作的布料不结实
D 制衣过程中常会造成浪费

19 "零浪费设计"理念是谁提出的？
A 销售人员　　B 公司职员
C 志愿者协会　**D 服装设计师**

20 怎样才能做到"零浪费设计"？
A 充分利用面料
B 改善办公环境
C 采用进口面料
D 重新改造旧衣服

18~20번 문제는 다음 내용에 근거한다.

한 조사에 따르면, [18]옷을 만드는 과정에서 흔히 15%의 원단이 쓰레기로 간주되어 바로 버려지며, 이는 환경에 큰 영향을 미친다. 한편으로는 원단을 생산하는 데 많은 에너지를 소모하면서, 또 다른 한편으로는 버려지는 원단으로 인해 오염을 일으킬 수도 있다.

그래서 [19]한 의류 디자이너가 '낭비 제로 디자인' 개념을 제시했다. 우선 디자이너로서 재단하기 전에 어떻게 가장 효과적으로 원단을 사용할 수 있을지를 반드시 계산해서 최대한 '낭비 제로'를 실현해야 한다. 그다음, [20]의류 업계의 폐자재를 사용해 모든 원단이 충분히 활용될 수 있도록 해야 한다.

18 이 글에 근거해, 다음 중 옳은 것은?
A 의류 공장은 보통 시내에 있다
B 의류 공장은 대량의 폐수를 배출하기도 한다
C 손으로 만든 원단은 튼튼하지 않다
D 옷을 만드는 과정에서 자주 낭비를 초래한다

19 '낭비 제로 디자인' 개념은 누가 제시한 것인가?
A 영업 직원　　B 회사 직원
C 자원봉사자 협회　**D 의류 디자이너**

20 어떻게 '낭비 제로 디자인'을 할 수 있는가?
A 원단을 충분히 활용한다
B 업무 환경을 개선한다
C 수입 원단을 채용한다
D 헌 옷을 새롭게 리폼한다

★项 xiàng 양 항목, 조항 | 调查 diàochá 동 조사하다 | ★显示 xiǎnshì 동 보여 주다, 뚜렷하게 나타내 보이다 | 过程 guòchéng 명 과정 | 往往 wǎngwǎng 부 흔히, 종종, 자주 | 百分之 bǎi fēn zhī 퍼센트(%) | 面料 miànliào 명 원단, 옷감 | ★作为 zuòwéi 동 ~로 여기다, ~로 간주하다 [被作为: ~로 간주되다] | 垃圾 lājī 명 쓰레기 | 直接 zhíjiē 형 바로, 직접 | 扔掉 rēngdiào 동 내버리다, 던져버리다 | 带来 dàilái 동 초래하다, 야기하다 | 一方面……，另一方面…… yìfāngmiàn……, lìng yìfāngmiàn…… 한편으로 ~하면서 한편으로 ~하다 | ★生产 shēngchǎn 동 생산하다 | 消耗 xiāohào 동 소모하다, 소비하다 | ★能源 néngyuán 명 에너지 | 丢弃 diūqì 동 내던지다, 포기하다 | ★造成 zàochéng 동 초래하다, 야기하다 | 污染 wūrǎn 동 오염시키다 | 设计师 shèjìshī 명 디자이너, 설계사 | 提出 tíchū 동 제의하다, 제기하다 | 浪费 làngfèi 동 낭비하다 | ★设计 shèjì 동 디자인하다, 설계하다 | 理念 lǐniàn 명 이념 [여기서는 '개념'으로 해석] | 首先 shǒuxiān 부 우선, 먼저 [首先A, 其次(然后/第二)B의 형식으로 항목을 나열할 때 쓰임] | 身为 shēnwéi 동 ~의 신분으로 | 裁剪 cáijiǎn 동 재단하다 | ★计算 jìsuàn 동 계산하다 | 怎样 zěnyàng 대 어떻게 | 有效 yǒuxiào 형 효과가 있다, 유효하다 | 使用 shǐyòng 동 사용하다, 쓰다 | ★尽量 jǐnliàng 부 최대한, 가능한 한 | ★实现 shíxiàn 동 실현하다, 달성하다 | 其次 qícì 그다음, 다음 | 行业 hángyè 명 업종, 직종 | 废料 fèiliào 명 폐기물, 쓸모없는 재료 | 确保 quèbǎo 동 확보하다 | ★充分 chōngfèn 형 충분하다 | ★利用 lìyòng 동 활용하다, 이용하다 | 全部 quánbù 대 모든, 전체의 | 厂 chǎng 명 공장 [服装厂 의류공장] | ★位于 wèiyú 동 ~에 위치하다 [位于+위치설명] | 市中心 shìzhōngxīn 명 시내, 도시 중심부 | 排出 páichū 동 배출하다 | 大量 dàliàng 형 대량의, 많은 양의 | 废水 fèishuǐ 명 폐수 | ★手工 shǒugōng 명 수공, 손으로 하는 일 | ★制作 zhìzuò 동 제작하다, 만들다 | 布料 bùliào 명 옷감, 천 | ★结实 jiēshi 형 튼튼하다, 견고하다 | 制 zhì 동 제조하다, 만들다 | ★销售 xiāoshòu 동 판매하다, 팔다 | ★人员 rényuán 명 인원, 요원 | 职员 zhíyuán 명 직원 | ★志愿者 zhìyuànzhě 명 지원자 | 协会 xiéhuì 명 협회 | ★改善 gǎishàn 동 개선하다 | 采用 cǎiyòng 동 채용하다 | ★进口 jìnkǒu 동 수입하다 | 重新 chóngxīn 부 다시, 재차 | 改造 gǎizào 동 리폼하다, 개조하다

21 B [埋在地下 땅에 묻는다]　　보기만 먼저 읽었어도 '돈의 행방'에 집중해 녹음을 들어야 한다는 것을 눈치챌 수 있다. 녹음 중반부에 '将钱埋在地下(돈을 땅에 묻었다)'라고 언급된 것에서 보기 'B. 把钱埋在地下(돈을 땅에 묻는다)'를 답으로 고를 수 있다.

22 C [想出好办法 좋은 방법을 생각해 내다 → 自作聪明 스스로 똑똑하다고 여기다]　　돈을 땅에 묻고 '은 300냥 없음'이라는 팻말을 적어 놓는 어리석은 행동을 좋은 방법이라고 생각했으므로, '张三'이 어리석은 사람이라는 것을 알 수 있다. 이를 보기에서는 '自作聪明(스스로를 똑똑하다고 여기다)'으로 표현했다.

第21到22题是根据下面一段话：

　　很久以前，有个人叫张三，家中好不容易积攒了三百两银子，他觉得放在哪里都会被别人偷走。<u>21, 22于是他想出了一个好办法，将钱埋在地下</u>，并把写着："此地无银三百两"的牌子竖在了上面。一天，邻居王二经过，看到了牌子上写的字，知道地下一定有很多银子，就把银子全都偷走了。王二害怕被别人怀疑，便在牌子上写下："邻居王二没偷"这几个字。

21~22번 문제는 다음 내용에 근거한다.

　　옛날에 장삼[张三]이라는 사람이 살았는데 집안에다 가까스로 300냥의 은전을 모았지만, 그는 어디에 두어도 다른 사람이 훔쳐갈 것이라고 생각했다. <u>21, 22그래서 그는 좋은 방법을 생각해 냈는데, 돈을 땅에 묻고 '이곳에는 은 3백냥이 없음'이라고 쓰여진 팻말을 위에 세워 두는 것이었다.</u> 하루는 이웃 왕이[王二]가 지나가다가 팻말에 적힌 글을 보고 땅에 많은 은전이 있다는 것을 알고는 은전을 모두 훔쳐갔다. 왕이는 다른 사람에게 의심을 살까 봐 두려워서 팻말에다 '이웃 왕이가 훔치지 않았음'이라는 몇 글자를 적어 두었다.

21 为了防止银子被偷，张三想到了什么办法？
A 把钱藏在柜子里
B 把钱埋在地下
C 把钱存起来
D 把钱交给父亲

21 은전이 도난당하는 것을 방지하기 위해 장삼이 생각한 방법은?
A 돈을 궤짝에 숨겨 둔다
B 돈을 땅에 묻는다
C 돈을 저축한다
D 돈을 아버지에게 맡긴다

22 张三是个什么样的人？
A 斤斤计较
B 一丝不苟
C 自作聪明
D 一心一意

22 장삼은 어떤 사람인가?
A 시시콜콜 따진다
B 조금도 빈틈이 없다
C 스스로 똑똑하다고 여긴다
D 일편단심이다

好不容易 hǎoburóngyi 凰 가까스로, 간신히 | 积攒 jīzǎn 圄 조금씩 모으다, 저축하다 | 两 liǎng 窗 냥 [중국의 구식 은화(銀貨)의 단위] | 银子 yínzi 圀 화폐용 은화 | ★偷 tōu 圄 훔치다, 도둑질하다 [偷走 훔쳐 달아나다] 凰 몰래, 슬그머니 | 埋 mái 圄 (흙·눈·낙엽 등으로) 묻다, 파묻다 | 地 dì 圀 땅, 육지 | 并 bìng 圙 그리고, 또 | 此地无银三百两 cǐ dì wú yín sānbǎi liǎng 圀 이곳에 은 300냥을 안 묻었음, 뻔한 거짓말을 하다, 눈 가리고 아웅하다 | 牌子 páizi 圀 팻말 | 竖 shù 圄 세우다 圀 세로, 수직 | 一天 yìtiān 圀 어느 하루, 어느 날 [=有一天] | 全都 quándōu 凰 전부 | 怀疑 huáiyí 圄 의심하다 | 防止 fángzhǐ 圄 방지하다 | 藏 cáng 圄 숨기다, 숨다 | 柜 guìzi 圀 궤짝, 장 | 存 cún 圄 저축하다, 모으다 | 交 jiāo 圄 맡기다 | 父亲 fùqīn 圀 아버지, 부친 | 斤斤计较 jīnjīn jìjiào 圀 (자질구레하거나 중요하지 않은 일을) 시시콜콜 따지다, 지나치게 따지다 | 一丝不苟 yìsī bùgǒu 圀 조금도 빈틈이 없다, 조금도 소홀히 하지 않다 | 自作 zìzuò 圄 스스로 ~라고 생각하다 | 一心一意 yìxīn yíyì 圀 일편단심으로, 진심으로

阅读 | 독해

23~26

23 B [科学 과학적이다 → 专家表示 전문가가 말하기를]

有一种说法很流行:"把手机或电脑的背景色设置为绿色,就能保护眼睛。"可这种说法真的 科学 吗?
전환   의문

'휴대폰이나 컴퓨터의 배경 색을 녹색으로 설정하면 눈을 보호할 수 있다'라는 앞 문장의 내용에 반대되는 입장에서 '의문'을 제기하고, 뒤에 전문가의 설명을 덧붙이는 맥락에 어울리는 보기는 'B. 科学(과학적이다)'이다.

A 基本 jīběn 형 기본적인, 근본적인 명 기본, 근본
良好的教育是一个国家发展的基本条件。 좋은 교육은 한 국가 발전의 기본 조건이다.
基本条件 기본 조건 | 基本内容 기본 내용

B 科学 kēxué 형 과학적이다 명 과학
做任何事都应该利用科学的方法。 무슨 일을 하던지 과학적인 방법을 이용해야 한다.
科学的方法 과학적 방법 | 科学知识 과학 지식 | 科学技术 과학기술

C 非法 fēifǎ 형 불법적인, 비합법적인
未成年人购买香烟是非法行为。 미성년자가 담배를 사는 것은 불법 행위이다.
非法行为 불법 행위 | 非法就业 불법 취업 | 非法购买 불법 구매

D 明显 míngxiǎn 형 분명히 드러나다, 뚜렷하다
这份报告书上有一处明显的错误,请确认一下。 이 보고서에는 분명히 실수한 곳이 있으니, 확인해 주세요.
效果明显 효과가 분명하다 | 明显的变化 분명한 변화 | 错误明显 잘못이 분명하다

24 A [缓解紧张状态 긴장된 상태를 완화하다]

主要是由于长时间看着近处时,眼睛内部的睫状肌会一直收缩,而向远处看则能缓解它的紧张 状态,

빈칸 앞 절은 오랜 시간 '近处(가까운 곳)'를 보면 섬모체근이 '收缩(수축)'된다는 내용이고 빈칸이 속한 절은 이와 반대로 '远处(먼 곳)'를 볼 때는 섬모체근이 '缓解(완화)'된다는 내용이다. 앞 절과 뒤 절 모두 '근육의 상태'에 대한 설명이므로, 보기 중 적절한 어휘는 'A. 状态(상태)'뿐이다.

 모른다고 두려워하지 마라! '睫状肌 (섬모체근)'와 같은 어려운 어휘는 이미지화 시키거나 'K'로 놓고 해석하는 것이 좋다.

A 状态 zhuàngtài 명 상태 [处于……的状态 ~한 상태에 놓이다]
生活中,保持良好的心理健康状态是非常重要的。 삶에서 좋은 심리 건강 상태를 유지하는 것은 매우 중요하다.
保持A状态 A 상태를 유지하다 | 在A状态下 A 상태에서 | 心理状态 심리 상태

B 图形 túxíng 명 도형, 그래프
电脑上显示的图形都具有特殊的意义。 컴퓨터에 보이는 도형은 모두 특별한 의미가 있다.
立体图形 입체도형 | 平面图形 평면도형

C 形象 xíngxiàng 명 이미지
这位演员塑造的形象给观众留下了深刻的印象。 이 배우가 형상화한 이미지는 관중들에게 깊은 인상을 남겼다.
塑造A形象 A한 이미지를 형상화하다 | 艺术形象 예술 형상

D 样式 yàngshì 명 양식, 형식, 모양

这位设计师喜欢设计样式独特的服装。 이 디자이너는 양식이 독특한 의상을 설계하는 것을 좋아한다.

样式华丽 양식이 화려하다 | 样式独特 양식이 독특하다 | 特别的样式 특별한 양식

25 A [研究表明 연구에 따르면]

虽然研究也 表明，绿色能让人放松且觉得平静，

'研究表明(연구에서 밝히다)'은 시험에 자주 나오는 짝꿍 표현이니 꼭 외우자. 보기 B, C는 지문 내용과 맞지 않고, D는 '주관적 성질'을 띠고 있으므로 연구 내용에 대해 쓰기에는 부적합하다.

A 表明 biǎomíng 동 표명하다, 분명하게 밝히다

会议上，所有参加会议的人都明确地表明了意见。 회의에서, 회의에 참가한 모든 사람은 명확하게 의견을 밝혔다.

表明意见 의견을 밝히다 | 研究表明 연구에서 밝히다

B 开发 kāifā 동 (자원, 수력, 광산, 인재 등) 개발하다, 개간하다, 개척하다

人们过度开发森林资源，这带来了很多环境问题。
사람들이 삼림 자원을 과도하게 개발했고, 이것은 많은 환경 문제를 초래했다.

过度开发 과도한 개발 | 开发产品 상품을 개발하다 | 开发资源 자원을 개발하다

C 指挥 zhǐhuī 명 지휘 동 지휘하다

在领导的指挥下，我们顺利地完成了这次活动。 지도자의 지휘 아래, 우리는 이번 활동을 순조롭게 완수했다.

在A指挥下 A의 지휘 아래 | 指挥乐队 악단을 지휘하다

D 描述 miáoshù 동 묘사하다, 기술하다, 서술하다 명 묘사, 기술, 서술

这本书详细地描述了各民族的风俗习惯。 이 책은 각 민족의 풍습을 상세하게 묘사했다.

向……描述 ~에게 묘사하다 | 详细地描述 상세한 묘사

26 C [比起 ~보다, ~와 비교하다 / 更 더욱 [비교문에서 쓰임]]

比起更换手机和电脑的背景色， 更有效的方法是学会放松，多眨一眨眼睛，或者每隔一会儿就看一下远处。

문장형 문제는 문맥 파악이 중요하다. 보기를 하나하나 대입해 보면서 문맥을 체크해 보고, 소거법을 적극적으로 활용해 답을 찾아내자! 내용상 문맥을 해치지 않는 보기는 'C. 更有效的方法是学会放松(더욱 효과적인 방법은 긴장을 푸는 법을 배우는 것이다)'이다. 비교를 나타내는 표현 '比起(~보다)'와 '更'에서 힌트를 얻을 수도 있다. 보기 A와 D는 지문의 내용과 전혀 관련 없고, B의 '花草(화초)'는 지문에서 언급되긴 했지만, '得多养(많이 길러야 한다)'은 글의 흐름과 맞지 않는다.

A 手机要反复杀毒 휴대폰은 반복적으로 바이러스를 제거해야 한다

B 得多养些花草 화초를 많이 길러야 한다

C 更有效的方法是学会放松 더욱 효과적인 방법은 (눈의) 긴장을 푸는 법을 배우는 것이다

D 看纸质书对眼睛没有伤害 종이책을 보는 것은 눈에 손상을 주지 않는다

有一种说法很流行："把手机或电脑的背景色设置为绿色，就能保护眼睛。"可这种说法真的 23 科学吗？

专家表示，当人们看远处的花草树木时，之所以会感到眼睛非常舒服，主要是由于长时间看着近处时，眼睛内部的睫状肌会一直收缩，而向远处看则能缓解它的紧张 24 状态，这其实跟看什么物体及看什么颜色无关。虽然研究也 25 表明，绿色能让人放松且觉得平静，可它对眼睛本身并没什么特别的作用。

所以，如果想要保护眼睛，比起更换手机和电脑的背景色，26 更有效的方法是学会放松，多眨一眨眼睛，或者每隔一会儿就看一下远处。

'휴대폰이나 컴퓨터의 배경 색을 녹색으로 설정하면 눈을 보호할 수 있다'는 의견이 무척 유행했다. 그런데 이러한 의견은 정말 23 과학적일까?

전문가는 사람들이 먼 곳에 있는 화초와 수목을 볼 때 눈이 편안하게 느껴지는 이유는 주로 오랜 시간 동안 가까운 곳을 보면 안구 내부의 섬모체근이 계속 수축되어 있다가, 먼 곳을 향해 볼 때 이 근육의 긴장된 24 상태를 완화할 수 있기 때문이라고 말한다. 이는 사실 어떤 물체나 색을 보는지와는 관련이 없다. 비록 연구에서도 '녹색이 사람들을 편안하고 안정되게 할 수 있다'는 것을 25 분명하게 나타내지만, 이것이 눈 자체에 특별한 작용을 하지는 않는다.

따라서 만약 눈을 보호하고 싶다면 휴대폰이나 컴퓨터의 배경색을 바꾸는 것보다 26 더욱 효과적인 방법은 긴장을 푸는 법을 배우는 것이다. 눈을 많이 깜빡이거나 일정한 간격을 두고 먼 곳을 보자.

说法 shuōfǎ 몡 의견, 표현(법) | 流行 liúxíng 동 유행하다 | ★背景 bèijīng 몡 배경 [背景色 배경색] | 设置 shèzhì 동 설정하다, 설치하다 | 为 wéi 동 ~이다 [≒是] | 绿色 lǜsè 몡 녹색 | 保护 bǎohù 동 보호하다 | 可 kě 접 그러나 [≒可是] | ★专家 zhuānjiā 몡 전문가 | 表示 biǎoshì 동 나타내다, 가리키다, 의미하다 | 当 dāng 깨 바로 그 시간이나 그 장소를 가리킬 때 쓰임 [当……时: ~할 때] | 远处 yuǎnchù 몡 먼 곳, 먼데 | 花草 huācǎo 몡 화초, 화훼 | 树木 shùmù 몡 수목, 나무 | 之所以 zhīsuǒyǐ 접 ~한 까닭, ~의 이유 | 感到 gǎndào 동 느끼다, 여기다 | 由于 yóuyú 깨 ~때문에, ~로 인하여 | 近处 jìnchù 몡 가까운 곳, 근처 | ★内部 nèibù 몡 내부 | 睫状肌 jié zhuàng jī 몡 섬모체근 | 收缩 shōusuō 동 수축하다 | ★缓解 huǎnjiě 동 완화시키다, 누그러뜨리다 | 紧张 jǐnzhāng 톙 긴장해 있다, 불안하다 | 物体 wùtǐ 몡 물체 | 及 jí 접 ~와, 및 | 无关 wúguān 동 관련이 없다 [跟A无关: A와 관련이 없다] | 心理学 xīnlǐxué 몡 심리학 | 研究 yánjiū 동 연구 | 放松 fàngsōng 동 느슨하게 하다, 이완시키다 | 且 qiě 접 게다가, 또한 | ★平静 píngjìng 톙 (마음·환경 등이) 차분하다, 조용하다, 평온하다 | 本身 běnshēn 명 그 자신, 그 자체 | 并 bìng 뷔 결코, 전혀 [부사어 앞에 쓰여 부정의 어투 강조] | 作用 zuòyòng 명 작용, 역할 | 比起 bǐqǐ ~와 비교하다 | 更换 gēnghuàn 동 교체하다 | 有效 yǒuxiào 톙 효과가 있다, 유효하다 | 方法 fāngfǎ 몡 방법 | 眨 zhǎ 동 (눈을) 깜박이다 | 隔 gé 동 (공간적·시간적으로) 떨어져 있다, 사이에 두다 | ★反复 fǎnfù 뷔 반복하다, 되풀이하다 | 杀毒 shādú 동 컴퓨터 바이러스를 제거하다, 소독하다 | 养 yǎng 동 기르다, 양육하다 | ★伤害 shānghài 동 손상시키다, 해치다 | 纸质书 zhǐzhìshū 종이책

27~30

27 A ['把'자문 = '将'자문]

当你将那个球拿 稳 后，再扔给你第二个球，

빈칸이 속한 문장에 개사 '把' 대신 사용할 수 있는 '将'이 쓰인 것으로 보아, '把자문'의 어순을 따르는 문장임을 알 수 있다. 어순에 따르면, 동사 '拿'가 술어이고 빈칸은 결과보어 자리이다. 보기 중 의미상 '拿'와 호응해 결과보어로 쓰일 수 있는 어휘는 형용사 '稳'과 '正'이다. '拿稳'은 '흔들리지 않게 침착하게 잡는다'는 뜻이고, '拿正'은 '삐뚤어진 것을 바르게 잡다'라는 뜻이므로, 의미상 보기 'A. 稳'이 답이다.

A 稳 wěn 톙 안정되다, 침착하다

他开车开得很快，你要坐稳。 그가 빠르게 운전하고 있으니, 너 똑바로 앉아야 해.

B 正 zhèng 형 바르다, 똑바르다

当问题出现时，我们首先要摆正自己的心态。 문제가 생겼을 때, 우리는 먼저 자신의 심리 상태를 바로잡아야 한다.

C 熟 shú 형 숙련되다

老师昨天讲的课文我背熟了。 선생님이 어제 강의했던 본문을 나는 모두 암기했다.

D 输 shū 동 지다, 패하다

昨天广东队打输了这场重要的比赛。 어제 광둥 팀이 이 중요한 시합에서 졌다.

> **tip** 결과보어는 동작이 진행된 후의 동작이나 상태의 결과가 어떠한지 나타내며, '동사', '형용사', '개사구'가 결과보어로 쓰인다. 기본 형식은 '동사+결과보어[동사/형용사/개사구]'이다.

28 C [A, 可 B A와 B가 상반되는 내용]

可我同时扔给你两个球的话，你恐怕一个都抓不住。

'공을 하나씩 던져 주면 공을 잘 잡을 수 있다'는 내용 뒤에 전환을 나타내는 접속사 '可(그러나)'를 사용해 상반된 상황을 가정하고 있는 문장이므로, 앞 문장과 반대되는 결과를 나타내는 'C. 你恐怕一个都抓不住(자네는 아마 한 개도 잡지 못할 거야)'가 답이다.

A 如果让你来扔球 만약 자네에게 공을 던지라고 한다면

B 大概会捡到别的球 아마도 다른 공을 주울 수 있다

C 你恐怕一个都抓不住 자네는 아마 한 개도 잡지 못할 거야

D 并且扔球的时候容易摔倒 게다가 공을 던질 때 넘어지기도 쉽다

29 B [何必……呢? 꼭 ~할 필요가 있을까?]

同样是为了接两个球，何必非要同时接住呢?

조사 '呢'가 핵심 포인트 어휘이다. '呢'와 호응할 수 있는 어휘는 '何必'밖에 없다. '何必……呢'는 '구태여 ~할 필요가 있겠는가'라는 뜻으로 쓰이며, 주로 반어문에 많이 쓰인다.

A 尽管 jǐnguǎn 접 비록 ~라 하더라도 [주로 '但是' '可是' '不过'와 호응함]

尽管有很多困难，但是我们要勇敢地克服。
비록 많은 어려움이 있다고 하더라도, 우리는 용감하게 극복해야 한다.

B 何必 hébì 부 굳이 ~할 필요가 있는가, ~할 필요가 없다 [반문의 어기를 띠며, 주로 어기조사 '呢'와 호응함]

何必让不开心的事妨碍我们的生活呢? 굳이 기쁘지 않은 일로 우리의 삶을 방해할 필요가 있는가?

C 终于 zhōngyú 부 마침내, 결국, 끝내
[노력이나 변화 또는 비교적 긴 과정을 거쳐 마지막에 나온 결과를 나타내며, 주로 어기조사 '了'와 호응함]

通过多年的努力，我终于成立了自己的公司。 다년간의 노력을 통해서, 나는 마침내 자신의 회사를 세웠다.

D 幸亏 xìngkuī 부 다행히, 요행으로, 운 좋게 [어떤 유리한 조건이 우연히 나타나서 운좋게 면하는 상황을 나타냄. '幸亏A, 否则(不然/要不然)B'의 형식으로 사용하며 'A가 아니었으면 B 했을 것이다'란 의미로, B는 가정을 나타낸다]

幸亏媒体报道了这件事，要不然我们永远不会知道真相。
다행히 매체가 이 일을 보도하지 않았다면 우리는 영원히 진실을 알 수 없었을 것이다.

30 D [两项任务 두 가지 임무 → 其中一项、另一项 그중 하나, 다른 하나]

若你手里有两项任务,则必须先保证将 其中 一项做好,然后再去做另一项,

빈칸 앞에, '两项任务(두 가지 임무)'가 나오고, 빈칸 뒤에 '另一项(다른 하나)'이라는 말이 나오므로, 빈칸에서 '둘 중 한 가지 임무'라는 의미를 나타낼 수 있는 'D. 其中'이 가장 적합하다.

A 周围 zhōuwéi 명 주위, 주변
这座公寓周围的环境不错,只是价格有点儿贵。 이 아파트 주변의 환경이 좋지만, 가격이 조금 비싸다.

B 当时 dāngshí 명 당시, 그때
孩子发现妈妈在看自己的日记,当时他非常生气。
아이는 엄마가 자신의 일기를 보고 있는 것을 발견한 당시에 매우 화가 났다.

C 其他 qítā 명 기타, 그 외
只要解决投资的问题,其他的问题就不难解决。 투자 문제를 해결하기만 하면, 다른 문제는 해결하기 어렵지 않다.

D 其中 qízhōng 떼 그중에, 그 안에 [앞에 언급한 것들 중에]
我们班有很多留学生,其中一半是韩国人。 우리 반에는 유학생이 많은데, 그중 절반은 한국인이다.

一个年轻人刚刚进公司,老板交给了他一项很简单的工作,他认为这样不能展现出自己的才华,所以请老板多给他安排点儿事情做。

老板听了以后,说:"我举个例子,若我每次只扔给你一个球,你一定可以轻松接到。当你将那个球拿 27 稳后,再扔给你第二个球,那你一定也可以抓住。可我同时扔给你两个球的话,28 你恐怕一个都抓不住。同样是为了接两个球,你 29 何必非要同时接住呢?这和工作的道理相同,若你手里有两项任务,则必须先保证将 30 其中一项做好,然后再去做另一项,以免手忙脚乱,否则到最后连一个也做不好。"

한 젊은이가 회사에 갓 입사했는데 사장은 그에게 아주 간단한 일을 맡겼다. 그는 이렇게 해서는 자신의 재능을 보여 줄 수 없다고 생각해서 사장에게 더 많은 일을 배정해 달라고 부탁했다.

사장이 듣고 나서 말하길: "내가 예를 하나 들지. 만약 내가 매번 공을 하나씩만 자네에게 던져 준다면 자네는 분명 쉽게 받을 수 있을 것이네. 그 공을 27 안정적으로 잡은 뒤 다시 자네에게 두 번째 공을 던져 주면 자네는 분명 잡을 수 있겠지. 그러나 내가 동시에 두 개의 공을 자네에게 던져 준다면, 28 자네는 아마 한 개도 잡지 못할 거야. 똑같이 두 개의 공을 받기 위한 것인데, 자네가 29 굳이 동시에 꼭 받으려 할 필요가 있을까? 이는 일에 있어서도 같은 이치야. 만약 자네 손에 두 개의 임무가 있다면, 반드시 먼저 30 그중에 하나를 잘 해 내도록 책임져야 하고, 그리고 나서 다시 다른 일을 해야 허둥지둥하지 않을 수 있지. 그렇지 않으면 결국 한 가지도 제대로 하지 못하게 되지."

| **年轻人** niánqīngrén 명 젊은이, 젊은 사람 | **刚刚** gānggāng 부 막, 방금 | ★**老板** lǎobǎn 명 사장 | **交** jiāo 동 맡기다 | ★**项** xiàng 양 가지, 항목, 조항 | **展现** zhǎnxiàn 동 드러내다, 나타나다 | **才华** cáihuá 명 재능, 재주 | **安排** ānpái 동 (일·계획 등을) 배정하다, 안배하다 | **举** jǔ 동 들다, 들어올리다 | **例子** lìzi 명 예, 보기 [举例子 예를 들다] | **扔** rēng 동 던지다, 내버리다 | **球** qiú 명 공 | **轻松** qīngsōng 형 수월하다, 가볍다 | **接到** jiēdào 동 받다 | **将** jiāng 개 ~를 | **抓住** zhuāzhù 동 붙잡다 | **同时** tóngshí 부 동시에 | **恐怕** kǒngpà 부 아마 ~일 것이다 | **同样** tóngyàng 접 (앞에서 말한 바와) 마찬가지로 | **接** jiē 동 받다 | **非要** fēiyào 부 꼭, 기어코, 반드시 | **接住** jiēzhù 동 받다 | ★**道理** dàolǐ 명 도리, 이치 | **相同** xiāngtóng 형 서로 같다, 똑같다 | **若** ruò 접 만약 | **任务** rènwu 명 임무, 책무 | ★**则** zé 부 바로 | **保证** bǎozhèng 동 확실히 책임지다, 보증하다 | **以免** yǐmiǎn 접 ~하지 않도록, ~않기 위해서 | **手忙脚乱** shǒumáng jiǎoluàn 성 허둥지둥하다, 몹시 바빠서 이리 뛰고 저리 뛰다 | **否则** fǒuzé 접 만약 그렇지 않으면 | **连** lián 개 ~조차도, ~마저도, ~까지도 |

31 D [由于A, 从而B A 때문에 그래서 B하다 / 和A有关 A와 관련이 있다] 마지막 문장에서 '혈액의 흐름이 열을 발생시켜 손이 차갑게 느껴지지 않는 것'이라고 했으므로, 손의 발열은 혈액의 흐름과 관련이 있음을 알 수 있다.

A, B (✗) 지문에서 언급하지 않았다.

C (✗) 피부가 자극을 받으면 대뇌가 빠른 속도로 반응을 한다고 하였지, 대뇌가 자극을 받으면 반응이 빨라진다는 것이 아니다.

　　　为何玩儿雪之后人们会感到手变热了呢？**C** 这是由于手碰到雪以后，皮肤受到刺激，大脑则会快速做出反应，从而带动血液循环，血管中的血液就会马上流向手部的毛细血管。**D** 血液的流动产生了热量，所以手就不觉得凉了。

A 摸雪时会冻伤手
B 容易手冷的人胃不好
C 大脑受到刺激反应会变快
D 手部发热和血液流动有关

　　　눈 장난을 한 후에 사람들은 왜 손이 뜨거워지는 것을 느끼는 것일까? **C** 이는 손이 눈에 닿은 후, 피부가 자극을 받아 대뇌가 빠른 속도로 반응해서 혈액 순환이 일어나 혈관 속의 혈액이 바로 손의 모세혈관으로 흘러서이다. **D** 혈액의 흐름이 열을 발생시켜 손이 차갑게 느껴지지 않는 것이다.

A 눈을 만질 때 손에 동상을 입을 수 있다
B 쉽게 손이 차가워지는 사람은 위가 안 좋다
C 대뇌가 자극을 받으면 반응이 빨라진다
D 손의 발열과 혈액의 흐름은 관련이 있다

为何 wèihé 때 왜, 무엇 때문에 [≒为什么] | **感到** gǎndào 통 느끼다 | **由于** yóuyú 접 ~때문에, ~로 인하여 | ★**碰** pèng 통 닿다, 만지다 | **皮肤** pífū 명 피부 | **受到** shòudào 통 받다, 얻다 | ★**刺激** cìjī 명 자극 [受到刺激: 자극을 받다] | **大脑** dànǎo 명 대뇌 | ★**反应** fǎnyìng 명 반응 | ★**从而** cóng'ér 접 ~함으로써, 따라서, 그래서 | **带动** dàidòng 통 (이끌어) 움직이다, 이끌어 나가다 | **血液** xuèyè 명 혈액 | **循环** xúnhuán 통 순환하다 | **血管** xuèguǎn 명 혈관 | **流** liú 통 (물·액체가) 흐르다 | **毛细血管** máoxì xuèguǎn 명 모세혈관 | **流动** liúdòng 통 흐르다, 유동하다 | ★**产生** chǎnshēng 통 발생하다, 생기다 | **热量** rèliàng 명 열량 | **凉** liáng 형 차갑다, 시원하다 | ★**摸** mō 통 (손으로) 어루만지다, 쓰다듬다 | **冻伤** dòngshāng 통 동상을 입다 | ★**胃** wèi 명 위 | **发热** fārè 통 발열하다, 열을 내다 | **有关** yǒuguān 통 관련이 있다, 관계가 있다 [和A有关: A와 관련이 있다]

---

32 D [A有助于B A는 B에 도움이 된다] '酸葡萄心理(신 포도 심리)'는 인간의 '심리 방어 기능' 중에 하나라는 말을 통해, '신 포도 심리'가 '마음을 다스리는 데 도움이 된다'는 것을 알 수 있다.

A, B (✗) 지문에서 언급하지 않았다.

C (✗) 자신의 요구가 만족되지 않아 좌절감이 생길 때 자신을 위안하는 현상을 '신 포도 심리'라고 부른다고 했지, 이런 사람들이 비관적이라는 말은 아니다.

　　　C 当自身的需求得不到满足而产生挫折感的时候，为了缓解心里的不安，人们常常会编造某些理由来安慰自己，以摆脱消极的心理状态。**D** 心理学上称之为"酸葡萄心理"，这是人类的心理防卫功能之一。

A 爱说假话的人缺乏自信
B 谦虚的人更在乎他人的评价
C 有"酸葡萄心理"的人很悲观
D "酸葡萄心理"有助于调整心态

　　　C 자신의 요구가 만족되지 않아 좌절감이 생길 때, 심리적 불안을 완화하기 위해 사람들은 종종 어떤 이유를 만들어서 자신을 위안하곤 하는데, 이는 부정적인 심리 상태에서 벗어나기 위함이다. **D** 심리학에서는 이것을 '신 포도 심리'라고 부르며, 이것은 인간의 심리 방어 기능 중에 하나이다.

A 거짓말을 잘하는 사람은 자신감이 부족하다
B 겸손한 사람은 다른 사람의 평가를 더욱 신경 쓴다
C '신 포도 심리'가 있는 사람은 매우 비관적이다
D '신 포도 심리'는 마음을 다스리는 데 도움이 된다

自身 zìshēn 명 자신 | **需求** xūqiú 명 요구, 수요 | **得到** dédào 통 얻다, 획득하다 | ★**满足** mǎnzú 통 만족하다 | **而** ér 접 [목적 또는 원인을 나타내는 부분을 연결시킴] | **挫折** cuòzhé 명 좌절, 실패 [挫折感 좌절감] | ★**不安** bù'ān 형 불안하다, 편안하지 않다 | **编造** biānzào 통 만들다, 편성하다 | **某些** mǒuxiē 때 어떤, 몇몇, 일부 | ★**理由** lǐyóu 명 이유, 까닭 | ★**安慰** ānwèi 통 위안하다, 위로하다 | **以** yǐ 접 ~하기 위하여, ~함으로써 [목적·결과를 나타냄]

| 摆脱 bǎituō 통 벗어나다, 빠져나오다 | ★消极 xiāojí 형 부정적이다, 소극적이다 [摆脱状态: 상태를 벗어나다] | 心理 xīnlǐ 명 심리 | 状态 zhuàngtài 명 상태 | 心理学 xīnlǐxué 명 심리학 | 称之为 chēngzhīwéi ~라고 부르다 | 酸 suān 형 시다, 시큼하다 | 葡萄 pútáo 명 포도 | ★人类 rénlèi 명 인류 | 防卫 fángwèi 명 방위 | ★功能 gōngnéng 명 기능, 작용 | 假话 jiǎhuà 명 거짓말 | ★缺乏 quēfá 통 부족하다, 결핍되다 | ★谦虚 qiānxū 형 겸손하다, 겸허하다 | ★在乎 zàihu 통 신경 쓰다, 마음에 두다 | 评价 píngjià 명 평가 | 悲观 bēiguān 형 비관적이다 | 有助于 yǒuzhùyú ~에 도움이 되다 | ★调整 tiáozhěng 통 조정하다, 조절하다 | 心态 xīntài 명 심리 상태 [调整心态 마음을 다스리다]

33 C [时速最快 → 时速很快 시속이 빠르다] 선전의 지하철 11호선은 현재 중국에서 '时速最快(시속이 가장 빠르다)'라고 했으므로, 선전 11호선 지하철이 '时速很快(시속이 매우 빠르다)'라는 것을 알 수 있다.

A (✕) 선전의 지하철 11호선이 시범 운행을 했다고 했지, 선전에서 첫 번째 지하철이 개통되었다는 것은 아니다.

B, D (✕) 지문에서 언급하지 않았다.

A 深圳地铁11号线在近期第一次进行了载人试运行。该线路总长519公里，最高时速达120公里，是目前中国编组最大、C 时速最快且噪音最低的地铁。此外，车厢里蓝天白云的顶灯设计，也为乘客带来了特别的乘车体验。	A 선전[深圳]의 지하철 11호선이 최근 처음으로 사람을 싣고 시범 운행을 했다. 이 노선의 길이는 총 519km, 최고 시속은 120km에 달하며 현재 중국에서 가장 크게 편성되고, C 시속이 가장 빠르면서, 소음이 가장 적은 지하철이다. 이 밖에도 객실의 푸른 하늘과 하얀 구름의 천장 표시등 디자인 또한 승객에게 특별한 탑승 체험을 선사했다.
A 深圳最近开通了首条地铁 B 深圳制造出了无人驾驶火车 C 深圳11号线地铁时速很快 D 深圳11号线地铁车厢很小	A 선전은 최근 첫 번째 지하철을 개통했다 B 선전은 자율주행 기차를 제작했다 C 선전 11호선 지하철의 시속이 매우 빠르다 D 선전 11호선 지하철의 객실은 매우 작다

深圳 Shēnzhèn 고유 선전, 심천 [지명] | 号线 hàoxiàn (지하철) 호선 | 近期 jìnqī 명 가까운 시기 | 第一次 dì yī cì 맨 처음, 최초 | 载人 zàirén 통 사람을 싣다 | 试运行 shìyùnxíng 통 시범 운행하다 | 该 gāi 때 이, 그, 저 [≒这] | 线路 xiànlù 명 노선, 선로 | 总 zǒng 형 총, 전체의 | 公里 gōnglǐ 양 킬로미터(km) | 时速 shísù 명 시속 | 达 dá 통 도달하다, 이르다 | ★目前 mùqián 명 현재, 지금 | 编组 biānzǔ 통 편성하다 | 噪音 zàoyīn 명 소음, 잡음 | 低 dī 형 낮다 | 此外 cǐwài 이 밖에, 이 외에 | ★车厢 chēxiāng 명 (열차·자동차 등의) 객실, 화물칸 | 蓝天 lántiān 푸른 하늘 | 白云 báiyún 흰 구름 | 顶灯 dǐngdēng 천장의 전등, 자동차 지붕의 표시등 | ★设计 shèjì 명 디자인, 설계 | 为 wèi 개 ~에게 [≒给] | 乘客 chéngkè 명 승객 | 乘车 chéngchē 차를 타다 | 体验 tǐyàn 명 체험 | 开通 kāitōng 통 개통하다, 열다 | ★首 shǒu 형 최초, 처음 | 条 tiáo 양 [가늘고 긴 모양의 물건을 세는 단위] | ★制造 zhìzào 통 제조하다, 만들다 | 无人 wúrén 형 무인의, 사람이 타지 않는 | ★驾驶 jiàshǐ 통 (자동차·선박·비행기 등을) 운전하다 | 无人驾驶火车 wúrén jiàshǐ huǒchē 명 자율주행 기차

34 C [促进 촉진시키다 → 增进 증진시키다] '世园会(세원회)'를 개최함으로써 자신의 이미지를 높이고, '교류를 촉진시킨다(促进交流)'고 하였으므로 보기 C의 내용과 일치한다.

A, B (✕) 지문에서 언급하지 않았다.

D (✕) '세원회 개최는 자신의 이미지를 높이고 교류를 증진시킨다'고 했으므로, 세원회 개최의 목적이 소비를 촉진하기 위함이라는 보기와는 일치하지 않는다.

世界园艺博览会简称"世园会"，是最高级别的专业性国际博览会，它的目的是为了宣传生态文明。很多国家与地区都 D 通过举办世园会向全世界人民展示园艺之美和自然之美，并以此提升自身形象、CD 促进交流。	세계 원예 박람회, 약칭하여 '세원회'는 최고 수준의 전문적 국제 박람회이며, 이 박람회의 목적은 생태 문명을 알리기 위한 것이다. 많은 국가와 지역들이 D 세원회 개최를 통해 전 세계 사람들에게 원예의 아름다움과 자연의 아름다움을 보여 줄 뿐만 아니라 이것으로 자신의 이미지를 높이고, CD 교류를 촉진시킨다.

A 世园会提倡节能减排	A 세원회는 에너지 절약과 오염물질 배출 저감을 제창한다
B 世园会由学校发起	B 세원회는 학교에서부터 시작되었다
C 世园会能增进各国间交流	**C 세원회는 각국 간의 교류를 증진시킬 수 있다**
D 办世园会是为了带动消费	D 세원회를 개최하는 것은 소비를 촉진하기 위함이다

园艺 yuányì 명 원예 | **博览会** bólǎnhuì 명 박람회 | **简称** jiǎnchēng 동 약칭하다, 줄여서 부르다 | **世园会** Shìyuánhuì 고유 세원회 [世界园艺博览会의 약칭] | **级别** jíbié 명 등급, 단계, 순위 | **专业** zhuānyè 명 전문이다 | **国际** guójì 명 국제 | **目的** mùdì 명 목적 | ★**宣传** xuānchuán 동 (대중을 향하여) 널리 알리다, 홍보하다 | **生态** shēngtài 명 생태 | ★**文明** wénmíng 명 문명 | **地区** dìqū 명 지역, 지구 | **通过** tōngguò 개 ~을 통하여, ~을 거쳐 | **举办** jǔbàn 동 개최하다, 열다 | **全世界** quánshìjiè 명 전 세계 | **人民** rénmín 명 인민 | **展示** zhǎnshì 동 보여 주다, 나타내다 | **美** měi 형 아름답다 | **之** zhī 조 ~의, ~한(하는) | **自然** zìrán 명 자연 | **并且** bìngqiě 접 ~뿐만 아니라, 또한 | **以** yǐ 개 ~으로 | **此** cǐ 대 이, 이것 [≒这] | **提升** tíshēng 동 높이다, 진급하다 [以……提升: ~으로 높이다] | **自身** zìshēn 명 자신, 본인 | ★**形象** xíngxiàng 명 이미지, 인상 [提升形象: 이미지를 높이다] | ★**促进** cùjìn 동 촉진하다, 촉진시키다 | **交流** jiāoliú 동 교류 | ★**提倡** tíchàng 동 제창하다, 장려하다 | **节能** jiénéng 동 에너지를 절약하다 | **减排** jiǎnpái 유해성 물질의 배출량을 저감하다 [节能减排: 에너지를 절약하고 오염물질 배출을 저감하다] | **由** yóu 개 ~으로부터, ~에 의해 [근거나 구성 요소를 나타냄] | **发起** fāqǐ 동 시작하다, 제창하다, 개시하다 | **增进** zēngjìn 동 증진하다 | **带动** dàidòng 동 이끌어 나가다, 선도하다 | ★**消费** xiāofèi 동 소비하다 [带动消费 소비를 촉진하다]

35 A [**质量很大** 질량이 크다 → **很重** 무겁다] 백색 왜성의 특징은 부피가 비교적 작고(体积小) 흰색을 띠며(呈白色) 밝기가 낮으나(亮度低), 밀도가 높고(密度极高) 질량이 크다(质量很大)는 것이다. 보기 A만이 이와 일치한다.

B (x) 백색 왜성의 이름은 길이가 아니라 '색깔'에서 온 것이다.

C (x) 백색 왜성은 밝기가 낮다고 했다.

D (x) 지문에서 예를 든 백색 왜성은 부피는 지구와 비슷하나 중량은 태양과 비슷하다고 했다.

有一种恒星叫白矮星它们体积较矮小，B 颜色呈白色，所以被人们称为白矮星。白矮星是一种非常特殊的天体，C 它的亮度低，A 体积小，但是密度极高、质量很大。比如天狼星的伴星就是最早被发现的白矮星，D 体积与地球差不多，可重量却与太阳相当。	'백색 왜성'이라고 불리는 항성이 있는데, 그것들은 부피가 비교적 왜소하고, B 색깔이 흰색을 띠기 때문에 '백색 왜성'이라고 불린다. 백색 왜성은 매우 특수한 천체로, C 밝기가 낮고 A 부피가 작으나 밀도가 매우 높고 질량이 크다. 예를 들어, 시리우스의 동반성이 바로 가장 먼저 발견된 백색 왜성으로, D 부피는 지구와 비슷하지만 중량은 오히려 태양과 비슷하다.
A 白矮星体积小，但是很重 B 白矮星的名字是从长度来的 C 白矮星是白色的，所以很亮 D 有些白矮星与地球的重量、体积都差不多	**A 백색 왜성의 부피는 작지만 매우 무겁다** B 백색 왜성의 이름은 길이에서 온 것이다 C 백색 왜성은 흰색이고, 그래서 밝다 D 어떤 백색 왜성은 지구와 중량, 부피가 모두 비슷하다

恒星 héngxīng 명 항성 | **白矮星** báiǎixīng 명 백색 왜성 [체적이 작고 흰색을 띤 일종의 항성] | **体积** tǐjī 명 체적 | **较** jiào 부 비교적, 좀 [≒比较] | **矮小** ǎixiǎo 형 왜소하다 | **呈** chéng 동 (어떤 색깔이나 상태를) 띠다, 나타내다 | **称为** chēngwéi 동 (~라고) 부르다, 불리우다 | ★**特殊** tèshū 형 특수하다, 특별하다 | **天体** tiāntǐ 명 천체 | **亮度** liàngdù 명 광도 | **密度** mìdù 명 밀도 | **质量** zhìliàng 명 질량 | **比如** bǐrú 접 예를 들어 | **天狼星** Tiānlángxīng 고유 시리우스, 천랑성 | **伴星** bànxīng 명 동반성, 반성 [쌍성 중 빛이 어두운 별] | **地球** dìqiú 명 지구 | **差不多** chàbuduō 형 비슷하다 [A与B差不多: A는 B와 비슷하다] | ★**重量** zhòngliàng 명 중량 | **却** què 부 오히려, 도리어 | ★**相当** xiāngdāng 동 비슷하다 [A与B相当: A는 B와 비슷하다] | **长度** chángdù 명 길이 | ★**亮** liàng 형 밝다

36~39

36 B [有的是A 어떤 것은 A이다]   마지막 단락 두 번째 문장의 '有的是……(어떤 것은 ~이다)'로 연결된 구문이 광고판의 여러 가지 형식을 나타내고 있다. '可以跑步的平板(달리기를 할 수 있는 평판)' '可以攀爬的墙(기어오를 수 있는 벽)' '可以练拳击的软墙(권투를 연습할 수 있는 부드러운 벽)'을 통해 광고판이 '운동을 하는 데' 사용할 수 있음을 알 수 있다.

37 A [缺乏 결여되다 → 毫无 조금도 ~않다 / 新意 창의성 → 新鲜感 신선함]   세 번째 단락에서 사장은 스타를 초청해 광고를 찍는 방식에 반대하는 이유로 '成本很高(원가가 높다)' '缺乏新意(창의성이 부족하다)' '容易被人忽视(사람들에게 무시당하기 쉽다)'를 들었다. 보기 중 'A. 毫无新鲜感(신선함이 전혀 없어서)'이 '缺乏新意(창의성이 부족하다)'와 뜻이 통한다.

38 C [要将其一饮而尽 단숨에 마셔 버리고 싶다 → 想喝那款饮料 그 음료를 마시고 싶어진다]   질문의 핵심 표현 '运动完后看到广告牌会'가 지문에 등장하는 지점을 살펴보자. 지문에서는 사람들이 운동 후 이 음료를 보면 '就会产生要将其一饮而尽的想法(바로 단숨에 마셔 버리고 싶은 생각이 든다)'라고 하였으므로, 답은 'C. 想喝那款饮料'이다. 독해 제3부분은 비슷한 표현을 아는 것이 핵심이다.

39 C [想要得到的效果 얻고자 했던 효과 → 效果很好 효과가 좋다]   지문 마지막 부분에 '而这就是设计者想要得到的效果(이것이 바로 디자이너가 얻고자 했던 효과였다)'라고 언급된 것에서 광고가 좋은 반응을 얻었음을 알 수 있으므로, 답은 'C. 那款广告牌效果很好(그 광고판은 효과가 매우 좋다)'이다.

A, B (×) 지문에서 언급하지 않았다.

D (×) 광고는 사장이 아니라 디자인팀이 만들어 낸 것이다.

在一座城市中，出现了一些特殊的广告牌，很多人在它们的前面停下了脚步。
它们究竟有什么特别的魅力呢？
这些广告牌是一家公司为了宣传一种运动饮料而设计制作的。起初大部分人都建议将广告牌设计为电子显示屏，再请明星拍一段广告在电子屏幕上循环播放。[37]但该公司的老板认为这种形式的广告不但成本高，还缺乏新意，特别容易被人忽视。
"既然这是运动饮料，那么我们可以从运动入手，针对爱运动的人来设计广告牌。"一位设计师说的话提醒了大家。
在设计团队的共同努力下，这款集运动健身和广告宣传于一体的广告牌终于问世了。[36]广告牌呈现的形式多样，有的是可以跑步的平板，有的是可以攀爬的墙，有的则是可以练拳击的软墙……路过的人都能免费体验。如果你的表现突出，还能得到它的赞美："你比想象中更加有力量！"那款运动饮料则被印刷在广告牌的一角上，[38]人们运动后看到它，就会产生要将其一饮而尽的想法。[39]而这就是设计者想要得到的效果。

한 도시에 몇 가지 특수한 광고판이 나타났는데, 많은 사람들이 그 광고판 앞에서 발걸음을 멈추었다.
그 광고판은 대체 어떤 특별한 매력이 있는 것일까?
이 광고판은 한 회사가 스포츠 음료를 홍보하기 위해 디자인하고 제작한 것이다. 처음에 대부분의 사람들은 모두 광고판을 전자 스크린으로 디자인하고, 스타를 초청해 광고를 찍은 뒤 전자 스크린에 반복해서 틀자고 제안했다. [37]그러나 이 회사의 사장은 이러한 형식의 광고는 원가가 높을 뿐만 아니라 창의성이 부족해 특히 사람들에게 무시당하기 쉬울 것이라고 생각했다.
"기왕에 스포츠 음료이니 스포츠에서 착수하면 되겠습니다. 스포츠를 좋아하는 사람을 겨냥해서 광고판을 디자인하는 것입니다." 한 디자이너의 말이 사람들을 일깨웠다.
디자인 팀의 공동 노력으로, 스포츠 운동과 광고 홍보를 하나로 결합한 광고판이 마침내 세상에 나왔다. [36]광고판이 나타내는 형식은 다양했는데, 어떤 것은 달리기를 할 수 있는 평판이었고, 어떤 것은 기어오를 수 있는 벽이었으며, 어떤 것은 권투를 연습할 수 있는 부드러운 벽으로, 지나가는 사람들 모두 무료로 체험해 볼 수 있었다. 만약 당신의 활약이 뛰어나다면 "당신은 상상했던 것보다 더 힘이 있습니다!"라는 칭찬을 받을 수도 있다. 그 스포츠 음료는 광고판의 한 모퉁이에 인쇄되어 있는데 [38]사람들이 운동 후 그것을 보게 되면 바로 단숨에 마셔 버리고 싶은 생각이 들었고 ³⁹이것이 바로 디자이너가 얻고자 했던 효과였다.

36 不同于传统的广告牌，那款广告牌：
　A 能够移动
　B 能用来健身
　C 有查询功能
　D 显示屏巨大

36 전통적인 광고판과 달리 그 광고판은:
　A 이동할 수 있다
　B 운동을 하는 데 사용할 수 있다
　C 조회 기능이 있다
　D 스크린이 거대하다

37 经理为什么反对请明星拍广告？
　A 毫无新鲜感
　B 费用过低
　C 有过失败的经历
　D 难以找到合适的人选

37 사장은 왜 스타를 초청해 광고를 찍는 것을 반대했는가?
　A 신선함이 전혀 없어서
　B 비용이 너무 낮아서
　C 실패한 경험이 있어서
　D 적임자를 찾기 어려워서

38 人们运动完后看到广告牌会：
　A 想与广告牌合影
　B 肌肉酸痛
　C 想喝那款饮料
　D 忽视广告内容

38 사람들이 운동을 하고 나서 광고판을 보면:
　A 광고판과 사진을 찍고 싶어진다
　B 근육이 시큰시큰 쑤시고 아프다
　C 그 음료를 마시고 싶어진다
　D 광고 내용을 무시한다

39 根据上文，正确的是：
　A 广告牌都放于室内
　B 广告牌花费的时间很短
　C 那款广告牌效果很好
　D 广告的创意是老板提出来的

39 윗글에 근거해, 옳은 것은?
　A 광고판은 모두 실내에 두었다
　B 광고판에 사용된 시간은 매우 짧다
　C 그 광고판은 효과가 매우 좋다
　D 광고의 아이디어는 사장이 제안한 것이다

座 zuò 양 좌, 동, 채 [부피가 크거나 고정된 물체를 세는 단위] | 出现 chūxiàn 동 나타나다, 생기다 | ★特殊 tèshū 형 특수하다, 특별하다 | 广告牌 guǎnggàopái 명 광고판 | 停 tíng 동 멈추다, 멎다 | 脚步 jiǎobù 명 발걸음 | 究竟 jiūjìng 부 도대체, 대관절 | ★魅力 mèilì 명 매력 | 宣传 xuānchuán 동 (대중을 향하여) 홍보하다, 선전하다 | ★设计 shèjì 동 디자인하다 | ★制作 zhìzuò 동 제작하다 | 起初 qǐchū 처음, 최초에 | 大部分 dàbùfen 명 대부분 | 建议 jiànyì 동 제안하다, 건의하다 | 电子 diànzǐ 명 전자 | 显示屏 xiǎnshìpíng 명 스크린, 디스플레이 장치 | ★明星 míngxīng 명 스타 | ★拍 pāi 동 촬영하다 | 广告 guǎnggào 명 광고 | 屏幕 píngmù 명 스크린 | 循环 xúnhuán 동 순환하다 | ★播放 bōfàng 동 방송하다, 방영하다 | 该 gāi 대 이, 그, 저 | ★老板 lǎobǎn 명 사장 | ★形式 xíngshì 명 형식 | 成本 chéngběn 명 원가, 자본금 | ★缺乏 quēfá 동 부족하다, 모자라다 | 新意 xīnyì 명 창의성, 새로운 의견 | ★忽视 hūshì 동 소홀히 하다, 경시하다 | 既然 jìrán 접 (기왕) ~된 바에야, ~인 이상 | 入手 rùshǒu 동 착수하다, 손을 대다 | ★针对 zhēnduì 동 겨냥하다, 초점을 맞추다 | 提醒 tíxǐng 동 일깨우다, 깨우치다 | 团队 tuánduì 명 팀, 단체 | 共同 gòngtóng 형 공통의, 공동의 | ★款 kuǎn 양 유형, 종류, 스타일 | 集 jí 동 모이다, 모으다 | ★健身 jiànshēn 동 신체를 건강하게 하다 | 于 yú 개 ~에, ~에서 [=在] | 一体 yītǐ 명 일체 | 问世 wènshì 동 (저작물 등이) 세상에 나오다, 발표되다 | 呈现 chéngxiàn 동 드러나다, 나타나다, 양상을 띠다 | ★形式 xíngshì 명 형식 | 多样 duōyàng 형 다양하다 | 平板 píngbǎn 명 평판, 평평한 판 | 攀爬 pānpá 동 (어떤 것을 잡고) 기어 오르다 | ★墙 qiáng 명 벽, 담장 | 拳击 quánjī 명 권투, 복싱 | ★软 ruǎn 형 (물체의 속성이) 부드럽다, 연하다 | 路过 lùguò 동 지나가다, 통과하다 | 免费 miǎnfèi 동 무료로 하다, 돈을 받지 않다 | 体验 tǐyàn 동 체험하다 | ★表现 biǎoxiàn 명 실력, 활약 | ★突出 tūchū 형 뛰어나다 | 得到 dédào 동 얻다, 획득하다 | 赞美 zànměi 동 칭찬하다, 찬양하다 | ★想象 xiǎngxiàng 동 상상하다 | 更加 gèngjiā 부 더, 더욱, 훨씬 | ★力量 lìliang 명 힘, 능력 | 印刷 yìnshuā 동 인쇄하다 | 角 jiǎo 명 모퉁이, 구석 | ★产生 chǎnshēng 동 생기다, 나타나다 | 一饮而尽 yī yǐn ér jìn 성 단숨에 마셔 버리다 | 想法 xiǎngfa 명 생각, 의견 | 设计者 shèjìzhě 명 디자이너 | 效果 xiàoguǒ 명 효과 | 不同 bùtóng 형 다르다, 같지 않다 | ★传统 chuántǒng 명 전통 | 能够 nénggòu 조동 ~할 수 있다 | ★移动 yídòng 동 이동하다, 옮기다 | 用来 yònglái 동 ~에 쓰다 | 查询 cháxún 동 조회하다, 문의하다 | 功能 gōngnéng 명 기능, 작용 | ★巨大 jùdà 형 거대하다, (규모·수량 등이) 아주 크다/많다 | 反对 fǎnduì 동 반대하다 | 毫无 háowú 전혀[조금도] ~이 없다 | 费用 fèiyòng 명 비용, 지출 | 过低 guòdī 형 너무 낮다, 지나치게 낮다 | 失败 shībài 동 실패하다 | 经历 jīnglì 명 경험 | 合适 héshì 형 적합하다 | 人选 rénxuǎn 명 적임자, 선발 인원 | ★合影 héyǐng 동 함께 사진을 찍다 | ★肌肉 jīròu 명 근육 | 酸痛 suāntòng 형 시큰시큰 쑤시고 아프다 | 内容 nèiróng 명 내용 | 室内 shìnèi 명 실내 | 花费 huāfèi 동 (돈·시간·정력을) 들이다, 쓰다, 소비하다 | 创意 chuàngyì 명 독창적 아이디어, 창조적인 의견 | 提出 tíchū 동 제의하다, 제기하다, 제출하다

40~43

40 B [关心太少 관심이 너무 적다 → 缺少关心 관심이 부족하다] 첫 번째 천리마에 대한 그의 생각이 지문 앞부분에 언급되었다. 그가 '천리마에게 관심이 너무 적었기 때문에(对千里马的关心太少)' 천리마가 보통의 말과 같아졌다고 생각했으므로 'B. 对它缺少关心(천리마에게 관심이 부족해서)'이 답이다.

 독해 지문의 흐름대로 질문이 나오는 경우도 많다. 모르는 단어가 많다고 당황하지 말고 순서대로 하나씩 해결해 가자.

41 D [为了+목적, 행위] 목적을 나타내는 '为了' 뒤에 나온 문장 '保存千里马的体力, ……'가 핵심 문장이다. 이를 통해 천리마를 뛰지 못하게 한 목적이 'D. 想保存它的体力(그것의 체력을 비축하게 하고 싶어서)'라는 것을 알 수 있다.

42 B [不动 움직이지 않다 → 不跑 뛰지 않다] 마지막 단락에 천리마를 재촉하면 오히려 '멈춰 서서 움직이지 않았고(停下来不动了)' '결국(最后)' 그는 말을 끌고 시합에서 퇴장할 수밖에 없었다고 언급하였다. 지문에서 사용한 표현 '停下来不动了'와 보기 'B. 停住不跑了(멈추고 뛰지 않았다)'는 서로 뜻이 통하는 표현이다.

43 D [才明白+교훈/주제문 ~를 비로소 깨닫다/이해하다] 글의 주제는 지문의 마지막에 제시되는 경우가 대부분이다. 마지막 문장 속 '他才明白(그는 비로소 깨닫다)'라는 표현 뒤에 글의 주제가 드러나 있다. 주제 문장은 보기 'D. 正确养马比发现好马更重要(올바른 사육이 좋은 말을 발견하는 것보다 중요하다)'와 표현 순서가 조금 바뀌었을 뿐 같은 의미임을 알 수 있다.

有个人得到了一匹千里马，可一直把它当作普通马饲养。一天，他有急事要骑那匹千里马，可千里马却跑得特别慢。后来，⁴⁰他反省了一下，觉得是自己平日里对千里马的关心太少，所以才导致千里马变得与普通的马一样。于是，他又养了一匹千里马。

他请最棒的工匠做了一副精美的马鞍，就连马嚼和马镫也使用了最好的黄铜打造。他还花很多钱为千里马建造了一个豪华的马厩，并从远方买来了最好的草料。在他的悉心照料下，千里马看起来确实更雄健了。⁴¹为了保存千里马的体力，让它在重要时刻更好地发挥实力，他平日里都不舍得放千里马出来，更不舍得骑它，就这样，千里马一直都在豪华的马厩里享受着美食，悠闲地生活着。

一年一次的赛马大会就要开始了，他觉得终于到千里马表现的时候了。于是把千里马精心地打扮了一番，牵着它走向赛场。他们走到哪儿，哪儿就会发出阵阵赞美声，这让他很得意！

比赛要开始时，他骄傲地昂起头，好像冠军已经是他的了。

发令枪一响，人们都开始驱马狂奔，但他的千里马却怎么也跑不快。他非常生气，使劲儿地催马赶快跑，结果不催还好，⁴²一催千里马反倒停下来不动了。最后，他只能牵着马退

어떤 사람이 천리마 한 필을 받았지만, 줄곧 그 말을 보통 말처럼 길렀다. 하루는 그가 급한 일이 있어서 그 천리마를 타야 했는데, 천리마는 오히려 아주 천천히 달렸다. 그 이후 ⁴⁰그는 자신이 평소에 천리마에게 관심을 너무 적게 주어서 천리마가 보통의 말과 같아졌다고 반성했다. 그래서 그는 천리마를 한 필 더 길렀다.

그는 가장 뛰어난 공예가에게 부탁해서 정교하고 아름다운 안장을 제작했고, 심지어 재갈과 등자조차도 가장 좋은 황동으로 만들었다. 그는 또 많은 돈을 들여서 천리마를 위해 호화로운 마구간을 지었을 뿐만 아니라 먼 곳에서 가장 좋은 여물을 사오기도 했다. 그의 정성스러운 보살핌으로 천리마는 확실히 더 웅대하고 건장해 보였다. ⁴¹천리마의 체력을 비축해서 중요한 순간에 실력을 더 잘 발휘할 수 있도록 하기 위해, 그는 평소에 천리마를 풀어 놓고 나가게 하는 것도 아까워 했고, 타는 것은 더욱 아까워했다. 이렇게 천리마는 계속 호화로운 마구간에서 맛있는 음식을 즐기며 한가롭게 생활했다.

1년에 한 번뿐인 경마 대회가 곧 시작되려고 했는데, 그는 마침내 천리마를 뽐낼 때가 됐다고 생각했다. 그래서 천리마를 정성 들여 치장하고 그것을 끌고 경기장을 향해 갔다. 그들이 어디를 가든지, 가는 곳마다 칭찬하는 소리가 가득했고, 이로 인해 그는 매우 의기양양해졌다.

경기가 곧 시작되려고 할 때, 그는 마치 우승이 이미 그의 것이라도 되는 듯 거만하게 고개를 치켜들었다.

출발 신호총이 울리자 사람들은 모두 말을 몰아 질주하기 시작했지만 그의 천리마는 오히려 어떻게 해도 빨리 달리지 않았다. 그는 매우 화가 나서 말이 빨리 달리게 힘

出了比赛。⁴³这个时候他才明白，发现千里马仅仅是第一步，更重要的是怎样培养千里马。

껏 재촉했지만, 결과적으로는 재촉하지 않는 편이 더 나았고, ⁴²천리마를 재촉하면 오히려 멈춰 서서 움직이지 않았다. 결국 그는 말을 끌고 시합에서 퇴장할 수밖에 없었다. ⁴³이때서야 그는 천리마를 발견하는 것은 첫 번째 단계일 뿐이고, 보다 중요한 것은 천리마를 어떻게 기르는 것인가임을 비로소 깨닫게 되었다.

40 那个人认为第一匹千里马能力下降的原因是：
A 那匹马年纪太大
B 自己对它缺少关心
C 在家里待久了
D 干的活儿太少了

40 그 사람이 생각하기에 첫 번째 천리마의 능력이 떨어진 이유는:
A 그 말의 나이가 너무 많아서
B 천리마에게 관심이 부족해서
C 집에 오래 있어서
D 일을 너무 적게 해서

41 根据第2段，那个人为什么不让第二匹千里马奔跑？
A 担心它跑丢
B 怕马伤人
C 怕它摔倒
D 想保存它的体力

41 두 번째 단락에 따르면 그 사람은 왜 두 번째 천리마를 뛰지 못하게 했는가?
A 도망갈까 봐
B 말이 사람을 다치게 할까 봐
C 넘어질까 봐
D 그것의 체력을 비축하게 하고 싶어서

42 比赛场上，那匹千里马最后怎么了？
A 被吓跑了
B 停住不跑了
C 弄伤了行人
D 把路牌撞倒了

42 경기장에서 그 천리마는 결국 어떻게 되었는가?
A 놀라서 도망갔다
B 멈추고 뛰지 않았다
C 행인을 다치게 했다
D 표지판을 부딪쳐 넘어뜨렸다

43 上文主要想告诉我们
A 怎么发现千里马
B 千万不要每天训练千里马
C 赛马的时候怎样获得好名次
D 正确养马比发现好马更重要

43 윗글이 우리에게 알려 주고자 하는 것은?
A 어떻게 천리마를 발견하는지
B 절대로 천리마를 매일 훈련시키지 마라
C 경마를 할 때 어떻게 좋은 순위를 차지하는지
D 올바른 사육이 좋은 말을 발견하는 것보다 중요하다

得到 dédào 동 받다, 얻다 | ★匹 pǐ 양 필 [비단이나 말 등을 세는 단위] | 千里马 qiānlǐmǎ 명 천리마, 하루에 천리를 달리는 말 | 当作 dàngzuò 동 ~으로 삼다, ~로 여기다 [把A当作B: A를 B로 삼다] | 普通 pǔtōng 형 보통이다 | 急 jí 형 긴급하다 | 饲养 sìyǎng 동 기르다, 사육하다 | 反省 fǎnxǐng 동 반성하다 | 平日 píngrì 명 평소, 평상시 | ★导致 dǎozhì 동 (어떤 사태를) 야기하다 [导致+안 좋은 일] | 于是 yúshì 접 그래서 | 养 yǎng 동 (동물을) 키우다, 사육하다 | 棒 bàng 형 뛰어나다, 훌륭하다 [늑好] | 工匠 gōngjiàng 명 공예가, 장인 | 副 fù 양 벌, 조, 쌍 [한 벌 또는 한 쌍으로 되어 있는 물건에 쓰임] | 精美 jīngměi 형 정교하고 아름답다 | 马鞍 mǎ'ān 명 말의 안장 | 连 lián 개 ~조차도, ~까지도 [连A也B: A조차도 B하다] | 马嚼(子) mǎjiáo(zi) 명 재갈 | 马镫 mǎdèng 명 등자 [말을 타고 앉아 두 발로 디디게 되어 있는 물건] | 黄铜 huángtóng 명 황동, 놋쇠 | 打造 dǎzào 동 만들다, 제조하다 | 建造 jiànzào 동 짓다, 건축하다 | ★豪华 háohuá 형 (생활이) 호화롭다, 사치스럽다 | 马厩 mǎjiù 명 마구간 | 并 bìng 접 그리고, 아울러 | 远方 yuǎnfāng 명 먼 곳 | 草料 cǎoliào 명 여물, 꼴 [마소를 먹이기 위하여 말려서 썬 짚이나 마른풀] | 悉心 xīxīn 부 정성껏 | 照料 zhàoliào 동 보살피다, 돌보다 [悉心照料: 정성껏 보살피다] | 看起来 kàn qǐlai 보기에 ~하다, 보아하니 ~하다 | 确实 quèshí 부 확실히, 틀림없이 | 雄健 xióngjiàn 형 웅대하고 건장하다, 씩씩하다 | 保存 bǎocún 동 보존하다, 간직하다 [여기서는 '비축하다'란 의미로 사용] | 体力 tǐlì 명 체력 | ★时刻 shíkè 명 순간, 시간, 시각 | 发挥 fāhuī 동 발휘하다 | 实力 shílì 명 실력, 힘 [发挥实力: 실력을 발휘하다] | 不舍得 bùshěde 아깝다 | 奔跑 bēnpǎo 동 빨리 뛰다, 내달리다 | ★享受 xiǎngshòu 동 즐기다, 누리다 | 美食 měishí 명 맛있는 음식 [享受美食: 미식을 즐기다] | 悠闲 yōuxián 형 한가롭다, 여유롭다 | 生活 shēnghuó 동 생활하다 | 赛马 sàimǎ 명 경마 | 精心 jīngxīn 형 정성 들이다, 공들이다 | 打扮 dǎban 동 치장하다, 꾸미다 | 番 fān 양 번, 회, 차례 | 牵 qiān 동 끌다, 잡아 끌다 | 赛场 sàichǎng 명 경기장 | 发出 fāchū 동 내뿜다, 발산하다 | 阵阵 zhènzhèn 명 이따금씩, 가끔 | 赞美 zànměi 동 찬양하다, 칭송하다 | 得意 déyì 형 의기양양하다, 대단히 만족하다 | 骄傲 jiāo'ào 형 거만하다, 오만하다 | 昂 áng 동 (머리를) 쳐들다, 우러러보다 | 好像 hǎoxiàng 부 마치 ~와 같다 | ★冠军 guànjūn 명 우승, 1등, 챔피언 | 发令枪 fālìngqiāng 명 출발 신호총 | 响 xiǎng 동 소리가 나다 | 驱马 qūmǎ 동 말을 몰다, 말을 타고 달리다 | 狂奔 kuángbēn 동 질주하다, 광분하다 | 却 què 부 도리어, 오히려 | 使劲(儿) shǐjìn(r) 동 힘을 쓰다 | ★催 cuī 동 재촉하다, 다그치다 | ★赶快 gǎnkuài 부

빨리, 얼른, 서둘러 | **结果** jiéguǒ 명 결과, 결실 | **反倒** fǎndào 부 도리어, 오히려 | **只能** zhǐnéng 다만 ~할 수 있을 뿐이다 | **退出** tuìchū 동 퇴장하다, 물러나다 | **仅仅** jǐnjǐn 부 ~뿐, 단지, 겨우 | **步** bù 명 단계, 순서 | **怎样** zěnyàng 대 어떻게 | ★**培养** péiyǎng 동 기르다, 배양하다 | **能力** nénglì 명 능력 | **下降** xiàjiàng 동 떨어지다, 낮아지다 | **原因** yuányīn 명 원인 | ★**年纪** niánjì 명 나이, 연령 | **缺少** quēshǎo 동 부족하다, 모자라다 | **待** dāi 동 머물다, 체류하다 | ★**干活儿** gàn huór 동 (육체적인) 일을 하다 | **丢** diū 동 잃어버리다, 잃다 | **怕** pà 동 두려워하다, 걱정하다 | ★**摔倒** shuāidǎo 동 (몸이 균형을 잃고) 넘어지다, 쓰러지다 | **伤人** shāngrén 동 남을 다치게 하다 | **比赛场** bǐsàichǎng 명 경기장, 시합장 | ★**吓** xià 동 무서워하다, 놀라다 | **停住** tíngzhù 동 멎다, 정지하다 | **弄伤** nòngshāng 동 다치게 하다, 상처를 주다 | ★**行人** xíngrén 명 행인 | **路牌** lùpái 명 도로 표지 | ★**撞** zhuàng 동 (두 물체가 세게) 부딪치다 | **撞倒** zhuàngdǎo 동 부딪혀 넘어뜨리다 | **千万** qiānwàn 부 절대로, 부디, 제발 | ★**训练** xùnliàn 동 훈련하다 | **获得** huòdé 동 얻다, 획득하다 | **名次** míngcì 명 순위, 석차 | **正确** zhèngquè 형 올바르다

44~47

44 C [**包下工作 → 负责工作** 일을 맡다] 첫 번째 단락의 '包下……工作'가 질문에서 '负责……工作'로 바뀌어 표현되었다는 것만 파악했다면 어렵지 않게 풀 수 있는 문제이다. 동사 '包'는 '일을 도맡다, 전적으로 책임을 지다'라는 의미로 '包在……身上'의 형식으로 자주 쓰이며, '~에게 맡기다'란 의미를 나타낸다. 답은 'C. 私人船主(개인 선주)'이다.

45 B [**想了办法** 방법을 생각했다 → **采用办法** 방법을 채택하다] 범죄자의 사망률 문제를 해결하기 위한 네 가지 방법이 첫 번째 단락 '英国政府想了许多办法：……(영국 정부는 수많은 방법을 생각했다: ……)' 뒤에 제시되었다. 여기에서 'B. 惩罚卑劣的船主(비열한 선주에게 벌을 줬다)'라는 내용은 언급되지 않았다.

46 B [**计算报酬** 보수를 계산하다] 두 번째 단락 마지막 문장 '以前看上去让人头痛的问题就如此轻而易举地得到了解决(이전에 골치아파 보이던 문제가 이렇게 간단하게 해결이 되었다)'를 중심으로 살펴보자. 여기서 '如此'가 의미하는 것은 문장 앞쪽에 등장한 '영국 의원의 제안'으로, 이에 알맞은 내용은 보기 'B. 改变计算报酬的方式(보수를 계산하는 방식을 바꿨다)'이다.

47 D [**私人船主们不愿为政府工作** 개인 선주들은 정부를 위해 일하고 싶지 않다] 첫 번째 단락에서 영국 정부가 범죄자를 호주에 유배 보내 개발 작업을 진행할 때 개인 선주들이 운송 작업을 도맡았다고 나왔지, '정부를 위해 일하고 싶지 않다'는 내용은 어디에도 언급되지 않았다. 세부 내용 파악 유형은 지문 전체를 보기와 비교해야 하는, 난이도가 높은 유형이다.

18世纪末，英国政府曾经将罪犯发配到澳洲，对那里进行开发。**44,47**有一些私人船主包下了运送工作。最初，英国政府实施的方法是按上船的人数支付船主费用。于是，为了牟求暴利，船主们尽量多地往船上装人，并把他们的生活标准降至最低。一旦船离了岸，船主就可以按照人数拿到政府的钱。然而对于这些人是否可以活着到澳洲便不管不问了。三年以后，英国政府注意到了该问题：三年里从英国送出至澳洲的罪犯在船上的死亡率高达12%，其中死亡最为严重的是一艘上船人数424人，死亡人数为158人的船，死亡率竟然高达37%。**45**英国政府想了许多办法：每艘船派一个政府官员进行监督，还会派一名医生来负责犯人的卫生与医疗，甚至对犯人在船上的生活标准制定了硬性规定，并召集船主进行教育培训……可情况仍然没有改善，死亡率还是居高不下。

18세기 말에 영국 정부는 범죄자를 호주에 유배 보내 개발을 진행했는데, **44,47**일부 개인 선주들이 운송 작업을 도맡았다. 처음에 영국 정부가 시행한 방법은 배에 탄 사람 수에 따라 선주에게 비용을 지불하는 것이었다. 그래서 폭리를 취하기 위해 선주들은 최대한 많은 사람을 배에 태웠고, 그들의 생활 수준은 최저로 떨어졌다. 일단 배가 출항하기만 하면 선주는 바로 인원 수에 맞춰 정부의 돈을 받았다. 그러나 이 사람들이 살아서 호주에 도착할 수 있는지에 대해서는 신경을 쓰지 않았다. 3년 후, 영국 정부는 이 문제를 의식하게 되었다. 3년 동안 영국에서 호주로 가는 범죄자의 선상 사망률은 12%에 달했는데 그중에서 사망한 것이 가장 심각한 것은 승선 인원 424명 중 사망 인원이 158명인 배로, 놀랍게도 사망률이 37%에 달했다. **45**영국 정부는 수많은 방법을 생각했다. 모든 배에 정부 관원을 파견해 관리 감독을 하고, 의사를 파견해 범죄자의 위생과 의료를 책임지게 했다. 심지어 범죄자의 선상 생활 수준에 강제적인 규정을 제정하고 선주를 불러 교육과 훈련 등 을 시켰지만 상황은 역시 개선되지 않았으며, 사망률 역시 낮아지지 않았다.

后来，⁴⁶一名英国议员建议，如果反过来，按照到澳洲后上岸的人数来计算报酬呢？政府采纳了他的提议。这个规定一经实施，船主们便主动要求医生跟船同行，还在船上准备了药物，改善生活环境，尽最大可能让每个上船的人都能健康地抵达澳洲。⁴⁶以前看上去让人头痛的问题就如此轻而易举地得到了解决。

这个逆向思维的办法既有效又简单，可很多人却想不到。因为生活中人们受到惯性思维的束缚，抑制了创造力。解决难题的办法，有时就如同瓶底的水，当你够不到喝不着时，只需倒过来就可以轻松地喝到了。

훗날 한 영국 의원이 ⁴⁶만약 반대로 호주에 도착한 후에 육지에 오른 사람 수에 맞춰 보수를 계산하면 어떨까? 라고 제안했다. 정부는 그의 제의를 받아들였다. 이 규정이 시행되자마자 선주들은 자발적으로 의사가 동행하도록 요구하고, 배에 약을 준비했으며, 생활 환경을 개선해 최대한 배에 탄 모든 사람이 건강하게 호주에 도착할 수 있도록 했다. 이전에 골치아파 보이던 ⁴⁶문제가 이렇게 간단하게 해결이 된 것이다.

이 역발상 방법은 효과적이고 간단하지만 많은 사람들이 생각하지 못했다. 왜냐하면 생활 속에서 사람들은 관성적 사고의 속박을 받아 창의력을 억제하기 때문이다. 난제를 해결하는 방법은 어떨 때는 마치 병 밑바닥에 있는 물과 같다. 당신이 물에 닿지 않아 마실 수 없을 때 병을 반대로 뒤집기만 하면 쉽게 마실 수 있는 것처럼 말이다.

44 18世纪末，谁负责罪犯到澳洲的运送工作？
A 英国政府　　B 美洲政府
C 私人船主　　D 政府人员

45 英国政府没有采用什么办法解决犯人死亡问题？
A 派医生上船治病
B 惩罚卑劣的船主
C 派政府官员监督
D 硬性规定船上的生活标准

46 英国政府怎样解决了死亡率高的难题？
A 派警察监督每艘船
B 改变计算报酬的方式
C 严格规定船上的生活条件
D 提高船上的医疗条件

47 下列哪项说法与原文不符？
A 议员运用逆向思维解决了难题
B 船主为牟取暴利不顾人的死活
C 逆向思维能够轻松解决问题
D 私人船主们不愿为政府工作

44 18세기 말 범죄자를 호주로 운송하는 작업을 책임진 사람은 누구인가?
A 영국 정부　　B 아메리카주 정부
C 개인 선주　　D 정부 관계자

45 영국 정부가 범죄자 사망 문제를 해결하기 위해 채택하지 않은 방법은 무엇인가?
A 의사를 배에 파견해 치료했다
B 비열한 선주에게 벌을 줬다
C 정부 관료를 파견해 감독했다
D 선상의 생활 기준을 강제로 규정했다

46 영국 정부는 높은 사망률이라는 난제를 어떻게 해결했는가?
A 경찰을 파견해 모든 배를 감독했다
B 보수를 계산하는 방식을 바꿨다
C 선상의 생활 여건을 엄격하게 규정했다
D 선상의 의료 조건을 향상시켰다

47 다음 중 원문과 부합하지 않는 것은?
A 의원은 역발상으로 난제를 해결했다
B 선주는 폭리를 취하기 위해 사람들의 생사를 고려하지 않았다
C 역발상은 문제를 간단히 해결할 수 있다
D 개인 선주들은 정부를 위해 일하고 싶지 않다

世纪末 shìjìmò 뎅 세기말 | 英国 Yīngguó 고유 영국 | ★政府 zhèngfǔ 뎅 정부 | 曾经 céngjīng 囝 일찍이, 이전에 | 罪犯 zuìfàn 뎅 범죄자, 범인 | 发配 fāpèi 동 유배 보내다, 죄인을 귀양 보내다 | 澳洲 Àozhōu 고유 호주 | ★开发 kāifā 동 (자연 자원을) 개발하다, 개척하다 | ★私人 sīrén 뎅 개인, 민간 | 船主 chuánzhǔ 뎅 선주 | 包 bāo 동 도급 맡다, 일을 도맡다 | 运送 yùnsòng 동 (사람 물자 등을) 운송하다, 수송하다 | ★最初 zuìchū 뎅 처음, 최초 | 实施 shíshī 동 실시하다 | 按 àn 께 ~에 따라서, ~에 의거하여 | 人数 rénshù 뎅 사람 수 | 支付 zhīfù 동 지불하다, 지급하다 | 费用 fèiyòng 뎅 비용, 지출 | 于是 yúshì 젭 그리하여, 그래서 | 牟 móu 동 취하다, 탐하다 | 求 qiú 동 추구하다, 요청하다 | 暴利 bàolì 뎅 폭리 | ★尽量 jǐnliàng 囝 가능한 한, 될 수 있는 대로 | ★装 zhuāng 동 (화물을) 싣다, 채워 넣다 | 并 bìng 젭 그리고 | 标准 biāozhǔn 뎅 표준, 기준 | 降 jiàng 동 떨어지다, 내려가다 | 至 zhì 동 ~까지 이르다 [=到] | ★一旦 yídàn 囝 일단 ~한다면 [아직 일어나지 않은 가정의 상황을 나타냄] | 离岸 lí'àn 해안을 떠나다, 출항하다 | 按照

ànzhào 께 ~에 따라, ~에 의해 | 然而 rán'ér 접 그러나 | 对于 duìyú 개 ~에 대해서, ~에 대하여 | 是否 shìfǒu 부 ~인지 아닌지 | ★便 biàn 부 곧, 바로 [=就] | 不管 bùguǎn 동 상관하지 않다, 관여하지 않다 | 送达 sòngdá 동 송달하다, 배달하다 | 死亡率 sǐwánglǜ 명 사망률 | 死亡 sǐwáng 동 사망하다 명 사망 | 最为 zuìwéi 부 가장, 제일 [≒最] | 严重 yánzhòng 형 심각하다, 매우 심하다 | 艘 sōu 양 척 [선박을 헤아리는 데 쓰임] | 为 wéi 동 ~이다 [≒是] | 竟然 jìngrán 부 놀랍게도, 뜻밖에도 | ★派 pài 동 파견하다 | 官员 guānyuán 명 관원, 관리 | 监督 jiāndū 동 감독하다 | 负责 fùzé 동 책임지다 | 上船 shàngchuán 동 승선하다 | 犯人 fànrén 명 범죄자, 범인 | 卫生 wèishēng 명 위생 | 医疗 yīliáo 명 의료 | 甚至 shènzhì 부 심지어 | ★制定 zhìdìng 동 제정하다 | 硬性 yìngxìng 형 고정불변의, 완고한 | 规定 guīdìng 명 규정, 규칙 [硬性规定 강제 규정] | 召集 zhàojí 동 불러모으다, 소집하다 | 教育 jiàoyù 동 교육하다 | ★培训 péixùn 동 훈련하다, 양성하다, 육성하다 | 情况 qíngkuàng 명 상황 | 仍然 réngrán 부 여전히 | ★改善 gǎishàn 동 개선하다 | 居高不下 jūgāobúxià 고공 행진 | 议员 yìyuán 명 의원 | 建议 jiànyì 동 제안하다, 건의하다 | 反过来 fǎn guòlái 반대로 하다, 뒤집다 | 上岸 shàng'àn 동 육지에 오르다, 상륙하다 | ★计算 jìsuàn 동 계산하다 | 报酬 bàochou 명 보수, 사례금 | 采纳 cǎinà 동 (의견, 건의, 요구를) 받아들이다 | 提议 tíyì 명 제의 | 一经 yìjīng 부 ~하자마자, 일단 ~하면 [다음 구절의 '就'나 '便'과 호응함] | ★主动 zhǔdòng 형 자발적이다, 능동적이다 | 同行 tóngxíng 동 동행하다 | 药物 yàowù 명 약품, 약물 | 尽可能 jǐnkěnéng 부 되도록, 가능한 한 | 抵达 dǐdá 동 도착하다, 도달하다 | 头痛 tóutòng 형 골치가 아프다, 머리가 아프다 | 如此 rúcǐ 대 이렇게, 이와 같다 | 轻而易举 qīng ér yì jǔ 성 매우 수월하다, 식은 죽 먹기이다 | 得到 dédào 동 얻다, 받다 | 逆向思维 nìxiàng sīwéi 역발상 | 既 jì 접 ~할 뿐만 아니라, ~이며 [既A又B: A할 뿐만 아니라 또한 B하다] | 有效 yǒuxiào 형 효과가 있다 | 惯性思维 guànxìng sīwéi 관성적 사고 | 束缚 shùfù 동 속박하다 | 抑制 yìzhì 동 억제하다, 억누르다 | 创造力 chuàngzàolì 명 창의력, 창조력 | 难题 nántí 명 난제 | 有时 yǒushí 부 어떤 때, 때로는 | 如同 rútóng 동 마치 ~와 같다, 흡사하다 | 瓶 píng 명 병 | 底 dǐ 명 밑, 바닥 | 够不到 gòubudào (손이나 발이) 닿지 않다 | ……不着 ……buzháo ~할 수 없다, ~하지 못하다 [동사 뒤에 놓여, 목적을 실현할 수 없음을 나타냄] | 轻松 qīngsōng 형 수월하다, 가볍다 | 美洲 Měizhōu 고유 아메리카주, 미주 | 治病 zhìbìng 동 치료하다, 병을 고치다 | 惩罚 chéngfá 동 처벌하다, 징벌하다 | 卑劣 bēiliè 형 비열하다 | 警察 jǐngchá 명 경찰 | 条件 tiáojiàn 명 조건 [生活条件: 생활 여건] | 说法 shuōfǎ 명 견해, 이론, 주장 | 原文 yuánwén 명 원문 | 不符 bùfú 명 부합하지 않다, 일치하지 않다 | ★运用 yùnyòng 동 운용하다, 활용하다, 응용하다 | 牟取 móuqǔ 동 (명성이나 이익을) 도모하다 | 不顾 búgù 동 고려하지 않다, 돌보지 않다, 상관하지 않다 | 死活 sǐhuó 명 생사 | 能够 nénggòu 조동 ~할 수 있다

书写 | 쓰기

48 这篇　非常不错　采访提纲　写得 ───── [동사+得+非常不错 매우 잘 ~하다]

지시대사+양사	명사+명사	동사+조사	부사+형용사
这篇	采访提纲	写得	非常不错.
관형어	주어	술어+得	정도보어

이 인터뷰의 요점은 매우 잘 썼다.

STEP 1 조사 '得'와 결합한 동사 '写'가 문장의 술어가 되며, 조사 '得' 뒤에는 '非常不错'가 정도보어로서 위치한다. 주어는 '提纲(요점)'이다.

STEP 2 '这[지시대사]+篇[양사]'은 '采访提纲' 앞에 위치한다.

篇 piān 양 편 [일정한 형식을 갖춘 문장을 세는 단위] | ★采访 cǎifǎng 명 인터뷰 | ★提纲 tígāng 명 요점 | 不错 búcuò 형 좋다 [≒好]

49 办理　临时身份证的　复杂多了　比　想象的 ───── [A+比+B+형용사+多了 A는 B보다 훨씬 ~하다]

명사+명사+조사	동사	개사	동사+조사	형용사+형용사+조사
临时身份证的	办理	比	想象的	复杂多了.
관형어+的	주어	부사어		술어+정도보어

임시 신분증의 처리는 생각보다 훨씬 복잡하다.

STEP 1 제시어 중 개사 '比'와 '多了'에서 비교문 어순 'A+比+B+형용사+多了'를 떠올리자! 이에 근거해, 문장의 기본 뼈대를 'A+比+B+复杂多了'로 잡을 수 있다. '复杂(복잡하다)'라는 술어의 의미로 보아 주어는 '办理(처리)'가 된다. 참고로, '办理'의 품사는 동사이지만 조사 '的' 뒤에 쓰여 명사화 될 수 있다.

STEP 2 비교문에서 A와 B는 '비교하는 두 대상'을 의미한다. A 자리에는 좀 더 구체적인 형태가, B 자리에는 좀 생략된 형태가 올 수 있으므로, A 자리에는 '临时身份证的办理'를 넣고, A의 비교 대상인 B 자리에는 '想象的'를 넣는다.

★临时 línshí 명 임시 부 잠시의, 일시적인 | 身份证 shēnfènzhèng 명 신분증 | ★办理 bànlǐ 동 처리하다 | ★想象 xiǎngxiàng 동 상상하다 | 复杂 fùzá 형 복잡하다

---

50 抽屉里 橡皮 你要记得 放回 把 ────────────────── [把A放回B A를 B에 돌려 놓다]

대사+조동사+동사	개사	명사	동사+동사	명사+명사
你要记得	把	橡皮	放回	抽屉里。
주어+부사어+술어	부사어	술어2+보어	목적어	
		목적어절		

너 지우개를 서랍에 넣어야 한다는 것을 기억해야 해.

STEP 1 술어 '记得'는 '문장'을 '목적어'로 취하는 동사로, 목적어로는 '기억해야 하는 내용'이 온다. '记得'의 목적어 절에서 술어는 동사 '放(넣다)'으로, 이때 '放' 뒤의 '回'는 술어를 보충하는 보어이다.

STEP 2 개사 '把'는 명사 '橡皮'와 결합해 목적어절의 술어인 '放' 앞에 위치하며, 장소를 나타내는 '抽屉里'는 '放回' 뒤에 위치해 목적어 역할을 한다.

橡皮 xiàngpí 명 지우개 | ★抽屉 chōuti 명 서랍

---

51 我前天 被 寄的 退回来了 包裹 ────────────────── [A被退回来了 A가 반송되어 왔다]

대사+명사	동사+조사	명사	개사	동사+동사+조사
我前天	寄的	包裹	被	退回来了。
관형어+的		주어	부사어	술어+방향보어+了

내가 그저께 보낸 소포가 반송되어 왔다.

STEP 1 개사 '被'가 있으면 바로 '被'자문 어순 '[행위 대상]+被+(행위 주체)+술어+기타성분'을 떠올리자. 제시어 중 '退[술어]+回来了[기타성분]'는 '被' 뒤에 배열하자.

STEP 2 '被'자문에서 '행위 주체'는 생략 가능하지만, '주어'는 '특정한 것'이어야 한다. 명사 '包裹'가 문장의 주어가 되어, 관형어 '我前天[제한성 관형어]+寄[묘사성 관형어]'의 수식을 받는다.

前天 qiántiān 명 그저께 | 寄 jì 동 (우편으로) 보내다, 부치다 | ★包裹 bāoguǒ 명 소포, 보따리 [寄包裹: 소포를 보내다] | 退 tuì 동 돌려보내다

52

风俗　　比如　　表现　　特色　　至今

[제시어 '风俗' '表现' '特色'를 중심으로, 자신이 알고 있는 국가, 지역 문화 등과 관련한 글을 완성한다.]

제시어 살펴보기

风俗 fēngsú [명] 풍속

'风俗'는 사회에서 장기간 형성된 대중의 예절이나 습관 등을 가리킨다.

体验风俗 풍속을 체험하다 | 风俗习惯 풍속과 습관
旅行时，可以尽情体验当地的风俗。 여행할 때, 현지의 풍속을 마음껏 체험할 수 있다.
结婚时穿韩服是韩国人的一种风俗习惯。 결혼할 때 한복을 입는 것은 한국인의 풍습이다.

比如 bǐrú [접] 예를 들어 [동] 예를 들다

'比如'는 문장에서 연결어 역할을 하며, 주로 뒤에 콜론(:)과 모점(、)을 함께 쓴다. '比如说' 형태로 쓰기도 한다.

他书架上的书种类很多，比如(说)：经济、政治、文学等。
그의 책꽂이에는 다양한 종류의 책이 있다. 예를 들어 경제, 정치, 문학 등이다.
妈妈很喜欢韩国菜，比如(说)：参鸡汤。 엄마는 한국 요리를 좋아하신다. 예를 들어 삼계탕이 있다.

表现 biǎoxiàn [동] 표현하다 [명] 표현, 행동

업무, 학습, 생활 등에서 행동, 성격, 태도, 강점 등을 표현하는 것을 말한다.

表现(出)+특징, 내용 ~를 표현하다 | 表现自己 자신을 표현하다 | 表现力 표현력
他在作品中表现(出)了深深的爱国思想。 그는 작품에서 깊은 애국 사상을 표현했다.
一个人太爱表现自己并不是一件好事。 혼자 자신을 너무 드러내는 것은 결코 좋은 일이 아니다.

特色 tèsè [동] 특색, 특징

'特色'는 '사물'이 가진 독특한 점을 주로 설명하고, 사람에 대해서는 거의 쓰이지 않는다.

有特色 특색이 있다 | 特色的简历 특색 있는 이력서
没有特色的商品很难吸引顾客。 특색이 없는 상품은 고객의 주의를 끌기 어렵다.
王教授认为我的这篇论文很有个人特色。 왕[王] 교수님은 나의 이 논문이 개인적 특색이 있다고 생각하신다.

至今 zhìjīn [동] 오늘에 이르다 [부] 지금까지, 여태껏, 오늘까지

'至今'은 문장에서 술어 역할을 하거나 부사어 역할을 할 수 있다.

中国有很多民间故事一直流传至今。 중국에는 지금까지 전해지고 있는 민간고사가 많이 있다.
几年过去了，我至今都不理解她为什么不喜欢我。
몇 년이 지났는데도, 나는 아직도 그녀가 나를 왜 좋아하지 않는지 이해가 안 된다.

뼈대 잡기

(1) 주제 설정하기　风俗, 表现, 特色 → 각 국가와 지역이 가진 특색 있는 풍속에 대해 생각해 보자.

(2) 내용 구상하기　모든 국가와 지역은 그곳만의 풍속이 있다. 중국 또한 그러하며, 이런 풍속이 지금까지 전해지고 있다.

(3) 세부사항 설정하기　대상: 每个国家和地区　모든 국가와 지역
　　　　　　　　　　주장: 都有属于那里的风俗　그곳에 속하는 풍속이 있다
　　　　　　　　　　근거: 比如　예를 들어

작문하기

도입　每个国家和地区，都有属于那里的**风俗**，中国也不例外。
　　　모든 국가와 지역은 그곳에 속하는 풍속이 있고, 중국 또한 예외는 아니다.

전개　**比如**，中秋节时吃月饼、端午节时赛龙舟、还有春节时贴福字、春联等等。
　　　예를 들어, 중추절에 월병을 먹고, 단오절엔 뱃놀이를 하고, 춘절에는 복(福) 글자와 춘리엔을 붙이는 등등이 그러하다.

마무리　这些有中国**特色**的风俗**表现**了人们对美好生活的期待，并流传**至今**。
　　　이러한 중국의 특색 있는 풍속들은 아름다운 생활에 대한 사람들의 기대를 나타내며, 지금까지 전해지고 있다.

◆ 작문 필수템 ◆

작문할 때 활용하면 좋은 표현, 주의해야 할 포인트

① 每个……都……: 모든 ~는 ~하다 → 보편적 특성을 이야기하면서 글을 시작한다.
② ……也不例外: ~ 또한 예외는 아니다 → 이야기하고자 할 내용에 대해 더 자세히 설명할 것을 알 수 있다.
③ 比如: 주장에 대한 근거를 명확히 나타낸다.
④ 对……的期待: ~에 대한 기대
⑤ ……流传至今: ~는 지금까지 이어져 내려온다

		每	个	国	家	和	地	区	，	都	有	属	于	那	里	
的	风	俗	，	中	国	也	不	例	外	。	比	如	，	中	秋	
节	时	吃	月	饼	、	端	午	节	时	赛	龙	舟	、	还	有	48
春	节	时	贴	福	字	、	春	联	等	等	。	这	些	有	中	
国	特	色	的	风	俗	表	现	了	人	们	对	美	好	生	活	80
的	期	待	，	并	流	传	至	今	。							

문장부호 제외 78자

★地区 dìqū 명 지역, 지구 | ★属于 shǔyú 통 ~에 속하다 | 例外 lìwài 통 예외로 하다, 예외(가 되)다 | 中秋节 Zhōngqiūjié 고유 중추절 | 月饼 yuèbǐng 월병 | 端午节 Duānwǔjié 고유 단오 | 赛龙舟 sài lóngzhōu 통 뱃놀이를 하다, 용선 경주를 하다 | 春节 Chūnjié 고유 춘절, 설 | 贴 tiē 통 붙이다 | 福 fú 명 복, 행운 | 春联 Chūnlián 고유 춘리엔 | 美好 měihǎo 형 아름답다, 좋다 | ★期待 qīdài 명 기대 | ★流传 liúchuán 통 대대로 전해 내려오다, 세상에 널리 퍼지다

53

[여동생이 꽃에 관심을 가지게 된 이야기를 만들자.]

사진 살펴보기

소녀가 꽃에 물을 주고 있다.

* 여자 아이 → 妹妹喜欢花 여동생이 꽃을 좋아한다
* 정원, 꽃, 물 → 花园里有很多花，给花浇水 정원에 꽃이 많고, 꽃에 물을 준다

뼈대 잡기

(1) 주제 찾기   꽃에 물 주기
(2) 내용 구상하기   여동생이 할아버지를 도와 꽃을 기른다.
(3) 세부사항 설정하기 인물: 妹妹 여동생 / 爷爷 할아버지   시점: 去年暑假 작년 여름방학
                  장소: 爷爷家 할아버지 댁   무엇: 给花浇水 꽃에 물을 주다
                  이유: 对花草感兴趣 화초에 관심이 있다

작문하기

도입   去年暑假，妹妹一直住在爷爷家。
        작년 여름방학 때, 여동생은 계속 할아버지 댁에서 살았다.

전개   因为爷爷养了很多花，而且妹妹一直对花草感兴趣，所以她每天都帮爷爷给花浇水。虽然开始的几天，总是做不好，但后来她把花养得非常好。
        할아버지가 많은 꽃을 기르시고, 여동생은 줄곧 화초에 관심이 있어서 그녀는 매일 할아버지를 도와 꽃에 물을 주었다. 비록 시작하고 며칠 동안은 줄곧 잘하지는 못했지만, 나중에는 꽃을 매우 잘 길렀다.

마무리 不但爷爷感到开心，妹妹也很满足。
        할아버지께서 즐거워하셨을 뿐만 아니라 여동생도 뿌듯해했다.

◆ **작문 필수템** ◆

작문할 때 활용하면   ① 因为 A [원인]，所以 B [결과]: A하기 때문에, 그래서 B하다
좋은 표현, 주의해야 ② 养花: 꽃을 기르다
할 포인트   ③ 对 A 感兴趣: A에 대해 관심을 갖다
                   ④ 给花浇水: 꽃에 물을 주다
                   ⑤ 虽然 A，但 B: 비록 A하지만, 그러나 B하다
                   ⑥ 做不好: '가능보어'로, '잘 하지 못했다'는 의미를 나타낸다. [→ 做得好 잘했다]
                   ⑦ 感到开心: 즐거워하다
                   ⑧ 不但 A，也 B: A할 뿐만 아니라 B하다

去年暑假，妹妹一直住在爷爷家。因为爷爷养了很多花，而且妹妹一直对花草感兴趣，所以她每天都帮爷爷给花浇水。虽然开始的几天，总是做不好，但后来她把花养得非常好。不但爷爷感到开心，妹妹也很满足。

문장부호 제외 84자

暑假 shǔjià 명 여름방학 | **养** yǎng 동 기르다, 키우다 | **花草** huācǎo 명 꽃, 화초 | **每天** měi tiān 명 매일, 날마다 | **帮** bāng 동 돕다, 거들다 | **浇水** jiāoshuǐ 동 물을 뿌리다, 끼얹다 | **开心** kāixīn 형 기쁘다, 즐겁다 | ★**满足** mǎnzú 동 만족해하다, 흡족해하다

다락원 홈페이지에서
▶ MP3 파일 다운로드 및 실시간 재생
▶ 받아쓰기 PDF 다운로드

3rd Edition
HSK 5급 해설서
한권으로 끝내기

지은이 남미숙
펴낸이 정규도
펴낸곳 (주)다락원

편집장 이상윤
편집 김보경, 김현주, 김혜민, 오혜령
디자인 김나경, 박은비
사진 Shutterstock
녹음 曹红梅, 于海峰, 朴龙君, 허강원

다락원 경기도 파주시 문발로 211
전화 (02)736-2031(내선 250~252/내선 430, 560)
팩스 (02)732-2037
출판등록 1977년 9월 16일 제406-2008-000007호

Copyright ⓒ 2025, 남미숙

저자 및 출판사의 허락 없이 이 책의 일부 또는 전부를 무단 복제·전재·발췌할 수 없습니다. 구입 후 철회는 회사 내규에 부합하는 경우에 가능하므로 구입처에 문의하시기 바랍니다. 분실·파손 등에 따른 소비자 피해에 대해서는 공정거래위원회에서 고시한 소비자 분쟁 해결 기준에 따라 보상 가능합니다. 잘못된 책은 바꿔 드립니다.

ISBN 978-89-277-2349-3 14720
978-89-277-2341-7 (set)

http://www.darakwon.co.kr
다락원 홈페이지를 방문하시면 상세한 출판 정보와 함께 동영상 강좌, MP3 자료 등 다양한 어학 정보를 얻으실 수 있습니다.

핵심요약집

차례

빈출 어휘 및 표현 3
고정격식, 접속사, 짝꿍 어휘 12
유의어 비교 16
사자성어, 신조어 18
쓰기 제2부분 빈출 제시어 19
틀리기 쉬운 한자 바로 알기 22
원고지 작성법 26
HSK IBT 소개 27
HSK IBT 응시 요령 28
HSK PBT 답안 작성법 30

빈출 어휘 및 표현

(1) 직업·신분 관련 어휘

○ track Final 01

播音员 bōyīnyuán 아나운서	电视台 diànshìtái 명 TV 방송국 广播电台 guǎngbō diàntái 명 라디오 방송국 [=电台 diàntái]
主持人 zhǔchírén 사회자, 진행자 ✦	节目 jiémù 명 프로그램 | 播放 bōfàng 동 방송하다 | 嘉宾 jiābīn 명 게스트 各位观众 gèwèi guānzhòng 시청자 여러분 谢谢收看 xièxie shōukàn 시청해 주셔서 감사합니다 谢谢收听 xièxie shōutīng 청취해 주셔서 감사합니다
导游 dǎoyóu 가이드	游客 yóukè 명 여행객 | 旅游 lǚyóu 동 여행하다 [=旅行 lǚxíng] 行李 xíngli 명 여행짐 | 风景 fēngjǐng 명 경치 [=景色 jǐngsè] 优美 yōuměi 형 아름답다 | 名胜古迹 míngshèng gǔjì 명 명승고적 历史悠久 lìshǐ yōujiǔ 역사가 유구하다
导演 dǎoyǎn 감독 ✦ 演员 yǎnyuán 배우 ✦	表演 biǎoyǎn 동 연기하다 | 角色 juésè 명 배역, 역할
警察 jǐngchá 경찰 交通警察 jiāotōng jǐngchá 交警 jiāojǐng 교통경찰	驾驶证 jiàshǐzhèng 명 운전면허증 [=驾照 jiàzhào] 罚款 fákuǎn 동 벌금을 물리다 出交通事故 chū jiāotōng shìgù 교통사고가 나다 [=出车祸 chū chēhuò] 违反交通规则 wéifǎn jiāotōng guīzé 교통 규칙을 위반하다 遵守交通规则 zūnshǒu jiāotōng guīzé 교통 규칙을 준수하다
记者 jìzhě 기자 ✦	采访 cǎifǎng 명 인터뷰 동 취재하다, 탐방하다
理发师 lǐfàshī 이발사 美发师 měifàshī 미용사	理发 lǐfà 동 이발하다 剪头发 jiǎn tóufa 머리카락을 자르다
学生 xuésheng 학생	专业 zhuānyè 명 전공 | 课程 kèchéng 명 교과과정, 커리큘럼 期中考试 qīzhōng kǎoshì 명 중간고사 | 期末考试 qīmò kǎoshì 명 기말고사 放假 fàngjià 동 방학하다 | 宿舍 sùshè 명 기숙사 奖学金 jiǎngxuéjīn 명 장학금 | 申请 shēnqǐng 동 신청하다 毕业 bìyè 동 졸업하다 | 做作业 zuò zuòyè 숙제를 하다
编辑 biānjí 편집자	作者 zuòzhě 명 작가 | 出版 chūbǎn 동 출판하다 | 读者 dúzhě 명 독자
会计 kuàijì 회계사	计算 jìsuàn 동 계산하다 | 利润 lìrùn 명 이윤
运动员 yùndòngyuán 운동선수	冠军 guànjūn 명 우승, 1등 | 教练 jiàoliàn 명 감독 赢 yíng 동 이기다, 승리하다 | 输 shū 동 패하다, 지다 训练 xùnliàn 동 훈련하다 | 优秀 yōuxiù 형 우수하다
房东 fángdōng 집주인	出租 chūzū 동 세를 놓다 | 看房子 kàn fángzi 집을 보다 租房子 zū fángzi 집을 세내다 | 合同 hétong 명 계약서 | 押金 yājīn 명 보증금
家人 jiārén 가족	爷爷 yéye 명 할아버지 | 奶奶 nǎinai 명 할머니 外公 wàigōng 명 외할아버지 | 姥姥 lǎolao 명 외할머니 | 孙子 sūnzi 명 손자

(2) 장소별 빈출 어휘

● track Final 02

车上 chē shang 차 안 ✦	乘客 chéngkè 명 승객 | 司机 sījī 명 운전기사 停车 tíngchē 통 차를 세우다 | 堵车 dǔchē 통 차가 막히다
餐厅 cāntīng **饭馆** fànguǎn 식당 ✦	服务员 fúwùyuán 명 종업원 | 厨师 chúshī 요리사 | 菜单 càidān 명 메뉴 点菜 diǎncài 통 주문하다 | 买单 mǎidān 통 계산하다 [=结账 jiézhàng] 刷卡 shuākǎ 카드로 결제하다 | 付现金 fù xiànjīn 현금으로 결제하다
家庭 jiātíng 가정 ✦	爱人 àirén 명 배우자 | 丈夫 zhàngfu 명 남편 | 妻子 qīzi 명 아내 夫妻 fūqī 명 부부 [=两口子 liǎngkǒuzi] | 隔壁 gébì 명 이웃 [=邻居 línjū] 做家务 zuò jiāwù 집안일을 하다 | 洗衣服 xǐyīfu 통 빨래하다 装修 zhuāngxiū 통 인테리어하다 | 卧室 wòshì 명 침실 厨房 chúfáng 명 주방 | 房间 fángjiān 명 방 | 阳台 yángtái 명 베란다
机场 jīchǎng 공항 ✦	航班 hángbān 명 운항편, 항공편 | 登机牌 dēngjīpái 명 탑승권 护照 hùzhào 명 여권 | 订票 dìngpiào 통 (비행기 등의) 표를 예매하다 签证 qiānzhèng 명 비자 | 手续 shǒuxù 명 수속, 절차 公共汽车 gōnggòng qìchē 명 버스 [=公交车 gōngjiāochē] 出租车 chūzūchē 명 택시 | 机场大巴 jīchǎng dàbā 공항버스
火车站 huǒchēzhàn 기차역 ✦	列车 lièchē 명 열차 | 站台 zhàntái 명 플랫폼 检票 jiǎnpiào 통 표를 검사하다 | 车厢 chēxiāng 명 (열차의) 객실이나 수화물칸
宾馆 bīnguǎn **酒店** jiǔdiàn 호텔	单人间 dānrénjiān 1인실 | 双人间 shuāngrénjiān 2인실 标准间 biāozhǔnjiān 명 (호텔 등의) 일반실 | 押金 yājīn 명 보증금 登记 dēngjì 통 체크인하다 | 退房 tuìfáng 통 체크아웃하다
理发店 lǐfàdiàn 이발소 **美发店** měifàdiàn 미용실	剪发 jiǎnfà 통 머리카락을 자르다 [=剪头发 jiǎn tóufà] 理发 lǐfà 통 머리카락을 다듬다 | 染发 rǎnfà 머리를 염색하다
商店 shāngdiàn **商场** shāngchǎng 상점 **超市** chāoshì 슈퍼마켓 **便利店** biànlìdiàn 편의점	推荐 tuījiàn 통 추천하다 | 款式 kuǎnshì 명 스타일, 디자인 上市 shàngshì 통 출시되다, 시장에 나오다 | 打折 dǎzhé 통 할인하다 优惠活动 yōuhuì huódòng 할인 행사 | 付钱 fùqián 통 돈을 지불하다 消费 xiāofèi 통 소비하다 | 现金 xiànjīn 명 현금 扫 sǎo (바코드나 QR코드를) 스캔하다 | 扫码 sǎomǎ QR코드를 스캔하다 发票 fāpiào 명 영수증 [=收据 shōujù] | 售货员 shòuhuòyuán 판매원 顾客 gùkè 명 고객, 손님
图书馆 túshūguǎn 도서관	借书证 jièshūzhèng 명 도서대출증 借书 jiè shū 책을 빌리다 | 还书 huán shū 책을 반납하다 到期 dàoqī 통 (규정된) 기한이 되다 | 过期 guòqī 통 기한을 넘기다 罚款 fákuǎn 통 벌금을 물리다 명 벌금
学校 xuéxiào 학교	老师 lǎoshī 명 선생님 | 教师 jiàoshī 명 교사 | 班主任 bānzhǔrèn 명 담임 教授 jiàoshòu 명 교수 | 宿舍 sùshè 명 기숙사 | 论文 lùnwén 명 논문 作业 zuòyè 명 숙제, 과제 | 备课 bèikè 통 수업을 준비하다 考试 kǎoshì 명 시험 | 及格 jígé 통 합격하다 [↔不及格 bùjígé 불합격하다]
银行 yínháng 은행 ✦	存钱 cúnqián 통 저금하다, 예금하다 [=存款 cúnkuǎn] 取钱 qǔqián 통 돈을 찾다 [=取款 qǔkuǎn] | 利息 lìxī 명 이자 输入密码 shūrù mìmǎ 비밀번호를 입력하다 | 理财 lǐcái 통 재테크하다 投资 tóuzī 통 투자하다 | 银行卡 yínhángkǎ 명 예금카드 信用卡 xìnyòngkǎ 명 신용카드

邮局 yóujú 우체국	寄信 jì xìn 편지를 부치다 | 寄包裹 jì bāoguǒ 소포를 부치다 邮政编码 yóuzhèng biānmǎ 명 우편번호 [=邮编 yóubiān]
医院 yīyuàn 병원✦	大夫 dàifu 명 의사 [=医生 yīshēng] | 护士 hùshi 명 간호사 患者 huànzhě 명 환자 [=病人 bìngrén] 看病 kànbìng 동 진찰하다, 진찰받다 | 治疗 zhìliáo 동 치료하다 动手术 dòng shǒushù 수술하다 [=做手术 zuò shǒushù] 打针 dǎzhēn 동 주사를 맞다, 주사를 놓다 | 恢复 huīfù 동 회복하다 过敏 guòmǐn 동 알레르기 반응을 보이다
公司 gōngsī 单位 dānwèi 회사	文件 wénjiàn 명 문서 | 打印 dǎyìn 동 프린트하다 | 辞职 cízhí 동 사직하다 辞退 cítuì 그만두다, 사직하다 | 出差 chūchāi 동 출장가다 开会 kāihuì 동 회의하다 | 媒体 méitǐ 명 미디어
办公室 bàngōngshì 사무실	整理资料 zhěnglǐ zīliào 데이터를 정리하다 安排日程 ānpái rìchéng 일정을 안배하다, 스케줄을 짜다 老板 lǎobǎn 명 사장 | 经理 jīnglǐ 명 사장, 매니저 | 秘书 mìshū 비서 员工 yuángōng 명 직원 | 部门 bùmén 명 부서
电影院 diànyǐngyuàn 영화관	售票员 shòupiàoyuán 매표원 | 订票 dìngpiào 동 표를 예약하다
기타	博物馆 bówùguǎn 명 박물관 | 美术馆 měishùguǎn 명 미술관 植物园 zhíwùyuán 명 식물원 | 服装店 fúzhuāngdiàn 명 옷가게 咖啡厅 kāfēitīng 명 커피숍 | 出版社 chūbǎnshè 명 출판사 公园 gōngyuán 명 공원 | 免税店 miǎnshuìdiàn 면세점

(3) 접미사로 구분하는 직업·인물

● track Final 03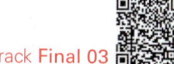

家 jiā	어떤 전문 활동에 종사하는 사람	作家 zuòjiā 작가 | 专家 zhuānjiā 전문가 艺术家 yìshùjiā 예술가 | 企业家 qǐyèjiā 기업가
迷 mí	애호가	歌迷 gēmí 음악 팬 | 球迷 qiúmí 축구 팬 网迷 wǎngmí 인터넷 중독자
民 mín	어떤 직업에 종사하는 사람이나 구성원을 가리킴	农民 nóngmín 농민 | 居民 jūmín 주민 网民 wǎngmín 네티즌
生 shēng	사람을 가리키는 일부 명사의 접미사	学生 xuésheng 학생 | 研究生 yánjiūshēng 대학원생 留学生 liúxuéshēng 유학생 高中生 gāozhōngshēng 고등학생
师 shī	전문적인 지식이나 기술을 가진 사람	教师 jiàoshī 교사 工程师 gōngchéngshī 기술자, 엔지니어 厨师 chúshī 요리사
手 shǒu	어떤 기능이나 기술을 가진 사람	歌手 gēshǒu 가수 | 选手 xuǎnshǒu 선수

员 yuán	어떤 분야에 종사하고 있는 사람	服务员 fúwùyuán 종업원 ǀ 职员 zhíyuán 직원 售票员 shòupiàoyuán 매표원 售货员 shòuhuòyuán 판매원 运动员 yùndòngyuán 운동선수 推销员 tuīxiāoyuán 세일즈맨, 판매원 演员 yǎnyuán 배우, 연기자
长 zhǎng	기관이나 단체의 책임자	校长 xiàozhǎng 교장 ǀ 家长 jiāzhǎng 학부모 班长 bānzhǎng 반장
者 zhě	동사, 형용사 뒤에 쓰여 그러한 성질을 가지고 있거나 동작을 하는 사람	爱好者 àihàozhě ~광(狂), 팬, 애호가 ǀ 记者 jìzhě 기자 消费者 xiāofèizhě 소비자

(4) 시간 관련 어휘

● track Final 04

季节 jìjié 계절	春天 chūntiān 명 봄 [=春季 chūnjì] ǀ 夏天 xiàtiān 명 여름 [=夏季 xiàjì] 秋天 qiūtiān 명 가을 [=秋季 qiūjì] ǀ 冬天 dōngtiān 명 겨울 [=冬季 dōngjì]
年 nián 연 月 yuè 월 日 rì 일	前年 qiánnián 명 재작년 ǀ 去年 qùnián 명 작년 中旬 zhōngxún 명 중순 ǀ 上周 shàngzhōu 명 지난주 这周 zhèzhōu 대 이번 주 ǀ 下周 xiàzhōu 명 다음 주 昨天 zuótiān 명 어제 ǀ 今天 jīntiān 명 오늘 ǀ 明天 míngtiān 명 내일
一天 yìtiān 하루	早晨 zǎochén 명 (이른) 아침, 새벽 ǀ 上午 shàngwǔ 명 오전 中午 zhōngwǔ 명 정오 ǀ 下午 xiàwǔ 명 오후 ǀ 晚上 wǎnshang 명 저녁
节日 jiérì 명절, 기념일	春节 Chūnjié 고유 춘절, 음력설 ǀ 清明节 Qīngmíngjié 고유 청명절 劳动节 Láodòngjié 고유 노동절 ǀ 端午节 Duānwǔjié 고유 단오절 国庆节 Guóqìngjié 고유 국경절
时期 shíqī 시기, 때	A的时候 A de shíhou A때(시절) ǀ 今后 jīnhòu 명 앞으로 最近 zuìjìn 명 최근 ǀ 以前 yǐqián 명 이전 ǀ 以后 yǐhòu 명 이후 ǀ 期间 qījiān 명 기간 大学 dàxué 명 대학교 ǀ 放假 fàngjià 동 휴가로 쉬다, 방학하다 开会前 kāihuì qián 회의하기 전 ǀ 会议结束后 huìyì jiéshù hòu 회의 끝난 후 去出差之前 qù chūchāi zhīqián 출장 가기 직전 从今天开始 cóng jīntiān kāishǐ 오늘부터 시작해서

(5) 주제별 핵심 어휘

track Final 05

学校生活 xuéxiào shēnghuó 학교생활	入学 rùxué 동 입학하다 | 上课 shàngkè 동 수업하다 [↔下课 xiàkè 수업이 끝나다] 读书 dúshū 동 공부하다 | 做作业 zuò zuòyè 숙제를 하다 [=写作业 xiě zuòyè] 查资料 chá zīliào 자료를 찾다 | 参加辩论赛 cānjiā biànlùnsài 토론 대회에 참가하다 加入社团 jiārù shètuán 동아리에 가입하다 | 交学费 jiāo xuéfèi 학비를 내다 高考 gāokǎo 명 수능시험 | 报名 bàomíng 동 (시험에 응시하기 위해) 등록하다 申请 shēnqǐng 동 (시험 연기 혹은 장학금 등을) 신청하다 成绩 chéngjì 명 성적 | 奖学金 jiǎngxuéjīn 명 장학금 | 演讲 yǎnjiǎng 명 강연
工作 gōngzuò 일	经营 jīngyíng 동 경영하다 | 部门 bùmén 명 부서 | 加班 jiābān 동 야근하다 找工作 zhǎo gōngzuò 일자리를 찾다 [=求职 qiúzhí] | 写简历 xiě jiǎnlì 이력서를 쓰다 参加面试 cānjiā miànshì 면접에 참가하다 | 招聘职员 zhāopìn zhíyuán 직원을 채용하다 签合同 qiān hétong 계약을 맺다 | 宣传 xuānchuán 동 홍보하다 请假 qǐngjià 동 휴가를 신청하다 | 退休 tuìxiū 동 퇴직하다 受到压力 shòudào yālì 스트레스를 받다 | 休息 xiūxi 동 쉬다, 휴식을 취하다 调整状态 tiáozhěng zhuàngtài 컨디션을 조절하다 分析资料 fēnxi zīliào 자료를 분석하다 | 担任任务 dānrèn rènwu 임무를 맡다 提高工作效率 tígāo gōngzuò xiàolǜ 업무 효율을 향상시키다 推迟会议时间 tuīchí huìyì shíjiān 회의 시간을 연기하다 参加会议 cānjiā huìyì 회의에 참가하다 熬夜 áoyè 동 밤새다, 철야하다 [=开夜车 kāi yèchē] 出差 chūchāi 동 출장하다 [去/到+장소+出差 장소로 출장가다] 接待客户 jiēdài kèhù 거래처에 접대하다 | 促进销售 cùjìn xiāoshòu 판매를 촉진하다 扩大规模 kuòdà guīmó 규모를 확대하다 | 提高效率 tígāo xiàolǜ 효율을 올리다
日常生活 rìcháng shēnghuó 일상생활	洗脸 xǐliǎn 동 세수하다 | 洗澡 xǐzǎo 동 목욕하다 睡觉 shuìjiào 동 자다 | 起床 qǐchuáng 동 기상하다 请客 qǐngkè 동 손님을 초대하다 | 参加婚礼 cānjiā hūnlǐ 결혼식에 참가하다 养宠物 yǎng chǒngwù 애완동물을 기르다 打电话 dǎ diànhuà 전화를 걸다 | 聊天 liáotiān 동 이야기를 나누다 约会 yuēhuì 동 데이트하다 | 照照片 zhào zhàopiàn 사진을 찍다 搬家 bānjiā 동 이사하다 去医院检查 qù yīyuàn jiǎnchá 병원에 가서 검사하다 | 迷路 mílù 동 길을 잃다
购物 gòuwù 쇼핑	逛街 guàngjiē 거리를 구경하다 | 逛商店 guàng shāngdiàn 상점을 돌아다니다 买东西 mǎi dōngxi 물건을 사다 | 搞活动 gǎo huódòng 행사를 하다 结账 jiézhàng 동 계산하다 | 付款 fùkuǎn 동 결제하다, 돈을 지불하다 打折 dǎzhé 동 할인하다
业余生活 yèyú shēnghuó 여가 생활 **娱乐** yúlè 오락	下棋 xiàqí 장기를 두다 | 打太极拳 dǎ tàijíquán 태극권을 하다 打乒乓球 dǎ pīngpāngqiú 탁구를 치다 | 运动 yùndòng 동 운동하다 看电视 kàn diànshì TV를 보다 | 爬山 páshān 동 등산하다 | 钓鱼 diàoyú 동 낚시하다 散步 sànbù 동 산책하다 | 上网 shàngwǎng 동 인터넷을 하다 跳舞 tiàowǔ 동 춤을 추다 | 输 shū 지다, 패하다 [↔赢 yíng 이기다] 奖金 jiǎngjīn 명 상금
科学 kēxué 과학	科技 kējì 명 과학기술 | 机器人 jīqìrén 명 로봇 | 生命 shēngmìng 명 생명 研究 yánjiū 동 연구하다
环境 huánjìng 환경	自然环境 zìrán huánjìng 명 자연환경 | 环境保护 huánjìng bǎohù 명 환경보호 垃圾 lājī 명 쓰레기 | 污染 wūrǎn 명 오염

(6) 상식·이슈 관련 어휘

사회·경제	捐款 juānkuǎn 동 (돈을) 기부하다 | 趋势 qūshì 명 추세 月光族 yuèguāngzú 명 월광족, 소비족 [저축하지 않고 매달 수입을 모두 소비하는 사람들을 이르는 말] 高龄化社会 gāolínghuà shèhuì 고령화 사회 | 家庭暴力 jiātíng bàolì 명 가정 폭력 赚钱 zhuànqián 동 돈을 벌다, 이윤을 남기다 | 利润 lìrùn 명 이윤 资金 zījīn 명 자금 | 财产 cáichǎn 명 (금전·물자·가옥 등의) 재산, 자산 投资 tóuzī 동 투자하다 | 繁荣 fánróng 형 번영하다 经济危机 jīngjì wēijī 명 경제 위기 | 破产 pòchǎn 동 파산하다 损失 sǔnshī 동 손해, 손실 | 软广告 ruǎnguǎnggào 명 간접 광고 宣传 xuānchuán 동 홍보하다, 선전하다 | 消费者 xiāofèizhě 명 소비자
컴퓨터·통계	笔记本电脑 bǐjìběn diànnǎo 명 노트북 | 网络 wǎngluò 명 인터넷, 네트워크 网友 wǎngyǒu 명 네티즌 | 共享 gòngxiǎng 동 공유하다 网上购物 wǎngshàng gòuwù 명 온라인 쇼핑 | 安装 ānzhuāng 동 설치하다 下载 xiàzài 동 다운로드하다 | 软件 ruǎnjiàn 명 소프트웨어 硬件 yìngjiàn 명 하드웨어 | 数据 shùjù 명 데이터 统计 tǒngjì 명 통계 | 增长 zēngzhǎng 동 증가하다 减少 jiǎnshǎo 동 감소하다, 줄(이)다 | 分析 fēnxī 동 분석하다
우주·과학	地球 dìqiú 명 지구 | 宇宙 yǔzhòu 명 우주 实验 shíyàn 동 실험하다 | 发明 fāmíng 동 발명하다
자연·환경	自然 zìrán 명 자연 | 沙漠 shāmò 명 사막 | 干燥 gānzào 형 건조하다 潮湿 cháoshī 형 습하다 | 水产资源 shuǐchǎn zīyuán 명 수산 자원 四季分明 sìjì fēnmíng 사계절이 분명하다 | 地震 dìzhèn 명 지진 | 灭绝 mièjué 동 멸종하다 环境 huánjìng 명 환경 | 污染 wūrǎn 동 오염되다 扔垃圾 rēng lājī 쓰레기를 버리다 | 严重的影响 yánzhòng de yǐngxiǎng 심각한 영향 造成 zàochéng 동 (부정적인 일을) 만들다, 야기하다
직책·직업	作家 zuòjiā 명 작가 | 导演 dǎoyǎn 명 감독 | 老板 lǎobǎn 명 사장 秘书 mìshū 명 비서 | 售货员 shòuhuòyuán 명 판매원 专家 zhuānjiā 명 전문가 | 记者 jìzhě 명 기자 | 教师 jiàoshī 명 교사
동물·식물	动物 dòngwù 명 동물 | 狗 gǒu 명 개 | 猫 māo 명 고양이 大熊猫 dàxióngmāo 명 판다 | 蝴蝶 húdié 명 나비 | 蜜蜂 mìfēng 명 꿀벌 植物 zhíwù 명 식물 | 牡丹 mǔdān 명 목련, 모란 | 菊花 júhuā 명 국화 玫瑰 méigui 명 장미 | 开花 kāihuā 동 꽃이 피다 果实 guǒshí 명 과실 | 翅膀 chìbǎng 명 (새·곤충 등의) 날개
건강	减肥 jiǎnféi 동 살을 빼다 | 锻炼身体 duànliàn shēntǐ 신체를 단련하다 含有 hányǒu 동 함유하다, 포함하다 | 营养丰富 yíngyǎng fēngfù 영양이 풍부하다 缓解 huǎnjiě 동 완화하다 | 疲劳 píláo 형 피곤하다 过敏 guòmǐn 동 알레르기 반응을 보이다 | 恢复 huīfù 동 회복하다

(7) 중국 관련 어휘

민족·언어	汉族 Hànzú 고유 한족 | 少数民族 shǎoshù mínzú 명 소수 민족 普通话 Pǔtōnghuà 고유 현대 중국 표준어 | 甲骨文 Jiǎgǔwén 고유 갑골문

역사	春秋时期 Chūnqiū shíqī 고유 춘추시대 [중국 역사상의 한 시대, 770-476 B.C.] 战国 Zhànguó 고유 전국 [중국 역사상의 한 시대, 475-221 B.C.] 唐代 Tángdài 고유 당대 [=唐朝 Tángcháo]
	历史人物 lìshǐ rénwù 역사 인물ㅣ秦始皇 Qínshǐhuáng 고유 진시황 李白 Lǐ Bái 고유 이백 [당(唐)대의 저명한 시인] 鲁迅 Lǔ Xùn 고유 루쉰 [중국 현대의 저명한 문학가·사상가] 齐白石 Qí Báishí 고유 제백석 [중국 근대의 미술가] 李时珍 Lǐ Shízhēn 고유 이시진 [중국 명대의 의학자, 대표 저서는 《本草纲目(본초강목)》]
	历史 lìshǐ 명 역사ㅣ悠久 yōujiǔ 형 유구하다, 장구하다ㅣ记录 jìlù 동 기록하다 起源 qǐyuán 명 기원ㅣ产生 chǎnshēng 동 생기다, 출현하다 广泛 guǎngfàn 형 광범위하다, 범위가 넓다
명절·기념일	端午节 Duānwǔjié 고유 단오절 [음력 5월 5일] 屈原 Qū Yuán 고유 굴원 [전국시대 초(楚)나라의 시인] 赛龙舟 sàilóngzhōu 명 용선(용머리로 뱃머리를 장식한 배) 경주 粽子 zòngzi 명 쫑쯔 [찹쌀을 대나무 잎사귀나 갈대 잎에 싸서 삼각형으로 묶은 후 찐 음식, 단오절에 굴원을 기리기 위해 먹음]
	劳动节 Láodòngjié 고유 노동절, 근로자의 날 [5월 1일] 国庆节 Guóqìngjié 고유 국경절 [10월 1일]
결혼 문화	举行婚礼 jǔxíng hūnlǐ 결혼식을 하다 喜糖 xǐtáng 명 결혼 축하 사탕 [약혼식이나 결혼식 때 사람들에게 나누어 주는 사탕] 红包 hóngbāo 명 (축의금, 세뱃돈 등을 넣는) 붉은색 돈봉투
요리·식문화	饮食 yǐnshí 명 음식ㅣ西红柿 xīhóngshì 명 토마토ㅣ黄瓜 huángguā 명 오이 绿茶 lǜchá 명 녹차ㅣ泡茶 pàochá 동 차를 끓이다ㅣ筷子 kuàizi 명 젓가락 酸 suān 형 시다ㅣ甜 tián 형 달다ㅣ苦 kǔ 형 쓰다ㅣ辣 là 형 맵다 麻 má 형 (혀가) 얼얼하다, 아리다ㅣ咸 xián 형 짜다 八大菜系 Bādàcàixì 고유 중국을 대표하는 여덟 가지 요리 계열 [산둥, 후난, 쓰촨, 푸지앤, 광둥, 장쑤, 저장, 안후이] 东辣西酸, 南甜北咸 dōnglà xīsuān, nántián běixián 동쪽은 맵고 서쪽은 시며, 남쪽은 달고 북쪽은 짜다 [중국 음식의 맛이 지역마다 다름을 나타냄]
의복 문화	旗袍 qípáo 명 치파오 [중국 여성들이 입는 원피스 모양의 전통 의상] 装饰 zhuāngshì 명 장식ㅣ丝绸 sīchóu 명 비단, 명주
관광·놀이	名胜古迹 míngshèng gǔjì 명 명승고적ㅣ风景区 fēngjǐngqū 명 관광 벨트, 명승지 밀집 구역 著称 zhùchēng 동 저명하다, 이름나다 [以A著称于世: A로 세상에 유명하다] 故宫 Gùgōng 고유 고궁 [베이징에 있는 청대의 궁전] 长城 Chángchéng 고유 만리장성 ['万里长城'의 줄임말] 四合院 Sìhéyuàn 고유 사합원 [베이징의 전통 주택양식] 长江 Chángjiāng 고유 창장, 양자강ㅣ黄山 Huángshān 고유 황산 重庆 Chóngqìng 고유 충칭 [중국 직할시의 하나] 哈尔滨 Hā'ěrbīn 고유 하얼빈 [헤이룽장성의 성도]ㅣ上海 Shànghǎi 고유 상하이 县 xiàn 명 현 [중국 행정 구획 단위의 하나로 자치구·직할시 밑에 속함]
	象棋 xiàngqí 명 중국 장기 [下象棋: 장기를 두다]ㅣ围棋 wéiqí 명 바둑 [下围棋: 바둑을 두다] 麻将 májiàng 명 마작 [打麻将: 마작을 하다]ㅣ书法 shūfǎ 명 서예 京剧 jīngjù 명 경극 [중국 주요 전통극의 하나]

예술	中国画 zhōngguóhuà 명 중국화, 중국 고유의 전통 회화, 동양화 / 诗 shī 명 시 山水画 shānshuǐhuà 명 산수화 / 乐音 yuèyīn 명 악음, 고른음 演奏会 yǎnzòuhuì 명 연주회, 음악회 / 诗歌 shīgē 명 시가 / 作品 zuòpǐn 명 작품 杰作 jiézuò 명 걸작 / 风格 fēnggé 명 풍격, 기풍 / 笑话 xiàohuà 명 우스운 이야기 讽刺 fěngcì 동 풍자하다

(8) 빈출 양사

● track Final 08

位 wèi	존경의 의미를 포함한 인물을 셀 때 [신분이나 직업을 나타냄]	一位老师 선생님 한 분	一位老人 노인 한 분 一位客人 손님 한 분
只 zhī	동물을 셀 때 쓰임	一只鸟 새 한 마리	一只狗 강아지 한 마리
	짝을 이루거나 대칭된 물건의 한 쪽	一只手 한쪽 손	一只耳朵 한쪽 귀
台 tái	기계의 수량을 셀 때 쓰임	一台电视 TV 한 대	一台电脑 컴퓨터 한 대
份 fèn	① 업무, 일, 선물	一份工作 하나의 업무	一份礼物 선물 하나
	② 문건이나 간행물	一份文件 문서 한 부	一份简历 이력서 한 부
	③ 전체를 나눈 부분	分成两份 두 부분으로 나누다
件 jiàn	일, 사건, 옷, 사물을 셀 때 쓰임	一件事情 일 하나	一件衣服 옷 한 벌
块 kuài	덩어리, 조각을 셀 때 쓰임	一块石头 돌 한 개	一块橡皮 지우개 한 개
	중국 화폐 단위	一块钱 1위안
条 tiáo	길고 가는 사물을 셀 때 쓰임	一条毛巾 수건 하나	一条路 길 한 곳 一条河 강 한 줄기
	항목이나 조목으로 나누어진 것을 셀 때 쓰임	一条新闻 한 가지 뉴스	一条消息 한 가지 소식
	일부 추상적인 것을 셀 때 쓰임	一条心 하나의 마음	一条生命 하나의 생명
支 zhī	곧고 딱딱하며 얇고 긴 것을 셀 때 쓰임	一支铅笔 연필 한 자루	一支蜡烛 양초 하나
家 jiā	영리를 목적으로 하는 개체를 셀 때 쓰임	一家商店 상점 한 곳	一家公司 회사 한 곳
所 suǒ	영리를 목적으로 하지 않는 개체를 셀 때 쓰임	一所房子 집 한 곳	一所学校 학교 한 곳
座 zuò	크고 고정된 것, 건축물을 셀 때 쓰임	一座山 산 하나	一座桥 다리 하나 一座城市 도시 하나
张 zhāng	종이, 책상, 침대처럼 넓은 표면을 지닌 것을 셀 때 쓰임	一张地图 지도 한 장	一张纸 종이 한 장 一张床 침대 하나	一张桌子 책상 하나
幅 fú	옷감, 종이, 그림을 셀 때 쓰임	一幅画儿 그림 한 폭	一幅布 천 한 폭

篇 piān	일정한 형식을 갖춘 문장을 셀 때 쓰임	一篇文章 글 한 편 | 一篇论文 논문 한 편 一篇小说 소설 한 편	
本 běn	책을 셀 때 쓰임	一本书 책 한 권 | 一本词典 사전 한 권 一本杂志 잡지 한 권	
部 bù	서적, 영화를 셀 때 쓰임	一部电影 영화 한 편 | 一部小说 소설 한 편	
	차량, 기계를 셀 때 쓰임	一部手机 핸드폰 한 대 | 一部机器 기계 한 대	
首 shǒu	시, 가사, 노래를 셀 때 쓰임	一首诗 시 한 수 | 一首歌 노래 한 곡	
场 chǎng	문화, 오락, 체육 활동을 셀 때 쓰임	看了一场电影 영화를 한 번 봤다 参加了那场足球比赛 그 축구시합에 참가했다	
场 cháng	자연현상, 일의 경과를 셀 때 쓰임	下了一场雪 한 차례 눈이 내렸다 发生了一场战争 한 차례 전쟁이 발생했다	
种 zhǒng	종류를 셀 때 쓰임	这种事 이런 일 | 两种方法 두 가지 방법	
项 xiàng	항목을 나누는 사물을 셀 때 쓰임	第一项 첫 번째 항 | 一项任务 한 가지 임무	
届 jiè	정기적인 회의나 졸업 년차	首届奥运会 제1회 올림픽 | 本届毕业生 금년 졸업생	
对 duì	성별, 좌우 등으로 한 쌍을 이룬 사람, 동물, 사물	一对夫妻 한 쌍의 부부 | 一对情侣 한 쌍의 연인 一对翅膀 한 쌍의 날개	
双 shuāng	좌우 대칭의 신체 부위를 셀 때 쓰임	一双眼睛 양쪽 눈 | 一双手 양손	
	짝을 이루어 사용하는 물건을 셀 때 쓰임	一双手套 장갑 한 켤레 | 一双袜子 양말 한 켤레 一双鞋 신발 한 켤레	
副 fù	짝, 세트를 이룬 물건을 셀 때 쓰임	一副手套 장갑 한 켤레 | 一副眼镜 안경 하나	
	표정이나 모습을 셀 때 쓰임	一副笑容 웃는 얼굴 | 一副表情 표정 하나	
套 tào	세트, 조, 벌	一套邮票 우표 한 세트 | 一套家具 가구 한 세트 一套房子 집 한 채	
瓶 píng	병을 셀 때 쓰임	一瓶矿泉水 생수 한 병 | 一瓶啤酒 맥주 한 병	
次 cì	동작의 횟수를 셀 때 쓰임	吃了一次 한 번 먹었다 | 做了一次 한 번 했다	
遍 biàn	시작부터 끝까지 전체 과정	读了一遍 한 번 읽었다 | 看了一遍 한 번 봤다	
趟 tàng	왕복하는 동작을 셀 때 쓰임	去了一趟外国 외국으로 한 번 갔다 白跑了一趟 허탕쳤다	

고정격식, 접속사, 짝꿍 어휘

(1) 시험에 꼭 나오는 고정격식

 track Final 09

在 (A的) 过程中 zài (A de) guòchéng zhōng	A 과정에서	弟弟在运动的过程中，感到了快乐。 남동생은 운동하는 과정에서 즐거움을 느꼈다.
在 (A的) 帮助下 zài (A de) bāngzhù xià	(A)의 도움하에	在朋友的帮助下，我很快就理解了这道数学题。 친구의 도움하에, 나는 빠르게 이 수학 문제를 이해했다.
A毕业于B A bìyè yú B	A는 B를 졸업하다	她毕业于北京大学。 그녀는 베이징 대학교를 졸업했다.
从A到B cóng A dào B	A에서 B까지	从首尔到北京坐飞机要两个小时。 서울에서 베이징까지 비행기를 타면 대략 2시간 걸린다.
从A开始 cóng A kāishǐ	A에서부터 시작하다	从6月开始，这种商品就一直很受欢迎。 6월부터 시작해서, 이 상품은 내내 인기가 있다.
跟/和A见面 gēn/hé A jiànmiàn	A와 만나다	丽丽打算下个星期和男朋友的父母见面。 리리[丽丽]는 다음 주에 남자 친구의 부모님을 만날 계획이다.
跟/和A结婚 gēn/hé A jiéhūn	A와 결혼하다	小李跟丈夫是去年结婚的。 샤오리[小李]와 남편은 작년에 결혼했다.
跟/和A商量 gēn/hé A shāngliang	A와 상의하다	我有件事要跟导演商量。 나는 연출자와 상의할 일이 있다.
给A留下B gěi A liúxià B	A에게 B를 남기다	这次旅游给人们留下了非常深刻的印象。 이번 여행은 사람들에게 매우 깊은 인상을 남겼다.
给A带来B gěi A dàilái B	A에게 B를 가져다주다	运动给人们带来了快乐。 운동은 사람들에게 즐거움을 가져다줬다.
为A担心 wèi A dānxīn	A 때문에 걱정하다	妈妈总是为我担心。 엄마는 항상 나 때문에 걱정한다.
为A准备 wèi A zhǔnbèi	A를 위해 준비하다	学生们为老师准备了生日晚会。 학생들은 선생님을 위해 생일 파티를 준비했다.
为A服务 wèi A fúwù	A를 위해 서비스하다	这个服务员总是热情地为餐厅的客人服务。 이 종업원은 항상 친절하게 식당의 손님을 위해 서비스한다.
对A来说 duì A lái shuō	A에게 있어서	对学生来说，成绩是非常重要的。 학생에게 있어서, 성적은 매우 중요하다.
对A有好处 duì A yǒu hǎochù	A에 좋다 A에 좋은 점이 있다	锻炼身体对健康有好处。 신체를 단련하는 것은 건강에 좋다.
对A产生怀疑 duì A chǎnshēng huáiyí	A에 대하여 의심이 생기다	大家对这个问题产生了怀疑。 모두 이 문제에 대해 의심이 생겼다.
由A负责 yóu A fùzé	A가 책임지다	学习上的问题由班主任负责。 학습상 문제는 담임 선생님이 책임진다.
由A组成 yóu A zǔchéng	A로 구성하다	这个小组的成员由高中生组成。 이 팀은 고등학생으로 구성되어 있다.
向A道歉 xiàng A dàoqiàn	A에게 사과하다	犯错的学生正在向老师道歉。 실수한 학생이 선생님에게 사과하고 있다.

(2) 시험에 꼭 나오는 5대 접속사

❶ 전환 관계 접속사

不但/不仅/不光 A，而且/还/也/甚至还 B A할 뿐만 아니라, 게다가 B하다
búdàn/bùjǐn/bùguāng A, érqiě/hái/yě/shènzhì hái B

[A: 대상, 범위, 행동 / B: 확장 범위, 이어지는 행동]

* 주어의 위치
① 앞뒤 절의 주어가 같을 경우: 주어+不但
② 앞뒤 절의 주어가 다를 경우: 不但+주어1, 而且+주어2

那家超市不仅离我家很近，而且卖的东西很全。
그 시장은 우리집에서 가까울 뿐만 아니라, 파는 물건도 많다.

❷ 전환 관계 접속사

虽然/尽管/虽说 A，但(是)/可(是)/不过/(然)而/只是/주어+却 B 비록 A하지만, B하다
suīrán/jǐnguǎn/suīshuō A, dàn(shì)/kě(shì)/búguò/(rán)'ér/zhǐshì……què B

[A: 상황, B: A와 상반되는 내용]

那篇文章虽然很短，但很重要。 그 글은 비록 짧지만, 매우 중요하다.

❸ 가설 관계 접속사

如果/要是/若是/假如/假使/假若/倘若/若 A(的话)，那(么)/就/便/则 B 만약 A라면, B하다
rúguǒ/yàoshi/ruòshì/jiǎrú/jiǎshǐ/jiǎruò/tǎngruò/ruò A (dehuà), nà(me)/jiù/biàn/zé B

[A: 가설, B: A로 얻어지는 결과]

如果你不处理这个问题，就会造成严重的后果。
만약 네가 이 문제를 처리하지 않는다면, 심각한 결과를 초래할 것이다.

❹ 조건 관계 접속사

无论/不管/不论 A，都/也/总/反正 B A를 막론하고 B하다
wúlùn/bùguǎn/búlùn A, dōu/yě/zǒng/fǎnzhèng B

[A: 조건(주로 선택의문문, 의문대사, 정반의문문 형식), B: 변하지 않는 결과]

无论是亲戚还是陌生人，他们都会热情招待。
친척이든 낯선 사람이든 간에, 그들은 친절히 접대할 것이다. [선택의문문]

❺ 인과 관계 접속사

因为 A，所以 B A이기 때문에, B하다
yīnwèi A, suǒyǐ B

[A: 원인, B: 결과]

因为雨下得很大，所以今天的活动取消了。 비가 많이 와서 오늘 행사는 취소되었다.

(3) 최신 빈출 짝꿍 어휘

 track Final 11

명사 - 명사

- **传统文化** chuántǒng wénhuà　전통문화
  我的汉语老师对韩国传统文化非常了解。
  나의 중국어 선생님은 한국 전통문화에 대해 잘 알고 계신다.

- **环境保护** huánjìng bǎohù　환경보호
  人们对环境保护越来越重视。 사람들은 환경보호에 대해 점점 중시한다.

- **生活规律** shēnghuó guīlǜ　생활 규칙
  培养良好的生活规律很重要。 좋은 생활 규칙을 기르는 것은 매우 중요하다.

- **消费计划** xiāofèi jìhuà　소비 계획
  制定消费计划，可以一定程度上避免盲目消费。
  소비 계획을 세우면, 맹목적 소비를 어느 정도 피할 수 있다.

주어 - 술어

- **表现出色** biǎoxiàn chūsè　(~방면에서) 표현이 뛰어나다, 잘하다
  他很快完成了任务，而且表现出色。
  그는 임무를 빠르게 완수했을 뿐만 아니라, 능력 또한 뛰어났다.

- **表演精彩** biǎoyǎn jīngcǎi　연기/공연/연출/무대가 훌륭하다
  演员们的表演十分精彩。 배우들의 연기가 훌륭했다.

- **经验丰富** jīngyàn fēngfù　경험이 풍부하다
  张教授不仅经验丰富，而且很受留学生欢迎。
  장[张] 교수는 경험이 풍부할 뿐만 아니라 유학생에게 인기가 많다.

- **竞争激烈** jìngzhēng jīliè　경쟁이 치열하다
  竞争激烈的市场给现代人提供了很多机会。
  경쟁이 치열한 시장은 현대인들에게 많은 기회를 제공했다.

- **营养充分** yíngyǎng chōngfèn　영양이 충분하다
  儿童在生长时期应注意摄取营养充分的食物。
  아동은 성장기에 영양이 충분한 음식물을 섭취하는 데 주의해야 한다.

- **资源丰富** zīyuán fēngfù　자원이 풍부하다
  该地区资源丰富，发展前景广阔。 이 지역은 자원이 풍부하고, 발전 전망이 넓다.

술어 - 목적어

- **把握机会** bǎwò jīhuì　기회를 잡다
  因为没有把握好机会，我现在非常后悔。
  좋은 기회를 잡지 못했기 때문에, 나는 지금 매우 후회한다.

- **采取措施** cǎiqǔ cuòshī 조치를 취하다
  政府及时地对这次事件采取了措施。 정부는 제때에 이번 사건에 대해 조치를 취했다.

- **达到目的** dádào mùdì 목적을 달성하다
  为了达到目的，他总是忽视别人的感受。
  목적을 달성하기 위해, 그는 항상 다른 사람이 느낌을 소홀히 한다.

- **缓解疲劳** huǎnjiě píláo 피로를 풀다
  旅行对缓解疲劳有积极作用。 여행은 피로를 푸는 데 긍정적인 역할을 한다.

- **积累经验** jīlěi jīngyàn 경험을 쌓다
  很多时候，失败也会让我们积累成功的经验。
  실패 또한 우리로 하여금 성공의 경험을 쌓게 하는 경우가 많다.

- **具备条件** jùbèi tiáojiàn 조건을 갖추다
  这家公司具备了上市的必备条件。 이 회사는 상장에 필요한 조건을 갖추었다.

- **克服缺点** kèfú quēdiǎn 결점을 극복하다
  能克服自己缺点的人一定有机会成功。 자신의 결점을 극복할 수 있는 사람은 반드시 성공할 기회가 있다.

- **面对困难** miànduì kùnnán 어려움에 직면하다
  面对困难时，我们要保持良好的心态。 어려움에 직면했을 때, 우리는 좋은 마음 상태를 유지해야 한다.

- **提高水平** tígāo shuǐpíng 수준을 향상시키다
  提高外语水平的关键就在于多听、多说。
  외국어 수준을 향상시키기 위한 관건은 많이 듣고, 많이 말하는 것에 있다.

- **实现目标** shíxiàn mùbiāo 목표를 실현하다
  人生就是不断地去实现一个又一个的目标。 인생이란 하나 하나의 목표를 끊임없이 실현하는 것이다.

- **适应环境** shìyìng huánjìng 환경에 적응하다
  只有人去适应环境，环境是不会适应人的。
  사람만이 환경에 적응할 수 있으며, 환경은 사람에게 적응할 수 없다.

- **征求意见** zhēngqiú yìjiàn 의견을 구하다
  他做每件事都要征求家人的意见。 그가 하는 모든 일은 가족의 의견을 구해야 한다.

부사어-술어

- **坚持锻炼** jiānchí duànliàn 꾸준히 운동하다, 꾸준히 (신체를) 단련하다
  因为爷爷年轻时坚持锻炼，所以现在身体非常健康。
  할아버지는 젊었을 때 꾸준히 운동해서, 지금 몸이 매우 건강하시다.

- **认真回答** rènzhēn huídá 성실하게 대답하다
  这位歌手认真回答了记者提出的所有问题。
  이 가수는 기자가 제기한 모든 질문에 성실하게 대답했다.

- **仔细观察** zǐxì guānchá 자세히 관찰하다
  通过仔细观察，学生们发现了实验中出现的问题。
  자세한 관찰을 통해, 학생들은 실험 중 나타나는 문제를 발견했다.

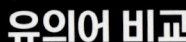

유의어 비교

(1) 把握 vs. 掌握

把握 bǎwò	동 (학습할 필요가 없고, 주로 추상적인 것을) 붙잡다, 움켜잡다 명 자신(감), 성공의 가능성 把握机会 기회를 잡다 | 把握不住 잡지 못하다 | 有把握 자신이 있다 | 没有把握 자신이 없다
掌握 zhǎngwò	동 (학습을 통해 어떤 방법이나 지식을) 파악하다, 숙달하다, 마스터하다 掌握技术 기술을 숙달하다 | 掌握知识 지식을 습득하다

(2) 保持 vs. 维持

保持 bǎochí	동 (긍정적이거나 계속 유지되길 바라는 대상을 중단되지 않게) 유지하다, 지키다 保持习惯 습관을 유지하다 | 保持联系 연락을 유지하다 保持……心态 ~한 심리 상태를 유지하다
维持 wéichí	동 (어떠한 방법을 통하여 어렵거나 중요한 상황 속에서) 유지하다 维持生活 생활을 유지하다 | 维持生命 생명을 유지하다

(3) 表示 vs. 表达

表示 biǎoshì	동 (태도나 사상을) 표시하다, 표하다, 나타내다 表示感谢 감사를 표하다 | 表示同意 동의를 표하다
表达 biǎodá	동 (생각이나 감정을) 표현하다, 나타내다 表达感情 감정을 표현하다 | 表达意思 뜻을 나타내다 | 表达方式 표현 방식

(4) 充分 vs. 充满

充分 chōngfèn	형 (추상적 사물이 넉넉하고) 충분하다 [充分+술어] 充分利用 충분히 이용하다 | 充分考虑 충분히 고려하다 | 充分准备 충분히 준비하다
充满 chōngmǎn	동 (사람, 물건, 햇빛 등이 도처에) 가득차다, 충만하다 [充满+추상목적어] 充满自信 자신감이 가득하다 | 充满活力 활력이 넘치다 | 充满喜悦 기쁨이 가득하다

(5) 生产 vs. 产生

生产 shēngchǎn	동 (구체적인 사물을) 생산하다, 만들다 명 생산 生产产品 상품을 생산하다 | 大量生产 대량으로 생산하다 | 生产规模 생산 규모 生产效率 생산 효율
产生 chǎnshēng	동 (원래 없던 상황이나 현상 등 추상적인 것이) 생기다, 만들어지다 产生矛盾 갈등이 생기다 | 产生想法 생각이 나다 产生误会 오해가 생기다 | 产生影响 영향이 생기다 | 产生变化 변화가 생기다 产生好感 호감이 생기다

(6) 合适 vs. 适合

合适 héshì	형 적당하다, 알맞다 [형용사로서, 목적어가 올 수 없다] A对B合适 A가 B에 알맞다 [A合适B(×)]
适合 shìhé	동 적합하다, 알맞다 [동사로서, 목적어가 올 수 있다] 适合于…… ~에 적합하다 [对……适合(×)] ǀ A适合B A는 B에 적합하다

(7) 了解 vs. 理解

了解 liǎojiě	동 (사물의 상황 등을 전체적으로 분명하게 마음으로) 이해하다, 알다 缺乏了解 이해가 부족하다 ǀ 进行了解 알아보다 ǀ 对……了解 ~에 대하여 이해하다
理解 lǐjiě	동 (사물의 의미와 뜻을 이해하고, 왜 그렇게 된 것인지 머리로) 알다, 이해하다 理解内容 내용을 이해하다 ǀ 理解意思 뜻을 알다 ǀ 得到理解 이해를 얻다

(8) 通过 vs. 经过

通过 tōngguò	개 (어떤 목적을 이루기 위해 수단이나 방식을 강조하며, 그것을) 통해서 동 (한 쪽에서 다른 쪽으로) 통과하다 通过研究 연구를 통해서 ǀ 通过讨论 토론을 통해서 ǀ 通过努力 노력을 통해서 通过了解 이해를 통해서 ǀ 通过考试 시험을 통과하다
经过 jīngguò	개 (과정을 강조하며, 시간이나 장소, 동작 등을) 거쳐서, 지나서 동 거치다, 지나가다, 통과하다 经过介绍 소개를 거쳐서 ǀ 经过了解 이해를 거쳐서 ǀ 经过……后 ~를 거친 후

(9) 增加 vs. 增长

增加 zēngjiā	동 (수량이) 증가하다, 늘리다 [수사의 제한이 없음] 增加工资 임금을 인상하다 ǀ 增加人手 일손을 늘리다 ǀ 增加力量 힘을 키우다
增长 zēngzhǎng	동 능력 또는 (비율이) 늘어나다, 증가하다 [수사는 백분율이나 배수만 가능] 增长了2倍 2배 늘었다 ǀ 增长了35% 35퍼센트 증가했다 ǀ 增长见识 견문을 넓히다 增长知识 지식을 늘리다 ǀ 经济增长 경제 성장

사자성어, 신조어

(1) 최빈출 사자성어

亡羊补牢 wángyáng bǔláo	소 잃고 외양간 고치다
画蛇添足 huàshé tiānzú	사족을 가하다, 쓸데없는 짓을 하다
拔苗助长 bámiáo zhùzhǎng	급하게 일을 서두르다가 오히려 그르치다
不知不觉 bùzhī bùjué	자기도 모르는 사이에
恍然大悟 huǎngrán dàwù	문득 크게 깨닫다
闷闷不乐 mènmèn búlè	마음이 답답하고 울적하다, 뜻대로 되지 않아 답답하고 즐겁지 않다
酸甜苦辣 suān tián kǔ là	신맛 단맛 쓴맛 매운맛, 살면서 겪는 온갖 경험

(2) 최빈출 신조어

丁克族 dīngkèzú	딩크족 [아이를 낳지 않는 맞벌이 부부]
富二代 fù'èrdài	재벌 2세 [80년대 출생자로 풍부한 재산을 물려받은 자녀]
铁饭碗 tiěfànwǎn	철밥통
网红 wǎng hóng	왕훙, 网络红人(wǎngluò hóngrén 인터넷 스타)의 줄임말
手机软件 shǒujī ruǎnjiàn	핸드폰 어플

쓰기 제2부분
빈출 제시어

浪费 làngfèi 낭비하다	浪费时间 시간을 낭비하다 浪费力气 힘을 낭비하다
养成 yǎngchéng 기르다, 양성하다	养成习惯 습관을 기르다 养成节约的好习惯 절약하는 좋은 습관을 기르다
消费 xiāofèi 소비, 소비하다	消费水平 소비 수준 过度消费 과도하게 소비하다
鼓励 gǔlì 격려하다	鼓励孩子 아이를 격려하다 鼓励学生 학생을 격려하다
合适 héshì 적합하다, 알맞다	对A很合适 A에게 적합하다 大小合适 크기가 알맞다
保护 bǎohù 보호하다	保护环境 환경을 보호하다 保护动物 동물을 보호하다
营养 yíngyǎng 영양, 영양을 섭취하다	营养不良 영양이 나쁘다 营养丰富 영양이 풍부하다
毕业 bìyè 졸업하다	毕业论文 졸업 논문 毕业于A A를 졸업하다
目标 mùbiāo 목표	达到目标 목표에 도달하다 制定目标 목표를 세우다
论文 lùnwén 논문	写论文 논문을 쓰다 完成论文 논문을 완성하다
资料 zīliào 자료	参考资料 참고 자료 下载资料 자료를 다운로드하다
掌握 zhǎngwò 파악하다	掌握方法 방법을 숙지하다 掌握内容 내용을 파악하다
压力 yālì 스트레스	受到压力 스트레스를 받다 压力很大 스트레스가 크다
面对 miànduì 직면하다	面对困难 어려움에 직면하다 面对现实 현실에 직면하다
疲劳 píláo 피로, 피로해지다	消除疲劳 피로를 풀다 缓解疲劳 피로를 해소하다
适应 shìyìng 적응하다	适应生活 생활에 적응하다 适应环境 환경에 적응하다
缓解 huǎnjiě 완화되다, 완화시키다	缓解压力 스트레스를 풀다 缓解疲劳 피로를 해소하다
吸引 xīyǐn 매료시키다, 끌어당기다	吸引观众 관중을 매료시키다 吸引关注 관심을 끌다
敏感 mǐngǎn 민감하다, 예민하다	对A很敏感 A에 대해 민감하다 性格敏感 성격이 예민하다

促进 cùjìn 촉진하다	促进消化 소화를 촉진하다 促进销售 판매를 촉진시키다
合影 héyǐng 단체 사진, 함께 사진 찍다	拍合影 단체 사진을 찍다 合影留念 기념 사진을 찍다
激动 jīdòng 흥분하다	心情激动 가슴이 벅차오르다 十分激动 매우 흥분하다
梦想 mèngxiǎng 꿈	实现梦想 꿈을 실현하다 梦想成真 꿈이 이루어지다
庆祝 qìngzhù 경축하다	庆祝节目 축하 프로그램 庆祝生日 생일을 축하하다
成长 chéngzhǎng 성장하다, 자라다	不断成长 끊임없이 성장하다 迅速成长 빠르게 자라다
活动 huódòng 활동, 활동하다	活动范围 활동 범위 活动时间 활동 시간
交流 jiāoliú 교류하다	互相交流 서로 교류하다 交流意见 의견을 교류하다
城市 chéngshì 도시	城市发展 도시가 발전하다 城市绿化 도시 녹화
紧张 jǐnzhāng 긴장, 긴장해 있다	缓解紧张 긴장을 완화하다 心情紧张 긴장하다
参加 cānjiā 참가하다	参加考试 시험에 참가하다 参加活动 행사에 참가하다
手术 shǒushù 수술	做手术 수술을 하다 接受手术 수술을 받다
旅行 lǚxíng 여행하다	去A旅行 A로 여행을 가다 毕业旅行 졸업 여행
购物 gòuwù 물건을 구입하다	网上购物 인터넷 쇼핑 购物活动 구매 활동
竞争 jìngzhēng 경쟁, 경쟁하다	竞争激烈 경쟁이 치열하다 竞争对手 경쟁 상대
任务 rènwu 임무	完成任务 임무를 완성하다 分配任务 임무를 분배하다
失败 shībài 실패, 실패하다	导致失败 실패를 초래하다 不怕失败 실패를 두려워하지 않는다
积累 jīlěi 축적하다	积累经验 경험을 축적하다 积累知识 지식을 축적하다
进步 jìnbù 진보하다	共同进步 함께 진보하다 很大进步 크게 진보하다
聚会 jùhuì 모임	参加聚会 모임에 참가하다 举办聚会 모임을 열다

风俗 fēngsú 풍속	体验风俗 풍속을 체험하다 风俗习惯 풍속 습관
改变 gǎibiàn 변화, 바꾸다, 변경하다	没有改变 변화가 없다 改变计划 계획을 바꾸다
危害 wēihài 손해, 손상, 해치다, 해를 끼치다	造成危害 해를 끼치다 危害健康 건강에 해를 끼치다
看法 kànfǎ 견해	表达看法 견해를 나타내다 普遍看法 보편적인 견해
珍惜 zhēnxī 소중히 여기다, 진귀하게 여겨 아끼다	珍惜时间 시간을 소중히 여기다 珍惜友谊 우정을 소중히 여기다
距离 jùlí 거리, 간격, ~로부터 떨어지다	缩短距离 거리를 줄이다 距离公司 회사로부터 떨어져 있다
纪念 jìniàn 기념, 기념하다	留下纪念 기념으로 남기다 纪念旅行 여행을 기념하다
通讯 tōngxùn 통신, 뉴스, 기사	通讯设备 통신 설비 通讯方式 통신 방식
特色 tèsè 특색	有特色 특색이 있다 特色的简历 특색 있는 이력서
共同 gòngtóng 함께, 다 같이, 공동의, 공통의	共同努力 함께 노력하다 共同的目标 공동의 목표
缺少 quēshǎo 부족하다, 모자라다	缺少沟通 소통이 부족하다 缺少信息 정보가 부족하다
消极 xiāojí 부정적이다, 소극적이다	消极的态度 부정적인 태도 消极的情绪 부정적인 감정
经验 jīngyàn 경험	积累经验 경험을 쌓다 工作经验 업무 경험
合理 hélǐ 합리적이다, 도리에 맞다	合理的理由 합리적인 이유 合理地利用 합리적으로 이용하다
热烈 rèliè 열렬하다	热烈欢迎 열렬히 환영하다 讨论得热烈 열정적으로 토론하다
追求 zhuīqiú 추구하다	追求结果 결과를 추구하다 追求理想 이상을 추구하다
网络 wǎngluò 인터넷, 네트워크	网络设备 인터넷 설비 网络发展 인터넷이 발전하다
有利 yǒulì 유리하다, 유익하다	有利地选择 유리한 선택 对A有利 A에 유리하다
错误 cuòwù 잘못, 착오	犯错误 실수를 하다 改正错误 잘못을 고치다

틀리기 쉬운 한자 바로 알기

小 xiǎo	少 shǎo
大小 dàxiǎo 크기	多少 duōshǎo 많고 적음

牛 niú	午 wǔ
牛仔裤 niúzǎikù 청바지	上午 shàngwǔ 오전

因 yīn	困 kùn
因为 yīnwèi 왜냐하면	困难 kùnnan 어려움

千 qiān	干 gān
千万 qiānwàn 절대로	干燥 gānzào 건조하다

但 dàn	担 dān
不但 búdàn ~뿐만 아니라	担心 dānxīn 걱정하다

已 yǐ	己 jǐ
已经 yǐjīng 이미, 벌써	自己 zìjǐ 자기, 자신

见 jiàn	贝 bèi
见面 jiànmiàn 만나다	宝贝 bǎobèi 보배

活 huó	话 huà
活动 huódòng 활동	普通话 pǔtōnghuà 보통화[현대 중국 표준어]

们	门
men	mén
咱们 zánmen 우리	部门 bùmén 부서

建	健
jiàn	jiàn
建议 jiànyì 건의, 제의	健身 jiànshēn 몸을 튼튼히 하다

把	吧
bǎ	ba
把握 bǎwò (꽉 움켜) 쥐다	走吧 zǒu ba 가자

问	间
wèn	jiān
询问 xúnwèn 알아보다	空间 kōngjiān 공간

字	子
zì	zi
字幕 zìmù 자막	孙子 sūnzi 손자

远	运
yuǎn	yùn
永远 yǒngyuǎn 영원하다	运动 yùndòng 운동

公	工
gōng	gōng
公司 gōngsī 회사	工作 gōngzuò 일

昨	作
zuó	zuò
昨天 zuótiān 어제	作品 zuòpǐn 작품

太	**犬**	**准**	**谁**
tài	quǎn	zhǔn	shéi
太极拳 tàijíquán 태극권	犬 quǎn 개	标准 biāozhǔn 표준	谁 shéi 누구
妈	**吗**	**重**	**中**
mā	ma	zhòng	zhōng
妈妈 māma 엄마	他来吗? Tā lái ma? 그가 옵니까?	重要 zhòngyào 중요하다	中间 zhōngjiān 중간
第	**弟**	**纪**	**级**
dì	dì	jì	jí
第一 dì yī 첫째	弟弟 dìdi 남동생	年纪 niánjì 나이	年级 niánjí 학년
到	**道**	**末**	**未**
dào	dào	mò	wèi
达到 dádào 달성하다	道路 dàolù 도로	周末 zhōumò 주말	未来 wèilái 미래

请	清	情
qǐng	qīng	qíng
邀请 yāoqǐng 초대하다	清楚 qīngchu 분명하다	情绪 qíngxù 정서

刻	孩	该
kè	hái	gāi
深刻 shēnkè 깊다	孩子 háizi 아이	应该 yīnggāi ~해야 한다

使	便	更
shǐ	biàn	gèng
使用 shǐyòng 사용하다	顺便 shùnbiàn ~하는 김에	更冷 gèng lěng 더욱 춥다

원고지 작성법

(1) 원고지 작성법

(2) 원고지 수정부호 활용법

HSK IBT 소개

시험 순서

❶ **고사장 및 좌석표 확인**   수험표 번호로 고사장 확인 후, 고사장 입구에서 좌석 확인

❷ **시험 안내**   감독관이 응시자 본인 확인 및 유의사항 안내 → 답안지 작성 및 시험 설명

❸ **로그인**   감독관의 지시에 따라 프로그램 로그인(각 좌석 모니터에 응시자의 수험표 번호, 패스워드 부착)

❹ **응시자 정보 확인**   응시자 본인 정보 확인

❺ **헤드폰 음향 체크**   음원이 잘 들리는지, 볼륨 크기는 적당한지 반드시 체크! ★★★
　　　　　　　　　　시험 도중에 음원이 안 들릴 수도 있고, 시험 도중에 볼륨 크기를 조정하다 보면 문제를 놓칠 수 있어요.

❻ **시험 문제 다운로드**   다운로드 버튼 클릭 후 대기, 시험 시작 시간이 되면 자동으로 시험 프로그램이 작동

❼ **시험 진행**   PBT와 마찬가지로 '듣기 → 독해 → 쓰기' 순서로 진행됨

❽ **제출**   쓰기 시험까지 끝나면 자동으로 답안 제출됨

  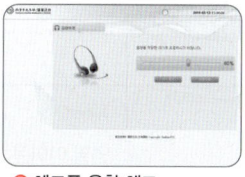 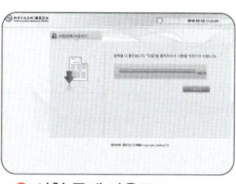

❸ 로그인　　　　　　❹ 응시자 정보 확인　　　　　　❺ 헤드폰 음향 체크　　　　　　❻ 시험 문제 다운로드

장점&단점

장점	★ 음원을 스피커가 아닌 헤드폰으로 듣기 때문에 소음 없이 음원을 선명하게 들을 수 있음 ★ 한어병음 입력기를 통해 키보드로 한자를 입력하므로, 한어병음만 알아도 한자 입력 가능 ★ 2주만에 성적이 발표됨 (PBT는 4주만에 성적이 발표됨)
단점	★ 지문 및 보기를 읽으며 메모를 할 수 없음 ★ 모든 문제를 모니터로 확인해야 하므로 지문 가독성이 떨어짐

유의 사항

★ 수험 도중 메모 불가[책상에는 신분증과 수험표만 꺼내 놓을 수 있음]

★ 혹시라도 헤드폰에서 음원 소리가 안 난다면 조용히 손을 들어 감독관에게 알리기

★ 영역 간 이동이 불가, 각 영역에 주어진 수험 시간이 지난 뒤에는 앞 영역으로 돌아갈 수 없음

★ 시험지 제출 버튼을 누르면 시험이 종료됨. 전 영역 답안 체크 완료 후, 반드시 시험을 끝내려는 때에 클릭!

HSK IBT 응시 요령

[답안지 제출] 버튼 클릭하면 시험 종료되니
전 영역 모든 문항을 풀기 전에는 절대 클릭 금지

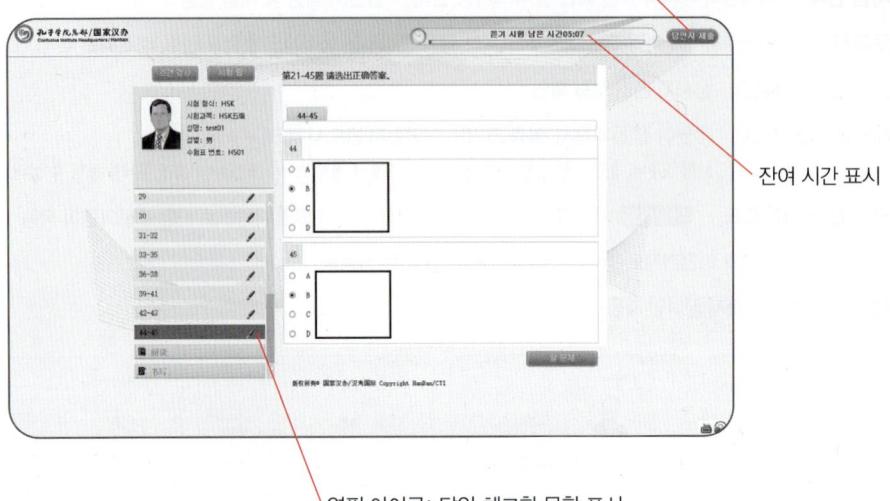

잔여 시간 표시

연필 아이콘: 답안 체크한 문항 표시

한 페이지에 여러 문제가 나오는 경우,
모든 답안을 체크해야 연필 아이콘이 뜸

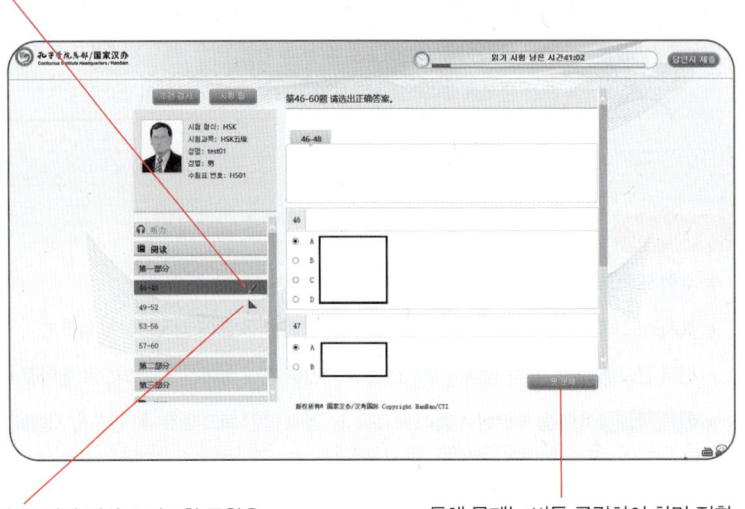

깃발 아이콘: 답안 재검토 필요한 문항은
연필 아이콘 클릭하여 깃발 아이콘 표시

독해 문제는 버튼 클릭하여 화면 전환

마지막 문제까지 다 풀었을 때 클릭하여 답안지 제출!
(시험 시간이 종료되어도 자동 제출)

▲ 쓰기 제2부분 작문 답안 입력 방법: 타이핑하여 입력

화면 캡쳐 제공: HSK 공식 시행처

중국어 입력 팁

✓ (일반적으로) `Alt` + `Shift` 키를 누르면 중국어 자판으로 변경됨. 마우스로 직접 변경도 가능

✓ 'ü' 발음의 중국어를 입력할 때는 알파벳 'v'를 입력! ⓔ 女儿 nǚ'ér, 旅行 lǚxíng 등

✓ 상용 중국어는 입력기 초반에 표시되며, 내가 입력하려던 글자가 맞는지 체크 후 입력

HSK PBT 답안 작성법

汉语水平考试 HSK(五级)答题卡

고시장 고유번호 기재 후 마킹하세요.

——— 请填写考点信息 ——— ——— 请填写考点信息 ———

按照考试证件上的姓名填写: 수험표상의 이름을 기재하세요.

姓名 이름	朴昭亭 PARK SOJEONG

如果有中文姓名，请填写: 수험표상의 중문 이름을 기재하세요.

中文姓名 중문 이름	朴昭亭

수험번호 기재 후 마킹하세요.

考点代码	[0] [1] [2] [3] [4] [5] [6] [7] [8] [9]
	[0] [1] [2] [3] [4] [5] [6] [7] [8] [9]
	[0] [1] [2] [3] [4] [5] [6] [7] [8] [9]
	[0] [1] [2] [3] [4] [5] [6] [7] [8] [9]
	[0] [1] [2] [3] [4] [5] [6] [7] [8] [9]
	[0] [1] [2] [3] [4] [5] [6] [7] [8] [9]

考生序号 수험번호	[0] [1] [2] [3] [4] [5] [6] [7] [8] [9]
	[0] [1] [2] [3] [4] [5] [6] [7] [8] [9]
	[0] [1] [2] [3] [4] [5] [6] [7] [8] [9]
	[0] [1] [2] [3] [4] [5] [6] [7] [8] [9]
	[0] [1] [2] [3] [4] [5] [6] [7] [8] [9]

国籍 (한국인: 523)	5 [0] [1] [2] [3] [4] [5] [6] [7] [8] [9]
국적번호 기재 후 마킹하세요.	2 [0] [1] [2] [3] [4] [5] [6] [7] [8] [9]
	3 [0] [1] [2] [3] [4] [5] [6] [7] [8] [9]

年龄 나이들 만 나이로 기재 후 마킹하세요.	[0] [1] [2] [3] [4] [5] [6] [7] [8] [9]
	[0] [1] [2] [3] [4] [5] [6] [7] [8] [9]

性别 해당 성별에 마킹하세요.	男 [1] 女 [2]

注意 请用2B铅笔这样写: ■ 2B 연필로 마킹하세요.

一、听力 듣기 답안란

답안 표기 방향

1. [A] [B] [C] [D]   6. [A] [B] [C] [D]   11. [A] [B] [C] [D]   16. [A] [B] [C] [D]   21. [A] [B] [C] [D]
2. [A] [B] [C] [D]   7. [A] [B] [C] [D]   12. [A] [B] [C] [D]   17. [A] [B] [C] [D]   22. [A] [B] [C] [D]
3. [A] [B] [C] [D]   8. [A] [B] [C] [D]   13. [A] [B] [C] [D]   18. [A] [B] [C] [D]   23. [A] [B] [C] [D]
4. [A] [B] [C] [D]   9. [A] [B] [C] [D]   14. [A] [B] [C] [D]   19. [A] [B] [C] [D]   24. [A] [B] [C] [D]
5. [A] [B] [C] [D]   10. [A] [B] [C] [D]   15. [A] [B] [C] [D]   20. [A] [B] [C] [D]   25. [A] [B] [C] [D]

26. [A] [B] [C] [D]   31. [A] [B] [C] [D]   36. [A] [B] [C] [D]   41. [A] [B] [C] [D]
27. [A] [B] [C] [D]   32. [A] [B] [C] [D]   37. [A] [B] [C] [D]   42. [A] [B] [C] [D]
28. [A] [B] [C] [D]   33. [A] [B] [C] [D]   38. [A] [B] [C] [D]   43. [A] [B] [C] [D]
29. [A] [B] [C] [D]   34. [A] [B] [C] [D]   39. [A] [B] [C] [D]   44. [A] [B] [C] [D]
30. [A] [B] [C] [D]   35. [A] [B] [C] [D]   40. [A] [B] [C] [D]   45. [A] [B] [C] [D]

二、阅读 독해 답안란

46. [A] [B] [C] [D]   51. [A] [B] [C] [D]   56. [A] [B] [C] [D]   61. [A] [B] [C] [D]   66. [A] [B] [C] [D]
47. [A] [B] [C] [D]   52. [A] [B] [C] [D]   57. [A] [B] [C] [D]   62. [A] [B] [C] [D]   67. [A] [B] [C] [D]
48. [A] [B] [C] [D]   53. [A] [B] [C] [D]   58. [A] [B] [C] [D]   63. [A] [B] [C] [D]   68. [A] [B] [C] [D]
49. [A] [B] [C] [D]   54. [A] [B] [C] [D]   59. [A] [B] [C] [D]   64. [A] [B] [C] [D]   69. [A] [B] [C] [D]
50. [A] [B] [C] [D]   55. [A] [B] [C] [D]   60. [A] [B] [C] [D]   65. [A] [B] [C] [D]   70. [A] [B] [C] [D]

71. [A] [B] [C] [D]   76. [A] [B] [C] [D]   81. [A] [B] [C] [D]   86. [A] [B] [C] [D]
72. [A] [B] [C] [D]   77. [A] [B] [C] [D]   82. [A] [B] [C] [D]   87. [A] [B] [C] [D]
73. [A] [B] [C] [D]   78. [A] [B] [C] [D]   83. [A] [B] [C] [D]   88. [A] [B] [C] [D]
74. [A] [B] [C] [D]   79. [A] [B] [C] [D]   84. [A] [B] [C] [D]   89. [A] [B] [C] [D]
75. [A] [B] [C] [D]   80. [A] [B] [C] [D]   85. [A] [B] [C] [D]   90. [A] [B] [C] [D]

三、书写 쓰기 답안란

91. 她的汉语说得很流利。

92.

93.

94.

95. _____

96. _____

97. _____

98. _____

99. 쓰기 제 2부분-제시어 사용해 글 쓰기

今天是我的生日。

100. 쓰기 제 2부분-사진 보고 글 쓰기

今天是我的生日。

다락원 홈페이지에서
▶ MP3 파일 다운로드 및 실시간 재생
▶ 받아쓰기 PDF 다운로드

3rd Edition
HSK 5급 핵심요약집
한권으로 끝내기

지은이 남미숙
펴낸이 정규도
펴낸곳 (주)다락원

편집장 이상윤
편집 김보경, 김현주, 김혜민, 오혜령
디자인 김나경, 박은비
사진 Shutterstock
녹음 曹红梅, 于海峰, 朴龙君, 허강원

다락원 경기도 파주시 문발로 211
전화 (02)736-2031(내선 250~252/내선 430, 560)
팩스 (02)732-2037
출판등록 1977년 9월 16일 제406-2008-000007호

Copyright ⓒ 2025, 남미숙

저자 및 출판사의 허락 없이 이 책의 일부 또는 전부를 무단 복제·전재·발췌할 수 없습니다. 구입 후 철회는 회사 내규에 부합하는 경우에 가능하므로 구입처에 문의하시기 바랍니다. 분실·파손 등에 따른 소비자 피해에 대해서는 공정거래위원회에서 고시한 소비자 분쟁 해결 기준에 따라 보상 가능합니다. 잘못된 책은 바꿔 드립니다.

ISBN 978-89-277-2349-3 14720
978-89-277-2341-7 (set)

www.darakwon.co.kr
다락원 홈페이지를 방문하시면 상세한 출판 정보와 함께 동영상 강좌, MP3 자료 등 다양한 어학 정보를 얻으실 수 있습니다.

Day 40

track 0-40 (VOCA)

2438	1급	桌子 zhuōzi	명 책상, 테이블
2439	5급	咨询 zīxún	동 자문하다, 상의하다
2440	5급	姿势 zīshì	명 자세, 모양
2441	5급	资格 zīgé	명 자격
2442	5급	资金 zījīn	명 자금
2443	5급	资料 zīliào	명 자료, 생필품
2444	5급	资源 zīyuán	명 자원
2445	4급	仔细 zǐxì	형 꼼꼼하다, 세심하다
2446	5급	紫 zǐ	형 자색의, 자줏빛의
2447	5급	自从 zìcóng	개 ~부터, ~에서
2448	5급	自动 zìdòng	형 (기계·장치 등이) 자동으로 부 자발적으로, 주동적으로
2449	5급	自豪 zìháo	형 스스로 긍지를 느끼다
2450	3급	自己 zìjǐ	대 자신, 자기, 스스로
2451	5급	自觉 zìjué	동 자각하다 형 자발적인
2452	4급	自然 zìrán	명 자연
2453	5급	自私 zìsī	형 이기적이다
2454	4급	自信 zìxìn	형 자신만만하다 명 자신감
2455	3급	自行车 zìxíngchē	명 자전거
2456	5급	自由 zìyóu	형 자유롭다 명 자유
2457	5급	自愿 zìyuàn	동 자원하다
2458	1급	字 zì	명 글자, 문자
2459	5급	字母 zìmǔ	명 자모, 알파벳
2460	5급	字幕 zìmù	명 자막
2461	5급	综合 zōnghé	동 종합하다, 통괄하다
2462	5급	总裁 zǒngcái	명 총재, 총수
2463	5급	总共 zǒnggòng	부 모두, 전부
2464	4급	总结 zǒngjié	동 총괄하다, 총결산하다 명 총결산, 최종 평가
2465	5급	总理 zǒnglǐ	명 총리, 사장
2466	3급	总是 zǒngshì	부 늘, 언제나, 줄곧
2467	5급	总算 zǒngsuàn	부 겨우, 간신히
2468	5급	总统 zǒngtǒng	명 대통령, 총통
2469	5급	总之 zǒngzhī	접 총괄하면, 어쨌든, 하여간
2470	2급	走 zǒu	동 걷다, 떠나다
2471	4급	租 zū	동 임대하다, 세를 주다, 임차하다
2472	5급	阻止 zǔzhǐ	동 저지하다
2473	5급	组 zǔ	명 조, 그룹 양 벌, 세트
2474	5급	组成 zǔchéng	동 짜다, 조성하다 명 구성
2475	5급	组合 zǔhé	동 조합하다 명 조합
2476	5급	组织 zǔzhī	동 조직하다 명 조직
2477	3급	嘴 zuǐ	명 [입의 속칭]
2478	2급	最 zuì	부 가장, 제일
2479	5급	最初 zuìchū	명 처음, 최초
2480	4급	最好 zuìhǎo	부 ~하는 것이 가장 좋다
2481	3급	最后 zuìhòu	형 맨 마지막의, 최후의
2482	3급	最近 zuìjìn	명 요즘, 최근
2483	5급	醉 zuì	동 취하다, 빠지다
2484	5급	尊敬 zūnjìng	동 존경하다 형 존경하는
2485	4급	尊重 zūnzhòng	동 존중하다, 중시하다
2486	5급	遵守 zūnshǒu	동 준수하다, 지키다
2487	1급	昨天 zuótiān	명 어제
2488	2급	左边 zuǒbian	명 왼쪽, 왼편
2489	4급	左右 zuǒyòu	명 안팎, 가량, 좌우
2490	4급	作家 zuòjiā	명 작가
2491	5급	作品 zuòpǐn	명 창작품, 작품
2492	5급	作为 zuòwéi	동 ~로 삼다, ~로 여기다
2493	5급	作文 zuòwén	동 작문하다 명 작문, 글
2494	3급	作业 zuòyè	명 숙제, 과제
2495	4급	作用 zuòyòng	명 효과, 작용, 영향
2496	4급	作者 zuòzhě	명 저자, 지은이
2497	1급	坐 zuò	동 (교통 수단을) 타다, 앉다
2498	4급	座 zuò	양 동, 채, 좌 [건물을 세는 단위]
2499	4급	座位 zuòwèi	명 좌석
2500	1급	做 zuò	동 하다, 만들다

✎ 잘 외워지지 않는 단어 써 보기

Day 39

2376	5급	智慧 zhìhuì	몡	지혜
2377	1급	中国 Zhōngguó	고유	중국
2378	3급	中间 zhōngjiān	몡	중간, 한가운데
2379	5급	中介 zhōngjiè	몡	중개, 매개
2380	3급	中文 Zhōngwén	고유	중국어
2381	1급	中午 zhōngwǔ	몡	점심, 정오
2382	5급	中心 zhōngxīn	몡	핵심, 중심
2383	5급	中旬 zhōngxún	몡	중순
2384	3급	终于 zhōngyú	몪	마침내, 결국, 끝내
2385	3급	种 zhǒng	얭	종류, 부류, 가지
2386	5급	种类 zhǒnglèi	몡	종류
2387	4급	重 zhòng	혱	비중이 크다, 무겁다, 중요하다
2388	5급	重大 zhòngdà	혱	중대하다
2389	4급	重点 zhòngdiǎn	몡	중점
2390	5급	重量 zhòngliàng	몡	중량
2391	4급	重视 zhòngshì	됭	중시하다, 중요시하다
2392	3급	重要 zhòngyào	혱	중요하다
2393	5급	周到 zhōudào	혱	세심하다, 치밀하다
2394	3급	周末 zhōumò	몡	주말
2395	4급	周围 zhōuwéi	몡	주변, 주위
2396	5급	猪 zhū	몡	돼지
2397	5급	竹子 zhúzi	몡	대나무
2398	5급	逐步 zhúbù	몪	차츰차츰, 한 걸음 한 걸음
2399	5급	逐渐 zhújiàn	몪	점점, 점차
2400	5급	主持 zhǔchí	됭	주관하다, 주재하다
2401	5급	主动 zhǔdòng	혱	주동적인, 자발적인
2402	5급	主观 zhǔguān	혱	주관적이다
2403	5급	主人 zhǔrén	몡	주인
2404	5급	主任 zhǔrèn	몡	주임, 장
2405	5급	主题 zhǔtí	몡	주제
2406	5급	主席 zhǔxí	몡	의장, 주석
2407	3급	主要 zhǔyào	혱	주요한, 주된 몪 주로, 대부분
2408	4급	主意 zhǔyi	몡	주견, 생각 몡 방법, 의견
2409	5급	主张 zhǔzhāng	됭	주장하다 몡 주장, 견해
2410	5급	煮 zhǔ	됭	삶다
2411	1급	住 zhù	됭	살다, 거주하다
2412	5급	注册 zhùcè	됭	등록하다, 등기하다
2413	3급	注意 zhùyì	됭	조심하다, 주의하다
2414	5급	祝福 zhùfú	됭	축복하다, 기원하다 몡 축복, 축하
2415	4급	祝贺 zhùhè	됭	축하하다, 경하하다
2416	4급	著名 zhùmíng	혱	유명하다, 저명하다
2417	5급	抓 zhuā	됭	꽉 쥐다, 긁다
2418	5급	抓紧 zhuājǐn	됭	꽉 쥐다, 단단히 잡다
2419	5급	专家 zhuānjiā	몡	전문가
2420	4급	专门 zhuānmén	몪	특별히, 일부러 혱 전문적이다
2421	5급	专心 zhuānxīn	혱	전념하다, 몰두하다
2422	4급	专业 zhuānyè	몡	전공, 전문
2423	4급	转 zhuàn zhuǎn	됭	돌다, 회전하다 됭 (방향·위치를) 꺾다, 바꾸다
2424	5급	转变 zhuǎnbiàn	됭	전변하다, 바꾸다
2425	5급	转告 zhuǎngào	됭	전달하다, 전언하다
2426	4급	赚 zhuàn	됭	돈을 벌다
2427	5급	装 zhuāng	됭	싣다, 꾸리다, 포장하다 됭 ~인 체하다, 가장하다
2428	5급	装饰 zhuāngshì	됭	장식하다 몡 장식품
2429	5급	装修 zhuāngxiū	됭	장식하고 꾸미다, 설치하고 수리해 주다
2430	5급	状况 zhuàngkuàng	몡	상황, 형편
2431	5급	状态 zhuàngtài	몡	상태
2432	5급	撞 zhuàng	됭	부딪치다, 돌진하다
2433	5급	追 zhuī	됭	뒤쫓다, 추구하다
2434	5급	追求 zhuīqiú	됭	추구하다, 구애하다
2435	2급	准备 zhǔnbèi	됭	~하려고 하다, 준비하다 몡 준비
2436	4급	准确 zhǔnquè	혱	정확하다, 확실하다
2437	4급	准时 zhǔnshí	몪	정시에, 제때에

✏️ 잘 외워지지 않는 단어 써 보기

Day 38

 track 0-38 (VOCA)

2313 3급 照相机 zhàoxiàngjī 명 사진기
2314 5급 哲学 zhéxué 명 철학
2315 1급 这 zhè 대 이, 이것
2316 2급 着 zhe 조 ~하고 있다, ~해 있다 [동작이나 상태의 지속을 나타냄]
2317 5급 针对 zhēnduì 동 겨누다, 조준하다
2318 5급 珍惜 zhēnxī 동 귀중히 여기다
2319 2급 真 zhēn 부 정말, 확실히, 참으로
2320 5급 真实 zhēnshí 형 진실하다
2321 4급 真正 zhēnzhèng 형 진정한, 참된
2322 5급 诊断 zhěnduàn 동 진단하다
2323 5급 阵 zhèn 양 차례, 번, 바탕 [잠시 동안 지속되는 일이나 동작을 세는 단위]
2324 5급 振动 zhèndòng 동 진동하다
2325 5급 争论 zhēnglùn 동 쟁론하다, 변론하다
2326 5급 争取 zhēngqǔ 동 쟁취하다, 얻어 내다
2327 5급 征求 zhēngqiú 동 탐방하여 구하다
2328 5급 睁 zhēng 동 (눈을) 크게 뜨다
2329 5급 整个 zhěnggè 형 온, 모든 것
2330 4급 整理 zhěnglǐ 동 정리하다
2331 5급 整齐 zhěngqí 형 가지런하다, 단정하다
2332 5급 整体 zhěngtǐ 명 전체, 전부
2333 5급 正 zhèng 형 바르다, 표준적인
2334 4급 正常 zhèngcháng 형 정상적이다
2335 4급 正好 zhènghǎo 부 마침 형 딱 맞다
2336 4급 正确 zhèngquè 형 올바르다, 정확하다
2337 4급 正式 zhèngshì 형 공식적, 정규의, 정식의
2338 2급 正在 zhèngzài 부 지금 (한창) ~하고 있다 [동작이나 행위가 진행 중임을 나타냄]
2339 5급 证件 zhèngjiàn 명 (신분증·졸업증서처럼 신분과 경력을 증명하는) 증명서
2340 5급 证据 zhèngjù 명 증거
2341 4급 证明 zhèngmíng 동 증명하다
2342 5급 政府 zhèngfǔ 명 정부
2343 5급 政治 zhèngzhì 명 정치

2344 5급 挣 zhèng 동 노력하여 얻다
2345 4급 之 zhī 조 ~의
2346 5급 支 zhī 동 받치다, 지지하다, 지불하다
2347 4급 支持 zhīchí 동 지탱하다, 지지하다, 견디다
2348 5급 支票 zhīpiào 명 수표
2349 3급 只 zhī 양 마리 [날짐승이나 길짐승을 세는 단위]
2350 2급 知道 zhīdào 동 알다, 이해하다
2351 4급 知识 zhīshi 명 지식
2352 5급 执照 zhízhào 명 허가증, 면허증
2353 5급 直 zhí 형 곧다, 수직의
2354 4급 直接 zhíjiē 형 직접적인
2355 4급 值得 zhídé 동 ~할 만하다, ~할 만한 가치가 있다
2356 4급 职业 zhíyè 명 직업 형 프로의, 직업적인
2357 4급 植物 zhíwù 명 식물
2358 3급 只 zhǐ 부 오직, 단지, 다만
2359 4급 只好 zhǐhǎo 부 부득이, 어쩔 수 없이
2360 4급 只要 zhǐyào 접 ~하기만 하면
2361 3급 只有A才B zhǐyǒu A cái B A해야만 비소로 B하다
2362 4급 指 zhǐ 동 (손가락 등으로) 가리키다, 지시하다
2363 5급 指导 zhǐdǎo 동 지도하다, 이끌어 주다
2364 5급 指挥 zhǐhuī 동 지휘하다 명 지휘자
2365 5급 至今 zhìjīn 부 지금까지, 여태껏
2366 4급 至少 zhìshǎo 부 최소한, 적어도
2367 5급 至于 zhìyú 동 ~의 정도에 이르다
2368 5급 志愿者 zhìyuànzhě 명 지원자
2369 5급 制定 zhìdìng 동 세우다, 제정하다, 작성하다
2370 5급 制度 zhìdù 명 제도, 규칙
2371 5급 制造 zhìzào 동 제조하다, 만들다
2372 5급 制作 zhìzuò 동 제작하다
2373 4급 质量 zhìliàng 명 품질, 질
2374 5급 治疗 zhìliáo 동 치료하다
2375 5급 秩序 zhìxù 명 질서

✏️ 잘 외워지지 않는 단어 써 보기

Day 37

2251	4급 约会 yuēhuì 동 데이트하다, 만날 약속을 하다	2282	4급 责任 zérèn 명 책임
2252	1급 月 yuè 명 월, 달	2283	1급 怎么 zěnme 대 어떻게, 어째서, 왜
2253	3급 月亮 yuèliang 명 달	2284	1급 怎么样 zěnmeyàng 대 어떻다, 어떻게 하다
2254	5급 乐器 yuèqì 명 악기	2285	4급 增加 zēngjiā 동 증가하다, 더하다
2255	4급 阅读 yuèdú 동 (책 등을) 보다, 열독하다	2286	5급 摘 zhāi 동 꺾다, 따다, 선택하다, 발췌하다
2256	3급 越 yuè 부 점점 ~하다, ~할수록 ~하다	2287	5급 窄 zhǎi 형 좁다, 협소하다
2257	5급 晕 yūn 형 어지러질하다 동 기절하다	2288	5급 粘贴 zhāntiē 동 붙이다, 붙여 넣다
2258	4급 云 yún 명 구름	2289	5급 展开 zhǎnkāi 동 펼치다, 전개하다
2259	4급 允许 yǔnxǔ 동 허락하다, 허가하다	2290	5급 展览 zhǎnlǎn 동 전람하다 명 전람회
2260	2급 运动 yùndòng 명 운동 동 운동하다	2291	5급 占 zhàn 동 차지하다, 점령하다
2261	5급 运气 yùnqi 명 운, 운세 형 행운이다	2292	4급 占线 zhànxiàn 동 통화 중이다
2262	5급 运输 yùnshū 동 운수하다, 운송하다	2293	5급 战争 zhànzhēng 명 전쟁
2263	5급 运用 yùnyòng 동 운용하다, 활용하다	2294	3급 站 zhàn 명 역, 정류장 동 서다
2264	4급 杂志 zázhì 명 잡지	2295	3급 张 zhāng 양 [종이·가죽·책상 등 넓은 표면을 가진 것을 세는 단위]
2265	5급 灾害 zāihài 명 재해, 화		
2266	2급 再 zài 부 다시 부 ~한 뒤에, ~하고 나서	2296	3급 长 zhǎng 동 생기다, 자라다
2267	1급 再见 zàijiàn 또 만나, 잘가	2297	5급 长辈 zhǎngbèi 명 손윗사람, 연장자
2268	5급 再三 zàisān 부 거듭, 재삼, 두세 번	2298	5급 涨 zhǎng 동 오르다
2269	1급 在 zài 동 ~에 있다 개 ~에(서) 부 (마침) ~하고 있다	2299	5급 掌握 zhǎngwò 동 파악하다, 숙달하다, 정통하다
		2300	2급 丈夫 zhàngfu 명 남편
2270	5급 在乎 zàihu 동 ~에 있다, 마음속에 두다	2301	5급 账户 zhànghù 명 계좌
2271	5급 在于 zàiyú 동 ~에 달려 있다, ~에 있다	2302	5급 招待 zhāodài 동 접대하다, 환대하다
2272	4급 咱们 zánmen 대 우리(들) [나와 상대방을 모두 포함]	2303	4급 招聘 zhāopìn 동 채용하다, 초빙하다, 초청하다
		2304	5급 着火 zháohuǒ 동 불나다
2273	4급 暂时 zànshí 명 잠시, 잠깐, 일시	2305	3급 着急 zháojí 동 조급해하다, 안달하다
2274	5급 赞成 zànchéng 동 찬성하다, 찬동하다	2306	5급 着凉 zháoliáng 동 감기에 걸리다
2275	5급 赞美 zànměi 동 찬미하다, 찬양하다	2307	2급 找 zhǎo 동 찾다 동 거슬러 주다
2276	4급 脏 zāng 형 더럽다, 지저분하다	2308	5급 召开 zhàokāi 동 (회의를) 열다, 개최하다
2277	5급 糟糕 zāogāo 형 엉망이 되다, 못 쓰게 되다	2309	4급 照 zhào 동 (사진·영화를) 찍다
2278	2급 早上 zǎoshang 명 아침	2310	5급 照常 zhàocháng 동 평소대로 하다
2279	5급 造成 zàochéng 동 초래하다, 야기하다	2311	3급 照顾 zhàogù 동 보살피다, 돌보다
2280	5급 则 zé 명 규칙, 규범 접 그러나, 오히려	2312	3급 照片 zhàopiàn 명 사진
2281	5급 责备 zébèi 동 책망하다, 책하다, 탓하다		

✏️ 잘 외워지지 않는 단어 써 보기

Day 36

 track 0-36 (VOCA)

2188	5급	硬 yìng	형 딱딱하다, 단단하다
2189	5급	硬件 yìngjiàn	명 하드웨어
2190	5급	拥抱 yōngbào	동 포옹하다, 껴안다
2191	5급	拥挤 yōngjǐ	동 붐비다, 한데 모이다
2192	4급	永远 yǒngyuǎn	부 영원히, 언제까지나
2193	4급	勇敢 yǒnggǎn	형 용감하다
2194	5급	勇气 yǒngqì	명 용기
2195	3급	用 yòng	동 쓰다, 사용하다 개 ~로
2196	5급	用功 yònggōng	동 노력하다, 열심히 공부하다
2197	5급	用途 yòngtú	명 용도
2198	4급	优点 yōudiǎn	명 장점
2199	5급	优惠 yōuhuì	형 특혜의, 우대의
2200	5급	优美 yōuměi	형 우미하다, 우아하고 아름답다
2201	5급	优势 yōushì	명 우세
2202	4급	优秀 yōuxiù	형 (품행이나 성적 등이) 아주 뛰어나다
2203	4급	幽默 yōumò	형 유머러스하다, 익살스럽다
2204	5급	悠久 yōujiǔ	형 유구하다, 장구하다
2205	4급	尤其 yóuqí	부 특히, 더욱이
2206	4급	由 yóu	개 ~가, ~로
2207	4급	由于 yóuyú	접 ~때문에, ~로 인하여 개 ~로 인하여, ~때문에
2208	4급	邮局 yóujú	명 우체국
2209	5급	犹豫 yóuyù	형 머뭇거리다, 주저하다
2210	5급	油炸 yóuzhá	동 기름에 튀기다
2211	5급	游览 yóulǎn	동 유람하다
2212	3급	游戏 yóuxì	명 게임, 놀이
2213	2급	游泳 yóuyǒng	동 수영하다, 헤엄치다
2214	4급	友好 yǒuhǎo	형 우호적이다
2215	4급	友谊 yǒuyì	명 우정, 우의
2216	1급	有 yǒu	동 있다
2217	5급	有利 yǒulì	형 유리하다, 이롭다
2218	3급	有名 yǒumíng	형 유명하다
2219	4급	有趣 yǒuqù	형 재미있다, 흥미가 있다
2220	3급	又 yòu	부 또, 다시, 거듭
2221	2급	右边 yòubian	명 오른쪽, 우측
2222	5급	幼儿园 yòu'éryuán	명 유치원, 유아원
2223	4급	于是 yúshì	접 그래서, 이리하여
2224	2급	鱼 yú	명 생선, 물고기
2225	5급	娱乐 yúlè	동 오락하다 명 예능, 오락
2226	4급	愉快 yúkuài	형 즐겁다, 유쾌하다, 기쁘다
2227	4급	与 yǔ	개 ~와 접 ~와
2228	5급	与其 yǔqí	접 ~하느니 (차라리), ~하기보다는
2229	4급	羽毛球 yǔmáoqiú	명 배드민턴
2230	4급	语法 yǔfǎ	명 어법
2231	5급	语气 yǔqì	명 어투, 말투
2232	4급	语言 yǔyán	명 언어, 말
2233	5급	玉米 yùmǐ	명 옥수수, 강냉이
2234	5급	预报 yùbào	동 예보하다 명 예보
2235	5급	预订 yùdìng	동 예약하다, 예매하다
2236	5급	预防 yùfáng	동 예방하다
2237	4급	预习 yùxí	동 예습하다
2238	3급	遇到 yùdào	동 만나다, 마주치다
2239	3급	元 yuán	양 위안 [중국의 화폐 단위]
2240	5급	元旦 Yuándàn	고유 설날, 양력 1월 1일
2241	5급	员工 yuángōng	명 종업원
2242	4급	原来 yuánlái	형 원래의 부 원래, 본래, 알고 보니
2243	4급	原谅 yuánliàng	동 용서하다, 양해하다
2244	5급	原料 yuánliào	명 원료
2245	4급	原因 yuányīn	명 원인
2246	5급	原则 yuánzé	명 원칙 부 원칙적으로
2247	5급	圆 yuán	형 둥글다, 완전하다
2248	2급	远 yuǎn	형 (공간적·시간적으로) 멀다
2249	5급	愿望 yuànwàng	명 희망, 소망
2250	3급	愿意 yuànyì	동 바라다, 희망하다

✎ 잘 외워지지 않는 단어 써 보기

Day 35

2126	3급 一边 yìbiān	젭 ~하면서 ~하다	
2127	5급 一旦 yídàn	틥 일단 ~한다면	
2128	1급 一点儿 yìdiǎnr	수량 약간, 조금	
2129	3급 一定 yídìng	틥 반드시, 필히, 꼭	
2130	3급 一共 yígòng	틥 모두, 전부, 합계	
2131	3급 一会儿 yíhuìr	몡 잠시, 짧은 시간, 잠깐 동안	
2132	5급 一律 yílǜ	혱 일률적이다 / 틥 예외 없이, 일률적으로	
2133	2급 一起 yìqǐ	틥 함께, 같이	
2134	4급 一切 yíqiè	혱 모든, 일체의, 전부	
2135	2급 一下 yíxià	수량 [동사 뒤에 쓰여 '좀 ~하다'의 뜻을 나타냄]	
2136	3급 一样 yíyàng	혱 같다, 동일하다	
2137	5급 一再 yízài	틥 수차, 거듭	
2138	3급 一直 yìzhí	틥 계속, 줄곧	
2139	5급 一致 yízhì	혱 일치하다 / 틥 함께, 같이	
2140	1급 衣服 yīfu	몡 옷, 의복	
2141	1급 医生 yīshēng	몡 의사, 의원	
2142	1급 医院 yīyuàn	몡 병원	
2143	5급 依然 yīrán	틥 여전히 / 혱 여전하다, 그대로이다	
2144	5급 移动 yídòng	동 옮기다	
2145	5급 移民 yímín	동 이민하다 / 몡 이민한 사람	
2146	5급 遗憾 yíhàn	혱 유감이다 / 몡 유감	
2147	5급 疑问 yíwèn	몡 의문, 의혹	
2148	5급 乙 yǐ	을, 두 번째	
2149	2급 已经 yǐjīng	틥 이미, 벌써	
2150	4급 以 yǐ	개 ~를 가지고, ~로(써)	
2151	5급 以及 yǐjí	젭 및, 그리고	
2152	5급 以来 yǐlái	몡 동안, 이래	
2153	3급 以前 yǐqián	몡 예전, 과거, 이전	
2154	4급 以为 yǐwéi	동 생각하다, 여기다, 간주하다	
2155	1급 椅子 yǐzi	몡 의자	
2156	5급 亿 yì	수 억	
2157	5급 义务 yìwù	몡 의무	
2158	4급 艺术 yìshù	몡 예술	
2159	5급 议论 yìlùn	동 의논하다 / 몡 의견	
2160	4급 意见 yìjiàn	몡 의견, 견해	
2161	2급 意思 yìsi	몡 의미, 뜻	
2162	5급 意外 yìwài	혱 의외의 / 몡 의외의 사고	
2163	5급 意义 yìyì	몡 의미, 의의	
2164	4급 因此 yīncǐ	젭 그래서, 이로 인하여, 이 때문에	
2165	5급 因而 yīn'ér	젭 그러므로, 그런 까닭에	
2166	5급 因素 yīnsù	몡 요소, 성분	
2167	2급 因为A 所以B yīnwèi A suǒyǐ B	A하기 때문에 그래서 B하다	
2168	2급 阴 yīn	혱 흐리다	
2169	3급 音乐 yīnyuè	몡 음악	
2170	5급 银 yín	몡 은 / 혱 은색의	
2171	3급 银行 yínháng	몡 은행	
2172	4급 引起 yǐnqǐ	동 야기하다, 주의를 끌다, 불러일으키다	
2173	3급 饮料 yǐnliào	몡 음료	
2174	5급 印刷 yìnshuā	동 인쇄하다	
2175	4급 印象 yìnxiàng	몡 인상	
2176	3급 应该 yīnggāi	조동 (마땅히) ~해야 한다, ~하는 것이 마땅하다	
2177	5급 英俊 yīngjùn	혱 잘생기다, 재능이 출중하다	
2178	5급 英雄 yīngxióng	몡 영웅	
2179	5급 迎接 yíngjiē	동 마중하다, 영접하다	
2180	5급 营养 yíngyǎng	몡 영양	
2181	5급 营业 yíngyè	동 영업하다	
2182	4급 赢 yíng	동 이기다, 승리하다	
2183	3급 影响 yǐngxiǎng	몡 영향 / 동 영향을 주다	
2184	5급 影子 yǐngzi	몡 그림자	
2185	5급 应付 yìngfu	동 대응하다, 대처하다	
2186	4급 应聘 yìngpìn	동 지원하다, 초빙에 응하다	
2187	5급 应用 yìngyòng	동 응용하다 / 몡 응용	

✎ 잘 외워지지 않는 단어 써 보기

Day 34

2063 5급	叙述 xùshù 동 서술하다, 기술하다	2096 4급	演员 yǎnyuán 명 배우, 연기자
2064 5급	宣布 xuānbù 동 선포하다, 공표하다	2097 5급	宴会 yànhuì 명 연회, 파티
2065 5급	宣传 xuānchuán 동 선전하다, 홍보하다	2098 2급	羊肉 yángròu 명 양고기
2066 3급	选择 xuǎnzé 동 선택하다, 고르다	2099 4급	阳光 yángguāng 명 햇빛, 양광
2067 5급	学历 xuélì 명 학력	2100 5급	阳台 yángtái 명 베란다, 발코니
2068 4급	学期 xuéqī 명 학기	2101 4급	养成 yǎngchéng 동 습관이 되다, 길러지다
2069 1급	学生 xuésheng 명 학생	2102 5급	痒 yǎng 형 간지럽다, 가렵다
2070 5급	学术 xuéshù 명 학술	2103 5급	样式 yàngshì 명 형식, 양식
2071 5급	学问 xuéwen 명 학문, 지식	2104 4급	样子 yàngzi 명 (사물의) 상황, 모습, 모양
2072 1급	学习 xuéxí 동 공부하다, 배우다	2105 3급	要求 yāoqiú 동 요구하다, 요망하다 명 요구, 요망
2073 1급	学校 xuéxiào 명 학교	2106 5급	腰 yāo 명 허리
2074 2급	雪 xuě 명 눈	2107 4급	邀请 yāoqǐng 동 초대하다, 초청하다
2075 5급	寻找 xúnzhǎo 동 찾다, 구하다	2108 5급	摇 yáo 동 흔들다
2076 5급	询问 xúnwèn 동 알아보다, 물어보다	2109 5급	咬 yǎo 동 물다, 깨물다
2077 5급	训练 xùnliàn 명 훈련 동 훈련하다	2110 2급	药 yào 명 약, 약물
2078 5급	迅速 xùnsù 형 신속하다, 재빠르다	2111 2급	要 yào 조동 ~하려 한다, ~해야 한다 동 걸리다, 원하다, 필요하다
2079 4급	压力 yālì 명 스트레스	2112 5급	要不 yàobù 접 그렇지 않으면, 안 그러면
2080 5급	押金 yājīn 명 보증금, 담보금	2113 4급	要是 yàoshi 접 만약, 만약 ~이라면
2081 5급	牙齿 yáchǐ 명 이, 치아	2114 4급	钥匙 yàoshi 명 열쇠
2082 4급	牙膏 yágāo 명 치약	2115 3급	爷爷 yéye 명 할아버지, 조부
2083 4급	亚洲 Yàzhōu 고유 아시아주	2116 2급	也 yě 부 ~도, 역시
2084 4급	呀 ya 조 문장의 끝에 사용하는 어기조사 [의문문, 감탄문에 사용]	2117 4급	也许 yěxǔ 부 아마도, 어쩌면
2085 5급	延长 yáncháng 동 연장하다	2118 5급	业务 yèwù 명 업무
2086 4급	严格 yángé 형 엄격하다, 엄하다	2119 5급	业余 yèyú 명 여가, 업무 외 형 비전문의, 아마추어의
2087 5급	严肃 yánsù 형 진지하다, 엄숙하다, 근엄하다	2120 4급	叶子 yèzi 명 잎, 잎사귀
2088 4급	严重 yánzhòng 형 (상황 등이) 심각하다, 위급하다	2121 4급	页 yè 양 (책의) 페이지, 쪽, 면
2089 4급	研究 yánjiū 명 연구 동 연구하다, 탐구하다	2122 5급	夜 yè 명 밤
2090 4급	盐 yán 명 소금	2123 1급	一 yī 수 1, 하나
2091 2급	颜色 yánsè 명 색깔	2124 3급	一般 yìbān 형 보통이다, 일반적이다
2092 4급	眼镜 yǎnjìng 명 안경	2125 5급	一辈子 yíbèizi 명 한평생, 일생
2093 2급	眼睛 yǎnjing 명 눈		
2094 4급	演出 yǎnchū 명 공연 동 공연하다		
2095 5급	演讲 yǎnjiǎng 명 강연, 웅변 동 연설하다, 웅변하다		

✏️ 잘 외워지지 않는 단어 써 보기

Day 33

track 0-33 (VOCA)

2001	5급 小气 xiǎoqi 형 쩨쩨하다, 인색하다
2002	2급 小时 xiǎoshí 명 시간 [시간 단위]
2003	4급 小说 xiǎoshuō 명 소설
2004	3급 小心 xiǎoxīn 통 조심하다, 주의하다
2005	5급 孝顺 xiàoshùn 통 효도하다, 공경하다
2006	3급 校长 xiàozhǎng 명 교장, 학장, 총장
2007	2급 笑 xiào 통 웃다, 웃음을 짓다
2008	4급 笑话 xiàohua 명 우스갯소리, 농담
2009	4급 效果 xiàoguǒ 명 효과
2010	5급 效率 xiàolǜ 명 효율, 능률
2011	1급 些 xiē 양 조금, 몇, 약간
2012	5급 歇 xiē 통 휴식하다, 정지하다
2013	5급 斜 xié 형 기울다, 비스듬하다
2014	1급 写 xiě 통 쓰다
2015	5급 写作 xiězuò 통 글을 짓다, 창작하다
2016	5급 血 xiě 명 피
2017	1급 谢谢 xièxie 감사합니다
2018	5급 心理 xīnlǐ 명 심리
2019	4급 心情 xīnqíng 명 기분, 마음, 심정
2020	5급 心脏 xīnzàng 명 심장
2021	4급 辛苦 xīnkǔ 형 고생스럽다, 수고롭다, 수고하십니다
2022	5급 欣赏 xīnshǎng 통 감상하다, 좋아하다
2023	2급 新 xīn 형 새롭다 부 새롭게, 새로이
2024	3급 新闻 xīnwén 명 (매스컴의) 뉴스, 새 소식
2025	3급 新鲜 xīnxiān 형 신선하다, 싱싱하다
2026	4급 信封 xìnfēng 명 편지 봉투
2027	5급 信号 xìnhào 명 신호, 사인
2028	5급 信任 xìnrèn 통 신뢰하다, 신임하다
2029	4급 信息 xìnxī 명 정보, 소식
2030	4급 信心 xìnxīn 명 자신감, 확신, 신념
2031	3급 信用卡 xìnyòngkǎ 명 신용 카드
2032	4급 兴奋 xīngfèn 형 흥분하다, (감정을) 불러일으키다
2033	1급 星期 xīngqī 명 주, 요일
2034	4급 行 xíng 통 ~해도 좋다, 좋다
2035	5급 行动 xíngdòng 명 행동 통 움직이다, 행동하다
2036	3급 行李箱 xínglǐxiāng 명 트렁크, 여행용 가방
2037	5급 行人 xíngrén 명 행인
2038	4급 行为 xíngwéi 명 행위
2039	5급 形成 xíngchéng 통 형성되다, 이루어지다
2040	4급 形容 xíngróng 통 형용하다
2041	5급 形式 xíngshì 명 형식
2042	5급 形势 xíngshì 명 정세, 형편
2043	5급 形象 xíngxiàng 명 인상, 이미지
2044	5급 形状 xíngzhuàng 명 형상, 생김새
2045	4급 醒 xǐng 통 잠에서 깨다
2046	4급 幸福 xìngfú 명 행복 형 행복하다
2047	5급 幸亏 xìngkuī 부 다행히, 요행으로
2048	5급 幸运 xìngyùn 형 행운이다 명 행운
2049	4급 性别 xìngbié 명 성별
2050	4급 性格 xìnggé 명 성격
2051	5급 性质 xìngzhì 명 성질
2052	2급 姓 xìng 명 성, 성씨 통 성이 ~이다
2053	5급 兄弟 xiōngdì 명 형제
2054	5급 胸 xiōng 명 가슴, 마음
2055	3급 熊猫 xióngmāo 명 판다
2056	2급 休息 xiūxi 통 휴식하다, 쉬다
2057	5급 休闲 xiūxián 통 한가하게 지내다
2058	5급 修改 xiūgǎi 통 수정하다, 고치다
2059	4급 修理 xiūlǐ 통 수리하다, 수선하다
2060	5급 虚心 xūxīn 형 겸손하다, 겸허하다
2061	3급 需要 xūyào 통 필요하다, 요구되다
2062	4급 许多 xǔduō 형 매우 많다, 허다하다

✎ 잘 외워지지 않는 단어 써 보기

Day 32

track 0-32 (VOCA)

1938	5급	戏剧	xìjù	명 희극, 연극, 극본, 각본
1939	5급	系	xì	명 학과 동 묶다, 연계하다
1940	5급	系统	xìtǒng	명 시스템, 계통, 체계
1941	5급	细节	xìjié	명 세부 사항, 사소한 부분
1942	5급	瞎	xiā	부 함부로, 제멋대로
1943	1급	下	xià	동 (눈 또는 비가) 내리다
1944	1급	下午	xiàwǔ	명 오후
1945	1급	下雨	xiàyǔ	동 비가 오다, 비가 내리다
1946	5급	下载	xiàzài	동 다운로드하다
1947	5급	吓	xià	동 놀라다, 무서워하다
1948	3급	夏	xià	명 여름
1949	5급	夏令营	xiàlìngyíng	명 여름 캠프, 여름학교
1950	3급	先	xiān	부 먼저, 우선
1951	1급	先生	xiānsheng	명 선생, 씨 [성인 남자를 부르는 호칭]
1952	5급	鲜艳	xiānyàn	형 화려하다
1953	4급	咸	xián	형 짜다
1954	5급	显得	xiǎnde	동 드러나다, ~인 것 같다
1955	5급	显然	xiǎnrán	형 분명하다, 명백하다
1956	5급	显示	xiǎnshì	동 현시하다, 분명하게 표현하다, 자랑하다
1957	5급	县	xiàn	명 현 [중국 행정 구획 단위의 하나]
1958	5급	现代	xiàndài	명 현대
1959	4급	现金	xiànjīn	명 현금
1960	5급	现实	xiànshí	명 현실 형 현실적이다
1961	5급	现象	xiànxiàng	명 현상
1962	1급	现在	xiànzài	명 지금, 현재
1963	5급	限制	xiànzhì	동 제한하다, 한정하다 명 제한, 한정
1964	4급	羡慕	xiànmù	동 부러워하다, 흠모하다
1965	5급	相处	xiāngchǔ	동 함께 살다
1966	5급	相当	xiāngdāng	부 상당히 형 상당하다, 같다 동 맞먹다, 비슷하다, 상당하다
1967	5급	相对	xiāngduì	형 상대적이다 동 서로 대립이 되다 부 상대적으로, 비교적
1968	4급	相反	xiāngfǎn	형 반대되다, 상반되다 접 반대로, 거꾸로
1969	5급	相关	xiāngguān	동 상관이 있다, 서로 관련되다
1970	5급	相似	xiāngsì	형 비슷하다, 닮다
1971	4급	相同	xiāngtóng	형 서로 같다, 똑같다, 일치하다
1972	3급	相信	xiāngxìn	동 믿다, 신임하다, 신뢰하다
1973	4급	香	xiāng	형 향기롭다, (음식이) 맛있다
1974	5급	香肠	xiāngcháng	명 소시지
1975	3급	香蕉	xiāngjiāo	명 바나나
1976	4급	详细	xiángxì	형 상세하다, 자세하다
1977	5급	享受	xiǎngshòu	동 누리다, 향유하다
1978	4급	响	xiǎng	동 소리가 나다, 울리다
1979	1급	想	xiǎng	조동 ~하고 싶다, ~하려고 하다 동 생각하다
1980	5급	想念	xiǎngniàn	동 그리워하다, 생각하다
1981	5급	想象	xiǎngxiàng	명 상상 동 상상하다
1982	3급	向	xiàng	개 ~로, ~에게, ~을 향하여
1983	5급	项	xiàng	양 가지, 항목, 과제
1984	5급	项链	xiàngliàn	명 목걸이
1985	5급	项目	xiàngmù	명 항목, 종목, 과제
1986	5급	象棋	xiàngqí	명 중국 장기
1987	5급	象征	xiàngzhēng	동 상징하다, 표시하다 명 상징, 표상
1988	3급	像	xiàng	동 닮다, 같다, 비슷하다
1989	4급	橡皮	xiàngpí	명 지우개
1990	5급	消费	xiāofèi	동 소비하다
1991	5급	消化	xiāohuà	동 소화하다
1992	5급	消极	xiāojí	형 소극적이다, 의기소침하다
1993	5급	消失	xiāoshī	동 사라지다, 자취를 감추다
1994	4급	消息	xiāoxi	명 소식, 뉴스, 정보
1995	5급	销售	xiāoshòu	명 판매, 매출 동 판매하다, 팔다
1996	1급	小	xiǎo	형 작다 형 (나이가) 어리다
1997	4급	小吃	xiǎochī	명 간식, 간단한 음식
1998	4급	小伙子	xiǎohuǒzi	명 젊은이, 청년, 총각
1999	1급	小姐	xiǎojiě	명 아가씨, 양 [미혼 여성을 부르는 호칭]
2000	5급	小麦	xiǎomài	명 밀

✏️ 잘 외워지지 않는 단어 써 보기

Day 31

1876	5급	尾巴 wěiba	명	꼬리, 꽁무니
1877	5급	委屈 wěiqu	형	억울하다, 답답하다
			동	억울하게 하다 명 억울함, 불평
1878	4급	卫生间 wèishēngjiān	명	화장실
1879	3급	为 wèi	개	~에게, ~를 위해
1880	3급	为了 wèile	개	~를 하기 위하여
1881	2급	为什么 wèi shénme	대	왜, 무엇 때문에, 어째서
1882	5급	未必 wèibì	부	반드시 ~한 것은 아니다
1883	5급	未来 wèilái	명	미래 형 조만간, 머지않은
1884	3급	位 wèi	양	분, 명
1885	5급	位于 wèiyú	동	~에 위치하다
1886	5급	位置 wèizhì	명	위치, 지위
1887	4급	味道 wèidao	명	맛, 냄새
1888	5급	胃 wèi	명	위
1889	5급	胃口 wèikǒu	명	식욕, 흥미
1890	1급	喂 wéi	감	(전화상) 여보세요
1891	4급	温度 wēndù	명	온도
1892	5급	温暖 wēnnuǎn	형	따뜻하다, 온난하다
1893	5급	温柔 wēnróu	형	부드럽고 상냥하다, 온유하다
1894	3급	文化 wénhuà	명	문화
1895	5급	文件 wénjiàn	명	공문, 파일, 문건
1896	5급	文具 wénjù	명	문구, 문방구
1897	5급	文明 wénmíng	형	문명화된 명 문명
1898	5급	文学 wénxué	명	문학
1899	4급	文章 wénzhāng	명	글, 문장
1900	5급	文字 wénzì	명	문자, 문장
1901	5급	闻 wén	동	냄새를 맡다, 듣다
1902	5급	吻 wěn	동	입맞춤하다
1903	5급	稳定 wěndìng	형	안정되다, 변화가 없다
			동	진정시키다
1904	2급	问 wèn	동	묻다, 질문하다
1905	5급	问候 wènhòu	동	안부를 묻다
1906	2급	问题 wèntí	명	문제
1907	1급	我 wǒ	대	나
1908	1급	我们 wǒmen	대	우리
1909	5급	卧室 wòshì	명	침실
1910	5급	握手 wòshǒu	동	악수하다 명 악수
1911	4급	污染 wūrǎn	명	오염 동 오염시키다
1912	5급	屋子 wūzi	명	방
1913	4급	无 wú	동	없다
1914	4급	无聊 wúliáo	형	따분하다, 무료하다
1915	4급	无论 wúlùn	접	~에 관계없이, ~를 막론하고, ~를 따지지 않고
1916	5급	无奈 wúnài	동	방법이 없다 접 유감스럽게도
1917	5급	无数 wúshù	형	무수하다, 수를 헤아릴 수 없다
1918	5급	无所谓 wúsuǒwèi		상관없다
1919	1급	五 wǔ	수	5, 다섯
1920	5급	武术 wǔshù	명	무술
1921	5급	勿 wù	부	~하지 마라, ~해서는 안 된다
1922	5급	物理 wùlǐ	명	물리학
1923	5급	物质 wùzhì	명	물질
1924	4급	误会 wùhuì	명	오해 동 오해하다
1925	5급	雾 wù	명	안개
1926	3급	西 xī	명	서, 서쪽
1927	2급	西瓜 xīguā	명	수박
1928	4급	西红柿 xīhóngshì	명	토마토
1929	5급	吸取 xīqǔ	동	받아들이다, 흡수하다
1930	5급	吸收 xīshōu	동	흡수하다, 섭취하다
1931	4급	吸引 xīyǐn	동	끌어당기다, 매료시키다, 흡인하다, 빨아당기다
1932	2급	希望 xīwàng	동	바라다, 희망하다
1933	3급	习惯 xíguàn	명	습관, 버릇 동 습관이 되다
1934	2급	洗 xǐ	동	씻다, 빨다
1935	3급	洗手间 xǐshǒujiān	명	화장실
1936	3급	洗澡 xǐzǎo	동	목욕하다, 샤워하다, 몸을 씻다
1937	1급	喜欢 xǐhuan	동	좋아하다

잘 외워지지 않는 단어 써 보기

Day 30

 track 0-30 (VOCA)

#	급	단어	병음	품사	뜻
1813	1급	同学	tóngxué	명	동창, 학교 친구, 학우
1814	3급	同意	tóngyì	동	동의하다, 찬성하다
1815	5급	统一	tǒngyī	동	통일하다
				형	단일한, 일치된, 통일된
1816	5급	痛苦	tòngkǔ	명	고통, 아픔 / 형 고통스럽다
1817	5급	痛快	tòngkuài	형	통쾌하다, 시원시원하다
1818	5급	偷	tōu	동	훔치다 / 부 남몰래
1819	3급	头发	tóufa	명	머리카락, 두발
1820	5급	投入	tóurù	동	뛰어들다, 돌입하다, 투입하다, 몰두하다
1821	5급	投资	tóuzī	동	투자하다 / 명 투자(금)
1822	5급	透明	tòumíng	형	투명하다
1823	5급	突出	tūchū	동	두드러지게 하다, 돋보이게 하다
				형	뛰어나다, 돌출하다, 돋보이다
1824	3급	突然	tūrán	부	갑자기, 문득
				형	(상황이) 갑작스럽다, 난데없다
1825	3급	图书馆	túshūguǎn	명	도서관
1826	5급	土地	tǔdì	명	토지
1827	5급	土豆	tǔdòu	명	감자
1828	5급	吐	tù	동	토하다, 게우다
1829	5급	兔子	tùzi	명	토끼
1830	5급	团	tuán	명	단체, 집단 / 동 하나로 뭉치다
1831	4급	推	tuī	동	밀다
1832	4급	推迟	tuīchí	동	뒤로 미루다, 늦추다, 연기하다
1833	5급	推辞	tuīcí	동	거절하다, 사양하다
1834	5급	推广	tuīguǎng	동	널리 보급하다
1835	5급	推荐	tuījiàn	동	추천하다, 천거하다
1836	3급	腿	tuǐ	명	다리
1837	5급	退	tuì	동	물러나다, 물러서다
1838	5급	退步	tuìbù	동	퇴보하다, 낙오하다
1839	5급	退休	tuìxiū	동	퇴직하다, 퇴임하다
1840	4급	脱	tuō	동	벗다
1841	4급	袜子	wàzi	명	양말, 스타킹
1842	5급	歪	wāi	형	비뚤다, 기울다, 옳지 않다
1843	2급	外	wài	명	밖, 바깥
1844	5급	外公	wàigōng	명	외할아버지
1845	5급	外交	wàijiāo	명	외교
1846	2급	完	wán	동	완성하다, 마치다
1847	3급	完成	wánchéng	동	완수하다, 완성하다
1848	5급	完美	wánměi	형	완미하다, 매우 훌륭하다
1849	4급	完全	wánquán	부	완전히, 전적으로
1850	5급	完善	wánshàn	형	완벽하다, 흠잡을 데가 없다
1851	5급	完整	wánzhěng	형	완전하다, 온전하다
1852	2급	玩	wán	동	놀다, 놀이하다, 즐기다
1853	5급	玩具	wánjù	명	장난감, 완구
1854	2급	晚上	wǎnshang	명	저녁
1855	3급	碗	wǎn	명	그릇, 사발 / 양 공기, 그릇
1856	3급	万	wàn	수	만, 10000
1857	5급	万一	wànyī	접	만일, 만약
1858	5급	王子	wángzǐ	명	왕자
1859	5급	网络	wǎngluò	명	네트워크
1860	4급	网球	wǎngqiú	명	테니스
1861	4급	网站	wǎngzhàn	명	(인터넷) 웹사이트
1862	2급	往	wǎng	개	~쪽으로, ~를 향해
1863	5급	往返	wǎngfǎn	동	왕복하다
1864	4급	往往	wǎngwǎng	부	종종, 자주
1865	3급	忘记	wàngjì	동	(지난 일을) 잊어버리다
1866	5급	危害	wēihài	명	손상, 손해 / 동 해를 끼치다
1867	4급	危险	wēixiǎn	형	위험하다
1868	5급	威胁	wēixié	동	위협하다, 협박하다
1869	5급	微笑	wēixiào	동	미소 짓다 / 명 미소
1870	5급	违反	wéifǎn	동	위배하다, 위반하다
1871	5급	围巾	wéijīn	명	목도리, 머플러
1872	5급	围绕	wéirào	동	둘러싸다, 주위를 돌다
1873	5급	唯一	wéiyī	형	유일한
1874	5급	维修	wéixiū	동	보수하다, 수리하다
1875	5급	伟大	wěidà	형	위대하다

✏️ 잘 외워지지 않는 단어 써 보기

Day 29

#	급	단어	병음	품사	뜻
1751	3급	太阳	tàiyáng	명	해, 태양
1752	4급	态度	tàidu	명	태도
1753	4급	谈	tán	동	이야기하다, 말하다
1754	5급	谈判	tánpàn	명	협상, 담판
				동	협상하다, 담판하다, 회담하다
1755	4급	弹钢琴	tán gāngqín		피아노를 치다
1756	5급	坦率	tǎnshuài	형	솔직하다, 정직하다
1757	4급	汤	tāng	명	국물, 탕, 국
1758	4급	糖	táng	명	설탕, 사탕
1759	4급	躺	tǎng	동	눕다, 드러눕다
1760	5급	烫	tàng	형	몹시 뜨겁다 동 다리다, 화상 입다
					동 파마를 하다
1761	4급	趟	tàng	양	번, 차례 [왕래한 횟수를 나타냄]
1762	5급	逃	táo	동	도망치다, 피하다
1763	5급	逃避	táobì	동	도피하다
1764	5급	桃	táo	명	복숭아
1765	5급	淘气	táoqì	형	장난이 심하다
1766	5급	讨价还价	tǎojià huánjià	성	값을 흥정하다
1767	4급	讨论	tǎolùn	동	토론하다
1768	4급	讨厌	tǎoyàn	동	싫어하다, 미워하다
1769	5급	套	tào	양	벌, 세트
1770	3급	特别	tèbié	부	특히, 더욱
				형	특별하다, 특이하다
1771	4급	特点	tèdiǎn	명	특징, 특색
1772	5급	特色	tèsè	명	특색, 특징
				형	특색 있는, 독특한, 특별한
1773	5급	特殊	tèshū	형	특수하다, 특별하다
1774	5급	特征	tèzhēng	명	특징
1775	3급	疼	téng	형	아프다
1776	5급	疼爱	téng'ài	동	매우 귀여워하다
1777	2급	踢足球	tī zúqiú		축구하다
1778	4급	提	tí	동	언급하다
1779	5급	提倡	tíchàng	동	제창하다
1780	5급	提纲	tígāng	명	콘티, 요점, 요강, 개요
1781	3급	提高	tígāo	동	(위치·수준·질·수량 등을) 향상시키다, 제고하다
1782	4급	提供	tígōng	동	제공하다, 공급하다, 내놓다
1783	4급	提前	tíqián	동	(예정된 시간·위치를) 앞당기다
1784	5급	提问	tíwèn	명	질문 동 질문하다
1785	5급	提醒	tíxǐng	동	일깨우다, 깨우치다, 주의를 환기시키다
1786	2급	题	tí	명	문제, 제목
1787	5급	题目	tímù	명	문제, 제목
1788	5급	体会	tǐhuì	명	느낌, 경험
				동	체득하다, 이해하다
1789	5급	体贴	tǐtiē	동	자상하게 돌보다
1790	5급	体现	tǐxiàn	동	구체적으로 드러내다, 구현하다
1791	5급	体验	tǐyàn	명	체험 동 체험하다
1792	3급	体育	tǐyù	명	스포츠, 체육, 운동
1793	5급	天空	tiānkōng	명	하늘, 공중
1794	1급	天气	tiānqì	명	날씨
1795	5급	天真	tiānzhēn	형	순진하다, 천진하다, 꾸밈이 없다
1796	3급	甜	tián	형	달다, 달콤하다
1797	4급	填空	tiánkòng	동	괄호를 채우다, 빈칸에 써넣다
1798	3급	条	tiáo	양	개, 벌, 갈래 [가늘고 긴 것·폭이 좁고 긴 것을 세는 단위]
1799	4급	条件	tiáojiàn	명	조건
1800	5급	调皮	tiáopí	형	장난스럽다, 짓궂다
1801	5급	调整	tiáozhěng	동	조정하다, 조절하다
1802	5급	挑战	tiǎozhàn	명	도전 동 도전하다
1803	2급	跳舞	tiàowǔ	동	춤을 추다
1804	1급	听	tīng	동	듣다
1805	4급	停	tíng	동	정지하다, 서다, 멈추다
1806	4급	挺	tǐng	부	매우, 꽤, 제법
1807	5급	通常	tōngcháng	명	보통, 통상
1808	4급	通过	tōngguò	동	통과하다 개 ~를 통해
1809	4급	通知	tōngzhī	동	알리다, 통지하다
				명	통지, 통지서
1810	4급	同情	tóngqíng	동	동정하다, 찬성하다, 공감하다
1811	4급	同时	tóngshí	명	동시, 같은 시간 접 동시에
1812	3급	同事	tóngshì	명	동료

✎ 잘 외워지지 않는 단어 써 보기

Day 28

 track 0-28 (VOCA)

1688	4급	数量	shùliàng	명 수량, 양, 수효
1689	5급	数码	shùmǎ	명 디지털, 숫자
1690	3급	数学	shùxué	명 수학
1691	4급	数字	shùzì	명 숫자
1692	3급	刷牙	shuāyá	동 양치질하다, 이를 닦다
1693	5급	摔倒	shuāidǎo	동 넘어지다, 쓰러지다
1694	5급	甩	shuǎi	동 떼 버리다, 떼어 놓다, 떨치다
1695	4급	帅	shuài	형 잘생기다, 멋지다, 잘생기다
1696	3급	双	shuāng	양 짝, 켤레, 쌍 / 형 두 개의, 쌍의
1697	5급	双方	shuāngfāng	명 쌍방, 양쪽
1698	1급	水	shuǐ	명 물
1699	1급	水果	shuǐguǒ	명 과일
1700	3급	水平	shuǐpíng	명 수준
1701	5급	税	shuì	명 세금
1702	1급	睡觉	shuìjiào	동 (잠을) 자다
1703	4급	顺便	shùnbiàn	부 ~하는 김에
1704	4급	顺利	shùnlì	형 순조롭다, 일이 잘 되어가다
1705	4급	顺序	shùnxù	명 순서, 차례, 순번, 순차
1706	1급	说	shuō	동 말하다
1707	5급	说不定	shuōbudìng	부 아마, 대개 / 동 아마 ~일 것이다
1708	5급	说服	shuōfú	동 설득하다, 설복하다
1709	2급	说话	shuōhuà	동 말하다, 이야기하다
1710	4급	说明	shuōmíng	명 설명, 해설 / 동 설명하다, 해설하다
1711	4급	硕士	shuòshì	명 석사(학위)
1712	3급	司机	sījī	명 기사, 운전사, 기관사
1713	5급	丝绸	sīchóu	명 비단, 명주
1714	5급	丝毫	sīháo	부 추호도, 조금도
1715	5급	私人	sīrén	형 사적인, 개인 간의, 개인의
1716	5급	思考	sīkǎo	동 사고하다, 사색하다
1717	5급	思想	sīxiǎng	명 사상, 생각
1718	5급	撕	sī	동 찢다, 뜯다
1719	4급	死	sǐ	동 죽다, 생명을 잃다 / 형 ~해 죽겠다
1720	1급	四	sì	수 4, 넷
1721	5급	似乎	sìhū	부 마치 ~인 것 같다
1722	2급	送	sòng	동 데려다주다, 배웅하다 / 동 선물하다
1723	5급	搜索	sōusuǒ	동 검색하다, 수색하다
1724	4급	速度	sùdù	명 속도
1725	5급	宿舍	sùshè	명 기숙사
1726	4급	塑料袋	sùliàodài	명 비닐 봉지
1727	4급	酸	suān	형 (맛·냄새 등이) 시다, 시큼하다
1728	2급	虽然A但是B	suīrán A dànshì B	접 비록 A하지만 B하다
1729	4급	随便	suíbiàn	부 마음대로, 좋을 대로
1730	5급	随身	suíshēn	동 몸에 지니다, 휴대하다
1731	5급	随时	suíshí	부 수시로, 언제나, 그때그때
1732	5급	随手	suíshǒu	부 ~하는 김에, 겸해서 / 동 손이 가는 대로 하다
1733	4급	随着	suízhe	개 ~에 따라
1734	1급	岁	suì	양 살, 세 [나이를 세는 단위]
1735	5급	碎	suì	동 부서지다, 깨지다
1736	4급	孙子	sūnzi	명 손자
1737	5급	损失	sǔnshī	명 손실, 손해 / 동 소모하다, 소비하다
1738	5급	缩短	suōduǎn	동 단축하다, 줄이다
1739	5급	所	suǒ	명 장소, 곳
1740	4급	所有	suǒyǒu	형 모든, 일체의
1741	5급	锁	suǒ	동 잠그다, 채우다 / 명 자물쇠
1742	1급	他	tā	대 그, 그 사람
1743	2급	它	tā	대 그것, 저것 [사람 이외의 것을 나타냄]
1744	1급	她	tā	대 그녀
1745	4급	台	tái	양 대
1746	5급	台阶	táijiē	명 계단, 층계
1747	4급	抬	tái	동 쳐들다, (두 사람 이상이) 함께 들다, 맞들다
1748	1급	太	tài	부 너무
1749	5급	太极拳	tàijíquán	명 태극권
1750	5급	太太	tàitai	명 아내, 부인

✎ 잘 외워지지 않는 단어 써 보기

Day 27

1626 5급 实习 shíxí 동 실습하다
1627 5급 实现 shíxiàn 동 실현하다, 달성하다
1628 5급 实验 shíyàn 명 실험 동 실험하다
1629 5급 实用 shíyòng 형 실용적이다
1630 4급 实在 shízai 형 성실하다, 착실하다
　　　　　 shízài 부 정말, 확실히, 참으로
1631 5급 食物 shíwù 명 음식물
1632 4급 使 shǐ 동 ~하게 하다, (~에게) ~시키다
1633 5급 使劲儿 shǐjìnr 동 힘을 쓰다
1634 4급 使用 shǐyòng 동 사용하다, 쓰다
1635 5급 始终 shǐzhōng 부 시종일관, 줄곧
　　　　　　　　　　명 처음과 끝, 시종
1636 5급 士兵 shìbīng 명 병사, 사병
1637 4급 世纪 shìjì 명 세기
1638 3급 世界 shìjiè 명 세계
1639 5급 市场 shìchǎng 명 시장
1640 5급 似的 shìde 조 ~와 같다, ~와 비슷하다
1641 2급 事情 shìqing 명 일, 사건
1642 5급 事实 shìshí 명 사실
1643 5급 事物 shìwù 명 사물
1644 5급 事先 shìxiān 명 사전, 미리
1645 3급 试 shì 동 시험 삼아 해 보다, 시험하다
1646 5급 试卷 shìjuàn 명 시험지
1647 1급 是 shì 동 ~이다, ~입니다
1648 4급 是否 shìfǒu 부 ~인지 아닌지
1649 4급 适合 shìhé 동 어울리다, 적합하다, 부합하다
1650 4급 适应 shìyìng 동 적응하다
1651 4급 收 shōu 동 받다, 접수하다, 받아들이다
1652 5급 收获 shōuhuò 명 소득, 수확 동 수확하다
1653 5급 收据 shōujù 명 영수증
1654 4급 收入 shōurù 명 수입, 소득
1655 4급 收拾 shōushi 동 정리하다, 정돈하다, 수습하다
1656 2급 手表 shǒubiǎo 명 손목시계

1657 5급 手工 shǒugōng 명 수공, 수공예, 세공
1658 2급 手机 shǒujī 명 휴대폰
1659 5급 手术 shǒushù 동 수술하다 명 수술
1660 5급 手套 shǒutào 명 장갑
1661 5급 手续 shǒuxù 명 수속, 절차
1662 5급 手指 shǒuzhǐ 명 손가락
1663 5급 首 shǒu 명 시작, 최초, 머리, 우두머리
1664 4급 首都 shǒudū 명 수도
1665 4급 首先 shǒuxiān 부 맨 먼저, 가장 먼저
1666 5급 寿命 shòumìng 명 수명, 목숨
1667 4급 受不了 shòubuliǎo 동 견딜 수 없다, 참을 수 없다
1668 4급 受到 shòudào 동 받다, 얻다
1669 5급 受伤 shòushāng 동 부상당하다, 상처를 입다
1670 4급 售货员 shòuhuòyuán 명 판매원
1671 3급 瘦 shòu 형 마르다, 여위다
1672 1급 书 shū 명 책
1673 5급 书架 shūjià 명 책장
1674 3급 叔叔 shūshu 명 삼촌, 작은아버지
1675 5급 梳子 shūzi 명 빗
1676 3급 舒服 shūfu 형 (몸·마음이) 편안하다, 쾌적하다
1677 5급 舒适 shūshì 형 기분이 좋다, 쾌적하다
1678 4급 输 shū 동 지다, 패하다, 잃다
1679 5급 输入 shūrù 동 입력하다, 수입하다
1680 5급 蔬菜 shūcài 명 채소, 야채
1681 5급 熟练 shúliàn 형 숙련되어 있다, 능숙하다
1682 4급 熟悉 shúxī 동 잘 알다, 익숙하다
1683 5급 属于 shǔyú 동 ~에 속하다, ~의 소유이다
1684 5급 鼠标 shǔbiāo 명 마우스
1685 5급 数 shǔ 동 세다, 헤아리다
　　　　　　동 손꼽(히)다, 뛰어나다
1686 3급 树 shù 명 나무, 수목
1687 5급 数据 shùjù 명 데이터

✏️ 잘 외워지지 않는 단어 써 보기

Day 26

 track 0-26 (VOCA)

1563	4급 稍微 shāowēi 🔖 약간, 조금, 다소
1564	4급 勺子 sháozi 🔖 숟가락, 국자
1565	1급 少 shǎo 🔖 적다
1566	5급 蛇 shé 🔖 뱀
1567	5급 舍不得 shěbudé 🔖 (헤어지기) 아쉽다 🔖 ~하기 아까워하다
1568	5급 设备 shèbèi 🔖 시설, 설비
1569	5급 设计 shèjì 🔖 설계, 디자인 🔖 설계하다, 디자인하다
1570	5급 设施 shèshī 🔖 시설
1571	4급 社会 shèhuì 🔖 사회
1572	5급 射击 shèjī 🔖 사격 🔖 사격하다, 쏘다
1573	5급 摄影 shèyǐng 🔖 촬영을 하다
1574	1급 谁 shéi 🔖 누구
1575	4급 申请 shēnqǐng 🔖 신청하다
1576	5급 伸 shēn 🔖 펴다, 펼치다, 밝혀내다
1577	5급 身材 shēncái 🔖 몸매, 체격
1578	5급 身份 shēnfèn 🔖 신분, 품위, 체면
1579	2급 身体 shēntǐ 🔖 신체, 몸
1580	4급 深 shēn 🔖 깊다
1581	5급 深刻 shēnkè 🔖 매우 강렬하다, 핵심을 찌르다
1582	1급 什么 shénme 🔖 무슨, 무엇, 어떤
1583	5급 神话 shénhuà 🔖 신화
1584	5급 神秘 shénmì 🔖 신비하다
1585	4급 甚至 shènzhì 🔖 심지어, ~까지도, ~조차도
1586	1급 升 shēng 🔖 오르다, 높이다
1587	2급 生病 shēngbìng 🔖 병이 나다, 병에 걸리다
1588	5급 生产 shēngchǎn 🔖 생산하다, 출산하다
1589	5급 生动 shēngdòng 🔖 생동감 있다, 생생하다
1590	4급 生活 shēnghuó 🔖 생활 🔖 생활하다
1591	4급 生命 shēngmìng 🔖 생명, 목숨
1592	3급 生气 shēngqì 🔖 화내다, 성나다
1593	2급 生日 shēngrì 🔖 생일
1594	4급 生意 shēngyi 🔖 장사, 영업, 사업
1595	5급 生长 shēngzhǎng 🔖 자라다, 생장하다, 성장하다
1596	5급 声调 shēngdiào 🔖 성조, 말투
1597	3급 声音 shēngyīn 🔖 소리, 목소리
1598	5급 绳子 shéngzi 🔖 노끈, 밧줄
1599	4급 省 shěng 🔖 아끼다, 절약하다 🔖 성[직할시]
1600	5급 省略 shěnglüè 🔖 생략하다, 삭제하다
1601	5급 胜利 shènglì 🔖 승리 🔖 승리하다, 성공하다
1602	4급 剩 shèng 🔖 남다, 남기다
1603	4급 失败 shībài 🔖 실패하다
1604	5급 失眠 shīmián 🔖 불면증에 걸리다
1605	5급 失去 shīqù 🔖 잃다
1606	4급 失望 shīwàng 🔖 실망하다, 희망을 잃다
1607	5급 失业 shīyè 🔖 실업하다, 직업을 잃다
1608	4급 师傅 shīfu 🔖 기사님, 선생님
1609	5급 诗 shī 🔖 시
1610	5급 狮子 shīzi 🔖 사자
1611	5급 湿润 shīrùn 🔖 축축하다, 습윤하다
1612	1급 十 shí 🔖 십, 열
1613	4급 十分 shífēn 🔖 매우, 아주, 대단히
1614	5급 石头 shítou 🔖 돌, 바위
1615	5급 时差 shíchā 🔖 시차
1616	5급 时代 shídài 🔖 시기, 시대
1617	1급 时候 shíhou 🔖 때, 시각, 무렵
1618	2급 时间 shíjiān 🔖 시간, ~ 동안
1619	5급 时刻 shíkè 🔖 늘, 언제나 🔖 순간, 시각
1620	5급 时髦 shímáo 🔖 유행이다, 최신식이다
1621	5급 时期 shíqī 🔖 시기
1622	5급 时尚 shíshàng 🔖 시대적 유행, 시류
1623	5급 实话 shíhuà 🔖 솔직한 말, 실화
1624	4급 实际 shíjì 🔖 실제 🔖 구체적이다, 실제적이다
1625	5급 实践 shíjiàn 🔖 실천, 실행 🔖 실행하다, 실천하다

✏️ 잘 외워지지 않는 단어 써 보기

Day 25

track 0-25 (VOCA)

#	급	단어	병음	품사	뜻
1501	5급	人才	réncái	명	인재
1502	5급	人口	rénkǒu	명	인구
1503	5급	人类	rénlèi	명	인류
1504	5급	人民币	Rénmínbì	고유	인민폐 [중국의 법정 화폐]
1505	5급	人生	rénshēng	명	인생
1506	5급	人事	rénshì	명	인사
1507	5급	人物	rénwù	명	인물
1508	5급	人员	rényuán	명	인원, 요원
1509	5급	忍不住	rěnbuzhù		참을 수 없다, 견딜 수 없다
1510	1급	认识	rènshi	동	알다, 인식하다 / 명 인식
1511	3급	认为	rènwéi	동	여기다, 생각하다
1512	3급	认真	rènzhēn	형	착실하다, 진지하다, 진솔하다
1513	4급	任何	rènhé	대	어떠한 ~라도, 무슨
1514	4급	任务	rènwu	명	임무, 책무
1515	4급	扔	rēng	동	내버리다, 던지다, 포기하다
1516	4급	仍然	réngrán	부	여전히, 변함없이, 아직도
1517	2급	日	rì	명	일, 날
1518	5급	日常	rìcháng		일상의, 일상적인
1519	5급	日程	rìchéng		일정
1520	4급	日记	rìjì	명	일기, 일지
1521	5급	日历	rìlì	명	일력
1522	5급	日期	rìqī		날짜, 기간
1523	5급	日用品	rìyòngpǐn	명	일용품
1524	5급	日子	rìzi		날, 날짜, 기간
1525	3급	容易	róngyì	형	쉽다, 용이하다
1526	3급	如果	rúguǒ	접	만약, 만일
1527	5급	如何	rúhé	대	어떻게, 왜
1528	5급	如今	rújīn		오늘날, 지금, 현재
1529	4급	入口	rùkǒu	명	입구
1530	5급	软	ruǎn	형	연하다, 부드럽다, 연약하다
1531	5급	软件	ruǎnjiàn	명	소프트웨어
1532	5급	弱	ruò	형	약하다, 연약하다 / 형 ~보다 못하다, 손색이 없다
1533	5급	洒	sǎ	동	(물이나 다른 물건을 땅에) 뿌리다, 흩뜨리다, 엎뜨리다
1534	1급	三	sān	수	3, 셋
1535	3급	伞	sǎn	명	우산
1536	4급	散步	sànbù	동	산보하다, 산책하다
1537	5급	嗓子	sǎngzi	명	목구멍, 목소리
1538	5급	色彩	sècǎi	명	색채, 색깔
1539	4급	森林	sēnlín	명	숲, 삼림
1540	5급	杀	shā	동	죽이다, 전투하다, 약화시키다
1541	4급	沙发	shāfā	명	소파
1542	5급	沙漠	shāmò	명	사막
1543	5급	沙滩	shātān	명	모래사장, 백사장
1544	5급	傻	shǎ	형	어리석다, 미련하다, 고지식하다
1545	5급	晒	shài	동	햇볕을 쬐다, 햇볕에 말리다
1546	5급	删除	shānchú	동	삭제하다, 빼다, 지우다
1547	5급	闪电	shǎndiàn	명	번개 / 동 번개가 번쩍이다
1548	5급	扇子	shànzi	명	부채
1549	5급	善良	shànliáng	형	착하다, 선량하다
1550	5급	善于	shànyú	형	~를 잘하다, ~에 능숙하다
1551	5급	伤害	shānghài	동	상하게 하다, 손상시키다
1552	4급	伤心	shāngxīn	동	슬퍼하다, 상심하다
1553	1급	商店	shāngdiàn	명	상점
1554	4급	商量	shāngliang	동	상의하다, 의논하다
1555	5급	商品	shāngpǐn	명	상품, 물품
1556	5급	商务	shāngwù	명	비즈니스, 상무
1557	5급	商业	shāngyè	명	상업, 비즈니스
1558	1급	上	shàng	형	먼저의, 앞의 / 동 가다, (어떤 일을) 하다 / shang 명 ~위에, ~에
1559	2급	上班	shàngbān	동	출근하다
1560	5급	上当	shàngdàng		속다, 꾐에 빠지다
1561	3급	上网	shàngwǎng		인터넷에 접속하다, 인터넷을 연결하다
1562	1급	上午	shàngwǔ	명	오전

✎ 잘 외워지지 않는 단어 써 보기

Day 24

track 0-24 (VOCA)

1438	4급 巧克力 qiǎokèlì	몡 초콜릿
1439	5급 巧妙 qiǎomiào	톙 교묘하다
1440	5급 切 qiē	통 (칼로) 끊다, 자르다
1441	5급 亲爱 qīn'ài	톙 사랑하다, 친애하다
1442	4급 亲戚 qīnqi	몡 친척
1443	5급 亲切 qīnqiè	톙 친절하다, 친근하다, 친밀하다
1444	5급 亲自 qīnzì	閂 직접, 손수, 친히
1445	5급 勤奋 qínfèn	톙 꾸준하다, 부지런하다
1446	5급 青 qīng	톙 푸르다, 진녹색의
1447	5급 青春 qīngchūn	몡 청춘
1448	5급 青少年 qīngshàonián	몡 청소년
1449	4급 轻 qīng	톙 가볍다
1450	5급 轻视 qīngshì	통 경시하다, 얕보다
1451	4급 轻松 qīngsōng	톙 홀가분하다, 가볍다, 부담 없다
1452	5급 轻易 qīngyì	閂 함부로, 쉽사리
1453	3급 清楚 qīngchu	톙 분명하다, 명백하다
1454	5급 清淡 qīngdàn	톙 (음식이) 담백하다
1455	5급 情景 qíngjǐng	몡 정경, 광경, 장면, 모습
1456	4급 情况 qíngkuàng	몡 상황, 정황, 사정
1457	5급 情绪 qíngxù	몡 정서, 감정, 마음
1458	2급 晴 qíng	톙 맑다, 개다
1459	1급 请 qǐng	통 초대하다 통 (상대가 어떤 일을 하기 바라는 의미로) ~하세요
1460	3급 请假 qǐngjià	통 휴가를 신청하다, (결근·조퇴· 외출 등의) 허가를 받다
1461	5급 请求 qǐngqiú	몡 요구, 요청, 부탁 통 부탁하다, 요청하다
1462	5급 庆祝 qìngzhù	통 경축하다
1463	4급 穷 qióng	톙 가난하다, 빈곤하다
1464	3급 秋 qiū	몡 가을
1465	5급 球迷 qiúmí	몡 축구 팬, (야구·축구 등의) 구기광
1466	4급 区别 qūbié	몡 차이, 구별 통 구별하다
1467	5급 趋势 qūshì	몡 추세
1468	4급 取 qǔ	통 가지다, 찾다, 받다
1469	5급 取消 qǔxiāo	통 취소하다
1470	5급 娶 qǔ	통 장가들다, 아내를 얻다
1471	1급 去 qù	통 가다
1472	2급 去年 qùnián	몡 작년
1473	5급 去世 qùshì	통 사망하다, 세상을 뜨다
1474	5급 圈 quān	몡 고리, 환, 테, 범위
1475	5급 权力 quánlì	몡 (정치적) 권력
1476	5급 权利 quánlì	몡 권리
1477	4급 全部 quánbù	톙 전부의, 전체의 몡 전부, 전체, 모두
1478	5급 全面 quánmiàn	톙 전면적이다, 전반적이다
1479	5급 劝 quàn	통 권하다, 권고하다, 격려하다
1480	4급 缺点 quēdiǎn	몡 결점, 단점, 부족한 점
1481	5급 缺乏 quēfá	통 결핍되다, 결여되다
1482	4급 缺少 quēshǎo	통 부족하다, 모자라다
1483	4급 却 què	閂 오히려, 도리어
1484	5급 确定 quèdìng	통 확정하다
1485	5급 确认 quèrèn	통 확인하다
1486	4급 确实 quèshí	閂 확실(히), 틀림없이
1487	3급 裙子 qúnzi	몡 치마, 스커트
1488	5급 群 qún	양 무리
1489	4급 然而 rán'ér	젭 그렇지만, 그러나, 그런데
1490	3급 然后 ránhòu	젭 그다음에, 그런 후에, 연후에
1491	5급 燃烧 ránshāo	통 타다, 연소하다
1492	2급 让 ràng	통 ~하게 하다, ~하게 시키다
1493	5급 绕 rào	통 맴돌다, 휘감다
1494	1급 热 rè	톙 덥다, 뜨겁다
1495	5급 热爱 rè'ài	통 열애에 빠지다, 뜨겁게 사랑하다
1496	5급 热烈 rèliè	톙 열렬하다
1497	4급 热闹 rènao	톙 (광경이나 분위기가) 떠들썩하다, 번화하다
1498	3급 热情 rèqíng	톙 친절하다, 열정적이다, 다정하다 몡 열정, 열의
1499	5급 热心 rèxīn	톙 열성적이다, 열심이다
1500	1급 人 rén	몡 사람, 인간

✎ 잘 외워지지 않는 단어 써 보기

Day 23

1376	5급	频道 píndào	명 채널
1377	4급	乒乓球 pīngpāngqiú	명 탁구, 탁구공
1378	5급	平 píng	형 평평하다, 평탄하다
1379	5급	平安 píng'ān	형 평안하다, 편안하다, 무사하다
1380	5급	平常 píngcháng	명 평소, 평시, 평상시
1381	5급	平等 píngděng	형 평등하다, 대등하다
1382	5급	平方 píngfāng	양 제곱미터, 제곱, 평방
1383	5급	平衡 pínghéng	형 (무게가) 균형이 맞다
1384	5급	平静 píngjìng	형 (마음·환경 등이) 차분하다, 조용하다, 고요하다
1385	5급	平均 píngjūn	형 평균의, 균등한
1386	4급	平时 píngshí	명 평소, 평상시
1387	5급	评价 píngjià	동 평가하다 명 평가
1388	1급	苹果 píngguǒ	명 사과
1389	5급	凭 píng	동 의지하다, 의거하다
1390	3급	瓶子 píngzi	명 병
1391	5급	迫切 pòqiè	형 절박하다, 다급하다, 촉박하다
1392	4급	破 pò	동 (사상·습관을) 깨다, 망가지다, 파손되다, 찢다
1393	5급	破产 pòchǎn	동 파산하다, 도산하다
1394	5급	破坏 pòhuài	동 (건축물 등을) 파괴하다, 훼손시키다
1395	4급	葡萄 pútao	명 포도
1396	4급	普遍 pǔbiàn	형 보편적이다, 일반적이다
1397	4급	普通话 pǔtōnghuà	명 보통화 [현대 표준 중국어]
1398	1급	七 qī	수 7, 일곱
1399	2급	妻子 qīzi	명 아내
1400	5급	期待 qīdài	동 기대하다, 기다리다, 고대하다
1401	5급	期间 qījiān	명 기간, 시간
1402	4급	其次 qícì	명 그다음, 다음 대 부차적인 위치, 이차적인 위치
1403	3급	其实 qíshí	부 사실은, 실은
1404	3급	其他 qítā	대 다른 사물, 다른 사람, 기타
1405	5급	其余 qíyú	대 나머지, 남은 것
1406	4급	其中 qízhōng	명 그중에, 그 안에
1407	3급	奇怪 qíguài	형 이상하다, 괴이하다, 의아하다
1408	5급	奇迹 qíjì	명 기적
1409	3급	骑 qí	동 (동물이나 자전거 등에) 타다
1410	5급	企业 qǐyè	명 기업
1411	5급	启发 qǐfā	명 계발, 깨우침, 영감 동 계몽하다, 계발하다
1412	2급	起床 qǐchuáng	동 (잠자리에서) 일어나다
1413	3급	起飞 qǐfēi	동 (비행기·로켓 등이) 이륙하다
1414	3급	起来 qǐlái	동 (잠자리에서) 일어나다 qǐlai 동 [동사 뒤에 쓰여, 동작이나 상황이 시작되고 또한 계속됨을 나타냄]
1415	5급	气氛 qìfēn	명 분위기
1416	4급	气候 qìhòu	명 기후
1417	5급	汽油 qìyóu	명 휘발유, 가솔린
1418	2급	千 qiān	수 1000, 천
1419	4급	千万 qiānwàn	부 부디, 절대로, 제발
1420	2급	铅笔 qiānbǐ	명 연필
1421	5급	谦虚 qiānxū	형 겸손하다, 겸허하다
1422	5급	签 qiān	동 서명하다, 사인하다
1423	4급	签证 qiānzhèng	명 비자
1424	1급	前面 qiánmian	명 앞, 앞쪽
1425	5급	前途 qiántú	명 전망, 전도, 앞길
1426	1급	钱 qián	명 돈
1427	5급	浅 qiǎn	형 (색깔이) 옅다 형 쉽다, 평이하다
1428	5급	欠 qiàn	동 빚지다, 모자라다, 부족하다
1429	5급	枪 qiāng	명 총, 창
1430	5급	强调 qiángdiào	동 강조하다
1431	5급	强烈 qiángliè	형 강렬하다, 맹렬하다
1432	5급	墙 qiáng	명 벽, 담장, 울타리
1433	5급	抢 qiǎng	동 빼앗다, 탈취하다, 약탈하다
1434	5급	悄悄 qiāoqiāo	부 몰래, 은밀히
1435	4급	敲 qiāo	동 두드리다, 치다, 때리다
1436	4급	桥 qiáo	명 다리, 교량
1437	5급	瞧 qiáo	동 보다, 구경하다

✎ 잘 외워지지 않는 단어 써 보기

Day 22

1313	5급	年代 niándài	명	시대, 연대, 시기	

1313 5급 年代 niándài 명 시대, 연대, 시기
1314 3급 年级 niánjí 명 학년
1315 5급 年纪 niánjì 명 나이, 연령
1316 4급 年龄 niánlíng 명 나이, 연령, 연세
1317 3급 年轻 niánqīng 형 젊다, 어리다
1318 5급 念 niàn 동 그리워하다, 그리다, 생각하다
1319 3급 鸟 niǎo 명 새
1320 2급 您 nín 대 당신, 귀하 [你의 존칭어]
1321 5급 宁可 nìngkě 부 차라리 ~할지언정, 설령 ~할지라도
1322 2급 牛奶 niúnǎi 명 우유
1323 5급 牛仔裤 niúzǎikù 명 청바지
1324 5급 农村 nóngcūn 명 농촌
1325 5급 农民 nóngmín 명 농민, 농부
1326 5급 农业 nóngyè 명 농업
1327 5급 浓 nóng 형 짙다, 진하다, 농후하다, 깊다
1328 4급 弄 nòng 동 하다, 행하다, 만들다, (손으로) 가지고 놀다
1329 3급 努力 nǔlì 동 노력하다, 열심히 하다, 힘쓰다
1330 2급 女 nǚ 명 여자, 여성, 딸
1331 1급 女儿 nǚ'ér 명 딸
1332 5급 女士 nǚshì 명 여사, 숙녀, 부인
1333 4급 暖和 nuǎnhuo 형 따뜻하다, 따사롭다
1334 5급 欧洲 Ōuzhōu 고유 유럽
1335 4급 偶尔 ǒu'ěr 부 때때로, 간혹, 이따금
1336 5급 偶然 ǒurán 부 우연히, 뜻밖에, 간혹 / 형 우연하다
1337 3급 爬山 páshān 동 등산하다, 산을 오르다
1338 5급 拍 pāi 동 (손바닥이나 납작한 것을) 치다, (사진을) 찍다
1339 4급 排队 páiduì 동 열을 짓다, 순서대로 정렬하다
1340 4급 排列 páiliè 동 정렬하다, 배열하다
1341 5급 派 pài 동 파견하다, 임명하다 / 명 파, 파벌, 유파
1342 3급 盘子 pánzi 명 큰 접시, 쟁반
1343 4급 判断 pànduàn 명 판단 / 동 판단하다, 판정하다
1344 5급 盼望 pànwàng 동 간절히 바라다, 희망하다

1345 2급 旁边 pángbiān 명 근처, 옆, 곁
1346 3급 胖 pàng 형 (몸이) 뚱뚱하다
1347 2급 跑步 pǎobù 동 달리다, 조깅하다
1348 4급 陪 péi 동 동반하다, 모시다
1349 5급 培训 péixùn 동 양성하다, 육성하다, 키우다
1350 5급 培养 péiyǎng 동 육성하다, 배양하다, 양성하다
1351 5급 赔偿 péicháng 동 배상하다, 변상하다
1352 5급 佩服 pèifú 동 감탄하다, 탄복하다, 경탄하다
1353 5급 配合 pèihé 동 협력하다, 협동하다
1354 5급 盆 pén 명 화분, 대야
1355 1급 朋友 péngyou 명 친구
1356 5급 碰 pèng 동 (우연히) 만나다, 마주치다 / 동 부딪치다, 충돌하다
1357 5급 批 pī 동 비판하다, 비평하다, 꾸중하다
1358 4급 批评 pīpíng 명 지적, 비판 / 동 비판하다, 질책하다, 지적하다
1359 5급 批准 pīzhǔn 동 승인하다, 비준하다, 허가하다
1360 5급 披 pī 동 걸치다, 쓰다, 덮다
1361 4급 皮肤 pífū 명 피부
1362 3급 皮鞋 píxié 명 (가죽) 구두
1363 5급 疲劳 píláo 동 피곤하다, 지치다
1364 3급 啤酒 píjiǔ 명 맥주
1365 4급 脾气 píqi 명 성격, 성질, 기질
1366 5급 匹 pǐ 양 마리, 필 [말을 세는 단위] / 동 필적하다, 맞먹다, 상당하다
1367 4급 篇 piān 양 편, 장
1368 2급 便宜 piányi 형 (값이) 싸다
1369 5급 片 piàn 명 영화, 드라마 / 양 [풍경·언어·소리·마음 등을 세는 양사]
1370 5급 片面 piànmiàn 형 단편적이다, 일방적이다
1371 4급 骗 piàn 동 속이다, 기만하다
1372 5급 飘 piāo 동 (바람에) 나부끼다, 펄럭이다, 흩날리다
1373 2급 票 piào 명 표, 티켓
1374 1급 漂亮 piàoliang 형 아름답다, 예쁘다
1375 5급 拼音 pīnyīn 명 병음

✎ 잘 외워지지 않는 단어 써 보기

Day 21

 track 0-21 (VOCA)

1251 5급 面对 miànduì 동 마주 대하다, 직면하다
1252 5급 面积 miànjī 명 면적
1253 5급 面临 miànlín 동 (문제·상황에) 직면하다, 당면하다
1254 2급 面条(儿) miàntiáo(r) 명 국수
1255 5급 苗条 miáotiao 형 (몸매가) 아름답고 날씬하다, 호리호리하다
1256 5급 描写 miáoxiě 동 묘사하다, 그려 내다
1257 4급 秒 miǎo 양 초
1258 4급 民族 mínzú 명 민족
1259 5급 敏感 mǐngǎn 형 민감하다, 예민하다, 알레르기 반응을 일으키다
1260 5급 名牌 míngpái 명 유명 상표, 유명 브랜드
1261 5급 名片 míngpiàn 명 명함
1262 5급 名胜古迹 míngshèng gǔjì 명 명승고적
1263 1급 名字 míngzi 명 이름
1264 3급 明白 míngbai 동 이해하다, 알다
1265 5급 明确 míngquè 형 명확하다, 확실하다 동 명확하게 하다
1266 1급 明天 míngtiān 명 내일
1267 5급 明显 míngxiǎn 형 뚜렷하다, 분명하다
1268 5급 明星 míngxīng 명 스타, 샛별
1269 5급 命令 mìnglìng 동 명령하다 명 명령
1270 5급 命运 mìngyùn 명 운명, 장래, 전도
1271 5급 摸 mō 동 쓰다듬다, (손으로) 짚어 보다, 어루만지다
1272 5급 模仿 mófǎng 동 모방하다, 본뜨다, 흉내내다
1273 5급 模糊 móhu 형 모호하다, 분명하지 않다 동 흐리게 하다, 애매하게 하다
1274 5급 模特(儿) mótè(r) 명 모델
1275 5급 摩托车 mótuōchē 명 오토바이
1276 5급 陌生 mòshēng 형 낯설다, 생소하다
1277 5급 某 mǒu 대 어느, 아무, 어떤 사람
1278 4급 母亲 mǔqīn 명 어머니, 모친
1279 5급 木头 mùtou 명 나무, 목재, 재목
1280 5급 目标 mùbiāo 명 목표, 목적물, 표적
1281 4급 目的 mùdì 명 목적

1282 5급 目录 mùlù 명 목록, 목차, 차례
1283 5급 目前 mùqián 명 현재, 지금
1284 3급 拿 ná 동 (손으로) 쥐다, 가지다, 잡다
1285 1급 哪 nǎ 대 어떤, 어느
1286 1급 哪儿 nǎr 대 어디, 어느 곳
1287 5급 哪怕 nǎpà 접 설령(비록) ~라 해도
1288 1급 那 nà 대 그, 그것, 저, 저것 접 그러면, 그렇다면
1289 3급 奶奶 nǎinai 명 할머니
1290 4급 耐心 nàixīn 명 인내심 형 인내심이 강하다, 참을성이 있다
1291 2급 男 nán 명 남자, 사내, 남성 형 남자의
1292 3급 南 nán 명 남쪽, 남
1293 3급 难 nán 형 어렵다, 힘들다, 곤란하다
1294 4급 难道 nándào 부 설마 ~란 말인가?, 설마 ~하겠는가?
1295 5급 难怪 nánguài 부 어쩐지, 과연
1296 3급 难过 nánguò 형 괴롭다, 고통스럽다
1297 5급 难免 nánmiǎn 동 면하기 어렵다, 피하기 어렵다
1298 4급 难受 nánshòu 형 (몸이나 마음이) 불편하다, 참을 수 없다
1299 5급 脑袋 nǎodai 명 두뇌, 머리(통)
1300 1급 呢 ne 조 [의문문 끝에 쓰여 강조를 나타냄]
1301 4급 内 nèi 명 안, 속, 내부
1302 5급 内部 nèibù 명 내부
1303 5급 内科 nèikē 명 내과
1304 4급 内容 nèiróng 명 내용
1305 5급 嫩 nèn 형 여리다, (음식이) 연하다, 부드럽다
1306 1급 能 néng 조동 ~할 수 있다
1307 5급 能干 nénggàn 형 유능하다, 솜씨 있다, 일을 잘하다
1308 4급 能力 nénglì 명 능력, 역량
1309 5급 能源 néngyuán 명 에너지, 에너지원
1310 5급 嗯 ng 감 응, 그래
1311 1급 你 nǐ 대 당신, 너
1312 1급 年 nián 명 년, 해

✏️ 잘 외워지지 않는 단어 써 보기

Day 20

 track 0-20 (VOCA)

1188	3급	楼 lóu	양 층	명 (2층 이상의) 다층 건물
1189	5급	漏 lòu	동 (구멍이나 틈이 생겨) 누락되다, 빠뜨리다, 새다	
1190	5급	陆地 lùdì	명 육지, 땅	
1191	5급	陆续 lùxù	부 연이어, 끊임없이, 계속하여	
1192	5급	录取 lùqǔ	동 합격시키다, 채용하다	
1193	5급	录音 lùyīn	동 녹음하다 명 녹음, 기록된 소리	
1194	2급	路 lù	명 길, 도로	
1195	4급	旅行 lǚxíng	명 여행 동 여행하다	
1196	2급	旅游 lǚyóu	동 여행하다, 관광하다 명 여행, 관광	
1197	4급	律师 lǜshī	명 변호사	
1198	3급	绿 lǜ	형 푸르다	
1199	4급	乱 luàn	형 너저분하다, 무질서하다 부 함부로	
1200	5급	轮流 lúnliú	동 차례로 (돌아가면서) ~하다	
1201	5급	论文 lùnwén	명 논문	
1202	5급	逻辑 luójí	명 논리, 로직, 논리학	
1203	5급	落后 luòhòu	형 낙후되다, 뒤떨어지다	
1204	1급	妈妈 māma	명 엄마, 어머니	
1205	4급	麻烦 máfan	형 귀찮다, 성가시다 동 번거롭게 하다 명 말썽, 골칫거리	
1206	3급	马 mǎ	명 말	
1207	4급	马虎 mǎhu	형 건성으로 하다, 세심하지 못하다, 적당히 하다, 대강 하다	
1208	3급	马上 mǎshàng	부 곧, 즉시, 바로	
1209	5급	骂 mà	동 질책하다, 꾸짖다, 욕하다	
1210	1급	吗 ma	조 ~니?, ~입니까? [문장 끝에 쓰여 의문의 어기를 나타냄]	
1211	1급	买 mǎi	동 사다, 구입하다	
1212	5급	麦克风 màikèfēng	명 마이크	
1213	2급	卖 mài	동 팔다, 판매하다	
1214	5급	馒头 mántou	명 찐빵, 만터우 [소가 들어 있지 않은 빵]	
1215	4급	满 mǎn	형 가득 차다, 가득하다	
1216	3급	满意 mǎnyì	형 만족하다, 만족스럽다, 흡족하다	
1217	5급	满足 mǎnzú	동 만족하다, 흡족하다	
1218	2급	慢 màn	형 천천히 하다, 느리다	
1219	2급	忙 máng	형 바쁘다, 틈이 없다	
1220	1급	猫 māo	명 고양이	
1221	4급	毛 máo	양 마오 [중국의 화폐 단위]	
1222	5급	毛病 máobìng	명 (개인의) 결점, 단점, 결함 (기계의) 고장, 장애	
1223	4급	毛巾 máojīn	명 수건, 타월	
1224	5급	矛盾 máodùn	명 갈등, 대립, 모순	
1225	5급	冒险 màoxiǎn	동 모험하다, 위험을 무릅쓰다	
1226	5급	贸易 màoyì	명 무역, 교역, 매매, 거래	
1227	3급	帽子 màozi	명 모자	
1228	1급	没关系 méi guānxi	상관없다, 괜찮다, 문제없다	
1229	1급	没有 méiyǒu	동 없다 부 ~않다 [과거의 경험, 행위, 사실 따위를 부정함]	
1230	5급	眉毛 méimao	명 눈썹	
1231	5급	媒体 méitǐ	명 대중 매체, 매스 미디어	
1232	5급	煤炭 méitàn	명 석탄	
1233	2급	每 měi	대 매, 마다	
1234	4급	美丽 měilì	형 아름답다, 예쁘다	
1235	5급	美术 měishù	명 미술, 그림, 회화	
1236	2급	妹妹 mèimei	명 여동생	
1237	5급	魅力 mèilì	명 매력	
1238	2급	门 mén	명 문, (출)입구, 현관	
1239	4급	梦 mèng	동 꿈을 꾸다 명 꿈	
1240	5급	梦想 mèngxiǎng	명 꿈, 몽상	
1241	4급	迷路 mílù	동 길을 잃다	
1242	3급	米 mǐ	명 쌀 양 미터 [m]	
1243	1급	米饭 mǐfàn	명 (쌀)밥	
1244	5급	秘密 mìmì	명 비밀, 기밀	
1245	5급	秘书 mìshū	명 비서	
1246	4급	密码 mìmǎ	명 비밀번호, 암호	
1247	5급	密切 mìqiè	형 (관계가) 긴밀하다, 밀접하다	
1248	5급	蜜蜂 mìfēng	명 꿀벌	
1249	4급	免费 miǎnfèi	동 무료로 하다, 돈을 받지 않다	
1250	3급	面包 miànbāo	명 빵	

✎ 잘 외워지지 않는 단어 써 보기

Day 19

1126 5급	离婚 líhūn 통 이혼하다
1127 3급	离开 líkāi 통 떠나다, 헤어지다, 벗어나다
1128 5급	梨 lí 명 배, 배나무
1129 4급	礼拜天 lǐbàitiān 명 일요일
1130 4급	礼貌 lǐmào 명 예의, 예의범절 형 예의 바르다
1131 3급	礼物 lǐwù 명 선물, 예물
1132 1급	里 lǐ 명 속, 안
1133 4급	理发 lǐfà 통 이발하다, 머리를 깎다
1134 4급	理解 lǐjiě 통 이해하다, 알다
1135 5급	理论 lǐlùn 명 이론
1136 4급	理想 lǐxiǎng 명 꿈, 이상 형 이상적이다, 만족스럽다
1137 5급	理由 lǐyóu 명 이유, 까닭, 연유
1138 5급	力量 lìliang 명 힘, 능력, 역량
1139 4급	力气 lìqi 명 힘, 역량
1140 3급	历史 lìshǐ 명 역사
1141 4급	厉害 lìhai 형 대단하다, 굉장하다
1142 5급	立即 lìjí 부 바로, 곧, 즉시, 금방
1143 5급	立刻 lìkè 부 바로, 곧, 즉시, 금방
1144 5급	利润 lìrùn 명 이윤
1145 5급	利息 lìxī 명 이자
1146 5급	利益 lìyì 명 이익, 이득
1147 5급	利用 lìyòng 통 이용하다, 활용하다
1148 4급	例如 lìrú 통 예를 들면, 예를 들다
1149 4급	俩 liǎ 수 두 사람
1150 4급	连 lián 개 ~조차도, ~마저도
1151 5급	连忙 liánmáng 부 얼른, 급히, 재빨리
1152 5급	连续 liánxù 통 연속하다, 계속하다
1153 5급	联合 liánhé 통 연합하다, 결합하다, 단결하다
1154 4급	联系 liánxì 통 연결하다, 연락하다
1155 3급	脸 liǎn 명 얼굴
1156 3급	练习 liànxí 명 연습 통 연습하다, 익히다
1157 5급	恋爱 liàn'ài 통 연애하다 명 연애
1158 5급	良好 liánghǎo 형 좋다, 양호하다, 훌륭하다
1159 4급	凉快 liángkuai 형 시원하다, 서늘하다
1160 5급	粮食 liángshi 명 식량, 양식
1161 2급	两 liǎng 수 둘, 두어 [불확실한 대략적인 수]
1162 5급	亮 liàng 형 밝다, 빛나다, 소리가 크고 맑다
1163 3급	辆 liàng 양 대, 량 [차량을 세는 단위]
1164 3급	聊天(儿) liáotiān(r) 통 이야기하다, 잡담하다
1165 5급	了不起 liǎobuqǐ 형 대단하다, 놀랄 만하다, 굉장하다
1166 3급	了解 liǎojiě 통 이해하다, 자세하게 알다
1167 5급	列车 lièchē 명 열차
1168 3급	邻居 línjū 명 이웃집, 이웃 사람
1169 5급	临时 línshí 형 일시적인, 잠시의
1170 5급	灵活 línghuó 형 민첩하다, 날쌔다, 재빠르다
1171 5급	铃 líng 명 벨, 방울, 종
1172 2급	零 líng 명 0, 영
1173 5급	零件 língjiàn 명 부속품
1174 4급	零钱 língqián 명 잔돈
1175 5급	零食 língshí 명 간식, 군것질, 주전부리
1176 5급	领导 lǐngdǎo 통 지도하다 명 지도자, 리더
1177 5급	领域 lǐngyù 명 분야, 영역
1178 4급	另外 lìngwài 대 다른 사람이나 사물 부 따로, 그 밖에
1179 5급	浏览 liúlǎn 통 대강 둘러보다, 대충 훑어보다
1180 4급	留 liú 통 남기다
1181 3급	留学 liúxué 명 유학 통 유학하다
1182 5급	流传 liúchuán 통 대대로 전해 내려오다, 유전하다, 유전되다
1183 5급	流泪 liúlèi 통 눈물을 흘리다
1184 4급	流利 liúlì 형 유창하다, 막힘이 없다
1185 4급	流行 liúxíng 통 유행하다, 성행하다, 널리 퍼지다
1186 1급	六 liù 수 6, 여섯
1187 5급	龙 lóng 명 용

✏️ 잘 외워지지 않는 단어 써 보기

Day 18

 track 0-18 (VOCA)

1063	5급	课程 kèchéng	명 커리큘럼, 교육 과정, (수업) 교과목
1064	4급	肯定 kěndìng	부 틀림없이, 확실히
1065	4급	空 kōng	형 (속이) 비다, 텅 비다
		空 kòng	명 겨를, 틈, 짬
1066	5급	空间 kōngjiān	명 공간
1067	4급	空气 kōngqì	명 공기, 분위기
1068	3급	空调 kōngtiáo	명 에어컨
1069	4급	恐怕 kǒngpà	부 아마 ~일 것이다 [추측, 짐작]
1070	5급	空闲 kòngxián	명 여가, 짬, 틈 동 한가하다
1071	5급	控制 kòngzhì	동 제어하다, 통제하다, 억제하다
1072	3급	口 kǒu	명 입 양 명 [식구를 세는 단위]
1073	5급	口味 kǒuwèi	명 입맛, 맛, 향미, 풍미, 기호
1074	3급	哭 kū	동 (소리 내어) 울다
1075	4급	苦 kǔ	형 쓰다
1076	3급	裤子 kùzi	명 바지
1077	5급	夸 kuā	동 칭찬하다
1078	5급	夸张 kuāzhāng	동 과장하여 말하다 명 과장법
1079	5급	会计 kuàijì	명 회계, 경리, 회계원
1080	1급	块 kuài	양 위안 [중국의 화폐 단위] 양 덩어리, 조각 [덩어리를 세는 단위]
1081	2급	快 kuài	형 빠르다 부 곧, 머지 않아
1082	2급	快乐 kuàilè	형 즐겁다, 기쁘다
1083	3급	筷子 kuàizi	명 젓가락
1084	5급	宽 kuān	형 (폭이) 넓다, 드넓다
1085	4급	矿泉水 kuàngquánshuǐ	명 생수, 광천수
1086	5급	昆虫 kūnchóng	명 곤충
1087	4급	困 kùn	동 졸리다
1088	4급	困难 kùnnan	명 어려움, 빈곤, 곤란 형 어렵다, 곤란하다, 빈곤하다
1089	5급	扩大 kuòdà	동 (범위나 규모를) 확대하다, 넓히다, 키우다
1090	4급	垃圾桶 lājītǒng	명 쓰레기통
1091	4급	拉 lā	동 끌다, 당기다
1092	4급	辣 là	형 맵다
1093	5급	辣椒 làjiāo	명 고추
1094	1급	来 lái	동 오다
1095	4급	来不及 láibují	동 (시간이 부족하여) 따라가지 못하다, 제시간에 댈 수 없다
1096	4급	来得及 láidejí	동 늦지 않다, (시간이 있어서) 손쓸 수가 있다
1097	4급	来自 láizì	~에서 나오다, ~로부터 오다
1098	5급	拦 lán	동 가로막다, 저지하다
1099	3급	蓝 lán	형 남색의, 남빛의
1100	4급	懒 lǎn	형 게으르다, 나태하다
1101	5급	烂 làn	동 부패하다, 썩다
1102	5급	朗读 lǎngdú	동 낭독하다, 맑고 큰 소리로 읽다
1103	4급	浪费 làngfèi	동 낭비하다, 허비하다
1104	4급	浪漫 làngmàn	형 낭만적이다, 로맨틱하다
1105	5급	劳动 láodòng	명 일, 노동, 육체 노동
1106	5급	劳驾 láojià	동 실례합니다, 죄송합니다, 수고하십니다
1107	3급	老 lǎo	형 늙다, 오래되다
1108	5급	老百姓 lǎobǎixìng	명 백성, 국민
1109	5급	老板 lǎobǎn	명 사장, 상점 주인
1110	4급	老虎 lǎohǔ	명 호랑이
1111	5급	老婆 lǎopo	명 아내, 처, 집사람
1112	1급	老师 lǎoshī	명 선생님
1113	5급	老实 lǎoshi	형 성실하다, 솔직하다, 정직하다
1114	5급	老鼠 lǎoshǔ	명 쥐
1115	5급	姥姥 lǎolao	명 외할머니, 외조모
1116	5급	乐观 lèguān	형 낙관적이다, 희망차다
1117	1급	了 le	조 ~했다 [술어 뒤에 쓰여 동작 또는 변화가 이미 완료되었음을 나타냄]
1118	5급	雷 léi	명 천둥, 우레
1119	5급	类型 lèixíng	명 유형
1120	2급	累 lèi	형 피곤하다, 지치다
1121	1급	冷 lěng	형 춥다, 차다
1122	5급	冷淡 lěngdàn	형 냉담하다, 쌀쌀하다, 냉정하다
1123	4급	冷静 lěngjìng	형 냉정하다, 침착하다
1124	5급	厘米 límǐ	양 센티미터 [cm]
1125	2급	离 lí	개 ~에서, ~로부터, ~까지

✎ 잘 외워지지 않는 단어 써 보기

Day 17

1001 4급 举办 jǔbàn 통 개최하다, 거행하다, 열다
1002 4급 举行 jǔxíng 통 개최하다, 거행하다
1003 5급 巨大 jùdà 형 (규모·수량 등이) 아주 크다/많다
1004 3급 句子 jùzi 명 문장
1005 4급 拒绝 jùjué 통 거절하다, 거부하다
1006 5급 具备 jùbèi 통 갖추다, 구비하다, 완비하다
1007 5급 具体 jùtǐ 형 구체적이다 형 특정의, 상세한
1008 5급 俱乐部 jùlèbù 명 클럽, 동호회
1009 5급 据说 jùshuō 통 말하는 바에 의하면 ~라 한다
1010 4급 距离 jùlí 통 (~로부터 거리가) 떨어지다
　　　　　　　　 명 거리, 간격
1011 4급 聚会 jùhuì 명 모임, 회합, 집회
　　　　　　　　 통 모이다, 집합하다
1012 5급 捐 juān 통 기부하다, 헌납하다
1013 3급 决定 juédìng 통 결정하다
1014 5급 决赛 juésài 명 결승
1015 5급 决心 juéxīn 명 결심, 결의, 다짐 통 결심하다
1016 5급 角色 juésè 명 역할, 배역, 역
1017 2급 觉得 juéde 통 ~라고 여기다, ~라고 생각하다
1018 5급 绝对 juéduì 형 절대적인, 무조건적인, 절대의
1019 5급 军事 jūnshì 명 군사
1020 5급 均匀 jūnyún 형 균등하다, 고르다, 균일하다
1021 2급 咖啡 kāfēi 명 커피
1022 5급 卡车 kǎchē 명 트럭
1023 1급 开 kāi 통 운전하다 통 (닫힌 것을) 열다
1024 5급 开发 kāifā 통 개발하다, 개간하다, 개척하다
1025 5급 开放 kāifàng 통 (봉쇄·제한 등을)
　　　　　　　　　 개방하다, 해제하다
1026 5급 开幕式 kāimùshì 명 개막식
1027 2급 开始 kāishǐ 통 시작하다, 개시하다
1028 5급 开水 kāishuǐ 명 끓인 물
1029 4급 开玩笑 kāi wánxiào 농담하다, 웃기다, 놀리다
1030 4급 开心 kāixīn 형 즐겁다, 기쁘다, 유쾌하다
1031 5급 砍 kǎn 통 (도끼 등으로) 찍다, 치다
1032 1급 看 kàn 통 보다

1033 5급 看不起 kànbuqǐ 통 경시하다, 얕보다, 깔보다
1034 4급 看法 kànfǎ 명 견해
1035 1급 看见 kànjiàn 통 보다, 보이다, 눈에 띄다
1036 5급 看望 kànwàng 통 방문하다, 찾아가 보다
1037 4급 考虑 kǎolǜ 통 생각하다, 고려하다
1038 2급 考试 kǎoshì 통 시험을 보다 명 시험
1039 4급 烤鸭 kǎoyā 명 카오야 [오리구이]
1040 5급 靠 kào 통 의지하다, ~에 달려 있다
　　　　　　　　 통 닿다, 접근하다
1041 4급 科学 kēxué 명 과학
1042 4급 棵 kē 양 그루, 포기 [식물을 세는 단위]
1043 5급 颗 kē 양 알 [둥글고 작은 알맹이 모양과 같은
　　　　　　　　 것을 세는 단위]
1044 4급 咳嗽 késou 통 기침하다
1045 3급 可爱 kě'ài 형 귀엽다, 사랑스럽다
1046 5급 可见 kějiàn 접 ~라는 것을 알 수 있다
1047 5급 可靠 kěkào 형 믿을 만하다, 확실하다
1048 4급 可怜 kělián 형 불쌍하다, 가련하다
1049 2급 可能 kěnéng 부 아마, 아마도 형 가능하다
　　　　　　　　 명 가능성, 가망
1050 5급 可怕 kěpà 형 두렵다, 무섭다, 겁나다
1051 4급 可是 kěshì 접 하지만, 그러나, 그렇지만
1052 4급 可惜 kěxī 형 아쉽다, 아깝다, 섭섭하다
1053 2급 可以 kěyǐ 조동 ~할 수 있다, ~해도 된다
　　　　　　　　 형 괜찮다, 좋다
1054 3급 渴 kě 형 목마르다, 갈증 나다
1055 5급 克 kè 양 그램 [g]
1056 5급 克服 kèfú 통 극복하다, 이기다, 인내하다
1057 3급 刻 kè 양 15분
1058 5급 刻苦 kèkǔ 형 고생을 참아 내다
　　　　　　　　 노고를 아끼지 않다
1059 5급 客观 kèguān 형 객관적이다 명 객관
1060 3급 客人 kèrén 명 손님, 방문객
1061 4급 客厅 kètīng 명 객실, 거실, 응접실
1062 2급 课 kè 명 수업, 강의

✏️ 잘 외워지지 않는 단어 써 보기

Day 16

track 0-16 (VOCA)

0938	4급	节约 jiéyuē	동	절약하다, 아끼다
0939	5급	结构 jiégòu	명	구조, 구성, 조직
0940	4급	结果 jiéguǒ		결과, 결실, 성과
0941	5급	结合 jiéhé	동	결합하다, 결부하다
0942	3급	结婚 jiéhūn	동	결혼하다
0943	5급	结论 jiélùn	명	결론
0944	3급	结束 jiéshù	동	끝나다, 마치다, 종결하다
0945	5급	结账 jiézhàng	동	계산하다, 결산하다
0946	2급	姐姐 jiějie	명	언니, 누나
0947	3급	解决 jiějué	동	해결하다, 풀다
0948	4급	解释 jiěshì	동	(원인·이유 등을) 설명하다, 해석하다, 분석하다
0949	2급	介绍 jièshào	동	소개하다
0950	5급	戒 jiè	동	(좋지 못한 습관을) 끊다, 떼다
0951	5급	戒指 jièzhi	명	반지
0952	5급	届 jiè	양	회, 기, 차
0953	3급	借 jiè	동	빌리다, 빌려주다
0954	5급	借口 jièkǒu	명	핑계, 구실 / 동 핑계를 대다, 구실로 삼다
0955	1급	今天 jīntiān	명	오늘
0956	5급	金属 jīnshǔ	명	금속
0957	4급	尽管 jǐnguǎn	접	비록 [/설령] ~라 하더라도
0958	5급	尽快 jǐnkuài	부	되도록 빨리
0959	5급	尽量 jǐnliàng	부	가능한 한, 되도록
0960	5급	紧急 jǐnjí	형	긴급하다, 절박하다, 긴박하다
0961	4급	紧张 jǐnzhāng	형	긴장해 있다, 불안하다
0962	5급	谨慎 jǐnshèn	형	(언행이) 신중하다, 조심스럽다
0963	5급	尽力 jìnlì	동	온 힘을 다하다, 전력을 다하다
0964	2급	进 jìn	동	(밖에서 안으로) 들다 / 동 나아가다, 전진하다
0965	5급	进步 jìnbù	동	진보하다 / 형 진보적이다
0966	5급	进口 jìnkǒu	동	수입하다 / 명 입구
0967	4급	进行 jìnxíng	동	진행하다, 앞으로 나아가다
0968	2급	近 jìn	형	가깝다
0969	5급	近代 jìndài	명	근대, 근세
0970	4급	禁止 jìnzhǐ	동	금지하다, 불허하다
0971	4급	京剧 jīngjù	명	경극
0972	3급	经常 jīngcháng	부	자주, 언제나, 늘
0973	5급	经典 jīngdiǎn	명	고전, 중요하고 권위 있는 저작
0974	3급	经过 jīngguò	동	지나가다, 경유하다, 통과하다 / 명 (일의) 과정, 경위
0975	4급	经济 jīngjì	명	경제, 국민 경제
0976	3급	经理 jīnglǐ	명	사장, 경영 관리 책임자, 지배인
0977	4급	经历 jīnglì	동	경험하다, 체험하다 / 명 경험, 경력
0978	5급	经商 jīngshāng	동	장사하다, 상업에 종사하다
0979	4급	经验 jīngyàn	명	경험, 체험
0980	5급	经营 jīngyíng	동	운영하다, 경영하다
0981	4급	精彩 jīngcǎi	형	훌륭하다, 뛰어나다, 근사하다
0982	5급	精力 jīnglì	명	정력, 정신과 체력
0983	5급	精神 jīngshen	명	정신 / 형 생기발랄하다, 활기차다
0984	4급	景色 jǐngsè	명	풍경, 경치
0985	4급	警察 jǐngchá	명	경찰
0986	4급	竞争 jìngzhēng	명	경쟁 / 동 경쟁하다
0987	4급	竟然 jìngrán	부	뜻밖에도, 의외로, 상상 외로, 놀랍게도
0988	4급	镜子 jìngzi	명	거울
0989	4급	究竟 jiūjìng	부	도대체, 대관절
0990	1급	九 jiǔ	수	9, 아홉
0991	3급	久 jiǔ	형	오래다, 시간이 길다
0992	5급	酒吧 jiǔbā	명	술집, 바
0993	3급	旧 jiù	형	오래되다, 낡다
0994	5급	救 jiù	동	구하다, 구제하다, 구조하다
0995	5급	救护车 jiùhùchē	명	구급차
0996	2급	就 jiù	부	바로, 곧 [사실을 강조함]
0997	5급	舅舅 jiùjiu	명	외삼촌, 외숙
0998	5급	居然 jūrán	부	뜻밖에, 놀랍게도, 예상 외로
0999	5급	桔子 júzi	명	귤
1000	4급	举 jǔ	동	들다, 들어올리다

✏ 잘 외워지지 않는 단어 써 보기

Day 15

 track 0-15 (VOCA)

0876 5급 兼职 jiānzhí 동 겸직하다 명 겸직, 임시직
0877 5급 捡 jiǎn 동 줍다
0878 3급 检查 jiǎnchá 동 검사하다, 점검하다
0879 4급 减肥 jiǎnféi 동 다이어트 하다, 살을 빼다
0880 4급 减少 jiǎnshǎo 동 줄이다, 감소하다, 줄다
0881 5급 剪刀 jiǎndāo 명 가위
0882 3급 简单 jiǎndān 형 간단하다, 단순하다
0883 5급 简历 jiǎnlì 명 이력서, 약력
0884 5급 简直 jiǎnzhí 부 정말로, 그야말로
0885 3급 见面 jiànmiàn 동 만나다, 대면하다
0886 2급 件 jiàn 양 벌, 건 [옷, 일을 세는 양사]
0887 5급 建立 jiànlì 동 형성하다, 건립하다, 수립하다
0888 5급 建设 jiànshè 동 건설하다, 창립하다 명 건설
0889 4급 建议 jiànyì 동 제안하다, 제기하다, 건의하다 명 건의, 제의, 제안
0890 5급 建筑 jiànzhù 명 건축물
0891 3급 健康 jiànkāng 형 건강하다 명 건강
0892 5급 健身 jiànshēn 동 신체를 건강하게 하다, 신체를 튼튼하게 하다
0893 5급 键盘 jiànpán 명 키보드, 건반
0894 4급 将来 jiānglái 명 미래, 장래
0895 3급 讲 jiǎng 동 강의하다, 말하다, 이야기하다
0896 5급 讲究 jiǎngjiu 동 중요시하다, 소중히 여기다
0897 5급 讲座 jiǎngzuò 명 강좌
0898 4급 奖金 jiǎngjīn 명 상여금, 상금, 포상금
0899 4급 降低 jiàngdī 동 내리다, 낮추다, 인하하다
0900 4급 降落 jiàngluò 동 착륙하다, 내려오다
0901 5급 酱油 jiàngyóu 명 간장
0902 4급 交 jiāo 동 사귀다, 왕래하다
0903 5급 交换 jiāohuàn 동 교환하다
0904 5급 交际 jiāojì 동 교제하다, 서로 사귀다
0905 4급 交流 jiāoliú 동 교류하다, 서로 소통하다
0906 4급 交通 jiāotōng 명 교통
0907 5급 交往 jiāowǎng 동 왕래하다, 교제하다 명 교제
0908 4급 郊区 jiāoqū 명 교외, (도시의) 변두리, 외곽
0909 5급 浇 jiāo 동 관개하다, 물을 대다
0910 4급 骄傲 jiāo'ào 형 거만하다, 오만하다 형 자랑스럽다
0911 5급 胶水 jiāoshuǐ 명 접착제, 풀
0912 3급 教 jiāo 동 (지식·기술을) 가르치다, 전수하다
0913 3급 角 jiǎo 양 지아오 [중국의 화폐 단위, 1지아오=0.1위안] 명 짐승의 뿔
0914 5급 角度 jiǎodù 명 각도
0915 5급 狡猾 jiǎohuá 형 교활하다, 간교하다
0916 4급 饺子 jiǎozi 명 만두, 교자
0917 3급 脚 jiǎo 명 발
0918 1급 叫 jiào 동 (~라고) 부르다
0919 5급 教材 jiàocái 명 교재
0920 5급 教练 jiàoliàn 명 감독, 코치
0921 2급 教室 jiàoshì 명 교실
0922 4급 教授 jiàoshòu 명 교수
0923 5급 教训 jiàoxùn 동 가르치고 타이르다 명 교훈
0924 4급 教育 jiàoyù 동 교육하다 명 교육
0925 5급 阶段 jiēduàn 명 단계, 계단
0926 5급 结实 jiēshi 형 튼튼하다, 단단하다, 건장하다
0927 3급 接 jiē 동 받다
0928 5급 接触 jiēchù 동 닿다, 접촉하다
0929 5급 接待 jiēdài 동 접대하다, 응접하다, 영접하다
0930 5급 接近 jiējìn 동 접근하다, 가까이하다
0931 4급 接受 jiēshòu 동 받아들이다, 받다, 수락하다
0932 4급 接着 jiēzhe 부 이어서, 연이어, 잇따라
0933 3급 街道 jiēdào 명 거리, 대로
0934 4급 节 jié 동 절약하다, 아끼다 명 기념일, 축제
0935 3급 节目 jiémù 명 프로그램
0936 3급 节日 jiérì 명 (국경일 등의 법정) 명절, 기념일
0937 5급 节省 jiéshěng 동 절약하다, 아끼다

✏️ 잘 외워지지 않는 단어 써 보기

Day 14

0813 3급	几乎 jīhū	튄 거의, 거의 모두
0814 2급	机场 jīchǎng	명 공항, 비행장
0815 3급	机会 jīhuì	명 기회
0816 5급	机器 jīqì	명 기계, 기기, 기구
0817 5급	肌肉 jīròu	명 근육
0818 2급	鸡蛋 jīdàn	명 달걀, 계란
0819 4급	积极 jījí	형 적극적이다, 열성적이다
0820 4급	积累 jīlěi	동 (조금씩) 쌓이다, 누적되다
0821 5급	基本 jīběn	형 기본의, 기본적인, 근본적인
0822 4급	基础 jīchǔ	명 기초, 토대, 밑바탕
0823 4급	激动 jīdòng	동 흥분하다, 감격하다, 감동하다
0824 5급	激烈 jīliè	형 (동작, 말이) 격렬하다, 치열하다
0825 5급	及格 jígé	동 합격하다
0826 4급	及时 jíshí	튄 곧바로, 즉시 형 시기적절하다
0827 3급	极 jí	튄 매우, 아주
0828 5급	极其 jíqí	튄 몹시, 아주, 지극히
0829 4급	即使 jíshǐ	접 설령 ~하더라도
0830 5급	急忙 jímáng	튄 황급히, 급히, 바삐
0831 5급	急诊 jízhěn	명 응급 진료, 급진
0832 5급	集合 jíhé	동 집합하다
0833 5급	集体 jítǐ	명 집단, 단체
0834 5급	集中 jízhōng	동 집중하다, 모으다, 집중시키다
0835 1급	几 jǐ	순 몇 [10 이하의 수를 물을 때 씀] 대 몇
0836 4급	计划 jìhuà	명 계획 동 계획하다, 기획하다
0837 5급	计算 jìsuàn	동 계산하다, 산출하다, 셈하다
0838 3급	记得 jìde	동 기억하고 있다, 잊지 않고 있다
0839 5급	记录 jìlù	동 기록하다 명 기록, 서기
0840 5급	记忆 jìyì	동 기억하다, 떠올리다 명 기억
0841 4급	记者 jìzhě	명 기자
0842 5급	纪录 jìlù	명 (인물·사건 등의) 기록, 다큐멘터리
0843 5급	纪律 jìlǜ	명 기율, 기강, 법도
0844 5급	纪念 jìniàn	동 기념하다 명 기념물, 기념품
0845 4급	技术 jìshù	명 기술
0846 5급	系领带 jì lǐngdài	넥타이를 매다
0847 3급	季节 jìjié	명 계절, 철
0848 4급	既然 jìrán	접 ~인 이상, ~된 바에야
0849 4급	继续 jìxù	동 계속하다, 끊임없이 하다
0850 4급	寄 jì	동 (우편으로) 보내다, 부치다
0851 5급	寂寞 jìmò	형 외롭다, 쓸쓸하다, 적막하다
0852 4급	加班 jiābān	동 초과 근무를 하다, 특근하다
0853 4급	加油站 jiāyóuzhàn	명 주유소
0854 5급	夹子 jiāzi	명 집게, 클립
0855 1급	家 jiā	명 집, 가정 양 [집·상점·회사 등을 세는 단위]
0856 4급	家具 jiājù	명 가구
0857 5급	家庭 jiātíng	명 가정
0858 5급	家务 jiāwù	명 가사, 집안일
0859 5급	家乡 jiāxiāng	명 고향
0860 5급	嘉宾 jiābīn	명 귀빈, 귀한 손님, 가빈
0861 5급	甲 jiǎ	명 갑, 첫째
0862 4급	假 jiǎ	형 가짜의, 거짓의, 위조의
0863 5급	假如 jiǎrú	접 만약, 만일, 가령
0864 5급	假设 jiǎshè	동 꾸며 내다, 가정하다, 날조하다 명 가설, 가정
0865 5급	假装 jiǎzhuāng	동 가장하다, (짐짓) ~체하다
0866 4급	价格 jiàgé	명 가격, 값
0867 5급	价值 jiàzhí	명 가치
0868 5급	驾驶 jiàshǐ	동 운전하다, 조종하다, 운항하다
0869 5급	嫁 jià	동 시집가다, 출가하다
0870 4급	坚持 jiānchí	동 견지하다, 단호히 지키다
0871 5급	坚决 jiānjué	형 (태도·행동 등이) 단호하다, 결연하다
0872 5급	坚强 jiānqiáng	형 굳세다, 꿋꿋하다, 완강하다
0873 5급	肩膀 jiānbǎng	명 어깨
0874 5급	艰巨 jiānjù	형 어렵고 힘들다, 어렵고도 무겁다
0875 5급	艰苦 jiānkǔ	형 어렵고 고달프다, 간고하다

✏️ 잘 외워지지 않는 단어 써 보기

Day 13

0751 5급 后果 hòuguǒ 명 (주로 안 좋은) 결과, 뒷일
0752 4급 后悔 hòuhuǐ 동 후회하다, 뉘우치다
0753 3급 后来 hòulái 명 그 뒤, 그 후, 그다음
0754 1급 后面 hòumiàn 명 뒤, 뒤쪽, 뒷면
0755 4급 厚 hòu 형 두껍다, 두텁다
0756 5급 呼吸 hūxī 동 호흡하다, 숨을 쉬다 명 호흡
0757 5급 忽然 hūrán 부 갑자기, 홀연, 별안간
0758 5급 忽视 hūshì 동 소홀히 하다, 홀시하다
0759 5급 胡说 húshuō 동 헛소리하다, 함부로 지껄이다 명 허튼소리
0760 5급 胡同 hútòng 명 골목
0761 5급 壶 hú 명 주전자, 병, 항아리
0762 5급 蝴蝶 húdié 명 나비
0763 5급 糊涂 hútu 형 어리석다, 멍청하다, 흐리멍덩하다
0764 4급 互联网 hùliánwǎng 명 인터넷
0765 4급 互相 hùxiāng 부 서로, 상호
0766 4급 护士 hùshi 명 간호사
0767 3급 护照 hùzhào 명 여권
0768 3급 花 huā 명 꽃
0769 3급 花 huā 동 쓰다, 소비하다
0770 5급 花生 huāshēng 명 땅콩
0771 5급 划 huà 동 (금을) 긋다, 가르다
0772 5급 华裔 huáyì 명 [화교가 거주국에서 낳은 자녀]
0773 5급 滑 huá 형 미끄러지다, 반들반들하다, 매끈하다
0774 5급 化学 huàxué 명 화학
0775 3급 画 huà 동 (그림을) 그리다 명 그림
0776 5급 话题 huàtí 명 이야기의 주제, 화제, 논제
0777 5급 怀念 huáiniàn 동 그리워하다, 추억하다
0778 4급 怀疑 huáiyí 동 의심하다, 의심을 품다
0779 5급 怀孕 huáiyùn 동 임신하다
0780 3급 坏 huài 동 고장 나다
0781 3급 欢迎 huānyíng 동 환영하다, 기쁘게 맞이하다
0782 3급 还 huán 동 반납하다, 돌아가다, 돌아오다
0783 3급 环境 huánjìng 명 환경, 주위 상황
0784 5급 缓解 huǎnjiě 동 (정도가) 완화되다, 호전되다
0785 5급 幻想 huànxiǎng 명 공상, 환상 동 공상하다
0786 3급 换 huàn 동 교환하다
0787 5급 慌张 huāngzhāng 형 당황하다, 허둥대다
0788 3급 黄河 Huáng Hé 고유 황허
0789 5급 黄金 huángjīn 명 황금
0790 5급 灰 huī 형 회색의, 잿빛의
0791 5급 灰尘 huīchén 명 먼지
0792 5급 灰心 huīxīn 동 낙담하다, 의기소침하다
0793 5급 挥 huī 동 흔들다, 휘두르다, 내두르다
0794 5급 恢复 huīfù 동 회복하다, 회복되다, 회복시키다
0795 1급 回 huí 동 돌아가다, 돌아오다
0796 3급 回答 huídá 동 대답하다, 응답하다 명 대답, 응답
0797 4급 回忆 huíyì 명 추억, 회상 동 추억하다, 회상하다
0798 5급 汇率 huìlǜ 명 환율
0799 1급 会 huì 조동 ~할 줄 알다
0800 3급 会议 huìyì 명 회의
0801 5급 婚礼 hūnlǐ 명 결혼식, 혼례
0802 5급 婚姻 hūnyīn 명 혼인, 결혼, 혼사
0803 4급 活动 huódòng 명 활동, 행사 동 (몸을) 움직이다, 운동하다
0804 4급 活泼 huópō 형 활발하다, 활기차다
0805 5급 活跃 huóyuè 형 활기차다, 활동적이다
0806 4급 火 huǒ 형 인기 있다 명 불, 화염
0807 5급 火柴 huǒchái 명 성냥
0808 2급 火车站 huǒchēzhàn 명 기차역
0809 5급 伙伴 huǒbàn 명 동료, 친구, 동반자
0810 5급 或许 huòxǔ 부 아마, 어쩌면, 혹시
0811 3급 或者 huòzhě 접 ~든가 아니면 ~이다
0812 4급 获得 huòdé 동 얻다, 획득하다

✏️ 잘 외워지지 않는 단어 써 보기

Day 12

 track 0-12 (VOCA)

0688	2급	贵 guì	형	비싸다, 귀하다
0689	5급	滚 gǔn	동	구르다, 뒹굴다
0690	5급	锅 guō	명	냄비, 솥, 가마
0691	4급	国籍 guójí	명	국적
0692	4급	国际 guójì	명	국제
0693	3급	国家 guójiā	명	국가, 나라
0694	5급	国庆节 Guóqìngjié	고유	국경절 [건국 기념일]
0695	5급	国王 guówáng	명	국왕
0696	5급	果然 guǒrán	부	과연, 아니나 다를까
0697	5급	果实 guǒshí	명	과실, 성과, 수확
0698	4급	果汁 guǒzhī	명	과일 주스, 과일즙
0699	3급	过 guò	동	건너다, 가다, (지점/시점을) 지나다
0700	2급	过 guo	조	~한 적이 있다
0701	4급	过程 guòchéng	명	과정
0702	5급	过分 guòfèn	동	지나치다, 과분하다
0703	5급	过敏 guòmǐn	동	과민하다, 예민하다
0704	4급	过期 guòqī	동	기한을 넘기다, 기일이 지나다
0705	3급	过去 guòqù	동	지나(가)다 · 명 과거, 예전
0706	5급	哈 hā	의성	하하 [웃는 소리]
0707	2급	还 hái	부	또, 더 · 부 아직도, 여전히
0708	3급	还是 háishi	부	여전히, 아직도 · 부 ~하는 편이 더 좋다
0709	2급	孩子 háizi	명	아이
0710	5급	海关 hǎiguān	명	세관
0711	5급	海鲜 hǎixiān	명	해산물, 해물
0712	4급	海洋 hǎiyáng	명	해양, 바다
0713	3급	害怕 hàipà	동	두려워하다, 무서워하다, 겁내다
0714	4급	害羞 hàixiū	동	수줍어하다, 부끄러워하다
0715	4급	寒假 hánjià	명	겨울방학
0716	5급	喊 hǎn	동	외치다, 소리치다
0717	1급	汉语 Hànyǔ	고유	중국어, 한어
0718	4급	汗 hàn	명	땀
0719	5급	行业 hángyè	명	직업, 직종, 업종
0720	4급	航班 hángbān	명	항공편, 운항편
0721	5급	豪华 háohuá	형	호화스럽다, 사치스럽다
0722	1급	好 hǎo	형	좋다, 안녕하다
0723	2급	好吃 hǎochī	형	(음식이) 맛있다
0724	4급	好处 hǎochù	명	이로운 점, 장점
0725	4급	好像 hǎoxiàng	부	마치 ~같다, ~와 비슷하다
0726	1급	号 hào	명	일 [날짜를 가리킴]
0727	4급	号码 hàomǎ	명	번호, 숫자
0728	5급	好客 hàokè	형	손님 접대를 좋아하다
0729	5급	好奇 hàoqí	형	호기심을 갖다
0730	1급	喝 hē	동	마시다
0731	5급	合法 héfǎ	형	합법적이다, 법에 맞다, 적법하다
0732	4급	合格 hégé	동	합격하다
0733	5급	合理 hélǐ	형	합리적이다, 도리에 맞다
0734	4급	合适 héshì	형	적합하다, 어울리다, 알맞다
0735	5급	合同 hétong	명	계약서
0736	5급	合影 héyǐng	명	단체 사진, 함께 찍은 사진 · 동 함께 사진을 찍다
0737	5급	合作 hézuò	동	합작하다, 협력하다
0738	5급	何必 hébì	부	구태여 ~할 필요가 있는가, ~할 필요가 없다
0739	5급	何况 hékuàng	접	하물며, 더군다나
0740	1급	和 hé	개	~와 · 접 ~와
0741	5급	和平 hépíng	명	평화 · 형 평온하다, 차분하다, 온화하다
0742	5급	核心 héxīn	명	핵심
0743	4급	盒子 hézi	명	작은 상자, 합, 곽
0744	2급	黑 hēi	형	검다, 캄캄하다, 어둡다
0745	3급	黑板 hēibǎn	명	칠판
0746	1급	很 hěn	부	매우, 아주
0747	5급	恨 hèn	동	원망하다, 증오하다 · 명 원망, 한
0748	2급	红 hóng	형	빨갛다, 붉다
0749	5급	猴子 hóuzi	명	원숭이
0750	5급	后背 hòubèi	명	등

✏️ 잘 외워지지 않는 단어 써 보기

Day 11

0626 4급	功夫 gōngfu	명 (투자한) 시간, 재주, 솜씨, 무술
0627 5급	功能 gōngnéng	명 기능, 작용, 효능
0628 5급	恭喜 gōngxǐ	동 축하하다
0629 4급	共同 gòngtóng	형 공동의, 공통의 부 함께, 다같이
0630 5급	贡献 gòngxiàn	동 바치다, 헌납하다, 공헌하다, 기여하다
0631 5급	沟通 gōutōng	동 연결하다, 잇다, 교류하다
0632 1급	狗 gǒu	명 개
0633 5급	构成 gòuchéng	동 구성하다, 짜다, 형성하다 명 구성, 형성
0634 4급	购物 gòuwù	동 물품을 구입하다, 물건을 사다
0635 4급	够 gòu	동 충분하다, (필요한 수량·기준 등을) 만족시키다
0636 4급	估计 gūjì	동 추측하다, 예측하다
0637 5급	姑姑 gūgu	명 고모
0638 5급	姑娘 gūniang	명 처녀, 아가씨
0639 5급	古代 gǔdài	명 고대
0640 5급	古典 gǔdiǎn	형 고전적
0641 5급	股票 gǔpiào	명 주식, 주, (유가)증권
0642 5급	骨头 gǔtou	명 뼈
0643 4급	鼓励 gǔlì	동 격려하다, (용기를) 북돋우다
0644 5급	鼓舞 gǔwǔ	동 격려하다, 고무하다, 기운 나다
0645 5급	鼓掌 gǔzhǎng	동 박수 치다, 손뼉을 치다
0646 5급	固定 gùdìng	형 고정되다, 고정시키다, 불변하다
0647 3급	故事 gùshi	명 이야기, 줄거리
0648 4급	故意 gùyì	명 고의 부 일부러, 고의로
0649 4급	顾客 gùkè	명 고객, 손님
0650 3급	刮风 guāfēng	동 바람이 불다
0651 4급	挂 guà	동 (고리, 못 등에) 걸다, 걸리다
0652 5급	挂号 guàhào	동 접수시키다, 등록하다, 수속하다, (편지를) 등기로 부치다
0653 5급	乖 guāi	형 (어린아이가) 얌전하다, 착하다
0654 5급	拐弯 guǎiwān	동 커브를 돌다
0655 5급	怪不得 guàibude	동 탓할 수 없다, 책망할 수 없다 부 어쩐지, 과연
0656 3급	关 guān	동 닫다, 끄다, 덮다
0657 5급	关闭 guānbì	동 닫다, 파산하다
0658 4급	关键 guānjiàn	명 관건, 열쇠, 키포인트
0659 3급	关系 guānxì	명 관계
0660 3급	关心 guānxīn	명 관심 동 관심을 기울이다
0661 3급	关于 guānyú	개 ~에 관하여
0662 5급	观察 guānchá	동 관찰하다, 살피다
0663 5급	观点 guāndiǎn	명 관점, 견지, 견해
0664 5급	观念 guānniàn	명 관념, 생각, 사고방식
0665 4급	观众 guānzhòng	명 관중, 구경꾼, 시청자
0666 5급	官 guān	명 국가나 정부에 속하는 것, 관료, 장교
0667 4급	管理 guǎnlǐ	명 관리 동 관리하다
0668 5급	管子 guǎnzi	명 관, 대롱, 파이프
0669 5급	冠军 guànjūn	명 우승(자), 챔피언, 1등
0670 4급	光 guāng	명 빛, 광선 형 아무것도 없이 텅 비다 [보어로 쓰임]
0671 5급	光滑 guānghuá	형 매끌매끌하다, 반들반들하다
0672 5급	光临 guānglín	동 광림하시다, 왕림하다
0673 5급	光明 guāngmíng	형 밝다, 환하다 명 광명, 빛
0674 5급	光盘 guāngpán	명 CD, 콤팩트디스크
0675 4급	广播 guǎngbō	동 방송하다 명 방송
0676 5급	广场 guǎngchǎng	명 광장
0677 5급	广大 guǎngdà	형 (사람 수가) 많다
0678 5급	广泛 guǎngfàn	형 (범위·규모가) 광범(위)하다
0679 4급	广告 guǎnggào	명 광고, 선전
0680 4급	逛 guàng	동 거닐다, 배회하다
0681 5급	归纳 guīnà	동 종합하다, 귀납하다
0682 4급	规定 guīdìng	명 규정, 규칙 동 규정하다
0683 5급	规矩 guīju	명 법칙, 표준, 규율
0684 5급	规律 guīlǜ	명 규율, 법칙 형 규칙적이다
0685 5급	规模 guīmó	명 규모, 형태, 범위
0686 5급	规则 guīzé	명 규칙, 규정, 법규
0687 5급	柜台 guìtái	명 계산대, 카운터

✏️ 잘 외워지지 않는 단어 써 보기

Day 10

 track 0-10 (VOCA)

0563 3급 干净 gānjìng 형 깨끗하다, 청결하다
0564 5급 干燥 gānzào 형 건조하다, 말리다
0565 4급 赶 gǎn 동 (시간이 정해진 장소에) 가다
0566 5급 赶紧 gǎnjǐn 부 서둘러, 재빨리, 황급히
0567 5급 赶快 gǎnkuài 부 황급히, 다급하게, 재빨리
0568 4급 敢 gǎn 동 과감하게/감히/자신 있게 ~하다
0569 4급 感动 gǎndòng 동 감동하다, 감격하다
0570 5급 感激 gǎnjī 동 감사하다, 감격하다
0571 4급 感觉 gǎnjué 명 느낌, 감각
　　　　　　　　　 동 생각하다, 느끼다
0572 3급 感冒 gǎnmào 명 감기 동 감기에 걸리다
0573 4급 感情 gǎnqíng 명 감정, 애정, 친근감
0574 5급 感受 gǎnshòu 동 (영향을) 받다, 감수하다
　　　　　　　　　 명 느낌, 인상
0575 5급 感想 gǎnxiǎng 명 감상, 느낌, 소감
0576 4급 感谢 gǎnxiè 동 감사하다
0577 3급 感兴趣 gǎn xìngqù 관심이 있다, 흥미가 있다
0578 4급 干 gàn 동 일을 하다, 담당하다, 종사하다
　　　　　　gān 형 마르다, 건조하다
0579 5급 干活儿 gànhuór 동 일하다, 노동하다
0580 4급 刚 gāng 부 막, 방금
0581 3급 刚才 gāngcái 명 막, 방금, 지금 막
0582 5급 钢铁 gāngtiě 명 강철
0583 2급 高 gāo 형 (키가) 크다, 높다
0584 5급 高档 gāodàng 형 고급의, 상등의
0585 5급 高级 gāojí 형 고급의, 상급의
0586 4급 高速公路 gāosù gōnglù 명 고속도로
0587 1급 高兴 gāoxìng 형 기쁘다
0588 5급 搞 gǎo 동 하다, 처리하다
0589 5급 告别 gàobié 동 작별 인사를 하다, 고별하다
0590 2급 告诉 gàosu 동 알리다, 말하다
0591 2급 哥哥 gēge 명 형, 오빠
0592 4급 胳膊 gēbo 명 팔
0593 5급 格外 géwài 부 각별히, 유달리, 별도로, 따로

0594 5급 隔壁 gébì 명 이웃집, 옆집
0595 1급 个 gè 양 개, 명 [양사로 쓰일 때는 경성으로 발음함]
0596 5급 个别 gèbié 형 개개의, 개별적인, 단독의
0597 5급 个人 gèrén 명 개인
0598 5급 个性 gèxìng 명 개성, 개별성
0599 3급 个子 gèzi 명 (사람의) 키
0600 4급 各 gè 대 각, 여러
0601 5급 各自 gèzì 대 각자, 제각기
0602 2급 给 gěi 동 주다 개 ~에게
0603 5급 根 gēn 명 뿌리
0604 5급 根本 gēnběn 명 근본, 근원, 기초
0605 3급 根据 gēnjù 개 ~에 의거하여 명 근거
0606 3급 跟 gēn 개 ~와, ~에게 접 ~와
0607 3급 更 gèng 부 더, 더욱, 훨씬
0608 5급 工厂 gōngchǎng 명 공장
0609 5급 工程师 gōngchéngshī 명 기사, 엔지니어
0610 5급 工具 gōngjù 명 공구, 작업 도구
0611 5급 工人 gōngrén 명 노동자
0612 5급 工业 gōngyè 명 산업, 공업
0613 4급 工资 gōngzī 명 임금, 월급
0614 1급 工作 gōngzuò 동 일하다 명 일, 직업, 근무
0615 5급 公布 gōngbù 동 공포하다, 공표하다
0616 2급 公共汽车 gōnggòng qìchē 명 버스
0617 3급 公斤 gōngjīn 양 킬로그램 [kg]
0618 5급 公开 gōngkāi 형 공개적인, 터놓은, 오픈된
　　　　　　　　　 동 공개하다, 공개되다
0619 4급 公里 gōnglǐ 양 킬로미터 [km]
0620 5급 公平 gōngpíng 형 공평하다, 공정하다
0621 2급 公司 gōngsī 명 회사, 직장
0622 5급 公寓 gōngyù 명 단체 기숙사, 아파트
0623 5급 公元 gōngyuán 명 서기
0624 3급 公园 gōngyuán 명 공원
0625 5급 公主 gōngzhǔ 명 공주

✎ 잘 외워지지 않는 단어 써 보기

Day 09

0501 5급	方式 fāngshì	명 방식, 방법, 패턴
0502 4급	方向 fāngxiàng	명 방향
0503 5급	妨碍 fáng'ài	동 지장을 주다, 방해하다
0504 5급	房东 fángdōng	명 집주인
0505 2급	房间 fángjiān	명 방
0506 5급	仿佛 fǎngfú	부 마치 ~인 것 같다
0507 3급	放 fàng	동 놓다
0508 4급	放弃 fàngqì	동 포기하다, 버리다
0509 4급	放暑假 fàng shǔjià	여름방학을 하다
0510 4급	放松 fàngsōng	동 이완시키다, 늦추다
0511 3급	放心 fàngxīn	동 안심하다, 마음을 놓다
0512 1급	飞机 fēijī	명 비행기
0513 5급	非 fēi	동 ~가 아니다
0514 2급	非常 fēicháng	부 매우, 대단히
0515 5급	肥皂 féizào	명 비누
0516 5급	废话 fèihuà	명 쓸데없는 말
0517 3급	分 fēn	양 분
0518 5급	分别 fēnbié	동 헤어지다, 이별하다 / 부 각각, 다르게, 별도로
0519 5급	分布 fēnbù	동 (일정한 지역에) 널려 있다, 분포하다
0520 5급	分配 fēnpèi	동 배치하다, 분배하다, 할당하다
0521 5급	分手 fēnshǒu	동 헤어지다, 이별하다
0522 5급	分析 fēnxī	동 분석하다
0523 1급	分钟 fēnzhōng	명 분
0524 5급	纷纷 fēnfēn	형 분분하다, 어지럽게 날리다 / 부 잇달아, 연달아
0525 4급	份 fèn	양 부, 통, 권 [신문·잡지·문건 등을 세는 단위]
0526 5급	奋斗 fèndòu	동 (목적 달성을 위해) 분투하다
0527 4급	丰富 fēngfù	형 풍부하다, 많다
0528 5급	风格 fēnggé	명 스타일, 성격, 기질
0529 5급	风景 fēngjǐng	명 풍경, 경치
0530 5급	风俗 fēngsú	명 풍속
0531 5급	风险 fēngxiǎn	명 위험, 모험
0532 5급	疯狂 fēngkuáng	형 미치다, 실성하다, 미친듯이 날뛰다
0533 5급	讽刺 fěngcì	동 풍자하다
0534 5급	否定 fǒudìng	동 부정하다 / 형 부정적인, 부정의
0535 5급	否认 fǒurèn	동 부인하다, 부정하다
0536 4급	否则 fǒuzé	접 만약 그렇지 않으면
0537 5급	扶 fú	동 부축하다, 기대다, 짚다
0538 2급	服务员 fúwùyuán	명 종업원
0539 5급	服装 fúzhuāng	명 복장, 의류
0540 4급	符合 fúhé	동 부합하다, 들어맞다
0541 5급	幅 fú	양 폭 [그림·옷감·종이 등을 세는 양사]
0542 5급	辅导 fǔdǎo	동 과외하다, 도우며 지도하다
0543 4급	父亲 fùqīn	명 아버지, 부친
0544 4급	付款 fù kuǎn	동 돈을 지불하다
0545 4급	负责 fùzé	동 책임지다, 맡다
0546 5급	妇女 fùnǚ	명 부녀자, 성인 여성
0547 3급	附近 fùjìn	명 부근, 근처
0548 3급	复习 fùxí	동 복습하다
0549 4급	复印 fùyìn	동 복사하다
0550 4급	复杂 fùzá	형 복잡하다
0551 5급	复制 fùzhì	동 (문물·예술품 등을) 복제하다
0552 4급	富 fù	형 부유하다, 많다, 풍부하다, 넉넉하다
0553 4급	改变 gǎibiàn	동 바꾸다, 변하다, 고치다
0554 5급	改革 gǎigé	동 개혁하다 / 명 개혁
0555 5급	改进 gǎijìn	동 개선하다, 개량하다
0556 5급	改善 gǎishàn	동 개선하다, 개량하다
0557 5급	改正 gǎizhèng	동 (잘못·착오를) 개정·시정하다
0558 5급	盖 gài	명 뚜껑, 덮개, 마개 / 동 덮다, 뒤덮다
0559 5급	概括 gàikuò	동 요약하다, 개괄하다 / 형 간략하다
0560 5급	概念 gàiniàn	명 개념
0561 4급	干杯 gānbēi	동 건배하다, 잔을 비우다
0562 5급	干脆 gāncuì	형 (언행이) 명쾌하다, 시원스럽다 / 부 차라리, 아예

✎ 잘 외워지지 않는 단어 써 보기

Day 08

● track 0-08 (VOCA)

0438	2급	对 duì	형 옳다, 맞다
0439	2급	对 duì	개 ~에게, ~에 대하여 양 짝, 쌍
0440	5급	对比 duìbǐ	동 대비하다, 대조하다 명 비율
0441	1급	对不起 duìbuqǐ	죄송합니다, 미안합니다
0442	5급	对待 duìdài	동 다루다, 대처하다
0443	5급	对方 duìfāng	명 상대방, 상대편
0444	4급	对话 duìhuà	동 대화하다 명 대화
0445	4급	对面 duìmiàn	명 맞은편, 건너편, 반대편
0446	5급	对手 duìshǒu	명 적수, 상대
0447	5급	对象 duìxiàng	명 (연애나 결혼의) 상대, 대상
0448	4급	对于 duìyú	개 ~에 대해서, ~에 대하여
0449	5급	兑换 duìhuàn	동 환전하다, 현금으로 바꾸다
0450	5급	吨 dūn	양 톤 [1000kg]
0451	5급	蹲 dūn	동 쪼그리고 앉다, 웅크리고 앉다
0452	5급	顿 dùn	양 번, 차례 [식사·질책·권고 등을 세는 단위]
0453	1급	多 duō	수 ~여, ~ 남짓 형 많다, 많이 ~하다
0454	5급	多亏 duōkuī	덕택이다, 은혜를 입다
0455	3급	多么 duōme	부 얼마나 [감탄문에서 정도가 심함을 나타냄]
0456	1급	多少 duōshao	대 얼마, 몇
0457	5급	多余 duōyú	형 여분의, 나머지의, 쓸데없는
0458	5급	朵 duǒ	양 송이, 조각, 점
0459	5급	躲藏 duǒcáng	동 숨다, 피하다
0460	5급	恶劣 èliè	형 아주 나쁘다, 열악하다
0461	3급	饿 è	형 배고프다
0462	4급	儿童 értóng	명 어린이, 아동
0463	1급	儿子 érzi	명 아들
0464	4급	而 ér	접 [목적 또는 원인 등을 나타내는 성분을 연결시킴] 접 ~(하)고(도), 그리고
0465	3급	耳朵 ěrduo	명 귀
0466	5급	耳环 ěrhuán	명 귀고리, 귀걸이
0467	1급	二 èr	수 2, 둘
0468	3급	发 fā	동 보내다, 건네주다, 부치다
0469	5급	发表 fābiǎo	동 (신문 등에) 글을 게재하다, 발표하다
0470	5급	发愁 fāchóu	동 근심하다, 걱정하다, 우려하다
0471	5급	发达 fādá	형 발달하다, 흥성하다
0472	5급	发抖 fādǒu	동 떨다, 떨리다
0473	5급	发挥 fāhuī	동 발휘하다
0474	5급	发明 fāmíng	동 발명하다 명 발명
0475	5급	发票 fāpiào	명 영수증
0476	3급	发烧 fāshāo	동 열이 나다
0477	4급	发生 fāshēng	동 발생하다, 생기다
0478	3급	发现 fāxiàn	동 발견하다, 알아차리다 명 발견
0479	5급	发言 fāyán	동 발언하다, 발표하다 명 발언
0480	4급	发展 fāzhǎn	명 발전 동 발전하다
0481	5급	罚款 fákuǎn	동 벌금·위약금을 부과하다
0482	4급	法律 fǎlǜ	명 법률
0483	5급	法院 fǎyuàn	명 법원
0484	5급	翻 fān	동 뒤집다, 뒤집히다
0485	4급	翻译 fānyì	명 번역 동 번역하다, 통역하다
0486	4급	烦恼 fánnǎo	명 걱정, 번뇌 형 걱정하다, 걱정스럽다, 번뇌하다
0487	5급	繁荣 fánróng	형 번영하다, 크게 발전하다 동 번창시키다
0488	4급	反对 fǎnduì	동 반대하다
0489	5급	反而 fǎn'ér	접 도리어, 반대로, 거꾸로 부 도리어, 반대로
0490	5급	反复 fǎnfù	동 거듭하다, 반복하다, 되풀이하다
0491	5급	反应 fǎnyìng	명 반응
0492	5급	反映 fǎnyìng	동 반영하다, 되비치다, 반사하다
0493	5급	反正 fǎnzhèng	부 어떻든, 아무튼, 어쨌든
0494	1급	饭店 fàndiàn	명 호텔, 식당
0495	5급	范围 fànwéi	명 범위
0496	5급	方 fāng	명 사각형, 육면체
0497	5급	方案 fāng'àn	명 방안, 법식, 표준 양식
0498	3급	方便 fāngbiàn	형 편리하다
0499	4급	方法 fāngfǎ	명 방법, 수단, 방식
0500	4급	方面 fāngmiàn	명 분야, 방면, 부분

✎ 잘 외워지지 않는 단어 써 보기

Day 07

0376	2급	等 děng	동	기다리다
0377	4급	等 děng	조	등, 따위
0378	5급	等待 děngdài	동	기다리다
0379	5급	等于 děngyú	동	~와 같다, 맞먹다, ~나 다름없다
0380	4급	低 dī	형	(등급이) 낮다 / (높이가) 낮다
0381	5급	滴 dī	동	(액체가) 똑똑 (한 방울 씩) 떨어지다
0382	5급	的确 díquè	부	확실히, 분명히, 참으로
0383	5급	敌人 dírén	명	적
0384	4급	底 dǐ	명	바닥, 밑
0385	5급	地道 dìdao	형	정통의, 오리지널의, 진짜의
0386	4급	地点 dìdiǎn	명	장소, 지점, 위치
0387	3급	地方 dìfang	명	곳, 장소
0388	5급	地理 dìlǐ	명	지리
0389	4급	地球 dìqiú	명	지구
0390	5급	地区 dìqū	명	지역, 지구
0391	5급	地毯 dìtǎn	명	카펫, 양탄자
0392	3급	地铁 dìtiě	명	지하철
0393	3급	地图 dìtú	명	지도
0394	5급	地位 dìwèi	명	(사회적) 지위, 위치
0395	5급	地震 dìzhèn	명	지진
0396	4급	地址 dìzhǐ	명	주소, 소재지
0397	2급	弟弟 dìdi	명	남동생
0398	5급	递 dì	동	넘겨주다, 전해 주다, 건네다
0399	2급	第一 dì yī	수	제1, 최초, 맨 처음
0400	1급	点 diǎn	양 시 동 주문하다 양 약간, 조금
0401	5급	点心 diǎnxin	명	간식(거리)
0402	5급	电池 diànchí	명	건전지, 배터리
0403	1급	电脑 diànnǎo	명	컴퓨터
0404	1급	电视 diànshì	명	텔레비전
0405	5급	电台 diàntái	명	라디오 방송국, 무선 통신기
0406	3급	电梯 diàntī	명	엘리베이터
0407	1급	电影 diànyǐng	명	영화
0408	3급	电子邮件 diànzǐ yóujiàn	명	이메일, 전자우편
0409	5급	钓 diào	동	낚다, 낚시질하다
0410	4급	调查 diàochá	명 조사 동 (현장에서) 조사하다
0411	4급	掉 diào	동	떨어지다, 떨어뜨리다, 빠뜨리다
0412	5급	顶 dǐng	명 (인체·사물의) 꼭대기 양 개, 채 [꼭대기가 있는 물건을 세는 양사]
0413	4급	丢 diū	동	잃어버리다, 잃다, 분실하다
0414	3급	东 dōng	명	동, 동쪽
0415	1급	东西 dōngxi	명	(구체적인 혹은 추상적인) 것, 물건, 사물
0416	3급	冬 dōng	명	겨울, 겨울철
0417	2급	懂 dǒng	동	이해하다, 알다
0418	5급	动画片 dònghuàpiān	명	만화 영화
0419	3급	动物 dòngwù	명	동물
0420	4급	动作 dòngzuò	명	동작, 행동
0421	5급	冻 dòng	동	얼다, 응고되다, 춥다, 차다
0422	5급	洞 dòng	명	구멍, 굴, 동굴
0423	1급	都 dōu	부 모두, 다, ~조차도 부 이미, 벌써
0424	5급	豆腐 dòufu	명	두부
0425	5급	逗 dòu	형 재미있다 동 희롱하다, 집적거리다
0426	5급	独立 dúlì	동	(국가나 정권이) 독립하다
0427	5급	独特 dútè	형	독특하다, 특별하다, 특수하다
0428	1급	读 dú	동	읽다
0429	4급	堵车 dǔchē	동	차가 막히다, 교통이 꽉 막히다
0430	4급	肚子 dùzi	명	(사람이나 동물의) 배
0431	5급	度过 dùguò	동	(시간을) 보내다, 지내다, 넘기다
0432	3급	短 duǎn	형	(공간적 거리나 시간이) 짧다
0433	4급	短信 duǎnxìn	명	문자메시지, 짧은 편지
0434	3급	段 duàn	양	(한)동안, 얼마간, 단락, 토막
0435	5급	断 duàn	동	(도막으로) 자르다, 끊다
0436	3급	锻炼 duànliàn	동	(몸을) 단련하다
0437	5급	堆 duī	동	(사물이) 쌓여 있다, 쌓이다, 퇴적되다

✎ 잘 외워지지 않는 단어 써 보기

Day 06

track 0-06 (VOCA)

0313 3급 打扫 dǎsǎo 동 청소하다
0314 3급 打算 dǎsuàn 동 계획하다
0315 5급 打听 dǎting 동 물어보다, 탐문하다
0316 4급 打印 dǎyìn 동 (프린터로) 인쇄하다, 프린트하다
0317 4급 打招呼 dǎ zhāohu 동 인사하다
0318 4급 打折 dǎzhé 동 세일하다, 가격을 깎다
0319 4급 打针 dǎzhēn 동 주사를 맞다, 주사를 놓다
0320 1급 大 dà 형 (부피·면적 등이) 크다, 넓다
　　　　　　　(나이가) 많다
0321 5급 大方 dàfang 형 (언행이) 시원시원하다, 대범하다
0322 4급 大概 dàgài 부 아마도, 대개
0323 2급 大家 dàjiā 대 모두, 여러분
0324 5급 大厦 dàshà 명 빌딩, (고층) 건물
0325 4급 大使馆 dàshǐguǎn 명 대사관
0326 5급 大象 dàxiàng 명 코끼리
0327 5급 大型 dàxíng 형 대형의
0328 4급 大约 dàyuē 부 대략, 아마, 대개는
0329 5급 呆 dāi 형 (머리가) 둔하다, 멍청하다, 멍하다
0330 4급 大夫 dàifu 명 의사
0331 5급 代表 dàibiǎo 명 대표(자) 동 대표하다
0332 5급 代替 dàitì 동 대체하다, 대신하다
0333 3급 带 dài 동 (몸에) 휴대하다, 지니다
0334 5급 贷款 dàikuǎn 동 대출하다 명 대출금
0335 5급 待遇 dàiyù 명 대우, 대접
0336 4급 戴 dài 동 쓰다, 착용하다, 차다
0337 5급 担任 dānrèn 동 맡다, 담임하다, 담당하다
0338 3급 担心 dānxīn 동 걱정하다, 염려하다
0339 5급 单纯 dānchún 형 순진하다 부 단순히, 오로지
0340 5급 单调 dāndiào 형 단조롭다
0341 5급 单独 dāndú 부 단독으로, 혼자서
0342 5급 单位 dānwèi 명 회사, 직장, 기관, 단체
0343 5급 单元 dānyuán 명 (교재 등의) 단원
　　　　　　　(아파트 등의) 현관
0344 5급 耽误 dānwu 동 (시간을 지체하다가)
　　　　　　　일을 그르치다, 시기를 놓치다
0345 5급 胆小鬼 dǎnxiǎoguǐ 명 겁쟁이

0346 5급 淡 dàn 형 (맛이) 싱겁다, 약하다
0347 3급 蛋糕 dàngāo 명 케이크, 카스텔라
0348 4급 当 dāng 동 ~가 되다, 맡다
　　　　　　　개 바로 그때, 바로 그곳
0349 5급 当地 dāngdì 명 현지, 현장
0350 3급 当然 dāngrán 부 당연히, 물론
0351 4급 当时 dāngshí 명 당시, 그때
0352 5급 当心 dāngxīn 동 조심하다, 주의하다
0353 5급 挡 dǎng 동 막다, 저지하다, 차단하다
0354 4급 刀 dāo 명 칼
0355 5급 导演 dǎoyǎn 명 감독, 연출자, 안무
　　　　　　　동 연출하다, 감독하다
0356 4급 导游 dǎoyóu 명 관광 가이드
0357 5급 导致 dǎozhì 동 (사태를) 야기하다, 초래하다
0358 5급 岛屿 dǎoyǔ 명 섬, 도서
0359 5급 倒霉 dǎoméi 형 재수 없다, 운수 사납다
0360 2급 到 dào 동 도착하다, 도달하다
　　　　　　　동 [동사 뒤에 보어로 쓰여 동작이 목적에
　　　　　　　도달했거나 결과가 있음을 나타냄]
0361 4급 到处 dàochù 명 곳곳, 도처
0362 5급 到达 dàodá 동 도착하다, 도달하다, 이르다
0363 4급 到底 dàodǐ 부 도대체, 마침내
0364 4급 倒 dào 동 따르다, 붓다, 쏟다
　　　　 dǎo 동 넘어지다, 자빠지다
0365 5급 道德 dàodé 명 도덕, 윤리
0366 5급 道理 dàolǐ 명 도리, 이치, 법칙
0367 4급 道歉 dàoqiàn 동 사과하다, 사죄하다
0368 4급 得意 déyì 형 대단히 만족하다, 득의하다
0369 3급 地 de 조 [관형어 단어나 구 뒤에 쓰여 부사어로 만
　　　　　　　들어 줌]
0370 1급 的 de 조 ~의 (것), ~한 (것)
0371 2급 得 de 조 [동사나 형용사 뒤에 쓰여 결과나 정도를
　　　　　　　나타내는 보어와 연결시킴]
0372 4급 得 děi 조동 ~해야 한다 dé 동 얻다
0373 3급 灯 dēng 명 등, 등롱, 램프
0374 4급 登机牌 dēngjīpái 명 탑승권
0375 5급 登记 dēngjì 동 등록하다, 등기하다, 기입하다

✏️ 잘 외워지지 않는 단어 써 보기

Day 05

track 0-05 (VOCA)

0251	5급	出色 chūsè	형	특별히 좋다, 대단히 뛰어나다
0252	4급	出生 chūshēng	동	태어나다, 출생하다
0253	5급	出示 chūshì	동	제시하다, 내보이다
0254	5급	出席 chūxí	동	회의에 참가하다, 출석하다
0255	4급	出现 chūxiàn	동	나타나다, 출현하다
0256	1급	出租车 chūzūchē	명	택시
0257	5급	初级 chūjí		초급의, 가장 낮은 단계의
0258	5급	除非 chúfēi	접	오직 ~하여야 (비로소)
0259	3급	除了 chúle	개	~를 제외하고(는), ~ 외에 또
0260	5급	除夕 chúxī	명	섣달 그믐날 밤, 제야
0261	4급	厨房 chúfáng	명	주방, 부엌
0262	5급	处理 chǔlǐ	동	처리하다, (사물을) 안배하다
0263	2급	穿 chuān	동	(옷·신발 등을) 입다, 신다
0264	5급	传播 chuánbō	동	전파하다, 널리 퍼뜨리다
0265	5급	传染 chuánrǎn	동	전염되다, 감염되다, 옮다
0266	5급	传说 chuánshuō	명	전설
0267	5급	传统 chuántǒng	명	전통
			형	전통적이다, 보수적이다
0268	4급	传真 chuánzhēn	명	팩스
0269	3급	船 chuán	명	배, 선박
0270	4급	窗户 chuānghu	명	창문, 창
0271	5급	窗帘 chuānglián	명	커튼
0272	5급	闯 chuǎng	동	돌진하다, 갑자기 뛰어들다
0273	5급	创造 chuàngzào	동	만들다, 창조하다
0274	5급	吹 chuī		바람이 불다, 입으로 힘껏 불다
0275	3급	春 chūn	명	봄
0276	3급	词典 cídiǎn	명	사전
0277	5급	词汇 cíhuì	명	어휘, 용어
0278	4급	词语 cíyǔ	명	어휘, 글자
0279	5급	辞职 cízhí	동	사직하다, 직장을 그만두다
0280	5급	此外 cǐwài	명	이 외에, 이 밖에
0281	2급	次 cì	양	번, 차례, 회
0282	5급	次要 cìyào	형	부차적인, 다음으로 중요한
0283	5급	刺激 cìjī	동	자극하다, 고무하다, 북돋우다
0284	4급	匆忙 cōngmáng	형	매우 바쁘다
0285	3급	聪明 cōngming	형	똑똑하다, 총명하다
0286	2급	从 cóng	개	~부터, ~에서
0287	5급	从此 cóngcǐ	부	지금부터, 이제부터
0288	5급	从而 cóng'ér	접	따라서, 그리하여
0289	4급	从来 cónglái	부	(과거부터) 지금까지, 여태껏
0290	5급	从前 cóngqián	명	이전, 종전, 옛날
0291	5급	从事 cóngshì	동	종사하다, 몸담다
0292	5급	粗糙 cūcāo	형	(질감이) 거칠다, 까칠까칠하다
0293	4급	粗心 cūxīn	형	부주의하다, 소홀하다
0294	5급	促进 cùjìn	동	촉진시키다, 재촉하다, 독촉하다
0295	5급	促使 cùshǐ	동	~하도록 하다, ~하도록 재촉하다, ~하게 하다
0296	5급	醋 cù	명	식초
0297	5급	催 cuī	동	재촉하다, 독촉하다, 다그치다
0298	4급	存 cún	동	저금하다 / 동 저장하다, 보존하다
0299	5급	存在 cúnzài	동	존재하다
0300	5급	措施 cuòshī	명	조치, 대책
0301	2급	错 cuò	형	틀리다, 잘못하다
0302	4급	错误 cuòwù	명	착오, 잘못
0303	5급	答应 dāying	동	동의하다, 승낙하다, 대답하다, 응답하다
0304	5급	达到 dádào	동	도달하다, 달성하다
0305	4급	答案 dá'àn	명	답, 답안, 해답
0306	4급	打扮 dǎban	동	치장하다, 화장하다, 단장하다
0307	1급	打电话 dǎ diànhuà		전화하다
0308	5급	打工 dǎgōng	동	아르바이트하다
0309	5급	打交道 dǎ jiāodao	동	교제하다, 왕래하다
0310	2급	打篮球 dǎ lánqiú		농구하다
0311	5급	打喷嚏 dǎ pēntì		재채기를 하다
0312	4급	打扰 dǎrǎo	동	방해하다, 폐를 끼치다

✏️ 잘 외워지지 않는 단어 써 보기

Day 04

 track 0-04 (VOCA)

0188 4급 **超过** chāoguò 동 넘다, 초과하다, 추월하다
0189 5급 **超级** chāojí 형 최상급의
0190 3급 **超市** chāoshì 명 슈퍼마켓
0191 5급 **朝** cháo 개 ~를 향하여, ~ 쪽으로
　　　　　　　 명 왕조, 조정
0192 5급 **潮湿** cháoshī 형 습하다, 축축하다
0193 5급 **吵** chǎo 형 시끄럽다, 떠들썩하다
0194 5급 **吵架** chǎojià 동 말다툼하다, 다투다
0195 5급 **炒** chǎo 동 (기름 등으로) 볶다
0196 5급 **车库** chēkù 명 차고
0197 5급 **车厢** chēxiāng 명 객실, 화물칸, 트렁크
0198 5급 **彻底** chèdǐ 형 철저하다, 철저히 하다
0199 5급 **沉默** chénmò 동 침묵하다, 말을 하지 않다
0200 3급 **衬衫** chènshān 명 셔츠, 와이셔츠, 블라우스
0201 5급 **趁** chèn 개 ~를 틈타, (시간·기회 등을) 이용하여
0202 5급 **称** chēng 동 부르다, 칭하다, 일컫다
　　　　　　　 동 (무게를) 측정하다, 달다
0203 5급 **称呼** chēnghu 동 ~라고 부르다, 일컫다
0204 5급 **称赞** chēngzàn 동 칭찬하다, 찬양하다
0205 5급 **成分** chéngfèn 명 (구성) 성분, 요소, 출신, 직업
0206 4급 **成功** chénggōng 동 성공하다, 이루다
0207 5급 **成果** chéngguǒ 명 성과, 결과
0208 3급 **成绩** chéngjì 명 성적, 성과, 수확
0209 5급 **成就** chéngjiù 명 성과, 성취, 업적
　　　　　　　 동 이루다, 성취하다, 완성하다
0210 5급 **成立** chénglì 동 설립하다, 창립하다
0211 5급 **成人** chéngrén 명 성인, 어른
0212 5급 **成熟** chéngshú 형 성숙하다, 익다, 여물다
0213 4급 **成为** chéngwéi 동 ~가 되다, ~로 되다
0214 5급 **成语** chéngyǔ 명 성어, 관용어
0215 5급 **成长** chéngzhǎng 동 성장하다, 자라다
0216 5급 **诚恳** chéngkěn 형 간절하다, 진실하다
0217 4급 **诚实** chéngshí 형 성실하다, 진실하다, 참되다
0218 5급 **承担** chéngdān 동 맡다, 담당하다, 감당하다
0219 5급 **承认** chéngrèn 동 인정하다, 승인하다

0220 5급 **承受** chéngshòu 동 견디다, 받아들이다, 감당하다
0221 3급 **城市** chéngshì 명 도시
0222 4급 **乘坐** chéngzuò 동 (자동차·배·비행기 등을) 타다
0223 5급 **程度** chéngdù 명 수준, 정도
0224 5급 **程序** chéngxù 명 절차, 순서, 단계
0225 1급 **吃** chī 동 먹다
0226 4급 **吃惊** chījīng 동 놀라다
0227 5급 **吃亏** chīkuī 동 손해를 보다, 손실을 입다
0228 5급 **池塘** chítáng 명 (작고 얕은) 못, 욕조
0229 3급 **迟到** chídào 동 지각하다, 늦게 도착하다
0230 5급 **迟早** chízǎo 부 조만간, 머지 않아
0231 5급 **持续** chíxù 동 지속하다
0232 5급 **尺子** chǐzi 명 자, 표준, 척도
0233 5급 **翅膀** chìbǎng 명 날개
0234 5급 **冲** chōng 동 (끓는 물 등을) 붓다, 뿌리다
0235 5급 **充电器** chōngdiànqì 명 충전기
0236 5급 **充分** chōngfèn 형 충분하다
0237 5급 **充满** chōngmǎn 동 충만하다, 가득 차다
0238 5급 **重复** chóngfù 동 (같은 일을) 반복하다, 되풀이하다
0239 4급 **重新** chóngxīn 부 다시, 재차
0240 5급 **宠物** chǒngwù 명 반려동물, 애완동물
0241 5급 **抽屉** chōuti 명 서랍
0242 5급 **抽象** chōuxiàng 형 추상적이다
0243 4급 **抽烟** chōuyān 동 담배를 피우다, 흡연하다
0244 5급 **丑** chǒu 형 못생기다, 추하다
0245 5급 **臭** chòu 형 (냄새가) 지독하다, 역겹다
0246 2급 **出** chū 동 나가다, 나오다, 생기다
0247 5급 **出版** chūbǎn 동 출판하다, 출간하다
0248 4급 **出差** chūchāi 동 (외지로) 출장가다
0249 4급 **出发** chūfā 동 출발하다, 떠나다
0250 5급 **出口** chūkǒu 동 말을 하다, 말을 꺼내다
　　　　　　　 동 수출하다　명 출구

✏ 잘 외워지지 않는 단어 써 보기

Day 03

0126	1급 不 bù	閉 ~하지 않다, ~아니다
0127	5급 不安 bù'ān	형 불안하다, 편안하지 않다
0128	3급 不但A而且B búdàn A érqiě B	접 A뿐만 아니라 게다가 B하다
0129	4급 不得不 bùdébù	閉 어쩔 수 없이, 반드시
0130	5급 不得了 bùdéliǎo	형 (정도가) 심하다, 큰일 났다
0131	5급 不断 búduàn	동 끊임없다 閉 계속해서
0132	4급 不管 bùguǎn	접 ~를 막론하고, ~에 관계없이
0133	4급 不过 búguò	접 그러나, 그런데
0134	5급 不见得 bújiàndé	閉 반드시 ~한 것은 아니다
0135	4급 不仅 bùjǐn	접 ~뿐만 아니라
0136	1급 不客气 bú kèqi	별말씀요, 천만에요
0137	5급 不耐烦 búnàifán	형 귀찮다, 성가시다, 못 참다
0138	5급 不然 bùrán	접 그렇지 않으면, 아니면
0139	5급 不如 bùrú	동 ~만 못하다 접 ~하는 편이 낫다
0140	5급 不要紧 búyàojǐn	형 괜찮다, 문제될 것이 없다
0141	5급 不足 bùzú	형 부족하다, 충분하지 않다
0142	5급 布 bù	명 천, 베, 포
0143	5급 步骤 bùzhòu	명 절차, 순서, 차례
0144	4급 部分 bùfen	명 (전체 중의) 부분, 일부
0145	5급 部门 bùmén	명 부, 부문, 부서
0146	4급 擦 cā	동 (천·수건 등으로) 닦다
0147	4급 猜 cāi	동 알아맞히다, 추측하다
0148	4급 材料 cáiliào	명 자료, 자료 데이터
0149	5급 财产 cáichǎn	명 재산, 자산
0150	5급 采访 cǎifǎng	동 인터뷰하다, 탐방하다, 취재하다
0151	5급 采取 cǎiqǔ	동 채택하다, 취하다, 강구하다
0152	5급 彩虹 cǎihóng	명 무지개
0153	5급 踩 cǎi	동 밟다, 딛다
0154	1급 菜 cài	명 요리, 음식, 반찬, 채소
0155	3급 菜单 càidān	명 메뉴판, 메뉴, 식단, 차림표
0156	4급 参观 cānguān	동 참관하다, 견학하다
0157	3급 参加 cānjiā	동 참가하다, 참여하다
0158	5급 参考 cānkǎo	동 참고하다, 참조하다
0159	5급 参与 cānyù	동 참여하다, 참가하다
0160	4급 餐厅 cāntīng	명 식당
0161	5급 惭愧 cánkuì	형 부끄럽다, 창피하다
0162	5급 操场 cāochǎng	명 운동장
0163	5급 操心 cāoxīn	동 마음을 쓰다, 신경을 쓰다
0164	3급 草 cǎo	명 풀
0165	5급 册 cè	명 책, 책자
0166	4급 厕所 cèsuǒ	명 화장실, 변소
0167	5급 测验 cèyàn	동 시험하다, 테스트하다
0168	3급 层 céng	양 층
0169	5급 曾经 céngjīng	閉 이전에, 일찍이, 이미, 벌써
0170	5급 叉子 chāzi	명 포크
0171	5급 差距 chājù	명 차이, 격차
0172	5급 插 chā	동 꽂다, 끼우다, 삽입하다
0173	1급 茶 chá	명 차
0174	3급 差 chà	형 나쁘다, 표준에 못 미치다 동 모자라다, 부족하다
0175	4급 差不多 chàbuduō	閉 거의, 대체로 형 (시간·정도·거리 등이) 비슷하다, 큰 차이가 없다
0176	5급 拆 chāi	동 (붙여 놓은 것을) 뜯다, 떼어 내다
0177	5급 产品 chǎnpǐn	명 제품, 생산품
0178	5급 产生 chǎnshēng	동 생기다, 발생하다, 출현하다
0179	2급 长 cháng	형 (길이·시간 등이) 길다
0180	4급 长城 Chángchéng	고유 만리장성
0181	4급 长江 Chángjiāng	고유 양쯔강, 창강
0182	5급 长途 chángtú	형 장거리의, 먼 거리의 명 장거리 전화, 장거리
0183	3급 尝 cháng	동 맛보다, 시험 삼아 해 보다
0184	5급 常识 chángshí	명 상식, 일반 지식
0185	4급 场 chǎng	양 차례, 회
0186	2급 唱歌 chànggē	동 노래 부르다
0187	5급 抄 chāo	동 베끼다, 베껴 쓰다

✏️ 잘 외워지지 않는 단어 써 보기

Day 02

track 0-02 (VOCA)

0063	4급	抱歉 bàoqiàn	동	미안해하다, 미안하게 생각하다
0064	5급	抱怨 bàoyuàn	동	(불만을 품고) 원망하다
0065	1급	杯子 bēizi	명	잔, 컵
0066	5급	背 bèi	명	등, (사물의) 뒷면, 반대편
			동	외우다, 암송하다, 암기하다
0067	5급	悲观 bēiguān	형	비관하다, 비관적이다
0068	3급	北方 běifāng	명	북쪽, 북방
0069	1급	北京 Běijīng	고유	베이징
0070	5급	背景 bèijǐng	명	배경, 배후 (세력), 백그라운드
0071	4급	倍 bèi	양	배, 배수, 곱절
0072	3급	被 bèi	개	~에게 ~를 당하다
0073	5급	被子 bèizi	명	이불
0074	1급	本 běn	양	권 [책을 세는 양사]
0075	5급	本科 běnkē	명	(대학교의) 학부 (과정)
0076	4급	本来 běnlái	부	본래, 원래
0077	5급	本领 běnlǐng	명	능력, 기량, 수완, 재능
0078	5급	本质 běnzhì	명	본성, 본질
0079	4급	笨 bèn	형	서툴다, 굼뜨다, 어리석다, 멍청하다
0080	3급	鼻子 bízi	명	코
0081	2급	比 bǐ	개	~보다, ~에 비해
0082	3급	比较 bǐjiào	부	비교적, 상대적으로 / 동 비교하다
0083	5급	比例 bǐlì	명	비, 비례, 비율
0084	4급	比如 bǐrú	접	예를 들면, 예를 들어
0085	3급	比赛 bǐsài	명	시합, 경기
0086	5급	彼此 bǐcǐ	대	서로, 피차, 상호
0087	3급	笔记本 bǐjìběn	명	노트, 수첩 / 노트북
0088	5급	必然 bìrán	형	필연적이다
0089	3급	必须 bìxū	부	반드시 ~해야 한다, 꼭 ~해야 한다
0090	5급	必要 bìyào	형	필요로 하다, 없어서는 안 되다
0091	5급	毕竟 bìjìng	부	결국, 끝내, 필경
0092	4급	毕业 bìyè	동	졸업하다 / 명 졸업
0093	5급	避免 bìmiǎn		피하다, 면하다, (나쁜 상황을) 방지하다
0094	5급	编辑 biānjí	동	편집하다 / 명 편집, 편집자
0095	5급	鞭炮 biānpào		[폭죽의 총칭]
0096	3급	变化 biànhuà	명	변화 / 동 변화하다
0097	5급	便 biàn	형	편리하다, 편하다, 적당하다
			부	바로, 곧, 즉
0098	4급	遍 biàn	양	번, 차례, 회 [한 동작이 처음부터 끝까지 전 과정을 가리킴]
0099	5급	辩论 biànlùn	동	변론하다, 논쟁하다, 토론하다
0100	5급	标点 biāodiǎn	명	구두점
0101	5급	标志 biāozhì	명	상징, 표지
			동	상징하다, 명시하다
0102	4급	标准 biāozhǔn	명	기준, 표준, 잣대
			형	표준적이다
0103	5급	表达 biǎodá	동	(자신의 사상이나 감정을) 나타내다, 표현하다
0104	4급	表格 biǎogé	명	표, 양식, 도표, 서식
0105	5급	表面 biǎomiàn	명	표면, 겉, 외관
0106	5급	表明 biǎomíng	동	분명하게 밝히다, 표명하다
0107	5급	表情 biǎoqíng	명	표정
0108	4급	表示 biǎoshì	동	나타내다, 표시하다
0109	5급	表现 biǎoxiàn	명	태도, 행동, 표현
			동	나타내다, 표현하다
0110	4급	表演 biǎoyǎn	동	공연하다, 연기하다
			명	공연, 연기
0111	4급	表扬 biǎoyáng	동	칭찬하다, 표창하다
0112	2급	别 bié	부	~하지 마라
0113	3급	别人 biérén	명	(일반적인) 남, 타인
0114	2급	宾馆 bīnguǎn	명	호텔
0115	5급	冰激凌 bīngjīlíng	명	아이스크림
0116	3급	冰箱 bīngxiāng	명	냉장고
0117	4급	饼干 bǐnggān	명	과자, 비스킷
0118	4급	并且 bìngqiě	접	게다가, 나아가
0119	5급	病毒 bìngdú	명	바이러스, 병균
0120	5급	玻璃 bōli	명	유리
0121	5급	播放 bōfàng	동	방송하다, 방영하다
0122	5급	脖子 bózi	명	목
0123	4급	博士 bóshì	명	박사, 박사 학위
0124	5급	博物馆 bówùguǎn	명	박물관
0125	5급	补充 bǔchōng	동	보충하다, 추가하다

✏️ 잘 외워지지 않는 단어 써 보기

Day 01

★ 배경색이 칠해진 단어는 빈출 단어입니다. ● track 0-01 (VOCA)

0001	3급	阿姨 āyí	명 아주머니, 아줌마, 이모
0002	3급	啊 a	조 [문장 끝에 쓰여 감탄·찬탄·의문을 나타냄]
0003	5급	哎 āi	감 에! 야! 아이고! [놀람·반가움 등을 나타냄]
0004	5급	唉 āi	감 에이, 에그, 후 [탄식하는 소리]
0005	3급	矮 ǎi	형 (키가) 작다
0006	1급	爱 ài	동 ~하기 좋아하다 동 사랑하다
0007	3급	爱好 àihào	명 취미 동 ~하기를 즐기다
0008	5급	爱护 àihù	동 소중히 하다, 잘 보살피다
0009	4급	爱情 àiqíng	명 애정, 남녀 간의 사랑
0010	5급	爱惜 àixī	동 아끼다, 소중히 여기다
0011	5급	爱心 àixīn	명 관심과 사랑, 사랑하는 마음
0012	2급	安静 ānjìng	형 조용하다, 잠잠하다, 고요하다
0013	4급	安排 ānpái	동 (인원·시간 등을) 안배하다, 일을 처리하다
0014	4급	安全 ānquán	형 안전하다
0015	5급	安慰 ānwèi	형 (마음에) 위로가 되다 동 위로하다, 안위하다
0016	5급	安装 ānzhuāng	동 (기계·기자재 등을) 설치하다, 고정하다
0017	5급	岸 àn	명 물가, 해안, (강)기슭
0018	4급	按时 ànshí	부 제때에, 시간에 맞추어
0019	4급	按照 ànzhào	개 ~에 따라
0020	5급	暗 àn	형 어둡다
0021	5급	熬夜 áoyè	동 밤새다, 철야하다
0022	1급	八 bā	수 8, 여덟
0023	3급	把 bǎ	개 ~를 양 자루 [손잡이·자루가 있는 기구를 셀 때 쓰는 단위]
0024	5급	把握 bǎwò	동 잡다, 장악하다, 파악하다
0025	1급	爸爸 bàba	명 아빠, 아버지
0026	2급	吧 ba	조 [제의·동의·추측의 어기를 나타냄]
0027	2급	白 bái	형 하얗다, 희다 부 헛되이
0028	2급	百 bǎi	수 100, 백
0029	4급	百分之 bǎi fēn zhī	퍼센트, 백 분의
0030	5급	摆 bǎi	동 놓다, 배열하다, 흔들다, 젓다
0031	3급	班 bān	명 조, 그룹, 반
0032	3급	搬 bān	동 옮기다, 운반하다, 이사하다, 옮겨 가다
0033	3급	办法 bànfǎ	명 방법, 수단, 방식
0034	3급	办公室 bàngōngshì	명 사무실, 오피스
0035	5급	办理 bànlǐ	동 처리하다, 취급하다, 해결하다
0036	3급	半 bàn	수 절반, 2분의 1
0037	3급	帮忙 bāngmáng	동 도움을 주다, 일(손)을 돕다
0038	2급	帮助 bāngzhù	동 돕다, 원조하다 명 도움
0039	4급	棒 bàng	형 (체력이나 능력이) 강하다 (수준이) 높다
0040	5급	傍晚 bàngwǎn	명 저녁 무렵
0041	3급	包 bāo	동 포장하다, (종이 등으로) 싸다, 싸매다 명 가방
0042	5급	包裹 bāoguǒ	명 소포, 보따리
0043	5급	包含 bāohán	동 포함하다
0044	5급	包括 bāokuò	동 포함하다, 포괄하다
0045	4급	包子 bāozi	명 (소가 든) 찐빵, 빠오즈
0046	5급	薄 báo	형 엷다, 얇다
0047	3급	饱 bǎo	형 배부르다
0048	5급	宝贝 bǎobèi	명 귀염둥이, 착한 아기, 보물
0049	5급	宝贵 bǎoguì	형 귀중한, 진귀한, 소중히 여기다
0050	5급	保持 bǎochí	동 (지속적으로) 유지하다, 지키다
0051	5급	保存 bǎocún	동 보존하다, 간수하다, 간직하다
0052	4급	保护 bǎohù	동 보호하다
0053	5급	保留 bǎoliú	동 보존하다, 유지하다, 보류하다
0054	5급	保险 bǎoxiǎn	명 보험, 안전 장치 형 안전하다
0055	4급	保证 bǎozhèng	동 보증하다, 담보하다
0056	5급	报到 bàodào	동 도착하였음을 보고하다 [/알리다], 도착 등록을 하다
0057	5급	报道 bàodào	동 보도하다 명 (뉴스 등의) 보도
0058	5급	报告 bàogào	명 보고서, 리포트 동 보고하다, 발표하다
0059	4급	报名 bàomíng	동 신청하다, 등록하다
0060	5급	报社 bàoshè	명 신문사
0061	2급	报纸 bàozhǐ	명 신문
0062	4급	抱 bào	동 안다, 포옹하다

✎ 잘 외워지지 않는 단어 써 보기